Adam B. Ulam · Rußlands gescheiterte Revolutionen

Adam B. Ulam
Rußlands gescheiterte Revolutionen

Von den Dekabristen bis zu den Dissidenten

Aus dem Englischen
von Karl-Heinz Siber

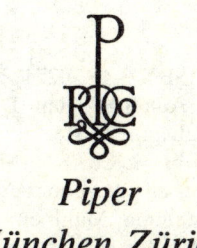

Piper
München Zürich

Die Originalausgabe erschien 1981
unter dem Titel »Russia's Failed Revolutions«
bei Basic Books, New York

ISBN 3-492-02741-5
© Adam B. Ulam 1981
Deutsche Rechte:
R. Piper GmbH & Co. KG, München 1985
Gesetzt aus der Times Antiqua
Gesamtherstellung: Mühlberger, Augsburg
Printed in Germany

Inhalt

Vorwort

Dieses Buch will keine systematische Geschichte der revolutionären Tradition Rußlands sein. Es versucht vielmehr, eine Antwort auf die Frage zu finden: Welche Faktoren waren es, die in entscheidenden geschichtlichen Augenblicken die freiheitlichen Intentionen der russischen Revolutionäre und Reformer an der Verwirklichung gehindert oder zum Scheitern gebracht haben? Die Darstellung beginnt bei den Dekabristen und schließt mit einer Erörterung der Bedeutung, der Perspektiven und der Implikationen der gegenwärtigen Dissidentenbewegung für die Zukunft der Freiheit in Rußland und anderswo.

Wie mehrere frühere Arbeiten von mir verdankt auch die vorliegende der angenehmen und intellektuell anregenden Atmosphäre des Zentrums für Rußlandforschung der Harvard University eine Menge Impulse. Stellvertretend für meine vielen Freunde und Mitarbeiter dort möchte ich besonders danken meiner Assistentin Christine Balm sowie Bill Fierman und Misha Tsypkin, die mir beide bei den Vorarbeiten zu diesem Buch behilflich waren.

Adam B. Ulam
Cambridge, Massachussetts

Kapitel 1
Zaudernde Rebellen: Die Dekabristen

Nikolaus I. hatte die bedrückende Zeremonie mit der gleichen peniblen Sorgfalt inszeniert, die er in der Führung der Regierungsgeschäfte während seiner 30jährigen Regierungszeit an den Tag legen sollte. Dieses Schauspiel sollte den Epilog zur Geschichte der Dekabristen bilden, die anläßlich seiner Thronbesteigung versucht hatten, mit einem Staatsstreich den frischgebackenen Zaren zu stürzen und der autokratischen Herrschaft in Rußland ein Ende zu setzen. Im Verlauf eines einzigen Tages, des 14. Dezembers 1825, war der schlecht vorbereitete Aufstand niedergeschlagen worden. Nunmehr sollten die – bereits verurteilten – Rebellen vor den Augen ihrer ehemaligen Offizierskameraden und Soldaten öffentlich degradiert und gedemütigt werden. In der Nacht zum 13. Juli 1826, um zwei Uhr früh, wurden über 100 Exoffiziere aus ihren Zellen in den von Abordnungen aller Regimenter der Petersburger Garnison gesäumten Innenhof der Festung Petropawlowsk geführt. Ein Häftling nach dem andern mußte vor seinem ehemaligen Regiment niederknien. Ein Unteroffizier brach dann über dem Haupt des Verurteilten ein Schwert entzwei und riß ihm die Schulterstücke und Auszeichnungen von der Uniform. Anschließend mußten die so Entehrten ihre Uniform ausziehen und in eine Sträflingskluft schlüpfen. Von diesem Augenblick an waren sie endgültig keine Offiziere und Adligen mehr, sondern gewöhnliche Kriminelle ohne staatsbürgerliche Rechte. Sie wurden in ihre Zellen zurückgeführt, um dort ihres Abtransports in Ketten zu harren – den meisten stand die lange Reise nach Sibirien bevor.

Fünfen der Verschwörer blieb die schimpfliche Zeremonie ebenso erspart wie die lange Reise in Ketten. Ihnen stand lediglich ein kurzer Gang über den Festungshof zu den Galgen bevor, die am Vortag im Schatten der Mauer errichtet worden waren. Dort wurde für sie ein letzter Gottesdienst zelebriert, und um vier Uhr im Morgengrauen begann der letzte Akt des Dramas.

Obzwar die Todesstrafe in Rußland eigentlich abgeschafft war, hatte man die Schuld dieser fünf Männer so hoch veranschlagt, daß sie dazu verurteilt worden waren, bei lebendigem Leib gestreckt und geviertteilt zu werden. Der Zar, der im Hintergrund des Gerichtsverfahrens diskret die Fäden gezogen hatte, ordnete dann aber eine dem aufgeklärten Geist des Zeitalters entsprechendere Vollstreckungsart an: Tod durch Erhängen.

Die fünf jungen Leute hatten einen sehr unterschiedlichen biographischen Hintergrund und hatten in den Vorgängen, die ihnen ihr Todesurteil beschert hatten, eine unterschiedliche Rolle gespielt. Tatsächlich könnte ein jeder von ihnen zur Exemplifizierung eines bestimmten Rebellentyps dienen: Jeder war auf seine Weise so etwas wie der Stammvater einer jener Gattungen von Revolutionären, die in den folgenden hundert Jahren die politische Bühne Rußlands bevölkern sollten.

Peter Kachowskij kam dem Typus des pathologischen Revolutionärs am nächsten, den innerliche Beweggründe dazu treiben, sich einer extremistischen Sache, ob auf der Linken oder auf der Rechten, zu verschreiben, und der auch nicht zögert, im Dienste dieser Sache zu töten. Kondratij Rylejew, ein Dichter und Träumer, war einer derjenigen Menschen, die stets bereit sind, gegen soziales Unrecht zu kämpfen, selbst wenn dies bedeutet, sich in ein wahnwitziges Abenteuer zu stürzen, und die allein schon durch ihren Enthusiasmus etwaige Skrupel und Unschlüssigkeiten ihrer Gesinnungsgenossen auszuräumen vermögen. Michael Bestuschew-Rjumin war der Jüngste der Gruppe, zum Zeitpunkt des Putschversuchs 22 Jahre alt. Hitzköpfig und von einer kindischen Vorliebe für Verschwörung und Intrige beseelt, genoß er bei seinen Mitrebellen wenig Sympathie.

Die anderen beiden zum Tode Verurteilten ragten aus dem Gros der Dekabristen heraus: Sergej Murawjow-Apostol dank des Rangs seiner moralischen Überzeugungen, Paul Pestel' aufgrund seiner intellektuellen Fähigkeiten. Auf Murawjow paßt jenes oft mißbrauchte Attribut: Er war ein Idealist. Den Erben eines großen Vermögens und Träger eines berühmten Namens trieb der Abscheu vor der Behandlung der gemeinen Soldaten im russischen Heer auf den Weg der Verschwörung und der Rebellion. Nach dem Fiasko vom 14. Dezember und angesichts des offenkundigen Scheiterns des geplanten Staatsstreichs versuchte Murawjow-Apostol gleichwohl noch, eine Meuterei anzuzetteln, und führte dabei sein eigenes Regiment in ein Himmelfahrtskommando. Paul Pestel' gilt als die herausragendste, aber auch rätselvollste Gestalt unter den Dekabristen. Der glänzende Offizier deutscher Herkunft schien zunächst für ein Aufrücken in höchste militärische Ränge prädestiniert, ehe er sich entschloß, statt dessen den Weg einzuschlagen, der ihn am Ende unter die Galgen führte. Als Denker und Schriftsteller ebenso wie als Praktiker der politischen Verschwörungskunst steht Pestel' am Beginn jener langen Reihe russischer Revolutionäre, die sowohl Aktivisten als auch Theoretiker waren, jener Tradition, die später einen Lenin hervorbringen sollte. Und mit seiner Neigung zur autoritären Durchsetzung egalitärer Vorstellungen war Pestel' von allen Dekabristen derjenige, den man am ehesten als einen Vorläufer der Bolschewiken bezeichnen könnte. Seine Mitverschwörer verdächtigten ihn, nicht ohne Berechtigung, diktatorischer Ambitionen.

Als die verurteilten Männer unter dem Galgen Aufstellung genommen hatten, wurde ihnen nochmals ihr Todesurteil vorgelesen. Außer Bestuschew-Rjumin, der gewaltsam auf das Galgengerüst gezerrt werden mußte, blickten sie dem Tod gelassen und würdevoll in die Augen. Sie umarmten einander; dann wurden ihnen die Augen verbunden, und der Henker machte sich ans Werk. Doch kam es bei der Hinrichtung zu einem Zwischenfall, der das Grauenvolle dieses Augenblicks noch verstärkte: Als die Falltüren nach unten klappten, erwies sich bei dreien der Verurteilten der Strick als zu schwach, und sie stürzten lebend in die Grube. Einer hartnäckigen apokryphen Überlieferung zufolge soll Murawjow, einer der drei, ausgerufen haben: »Was für ein erbärmliches Land. Man kann hier nicht einmal ordentlich gehenkt werden.« Es dauerte einige Zeit, ehe neue Stricke herbeigeschafft waren; dieses Mal leistete der Henker, angetrieben von den Flüchen des befehlshabenden Offiziers, ganze Arbeit, und das barbarische Ritual wurde vollzogen. Die zaristische Justiz verwandelte fünf gescheiterte Verschwörer auf diese Weise in Märtyrer, deren legendäres Andenken späteren Generationen russischer Revolutionäre Ansporn und Stütze sein sollten.

Was hatte die Dekabristen, jene zumeist adlig geborenen jungen Offiziere, von denen nicht wenigen eine glänzende Zukunft verheißen war, veranlaßt, den Weg einzuschlagen, an dessen Ende jenes Schauspiel im Hof der Festung Petropawlowsk stand? Eine denkbare Erklärung gab Puschkin in seinem Text über die Dekabristen, der ursprünglich für sein Epos *Eugen Onegin* gedacht war, aber aus auf der Hand liegenden Gründen in die publizierte Fassung nicht aufgenommen wurde. Darin hieß es von den Dekabristen, von denen viele zu den guten Bekannten und Zechbrüdern des Dichters gehörten:

»In froher Runde, zwischen Spottliedern und freundschaftlichen Diskussionen, bei Burgunder und Champagner, da wurden diese Umsturzpläne ausgeheckt. In ihrem tiefsten Innern waren sie nicht revolutionär gesinnt. Es entsprang alles ihrer Langeweile, dem Tatenhunger ihres jungen Gemüts. Erwachsene Männer zwar, flüchteten sie sich doch in die tollkühne Abenteuerlust der Jugend.[1]«

Dies sollte nicht das letzte Wort sein, das Puschkin über die Bedeutung des Dekabristen-Dramas zu sagen hatte.

Allein, die Geschichte der Dekabristen war von Anfang an mehr als nur eine Geschichte »tollkühner Spiele«. Gewiß war ein vorwärtstreibendes Moment jener Hunger nach Taten, von dem junge Männer häufig ergriffen werden, wenn sie sich nach einer Periode aufregenden Geschehens in ein graues alltägliches Einerlei zurückversetzt finden. Das ereignisreiche Napoleonische Zeitalter war unlängst zu Ende gegangen, und die Elite der russischen Jugend hatte das erhebende Erlebnis hinter sich, zuerst den bis dahin unbesiegbar scheinenden Eroberer auf heimatlichem russischen Boden in die Flucht zu schlagen und ihm dann in einem Triumphmarsch quer über den europäischen Kontinent nachzusetzen. Für sie wie für alle anderen Russen war Zar Alexander I. die Verkörperung der Entschlossenheit des russischen Volkes gewesen, den Eindringling Napoleon zurückzuschlagen und seine tyrannische Herrschaft über die anderen europäischen Nationen zu beenden. Alexander war als Befreier Europas und als Schiedsrichter über die

Zukunft des Kontinents bejubelt worden. Ins eigene Land zurückgekehrt, übernahm er indes wieder die Rolle des Autokraten: Derselbe Mann, der darauf bestanden hatte, daß die Bourbonen, denen er wieder auf den Thron verholfen hatte, der französischen Nation eine Verfassung gewährten, der sich anschickte, seinen polnischen Untertanen repräsentative Institutionen zu gewähren, herrschte in Rußland weiterhin als absoluter Monarch. Auch machte der Zar keine Anstalten, sich der drückenden sozialen Probleme des Landes anzunehmen. Die meisten russischen Bauern waren Leibeigene, und diese Unterdrückung der Mehrheit der Nation war in den Augen der jungen Intelligenz sowohl Symptom als auch wesentliche Ursache für die Rückständigkeit des Landes. Als der Krieg zu Ende war, reduzierte sich das Berufsleben der jungen Offiziere wieder auf das tägliche Einerlei der endlosen Paraden und Exerzierübungen. Die geistig Beweglicheren unter ihnen waren von dem, was sie im Westen gesehen hatten, zutiefst beeindruckt. Sie konnten nicht umhin, sich darüber Gedanken zu machen, wie sehr das russische Reich bei all seiner militärischen Macht doch hinter Frankreich und England – und selbst hinter den deutschen Kleinstaaten – herhinkte, wenn man seine politischen und gesellschaftlichen Institutionen, seine Wirtschaft, sein Bildungswesen, kurz all das in Betracht zog, was unter den Begriff der Kultur fiel.

Als sensibler Mensch konnte man insbesondere gegenüber einer Erscheinung nicht gleichgültig bleiben, die eines der bedrückendsten Kennzeichen des russischen Lebens darstellte: der drakonischen Disziplin, die im zaristischen Heer geübt wurde; selbst geringfügige Vergehen oder Verhaltensmängel der Soldaten wurden mit Auspeitschung geahndet, und gelegentlich kam es vor, daß der so Bestrafte unter der Knute starb.

Es war der leidenschaftliche Wunsch, Rußland von solchen Auswüchsen zu befreien, der sechs junge Offiziere der Kaiserlichen Garde im Februar 1816 zur Gründung einer geheimen Gesellschaft veranlaßte: Zunächst »Bund der Rettung« getauft, erhielt die Gesellschaft bald einen zusätzlichen Namen: »Gesellschaft der wahrhaften und treuen Söhne des Vaterlandes«. Der Anstoß zur Gründung der Gesellschaft war von Alexander Nikolajewitsch Murawjow ausgegangen, einem mit 23 Jahren bereits hochdekorierten und zum Oberst aufgestiegenen Veteranen der Napoleonischen Kriege. Seine Genossen, allesamt noch keine 30 Jahre alt und von ebenfalls adliger Abkunft, waren Fürst Sergej Trubezkoj, Iwan Jakuschkin sowie drei Verwandte und Namensvettern Alexander Murawjows, darunter Sergej Murawjow-Apostol. Vier Murawjows als Beteiligte an diesem historischen Unternehmen! Andererseits, nur wenige Namen tauchen in den russischen Annalen des 19. Jahrhunderts häufiger auf als der dieser berühmten Sippe. Die Murawjows stellten einige der bedeutendsten Generäle und der verdienstvollsten kaiserlichen Prokonsuln des Landes, eine Anzahl hoher Verwaltungs- und Justizbeamter sowie Botschafter und, nicht zuletzt, berühmte Rebellen. Ein höchst eindrucksvolles Exemplar für die politische Ambivalenz der Angehörigen der herrschenden Klasse Rußlands bietet die Laufbahn von Michael Nikolajewitsch Murawjow (dem Bruder Alexanders). Als Gründungsmitglied der geheimen Gesellschaft wurde er nach dem mißglückten Staatsstreich mit anderen Dekabristen zusammen eingekerkert, konnte sich jedoch von allen Vorwürfen reinwaschen und wurde rehabilitiert. Im Verlauf seiner weiteren Karriere wurde der einstige Verschwörer zu einer klassischen Verkörperung des brutalen und reaktionären zaristischen Bürokraten – seine Verdienste um die Niederschlagung der polnischen Aufstände von 1830/31 und 1863 ließen ihn unter dem Namen »Murawjow der Henker« in die Geschichte eingehen.

Nach dem ersten Jahr seines Bestehens hatte der »Bund der Rettung« vierzehn Mitglieder, deren biographischer Hintergrund dem der sechs Gründungsmitglieder ähnelte. Unter den Hinzugekommenen war Paul Pestel'. In Organisationsweise und Struktur war die Geheimgesellschaft einer Freimaurerloge nachgebildet, worin sowohl die Verbindungen ihrer Mitglieder zu den Freimaurern zum Ausdruck kamen als auch ihr Bemühen, ihrem Unternehmen, das in der Tat bereits eine aufkeimende politische Verschwörung war, eine Tarnfassade zu geben. Die Freimaurerei war zu jener Zeit in der russischen Oberschicht ziemlich in Mode. Sie wurde vom Staat, der privaten Organisationen jeder Art, sofern sie nicht ausschließlich karitative Zwecke verfolgten, traditionell mißtraute, zwar nicht gefördert, aber doch geduldet. Nach Überzeugung der Behörden stellten die Freimaurerlogen ein relativ gefahrloses Surrogat für politische Vereinigungen und Klubs dar; ihre in der Regel unverbindlichen und vagen moralistischen Prinzipien und Verlautbarungen wurden niemals so konkret und praxisbezogen, daß sie zu einer Gefahr für die bestehende Ordnung geworden wären.

Am Ende des ersten Jahres ihres Bestehens gab sich die Gesellschaft ein Statut. Ihre Mitglieder verpflichteten sich darin, für die Einführung einer konstitutionellen Monarchie, für die Abschaffung der Leibeigenschaft und für eine Begrenzung des Einflusses von Ausländern auf die Regierung des Landes zu arbeiten. Dies war etwas Neues im politischen Leben Rußlands: ein förmlich niedergelegtes politisches Aktionsprogramm, das nicht von den Behörden, sondern von einer Gruppe von Privatleuten ausgearbeitet worden war. Im übrigen war es nicht gerade sensationell. Konstitutionelle Ideen und Forderungen wurden in den fortschrittlicheren Salons von St. Petersburg und Moskau häufig artikuliert, und in der frühen, liberalen Phase der Regierungszeit Alexanders war im Kreis der Regierung selbst über solche Fragen diskutiert worden. Auch die Klage darüber, daß so viele hohe Stellen im zivilen und militärischen Verwaltungsapparat von Ausländern besetzt waren, wurden in weiten Kreisen und öffentlich geäußert; es handelte sich bei diesen Ausländern zumeist um Deutsche, nicht nur aus den baltischen Provinzen, deren deutsche Einwohner bereits seit Generationen russische Untertanen waren, sondern auch um solche, die erst jüngst nach Rußland gekommen waren und sich in manchen Fällen nicht einmal die Mühe machten, die Sprache ihres neuen Heimatlandes zu lernen.*

Das Statut der »wahrhaften und treuen Söhne des Vaterlandes« ging indessen über die bloße Verkündung allgemeiner Zielvorstellungen hinaus und artikulierte ein Programm, das eindeutig nach Umsturz roch. Der Bund sollte ihm zufolge einen erheblichen Mitgliederzuwachs anstreben und Einfluß unter den höheren Rängen der militärischen und zivilen Bürokratie gewinnen. Beim nächsten Herrscherwechsel sollten die Verschwörer offen hervortreten: Die Angehörigen des Bundes würden sich weigern, dem neuen Zaren den Treueeid zu leisten, bis er der Selbstherrschaft abschwor und eine nationale Vertretungskörperschaft gewährte.

Wenn dieses Programm in den Augen des Gesetzes auch eindeutig auf Umsturz zielte, so nimmt es sich doch nach den Maßstäben des 20. Jahrhunderts nicht allzu revolutionär aus. Alexander I. war zu jener Zeit 39 Jahre alt und offenkundig bei guter Gesundheit. Offensichtlich gingen die Verschwörer davon aus, daß ihre Stunde erst kommen würde, wenn sie selbst die mittleren Jahre erreicht hätten.

In ihren politischen Anschauungen zumindest anfänglich ziemlich gemäßigt, waren diese jungen Leute vom Temperament her doch ein Rudel von Hitzköpfen, und es überrascht nicht, daß einige von ihnen den Gedanken daran, daß bis zur Erfüllung ihrer Träume zwanzig oder dreißig Jahre vergehen müßten, unerträglich fanden. Es gab ein auf der Hand liegendes Mittel, diese Zeit abzukürzen. Schon im Herbst 1816 hatte Michael Lunin, der unstetigste unter den Verschwörern der ersten Stunde – nach Puschkins Beschreibung »ein Jünger von Mars, Bacchus und Venus«[2] –, den Vorschlag gemacht, den Zaren zu entführen und zu ermorden. Seine Genossen verwarfen diesen Gedanken jedoch einmütig, da Rußland ihrer Ansicht nach für eine Revolution noch lange nicht reif war. Außerdem würde der Geheimbund, der einstweilen erst vierzehn Köpfe zählte, nach dem Tod des Zaren die Macht an sich reißen müssen. Es drängt sich unwillkürlich der Verdacht auf, daß der Vorschlag Lunins in der Tat eher eine Schnaps- oder vielmehr Champagneridee war als ein ernsthaft erwogener Plan zu einem politischen Terrorakt. Die Persönlichkeit Lunins hatte indes noch eine andere, ernstere Facette: Er war ein Mensch von großer Ritterlichkeit und tiefgründenden religiösen Überzeugungen. Es fällt von daher äußerst schwer, sich ihn als Mittäter oder gar planenden Kopf eines tatsächlich ausgeführten Attentats vorzustellen.

Daß der Gedanke des Herrschermords bei den Dekabristen – wie die Angehörigen der Geheimbünde und ihre Gesinnungsgenossen allgemein genannt werden – so früh auftauchte, ist ein Indiz für die grundlegende Ambi-

---

* Ein klassisches Beispiel war der damalige Außenminister, Graf Karl Nesselrode, der als Sohn eines deutschen Vaters und einer jüdischen Mutter in England geboren und englischer Staatsbürger war.

valenz der Bewegung. Ihre Mitglieder betrachteten sich mit gewissem Recht in erster Linie als an den politischen Realitäten des russischen Lebens orientierte Reformer. Aber diese kluge Mäßigung verband sich auch mit einer gewissen revolutionären Ungeduld und einem Liebäugeln mit der Gewalt. Es war keineswegs bloß ein aus den Formeln der Freimaurer übernommener theatralischer Gestus, wenn in das Statut des »Bundes der Rettung« die düstere Bestimmung aufgenommen wurde: »Jeder Verrat an der Organisation, jede Enthüllung ihrer Geheimnisse, jede noch so geringe Indiskretion wird mit dem Tode bestraft. Kein Verräter wird dem Dolch oder dem Gift entrinnen.«

Eine korrekte Beurteilung der aktuellen russischen Verhältnisse mußte jedem Einsichtigen sagen, daß das Land für tiefgreifende politische Umwälzungen nicht reif war, daß die Unterwanderung des Staatsapparates und die »Erziehung« dessen, was es in Rußland an öffentlicher Meinung gab, zum Umgang mit freiheitlichen Institutionen viel geduldige Arbeit und Zeit erfordern würden. Auf der anderen Seite gab es den existentialistischen Geist des Zeitalters, der verkündete, der Kampf zwischen Freiheit und Autokratie könne niemals durch politisches Feilschen und konstitutionelle Reformen, sondern nur durch reale Machtkämpfe und Willensakte entschieden werden. Von ihrer geistigen Erziehung her standen die führenden Dekabristen, wie die meisten jungen Russen aristokratischer Herkunft, im Zeichen des rationalistischen Geistes des 18. Jahrhunderts; sie hatten die Überzeugung mit auf den Weg bekommen, daß die Menschen von ihrer Umwelt geformt werden. Der Fortschritt der Menschheit beruhte dieser Anschauung nach auf der Schaffung rationaler Institutionen und Gesetze durch einen aufgeklärten Herrscher oder eine andere gesetzgeberische Gewalt. Emotional jedoch gerieten diese jungen verhinderten Reformer mehr und mehr in den Bann der Romantik, deren literarische Vertreter, etwa die in Rußland begierig gelesenen Byron und Schiller, die natürliche Weisheit und die Tugenden des einfachen Volkes rühmten, in ihren Werken vom beständigen Kampf zwischen der Freiheit und den sie unterdrückenden tyrannischen Herrschern berichteten und vorführten, auf welch entscheidende Weise die heroische Tat eines einzelnen oder einer kleinen Anzahl von Menschen den Ausgang dieses Kampfes beeinflussen konnte.

Es wird von daher verständlich, daß der Gedanke des Tyrannenmordes in den Köpfen der Verschwörer auch weiterhin immer wieder auftauchen und umherspuken würde. Fast genau ein Jahr nach dem Vorstoß Lunins kam dieser Gedanke in ihren Erörterungen erstmals wieder zur Sprache. Die meisten der Dekabristen hielten sich zu dieser Zeit in Moskau auf, wohin ihre Regimenter dem Zaren gefolgt waren, der der alten russischen Hauptstadt einen ausgedehnten Besuch abstattete. Auf einer Zusammenkunft des Geheimbundes verlas Alexander Murawjow einen Brief aus St. Petersburg, in dem ein Mitverschwörer eine sensationelle Nachricht mitteilte: Er hatte aus gut unterrichteter Quelle erfahren, daß Alexander I. einige Provinzen aus dem Reich lösen und an die Polen abtreten wolle.*

Die Verschwörer waren außer sich. Es war schon schlimm genug gewesen, daß Alexander den Polen eine Verfassung gewährt und damit dem russischen Nationalstolz eine Kränkung zugefügt hatte; nun wollte er ihnen Provinzen abtreten, deren Boden zwar überwiegend polnischen Grundeigentümern gehörte, deren bäuerliche Bevölkerung jedoch in der überwältigenden Mehrheit aus Ukrainern und Weißrussen bestand und daher nach den damaligen Maßstäben im wesentlichen russisch war.

Iwan Jakuschkin schilderte viele Jahre später, was sich abspielte, nachdem der angeblich bevorstehende Verrat Alexanders am nationalen russischen Interesse bekanntgegeben worden war.

»Nachdem ich den Inhalt des Briefes mit seiner für Rußland fatalen Botschaft gehört hatte, fragte ich die Anwesenden, ob sie der Nachricht Glauben schenkten. Man bedeutete mir, daß dies der Fall und man überzeugt sei, daß es für das Land das größte Unheil wäre, unter der Herrschaft [dieses] Kaisers zu verbleiben. Ich verkündete sodann, ich sei bereit, mein Leben zu opfern, um Rußland zu retten, und würde den Versuch machen, den Kaiser zu töten. Sie baten um Erlaubnis, die Gefahr mit mir teilen zu dürfen, und schlugen vor, den Attentäter aus der Gesamtheit der Anwesenden durch das Los zu bestimmen; ich lehnte ihren Vorschlag jedoch ab, da ich sie einer so großen Gefahr nicht aussetzen wollte.«[3]

Am Tag darauf wurde Jakuschkin von seinen Genossen darüber belehrt, daß die Nachricht, wie sie inzwischen erkannt hatten, vollkommen aus der Luft gegriffen war; der junge Mann war jedoch so aufgewühlt – zum einen, weil er irregeführt worden war, zum anderen, weil sein Angebot, sich aufzuopfern, nicht angenommen worden war –, daß er die Beziehungen zu seinen Genossen abbrach und drei Jahre lang jeden Kontakt mit dem Geheimbund mied.

Der Gedanke des Zarenmords übte auf das Denken der Verschwörer große Anziehung aus; und doch vermochten sie sich niemals zu einem Attentatsversuch durchzuringen. Die Gründe, die hierfür ausschlaggebend waren, beleuchten zugleich auf sehr aufschlußreiche Weise gewisse Grundkennzeichen nicht nur der Dekabristen, sondern auch der gesamten revolutionären Bewegung im Rußland des mittleren 19. Jahrhunderts.

Das Liebäugeln mit dem politischen Terror spiegelt in den meisten Fällen die Einsicht eines Revolutionärs in die Schwäche der eigenen Position und die Frustration wider, die er angesichts der offenkundigen Unmöglichkeit empfindet, seine Ziele mit anderen Mitteln als eben jenen des politischen Terrors zu erreichen. Dies gilt auch für die Dekabristen. Zwar gelang es

---

* Auf dem Wiener Kongreß war der mittlere Teil des polnischen Staates, wie er vor den Teilungen bestanden hatte, als ein auf Dauer dem russischen Zaren untertanes polnisches Königreich konstituiert worden. Alexander hatte zugesagt, dieses Königreich als konstitutioneller Monarch zu regieren, und hatte bei mehreren Gelegenheiten angedeutet, daß er den Polen eines Tages diejenigen Provinzen zurückzugeben gedachte, die Rußland bei den polnischen Teilungen von 1772 und 1793 annektiert hatte.

ihnen allmählich, Hunderte von Mitverschwörern und Sympathisanten ihrer Sache zu werben, dennoch führten die harten und nüchternen Tatsachen der Politik ihre Träume und Pläne immer wieder ad absurdum. Die politische Macht und Autorität ruhte weiterhin vollständig in den Händen des Zaren. Es existierte zu jener Zeit in Rußland keine Körperschaft, die etwa mit der Versammlung der Generalstände im Frankreich des Jahres 1789 vergleichbar gewesen wäre und deren Reformbestrebungen einer revolutionären Tendenz Auftrieb hätte geben können. Einrichtungen wie der Senat, das höchste Gesetzgebungs- und Verwaltungsorgan des Reiches, und der Staatsrat waren in jeder Beziehung Instrumente des Zaren, die weder Macht noch eigenständiges politisches Prestige besaßen. Es gab kein Klasseninteresse, das gegen die Autokratie und zugunsten eines politischen Wandels ins Feld geführt werden konnte. Wenn die Dekabristen in mancher Hinsicht die Elite ihrer Klasse und des Offizierskorps repräsentierten, so stellten sie andererseits doch nur eine kleine Minderheit innerhalb dieser Gruppen dar – die große Anzahl der Adligen blieb dem alten Regime verhaftet und fürchtete sich vor allen gesellschaftlichen Veränderungen, die ihre Macht über die Leibeigenen womöglich schmälern würden. Es gab in Rußland noch keine bürgerliche Klasse im westeuropäischen Sinne. Die große Masse der Bauern war in Unwissenheit und Apathie befangen und daher für politische Ideen unempfänglich. Die Tatsache, daß es in Rußland nur eine einzige Quelle politischer Macht gab, fand ihren exemplarischen Ausdruck in der Antwort des geisteskranken Zaren Paul I., des Vaters von Alexander I., auf die Frage eines ausländischen Botschafters, welcher seiner Minister besonders wichtig sei. Der Zar antwortete: »Immer derjenige, der gerade mit mir spricht, und nur so lange, wie das Gespräch dauert!« Rußland war nicht nur ein autokratischer Staat, sondern auch ein Untertanenstaat, und wenn auch die herrschende Untertanenmentalität Revolutionäre auf den Plan rief, so machte sie deren Pläne andererseits fast unausführbar.

Paradoxerweise war Rußland, dieses gegenüber politischen Veränderungen so resistente Gebilde, sehr anfällig für revolutionäre Gewalt. Zwischen 1725, dem Todesjahr Peters des Großen, und 1801, als Alexander I. auf den Thron gelangte, kamen die meisten russischen Zaren im Gefolge einer Palastrevolution an die Macht, die gewöhnlich von einer Handvoll Beamte und Offiziere der Kaiserlichen Garde inszeniert wurde. Mehrere Monarchen wurden gewaltsam abgesetzt; zwei, Peter III. und Paul I., wurden ermordet. Diese Gewalttaten und Umstürze änderten jedoch am Charakter der Monarchie selbst nichts; möglicherweise war der neue Zar (oder die neue Zarin) liberaler und aufgeklärter als der gestürzte, aber die Herrschaft blieb deswegen ebenso autokratisch, ob sie nun vom Zaren bzw. der Zarin selbst oder von Günstlingen ausgeübt wurde.

Rußland hatte indes nicht nur Palastrevolutionen, sondern auch Volksaufstände erlebt. Die Tatsache, daß die unteren Schichten zutiefst unpolitisch waren, bedeutete nicht, daß sie einem System gegenüber, das wirtschaftlich, gesellschaftlich und politisch auf ihrer Ausbeutung beruhte, stets passiv und duldsam geblieben wären. Ihr Elend und ihre Unwissenheit ermöglichten es dem einen oder anderen Aufrührer gelegentlich, in der angemaßten Rolle eines kurz zuvor gestürzten oder verstorbenen Zaren eine Erhebung anzuzetteln. Eine Welle der Anarchie ging dann über die ländlichen Regionen hinweg: Bewaffnete Banden streiften umher, plünderten, wo sie konnten, und töteten, wen sie wollten, vor allem Grundherren und Regierungsbeamte, so lange, bis der Aufstand niedergeschlagen war – oft mit denselben barbarischen Mitteln, deren die Rebellen sich bedient hatten. Der Pugatschow-Aufstand von 1773, angeführt von einem ungebildeten Kosaken, der sich als Peter III. ausgab, breitete sich in weiten Bereichen entlang dem Ural und der unteren Wolga aus und konnte nur durch den Einsatz eines großen Heers niedergeschlagen werden. Puschkin brachte die Gefühle aller gebildeten Russen zum Ausdruck, als er über dieses Ereignis schrieb: »Gott möge es uns ersparen, diese Art russischer Revolution nochmals erleben zu müssen, hinter der kein anderer Gedanke steht als der an willkürliche Zerstörung.«[4]

Die Dekabristen jedoch schreckten aufgrund ihrer Prinzipien und ihres Bildungs- und Erziehungshintergrundes davor zurück, durch eine Palastrevolte nach der politischen Macht zu greifen oder das stets vorhandene explosive Material zu entzünden, das sich in den Leiden und der Not der russischen Landbevölkerung darbot. Der Staatsstreichversuch vom 14. Dezember 1825 sollte Elemente des demagogischen Betrugs mit solchen der Palastrevolution verbinden, aber beides auf so halbherzige Weise, daß das Unterfangen von Anfang an zum Scheitern verurteilt war.

Die Dekabristen erkannten in einsichtsvollen Augenblicken, daß ein Zarenmord, so attraktiv der Gedanke daran auch sein mochte, letzten Endes ein vergeblicher Akt sein würde: Eine solche Tat allein würde nur zur Ersetzung eines Autokraten durch einen neuen führen. Die zaristischen Beamten, die den Prozeß gegen die Dekabristen führten, rückten deren angebliche Pläne zu einer Ermordung Alexanders I. in den Vordergrund und brandmarkten dies als das abscheulichste ihrer Verbrechen. Eine gründliche Analyse zeigt indes, daß es sich bei diesen »Planungen« weit eher um unverbindliche Diskussionen als um einen regelrechten terroristischen Aktionsplan handelte. Wäre es den Dekabristen ernst gewesen, so hätten sie unzählige Gelegenheiten gehabt, ein Attentat auf den Monarchen zu verüben. Zumindest einige von ihnen verkehrten in den höchsten Kreisen und begegneten Alexander bei Hofe, bei Heeresmanövern und zu gesellschaftlichen Anlässen. Die meisten dieser Rebellen verfügten jedoch weder über den kaltblütigen Zynismus der Höflinge, die die vorausgegangenen Palastrevolten unternommen hatten, noch über den weltanschaulichen Fanatismus, unter deren Einfluß Revolutionäre späterer Generationen dem Grundsatz huldigten, der Zweck heilige jedes Mittel, einschließlich terroristischer Gewalt.

Alexander I. trat seine Herrschaft in einem Klima großer Erwartungen an.

Von dem jungen Zaren – er war bei der Thronbesteigung 23 Jahre alt – hieß es, er sei reformwillig und entschlossen, den Grundübeln der russischen Gesellschaft den Kampf anzusagen. Tatsächlich wurden in den ersten Jahren seiner Regierung die barbarischsten Formen der körperlichen Züchtigung abgeschafft, Versuche zur Verbesserung der Existenzbedingungen der Leibeigenen unternommen und der bis dahin schwerfällig und ineffizient arbeitende Verwaltungsapparat einer gründlichen Neuorganisation unterzogen. Viele hofften, daß diese Reformen nur das Vorspiel seien zur Einführung eines Systems nationaler demokratischer Vertretungen, wie der fähigste Minister des neuen Zaren, Michael Speranskij, sie angeregt hatte, sowie zur schon überfällig gewordenen Abschaffung der Leibeigenschaft. Doch 1812 wurde Speranskij von Alexander unvermittelt entlassen. Nach dem Drama des nationalen Widerstands und schließlichen Sieges über Napoleon nahm die Politik des Zaren zunehmend reaktionäre Züge an. Außenpolitisch förderte er die Heilige Allianz, eine Art Interessenverband der absolutistischen europäischen Monarchien, geschaffen, um die »Legitimität«, das heißt die Macht der Herrscherhäuser zu bewahren und jeden Angriff auf den Status quo von demokratischer Seite her zu unterdrücken. Für die Innenpolitik wurde nach 1815 Alexej Araktschejew, ein engstirniger und brutaler Reaktionär, zum wichtigsten Berater Alexanders. Das Bildungswesen, das der Zar zuvor durch die Gründung dreier neuer Universitäten und einer Reihe anderer Schulen ausgebaut hatte, wurde nun einer strengen Gedankenzensur unterworfen, mit dem Ziel, alle auftauchenden fortschrittlichen Ideen und Nachklänge der Französischen Revolution auszumerzen. Akademische Bildung wurde in den Augen des Regimes – und sollte es bis zum Ende des Jahrhunderts bleiben – zum Hauptnährboden für umstürzlerische Ideen, die Schulen und Universitäten daher zu Objekten beständigen staatlichen Argwohns und unausgesetzter Schikanen. Dabei war das öffentliche Bildungswesen noch so gering entwickelt, daß es weder im nützlichen noch im schädlichen Sinn einen nennenswerten Beitrag zum nationalen Leben zu leisten vermochte. Die staatlichen Aufwendungen für das Schulwesen beliefen sich in etwa auf ein Fünftel dessen, was der Unterhalt der kaiserlichen Familie und des Hofes kostete. Es ist vermutlich nicht übertrieben, wenn man davon ausgeht, daß 97 oder 98 Prozent der Bevölkerung im Rußland des Zaren Alexander I. Analphabeten waren.

Die konservative Wendung des Zaren entsprach seinem zunehmend innigeren Verhältnis zur Religion. Er hatte stets großes Interesse an mystisch-kultischen Dingen gezeigt, angefangen von allen möglichen von der orthodoxen Kirche verurteilten sektiererischen Strömungen bis zum protestantischen Pietismus. Man darf nicht vergessen, daß Alexander von der Verschwörung gegen Paul I. gewußt und sie gebilligt hatte; der Gedanke, daß er, wenn auch vielleicht auch nur indirekt, die Verantwortung für die Ermordung seines Vaters trug, nagte wahrscheinlich mit der Zeit immer stärker an ihm. Dies mag, zusammen mit anderen persönlichen und familiären Problemen, die Neigung des Zaren zur Selbstversenkung in spirituelle Meditationen verstärkt und dazu geführt haben, daß er in den Bann von Dunkelmännern und zweifelhaften »heiligen Männern« geriet und die Führung der innenpolitischen Regierungsgeschäfte reaktionären Bürokraten überließ.

Nicht nur der Rückzug in die Religion, sondern auch andere, profanere Gründe hinderten Alexander daran, den Weg der Reform weiter zu beschreiten. Die liberalen Anschauungen, die sich bei ihm aufgrund eines frühen Vertrautwerdens mit den aufklärerischen Ideen des 18. Jahrhunderts gebildet hatten, gerieten mit seiner im Grunde autokratischen Persönlichkeit in Konflikt. »Ein gekrönter Hamlet« – so sollte Alexander Herzen ihn treffend charakterisieren. Im tiefsten Grunde stand Alexander vor einem sehr ähnlichen Dilemma wie viele russische Herrscher vor und nach ihm und bis in die heutige Zeit: Angetreten in dem Verlangen, ihrem Land freiheitliche Institutionen zu bescheren, sind sie immer wieder an einem bestimmten Punkt vor der Riesenhaftigkeit und scheinbaren Undurchführbarkeit dieser Aufgabe zurückgewichen. Der Punkt, an dem dies geschah, war häufig genau dann erreicht, wenn sich die Frage nach einer teilweisen oder ganzen Abtretung der autokratischen Macht an andere gesellschaftliche Kräfte stellte. Gerade aber das Fehlen freiheitlicher Institutionen in Rußland bedeutete, daß jeder ernsthafte Versuch einer Emanzipation der Gesellschaft vom autokratischen Regime notwendigerweise ein Sprung ins Ungewisse sein mußte, als dessen Resultat sich womöglich nicht ein geordnetes verfassungsmäßiges Regierungssystem, sondern anarchische Verhältnisse einstellen würden: ein Losbrechen der aufgestauten Frustrationen und Sehnsüchte des Volkes, ein Sturm, in dem vielleicht nicht nur die Autokratie, sondern auch die Einheit und Größe des russischen Staates untergehen würden.

Die Unschlüssigkeit Alexanders wurde aus derselben Quelle gespeist wie die seiner geheimbündlerischen Gegner: Beide Seiten schreckten davor zurück, dem bestehenden System einen entschlossenen Schlag zu versetzen, weil sie sich im Grunde nicht vorstellen konnten, wie Rußland anders regiert werden sollte. Die Autokratie hatte dem russischen Staat gute Dienste geleistet: Unter ihrer Ägide war das Reich zu einer Weltmacht herangewachsen, die mittlerweile ein Sechstel der Landmasse der Erde beherrschte. Einige Zaren waren geisteskrank, andere herausragende Staatsmänner gewesen. Es hatte unter ihnen Tyrannen, aber auch humane Reformer gegeben. Aber gleich welcher Herscher auf dem Thron saß, der Prozeß der Expansion und der Einverleibung eroberter Länder war nahezu ununterbrochen weitergegangen. Die Autokratie war somit als die wesentliche Voraussetzung für die nationale Größe Rußlands anzusehen, während sie zur selben Zeit im Lichte des zeitgenössischen Bewußtseins als die Hauptursache für die Unterdrückung, Rückständigkeit und Armut der russischen Völker identifiziert werden mußte.

Sosehr die Verschwörer mit Puschkins vernichtendem Urteil über Alexander – »ein schwacher und hinterhältiger Herrscher, ein alternder Geck und

Nichtstuer«[5] – übereinstimmten, sowenig durften sie den Umstand außer acht lassen, daß sich die überwältigende Mehrzahl ihrer Landsleute Rußland ohne die autokratische Zarenherrschaft nicht vorstellen konnte und sich von einem konstitutionellen System erst recht keinen Begriff zu machen vermochte. So rege die Verschwörer in ihren Gedankenspielen mit der Idee des Zarenmords oder gar einer Massakrierung der gesamten kaiserlichen Familie umgehen mochten, konnten sie sich doch niemals ganz von der heimlichen Hoffnung lösen, der Zar werde zu den reformerischen Bestrebungen seiner ersten Regierungsjahre zurückkehren und selber das tun, von dem sie selbst nicht genau wußten, wie es zu bewerkstelligen sei: dem Volk größere Freiheit bescheren.

Alexander tat weiterhin das Seinige – ob ehrlich gemeint oder nicht –, um solche Hoffnungen zu schüren. Bei seiner Rede auf dem ersten polnischen Reichstag am 15. März 1818 deutete er an, daß er zu gegebener Zeit vielleicht auch einmal in seinen russischen Provinzen repräsentative Einrichtungen einführen werde.[6] Ein weiteres Mal war es Puschkin, der das paradox anmutende, stets zwischen Hoffnung und Verzweiflung pendelnde Verhältnis fortschrittlich denkender Russen zu ihrem Herrscher treffend illustrierte. Im Jahre 1819 schrieb er ein Gedicht, in dem er die Leibeigenschaft verurteilte und das mit den Zeilen schloß: »Werd' ich, o Freunde, je sehen,/Das Volk von Bedrückung befreit,/Die Leibeigenschaft vom Zaren beseitigt?/ Und wird die herrliche Morgenröte der Freiheit/Zuletzt auch aufgehen über unserem Vaterland?«[7] Als das Gedicht dem Zaren vorgetragen wurde, wies dieser den Überbringer an, dem Dichter seinen herzlichen Dank für die darin ausgesprochene edle Gesinnung auszurichten. Das bewahrte Puschkin freilich wenige Monate später nicht vor der Verbannung zur Strafe dafür, daß er einige nicht ganz so kaisertreue Verse geschrieben hatte.

Das vielschichtige Problem einer Reformierung der russischen Gesellschaft komplizierte sich noch mehr durch den Umstand, daß es Leute gab, die zwar die Mißbräuche und Nachteile des autokratischen Systems und der Leibeigenschaft sehr wohl erkannten, gleichwohl aber beide Einrichtungen als notwendig und letzten Endes segensreich betrachteten, nicht nur, weil das Land in ihren Augen für eine Abschaffung dieser Verhältnisse noch nicht reif war, sondern auch, weil sie sie für dem russischen Nationalcharakter angemessen hielten. Diejenigen, die, wie der berühmte zeitgenössische Historiker Nikolaj Karamzin, solche Auffassungen vertraten, waren keineswegs schlicht und einfach reaktionär. Sie räumten ein, daß konstitutionelle Systeme im Westen gut funktionieren mochten, glaubten aber nicht, daß sie dies auch in Rußland tun würden. In einem 1818 verfaßten, für den Zaren persönlich gedachten historisch-politischen Aufsatz kritisierte Karamzin die Reformneigungen Alexanders und warnte vor jeder leichtfertigen Infragestellung des Prinzips der kaiserlichen Selbstherrschaft. Falls der Zar etwas von seiner Macht preisgäbe, hätte jeder patriotische Russe das Recht und die Pflicht, ihm zu sagen: »Sire, Sie überschreiten Ihre Befugnisse. Aus früheren Katastrophen klug geworden, hatte Rußland Ihrem Vorfahren vor dem heiligen Altar die absolute Macht überhändigt und ihn aufgefordert, das Land allein zu regieren, ohne Einschränkungen oder Hemmnisse. Dieses Mandat ist die Grundlage Ihrer Macht, eine andere haben Sie nicht. Sie dürfen alles tun, nur nicht Ihre Machtbefugnisse durch Gesetze einschränken.«[8] Auch ein Rütteln am Prinzip der Leibeigenschaft würde, davon war Karamzin überzeugt, fatale Folgen haben. Gäbe man den Bauern die Freiheit, so würden sie sich dem Trunk und dem Verbrechen hingeben.[9] Im Rahmen des herrschenden Systems assistierten nach Meinung Karamzins die Grundbesitzer, vermittels ihrer persönlichen Macht über die Leibeigenen, der Regierung bei der Aufrechterhaltung von Ruhe und Ordnung. Allein könne der Staat nicht hoffen, mit den Unruhen fertigzuwerden, die im Gefolge einer Aufhebung der Leibeigenschaft unweigerlich unter den Bauern ausbrechen würden. »Es ist die vorrangige Pflicht des Herrschers, die innere und äußere Einheit [und Sicherheit] des Staates zu bewahren. *Die Sorge um die Wohlfahrt gesellschaftlicher Klassen und einzelner Personen muß dahinter zurücktreten.*«*[10]

Ob Alexander diese Denkschrift jemals gelesen hat, ist nicht bekannt. Gewiß enthielt sie vieles, das in seinen Ohren sehr schmerzhaft geklungen hätte, so etwa die sehr eindringlichen Anspielungen auf die Tyrannei seines Vaters und auf seine Ermordnung, auf das ausschweifende Leben von Alexanders Großmutter Katharina der Großen und ähnliches mehr. Die Schrift Karamzins konnte infolgedessen erst nach der Revolution von 1905 unzensiert erscheinen. Es war für russische Historiker zu keiner Zeit einfach – und sollte in der sowjetischen Periode sogar noch schwieriger werden –, ungeschminkt über die jüngere Geschichte ihres Landes zu schreiben, selbst wenn sie im großen und ganzen eindeutig für das herrschende Regime Partei nahmen. Karamzin, der das Prinzip der Autokratie verteidigte, war zugleich ein schneidender Kritiker so gut wie aller früheren russischen Herrscher; eine Passage seiner Schrift, in der er sich ablehnend zu Palastrevolutionen äußert, enthält einen ungewollten ironischen Aspekt. »Was wird aus der Autokratie werden, wenn eine Anzahl von hohen Herren, Generälen und Gardeoffizieren sich die Macht anmaßt, im geheimen zu töten oder unsere Monarchen vom Thron zu stoßen? Sie würde zum Spielzeug einer Oligarchie, aus der bald Anarchie würde, welche schlimmer ist als der schlimmste Herrscher, weil sie alle bedroht, während der Tyrann nur einige tötet.«[11] Ein seltsames Plädoyer für die Autokratie, das so nahe an eine Verurteilung herankommt! Andererseits unterscheidet sich diese Argumentation vielleicht nicht so sehr von jenen offiziellen Lobpreisungen des Sowjetsystems, in denen behauptet wird, nur der Kommunismus habe das Übel des Stalinschen »Personenkults« überwinden können.

Die Existenz der zitierten Denkschrift Karamzins war bis 1836 nur einer Handvoll Personen bekannt. Nichtsdestoweniger brachten die darin ausge-

* Hervorhebung vom Verfasser

sprochenen Gedanken sowohl die festen Überzeugungen der zeitgenössischen russischen Konservativen als auch die Befürchtungen ihrer liberalen Gegenspieler treffend zum Ausdruck, selbst wenn letztere dies nicht zugegeben hätten. Die Geschichte und die aktuellen Verhältnisse Rußlands ließen die Aussichten auf mehr Freiheit gering erscheinen. Der »Bund der Rettung« war in einem Anfall jugendlichen Überschwangs ins Leben gerufen worden. Im Jahre 1818 waren seine Mitglieder ein wenig älter und um vieles weiser. Sie hatten erkannt, wie ungeheuer verwickelt die Aufgabe war, die sie sich zwei Jahre zuvor gestellt hatten, und schickten sich nun an, ihrem Projekt eine tragfähigere Grundlage zu verschaffen.

Im Verlauf der Erörterungen, die sie in den ersten Monaten des Jahres 1818 in Moskau abhielten, beschlossen die Mitglieder des Bundes, die alte geheime Gesellschaft aufzulösen und ihre Dokumente zu verbrennen. An ihrer Stelle gründeten die Verschwörer eine neue Organisation, den »Wohlfahrtsbund«. Zwischen den beiden Vereinigungen bestand eine starke Kontinuität: Von den 29 Gründungsmitgliedern des neuen Bundes hatten 22 auch schon dem alten angehört. Allerdings fehlten dem Wohlfahrtsbund die ausgeprägt verschwörerischen und politischen Wesenszüge seines Vorgängers. Verzichtet wurde unter anderem auf die quasifreimaurerischen Sprachformen und Rituale. Anstelle des bisherigen Schwurs mit den martialisch klingenden Strafandrohungen mußte ein neu aufgenommenes Mitglied jetzt nur noch sein Ehrenwort geben, die Geheimnisse der Gesellschaft nicht preiszugeben und nicht gegen ihre Interessen tätig zu werden. Wie es in der entsprechenden Formel hieß, enthielten die Ziele und Statuten des Wohlfahrtsbundes nichts, das so ausgelegt werden dürfe, als beinhalte es Zweifel an der Glaubenstreue, den patriotischen Gefühlen oder den sozialen Verpflichtungen des Russen.[12]

Das Statut des Bundes wurde von einem Dreierausschuß aufgesetzt, zu dem auch Michael Murawjow (der spätere »Henker«) gehörte, und war der Satzung des 1808 in Preußen gegründeten »Tugendbunds« nachgebildet. Dieser in seiner Gesinnung unbeirrbar monarchistische Bund hatte die Reformierung und Modernisierung der preußischen Gesellschaft auf seine Fahnen geschrieben, mit dem Ziel, Deutschland zur Abschüttelung der französischen Oberherrschaft zu befähigen. Soweit es seinen Prinzipienkatalog betraf, konnte der Wohlfahrtsbund also auf ein durch und durch respektables und »staatstragendes« Vorbild verweisen.

Indes, die Dekabristen gaben keineswegs ihre Revolutionsträume preis, um sich nun etwa ausschließlich auf philanthropische und erzieherische Tätigkeit zu verlegen, wie es bei einer oberflächlichen Lektüre der neuen Statuten den Anschein hätte haben können. Die vorgeschlagene organisatorische Gestalt des Wohlfahrtsbunds sah einen aus den Gründungsmitgliedern zusammengesetzten inneren Zirkel vor, eine sogenannte Basisgruppe, die die Angelegenheiten der gesamten geheimen Gesellschaft leiten sollte. Jeder Angehörige dieses inneren Kreises hatte die Aufgabe, eine Unterzelle mit wenigstens zehn, aber nicht mehr als zwanzig Mitgliedern zu organisieren. Erst wenn der Wohlfahrtsbund insgesamt über eine beträchtlich größere Mitgliederschaft verfügen würde, sollten auch Personen, die nicht aus dem Kreis der Gründungsmitglieder stammten, in die Basisgruppe hineingewählt werden und so voll an der Politik und den Planungen der Gesellschaft teilhaben können. Die Basisgruppe wählte sodann sechs ihrer Mitglieder in einen »Basisrat« genannten Exekutivausschuß. Der gesamte Wohlfahrtsbund wies eine an hierarchischen und elitären Maßstäben orientierte, pyramidenartige Organisationsstruktur auf. Ein ähnliches Muster fand sich später in den populistischen Verschwörungen der 1860er und 1870er Jahre, und auch eine gewisse Analogie zu den geheimen marxistischen Zellen im Rußland der Vorrevolutionszeit ist unübersehbar. Die Gründer wollten offenbar sicherstellen, daß nur der innere Kern der Organisation, das heißt, nur sie selbst, die letztendlichen politischen Ziele der Gesellschaft kannten und bestimmten; neu aufgenommene Mitglieder sollten dieses Wissens und dieser Mitbestimmung erst nach einer Phase der Indoktrinierung teilhaftig werden. Somit bestand, zumindest zeitweilig, eine Verschwörergruppe innerhalb der Verschwörergruppe: Der Wohlfahrtsbund als ganzer diente als Fassade für einen harten Kern von Veteranen aus dem alten »Bund der Rettung«, die nach wie vor entschlossen waren, grundlegende Veränderungen des politischen und gesellschaftlichen Systems in Rußland zu erzwingen.

Die Gründer des Wohlfahrtsbundes gingen davon aus, daß jene Hunderte, ja Tausende potentieller Anhänger, die anfänglich vielleicht zögern würden beizutreten, sich durch den humanitären und unpolitischen Charakter des Programms, das der Bund nach außen hin vertrat, würden gewinnen lassen. Da man sich in Rußland befand, konnte man sicher sein, daß die Regierung eine offen auftretende Organisation dieser Größenordnung nicht zulassen konnte und würde; der Zar wachte schließlich eifersüchtig nicht nur über seine Vorrechte, sondern auch über seinen Anspruch, der alleinige Wohltäter seines Volkes zu sein. Sollte das Regime jedoch, was als wahrscheinlich anzunehmen war, von der Existenz des Wohlfahrtsbunds erfahren, würde es kaum anders können, als dessen Ziele und Bemühungen inoffiziell gutzuheißen. Diese Bemühungen sollten sich vornehmlich auf vier Bereiche konzentrieren. Einer davon beinhaltete philanthropische Aktivitäten: Die auf diesem Sektor tätigen Leute sollten sich den bereits bestehenden Organisationen zur Linderung der Armut, zur Pflege der Kranken, zur Verbesserung der Verhältnisse in den Gefängnissen usw. anschließen und deren Arbeit fördern. Besonderes Augenmerk sollte dem Schutz leibeigener Bauern vor ausbeuterischen Grundherren und ganz allgemein der Verbesserung der Lage der Leibeigenen gewidmet werden.

Diejenigen Mitglieder des Wohlfahrtsbunds, die für Aufgaben im Bereich der öffentlichen Bildungs- und Aufklärungsarbeit ausersehen wurden, erhielten den Auftrag, Einfluß in den staatlichen Bildungseinrichtungen zu gewinnen und auf deren Arbeit einzuwirken. Viele der führenden Dekabristen waren von ausländischen Hauslehrern erzogen worden und/oder hatten im Ausland studiert. Gleichwohl glaubten sie fest an die Notwendigkeit einer nationalistischen Orientierung im Bildungsbereich. Die Schüler sollten zuallererst über ihr eigenes Land erfahren und lernen, auf ihre nationale Erbschaft stolz zu sein und die sklavische Nachahmung westlicher Vorbilder zu meiden. Zum Aufgabenbereich der öffentlichen Aufklärung gehörte, was wir heute Propaganda und Indoktrinierung nennen würden. Der Wohlfahrtsbund machte es sich zur Aufgabe, Zeitschriften, Zeitungen und Bücher finanziell zu fördern, die seine Ziele propagierten. Er würde sich, wie es in seiner Satzung hieß, bemühen, die Gesellschaft als ganze dazu zu bringen, daß sie seine moralischen und künstlerischen Maßstäbe übernahm. Literatur und Kunst sollten, wie die Dekabristen glaubten, nicht in erster Linie nach ästhetischen Kriterien beurteilt werden, sondern danach, in welchem Grade sie gesellschaftlich nützliche Ideen und patriotische Gefühle in den Vordergrund stellten. »Kraft und Zauber der Poesie« sollten sich hauptsächlich verkörpern »in der Lebendigkeit des Stils und in der Anständigkeit der Sprache und vor allem in einem unzweideutigen Eintreten für geistig hohe und altruistische Grundsätze«. Es sei, anders gesagt, »der Poesie unwürdig, Themen zu behandeln oder Gefühle zu schildern, die das Streben nach dem moralisch Guten schwächen, statt es zu stärken«.[13]

Ironischerweise kamen diese von den Gegnern des Regimes aufgestellten Grundsätze sogar in der verwandten Sprache der Denkweise sehr nahe, die hinter der vom zaristischen Regime über die literarische und künstlerische Betätigung ausgeübten Zensur stand. So fortschrittlich und liberal die Absichten gewesen sein mögen, die die Dekabristen mit der Formulierung ihrer Leitlinien für das künstlerische Schaffen verbanden, die Tendenz zur Gängelung der Künste gemäß bestimmter moralischer und patriotischer Ziele verrät mehr als bloß andeutungsweise, daß hier bereits jene geistige Intoleranz am Werke war, die auch ein Kennzeichen späterer Generationen russischer Revolutionäre sein und die ihren schlagendsten Ausdruck schließlich im kommunistischen System der Gedankenkontrolle finden sollte.

Ein dritter Sektor des geplanten Wirkens des Wohlfahrtsbundes war der Bereich »Gesetz und Ordnung«. Die für die Arbeit auf diesem Gebiet Abgestellten wurden angewiesen, auf Amtsmißbräuche zu achten, sie öffentlich bekannt zu machen und dagegen anzugehen. Für den Fall, daß sie ein Richteramt ausübten (es gab um diese Zeit in Rußland noch keine berufsmäßigen Rechtspfleger, auch existierte keine klare Trennung zwischen der Exekutive und den einzelnen Bereichen der Rechtssprechung), waren sie gehalten, sich an den Maßstäben strengster Rechtschaffenheit und Rationalität zu orientieren. Beamte, die Schmiergelder nahmen, ihre Pflicht vernachlässigten, ihre Untergebenen schikanierten oder ihre Macht anderweitig mißbrauchten, sollten öffentlich scharf gebrandmarkt werden. Dieser Zweig des Wohlfahrtsbundes diente also, allgemeiner gesagt, dem Zweck, die Grundsätze der Rationalität und Humanität in die Rechtspflege und in die öffentliche Verwaltung einzupflanzen und die korrupten und trägen russischen Bürokraten Gottesfurcht zu lehren. In diesem Sinn nahm der Bund sich auch vor, der Gesellschaft beizubringen, daß etwas getan werden konnte und mußte, um die Beamten, von den niedrigsten bis zu den höchsten Rängen, zur Erfüllung ihrer Pflichten zu zwingen.

Der vierte große Unterbereich, auf dem der Wohlfahrtsbund tätig werden sollte, war die nationale Wirtschaft. Um hier etwas bewirken zu können, hofften die Dekabristen, nicht nur Leute aus den entsprechenden Verwaltungszweigen und Grundeigentümer mit landwirtschaftlichem Spezialwissen, sondern auch Angehörige der unteren Schichten wie etwa Händler und Handwerker für ihren Bund zu gewinnen. Allein, dieser Versuch, die soziale Basis der geheimen Gesellschaft zu verbreitern, schlug auf bemerkenswerte Weise fehl. Der wirtschaftspolitische Teil des Programms des Wohlfahrtsbundes sollte weitgehend im Stadium guter Absichten steckenbleiben. Von der industriellen Revolution war Rußland noch einige Jahrzehnte entfernt, und von einer bürgerlichen Mittelschicht im westeuropäischen Sinne dieses Begriffs existierten vorerst nur rudimentärste Ansätze. Immerhin aber bezeugt die Tatsache, daß das Programm des Wohlfahrtsbundes die Notwendigkeit einer Förderung der industriellen und kommerziellen Entwicklung, einer Verbesserung der Verkehrs- und Nachrichtenverbindungen und der Gründung von Versicherungsgesellschaften hervorhob, den umfassenden und weiten Blick seiner Autoren. Was an dem Programm noch auffällt, ist das Fehlen jeden ausdrücklichen Verweises auf die Abschaffung der Leibeigenschaft. Dies stand im Einklang mit dem bewußt gemäßigten Tenor des für die Öffentlichkeit bestimmten Teils des Programms von 1818.

Freilich war dieses Programm, das »Grüne Buch«, wie es wegen der Umschlagfarbe des Originalexemplars genannt wurde, weitgehend unrealistisch. Zwar sollte der Wohlfahrtsbund bald über eine nach Hunderten zählende Mitgliederschaft verfügen, doch war dies bei weitem noch nicht ausreichend, um die im Programm benannten Aufgaben in Angriff zu nehmen. Es hätte aller Mittel und Möglichkeiten einer modernen, gut organisierten und disziplinierten Partei bedurft, um die im Grünen Buch formulierten Ziele zu erreichen – und die Dekabristen selbst hätten innerhalb der russischen Gesellschaft zu einer Kraft werden müssen, die dem etablierten Regime Paroli bieten konnte. Trotz aller Bestimmungen und Vorkehrungen, die eine zentralisierte Leitung des Wohlfahrtsbundes und seiner Nachfolgegesellschaften gewährleisten sollte, gelang es zu keiner Zeit, die Aktivitäten der Mitglieder wirksam zu koordinieren. Die Dekabristen blieben bis zum Ende eine Ansammlung lose untereinander verbundener Zellen, statt sich zu einer disziplinierten, einheitlich geführten Organisation zu entwickkeln. Die heutigen politischen Parteien sind sicherlich bis zu einem gewissen Grad Produkte der modernen Technik, und in einer Zeit, die noch keinen Telegrafen und keine Eisenbahn kannte, war eine koordinierte

Parteiarbeit in einem so riesigen Flächenstaat wie Rußland undenkbar, so daß die ehrgeizigen Ziele des Grünen Buches schon deshalb kaum zu verwirklichen gewesen wären.

Aber das gemäßigte und scheinbar wenig konfliktträchtige Programm des Wohlfahrtsbundes enthüllte nicht die ganze Wahrheit über die Ziele der Dekabristen. Es existierte ein zweiter und geheimer Text des Grünen Buches, der nur dem inneren Kreis des Bundes bekannt war; darin wurden die politischen Ziele der Gesellschaft formuliert und ihre Entschlossenheit bekräftigt, repräsentative Einrichtungen einzuführen und die Leibeigenschaft abzuschaffen.[14] Auch legten sich die Dekabristen nicht ausschießlich auf eine friedliche Verfolgung ihrer Ziele fest: Ihr geheimes Programm schloß die Möglichkeit nicht aus, daß das herrschende Regime mit Gewalt gestürzt werden müsse.

Nach 1818 blieben die Dekabristen weiterhin unschlüssig, welchen Weg sie einschlagen sollten: Revolution oder friedliche Reform, Verschwörung gegen die Regierung oder Zusammenarbeit mit ihr. Ebenso wie ihr Zar hatten diese russischen Revolutionäre der ersten Generation etwas Hamlethaftes an sich. Bei Alexander I. waren es die liberalen Überzeugungen, die von einem autoritär gearteten Charakter an der Entfaltung gehindert wurden; im Falle der Dekabristen war es die revolutionäre Ungeduld, die von der Befürchtung in Schach gehalten wurde, daß ein Schlag gegen das verhaßte politische System und seine Verkörperung, den Zaren, auf das Land selbst zurückfallen und ihm Schaden zufügen könnte. Schließlich bestand das letztendliche Ziel des Wohlfahrtsbundes, wie es in seinem Statut hieß, darin, dem Land »zu jener Größe und Wohlfahrt zu verhelfen, die ihm vom Schöpfer bestimmt sind«. Die Frage war allerdings, ob innere Kämpfe, Attentate und womöglich ein Bürgerkrieg geeignet waren, diesem Ziel näherzukommen. Die Dekabristen jedenfalls vermochten sich nicht zu einem Attentat auf Alexander durchzuringen, und er zog seinerseits trotz der häufigen Berichte über die Aktivitäten der geheimen Gesellschaften, die ihn erreichten, zu keiner Zeit Maßnahmen gegen sie in Betracht, abgesehen von seinen allerletzten Lebenstagen. Im Jahr 1821 berichtete Graf Ilarion Wasilsikow, damals befehlshabender Offizier der Kaiserlichen Garde, dem Zaren ausführlich über die Zugehörigkeit vieler seiner Offiziere zu geheimen Gesellschaften: »Lieber Wasilsikow«, entgegnete der Zar, »Sie dienen mir schon lange Zeit. Sie müssen wissen, daß ich selbst einst ähnliche Illusionen und Irrtümer geteilt und ermutigt habe. Es steht mir nicht an, sie zu bestrafen.«[15] Man kann diese Einstellung des Kaisers nicht als bloßen Fatalismus oder als Äußerung eines persönlichen Schuldgefühls erklären. Alexander pflegte gegen Tendenzen, die er als eine reale Bedrohung seiner Person oder seiner Macht empfand, rasch und entschlossen vorzugehen und diejenigen, die sich ihm widersetzten, gnadenlos zu bestrafen. Aber er kannte die Dekabristen und ahnte gefühlsmäßig, daß sie die Kluft zwischen umstürzlerischen Debatten und revolutionären Taten wahrscheinlich nie würden überbrücken können. Er sah in ihnen keine unmittelbar drohende Gefahr und glaubte, daß die jungen Hitzköpfe mit der Zeit, ebenso wie er selbst, zu der Einsicht gelangen würden, daß die Entwicklung Rußlands ihren eigenen, vom Trägheitsprinzip bestimmten und seit je unbeeinflußbaren Weg gehen würde.

In der Tat erreichte der Wohlfahrtsbund im Verlauf der drei Jahre seines Bestehens keines der Ziele, die er sich selbst gesteckt hatte, auch nur annähernd. Zwar vergrößerte sich die Mitgliederschaft, aber dafür schieden einige der älteren Mitglieder aus, sei es, weil sie anderen Sinnes geworden waren, wie Alexander Murawjow, der sich immer stärker zur Religion hingezogen fühlte, oder sei es aus Gründen der Vorsicht: Es war offenkundig, daß die Regierung von den Aktivitäten des Bundes Kenntnis besaß. In St. Petersburg, Moskau und in mehreren Garnisonsstädten entstanden neue Gruppen, die bemerkenswerteste in Tulcin, wo Paul Pestel', der zunehmend als führender Kopf der Gesellschaft anerkannt wurde, im Hauptquartier der Zweiten Armee diente. Die Tätigkeitsbilanz der Gesellschaft war im ganzen jedoch eher mager. Die Basisgruppe hielt, ebenso wie die einzelnen Sektionen, ihre Zusammenkünfte ab, auf denen über die traurige Lage des Landes diskutiert, über das beste zukünftige politische System für Rußland nach dem Zusammenbruch der Autokratie debattiert und gestritten und schließlich immer wieder die unausweichliche und doch unbeantwortbare – und auch niemals beantwortete – Frage gestellt wurde: Wann und wie? Aber im Hinblick auf das im Grünen Buch festgelegte ehrgeizige Ziel der geheimen Gesellschaft, in den wichtigsten Bereichen des nationalen Lebens an Einfluß zu gewinnen, wurden nur wenige oder gar keine Fortschritte erzielt. Einige literarische und ökonomische Gesellschaften und Diskussionsgruppen wurden materiell und ideell gefördert, die Hauptsäulen der politischen Reaktion, allen voran der Minister Araktschejew, wurden in Schmähgedichten und Pamphleten angegriffen, und historiographische und literarische Rechtfertigungen der Autokratie wie Karamzins berühmte *Geschichte des Russischen Staates* wurden kritisiert. Alle diese Aktivitäten blieben freilich hinter dem ursprünglich verkündeten Ziel zurück: der Schaffung und maßgeblichen Beeinflussung einer öffentlichen Meinung im vollen Sinn des Wortes. In der Tat mußte sich der vom Wohlfahrtsbund propagierte Liberalismus damit begnügen, zu einem unter mehreren bei den oberen Schichten gerade als chic geltenden Modeartikeln zu werden. Eine einflußreiche Kraft, die der Regierung ihren politischen Willen aufzwingen oder aus eigener Initiative auf erwünschte Reformen und Bewußtseinsformen hinwirken hätte können, wurde sie jedenfalls nicht. Einige – wenn auch, an der Größe des Problems gemessen, mikroskopisch kleine – Ergebnisse zeitigten die Aktivitäten des Wohlfahrtsbunds im Bildungsbereich. Indes sollten noch mehrere Jahrzehnte vergehen, ehe fortschrittlich denkende Grundbesitzer damit begannen, auf eigene Kosten Schulen für ihre Bauern einzurichten und zu unterhalten, und ehe es in den Städten zur – dann allerdings rasch um sich greifenden – Einrichtung von Sonntagsschulen für die Kinder der unteren Bevölkerungsschichten kam. Solange noch die Leibeigenschaft existierte, wäre es wohl unmöglich und vielleicht sogar grausam gewesen, eine Alphabetisierungskampagne auf breiter Basis zu propagieren, und es ist zumindest zweifelhaft, ob die Regierung einen solchen Plan genehmigt hätte.

Das wenige, das in diese Richtung hin unternommen werden konnte, konzentrierte sich auf die sogenannten Lancaster-Schulen, eine aus Großbritannien importierte Idee. In diesen Schulen wurden die fortgeschrittenen Schüler zur Unterrichtung der Erstkläßler eingesetzt. Die Dekabristen beteiligten sich am Aufbau und an der Leitung der »Freien Gesellschaft für die Errichtung von Schulen nach der Methode der Gegenseitigen Unterrichtung«, die von der Regierung 1819 anerkannt wurde und Lancaster-Schulen für die Kinder der Armen einrichtete. Es lag auf der Hand, daß diese Methode sich auch in der Erwachsenenbildung einsetzen ließ, und zwar insbesondere zum Zweck einer Verminderung der horrenden Analphabetenrate unter den Soldaten. Erwartungsgemäß dauerte es nicht lange, bis zumindest *ein* Dekabrist erkannte, welches propagandistische Potential in dieser Unterrichtsmethode steckte.

Graf Michael Orlow wird angesichts der Ereignisse in seinen späteren Lebensjahren gewöhnlich nicht als einer der führenden Köpfe der Dekabristenbewegung bezeichnet, aber er war ohne Zweifel eine der herausragenden Persönlichkeiten unter ihnen. Das Familienvermögen ging auf einen Onkel von ihm zurück, einen der früheren »offiziellen« Liebhaber Katharinas der Großen, der ihr, zusammen mit seinem Bruder, auf den Thron geholfen hatte. Michael Orlow erwarb sich in den Napoleonischen Kriegen große Verdienste, sowohl auf dem Schlachtfeld als auch auf dem diplomatischen Parkett als geschickter Unterhändler. Er war maßgeblich an der Aushandlung der Bedingungen für die Kapitulation von Paris im Jahre 1814 beteiligt. Mit 26 bereits Generalmajor und Günstling des Kaisers, schien er für eine glänzende Karriere prädestiniert. Aber Orlow besaß nicht die Qualitäten eines Höflings, und gerade der enge Umgang, den er mit dem Zaren hatte, erwies sich als entscheidendes Hemmnis für seinen weiteren Aufstieg. Er gab Alexander deutlich seine ablehnende Haltung zur Gewährung einer Verfassung für Polen zu verstehen, da er darin eine Kränkung für den nationalen Stolz und die Interessen Rußlands sah. Außerdem organisierte der freimütige Offizier eine von einer Reihe von Grundherren unterschriebene Petition, in der der Zar gebeten wurde, die Leibeigenschaft abzuschaffen oder wenigstens zu reformieren. Alexander erklärte dem Vertreter der Bittsteller kühl, es sei seine, des Zaren, Sache und nicht die ihre, sich die für das Wohlergehen seiner Untertanen notwendigen Maßnahmen zu überlegen. Der nunmehr in Ungnade gefallene Orlow erhielt nacheinander verschiedene Kommandos in den Provinzen, zunächst in Kiew, dann noch weiter von der Hauptstadt entfernt, in Kischinjow, der hinterwäldlerischen Hauptstadt der Region Bessarabiens.

Der mit seinem Versuch der Einflußnahme auf den Zaren gescheiterte junge Adlige wurde zum Gründungsmitglied des Wohlfahrtsbunds und zu einem der aktivsten Propagandisten von dessen Ideen. Sowohl in Kiew als auch in Kischinjow organisierte er für seine Soldaten Lancaster-Schulen, in denen Hunderte von Schülern unterrichtet wurden. Bei der Übernahme des Kommandos über eine Infanteriedivision kündigte Orlow an, er werde keine ungerechte Behandlung von Soldaten dulden, und er hielt Wort. Offiziere, die beschuldigt wurden, ihre Befehlsgewalt mißbraucht oder ihre Untergebenen unangemessen hart angefaßt zu haben, wurden auf seinen Befehl vors Militärgericht gestellt. Orlow ermunterte die gemeinen Soldaten auch – ein für das russische Heer jener Zeit noch ungewöhnlicherer Schritt –, jede Pflichtverletzung ihrer Vorgesetzten zu melden.

Der Mann, den Orlow mit der Aufsicht über die Schulungstätigkeit in der Division betraut hatte, war Wladimir Rajewskij, ein Genosse aus dem Wohlfahrtsbund. Rajewskij hat sich das Prädikat des »ersten Dekabristen« erworben, d. h. er war das erste Mitglied des Wohlfahrtsbundes, das wegen subversiver Betätigung angeklagt und verurteilt wurde, lange bevor es zur eigentlichen Revolte kam. Rajewskij wurde im Februar 1822 verhaftet, und die Ermittlungen resultierten in dem Vorwurf, er habe seine Stellung dazu benutzt, unter seinen Soldaten-Schülern konstitutionelle und egalitäre Ideen zu verbreiten. Daß er dies getan hatte, und zwar mit Wissen und Billigung Orlows, steht außer Frage; den jungen General bewahrten jedoch seine Beziehungen zu Hofe davor, ein ähnliches Schicksal wie Rajewskij zu erleiden (der im Anschluß an eine längere Kerkerhaft nach Sibirien geschickt wurde). Allerdings wurde Orlow 1823 seines Divisionskommandos enthoben; er blieb zwar Offizier, erhielt aber kein Kommando mehr.

Die Orlow-Rajewskij-Affäre markiert – abgesehen von jenem verhängnisvollen Aufgalopp vom 14. Dezember 1825 – den einzigen Versuch der Dekabristen, unter den einfachen Soldaten auf breiter Front für ihre Ziele zu agitieren. Die Tatsache, daß es bei diesem einen Versuch blieb, unterstreicht die Wahrheit von Puschkins Einsicht, der zufolge den Dekabristen die Entschlossenheit des wahrhaften Revolutionärs gefehlt habe, jene Selbstgewißheit und Leidenschaft, die den Verschwörer zu der Überzeugung gelangen läßt, der Zweck müsse letztlich alle Mittel heiligen.

Die Strategie, zu der sich der Wohlfahrtsbund bekannte, revolutionäre Veränderungen mit den Mitteln einer »Taktik der kleinen Schritte« zu erreichen, konnte unter den Bedingungen einer autoritären Gesellschaft nicht aufgehen. Dasselbe Motiv, das die Dekabristen zu Verschwörern machte – ihr Patriotismus –, hinderte sie andererseits daran, gute, d. h. erfolgreiche oder doch wenigstens gefährliche Revolutionäre zu sein, denn es verbot ihnen, im Dienste ihrer Ziele Bauern- und Soldatenaufstände anzuzetteln und ihr geliebtes Land in einen Bürgerkrieg und in die Anarchie zu stürzen.

Hätten sie in dieser Beziehung anders gedacht, es hätte für die Dekabristen zahllose Gelegenheiten gegeben, gesellschaftliche Spannungen für ihre Zwecke zu nutzen. Eines der brennendsten Probleme des russischen Lebens jener Zeit bildeten die sogenannten Militärkolonien; diese Einrichtungen beruhten auf einer Idee Alexander I., wurden jedoch später ungerechterweise mit Araktschejew identifiziert, dem der Zar ihre Verwaltung übertrug. In der Theorie nahm sich der Plan sowohl human als auch vernünftig aus: Die Militärkolonien waren ländliche Siedlungen, in denen die männlichen Erwachsenen landwirtschaftliche Arbeit mit militärischem Dienst verbanden. Man war davon ausgegangen, daß die Bauern-Soldaten selbst die offenkundigen Vorteile dieses Systems einsehen würden: Obgleich in Uniform, blieben sie, solange kein Krieg herrschte, in ihrem Heimatdorf und mit ihrer Familie zusammen. Strenge Überwachung und Disziplin würden dafür sorgen, daß die Arbeitsproduktivität in den Militärkolonien höher und die Lebensbedingungen gesünder und geregelter sein würden als in den meisten gewöhnlichen Dörfern. Die Kolonien würden, kurz gesagt, als Vorbilder für das übrige ländliche Rußland dienen, und die Bauern-Soldaten würden darüber hinaus Selbstversorger sein und auf diese Weise dazu beitragen, daß sich die enormen Aufwendungen für den Unterhalt der Streitkräfte verringerten.

Allein, wie viele sozialtechnische Projekte erwies sich auch dieses, so verlockend es sich in der Theorie darstellte, in der Praxis als katastrophaler Fehlschlag. Die russischen Bauern, selbst wenn sie unfrei waren, hatten, so ihr Grundherr nicht gerade ein Ausbund von Tyrann war, immer noch einen kleinen unangetasteten privaten Lebensbereich zur Verfügung gehabt, und gerade dieser ging in den Militärkolonien, in denen selbst die familiären Beziehungen reglementiert und militärisch organisiert wurden, nun gänzlich verloren. So kam es, daß die Bewohner dieser Siedlungen bei allen vermeintlichen und realen Vorteilen, die sie genossen, doch bald das Gefühl hatten, einem besonders krassen Sklavenjoch unterworfen zu sein, in dem sich die schlimmsten Elemente sowohl der Leibeigenschaft als auch des Soldatendaseins miteinander verbanden. Viele Dörfer wandten sich mit Petitionen an die Behörden und baten um eine Rückkehr zu den gewohnten Verhältnissen ihrer bäuerlichen Existenz, aber ihre Bitten fruchteten nichts. Die Unzufriedenheit der Bauern-Soldaten entlud sich in einer Reihe von Tumulten und Meutereien, die von regulären Truppen niedergeschlagen werden mußten. Nun zeigte Alexander grimmig seine Hartnäckigkeit: Er würde an seiner Idee festhalten, und seine Bauern würden ihm gehorchen, selbst wenn es zu ihrer Belehrung eines Massakers bedurfte. So reagierte der Zar jedenfalls auf einen dieser Vorfälle. Ein Dekabrist schrieb über das mißglückte Experiment später: »Die gewaltsame Durchsetzung der sogenannten Militärkolonien wurde mit Befremden und Unwillen aufgenommen ... Bezeugt die Geschichte irgend etwas, das diesem unvermittelten Überfall auf ganze Dörfer [gleicht] ..., diesem Zugriff auf die Häuser friedlicher Siedler, denen alles weggenommen wurde, was sie und ihre Vorfahren sich erarbeitet hatten, und die gegen ihren Willen zu Soldaten gemacht wurden?«[16] Indes, sosehr die Dekabristen die Leiden der unglücklichen

Siedler beklagten, als organisierte Gruppe waren sie außerstande und auch nicht willens, sich für die Bedrängten einzusetzen oder die Situation für ihre eigenen Zwecke auszunutzen.

Noch kennzeichnender für die Unfähigkeit der Dekabristen, vom revolutionären Debattieren zur revolutionären Tat überzugehen, war die vollständige Untätigkeit, in der sie während der Unruhen im Semjonowskij-Garderegiment verharrten. Gewöhnlich wird diese Episode, die sich im Herbst 1820 ereignete, als eine Meuterei bezeichnet, aber da keine Gewalt ins Spiel kam, wäre es zutreffender, die Protestaktion der Mannschaften des Regiments einen Streik zu nennen.

Es ist für den heutigen Betrachter nicht leicht zu verstehen, warum im russischen Heer jener Periode Meutereien verhältnismäßig selten vorkamen. Die Wehrpflicht für den einfachen Soldaten dauerte 25 Jahre; die geringste disziplinarische Verfehlung, der kleinste Fehler im Betragen oder auch nur ein falscher Schritt bei einer der endlosen Paraden und Exerzierübungen konnte die Auspeitschung zur Folge haben. Es war bei den Offizieren gängige Praxis, ihr mageres Gehalt dadurch aufzubessern, daß sie einen Teil des ihnen für den Unterhalt der Mannschaften zufließenden Geldes in die eigene Tasche leiteten. Ungeachtet dessen ertrugen die russischen Soldaten in aller Regel die Demütigungen und Entwürdigungen ihres militärischen Alltags mit jener apathischen und unterwürfigen Duldsamkeit, die gewissermaßen als Erbgut der russischen Bauern von Generation zu Generation weitergegeben wurde.

Im Elitekorps der Semjonowskij-Garden waren die Verhältnisse ein bißchen besser. Die Offiziere dieses Regiments besaßen normalerweise moralisch und geistig weit mehr Format als ihre Ranggenossen in den regulären Verbänden, wie sich schon an der Zahl der Dekabristen in ihren Reihen ablesen läßt. Die zu diesem Regiment eingezogenen Soldaten konnten erwarten, daß sie humaner behandelt würden als anderswo, und so war es in der Regel auch. Ihre Dienstzeit war kürzer – »nur« 23 Jahre –, Veteranen mit Kriegsauszeichnungen wurden im allgemeinen nicht körperlich gezüchtigt, und nicht wenige unter den Soldaten konnten lesen und schreiben. Es bestand, soweit dies in einer Klassengesellschaft und in einer militärischen Einheit möglich war, eine gewisse Regimentssolidarität und Kameradschaft zwischen den Mannschaften und ihren Offizieren.

Als das Kommando über das Semjonowskij-Regiment einem Außenstehenden, einem Oberst Schwartz, übertragen wurde, erregte dies daher den Unwillen der Regimentsangehörigen. Schwartz war ein Schützling des allmächtigen Araktschejew, der angesichts der in seinen Augen laschen Behandlung der Soldaten durch die Offiziere und angesichts einiger bedauerlicher Pannen auf dem Exerzierplatz schon seit einiger Zeit die Ansicht vertrat, das Regiment brauche eine strenge Hand.* Schwartz, der deutscher

* Sowohl Alexander als auch seine beiden Brüder, der spätere Zar Nikolaus I. und der Großfürst Michael, hatten eine außergewöhnliche Vorliebe für militärische Paraden und

Abstammung war, sprach nur gebrochen russisch, was die Antipathie der von seinem menschenverachtenden Umgang mit Untergebenen aufgebrachten Offiziere noch verstärkte. Wie sein Förderer Araktschejew war der neue Regimentskommandant ein Sadist, der sich immer neue Schikanen und Bestrafungen für die Soldaten ausdachte. Bald reichten mehrere Offiziere Gesuche um Pensionierung oder Versetzung ein, und in den Mannschaftsrängen kamen Fälle von Fahnenflucht vor, was es bei diesem stolzen Regiment bis dahin noch nie gegeben hatte. Der auslösende Anlaß für die eigentliche Krise war eine besonders brutale Maßnahme von Schwartz. Die Soldaten und Offiziere des Garderegiments trugen Uniformen, deren Schnitt und Gestaltung eher auf den ästhetischen Effekt als auf Bequemlichkeit oder Zweckmäßigkeit unter Kampfbedingungen berechnet war: Der Rock war so eng, daß er den Rumpf wie in einen Schraubstock einzwängte, und ebenso die Hose, die an die hautenge Gewandung eines Balletttänzers erinnerte. Das Ankleiden war daher eine qualvolle und zeitraubende Prozedur. Als Oberst Schwartz eines Tages in den Reihen der angetretenen Truppe einen Gefreiten erblickte, bei dem einige Knöpfe offenstanden, züchtigte er ihn, schleppte ihn nach vorne und befahl allen Soldaten, dem Sünder ins Gesicht zu spucken. Am Tag darauf weigerten sich die Soldaten der betreffenden Kompanie, zum Exerzieren anzutreten, und bald folgten andere Einheiten ihrem Beispiel. Die Mannschaften hielten nicht genehmigte Versammlungen ab, und als die Semjonowskij-Offiziere sie beschworen, den Dienst wiederaufzunehmen, erscholl aus der Menge der Ruf, man werde lieber sterben, als unter Schwartz zu dienen. Am Ende wurden das gesamte Bataillon, in dem der Vorfall sich ereignet hatte, in der Festung eingekerkert und der Rest des Regiments aus der Hauptstadt entfernt. In anderen Garderegimentern begann es zu rumoren, und die Garnison von St. Petersburg wurde in Alarmbereitschaft versetzt.

Die Nachricht von den Vorfällen erreichte den Zaren in Westeuropa, wo er einer diplomatischen Konferenz beiwohnte. Er war einerseits wütend, andererseits voller Befürchtungen. Die Semjonowskij-Garde, über die er selbst ein Ehrenkommando übernommen hatte, war sein Lieblingsregiment. Gewiß dachte er in diesem Moment an die Rolle, die Garderegimenter bei früheren Palastrevolutionen gespielt hatten – auch bei der, die ihn selbst auf den Thron gebracht hatte. Ominöse Parallelen zu den aktuellen revolutionären Erschütterungen in Italien und Spanien, wo es zu Militärputschen gekommen war, drängten sich auf. Dem österreichischen Kanzler Metternich, mit dem er in jenen Tagen zusammen war, vertraute Alexander an, er sei überzeugt, hinter all diesen bedrohlichen Signalen müsse eine internationale revolutionäre Organisation stecken. Es könne nicht sein, daß dreitausend

Exerzierübungen. Die Tüchtigkeit und Kampfmoral eines Soldaten wurde in Rußland im allgemeinen geringer bewertet als seine Bereitschaft zu blindem Gehorsam und seine Fähigkeit, Uniform und Ausrüstung tadellos sauberzuhalten und bei komplizierten Manövern auf dem Paradeplatz mit choreographischer Genauigkeit Linie und Platz zu halten.

russische Soldaten, denen der Gehorsam von Kind auf eingebleut worden sei, zu meutern begännen, ohne dazu von irgendwelchen äußeren Kräften angestiftet worden zu sein.

Nach heutigen Maßstäben war die ganze Angelegenheit ziemlich harmlos: Es gab keine Gewalttätigkeiten, und die Meuterer ließen sich nach ihren geräuschvollen Protestkundgebungen brav abführen und in den Kerker sperren. Dennoch forderte der Zar eine schwere Bestrafung und setzte sie auch durch. Das Regiment wurde seiner Ehre für verlustig erklärt und aufgelöst, seine Angehörigen auf reguläre Truppeneinheiten verteilt, der Anspruch auf Urlaub wurde ihnen aberkannt, dies alles, obgleich die große Mehrzahl der Offiziere und Soldaten des Regiments an der Protestaktion nicht beteiligt gewesen war. Die als Rädelsführer der Meuterei Beschuldigten erhielten drakonische Strafen: 6000 Peitschenhiebe für 9 Soldaten, Versetzung zu gefährlichen Kommandos in Sibirien und an der kaukasischen Front für Hunderte anderer. Drei Offiziere, die für schuldig befunden wurden, Verständnis für die Protestanten gezeigt zu haben, wurden degradiert und mit Gefängnis bestraft. Der eigentliche Schuldige, Schwartz, wurde zwar wegen Feigheit zum Tode verurteilt (er hatte sich während der Protestaktion versteckt), wurde aber, dank der Intervention Araktschejews, nicht nur begnadigt, sondern erhielt auch wieder ein Regimentskommando.

Daß der Wohlfahrtsbund im Verlauf der Ereignisse um das Semjonowskij-Regiment untätig blieb, ist um so erstaunlicher, als mehrere seiner Mitglieder, darunter der spätere Anführer der Meuterei im Süden, Sergej Murawjow, zu jener Zeit in diesem Regiment dienten. Tatsächlich beteiligte sich keiner von ihnen an den Protesten, und Murawjow selbst bemühte sich mit allen Kräften, die Soldaten seiner Kompanie zum Stillhalten zu bewegen.

Doch trat bei Alexander an die Stelle seines bisherigen Gleichmuts gegenüber den heimlichen Aktivitäten innerhalb des Offizierskorps jetzt eine argwöhnische Wachsamkeit. Mit seinem Einverständnis wurden nun politische Spitzel in den Truppen eingesetzt und diejenigen Soldaten, die Lancaster-Schulen besucht hatten, besonders beobachtet. Im Mai 1821 wurde das gesamte Gardekorps zu Truppenmanövern von St. Petersburg nach Weißrußland geschickt und erst im Sommer des folgenden Jahres wieder in die Hauptstadt zurückgeholt. Zu diesem Zeitpunkt waren die revolutionären Erhebungen in Spanien und Italien niedergeschlagen. Im Jahr 1822 folgte dann ein kaiserlicher Erlaß, der die Auflösung der Freimaurerlogen anordnete und das Verbot aller geheimen Vereinigungen bekräftigte. Der Wohlfahrtsbund war zu diesem Zeitpunkt schon eingegangen.

Sein Zerfall verdankte sich nicht nur der Erkenntnis der Dekabristen, daß die Regierung ihre Aktivitäten bemerkt habe, sondern auch der Einsicht, daß das ganze organisatorische Konzept des Bundes unrealistisch war.

Der Wohlfahrtsbund hatte zur gleichzeitigen Verfolgung zweier zwar gleichartiger, aber nicht unbedingt miteinander vereinbarer Programme gedient. Obgleich er in den Augen des Gesetzes illegal war, hatten seine Initiatoren gehofft, die Regierung werde sein Reformprogramm wenn nicht fördern, so doch dulden. Die Angehörigen des harten inneren Kerns der Geheimgesellschaft schlossen gleichwohl revolutionäre Aktionen für den Fall, daß sich eine Gelegenheit dazu bieten sollte, nicht aus. Sollte die Regierung die Aktivitäten des Bundes, von denen sie unweigerlich erfahren würde – und tatsächlich auch erfuhr –, weiterhin tolerieren, dann würde, so die kühnen und höchst utopischen Hoffnungen seiner Gründer, die schiere Eigendynamik der Reformbewegung die russische Gesellschaft nach Ablauf von zwanzig Jahren in die Lage versetzen, sich vom autokratischen System und von der Leibeigenschaft zu befreien. Daß die Verschwörer jedoch diesen schizophrenen Zwiespalt – zugleich Revolutionäre, die den Sturz der Autokratie planten, und Reformer sein zu wollen, die *nolens volens* das Regime stützten – nicht auf Dauer ertrugen, ist nicht verwunderlich. Viele der Dekabristen wurden ungeduldig. Im Januar 1820 traf die oberste Leitung der Bewegung, die Basisgruppe des Bundes, verstärkt durch einige weitere Mitglieder, in St. Petersburg zusammen; als Hauptpunkt stand auf der Tagesordnung die Erörterung der relativen Vorteile des monarchischen Systems bzw. der republikanischen Regierungsformen. Pestel' trat leidenschaftlich für eine republikanische Verfassung ein, und seine Eloquenz gab den Ausschlag. Alle Anwesenden stimmten für eine Republik. Erst später machten einige, wohl nachdem sie über die Implikationen eines solchen Beschlusses nachgedacht hatten – es war schließlich ein unzweideutiges Bekenntnis zur Revolution –, einen Rückzieher und brachen ihre Beziehungen zum Geheimbund ab. Wenn die verabschiedete Resolution, die im Anschluß an die Versammlung an alle Mitglieder verschickt wurde, vielleicht auch nur, um mit Puschkin zu sprechen, ein neues »zwischen Claret und Champagner« ausgehecktes Husarenstück war, bedeutete ihre Aussage doch einen Bruch mit der im Grünen Buch vorherrschenden Philosophie der kleinen Schritte. Und im Gefolge der Affäre um die Semjonowskij-Garde war die Regierung nicht länger bereit, sich gegenüber der nicht mehr so geheimen Gesellschaft in Duldsamkeit zu üben.

Als die Dekabristen sich Anfang 1821 versammelten, um den weiteren Kurs der Bewegung zu erörtern, standen sie vor der Alternative: Revolution oder Selbstauflösung. Einer von ihnen, Iwan Jakuschkin, schrieb später: »Wir hatten das Gefühl, daß der Wohlfahrtsbund eingeschlafen war. Aufgrund seiner Struktur war sein Handlungsspielraum zu begrenzt.«[17]

Das Anliegen der Revolution vertrat Michael Orlow. Er schlug vor, der Bund solle sich auf die Durchführung eines bewaffneten Staatsstreichs vorbereiten. Der erste Schritt müsse darin bestehen, eine Geheimdruckerei einzurichten und revolutionäre Erklärungen zu veröffentlichen sowie Falschgeld herzustellen. Aber dieses Ansinnen war den Versammelten zu radikal. Es wurde abgelehnt, und Orlow verkündete postwendend seinen Austritt aus dem Bund. Die Konferenz faßte sodann den Beschluß, den Wohlfahrtsbund aufzulösen. Dies war freilich nur eine Finte, mit der die

Regierung getäuscht werden sollte, die, wie die Versammelten erkannten, Spitzel in die Gesellschaft eingeschleust hatte. Die Verschwörung sollte unter einem anderen Deckmantel weitergeführt werden, und zwar mit einer eindeutig revolutionären Zielsetzung, nämlich der Einführung repräsentativer Institutionen mit gewaltsamen Mitteln.

Wenn man das Ergebnis dieser Moskauer Konferenz in solcher Weise zusammenfaßt – und die sowjetischen Historiker tun dies auf der Grundlage ziemlich lückenhaften und häufig verwirrenden Quellenmaterials –, dann ist dies allerdings eine übermäßige Vereinfachung.[18] Irreführend ist diese Interpretation insofern, als sie einer Debatte, die in Wirklichkeit ziemlich chaotisch verlief und keine eindeutigen Festlegungen brachte, einen definitiven, klare Verhältnisse schaffenden Charakter zuschreibt. Sowjetische Historiker neigen in der Regel dazu, die Dekabristen durch das Prisma der Geschichte der Kommunistischen Partei zu betrachten. Bei diesen Verschwörern handelte es sich jedoch um unerfahrene und im revolutionären Handwerk ungeschulte junge Leute, mehr um eine politisch heterogene Ansammlung von Einzelpersonen als um eine weltanschaulich homogene Partei. Zu ihnen passen Ausdrücke wie »Einstellung« und »Impuls« vielleicht besser als »Ideologie« und »Beschluß«. Wie Pestel' später vor der Kommission zur Untersuchung der Ereignisse vom 14. Dezember aussagte: »Von den ersten Anfängen des Geheimbundes an wurde nicht eine einzige der Regeln, die er sich gegeben hatte, durchgängig und konsequent beachtet . . . sehr oft kam es vor, daß etwas, das beschlossen war, schon einen Tag später wieder in Frage gestellt und erneut diskutiert wurde . . . Es hing immer alles von den Umständen ab.«[19]

Die förmliche Selbstauflösung des Wohlfahrtsbundes sollte nicht nur der Täuschung der Regierung und ihrer Agenten innerhalb des Geheimbundes dienen. Zugleich war es auch notwendig, wie die in Moskau versammelten Mitglieder meinten, daß die Bewegung sich auf der einen Seite von Leuten wie Pestel' trennte – dem diktatorische Ambitionen nachgesagt wurden und der sich von nun an dem Republikanismus verschrieb – und andererseits von denjenigen ihrer Mitglieder, die zu konservativ dachten und nicht bereit waren, auch für einen möglicherweise gewaltsamen Umsturz des absolutistischen Systems einzutreten. Die Leute, die zu diesen beiden Kategorien gerechnet wurden, sollten nicht erfahren, daß die Verschwörerbewegung weiterhin existierte. Allein, dieser Säuberungsversuch verfehlte seinen Zweck von Anfang an. Pestel' weigerte sich einfach, wie unschwer vorauszusehen gewesen wäre, sich nach dem Moskauer Beschluß zu richten, und anstatt in seiner verschwörerischen Aktivität nachzulassen, verstärkte er sie noch. Durch die mitreißende Kraft seiner Persönlichkeit gelang es ihm, die Mehrheit der im südlichen Teil Rußlands ansässigen Dekabristen auf seine Seite zu ziehen.

So kam es, daß in der Nachfolge des aufgelösten Wohlfahrtsbunds nicht eine, sondern zwei neue Geheimgesellschaften entstanden, die sogenannte

Nördliche Gesellschaft mit Sitz in St. Petersburg, die zunächst von Hauptmann Nikita Murawjow und von Nikolaj Turgenjew geleitet wurde, einem hohen Beamten des Finanzministeriums, der den Vorsitz bei der Moskauer Konferenz geführt hatte, und die von Pestel' beherrschte Südliche Gesellschaft. Das Täuschungsmanöver der Auflösung der Gesellschaft mußte aufgegeben werden, und die beiden Ableger des Wohlfahrtsbunds hielten miteinander weiterhin Verbindung. Anders jedoch als ihr gemeinsamer Vorfahr bekannten sich die beiden neuen Geheimgesellschaften eindeutig zur Notwendigkeit des Umsturzes des autokratischen Systems; darüber, was an dessen Stelle treten sollte, hatten sie dagegen unterschiedliche Auffassungen. Während die Nördlichen zu einer konstitutionellen Monarchie neigten, waren Pestel' und seine Mitstreiter eindeutige Befürworter einer republikanischen Ordnung.

Da die Dekabristen von ihrem Traum, die russische Gesellschaft mit friedlichen Mitteln verändern zu können, nun endgültig Abschied genommen hatten, wäre es nur logisch gewesen, wenn die beiden Verschwörergruppen jetzt konkrete Pläne für revolutionäre Aktionen geschmiedet hätten. Sie taten jedoch nichts dergleichen. Immer noch, wie seit den frühesten Tagen der Bewegung, schlugen die Dekabristen sich mit dem Problem herum, wie man es anstellen sollte, die politische Macht zu erobern. Der erste Schritt schien auf der Hand zu liegen: Sie mußten den Zaren in ihre Gewalt bringen und ihn vor die Wahl stellen, entweder einer Verfassung zuzustimmen oder zu sterben. Die Diskussionen darüber, wie dies bewerkstelligt werden sollte, hatten etwas Tragikomisches an sich – ein Zeugnis dafür, daß die Dekabristen schon von ihren eigenen psychischen Voraussetzungen her unfähig waren, eine solche Tat zu vollbringen. Wer sollte Alexander entführen und bewachen? Der russische Soldat war, wenn er aufs äußerste gereizt wurde, imstande, gegen seinen Befehlshaber aufzubegehren, doch nicht einmal in der Semjonowskij-Affäre war es zu Handgreiflichkeiten gegen den verhaßten Oberst Schwartz gekommen. Konnte man sich unter diesen Umständen vorstellen, daß ein zu den Verschwörern gehörender Offizier seine Männer dazu würde bewegen können, die »Heilige Person des Kaisers«, wie der Herrscher den Soldaten Sonntag für Sonntag in der Liturgie der orthodoxen Kirche beschrieben wurde, zu verhaften und mit Gewalt festzuhalten? Oft wurde der Vorschlag gemacht, Alexander bei einem der Truppenmanöver, die er jährlich besuchte, zu entführen, aber es pflegte stets und wie zwangsläufig etwas dazwischenzukommen, das die Verschwörer dazu bewog, stillzuhalten und ihre Tat bis ins nächste Jahr zu verschieben.

Es konnte nicht ausbleiben, daß viele Dekabristen, insbesondere aus der südlichen Gruppe, auch eine drastischere Lösung ins Kalkül zogen: ein Attentat. Indes, die Tötung Alexanders würde weder automatisch das Ende der Monarchie als solcher bedeuten noch dem Land zu einer Verfassung verhelfen. Manche nördlichen Dekabristen liebäugelten mit dem Gedanken, Alexander durch seine Frau, die Zarin Elisabeth, zu ersetzen. Allein, zwar waren die kaiserlichen Eheleute einander längst entfremdet, aber deswegen zu glauben, die verträumte und kränkliche deutsche Prinzessin werde willens oder in der Lage sein, dem Beispiel Katharinas der Großen zu folgen, war doch eine reine Phantasmagorie.

Mehrere Teilnehmer der Dekabristenverschwörung sollten später, in ihren Aussagen vor der kaiserlichen Untersuchungskommission, enthüllen, daß Pestel' sich mit dem Gedanken an eine noch radikalere Lösung des Problems trug, nämlich die gesamte kaiserliche Familie zu massakrieren. Nicht nur Alexander, so forderte er, sondern auch alle in Frage kommenden Thronerben, Frauen und Kinder eingeschlossen, müßten getötet werden. Und es ist unbestreitbar, daß Pestel' in seinem fatalen Bemühen, seine Mitverschwörer sowohl zu beeindrucken als auch zu irritieren, ihnen bei mehreren Gelegenheiten andeutete, er sei im Begriff – oder es sei ihm bereits gelungen –, eine Gruppe von Attentätern um sich zu scharen, von denen jeder bereit sei, unter Opferung des eigenen Lebens einen der Romanows umzubringen (wobei die Zahl der ingesamt zu Tötenden mindestens dreizehn betrug). In seiner eigenen Aussage beharrte der unglückliche Pestel' darauf, daß alles nur Gedankenspiele gewesen seien: »Ich habe es zu keiner Zeit ernsthaft geplant [die Auslöschung der Zarenfamilie]. Jeder gerecht Denkende, der mich auch nur ein wenig kennt, wird bezeugen, daß ich einer solchen Tat nicht fähig gewesen wäre. Es ist ein sehr großer Schritt von Worten zu Taten.«[20] Er habe lediglich gemeint, die Zarenfamilie müsse nach dem Staatsstreich ins Ausland gebracht werden. Die Brüder des Kaisers waren bei den Garden unbeliebt, daher hätten sie keine Gefahr für das republikanische Regime dargestellt. Und keine fremde Regierung hätte es gewagt, zugunsten einer Restaurierung der Monarchie in Rußland einzugreifen, aus Angst, dadurch eine Revolution im eigenen Land auszulösen.

Es ist schwierig, zu entscheiden, was wirklich in Pestel's Kopf vorging, als er seinen Mitverschwörern seine terroristischen Pläne enthüllte. Als intelligenter Mensch muß er gewußt haben, daß ein Blutbad verhängnisvolle Folgen für das gesamte revolutionäre Unternehmen gehabt hätte. Es herrschten schließlich nicht die Verhältnisse von 1918, die es zuließen, die ganze kaiserliche Familie auf einmal zu liquidieren, ohne daß dies von einem durch vier Jahre Krieg und Bürgerkrieg brutalisierten Volk mit nicht sonderlicher Entrüstung quittiert wurde. In den 20er Jahren des 19. Jahrhunderts wäre so etwas undenkbar gewesen. Den Dekabristen muß überdies noch das Beispiel der Jakobiner lebendig vor Augen gestanden haben, die ja gerade an der Empörung, die der Massenterror der Französischen Revolution ausgelöst hatte, gescheitert waren. Und Rußland war nicht Frankreich. Aber Pestel' besaß einen doktrinären Zug, und man kann sich unschwer vorstellen, daß er, wenn es darauf angekommen wäre, terroristische Methoden gebilligt hätte.

Obgleich die revolutionäre Entschlossenheit der Dekabristen zwischen 1821 und 1825 zunahm, konnten sie kaum Fortschritte in Richtung auf die angestrebten Ziele verzeichnen. Anders als die meisten von denen, die nach ihnen den Versuch machten, das russische Volk zu befreien, faßten sie die Revolution nicht als einen kontinuierlichen Prozeß auf. Bei ihnen hing alles von einem einzigen entscheidenden Ereignis ab. Und bis zu dem schicksalsschweren Tag, an dem die Stunde dieses Ereignisses schlagen würde, glaubten sie, nicht allzusehr in Erscheinung treten zu sollen. Daher verzichteten die Dekabristen weitgehend darauf, sich mit Propaganda an die Massen zu wenden, und hüteten sich vor öffentlichen Manifestationen. Sie verschmähten also bewußt jene Mittel, durch welche eine radikale politische Bewegung heutigen Zuschnitts einerseits das Selbstvertrauen und das Prestige der Herrschenden zu untergraben und andererseits die eigene Dynamik und Kampfmoral aufrechtzuerhalten suchen würde. Gewiß gab es Ausnahmen, wie der Fall Rajewskij zeigte. Aber da ging die Initiative zur Agitation unter den Soldaten von einer Einzelperson aus und nicht etwa von der Gesamtstrategie der Bewegung. Und das Schicksal, das Rajewskij erlitt, war nicht dazu angetan, andere zu ähnlichen Versuchen zu ermuntern.

Waren die Dekabristen auf der einen Seite nicht willens und/oder nicht fähig, revolutionäre Propaganda in die Massen zu tragen, so dachten sie doch ziemlich ausgiebig darüber nach, wie man Einfluß auf das Denken der einfachen Menschen gewinnen und ihr anscheinend blindes Vertrauen zum Zaren erschüttern könnte. Nach Ansicht Nikita Murawjows konnte man dies nur dadurch erreichen, daß man versuchte, die religiöse Basis der politischen Untertanenmentalität ins Wanken zu bringen. Unter den Papieren, die nach der Verhaftung Murawjows bei ihm gefunden wurden, befand sich eine kurze katechismusartige Schrift mit dem Titel *Ein merkwürdiges Zwiegespräch*. Es ist das früheste Beispiel eines Typs von Propaganda, von dem die nächste Generation von Revolutionären – die Populisten – ziemlich breiten Gebrauch machen sollte. Das Pamphlet bedient sich religiöser Argumente und historischer Beispiele, um für die Sache der Freiheit und gegen die zaristische Selbstherrschaft zu plädieren:

»Gott hat dem Menschen Freiheit gegeben... Sollten alle Menschen frei sein? Ja, zweifellos. Sind alle Menschen frei? Nein, einige wenige haben die anderen versklavt..., [weil] jene sich angemaßt haben, zu herrschen, während diese sich würdelos den Verlust ihrer natürlichen, von Gott selbst gegebenen Rechte gefallen ließen... Es müßten Bestimmungen oder Gesetze gemacht werden, wie sie früher galten..., [als] es keine autokratischen Fürsten gab... Der Monarch riß Schritt für Schritt die absolute Macht an sich, indem er sich aller Arten der Täuschung bediente.«

Das Pamphlet hob dann hervor, wie beispiellos und schlecht das in Rußland herrschende autokratische System sei:

»Gibt es in anderen Ländern absolute Herrscher? Nein, überall sonst gilt die Autokratie als dumm und gesetzlos, überall sonst gibt es feststehende Bestimmungen oder Gesetze... Die Autokratie... kann dauerhafte Gesetze nicht zulassen. Sie lebt von der Gesetzlosigkeit und von beständigen [willkürlichen] Veränderungen.* Heute will der Monarch das eine, morgen etwas anderes. Unser Wohl kümmert ihn wenig, daher auch das Sprichwort: ›Wenn du dem Zaren nahe bist, bist du dem Tod nicht fern.‹«[21]

Im alten Rußland habe es, so versicherte das Dokument, repräsentative Einrichtungen gegeben. Die Fürsten seien damals frei gewählt worden und hätten den Volksversammlungen unterstanden. Es sei das tatarische Joch gewesen, das den Menschen ihre heutige Untertanenmentalität eingepflanzt und sie ihre angestammten Rechte vergessen lassen habe.

Dieses Pamphlet von Murawjow war vermutlich ein Prototyp der Propagandamittel, mit denen die Dekabristen auf ihre Soldaten einzuwirken gedachten, sobald die revolutionäre Sturmglocke einmal zu läuten anfangen würde. Ein ganz ähnlicher, von Sergej Murawjow-Apostol aufgesetzter Katechismus wurde den Soldaten des Tschernigow-Regiments nach ihrer Meuterei im Januar 1826 vorgelesen. Es ist offenkundig, daß die Dekabristen von dem Beispiel beeinflußt waren, das die spanischen Guerillakämpfer in ihrem nationalen Befreiungskrieg gegen Napoleon gegeben hatten. Sie hatten, dabei von katholischen Priestern unterstützt, ein ähnliches religiöses Motiv angeschlagen, um ihr Volk zum Kampf gegen die Franzosen anzuspornen. Nationale und religiöse Gefühle gegen einen fremden Eroberer zu mobilisieren ist jedoch etwas ganz anderes, als dieselben Impulse in revolutionäre Energie umzusetzen, wenn der Gegner die eigene Regierung ist, personifiziert in der Gestalt, die nach den Lehren der eigenen Kirche von Gott selbst zum Herrscher gesalbt ist.

Die Auflösung des Wohlfahrtsbundes führte somit nicht zu einer nennenswerten Auffrischung des revolutionären Potentials. Für die Verschwörer selbst war dies jedoch kein Grund, ihre Zielvorstellungen zurückzuschrauben, im Gegenteil: Sie legten sich nun endgültig auf die Notwendigkeit einer revolutionären Lösung fest. Sie stürzten sich in die Anwerbung neuer Gesinnungsgenossen und entwarfen Gesetzesordnungen für ein nachrevolutionäres Rußland.

Anders als die meisten Revolutionäre, die sich nur in den wenigsten Fällen die Mühe machen, ihre Utopien in einem detaillierten Zukunftsentwurf niederzulegen, wendeten die Dekabristen sehr viel Zeit und Energie für die Ausarbeitung und Diskussion möglicher Verfassungen auf. Ein Gutteil dieser Arbeit spiegelte zweifellos die fortwährende Unschlüssigkeit der Verschwörer und ihre Skrupel und Unsicherheiten über das »Ob« und »Wie« eines konkreten Staatsstreichs wider. Aber es gab noch ein anderes und gewichtigeres Motiv: Sie waren in einem Maße Idealisten oder Visionäre, das hinreichte, um ein Streben nach der Macht um ihrer selbst willen auszuschließen. Sie glaubten, sich selbst und der Welt beweisen zu müssen, daß das, was sie wollten, tatsächlich eine ganz neue gesellschaftliche und politi-

---

* Während dieses Diktum Murawjows in bezug auf die Autokratie alten Zuschnitts nicht ganz gerechtfertigt erscheint, antizipiert es treffend die Unstetigkeit des politischen Handelns in den modernen totalitären Staaten.

sche Ordnung war, die ihrem Vaterland Freiheit und Größe garantieren würde. Vom romantischen Geist angesteckt, waren diese Rebellen eben auch Kinder eines Zeitalters, in dem die Überzeugung vorherrschte, daß der Mensch von seiner Umwelt geformt wird und daß das Geheimnis des individuellen wie des kollektiven Glücks in einer klugen und humanen gesetzlichen Ordnung bestand. Die Intellektuellen unter den Dekabristen waren stark von den Schriften Montesquieus, Destutt de Tracys und Adam Smiths beeinflußt und studierten die englischen Gesetze und die amerikanische Verfassung. Allein schon das Wort »Verfassung« stellte für viele von ihnen eine Art Zauberformel dar, einen Fetisch, der für sich allein schon in der Lage sein würde, Rußland die gewöhnlich mit einem politischen Umsturz verbundenen Wehen und Krämpfe zu ersparen und es sanft in ein Zeitalter der Freiheit und des Wohlstands gleiten zu lassen. Der Glaube, im Besitz dieses Zaubermittels zu sein, war für die Dekabristen ein bedeutsames Werbeargument: Bestuschew-Rjumin etwa bediente sich, wenn er neue Mitverschwörer für den Geheimbund zu gewinnen versuchte, beständig und ziemlich skrupellos des zum Mythos gewordenen Verfassungsbegriffs. Er pflegte den Interessenten unverfroren zu versichern, daß die Geheimgesellschaft bereits 1816 die grundlegenden zukünftigen Gesetze formuliert habe und daß der Entwurf sodann den führenden westlichen Philosophen und Rechtsexperten vorgelegt und von ihnen gutgeheißen worden sei:[22] »Unsere Verfassung wird die Freiheit und den Wohlstand des Volkes für alle Zeiten sichern.«[23] Natürlich ließen sich durch solche Argumente nur die Jüngsten und Naivsten überzeugen, und Bestuschew-Rjumin verhielt sich, in dieser Beziehung ein untypischer Vertreter der Dekabristen, als Anwerber ziemlich unverantwortlich. Doch auch die nüchternsten und nachdenklichsten der Verschwörer waren der Überzeugung, sie müßten, bevor sie das alte System zerstörten, einen detaillierten und abgeschlossenen Entwurf für das neue aufs Papier setzen.

»Die Erfahrung aller Nationen und aller Zeitalter hat bewiesen, daß die autokratische Macht verhängnisvolle Folgen sowohl für die Herrscher als auch die Beherrschten hat. Sie ist unvereinbar mit den Lehren unseres heiligen Glaubens und mit den Grundsätzen des gesunden Menschenverstandes.«[24] Dies waren die einleitenden Worte der Präambel, die Nikita Murawjow seinem Verfassungsentwurf voranstellte. Ursprünglich im Jahr 1821 niedergeschrieben, wurde der Entwurf in der Folge, den kritischen Einwänden anderer Dekabristen Rechnung tragend, noch mehrmals modifiziert. Der wesentliche Gehalt blieb jedoch unverändert und spiegelte die bei den Mitgliedern der Nördlichen Gesellschaft vorherrschende politische Orientierung wider.

Alle anderen europäischen Länder hätten, so stellte Murawjow in seiner Präambel fest, bereits einen Zustand der Freiheit unter einer gesetzlichen Ordnung erreicht oder stünden kurz davor (was in bezug auf das Europa der 1820er Jahre eine beträchtliche Übertreibung darstellte). Die Russen, so fügte er stolz hinzu, verdienten die Zuerkennung verfassungsmäßiger Freiheiten mehr als jedes andere Volk. Diese vom Nationalstolz bestimmte Behauptung relativierte er dann jedoch durch eine realistischere historische Argumentation bei der Erörterung der Frage, welche Regierungsform die seinem Land angemessenste sei. Ein kleiner Staat, so schrieb er, würde oft zur Beute eines Angreifers. Dagegen neige ein großer Staat dazu, nicht nur seine kleineren Nachbarn, sondern auch seine eigene Bevölkerung zu unterdrücken. »Ein riesiges Territorium und ein riesiges stehendes Heer sind für sich allein schon Hindernisse für die Freiheit.« Damit wollte Murawjow natürlich zum Ausdruck bringen, daß Rußland wegen seiner Größe einen imperialistischen und autokratischen Charakter entwickelt habe. Daraus die logische Folgerung zu ziehen, das Reich solle seine annektierten Provinzen und seine nichtrussischen Territorien dann eben preisgeben, konnte der Nationalist in ihm freilich nicht zulassen. Er plädierte daher für ein bundesstaatliches System, das »nationale Größe mit bürgerlicher Freiheit« versöhnen würde.

Murawjow zeigte sich nicht nur als Föderalist, sondern auch als unbedingter Fürsprecher der Gewaltenteilung. In der Tat trägt sein Verfassungsentwurf deutlich die Muttermale der Verfassung der Vereinigten Staaten von Amerika, insbesondere dort, wo von der Funktionsweise des bundesstaatlichen Systems die Rede ist. Während nominell die monarchische Form gewahrt werden sollte, würde das Rußland Murawjows de facto eine gekrönte Republik sein. »Die russische Nation ist frei und unabhängig. Sie kann nicht Eigentum einer Person oder einer Familie sein. Die Bevölkerung ist die Quelle der höchsten Staatsmacht. Und einzig ihr steht das Recht zu, das Grundgesetz zu formulieren.« Murawjows Kaiser würde zwar auf einem erblichen Thron sitzen und über ein enormes Einkommen verfügen, war aber, was seine Amtsbefugnisse betraf, dem Präsidenten der Vereinigten Staaten nachempfunden. Er sollte der oberste Befehlshaber des Heeres sein, jedoch ohne Zustimmung der Gesetzgebungsorgane weder einen Krieg erklären noch Frieden schließen können. Die Außenpolitik sollte zwar vom Kaiser geleitet werden, aber Verträge mit anderen Ländern mußten vom Obersten Rat, der dem amerikanischen Senat entsprach, bestätigt werden. Gegen Richter und hohe Beamte konnte die Volksvertretung, das Repräsentantenhaus, mit Zweidrittelmehrheit ein Amtsenthebungsverfahren einleiten. Die Betroffenen sollten dann durch den Obersten Rat suspendiert, aber vor einem ordentlichen Gericht angeklagt werden. Selbst innerhalb der Exekutive sollten der Entscheidungsmacht des Zaren Schranken gesetzt sein, und gegen verabschiedete Gesetze sollte ihm ein lediglich aufschiebendes Vetorecht zustehen. Das pikanteste Detail des gesamten Verfassungsentwurfs bestand darin, daß dem Zaren ein Recht verwehrt bleiben sollte, das selbst dem geringsten seiner Untertanen zustand: Er sollte nicht ins Ausland reisen dürfen. Man kann sich lebhaft vorstellen, was in Nikolaus I. vorgegangen sein muß, als er diese Bestimmung im Verfassungsentwurf der Rebellen las.

Murawjows Plädoyer für ein föderalistisches Staatsgefüge wurde bis ins

20. Jahrhundert hinein von keiner der bedeutsameren politischen Bewegungen in Rußland wiederaufgegriffen. Nach seinen Vorstellungen sollte das Reich in vierzehn Staaten und zwei »Bezirke« aufgeteilt werden, jeweils mit eigenen Gesetzgebungsorganen (zwei Kammern) und eigener Exekutive. Ungeachtet seines föderalistischen Standpunktes trat Murawjow nicht für eine nationale Autonomie der nichtrussischen Volksgruppen ein, wenngleich einige der von ihm vorgeschlagenen Bundesstaaten mit dem Territorium bestimmter Völkerschaften zusammenfielen. So sah er etwa einen kaukasischen und einen ukrainischen Staat vor. Freilich repräsentierten die Kleinrussen, wie die Ukrainer zu jener Zeit genannt wurden, für die Dekabristen ebenso wie für die allermeisten ihrer Landsleute keine eigenständige Nation (ebensowenig wie die Donkosaken, denen ein eigener Bezirk zugesprochen wurde), und ihre Sprache galt lediglich als eine bäuerliche Mundart des Russischen.

Die Nördliche Gesellschaft, die sich entrüstet zeigte über die Bereitschaft Pestel's, den Polen nationale Unabhängigkeit zuzugestehen, war ganz gewiß nicht bereit, irgendeiner Ordnung ihren Segen zu erteilen, die geeignet gewesen wäre, Rußlands Einheit und Größe in Frage zu stellen. Paradoxerweise fehlte aber im Verfassungsentwurf von Murawjow, im Gegensatz zu dem von Pestel', das Element des russischen Chauvinismus, so daß hier de facto – und vermutlich eher aus Versehen – die Möglichkeit einer nationalen Autonomie für einige bedeutsamere ethnische Gruppen wie die Ukrainer und die Georgier bestand.

Die Wahl, die Murawjow in bezug auf die Hauptstadt seines slawisch-russischen Reiches traf, war ein beredter Beweis für seinen leidenschaftlichen russischen Patriotismus. St. Petersburg war, allein schon durch seinen Namen, ein Inbegriff für ausländische Einflüsse und galt bei den Menschen als Symbol für das von Peter dem Großen eingeführte autoritäre und bürokratische Regierungssystem. Moskau erinnerte an die jahrhundertelange mongolische Oberherrschaft über Rußland und an die despotischen Anmaßungen seiner Großfürsten. Die neue Hauptstadt sollte vielmehr Nischni-Nowgorod sein, die Wiege der modernen russischen Nation. Im Jahre 1612, als Rußland von Anarchie und Bürgerkrieg aufgewühlt war, hatten die Bürger von Nischni-Nowgorod jenes Heer aufgestellt, das die fremden Eindringlinge und die einheimischen Kriegsherren verjagte. Die Initiative zu dieser nationalen Wiedergeburt war nicht von einem Adligen, sondern von einem ortsansässigen Metzger ausgegangen. Daher schien diese Stadt an der Wolga der geeignete Sitz für die Regierung eines neuen Rußland zu sein.

»Alle Russen sind vor dem Gesetz gleich.« Indes, der Verfassungsentwurf ließ keinen Zweifel daran, daß einige gleicher sein würden als die anderen. Zwar sollten alle Klassenunterschiede beseitigt werden, und es sollte jedem Russen freistehen, den Beruf seiner Wahl zu ergreifen, aber in bezug auf das Wahlrecht und auf die Ausübung von Ämtern sah der Entwurf von Murawjow einen sehr hohen Vermögenszensus vor. Als »Bürger« sollte nur derjenige anerkannt werden, der mindestens 500 Rubel Barvermögen oder aber persönliche Besitztümer im Wert von mindestens 1000 Rubel besaß; noch höher waren die Anforderungen für das Stimmrecht bei der Wahl bestimmter Amtsträger, und nochmals höher für das Recht, selbst für solche Ämter zu kandidieren. Für den Obersten Rat des Reiches konnte nur kandidieren, wer entweder über einen Grundbesitz verfügte, der mindestens 120 000 Rubel pro Jahr eintrug, oder persönliche Vermögenswerte in doppelter Höhe besaß. In der zweiten Fassung seines Entwurfs strich Murawjow den Vermögenszensus für den Status des Bürgers und setzte die Vermögensgrenzen für die Wählbarkeit in bestimmte Landes- und Bundesämter niedriger an. Gleichwohl wäre sein Rußland von den Reichen regiert worden.

Vom Standpunkt des Gleichheitsprinzips aus ebenso unbefriedigend waren seine Vorschläge, die Bauern betreffend. Zwar sollte die Leibeigenschaft abgeschafft werden, aber die befreiten leibeigenen Bauern sollten kein Land erhalten, d. h. der Boden, auf dem sie bis dahin gelebt und gearbeitet hatten, sollte Eigentum ihres Grundherrn bleiben.* Auch hier muß es Einwände und Kritik von seiten liberalerer Mitglieder der Nördlichen Gesellschaft gegeben haben, denn in die zweite Fassung seines Entwurfs baute Murawjow in der Bauernfrage einige Modifikationen ein: Nunmehr sollten die befreiten Bauern wenigstens als Eigentümer ihres Wohngebäudes und des dazugehörigen Grundstückes anerkannt werden.

Es ist leicht, die Vorstellungen Murawjows als Ausdruck eines klassenspezifischen Standpunktes zu kritisieren und in diesem Zusammenhang auf die Tatsache hinzuweisen, daß er selbst einer der reichsten Grundbesitzerfamilien des Landes entstammte. Doch gab es zu jener Zeit in Europa noch kein einziges Land, in dem der Grundsatz des allgemeinen Wahlrechts (selbst für Männer) verwirklicht gewesen wäre. Und sogar in den meisten amerikanischen Bundesstaaten war das Stimmrecht noch an bestimmte Vermögensvoraussetzungen gebunden. Selbst der radikalste Demokrat hätte gezögert, den bäuerlichen Massen – die in ihrer überwältigenden Mehrheit aus Analphabeten bestanden – politische Macht anzuvertrauen. (Murawjows Entwurf enthielt eine Bestimmung, der zufolge zwanzig Jahre nach Inkrafttreten der Verfassung das Lesen- und Schreibenkönnen zur Bedingung für die Anerkennung als Bürger werden sollte.) Wären es Klasseninteressen im engen Sinn gewesen, die hinter den politischen Vorstellungen Murawjows und der meisten anderen Dekabristen standen, sie hätten sich wohl kaum der revolutionären Bewegung angeschlossen. Die Frage des bäuerlichen Eigentums an Grund und Boden sollte die russischen Politiker und Reformer noch für den ganzen Rest des Jahrhunderts vor verwickelte Probleme stellen. Und wenn die Lösung, die Murawjow vorschlug, sich an dem in seinem Verfassungsentwurf verkündeten Grundsatz »Die Eigentumsrechte sind ge-

* Die Militärkolonien sollten abgeschafft werden, und ihre Bewohner sollten nach Aufhebung der Leibeigenschaft Land bekommen, ebenso wie auch die zu den Domänen der Zarenfamilie gehörenden Bauern.

heilig und unverletzlich« orientierte, dann nicht aufgrund der seinem politischen Bewußtsein gesetzten »Klassenschranken«, wie die Standardformel der sowjetischen Historiker lautet, wenn sie die sozialen und wirtschaftlichen Anschauungen der Dekabristen kritisch beleuchten, sondern weil zu jener Zeit nur wenige gebildete Russen sich für das vermaledeite Problem der Leibeigenschaft eine andere Lösung vorstellen konnten.

Die egalitäre und demokratische Rhetorik von Murawjows Entwurf steht in schroffem Kontrast zu dem im Grunde oligarchischen politischen System, das darin skizziert wird. Man sollte jedoch bedenken, daß politische Doktrinen und Verfassungsdokumente nur in seltenen Fällen von vollkommener gedanklicher Konsequenz gewesen sind. Widerspruchsfreiheit ist keineswegs eine Vorbedingung für politischen Erfolg. Ja, wenn an Murawjows Verfassungsentwurf etwas war, das ihn angesichts der Verhältnisse im Rußland der 1820er Jahre nicht total utopisch erscheinen ließ, dann eben genau sein pragmatischer Charakter und die in ihm zutage tretende Einsicht, daß das russische Volk auf die Ausübung politischer Verantwortung zunächst einmal vorbereitet werden müsse und nicht unvermittelt mit einer solchen Aufgabe konfrontiert werden dürfe. Was den Entwurf Murawjows von demjenigen Pestel's unterschied, war seine durch und durch liberale Orientierung. Er atmete nichts von der nationalistischen und religiösen Intoleranz des letzteren und maß den bürgerlichen Freiheiten viel stärkere Bedeutung bei. Anders als der Theoretiker der Südlichen Gesellschaft erging sich Murawjow nicht lang und breit in der Notwendigkeit einer Geheimpolizei und in der Frage, wie sie zu organisieren sei. Er forderte Geschworenengerichte und die richterliche Prüfung von Haftbefehlen und trat kompromißlos für die Freiheit der Rede und der Presse ein. Viele russische Revolutionäre, die als Kämpfer gegen ein unterdrückerisches und intolerantes System antraten, offenbarten irgendwann in ihrem eigenen Denken und in ihren Rezepten für die zukünftige Gestaltung der Gesellschaft selbst ganz ähnliche Tendenzen; Nikita Murawjow war einer der wenigen, die eine Ausnahme bildeten.

Von Pestel' läßt sich das nicht behaupten. Während bei Murawjow der Nationalismus durch einen konsequenten Liberalismus gedämpft wurde, entpuppte sich ausgerechnet Pestel', der deutscher Herkunft und lutherischen Glaubens war und der die für die Persönlichkeitsentwicklung wichtigen Jahre seines Lebens in Sachsen verbracht hatte, als die Verkörperung des russischen Nationalisten. Es würde schwerfallen, in seiner Ideologie eine strengere gedankliche Konsequenz nachzuweisen als in der seiner dekabristischen Mitverschwörer. Aber wenn man die Gesamtheit seiner politischen Ideen auf den Nenner eines gängigen politischen Einordnungsbegriffs bringen möchte, dann müßte man Pestel' wohl am besten als einen nationalen Sozialisten bezeichnen (womit aber keinesfalls Analogien zum Nationalsozialismus des 20. Jahrhunderts angedeutet werden sollen). Ein radikaler Standpunkt in sozialen Fragen verband sich bei Pestel' mit aggressiv-nationalistischem Denken, und es ist verblüffend, wie weitgehend er in mancher

Beziehung die Mentalität des Sowjetkommunismus vorwegnahm. Es sollte noch einige Jahre dauern, ehe der Begriff »Sozialismus« in Gebrauch kam. Allerdings bediente sich Pestel', als er vor der Untersuchungskommission seine politischen Auffassungen erläuterte, einer Formulierung, die der Marxschen Definition des Klassenkampfes ziemlich nahekam: »Ich hatte den Eindruck, als ob die wichtigste politische Tendenz unseres Zeitalters der Kampf zwischen den Volksmassen und den Aristokratien aller Art wäre, gleich ob solchen des Vermögens oder solchen der Geburt.«[25] Dasselbe Motiv taucht in Pestel's Schriften häufig auf, und dies trägt natürlich zu der Beliebtheit bei, der er sich bei sowjetischen Autoren erfreut. So heißt es etwa in seiner Kritik des bürgerlichen Konstitutionalismus: ». . . in vielen Ländern, die repräsentative Institutionen besitzen, ist das Wahlrecht den Reichen vorbehalten, während die Mehrheit der Bürger davon ausgeschlossen ist. Das heißt, daß an die Stelle der feudalen einfach eine finanzielle Aristokratie getreten ist und daß die Menschen politisch in mancher Hinsicht schlechter daran sind als zuvor, weil sie zwangsläufig von der Plutokratie abhängig sind.«[26] Es wäre freilich eine zu grobe Vereinfachung, in Pestel' einen »zu früh gekommenen Marxisten« oder einen Sozialisten im modernen Sinn des Begriffes zu sehen. Sein Egalitarismus erstreckte sich nicht auf das Wirtschaftliche. »Reiche wird es immer geben, und es ist höchst nützlich, wenn dies so bleibt.«[27] Aber er wollte – und war hierin für seine Zeit und seine Gesellschaft ziemlich einzigartig –, daß die politische Macht und die politischen Rechte unabhängig von Vermögens- und Eigentumsvoraussetzungen ausgeübt werden sollten. Alle Klassenunterschiede sollten beseitigt werden, alle Menschen vor dem Gesetz gleich sein. Zwar sollte es im Rußland Pestel's eine Aristokratie geben, aber eine, für die der einzelne sich durch außergewöhnliche persönliche Verdienste um Staat und Gesellschaft qualifizieren mußte.

So radikal Pestel' in bezug auf soziale und politische Fragen war, so schwer tat er sich mit einer eindeutigen Antwort auf das äußerst komplexe Problem der Bauern und der Besitzverhältnisse an Grund und Boden. Die erste Fassung seines Verfassungsentwurfs sah eine allmähliche Abschaffung der Leibeigenschaft im Verlauf einer Zeitspanne von zehn bis fünfzehn Jahren vor. Was die leibeigenen Bauern privater Grundherren betraf, so sollten die genauen Bedingungen, unter denen ihre Freilassung stattfinden würde, ebenso wie die Frage der Zuteilung von Grund und Boden von Ausschüssen der Grundherren festgelegt werden, und zwar gemäß dem Grundsatz, daß »die Befreiung der Bauern aus der Leibeigenschaft den Adel nicht um die Einkünfte aus seinen Ländereien bringen« dürfe.[28] Welche Gründe Pestel' für diese mit seinen egalitären Vorgaben doch eher unvereinbare Lösung hatte, wird klar, wenn man eine andere Bestimmung seines Verfassungsentwurfs ansieht: »Es sollte verhindert werden, daß die Bauernemanzipation zu Unruhen und Unordnung führt; die höchste Gewalt soll daher gegen jene, die Gesetz und Ordnung bedrohen, mit den strengsten Mitteln vorgehen.«

Keine sozial oder politisch noch so wünschenswerte Entwicklung sollte die Sicherheit und Einheit des russischen Staates gefährden dürfen. Der Nationalist in Pestel' war stärker als der Sozialreformer.

In der zweiten 1824–25 niedergeschriebenen Fassung seines Entwurfs bewegte sich der führende Kopf der Südlichen Gesellschaft offenkundig auf eine radikalere Lösung zu. Nunmehr sollte die Leibeigenschaft sofort abgeschafft und den Bauern Grund und Boden aus dem Besitz ihrer bisherigen Herren zugeteilt werden, wobei die reichsten unter den Grundbesitzern die Hälfte ihres Landes *entschädigungslos* würden abtreten müssen. Um die Verwirrung noch größer zu machen, trat Pestel' in beiden Fassungen seines Verfassungsentwurfs für eine, wie man es nennen könnte, Halbverstaatlichung des Bodens ein. Die gesamte landwirtschaftlich genutzte Fläche des Landes sollte in zwei Hälften geteilt werden, von denen die eine dem Distrikt (der kleinsten territorialen Einheit des Staatsgefüges) zufallen würde. Dieses Staatsland würde parzelliert und an einzelne Landwirte verteilt, denen es nicht erlaubt sein sollte, ihre Parzelle zu verkaufen, zu verpachten oder weiterzuvererben. Die andere Hälfte des Bodens sollte Privatbesitz und als solcher keinen Einschränkungen unterworfen sein. Dieser Konstruktion lag indessen nicht etwa die bekannte Abneigung der Sozialisten gegen das Privateigentum zugrunde; im Gegenteil: Jedermann sollte Privateigentum erhalten. Jeder Russe, der dies wünschte, hatte das Recht, sich in seiner Heimatgemeinde so viel Land zuteilen zu lassen, wie die Ernährung einer fünfköpfigen Familie es erforderte. Und natürlich stand die für den privaten Besitz reservierte Hälfte allen Grund und Bodens zum freien Kauf und Verkauf für diejenigen zur Verfügung, die ihn sich leisten konnten. Die Parzelle, die jedem Russen als Anteil zufiele, würde, so hoffte Pestel', nicht nur eine Art sozialer Sicherheit schaffen und die schlimmste Armut beseitigen, sondern würde auch als gesellschaftliches Solidaritätsband dienen, denn jedem erwachsenen Bürger würde das Recht garantiert sein, daß er, »wo immer er sich befinde oder [in welchem Beruf er auch] sein Glück versuche . . ., jederzeit Zuflucht und Unterhalt in seiner politischen Familie – im Distrikt –« finden könne.[29]

Die Art und Weise, in der Pestel' an das Bauernproblem heranging, war nach zeitgenössischen Maßstäben ziemlich revolutionär. Seine Ansichten waren oft nicht ganz folgerichtig und offenbarten ein wenig ausgeprägtes Bewußtsein für die enormen technischen politischen und wirtschaftlichen Schwierigkeiten, die jeder Versuch einer Lösung dieses Problems aufwerfen mußte, eines Problems, an dem sich alle – Regierungen, Reformer und Revolutionäre – noch bis zum Ende der zaristischen Ära die Zähne ausbeißen sollten und mit dem sich in der Tat auch noch die heutige sowjetische Regierung schwertut. Das Privateigentum, so stellte Pestel' klar, sei zwar unantastbar, doch müßten die Allerreichsten die Hälfte ihres Besitzes abgeben. Die landwirtschaftliche Leistung jedes Pazelleninhabers sollte am Ende eines jeden Jahres überprüft werden, und falls sich herausstellte, daß er unfähig war, würde sein Stück Land an den Distrikt zurückfallen – ein Denkmodell, das zeigt, wie wenig Pestel' von den technischen Aspekten der Landwirtschaft verstand. Mit der bäuerlichen Gemeinde und ihrer Stellung in der neuen gesellschaftlichen Ordnung setzte er sich überhaupt nicht auseinander.

Im Gegensatz dazu ließ Pestel' in seiner Haltung zur National- bzw. Staatsfrage keine Unklarheiten oder Zweideutigkeiten erkennen. »Rußland ist *ein* unteilbarer Staat.« Sein Russifizierungseifer übertrifft alles, was die Zaren oder selbst Stalin in dieser Beziehung anvisierten. Der Staat sollte von einer einzigen russischen Nation bewohnt, alle anderen ethnischen Gruppen sollten assimiliert werden. Sogar die Bezeichnungen »Ukrainer« und »Weißrussen« sollten abgeschafft werden, denn: »Es bestehen keine echten Unterschiede zwischen den verschiedenen Teilen der russischen Nation, und die geringen Unterschiede, die es gibt, sollten beseitigt werden.«[30] Die nichtslawischen Völkerschaften des Reiches sollten ebenfalls einem, wenn auch allmählicheren, Assimilationsprozeß unterworfen werden. Am radikalsten sollte nach Pestel's Empfehlung mit den kaukasischen Völkern verfahren werden: »Sie sollen in zwei Kategorien, friedliche und ungebärdige, eingeteilt werden; erstere dürfen in ihrem Heimatland verbleiben, müssen aber entsprechend dem russischen Vorbild organisiert werden, während letztere zwangsweise ins Landesinnere umgesiedelt werden«[31] – womit vermutlich Sibirien oder Zentralasien gemeint waren. Die Brutalität dieses Vorschlags läßt einen unwillkürlich an die berüchtigten Strafmaßnahmen Stalins gegen die angeblich aufsässigen kaukasischen Völker denken, die 1944 in großer Zahl aus ihren Heimatgebieten nach Kasachstan deportiert wurden.

Weiter sah Pestel's Entwurf vor, russische Kolonisten in den von nichtrussischen Volksgruppen bewohnten Territorien anzusiedeln, um auf diese Weise den Prozeß der Assimilation und Vereinheitlichung des Staates zu beschleunigen. Eine weitere und nicht weniger unschöne Ähnlichkeit zu stalinistischen Methoden und Denkweisen liegt in dem Umstand, daß Pestel' alle diese brutalen und chauvinistischen Maßnahmen als dem Fortschritt und der Zivilisation dienend rationalisierte. Als Lutheraner bereitete es ihm keine Skrupel, zu fordern, daß in seinem Rußland nur solche Kirchen geduldet werden sollten, die jeder Loyalitätspflicht gegenüber einer fremden Autorität abschwören würden, was natürlich bedeutet hätte, daß auf russischem Boden keine römisch-katholischen und griechisch-katholischen Geistlichen und Mönchsorden mehr hätten tätig sein können.

Es überrascht nach all dem nicht sehr, zu entdecken, daß der Dekabrist Pestel' auch ein ausgeprägter Antisemit gewesen ist. Die jüdische Religion, so schrieb er, lehre die Juden, »sie sollten alle anderen Völker unterjochen und beherrschen«, und erziehe sie »zur Verachtung anderer Völker«.[32] Die Juden drückten sich vor körperlicher Arbeit, neigten dazu, jeden Berufszweig, zu dem sie sich Zutritt verschafft, zu monopolieren, schadeten der öffentlichen Moral, indem sie Beamte bestächen, und was dergleichen mehr an nur allzu bekannten Vorwürfen ist. Nach der Revolution müsse die Regierung, so schrieb Pestel', Maßnahmen ergreifen, um dem antisozialen und antichristlichen (sic!) Verhalten der Juden ein Ende zu bereiten; wie diese Maßnahmen konkret aussehen sollten, erläuterte Pestel' allerdings nicht, vielleicht zu seinem eigenen Glück. Lediglich andeutungsweise stellte er eine Anregung zur Diskussion, der zufolge die insgesamt 2 Millionen Juden der östlichen Provinzen und Polens* zusammengeholt und über die türkische Grenze abgeschoben werden sollten; sie könnten sich dann, irgendwo in Asien, in einem eigenen Judenstaat niederlassen. Freilich, so räumte Pestel' ein, würde ein solches Vorhaben einige praktische Schwierigkeiten bereiten und zu seiner Durchführung »besondere Umstände und geniale organisatorische Fähigkeiten« erheischen. Die Juden des russischen Reiches lebten zu jener Zeit in ihrer überwältigenden Mehrheit in elender Armut, und anders als in den westlichen Ländern in den Jahrzehnten seit der Französischen Revolution gab es in Rußland noch keine politische Bewegung, die sich für ihre gesetzliche und bürgerliche Gleichberechtigung einsetzte. Pestel' allerdings ging das wenige an Toleranz, das die Zarenregierung den Juden gegenüber zeigte, bereits zu weit: »Sie genießen mehr Rechte als die Christen«, behauptete er ungeniert. Sein Antisemitismus war im wesentlichen allerdings eindeutig religiöser und nicht rassistischer Natur. Einen konvertierten Juden wollte er nicht aus der russischen Nation ausschließen – in der Tat gab es einen solchen in den Reihen der Dekabristen.

Es mag auf den ersten Blick überraschend erscheinen, daß dieser fanatische Nationalist und Fremdenhasser bereit war, den Polen die nationale Unabhängigkeit zu gewähren, und ihnen, zum Schrecken seiner dekabristischen Genossen, sogar einige russische (genauer gesagt weißrussische) Gebiete abtreten wollte, und zwar Teile der Provinzen Wilna und Minsk, die früher zum polnisch-litauischen Bund gehört hatten. Bei näherem Hinsehen jedoch entpuppt sich diese nationale Unabhängigkeit als eine sehr eingeschränkte, betrachtet man sie im Licht der Bedingungen, an die Pestel' sein Angebot knüpfte. Polen sollte sich nämlich in einem für alle Zeiten geschlossenen Bündnis an Rußland binden. Sein politisches und soziales System mußte es exakt nach dem Vorbild seines mächtigen Nachbarn gestalten. »Rußland stellt Polen unter Schutz und wird seine Existenz und Sicherheit garantieren.«[33] Damit ist, kurz gesagt, genau jene Art der Vormundschaft vorgezeichnet, wie die UdSSR sie heute über ihre osteuropäischen Satelliten, einschließlich Polens, ausübt.

Es überrascht dann nicht weiter, daß Pestel' sich als Befürworter einer territorialen Expansion des russischen Reiches erwies. Viele von ihm in dieser Beziehung anvisierte Ziele wurden noch im gleichen Jahrhundert tatsächlich erreicht: Die Eroberungen im kaukasischen Raum wurden abgerundet, Zentralasien und der Ferne Osten dem Reich einverleibt – übrigens

* In den Kerngebieten Rußlands waren zu jener Zeit infolge einschlägiger Bestimmungen nur sehr wenige Juden ansässig.

war es ein Murawjow, der 1860 das Gebiet um die heutige Hafenstadt Wladiwostok von China annektierte. Und natürlich war es, um wieder auf Pestel' zurückzukommen, für Rußland sozusagen Ehrensache, die mehrheitlich slawische und christlich-orthodoxe Bevölkerung der südlichen und südwestlichen Länder vom türkischen Joch zu befreien. Das Rußland Pestel's wäre, mehr noch als das Rußland des Zaren es tatsächlich war, ein kriegerischer und aggressiver Staat gewesen.*

Die autoritären Neigungen, die in so vielen Revolutionären schlummern, offenbaren sich am deutlichsten in Pestel's Darlegungen zum Thema Geheimpolizei. Er widmet diesem Komplex einen eigenen Abschnitt in seinen *Notizen über ein System der Regierung*, die vor seinen beiden großen Verfassungsentwürfen, wahrscheinlich schon 1818, niedergeschrieben wurden. In einer Sprachschöpfung, die Orwell Ehre machen würde, nennt er die Geheimpolizei »Abteilung der Hohen Ordnung des Guten«. »Geheime Ermittlungs- oder Agententätigkeit ist nicht nur erlaubt und gesetzlich, sondern stellt das verläßlichste, man könnte sagen, das einzige Mittel dar, durch welches die Staatsgewalt ihre Ziele erreichen kann.«[34] Die Tätigkeit der Ordnungsabteilung sollte daher keiner gerichtlichen Kontrolle unterliegen. Sie sollte unter äußerster Geheimhaltung vor sich gehen, und niemand außer den Verantwortlichen und Beteiligten selbst sollte von der Existenz der Geheimpolizei wissen. Zu ihren Pflichten würde unter anderem gehören: (1) die Überwachung anderer Regierungsbehörden; (2) die Bespitzelung von Privatleuten, damit alle subversiven Aktivitäten, Geheimgesellschaften und illegalen Versammlungen in einem frühen Stadium entdeckt und ausgehoben werden konnten; (3) die Sammlung von Informationen über ausländische Gesandte und Ausländer im allgemeinen. Die Beamten der Geheimpolizei sollten durchweg hohen intellektuellen und moralischen Ansprüchen genügen. Um solche Leute für diese Tätigkeit zu gewinnen, sollten sie, wie Pestel' mit unfreiwilligem Humor schrieb, viel besser bezahlt werden als alle übrigen Regierungsangestellten; ihre Anonymität sollte garantiert sein. In dem Augenblick, wo ihre Mitbürger von ihrer Tätigkeit Kenntnis erlangten, würden sie nicht nur für die Geheimpolizei nutzlos, sondern würden auch ihr Ruf und ihr Ansehen geschädigt sein![35]

Wie die Jakobiner der Französischen Revolution sah auch Pestel' keinen Widerspruch zwischen Demokratie einerseits und politischer Intoleranz und Unterdrückung andererseits. In seinem Rußland würde für politische Parteien, überhaupt für irgendwelche nicht von der Regierung selbst installierten Vereinigungen kein Platz sein. »Alle Privatgesellschaften..., öffentliche oder geheime, sollten grundsätzlich verboten sein, da die ersteren nutzlos und die letzteren schädlich sind.«[36] Und auch ein ganz schönes Stück Puritanismus kam zum Vorschein: »Vergnügungen

---

* Das einzige wirkliche Zugeständnis, für das Pestel' sich aussprach, betraf Alaska, das er abzutreten empfahl.

und Spiele aller Art, ob privat oder öffentlich, können zugelassen werden, solange sie mit den strengsten moralischen Grundsätzen vereinbar sind.«[37]

Der Staat, den Pestel' entwarf, war ein Wohlfahrtsstaat. Für die Armen, die Behinderten und die Waisen sollte die Gemeinschaft, genauer gesagt, der betreffende Distrikt sorgen, entweder mit Hilfe besonderer Einrichtungen oder durch Hilfszahlungen. Ein landesweites Netz von Banken sollte zinslose Kredite bis zu einem gewissen Betrag an jedermann gewähren, der sie benötigte. In jedem Bezirk sollte es eine solche Bank geben, deren Betriebskapital die Bürger des Distrikts durch Beiträge aufbringen würden. In Anbetracht der weiteren Bestimmung, daß die Bevölkerung der einzelnen Bezirke zwischen 5000 und 30 000 Menschen betragen sollte, erscheint dieses Bankenprojekt ziemlich unrealistisch, zumindest für das ländliche Rußland, dessen Bevölkerung in ihrer großen Mehrheit nahe am Existenzminimum lebte.

Pestel' schwebte für Rußland eine, wie wir heute sagen würden, gemischte Wirtschaftsstruktur vor: Der Staat sollte das private Unternehmertum begünstigen und durch direkte Beihilfen Erfindungen, industrielle Entwicklungen und das private Bankwesen fördern.

Pestel' überschrieb seinen Verfassungsentwurf mit *Russkaja prawda* (»Die russische Gerechtigkeit«). In keiner der beiden Fassungen äußerte er sich allzu eindeutig über den konkreten Aufbau des angestrebten Staatsgefüges. Im Jahr 1822, als er seinen ersten Entwurf niederschrieb, war er bereits ein strammer Republikaner und lehnte eine Bindung des Wahlrechts an Vermögensvoraussetzungen ab. 1825 verfaßte er ein knappes Dokument mit dem Titel *Instruktion für die Verfassung des Staates*. Darin entwarf er eine durch und durch demokratische Ordnung. Die gesetzgeberische Macht sollte bei einer von allen Russen gewählten Nationalversammlung liegen, von der ein Fünftel der Mitglieder jährlich neu zu wählen war. Die Präsidentschaft sollte von einem Kollektiv, dem fünfköpfigen Staatsrat, ausgeübt werden, der ebenfalls demokratisch und für eine fünfjährige Amtszeit gewählt werden und dessen Mitglieder abwechselnd die Funktion des Staatsoberhaupts übernehmen sollten. Dieser Staatsrat würde die meisten normalerweise von der Exekutive wahrgenommenen Funktionen ausüben. Ihm zur Seite sollte noch ein Oberster Rat stehen, der aus 120 auf Lebenszeit gewählten Mitgliedern bestehen und keine eigenen legislativen oder exekutiven Befugnisse besitzen sollte (außer der Ernennung des Oberbefehlshabers in Kriegszeiten), sondern lediglich über die Verfassungsmäßigkeit der Regierung und die korrekte Befolgung der Gesetze zu wachen haben würde.

Pestel' war ein unermüdlicher Autor, und unter seinen nachgelassenen Papieren befinden sich Notizen, Fragmente von Abhandlungen und Aufsatzentwürfe zu einer sehr vielfältigen Palette von Themen: Wirtschaft, Justiz, Wissenschaft, militärische Fragen. Er hatte gewisse pedantische Züge. Nirgendwo werden diese sichtbarer als in seinem zwanghaften Bemühen, Fremdwörter aus dem militärischen Vokabular zu tilgen und sie durch russisch klingende Worte zu ersetzen, die entweder der moskowitischen Vergangenheit entlehnt waren oder slawische Neologismen eigener Schöpfung darstellten. Ähnliche Empfindlichkeit verriet seine wütende Abneigung gegen den Brauch, Pferden den Schwanz zu stutzen, was seiner Ansicht nach verboten gehörte, da es von den Engländern übernommen war und die Schönheit des russischen Pferdes ruinierte. Selbst wenn man einräumt, daß die Uniform, in die die russischen Soldaten seinerzeit gezwängt wurden, beschwerlich zu handhaben war, mutet es eigentümlich an, daß Pestel' neben seiner Tätigkeit als Verschwörer und Verfassungsschmied noch die Zeit fand, die Uniform des zukünftigen russischen Infanteristen bis ins Detail zu entwerfen (anstelle des beengenden Rocks und der enganliegenden weißen Kniehosen setzte er ein langes Kittelhemd und schlackernde, grüne lange Hosen nach dem Vorbild der Krieger aus alter Zeit).

Pestel's Leidenschaft für das Detail und für Vorschriften ist, so belustigend sie einerseits anmutet, doch ein nicht unwichtiges oder bloß akzidentielles Element seines Denkens. In einer Hinsicht strebte er für sein geliebtes Land sicherlich etwas an, das er für Freiheit, Rechtsstaatlichkeit und Demokratie hielt. Was bei seinen Entwürfen jedoch unterderhand herauskam – und was man ähnlich auch bei manchen französischen Jakobinern findet –, war die Vorstellung eines, wie man heute sagen würde, totalitären Staatswesens. Dabei war es nicht nur sein ungedämpfter Nationalismus, der dazu führte, daß sein Rußland ein noch repressiverer Staat geworden wäre (auf jeden Fall für seine nichtrussischen Bewohner), als der zaristische Staat es bereits war. Die Bürger dieses Staates wären beständig überwacht, ermahnt und gegängelt worden. Diejenigen, die von dem äußerst gradlinigen und schmalen Pfad der bürgerlichen Tugend, wie Pestel' sie definierte, abgewichen wären, hätten keinerlei Nachsicht erwarten dürfen. »... sollten sich solche unwürdigen Söhne des Vaterlandes finden, dann müßten sie [die Behörden] gegen sie entschlossene Maßnahmen ergreifen, um ihre Ungebärdigkeit zu zähmen und sie außerstande zu setzen, dem Vaterland Schaden zuzufügen, und zwar durch Anwendung der umfassendsten und rücksichtslosesten Strenge.«[38] In der politischen Philosophie des einflußreichsten politischen Denkers und Theoretikers in den Reihen der Dekabristen läßt sich vieles von jener heftigen Vorliebe für Gewalt und Zwang aufweisen, die auch weiterhin den Weg der revolutionären Bewegungen Rußlands säumen würde.

Es überrascht nicht, daß Pestel' mit diesen Anschauungen seine Mitverschwörer sowohl faszinierte als auch vor den Kopf stieß. Es läßt sich nur schwer beurteilen, wieviel von seiner Person seine Schriften zum Ausdruck bringen. Selbst ein Pestel' war nicht gefeit gegen jene inneren Zweifel und widersprüchlichen Impulse, die seine Mitverschwörer bewegten; nicht gefeit gegen das Gefühl, daß ihr ganzes revolutionäres Pläneschmieden und Schreiben irgendwie in einer anderen Dimension der Realität stattfand, die mit der Wirklichkeit, in der sie als Offiziere und loyale Untergebene lebten, wenig zu tun hatte. Vor seiner Bekehrung zum Republikaner hatte Pestel' zu jenen gehört, die sich in der Hoffnung wiegten, der Zar werde vielleicht doch noch auf den Weg der Reform zurückfinden und das Land von den Übeln der Leibeigenschaft und des Absolutismus befreien. Alexander schätzte Pestel', so gut er über dessen verdächtige Anschauungen und geheimbündlerische Aktivitäten orientiert war, doch als glänzenden Offizier und Militärtheoretiker. In Tulcin, wo er im Hauptquartier der Zweiten Armee diente, schloß Pestel' enge Freundschaft mit deren Stabschef, General Paul Kiselew, dem späteren Minister Nikolaus' I., einem der wenigen aufgeklärten und reformorientierten Beamten jener Epoche der tiefsten Reaktion. Kiselew, als Generaladjutant einer der wichtigsten militärischen Berater des Zaren, war einer jener ranghohen Amtsträger, die auch persönliche Kontakte zu einigen der späteren Putschisten pflegten, und es ist sehr wahrscheinlich, daß er zumindest ahnte, was sie planten. Im Jahre 1821 hielten die Verantwortlichen es für angezeigt, Pestel' aus dem Stab zu entfernen, und er wurde zum Kommandeur des Wiatka-Regiments ernannt, das damals als eines der am schlechtesten geführten und aufsässigsten der ganzen Armee galt. Der siebenundzwanzigjährige Oberst hatte seine Truppe nach kurzer Zeit auf einen solchen Stand der Kampfkraft und Kampfbereitschaft gebracht, daß Alexander I. das Regiment, nachdem er es bei den Manövern beobachtet hatte, als den Garden gleichwertig beurteilte. Freilich erwies Pestel' sich in dem Bestreben, der Truppe Disziplin beizubringen, als rücksichtsloser Schinder: Seine Soldaten wurden für die geringfügigsten Vergehen oder Exerzierfehler ausgepeitscht.

Karrierist, Kommißkopf und Idealist in einer Person, stand dieser eigentümliche Mann weithin – und insbesondere bei den Dekabristen der Nördlichen Gesellschaft – in dem Verdacht, diktatorische Neigungen zu pflegen. Gewiß, in seinem Verfassungsentwurf näherte er sich der Zielvorstellung der Volkssouveränität so weitgehend an, wie es zu seiner Zeit überhaupt möglich war, und er ging so weit, seinem Rußland nicht einmal ein einzelnes Staatsoberhaupt, sondern ein fünfköpfiges Präsidialgremium an die Spitze zu stellen. Aber es gab da einen Pferdefuß: Das in der *Russkaja prawda* ausgeführte Modell sollte seiner Konzeption zufolge *nicht* unmittelbar nach der Revolution zur Anwendung kommen. Im Untertitel war es als eine Instruktion für das Volk und die *Provisorische Oberste Regierung* ausgewiesen. Unter letzterer hatte man sich ein diktatorisches Regime vorzustellen, das einige Jahrzehnte lang amtieren sollte. Pestel' äußerte sich, als er seine Ideen 1824 einigen Mitgliedern der Nördlichen Gesellschaft erläuterte, die er gerne mit der Südlichen vereinigt hätte – selbstredend unter seiner Führung –, in dieser Beziehung ziemlich unmißverständlich:

»Der Inhalt des Verfassungsentwurfs sollte nur den Führern der Gesellschaft bekannt sein und nicht [weithin] verbreitet werden ... Die Führer sollten als erstes bestimmte Mitglieder der kaiserlichen Familie liquidieren und den Heiligen Synod und den Senat zwingen, sie als provisorische Regierung mit unbeschränkten Vollmachten auszurufen ... Die provisorische Regierung würde, nachdem sie zuerst die Ministerposten, militärischen Befehlsstellen usw. an Mitglieder der Gesellschaft verteilt hätte, allmählich, über einen Zeitraum von mehreren Jahren, die neue Ordnung einführen. Die ganze Zeit über würde die Gesellschaft nach wie vor bestehen und neue Mitglieder aufnehmen, und niemand außer ihren Mitgliedern könnte ein [hohes] ziviles oder militärisches Amt bekleiden.«[39]

Dies ist nichts anderes als das Grundmuster für eine Einparteiendiktatur, und es stellt sich die Frage, als wie dauerhaft sich die »provisorische Regierung« womöglich erwiesen hätte.

Pestel' brachte in privaten Gesprächen häufig seine Bewunderung für Napoleon zum Ausdruck und liebäugelte zumindest gelegentlich mit der Vorstellung, selbst ein allmächtiger Diktator zu sein. Seine engsten Vertrauten in der Südlichen Gesellschaft standen fast alle im Bann seiner Persönlichkeit. Er buhlte energisch um die Nördlichen Dekabristen, in deren Reihen er den Einfluß Nikita Murawjows zu unterminieren suchte, dem nach dem erfolgten Staatsstreich die Einberufung einer konstituierenden Nationalversammlung vorschwebte, die dann eine Verfassung verabschieden würde. Murawjow stellte in Pestel's Augen sowohl politisch als auch persönlich das größte Hindernis dar, das seinen, Pestel's, Plänen im Wege stand. Bei seinen Versuchen, Murawjow Gefolgsleute abzuwerben, ging Pestel' oft mit ziemlich unlauteren Mitteln zu Werke. Wie Rylejew, ein Mitglied der Nördlichen Dekabristen, später zu Protokoll gab:

»Ich weiß noch, wie Pestel' mich einzunebeln versuchte. Im Laufe unseres zweistündigen Gesprächs gab er sich nacheinander als Bewunderer der Vereinigten Staaten, Napoleons, als Befürworter des Terrors und als Anhänger der englischen Verfassung ..., aber nach einer Weile gestand er mir zu, daß das englische System überholt sei; das gegenwärtig von den Nationen erreichte Maß an Aufgeklärtheit erfordere fortschrittlichere Einrichtungen und größere Freiheit ..., aber wenn wir einen Diktator haben müßten, dann solle er sein wie Napoleon. In welche Höhen hat er Frankreich erhoben.«[40]

Die beherrschende Stellung, die Pestel' bei den Dekabristen des Südens einnahm, beruhte nicht allein auf seinem persönlichen Charme, den unter anderem auch Puschkin hervorgehoben hat, sondern auch auf der ihn umwehenden Aura der Selbstgewißheit und des Geheimnisvollen, einem für die Eignung zum politischen Führer oft so wesentlichen Element. Seine Genossen waren zwar – nach zeitgenössischen Maßstäben – gebildet, in ihrer Mehrzahl aber politisch etwas unbedarft und, sieht man einmal von ihren verschwörerischen Aktivitäten ab, unbeschwerte Gemüter nach der herkömmlichen Art junger Offiziere und Aristokraten. Ganz anders Pestel', der für »die Sache« zu leben schien und der, abgesehen davon, daß er ein glänzender militärischer Organisator war, das Talent zum Gesetzesschöpfer und zum politischen Philosophen besaß. Die Nördliche Gesellschaft verfügte freilich über Leute wie Nikita Murawjow und Nikolaj Turgenjew, die es geistig mit Pestel' aufnehmen konnten, seinen Machiavellismus durchschauten und seine Ideen ablehnten. Als er mit seinem Versuch, die Führung der gesamten Bewegung an sich zu reißen, nicht durchkam, wurde Pestel' von Zweifeln und Unschlüssigkeit überfallen. Er dachte darüber nach, ob die zukünftige Verfassung Rußlands nicht vielleicht eine Mischung aus seinem Entwurf und dem von Murawjow würde sein können. Es fällt allerdings schwer, sich vorzustellen, wie ein Kompromiß zwischen so diametral gegensätzlichen Philosophien hätte bewerkstelligt werden sollen. Was seine persönliche Zukunft betraf, so gedachte Pestel' nunmehr, wie er einem Freund anvertraute, sich nach der Revolution in ein Kloster zurückzuziehen.[41] Wieder ein paradox anmutender Gedanke, der auf ein aufgewühltes Gemüt schließen läßt: ein Lutheraner, der Mönch in einem orthodoxen Kloster werden möchte. Dies war indes kein bloßes Kokettieren, wie die Briefe bezeugen, die Pestel' 1825 an seine Familie schrieb. Sein Denken wandte sich mehr und mehr der Religion zu; nach fünf Jahren ging er zum ersten Mal wieder zur Beichte und nahm die Kommunion. Nach seiner Verhaftung sagte er: »Nachdem ich meine liberalen und radikalen Ideen jetzt voll und offen eingestanden habe, muß ich hinzufügen, daß ihr Einfluß auf mich im Laufe des Jahrs 1825 nachließ und ich die Dinge anders zu sehen begann; aber da war es zum Umkehren bereits zu spät.«[42]

Als das Debakel vom 14. Dezember 1825 herannahte, sank den beiden führenden Theoretikern und treibenden Kräften der Verschwörung der Mut: Nikita Murawjow zog sich einige Wochen vor dem fatalen Ereignis auf das Gut seiner Frau zurück. Pestel' wurde von einer Art Apathie ergriffen. »Das Schreiben der *Russkaja prawda* ging nicht so leicht von der Hand wie vorher. Sie drängten mich zur Eile, aber es wollte einfach nicht klappen, und im Lauf des ganzen Jahres vermochte ich dem Entwurf nichts Neues hinzuzufügen ... In Gesprächen packte mich gelegentlich wieder die alte Erregung, aber immer nur für kurze Zeit; es war nicht dasselbe wie früher.«[43]

Die Dinge nahmen ihren Lauf, wenngleich in einer von ihren Initiatoren überhaupt nicht erwarteten Weise: Das Drama der Dekabristen strebte seinem traurigen Höhepunkt zu. Zwischen 1823 und 1825 war viel davon die Rede gewesen, daß man den Zaren entführen und ihn entweder, wofür die meisten Mitglieder der Nördlichen Gesellschaft plädierten, zur Gewährung einer Verfassung zwingen oder aber ihn umbringen müsse, für welch letztere Lösung Pestel' und seine Genossen, zumindest nach außen hin, eintraten. Die Auseinandersetzungen innerhalb der Geheimgesellschaft um die zukünftige Ordnung hätten die Ausarbeitung irgendwelcher konkreten Aktionspläne sicher noch weiter hinausgezögert. Daher erscheint es, obgleich die Dekabristen 1825 den endgültigen Beschluß faßten, Alexander während seines erwarteten Besuchs der Manöver des Dritten Armeekorps im Herbst 1826 gefangenzunehmen, eher unwahrscheinlich, daß die Verschwörer, wenn der Zar so lange gelebt hätte, die Entschlußkraft und die technisch-organisatorischen Voraussetzungen zur Durchführung eines solchen Planes aufgebracht hätten. Wie Pestel' gestehen sollte: »Ich glaube fest, daß wenn der Kaiser Alexander Pawlowitsch weitergelebt hätte, die Revolution trotz aller Fortschritte der Geheimgesellschaft nicht eher begonnen hätte, als bis er eines natürlichen Todes gestorben wäre.«[44] Wie dem auch sei, der Plan sah vor, den Zaren zu töten, worauf das Dritte Korps unter Führung der Dekabristen auf Kiew und Moskau marschieren sollte. Andere Heereseinheiten würden sich, so rechneten die Verschwörer, anschließen. Die verbündeten Revolutionstruppen würden die Hauptstadt einnehmen, die übriggebliebenen Angehörigen der kaiserlichen Familie ins Ausland abschieben und den Senat zur Veröffentlichung einer Proklamation zwingen, in der das neue Regime zur gesetzmäßigen Regierung erklärt würde. Pestel' hatte vermutlich recht, als er der ihn verhörenden Regierungskommission gegenüber die völlig unrealistischen Annahmen hervorhob, auf denen der Plan beruhte: »Wenn man diesen Plan an den realen Möglichkeiten der Südlichen Gesellschaft mißt . . ., kann man klar erkennen, daß er nicht die geringste Erfolgschance besaß. Er war einfach ein Ausdruck von Übereiltheit und Ungeduld [unsererseits], an deren Stelle in dem Maß, wie der Zeitpunkt der Ausführung näherrückte, zweifellos vernünftige Einsicht getreten wäre.«[45] Es ist natürlich denkbar, daß Pestel' die Ernsthaftigkeit des Umsturzplans hauptsächlich in der Absicht herunterspielte, seine eigene Schuld in den Augen der zaristischen Richter möglichst gering erscheinen zu lassen. Es gibt jedoch Anhaltspunkte, die bezeugen, daß der Führer der Südlichen Gesellschaft am Vorabend der verhängnisvollen Ereignisse tatsächlich immer unentschlossener und zögerlicher wurde. Er gestand einem seiner Genossen, daß er mit dem Gedanken spiele, zum Kaiser zu gehen, ihm alles zu gestehen und ihn um die Gewährung der dringlich notwendigen Reformen zu bitten.

Mittlerweile hatte die dem Scheitern geweihte Verschwörung ihr Aktionsfeld ausgeweitet: Die Südliche Gesellschaft unterhielt schon seit längerem Kontakte zu einer polnischen Geheimorganisation, die die vollständige Unabhängigkeit Polens anstrebte. Im Januar 1825 trafen sich Pestel' und Fürst Sergej Wolkonskij mit Emissären dieser Organisation, um die Möglichkeit der Ausarbeitung eines gemeinsamen Aktionsplans zu erörtern. Beide Seiten versuchten bezeichnenderweise, ihren Gesprächspartnern zu imponieren, indem sie, nachsichtig ausgedrückt, ihre Mittel, Möglichkeiten und Verbindungen etwas rosig darstellten. Die Polen gaben zu verstehen, sie unterhielten nicht nur Beziehungen zu revolutionären Bewegungen in den wichtigsten europäischen Ländern, sondern auch zur »englischen Regierung«; diese habe ihnen »Geld zukommen lassen und versprochen, Waffen zu liefern«.[46] (Als die zaristischen Beamten nach dem Fehlschlag des Putsches in den Besitz dieser Information gelangten, leiteten die Behörden eine fieberhafte Suche nach Anhaltspunkten dafür ein, daß England irgendwie mit der revolutionären Bewegung in Rußland unter einer Decke stecke; wir haben hier wahrscheinlich das historisch erste Beispiel für den dann zur Tradition gewordenen Glauben der Russen vor uns, daß innere Konflikte von äußeren

Kräften gesteuert seien. Es steht jedoch fest, daß, ungeachtet der Tatsache, daß die polnische Sache unter den liberalen englischen Politikern viele Freunde besaß, nicht die Spur einer Verbindung zwischen der britischen Regierung und den revolutionären Bewegungen, sei es Rußlands, sei es Polens, bestand.) Die russischen Verschwörer deuteten ihren polnischen Gesprächspartnern demgegenüber an, sie hofften zwar, daß das neue Rußland Polen die Unabhängigkeit gewähren werde, müßten ihre Aktivitäten aber mit denen der Nördlichen Dekabristen abstimmen. Pestel' äußerte insbesondere den Wunsch, die Polen würden, wenn in Rußland die Revolution ausbrach, jeden etwaigen Versuch von Großfürst Konstantin*, seinem Bruder zu Hilfe zu kommen, zu verhindern wissen. Die Polen sollten sich »um den Großfürsten kümmern« (d. h. vermutlich, ihn umbringen) und ihre revolutionären Aktionen auch sonst mit denen der russischen Aufständischen koordinieren. Da beide Seiten aber mit nicht ganz offenen Karten spielten, kamen bei dem Gespräch keine konkreten Vereinbarungen heraus.

Die Dekabristen versäumten nicht, bei ihrem Marsch ins Verderben noch eine andere Organisation ins Schlepptau zu nehmen und mitzuziehen. Es war dies die »Vereinigte Gesellschaft der Slawen«, die weitgehend unabhängig von den Dekabristen und auch ohne deren Wissen seit 1823 existierte und von Offizieren der Zweiten Armee getragen wurde. Diese Vereinigung – ein weiteres Beispiel für die Sucht nicht nur der russischen, sondern in der Tat der ganzen europäischen Jugend, Geheimgesellschaften zu unterhalten** – war zunächst eine Zeitlang, was nicht weiter verwunderlich ist, der Aufmerksamkeit sowohl der Regierung als auch der älteren Verschwörergruppen entgangen. Die Vereinigte Gesellschaft der Slawen bestand aus jungen Offizieren, die in allen möglichen ukrainischen Garnisonsstädten dienten, oft in einem und demselben Regiment mit Mitgliedern der Südlichen Gesellschaft zusammen. Allerdings handelte es sich meist um Offiziere der niedrigeren Ränge, die sich auch in bezug auf Herkunft und wirtschaftliche Stellung ziemlich stark von den Murawjows, den Trubezkojs und anderen traditionsreichen Adels- und Großgrundbesitzerfamilien angehörenden Dekabristen der ersten Stunde unterschieden. Sie waren in der Regel Söhne verarmter Grundeigentümer oder kleiner Beamten; ihre Schulbildung hatten sie nicht durch ausländische Hauslehrer und in Eliteakademien erhalten,

---

* Konstantin war Oberbefehlshaber nicht nur der polnischen Armee, sondern auch des sogenannten Litauischen Korps', das aus Verbänden aus den dem Königreich Polen benachbarten russischen Westprovinzen bestand.
** Woran lag es, daß Geheimorganisationen dieser Art im nachnapoleonischen Europa derart aus dem Boden schossen? Sehr wahrscheinlich an den folgenden Momenten: der Auflösung der alten Gesellschaftsstrukturen mit ihren hergebrachten, zumeist religiösen Ventilen für das Bedürfnis nach Mitsprache; den von der Französischen Revolution aufgerührten intellektuellen Gärstoffen; und schließlich an dem Versuch der meisten europäischen Regierungen, in den Jahren nach 1815 die Zeiger der Geschichte wieder zurückzudrehen und den geistigen Hunger und das neue politische Bewußtsein der Menschen des 19. Jahrhunderts zurückzudrängen.

sondern in den zu jener Zeit noch höchst jämmerlichen regionalen Schulen oder zu Hause, von den eigenen Eltern. Woher konnten sie ihr oppositionelles Gedankengut bezogen haben? Diese Frage bereitete offenbar den zur Untersuchung des Dekabristenaufstands eingesetzten zaristischen Beamten großes Kopfzerbrechen, die Liberalismus, Konstitutionalismus und ähnliche umstürzlerische Ideen als aus dem Ausland importierte geistige Luxusgüter betrachteten. Eine der Standardfragen, die sie den Beschuldigten stellten, lautete: »Wo bist du erzogen worden, und von wem hast du die subversiven Ideen gelernt, die dich zu der verbrecherischen Absicht verführten, die bestehende Ordnung der Dinge zu verändern?« Worauf einer der Gründer der Vereinigten Gesellschaft der Slawen, Peter Borisow, erwiderte:

»Ich bin zu Hause von meinem Vater erzogen worden . . . Schon in meiner Jugendzeit hat die Lektüre der griechischen und römischen Geschichte meine Seele mit der Liebe zur demokratischen Regierungsform erfüllt. Und dieses Gefühl verstärkte sich in mir später angesichts der grausamen Behandlung, mit der manche befehlshabenden Offiziere ihre Untergebenen quälen, angesichts der den Bauern von so vielen Grundherren bereiteten Leiden und auch der Ungerechtigkeiten, die ich im Dienst persönlich miterlebt habe.«[47]

Aber ungeachtet solcher schlichten und edlen Beweggründe war das Programm der Vereinigten Slawen ein Mischmasch phantastischer Ideen. Irgendwann (anders als die Dekabristen der älteren Schule stellten sie niemals Überlegungen hinsichtlich des »Wie« und »Wann« an) sollte Rußland ihrem Vorsatz nach zu einer Republik umgestaltet und die Leibeigenschaft abgeschafft werden. Dann sollten, auch dies auf eine nicht näher bezeichnete Weise, die anderen slawischen Nationen von ihren aus- und inländischen Unterdrückern befreit werden, und schließlich sollten alle slawischen Nationen einen Bund freier Republiken bilden.

Der Eifer, mit dem die jungen Leute die Einheit aller Slawen propagierten, überstieg bei weitem ihr Wissen über deren Geschichte und Geographie. So zählten sie etwa auch die Ungarn mit, hielten die Bewohner Böhmens und Mährens für zwei verschiedene Volksstämme und nahmen von der Existenz einer bulgarischen Nation, wie es scheint, keine Notiz; und was am meisten erstaunt, da doch einige Mitglieder der Vereinigung geborene Ukrainer waren, ist, daß sie diesem Volk keine von den Großrussen verschiedene Nationalität zuerkannten.

Von der Existenz der »Vereinigten Gesellschaft der Slawen« erfuhren einige Mitglieder der Südlichen Gesellschaft im Laufe der Sommermanöver des Dritten Armeekorps im Jahr 1825, und gleich nach Beendigung der Manöver Mitte September schlossen die beiden Geheimgesellschaften sich zusammen. Unter den Mitgliedern des jüngeren Geheimbundes gab es manche, die an sich nicht sehr geneigt waren, sich dem Hauptstrom der Dekabristenbewegung anzuschließen. Aber sie wurden von den bis zur Skrupellosigkeit eloquenten Argumenten Bestuschew-Rjumins umgestimmt, der als Hauptwerber agierte: Er stellte die Bewegung der Dekabristen als eine bereits sehr mächtige gesellschaftliche Kraft dar, die im Begriff stehe, der Autokratie einen tödlichen Schlag zu versetzen. Der geplante Staatsstreich könne nicht fehlschlagen, wo doch zu den Verschwörern nicht nur die meisten Regimentskommandeure der südwestlichen Provinzen gehörten, sondern auch so namhafte Soldaten wie General Paul Kiselew und General Alexej Jermolow, der Oberbefehlshaber im Kaukasus. Die jungen Mitstreiter konnten nicht umhin, sich von dieser Galerie von Fürsten, Generalen und Obersten beeindrucken zu lassen, mit denen zusammen sie ein revolutionäres Unternehmen bestreiten würden. Unaufrichtig war Bestuschew-Rjumin auch insofern, als er versicherte, die Verfassung, die seine Geheimgesellschaft in Rußland einführen werde, existiere bereits seit 1815 und sei von führenden europäischen Geistern geprüft und gutgeheißen worden. All dies klang für die unerfahrenen und naiven Leutnants und Fähnriche ziemlich aufregend. Allerdings war Bestuschew-Rjumin nahe daran, den Bogen zu überspannen, als er die Ehrungen und Reichtümer aufzählte, mit denen das dankbare Vaterland seine Befreier belohnen werde: »Der Lohn für eure Opfer wird nicht der Tod, sondern werden hohe Auszeichnungen und Würden sein. Ihr seid jung, und was vor euch liegt, ist nicht die Märtyrerkrone, sondern Reichtum und Ruhm.«[48] Diese Verkündung löste unter den jungen Idealisten ein verärgertes Raunen aus, und Zwischenrufer gaben Bestuschew-Rjumin zu verstehen, sie empfänden die Annahme, daß sie auch nur an eine materielle Belohnung für ihren patriotischen Einsatz dächten, als eine Beleidigung. Eilig wechselte Bestuschew-Rjumin daraufhin das Thema.

Der jugendliche Machiavellist Bestuschew-Rjumin hätte wohl kaum großes Zutrauen zur Sache der Dekabristen wecken können: Er war 22 Jahre alt, spröde und von großspurigem Gehabe. Doch Sergej Murawjow, dessen Persönlichkeit und Verdienste Respekt geboten, bestätigte die Darstellung seines engen Freundes. Daraufhin beschlossen die Vereinigten Slawen, ihre eigene Organisation aufzulösen und sich der Führung der Südlichen Gesellschaft zu unterstellen. Doch fast postwendend kam es zu Zusammenstößen zwischen den ungeduldigen Jungverschwörern und ihren neuen Bundesgenossen. Wann würde der Putsch stattfinden? Murawjow erklärte, er sei für den folgenden Sommer geplant. Warum so lange warten? Solle man nicht in jedem Fall mit revolutionärer Agitation unter den Soldaten beginnen? Nein, erwiderten die bestürzten Älteren, eine solche Agitation sei unnötig, der russische Soldat verstehe nichts von Politik, sondern würde stets seinem kommandierenden Offizier gehorchen. Falls die Soldaten dennoch zögern sollten, sich gegen ihren Zaren zu erheben, würde ihr Offizier ihnen erklären, daß es sich dabei um eine religiöse Pflicht handle. »Unsere Soldaten sind gute, einfache Leute. Sie denken nicht viel und sollten daher lediglich als Werkzeuge zur Erreichung unserer Ziele dienen.«[49] Daß der gerade für seine humane und bedachte Einstellung gegenüber den gemeinen Soldaten bekannte Murawjow sich so wegwerfend zu äußern vermochte, ist ein Hinweis darauf, wie sehr er unter dem Einfluß Bestuschew-Rjumins stand. In der Tat war es den meisten, die sowohl Murawjow als auch Bestuschew-Rjumin näher kannten, ein Rätsel, worauf die enge Freundschaft der beiden und worauf der Einfluß beruhte, den der junge Draufgänger und Intrigant auf den reiferen Offizier ausübte.

Viele Jahre später äußerte sich I. Gorbatschewskij, der der Vereinigten Gesellschaft der Slawen angehört hatte, im Rückblick auf den Zusammenschluß ziemlich bitter über die Südliche Gesellschaft:

>[Ihre Mitglieder] stammten zum größten Teil aus der Oberklasse. Sie hatten vor, den Coup mit rein militärischen Mitteln, ohne Beteiligung der Massen durchzuführen. [Aber nicht einmal] den Offizieren und den unteren Dienstgraden konnten sie ihre eigentlichen Ziele im voraus enthüllen. Die ersteren hofften sie durch die bloße mitreißende Kraft der Bewegung und durch verschiedene Versprechungen auf ihre Seite ziehen zu können, die letzteren . . . mit Bestechung und Drohungen. Dazu kam, . . . daß die meisten Mitglieder der Südlichen Gesellschaft reiferen Alters waren und ziemlich wichtige Stellungen bekleideten . . . Dagegen waren die >Vereinigten Slawen< ohne Ausnahme jung, leidenschaftlich, naiv und ungeduldig. Es lag nicht in ihrem Wesen, sich auf fromme Wünsche zu beschränken. Sie gierten nach Taten, wünschten nichts sehnlicher, als ihre Träume wahrwerden zu sehen. Es machte ihnen nichts aus, von anderen nicht als gleichwertig anerkannt zu werden oder ihre persönlichen Wünsche zugunsten der Sache zurückzustellen, denn sie hatten den sprichwörtlichen süßen Geschmack der Macht nie gekostet.«[50]

Ungeachtet aller klassenspezifischen und temperamentsmäßigen Unterschiede zwischen den alten und neuen Verschwörern mußte die Hereinnahme der Vereinigten Slawen – etwa fünfzig energiegeladener junger Leute – eigentlich einen beträchtlichen Zuwachs an Stärke bringen. Indes, was für die Dekabristenbewegung als ganze galt, sollte auch für die Südliche Gesellschaft in den wenigen restlichen Monaten ihres Bestehens zutreffen: Es gab keinen Katalysator, keine führende Kraft, die in der Lage gewesen wäre, revolutionäre Ideen und Pläne in die Tat umzusetzen. Gewiß erfüllten die neuen Mitglieder die Geheimgesellschaft mit einigem neuen Leben. Einige von ihnen betätigten sich in der Truppe als Agitatoren. Aber in Ermangelung einer verbindlichen Aktionsstrategie konnten sie bei den Soldaten keine wirksame Indoktrinierungsarbeit leisten. Diese hörten zwar aufmerksam zu, wenn ihnen erklärt wurde, was sie bereits wußten – daß die meisten Russen ein schweres und ungerechtes Los zu tragen hatten –, aber sie konnten dem nicht entnehmen, was nun eigentlich genau von ihnen erwartet wurde. »Ihre Herzen und Köpfe wurden von dem vagen Gefühl ergriffen, daß die bestehende Ordnung der Dinge verändert werden müsse. Sie wollten etwas Neues, aber was genau? Auf diese Frage konnten sie keine klare Antwort geben.«[51]

Allein, die Tage der Verschwörung waren gezählt. Die Behörden waren schon lange im Besitz von Informationen über die Existenz der Geheimgesellschaften. Erst im Laufe des Jahres 1825 jedoch erhielt das Regime von Spitzeln innerhalb der Südlichen Gesellschaft genügend Hinweise, um sich ein Bild vom Ausmaß und den Zielen der Verschwörung machen zu können.

Hätte das zaristische Regime effizienter funktioniert, so hätte es lange vor dem Aufstand vom 14. Dezember gegen die Verschwörer vorgehen können. Gleichwohl steht fest, daß es ohne einen jener eigentümlichen historischen Zufälle, den vollkommen unerwarteten Tod Alexanders im November, keinen Putschversuch gegeben hätte: Die Verschwörer wären lange vor dem August 1826, dem für den Aufstand verabredeten Zeitpunkt, verhaftet worden. Hätte man sie in dem Augenblick verhaftet, als das Ausmaß ihrer Aktivitäten offenbar wurde – dem frischgekrönten Nikolaus I. und seiner Regierung wäre der traumatische Schock der Revolte erspart geblieben. Nikolaus hätte dann, wiewohl er gewiß nicht der Mann gewesen wäre, Rußland eine verfassungsmäßige Regierung zu bescheren, doch sehr wahrscheinlich den Versuch unternommen, einige der offenkundigsten sozialen Übel des Landes, wie etwa die Leibeigenschaft, zu bekämpfen. Auf diese Weise wären Rußland vielleicht dreißig Jahre der Reaktion und Stagnation erspart geblieben, ganz abgesehen davon, daß die Verschwörer selbst ohne die Vorgänge vom 14. Dezember wahrscheinlich eine weit nachsichtigere Behandlung erfahren hätten und in die Geschichte als hochherzige Träumer und dilettantische Amateurrevolutionäre eingegangen wären – allerdings ohne jene Aura von Romantik und Märtyrertum, die den Dekabristen nun, da es anders gekommen ist, anhaftet. Fest steht, daß die Vorgänge vom 14. Dezember 1825 eine Kluft zwischen der russischen Gesellschaft und der zaristischen Regierung aufrissen, die sich nicht wieder schließen sollte.

Im Jahr 1823 rekrutierte die Nördliche Gesellschaft ein neues Mitglied, das in den zum Aufstand vom Dezember 1825 führenden Ereignissen eine entscheidende Rolle spielen sollte. Kondratij Rylejew war ein Dichter von eher bescheidenen Talenten, dessen Gedichte aber aufgrund ihres patriotischen und radikalen Tenors weithin gelesen wurden. Als Sohn eines verarmten Offiziers sah er sich gezwungen, seine militärische Laufbahn schon früh, im Range eines Unterleutnants, zu beenden, um sich einen einträglicheren bürgerlichen Beruf zu suchen. Er brachte es schließlich zu einer Beamtenstelle in der russischen Amerikakompanie, die Alaska verwaltete. Der junge Dichter war ein Mann der Tat, der sich, anders als die Mehrzahl seiner Bundesgenossen, nicht mit endlosen Debatten darüber zufriedengeben wollte, was nach der Revolution getan werden müßte. Er verstand seinen eigenen Enthusiasmus und seine Ungeduld auch auf andere zu übertragen. Die zur Untersuchung des fehlgeschlagenen Staatsstreichs eingesetzte Regierungskommission sollte den Beitrag Rylejews später wie folgt zusammenfassen:

»Die Kommission weiß, daß die Nördliche Gesellschaft 1823 auf nur noch verhältnismäßig wenige aktive Mitglieder zurückgegangen war und im Begriff stand, sich aufzulösen. Als du jedoch zu ihr gestoßen bist, bist du eines ihrer eifrigsten und aktivsten Mitglieder geworden, hast mit Hilfe einiger Leute aus dem Süden neue Ordnung in sie gebracht, neue Mitglieder geworben, auf die du beherrschenden Einfluß ausübtest und die du mit liberalen Ideen indoktriniert hast . . . Auf diese Weise hast du das

Ausmaß der subversiven Betätigung verstärkt ... und bist schließlich zum Hauptträdelsführer der Ereignisse vom 14. Dezember geworden.«[52]

Diese Darstellung übertreibt zwar in bezug auf die Krise, in der die Nördliche Gesellschaft sich vor dem Beitritt Rylejews befand, nicht aber in bezug auf dessen Rolle. Die Position, die Rylejew in den Reihen der nördlichen Verschwörer zuletzt einnahm, läßt sich mit der Stellung Pestel's im Süden vergleichen. Die Faktoren allerdings, auf denen ihr Einfluß jeweils beruhte, waren sehr unterschiedlich. Pestel's dominierende Position gründete auf seiner geistigen Überlegenheit über seine Gefolgsleute, auf ihrer Ehrfurcht vor seiner Gelehrsamkeit und seiner Fähigkeit, ausgefeilte theoretische Zukunftsmodelle und Planspiele zu entwerfen. Er verfügte jedoch nicht über die für einen revolutionären Anführer mindestens ebenso wichtigen Eigenschaften der Selbstgewißheit und der Fähigkeit, nicht nur den Intellekt, sondern auch die Herzen der Menschen zu erobern. Rylejew dagegen war imstande, mit seiner Gabe, sich Freunde zu schaffen, seinem Enthusiasmus und seiner schieren Vitalität die Zweifel und Skrupel seiner Genossen zu zerstreuen und sie so zum Handeln zu animieren. Aber er hatte auch einen Hang zur Sorglosigkeit und war kein guter Menschenkenner.

Von seinem Naturell her für Geselligkeit und Gastlichkeit geschaffen, machte Rylejew seine bescheidene Wohnung in St. Petersburg zum Mittelpunkt der dortigen revolutionären Aktivität. Beständig gingen Besucher bei ihm ein und aus: Gardeoffiziere, literarische Leuchten, liberal gesonnene Bürokraten. Veteranen der dekabristischen Sache verkehrten hier, ohne allzu große konspirative Vorsicht walten zu lassen, mit Gelegenheitsbekanntschaften des Gastgebers, die dieser in der Hoffnung, sie für die Sache gewinnen zu können, eingeladen hatte, und gaben ihre radikalen politischen Ansichten zum besten. So überschwenglich die Gastfreundschaft, so einfach war die gebotene Kost. Dennoch waren die »russischen Büfetts« des jungen Dichters bald in der ganzen Hauptstadt berühmt, und zwar gerade wegen ihrer für die Verhältnisse der Petersburger Salons geradezu aufregenden und neuartigen Schlichtheit. Anders als in den Häusern der wohlhabenderen Dekabristen bekamen die Gäste hier nicht Champagner, sondern Wodka serviert, und der Hauptgang bestand aus einer Kohlsuppe, zu der ein großzügiger Vorrat an Roggenbrot gereicht wurde. Dazu wurde viel gesungen. Rylejew war der Überzeugung, daß aufrührerische Lieder ein sehr wirksames Mittel revolutionärer Propaganda seien. Er komponierte selbst ein solches Lied, in welchem er sich über die Schwäche des Zaren für militärische Paraden und Exerzitien lustig machte und sich in derben Anspielungen auf die Manierismen und die deutschen Vorfahren der Zarenfamilie erging. Manche Lieder hatten aber auch ernsthaftere Texte. In einer Nachdichtung zur Melodie eines beliebten Volksliedes wurde von einem Schmied erzählt, der drei Messer schliff: eins für die Großgrundbesitzer, eins für die geistlichen Würdenträger und eins für den Zaren. Die Gäste, darunter Abkömmlinge der höchsten russischen Adelsgeschlechter, die meisten von ihnen Offiziere des aktiven Dienstes, pflegten begeistert mitzusingen. Diese erquickende Atmosphäre stand in schlagendem Kontrast zu den todernsten Disputen über die zukünftige Verfassung, in die sich so viele von Rylejews Mitverschwörern vertieften. Er war einer jener Menschen, die für den revolutionären Augenblick leben und sich nicht viele Gedanken darüber machen, was danach kommt.

Aber auch so tat er gut daran, mehrere Eventualitäten zu bedenken. Unter seinen Bekannten befanden sich hohe Regierungsbeamte wie Michael Speranskij, der zu jener Zeit wieder einmal einen wichtigen Posten im zaristischen Verwaltungsapparat bekleidete, und Admiral Nikolaj Mordwinow, ein Senator und ehemaliger Finanzminister, der zu den ersten volkswirtschaftlichen Schriftstellern Rußlands zählte. Beide standen in dem Ruf, zu den Kräften zu gehören, die für Reformen und für eine Emanzipation Rußlands von der zaristischen Selbstherrschaft eintraten, wozu sie sich freilich nicht offen bekennen konnten. Speranskij war seinem früh erworbenen Liberalismus weitgehend treu geblieben, und der mit einer Engländerin verheiratete Mordwinow war ein großer Bewunderer des britischen Verfassungssystems. Von solchen hohen Amtsträgern konnten Rylejew und seine Genossen natürlich keine offene Parteinahme für die Sache der Verschwörung erwarten, aber man war sich doch ziemlich sicher, daß beide zumindest ahnten, was in den Köpfen der jungen Männer, deren Bekanntschaft sie pflegten, vorging. Und in einem entscheidenden Augenblick konnte die Unterstützung von Männern wie Speranskij und Mordwinow, fänden sie sich bereit, ihr großes Ansehen in die Waagschale der Revolution zu werfen, von höchstem Nutzen sein.

Rylejew war kein Fanatiker. Als Vorbild für die zukünftige Regierungsform in Rußland diente ihm die amerikanische Verfassung. Das Land brauche, wie er einmal Pestel' erklärte, einen Washington und nicht einen Diktator vom Schlage Napoleons – letzteres eine deutliche Anspielung auf die Rolle, auf die sein Gesprächspartner es seiner Ansicht nach abgesehen hatte. Man konnte freilich die Möglichkeit nicht ausschließen, daß man zum Sturz des Regimes auf drastische Maßnahmen und auf die Hilfe von Leuten ganz anderen Typs angewiesen sein würde, als die erprobten Politiker Speranskij und Mordwinow ihn verkörperten. Rylejew hielt daher auch Ausschau nach Männern, die als Attentäter in Frage kamen. Am besten würden sich dazu Leute eignen, die in keiner zu engen Beziehung zur Geheimgesellschaft standen. Das russische Volk würde ein neues Regime, dessen Führern das Blut des von Gott Gesalbten an den Fingern klebte, womöglich nicht allzu freundlich begrüßen. Es gab im Umkreis Rylejews zwei Männer, die seiner Überzeugung nach die Aufgabe, den Zaren zu beseitigen, übernehmen konnten, ohne daß die Verantwortung den Dekabristen zur Last gelegt werden würde. Peter Kachowskij war zwar seit 1825 Mitglied der Gesellschaft, in ihre Planungen jedoch nicht eingeweiht. Der 28jährige Exleutnant war in vielerlei Hinsicht ein Prototyp der vielen russischen Terroristen, die Rußland nach ihm hervorbringen sollte. Er war ein schwermütiger und gefühlsbetonter Mann, dessen ganzes bisheriges Leben mit persönlichen Mißgeschicken und beruflichen Enttäuschungen gepflastert gewesen war. Rylejew gegenüber, der ihn trotz der Beengtheit seiner eigenen wirtschaftlichen Verhältnisse finanziell unterstützte, beteuerte Kachowskij mehr als einmal seine Entschlossenheit, den Zaren zu töten. Aber der richtige Augenblick war noch nicht gekommen, und es gelang Rylejew, seinem Freund diese Absicht auszureden, indem er ihm erklärte, daß seine, Kachowskijs, Ergreifung die Zerschlagung der Geheimgesellschaft nach sich ziehen würde.

Ein weiterer selbsternannter Kandidat für die Ausführung des Tyrannenmordes war Hauptmann Alexander Jakubowitsch. Anders als Kachowskij hegte Jakubowitsch einen persönlichen Groll gegen den Zaren. Alexander hatte ihn zur Strafe dafür, daß er bei einem Duell als Sekundant amtiert hatte, aus der Garde entlassen und zu einem regulären Regiment im Kaukasus versetzt. Hier hatte sich Jakubowitsch durch alle möglichen heroischen Taten im Kampf gegen die einheimischen Stämme ausgezeichnet, aber auch seinen Ruf gefestigt, ständig Streit zu suchen. Er pflegte seine Offizierskollegen aus dem geringsten Anlaß herauszufordern und hatte es im Duell ausnahmslos darauf abgesehen, seinen Kontrahenten zum Krüppel zu schießen. Nach einer Kopfverwundung war der cholerische Offizier als Invalide aus dem Heer entlassen worden. Der martialisch wirkende Hüne mit der schwarzen Bandage am Kopf – seine Wunde verheilte niemals ganz – war in jenen Jahren eine bekannte und schillernde Gestalt der Petersburger Gesellschaft. Großmäulig pflegte Jakubowitsch jedem, der ihm zuhörte, sein Leid über die unverdiente Zurücksetzung durch den Monarchen zu klagen und versäumte nicht, anzukündigen, wie er sich zu rächen gedachte. Die Dekabristen bewiesen immerhin noch so viel Vernunft, ihn niemals förmlich in die Geheimgesellschaft aufzunehmen, aber für Rylejew war er einer derjenigen, den man »ansetzen« konnte, wenn sich günstige Umstände boten.

Würde ein solcher Moment jemals kommen? Bei all seinem revolutionären Enthusiasmus und seiner Pläneschmiederei war Rylejew, der 1825 in das dreiköpfige Direktorium der Nördlichen Gesellschaft aufrückte, doch noch weit davon entfernt, konkrete Handlungsanweisungen und einen Zeitplan für den beabsichtigten Aufstand formulieren zu können. Da die Behörden gegen Ende des Jahres ihre Vorkehrungen zur Verhaftung der Führer der Südlichen Gesellschaft getroffen hatten, ist kaum daran zu zweifeln, daß auch den nördlichen Dekabristen dieses Schicksal geblüht hätte. Gerade aber zu der Zeit, als die Behörden sich zum Schlag gegen die Verschwörer rüsteten, am 19. November 1825, starb Alexander I. in Taganrog am Asowschen Meer.

Meldungen über seine Erkrankung zirkulierten in der Hauptstadt schon seit einiger Zeit, doch erwartete niemand einen tödlichen Ausgang – der Kaiser war erst 48 Jahre alt. Als am 24. November die Nachricht von seinem

Ableben in St. Petersburg eintraf, schlug sie dort wie eine Bombe ein. Es folgten zwei Wochen der totalen Verwirrung, in denen Rußland ohne Herrscher und der Regierungsapparat paralysiert waren. Aus diesem Chaos sproß die Revolte. Die unschlüssigen, unorganisierten Verschwörer wurden von den Ereignissen überrollt und fast gegen ihren Willen zur Tat getrieben. Und so verwundbar war das ruderlose Staatsschiff, daß es dieser in aller Eile improvisierten, halbherzigen und dilettantischen Rebellion beinahe gelungen wäre, die Autokratie zu beseitigen.

Der Grund für die verworrene Situation lag in der verwickelten und ungeklärten Frage der Thronnachfolge. Da Alexander kinderlos war, hätte, wie jedermann glaubte und wie das Gesetz es vorschrieb, sein nächstjüngerer Bruder, Großfürst Konstantin, der Thronerbe sein müssen. Doch Konstantin war, was allerdings nur die kaiserliche Familie und ihr engster Beraterkreis wußten, von seiner Persönlichkeit her zum Regieren ungeeignet und auch nicht bereit, Zar zu werden.

Die Abneigung des Großfürsten gegen den Thron rührte vom traumatischen Erlebnis der Ermordung seines Vaters her. Er fürchtete, dem gleichen Los geweiht zu sein, falls er je die Thronnachfolge antreten sollte. Seit beinahe zehn Jahren residierte er nun als Oberbefehlshaber des polnischen Heers und de facto als Vizekönig von Polen in Warschau. Der Umstand, daß er die Polen höher schätzte als seine eigenen Landsleute, war nicht ganz ohne Zusammenhang mit der Tatsache, daß die polnische Geschichte keinen einzigen Königsmord kennt. Konstantin hatte von seinem Vater das unausgeglichene Temperament mit den einander abwechselnden Gemütslagen der Ritterlichkeit und der Brutalität geerbt. Bei all seiner Sympathie für die Polen kam es doch gelegentlich vor, daß er seine Offiziere in der Öffentlichkeit mißhandelte, und einige der Betroffenen fühlten sich aufgrund des damals geltenden Ehrenkodex gezwungen, Selbstmord zu begehen. Gerüchte über solche und andere Exzesse gelangten nach Rußland, aber da Konstantin nur zwei Jahre jünger war als Alexander, rechnete niemand im Ernst mit der Möglichkeit, daß er Zar werden könnte.

1822 schrieb der nunmehr mit einer bürgerlichen Polin verheiratete Konstantin einen persönlichen Brief an Alexander und bot ihm an, auf seinen Thronanspruch zu verzichten. Alexander handelte daraufhin sehr merkwürdig: Er machte den Brief seines Bruders niemals öffentlich bekannt. Vielmehr setzte er 1823 ein Dokument auf, das ebenfalls geheim blieb und von dem nur drei Exemplare ausgefertigt und an verschiedenen Orten hinterlegt wurden; darin erklärte er seinen nächstfolgenden, weit jüngeren Bruder Nikolaus, der zu jener Zeit 29 Jahre alt war, zu seinem Thronerben. Aus Gründen, die nie geklärt worden sind, verfuhr Alexander mit dem russischen Reich also wie mit einem privaten Besitztum, dessen Vererbung durch ein persönliches Testament geregelt wird. Nikolaus wurde nicht einmal ausdrücklich darüber belehrt, daß Konstantin bei der Thronfolge übersprungen werden sollte, und er wurde auch nicht auf seine zukünftige Verantwortung vorbereitet: Er hatte bei seinem Regierungsantritt eine ausschließlich militärische Schulung und Laufbahn hinter sich.

Wenige Tage, nachdem die Nachricht vom Tode Alexanders eingetroffen war, erhielten die Würdenträger des Reiches Einsicht in das Geheimdokument. Unterdessen hatten sie jedoch, ebenso wie das Heer, einen Treueeid auf Zar Konstantin I. geleistet. Dasselbe hatte Nikolaus getan, der ängstlich jeden Anschein zu vermeiden suchte, er wolle seinem älteren Bruder die Krone wegschnappen. Dieser verhielt sich dann seinem unentschlossenen Charakter gemäß: Er handelte keinen Augenblick so, als fühle er sich als Zar, weigerte sich, Warschau zu verlassen, gab aber auch keine öffentliche Erklärung bezüglich seines Thronverzichts ab. So kam es, daß, während die Kuriere zwischen St. Petersburg und Warschau hin- und hereilten, der gesamte Regierungsapparat ins Stocken geriet.

Jahrelang hatten die Dekabristen Pläne geschmiedet für den Fall, daß der Zar stürbe; als der Fall nun eintrat, zeigten sie sich handlungsunfähig – schlagender Beweis für den schemenhaften und tagträumerischen Charakter aller ihrer Revolutionspläne. Die Südliche Gesellschaft, deren Mitglieder weit vom Schauplatz des Geschehens entfernt und weit über das Reich verstreut waren, blieb ruhig. Die Petersburger Dekabristen stürzten sich in heftige Diskussionen; alle Revolutionsszenarien der vergangenen neun Jahre wurden jetzt wiederbelebt und hitzig debattiert. Einzig die Tatsache, daß die Krise sich so sehr lange hinzog und daß das Regime darüber in eine offenbar heillose Verwirrung geriet, drängte den unentschlossenen und zerstrittenen Verschwörern die Überzeugung auf, daß etwas getan werden müsse. Dieses Etwas wurde nun aus Versatzstücken der verschiedenen früher geschmiedeten Aufstandspläne zusammengebastelt. Im wesentlichen sollte es eine Palastrevolution werden, wobei Einheiten der Garde unter dem Kommando von der Geheimgesellschaft angehörenden Offizieren die eigentliche Putschaktion durchführen sollten. Das Ziel bestand jedoch nicht darin, einen Herrscher zugunsten eines anderen zu entthronen, sondern ein provisorisches Revolutionsregime zu installieren, das eine Nationalversammlung einberufen würde; diese wiederum sollte Rußland zur Republik oder zur konstitutionellen Monarchie erklären. Als sich abzeichnete, daß die legale Thronfolge an Nikolaus übergehen würde, schlich sich in den Plan ein Element der Täuschung ein: Die Verschwörer wollten sich das Schweigen Konstantins zunutze machen und die Soldaten davon überzeugen, daß Nikolaus ein Usurpator sei, der dem rechtmäßigen Herrscher die Krone zu entwinden versuche. Andere Varianten, die im Gespräch waren, wurden verworfen: im Namen von Nikolaus' siebenjährigem Sohn, dem zukünftigen Alexander II., eine Regentschaft zu verkünden oder die Witwe des verblichenen Zaren, Elisabeth, zur Herrscherin auszurufen und sie später zur Abdankung zu bewegen. Kurz gesagt, die Verschwörer setzten nur geringen Glauben in die Wirksamkeit revolutionärer oder konstitutioneller Losungen: Das russische Volk mußte, zumindest fürs erste, durch die Aufrechterhaltung einer monarchischen Fassade gewonnen werden. Rylejew und seine Gefährten sondierten in letzter Minute, ob ein solcher Kunstgriff funktionieren würde. Sie mischten sich unter die Soldaten und unter die Menge in den Straßen und stellten fest, daß dort alle möglichen phantastischen Gerüchte umgingen: Nikolaus habe seinen Bruder gefangengesetzt; das echte Testament Alexanders werde zurückgehalten, und ähnliches mehr.

Um gerecht zu sein: Wenn die Dekabristen auch versuchten, die Macht mit Hilfe einer List zu erobern, so gedachten sie doch keinesfalls, ihre Ideale zu vergessen, sobald sie einmal fest im Sattel sitzen würden. Sie faßten den Beschluß, gleichzeitig mit dem Staatsstreich ein Manifest zu veröffentlichen, in dem, noch vor der Einberufung der Nationalversammlung,* weitreichende Reformen verkündet werden sollten. Durch dieses Manifest würden mit sofortiger Wirkung die Leibeigenschaft beseitigt, die Militärkolonien aufgelöst und einige für die unteren Klassen besonders drückende Steuern und Monopole abgeschafft werden. Die Gleichheit aller Bürger vor dem Gesetz würde garantiert, alle Prozesse vor Geschworenengerichten verhandelt und für öffentlich erklärt, die Dauer des Wehrdienstes von 25 auf 15 Jahre verkürzt werden, eine Bestimmung, von der man sich eine breite Zustimmung zu dem Staatsstreich von seiten der Soldaten versprach. Ungeachtet dessen, daß einige dieser angekündigten Maßnahmen offensichtlich nicht weit genug durchdacht waren (so wurde beispielsweise nicht gesagt, ob die Bauern im Zuge ihrer Emanzipation Grund und Boden erhalten sollten oder nicht), stellte die Proklamation doch ein eindeutiges Bekenntnis zu einem neuen und völlig veränderten Rußland und einen Beweis dafür dar, daß die Dekabristen nicht nach der Macht um ihrer selbst willen strebten.

Zweifel und Unschlüssigkeit kehrten wieder, als es darauf ankam, den »technischen« Ablauf des Aufstandes festzulegen. Niemand widersetzte sich dem Schachzug mit Konstantin, es erschien jedoch fraglich, ob dieses Manöver allein schon eine Garantie für den Erfolg war. Einige, allen voran der wilde Jakubowitsch, der untröstlich war, daß Alexander ihm durch sein Ableben die Chance zur Abrechnung vermasselt hatte, forderten ein drastisches Vorgehen: Die Massen müßten aufgewiegelt, die unter der Oberfläche des russischen Lebens lauernden anarchischen Instinkte den eigenen Zwecken dienlich gemacht werden. So sollten beispielsweise die Truppen die Erlaubnis zur Plünderung von Spirituosenläden erhalten und von anderen Formen der Gewalttätigkeit nicht mit allzu großer Strenge abgehalten werden. Aber solche Vorschläge wurden als nicht nur verwerflich, sondern auch unvernünftig zurückgewiesen. Ein Herausfordern der niedrigsten Instinkte des Pöbels würde nicht nur die revolutionären Ideale beschmutzen, sondern hätte auch eine abschreckende Wirkung auf die Mehrheit der Russen und würde sie der Sache der Revolution den Rücken kehren lassen. Sollten die Putschisten den Winterpalast zu stürmen versuchen? Auch das war für viele der Verschwörer keine akzeptable Vorstellung. Jede der Zarenfamilie ange-

* Wer Stimmrecht für diese Versammlung besitzen sollte, wurde nicht näher erläutert.

tane Gewalt würde geeignet sein, die Fiktion zu zerstören, daß der Staatsstreich im Namen des rechtmäßigen Zaren durchgeführt werde.

Keine revolutionäre Erhebung wird jemals bis ins letzte Detail hinein vorausgeplant, und nur bei wenigen Revolutionen folgten die Ereignisse genau einem im vorhinein festgelegten Ablauf. Aber bei den Dekabristen gab es eben nicht bloß Meinungsverschiedenheiten darüber, wie am besten vorzugehen war, sondern, als der Tag der Entscheidung naherückte, auch zunehmende und zermürbende Zweifel an dem gesamten Unterfangen als solchem. Was sie so oft im Kreis der Vertrauten durchgespielt hatten, türmte sich jetzt als fast unlösbar erscheinende Aufgabe vor ihnen auf, und Fallstricke und Gefahren lauerten bei jedem Schritt, den sie in irgendeine Richtung hin unternehmen würden. Würden sie nicht letzten Endes vielleicht einer Welle anarchischer Gewalt, einer Schreckensherrschaft des Pöbels Tür und Tor öffnen, von der sie selbst ebenso überrollt würden wie die Regierung? Hatten sie das Recht, etwas in Gang zu setzen, aus dem ein Bürgerkrieg entstehen konnte, der der Größe ihres geliebten Landes möglicherweise irreparablen Schaden zufügen würde? Wie tragfähig und zuverlässig waren die ihnen zu Gebote stehenden Kräfte, und würden die mitverschworenen Offiziere imstande sein, ihre Soldaten mitzureißen? In letzter Minute wurde Rylejew von Zweifeln und Befürchtungen heimgesucht, er, der in Anbetracht seiner Führungsrolle ein Beispiel an Entschlossenheit und Zuversicht hätte sein müssen. Zuweilen verströmte der Motor der Nördlichen Gesellschaft Optimismus: So groß sei die herrschende Verwirrung, daß ein kraftvoller Stoß mit Sicherheit das Regime zum Einsturz bringen werde, und dann werde man weitersehen und das jeweils Erforderliche tun. In seinen weniger euphorischen Augenblicken wurde ihm jedoch das Phantastische des ganzen Unterfangens deutlich. Mit fünfzig jungen Offizieren von zumeist mittlerem und niederem Dienstgrad und einer Handvoll Zivilisten machten sie sich auf, ein Staatsgefüge zu zerschlagen, das Jahrhunderte überdauert hatte. Es gab natürlich darüber hinaus viele, die bereitstanden, sich den Revolutionären anzuschließen, sobald diese einen ersten Erfolg verbucht haben würden. Aber als die Stunde nahte, wurde die revolutionäre Bewegung von einigen der eigenen Mitstreiter im Stich gelassen. Am 9. Dezember erlangten die leitenden Beamten Kenntnis vom Plan der Verschwörer, und die Dekabristen erfuhren von ihren Sympathisanten innerhalb des Behördenapparats, daß Nikolaus in wenigen Tagen als neuer Zar ausgerufen werden würde. Konstantin hatte nun endgültig, wenngleich noch immer nicht öffentlich, auf seinen Anspruch verzichtet. Viele Mitglieder der Geheimgesellschaft, darunter auch manche altgediente, bekannten nun, daß sie nicht willens oder nicht imstande seien, bei der Erhebung gegen den rechtmäßigen Zaren mitzutun. Rylejews rastloser Geist suchte nach einer neuen Kriegslist. Vielleicht konnte er Kachowskij auf Nikolaus »loslassen«; die Verschwörer könnten die Verantwortung für das Attentat dann ja von sich weisen. Aber als Kachowskij mit diesem Gedanken konfrontiert wurde, lehnte er ab. Er war zwar bereit, sich für die Sache zu opfern, aber nur, wenn seine Genossen auch zu ihm stehen würden.

Die Dekabristen waren am Vorabend ihrer verhängnisvollen Aktion eher von einer fatalistischen als von einer zuversichtlichen Stimmung beseelt. Rylejew erklärte irgendwann, sie müßten weitermachen, weil sie, selbst wenn alles fehlschlüge, mit ihrem Opfer Vorbild und Ansporn für zukünftige Freiheitskämpfer sein würden. Die Verschwörer tagten zu diesem Zeitpunkt fast ununterbrochen in der Wohnung Rylejews (der Dichter, der viel Zeit mit fieberhaften Beratungen mit seinen Genossen verbracht hatte und tagelang durch St. Petersburg geschlendert war, um die Stimmung der Massen zu erkunden, war zuletzt erkrankt und konnte das Haus nicht verlassen), wo der junge Fürst Alexander Odojewskij, Fahnenjunker bei der Garde, immer wieder die Worte wiederholte: »Wir werden sterben, aber ruhmreich.« Solche Vorahnungen stellten natürlich kein gutes Omen für die Rebellion dar.

In der Tat machte der Aktionsplan, den die Insurgenten schließlich beschlossen, den Eindruck, als sei er bewußt als Programm für die Katastrophe entworfen worden. Die Verschwörer debattierten und verwarfen und zauderten, bis es beinahe zu spät war. Am 13. Dezember erfuhren sie, daß die Beamten und das Heer am nächsten Tag aufgerufen würden, Nikolaus den Treueeid zu leisten. Jetzt oder nie! Es wäre nach Lage der Dinge wohl unabdingbar gewesen, noch in derselben Nacht loszuschlagen und die Besetzung der Residenz des designierten Zaren und die Festsetzung seiner Familie zum Schlüsselvorgang des Putsches zu machen. Statt dessen kam man überein, daß die Erhebung am folgenden Morgen beginnen solle. Die in die Verschwörung eingeweihten Offiziere sollten ihren Soldaten, wenn diese sich in den Kasernen zur Eidesleistung versammelten, erklären, Nikolaus sei ein Usurpator; dann sollten sie sie in voller Gefechtsbereitschaft zum Senatsplatz führen. Die Versammlung des Senats war für sieben Uhr morgens angesetzt. Die aufständischen Einheiten sollten das Gebäude besetzen und die versammelten Würdenträger zwingen, das Manifest der Revolutionäre zu proklamieren. Einige Bestandteile des Planes konnten nie geklärt werden. So ließ sich nicht feststellen, ob das Manifest im Namen des vermeintlichen Zaren Konstantin verkündet worden wäre oder ob der Senat Konstantin nach dessen Thronverzicht einfach aus dem Spiel lassen und das Revolutionsregime in eigenem Namen hätte ausrufen sollen. Fürs letztere fällt es schwer, sich vorzustellen, wie die Dekabristen ihre Soldaten bei der Stange hätten halten können, die sich doch gut und gerne dafür, daß sie von ihren Offizieren so kraß getäuscht worden waren, gegen diese hätten wenden können. Weder vor noch nach dem Putschversuch schien auch nur einer seiner Anstifter irgendwelche Gewissensbisse oder Skrupel in bezug auf diese schlichten Menschen zu empfinden, auf deren Vertrauen und eingewurzelten Gehorsam sie sich verließen und die sie damit dem Risiko aussetzten, für eine Sache, die sie nicht verstanden, mit dem Tode oder mit drakonischen Züchtigungen bestraft zu werden.

Ihren anderen Fehlern einen weiteren hinzufügend, vertrauten die Verschwörer die Befehlsgewalt über ihre militärischen Operationen ausgerechnet dem Offizier aus ihrer Mitte an, der für diese Aufgabe der vielleicht am wenigsten geeignete war. Fürst Sergej Trubezkoj stand, wie sich bereits deutlich gezeigt hatte, dem ganzen Unternehmen ziemlich skeptisch gegenüber. Wie die Ereignisse des 14. Dezember zeigen sollten, glaubte er weder daran, daß der Revolution Erfolg beschieden sein würde, noch wünschte er es wirklich. Scheinbar sprachen einige plausible Gründe dafür, ihn zum »Diktator« zu bestimmen, wie sein offizieller Titel lautete: Er war Träger eines Namens von historischem Klang, Gardeoberst und damit ranghöchster Offizier unter den Verschwörern und gehörte auch zu den Gründungsmitgliedern der Geheimgesellschaft. Aber seine Kameraden hätten erkennen müssen, daß er, obzwar ein mutiger Soldat, doch angesichts seines unentschlossenen Wesens für ein selbständiges Kommando nicht geeignet war, ganz zu schweigen von der Aufgabe, die sie ihm anvertrauten. Er habe, so sagte Trubezkoj später aus, den Auftrag übernommen, weil er gehofft habe, mit der Regierung eine Art Vereinbarung aushandeln und so ein Blutvergießen vermeiden zu können – seltsame Überlegungen für einen Mann, der sich bereitgefunden hat, eine Revolutionstruppe anzuführen.

Bei der Schilderung des schicksalsschweren Tages selbst werden die Historiker immer wieder versucht sein, mit Mutmaßungen zu arbeiten wie »Was hätte passieren können, wenn nur . . .« oder »Es konnte gar nicht anders kommen«. Was wäre geschehen, wenn die Rebellen einen Mann von anderem Schlage zu ihrem Führer gemacht hätten? Wenn ein größerer Teil der Soldaten sich auf ihre Seite gestellt hätte? Wenn sie die Weitsicht besessen hätten, sich mit einigen Artilleriegeschützen auszurüsten? Und die eigentlich entscheidende Frage: Was wäre geschehen, hätten die Rebellen es, nachdem sie mit ihren Soldaten zum Putsch aufmarschiert waren, fertiggebracht, rasch und entschlossen zu handeln, anstatt sich hinzustellen und darauf zu warten, daß etwas passierte – etwas, das am Ende ihnen selbst zum Verhängnis wurde?

Dafür, daß es »nicht anders kommen konnte«, spricht andererseits das Argument, daß der Putsch, so wie er geplant und ausgeführt wurde, zum Scheitern geradezu prädestiniert war. Seine Anstifter waren von Zweifeln und Befürchtungen erfüllt und rechneten von Anbeginn an mit einem Fehlschlag.

Am frühen Morgen des 14. Dezember versammelte sich alles, was im Militär- und Verwaltungsapparat diente, an verschiedenen Plätzen und Stätten St. Petersburgs zum Zeremoniell der Eidesleistung auf den neuen Zaren. Dies war der Augenblick, den die Verschwörer zum Losschlagen ausgesucht hatten. Ihr »Drehbuch« sah vor, daß die in die Verschwörung eingeweihten Offiziere ihre Soldaten aufrufen sollten, dem Usurpator den Treueeid zu verweigern und sich des Schwurs zu erinnern, den sie auf Konstantin geleistet hatten; dann sollten sie ihre Truppen aus der Kaserne führen, vorgeblich in der Absicht, die Ansprüche des rechtmäßigen Zaren geltend zu machen. Die Dekabristen hofften, auf diese Weise mindestens sechs Regimenter abtrünnig machen und für sich gewinnen zu können, und sie rechneten darauf, daß die anderen Truppenteile sich weigern würden, auf ihre Soldatenkameraden zu schießen. Alles hing somit von der Initiative, der Überzeugungskraft und der Popularität einer Handvoll junger Offiziere zumeist niedrigerer Dienstgrade ab.

Von Anfang an lief einiges schief. In den meisten der zur Agitation ausersehenen Regimenter konnten loyale (das heißt, Nikolaus ergebene) Offiziere die Soldaten davon überzeugen, daß Konstantin wirklich auf den Thron verzichtet hatte. Die Verschwörer vermochten so letztlich nur Teile dreier Einheiten für sich zu mobilisieren: des Moskauer, des Grenadier- und des Marine-Garderegiments, insgesamt 3000 Mann statt der erhofften 20 000. Fataler noch als die zahlenmäßige Schwäche der aufständischen Kräfte wirkte sich die Unentschlossenheit ihrer militärischen Führer aus: die Unfähigkeit, entweder dem beschlossenen Plan gemäß vorzugehen oder aber neue, kühne Aktionen zu improvisieren. Ein wesentliches Element des Planes sah vor, daß die Meuterer den Senat, noch während er tagte, besetzen und die Senatoren zur Proklamation des revolutionären Manifestes zwingen würden, wodurch das neue Regime formell etabliert worden wäre. Es war bekannt gewesen, daß die Sitzung des Senats für sieben Uhr früh einberufen war. Doch erst um 10.30 Uhr tauchte die erste der meuternden Einheiten, das Moskauer Garderegiment, mit entrollter Fahne und Trommelschlag am Senatsplatz auf. Die Senatoren waren zu diesem Zeitpunkt, nachdem sie den Eid auf Nikolaus geleistet, längst wieder fort. Das Regiment nahm, als es den Platz menschenleer fand, Aufstellung in Kampfformation und verharrte in der klirrenden Dezemberkälte, gelegentlich einen Hochruf auf Konstantin ausbringend. (Einer – vermutlich erfundenen – Anekdote zufolge sollen die Soldaten gerufen haben: »Es lebe Konstantin und seine Frau, die Konstitution!«) Im Verlauf der folgenden beiden Stunden stießen die anderen aufständischen Truppeneinheiten zu ihnen und nahmen ebenfalls Aufstellung: Die Revolution stand und wartete.

Sie war auch führerlos. Trubezkoj wurde im entscheidenden Augenblick von Panik ergriffen und konnte sich nicht dazu durchringen, die Truppen, deren Führung er übernehmen sollte, auch nur aufzusuchen. Statt dessen suchte er, nachdem er stundenlang durch die Straßen der Hauptstadt gewandert war, im Haus seines Schwagers, des österreichischen Botschafters, Zuflucht. Durch Nichterscheinen auf dem Senatsplatz tat sich ebenfalls der Mann hervor, den die Dekabristen zum ersten Stellvertreter des »Diktators« ernannt hatten: Alexander Bulatow. Rylejew konnte als Zivilist nicht in die militärischen Aktivitäten eingreifen. Erschöpft von den Anstrengungen der vergangenen Tage, verbrachte er den Vormittag mit dem verzweifelten Bemühen, die Offiziere unter seinen Genossen zum Handeln anzuspornen, und kehrte schließlich nach Hause zurück, um dort auf das bittere Ende zu warten. Das militärische Kommando hätte dem Plan zufolge nun an den Stabschef der Aufständischen, Fürst Jewgenij Obolenskij, fallen sollen, aber er war lediglich Leutnant und stellte für die Soldaten nicht unbedingt eine Autorität dar.

Noch fataler für die Erfolgsaussichten der Revolutionäre als ihre Unfähigkeit, den Senat in ihre Gewalt zu bringen, war es, daß sie darauf verzichteten, den Winterpalast zu stürmen, in dem sich am selben Morgen Nikolaus und hohe Würdenträger des Reiches versammelten. Eigentlich hatten die Dekabristen sich am Abend zuvor darauf geeinigt, daß die Residenz des Zaren besetzt werden müsse, aber es scheint, daß sie auch diese überaus wichtige Operation so planten, daß sie mit Sicherheit schiefgehen mußte. Sie beschlossen, daß die Marine-Garde den Palast besetzen solle, und zwar unter Führung Jakubowitschs; angesichts der wohlbekannten Unzuverlässigkeit dieses Mannes und der Tatsache, daß er als Heeresoffizier für die Männer, die er bei dieser äußerst heiklen Mission führen sollte, ein Fremder war, mutet es sehr seltsam an, daß die Wahl auf ihn fiel. Es zeigte sich denn auch, wie vielleicht vorauszusehen gewesen wäre, daß Jakubowitsch gar nicht daran dachte, die ihm übertragene Aufgabe zu erfüllen. Er schloß sich statt dessen dem Moskauer Garderegiment an, während die Marine-Garde, die er hätte befehligen sollen, am Winterpalast vorbeimarschierte und zu den anderen, auf dem Senatsplatz stehenden Putschtruppen stieß.

Während sich bei den Führern der Rebellion Verwirrung und Panik breitmachte, bot sich auf der Seite der Regierung ein etwas anderes Bild. Es ist sicher richtig, daß viele hohe Beamte und Generäle angesichts der Geschehnisse, die ja auch auf das Konto ihrer eigenen Unfähigkeit gingen, rechtzeitig Vorkehrungen gegen die sich abzeichnende Meuterei zu treffen, von einem ihre Handlungsfähigkeit lähmenden Schrecken ergriffen wurden. Letzten Endes jedoch kam alles auf das Verhalten des neuen Zaren an, und der behielt kühlen Kopf. Nikolaus wußte seit einiger Zeit, daß es bei seiner Thronbesteigung womöglich zu Unruhen kommen würde. Er war ein jähzorniger Mensch und als Offizier ein pedantisch strenger Exerziermeister und daher, wie er selbst wußte, bei den Garden, wo er als Großfürst lange gedient und zuletzt ein Divisionskommando innegehabt hatte, nicht beliebt. Am 12. Dezember war ihm hinterbracht worden, daß ein Aufstand vorbereitet wurde. Ein junger Offizier, Jakob Rostowzew, war von Freunden aus den Reihen der Dekabristen in deren geheime Pläne eingeweiht worden und hatte es für seine Pflicht gehalten, seine Kenntnisse an den designierten Zaren weiterzugeben, allerdings mit der Einschränkung, daß er als Ehrenmann keine Namen nennen dürfe. Nikolaus hatte seinem Informanten diese Verschwiegenheit zugebilligt und war daher nicht in der Lage, gegen die Initiatoren der Verschwörung vorzugehen; immerhin war es für ihn ein unschätzbarer Vorteil, auf die dramatischen Ereignisse, die seinen Regierungsantritt dann begleiteten, vorbereitet zu sein.

Als es jetzt darauf ankam, handelte er mit beachtlicher Entschlossenheit.

Nachdem er zunächst für den militärischen Schutz des Winterpalastes und seine Familie Sorge getragen hatte, übernahm er persönlich das Kommando über die ihm ergebenen Truppen. Er ließ sie unauffällig den Senatsplatz einkreisen und verhinderte durch die Sperrung der Zugangswege, daß weitere Kräfte zu den Meuterern stoßen konnten. Die militärische Überlegenheit lag eindeutig auf seiten der Regierung: zirka 12 000 Mann gegen 3000 der Rebellen, und im Gegensatz zu letzteren verfügte das Regierungslager über Artillerie und Kavallerie. Gleichwohl blieb die Situation noch längere Zeit explosiv. Nikolaus brachte es nicht über sich, zum Angriff gegen seine Herausforderer zu blasen, und so standen die Truppen der beiden Parteien einander mehrere Stunden lang in fast unbewegter Formation gegenüber. Der Zar wollte seine Herrschaft nicht im Zeichen eines Blutbads antreten; wichtiger noch war für ihn vielleicht die Überlegung, die Loyalität seiner Soldaten könne womöglich ins Wanken geraten, wenn er ihnen den Befehl erteilte, ihre Regimentskameraden anzugreifen und zu töten. Mehrere Unterhändler wurden zu den Rebellen geschickt, um sie zur Niederlegung der Waffen aufzufordern. Einer von ihnen war der Gouverneur von St. Petersburg, General Miloradowitsch, ein bei den Soldaten wohlbekannter und wohlgelittener Mann; er sprach zu den Rebellentruppen, versuchte ihnen die Sinnlosigkeit ihres Unterfangens klarzumachen und verbürgte sich dafür, daß Großfürst Konstantin, der ein persönlicher Freund von ihm sei, wirklich zugunsten seines Bruders auf die Krone verzichtet habe. Ein Geschoß aus dem Gewehr Kachowskijs setzte seiner Ansprache ein plötzliches Ende: Miloradowitsch stürzte tödlich getroffen zu Boden. Weitere Schüsse fielen, einige Soldaten auf Regierungsseite wurden getötet. Bemerkenswert dabei war, daß, nach all den vorausgegangenen Gedankenspielen über die Möglichkeit oder Notwendigkeit des Tyrannenmordes, auf den Zaren, obgleich er, auf seinem Pferd sitzend, eine treffliche Zielscheibe abgab, kein einziger gezielter Schuß abgefeuert wurde.

Bemerkenswert war auch die Festigkeit, mit der die russischen Soldaten ausharrten. Die Truppen beider Lager standen etwa fünf Stunden lang, ohne sich zu rühren, bei Frostkälte in kampfbereiter Formation still. Die Dekabristen, von ihren Führern in Stich gelassen und in den meisten ihrer Erwartungen und Berechnungen enttäuscht, beharrten dennoch in ihrer selbstmörderischen Positur. In gewisser Weise spiegelte sich in diesem Schlußakt der Verschwörung auf eine symbolhafte Weise ihre ganze Geschichte wider. Ein neues Rußland, davon hatten die Dekabristen geträumt, dafür hatten sie gebetet und gearbeitet. Aber sie hatten nie wirklich geglaubt, daß sie auch das Recht hatten, die Geschicke ihres Landes in die Hand zu nehmen und den Mann zu beseitigen, der, wiewohl ein Despot, so doch kraft seines Amts nach wie vor für Rußland und seine Größe stand. Ihr Patriotismus trieb sie dazu, sich der Revolution zu verschreiben, ihr Patriotismus hielt sie davon ab, sie durchzuführen.

Um drei Uhr nachmittags begann es zu dunkeln. Die Offiziere in Nikolaus' Umgebung glaubten nun, nicht länger warten zu können. Brach erst einmal die Nacht herein, so konnte es womöglich zu Desertionen aus den Reihen der Regierungstruppen oder zu einem plötzlichen Ausfall der Rebellen kommen. Die Volksmenge, die auf den Senatsplatz geströmt war, um das Spektakel zu verfolgen – im wesentlichen das Proletariat und Lumpenproletariat der Stadt –, und die zusammen mit den Rebellen von den loyalen Truppen in Schach gehalten wurde, begann unruhig zu werden; Pflaster- und Mauersteine flogen gegen die Soldaten des Zaren. Nikolaus wurde von einem seiner Generale beschworen, sich nun zu entschließen, ob er die Rebellen auseinandertreiben oder aber abdanken wolle. Die Artillerie stand bereit, den Platz leerzufegen. Zweimal gab Nikolaus das Kommando »Feuer frei«, und zweimal widerrief er den eigenen Befehl. Beim dritten Mal ließ er ihn ausführen: Einige wenige Kartätschensalven, in die dichtgeschlossenen Reihen der Rebellen gefeuert, genügten, um die bis dahin disziplinierte Phalanx in eine schreckerfüllt das Weite suchende Horde zu verwandeln. Es gab keinen Widerstand. Der Aufstand war niedergeschlagen.

Derselbe merkwürdige Fatalismus, der die Dekabristen gehindert hatte, in entschlossenem Ansturm den Sieg zu erringen, hielt sie nun von jedem Versuch zurück, sich durch Flucht der Ergreifung und Verurteilung zu entziehen. Manche stellten sich freiwillig den Behörden. Der Zar, der bei der Konfrontation am Senatsplatz nicht nur Mut bewiesen, sondern sich auch besorgt gezeigt hatte, das Blut seiner Untertanen nicht zu vergießen, offenbarte nun, da der Sieg ihm gehörte, eine andere Seite seines Wesens. Als ihm die Hauptsträdelsführer der Rebellion, einer nach dem anderen, zum Verhör vorgeführt wurden, verwandelte sich der Kaiser aller Russen in einen Inquisitor. Bei manchen versuchte er es mit Schmeichelei und Überredungskunst: Sie hätten nichts zu befürchten, wenn sie aufrichtig bereuten und alles preisgaben, was sie von der Verschwörung wußten. Anderen gegenüber erging er sich in wütenden Drohungen und Beschimpfungen; seine bis dahin niedergehaltene Angst brach sich nun in Zornesausbrüchen und Tätlichkeiten Bahn. Nach ihrem Verhör wurden die Verhafteten in die trostlosen Zellen der Festung Petropawlowsk eingesperrt. Der Zar ordnete persönlich die Behandlung an, der jeder von ihnen unterworfen werden sollte; einigen gewährte er milde Haftbedingungen, andere ließ er in strenge Einzelhaft bringen und in Ketten legen. Noch am Abend des 14. Dezember hatten die Behörden Klarheit über die Grundzüge der Verschwörung gewonnen. Ein völlig gebrochener, den Zaren um sein Leben anbettelnder Trubezkoj – der fehlbesetzte Diktator – lieferte den Großteil der Informationen, die die Untersuchungskommission benötigte, um sich einen Überblick über die Geschichte der beteiligten Geheimgesellschaften und ihrer wichtigsten Mitglieder sowie über andere Details zu verschaffen. Nicht lange, und kaiserliche Beamte schwärmten in alle Winkel des europäischen Rußland (einschließlich Polen) aus mit dem Befehl, jeden, der vom Beginn der Dekabristenbewegung an irgendwann einmal Verbindungen zu ihr unterhalten hatte, zu verhaften und unter Bewachung in die Hauptstadt zu bringen.

Im Süden hatten die Verhaftungen sogar schon vorher eingesetzt – Pestel' war am 13. Dezember festgenommen worden. Aber bevor die Südliche Gesellschaft den Todesstoß erhielt, machte sie noch durch eine letzte verzweifelte Aktion auf sich aufmerksam.

Es ist reizvoll, darüber zu spekulieren, welchen Verlauf die Ereignisse in St. Petersburg womöglich genommen hätten, wenn Sergej Murawjow-Apostol dort gewesen wäre und eine Führungsrolle beim Aufstand gespielt hätte, statt weit vom Schuß, in der Ukraine, seinen Regimentsdienst zu versehen. Als er die Nachricht von der Verhaftung Pestel's und von dem Debakel seiner Genossen in der Hauptstadt erhielt (die letztere traf bei den Südlichen Dekabristen erst am 23. Dezember ein), dachte Murawjow zunächst an Selbstmord, überlegte es sich jedoch anders und beschloß zu handeln. Zunächst auf Anordnung aus St. Petersburg unter Hausarrest gestellt, gelang es Sergej und seinem Bruder Matéus bald, mit Hilfe ihrer Freunde von den Vereinigten Slawen ihre Bewegungsfreiheit wiederzuerlangen. Mehrere Mitglieder der Vereinigten Slawen dienten als Offiziere im Regiment Tschernigow, Murawjow selbst war stellvertretender Kommandant dieses Regiments und bei seinen Leuten sehr beliebt. So fiel es ihm nicht schwer, eine Truppe von etwa 800 Soldaten um sich zu scharen, die ihm in sein selbstmörderisches Abenteuer folgten. Um sie zu gewinnen, bediente Murawjow sich zunächst eines ähnlichen Arguments wie die Rebellen von St. Petersburg: Konstantin sei der rechtmäßige Zar und Nikolaus ein Usurpator.[53] Er versprach ihnen auch, daß ihre Dienstzeit verkürzt würde. Ferner hatte er einen kurzen Katechismus verfaßt, den der Regimentskaplan nun auf sein Geheiß den Soldaten vorlas; die autokratische Macht, so hieß es darin, sei unvereinbar mit dem Christentum, und der Zar handle, indem er sich diese Macht anmaße, gegen die Lehren Jesu Christi, der Freiheit und Gleichheit gepredigt habe. Gestärkt von dieser Unterweisung und von einer Extraration Wodka, setzten sich die zur Meuterei bereiten Teile des Regiments Richtung Kiew in Marsch. Murawjow klammerte sich an die schwache Hoffnung, die anderen der Sache der Dekabristen verpflichteten Offiziere, die noch auf freiem Fuß waren und wohl wenig zu verlieren hatten, würden seinem Beispiel folgen, so daß seine Streitmacht groß und stark genug werden würde, um Kiew einzunehmen und die Regierung mit der abschreckenden Aussicht auf einen Bürgerkrieg zu konfrontieren. Indes, es war zu spät. Seine ehemaligen Mitverschworenen hatten keine Hoffnung auf ein Gelingen mehr, und es trafen keine Verstärkungen ein. Im Gegenteil: Mehrere Offiziere und Soldaten desertierten aus den Reihen der Meuterer. Mehr oder weniger ziellos durch das Land ziehend, sah der Rebellenhaufen sich am 3. Januar von einer vielfach überlegenen Streitmacht der Regierung gestellt, die über Kavallerie und Artillerie verfügte. Wie am

14. Dezember, so gab es auch jetzt keine Gegenwehr. Die Meuterer wurden durch Geschützfeuer auseinandergetrieben. Die meisten von ihnen wurden noch auf dem Kampfplatz gefangengenommen, darunter der schwerverwundete Sergej Murawjow. Das Regierungslager verzeichnete keine Verluste. Die ganze Tschernigow-Meuterei hatte vier Tage gedauert.

Was sich zu Anfang als eine Revolution gebärdet hatte, entpuppte sich somit am Ende als eine bewaffnete Demonstration in St. Petersburg, gefolgt von einer gescheiterten Meuterei im Süden. Immerhin beleuchtete die Aktion der Dekabristen, ungeachtet ihrer Harmlosigkeit, die eklatante Schwäche des Regimes. Die Rebellen entstammten den Reihen der herrschenden Klasse. Hätten die Verschwörer durch irgendeine wundersame Fügung den ersten Teil ihres Planes erfolgreich zu Ende gebracht, dann spricht einiges dafür, daß ein beträchtlicher Teil jener Klasse und selbst der zaristischen Bürokratie sich auf ihre Seite geschlagen hätte. Niemals wieder würde die zaristische Regierung auf die unbedingte Gefolgstreue ihres Volkes zählen können. Um diese Gefolgstreue sicherzustellen, würde sie nun darangehen müssen, einen verzweigten Unterdrückungsapparat aufzubauen; dieser würde wiederum die Entfremdung zwischen Staat und Gesellschaft verstärken, so daß der Boden für jenen fast ununterbrochenen Kampf zwischen Reaktion und Revolution bereitet sein würde, der ein Jahrhundert lang das bestimmende Merkmal der russischen Geschichte bleiben sollte.

Den Offizieren gegenüber, die sich im entscheidenden Augenblick auf seine Seite gestellt hatten, erwies der Zar sich sehr großzügig: Er überschüttete sie mit Orden, Beförderungen und Ehren. Zwanzig der loyal gebliebenen hohen Offiziere rückten in den Rang eines Generaladjutanten auf, eine Stellung, die ihrem Inhaber das Recht auf persönlichen Zugang zum Monarchen gewährte und praktisch eine Garantie für eine glänzende militärische und zivile Karriere darstellte. Von den rangniedrigeren Offizieren wurden vierzig zu kaiserlichen Adjutanten ernannt, eine etwas tiefere, aber dennoch wichtige Sprosse auf der Leiter zum soldatischen Erfolg. Prosaischer fielen die Belohnungen für die unteren Dienstgrade aus: Geldprämien für die Unteroffiziere, und für jeden gemeinen Soldaten, der am 14. Dezember das Glück gehabt hatte, auf der richtigen Seite zu stehen, zwei Rubel, zwei Gläser Wodka und zwei Pfund Fisch.[54]

Die Verlierer hatten wenig Gnade zu gewärtigen. Vom streng juristischen Standpunkt aus hatten die Dekabristen sich des Hochverrats schuldig gemacht; folglich hätten die aktiven Offiziere unter ihnen vor ein Militärgericht gestellt werden müssen und wären dann vermutlich vor einem Erschießungskommando gelandet. In der Umgebung des Zaren gab es jedoch Stimmen, die zu einem milden Vorgehen rieten. Es wäre, so meinten sie, politisch klug, wenn der neue Zar seine Regierungszeit in einem von Großzügigkeit und Gnade geprägten Geist anträte. Schließlich sei das Unternehmen ja kläglich fehlgeschlagen, und dies ebensosehr aufgrund der Skrupel der Verschwörer wie aufgrund ihrer Unfähigkeit. Die meisten von ihnen seien junge

Leute, manche von ihnen Söhne der vornehmsten Adelsfamilien Rußlands. Allein, Nikolaus entschied sich dafür, die ganze Strenge des Gesetzes walten zu lassen; er war weder bereit, Gnade zu üben, noch zu verzeihen. In gewisser Weise sollten sich die Bestrafungen, die er schließlich gegen die unglückseligen Rebellen aussprechen ließ, als schädlicher und verhängnisvoller für die Zukunft Rußlands erweisen, als eine Massenexekution es gewesen wäre. Einige wenige würden mit dem Tode bestraft, viele andere aber – darunter auch einige, die mit dem eigentlichen Aufstand nur sehr indirekt oder gar nichts zu tun gehabt hatten – auf Lebenszeit entehrt und verbannt werden; ihre Schande und ihre Leiden im fernen Sibirien sollten als Warnung an alle die dienen, die sich vielleicht versucht fühlen konnten, ihrem Beispiel folgend den rechtmäßigen Machthabern zu trotzen und sich der »wahnwitzigen Begierde nach dem Neuen« hinzugeben, wie das Gericht eines der Hauptmotive für die hochverräterischen Absichten der Dekabristen charakterisierte. Nikolaus' Entschluß, Folge wohl auch des Traumas, das der Aufstand vom 14. Dezember für ihn bedeutete, veranlaßte seine Richter, gerade solche Strafen zu verhängen, die den Dekabristen einen Platz in der Geschichte und in der revolutionären Überlieferung sichern mußten, und in der Tat: Die Erinnerung daran, wie dilettantisch ihr Putschversuch gewesen war und wie unwürdig sie sich nach der Niederlage verhalten hatten, verblaßte, wogegen ihre Selbstaufopferung und ihr Märtyrertum im Gedächtnis der zukünftigen Generationen lebendig blieben.

Wie sehr Nikolaus I. irrte, wenn er glaubte, er könne das Urteil der Nachwelt über die Dekabristen in seinem Sinne prägen, dafür legen die Worte seines offiziellen Biographen ein beredtes Zeugnis ab:

»Doch wie immer man über die Bewegung denken mag, für die die Dekabristen standen, wie sehr man in ihr einen Fehler oder ein Ergebnis jugendlicher Verblendung sehen mag, ein allgemeines Charakteristikum kann man ihnen nicht absprechen. Dieses Charakteristikum war ihre Bereitschaft zur Selbstaufopferung im weitesten Sinn des Wortes. [Es waren Leute] . . . die bereits eine glänzende Karriere eingeschlagen oder noch vor sich hatten . . ., Leute, die in bezug auf ihre beruflichen Pflichten ihren Überzeugungen gemäß handelten, die von Menschlichkeit und Gerechtigkeitssinn erfüllt waren und verdientermaßen das Vertrauen sowohl ihrer Untergebenen als auch der anderen Menschen genossen, für die sie verantwortlich waren . . . Die Selbstaufopferung der Führer [der Dekabristen] ist um so erstaunlicher, als kaum einer von ihnen mit einem Erfolg rechnete; sie waren im Gegenteil allesamt bereit, für ihre Überzeugung zu sterben.«[55]

Diese Passage aus der Feder eines konservativen Autors, geschrieben und veröffentlicht zu einer Zeit, als Rußland noch eine Autokratie war, spricht für sich.

Am 17. Dezember 1825 trat der »Geheime Ausschuß, ernannt von Seiner Majestät zum Zwecke der Einvernahme der Mitglieder der Subversiven Gesellschaft« zu seiner ersten Sitzung zusammen. Die Untersuchungskommission, die unter diesem schwerfälligen Titel amtierte, war aus verschiedenen hohen Würdenträgern, darunter einigen persönlichen Freunden des Zaren, zusammengesetzt. Weder die Ermittlungen noch der daran anschließende sogenannte Prozeß trugen, selbst wenn man die damals in Rußland geltenden Maßstäbe anlegt, auch nur entfernt die Züge eines rechtlich korrekten Verfahrens. Der Zar selbst gab durch den Erlaß, mit dem er das Sondergericht zur Aburteilung der Dekabristen einberief, das Leitmotiv für die Abwicklung des Verfahrens an. »Die Aufgabe des Gerichts wird darin bestehen, die Staatsverbrecher zu verurteilen« – eine bemerkenswerte Prophetie, da alle 121 Angeklagten für schuldig befunden wurden.

Es kam der Legende um die Dekabristen sehr zustatten, daß der vollständige Wortlaut ihrer Aussagen vor der Untersuchungskommission erst nach der Revolution von 1917, als die Archive der zaristischen Regierung geöffnet wurden, ans Licht kam. Die meisten der Rebellen beteuerten eifrig ihre Reue, legten der Kommission gegenüber volle Rechenschaft über ihre verschwörerische Betätigung und die Aktivitäten ihrer Genossen ab und baten um Gnade, oft auf eine geradezu feige Weise. Oberst Wassilij Tisenhausen schrieb an Nikolaus:

»Erlauben Sie, O Allerhöchste Majestät, Ihrem sehr unglücklichen loyalen Untertanen, Ihnen seinen untertänigen Dank auszusprechen für die Gnade, mich an Sie schreiben zu lassen; geruhen Sie, einem reuigen Sünder Gehör zu schenken. Ich würde nicht wagen, zu versuchen, mein Verhalten zu rechtfertigen, das mich aus bloßer Schwachheit meiner Seele dem Verbrechen zugeführt hat . . ., aber ich schwöre, daß ich nie die Absicht hegte, gegen das Gesetz zu verstoßen . . . Sire, seien Sie gnädig und großherzig . . . Sie werden unter Ihren getreuesten Untertanen keinen treueren Diener als mich finden.«[56]

Pestel', der vor seiner Verhaftung einem Genossen erklärt hatte, er werde sich lieber in Stücke reißen lassen, als zu gestehen oder den Behörden etwas zu verraten, gab bald alles preis, was man von ihm wissen wollte. Am 23. Dezember schrieb der zu diesem Zeitpunkt bereits völlig gebrochene einstige Kopf der Verschwörung einen pathetischen Brief an einen seiner Inquisitoren: »Sie können nicht ahnen, wie fürchterlich die Angst ist, die man durchmacht, wenn man im Gefängnis sitzt und nicht weiß, was einem bevorsteht. Seine Majestät hat befohlen, daß ich alles gestehe, und das habe ich auch getan, vollständig, ohne etwas zu verheimlichen.« Beim Gedanken an seine betagten Eltern und daran, wieviel Leid er ihnen bereitete, hatte er geweint. Konnte der Zar ihm nicht um ihretwillen Gnade erweisen? »Ich werde Seiner Heiligen Person und Seiner Allerhöchsten Familie für alle Zeit dankbar und ergeben sein. Ich sehe ein, daß ich nicht beim Heer bleiben kann, aber lassen Sie mich wenigstens frei sein . . . Vielleicht wird Gott in Seiner unendlichen Gnade das Herz des Kaisers für mich erweichen.«[57]

Sowjetische Historiker erklären das Verhalten der einsitzenden Dekabristen gerne mit Verweis auf ihre Klassenzugehörigkeit: »Das Strohfeuer der revolutionären Gesinnung dieser Rebellen aus dem Adel erlosch unter dem Eindruck des vollständigen Sieges der Autokratie, des Zusammenbruchs ihrer eigenen Bewegung und ihrer Pläne und der Massenverhaftungen sang- und klanglos.«[58] Dies ist jedoch eine unzulässige Vereinfachung. Viele russische Revolutionäre der folgenden Jahrzehnte kamen ebenfalls aus den Reihen des Adels, unter anderem auch Wladimir Uljanow-Lenin, und die meisten von ihnen verhielten sich, wenn sie von den Behörden vernommen wurden oder unter dem Galgen standen, ganz anders. Die Dekabristen waren einfach die ersten. Ähnlich wie die Fähigkeit des Soldaten, im Hagel des feindlichen Feuers auszuharren, ist auch die Standfestigkeit des Revolutionärs, sei es im Kampf oder sei es in der Niederlage, nicht so sehr eine Funktion seines persönlichen Muts – und noch weniger seiner Klassenzugehörigkeit – als vielmehr das Resultat von Schulung und Erfahrung. Sowenig wie die Dekabristen darauf vorbereitet und dafür gerüstet waren, eine Revolution durchzuführen, so wenig hatten sie unter den Bedingungen ihrer Herkunft und ihrer beruflichen Tätigkeit gelernt, die schmerzlichen Folgen ihrer Niederlage zu ertragen. Viele von ihnen hätten sicherlich nicht gezögert, ihr Leben für die gemeinsame Sache zu geben, wie einige es taten, aber mit der Einsamkeit der Gefängniszelle, mit den Leiden und Vorwürfen ihrer Familie und mit dem Wechselbad von Versprechungen und Drohungen, dem der Zar und seine Inquisitoren sie aussetzten, wurden sie nicht fertig.

Daß viele der Dekabristen Zuflucht zu Selbstanklagen und Bekundungen der Reue nahmen und vor dem Mann, den sie hatten stürzen wollen, zu Kreuze krochen, lag wohl nicht so sehr daran, daß ihre revolutionäre Gesinnung nur ein Strohfeuer gewesen wäre, sondern mehr an ihrer zutiefst ambivalenten Einstellung zu Rußland. Jetzt, wo ihre Sache verloren war, thronte Nikolaus wieder als rechtmäßiger Herrscher, als alleiniger Lenker der russischen Geschicke über ihnen, und sie waren ihm die Ehrfurcht schuldig, die diesem Amt zukam. Peter Kachowskij, vielleicht der ungestümste unter den Dekabristen, bombardierte aus seiner Zelle den Zaren mit Briefen, in denen er ihn beschwor, ein Reformkaiser zu werden: »Sire, ich bin nicht Ihr Feind ... Ich liebe mein Land leidenschaftlich. Das Glück Rußlands ist an Ihr Schicksal geknüpft ... Die Geschickte von 50 Millionen Menschen liegen in Ihrer Hand.«[59] Als Kachowskij einmal dem Zaren vorgeführt wurde, übte der Mann, den zu ermorden er sich noch kurze Zeit zuvor erboten hatte, auf den schwärmerischen Revolutionär eine fast betörende Wirkung aus: Als Nikolaus die Worte sprach: »Ich bin auch ein Russe«, reichte dies aus, seinen Gefangenen in einen ekstatischen Taumel zu versetzen. Er werde, so schrieb er danach an den Zaren, als Glücklicher sterben, nachdem er aus dem Munde seines Kaisers von dessen Liebe zu Rußland gehört habe. Weniger überschwenglich, aber ebenfalls reuig, zeigte sich ein anderer jetzt einsitzender Möchtegern-Attentäter, Jakubowitsch; er wandte sich mit einem Brief an seinen Kaiser, in welchem er verschiedene Reformvorschläge machte und versicherte, wenn der Zar diese verwirklichte, würden »die Mißstände ... verschwinden wie ein Nebel, den die Sonne auflöst. Sie werden der Retter des Vaterlandes sein ... und die Liebe von 52 Millionen Untertanen wird von Ihrem unsterblichen Ruhm künden«.[60]

Gewiß gab es einzelne, die sich nicht bereitfanden, in Reue und Demut zu versinken. Eine der Standardfragen, die den Beschuldigten beim Verhör gestellt wurde, lautete: »Seit wann und von wem hast du liberale Ideen in dich aufgenommen; geschah es durch Bekannte von dir oder durch die Lektüre von Büchern, und wenn ja, von welchen Büchern? Und wer hat deine endgültige Bekehrung zu diesen Ideen bewirkt?« Michael Lunin erwiderte hierauf stolz, er glaube, seit er selbständig denken könne, an die Freiheit, und niemand und nichts anderes als die Gebote der Vernunft hätten ihn zu einem überzeugten Liberalen gemacht.[61] Über Peter Borisow, einen der Gründer der Vereinigten Gesellschaft der Slawen, schrieb der Beamte, der ihn verhört hatte: »Er erklärte, nachdem er sich für das Vaterland geopfert habe, erwarte er freudigen Herzens das Kommende, was immer es sei.«[62]

Dies waren freilich nur vereinzelte Stimmen in dem allgemeinen Chor aus gegenseitigen Vorwürfen, Selbstanklagen und Bitten um Gnade, den die eingekerkerten Dekabristen anstimmten. Viele machten vor allem Rylejew Vorwürfe, weil er sie vom Pfade der Pflichterfüllung abgebracht habe. Der Zar erwies sich übrigens als begabter Inquisitor. Manche Angeklagten, die sich anfangs trotzig zeigten, ließ er so lange in Ketten legen, bis sie mit »von Herzen kommender Aufrichtigkeit« gestanden, wie die amtliche Formel lautete; und das taten sie früher oder später unweigerlich. Mit anderen spielte er ein raffinierteres Spiel: Wie, so fragte er, konnten sie, seine alten Waffenbrüder aus der Garde, mit Männern gemeinsame Sache machen, die die gesamte Zarenfamilie abschlachten wollten? Doch könnten sie ihr Gewissen noch erleichtern, indem sie alles gestanden. Der Frau Rylejews, die vollkommen mittellos dastand, kam Nikolaus mit einer finanziellen Zuwendung zu Hilfe; als Rylejew dies erfuhr, schrieb er seiner Frau und bat sie, für die Zarenfamilie zu beten. So wurden die Beschuldigten von den Behörden dazu gebracht, nicht nur ihre Mitverschwörer zu verraten, sondern etwa auch einen Mann wie Lunin, der schon jahrelang nichts mehr mit der Geheimgesellschaft zu tun gehabt hatte.

Es ging dem Zaren und seinen Beamten hauptsächlich darum, das ganze Ausmaß und die Hintergründe der Verschwörung aufzudecken. In endlosen Verhören wurde aus den Gefangenen herausgequetscht, was sie nicht nur über ihre eigene, sondern auch über andere Geheimgesellschaften und Dissidentengruppen in Rußland und Polen wußten. Ein stets wiederkehrendes Motiv – das sich in ähnlicher Form bei Verfahren dieser Art auch später und bis in die heutige Zeit regelmäßig gezeigt hat – war die Frage nach möglichen Verbindungen zwischen den Dekabristen und revolutionären Bewegungen in anderen Ländern, verbunden mit der Weigerung der Beamten, zu glauben, daß ein Russe aus eigenem Antrieb und ohne von ausländischen

Kräften dazu animiert worden zu sein, gegen seine Regierung revoltieren würde. Steckte vielleicht gar eine ausländische Macht, etwa Großbritannien, hinter der Verschwörung? Die Überzeugung, das »perfide Albion« habe es, eifersüchtig auf Rußlands Größe, darauf abgesehen, Unruhe im Zarenreich zu stiften, sollte bis in die sowjetische Periode hinein erhalten bleiben – noch in den stalinistischen Säuberungsprozessen der 30er Jahre pflegte man die Angeklagten zu dem Geständnis zu zwingen, daß sie mit dem britischen Geheimdienst zusammengearbeitet hätten.

Ebenso beharrlich fahndeten die Untersuchungsbeamten nach hohen Staatsdienern, die von den aufrührerischen Plänen gewußt oder gar mit den Verschwörern sympathisiert haben könnten. Aber auch hier hatten die Angeklagten keine konkreten, den Argwohn ihres Zaren rechtfertigenden Hinweise zu bieten. Gewiß hatten sie untereinander darüber gesprochen, daß Männer wie Speranskij, Mordwinow und der Befehlshaber der Kaukasustruppen, General Jermolow, als mögliche Kandidaten für die nach dem Staatsstreich zu errichtende provisorische Regierung in Frage kämen, aber mit Informationen über eine konkrete Beteiligung dieser Männer an der Verschwörung konnten sie nicht dienen.

Die inquisitorische Taktik, die der Zar anwandte, erscheint verständlich, wenn man sich seinen nicht unbegründeten Verdacht vergegenwärtigt, daß vielleicht zwei- oder dreitausend Personen der höheren Gesellschaftsklassen von dem geplanten Putsch gewußt und mit den Zielen der Geheimgesellschaft sympathisiert hatten und daß der Umsturz, wenn er gelungen wäre, wohl den Beifall eines großen Teils der russischen Elite gefunden hätte. Einer der verhafteten Dekabristen erklärte ihm, wenn er den Geist der Reform töten wolle, müsse er die ganze in der Regierungszeit seines Bruders herangewachsene Generation liquidieren. Etwas Derartiges zu versuchen, war Nikolaus weder willens noch imstande: Eine auf Massenterror gestützte Herrschaft lag außerhalb der Möglichkeiten eines autokratischen Regimes des 19. Jahrhunderts. Speranskij und Mordwinow verblieben in ihren hohen Ämtern. Jermolow wurde bald nach dem Putschversuch seines Kommandos enthoben, ansonsten aber nicht bestraft. Von den etwa 500 Verhafteten wurden viele, die nur Mitläufer am Rande der Verschwörung gewesen oder sich rechtzeitig von ihr abgesetzt hatten und die die Behörden davon überzeugen konnten, daß ihre Reue »von Herzen« kam, nach kurzer Frist wieder auf freien Fuß gesetzt, und manche von ihnen, wie Michael Murawjow, stiegen später noch in hohe Positionen innerhalb der militärischen und zivilen Hierarchie auf. Der in der russischen Gesellschaft virulente Geist war durch die Katastrophe vom 14. Dezember nicht ausgetrieben, aber er würde für den Rest von Nikolaus' Regierungszeit durch eine für das Rußland jener Zeit ebenso charakteristische sozialpsychologische Gegenkraft in Schach gehalten werden: die servile Unterordnung unter die tatsächlich herrschende Macht. Es mutet eigenartig, ja nahezu obszön an, daß einem Wladimir Pestel' einen Tag nach der Hinrichtung seines Bruders der Posten eines kaiserlichen Adjutanten angetragen wurde – und daß er ihn annahm.

Das Regime zeigte sich eifrig bemüht, die geistigen Wurzeln aufzuspüren, aus denen die Rebellion erwachsen war. Der Fragebogen, den alle verhafteten Dekabristen ausfüllen mußten, enthielt mehrere Fragen zu ihrer Erziehung und schulischen Bildung. Woher kamen die »heimtückischen« Ideen, von denen die Aufrührer beseelt waren? Welche Bücher, Lehrer oder Erfahrungen pflanzten zuerst den Keim des Verrats in ihre Seele? Waren sie praktizierende Christen? (Dies waren übrigens nur wenige.) Die Verhörfragen spiegelten die ehrliche Überzeugung der Untersuchungsbeamten wider, daß ein russischer Edelmann und Offizier niemals aus eigenem Antrieb auf die absurde Idee hätte verfallen können, seinen Kaiser zu verraten oder sein Land als einer verfassungsmäßigen Regierung bedürftig oder für eine solche auch nur geeignet zu erachten! Wenn nicht direkt von einer ausländischen Macht oder von internationalen Revolutionären aufgehetzt, mußten sie unter dem Einfluß verderblichen ausländischen Gedankenguts auf diesen verhängnisvollen Irrweg geraten sein. Allein, aus den Antworten der Beschuldigten gewinnt man den deutlichen Eindruck, daß es nicht französische oder englische Denker waren, sondern zuallererst die unerträgliche Realität des russischen Lebens den Anstoß für die revolutionäre Betätigung der Dekabristen gab.

Der moralisch fragwürdigste Aspekt im Zusammenhang mit dem Aufstand wurde bei den Verhören kaum gestreift. Keiner der Dekabristen wurde gefragt, wie jene massive Täuschung zu rechtfertigen sei, mit deren Hilfe sie ihre Soldaten zur Meuterei aufgestachelt hatten. Und auch keine der Hauptfiguren des Aufstandsversuchs hielt es beim Verhör oder später für nötig, irgendein Bedauern über diesen schäbigen Trick zu äußern. Dabei bezahlten die vielen schlichten Soldaten, die solcherart getäuscht worden waren, teuer für das Vertrauen zu ihren Offizieren. Insgesamt etwa 200 fanden am 14. Dezember und am 3. Januar den Tod. Viele andere erhielten, obgleich sie nur als unbewußte Werkzeuge fungiert und in ihrer überwiegenden Mehrheit gar nicht gewußt hatten, worum es bei dem Kampf wirklich ging, unmenschlich harte Strafen. Die Peitsche – in einer Anzahl von Fällen 12 000 Hiebe (unglaublicherweise überlebten einige diese Tortur) –, lebenslängliche Verbannung und Zwangsarbeit in Sibirien warteten auf das Gros derer, denen eine besonders aktive Rolle in den Geschehnissen bescheinigt wurde. Praktisch alle Soldaten, die ihrem Offizier in die Rebellion gefolgt waren, wurden aus ihrem Regiment entlassen und den im Kaukasus stationierten Einheiten zugeteilt, wo Epidemien und Kugeln aus den Gewehren der aufsässigen einheimischen Volksstämme viele Soldatenleben vorzeitig beendeten.

Der Zarenerlaß vom 1. Juni 1826, mit dem der Sondergerichtshof für den sogenannten Rebellenprozeß einberufen wurde, benannte 72 namhafte Amts- und Würdenträger des Reiches als Richter, darunter Speranskij und

Mordwinow, die auf diese Weise Gelegenheit bekamen, ihre Loyalität unter Beweis zu stellen. Die Aufgabe des Gerichtshofs bestand lediglich darin, den *Grad* der Schuld *aller* 121 Dekabristen, die ihm von der Untersuchungskommission als Hochverratsfälle überwiesen worden waren, zu bestimmen und ein Strafmaß für sie festzulegen. »Bestimmen« und »festlegen« ist freilich schon zuviel gesagt, denn der wirkliche Richter war Nikolaus I., und der Gerichtshof tat im Grunde nichts anderes, als den Willen des Zaren in juristische Formeln zu kleiden. Es überrascht unter diesen Umständen nicht, daß der Prozeß, der in Anbetracht der großen Zahl der Angeklagten und des Ausmaßes der zu klärenden Vorgänge eigentlich äußerst verwickelt und langwierig hätte werden müssen, binnen fünf Wochen abgewickelt war – was um so leichter zu bewerkstelligen war, als bei den Verhandlungen weder die Angeklagten zugegen waren noch irgendeine Art der Verteidigung existierte. Speranskijs grausame Pflicht war es, den Urteilsspruch zu formulieren, mit dem das Schicksal der Männer besiegelt wurde, von denen viele enge Freunde von ihm gewesen waren. Nur einer der 72 Richter erwies sich dieses Titels würdig: Admiral Mordwinow stimmte gegen das Todesurteil für fünf der Angeklagten; er wies wahrheitsgemäß darauf hin, daß die geltenden Gesetze die Todesstrafe verboten. Indes, Nikolaus hatte längst beschlossen, daß die fünf, die er für die Hauptschuldigen hielt, sterben mußten und daß alle anderen, wie groß auch immer der festgestellte Grad ihrer Schuld sein oder wie ihr Urteilsspruch im einzelnen ausfallen würde, entweder lebenslänglich nach Sibirien verbannt oder als einfache Soldaten an die Kaukasusfront versetzt würden und zumindest, solange er, Nikolaus, lebte, nicht ins europäische Rußland zurückkehren dürften. Und genauso fielen die Urteile aus.

Die Zeremonie am 13. Juli 1826 im Innenhof der Festung Petropawlowsk, die Hinrichtung der fünf zum Tode Verurteilten am Galgen, setzte jedoch nicht den Schlußpunkt unter die Geschichte der Dekabristen, sondern läutete vielmehr ihre wichtigste Phase ein. Die Männer, die sich als Verschwörer so unfähig gezeigt und als Besiegte so kläglich benommen hatten, machten nun ihre Unterlassungssünden und ihr Versagen durch den Mut und die würdevolle Haltung vergessen, mit denen sie Tod, Leiden und Verbannung auf sich nahmen. Gewiß, es kam auch bei ihnen zu dem unter Verbannten üblichen Gezänk, und einige der Verurteilten verloren Lebensmut und moralischen Halt, aber für die meisten der Dekabristen waren die Jahre des sibirischen Exils eine Periode des Nachdenkens und der seelischen und geistigen Reifung. Aus den Straflagern entlassen und zu kleinbäuerlichen Siedlern geworden, betätigten viele sich im Rahmen bescheidener, aber wichtiger Sozial- und Bildungsinitiativen und wurden so zu kulturellen Pionieren in dem bis dahin barbarischen Land. Der einheimischen Bevölkerung galten diese Männer bald nicht mehr als politische Verbrecher, sondern als Vertreter der besten und humansten Elemente, die es im russischen Leben gab.

Dadurch, daß es den Dekabristen ihre Titel und Güter aberkannte und ihren Frauen und Kindern untersagte, sie zu besuchen, es sei denn, sie entschieden sich ebenfalls für ein lebenslanges Exil, hoffte das Regime, den kritischen Geist mundtot machen zu können und der gebildeten Schicht eine Lektion zu erteilen. Tatsächlich aber blieb jene zusammenschrumpfende Gruppe von Verbannten im fernen Sibirien über die gesamten im Zeichen der Reaktion stehenden dreißig Regierungsjahre Nikolaus' I. hinweg von Bedeutung als ein ständiger Stachel im Gewissen der russischen Nation, als beständige Mahnung an die in der Heimat Gebliebenen, daß es ein anderes Rußland geben könnte. Wenn die Aktivitäten der Dekabristen in den Jahren vor 1825 häufig etwas von den »tollkühnen Spielen der Jugend« an sich hatten, so gilt doch ebenso, was Puschkin in seiner poetischen Botschaft an die Verbannten über die Kraft der Legende zu sagen hat, zu der sie mit den Jahren wurden:

»Es bleibt bestehen, was Ihr erdacht, und Eures hohen Geists Bestrebung . . .
Die Ketten fallen, Stück um Stück, die Freiheit winkt . . .
Sie grüßt am Tor, und freudig reichen die Brüder Euch das Schwert zurück.«[63]

Alexander Odojewskij, derselbe Mann, der am Vorabend des Aufstandes davon gesprochen hatte, einen ruhmreichen Tod sterben zu wollen, und der beim Verhör völlig zusammengebrochen war und dem Zaren geschrieben hatte, er wolle sich seinem »Allergnädigsten Herrscher« zu Füßen werfen, verfaßte ein Antwortgedicht an Puschkin:

»Mein Barde, keine Angst, wir sind auf unser Los und unsre Ketten stolz . . .
In Zellen schmachtend zwar, verspotten wir den Zaren doch wie eh und je.

Nein, nicht umsonst wird unsere Entbehrung sein.
Aus diesem Funken wird dereinst ein großer Brand entstehn. Und unser Volk,
Die Augen offen, wird um der Freiheit heil'ges Banner sich versammeln.«[64]

Im Jahre 1900 gründete eine Gruppe russischer Marxisten, unter ihnen Lenin, eine revolutionäre Zeitschrift und nannte sie *Der Funke*; sie sollte der Bestimmung, die ihr Name verkündete, gerecht werden: »Aus diesem Funken wird dereinst ein großer Brand entstehen.«
Doch wenn die Dekabristen auch den ersten Funken entzündeten, so verkörperten sie andererseits auch bis zuletzt einen charakteristischen Zug,

der bei den vielen, die als Revolutionäre in ihre Fußstapfen traten, immer wieder sichtbar werden und viel dazu beitragen sollte, daß der große Brand, als er schließlich kam, dem russischen Volk nicht die angekündigte Freiheit brachte. Dieser Zug läßt sich am Beispiel Sergej Wolkonskijs anschaulich illustrieren. Der Fürst und Generalmajor ging wegen seiner Mitgliedschaft in der Südlichen Gesellschaft seines Titels und seiner Güter verlustig und wurde lebenslänglich nach Sibirien verbannt. Seine Frau gehörte zu den wenigen, die den heroischen Entschluß faßten, ihrem Mann ins Exil zu folgen, um den Preis, ebenfalls nie wieder ins europäische Rußland zurückkehren zu dürfen. Sie mußte ihren wenige Monate alten Sohn zurücklassen, der bald darauf starb. 1855 aber, als Wolkonskij, inzwischen ein alter Mann, vom Tod Nikolaus' I. hörte, brach er zusammen und weinte hemmungslos. Sein Enkel und Biograph hat versucht, dieses seltsame Verhalten zu erklären. Nein, Wolkonskij weinte nicht vor Freude oder vor Kummer über das eigene verpfuschte Leben. Er *beweinte* Nikolaus, weil er Angst um Rußland hatte – er wußte nicht, was ohne die eiserne Hand des Zaren aus seinem Vaterland werden sollte. Wie für viele Männer und Frauen seiner und der nachfolgenden Generationen waren für ihn äußere Macht und innere Ordnung notwendige Attribute der nationalen Stärke.

»Wann wird unser nationales Bewußtsein sich von dieser verhängnisvollen Verwechslung [zwischen Staatsmacht und nationalem Wohl] frei machen, die so viel Verlogenheit in jeden Bereich des nationalen Lebens getragen hat, Verlogenheit in unserer Politik, unserer Religion, unserem politischen Denken, unserem Erziehungswesen. Die Verlogenheit ist zu allen Zeiten das Hauptübel der russischen Politik gewesen, zusammen mit ihren unzertrennlichen Begleitern, der Heuchelei und dem Zynismus. Sie ziehen sich durch unsere ganze Geschichte. Das Ziel unseres Daseins ist aber nicht die Existenz schlechthin, sondern . . . eine *würdige* Existenz. Und wenn wir ehrlich zu uns selbst sein wollen, müssen wir zugeben, daß Rußland es nicht *verdient*, zu überleben, wenn es nicht imstande ist, auf eine andere Weise zu existieren, als es das in der Vergangenheit getan hat. Der Beweis aber, daß dieses Land auf eine andere Weise regiert werden kann, ist bis jetzt noch nicht erbracht worden.«[65]

Bittere Worte, die heute noch genauso gültig sind wie zu der Zeit, als sie geschrieben wurden.

Kapitel 2
Die unvollkommene Freiheit:
Die 60er und 70er Jahre

Den nachfolgenden Generationen sollten die dreißig Regierungsjahre Nikolaus' I., von 1825 bis 1855, als eine Zeit der unausgesetzten Repression im Innern und der nationalen Demütigung im Äußeren erscheinen. Schon zu Beginn dieses Zeitraums rückständig, lag Rußland danach in bezug auf seine gesellschaftlichen, politischen und wirtschaftlichen Verhältnisse noch mehr hinter Europa zurück.* Das Regime unterdrückte alles, was auch nur entfernt nach intellektueller oder politischer Abweichung roch, auf eine nicht nur tyrannische, sondern geradezu widersinnige Weise und versuchte das Land von jedweden Einflüssen abzuschirmen, von denen eventuell eine Bedrohung des autokratischen Status quo zu befürchten war. Ein solches System konnte, darin stimmen die Historiker fast einmütig überein, nur durch rigoroseste Unterdrückungspraktiken stabil gehalten werden, eine Auffassung, für deren Richtigkeit die Geschichte selbst den besten Beweis lieferte: Nach dem Tod dieses Zaren und nach dem Abschied von der von ihm geschaffenen und verkörperten Herrschaftsmethode trat Rußland in eine Periode sozialer Turbulenzen und revolutionärer Gärung ein, die mit der Revolution 1917 ihren Abschluß finden sollte.

Daß Rußland von den frischen Winden unberührt blieb, die in diesen Jahrzehnten über den ganzen europäischen Kontinent hinwegfegten und, als sie sich 1848–49 zu sozialen Gewitterstürmen verdichteten, praktisch alle anderen europäischen Regierungen entweder zu Fall oder ins Taumeln brachten, »verdankte« es wohl zum allergrößten Teil der Gründlichkeit, mit der Nikolaus I. sein despotisches Regiment auszuüben verstand. Rußland blieb in einem sozial und politisch bewegten Europa eine Oase der politischen Grabesruhe und der Reaktion. Anders als sein Vorgänger praktizierte Nikolaus seine Unterdrückungspolitik konsequent und systematisch. 1826 schuf er eine politische Polizei, die erste moderner Prägung, den Prototyp für all die ähnlich gearteten Institutionen, die danach auf russischem Boden gediehen sind – bis zum sowjetischen KGB. Wie die späteren Geheimpolizeien, beschränkte sich auch diese erste, die sogenannte »Dritte Abteilung der Kanzlei Seiner Majestät«, nicht auf die Bekämpfung subversiver Aktivitäten, sondern deckte ein viel weiterreichendes Aufgabengebiet ab; sie war de facto Wächterin über die Moral und die Kultur der Russen; die Sonde,

---

* Es war eine Eigentümlichkeit der im Rußland des 19. Jahrhunderts gebrauchten politischen Terminologie, daß mit »Europa« in der Regel die führenden westlichen Länder, nicht aber beispielsweise Spanien oder Italien gemeint waren.

mit der nonkonformes und nicht staatstragendes Verhalten in allen Bereichen des öffentlichen Lebens aufgespürt, und zugleich das Werkzeug, mit dem es abgestellt und unterdrückt wurde. Die Intelligenz, damals wie heute das spezielle Sorgenkind der Herrschenden, erfreute sich besonderer Überwachung und Repression. Mit welcher an Absurdität grenzenden Konsequenz der Versuch durchgeführt wurde, jeder intellektuellen Regung Fesseln anzulegen, zeigt sich exemplarisch an der Reaktion eines hohen Beamten auf einen vollkommen harmlosen literarischen Aufsatz, den ein Zensor unbeanstandet durchgelassen hatte: Eine etwas aufmerksamere Lektüre, so mahnte der Beamte, lasse erkennen, »daß der Autor, während er vorgibt, über Literatur zu schreiben, in Wirklichkeit etwas ganz anderes im Schilde führt: Mit dem Wort ›Aufklärung‹ meint er ›Freiheit‹, unter ›geistiger Betätigung‹ ist ›Revolution‹ zu verstehen, und der ›klug ersonnene Mittelbau‹ ist nichts anderes als eine Verfassung«.[1] Dem Autor des Aufsatzes – einem überzeugten Anhänger der Autokratie übrigens – wurde die Veröffentlichung von Büchern und Artikeln untersagt, ein Verbot, bei dem es elf Jahre lang blieb; die Zeitschrift, in der der Aufsatz erschienen war, wurde eingestellt; der »nachlässige« Zensor verlor seinen Posten. Obgleich Peter Tschaadajews berühmter Essay bei aller kritischen Distanz zur russischen Geschichte und Kultur keinerlei politische Anspielungen enthielt, wurde der Autor auf persönliche Anordnung des Zaren hin für geisteskrank erklärt und unter Hausarrest gestellt. Als der Petraschewskij-Kreis, eine Gruppe junger Intellektueller, die bei ihren Zusammenkünften über politische Ideen debattierten, die im Westen gerade aktuell waren, wie etwa über den Sozialismus, die aber zu keiner Zeit Anstalten machten, aus ihrem Gedankenaustausch irgendwelche praktischen Konsequenzen zu ziehen, 1849 bei der Polizei denunziert wurde, sprangen die Behörden mit den jungen Leuten um, als hätten diese eine Verschwörung nach dem Muster der Dekabristen ausgeheckt. Mehrere der Beteiligten, darunter Dostojewskij, wurden zum Tode verurteilt und zur Hinrichtungsstätte geführt; erst dort erfuhren sie (was in Wirklichkeit schon längst beschlossen war), daß der Zar ihre Strafe in Verbannung und Zwangsarbeit umgewandelt hatte.

Die Auffassung, daß das Regime Nikolaus' I. einzig auf Unterdrückung und Gewalt beruht habe, scheint mir jedoch die Dinge zu sehr zu vereinfachen. Daß es Nikolaus möglich war, so zu herrschen, wie er es tat, lag zu einem großen Teil auch daran, daß er für die Dauer fast seiner gesamten Regierungszeit mit Erfolg den Nationalismus der Russen anzusprechen verstand; anders als Alexander mit seinen kosmopolitischen Neigungen entsprach er der volkstümlichen Vorstellung von einem russischen Zaren. Was in den Augen zukünftiger Generationen als das dunkelste Kapitel seiner Herrschaft galt – seine grausame Rache an den Dekabristen –, flößte der Mehrzahl seiner damaligen russischen Untertanen eher Respekt als Abscheu ein. Die Vorurteile des Zaren deckten sich nicht selten mit denen seiner Untertanen. Gegen Alexander war wegen seiner Polenfreundlichkeit weithin Kritik laut geworden; Nikolaus nahm, nachdem er die polnische Erhebung von 1830–31 niedergeschlagen hatte, der »undankbaren« Nation ihre Autonomie und ihre repräsentativen Institutionen, die für die Russen, da sie selbst über solche Errungenschaften nicht verfügten, ohnehin eine ihren Nationalstolz verletzende Provokation gewesen waren. Als gebildeter Russe wußte man zwar ganz genau, daß Rußland in den Augen liberaler Westeuropäer der Inbegriff der politischen Tyrannei und des Untertanenstaates war, doch man tröstete sich, bewußt oder unbewußt, mit der Tatsache, daß das Zarenreich die größte Militärmacht Europas und als solche allgemein gefürchtet war. Das Reich vergrößerte sich unter Nikolaus' Ägide, und für viele seiner Untertanen war diese äußerliche Machtentfaltung eine Art Entschädigung für das demütigende Gefühl der Unterlegenheit, das sie unwillkürlich überkam, wenn sie nach Westeuropa blickten.

Die Identifikation der Autokratie mit der nationalen Tradition und dem nationalen Interesse beruhte unter anderem auf zwei Annahmen, die sich, je länger Nikolaus I. regierte, desto deutlicher als falsch erwiesen. Als erstes zerplatzte die Hoffnung, Nikolaus werde ein Herrscher vom Format Peters des Großen sein, ein gekrönter Revolutionär, der gerade durch die despotische Durchsetzung des eigenen Willens Rußland ins 19. Jahrhundert hineinkatapultieren, das zurückgebliebene Land modernisieren und zivilisieren würde. Selbst einige der eingekerkerten Dekabristen gaben sich, wie aus ihren hinterlassenen Papieren und Briefen hervorgeht, der Illusion hin, Nikolaus, dieser engstirnige und wenig gebildete Mann, werde sich als Reformzar erweisen – dabei hatten bereits seine ersten paar Regierungsjahre deutlich gemacht, daß er nichts dergleichen war. Seine von Haus aus konservativen Neigungen erfuhren eine Verstärkung durch das Trauma des Dekabristenaufstandes, der seinen Regierungsantritt verdüstert hatte, durch die Überzeugung, daß sein älterer Bruder mit seinem unverantwortlichen Reformgerede den Boden für die Dekabristen selbst mitbereitet habe und daß liberal klingende Äußerungen aus dem Munde des Zaren unter russischen Bedingungen zu Hoffnungen und Forderungen führen mußten, die mit der Institution der Monarchie und der dazugehörenden Gesellschaftsordnung letzten Endes unvereinbar waren. Nikolaus war nicht unintelligent und auch nicht ohne Sorge um das Wohl seiner Untertanen, wie er es verstand. Er sah die Nachteile und Übelstände der Leibeigenschaft, fürchtete aber, die Zeit sei vorbei, da man an dieser Einrichtung, die schlechterdings das Fundament des gesamten gesellschaftlichen Gefüges war, herumdoktern konnte, ohne jenen revolutionären und anarchistischen Virus zu neuem Leben zu erwecken, der, wie der Zar und seine Berater mit Bestimmtheit glaubten, im politischen Gewebe Rußlands schlummerte und nur durch äußerste Wachsamkeit und strengste Kontrolle daran gehindert werden konnte, eine neue soziale Epidemie in Gang zu setzen. Das Regime löste die Militärkolonien nach und nach auf und unternahm in den 30er und 40er Jahren einige Schritte, die auf eine Verbesserung der Lebensbedingungen der Staatsbauern abzielten. Dies führte jedoch, wie fast immer, wenn man ernsten sozialen Problemen mit schmerzlindernden Pflästerchen abzuhelfen versucht, zu Unruhen und einem weite Teile der Bauernschaft erfassenden Aufbegehren, so daß die Regierung sich in ihrer Befürchtung bestätigt sah, jede Aussicht auf eine Verbesserung seiner Stellung wecke beim russischen Bauern lediglich anarchistische Instinkte. Als die Regierung im Jahr 1839 einen Ausschuß berief, der die Lage der im Besitz privater Grundherren befindlichen Bauern prüfen sollte, tat sie dies daher unter strengster Geheimhaltung: Die Mitglieder des Ausschusses durften über dessen wahre Aufgabe und über seine Beratungen nicht einmal anderen Beamten gegenüber das geringste verlauten lassen. Eine nennenswerte Veränderung in den Lebensbedingungen der Privatbauern hatte die Tätigkeit dieses Ausschusses ohnehin nicht zur Folge.

Dieselbe Reformfurcht kennzeichnete auch die Haltung der Regierung zu anderen gesellschaftlichen Fragen. Die dreißig Regierungsjahre Nikolaus' I. sahen eine im Vergleich zu Westeuropa praktisch nicht ins Gewicht fallende industrielle Entwicklung; eine quantitativ und qualitativ erstarkende Mittelklasse ist jedoch – von einem städtischen Proletariat ganz zu schweigen – ein politisches Treibmittel, wie die Ereignisse im übrigen Europa hinreichend zeigten. Es hätte dem ganzen Wesen des zaristischen Regimes unter Nikolaus widersprochen, die Bildung seiner Untertanen, gleich auf welcher Ebene, mehr als unbedingt nötig zu fördern: Die Universitäten galten als potentielle Brutstätten für aufrührerische Gedanken, und als sich 1848–50 deutsche und österreichische Studenten besonders aktiv an den revolutionären Bewegungen in ihren Ländern beteiligten, zog die russische Regierung hieraus die Konsequenz, das Lehrfach Philosophie an den höheren Bildungsanstalten ihres Landes zu verbieten. Ein weitverzweigtes Volksschulsystem war offensichtlich noch ganz undenkbar und wäre, solange die Leibeigenschaft Bestand hatte, eher grausam als segensreich gewesen; das wenige, das für die Volksbildung getan wurde, blieb somit den Kirchenschulen überlassen. Die industrielle Revolution mit ihren gesellschaftlichen Folgewirkungen machte an der für sie geschlossenen Grenze des russischen Reiches halt. Im Vergleich zum übrigen Europa, das in eine Periode schöpferischer Umwälzungen eintrat, schien die russische Gesellschaft Winterschlaf zu halten.

Die Unterlassungssünden, die das zaristische Regime im Innern beging, hätten sich vielleicht als weniger zersetzend für das autokratische Prinzip erwiesen, wenn es ihm gelungen wäre, Rußlands Macht nach außen hin wesentlich zu stärken. Doch gegen Ende von Nikolaus' Regierungszeit wurde zunehmend deutlich, daß er auch auf diesem Gebiet alles andere als ein Peter der Große war. Als das Habsburgerreich 1849 am Rande des Zerfalls stand, schickte Nikolaus seine Armeen nach Ungarn, um die dortige nationale Erhebung gegen die österreichische Herrschaft niederzuschlagen. Dieser Schritt, der ihm im Westen den Spitznamen »Gendarm Europas« einbrachte, mußte bei vielen seiner Untertanen auf Unverständnis stoßen, in deren Augen der Staat der Habsburger nicht nur für die Unterdrückung von Millionen Slawen stand, sondern auch Rußlands Erzrivale um die Hegemonie im südöstlichen Europa war. Indem Nikolaus einem kaiserlichen Amtsbruder beisprang, demonstrierte er, daß er den Gesichtspunkt der monarchischen Legitimität höher stellte als das, was der russischen Elite als nationales Interesse galt.

Seinen endgültigen Todesstoß erhielt der Mythos von der nationalen Sendung des Systems durch die Niederlage Rußlands im Krimkrieg. Der Krieg brachte alle nachteiligen Folgen des reaktionären Regimes, unter dem das Land eine Generation lang gelitten hatte, unbarmherzig an den Tag: seine politische Isolation in Europa, seine wirtschaftliche und soziale Rückständigkeit, die sich nunmehr in militärischer Schwäche niederschlug. Das Heer wurde dilettantisch geführt, sein Nachschubsystem war von Korruption durchlöchert, und der Umstand, daß das russische Reich in der Entwicklung seines Verkehrswesens den Anschluß verpaßt hatte (das Eisenbahnzeitalter hatte für Rußland in den 50er Jahren des 19. Jahrhunderts noch kaum begonnen), führte dazu, daß nicht rechtzeitig ausreichende Verstärkungen herangeführt werden konnten, um die entscheidende Niederlage, den Verlust der Festung Sewastopol, zu verhindern. Das russische Heer, dessen Unterhalt einen beträchtlichen Teil der Staatseinkünfte auffraß, erwies sich somit als unfähig, es mit den zahlenmäßig unterlegenen französischen und britischen Truppen aufzunehmen. Das Habsburgerreich, dem Nikolaus nur wenige Jahre zuvor rettend zu Hilfe geeilt war, trat ihm nun in drohender Haltung entgegen. Zusammen mit den militärischen Niederlagen und einer verzweifelten wirtschaftlichen Lage zwang dies Rußland, um Frieden zu bitten. Am 18. Februar 1855 starb der Zar nach kurzer Krankheit, und viele gut unterrichtete Leute waren fest davon überzeugt, daß Nikolaus unter dem Eindruck dieser Bankrotterklärung seines Systems selbst Hand an sich gelegt hatte.

Schon im alten Moskowiterreich pflegten die Russen den Tod eines Herrschers mit einer Mischung aus Beklommenheit und hoffnungsfroher Erwartung zur Kenntnis zu nehmen, ein beredtes Zeugnis dafür, wie wenig sie seit alters auf die ihrem nationalen Gemeinwesen innewohnenden Eigenkräfte vertrauten und wie sehr sie alles und jedes von der Persönlichkeit des Monarchen abhängig glaubten. So groß war die nervöse Spannung im Augenblick des Regierungswechsels, daß kaum jemand in jenem Moment registrierte, daß Alexander II. seit 1725 der erste Zar war, der den Thron bestieg, ohne daß es bei seiner Inthronisation oder kurz danach zu einer Palastrevolution oder gar Usurpation kam. Nach russischen Begriffen war Alexander auf sein schwindelerregende Macht verleihendes Herrscheramt gut vorbereitet. Nikolaus I. war erstaunlicherweise ein liebevoller und aufgeklärter Vater gewesen, und Alexander zeigte bald, daß er, wiewohl ein pflichtbewußter Sohn, doch ein ganz anderer Herrscher zu werden gedachte als sein Vater.

90

Noch ehe das politische Antlitz des neuen Regimes kenntlich wurde, war ein elektrisierender Wandel der Atmosphäre zu verspüren. Es war, als sei die Tür einer Gefängniszelle plötzlich aufgerissen worden, und die Gefangenen könnten, wenngleich noch zögernd und ihres weiteren Schicksals ungewiß, zum erstenmal nach langer Zeit wieder frische Luft atmen. Der Krönung des neuen Monarchen im Jahr 1856 folgte ein zutiefst symbolträchtiger Akt: Die wenigen nach Sibirien verbannten Dekabristen, die noch am Leben waren, wurden begnadigt und durften ins europäische Rußland zurückkehren. Getrübt wurde diese Geste der Großzügigkeit durch einen Vorbehalt, der ebenfalls, wenn auch auf eine andere und weniger erfreuliche Weise, symbolträchtig war. Die zurückkehrenden Verbannten durften nicht in einer der beiden Hauptstädte Wohnung nehmen – allem Anschein nach befürchtete die Regierung also, daß diese Menschen, von denen die meisten schon das sechzigste oder sogar siebzigste Lebensjahr überschritten hatten, möglicherweise immer noch als Überträger eines subversiven Virus wirken konnten. Die Gesellschaft erwies den Heimkehrenden ihre Reverenz: In den Augen der Russen, gleichgültig beinahe welcher politischen Couleur, waren die legendären Akteure jener »tollkühnen Spiele der Jugend«, die dilettantischen Verschwörer von einst, inzwischen anerkannte Märyterer, deren Freilassung eine neue bessere Zukunft für ihr Land einläutete.

Wie sollte diese Zukunft aussehen? Alle denkenden Menschen waren sich darüber einig, daß bestimmte politische und gesellschaftliche Veränderungen dringend notwendig waren, aber nur wenige vermochten diese Überzeugung in konkrete Ideen umzugießen. Die amtliche Zensur verhinderte noch immer, daß politische Fragen öffentlich diskutiert wurden, aber auch in ihren privaten Korrespondenzen und Meinungsäußerungen waren sich die meisten führenden Repräsentanten der russischen Gesellschaft, von denen sich einige bald danach in den Reihen der Regimekritiker und Revolutionäre wiederfanden, noch gänzlich unschlüssig darüber, welche Gesetze und Einrichtungen Rußland benötigte, um jenes Maß an »Größe und Wohlfahrt« zu erlangen, »das ihm vom Schöpfer bestimmt ist«. Nachdem der gesellschaftlichen Elite Rußlands im Laufe des erzwungenen langen »Winterschlafs« unter Nikolaus das wenige an praktischer politischer Übung, das sie sich in den Jahren vor 1825 angeeignet hatte, abhanden gekommen war, vermochte sie nun nicht aus dem Stegreif konkrete Vorschläge im Hinblick darauf vorzulegen, wie das vom Schöpfer bestimmte Ziel zu erreichen sei. Die führenden Köpfe neigten dazu, die drängendsten Tagesfragen durch die Brille moralischer Imperative und philosophischer Absolutheitsforderungen zu betrachten. Wissarion Belinskij, der Literatur- und Sozialkritik miteinander verband und damit zum Stammvater der russischen Radikalen der 60er Jahre wurde, hatte 1847 geschrieben: »Die drängendsten nationalen Probleme in Rußland sind heute: die Beseitigung des Rechts auf Leibeigene, die Abschaffung körperlicher Strafen, die weitestmögliche Einführung des Prinzips, daß zumindest diejenigen Gesetze, die bereits gelten, streng eingehalten werden müssen.«[2] Was als implizite Voraussetzung hinter diesem Forderungskatalog stand, war die selbstverständliche Annahme, daß es Aufgabe des Staates sei, sich dieser Übelstände in der russischen Gesellschaft anzunehmen. Da der Brief, ungeachtet seines privaten Charakters, für eine weitere Verbreitung bestimmt war, konnte oder wollte sein Absender sich nicht konkret dazu äußern, wie die für notwendig erachteten Reformen bewerkstelligt werden sollten. Dennoch rettete ihn nur der Umstand, daß er bald darauf starb, vor der »Dritten Abteilung«. Auch 1855 noch waren nur wenige Russen bereit, praktische Vorschläge zu einer Lösung der ungeheuer verwickelten Probleme im Zusammenhang mit der Abschaffung der Leibeigenschaft anzubieten, und noch weniger besaßen eine klare Vorstellung davon, welche Schritte im Hinblick auf eine Reform der unglaublich anachronistischen und korrupten Justiz- und Verwaltungsbürokratie getan werden mußten.

Doch wenn die russische Gesellschaft auch noch nicht reif war, im Rahmen einer Reformpolitik zum politischen Partner der Regierung zu werden, so war sie doch imstande und erhielt bis zu einem gewissen Grad auch die Freiheit, als Kritikerin und Richterin der Regierung aufzutreten. Das Verblüffende an dem Rußland der Jahre zwischen 1855 und 1905 war, daß das Land einerseits eine absolute Monarchie und ein Polizeistaat blieb, andererseits aber ein politisches Leben aufwies, in dem die öffentliche Meinung einen großen und in mancher Hinsicht bestimmenden Einfluß ausübte. Politische Ideen und Leidenschaften, denen eine angemessene Betätigung verwehrt blieb, strömten in das kulturelle und geistige Leben der Nation ein und beherrschten es zuweilen. Literatur und Presse erlangten, obgleich weiterhin einer gelegentlich rigoros gehandhabten Zensur unterworfen, eine politische Bedeutung, die jene der einflußreichsten Autoren und Zeitschriften im liberalen Westeuropa übertraf. Man kommt bei der Darstellung jener Epoche manchmal nicht umhin, Begriffe wie »Regimekritiker« oder »Dissidenten« zu verwenden; der heutige Leser assoziiert mit solchen Ausdrücken vermutlich eine kleine verfolgte Minderheit. Im Rußland der Zeit, von der hier die Rede ist, waren jedoch eine kritische Einstellung zur russischen Wirklichkeit und eine feindselige Haltung gegenüber dem Staat bei den gebildeten Schichten eher die Regel als die Ausnahme (wiederum mit dem Vorbehalt, daß der Zar selbst als eine vermeintlich über der Regierung schwebende Gestalt betrachtet wurde, ähnlich wie ein Amerikaner vielleicht einen Trennstrich zwischen dem Präsidenten und dem Staatsapparat zieht). Der Terminus »Intelligenzija«, der unter Alexander II. in Gebrauch kam, bezeichnete nicht nur eine gesellschaftliche Schicht – Angehörige der freien Berufe und Personen, die sich, entweder kraft ihres Berufes oder aus innerer Berufung, intellektuell betätigten –, sondern auch eine Haltung der Distanziertheit und Opposition zum bestehenden System. Anstelle der in Rußland praktisch nicht existenten bürgerlichen Mittelschicht im westlichen Sinne des Wortes war es hier die Intelligenzija, die für sich das Recht reklamierte, für die Gesellschaft zu sprechen; tatsächlich pflegten die meisten vorrevolutionären Schriftsteller aus den Kreisen der Intelligenzija beide Begriffe in fast austauschbarer Weise zu gebrauchen. Über diese Gleichsetzung hinausgehend, erhob der radikale Teil der Intelligenzija bald auch den Anspruch, Advokat der wahren Interessen des Volkes zu sein, der sprachlosen Masse der Bauern, die nicht nur aufgrund der Leibeigenschaft in materieller, sondern aufgrund ihrer abgöttischen Verehrung des Zaren auch in psychischer Unmündigkeit verharrten; in ihrer Unwissenheit sahen sie in ihrem Herrscher denjenigen, der sie vor den Beamten und Grundherren beschützen konnte, anstatt ihn als den obersten aller Grundherren und Bürokraten zu erkennen.

Ein politischer Grundtyp, der heutzutage auf der europäischen Bühne häufig anzutreffen ist, ist in diesem Verzeichnis der Hauptcharaktere des Dramas der russischen Geschichte in der zweiten Hälfte des 19. Jahrhunderts in auffälliger Weise nicht vertreten – der Liberale. Ideologisch beruhte der westeuropäische Liberalismus auf der Geltendmachung der uneingeschränkten Freiheit des einzelnen – politisch, wirtschaftlich, religiös, gesellschaftlich – gegenüber dem Staat. Historisch wurde sein Erscheinen möglich durch eine für Westeuropa eigentümliche Konstellation von Bedingungen: die Existenz einer ansehnlichen gewerbetreibenden Bevölkerungsgruppe, ein Mindestmaß an parlamentarischen und freiheitlichen Traditionen usw. All dies fehlte im Rußland des mittleren 19. Jahrhunderts. Ein fortschrittlich denkender Russe konnte das Prinzip der Unantastbarkeit des Privateigentums, ein zentrales Credo des Liberalismus, nicht gutheißen, wenn seine dringendste politische Forderung auf die Abschaffung des Privateigentums an Leibeigenen abzielte. Er konnte kein bedingungsloser Anhänger der unternehmerischen Freiheit sein, wenn er davon ausgehen mußte, daß die enormen gesellschaftlichen Anstrengungen, die erforderlich waren, um Rußland aus seiner schrecklichen Rückständigkeit emporzuhieven, allem Anschein nach doch nur vom Staat bewältigt werden konnten. Die Intelligenzija dürstete nach vielen der Freiheiten, die sie im Westen erlebte, und fortschrittlich denkende Bürokraten erkannten die Notwendigkeit, die eine oder andere westliche Institution auch in Rußland einzuführen, und sei es nur, um dem Staat zu einem effektiveren Funktionieren zu verhelfen. Wie sich indes zeigte, stellten sich einer Übertragung liberalen Gedankenguts auf Rußland, wie gewisse Teile der russischen Gesellschaft sie, jeweils ausschnittsweise, anstrebten, psychologische Hindernisse entgegen, allen voran der russische Nationalismus. Der Nationalstolz revoltierte bei dem Gedanken, daß Rußland ausschließlich von Europa lernen und es imitieren sollte. Schon die Dekabristen hatten ihre Einsicht in die Rückständigkeit und den feudalen Charakter ihres Landes dadurch kompensiert, daß sie von einem Rußland träumten, das sich auf der einen Seite das Beste aus der politischen Philosophie und den Einrichtungen der Westeuropäer aneignen, auf der anderen Seite jedoch einen höheren Grad an Freiheit und sozialer Gerechtigkeit erreichen würde. Diesen Gedanken griffen die sogenannten Westler in den 1840er und 1850er Jahren auf, und er wurde in der Folge zum Leitmotiv des radikaleren Teils der Intelligenzija.

Auch der konservative Russe hatte seine Vision von der einzigartigen Bestimmung seines Landes, eine Vision, die der nationalen Eigenliebe zwar ebensosehr schmeichelte, aber auf einer ganz anderen Voraussetzung beruhte. Die politische Therapie, die Rußland seiner Ansicht nach benötigte, bestand nicht in einer vervollkommneten Version westlicher Institutionen, sondern in einer Reform, die das nationale Leben und die nationale Politik von importierten Auswüchsen reinigen würde. Die Slawophilen, wie die Anhänger dieser intellektuellen Mode sich nannten, suchten ihre Anregungen in der Vergangenheit Rußlands – oder besser gesagt, in dem, was sie, in ihrer um historische Realitäten höchst unbekümmerten Interpretation, als die »eigentliche« russische Geschichte betrachteten, die in ihren Augen zu Ende war, als Peter der Große Regierung und Gesellschaft des Landes in eine fremdländische Form preßte und dadurch den Charakter des nationalen Eigenlebens verfälschte. In dem goldenen Zeitalter davor hatten die Zaren in absoluter Machtvollkommenheit und dabei doch in vollständiger Eintracht mit dem Volk regiert, hatten sich an die Ratschläge der Landesversammlung (eines Organs in der Art von Generalständen, das jedoch im Rußland des 17. Jahrhunderts in Wirklichkeit äußerst selten zusammentrat) gehalten und sich um das Wohl ihrer Untertanen gekümmert. Seiner Natur nach zutiefst spirituell, verachtete das russische Volk nach Ansicht der Slawophilen die falschen Ideale seiner westeuropäischen Zeitgenossen, den Materialismus und den Individualismus, und sehnte sich nicht etwa nach solchen extravaganten Neuerungen wie einer Verfassung und einem Parlament, sondern nach einer Wiederkehr der guten alten Zeit, in der Zar und Nation in vollkommener Harmonie miteinander gelebt und nicht durch eine aufdringliche und bestechliche Bürokratie voneinander getrennt gewesen waren.

Einen tiefen Einblick in die Vorstellungswelt des gebildeten Russen gewährt eine Denkschrift, die Alexander II. bei seinem Regierungsantritt von einem namhaften Schriftsteller und Slawophilen, Konstantin Axakow, überreicht wurde. Vor 1855 hätte niemand gewagt, schriftlich solche Gedanken zu äußern oder sie gar dem Monarchen vorzutragen:

»Gegenwärtig befindet sich Rußland in einem durch innere Unordnung und Zerrissenheit gekennzeichneten Zustand, der von einem Firnis aus skrupelloser Lüge übertüncht wird. Die Regierung und die oberen Schichten sind ihrem eigenen Volk fremd geworden... Nicht nur wird das Volk nicht nach seiner Meinung gefragt, sondern jeder ehrliche Mann hat auch Angst, den Mund aufzumachen. Das Volk hat kein Vertrauen zur Regierung und umgekehrt. Das erstere neigt dazu, in jeder Maßnahme der Regierung eine neue Form der Unterdrückung zu sehen, während die Regierung beständig Angst vor einer Revolution hat und in jeder selbständigen Meinungsäußerung subversive Kräfte am Werk sieht.«[3]

94

Was an den Klagen des Autors dieser Denkschrift, von denen die zitierten nur eine kleine Kostprobe darstellen, am meisten auffällt, ist zunächst einmal das Ungenaue, Vage seiner politischen Sprache. »Das Volk« steht gewöhnlich für alle Klassen unterhalb der herrschenden Elite, manchmal auch, wie im verbreiteten Sprachgebrauch jener Jahre, für »die Bauern«. In seine Kritik an der Regierung bezieht der Autor den Zaren selbst nicht ein; dieser steht in seinen Augen über der Bürokratie; gleichwohl finden sich in der Denkschrift auch unfreundliche Worte über den »Personenkult« um den Zaren, über »diese unmäßige, gewissenlose Götzendienerei . . ., die aus der dem Zaren gebührenden Achtung eine Anbetung gemacht hat, als ob er ein Gott wäre«. Was die herrschende Klasse und die Bürokratie betraf: ». . . alle lügen sie einander an, wissen es und tun es doch weiter . . . Bestechung, systematischer Diebstahl durch Beamte haben furchterregende Ausmaße angenommen. Und es sind nicht nur ehrlose Leute, die stehlen; auch mancher ziemlich Ehrliche wird (aus dem Zwang der Umstände) zum Dieb . . . Dies liegt im Zustand der Gesellschaft, im Wesen des politischen Systems begründet.«[4]

Der Autor dieser Philippika leitete aus seiner Kritik freilich keine revolutionären Forderungen, nicht einmal drastische Therapievorschläge ab. Nichts lag ihm ferner als dies. Getreu den Überzeugungen der Slawophilen glaubte er nicht, daß das Volk zu einer Selbstregierung fähig sei oder sie wünsche. »Die russische Nation hat keinen Sinn für Politik, sie trachtet nicht nach Macht über den Staat, schreit nicht nach politischen Rechten.« Angesichts der allgemeinen Stoßrichtung seiner Argumentation mutet es erstaunlich an – zumindest für jemanden, der in der rationalistischen Tradition erzogen worden ist –, daß Axakow folgendermaßen fortfahren kann: »Die absolute monarchische Macht ist für die Russen nicht etwa ein Feind oder ein Gegenspieler, sondern ein Freund und ein Garant der Freiheit, der wahren geistigen Freiheit.« Welchen Anblick bietet der Westen! »Nachdem seine Nationen den Weg der religiösen und geistigen Entwicklung verlassen haben, sind sie den Verlockungen der selbstsüchtigen politischen Eitelkeit zum Opfer gefallen . . . Sie haben Republiken gegründet, haben mit allen Arten von Verfassungen herumhantiert und sind [infolgedessen] geistig verarmt.«[5] Außerdem seien sie, was auch immer über die angebliche Überlegenheit solcher Systeme behauptet werde, beständigen politischen und gesellschaftlichen Erschütterungen unterworfen. Gott möge Rußland vor einer solchen Freiheit schützen!

In seiner summarischen Bilanz aus der russischen Geschichte gelangt der Autor zu dem Urteil, die Ursache aller Probleme liege in den »unrussischen« Reformen Peters des Großen, für den die russische Nation eher eine nach einem fremden Vorbild zu formende Knetmasse als ein lebendiger Organismus gewesen sei. All die Übelstände, die sich seither in Staat und Nation eingenistet hätten, seien Folgen der Tätigkeit dieses fehlgeleiteten Genies gewesen – auch der Aufstand der Dekabristen, eine »Revolte der oberen Klassen, die sich dem Volke entfremdet hatten, denn die Soldaten, die dabei mitmachten, waren, wie wohl bekannt ist, [von ihren Offizieren] getäuscht worden.«[6] In Anbetracht seiner beißenden Kritik an dem Rußland seiner Zeit produziert Axakow eine unfreiwillige ironische Pointe, wenn er entrüstet feststellt, es sei »seit den Zeiten Peters« für einen Russen beinahe obligatorisch geworden, sein Land und sein Volk zu verachten.

Um Rettung zu finden, müsse man »Rußland verstehen und zu Grundsätzen zurückkehren, die mit seinem nationalen Geist vereinbar sind«.[7] Man solle allerdings nicht versuchen, die alte Landesversammlung wiederzubeleben. Dieses Sammelbecken volkstümlicher Weisheit sei zwar aus den Vertretern der verschiedenen Stände zusammengesetzt gewesen; doch seien diese letzteren (d. h. die Stände) seit der Zeit vor Peter dem Großen degeneriert, und man könne nicht mehr darauf vertrauen, daß sie dem Herrscher vernünftige Ratschläge erteilten. Es liegt etwas Beschwörendes in der Art und Weise, wie Axakow verschiedene soziale Gruppen der russischen Nation beschreibt, die seiner Überzeugung nach allen anderen nach wie vor geistig überlegen sind. Er erklärt, der russische Adel sei durch westliche Philosophien und Lebensformen korrumpiert und verdorben worden, während die russische Kaufmannsklasse fremde Sitten und Gebräuche nachäffe: Man betrachte nur ihren Aufzug, eine unverträgliche Mischung aus dem Herkömmlichen und dem Westlichen – über dem Russenkittel eine Weste, an den Füßen einheimische Stiefel, um den Hals jedoch eine ausländische Krawatte! Von den Handwerkern, »der elendigsten Klasse in ganz Rußland«, spreche man besser gar nicht. Von allen sei es der russische Bauer, der die alten nationalen Tugenden am besten bewahrt habe, »aber was können die Bauern sagen, nachdem sie so lange geschwiegen haben«?[8]

Als mögliche Abhilfe für diesen beklagenswerten Zustand legt der Autor der Denkschrift dem Zaren eine konkrete Empfehlung vor: Er möge die denkbar weitestgehende Rede- und Pressefreiheit gewähren. Ein Apologet der Autokratie offenbart hier wiederum Züge eines typischen »Intelligenzlers«, mit dem Unterschied, daß bei Axakow das Gesuch um Redefreiheit auf einer tiefen religiösen Überzeugung gründet; diese Überzeugung ermöglicht es ihm, eine denkbare Unvereinbarkeit zwischen den von ihm geforderten Freiheiten und dem autokratischen System schlicht zu übersehen, und läßt ihn über die Vorbehalte hinweggehen, die selbst der radikalste Liberale an ein Eintreten für solche Freiheiten knüpfen würde – in einer noch immer überwiegend aus Analphabeten bestehenden Gesellschaft, in der ein Demagoge oder ein Fanatiker aus der Unwissenheit und den abergläubischen Neigungen der Massen Kapital schlagen konnte. »Die Wahrheit ist, von allen Fesseln befreit, immer stark genug, um die Lüge zu zerschmettern . . ., es wäre eine Sünde, etwas anderes zu glauben.«[9]

Trotz aller anachronistischen und halbmystischen Elemente ihres Denkens kann man die Slawophilen nicht als Reaktionäre bezeichnen. Sie erstrebten ein anderes Rußland. Sie waren überzeugt, daß die Leibeigenen befreit werden müßten. Sie wollten, daß die Regierung die sich frei artikulierende Stimme der Nation beachtete. Ihr unkritischer Nationalismus trug jedoch zu jener geistigen Atmosphäre bei, in deren Zeichen die russische Politik der zweiten Jahrhunderthälfte in ein polarisiertes Spannungsfeld zwischen Revolution und Reaktion geriet und für den Mittelweg der Reform nur eine kümmerliche Nebenrolle übrigblieb, nachdem das wenige, das es in Rußland an Liberalismus gab, weder über die gesellschaftliche Macht der Reaktionäre noch über die revolutionäre Leidenschaft der Radikalen verfügte. Die Reaktion bemächtigte sich gerne des negativen Teiles der Argumentation der Slawophilen, nämlich, daß Rußland keine repräsentativen Institutionen benötige, in denen sich nur der Charakter und die moralische Zerrüttung des Westens widerspiegele. Die Linke andererseits ging davon aus, daß das französische oder britische Modell einer konstitutionellen Regierung ein nicht annähernd adäquater Ausdruck der dem russischen Volke innewohnenden demokratischen Anlagen und Neigungen darstelle. Alexander Herzen, der die »Westler«-Richtung innerhalb der Intelligenzija verkörperte und zugleich einer der Vorväter der neuzeitlichen russischen Revolutionsphilosophie war, schrieb schon 1851, nach vier Jahren Aufenthalt im Westen:

»Unsere Gesetze beginnen mit der auf eine überwältigende Weise wahren Formel: ›Der Kaiser geruht zu befehlen.‹ Eure Gesetze beginnen mit einer erschreckenden Unwahrheit: einer verhöhnenden Beschwörung der Autorität der französischen Nation, mit den Worten: ›Freiheit, Gleichheit und Brüderlichkeit‹... Rußland wird niemals protestantisch [= gemäßigt und materialistisch] sein. Es wird niemals mittelmäßig [= prosaisch und mittelständisch] sein. Rußland wird niemals eine Revolution unternehmen, nur um Nikolaus loszuwerden und ihn durch Zaren-Vertreter, Zaren-Richter, Zaren-Polizisten zu ersetzen.«[10]

Es war für die Zukunft der Freiheit in Rußland kein gutes Omen, daß seine maßgeblichen Denker – sowohl die der Linken als auch der Rechten – all das, was die zivilisiertesten Nationen Europas im Streben nach ihr erreicht hatten, so geringschätzig abtun konnten.

Es gab für Rußland ein drängendes Problem, dessen Lösung nach übereinstimmender Ansicht der meisten nicht so lange hinausgeschoben werden konnte, bis der philosophische Disput über Rußlands wahre Bestimmung abgeschlossen sein würde, und zu dessen Lösung die gegenwärtig in Mode befindlichen westlichen Philosophien auch nur wenig beitragen konnten.* Es war die Bauern-Boden-Frage.

Im Jahre 1856 zeichnete Alexander II. in einer Rede, die er vor einer

---

* Wenn die Dekabristen auf britische und französische Sozialphilosophen und Verfassungstheoretiker ihrer Zeit hörten, dann stand die Intelligenzija der ersten Generation, insbesondere in ihren jungen Jahren, literarisch im Bann der deutschen idealistischen Philosophie. Bei all ihrer Heimatgebundenheit klangen in den Anschauungen der Slawophilen, selbst dort, wo sie die Einzigartigkeit der geschichtlichen Erfahrung Rußlands hervorhoben, die organischen, politischen und philosophischen Theorien eines Hegel und eines Schelling nach.

Versammlung von Adligen hielt, ein alles andere als eindeutiges Bild seiner diesbezüglichen Absichten.

»Meine Herren, wie ich erfahren habe, kursieren unter euch Geschichten, daß ich vorhätte, die Leibeigenschaft abzuschaffen. Um die Verbreitung solcher unbegründeten Gerüchte über eine so wichtige Frage zu verhindern, halte ich es für erforderlich, euch zu sagen, daß ich vorläufig nicht die Absicht habe, dies zu tun. Aber ihr seht natürlich selbst ein, daß der gegenwärtige Zustand nicht bestehen bleiben kann. Es ist besser, wenn man damit beginnt, die Leibeigenschaft von *oben* her zu beseitigen, als wenn man [auf den Moment] warten würde, an dem sie von unten her untergraben wird. Ich fordere euch auf, ihr Herren, euch zu überlegen, wie dies zu bewerkstelligen ist.«[11]

Obgleich diese kaiserlichen Worte bei einer geschlossenen Veranstaltung gesprochen und nur für den Adel bestimmt waren, waren sie – natürlich – bald in aller Munde.

Die Emanzipation der leibeigenen Bauern wurde zum umfangreichsten und verwickeltsten Exempel eines gesellschaftlichen Gesetzgebungs- und Steuerungsproblems im Europa des 19. Jahrhunderts und sollte dies über viele Jahrzehnte russischer Geschichte hinweg bleiben, bis Stalin in den 30er Jahren des 20. Jahrhunderts durch die Zwangskollektivierung der sowjetischen Bauernschaft de facto eine neue Form der Leibeigenschaft einführte. Was in Westeuropa die Geschichte im Verlauf von Jahrhunderten bewerkstelligt hatte, sollte in Rußland innerhalb weniger Jahre vollbracht werden. Die Aufgabe erschien riesenhaft: Zunächst einmal handelte es sich dabei um das Leben und um die rechtliche und wirtschaftliche Stellung von etwa 43 Millionen Bauern. Berührt wurden ferner die Eigentumsrechte von 30 000 grundbesitzenden Familien. Und schließlich würde die Lösung der Aufgabe die gesamte Entwicklung der russischen Gesellschaft auf eine nahezu ebenso fundamentale Weise beeinflussen wie später die Revolution von 1917. Gleichwohl wurden die Hauptbestandteile der Reform im Lauf von nur vier Jahren, 1857–61, ausgearbeitet und binnen weiterer neun Jahre in die Tat umgesetzt.

Die Probleme, die sich mit der Freilassung der etwa 19 Millionen Staatsbauern und der weiteren 2 Millionen Bauern verbanden, die im unmittelbaren Besitz der Zarenfamilie waren, nahmen sich verhältnismäßig einfach aus. Die Hauptschwierigkeiten ergaben sich bei den 22 Millionen Bauern, die privaten Grundherren gehörten. Sie waren zwar keine Sklaven im wörtlichen Sinne des Begriffs, aber sie gehörten doch, ebenso wie das Land, das sie bewirtschafteten, ihrem Grundherrn. Dieser konnte sie auspeitschen und/oder bis zu drei Monate lang in ein Zuchthaus einsperren lassen. De facto, wenn auch nicht de jure, konnte der Grundherr seine Leibeigenen zwingen, gegen ihren Willen eine bestimmte Ehe einzugehen, konnte entscheiden, welche von ihnen zum Wehrdienst abgestellt wurden, konnte einem seiner Bauern das bislang von ihm bewirtschaftete Land wegnehmen und ihn als Dienstboten in sein Haus holen. Andererseits hatte der Grundherr seinen Bauern gegenüber gewisse Verpflichtungen, die, wenn auch oft vernachlässigt, so doch nicht gänzlich ignoriert werden konnten. So war er etwa verpflichtet, sie vor Bedürftigkeit zu bewahren. Ein notorisch bösartiger Grundherr konnte von den Behörden verwarnt und, in extremen Fällen, eingekerkert oder verbannt werden. Meistens jedoch befleißigten sich die Grundherren im Umgang mit ihren Schützlingen allein schon aus Eigeninteresse und Klugheit eines gewissen Maßes an Menschlichkeit und Zurückhaltung. Schließlich standen ihnen die nicht ganz seltenen Fälle vor Augen, in denen Leibeigene, zum Äußersten getrieben, ihren Herrn ermordet oder seinen Landsitz in Brand gesteckt hatten. Es war ratsam, den Bauern ein kleines Maß an Selbstverwaltung zuzugestehen und bei der Beilegung von Streitigkeiten – etwa darüber, welche Dorfburschen zum Wehrdienst geschickt werden sollten, und ähnliches mehr – den Rat des Dorfältesten zu beherzigen. Ungeachtet all dessen waren Bauernunruhen infolge irgendwelcher besonders drückenden Belastungen nicht selten, und im Verlauf der 50er Jahre nahm ihre Häufigkeit zu. Leibeigene zu besitzen wurde allmählich ein bißchen gefährlich; dazu kam, daß die Leibeigenschaft, so erkannten die intelligenteren Grundherren, wie die meisten Systeme erzwungener Arbeit, die Leistungsbereitschaft und Effizienz nicht eben förderte und daher in gewisser Weise für den Besitzer des Bodens wirtschaftlich ebenso eine Belastung war wie für seine unfreien Pächter.

Der Zar hegte die Hoffnung, die allgemeinen Umrisse der Reform könnten von der Regierung und den Grundherren, die Leibeigene besaßen, gemeinsam ausgearbeitet werden. Daher sein Appell an den Adel, Vorschläge zur Verwirklichung der Bauernemanzipation zu machen. Gewiß befanden sich unter den so Angesprochenen aufgeklärte und patriotische Persönlichkeiten, die die Notwendigkeit einer solchen Reform einsahen, doch war andererseits nicht zu erwarten, daß der grundbesitzende Adel als ganzer eine leidenschaftslose und unparteiische Position gegenüber einer Reform beziehen würde, die, ganz abgesehen davon, daß sie ihm seine feudalen Rechte entzog, ganz grundlegend an seine wirtschaftlichen Interessen rührte. Nur wenige waren bereit, die Leibeigenschaft als solche zu verteidigen, wenn es auch hier und dort noch den einen oder anderen unverbesserlichen Reaktionär geben mochte, der sie als patriarchalisches Fürsorgeverhältnis darstellte, das in vieler Hinsicht für den Leibeigenen vorteilhafter sei als beispielsweise das Verhältnis Grundherr–Pachtbauer in Irland oder die Situation des Industrieproletariats im Westen – ein Argument, das auf schlagende Weise an die von den Verteidigern der Sklaverei vor dem amerikanischen Sezessionskrieg ins Feld geführten Gründe erinnert. Im großen und ganzen stimmte jederman darin überein, daß die Tage der persönlichen Leibeigenschaft gezählt waren.

Die Hauptschwierigkeit ergab sich in bezug auf den Grund-und-Boden-Aspekt innerhalb des Grundherrn-Bauern-Verhältnisses; die Frage war, wie dieser gordische Knoten so gelöst werden konnte, daß einerseits Lasten und

Nutzen zwischen Bauern und Grundherren gleich und gerecht verteilt und andererseits die soziale Stabilität und der materielle Fortschritt gefördert würden. Die wirtschaftliche Seite der Leibeigenschaft stellte sich als ein ungeheuer komplexes Mosaik aus Gesetzen, Gewohnheitsrechten und Bräuchen dar. Die große Mehrheit der Leibeigenen bewirtschaftete ein Stück Land, das ihnen ihren Lebensunterhalt verschaffte und für dessen Nutzung sie ihrem Grundherrn eine Leistung erbringen mußten: entweder in Form einer Zahlung in Geld und/oder Naturalien oder in Form unentgeltlich geleisteter Arbeit auf dem vom Grundherrn direkt genutzten Boden an einigen Wochentagen, manchmal auch in Gestalt einer Verbindung aus beidem. Manche Leibeigenen arbeiteten als Handwerker, Industriearbeiter oder sogar als Unternehmer in den Städten und entrichteten einen Teil ihres Einkommens an den Grundherrn, aus dessen Dorf sie stammten. Die grundlegendste Frage, vor der die Planer der Reform standen, lautete, ob dem freigelassenen Bauern der Boden, den er als den seinen betrachtete, gehören sollte oder nicht; es überrascht nicht, daß die meisten Grundbesitzer sich für das letztere aussprachen.

Die Bauern freizulassen, ohne ihnen Land zu geben, war jedoch eine für die aufgeklärteren unter den Beratern des Zaren unannehmbare Lösung, einmal aus Gründen der Gerechtigkeit und zum anderen aus solchen der sozialen Stabilität. Den Leibeigenen zu einem landlosen Tagelöhner zu machen, der sich seinem bisherigen Grundherrn zu den bestmöglichen Bedingungen als Arbeitskraft würde anbieten müssen, wenn er es nicht vorzog, sein Dorf zu verlassen und anderswo Arbeit zu suchen, hätte bedeutet, ihm jenes Minimum an materieller und psychologischer Sicherheit zu nehmen, das er sogar unter den Bedingungen der Leibeigenschaft besessen hatte. Sehr wahrscheinlich würden die Bauern eine Freiheit, die so aussah, ablehnen und darin nur eine hinterhältigere Form der Unterdrückung und Ausbeutung sehen. »Wir gehören euch, aber das Land gehört uns«, so lautete die typische und seit je gültige Formel, mit denen der Bauer sein Verhältnis zum Grundherrn definierte. Wieviel Grund und Boden sollte demnach jeder bäuerliche Haushalt nach Aufhebung der Leibeigenschaft erhalten? Gerade so viel, wie er bis dahin bewirtschaftet hatte, oder so viel, wie er nach Ansicht der Statistiker unter Berücksichtigung regionaler Verschiedenheiten benötigte, um den Lebensunterhalt einer Durchschnittsfamilie erwirtschaften zu können?

Ähnlich problematisch war die Frage der Entschädigung der Grundherren. Sollten sie eine materielle Vergütung lediglich für den an ihre bisherigen Leibeigenen abgetretenen Grund und Boden oder auch für ihr »getauftes Eigentum« bekommen, wie Herzen die Leibeigenen nannte? Wer sollte die Kosten für die gesamte Prozedur tragen und wie?

Wäre die Festlegung dieser Dinge den Grundherren allein überlassen worden, sie hätten zweifellos mit Lösungsvorschlägen aufgewartet, die von ihren eigenen Interessen – oder dem, was sie darunter verstanden – diktiert gewesen wären. Die Bauern hätten wenig oder gar keinen Boden über ihr unmittelbares Hausgrundstück hinaus erhalten (und manche Grundherren hätten ihnen nicht einmal das gegönnt, da sie es für ausreichend hielten, ihnen ihr Wohngebäude als freiverfügbares Eigentum zuzusprechen), so daß sie wirtschaftlich noch mehr als bisher von ihren Herrn abhängig gewesen wären. Es wären regierungsamtliche Ausschüsse einberufen worden, die ihrerseits zum größten Teil aus Konservativen zusammengesetzt gewesen wären, die Angst gehabt hätten, die Klasse, aus der sie selbst kamen, gegen sich aufzubringen, und diese Ausschüsse hätten im Lauf der Zeit zahllose Denkschriften produziert und ausgetauscht, in denen halbherzige Maßnahmen vorgeschlagen worden wären usw. Aber schließlich und endlich legitimierte sich das autokratische Prinzip durch den Anspruch, dem öffentlichen Wohl zu dienen, und Alexander II. war entschlossen, die Leibeigenen freizulassen. Und die Macht des Zaren erwies sich als groß genug, sich gegenüber den Interessen der herrschenden Klasse und dem Grundsatz der Unantastbarkeit des Privateigentums durchzusetzen. Nicht bedingungslos allerdings, denn der Zar war ein Konservativer und weit davon entfernt, eine soziale Revolution vollbringen oder den Adel arm machen zu wollen. Andererseits wollte er jedoch nicht zulassen, daß der Adel ihm Steine in den Weg legte, wenn er, der Zar, die Reform nach seinen eigenen Vorstellungen plante.

Die Art und Weise, in der er die Frage auf die Tagesordnung setzte, war bereits in sich selbst revolutionär. Die Tradition verlangte, daß jede bedeutsame soziale oder politische Neuerung unter Ausschluß der Öffentlichkeit in den geschlossenen Zirkeln der höheren Beamtenschaft erörtert wurde; so sollte vermieden werden, daß sich im Volk Unruhe ausbreitete und daß unbegründete und ausschweifende Erwartungen oder Befürchtungen geweckt wurden. Doch der Zar brach in diesem Fall mit der Tradition, die besagte, daß Fragen der hohen Politik die breite Öffentlichkeit nichts angingen, und er tat dies mittels eines Schrittes, der allein bereits eine drastische Abkehr von dem System bedeutete, das sein verstorbener Vater verkörpert hatte: In einem Erlaß an den Generalgouverneur von Litauen, datiert auf den 20. November 1857 und kurze Zeit später öffentlich bekanntgemacht, forderte Alexander II. die Adelsversammlungen der Region auf, Pläne »zur Verbesserung der Verhältnisse der privaten leibeigenen Bauern« auszuarbeiten; als wesentliche Elemente dieser Verbesserung waren vorgegeben: die Aufhebung der Leibeigenschaft und die Ausstattung der freigelassenen Bauern mit einem Stück Land, das ihnen und ihrer Familie den Lebensunterhalt sichern konnte.[12] Ähnliche Botschaften ergingen an andere Provinzen des Reiches, deren Adel aufgefordert wurde, ebenso zu verfahren. Kurz gesagt, mutete der Zar den Grundherren zu, selbst am Abbau ihrer Privilegien mitzuwirken. Da die Absichten Alexanders nun öffentlich bekannt waren, gab es keine Möglichkeit mehr zur Umkehr, und die Autokratie hatte ihre Macht und ihr Prestige für diese weitreichende soziale Umwälzung verpfändet. Die reaktionären Teile des Adels und der Beamtenschaft konnten deren Form nur noch hinauszuzögern und zu torpedieren versuchen, würden aber nicht mehr imstande sein, sie zu verhindern. In der breiteren russischen Öffentlichkeit löste das Vorgehen des Zaren große Freude und Begeisterung aus: »Worauf wir so lange gewartet haben, soll endlich verwirklicht werden, und ich bin überglücklich, es noch zu erleben«, schrieb Iwan Turgenjew an Leo Tolstoj.[13]

Daß die russische Monarchie im 19. Jahrhundert zu einer aktiven Betreiberin gesellschaftlicher Veränderungen wurde, bringt die sowjetischen Historiker in eine gewisse Verlegenheit, da es ihnen ziemlich schwerfällt, diese Tatsache im Rahmen ihrer marxistischen Kategorien zu interpretieren. »Wie läßt sich erklären, daß die Regierung die Reformen gegen den Willen der großen Mehrheit des Landadels durchführte?«[14] Die einschlägigen Historiker haben in der Regel zwei Antworten auf diese Frage parat. Zunächst einmal habe die Regierung die wirklichen Klasseninteressen der Grundbesitzer besser begriffen als diese selbst und habe erkannt, daß die Leibeigenschaft beseitigt werden mußte, wenn man verhindern wollte, daß es zu massenhaften Bauernaufständen kam. Zum zweiten habe der aufgeklärtere Teil des Adels klar erkannt, daß es lukrativ sein würde, die Arbeitskraft der Leibeigenen durch bezahlte Lohnarbeit zu ersetzen bzw., um in marxistischer Terminologie zu sprechen, feudale landwirtschaftliche Produktionsverhältnisse durch kapitalistische abzulösen. Solche Erklärungen mögen bis zu einem gewissen Punkt vertretbar sein, aber sie verfehlen doch den wichtigsten Impuls hinter dem Wunsch nach einer Reform – die Überzeugung, daß es sowohl aus moralischen als auch patriotischen Gründen ein Gebot der Zeit war, ein System zu liquidieren, das für die meisten Russen mit persönlicher Unfreiheit verbunden war. Ein sowjetischer Autor zitiert die Worte eines Mannes, der wahrscheinlich größeren Anteil an der Formulierung der grundlegenden Teile des Emanzipationserlasses hatte als irgend jemand sonst: »Kein denkender, aufgeklärter Mensch, der sein Land liebt, könnte gegen die Freilassung der Bauern sein. Es sollte nicht sein, daß ein Mensch einem anderen Menschen gehört. Der Mensch ist keine Ware.«[15]

Diese Worte wurden von General Jakob Rostowtzew geschrieben. Er war es gewesen, der als junger Offizier mit freundschaftlichen Verbindungen zu Mitgliedern der dekabristischen Geheimgesellschaften Nikolaus I. am Vorabend des 14. Dezember darauf aufmerksam gemacht hatte, daß ein Putsch bevorstand, und ihn beschworen hatte, dem Thron zu entsagen, um Rußland vor einem Chaos zu bewahren. Einige seiner ehemaligen Dekabristenfreunde schenkten der Darstellung, die Rostowtzew von seiner Unterredung mit dem Zaren gab, Glauben: Er habe aus patriotischen Motiven heraus gehandelt und sich geweigert, die Namen der Verschwörer preiszugeben. Für andere jedoch trug er zeitlebens das Kainsmal des Verräters. Er brachte es im Verlauf der Regierungszeit Alexanders II. zum hohen Beamten, und alles deutet darauf hin, daß er ein sehr konservativer Beamter war. Als Generalinspekteur für die Offiziersschulung gab er einen Befehl heraus, der die bemerkenswerte Feststellung enthielt: »Ein Mann sollte sich in seinem persönlichen und häuslichen Verhalten von seinem Gewissen leiten lassen; wo es hingegen um berufliche und öffentliche Pflichten geht, muß er gemäß den Befehlen seines Vorgesetzten handeln.« Nach 1856 wurde Rostowtzew zu einem entschlossenen und unermüdlichen Motor der Bauernreform. Als enger persönlicher Berater Alexanders II. bestärkte er den Zaren in seiner Entschlossenheit, keine Rücksicht auf den Unmut in den Reihen des Landadels zu nehmen. Trotz einer sich abzeichnenden schweren Erkrankung zum Vorsitzenden der Kommission für den Entwurf des Emanzipationserlasses ernannt, widmete sich Rostowtzew dieser Aufgabe mit seiner gesamten Energie buchstäblich bis zum letzten Atemzug – er starb am 5. Februar 1860. Es ist unter den Bedingungen eines autoritären Systems, sei es zaristisch oder sowjetisch, nicht ungewöhnlich, daß ein hoher Funktionär politische Mimikry betreibt, also beispielsweise unter dem einen Zaren oder Generalsekretär als Reaktionär, unter einem anderen dann als Liberaler in Erscheinung tritt. Bei Rostowtzew beruhte diese Wandlung jedoch weder auf Servilität noch auf Zynismus; ähnlich wie andere führende Persönlichkeiten seiner Zeit erblickte auch er in der Bauernbefreiung die Verheißung eines neuen und glorreichen Zeitalters für sein Land.

Man kann ziemlich präzise angeben, wie lange diese patriotische Euphorie anhielt: Sie brach aus im November 1857, als die Nation von dem Entschluß des Zaren erfuhr, und währte bis zum Februar/März 1861, als der Emanzipationserlaß in Kraft trat.

Niemals zuvor oder danach bejubelte die russische Gesellschaft ihren Herrscher mit solchem Enthusiasmus und setzte so viel Vertrauen in ihn wie in diesen vier Jahren. Peter der Große hatte seine Reformen einer verständnislosen Nation und einer widerspenstigen Aristokratie mit Gewalt aufgezwungen. Die Popularität Alexanders I. war nichts anderes als ein kurzer Nachglanz des nationalen Sieges über Napoleon. Auf den Jubel, mit dem die Februarrevolution 1917 begrüßt wurde, folgten fast unverzüglich soziales Chaos und Parteienzwist. Stalin als populär zu bezeichnen hieße die Bedeutung des Wortes zuschanden zu machen. Seine Person war, selbst am Ende des Zweiten Weltkriegs, eher Gegenstand einer sklavischen, aus Ehrfurcht und Angst zusammengesetzten Anbetung. Die Russen haben kaum einmal in ihrer Geschichte einen Herrscher respektiert, den sie nicht zugleich fürchteten. Es scheint, als hätten sie zu argwöhnen gelernt, daß Herrschaft und Freiheit zwei in der Wirklichkeit unvereinbare Dinge sind. Sie haben sich nach Freiheit gesehnt, sich aber mindestens ebensosehr vor der Anarchie gefürchtet. Zur Zeit der Bauernemanzipation jedoch konnte man für die Dauer einiger weniger Jahre die Illusion hegen, in der besten aller denkbaren russischen Welten zu leben: Die Autokratie war quicklebendig, und zugleich betätigte sie sich als Wegbereiterin der Freiheit.

Diese widersprüchlichen Empfindungen waren nicht nur in den Reihen der einheimischen Intelligenzija an der Tagesordnung; sie strahlten bis ins ferne London aus, wo zwei politische Flüchtlinge eine oppositionelle Tradition begründet hatten, die zur Urquelle aller späteren revolutionären und radikalen russischen Bewegungen wurde. Im Jahr 1853 hatte Alexander Herzen in London die »Freie Russische Presse« als Forum für den Kampf gegen die zaristische Despotie gegründet. Herzen, Sohn eines reichen Adligen, hatte sich schon als Jüngling zum Ziel gesetzt, in die Fußstapfen der Dekabristen zu treten. 1856 stieß sein Freund aus Kindertagen, Nikolaus Ogarew, in London zu ihm. Ein Jahr darauf begannen beide die berühmte *Glocke* herauszugeben, eine »der Freiheit Rußlands und der Propagierung freiheitlicher Gedanken in Rußland« gewidmete Zeitschrift. Herzen, ein begabter Schriftsteller, gebrauchte seine Feder, um die Übelstände, Ungerechtigkeiten und Absurditäten der russischen Wirklichkeit seiner Zeit zu brandmarken. Er wurde bald – und blieb es für mehrere Jahre – zum Sprachrohr fast aller fortschrittlichen und radikalen Strömungen der russischen Intelligenzija. Er war beinahe so etwas wie deren führender Kopf. *Die Glocke* wurde regelmäßig ins Land geschmuggelt und erreichte eine für jene Zeit bemerkenswert große Verbreitung; sie erwarb sich einen Stab von Geheimkorrespondenten, die Herzen mit politischen Neuigkeiten und mit Geschichten über behördliches Fehlverhalten belieferten, Informationen, die in Rußland selbst natürlich nicht verbreitet werden konnten. Das dünne (gewöhnlich acht bis zehn Seiten starke), 14tägig erscheinende Heft wurde auf diese Weise zu einer verläßlicheren Chronik dessen, was in Rußland vor sich ging, als jede im Lande selbst veröffentlichte Zeitschrift es sein konnte, und war als solche selbst bei zaristischen Beamten höchst gefragt. Herzen verstand sich als Sozialist, und in Anbetracht der Verachtung, die er nicht nur für Nikolaus I., sondern praktisch auch für alle anderen Herrscher seiner Zeit hegte, hatte er für die Institution der Monarchie wenig Sympathie übrig. In der *Glocke* erschienen gelegentlich höchst respektlose Geschichten über das eine oder andere Mitglied der Zarenfamilie. Die Regierung in St. Petersburg betrachtete Herzen als das, was er de facto war – wenn auch vielleicht nur vorübergehend: als einen Revolutionär, der für die Abschaffung des bestehenden politischen und gesellschaftlichen Systems in Rußland eintrat.

Indessen, dieser große Verbannte, der selbsternannte Fackelträger des revolutionären Vermächtnisses eines Pestel' und eines Rylejew, äußerte sich zuweilen, und insbesondere zwischen 1857 und 1861, fast wie ein überzeugter Anhänger der Autokratie. Die Thronbesteigung Alexanders II. schon hatte er, der erklärte Widersacher der Slawophilen, mit jubelnder Freude begrüßt: »Sie lieben Rußland wirklich und können so viel für das russische Volk tun.« Zu diesem Zeitpunkt lag noch kein Anzeichen dafür vor, daß der neue Zar ein Mann der Reform sein würde, im Gegenteil: Man glaubte allgemein, er sei in seinen politischen Auffassungen von seinem Vater geprägt, den Herzen gehaßt hatte. Anders als seine dekabristischen Vorgänger und Vorbilder forderte Herzen den neuen Zaren allerdings nicht auf, eine

Verfassung oder repräsentative Institutionen zu gewähren, sondern bat ihn lediglich, seine autokratische Macht zum Wohl des Ganzen zu gebrauchen. »Sire, geben Sie uns Redefreiheit . . . Wir haben der Welt und uns selbst so viel zu sagen . . . Geben Sie den Bauern Land . . . Befreien Sie Rußland von dem furchtbaren Makel der Leibeigenschaft, heilen Sie die Wunden, welche die Peitsche auf dem Rücken unserer Brüder geschlagen hat . . .«[16] Die ersten auf eine beabsichtigte Bauernreform hindeutenden Äußerungen des Zaren veranlaßten unseren Demokraten und Sozialisten zu einer noch slawophiler klingenden Eloge an den Autokraten: »Kein anderer Monarch in Europa befindet sich in einer so günstigen Lage wie Alexander II. . . . Die gegenwärtige Regierung, die alle Macht in ihren Händen hält, die auf der einen Seite die Unterstützung der Volksmassen, auf der anderen die Unterstützung aller denkenden und gebildeten Personen in Rußland genießt, könnte, ohne dabei selbst in die geringste Gefahr zu geraten, wirkliche Wunder vollbringen.«[17]

In bezug auf die endgültige langfristige Lösung des Bauernproblems fanden sich im Erlaß des Zaren vom November 1857 nur ziemlich mehrdeutige und vage Aussagen. Immerhin hätte man, da das Regime sich durch diesen Erlaß öffentlich zur Reform bekannt hatte, erwarten können, daß Herzen ihn begrüßte. Dies tat er allerdings, aber seine Reaktion ging weit über bloße Genugtuung hinaus. Er steigerte sich in eine Euphorie hinein, die sich zu einem Kult um die Person Alexanders auswuchs; dabei hatte dieser, abgesehen von seinem Versprechen, die Leibeigenschaft abzuschaffen, keinen Zweifel daran gelassen, daß er seine autokratische Machtfülle beizubehalten gedachte, und er hielt auch an solchen Attributen seiner Macht wie der Geheimpolizei, der Zensur usw. fest. Das hinderte Herzen nicht daran, in diesem Zaren die Erfüllung der uralten Gebete des Volkes, die Verkörperung sowohl der autokratischen als auch der revolutionären Überlieferungen Rußlands zu sehen. »Wir haben hier nicht einen zufälligen Nachfolger von Nikolaus vor uns, sondern einen mächtigen Staatsmann, der ein neues Zeitalter für Rußland eingeleitet hat. Er ist ebenso der Erbe des 14. Dezember wie der Erbe Nikolaus'. Er arbeitet mit uns zusammen für unsere zukünftige Größe.« Es gab immerhin noch keine Gewähr dafür – und der Autor dieser Sätze mußte dies wissen –, daß die Bauernbefreiung nicht damit enden würde, daß die Bauern ohne Grund und Boden dastanden und von ihren früheren Grundherren abhängiger waren als zuvor, aber Herzen war bereits überzeugt, daß »der Name Alexanders II.« von heute an einen Platz in der Geschichte hat; würde seine Regierungszeit morgen zu Ende sein, würde er dem Anschlag irgendwelcher aufsässigen Oligarchen, Verteidigern der Leibeigenschaft und der Peitsche, zum Opfer fallen, so würde dies dennoch nichts ändern. Er hat die Befreiung der Leibeigenen in die Wege geleitet. Die zukünftigen Generationen werden das nie vergessen.« Im Namen der radikalen Intelligenzija versicherte Herzen dem Monarchen, er habe in ihren Reihen nun lauter Verbündete gewonnen; diese Huldigung komme, so fügte er hinzu, von Personen, »die keinen Anlaß haben, [den Zaren] zu fürchten, die nichts für sich selbst wollen oder erbitten«. Herzens Artikel beginnt und schließt mit dem berühmten Ausruf: »Du hast gesiegt, o Galiläer.«[18] Kein Slawophile hätte es sich einfallen lassen, eine so ekstatische Sprache anzuschlagen: Alexander II. mit Christus verglichen, und das aus dem Munde eines Atheisten!

Es war nicht nur der leidenschaftliche Wunsch nach sozialer Gerechtigkeit, nicht nur die Freude darüber, daß 40 Millionen ihrer Landsleute, indem sie persönlich frei wurden, ihre Menschenwürde zurückgewannen, sondern es waren auch Patriotismus und Nationalstolz, die diesen Radikalen bei ihren Loyalitätsbeteuerungen die Feder führten, ebenso wie Patriotismus und Nationalstolz einst die eingekerkerten Dekabristen zu ihrem symbolischen Kniefall vor ihrem obersten Richter veranlaßt hatten, nachdem sie Nikolaus hatten sagen hören: »Ich bin auch ein Russe.« Ihre weltanschaulichen Nachfolger taten nun einen ähnlichen geistigen Kniefall vor dem Autokraten, nachdem dieser sich an die Spitze ihres heiligen Anliegens gesetzt hatte.

Gerade aber die Überschwenglichkeit, mit der sie den Zaren feierten, trug den Keim zukünftigen Unmuts in sich. Alexander II. wäre, selbst wenn er in sich die Eigenschaften Peters des Großen und Abraham Lincolns vereinigt hätte, gleichwohl nicht imstande gewesen, den übermäßigen Hoffnungen, die in ihn gesetzt wurden, gerecht zu werden. Während sie einerseits den Zaren in den Himmel hoben, verdammten die Radikalen andererseits weiterhin das russische Regierungs- und Gesellschaftssystem. Die Dichotomie »guter Zar – schlechte Berater«, die allem Anschein nach charakteristisch war für das wenige, was es bei den Bauern an politischem Bewußtsein gab, ergriff für einen Augenblick Besitz vom Denken der gebildetsten Männer des Landes. Allein, kein Monarch des 19. Jahrhunderts hätte auf eigene Faust die Gesellschaftsstruktur Rußlands verändern können. Entschlossen, die Bauernbefreiung zu verwirklichen, konnte der Zar doch nicht die Interessen der Klasse außer acht lassen, die den Grundpfeiler seines Thrones und des ganzen Systems darstellte. Als der unausbleibliche Augenblick eintrat, an dem die Illusionen zerstoben, stand der Zar in den Augen der enttäuschten Radikalen nicht als gescheiterter Reformer da, sondern als Verräter an der Nation, die auf ihn vertraut hatte. Niemandem, nicht einmal den linksradikalsten Russen jener Zeit, kam es in den Sinn, zu erwarten oder zu fordern, daß die Seite, die das brennendste Interesse an der Emanzipation haben mußte, nämlich die Bauern, bei der Planung der Reform mitbestimmen oder auch nur in beratender Funktion mitwirken müßte. Sobald sich aber das Zutrauen zum Zaren verflüchtigt hatte, war es der Bauer, der zum Idol der Radikalen und zum Inbegriff ihrer unrealistischen Hoffnungen aufrückte.

Huldigungen erfuhr Alexander II. nicht nur von seiten jener russischen Radikalen, die dem Landadel entstammten und denen man aufgrund ihrer

Verwurzelung in den Philosophien des 18. Jahrhunderts zugute halten könnte, daß sie einem unzeitgemäßen Glauben an einen aufgeklärten Absolutismus nachhingen. In den 50er Jahren trat daneben eine andere Spielart russischer Radikalität auf den Plan, eine Richtung, von der aus ein direkter Weg zum wissenschaftlichen Sozialismus und zu Lenin führen sollte. Der Mann, der am Beginn dieser Tradition stand, war Nikolaj Tschernyschewskij, Sohn eines Priesters und Vertreter einer neuen Gruppierung, die sich »Plebejer« nannte und aus Angehörigen der nichtprivilegierten Klassen bestand, die ihre geistigen Wurzeln nicht so sehr in der deutschen idealistischen Philosophie als vielmehr im Ideengut der westlichen Gesellschafts- und Wirtschaftswissenschaftler ihrer Zeit hatten, unter anderem bei den britischen Utilitaristen. Ihr Radikalismus war stärker auf Praxis und Aktivität hin orientiert und mit einem Schuß persönlicher und klassenspezifischer Feindseligkeit gegen die Herrschenden versetzt, so daß er eine stärkere Affinität zur Gewalt besaß als etwa die von Herzen repräsentierte Philosophie. Die Lokkerung der Zensur nach 1855 brachte die Möglichkeit, auch in Rußland selbst über politische Themen zu schreiben – was freilich in verblümter Form auch schon vorher geschehen war. So konnten Tschernyschewskij und seine Gesinnungsfreunde ihre Anschauungen in ihrer Zeitschrift *Der Zeitgenosse* darlegen, die sich zum führenden literarischen und sozialkritischen Forum des Landes entwickelte. Herausgegeben von Nikolaj Nekrasow, dem herausragenden Exponenten der fortschrittlichen Tendenzen in der russischen Literatur und beliebtesten Dichter seiner Generation, brachte es *Der Zeitgenosse* auf eine für seine Zeit gewaltige Auflage und Verbreitung. 1861 hatte er mehr als 7000 Abonnenten. Teilweise verdankte sich dieser Erfolg der Tatsache, daß in den Spalten des *Zeitgenossen* literarische Größen wie Turgenjew und der damals noch junge Leo Tolstoj vertreten waren. Aber es waren in zunehmendem Maß die langen und nach heutigen Maßstäben schwerverdaulichen Aufsätze Tschernyschewskijs über soziale und philosophische Fragen, welche die russische Intelligenzija Monat für Monat ungeduldig auf die neue Ausgabe des *Zeitgenossen* warten ließen. Er und sein Adlatus Dobroljubow, der 1857 als Mitarbeiter zu der Zeitschrift stieß und die von Belinskij begründete Tradition weiterführte, Literaturkritik als politische Waffe zu benutzen, gewannen einen enormen Einfluß, insbesondere auf die junge Generation. Wenn Herzen das in Rußland herrschende System wegen seiner Ungerechtigkeiten und seiner Korruptheit haßte, dann verkündeten die verhüllten Attacken, die Tschernyschewskij und Dobroljubow gegen dieses System ritten, bald eine offenere revolutionäre Botschaft: Ein Regierungssystem wie das russische könne nicht verbessert oder reformiert, sondern müsse wegen seines Klassencharakters zerschlagen werden. Sosehr Tschernyschewskij auch noch immer die führende Rolle Herzens in der Dissidentenbewegung anerkannte, ließ er doch schon 1858 eine gewisse Reserviertheit, wenn nicht sogar Feindseligkeit gegenüber der älteren Generation adlig geborener Radikalen durchblicken: »Seht euch euren ›Weltbürger‹ genauer an, und er wird sich als ein Russe mit all den gewöhnlichen Ideen und Gewohnheiten der Nation entpuppen, der er angehört, genauer gesagt als ein Adliger, Beamter oder Kaufmann mit all den Vorurteilen der Gesellschaftsklasse, der er angehört.«[19] Die unausgesprochene, von dem an diese verschlängelte Sprache gewöhnten Leser in der Regel leicht zu durchschauende Botschaft dieser Sätze lautete, daß man von einem Mann wie Alexander Herzen, der nicht nur sich selbst zum Weltbürger proklamiert hatte, sondern auch ein – noch dazu sehr reicher – Adliger war, keine echt revolutionäre Gesinnung erwarten konnte.

Das öffentliche Bekenntnis des Zaren, zur Befreiung der Leibeigenen entschlossen zu sein, veranlaßte Tschernyschewskij jedoch zu einer ebenso begeisterten Reaktion wie Herzen. Sein in der Februarnummer 1858 des *Zeitgenossen* veröffentlichter Artikel zu dieser Frage beginnt mit einem Bibelzitat, das seinen kommunistischen Bewunderern immer wieder Kopfzerbrechen bereitet hat: »Du hast die Wahrheit geliebt und das Unrecht gehaßt, und dafür bist du vom Herrn erwählt worden.«[20] Zwar versuchen die sowjetischen Kommentatoren – wenn auch ziemlich halbherzig –, diesen Ausbruch als Manöver zu erklären, mittels dessen Tschernyschewskij angeblich seinen Artikel durch die Zensur habe schleusen wollen; dagegen sprechen aber eindeutig andere Passagen des Aufsatzes. So heißt es etwa an einer Stelle: »Die den Friedfertigen und Sanftmütigen verheißenen Wohltaten krönen Alexander II. mit einem Glück, das keinem anderen europäischen Herrscher je zuteil wurde – dem Glück, derjenige zu sein, der die Befreiung seiner Untertanen sowohl beginnt als auch zu Ende führt.«[21] Erneut jene verblüffende russische Ungereimtheit: Ein Revolutionär preist seinen autokratischen Herrscher. Im Falle Tschernyschewskij läßt sich diese scheinbare Ungereimtheit jedoch vielleicht leichter erklären als bei Herzen. Dieser sah in Alexander einen aufrichtigen, von humanitären Motiven geleiteten Reformer, während Tschernyschewskij ihn als einen neuen Peter den Großen, als einen gekrönten Revolutionär betrachtete. Die meisten Radikalen der älteren Generation, bis hin zu den Dekabristen, waren in der Tat weit davon entfernt, Peter den Großen hochzupreisen; für sie wie für die Slawophilen war er der Mann, der die uralten Freiheitsrechte der Russen beseitigt, die Leibeigenschaft drückender als zuvor gemacht und dem Land jenes bürokratisch-militaristische Antlitz aufgezwungen hatte, das seither sein Fluch geblieben war. Seine Reformen waren dem Staat, wohl kaum aber dem Volk zugute gekommen. Hören wir dagegen Tschernyschewskij: »Die strahlenden Errungenschaften der Ära Peters des Großen und die kolossale Persönlichkeit Peters selbst übersteigen unsere Vorstellungskraft.«[22] Es ist nicht unfair, wenn wir davon ausgehen, daß Tschernyschewskij – der innerhalb des sowjetischen Einordnungsschemas als »der große revolutionäre Demokrat« geführt wird – an Peter dem Großen gerade dessen diktatorische Begabung schätzte: Peter pflegte nicht mit seinen Adelsleuten zu verhandeln oder politische Pflichtübungen zu veranstalten; er ließ ihnen, wenn sie sich seinen Modernisierungsplänen widersetzten, den Kopf abschlagen. In den leidenschaftlichen Worten des Slawophilen Konstantin Axakow: »Der Staat, das heißt Peter, vergewaltigte die Nation, brach in das Privatleben der Menschen ein, versuchte gewaltsam, ihnen einen neuen Geschmack, neue Gewohnheiten, ja sogar eine andere Art der Kleidung aufzuzwingen. ...[Als erstes wurde angeordnet, daß] kein Bauer es wagen solle, in einer Stadt zu erscheinen, wenn er einen Bart trug«, und erst, als die Bauern ihre unbeirrbare Entschlossenheit bewiesen hätten, an ihrem traditionellen Gesichtsschmuck festzuhalten, habe man ihnen das Barttragen wieder erlaubt, wenn auch nur gegen Entrichtung einer Sondersteuer![23] Trotz der rücksichtslosen Art, wie Peter mit dem Adel umgesprungen sei, und trotz seiner Vorliebe für Berater aus den unteren Schichten dürfte er wohl kaum als Wohltäter des gemeinen Volkes zu apostrophieren sein. Was er verkörperte, war ein Typus des Revolutionärs, wie er die ganze russische Geschichte hindurch immer wieder auftritt: ein Gegner aller Standesprivilegien, aber gleich ungeduldig und rücksichtslos gegenüber jedweden in der Bevölkerung verbreiteten Widerständen gegen Fortschritt und Modernisierung.

Was für ein kompromißloser Revolutionär Tschernyschewskij zu dem Zeitpunkt, als er sein Loblied auf Alexander verfaßte, bereits war, geht aus seiner Polemik gegen einen der wenigen namhaften Publizisten seiner Zeit hervor, die man als Liberale bezeichnen darf: Boris Tschitscherin. Dieser Tschitscherin veröffentlichte ein Buch, in dem er, unter dem Deckmantel einer Darstellung der britischen und französischen Politik, für eine gemäßigte und Schritt für Schritt vorgehende Inangriffnahme der politischen und gesellschaftlichen Probleme Rußlands eintrat. Tschitscherin war ein entschiedener Gegner sowohl der Leibeigenschaft als auch der Autokratie. Aber er sah mit großem Unbehagen die fieberhafte Erregung und die ausufernden Erwartungen, die sich in der russischen Gesellschaft und insbesondere in deren jüngeren Teilen nach dem Abtritt des alten Regimes ausbreiteten. Für einen Mann wie Tschernyschewskij freilich waren Tschitscherins Mahnungen zur Zurückhaltung eine unerträgliche, einem Verrat an seiner Aufgabe als Publizist gleichkommende Provokation. »Was sollte die wichtigste Eigenschaft eines Publizisten sein? ... Er muß diejenigen Aufgaben artikulieren und klarlegen, die zu seiner Zeit für seine Gesellschaft von Belang sind. Es ist nicht seine Aufgabe, ein leidenschaftsloser Gelehrter zu sein. Er muß ein Tribun und ein Propagandist sein.« Seine Polemik war beißend und mit persönlichen Angriffen gegen Tschitscherin durchsetzt, der doch in den grundlegendsten Fragen auf seiner, Tschernyschewskijs, Seite stand und lediglich das Gebot der Besonnenheit und die Einsicht betonte, daß das bestehende System nicht über Nacht verändert werden konnte. Man könne glauben, so bemerkte Tschernyschewskij mit heftigem Sarkasmus, Tschitscherin schreibe für eine Gesellschaft, »die von Ultrarepublikanern regiert wird und in der jeder, der auch nur ein Wort zugunsten der Monarchie sagt, ins Gefängnis wandert«.[24] Und indem er sich vordergründig nur über seinen

Widersacher lustig macht, versteht es Tschernyschewskij, sein eigenes Glaubensbekenntnis durch die Zensur zu schmuggeln:

»Und so scheint es fast, als bestehe das größte Laster dieser Gesellschaft darin, daß sie ihre gegen die bestehende Ordnung gerichteten Bestrebungen zu unvermittelt, kompromißlos und leidenschaftlich vorträgt... Wir seien jetzt im Begriff [so will Tschitscherin uns glauben machen], diese Ordnung rücksichtslos niederzureißen, und es sei daher die Pflicht jedes Publizisten, uns darüber aufzuklären, daß wir einige Reste unserer traditionellen Institutionen beibehalten sollten... Wirklich höchst verblüffend.«[25]

Tatsächlich war es Tschernyschewskij, der die bestehende Ordnung rücksichtslos niederzureißen wünschte, wenn ihm auch im Augenblick der Zar selbst als der hauptsächliche Hebel dieser Umwälzung erschien.

Wie er dem Kaiser im Ernst diese Rolle zudenken konnte, ist um so rätselhafter, als Tschernyschewskij als einer der Vorläufer dessen, was später unter der Bezeichnung »Populismus« bekanntwerden sollte, ein entschiedener Kritiker und Gegner der Bürokratie war. Auf die Behauptung Tschitscherins, die Demokratie führe ebenso wie die Autokratie zur Zentralisierung und zu einer wuchernden Bürokratie, reagierte er sehr ungehalten:

»Die Demokratie steht schon ihrer Natur nach im Gegensatz zur Bürokratie. Sie setzt voraus, daß jeder Bürger in seinen persönlichen Angelegenheiten selbständig entscheiden kann und daß jedes Dorf, jede Stadt und jeder Bezirk frei ist, die eigenen Belange selbst zu regeln. Die Demokratie setzt voraus, daß der mit der Verwaltung Betraute gegenüber den Einwohnern des Bereichs, den er unter sich hat, voll verantwortlich ist... Demokratie bedeutet Selbstregierung und setzt ein föderatives System voraus.«[26]

Rußland hätte diesen Forderungen zufolge mithin zu einer föderalen Republik mit der lockersten aller denkbaren Organisationsformen werden sollen, zu einer auf Freiwilligkeit beruhenden Vereinigung sich selbst verwaltender Einheiten bis hinunter zum Dorf. Diese Vorstellung verträgt sich nicht mit der Vision eines »guten« allmächtigen Herrschers, der die Staatsmacht als Instrument zur Zerschlagung von Privilegien und Sonderinteressen benutzt und auf diese Weise eine neue und gerechtere Gesellschaft herbeiführt. Schließlich ging es Peter dem Großen ganz und gar nicht darum, Rußland zu einer großen Genossenschaft freier Einzelgemeinden zu machen; er machte es vielmehr zum bürokratischsten und zentralisiertesten Staat Europas.

Aber dies ist ein Paradoxon, das die ganze Geschichte des revolutionären Denkens in Rußland durchzieht. Von Pestel' bis Lenin fanden dessen Wortführer nichts Merkwürdiges dabei, sich einerseits für eine weitestreichende persönliche Freiheit stark zu machen und sich andererseits einen mächtigen zentralisierten Staat als Werkzeug zur Herstellung sozialer Gerechtigkeit und materiellen Fortschritts auszumalen. Pestel's »Abteilung des Guten« war eine bemerkenswerte Vorwegnahme der Dritten Abteilung und aller späteren geheimpolizeilichen Organisationen des zaristischen wie auch des sowjetischen Rußland. »Alle Macht den Räten«, sollte Lenins Schlachtruf lauten; das klang wie der Ruf nach einem im Grunde anarchischen Regierungssystem – in Wirklichkeit wuchs Lenins kommunistischer Staat sich zu einem bis heute unübertroffenen Modellfall eines zentralistischen und bürokratischen Staatswesens aus. Tschernyschewskij versuchte, wie die anderen, diese seiner politischen Philosophie innewohnende Schwierigkeit durch einen recht willkürlichen Umgang mit politischen Begriffen zu überwinden, und zu seiner eigenen Genugtuung gelang ihm dies auch. Tschitscherin sprach die für seine Zeit sehr beachtliche Einsicht aus, daß allein schon die drängende Notwendigkeit sozialer Reformen unausweichlich zu einer fortschreitenden Zentralisierung und zum Anwachsen der Bürokratie führen würde. Als Beispiel führte er die Fabrikgesetzgebung in England an: die unlängst erlassenen gesetzlichen Verbote gewisser Arten der industriellen Frauen- und Kinderarbeit, die verschiedenen sanitären und die Arbeitszeit begrenzenden Bestimmungen usw. Alle diese Gesetze erforderten ein Eingreifen des Staates in die individuelle Freiheit und ebenso eine Ausweitung seiner gesetzgeberischen und administrativen Funktionen und des dazugehörigen Verwaltungsapparats. Dies sei, erwiderte Tschernyschewskij, kein wirklicher Beweis dafür, daß eine Gesellschaft, die sich in Richtung auf mehr Demokratie und fortschreitende soziale Reformen entwickelt, notwendigerweise auch zentralisierter und bürokratischer würde. Was Tschitscherin als einen Trend hin zu einer größeren Machtfülle des Staates, etwa im Hinblick auf sein regelndes Eingreifen in das Wirtschaftsleben, betrachte, sei in Wirklichkeit etwas ganz anderes, nämlich Sozialismus. Und der Sozialismus könne, da er den Interessen der Massen entspreche, per definitionem nicht dazu führen, daß die Freiheit des einzelnen abnehme und die Macht und die Präsenz von Staatsmacht und Bürokratie zunähmen. Wir sehen hier eine Vorwegnahme jener »revolutionären Logik«, auf die sich später die Apologeten des sowjetischen Staats – selbst unter Stalin – beriefen, wenn sie behaupteten, dieser Staat sei, wenn auch alle Anzeichen auf das Gegenteil hindeuteten, der freieste und demokratischste auf der Welt. Da es ein sozialistischer Staat war, mußte dies einfach so sein.

Demokratie, Sozialismus, Parlamente, die volksfreundliche Gesetze verabschieden – solche Themen konnten nunmehr, wenn auch mit der gebotenen Vorsicht, in den Spalten einer in Rußland erscheinenden Zeitschrift erörtert werden, während noch wenige Jahre zuvor die bloße Erwähnung eines solchen Themas, wenn dergleichen überhaupt mit Hilfe irgendeines Kniffs in gedruckter Form an die Öffentlichkeit gelangt wäre, dem betreffenden Autor einige Jahre Verbannung oder Gefängnis eingebracht hätte. Wenn man sich dies vergegenwärtigt, kann man vielleicht ein wenig ermessen, wie berauschend die Artikel von Tschernyschewskij besonders auf die jungen Leser des *Zeitgenossen* gewirkt haben müssen, und es erscheint dann begreiflich, daß viele von ihnen die logischen Schwächen in seiner Argumentation und die Vagheit seiner Botschaft nicht störten. Es gab zu dieser Zeit weder eine revolutionäre Organisation noch auch nur ein Programm, dem ein junger, enthusiastischer Radikaler sich hätte verschreiben können. Der 1828 geborene Tschernyschewskij hatte als vergleichsweise junger Mann ein viel engeres Verhältnis zur neueren Generation als Alexander Herzen, der Mitte vierzig war; gleichwohl war er 1858 noch ein gutes Stück davon entfernt, revolutionäre Aktionen zu propagieren. Die Logik seiner Argumentation wies jedoch unmißverständlich in diese Richtung: Nicht nur die Leibeigenschaft war es, die abgeschafft werden mußte; das gesamte politische System gehörte geändert, da es auf Ausbeutung und Unterdrückung beruhte. Vorläufig nahm Tschernyschewskij den Zaren selbst noch von seiner Kritik aus. Aber seine Schriften und die seiner Anhänger trugen zur Veränderung in der Stimmungslage der radikalen Intelligenz bei; an die Stelle der zuvor dem Regime gegenüber für sein Bekenntnis zur Reform empfundenen Dankbarkeit begann ein Gefühl zu treten, das sich aus Ungeduld und wachsendem Mißtrauen zusammensetzte.

Ein Student jener Zeit, Pantelejew, der wenig später zum Verschwörer werden sollte, schilderte diesen Umbruch:

»Nur dreieinhalb Jahre lagen zwischen dem berühmten [kaiserlichen] Erlaß vom 27. November und dem 19. Februar 1861 [als das Gesetzeswerk zur Bauernemanzipation in Kraft trat], aber diese verhältnismäßig kurze Zeitspanne kam den meisten Angehörigen der Intelligenzija unerträglich lang vor; zu dem ungeduldigen Warten auf die Reform gesellten sich bald Bedenken über ihr Schicksal, Befürchtungen, ob nicht die der Emanzipation feindlich gesinnten Kräfte obsiegen könnten ... Die Scham darüber, daß 20 Millionen Menschen ohne alle Rechte waren, wohnte in allen Seelen, um so mehr, als die russische Gesellschaft sich um diese Tatsache kaum gekümmert hatte. Natürlich hielten es alle fortschrittlich Denkenden, sogar die Anhänger des *Laissez-faire*-Prinzips, für unabdingbar, daß die Reform den freigelassenen Bauern wirtschaftliche Sicherheit gewähren müsse. Die Hauptsache aber war, ihnen ihre Menschenrechte wiederzugeben – vor allem deswegen richtete sich das Interesse der Gesellschaft auf die Bauernbefreiung, ein Interesse, wie es in solcher Leidenschaftlichkeit niemals zuvor oder hernach einer anderen sozialen Frage entgegengebracht wurde ... Bis zu diesem Zeitpunkt hatte die russische Gesellschaft unter Bedingungen gelebt, unter denen freie und spontane Betätigung undenkbar gewesen waren; jetzt sah sie in dem bloßen Wort ›Freiheit‹ ein Zauberelixier, dem kein gesellschaftliches Gebrechen würde widerstehen können.«[27]

Und diese Gefühle bewegten, wie Pantelejew hinzufügte, alle Studenten, ob sie Fürstensöhne waren oder aus den untersten Gesellschaftsschichten stammten.

Freiheit und *Befreiung*: sehr bedeutungsträchtige Worte. Ebenso wie im Amerika der 1950er und 1960er Jahre der Kampf um Bürgerrechte für die Farbigen Befreiungsbewegungen in anderen gesellschaftlichen und ethnischen Gruppen auslöste, führten diese Parolen ein Jahrhundert zuvor in Rußland zu ähnlichen sozialen Nachbeben. Vor 1855 hatte jede gesellschaftliche Institution bis hinab zur Familie und zur Volksschule die autoritäre Struktur des Ganzen widergespiegelt; nun, da die Autokratie den Griff lockerte, mit dem sie das öffentliche Leben bis dahin umklammert hatte, bahnte sich auf allen Ebenen ein entsprechender Wandel an; Rechte für die Frau, Selbstverwaltung für die Universitäten, mehr Freiheit für die Studenten – Forderungen dieser Art kamen in Mode. Im Königreich Polen griff eine nationalistische Agitation um sich. Es war die Rede von der Emanzipation der Juden. Plötzlich zeigte sich bei den fortschrittlichen Teilen der Gesellschaft ein starkes Bedürfnis, jede Form der Autorität und der Leistungspflicht in Frage zu stellen und neu zu definieren. Während das Gefüge der Autokratie noch intakt war und die Gesellschaft noch ihr traditionelles Antlitz zeigte, waren die psychologischen Fundamente der alten Ordnung bereits zu einem großen Teil zerrüttet. Binnen dreier kurzer Jahre hatte die gebildete Klasse jene Furcht und Hochachtung vor der Autorität abgeschüttelt, die eine Generation lang dafür gesorgt hatten, daß Rußland von den überall auf dem europäischen Kontinent aufbrechenden revolutionären Erschütterungen unberührt geblieben war. Was als letztes wesentliches Element des gesellschaftlichen Zusammenhalts noch blieb, war die persönliche Beliebtheit des Zaren; würde sie die Enttäuschung überleben, die kaum ausbleiben konnte, wenn die konkreten Einzelbestimmungen der Emanzipationsgesetzgebung bekanntgegeben wurden?

Die Sorge und Wachsamkeit der Regierung galt nicht so sehr dem Bewußtseinszustand der Intelligenzija als vielmehr der Stimmung der beiden von der durchzuführenden Reform am unmittelbarsten betroffenen Klassen: der Grundeigentümer und der Bauern.

Alexander hätte, selbst wenn er mit allen despotischen Neigungen und Fähigkeiten Peters des Großen ausgestattet gewesen wäre, doch immer noch eine gewisse Rücksicht auf die Auffassungen der Grundeigentümer nehmen müssen. Zunächst einmal war er zutiefst konservativ und nicht willens, eine soziale in eine wirtschaftliche Revolution umschlagen zu lassen. Darüber hinaus war, damit die Reform überhaupt verwirklicht werden konnte, eine gewisse Kooperationsbereitschaft des Adels erforderlich. Für die Beurteilung und Festlegung der Ansprüche der Bauern einerseits, ihrer vormaligen Grundherren andererseits würde man eine große Zahl von Schiedsleuten benötigen. Es mutet eigenartig an, daß diese »Friedensschiedsleute«, wie sie genannt wurden, ausgerechnet aus den Reihen derjenigen Klasse ausgewählt wurden, deren Interessen durch diese Vorgänge direkt betroffen waren. Aber im Rußland des 19. Jahrhunderts standen nicht genügend geschulte Verwaltungsbeamte zur Verfügung, die diese Aufgabe hätten übernehmen können. Selbst die entschiedensten probäuerlichen Befürworter der Reform billigten den Grundherren zumindest für eine Übergangszeit noch einen Rest an Patronatsrechten über ihre bisherigen Leibeigenen zu. Nach Jahrhunderten eines sklavenartigen Daseins konnte man die Bauern, ob als einzelne oder als Gruppe, nicht unvermittelt völlig sich selbst überlassen, und der Staat besaß nicht genügend Beamte, um jedes Dorf und jeden Weiler in dem riesigen Land unter Aufsicht behalten zu können. Man hoffte, daß eine genügende Zahl von Grundeigentümern fähig sein würde, sich über ihr Klasseninteresse zu erheben und, wie die Regierung dies vorsah, den befreiten Bauern beim Fußfassen zu helfen, damit die landwirtschaftliche Produktion weiterging.

Der Zar fühlte sich daher genötigt, die Grundeigentümer auf der einen Seite mit Zugeständnissen zu beschwichtigen, während er ihnen auf der anderen die verhängnisvollen Folgen übermäßiger Verzögerungen und Behinderungen vor Augen stellte. Einer Abordnung von Adligen gegenüber hob er am 21. Februar 1860 beide Aspekte hervor:

»Das Gesetz darf nicht bloß eine Bekundung guter Absichten sein. Es muß zu wirklichen Verbesserungen in bezug auf die Lebens- und Arbeitsweise des Bauern führen. Es wird eine Umwälzung darstellen, aber diese Umwälzung muß nicht mit Gewalt und Unordnung einhergehen, wenn die Grundbesitzer wirkliche Opfer bringen. Ich möchte nicht, daß diese Opfer zu drückend werden . . . Es hat Gerüchte gegeben, daß ich dem Adel nicht mehr vertraue . . . Das ist falsch und böswillig . . . Ich hoffe, ihr werdet durch Taten beweisen, daß mein Vertrauen zu euch nicht verfehlt ist.«[28]

Während die Reaktion der Adligen voraussehbar war und man ihnen gegenüber eine dementsprechende Strategie verfolgen konnte, war sich niemand sicher, wie die Bauern sich verhalten würden, wenn der große Tag einmal da war – ob nicht vielleicht das bloße Wort »Freiheit« bei ihnen zünden würde wie ein Funke in einem Pulvermagazin. Niemand wußte, mit welchen Gefühlen und welchen Taten sie reagieren würden, wenn sie über die verwikkelten Ausführungsbestimmungen des Emanzipationsgesetzes aufgeklärt wurden: daß die Patrimonialgewalt des Grundherrn erst nach einer Übergangsperiode erlöschen würde, daß sie eine Reihe von Verpflichtungen gegenüber ihren bisherigen Herren noch jahrelang würden erfüllen müssen, daß sie in manchen Fällen weniger Land erhalten würden, als sie zuvor als Leibeigene bewirtschaftet hatten, daß sie drückende finanzielle Lasten aufgebürdet bekämen. Was man damit möglicherweise in Gang setzte, war nicht abzusehen. Vielleicht würde die Reform Rußland auf einen Weg bringen, der zu Wohlstand und Modernität führte, vielleicht würde sie aber auch Bauernaufstände auslösen wie den im Jahrhundert davor von Pugatschow geführten.

Was den Verantwortlichen in der Regierung als Schreckbild vor Augen stand – Bauernaufstände –, wurde für die Linksintellektuellen in zunehmendem Maß eine verlockende Perspektive. Die *Glocke* druckte am 1. März 1860 einen anonymen Leserbrief aus Rußland ab, der als Antwort auf einen einige Zeit zuvor veröffentlichten Leitartikel Herzens konzipiert war. Der Verfasser ist bis heute unbekannt, wenngleich vieles darauf hindeutet, daß der Brief entweder von Dobroljubow oder von Tschernyschewskij stammte. Wenn von letzterem, dann läßt sich feststellen, daß er seit seinem zwei Jahre zuvor an den Zaren gerichteten Appell, in die Fußstapfen Peters des Großen zu treten, eine drastische Kursänderung vollzogen hatte. Denn der Brief war eine bedingungslose Attacke nicht nur gegen die Autokratie, sondern auch gegen die Person des Herrschers selbst: Alexander II., so die Botschaft des

Artikels, täusche die russische Nation. Wie könne Alexander Herzen den Zaren noch immer beweihräuchern, wie könne er offene Briefe an die Zarin richten mit Ratschlägen für die Erziehung des Thronerben usw., wo doch die Macht des Zaren die Hauptursache für das russische Unglück sei. Herzen trage eine große Verantwortung: »Du hast vom fernen England aus als erster Deine Stimme zugunsten des leidenden, vom Zaren geknechteten russischen Volkes erhoben; Du hast Rußland gezeigt, was freie Meinungsäußerung bedeutet. Alles, was an dieser Gesellschaft vital und aufrichtig war, hat Dir mit Freude und Bewunderung zugejubelt.« Wie könne Herzen es nun versäumen, die Würde- und Sinnlosigkeit der sklavischen Verehrung für den Zaren zu brandmarken, jener Hauptursache für die Leiden des Volkes? Offenbar begreife er nicht ganz, was zu Hause vor sich ging, offenbar habe er sich von »liberalen Schreibern, Grundbesitzern und Professoren«* Märchen über die angeblichen guten Absichten der Regierung erzählen lassen. Die Wahrheit sei, daß das Volk – die Bauern – von den Versprechungen der Regierung genug habe und die Emanzipation für ein Betrugsmanöver halte. »Nein, unsere Lage ist verzweifelt und unerträglich. Nur die Axt kann uns retten und nichts anderes ... Rufe Rußland auf, die Axt zu erheben ..., denk daran, daß der Glaube an die guten Absichten des Zaren Rußland seit hundert Jahren zugrunde richtet; jemand wie Du sollte am allerwenigsten solche Illusionen am Leben erhalten.«

Man kann diesen Brief als den ersten Vorboten der revolutionären Bewegung der 60er Jahre betrachten. Für sich genommen, ist er ein beredtes Zeugnis für jene elementare Sehnsucht nach Revolution, die diese Bewegung beseelen sollte. Noch wird kein politisches Programm, keine konkrete Vision dessen vorgelegt, was an die Stelle der alten Ordnung treten sollte, wenn die Axt ihre Arbeit getan hätte. Ebenso kennzeichnend ist der Hohn, den der Verfasser über all jene »Gemäßigten« und »Liberalen« ausschüttet, die für »Behutsamkeit, allmählichen Fortschritt und Gott-weiß-was-sonstnoch« einträten, während das Volk leide. Wenn die Massen sich erhöben, würden sie vielleicht nicht nur das Regime, sondern auch die Liberalen vernichten, und das wäre dann vielleicht nicht einmal das schlechteste: »Warum diese Schnösel bedauern, die in gelben Handschuhen über ›Demokratie‹ in Amerika schwatzen und dabei doch unfähig sind, im eigenen Land irgend etwas zu tun, diese mit Verachtung für die einfachen Menschen erfüllten Stutzer, die überzeugt sind, daß mit dem russischen Volk nichts zu machen ist.«[29] Gleichwohl hatte der Briefautor ein eher ambivalentes Verhältnis zu den Liberalen – hier ein Synonym für den gemäßigten Teil der Intelligenzija. Er räumte ein, daß der Sturz des Regimes leichter und zweckmäßiger bewerkstelligt werden könne, wenn einige jener liberalen Professoren

---

* Die Radikalen begannen um diese Zeit, den Ausdruck »liberal« als Schlagwort zur Kennzeichnung all derer zu gebrauchen, die an die Möglichkeit friedlicher, allmählicher Reformen glaubten; im Sprachgebrauch der Linken behielt »liberal« von da an einen höhnischen bis abschätzigen Beigeschmack.

und Grundbesitzer dabei mit Hand anlegten und die Führerschaft über die revolutionären Massen übernähmen. Wie die Dekabristen erwiesen sich auch diese Revolutionäre neuen Typs als Männer mit einem gewissen elitären Selbstverständnis. Sie billigten den Bauern zwar jedes Recht zu, sich zu erheben und das ganze verfaulte System hinwegzufegen, meinten aber, daß sie für den Aufbau eines neuen und gerechten Systems einer Anleitung durch die gebildete Klasse bedurften. Dieser Gedanke der »angeleiteten Spontaneität«, der Glaube, daß das revolutionäre Potential zwar in den Volksmassen gegenwärtig sei, daß diese aber, um mit Erfolg eine Revolution machen zu können, eine leitende und führende Hand benötigten, die nur eine Elite berufsmäßiger Verschwörer ihnen gewähren könne, sollte im radikalen Denken Rußlands eine zunehmend wichtigere Rolle spielen, kulminierend in Lenin und den Bolschewiken.

Der »Russe aus der Provinz«, wie der anonyme Briefschreiber sich nannte, schlug auch noch ein anderes Motiv an, das vom Initiator der bolschewistischen Revolution beim Ausbruch des Ersten Weltkriegs ausdrücklich aufgegriffen wurde: daß eine Niederlage Rußlands im Kriege mit einem äußeren Feind sich als Sieg für das russische Volk entpuppen könnte. Er wandte sich gegen die Ansicht Herzens, der Krimkrieg habe bei der russischen Nation eine Woge patriotischer Gefühle aufbranden lassen. Herzen sei damals im Ausland gewesen und könne daher nicht wissen, was er, der Briefschreiber, in jenen Jahren gesehen und gehört hatte: »Als die Briten und Franzosen auf der Krim landeten, erwartete die Nation, daß sie ihr helfen würden, sich zu befreien: die Bauern vom Joch der Grundbesitzer, die Altgläubigen von der religiösen Verfolgung, unter der sie litten.« Abgesehen davon, daß diese Behauptung schlicht unwahr ist, markiert sie das erste Auftauchen des antinationalistischen Motivs im russischen Denken. Dieses Motiv sollte sich, da es von den nachfolgenden Generationen russischer Revolutionäre und Reformer aufgegriffen wurde, bis hin zum Tag der Revolution als das wirksamste Hindernis für ihre Bestrebungen und als größter Pluspunkt für ihre Widersacher und die Anhänger der autokratischen Ordnung erweisen.

Die Antwort Herzens auf diese kämpferische Erklärung offenbart eine weitere Schwäche des radikalen Lagers – eine Schwäche, die bis zum 25. Oktober 1917 anhalten sollte. Diejenigen Radikalen, die auf eine gewaltlose Lösung der sozialen und politischen Probleme Rußlands hofften, gerieten jedesmal in die Defensive und wurden ihrer selbst unsicher, wenn sie von links her attackiert wurden. Herzen, ein Mensch von zutiefst humanitären Motiven und unzweifelhaft revolutionärer Gesinnung, brachte es nicht über sich, den in der anonymen Zuschrift enthaltenen Aufruf zur Gewalt rundweg zurückzuweisen. Er verteidigte zunächst sein Lob für Alexander II.: »Ich frage Dich, war ich damit ganz im Unrecht? Wer außer dem Monarchen hat in letzter Zeit etwas Nützliches für Rußland bewirkt? Gestehe dem Kaiser zu, was ihm gebührt.« Dann erklärte er, er könne sich einem

Aufruf zum Blutvergießen nicht anschließen: »Das bei der Julirevolution [in Frankreich] vergossene Blut hat meine Seele und meine Nerven beunruhigt, und ich fühle seither in mir einen Widerwillen gegen jedes Blutvergießen, das nicht absolut unvermeidlich ist.« Er räumte ein, daß es Fälle solcher Unvermeidlichkeit geben könne, erklärte jedoch: »Wenn man nach der Axt ruft, muß man auch fähig sein, die [revolutionäre] Bewegung unter Kontrolle zu halten; man muß eine Organisation und einen Plan haben, zu Opfern bereit sein, nicht nur beim Handhaben der Axt, sondern auch dann, wenn es nötig wird, sie an der scharfen Kante zu packen – wenn die Axt zu ausgiebig zuschlägt. Hast Du all das?«[30] Nur wenige Jahre später indes sollte Herzen sich bereit finden, seine Skrupel zu begraben und sein Ansehen und seine Unterstützung denjenigen zu leihen, die auf einen gewaltsamen Aufstand hinarbeiteten.

Es gab in der jüngeren Generation bereits ein entschlossenes revolutionäres Element. Ein neuer Typus des russischen Studenten, sei es von der Universität, von der Militärakademie, von der Theologenschule oder auch vom Gymnasium, betrat die politische Bühne. Unbelastet von den Erinnerungen und Bedachtsamkeiten seiner Vorgängergenerationen, blieb er ihr revolutionsbegeistertster Akteur, bis er um die Jahrhundertwende in dieser Rolle vom Industriearbeiter überflügelt wurde. Nirgendwo sonst zeitigte die teilweise Liberalisierung eines bis dahin autoritär herrschenden Regimes so weitreichende Wirkungen wie in der heranwachsenden Generation. Es war nahezu unvermeidlich, daß sie durch diesen Prozeß radikalisiert wurde und ein Gefühl der Skepsis und der Entfremdung vom bestehenden politischen System entwickelte. In keinem anderen Bereich des russischen Lebens vollzog sich zwischen 1855 und 1860 eine so tiefgreifende Veränderung wie im Bildungswesen. Die Zahl der Schüler und Studenten an höheren Lehranstalten stieg auf mehr als das Dreifache. Mit dieser quantitativen Zunahme ging ein Prozeß des sozialen Wandels einher; junge Leute aus den unteren Schichten gewannen im beträchtlichen Maß Zutritt zur höheren Bildung, Juden durften sich immatrikulieren, und von 1860 ab begannen auch Frauen im Hörsaal zu erscheinen, wenn auch vorläufig nur als Gasthörer. An die Stelle der in der Ära des Zaren Nikolaus geübten strengen Disziplinierung und Beaufsichtigung des Bildungswesens trat nun eine weit großzügigere Einstellung der Behörden. Schüler und Studenten mußten keine Uniformen mehr tragen, und die ärmeren unter ihnen wurden von der Gebührenzahlung befreit. Was die Professoren betraf, so taten sie zwar weiterhin gut daran, gewisse Rücksichten zu nehmen, aber sie mußten doch nicht mehr wegen jeder Anspielung auf politische oder gesellschaftliche Fragen die sofortige Entlassung oder gar Schlimmeres befürchten. An manchen Universitäten, deren (von der Regierung von außerhalb des Lehrkörpers berufener) Präsident besonders tolerant war, genossen die Studenten Freiheiten, die einige Jahre zuvor noch undenkbar gewesen wären. Sie konnten in eigener Regie Vereinigungen gründen, Bibliotheken betreiben, Unterstützungsfonds für ihre mittellosen Kommilitonen anlegen – praktisch sich selbst verwalten. Innerhalb eines Systems, das im wesentlichen noch immer ein Polizeistaat war, wurden die Universitäten, und zu einem gewissen Grad sogar die theologischen und Militärakademien, zu kleinen Enklaven geistiger Freiheit. Unter diesen Umständen überrascht es nicht, daß Diskussionen wie jene, derentwegen noch wenige Jahre zuvor Angehörige des Petraschewskij-Kreises zu jahrelanger Zwangsarbeit in Sibirien verurteilt worden waren, nunmehr bei den verschiedensten Zusammenkünften der Jungen straflos in fast völliger Offenheit geführt wurden. Gewiß bargen solche Aktivitäten noch immer ein gewisses Risiko, das aber gerade eben ausreichte, die Sache spannender zu machen. Im Jahr 1856 organisierten einige Studenten an den Universitäten Charkow und Kiew politische Zirkel, in denen parodistische Versionen kaiserlicher Verfügungen ebenso zirkulierten wie Flugblätter mit Nachdrucken der radikaleren Teile aus Alexander Herzens Leitartikeln für *Die Glocke*. Als die Aktivitäten dieser Gruppen 1860 polizeibekannt wurden, erfuhren die Sünder eine – zumindest im Vergleich mit dem, was ihnen unter Nikolaus geblüht hätte – ziemlich milde Behandlung. Man verbannte sie zwar, gestattete ihnen aber, sich in einer anderen Stadt des europäischen Rußland niederzulassen. Und der Professor, der nach Ansicht der Behörden zu den Initiatoren dieses Kreises gehörte, wurde lediglich gezwungen, seinen Lehrstuhl in Kiew gegen einen in St. Petersburg einzutauschen – im Grunde eine Beförderung!

Dankbarkeit ist nicht gerade ein hervorstechendes Merkmal der Jugend, und die Universitätsstudenten waren, wenngleich natürlich sehr viel freier als ihre Mitbürger, doch noch gewissen lästigen Gängelungen unterworfen. Das Argument, die Verhältnisse seien viel besser als früher, überzeugte sie weniger als die um einige Jahre Älteren. Es konnte nicht ausbleiben, daß das, was die Jungen ganz offen im *Zeitgenossen* und etwas heimlicher in der *Glocke* lasen, eine machtvolle Wirkung auf ihr Denken ausübte. Wer, wie der »Russe aus der Provinz«, an der privilegierten Gesellschaft als ganzer verzweifelte und ihre noch immer ehrfürchtige Einstellung zum Zaren ebenso verabscheute wie ihre Bereitschaft, alles und jedes mit Dankbarkeit zu akzeptieren, was das Regime für die Befreiung der Bauern unternahm, den mußte es mit Freude und frischem Mut erfüllen, zu sehen, mit welcher Radikalität die Jungen zu Werke gingen. Sie empfanden nur wenig von jener Ehrfurcht und Unterwürfigkeit vor dem Thron, die abzuschütteln sogar den Radikaleren in den Reihen der älteren Generation so schwergefallen war. So keimte die Hoffnung auf, es werde infolge von Bauernunruhen zu einer Revolution kommen, und die Studenten würden den alltäglichen Radikalismus der Jungen, wie man ihn nennen könnte, zu revolutionärer Aktivität entfachen.

Nun nahte der Augenblick der Bewährung für alle derartigen Hypothesen und Szenarien. Am 19. Februar 1861 unterzeichnete der Zar den Emanzipationserlaß. Das Gesetzeswerk war, wie nicht anders zu erwarten, sehr umfangreich und kompliziert; es bis in seine verästelten Einzelbestimmungen hinein zu verstehen war schon für einen Gebildeten schwierig, ganz zu schweigen von der Masse der bäuerlichen Analphabeten. Fast ebenso unvermeidlich war, daß die festgesetzten Regelungen weder die Radikalen noch die Konservativen voll zufriedenstellten. Die letzteren konnten nicht umhin zu monieren, daß mit diesem Gesetz ein drastischer Eingriff in das Recht auf Eigentum sanktioniert wurde. Die Leibeigenen wurden befreit, ohne daß der Staat die Grundeigentümer für diesen Verlust entschädigte. Ferner war festgelegt, daß die Bauern zusammen mit ihrer persönlichen Freiheit auch ein in besonderen und komplizierten Vereinbarungen mit ihren bisherigen Grundherren zu bestimmendes Stück Land erhalten sollten. Für dieses abzutretende Land sollten die Grundherren vom Staat mit zinstragenden Schuldverschreibungen entschädigt werden, und die Bauern als die eigentlichen Schuldner sollten der Staatskasse diese Entschädigung zurückerstatten. Für diese Rückzahlung wurde ein Zeitraum von 49 Jahren festgesetzt, in dessen Verlauf die Bauern Jahr für Jahr 6 Prozent des Entschädigungswerts des ihnen zugesprochenen Landes abzahlen sollten.

Einem radikalen Kritiker mußte nicht nur diese den Bauernmassen auferlegte drückende Bürde, sondern gleichermaßen auch ein weiteres Element des Gesetzes mißfallen: Viele der den Bauern zugesprochenen Landanteile würden kleiner sein als die Flächen, die sie als Leibeigene für den eigenen Unterhalt bewirtschaftet hatten. Dies galt besonders im fruchtbaren Süden, wo sich eine lohnende Gutswirtschaft betreiben ließ; die Regierung entschädigte die dortigen Grundbesitzer für den ihnen zugefügten Verlust an kostenlosen Arbeitskräften dadurch, daß sie ihnen auf Kosten ihrer früheren Leibeigenen einen relativ größeren Landanteil zusprach.

Eine weitere folgenschwere Bestimmung des Gesetzes war die darin vorgesehene Beibehaltung der gemeinschaftlichen Verfügungsgewalt über Grund und Boden. Im eigentlichen Rußland und im östlichsten Teil der Ukraine befand sich der landwirtschaftlich genutzte Boden von alters her in der Verfügung – man könnte, wäre nicht die Leibeigenschaft gewesen, fast sagen, im Besitz – der Dorfgemeinschaft als ganzer und nicht etwa des einzelnen Haushalts. Es war die Dorfversammlung, genannt *Mir* (ein Wort, das bezeichnenderweise im russischen auch »Friede« und »Welt« bedeutet), die, zusätzlich zu ihren anderen Aufgaben, in periodischen Abständen den Boden unter den Bauernfamilien, ihrer Größe und ihren Bedürfnissen entsprechend, neu umverteilte. Die fortschrittlichsten unter den »Westlern« hatten dieses kommunale System des Bodenbesitzes lange Zeit als ebenso anachronistisch wie die Leibeigenschaft selbst betrachtet; in ihren Augen war es ein Hemmschuh für die soziale Mobilität und den wirtschaftlichen Fortschritt, da es gewöhnlich den fleißigeren und erfolgreicheren Landwirten zum Nachteil gereichte; seine Beibehaltung nach der Bauernbefreiung würde sehr wahrscheinlich die Entstehung einer ländlichen Mittelschicht verzögern. Die Slawophilen hingegen schätzten den *Mir* überaus; für sie war er eine Einrichtung, die die gesellschaftliche Harmonie förderte und mit dem eingewurzelten demokratischen Bewußtsein des russischen Volkes im Einklang stand. Und für diejenigen, die, wie Herzen, an den Sozialismus glaubten, verkörperte die Dorfgemeinschaft nicht nur die Weisheit von Jahrhunderten und die egalitären Instinkte der Massen, sondern war auch eine Garantie dagegen, daß sich in Rußland ein umfangreiches Industrieproletariat bildete und das Land im Gefolge dieses Prozesses den anderen Übeln des Kapitalismus anheimfiel. Die Entscheidung der Regierung, das System der Dorfgemeinschaft beizubehalten, beruhte jedoch weder auf seiner angeblichen Fortschrittsfeindlichkeit noch auf seinen gleichermaßen fragwürdigen demokratischen und sozialistischen Tugenden. Angesichts der großen Umwälzung, die auf dem Lande bevorstand, war die Dorfgemeinschaft ganz einfach der bequemste Garant dafür, daß die Bauern auch in Zukunft ihre finanziellen, militärischen und anderen Verpflichtungen erfüllen würden.

Das Gesetz sollte schrittweise in Kraft treten. Es war eine zweijährige Übergangsphase vorgesehen, in deren Verlauf die neuen Produktions- und Eigentumsverhältnisse auf dem Land durch Vereinbarungen zwischen den Exleibeigenen und den Grundeigentümern unter Mitwirkung der von den letzteren gewählten Schiedsleute festgelegt werden sollten. Der Grundherr war nicht gezwungen, Land zu verkaufen; tat er es nicht, wurde der Bauer zu seinem Pächter und blieb durch einen Vertrag, in dem sein Pachtzins oder andere Verpflichtungen festgelegt wurden, an seinen einstigen Herrn gebunden. (Die Behörden hegten die – zutreffende – Erwartung, daß die meisten Grundbesitzer nun, da sie die Bauern nicht mehr unter Androhung der Peitsche zu Fronleistungen zwingen konnten, Interesse daran haben würden, zu verkaufen.) Dem schloß sich eine siebenjährige Periode an; erst nach deren Ablauf sollte der einzelne Bauer, falls ihm seine Situation nicht behagte, sein Dorf verlassen und sein Glück anderswo versuchen dürfen. Mithin wurde der Dorfbauer zwar in mancher Hinsicht unmittelbar mit Verkündung des Emanzipationsgesetzes persönlich frei, blieb aber gleichwohl noch neun Jahre lang an seine Scholle gebunden.

Doch was im Kleingedruckten stand, sollte erst ein wenig später wichtig werden. Die unmittelbare Reaktion der großen Mehrzahl der gebildeten Russen auf den Erlaß war eine tiefempfundene Dankbarkeit. Freunde, die einander auf der Straße trafen, begrüßten sich mit der traditionellen Anrede und Antwort des Ostersonntags: »Christus ist auferstanden« – »Jawohl, das ist er«, und umarmten einander. Und in London stellte einer, der sowohl Agnostiker als auch Republikaner war, fest, daß die Freude über das Ereignis bei ihm die Zweifel übertäubte, die er dem Zaren gegenüber zuvor gehegt hatte. »Alexander II. hat viel, sehr viel getan; sein Name steht schon jetzt höher als der aller seiner Vorgänger«, schrieb Alexander Herzen am 1. April 1861 in der *Glocke*. Er sang nicht nur dem »Befreier-Zar« ein Loblied, sondern auch dessen Bruder, Großfürst Konstantin, dem er ein großes Mitverdienst am Sieg über den reaktionären Teil des Landadels zuschrieb, der in letzter Minute noch versucht habe, entscheidende Teile der Reform zu vereiteln. Für eine Gruppe von Russen besaß das Ereignis eine ganz besondere Bedeutung: Die alten Dekabristen, sofern sie noch am Leben waren, begrüßten den Erlaß als Erfüllung ihrer Träume und Bestätigung der Bestrebungen ihrer Jugend.

Während die Gesellschaft zunächst einmal Beifall spendete, hegte die Regierung ernste Befürchtungen hinsichtlich der Reaktion des Volkes: Würden die in ihrer Mehrzahl völlig ungebildeten Massen das Emanzipationsgesetz als Wohltat willkommen heißen oder aber mit Unmut auf all das »wenn«, »aber« und »später« reagieren, das sich an ihre Befreiung knüpfte? Obgleich das Gesetz am 19. Februar unterzeichnet wurde, verschob man seine landesweite Verkündung klugerweise bis zum 5. März, der bereits in der Fastenzeit lag; damit wurde es zumindest ein wenig unwahrscheinlicher, daß die Bauern, gleich ob aus Freude oder aus Enttäuschung, es mit der größten Alkoholschwemme in der Geschichte des Landes begrüßen würden. Den ganzen März hindurch wurde das kaiserliche Manifest in den Dörfern vor versammelter Bevölkerung verlesen. Tatsächlich löste es eine ganze Reihe von Bauernunruhen aus, da viele Leibeigene nicht verstanden, warum sie, wenn sie nun schon für frei erklärt waren, ihrem bisherigen Herrn noch weitere zwei Jahre ihre gewohnten Pflichtdienste ableisten mußten. Bald gingen Gerüchte um, der Zar werde seinen bäuerlichen Untertanen in Kürze eine zweite, »wirkliche« Befreiung gewähren, oder die Grundherren und Beamten täuschten das Volk über die wahren und guten Ziele des Herrschers. Doch erreichten die Unruhen trotz einer großflächigen Verbreitung bei weitem nicht solche Ausmaße, daß man von einem landesweiten Aufstand hätte sprechen können. Wo die Bauern Widerstand leisteten, war es ein Widerstand passiver Art: Sie weigerten sich, weiterhin Fronarbeit für den Grundherrn zu leisten, versammelten sich zu Demonstrationen, auf denen ihre Sprecher die Beamten aufforderten, das echte Freiheitsmanifest des Zaren herauszurücken, und ähnliches. Bei dem Versuch, eine dieser Demonstrationen aufzulösen, befahl ein verantwortungsloser Offizier in dem Dorf Besdna seinen Soldaten, das Feuer auf eine unbewaffnete Menge zu eröffnen; es gab über hundert Tote. Anderswo wurden widerspenstige Bauern mit der Peitsche und mit Gefängnisstrafen gefügig gemacht. Solche brutalen Maßnahmen bedeuteten jedoch nicht, daß das russische Volk etwa versucht hätte, »die Axt zu erheben«. Mißtrauisch gegenüber Grundherren und Beamten, behielten die Bauern doch ihren Glauben an den Zaren, und allmählich gelangten sie zu der Einsicht, daß der Zar von ihnen Gehorsam erwartete und daß es keine sogenannte zweite Befreiung geben würde. Die Bauern akzeptierten ihren neuen Status nicht mit Begeisterung, aber gewiß in dem Gefühl, daß er gegenüber der Vergangenheit eine Verbesserung darstelle. Der Geist, der im ländlichen Rußland herrschte, gemahnte noch immer an das 16. Jahrhundert, wie eine typische Rede des Zaren vor einer Gruppe von Dorfältesten illustriert:

»Ich begrüße euch, meine Kinder . . . Ich habe euch Freiheit gewährt, aber gebt gut acht, es ist eine Freiheit nach dem Gesetz und nicht das Recht, ungehorsam zu sein. Deswegen verlange ich von euch vor allem, daß ihr euch den Obrigkeiten fügt, die ich selbst eingesetzt habe. Ihr müßt eure Verpflichtungen akkurat erfüllen; ich wünsche, daß die Vereinbarungen [zwischen den Bauern und den Grundherren] dort, wo sie noch nicht zustande gekommen sind, pünktlich zu dem von mir festgesetzten Datum abgeschlossen sein werden. Wenn es so weit ist . . ., dann erwartet keine neue Freiheiten oder weitere Zugeständnisse. Habt ihr verstanden? Hört nicht auf irgendwelche Gerüchte oder auf das, was andere euch vielleicht weismachen wollen. Glaubt nur, was ich euch gesagt habe. Und jetzt geht in Frieden. Gott sei mit euch.«[31]

Die Tatsache, daß solche Ansprachen ihre Wirkung taten, legt Zeugnis dafür ab, wie hoffnungslos der Versuch war, die bäuerlichen Massen gegen den Zaren aufzuwiegeln. Noch entmutigender für einen Radikalen muß die Art und Weise gewesen sein, wie das Proletariat der Städte, das noch stark in den ländlichen Verhältnissen verwurzelt war, und ein großer Teil der zur Arbeit in der Industrie abgestellten Leibeigenen auf das Emanzipationsdekret reagierten. Sowohl in St. Petersburg als in Moskau kam es zu Massendemonstrationen zu Ehren des Zaren; zwar vermuteten viele dahinter die diskret steuernde Hand der Polizei, doch bleibt es eine Tatsache, daß die Massen in den Städten bis zum letzten Tage der Regierungszeit Alexanders loyal blieben und sich gegenüber allem, was nach revolutionärer Propaganda roch, abweisend verhielten.

Die Revolutionäre in spe dachten indes trotz des Vorherrschens solcher aus ihrer Sicht wenig versprechenden Einstellungen nicht daran, den Mut zu verlieren. Ihr Optimismus beruhte auf zwei Prämissen, von denen die eine sich als weitgehend falsch, die andere als im großen und ganzen zutreffend erwies. Die erste war die Überzeugung, die Bauern gäben sich nur deswegen mit ihrer sehr unvollständigen Freiheit zufrieden, weil sie so unwissend waren; die Zeit werde sie eines Besseren belehren. In zwei Jahren, wenn die neuen ländlichen Besitzverhältnisse festgelegt waren, würden die bäuerlichen Massen schon begreifen, daß man sie betrogen hatte und daß die hochgelobte Emanzipation ihnen größere wirtschaftliche Lasten auferlegt und ihnen zugleich in vielen Fällen weniger Land beschert hatte, als sie vorher, als Leibeigene, zur Verfügung gehabt hatten. Vielleicht würden die Russen die Axt im Frühjahr 1863 erheben.

Die andere Prämisse, aus der sich der revolutionäre Optimismus speiste, war komplizierter und zugleich scharfsinniger: Das Bündnis zwischen dem Regime und der Intelligenzija war seinem Wesen nach ein nur vorübergehendes. Es verdankte sein Zustandekommen der Überzeugung der gebildeten Russen, daß es, solange der Zar Reformpolitik betrieb, mit wie kümmerlichen Resultaten auch immer, ein Fehler sei, sich gegen ihn zu stellen, da man damit nur indirekt der Reaktion in die Hände spielen würde. In dem Augenblick aber, da das gemeinsame Ziel erreicht war, mußte die Intelligenzija, deren Bewußtsein durch die Unterdrückung und die Demütigungen geprägt war, denen die gebildete Schicht vor 1855 dreißig Jahre lang ausgesetzt gewesen, auf ihren quasi natürlichen Standpunkt, den der Regimekritik, zurückkehren. Dankbarkeit ist in der Politik ein seltenes Gut. Was die gebildeten Russen sich an weiteren Reformen wirklich wünschten und vorstellten, war mit dem autokratischen Wesen des Systems unvereinbar. Für Männer wie den »Russen aus der Provinz« stand fest, daß nur eine Revolution die Nation von Grund auf erneuern konnte. Gerade die anspruchslose Bereitwilligkeit, mit der die Massen ihre Pseudobefreiung aufnahmen, zeigte, wie dringlich eine gewaltsame Umwälzung war, um das Volk aus seiner Untertanenapathie aufzurütteln. Es ging nicht an, ruhig und friedlich in einer Gesellschaft weiterzuleben, in der Millionen sich mit einigen Krümeln Freiheit zufriedengaben, anstatt das scheinbar Unmögliche zu verlangen, und in der die Leute es ganz in Ordnung fanden, daß das Staatsoberhaupt erwachsene Männer als »meine Kinder« ansprach. Der »Russe aus der Provinz« war sich sicher, daß jetzt, wo die sogenannte Emanzipation gesetzlich festgeschrieben war, die Jugend sich weiter radikalisieren und die russische Gesellschaft jenes tiefempfundene Gefühl der Scham und Demütigung wiederempfinden würde, unter dem sie in den letzten Jahren der Regierungszeit Nikolaus' I. gelitten hatte. Damals war es mit einem Gefühl der Ohnmacht verbunden gewesen, aber heute, nachdem die Regierung selbst das Fundament der alten Ordnung umgestoßen hatte, würde die Gesellschaft ihre Erbitterung nicht mehr aus Furcht und Rücksicht zügeln.

Dieser Anschauung lag, soweit es die jungen Russen anging, eine vernünftige Psychologie zugrunde. Und die Radikalen der älteren Generation waren bald bereit, die Sturmglocke der Revolution zu läuten. Sechs Wochen, nachdem Herzen Alexander als den Befreier-Zaren gefeiert hatte, schlug Ogarew in der *Glocke* vom 15. Juni einen völlig anderen Ton an: »Das Emanzipationsgesetz wurde für die Beamten geschaffen . . . Es wurde für die Räuber und nicht für die Beraubten gemacht . . . Die Bauern sind *nicht* befreit . . . Die alte Leibeigenschaft hat einer neuen Platz gemacht, tatsächlich ist die Leibeigenschaft nicht beseitigt. *Das Volk ist vom Zaren betrogen worden.*«

Im April 1861 verfaßte Michael Selgunow, ein 37jähriger Beamter des Ministeriums für die Staatsdomänen, der sich in seiner Freizeit als radikaler Journalist betätigte (die Figur des Teilzeitrevolutionärs auf einem Beamtenposten war in jener Zeit keine Rarität), mit Hilfe eines seiner Freunde, des Dichters Michael Michailow, ein aufrührerisches politisches Pamphlet. Gedruckt von Alexanders Herzens *Freier Russischer Presse* in London, fanden ungefähr 600 Exemplare der Flugschrift im Juli ihren Weg nach Rußland, und bis zum September war die Auflage durch postalische und persönliche Weitergabe an den Mann gebracht. Diese Schrift, betitelt *An die Junge Generation*, war einer der ersten revolutionären Aufrufe, die in den größeren russischen Städten die Runde machten, und markierte den Beginn einer regelrechten Flut von Untergrund-Flugschriften gegen die Regierung im

Verlauf der darauffolgenden Jahre. Von allen diesen Pamphleten war *An die Junge Generation* wahrscheinlich das längste und zugleich das wohl aufschlußreichste Zeugnis für die Mentalität jener Radikalen, die nunmehr bereit waren, sich tastend auf den Weg zu einer auf den Sturz des Regimes gerichteten Verschwörung zu begeben.

Bezeichnenderweise stellten die Autoren an den Anfang ihrer Schrift einige revolutionäre Verse von Rylejew. Dann erklärten sie, weshalb der Moment für eine Revolution jetzt gerade günstig sei: »Das Regime hat nicht begriffen, daß es durch die Abschaffung der Leibeigenschaft das zaristische System untergraben hat. Der Kaiser war nur so lange und nur insoweit stark, wie er sich auf die Grundbesitzer stützen konnte ...« Nachdem seine soziale und politische Basis dahin sei, werde das Zarenregime versuchen, die wachsende Unzufriedenheit durch die eine oder andere vorübergehende Konzession zu beschwichtigen, aber in Wirklichkeit sei das Volk ihm gleichgültig: »... im Dienst seiner eigenen Interessen ist es bereit, die Zukunft des ganzen Landes zugrunde zu richten. Ein paar hundert Schurken, die sich keinen Deut um das Glück von 60 Millionen scheren!«

Darauf folgte der direkte Appell der Autoren an die russische Jugend:

»Nur in Euch sehen wir diejenigen, die bereit sind, ihr eigenes Interesse dem Wohl des Landes zu opfern ... Wir betrachten Euch als die einzigen, die Rußland retten können. Ihr seid seine wirkliche Stärke, Ihr seid die natürlichen Führer der Nation. Ihr seid es, die dem Volk und den Soldaten erklären sollen, wieviel Böses und Schädliches uns durch die Macht des Zaren angetan wird.«

Die Bauernreform sei, so versicherten die unnachsichtigen Polemiker, natürlich ein Schwindel gewesen.

»Durch ihre Verkündung hat der Zar der ganzen Nation und ihrem fortgeschrittensten Teil, das heißt dem gebildetsten, aufrichtigsten und fähigsten Teil der russischen Gesellschaft, der Nationalen Partei, seine Verachtung bewiesen. Die ganze Angelegenheit wurde streng im geheimen ausgearbeitet. Der Zar und die Grundherren haben die Reform festgelegt. Das Volk hatte keine Mitsprache, die Presse durfte kein Wort zu dem Thema verlauten lassen. Der Zar hat dem Volk diese [sogenannte] Freiheit gegeben, wie man einem knurrenden Hund einen Knochen hinwirft, um ihn abzulenken, damit er nicht beißt.«[32]

Übrigens nahmen es die Autoren des Pamphlets, wie es bei revolutionärer Propaganda zumeist der Fall ist, mit der Logik und den Fakten nicht allzu genau. Sie stellten beispielsweise die Emanzipation als einen Schwindel dar, versicherten aber an anderer Stelle, das Regime habe mit dem Erlaß seine eigene Totenglocke geläutet. Ferner ist es mehr als fraglich, ob die »Nationale Partei«, von der im Text die Rede ist, jemals existierte und ob sie, wenn sie es tat, wirklich das beste Element der russischen Gesellschaft, die junge Intelligenzija, in sich schloß. Schließlich war es einfach eine Irreführung, zu behaupten, die Ausarbeitung des Emanzipationsgesetzes habe sich ganz im geheimen abgespielt und die Presse habe nicht darüber schreiben dürfen.

Was die Frage der Gewalt betraf, so nahmen die Autoren hier kein Blatt vor den Mund: »Wir werden nicht zaudern, wenn es, damit wir unsere Ziele erreichen und Land an die Bauern verteilen können, notwendig werden sollte, hunderttausend Grundbesitzern die Kehle durchzuschneiden.« Es stehe fest, daß der landbesitzende Adel eine schmarotzende Klasse und Rußland ohne ihn besser dran sei.

An die Junge Generation bekennt sich zwar eindeutig zu der Notwendigkeit, das herrschende System zu stürzen, liefert jedoch hinsichtlich der Beschaffenheit der Regierung, die Rußland nach der Revolution erhalten sollte, keine konkreten Vorschläge. Einer Sache sind seine Autoren sich freilich sicher: daß eine Imitation der europäischen politischen Systeme für Rußland nicht das erstrebenswerte sei. »Wir sind eine rückständige Nation, und darin liegt unsere Rettung. Wir sollten dem Schicksal auf Knien dafür danken, daß wir nicht das Leben Europas gelebt haben . . . Warum kann Rußland nicht etwas ganz Neues schaffen, etwas, das nicht einmal Amerika kennt? Wir können das nicht nur, sondern müssen es. In unserem nationalen Leben gibt es Elemente, die den Westeuropäern vollkommen unbekannt sind.« Und das Hauptelement dieser behaupteten Originalität der russischen Nationalkultur war natürlich die Dorfgemeinschaft. Es sollte im neuen Rußland keine privaten Grundbesitzer mehr geben. Jeder Bürger – und hier haben wir es eindeutig mit einer Variante Pestel'scher Vorstellungen zu tun (obgleich die Autoren dessen *Prawda* nicht kennen konnten) – sollte als eingetragenes Mitglied einer der ländlichen Gemeinden angehören und einen Anteil an dem von seiner Gemeinde kollektiv verwalteten Grund und Boden besitzen. Abgesehen hiervon jedoch und von der Forderung, daß die Regierung eine gewählte und zeitlich begrenzte sein müsse, blieben die Aussagen zur Verfassung des nachrevolutionären Rußland äußerst schemenhaft. Und bei aller geäußerten Geringschätzung für die erbliche Monarchie wurde doch nicht ganz deutlich, daß sie verschwinden sollte, denn es gibt in der Schrift auch die Rätsel aufgebende Forderung: »Wir verlangen, daß die Ausgaben der kaiserlichen Familie gesenkt werden.«

Das Rezept der Autoren zur Durchführung der Revolution war ziemlich schlicht. Wenn das Volk sich erhebe und das Regime seine Truppen gegen die Bauern schicke, sollten die Soldaten ihre Waffen gegen die Unterdrücker kehren, statt auf ihre Brüder zu schießen. Die »Nationale Partei«, nunmehr definiert als »die junge Generation aller Klassen«, müsse unter den Bauern und Soldaten Agitation betreiben und sie davon überzeugen, wie leicht es wäre, die herrschende Ordnung umzustürzen: »Millionen von uns stehen gegen wenige hundert Schufte.« Die Jungen müßten sich in Geheimzirkeln zusammenschließen, um sich auf den Kampf vorzubereiten, und müßten, falls nötig, bereit sein, ihr Leben für die Sache zu lassen, so wie ihre Vorgänger vom 14. Dezember 1825.

Zu dem Zeitpunkt, als *An die Junge Generation* in St. Petersburg und Moskau zu kursieren begann, gingen dort schon andere illegale Flugschriften unter den Angehörigen der jungen Intelligenzija und der Studentenschaft von Hand zu Hand. Die meisten von ihnen waren tatsächlich das Werk kleiner geheimer Zirkel und in Rußland selbst gedruckt – wo und von wem, hat sich in manchen Fällen nie mehr feststellen lassen. Die Zeitschrift *Der Großrusse (Velikoross)* erschien zwischen Juli und September 1861 in drei getrennten Heften. Obgleich im allgemeinen in einem gemäßigteren Ton gehalten als *An die Junge Generation*, muß *der Großrusse* für die Behörden eine noch beunruhigendere Provokation dargestellt haben.

Im ersten Heft wurde das bereits vertraute Motiv angeschlagen, daß die Emanzipation in ihrer bisherigen Gestalt ein Schwindel sei und zu einem massenhaften Aufbegehren der Bauern führen werde. Die Gesellschaft müsse die Aufgabe der Reform in die eigenen Hände nehmen, da die Regierung »in ihrer Dummheit und Unwissenheit nichts begreift«.[33] Falls die gebildeten Klassen sich als unfähig erwiesen, würden die Patrioten sich gezwungen sehen, das Volk zur Erhebung aufzurufen, mit all den bedauerlichen Folgen, die sich daraus ergeben müßten.

Die zweite Ausgabe lieferte in Ergänzung der eben zitierten Analyse einige Details nach: Die Bauern seien gegenwärtig in zwei Gruppen gespalten. Die einen wären zufrieden, wenn sie so viel Land bekommen würden, wie sie als Leibeigene bewirtschaftet hatten, und wenn sie von der Entschädigungszahlung für das Land und von anderen Verpflichtungen entbunden würden. Im Unterschied zu diesem gemäßigten Teil verlange die andere Gruppe nicht nur das bis dahin bewirtschaftete Land, sondern den gesamten Grund und Boden, der bislang im Besitz der Grundherren gewesen war – die letzteren sollten also vollständig enteignet werden. Diese Zweiteilung in der Bauernschaft finde ihre Entsprechung bei den Patrioten: Von ihnen wollten einige die erbliche Monarchie beibehalten, vorausgesetzt sie werde konstitutionell und gewähre repräsentative Einrichtungen und volle bürgerliche Freiheit. Andere dagegen forderten den Sturz des Systems und die Errichtung einer Republik, »eine Leichtigkeit, bedenkt man die Enttäuschung der Bauern, die Unzufriedenheit unter den Grundbesitzern, die Ernüchterung in den Reihen der Gebildeten und den finanziellen Bankrott [des Staates]«. Die für den *Großrussen* verantwortlich zeichnende Gruppe erklärte sich bereit, dem Zaren eine Chance zu geben: Er solle die Vertreter des Volkes zur Verabschiedung einer Verfassung einberufen; falls er sich weigere, dies zu tun, müsse er abtreten.

Diese beiden Merkmale – daß eine Handvoll Personen von sich behaupteten, für eine angeblich breitangelegte Bewegung zu sprechen, und daß der Zar zur Einberufung einer konstituierenden Versammlung aufgefordert wurde – sollten für den Rest des Jahrhunderts verhältnismäßig typische Bestandteile des Repertoires revolutionärer Organisationen bleiben.

Was den *Großrussen* zu einer in der revolutionären Literatur von den Dekabristen bis Lenin ziemlich einzigartig dastehenden Erscheinung macht, ist sein Standpunkt zur nationalen Frage. Er fordert die *bedingungslose*

Entlassung Polens in die Unabhängigkeit, etwas, das nicht einmal Pestel' ohne weiteres zuzugestehen bereit gewesen war. »Unsere Herrschaft über Polen beruht nur auf Waffengewalt.« Dies führe dazu, daß ruinöse Summen für den Unterhalt des Heeres aufgebracht werden müßten, vor allem aber sei es unmoralisch und bedecke Rußland in den Augen Europas mit Schande. »Die Polen wird nichts anderes als vollständige Unabhängigkeit zufriedenstellen . . . Und auch unser eigener Nationalstolz, die Liebe zu unserem Volk und finanzielle Erwägungen fordern dies.«

Es gab zu jener Zeit auch andere Russen – und nicht ausschließlich in den Reihen der Radikalen –, die mit der polnischen Sache sympathisierten; allein, unsere anonymen Autoren stellten darüber hinaus eine Forderung auf, der kein anderer Gegner des autoritären Systems in Rußland – ob in seiner zaristischen oder in seiner sowjetischen Variante – ohne Wenn und Aber zuzustimmen bereit (gewesen) wäre, nicht einmal Lenin oder heutigentags Solschenizyn: Sie wollten der Ukraine Unabhängigkeit gewähren.

»Die Bevölkerung Südrußlands [sollte] in völliger Freiheit und nach eigenem Willen über ihr Schicksal entscheiden können . . . Wenn sie sich völlig abtrennen möchte, soll dies geschehen . . . Wir Großrussen sind stark genug, unser eigenes Leben zu führen. Stolz auf unsere Macht, haben wir es nicht nötig, auf unedle Weise nach künstlicher Größe zu streben, indem wir mit Gewalt andere zivilisierte Nationen in unserem Staat festhalten.«

Im Herbst 1861 lief die Konjunktur der anonymen Geheimschriften bereits auf vollen Touren. Dostojewskij schilderte die Szenerie im Rückblick an einer Stelle seiner *Dämonen*, wo er über eine der Nebenfiguren des Romans schrieb: »In seiner Jugend wanderten ganze Packen der *Glocke* und der Pamphlete durch seine Hände, und obgleich er sich nicht getraut hätte, auch nur hineinzuschauen, wäre es ihm zutiefst verwerflich erschienen, wenn er sich geweigert hätte, sie weiterzugeben.«[34] In den meisten der revolutionären Pamphlete wurden vertraute Leitmotive wiederholt: daß das Emanzipationsgesetz ein Betrugsmanöver gewesen sei, daß ein Bauernaufstand bevorstehe, daß Rußland eine Verfassung bekommen und/oder eine Republik werden müsse. Die extremste Eskalation revolutionärer Rhetorik stellte ein im Frühjahr 1862 veröffentlichtes haarsträubendes Flugblatt dar, für das eine Gruppe verantwortlich zeichnete, die sich großspurig »Der Zentrale Revolutionäre Ausschuß« nannte; hinter diesem Titel verbargen sich vier junge Studenten. Verfaßt hatte das Pamphlet mit dem Titel *Junges Rußland* der 19jährige Peter Zaischnewskij. Es unterzog alle in der Vergangenheit vorgeschlagenen und aktuell gängigen Rezepte für eine politische Veränderung einer vernichtenden Kritik: Sie zeugten von Kleinmut und blieben hinter dem zurück, was wirklich auf der Tagesordnung stehe und was das Pamphlet an ihrer Stelle als die einzig denkbare Lösung anbot: »eine blutige und rücksichtslose Revolution, die alle bestehenden gesellschaftlichen Einrichtungen tiefgreifend umwälzen und die Anhänger der gegenwärtig herrschenden Ordnung liquidieren muß«. Es versteht sich fast von selbst, daß das Ergebnis einer solchen Revolution ein sozialistisches und republikanisches Rußland mit Gemeineigentum an allen Produktionsmitteln sein sollte. Doch müsse die Revolution darüber hinaus auch für die Abschaffung der Ehe, »einer durch und durch unmoralischen und dem Grundsatz der Geschlechtergleichheit entgegengesetzten Einrichtung«, und der Familie sorgen, »die ein Hindernis für die Entwicklung der Menschheit ist«. Auf der Abschußliste standen natürlich auch Kirchen und Klöster, »jene Brutstätten der Liederlichkeit, in denen Landstreicher und Schmarotzer aller Art Unterschlupf finden«.[35]

Im Rückblick liegt es klar vor Augen – klarer, als die zaristischen Behörden es in ihrer Bestürzung und Betroffenheit über diese unvermittelte Explosion anonymer subversiver Literatur erkennen konnten –, daß die Konjunktur der Pamphlete zum großen Teil Ausdruck einer modischen revolutionären Begeisterung in der Jugend war und wenig mit ernsthafter konspirativer Betätigung zu tun hatte. Wie die Dekabristen in ihren früheren Jahren schmiedeten auch diese jungen Leute ihre Revolutionspläne weitgehend aus Langeweile und um den »Tatenhunger ihres jungen Gemüts« zu stillen. »Erwachsene Männer zwar, flüchteten sie sich doch in die tollkühne Abenteuerlust der Jugend.« Hinter der aufbrausenden Rhetorik läßt sich unschwer ein Gefühl der Frustriertheit ausmachen: Der erwartete große Bauernaufstand stellte sich nicht ein, und der Glaube der Bauern an den Zaren stand wie eine stählerne Schranke zwischen Rußland und der Revolution. Die hochfahrend verkündeten Absichten, die russischen Bauern und Soldaten in einer breitangelegten Kampagne zu agitieren, blieben vorläufig auf dem Papier stehen.

Ungeachtet dessen waren diese Symptome revolutionärer Erregung bei den Jungen geeignet, eine radikalisierende Wirkung auf die ältere Generation der Intelligenzija auszuüben und ihr die Schamröte über ihre anfänglich enthusiastische Reaktion auf das Emanzipationsgesetz ins Gesicht zu treiben. Einige der Pamphlete enthielten ernstzunehmende Gedanken und verbreiteten sich über Themen, die Pionieren der radikalen Sache wie Herzen und Tschernyschewskij durchaus wichtig waren. So äußerten etwa die Autoren von *An die Jüngere Generation* die Befürchtung, das Emanzipationsgesetz könne vielleicht trotz aller darin enthaltenen Ungerechtigkeiten seinen Zweck erfüllen, und Rußland werde dadurch auf den Pfad friedlicher und farbloser Reformen gedrängt, den der Westen schon beschritten hatte. Eine solche friedliche Entwicklung werde unvermeidlich im Kapitalismus und in der Herrschaft der Bourgeoisie mit ihrer verhaßten materialistischen Weltanschauung enden. Der russische Bauer mit seiner instinktiven Sehnsucht nach Sozialismus und Demokratie werde dann in einen Lohnarbeiter verwandelt, und wie Herzen bereits früher pessimistisch gemeint hatte: »In allen Ländern wird der Arbeiter sich zum Bourgeois entwickeln.«[36]

Es überrascht daher nicht besonders, daß der launische alte Mann des russischen Radikalismus (der er für die Jungen trotz seiner erst 49 Jahre war) schon im Sommer 1861 die Begeisterung widerrief, mit der er noch im Frühling den Galiläer und Befreier-Zaren gefeiert hatte. Jetzt seufzte er:

»Ach, wenn doch meine Worte zu Dir, Pflüger und Leidender der russischen Erde, dringen könnten, zu Dir, den dieses Rußland, das der Lakaien, die verächtlich auf Dich herabsehen ... Wenn Du mich hören könntest, ich würde Dich lehren, die ... geistlichen Hirten zu verachten, die vom Petersburger Synod und vom deutschen Zaren über Dich gesetzt worden sind ... Du haßt und fürchtest Deinen Grundherrn und Deinen Popen, und Du tust recht daran, aber Du glaubst noch immer an den Zaren und die Bischöfe ... Laß davon ab! Der Zar steht auf der Seite der Grundherren. Das sind die Leute seines Schlages ... Durch seine Pseudo-Emanzipation hat der Kaiser dem Volk sein wahres Antlitz gezeigt ... [und dann] Erschießungen und Auspeitschungen [angeordnet].«[37]

Ein bemerkenswerter Sinneswandel in einem Zeitraum von vier Monaten!

Manche der Geheimmanifeste (sicherlich nicht das *Junge Rußland* und ähnliche seiner Art) spiegelten, wenn auch in sehr zugespitzter Form und auftrumpfender Sprache, die Hoffnungen und Sehnsüchte der fortschrittlicheren Elemente der russischen Gesellschaft wider, so etwa *Der Großrusse* mit seiner Forderung nach einer Verfassung und repräsentativen Institutionen.

Selbst der darin vertretene Standpunkt zur Polenfrage war ein, wenn auch extremer, Ausdruck des Zeitgeistes – jene Jahre markierten eine der seltenen und kurzen Phasen der russischen Geschichte, in denen man den Eindruck haben konnte, als ob der russische Chauvinismus zeitweilig unter der Woge der allgemeinen Freiheitssehnsucht begraben worden wäre.

Vielleicht wichtiger als der Einfluß, den diese Hochblüte revolutionärer Pamphletliteratur auf die Gesellschaft ausübte, war ihre Wirkung auf das Regime. Die Behörden dachten nicht daran, sich in Angst und Schrecken versetzen zu lassen; in ihren Augen war das Aufbegehren in der Jugend ein weniger schwerwiegendes Problem, als eventuelle Unruhen in der Bauernschaft es gewesen wären. Schließlich handelte es sich hier nur um eine Handvoll Agitatoren, deren Einfluß sich auf höchstens einige tausend unreife Geister erstreckte, während man es bei Tumulten und Aufständen vielleicht mit Millionen von Bauern zu tun bekommen hätte.

Vom konservativen Standpunkt aus gesehen, war es ganz offensichtlich, daß die Umtriebe der jugendlichen Revolutionäre hauptsächlich von den Universitäten und der dort herrschenden Atmosphäre skandalöser Zügellosigkeit ausgingen. Im Mai 1861 entschloß sich die Regierung, an den Universitäten wieder einen Anflug von Disziplin einzuführen. Sie verbot nichtgenehmigte Studentenversammlungen; die Selbsthilfevereine und selbstverwalteten Büchereien sollten hinfort durch die Fakultäten kontrolliert, die Zahl derer, die höhere Bildungsanstalten besuchten, ohne die Gebühren zu bezahlen, auf eine bestimmte Quote beschränkt werden. Daraufhin trat ein, was vorauszusehen war: Zu Beginn des Frühjahrssemesters wurden die Universitäten von Moskau und St. Petersburg zum Schauplatz von Studentenunruhen. Diese nahmen den nur zu vertrauten Verlauf: tumultuöse Versammlungen, auf denen die Redner die Zurücknahme der repressiven Bestimmungen forderten, Boykottaktionen gegen die Vorlesungen unbeliebter Professoren und schließlich Massendemonstrationen sowohl auf dem Universitätsgelände als auch vor den Wohnhäusern von Universitäts- und Regierungswürdenträgern. In St. Petersburg marschierten die Studenten zur Residenz des Universitätskurators, in Moskau zu der des Generalgouverneurs. Die Versuche der Behörden und einiger Professoren, die aufgebrachten jungen Leute zu besänftigen, stießen ebenfalls auf erwartbare Reaktionen. Als ein sehr beliebter Professor der Petersburger Universität den dortigen Demonstranten klarzumachen versuchte, daß sie ihrer Hochschule und der wissenschaftlichen Ausbildung großen Schaden zufügten, erhielt er die klassische Antwort: »Was hat dies hier mit Wissenschaft zu tun, Alexander Wassiliewitsch? Hier geht es um wichtige soziale Tagesfragen.«[38] Am Ende wurden die Studenten ultimativ aufgefordert, eine Erklärung zu unterschreiben, in der sie sich zu Wohlverhalten verpflichteten; die meisten von ihnen taten das auch. Daraufhin beschlossen ungefähr 300 Unbeugsame, »*en masse* zum Universitätsgebäude zu marschieren, auf diejenigen loszugehen, die eine Wohlverhaltenserklärung unterschrieben, ihnen allen dieses Stück Papier zu entreißen und die so erbeuteten Dokumente an Ort und Stelle in Stücke zu reißen«.[39] An diesem Punkt griffen Polizei und Soldaten ein. Es kam zu Massenverhaftungen, und mehrere Hundert der Demonstranten fanden sich in den Zellen der Festungen Kronstadt und Petropawlowsk wieder. Eine Anzahl jüngerer Professoren bot daraufhin aus Solidarität mit den Verhafteten ihren Rücktritt an. Ganz ähnlich liefen die Ereignisse in Moskau ab. Auf höhere Anordnung wurden beide Universitäten für den Rest des akademischen Jahres geschlossen.

Die Regierung fand nach kurzer Zeit ihr Augenmaß wieder. Der Zar war ungehalten über den groben Umgang der Behörden mit den aufgebrachten jungen Leuten. Mehrere der verantwortlichen Beamten, darunter der Bildungsminister, wurden ihres Postens enthoben und durch Männer ersetzt, die als fortschrittlich galten und diesem Ruf in der Folge auch gerecht wurden. Die verhafteten Studenten wurden bald wieder in Freiheit gesetzt, und die ärmeren unter ihnen erhielten staatliche Beihilfen, damit sie ihr Studium fortsetzen konnten. Ein bemerkenswerter Aspekt des ganzen Geschehens war, daß die Masse der städtischen Bevölkerung den demonstrierenden Studenten gegenüber eine entschieden feindselige Haltung an den Tag gelegt hatte – es waren Gerüchte umgegangen, denen zufolge die »jungen Herren« die Leibeigenschaft wieder einführen wollten. Selbst wenn die Unruhen indirekt Ausdruck einer politischen Oppositionsbewegung waren, stellten sie von ihrem quantitativen Umfang her alles andere als eine wirkliche Gefahr für das Regime dar.

Aber gerade das war für das radikale Lager eine Herausforderung. Die

Regierung habe, wie Herzen am 1. November 1861 in der *Glocke* schrieb, sich als eine »Bande von Schuften, Räubern und männlichen Prostituierten« erwiesen. Und er fügte dem eine Erklärung hinzu, die ein Gemisch aus Wunschdenken und plausibler Prophezeiung war.

»Von allen Teilen unseres riesengroßen Landes – vom Don und vom Ural, von der Wolga bis zum Dnjepr – vernimmt man ein Murren, ein anschwellendes Grollen. Dies ist erst der Beginn, das noch ferne Geräusch einer Flutwelle, die sich nach jener erzwungenen Zeit der Ruhe auftürmt und mit Sturm schwanger geht. *Zum Volk, zum Volk* – dort ist euer Platz, ihr von den Stätten der Gelehrsamkeit Verbannten. Zeigt, daß ihr Kämpfer für das russische Volk sein werdet. Ihr habt ein neues Zeitalter eingeläutet. Ihr habt begriffen, daß die Zeit des Flüsterns, der verblümten Kritik und [der Lektüre] verbotener Bücher vorbei ist. Ruhm sei mit euch, unsere jungen Brüder, und auch unser Segen. Ach, wenn ihr nur wüßtet, wie aufgeregt unsere Herzen schlagen! Wie nahe wir den Tränen waren, als wir von den *Studententagen* in Petersburg lasen!«

Vorläufig waren nur wenige der jungen Rebellen bereit, dem Appell Herzens zu folgen. Anders als in den 70er Jahren, als es innerhalb der Studentenschaft und der jungen Intelligenzija zu einem Massenphänomen wurde, »ins Volk zu gehen«, schätzten die meisten Radikalen der 60er Jahre ihre Fähigkeit, mit den bäuerlichen Massen in unmittelbare Kommunikation treten zu können, äußerst gering ein. Immerhin, die kurze Zeit der Haft in einem Gefängnis wie der Festung Petropawlowsk mit den erhebenden Erinnerungen, die sich an die einst hier festgehaltenen Dekabristen knüpften, hatte auf die Studenten die Wirkung eines berauschenden Getränks. Dazu kam, daß weitere Verhaftungen vorgenommen wurden. Auf ihrer Suche nach den Rädelsführern der Pamphletkampagne lieferte die Regierung dem radikalen Lager die ersten Märtyrer: Der Dichter Michael Michailow, der die Schrift *An die Junge Generation* verteilt und wahrscheinlich mitverfaßt hatte, wurde von einem *agent provocateur* denunziert. Wladimir Obrutschew, Sohn eines Generals und selbst ehemaliger Offizier, wurde dabei ertappt, als er den *Großrussen* verteilte. Beide wurden zu mehrjähriger Zwangsarbeit in der sibirischen Verbannung verurteilt, wo Michailow nach kurzer Zeit starb. Ihr Schicksal löste nicht nur innerhalb der Intelligenzija, sondern auch in Kreisen der Beamtenschaft Mitgefühl und Solidarität aus, vor allem, weil die jungen Leute so ritterlich gewesen waren, die Namen ihrer Komplizen nicht preiszugeben. Diese Haltung stand in bezeichnendem Kontrast zum Verhalten der Massen anläßlich der öffentlichen Degradierung Obrutschews – seiner sogenannten bürgerlichen Hinrichtung – vor dem Abtransport in Ketten nach Sibirien. Dem vor den Galgen knienden Gefangenen wurde sein Urteil vorgelesen, woraufhin der Scharfrichter ein Schwert über seinem Kopf entzweibrach. Die Menge, die diesem barbarischen Ritual beiwohnte, bestand in der Mehrzahl aus Petersburger Arbeitern und Handwerkern und zeigte sich von ihrer garstigsten Seite. Rufer aus der Menge forderten, der Delinquent solle für seine Unbotmäßigkeit dem Zaren gegenüber aufgehängt oder zumindest geprügelt werden – eine weitere lebhafte Demonstration der Kluft, welche die Radikalen vom Gegenstand ihrer Hoffnungen und ihrer Fürsorge trennten: vom Volk.

Diese Einsicht entmutigte diejenigen, die an die Notwendigkeit einer gewaltsamen Lösung glaubten, jedoch keineswegs, sondern bestärkte sie nur noch in ihrer Entschlossenheit. Offenbar würde die ersehnte Revolution nicht von selbst kommen – für den Augenblick zeigten die Massen sich nicht gewillt, die Axt zu erheben. Ein Grund mehr, eine Geheimorganisation ins Leben zu rufen, die sich für den Tag wappnen und sein Herannahen beschleunigen mußte, an dem den Bauern die Schuppen von den Augen fallen und sie erkennen würden, wie erbärmlich sie betrogen worden waren.

Dieser Gedankengang wurde in einem Artikel in der *Glocke* vom 15. September 1861 dargelegt, der mit »Einer von vielen« unterzeichnet war, mit ziemlicher Sicherheit aber aus der Feder des 27jährigen Nikolaj Serno-Solowjewitsch stammte. Ein Mann vom Schlage der radikaleren Dekabristen, hatte Serno seine Arbeit im öffentlichen Dienst aufgegeben und hatte in St. Petersburg eine Buchhandlung und Leihbücherei aufgemacht, die zum Treffpunkt für politisch unzufriedene junge Leute wurde. In seinem Artikel räumte er ein, daß die politische Fieberwelle, die gegenwärtig die gebildete Klasse erfaßt habe, ein im wesentlichen irreführendes Bild erzeuge. In Wirklichkeit seien die meisten Angehörigen dieser Klasse von Unterwürfigkeit gegen die Regierung erfüllt und kümmerten sich nur um ihre eigenen egoistischen Interessen und ihre Karriere. Es gebe in den Reihen der Gesellschaft eine kleine Minderheit, die zur Sache des Volkes stehe, aber mit diesem leider Gottes keinerlei Kontakt habe.

»Der gute Wille [dieser] Minderheit bleibt angesichts ihrer Schwäche wirkungslos, und dem Volk [d. h. den Bauern] fehlt jede Initiative ... Für eine Nation, die seit undenklichen Zeiten versklavt gewesen ist, gibt es keine andere Möglichkeit, die Unterdrücker loszuwerden, als durch [Verschwörung in] Geheimgesellschaften. In ihnen werden Kämpfer herangezogen, zerstreute [revolutionäre] Kräfte zusammengefaßt, die allgemeine Bewegung vorbereitet. Ohne sie werden die Massen sich nicht erheben, und wenn doch, würden sie es unvorbereitet tun und könnten dem Gegner der organisiert ist, nicht standhalten.«

Die Dekabristen hätten, so fuhr Serno fort, den großen Fehler gemacht, das Volk nicht in ihre Aktivitäten einzubeziehen. Die neue revolutionäre Verschwörung müsse landesweit organisiert werden:

»Man muß sich der Propaganda bedienen, eine Menge schreiben, und zwar in einem Stil, den das Volk versteht. Man muß geheime Druckereien haben, gedruckte Schriften unter den Bauern und Soldaten verbreiten ..., Geheimzellen in den Regimentern unterhalten ..., Verbindungen zu den Altgläubigen, Kosaken, Mönchen herstellen ..., vor allem Einfluß auf das Militär gewinnen, Anhänger in der Beamtenschaft werben ... [Die Verschwörung] müßte über eigene kommerzielle und industrielle Unternehmungen verfügen und finanzielle Mittel ansammeln.«

1861 also keimte auf russischem Boden erstmals der für den Kommunismus so wesentliche Gedanke an eine revolutionäre Partei auf, eine Partei, die nicht nur politische und gesellschaftliche Veränderungen anstrebt, sondern auch an die Revolution als ein Ziel an und für sich glaubt und dafür arbeitet; eine Partei, die sich nicht bloß anmaßt, für das Volk zu sprechen, sondern die auch versucht, die Massen zu aktivieren und zu beeinflussen und sie in den entscheidenden Kampf zu führen. Der Aufsatz von Serno enthielt auch eine Passage, die das von Trotzki formulierte und von Lenin 1917 praktisch angewandte Konzept der permanenten Revolution vorwegnahm. Serno wies den Gedanken, daß er und die Seinen lediglich für eine russische Verfassung kämpften, rundweg zurück. Gewiß würde eine Verfassung den Revolutionären ihre Aufgabe erleichtern. Sie könnten unter ihrem Schutz ihre verschwörerischen und propagandistischen Aktivitäten besser durchführen, aber »wir wissen, daß eine Verfassung weder unser letztes Ziel noch das letzte Wort ist«.

Was im 20. Jahrhundert in den Bereich des Möglichen rücken sollte, nahm sich in den 60er Jahren des 19. Jahrhunderts wie ein realitätsferner Traum aus, ein Produkt nicht so sehr nüchternen politischen Denkens als vielmehr der Enttäuschung derer, die ihn träumten, darüber, daß die Massen sich nicht erhoben hatten. In Anbetracht dessen galt es, für die konspirative Bewegung, wie sie Serno vorschwebte, Leute zu finden und zu rekrutieren. Auch hier vertraten er und seine Gesinnungsgenossen Vorstellungen, die von grundlegendem Einfluß auf die Zukunft der revolutionären Bewegung in Rußland sein sollten: Das wichtigste war, daß man eine revolutionäre Organisation besaß, gleich wie schwach sie in numerischer Hinsicht anfangs auch sein mochte. Alles Weitere würde sich zum großen Teil von selbst ergeben. Die bloße Existenz einer illegalen Oppositionsgruppe, die, wenn auch zunächst vielleicht nur in geringem Umfang, subversiv tätig war, würde dem Regime in einem Maß zusetzen, das außer Verhältnis zum quantitativen Gewicht des revolutionären Lagers stand. Die Herrschenden müßten ihre Pseudo-Reformpolitik aufgeben und zur offenen Unterdrückung zurückkehren. Mochten sie diese Unterdrückung auf das Zehnfache steigern! Mochten sie verstärkten Druck auf die Universitäten ausüben, die Zensur verschärfen, das Kriegsrecht ausrufen, den Terror regieren lassen! Sie würden damit nur immer größere Teile der Bevölkerung vor den Kopf stoßen und gegen sich aufbringen: »Es ist eine uralte Erfahrungstatsache, daß eine [revolutionäre] Partei um so stärker wird, je größerer Verfolgung sie ausgesetzt ist. Diejenigen, die im Kampfe fallen, werden [in den Augen der Gesellschaft] zu Märtyrern und Heiligen. Ihre Leiden sind für die Sache hundertmal mehr wert als das, was sie zuvor geleistet haben.« Außerdem, so heißt es weiter – und vielleicht dachte der Autor dabei daran, daß dies unter dem vorigen Zaren ganz anders gewesen war –, sei das gegenwärtige Regime so unfähig, daß es niemals imstande wäre, eine systematische und wirksame Unterdrückung zu praktizieren.

Zu dem Zeitpunkt, als dieses glühende Manifest gedruckt wurde, hatte sich bereits der Kern einer verschwörerischen Bewegung gebildet, die den Versuch machen wollte, die darin propagierten Lehren in die Tat umzusetzen; Serno-Solowjewitsch gehörte zu der Gruppe, die sich »Land und Freiheit« nannte. Die Organisation erreichte während der kurzen Zeit ihres Bestehens keines der ehrgeizigen Ziele, die ihre Gründer ihr vorgezeichnet hatten. Das fing schon damit an, daß es niemals ganz gelang, aus der Gruppe mehr zu machen als eine Gemeinschaft lose miteinander verbundener Verschwörerzirkel, von denen die meisten sich, statt auf handfeste revolutionäre Aktivitäten, auf Diskussionen und Flugschriftpropaganda verlegten. Auch machte »Land und Freiheit« niemals durch einen nennenswerten Insurrektionsversuch, etwa nach dem Muster des 14. Dezember, von sich reden. Nachdem die Woge der Revolutionsbegeisterung nach 1863 abzuebben begann, zogen sich die meisten Mitglieder der Gruppe zurück und widmeten sich prosaischeren Beschäftigungen; einige von ihnen stiegen später in hohe amtliche Stellungen auf. Nicht wenige »alte Herren« der Revolutionsbewegung der Jahre 1861–63 krönten ihre Karriere mit einem Minister-, Generals- oder Senatorenposten. Andere dagegen bezahlten ihren jugendlichen Überschwang mit Jahren der Gefängnishaft oder der Verbannung, einige sogar mit dem Leben.

Der Name und zugleich Wahlspruch, den die Verschwörer sich gaben, leitete sich von einem Artikel Ogarews in der *Glocke* ab. Orgarew hatte auf die im Titel seines Artikels gestellte Frage »Was will das Volk?« die Antwort gegeben: »Land und Freiheit«. In seinen zentralen Forderungen war Ogarew nicht annähernd so kompromißlos wie Serno-Solowjewitsch. Sein Artikel war im Grunde ein Aufruf zur Gründung einer revolutionären Partei, in der Radikale aller Schattierungen, von den konstitutionellen Monarchisten bis zu denjenigen, die eine Republik und eine kommunistische Landwirtschaft anstrebten, ihren Platz finden sollten. Während ihr politisches Programm keine klaren Konturen aufwies, zeichnete sich die praktische Schlußfolgerung, zu der Ogarew in seinem Artikel gelangte, durch unmißverständliche revolutionäre Konsequenz aus: Er forderte die Massen auf, ihre Kräfte nicht mit sporadischen Aufstandsversuchen zu vergeuden, sondern »die Kräfte zu sammeln, zuverlässige Männer zu suchen, die ihren Rat zur Verfügung stellen und in Worten und Taten Führer sein werden . . ., [Männer, die bereit sind] ihr Vermögen und ihr Leben zu opfern. Auf diese Weise werden wir ruhig und fest aufstehen können . . . gegen den Zaren und die Adligen und für Gemeineigentum an Boden, für nationale Freiheit und für die Menschenrechte.«[40]

Die junge Verschwörerbewegung sammelte sich um zwei Brennpunkte: den Kreis um Herzen in London und den um Tschernyschewskij in St. Petersburg. Herzen, der menschlichste aller Revolutionäre, war bis dahin ein Gegner von Gewalt und Anschlägen gewesen, stellte sich nun jedoch mit dem großen Gewicht seines Prestiges hinter das Unternehmen. Neben persönlichen Gründen wie dem Einfluß seines Freundes Ogarew spielte dabei seine wachsende Enttäuschung über Alexander II. eine Rolle. Sein Sinneswandel hatte eingesetzt, als er erleben mußte, wie die Bauernbefreiung mit Prügelstrafen und Erschießungen eingeläutet worden war, und hatte sich bis zum Abscheu gesteigert, als bekannt geworden war, daß in Warschau russische Truppen bei mehreren Gelegenheiten auf polnische Demonstranten geschossen hatten. Die polnische Frage gewann nun grundlegende Bedeutung für die revolutionäre Bewegung in Rußland.

Was Tschernyschewskij betraf, so präsentierte er sich nunmehr als glühender Befürworter einer gewaltsamen Lösung. Es steht nicht fest, wann er sich »Land und Freiheit« anschloß oder ob er es überhaupt tat. Aber das sagt nichts, denn schließlich war Gandhi auch niemals offiziell Mitglied der Kongreßpartei, und die Rolle, die Tschernyschewskij in der russischen revolutionären Bewegung der Jahre 1861–62 spielte, ähnelte in gewisser Hinsicht der Rolle Gandhis im Kampf um die Unabhängigkeit Indiens. An sich eher ein Büchermensch, erfreute er sich einer ungeheuren Beliebtheit bei der russischen Jugend, sowohl bei den jungen Offizieren als auch bei den Studenten. Sie alle lasen begierig seine langatmigen Abhandlungen im *Zeitgenossen*, und sie suchten – und fanden gewöhnlich auch – zwischen den Zeilen die Botschaft, auf die sie warteten: daß das herrschende System, die ganze Wirklichkeit des russischen Lebens, unerträglich sei und das Land nur durch eine Revolution gesunden könne.

Neben der Propaganda hatte Tschernyschewskij sich auch an revolutionärer Agitation versucht. (Die klassische, von Plechanow gegebene Definition beider Begriffe, die für sich allein schon ein aufschlußreiches Zeugnis für die Natur der revolutionären Bewegung und insbesondere des Kommunismus in Rußland darstellt, unterscheidet scharf zwischen dem Propagandisten, der einigen wenigen viele und schwierige Gedanken zu erklären versucht, und dem Agitator, dessen Aufgabe darin besteht, vielen einige wenige, einfache Gedanken nahezubringen.) Tschernyschewskij war zweifellos der Verfasser einer zur Verlesung in den Bauerndörfern bestimmten Broschüre, die mit den Worten begann: »Gegrüßt seien die Fronbauern von denen, die ihnen wohlgesonnen sind.« Das Pamphlet, das in einer etwas gezwungen wirkenden volkstümlichen Sprache gehalten und von seinem Inhalt her ziemlich demagogisch war, zählte zunächst alle wirklichen und vermeintlichen Mängel des Emanzipationserlasses auf, wobei auch die eindeutig unwahre Behauptung einfloß, nach den neuen Bestimmungen könne der Grundherr den Bauern von dem ihm zugewiesenen Land verjagen. Was könne man schon vom Zaren erwarten – war er doch selbst Grundbesitzer! Und von der Landfrage einmal abgesehen, weshalb wurden den Russen jene Freiheiten verwehrt, die für alle zivilisierten Nationen galten? Anderswo, so versicherte die Broschüre, gebe es keinen zwangsweisen Wehrdienst, keine Kopfsteuer und auch einige Lasten nicht, die der russische Bauer tragen mußte. Dort entschiede über alles das Volk. Wenn die Engländer oder Franzosen mit ihrem Zaren nicht mehr zufrieden seien, erklärten sie ihm einfach: »Du, Zar, warst lange genug unser Führer; wir wollen dich nicht mehr. Wir haben einen anderen. Geh in Frieden ..., aber weit fort, sonst werfen wir dich ins Gefängnis und klagen dich wegen Ungehorsams an.«[41] Solche wunderbaren Errungenschaften könne es auch in Rußland geben, wenn die Bauern sich nur zusammenschlössen; wenn ihre wohlmeinenden Freunde ihnen einst das Signal geben würden, sollten sie ihren Anweisungen folgen.

Anders als die Dekabristen, die in dieser Beziehung zumeist Dilettanten waren, gaben sich die »Land und Freiheit«-Leute viel Mühe mit der Agitation der bäuerlichen Massen, in der Hoffnung, ihnen ihr kritikloses Zutrauen zum Zaren austreiben zu können. Aus heutiger Sicht fällt es leicht, diese Bemühungen als von vornherein aussichtslos zu erkennen. Selbst wenn den Möchtegern-Revolutionären ein gut organisiertes Netz geheimer Druckereien zur Verfügung gestanden hätte und sie in der Lage gewesen wären, ihre Agitationsliteratur massenhaft zu verbreiten (viele ihrer Pamphlete, wie das von Tschernyschewskij wurden von der Polizei beschlagnahmt, noch ehe sie in Druck gehen konnten), wäre die Botschaft, die sie verkündeten, vom durchschnittlichen Bauern jener Zeit nicht verstanden worden. Vielleicht war dieser Bauer sowohl zu ungebildet als auch zu schlau, den revolutionären Aufrufen zu folgen. Was er auch immer an den konkreten Bedingungen seiner Emanzipation auszusetzen hatte, mit Politik hatte es in seinem Denken nichts zu tun. Und wenn ein Dorfbauer von jemandem, der offenkundig ein besserer Herr war, in übertrieben volkstümlicher Sprache angesprochen wurde, war es nur natürlich, daß sein Argwohn erwachte. Dasselbe galt, wenn auch vielleicht in geringerem Maß, für die Agitation unter den Soldaten. Einer der ersten Aktivisten von »Land und Freiheit« war Nikolaj Obrutschew, Oberst im Generalstab, der seine Karriere als Oberbefehlshaber des russischen Heeres beenden sollte. Obrutschew (ein Vetter von Wladimir) verfaßte zusammen mit Ogarew einen revolutionären Aufruf an die Soldaten des russischen Heers, der in der *Glocke* vom 8. November 1861 gedruckt wurde; die Soldaten wurden darin aufgefordert, für den Fall, daß sie von den Behörden zur Niederschlagung von Bauernaufständen eingesetzt würden, den Befehl zu verweigern. »Der Zar hat einen Befehl unterzeichnet, in dem festgelegt ist, wie und wann das Volk niedergetreten werden soll. Wieso kam er auf die Idee, den Befehl bekanntzugeben und drucken zu lassen? Es ist klar, daß er das Volk fürchtet. Und wenn ein Mann Angst hat, ist er schwach.« Was sollten die Soldaten tun? Sie sollten sich weigern, die Befehle ihrer Vorgesetzten auszuführen. »Was wird der Zar tun, wenn die Soldaten sich weigern, das Volk niederzuwalzen? Bestimmt wird er dem Volk Land und Freiheit geben müssen, und das ist alles, was das Volk will. Wenn also das Heer sich nicht gegen das Volk wendet, wird das Volk Land und Freiheit bekommen, ohne daß es ein Massaker gibt, ohne daß ein Tropfen Blut vergossen wird.«[42] Mit großer Akribie untersuchten und widerlegten die Autoren alle denkbaren Einwände gegen die Aufforderung zum Ungehorsam. Der Treueeid, den der Soldat geleistet hatte, könne ihn nicht darauf verpflichten, etwas von Grund auf Unmoralisches oder Böses zu tun, wie etwa auf Bauern zu schießen, die das ihnen zustehende Land einforderten, oder auf Polen, die für ihre nationale Freiheit einstanden. Mehr als 50 Jahre und zwei verheerende Kriege mußten noch vorübergehen, ehe der russische Soldat auf das »Nicht schießen, Bruder« seiner rebellierenden Mitbürger hörte und sich weigerte, auf seine Landsleute anzulegen.

Gleichermaßen schöpferisch, wenn auch ebenfalls seiner Zeit weit voraus war das strategische Gesamtkonzept der Revolutionäre. So mächtig und unerschütterlich das zaristische Regime sich auch nach außen hin präsentieren mochte, so felsenfest es im Gewoge der sozialen Kräfte seinen Platz zu behaupten schien, irgendwann mußte doch ein Augenblick der Schwäche kommen, der einen aussichtsreichen Frontalangriff erlaubte. Das imposante Gefüge des Systems des Zaren Nikolaus war durch die russische Niederlage im Krimkrieg bis in seine Grundfesten erschüttert worden. Man konnte davon ausgehen, daß das autokratische System auch in Zukunft bei einem von außen erfolgenden Angriff Verwundbarkeiten offenbaren würde, insbesondere wenn ein solcher Angriff mit einer kritischen Phase im Inneren zusammenfiele. »Land und Freiheit« entwickelte hier wiederum einen Gedanken, der für Lenin und seine Anhänger grundlegend werden sollte: Eine revolutionäre Partei durfte nicht aus dem Elan des Augenblicks heraus zuschlagen, wie die Dekabristen es getan hatten – mit fatalen Folgen für sie selbst. Sie mußte vielmehr mit ihren Kräften haushalten und erst dann zum großen Schlag ausholen, wenn die Zeit dafür reif war, wenn die Regierung, in ihrem Prestige und ihrem Selbstvertrauen bereits angeschlagen, sich sowohl innen- als auch außenpolitisch in der Defensive befand.

Ein solcher Zeitpunkt würde, wie die Verschwörer glaubten, im Frühjahr 1863 eintreten. Die im Emanzipationserlaß festgelegte zweijährige Übergangsperiode würde um diese Zeit auslaufen, und die neue Ordnung der Besitz- und Pachtverhältnisse auf dem Land sowie die Neuregelung der Verpflichtungen der Bauern gegenüber ihren früheren Grundherren würden formell festgeschrieben sein. Gewiß würden die Bauern spätestens zu diesem Zeitpunkt begreifen, wie grausam sie betrogen worden waren, was ihre vermeintliche Befreiung in Wirklichkeit bedeutete: weniger Boden für viele, drückendere Zahlungs- oder Arbeitsverpflichtungen für alle. Dann endlich würde Rußland die Axt erheben. Wenn die Verschwörer sich den bevorstehenden Aufstand ausmalten, konnten sie auf historische Vorbilder zurückgreifen: Die großen *jacquerien* der Vergangenheit traten ihnen als verheißungsvolle Visionen vor Augen – der von dem Donkosaken Stenka Razin geführte Aufstand von 1670/71 und insbesondere die mit dem Namen Jemeljan Pugatschow verbundene Revolte von 1773. Beide Male hatte der Aufstand auf weite Teile des Landes übergegriffen, namentlich 1773, als Pugatschow und seine Horden zeitweilig das gesamte untere Wolgagebiet und den Ural beherrschten. In beiden Fällen hatte die Regierung Truppen ins Feld führen müssen, um die Rebellen niederzuwerfen und die Ordnung wiederherzustellen.

Die Revolutionäre hatten jedoch noch einen weiteren Grund, das Frühjahr 1863 als ihre Stunde ins Auge zu fassen; die kaiserliche Armee würde zu dieser Zeit nämlich anderweitig beschäftigt sein. In Polen stand eine Rebellion vor der Tür, und in deren Gefolge würde es sehr wahrscheinlich zu einem allgemeinen europäischen Konflikt kommen, bei dem das russische Reich wie im Krimkrieg den mächtigen westlichen Nationen gegenüberstehen würde. Diese ungenierte Bereitschaft, eine nationale Katastrophe zur Vorbedingung für die Möglichkeit einer Revolution zu erklären, stellt eine weitere Parallele zwischen »Land und Freiheit« und den russischen Marxisten des 20. Jahrhunderts dar, die sowohl 1905 als auch 1914 auf eine Niederlage ihres Landes im Krieg hofften und darin ein kleineres Übel erblickten als in der Fortdauer des autokratischen Systems. Ein solches Kalkül lag ganz im Rahmen der internationalistischen Überzeugung derjenigen, die es anstellten: der Überzeugung, daß »die Arbeiter kein Vaterland haben«; rationalisiert werden konnte diese Überzeugung mit der Behauptung, eine Revolution in Rußland werde ohnehin nur das Vorspiel für eine allgemeine europäische Revolution bilden. Freilich waren die Ideen eines Karl Marx in den 60er Jahren in Rußland noch unbekannt und spielten im Denken der Radikalen keine Rolle. Wenn wirklich einmal der Augenblick einer nationalen Bedrohung kam, sollte sich erweisen, daß es in Ermangelung einer griffbereiten internationalistischen Ideologie kein Gegengewicht zum russischen Nationalismus gab, der im Herzen nicht nur der Volksmassen, sondern auch der Revolutionäre selbst noch immer fest verankert war.

Theoretisch schienen die Erwartungen der Verschwörer hinsichtlich eines Aufstandes in Polen und seiner politischen Folgen für Rußland gut fundiert zu sein. Das unter Nikolaus so unbarmherzig unter dem russischen Joch gehaltene Königreich Polen wurde unter dem neuen Zaren wieder einmal zum Schauplatz politischer Kämpfe: Offene nationalistische Agitation und Forderungen, zunächst nach einer Autonomieregelung, dann nach völliger Unabhängigkeit von Rußland, fanden Widerhall nicht nur bei den oberen Klassen wie 1830, sondern auch bei den Juden und beim städtischen Proletariat. Die zaristische Regierung reagierte auch hier, wie in Rußland selbst, mit einem Lockerlassen der Zügel und mit Reformzusagen. Aber ebenso wie Alexander II. in bezug auf Rußland entschlossen war, mit seiner Reformpolitik auf keinen Fall bis zur Gewährung einer Verfassung zu gehen, war er Polen gegenüber nicht einmal zu Zugeständnissen bereit, wie sie den Minimalforderungen der gemäßigten polnischen Patrioten entsprochen hätten: Wiederherstellung der legislativen Autonomie des Königreichs und seiner inneren Selbstverwaltung, so daß die Bindungen zwischen Polen und Rußland wieder, wie es theoretisch vor 1830 der Fall gewesen war, auf eine bloße Personalunion reduziert worden wären. Alexander nannte solche Forderungen, als er 1856 in Warschau zu einer Versammlung polnischer Adliger sprach, »eitle Träume«. Er versuchte, die Polen mit einer Reihe von »Trostpflastern« zu beschwichtigen: Die Beamtenposten wurden mit Einheimischen besetzt, die von Nikolaus geschlossenen Gymnasien und Hochschulen wiedereröffnet, und die katholische Kirche, damals wie heute die Bannerträgerin des polnischen Nationalismus, erhielt einen größeren Freiheitsspielraum. Aber diese Zugeständnisse erfüllten ihren Zweck nicht. Anstatt der politischen Unzufriedenheit und der Agitation gegen Rußland die Spitze zu nehmen, bewirkten sie das Gegenteil. Die Behörden sahen sich bald mit einer steigenden Zahl nationalistischer Demonstrationen und mit Anschlägen auf russische Beamte und Offiziere konfrontiert. Wie in Rußland selbst, schwankte die staatliche Reaktion auch in Polen zwischen der Gewährung weiterer Zugeständnisse und einer verschärften Unterdrückung; der Unterschied lag freilich darin, daß in Polen die revolutionäre Stimmung nicht auf kleine Verschwörerzirkel beschränkt war, sondern die Stadtbevölkerung als ganze ergriffen hatte.

Die Haltung zum polnischen Problem war häufig die Nagelprobe für die Ernsthaftigkeit der freiheitlichen Gesinnung russischer Revolutionäre gewesen. Den meisten Dekabristen war der Gedanke an eine völlige Unabhängigkeit Polens von Rußland ganz und gar nicht sympathisch gewesen, und selbst Pestel' hätte Polen gern als russischen Satelliten gesehen. Jetzt aber trat ein, was in Anbetracht der jahrhundertelang eher unglücklich gewesenen Beziehungen zwischen den beiden Nationen einigermaßen wunderbar anmutet: Bei den fortschrittlich denkenden Russen, und zwar nicht nur im revolutionären Lager, setzte sich eine der polnischen Unabhängigkeit günstige Stimmung durch. Niemand vertrat diese Haltung aufrichtiger und überzeugter als Alexander Herzen. Am 10. April 1862 arrangierte er in London ein Bankett zum Jahrestag der Verkündung des Emanzipationserlasses, bei dem er einen Toast auf den Mann auszubringen gedachte, der in seinen Augen noch immer der Befreier-Zar war. Doch noch ehe die Gäste Platz nahmen, traf die Nachricht von blutigen Ereignissen in Warschau ein: Eine demonstrierende Menge hatte sich unbotmäßig verhalten, Soldaten hatten das Feuer eröffnet, und es hatte Tote und Verwundete gegeben. Herzen übte heftige Kritik am Zaren und erhob dann sein Glas, um auf »die vollständige und bedingungslose Unabhängigkeit für Polen« zu trinken.

Ein aufmerksamer Beobachter der russischen Gesellschaft jener Zeit hätte freilich nicht umhin gekonnt, zu bemerken, daß diese vermeintliche Polenfreundlichkeit der gebildeten Schicht etwas ziemlich Oberflächliches an sich hatte. Sie entsprang eher einer allgemein kritischen Einstellung zur eigenen Regierung als einem echten Bekenntnis zum Prinzip der nationalen Unabhängigkeit und einer aufrichtigen Distanzierung von der imperialistischen Vergangenheit Rußlands. Tschernyschewskij, der aufgrund seiner sozialen Herkunft und seines ständigen Aufenthalts im Heimatland seine Landsleute weit besser beurteilen konnte als Herzen, schrieb seinerzeit etwas, das heute noch in gleichem, wenn nicht gar stärkerem Maße gilt als 1862:

»Bis vor kurzem war die Politik Rußlands hauptsächlich auf Expansion gerichtet, und diese Aufgabe, die mit sehr großem Erfolg ausgeführt wurde, hat die wirkliche Kraft unseres eigenen Volkes geschmälert. Es ist uns niemals gelungen, wirklich zivilisiert zu werden noch auch nur gesunde wirtschaftliche Verhältnisse zu schaffen, weil wir niemals die Zeit und die Kraft aufgebracht haben, uns um unsere inneren Angelegenheiten zu kümmern ... Bei uns sind die Rohstoffe, die man für den Pflug und die Sichel benötigt, immer gebraucht worden, um Schwerter und Speere zu schmieden, und das ist der Grund, warum wir nicht imstande gewesen sind, unser Land ordentlich zu kultivieren.«

Dieser Imperialismus und Militarismus des Zarenreichs sei, wie Tschernyschewskij hinzufügte, jedoch nicht allein das Ergebnis der Politik des Regimes. Seine Einsichten waren hier, im Gegensatz zu vielen seiner sozialen und politischen Vorstellungen, auf eine brutale Weise realistisch:

»Es wäre unrichtig, wollte man diese Konzentration aller geistigen und materiellen Ressourcen der Gesellschaft auf das Ziel der Eroberung den bisherigen Regierungen anlasten. Die *Gesellschaft selbst* hat diese [expansionistische] Politik der Regierung gefordert und unterstützt ... Erinnern wir uns nur daran, wie zu Beginn des letzten Krieges [des Krimkriegs] 99 von 100 eigentlich gebildeten Leuten bei dem Gedanken, daß wir bald Konstantinopel erobern würden, geradezu jubilierten.«[43]

Von welchem Nutzen sollte Konstantinopel für Rußland sein, fragte Tschernyschewskij und gab darauf gleich selbst eine wiederum scharfsinnige Antwort: Nicht so sehr der Gedanke an materielle Gewinne für sich selbst oder für ihr Land sei es, der in seinen Mitbürgern solche chauvinistischen Gelüste wecke, sondern ein gänzlich irrationales Motiv. Denn Rußland wäre, hätte es den Krieg gewonnen, tatsächlich nicht reicher, sondern ärmer als vorher gewesen – es hätte Riesensummen zum Unterhalt eines großen Heeres auf dem Balkan verausgaben müssen, dessen Präsenz dort zu weiteren Verwicklungen und Kriegen geführt hätte, und so weiter ad infinitum. Allerdings war auch Tschernyschewskij bei der Analyse dieser einen grundlegenden Wurzel für das Großmachtstreben der russischen Nation nicht ganz realistisch; er glaubte nämlich den Höhepunkt des russischen Imperialismus und des ihn tragenden gesellschaftlichen Bewußtseins bereits überschritten.

Es war diese Überzeugung, die die Verschwörer dazu verleitete, eine zeitliche Abstimmung zwischen dem für unausbleiblich gehaltenen polnischen Aufstand und einer Erhebung der Bauern im eigenen Land für möglich zu halten. Ogarew schrieb in der *Glocke* vom 1. Oktober 1861:

»Wir ersuchen die Polen, die Sache nicht vorzeitig [und nur] mit ihren eigenen Kräften zu beginnen, die sich als unzureichend erweisen würden. Ein solcher schädlicher Schritt würde Rußland der Hilfe berauben, die es von Polen erwartet, und würde die gemeinsame Befreiung beider in weite Ferne rücken lassen ... Die polnische [geheime] Gesellschaft und [die entsprechenden] litauischen, ukrainischen und russischen Gesellschaften sollten zu Elementen einer gemeinsamen Front werden und gemeinsam handeln.«

Es zeugt möglicherweise von einer gewissen Naivität, wenn Leute, die sich als Beteiligte an einer Verschwörung verstehen, ihre Strategie öffentlich bekanntgeben und so jedermann, auch der Regierung, im vorhinein Einblick in ihre Planungen gewähren. Andererseits darf man nicht vergessen, daß »Land und Freiheit« eine revolutionäre Partei war, die es zu keiner Zeit verstand, sich selbst in einem hohen Grad zu organisieren, eine Verschwörung, deren konspirative Aktivitäten niemals bis zu einem Punkt gediehen, an dem ein Versuch zur Machtübernahme geplant oder gar unternommen hätte werden können. Bei all ihrer aktivistischen Philosophie und ihren ehrgeizigen Zielen schienen die »Land und Freiheit«-Leute doch immer nur darauf zu warten, daß irgend etwas passierte, ebenso wie ihre revolutionären Ahnen am 14. Dezember 1825, nachdem sie mit ihren Truppen zum Senatsplatz gezogen waren, darauf gewartet hatten, daß irgend etwas passierte. Anders als die Dekabristen wußten die Revolutionäre der frühen 1860er Jahre freilich immerhin, worauf sie warteten und hofften: den gleichzeitigen Aufstand der russischen Bauern und der Polen. Bis es so weit war, mußten sie ihre Aktivitäten wohl oder übel auf die Anwerbung neuer Gesinnungsgenossen, auf Propaganda und Agitation beschränken. Wir stoßen hier wiederum auf einen inneren Widerspruch, von dem die russischen Revolutionäre bis 1917 nicht loskommen sollten: Sie stellten das zaristische Regime als verwerflich, dekadent und unfähig dar; doch gleichzeitig waren sie überzeugt, daß es durch einen direkten Angriff von ihrer Seite praktisch nicht verwundbar sei. Es bedurfte, so glaubten sie, erst einer russischen Niederlage in einem Krieg, eines spontanen Volksaufstands oder einer Selbstschwächung des Regimes, etwa durch die Gewährung einer Verfassung, um die Voraussetzungen für einen erfolgreichen revolutionären Umsturz zu schaffen. Einstweilen blieb der revolutionären Partei anstelle der Hauptrolle nur der Part einer Souffleuse. Diese Einsicht mußte natürlich in Konflikt mit der revolutionären Ungeduld und dem Aktionismus der Fanatiker geraten. Und dieser Konflikt wiederum bietet eine teilweise Erklärung dafür, daß sich bei den Verschwörern von 1866 an eine wachsende Neigung breitmachte, Zuflucht zum individuellen Terror als einem Ausweg sowohl aus ihrem persönlichen wie aus ihrem politischen Dilemma zu nehmen. Das Konzept der Revolution im Wartestand, wie es von »Land und Freiheit« zuerst entwickelt worden ist, sollte freilich auch seine Kritiker finden, wie etwa Peter Tkatschew, der in den 50er Jahren schrieb: »Den Boden für eine Revolution zu bereiten ist nicht Aufgabe des Revolutionärs. Er wird ununterbrochen von den Ausbeutern, Kapitalisten, Grundbesitzern bereitet . . . Der Revolutionär bereitet die Revolution nicht vor, sondern *macht* sie. Machen wir sie also! Machen wir sie sofort. Es ist ein Verbrechen, unschlüssig zu sein, Zeit zu verlieren.«[44]

»Land und Freiheit« dagegen gab die Parole »Warten« aus. Ganz abgesehen von ihren theoretischen Begründungen hierfür, blieb ihr gar keine andere Wahl, denn sie erlangte niemals den politischen und organisatorischen Zusammenhalt und die Mitgliederstärke, um über Planungen und Propaganda hinaus zur Tat überzugehen. Theoretisch war die Organisation aus untereinander verbundenen Zellen aufgebaut, die jeweils fünf Köpfe stark waren. Von diesen fünfen hatte jeder die Aufgabe, seinerseits vier weitere Mitglieder zu werben und mit ihnen eine Zelle zu bilden; die Identität jedes einzelnen Mitverschwörers war diesem Strukturprinzip zufolge immer nur acht Personen bekannt. Der Führungszirkel, der sich etwas pompös das Zentralkomitee nannte, setzte sich aus den Gebrüdern Nikolaus und Alexander Serno-Solowjewitsch, Oberst Nikolaus Obrutschew, Alexander Slepzow, einem Beamten der kaiserlichen Kanzlei, und dem Dichter und Journalisten Wassilij Kurotschkin zusammen. Die Mitgliederstärke der Verschwörergemeinschaft war zu keiner Zeit eindrucksvoll; sie bewegte sich zwischen tausend und dreitausend. Das Gros der Mitglieder bestand aus jungen Männern – Teilnehmern an den Studentenunruhen vom Herbst 1861, Studenten der Militärakademien und jungen Offizieren, diesmal aber nicht, wie noch bei den Dekabristen, von den Elitegarden, sondern zumeist von den Spezialgliederungen des Heers, insbesondere den Artillerieeinheiten. Da es »Land und Freiheit« nicht beschieden war, jemals eine nennenswerte revolutionäre Aktion zu starten, blieben die meisten einfachen Mitglieder und Mitläufer der Gemeinschaft von polizeilicher Verfolgung verschont, und selbst einige der führenden Köpfe, über die die Dritte Abteilung ausführliche Dossiers führte und die sie heimlich beschattete, blieben ungeschoren, vermutlich, weil sie einflußreiche Fürsprecher in den Reihen der Regierung fanden. Wie 40 Jahre zuvor im Falle der Dekabristen gab es auch jetzt Personen in hohen Regierungsämtern, die die subversiven Aktivitäten ihrer jungen Untergebenen und Bekannten nicht ganz ernst nahmen und darin in erster Linie einen Ausdruck fehlgeleiteten jugendlichen Idealismus' und natürlichen jugendlichen Überschwangs sahen. »Ein so kleines Grüppchen«, erklärte 1895 ein Polizeikommissar mitleidig, nachdem in St. Petersburg eine Gruppe von Marxisten, darunter Lenin, verhaftet worden waren; »daraus kann vielleicht in 50 Jahren etwas werden.« Dazu kam, daß es in den frühen 60er Jahren zwischen den gemäßigteren Vertretern des revolutionären Lagers und den fortschrittlichen Elementen innerhalb der zaristischen Bürokratie ein gewisses Maß wenn nicht an wechselseitiger Sympathie, so doch an Verständnis füreinander gab. Beiden war der Wunsch gemeinsam, Rußland möge weiterhin auf dem Weg der Reformen fortschreiten und es schließlich und endlich zu einer verfassungsmäßigen Regierung bringen. Zu den fortschrittlich Denkenden innerhalb der Bürokratie gehörten so hochrangige Würdenträger wie der Bruder des Zaren, Großfürst Konstantin Nikolajewitsch, der Kriegsminister Dimitrij Miljutin, der zumindest von manchen der außerdienstlichen Aktivitäten Nikolaus Obrutschews, eines seiner meistversprechenden

Offiziere, gewußt haben muß, oder Fürst Alexander Suworow, Gouverneur von St. Petersburg und in seiner Jugendzeit Dekabrist, der sehr genau darüber orientiert war, was sich in den radikalen Zirkeln der Hauptstadt tat. In einem autokratischen Staat ist die Trennlinie zwischen Revolutionären und Reformkräften zuweilen nicht ganz scharf zu ziehen, und häufig war reformorientierten Beamten ein gewisses Maß an regimekritischer Aktivität nicht unrecht, konnte ihnen dies doch für ihre eigenen Anliegen von Nutzen sein.

Ungeachtet ihrer numerischen Schwäche hätte die »Land und Freiheit«-Verschwörung den Reformkurs Alexanders II. doch gefährden und vielleicht sogar beenden können. Angesichts der öffentlichen Verkündung ihrer Existenz und ihrer hochfliegenden Ziele in der *Glocke* und in den vielen in Rußland gedruckten illegalen Broschüren und Pamphleten hätte die Regierung unter Umständen den Schluß ziehen können, daß sie es hier mit einer wirklich organisierten und gefährlichen Verschwörung zu tun habe und daß das politische Unbehagen in der gebildeten Klasse eben doch nicht durch weitere Zugeständnisse beschwichtigt werden könne, sondern mit Polizeigewalt zum Schweigen gebracht werden müsse. Eine solche politische Unterdrückung hätte wiederum die Kluft zwischen dem Regime und der Gesellschaft verbreitert. Das war es natürlich, was die Extremen im radikalen Lager erhofften, und tatsächlich sollten sie noch im Verlauf des Jahres 1862 bekommen, was sie wollten.

Im April dieses Jahres wurden drei in Polen stationierte russische Offiziere festgenommen, weil sie revolutionäre Propaganda unter ihre Soldaten gebracht hatten; sie kamen vor ein Kriegsgericht und wurden zum Tode verurteilt. Einen Monat später kamen Katastrophenmeldungen aus St. Petersburg: Eine Reihe von Bränden, deren Ursache nicht geklärt werden konnte, wütete in den ärmeren Vierteln der Hauptstadt, in denen Arbeiter, Handwerker und kleine Gewerbetreibende wohnten und ihre Geschäftsräume hatten. Am 28. Mai vernichtete ein Großfeuer den Apraxin-Markt mit seinen über 2000 Läden, Lagerschuppen und Verkaufsständen. Im Volke wurde sofort die Beschuldigung laut, die polnischen Revolutionäre und/oder ihre russischen Gesinnungsfreunde hätten diese Brände gelegt. Welche Maßnahmen die Regierung sich daraufhin zu ergreifen gezwungen sah, geht aus der folgenden, ebenso knappen wie aufschlußreichen Schilderung des offiziellen zaristischen Historikers dieser Periode hervor:

»Der von Seiner Majestät eingesetzten Untersuchungskommission gelang es nicht, die für die Brandstiftung direkt Verantwortlichen aufzuspüren. Aber aus den vor der Kommission abgegebenen Aussagen ging hervor, daß an den von verschiedenen gelehrten Personen und Studenten geleiteten Schulen für Arbeiter und Handwerker der Versuch gemacht wurde, diese letzteren mit subversivem Gedankengut zu indoktrinieren. Diese im Verlauf der voraufgegangenen zwei Jahre in großer Zahl von Privatpersonen organisierten Sonntagsschulen arbeiteten ohne jede amtliche Beaufsichtigung. Die Ermittlungen ergaben ebenfalls, daß Verbindungen zwischen den Londoner Emigranten und den Mitarbeitern mehrerer Petersburger Zeitschriften bestanden. Seine Majestät geruhte aufgrund dessen, folgendes zu verfügen: die

Schließung aller Sonntagsschulen in Erwartung einer amtlichen Überprüfung und ein Veröffentlichungsverbot für [die Zeitschriften] *Der Zeitgenosse* und das *Russische Wort* für die Dauer von acht Monaten. Gleichzeitig wurde innerhalb der Dritten Abteilung der Kanzlei Seiner Majestät eine Sonderkommission gebildet mit der Aufgabe, die Vertreiber von Untergrundpamphleten und anderer revolutionärer Literatur aufzuspüren. Diese Kommission ordnete die Verhaftung einiger Personen an, darunter Tschernyschewskijs, des einflußreichsten Schriftstellers aus dem sogenannten fortschrittlichen Lager . . .«[45]

Es war klar, daß nicht unbedingt Brandstiftung dahintergesteckt haben mußte. Brände waren in den Wohnvierteln der Unterschicht, wo unglaublich beengte Verhältnisse herrschten und wo es keinerlei Vorkehrungen feuerpolizeilicher Art gab, ein fast tägliches Ereignis. Es gibt eine Schätzung, der zufolge das typische Holzgebäude jener Zeit im Durchschnitt alle acht Jahre einem »natürlichen« Feuer zum Opfer fiel. Und wenn doch Brandstiftung vorlag, erscheint es wenig wahrscheinlich, daß ausgerechnet Revolutionäre die Wohnungen der Armen in Brand gesteckt haben sollten. In gewissem Sinn fielen die Radikalen ihrer eigenen Strategie zum Opfer: Sie und nicht so sehr die Behörden bekamen die Wut und Verbitterung der Massen zu spüren, in deren Namen sie zu sprechen und zu wirken vermeinten. Die Behörden konnten, in dem Bewußtsein, endlich sowohl einen Vorwand als auch die Rückendeckung der Volksmeinung zu besitzen, nun gegen diejenigen vorgehen, die ihrer Meinung nach hinter der revolutionären Agitation der letzten beiden Jahre steckten. Allein, so wohlbegründet der Verdacht der Regierung war, so wenig vermochte sie Beweise beizubringen, die Tschernyschewskij und Serno-Solowjewitsch, der mit ersterem zusammen am 7. Juli verhaftet und im Petropawlowsk-Gefängnis festgesetzt wurde, schwerwiegend belastet hätten. Das einzige, was sich als unzweifelhaft erwies, war, daß die beiden in Kontakt mit Herzen und seiner Gruppe gestanden hatten – etwas, das ihnen mit den meisten prominenten Russen ihrer Zeit gemein war, darunter auch mit einigen sehr hochgestellten Persönlichkeiten. Sie blieben zwei Jahre lang auf der Festung in Haft und warteten auf ihren Prozeß vor dem Senat, während die Dritte Abteilung Beweise für ihre Schuld suchte.

Die Verhaftungen, insbesondere die von Tschernyschewskij, erregten in den gebildeten Kreisen viel Entrüstung. Vielen, sogar eher konservativen Leuten, galt er als der führende Kopf der russischen Sozialphilosophie, und niemand konnte die Lauterkeit seiner idealistischen Gesinnung in Frage stellen. Dies war ein weiterer Grund dafür, daß die Behörden ihn nicht vor Gericht stellen und verurteilen wollten, bevor nicht die Sache der Radikalen als ganze diskreditiert war – auch in den Reihen der Intelligenzija selbst.

So brutal sie gelegentlich war, vermochte die politische Repression unter Alexander II. doch nie jene Effektivität zu erreichen, mit der sie unter Nikolaus I. gehandhabt worden war. Man sollte sich daher nicht wundern, wenn man hört, daß der Roman, den Tschernyschewskij während seiner

Gefängnishaft schrieb, routinemäßig die Zensur passierte und ganz legal unter dem Namen des Autors gedruckt werden konnte. In einem noch stärkeren Grad als seine im engeren Sinn sozialkritischen und politischen Schriften wurde *Was tun?* zur Bibel und zum Vademecum einer ganzen Generation von Radikalen, und Lenin sollte sich diesen Titel für sein wichtigstes Buch ausborgen, in dem er das Fundament für den Bolschewismus legte. Die herzerquickende, wenn auch naive und mit bescheidenen literarischen Mitteln erzählte Geschichte vom neuen Menschen, von Männern und Frauen, die sich gegen knebelnde gesellschaftliche Konventionen auflehnen und nach Möglichkeiten zur Selbstverwirklichung suchen, wurde von ihren jungen Lesern als Aufruf zur Revolution entschlüsselt. Ungeachtet aller enttäuschenden Erfahrungen mit dem Volk bekräftigte Tschernyschewskij in diesem Buch seine Überzeugung, daß die wenigen Apostel der neuen Ordnung in nicht ferner Zeit den Sieg davontragen würden. »Wir haben diese Menschen vor sechs Jahren noch nicht bemerkt . . ., aber es ist nicht wichtig, was wir heute von ihnen denken; in ein paar Jahren werden wir uns um Rat an sie wenden. Wir werden sagen: ›Rettet uns‹, und was sie auch sagen, wird von allen befolgt werden.« Und so sollte es kommen, wenn auch nicht im Jahr 1870, das Tschernyschewskij als neuen Termin für die erhoffte Revolution ins Auge faßte, nachdem sie sich 1863 nicht eingestellt hatte, sondern erst 1917.

Die von den Großbränden ausgelöste Erregung flaute ab, ohne daß die Regierung aus diesem Anlaß die geschichtliche Uhr zurückzudrehen versuchte. Doch vom Frühjahr 1862 an läßt sich eine merkliche Veränderung in Ton und Tenor der Verlautbarungen und Meinungsäußerungen der Regierenden feststellen. Was in den herrschenden Kreisen wieder um sich griff, war eine gewisse frustrierte Gereiztheit: Würden Reformen je bewirken, daß der revolutionäre Virus aus dem russischen Leben verschwand? Die konservativeren unter den kaiserlichen Beratern konnten sich nie ganz von der Überzeugung lösen, es gebe eine weitgespannte Verschwörung, die das Land bedrohe und von der die verhafteten Intellektuellen und die verbotenen Zeitschriften lediglich einen kleinen Teil darstellten. Als Anhänger und Mitläufer dieser Verschwörung betrachteten sie praktisch die gesamte gebildete Klasse, die jede Reform nur zum Anlaß für weitergehende Forderungen an die Regierung nahm, Forderungen, die letztlich auf eine Bedrohung für den Fortbestand des Regimes und des Landes hinausliefen. Diejenigen, die so dachten, neigten verständlicherweise dazu, selbst harmloseste Äußerungsformen öffentlicher Kritik mit dem Knüppel zu beantworten. Eine anschauliche Demonstration hierfür bot die amtliche Reaktion auf eine vom Adel des Gouvernements Twer an den Zaren gerichtete Petition, in der die Regierung hochachtungsvoll ersucht wurde, die finanziellen Lasten der Bauernemanzipation auf alle Klassen der Gesellschaft zu verteilen, statt den Bauern die Hauptlast aufzubürden. Ergänzt wurde dieser Antrag durch die bescheiden vorgetragene Bitte, die Regierung möge sich hinsichtlich weiterer Reformmaßnahmen von gewählten Vertretern der Nation beraten lassen. Die Antwort des Regimes auf diese in der Form vollkommen gesetzmäßige und im Ton loyale Petition bestand in der Verhaftung und Verurteilung von dreizehn ihrer Wortführer, durchweg Besitzer großer Güter; sie saßen fünf Monate im Gefängnis und wurden anschließend auf ihre Güter verbannt.

Die Regierung witterte nunmehr schon in den gemäßigtsten und unschuldigsten Formen politischer Opposition eine Vorbereitung zum Hochverrat. Das hatte zur Folge, daß in der Gesellschaft die Skepsis wuchs, ob die Regierung wirklich geeignet und fähig sei, Rußland zu erneuern. Diese gegenseitige Enttäuschung bereitete den Boden für die tragische Schlußphase einer Regierungszeit, die so erfolgversprechend begonnen hatte. Im Unterschied zum alten Regime, dessen Umgang mit seinen Untertanen etwas von dem Verhalten eines Gefängniswärters gegenüber den ihm zur Bewachung Anvertrauten an sich hatte, ging es Alexander darum, das Vertrauen und die Dankbarkeit seiner Bevölkerung zu gewinnen, und natürlich löste es bei ihm und seinen Beratern zunächst Ratlosigkeit und dann Erbitterung aus, daß ihre Reformmaßnahmen ihnen mit einer Welle zunehmender Feindseligkeit und Auflehnung vergolten wurden. Die Regierung übersah einen Grundfehler ihres eigenen Verhaltens: Es ähnelte dem eines geduldigen, aber nicht übermäßig sensiblen Vaters, der zwar bereit ist, sein heranwachsendes Kind mit Geschenken zu verwöhnen, ihm aber verweigert, was es am meisten braucht und wünscht, mehr Freiheit. Die zaristische Regierung erkannte auch nicht, daß diese Freiheit für die meisten gebildeten Russen nicht unbedingt und nicht in erster Linie gleichbedeutend war mit der Einführung einer verfaßten Regierung und repräsentativer Institutionen. Was aus den Äußerungen und Zukunftsvorstellungen repräsentativer Persönlichkeiten jener Epoche – auch der konservativsten unter ihnen – deutlich wird, ist ihr Wunsch nach einer *glasnost'*, einer »offenen Gesellschaft«, wie man in einer vielleicht etwas freien, aber wohl am ehesten zutreffenden Übersetzung sagen könnte. *Glasnost'*, dazu gehörte eine Regierung, die, mochte sie auch autokratisch strukturiert sein, immer mit Blick auf die Gesellschaft und mit gebührlicher Rücksicht auf die öffentliche Meinung ihre Arbeit tat, statt eine Politik zu betreiben, die von einer kleinen Clique hoher Beamter – auf ihre Weise auch eine Art Verschwörergruppe – im geheimen ausgeheckt wurde. *Glasnost'* bedeutete auch, daß nicht die Launen und Stimmungen des Zaren oder irgendeines Bürokraten, sondern bindende Gesetze darüber bestimmen sollten, was ein Russe tun, sagen und schreiben konnte und was nicht. Man könnte meinen, daß diese Vorstellung von einer offenen Gesellschaft in sich widerspruchsvoll, wenn nicht naiv gewesen ist: Wie anders kann die persönliche Freiheit des einzelnen gewährleistet werden als durch verfassungsmäßige Garantien. Wie anders kann eine Regierung dazu gebracht werden, Rücksicht auf die Bedürfnisse des Volkes zu nehmen, als mit Hilfe demokratischer Institutionen? So ungereimt der Gedanke dem in der westlichen Tradition Erzogenen auch erscheinen mag: Daß Freiheit und eine autoritäre Regierung einander nicht unbedingt ausschließen müssen, ist eine Vorstellung, die im russischen politischen Denken immer gegenwärtig gewesen ist. Wir sind bei den Slawophilen auf sie gestoßen, und wir finden sie heutzutage bei Solschenizyn, wenn er schreibt: »Es ist nicht das autoritäre Prinzip an sich, das unverträglich ist, sondern es sind die ideologischen Lügen, die uns täglich aufgetischt werden; nicht so sehr das autoritäre Prinzip als die Willkür und Gesetzlosigkeit, die absolute Gesetzlosigkeit dessen, daß man in jedem Bezirk, jedem Gouvernement und jedem gesellschaftlichen Bereich eine einzelne Instanz über sich hat, deren Wille über alles entscheidet.«[46] 1862 kümmerte sich ein durchschnittlicher Angehöriger der Intelligenzija nicht sonderlich um die offizielle Staatsideologie. Anders als heute mußte er nicht einmal so tun, als ob er an sie glaube. Doch was ihm zu schaffen machte, waren »Willkür und Ungesetzlichkeit«, und er verabscheute die »oft brutale und verständnislose Bürokratie«. Hätte die Regierung etwas von der Psychologie ihrer gemäßigten Kritiker begriffen, hätte sie verstanden, daß es ihnen gar nicht unbedingt darum ging, daß die Regierung Macht und Autorität preisgab, sondern vor allem darum, daß sie auf menschliche und zivilisierte Art regierte, so wäre damit ein großer Schritt auf eine gesellschaftliche Versöhnung hin getan gewesen. Es gab aufgeklärt denkende Beamte, die wußten, wessen es bedurft hätte, um die Gesellschaft zu befrieden, aber es gelang ihnen nicht, den Einfluß der Reaktionäre unter den Beratern des Zaren zu konterkarieren. Und in den Revolutionären hatten diese Reaktionäre unfreiwillige Verbündete.

Dann ereignete sich etwas, das sowohl der Sache der Revolution als auch der der Reform schweren und bleibenden Schaden zufügte und der Autokratie zumindest vorübergehend zu neuem Elan und neuer Popularität verhalf. Der langerwartete polnische Aufstand brach im Januar 1863 aus. Vom Standpunkt des revolutionären Lagers in Rußland aus kam er zu früh. Vertreter der polnischen Nationalisten hatten im September 1862 mit der Gruppe um Alexander Herzen und im Dezember des gleichen Jahres mit dem Zentralkomitee von »Land und Freiheit« Kontakt aufgenommen, um die Voraussetzungen für eine zeitliche Abstimmung der revolutionären Aktivitäten in beiden Ländern zu schaffen. Die russische Seite hatte bei beiden Begegnungen gefordert, die Polen sollten mit dem Losschlagen bis zum Frühjahr warten, da die Russen für diesen Zeitpunkt mit Bauernunruhen rechneten. Doch die Polen weigerten sich. Durch ihr schnelles Losschlagen schwächten sie das liberale Element in der zaristischen Bürokratie. Dessen Wortführer war Großfürst Konstantin Nikolajewitsch, zu der Zeit Vizekönig von Polen; er hatte für eine Politik der Mäßigung und Versöhnung sowohl dort als auch in Rußland plädiert. Jetzt hörte sein Bruder nicht mehr auf seinen Rat. Die Regierung wußte von den Beziehungen zwischen den russischen Radikalen und den polnischen Rebellen. Als Alexander II. die Nachricht von dem Aufstand erhielt, erklärte er: » Er ist das Werk der revolutionärem Partei, die überall danach strebt, die gesetzliche Ordnung umzustürzen. Ich weiß, daß diese Partei auf die Hilfe von Verrätern in unseren eigenen Reihen zählt.«[47]

Ohne Hilfe von außen war der Aufstand, mehr noch als der von 1830/31, ein zum Scheitern verurteiltes Unternehmen. Damals hatten die Polen über ein reguläres Heer verfügt und zu Beginn das Territorium des Königreichs kontrolliert. Jetzt mußten sie zum Guerillakrieg auf dem Land Zuflucht nehmen, und es war kaum zu erwarten, daß zwanzig- bis dreißigtausend schlecht bewaffnete Partisanen sich gegen mehr als hunderttausend Mann regulärer Truppen lange würden halten können. »Land und Freiheit« hatte zunächst sehr darauf gehofft, daß die polnische Rebellion bei den Soldaten in den russischen Garnisonen auf polnischem Boden wenn nicht eine Meuterei, dann doch zumindest eine Fahnenflucht auf breiter Front auslösen würde, da man über vierhundert der dort stationierten Offiziere auf der Liste der Mitglieder und Sympathisanten der Bewegung stehen hatte. Diese Hoffnung entpuppte sich bald als trügerisch: Das nationalistische Motiv behielt auch bei denjenigen Offizieren, die mit der revolutionären Bewegung assoziiert werden, die Oberhand. Nur in wenigen Fällen liefen russische Soldaten und Offiziere zum Feind über. Das Manifest, das »Land und Freiheit« an die in Polen kämpfenden Soldaten richtete – »Anstatt . . . Polen zu töten, kehrt euer Schwert gegen den Feind. Laßt die Polen sich ihre gestohlene Freiheit zurückholen und kommt her ins Vaterland, um es von der Wurzel aller nationalen Übelstände zu befreien, von der zaristischen Regierung« –, stieß auf taube Ohren.

Noch grausamer enttäuscht wurden die Hoffnungen auf großflächige Erhebungen der russischen Bauern nach dem zweiten Jahrestag der Verkündung der Emanzipation. Auch hier hätten die Revolutionäre es besser wissen müssen. Schon 1862 hatten die Unruhen und Tumulte auf dem Land an Zahl und Intensität gegenüber dem Vorjahr beträchtlich nachgelassen. Und jetzt, 1863, blieb es im ländlichen Rußland noch ruhiger. Wie gering die Wirksamkeit war, die »Land und Freiheit« in dem Jahr entfaltete, das sie zum Jahr der Revolution erkoren hatte, bezeugt am schlagendsten die Tatsache, daß die Behörden kaum Anlaß fanden, nach den Mitgliedern der Verschwörergesellschaft zu fahnden und sie festzusetzen. Im Gouvernement Kasan wurde ein Versuch gemacht, die Bauern dadurch aufzustacheln, daß man ein nachgemachtes kaiserliches Manifest druckte, in dem sie aufgefordert wurden, das gesamte Land in Besitz zu nehmen und den Kampf gegen Grundbesitzer und Beamte aufzunehmen. Aber noch ehe die gefälschte Proklamation zur Verteilung gelangte, wurde das Vorhaben den Behörden verraten, und die Verschwörer, unter ihnen aus Polen gebürtige Offiziere und einheimische Studenten, verhaftet.

Verschwörungen, die mit einem Fehlschlag enden, lassen einen Nachgeschmack von Vergeblichkeit zurück und erscheinen im Rückblick mitleiderweckend und dilettantisch. Es war nicht nur ihre geringe Mitgliederstärke, die die Männer von »Land und Freiheit« zum Scheitern verurteilte. Die Partei Lenins verfügte am Vorabend der Februarrevolution sicherlich über eine im Verhältnis zur Bevölkerung der größeren russischen Städte nicht wesentlich größere Zahl von Aktivisten, wenngleich die Bolschewiken auch in bezug auf ihren ideologischen und organisatorischen Zusammenhalt und auf die Qualität ihrer Führung unvergleichlich viel stärker waren. Aber die Tatsache, daß die Revolutionäre von 1863 bei den Ereignissen dieses Jahres eine so verschwindend kleine Rolle spielten, läßt sich hauptsächlich auf einen in ihren Berechnungen enthaltenen Grundfehler zurückführen: Sie versäumten es, die explosive Kraft des durch die Nachricht von der Rebellion in Polen neu angefachten russischen Nationalismus als Unsicherheitsfaktor mit ins Kalkül zu ziehen. Tatsächlich brachte die von Polen ausgehende Bedrohung von Macht und Ansehen des Zarenreichs die politische und soziale Unzufriedenheit im Lande zum Schweigen und sorgte dafür, daß sogar viele der radikalsten Kritiker des Regimes sich in dessen Verbündete verwandelten. Weithin kamen Geschichten in Umlauf, denen zufolge polnische Partisanen unbewaffnete russische Soldaten in deren Kasernen überrumpelt und niedergemacht hatten. Ein ebenso großes Ärgernis war es für den Durchschnittsrussen, daß die Aufständischen nicht nur Unabhängigkeit für Polen forderten, sondern darüber hinaus auch noch die westlichen Provinzen des Zarenreichs für sich beanspruchten, wo zwar in den Reihen des Landadels und in den Städten das polnische Element überwog, der Großteil der Bevölkerung aber aus Ukrainern und Weißrussen bestand, so daß diese Gebiete der vorherrschenden Ansicht nach russisch waren. Soziale und religiöse Gegensätze verschärften die chauvinistische Reaktion. Die polnischen Grundeigentümer und Geistlichen hetzten, so die amtliche russische Version für die Ursachen der Rebellion, die Bevölkerung ihres Landes gegen die ihnen wohlgesonnene Regierung des Zaren und gegen ihre slawischen Brüder und Nachbarn im Osten auf. Dieses undankbare Volk, das sich schon in der Vergangenheit als unfähig erwiesen habe, sich selbst zu verwalten, versuche nun nicht nur, wieder in sein altes anarchisches Fahrwasser zurückzukehren, sondern auch, Millionen orthodoxer Russen ihres nationalen und religiösen Geburtsrechtes zu berauben.

Die Intensität und Allgemeinheit dieser nationalistischen Explosion versetzte die Radikalen in Ratlosigkeit. Selbst Tschernyschewskij, der die imperialistischen Gelüste seiner Landsleute kannte, war der Überzeugung gewesen, es habe sich in dieser Beziehung seit dem Amtsantritt Alexanders II. sehr vieles zum Besseren verändert. Schließlich hatten etliche gebildete Männer allmählich erkannt, daß die Größe Rußlands nicht von der Zahl der fremden Länder abhing, die es zu erobern und zu beherrschen vermochte, sondern von der Lösung seiner drückenden inneren Probleme. Im großen und ganzen hielt er den Nationalismus für ein weitgehend ausgereiztes Blatt, abgesehen von Ländern, deren Bevölkerung sich noch im Kampf um Unabhängigkeit und Einheit befand. Das große europäische

Problem der Zeit war seiner Ansicht nach die Frage der sozialen Gerechtigkeit.

»Was die materiellen Lebensbedingungen betrifft, so zerfällt Europa in zwei Teile: Der eine lebt von der Arbeit des anderen, der zweite von seiner eigenen Arbeit. Es liegt im Interesse des ersten, die bestehende Ordnung der Dinge zu bewahren . . . Der andere, 90 Prozent der Bevölkerung umfassende Teil hat ein Interesse daran, eine Veränderung herbeizuführen, die bewirken würde, daß der Arbeiter selbst in den Genuß aller Früchte seiner Arbeit kommt, anstatt zusehen zu müssen, wie sie jemand anderem zugute kommen.«[48]

Diese marxistisch klingende Feststellung läßt ahnen, daß bei Tschernyschewskij die feste Überzeugung vorlag, die vernünftigen Menschen aller Länder hätten begriffen, daß Chauvinismus, Militarismus und ähnliches mehr im Grunde bei der Masse der Bevölkerung keinen echten Rückhalt hatten, sondern von den Regierungen künstlich genährt wurden, um das Volk von seinen wirklichen Bedürfnissen abzulenken und die Fortdauer der wirtschaftlichen und sozialen Ungerechtigkeit zu gewährleisten.

Soweit es Rußland betraf, wurde diese Einschätzung Tschernyschewskijs von den Ereignissen des Jahres 1863 Lügen gestraft. Das Gros der Intelligenzija stellte sich, zusammen mit anderen Klassen, in der Stunde der nationalen Bedrohung hinter die Regierung. Die Gefahr eines allgemeinen europäischen Krieges, bei dem das Reich wie 1854–56 gegen die stärksten Mächte des Westens stehen würde, ließ das nationalistische Fieber noch höher steigen. Großbritannien, Frankreich und Österreich hatten bereits zu Anfang des Jahres in Botschaften an den Petersburger Hof die Forderung nach Wiederherstellung der polnischen Autonomie und der Verfassung erhoben, die Rußland unter Verletzung internationaler Vereinbarungen 30 Jahre zuvor außer Kraft gesetzt hatte. Die ablehnende Antwort, die die kaiserliche Regierung hierauf erteilte – zuerst müsse der Aufstand niedergeschlagen werden, erst dann werde der Zar vielleicht geruhen, die Klagen seiner polnischen Untertanen zu prüfen –, fand in weiten Teilen der öffentlichen Meinung Beifall und trieb die patriotische Inbrunst auf den Gipfel. Fortschrittliche Zeitschriften wie *Der Zeitgenosse* durften nun wieder erscheinen und wetteiferten mit der reaktionären Presse in Bekundungen der Treue zum Regime und in der Schmähung der »heimtückischen Polen« und ihrer »jesuitischen« Ränke. Von London aus beobachtete Herzen diese chauvinistische Epidemie – er nannte sie »patriotische Syphilis« – mit Abscheu und Ekel. Sein unbeirrtes Eintreten für Polen kostete ihn und das Anliegen, das er vertrat, einen hohen Preis: *Die Glocke* büßte in Rußland einen großen Teil ihrer Leserschaft ein, und er selbst sollte niemals mehr seinen maßgeblichen Einfluß auf das Denken der geistigen Elite zurückgewinnen, in deren Augen er nun als Freund der Feinde seines Vaterlandes abgestempelt war.

Die Rolle, die Herzen und Tschernyschewskij in dieser Beziehung gespielt hatten, übernahm nunmehr Michael Katkow, ein demagogischer Journalist, dessen Attacken auf die Polen und ihre Sympathisanten in Rußland der augenblicklichen Stimmung seiner Landsleute entgegenkamen. Einst zum liberalen Lager zählend, in seiner Jugend Gefährte solcher prominenten Radikalen wie Belinskij, Michael Bakunin und Alexander Herzen, ein Mann von großer Belesenheit und mit einem weiten geistigen Horizont, zog Katkow jetzt mit einer Heftigkeit und Inbrunst gegen die radikale Sache zu Felde, wie sie vielleicht nur jemandem möglich waren, der einst selbst zu ihren Anhängern gehört hatte. Es seien, so meinte Katkow, nicht nur die Polen und einige wenige fehlgeleitete russische Jünglinge, die das Vaterland bedrohten. Rußland sei vielmehr das auserkorene Opfer einer internationalen Verschwörung, die sich zum Ziel gesetzt habe, das Zarenreich für ihren Kampf gegen die europäische Zivilisation zu benutzen:

»Unsere Exilanten sind der Ansicht, daß Europa seinen revolutionären Zenit überschritten hat, daß die Revolution dort nicht siegen kann, weil ihr solche Hindernisse im Wege stehen wie die Naturwissenschaft, die Zivilisation, die Freiheit, wie sie sich in den Eigentums- und persönlichen Rechten niederschlägt ... Daher die himmlische Idee, ihr Experiment in Rußland zu veranstalten, wo diese Hindernisse ihrer Meinung nach nicht ausgeprägt genug sind oder nicht existieren ... [Sie glauben,] Rußland wird mit sich machen lassen, was sie wollen, wird sich alles mögliche gefallen lassen, das in jeder anderen Gesellschaft unzumutbar wäre.«[49]

Dies war ein schlauer polemischer Schachzug, der gut geeignet schien, wankelmütige Intellektuelle auf Vordermann zu bringen. Anstatt auf die mittlerweile abgestandenen Vorwürfe der Subversion oder des mangelnden Patriotismus zu setzen, brandmarkte Katkow die Radikalen als Feinde des Fortschritts, die zynisch darauf hofften, aus der Rückständigkeit Rußlands Nutzen für ihre eigenen, gegen den Fortschritt gerichteten Ziele ziehen zu können.

Aber Katkow bediente sich auch unverblümter Demagogie, indem er auf der anschwellenden Welle der Fremdenfeindlichkeit und der religiösen Intoleranz ritt. Für den durchschnittlichen Russen schwangen in den Worten »Jesuit« ähnliche unterschwellige Bedeutungen mit wie für den Durchschnittsdeutschen der 1930er Jahre in der Bezeichnung »Jude«. Katkow sah hinter allen Schwierigkeiten, die Rußland in jüngster Zeit heimgesucht hatten, die lenkende Hand der Jesuiten. (Was die Jesuiten und die katholische Kirche dazu veranlaßt haben sollte, mit einer internationalen anarchistischen Verschwörung gemeinsame Sache zu machen, wurde nie näher erläutert.) Dieselben finsteren Mächte seien auch für den beklagenswerten Zustand des Erziehungswesens und der öffentlichen Moral in Rußland verantwortlich, denn die jungen Leute würden nicht nur zu »Atheismus und Weltbürgertum« erzogen, sondern auch zu dem absurden Glauben, es gebe eine ukrainische Nation, und zu allen möglichen anderen Dingen, die sämtlich nur den Niedergang Rußlands fördern könnten. Die chauvinistischen Predigten Katkows waren so extremistisch, daß sie in offiziellen Kreisen Mißfallen erregten. Doch vorderhand genoß er eine enorme Beliebtheit, und dies selbst bei den Gruppen, die seit je die Stiefkinder der Regierungspolitik gewesen waren. »Land und Freiheit« hatte in ihrem Revolutionsszenario den Altgläubigen eine hervorragende Rolle zugewiesen – einer von der orthodoxen Kirche abgespaltenen Glaubensrichtung, die unter rechtlichen Benachteiligungen und amtlichen Schikanen zu leiden hatte. Doch nun traten die Altgläubigen auf einmal ungeachtet aller ihrer Probleme mit Loyalitätsbekundungen hervor, und ihre Moskauer Gemeinde beauftragte Katkow mit der Abfassung einer patriotischen Adresse an Alexander II.

Selbst als deutlich wurde, daß es nicht zu einem Krieg kommen würde – die Westmächte beschränkten sich in ihrem Eintreten für Polen auf diplomatische Proteste, so wie sie es in der Vergangenheit getan hatten und auch in Zukunft tun würden –, beherrschte der auferstandene Nationalismus weiterhin die öffentliche Meinung. Eine anschauliche Demonstration hierfür bot der Empfang, der dem General Michael Murawjow bereitet wurde. In seiner Jugend als Mitglied der verschwörerischen Geheimgesellschaften eingekerkert, war er knapp dem Los seiner weniger glücklichen Verwandten entronnen. In der Zwischenzeit hatte Murawjow sich den Ruf eines brutalen und reaktionären Bürokraten erworben, und 1863 hatte man ihn nach Litauen versetzt, wo es unter dem unmittelbaren Eindruck der polnischen Ereignisse ebenfalls zu einem Aufstandsversuch gekommen war. Die Art und Weise, wie Murawjow zu Werke ging, ragte in ihrer zügellosen Grausamkeit noch aus dem allgemeinen Brutalitätsniveau heraus, das die Behörden im Umgang mit den Aufständischen an den Tag legten.

Zum Militärgouverneur von Litauen ernannt, ordnete Murawjow zunächst an, daß gefangene Partisanen nicht wie Kriegsgefangene, sondern wie gewöhnliche Kriminelle behandelt werden sollten, und so endeten viele von ihnen am Galgen oder vor dem Erschießungskommando. Ferner betrieb er mit polizeilichen Mitteln eine Politik der gewaltsamen Russifizierung des Landes: Ländereien polnischer Grundbesitzer wurden, selbst wenn diese mit dem Aufstand nichts zu tun hatten, beschlagnahmt, viele katholischgläubige Bauern wurden gezwungen, zur russisch-orthodoxen Kirche überzutreten. Er gehöre, so rühmte sich der brutale Statthalter, zu den Murawjows, die lieber andere aufhängten, als selbst gehängt zu werden, und die Überlieferung ist dieser Tatsache insofern gerecht geworden, als sie ihn unter dem Namen »Murawjow der Henker« in die Geschichte hat eingehen lassen. Nachdem er der Rebellion in seinem Gouvernement den Garaus gemacht hatte, kehrte Murawjow nach Rußland zurück und wurde dort wie ein siegreicher Eroberer empfangen. Der Jubel und die Ehrungen, die diesem Manne erwiesen wurden, der den Sieg über Partisanenbanden und unbewaffnete Zivilisten erfochten hatte, stellten alles in den Schatten, was in der Vergangenheit den bedeutendsten russischen Feldherren an Anerkennung zuteil geworden war. Es gab allerdings auch den einen oder anderen hochrangigen Beamten, wie etwa den Großfürsten Konstantin und den Fürsten Suworow, die sich weigerten, in den Applaus für den »Henker« einzustimmen, aber sie ernteten für ihre unpatriotische Skrupelhaftigkeit allseits heftigen Tadel. Murawjow selbst, den es ärgerte, wenn seine Leistungen so gering geschätzt wurden, bezeichnete die Leute, die sein Vorgehen kritisierten, als »kosmopolitische Anhänger westlicher Ideen«.

Die persönliche Laufbahn des Michael Murawjow kann als Inbegriff für jene Janusköpfigkeit der russischen Gesellschaft dienen, die 1862–63 so deutlich zum Vorschein kam. In seiner Jugend war er ein Revolutionär und hatte vielversprechende geistige Anlagen. Er hatte auf naturwissenschaftlichem Gebiet beträchtliche Begabung bewiesen und an der Ausarbeitung der Statuten des Wohlfahrtsbundes mitgearbeitet. Nachdem er sich in seinen mittleren Jahren zu einem überzeugten Diener der Autokratie gewandelt hatte, wurde er am Gipfel seiner Laufbahn zum brutalen Unterdrücker und Fremdenhasser. Die Regierung selbst, die bis dahin in ihrer Politik so unschlüssig zwischen Beschwichtigung durch Zugeständnisse einerseits und Unterdrückung andererseits geschwankt hatte, entschied sich nun endgültig für die letztere. Im Sommer 1864 hatte sie die letzten züngelnden Flammen der polnischen Rebellion ausgetreten. Hunderte waren hingerichtet, Tausende zu Zwangsarbeit und Verbannung verurteilt worden. Und kurz nach der Befriedung Polens nahm die russische Regierung unter flagrantem Bruch ihrer zuvor den Westmächten gegebenen Zusicherungen dem unglücklichen Land die letzten Überreste seiner Autonomie.

Über die unmittelbaren und verhängnisvollen Folgen hinaus, die die polnische Tragödie für die radikale Sache in Rußland zeitigte, sollte sie auch langfristige Konsequenzen für die Zukunft der revolutionären Bewegung nach sich ziehen. Jetzt, da ihre revolutionären Visionen sich als Fata Morgana erwiesen hatten, lösten die übriggebliebenen Mitglieder von »Land und Freiheit« ihre historisch bankrotte Organisation auf (Anfang 1864). So kurzlebig »Land und Freiheit« auch gewesen war und sowenig Wirksamkeit sie entfaltet hatte, das Vermächtnis, das sie hinterließ, sollte sich doch als sehr bedeutsam erweisen. Mehrere ideologische und taktische Wesenselemente der erloschenen Organisation – konspirative Taktik, Sozialismus, Populismus – blieben im russischen Radikalismus tief verankert und traten bei späteren revolutionären Gruppierungen in unterschiedlicher Zusammensetzung wieder zutage. Diejenigen, die in den Fußstapfen von »Land und Freiheit« wandelten, zogen die Lehren aus dem Scheitern ihrer Vorgänger. Für eine lange Zeit vermieden es die revolutionären Bewegungen, sich ausdrücklich für die nationale Selbstbestimmung nichtrussischer Völkerschaften des Zarenreichs einzusetzen. Die Hoffnung auf einen spontanen Bauernaufstand freilich erwies sich als sehr zählebig. Sie sollte in der populistischen Bewegung der 70er Jahre ein immer wiederkehrendes Motiv bilden. Zugleich zeigte sich, daß die späteren Verschwörergruppen ein sowohl radikaleres als auch stärker aktionsbezogenes Selbstverständnis hatten als ihr gemeinsamer Vorläufer. Denn bei all ihrer weltumstürzenden Rhetorik hatten die »Land und Freiheit«-Revolutionäre doch niemals die Möglichkeit ausgeschlossen, sich eventuell mit einer konstitutionellen Monarchie als Zwischenlösung im Übergang zu ihrem letztendlichen Ziel, einem sozialistischen und republikanischen Rußland, abzufinden. Die späteren revolutionären Gruppierungen dagegen schlossen jede Möglichkeit eines Kompromisses mit dem bestehenden System aus. Sie legten auch eine stürmische revolutionäre Ungeduld an den Tag, trieben eine direktere und intensivere Propaganda und neigten dazu, wenn sie damit nichts erreichten, zu Terrorakten Zuflucht zu nehmen.

Obgleich die kaiserliche Regierung sich nunmehr sicherer fühlen und sich eigentlich mehr Großzügigkeit leisten konnte, beschloß sie, der Intelligenzija eine Lektion zu erteilen, die diese so schnell nicht vergessen würde. Tschernyschewskij wurde, nachdem er zwei Jahre in Haft gehalten worden war, zu sieben Jahren Zwangsarbeit und zu anschließender lebenslänglicher Verbannung nach Sibirien verurteilt. Da die Dritte Abteilung nicht in der Lage gewesen war, irgendeinen Beweis für ein strafrechtliches Vergehen des Schriftstellers zu erbringen – abgesehen von der Tatsache, daß er mit den Londoner Exilanten korrespondiert hatte –, konnte seine Verurteilung nur durch die Vorlage gefälschter Beweise sichergestellt werden. Wie andere politische Verurteilte seiner Zeit mußte Tschernyschewskij vor dem Abtransport nach Sibirien den barbarischen öffentlichen Ritus der bürgerlichen Hinrichtung über sich ergehen lassen: Dabei wurde über dem Kopf des Sünders, der vor dem Galgen niederknien mußte, ein Schwert entzweigebrochen, woraufhin der versammelten Menge sein Urteil verlesen wurde. Als Herzen von dieser öffentlichen Demütigung erfuhr, brach eine wütende Tirade nicht nur gegen die Regierung, sondern auch gegen die Gesellschaft aus ihm heraus, die das Martyrium ihres einstigen Idols jetzt mit so viel Gleichgültigkeit seinen Lauf nehmen ließ.

»Möge dieses Verbrechen sich als Fluch auf die Regierung, auf die Gesellschaft, auf jenes üble Journalistenpack legen, das brutale Gewalt beklatscht . . ., sei es die Tötung von Kriegsgefangenen in Polen oder seien es die Urteile, die in Rußland von den kaltblütigen Richtern und grauhaarigen Schurken des Staatsrats ausgesprochen werden . . . Unsere Gratulation an Katkow und Co. Aber wie ist es jetzt um ihr Gewissen bestellt? Tschernyschewskij hat eine Viertelstunde am Pranger gestanden, ihr aber, und das ganze Rußland, wie lange werdet ihr mit der Schande leben müssen? . . . Und wenn man sich vorstellt: Vor zehn Jahren haben wir den Beginn der Regierungszeit dieses Zaren bejubelt.«[50]

Tatsächlich beging das Regime, indem es den Mann, der seiner Ansicht nach die Jugend des Landes aufgehetzt hatte, so hart bestrafte, nicht nur eine Rechtsbeugung, sondern auch einen politischen Fehler allererster Ordnung. Die Popularität Tschernyschewskijs hätte, ähnlich derjenigen Alexander Herzens, das patriotische Fieber von 1863 nicht überlebt, und hätte man ihn auf freiem Fuß gelassen und ihm zu veröffentlichen erlaubt, er hätte seinen großen Einfluß auf das Denken der jungen Generation wohl kaum aufrechterhalten können. So aber bestärkte die Geschichte seines Martyriums die wenigen Untergrundgruppen, die den Zusammenbruch der revolutionären Bewegung überlebt hatten, in ihrem Zusammenhalt und ihrer Entschlossenheit, und eine dieser Gruppen sollte für den ersten Anschlag auf das Leben Alexanders II. verantwortlich sein. *Was tun* wurde geradezu zur Bibel der nachfolgenden Generationen russischer Radikalen; verzückt durchforschten sie den Roman Zeile für Zeile nach verschlüsselten Hinweisen auf die Unvermeidlichkeit der Revolution und auf das genußreiche Leben in Freiheit, das sie ermöglichen würde. Zweifellos trug das persönliche Schicksal des Autors viel dazu bei, daß dieser literarisch wenig wertvolle Roman eine solche Aufnahme fand. Gegen Ende eines Jahrhunderts, das Werke wie *Eugen Onegin*, *Krieg und Frieden* oder *Die Brüder Karamasow* hervorgebracht hatte, konnte Georgij Plechanow, der Vater des russischen Marxismus, sagen: »Wir alle haben [aus dem Roman] moralische Kraft und den Glauben an eine bessere Zukunft bezogen . . . Seit dem Augenblick, als in Rußland die Drukkerpresse eingeführt wurde, hat kein gedrucktes Werk einen so großen Erfolg gehabt wie *Was tun?*«[51]

Der Fall Tschernyschewskij ist ein gutes Beispiel dafür, in welch weitgehendem Maß die Geschicke Rußlands in dieser entscheidenden Phase seiner Entwicklung durch eine eigentümliche Konstellation von Ereignissen und Persönlichkeiten geprägt worden ist. Nicht die sprichwörtlichen ehernen Kräfte der Geschichte waren es, die den Weg zu einer gesellschaftlichen Versöhnung versperrten und das Land statt dessen auf den Pfad der Revolution lenkten, sondern der Unverstand der zaristischen Regierung. Statt die Gesellschaft für die Unterstützung und die patriotische Eintracht zu belohnen, die sie im Augenblick der nationalen Bedrohung bewiesen hatte, entschied das Regime sich dafür, seine Bürger ein weiteres Mal daran zu erinnern, daß Rußland immer noch und in sehr ausgeprägtem Maße ein Polizeistaat war.

Ironischerweise legten die Behörden zur selben Zeit gerade letzte Hand an zwei Reformen, die unter anderen Umständen vielleicht sehr viel für eine Verringerung der Kluft zwischen der Intelligenzija und dem Regime hätten bewirken können. Vor 1864 verfügte Rußland schwerlich über irgend etwas, das man als ein Rechtswesen im eigentlichen Sinn des Wortes hätte bezeichnen können. Nun aber wurden seine Justizorgane aus einem Zustand, der im westlichen Europa schon im 16. Jahrhundert als anachronistisch und unerträglich gegolten hätte, mit einem Schlag auf den Stand des modernen Zeitalters gehoben. Welche Dimensionen diese Reform hatte, geht andeutungsweise aus der folgenden knappen Bilanz hervor:

»Die Rechtssprechung wurde von der Exekutive getrennt . . . Im Zivilrecht wurden die Justizorgane von den Verwaltungsorganen, im Strafrecht von den Verfolgungsbehörden getrennt . . . Die Verhandlungen wurden sowohl im Strafrecht als auch im Zivilrecht öffentlich. Die Richter wurden unabsetzbar . . . Die Einrichtung des Staatsanwalts wurde geschaffen, ebenso die Advokatur, das heißt der unabhängige Anwaltsstand . . . Ferner wurden Geschworenengerichte und neue Berufungsinstanzen eingeführt.«[52]

Geschworenengerichte, eine unabhängige dritte Gewalt, öffentliche Verhandlungen – es fällt schwer, ein anderes autoritäres Staatswesen zu finden, dessen
Regime die eigenen Prärogativen und Befugnisse aus eigenem Entschluß
derartig beschnitten hat. Man muß allerdings billigerweise hinzufügen, daß die
Regierung sich das Recht vorbehielt, auf dem Verwaltungsweg, d. h. ohne
Gerichtsurteil Personen, die ihrer Ansicht nach die öffentliche Ordnung
gefährdeten, in bestimmte Teile des Reiches in Verbannung zu schicken. Auch
griff sie bei politischen Straftaten gelegentlich auf Instrumente wie Ausnahme-
gesetze und Sondergerichte zurück. Aber zu einem großen Teil war die Justiz in
Rußland von 1864 an, anders als später in der Sowjetunion, wirklich unabhängig von der politischen Autorität, und selbst in Zeiten finsterster Reaktion
blieb die russische Anwaltschaft ein Vorbild an beruflichem Können und
liberaler Gesinnung.

Weniger spektakulär, jedoch in seinen potentiellen Implikationen noch
gewichtiger war ein anderes Gesetz von 1864, mit dem in den Reichsprovinzen
mit vorherrschend russischer Bevölkerung das Prinzip der lokalen Selbstverwaltung eingeführt wurde. Die Gouvernements und Bezirke erhielten gewählte Vertretungen, in denen zwar das Übergewicht des Adels sichergestellt war,
denen aber auch Repräsentanten der Bauernschaft und der Stadtbevölkerung
angehörten. Diese Semstwos, wie sie genannt wurden, erhielten beträchtliche
Kompetenzen im Bildungs-, Verkehrs- und Gesundheitsbereich.

In den Augen der meisten gebildeten Russen der Zeit wäre eine Verfassung
die passende Krönung der zuvor eingeleiteten Reformen gewesen. 1865 wurde
der Zar in Petitionen des Moskauer Adels und des Semstwos von St. Petersburg
ersucht, eine Nationalversammlung einzuberufen. Alexander jedoch, unter
dessen Regie so viele Attribute eines autoritären Staatswesens abgeschafft
worden waren, war nicht bereit, auf das tragende Element dieses Staatswesens
zu verzichten. Er äußerte einmal einem adligen Regimekritiker gegenüber –
und es war ihm damit zweifellos ernst –, er würde auf der Stelle eine Verfassung
und ein Parlament gewähren, wäre er nicht überzeugt, daß Rußland dann »in
Stücke zerfallen« würde.[53] Die Variation eines alten Themas: Wollte Rußland
vereint und groß bleiben, so konnte es nicht frei werden. Welche Folgen würden
sich aus der Einführung eines konstitutionellen Systems in Rußland für Polen
und für die Entwicklung eines Nationalbewußtseins bei den Ukrainern ergeben, welch letzteres die zaristischen Behörden und die russischen Nationalisten
vom Schlage Katkows schon jetzt in Unruhe versetzte?

Wenn die Konservativen davon überzeugt waren, daß eine Verfassung
sowohl zum nationalen als auch sozialen Zerfall Rußlands führen müsse, so
fürchtete das revolutionäre Lager die Einführung eines konstitutionellen
Systems genau aus dem entgegengesetzten Grund. Falls die liberalen Elemente
in der Regierung die Oberhand behielten, würden die Lebensbedingungen des
Volkes, wie Nikolaj Ischutin, der Kopf einer Untergrundgruppe, die sich
schlicht »Organisation« nannte, schrieb,

».. . hundertmal schlechter werden als heute, weil sie [die Liberalen] sich irgendeine Art von Verfassung einfallen lassen werden . . . und das politische Leben in Rußland nach dem Muster des Westens gestaltet werden; eine solche Verfassung würde bei den mittleren und oberen Klassen Unterstützung finden, weil sie die persönliche Freiheit garantieren und das Wachstum von Industrie und Handel fördern würde; andererseits würde sie die Zunahme des Proletariats und des Pauperismus nicht hemmen, sondern im Gegenteil beschleunigen.«[54]

Die »Organisation«, die in Moskau operierte, war ein Teil des von »Land und Freiheit« hinterlassenen Strandgutes. Ihre ungefähr 50 Mitglieder, allesamt sehr jung und die meisten von ihnen ehemalige Studenten, die aus dem einen oder anderen Grund die Universität verlassen hatten, widmeten sich dem Aufbau von Arbeitergenossenschaften und Sonntagsschulen, in denen sie radikale Propaganda verbreiteten. Aber in ihren hitzigen Diskussionen erörterte die Gruppe auch die Möglichkeit direkterer revolutionärer Aktionen, und einige der Mitglieder sprachen sich für Attentate auf Regierungsbeamte, für bewaffnete Raubzüge und für erpresserische Aktionen gegen reiche Mitbürger aus.

Am 4. April feuerte Dimitrij Karakosow, ein Vetter Ischutins, einen Schuß auf Alexander II. ab, als dieser seinen täglichen Spaziergang in einem der öffentlichen Parks in St. Petersburg machte. In der daraufhin ausbrechenden landesweiten Hysterie wurde Jagd auf alle gemacht, die in irgendwelcher, und sei es nur vermeintlicher, Verbindung zu den Radikalen gestanden hatten; die Historiker späterer Jahre sollten diese Zeit mit einem etwas übertreibenden Ausdruck die Periode des weißen Terrors nennen. Viele Mitglieder des Ischutin-Kreises wurden verhaftet, 35 von ihnen später verurteilt, obgleich nie bewiesen wurde, daß sie in das Vorhaben des Attentäters Karakosow eingeweiht waren. Dieser selbst wurde, obgleich als geisteskrank diagnostiziert, zum Tode verurteilt und hingerichtet. Unterschiedlich lange Haftstrafen mußten einige Personen absitzen, die den literarischen und journalistischen Zirkeln von St. Petersburg und Moskau angehörten und Verbindungen zu den Radikalen unterhalten hatten. *Der Zeitgenosse* wurde endgültig verboten. Der ehemalige *spiritus rector* dieser Zeitschrift war das Idol der Revolutionsjünger des Ischutin-Kreises gewesen. Sie hatten, wie die Ermittlungen unter anderem ergaben, die Frage diskutiert, wie man Tschernyschewskij aus Sibirien befreien könnte, und hatten Pläne geschmiedet, ihn ins Ausland zu schmuggeln.

Dieser eine, von einem seelisch gestörten Menschen abgefeuerte Schuß zeitigte darüber hinaus auch längerfristige Auswirkungen. So wie der fehlgeschlagene Staatsstreich der Dekabristen eine 30jährige Periode der Reaktion nach sich gezogen hatte, gab das Karakosow-Attentat den Ausschlag zugunsten derjenigen Kräfte, unter deren Regie Rußland weiter ein Polizeistaat blieb, statt sich zu einem Verfassungsstaat zu entwickeln. Bis dahin hatte das aufgeklärte Rußland ungeachtet der Beharrlichkeit des Zaren und anderer im Wege stehender Kräfte immer noch hoffen können, daß die

Eigendynamik der Reformpolitik das Land an die Schwelle der Freiheit heranführen werde. Jetzt hatte sich die Waagschale weit zugunsten der konservativen Elemente innerhalb des Regimes geneigt, und die liberalen Kräfte waren weitgehend abgemeldet. Die Ermittlungen und der Prozeß gegen Karakosow und seine Gesinnungsfreunde belebten sicherlich die Existenz einer Art revolutionärer Gegenkultur bei einigen intellektuellen und jugendlichen Randgruppen. Gewiß aber reagierte das Gros der Intelligenzija und der Studentenschaft mit Entsetzen auf den Attentatsversuch und beeilte sich, Loyalitätsbekundungen für den Zaren abzugeben. Dies vermochte das Regime nicht daran zu hindern, in der Intelligenzija den Nährboden für potentielle Revolutionäre zu sehen und daraus den Schluß zu ziehen, daß diese Bevölkerungsgruppe eine besonders strenge Hand brauche. Regimetreue wurde nun mit einer bedingungslosen Bejahung des Status quo gleichgesetzt. Katkow brachte die Philosophie, die hinter dieser Reaktion der herrschenden Kreise steckte, gut zum Ausdruck, als er schrieb: »Immer wenn in unserem nationalen Leben etwas dem Volk anvertraut wird, schaffen wir mit Gottes Hilfe wahre Wunder. Sobald aber unsere Intelligenzija redet und handelt, geraten wir ins Stocken.«[55]

Die Intelligenzija ihrerseits hätte, wenn sie imstande gewesen wäre, mit einer Stimme zu sprechen, Katkow dieses Kompliment zurückgegeben: In ihren Augen war es die unfähige und repressive Regierung, die das russische Volk daran hinderte, seine wunderbaren Möglichkeiten zu entfalten, und die die Schuld an der schwerfälligen, klaustrophobischen Eigenart des russischen Lebens trug. Überall, wo man hinblickte, nur nicht im politischen Leben, waren enorme Fortschritte zu sehen. Die Bauernemanzipation hatte Rußland endlich den Weg ins industrielle Zeitalter geebnet. Ein Eisenbahnboom hatte eingesetzt, ausländisches Kapital floß ins Land, Banken und Fabriken schossen überall aus dem Boden. Kulturell durchlebte die Nation ihre ruhmreichste Periode: In Literatur, Musik und bildender Kunst brauchte Rußland den Vergleich mit den kulturell führenden Nationen Europas nicht zu scheuen. Um so beklagenswerter war es, daß dieses begabte Volk über die Art und Weise, wie sein eigenes Land regiert wurde, in keiner Weise mitbestimmen konnte, daß den Russen all jene Freiheiten und Rechte vorenthalten blieben, die für die Menschen im Westen selbstverständlich waren und die selbst ein so primitives Land wie das durch russische Waffen befreite Bulgarien seinen Bürgern gewährte. Diese schlagenden Kontraste erklären, weshalb der durchschnittlich gebildete Russe in dieser Phase ein noch ausgeprägteres politisches Unbehagen empfand, als es unter Nikolaus der Fall gewesen war. So riesengroß die sozialen Fortschritte des voraufgegangenen Jahrzehnts waren, sie addierten sich doch nicht zu einer Garantie bürgerlicher Freiheiten; im Gegenteil machten sie deren Fehlen nur noch augenfälliger und bedrückender. Rußland schien dazu verurteilt, für alle Zeit abseits des Hauptstroms der politischen Entwicklung zu treiben, stets das Stiefkind der europäischen Zivilisation zu bleiben.

In ihrer Frustration neigte die Intelligenzija dazu, gegenüber den Extremisten Toleranz walten zu lassen und ihnen eine Bedeutung zuzuschreiben, die in krassem Mißverhältnis zu ihrer geringen Zahl und zu der Fundiertheit ihrer Ziele und Programme stand. Respektable Anwälte, Professoren, Ärzte, manchmal sogar Beamte, die selbst weit davon entfernt waren, einen Sturz des Regimes herbeizuwünschen, waren durchaus imstande, den Revolutionären und ihren Aktivitäten gegenüber eine achselzuckende Nachsicht an den Tag zu legen. Vielleicht war ein gelegentlicher Gewaltakt das einzige Mittel, die Regierung aus ihrer Selbstzufriedenheit aufzurütteln und ihr Sensibilität für die Wünsche und Hoffnungen der Gesellschaft beizubringen? Manche trieben diese Nachsicht so weit, daß sie auch solche Aktionen für halbwegs entschuldbar hielten, die eindeutig jenseits der Trennlinie zwischen politischem Fanatismus und mutwilliger Kriminalität angesiedelt waren, wie beispielsweise im Fall von Netschajew und seiner Gruppe.* Niemand hat diese Haltung der liberalen Intelligenzija so scharfsichtig und unbarmherzig porträtiert und kritisiert wie Dostojewskij in seinen *Dämonen*, bei denen man den Eindruck hat, sie seien eine literarische Aufbereitung der Netschajew-Affäre. Der große Romancier vertraute übrigens einmal einem Freunde an, er brächte es unter keinen Umständen fertig, einen Revolutionär zu denunzieren, selbst wenn er wüßte, daß dieser Vorkehrungen treffe, um den Winterpalast in die Luft zu sprengen.

Die Hauptbewegung innerhalb des russischen Radikalismus jener Jahre war der Populismus; dieses Schlagwort umfaßt sowohl das Programm derer, die für eine legale, friedliche Propaganda unter der Bauernschaft eintraten, als auch die Tätigkeit derer, die diese Propaganda mit dem Aufruf zur revolutionären Aktion verbanden. Die Grundgedanken des Populismus fanden sich bereits bei Herzen und Tschernyschewskij: ein auf der Dorfgemeinschaft beruhender Agrarsozialismus, der Wunsch, Rußland den Durchgang durch eine kapitalistische Entwicklungsphase zu ersparen, ein egalitäres Bewußtsein. Doch jetzt gab es neue Propheten. Peter Lawrow, ein ehemaliger Oberst der Artillerie, in den frühen 70er Jahren von enormem Einfluß, forderte die jüngere Generation auf, sich als »Aktivisten für den Fortschritt« zu betätigen: Die Menschen aus den oberen Klassen hätten die moralische Pflicht, zu den Bauern zu gehen, sie zu belehren und ihnen zu helfen, so daß sie schließlich so weit kämen, zu verstehen, daß sie ihr Schicksal in die eigenen Hände nehmen müßten.[56] Zu direkterem politischen Handeln forderte der alte anarchistische Kämpe Michael Bakunin auf, der im westeuropäischen Exil lebte: Die Bauern müßten, so meinte er, zum aktiven Kampf gegen die Regierung aufgestachelt werden. An der Peripherie des Populismus gab es noch andere Strömungen, wie etwa die durch Peter Tka-

---

* Sergej Netschajew, Anführer einer Gruppe von Revolutionären, die sich »Gerechtigkeit des Volkes « nannte, befahl im November 1869 die Ermordung eines der Mitglieder der Gruppe und beteiligte sich selbst an der Tat. Das Verbrechen hatte aufsehenerregende Prozesse zur Folge: 1871 gegen die Komplizen Netschajews und 1873 gegen ihn selbst.

tschew repräsentierte; er wies die Vorstellung zurück, man könne das Volk durch Propaganda, ob friedlicher oder anderer Art, auf die Revolution vorbereiten. Er meinte, das Regime müsse von einer gut organisierten Gruppe von Berufsrevolutionären gestürzt werden, und erst nach dem gelungenen Staatsstreich werde die Zeit für die Indoktrinierung der Massen mit sozialistischem Gedankengut kommen.

Natürlich waren die Radikalen nicht die einzigen, die den Versuch machten, der Bauernschaft auf die Sprünge zu helfen. Schon seit der Emanzipation hatten immer wieder Männer und Frauen aller politischen Schattierungen versucht, den Unterprivilegierten zu Hilfe zu kommen. Sie hatten sich, oft unter Verzicht auf eine vielversprechende und lohnende Karriere, auf dem Land niedergelassen, um dort als Lehrer, Ärzte, Hebammen usw. zu arbeiten. Die sogenannte »Wallfahrt zum Volk« im Jahre 1874, in der die Bewegung ihre höchste Entfaltung erreichte, war jedoch zweifellos politisch motiviert. Über tausend junge Menschen aus der Oberschicht und der Intelligenzija zogen auf die Dörfer. Ihr Ziel war nicht nur, den Bauern mit welch gewöhnlichen Diensten auch immer zur Hand zu gehen, sondern auch, durch die Arbeit an ihrer Seite ihr Vertrauen zu gewinnen, um ihnen sodann die Augen über die Ungerechtigkeit des herrschenden sozialen und politischen Systems zu öffnen. Für die meisten wurde es eine enttäuschende Erfahrung. Ob aufgrund seines traditionell festen Glaubens an den Zaren oder seines eingewurzelten Mißtrauens gegenüber Herrensöhnen: Der durchschnittliche Bauer erwies sich als unzugänglich für die revolutionäre Propaganda. »Selbst wenn man Tausende und Abertausende von Propagandisten hätte, würde man das Volk nicht gewinnen, würde es nicht aufwecken können«, urteilte einer der Wallfahrer.[57] Die Regierung wäre gut beraten gewesen, wenn sie aus dieser Lektion ihrerseits gelernt hätte. Statt dessen verhafteten die Behörden – in vielen Fällen unter Mithilfe der Bauern – über 700 der jungen Idealisten; etwa 200 wurden schließlich vor Gericht gestellt.

Die Veteranen dieser »Wallfahrt zum Volk« waren es, unter denen die revolutionären Organisationen, die sich in den Jahren danach bildeten, ihre Aktivisten rekrutierten. 1876–77 schlossen sich mehrere dieser Organisationen unter einem vertrauten Namen zusammen: »Land und Freiheit«. Im Gegensatz zu ihrer Namenspatin, die ein totgeborenes Kind gewesen war, entfaltete die zweite »Land und Freiheit«-Gruppe, obgleich sie an numerischer Stärke noch unscheinbarer war als jene (wahrscheinlich verfügte sie zu keinem Zeitpunkt über mehr als 200 Mitglieder und Mitläufer), eine gewisse politische Wirksamkeit. Programmatisch an den traditionellen populistischen Zielen und Methoden orientiert – Überführung allen Grund und Bodens in Gemeinbesitz, Propaganda unter der Bauernschaft usw. –, wandte sich die neue Verschwörung indessen bald der terroristischen Gewalt als Hauptwerkzeug des politischen Kampfes zu. Von einigen vereinzelten Vorfällen in der Vergangenheit, wie der Karakosow-Affäre, einmal abgesehen, hatte der Terrorismus auf der politischen Bühne Rußlands bis dahin eine für ein autokratisches Staatswesen bemerkenswert geringe Rolle gespielt. Dies änderte sich nun, da »Land und Freiheit« – zunächst unter der Prämisse, Gewalt nur zur Selbstverteidigung anwenden zu wollen – mehrere Attentate auf Regierungsbeamte und staatliche Agenten verübte, von denen einige auch glückten. Mit der Zeit merkten die Verschwörer, daß sie durch einige wenige Terrorakte wesentlich mehr von sich reden machten, als sie es zuvor mit jahrelanger Propaganda und Agitation im Sinne des Populismus vermocht hatten. Die »Propaganda der Tat«, wie sie den Terror euphemistisch nannten, ließ sich offensichtlich leichter an als der Versuch, die Bauern aus ihrer Gleichgültigkeit und ihrer beharrlichen Apathie aufzurütteln. Diese neue Taktik der Revolutionäre stellte das Regime vor ein fast unlösbares Dilemma. Es ist selbst für einen nicht totalitären Staat nicht leicht, mit Terroristen wirksam fertigzuwerden. Durch Verhaftungen konnte man zwar ihre Reihen lichten, aber ohne eine drastische Verschärfung der polizeilichen Repression – eine Lösung, die nach 1855 einfach nicht mehr vorstellbar erschien – bestand für die zaristische Regierung wenig Aussicht, eine revolutionäre Gruppe ausschalten zu können, die zwar zahlenmäßig klein war, aber darauf zählen konnte, immer wieder neuen Zustrom aus den Reihen der dem Staat entfremdeten Jugend zu erhalten.

Als es innerhalb der Organisation zu Auseinandersetzungen kam – über die Rolle, die der Terrorismus im Rahmen ihrer Aktivität spielen sollte, und über die Zweckmäßigkeit des Kampfes für politische Reformziele einerseits, der Propaganda unter Bauern und Arbeitern andererseits –, führte dies 1879 dazu, daß »Land und Freiheit« sich in zwei Gruppen spaltete. Die eine, die sich den Namen »Volkswille« gab, bekannte sich ausdrücklich zur Strategie des Terrors und setzte sich das ehrgeizige Ziel, das Regime zur Gewährung einer Verfassung zu zwingen. (Die andere, die sich die »Schwarze Umverteilung« nannte, blieb der ursprünglichen populistischen Programmatik treu; ihre Hauptbedeutung liegt jedoch darin, daß einige ihrer Mitglieder später zu Pionieren des russischen Marxismus wurden.) Der »Volkswille« veröffentlichte gleich nach seiner Gründung ein Ultimatum: Wenn die Regierung nicht eine verfassunggebende Versammlung einberufe, werde man einen terroristischen Feldzug führen mit dem Ziel, den Zaren zu töten. Die darauffolgenden beiden Jahre erlebten ein faszinierendes Duell zwischen dem »Volkswillen« und der Regierung eines mächtigen Reiches, die trotz der Unerschöpflichkeit der ihr zur Verfügung stehenden Mittel nicht zu verhindern vermochte, daß den Terroristen mehrere Attentatsversuche auf den Zaren gelangen. Der harte Kern des »Volkswillens« bestand aus nur etwa 40 Leuten; um jedoch die (weithin geglaubte) Legende zu schüren, daß die Organisation in Wirklichkeit über eine weit größere Mitgliederzahl verfüge, nannte diese winzige Kerngruppe sich das Exekutivkomitee. Weder die fieberhaften Bemühungen der Dritten Abteilung noch das liberale Gebaren, das Alexander II. den politischen Instanzen und Behörden verordnet hatte, weil er hoffte, hierdurch die öffentliche Meinung gewinnen und die unterschwelligen Sympathien austrocknen zu können, mit denen Teile der Intelligenzija die von den Terroristen geltend gemachten Ziele betrachteten, konnten verhindern, daß die gnadenlose Jagd ihren Lauf nahm. Es ist zumindest eine offene Frage, wie sehr die Verschwörer von der Notwendigkeit eines bürgerlichen Parlamentarismus für Rußland überzeugt waren und ob sie es wirklich für möglich hielten, daß die angestrebte verfassunggebende Versammlung, die ja, wenn sie demokratisch gewählt worden wäre, hauptsächlich die Anschauungen der Bauern widergespiegelt hätte, sich ihre republikanischen und sozialistischen Vorstellungen zu eigen gemacht hätte. Doch davon abgesehen, hätte sich das Regime ohnehin niemals zur Einberufung einer solchen Versammlung zwingen lassen. Das höchste, was der Zar schließlich zugestehen wollte, war die Aufnahme einer Anzahl gewählter Vertreter in den Staatsrat, der seinerseits fast ausschließlich beratende Funktion hatte. Am 1. März 1881 gelang es den Terroristen bei ihrem siebenten Versuch endlich, ihr Opfer zur Strecke zu bringen; bei der Fahrt durch eine Straße in St. Petersburg wurde der Zar durch eine von einem Kommando des »Volkswillens« geworfenen Bombe tödlich verletzt.

Wir sehen hier ein weiteres Beispiel dafür, wie sehr der geschichtliche Verlauf von unvorhersehbaren Ereignissen und vom Zufall der Persönlichkeit bestimmt wird. Die von Alexander II. eingeleitete behutsame Öffnung hin zu einem repräsentativen Regierungssystem wurde von seinem Nachfolger Alexander III. rückgängig gemacht. Doch es war nicht nur der Reformkurs, der durch das Attentat einen Rückschlag erlitt. Die noch auf freiem Fuß verbliebenen Mitglieder des »Volkswillens« wurden im Verlauf der beiden folgenden Jahre von der Polizei gejagt und aufgespürt. Das absolutistisch-bürokratische Regime erhielt wiederum eine Fristverlängerung und sah sich in den folgenden zwanzig Jahren keiner ernsthaften Herausforderung mehr gegenüber, weder durch revolutionäre Kräfte noch durch eine Reformbewegung. Sosehr die Aura des Befreier-Zaren durch den Verlauf der Ereignisse seit 1863 abgebröckelt war, auf seine Ermordung reagierte die Gesellschaft doch mit Abscheu, zumal die konservative, ja rückschrittliche Ausrichtung des neuen Regimes alle Hoffnungen verzweifeln ließ. »Rußland ist eine durch den Zarenmord gemilderte Autokratie«, so lautete ein bekanntes Bonmot. In Wirklichkeit trug der Terror dazu bei, dem Anachronismus der Autokratie das Leben zu verlängern.

Allein, wie die Geschichte des Jahrzehnts zwischen 1855 und 1866 zeigt, war das grundlegendste Hindernis für ein Fortschreiten Rußlands in Richtung auf eine freiheitliche Ordnung – damals wie auch noch heute – die Eigenart des russischen Nationalismus, eines Nationalismus, dessen Psychologie die Züge einer unterdrückten und zugleich nach außen hin unterdrückenden Nation in sich vereint. Und so war es in den entscheidenden Situationen nicht nur die Regierung, sondern auch die russische

Gesellschaft selbst, die sich unfähig zeigte, unmißverständlich für die Freiheit Partei zu ergreifen, wenn es den Anschein hatte, als könnte diese Freiheit unter Umständen die Einheit und Größe Rußlands gefährden.

Kapitel 3
Die Zauberlehrlinge:
Die Revolution von 1905

Eine Revolution ist, der gebräuchlichen lexikalischen Definition zufolge, eine »tiefgreifende Umwälzung eines staatlich-gesellschaftlichen Systems«, ein »gewaltsamer Umsturz der bestehenden politischen oder sozialen Ordnung« und ihre Ablösung durch eine andere. Zum Verständnis dessen, was in Rußland 1905 und 1917 geschah, trägt diese Definition kaum etwas bei. Die Revolution von 1905 war sicherlich die elementarste und umfassendste der drei, die das Land in diesem Jahrhundert erlebt hat. Der Umfang und die Breite des revolutionären Geschehens übertraf alles, was sowohl im Februar als auch im Oktober 1917 zu beobachten war. Dennoch kam es 1905 nicht zum Umsturz der bestehenden Ordnung und zu ihrer Ersetzung durch eine neue. Als die Woge der Revolution 1907 verebbte, saß Nikolaus II. nach wie vor auf dem Thron, und das autokratische System hatte sich, lediglich durch ein parlamentarisches Ornament verziert, in seinen Grundzügen offenbar unbeschädigt erhalten. Für einen aufmerksamen Beobachter mußte es jedoch unübersehbar sein, daß die Grundlagen, auf denen die Stärke und das Prestige der Autokratie bis dahin geruht hatten, schwer und irreparabel erschüttert waren. Die Monarchie konnte in ihrer unglaubwürdig gewordenen und anachronistischen Form nur deshalb überleben, weil ihre Feinde in sich uneins waren; ein Teil von ihnen fürchtete, die Beseitigung der Autokratie werde den russischen Staat zerbrechen lassen, ein anderer Teil setzte seine Hebel in der erklärten Absicht an, eben dieses Ziel zu erreichen. Noch war keine der beteiligten Kräfte imstande, den revolutionären Prozeß im Sinne der lexikalischen Definition zu vollenden, d. h. die amtierende Regierung als die Garantin der herrschenden Ordnung zu beseitigen und an ihre Stelle ein neues Regime zu setzen.

Paradoxerweise hatten die Russen in ihrer jüngeren Geschichte immer Mühe, unter einer Revolution einen Kampf zu verstehen, bei dem es letztlich um die Eroberung von Macht geht. Diejenigen, die einen Sturz der Autokratie anstrebten, wollten an deren Stelle eine Verfassung oder die Selbstregierung durch das Volk setzen, nicht aber die Herrschaft einer bestimmten Gruppe, die (wenn auch nur der äußeren Form nach) ähnliche Funktionen ausübte wie zuvor der Zar und seine Minister. Jahrhunderte einer autoritären Herrschaft hatten das Verhältnis der Gesellschaft zur politischen Praxis so getrübt, daß in ihren Augen »Macht« wenn nicht gleichbedeutend mit Repression, so doch zumindest ein spezifisches Attribut der Autokratie war. »Niemand, der nicht im Gefängnis gewesen ist, weiß, was der Staat ist«, pflegte Leo Tolstoj zu sagen; viele Russen, und nicht nur diejenigen, die seiner Spielart des christlichen Anarchismus anhingen, teilten diese Einstellung. Hinter dieser, man könnte sagen, politischen Prüderie stand nicht nur der Haß gegen die Autokratie, sondern ebenso auch eine Scheu vor der Übernahme von Verantwortung, und diese Scheu war selbst bei Rebellen und Radikalen nicht selten anzutreffen. Bezeichnende Beispiele hierfür findet man im 18. Jahrhundert, wo es mehr als einmal vorkam, daß eine Gruppe von Adligen, nachdem sie einen mißliebigen Zaren mit Gewalt abgesetzt hatte, dem Nachfolger bzw. der Nachfolgerin wiederum die volle autokratische Macht in die Hände legte, gewöhnlich ohne irgendwelche Bedingungen daran zu knüpfen. Im 19. Jahrhundert finden wir zwar einzelne, man denke an Pestel' und Tkatschew, die in Machtbegriffen dachten und einen Staatsstreich und eine zumindest vorübergehende revolutionäre Diktatur ins Auge faßten. Typischer war jedoch nach wie vor das Verhalten der Dekabristen, die ihrer Rebellion eine angemaßte monarchische Legitimität zu verleihen suchten und, nachdem sie ihre Truppen hatten aufmarschieren lassen, einfach darauf warteten, daß die Regierung von selbst zusammenbrechen würde. Eine ähnliche Mentalität herrschte bei den Populisten vor, nur mit dem Unterschied, daß die meisten von ihnen auf einen landesweiten Bauernaufstand warteten, der zum Zusammenbruch sowohl des Staates als auch der Autokratie führen würde; an deren Stelle sollte dann ein loser Zusammenschluß sozialistischer Kommunen treten. Selbst eine in vieler Hinsicht so hartgesottene Gruppe wie der »Volkswille« sah seine Aufgabe nicht in erster Linie darin, dem kaiserlichen Regime die Macht zu entwinden, sondern eher darin, es mit Hilfe von Terroraktionen so weit zu bringen, daß es von selbst abdankte und eine demokratisch gewählte verfassunggebende Versammlung einberief, die auf gesetzlichem Weg ein neues Rußland, ein Rußland des Volkes, schaffen würde. Ein innerer Widerspruch dieser Konzeption bestand darin, daß die meisten Revolutionäre wußten, daß eine solche Versammlung, wenn sie den politischen Willen der bäuerlichen Massen repräsentierte, sehr wahrscheinlich den sozialistischen und anarchistischen Ideen der Revolutionäre selbst nicht folgen würde. Nach dem Attentat vom 1. März 1881 forderte der »Volkswille« den neuen Zaren in einem an ihn gerichteten Brief auf, »als Bürger und Ehrenmann« dem Volk die Freiheit zu geben. »Wir erklären vor unserem Land und der ganzen Welt, daß unsere Partei sich den Beschlüssen der verfassunggebenden Versammlung bedingungslos unterwerfen wird.«

Eine ähnliche Botschaft erging an die »ehrenwerten Mitglieder der ländlichen Gemeinden, orthodoxen Bauern, alle russischen Landsleute«, mit der Bitte, ihre Vertreter zu »Seiner Majestät dem Kaiser in St. Petersburg« zu schicken: »Öffnet unserem Obersten Herrn die Augen darüber, welche Not in seinem russischen Land der Bauer leidet . . .«[1] Diese Dokumente sind, selbst wenn man annimmt, daß sie politischen Täuschungsmanövern dienen sollten, psychologisch sehr aufschlußreich. Dieselben Leute, die soeben einen Zaren umgebracht hatten, gingen gleichwohl davon aus, daß dessen Nachfolger der legitime Treuhänder der nationalen Staatsmacht und in den Augen der Bauernmassen noch immer der »Vater« seines Volkes war. Wenn man seinen Vorgänger getötet hatte, dann weil er ein *schlechter* Vater gewesen war, so der Tenor eines anderen von den Attentätern unters Volk gebrachten Pamphlets: »Der Zar muß ein guter Schäfer sein, der bereit ist, für seine Herde zu sterben. Alexander war ein Wolf.«[2]

Somit mußte die Autokratie sich erst selbst zerstören, ehe von anderer Seite wirklich Anspruch auf die bislang von ihr ausgefüllte Rolle erhoben werden konnte. Aber den meisten Russen fiel es selbst zu diesem Zeitpunkt noch schwer, sich an Stelle der Autokratie eine andere aus Fleisch und Blut – und nicht nur aus irgendeiner konstitutionellen oder ideologischen Formel – bestehende Macht vorzustellen, die das Land regieren sollte. Auf dem Allrussischen Sowjetkongreß im Juni 1917 bemerkte einer der Redner, man sei sich natürlich allgemein darin einig, daß es in Rußland keine einzelne politische Partei gebe, die ganz allein die Staatsgewalt übernehmen könne oder wolle. Lenin sorgte für große Betroffenheit und anschließende allgemeine Heiterkeit, als er daraufhin von seinem Sitz aus rief: »Es gibt eine solche Partei.« Wenig später setzte er die ungläubig zuhörende Versammlung noch weiter in Erstaunen, indem er erklärte, seine, die bolschewistische Partei, sei »jede Minute bereit, die Gesamtheit der Macht zu übernehmen«.[3]

Aber wenn die Revolution die Macht nicht an sich reißen konnte und wollte, so gestaltete es sich für die Autokratie ihrerseits zunehmend schwieriger, sie auszuüben. Die zwei Jahrzehnte vor der Revolution von 1905 erlebten eine fortschreitende Lähmung des zaristischen Regimes. Ideologisch war dieses Regime ein Anachronismus, und zwar selbst in den Augen einiger seiner ergebensten Diener. Sergej Witte, der einzige wirkliche Staatsmann, über den Rußland zur Zeit der Jahrhundertwende verfügte, gab in seinen Memoiren der Überzeugung Ausdruck, daß die Autokratie der Grundstein für die Größe des Landes gewesen sei: »Gäbe es nicht die Autokratie, so gäbe es auch kein großes russisches Reich.« Gleichwohl zweifelte er nicht daran, daß dieses System keine Zukunft besaß:

»Das ist die eindeutige und unausweichliche Schlußfolgerung, zu der uns sowohl die Geschichte als auch die Ordnung der Dinge auf unserem Planeten führen . . . Alle Länder haben sich früher oder später für eine verfassungsmäßige Regierung entschieden. Es ist schwierig und unter [unseren] Bedingungen unmöglich, an einem politischen System festzuhalten, von dem nicht nur alle mehr oder weniger zivilisierten Nationen abgekommen sind, sondern auch diejenigen, die in ihrem allgemeinen kulturellen Niveau weit unter uns liegen.«[4]

Man könnte aus dieser Äußerung Wittes, der in einigen kritischen Phasen im Jahr 1905 immerhin einiges dazu beitrug, daß das Regime sich hielt, die pikante Implikation herauslesen, daß er Rußland nicht zu den »mehr oder weniger zivilisierten Nationen« zählte.

Der einzige Rechtfertigungsgrund für eine Beibehaltung des Status quo war das mittlerweile etwas abgestandene Argument, Rußland sei in Anbetracht seiner Geschichte und seiner globalen Mission ein Sonderfall. Dieses Argument konnte freilich zu einer Waffe werden, sowohl in den Händen der extremen Linken als auch in denen der Rechten. Aus der Feder eines Revolutionärs der 1860er Jahre stammt der Satz: »Wir sollten dem Schicksal auf Knien dafür danken, daß wir nicht das Leben Europas gelebt haben.«[5] Nationen, die politisch und wirtschaftlich rückständig sind, kompensieren dies häufig durch die Behauptung ihrer kulturellen und geistigen Überlegenheit. Selbst die Intelligenzija vermochte sich gelegentlich den Versuchungen eines messianischen Nationalismus nicht zu entziehen, wie die große Gedenkfeier für Puschkin im Jahr 1880 zeigte. Dostojewskij, der dabei als Hauptredner auftrat, hielt eine Laudatio auf den großen Dichter, die unterderhand zu einer leidenschaftlichen Eloge für die russische Nation wurde. Was Puschkin, so meinte Dostojewskij, zu einem Genie, größer als so begnadete Künstler wie Shakespeare und Cervantes, gemacht habe, sei seine Fähigkeit gewesen, die Seele seines Volkes und damit die allgemeinen Sehnsüchte der gesamten Menschheit in Worte zu fassen. Denn »worin anders besteht die Kraft des russischen Nationalgedankens als in seinem Streben nach den letzten Zielen der Menschheit, und was anders ist die Bestimmung unserer Nation, als die Welt einer allgemeinen Vereinigung aller Zweige der arischen Rasse entgegenzuführen?«[6] Leben und Werk des Dichters seien eine Lektion, die Lehre, daß man, »um ein wirklicher und wahrhafter Russe zu sein, ein Bruder aller Menschen werden muß«. Indem Dostojewskij seine Rede so schloß, vergaß er freilich für einen Augenblick seine eigenen, entschieden unbrüderlichen Gefühle gegenüber den Juden und den Polen.

Die Szenen, die auf diese leidenschaftliche Ansprache folgten, hätten jedem Freund der russischen Seele Freude bereitet: Die Zuhörerschaft geriet in ekstatische Verzückung, Tränen flossen, Fremde fielen einander in die Arme. Es wurden Stimmen laut, die Dostojewskij selbst zum nationalen Propheten und Heiligen proklamierten. Und dieses Publikum repräsentierte die Elite der intellektuellen und literarischen Welt des Landes.

Es ist allerdings ziemlich wahrscheinlich, daß die meisten Teilnehmer dieser Kundgebung, nachdem die Euphorie des Augenblicks abgeklungen war, wieder zu prosaischeren Überlegungen hinsichtlich der Unfreiheit und Unzivilisiertheit ihrer Gesellschaft zurückfanden und sich wieder mit jenen ganz unmessianischen und inhumanen Elementen des russischen Lebens befaßten, auf die Puschkin und Dostojewskij selbst so oft den Finger gelegt hatten. Ein nachdenklicher Beobachter hätte aus dem, was sich bei jener Gedenkfeier abspielte, vielleicht den Schluß gezogen, daß die russische Gesellschaft sich nach einer Ideologie sehnte, welche die bedrückende Realität Rußlands nicht nur erklären, sondern auch einen Ausweg aus ihr weisen konnte.

Das Regime war, wie sich nach 1881 gezeigt hatte, nicht in der Lage, eine solche Ideologie hervorzubringen oder sie sich anzueignen. Die kurze Regierungszeit Alexanders III. (1881–94) erscheint, oberflächlich betrachtet, als eine Zeit der politischen Ruhe und Stabilität. In Wirklichkeit aber sammelten sich hinter der friedlichen Fassade Spannungen an und reiften Kräfte heran, die geeignet waren, eine neue Periode revolutionärer Turbulenz einzuläuten. Die Regierung trug mit ihrer Politik unwillentlich dazu bei, eine Atmosphäre zu schaffen, aus der eine neue, und zwar die bislang fundamentalste Herausforderung der autokratischen Herrschaft erwuchs. Konstantin Pobjedonoschtschew, der frühere Lehrer des neuen Zaren und nunmehrige Generalprokurator des Heiligen Synod (praktisch ein Minister für kirchliche Angelegenheiten), gab als einflußreichster Berater des Herrschers die allgemeine Parole für dessen Regierungszeit aus. Er zog nämlich entschieden gegen die Vorstellung zu Felde, Rußland solle sich auf eine konstitutionelle Regierungsform zubewegen. Die Erfahrungen im Westen zeigten, so behauptete dieser Ideologe der Reaktion, daß Verfassungen den sozialen Konflikt, die öffentliche Unmoral und das Intrigantentum förderten. Für solche Errungenschaften sei kein Platz in Rußland, einem Land, »das seine Kraft stets aus dem grenzenlosen Vertrauen bezogen hat, das zwischen dem Zaren und seinem Volk besteht«.[7]

Dieses Vertrauen ging allerdings nicht einmal so weit, daß das Regime den Russen die Rechte und sozialen Vorteile beließ, die sie unter Alexander II. errungen hatten; vielmehr versuchte es mit aller Kraft – und beträchtlicher Ungeschicklichkeit –, die Folgen der großen Reformen rückgängig zu machen. Das unter dem Befreier-Zaren eingeführte System der begrenzten lokalen Selbstverwaltung wurde einer strengeren zentralen Kontrolle von St. Petersburg aus unterworfen, die für Wahlen zu Vertretungsorganen auf Gouvernements-, Bezirks- und Gemeindeebene geltenden Stimmrechtsbedingungen, die ohnehin schon die begüterten Klassen begünstigten, wurden noch verschärft. Die finanziellen Lasten für die Bauern wurden zwar ein wenig erleichtert, aber dennoch blieb der Bauer weiterhin de facto ein Mündel des Staates; seine Unmündigkeit wurde im Gegenteil noch verstärkt, als 1889 ein Gesetz in Kraft trat, das die bis dahin von den Semstwos, gewählten lokalen Selbstverwaltungsorganen, geregelten Angelegenheiten der Dorfgemeinde der direkten Zuständigkeit der staatlichen Bürokratie unterstellte.

Rußland befand sich in jenen Jahrzehnten in einer Phase rapiden Wirtschafts- und Bevölkerungswachstums. Unter jedem Gesichtspunkt erschien es unerläßlich, das Erziehungswesen auf eine breitere Basis zu stellen und die soziale Mobilität zu fördern. Das Regime Alexanders III. versuchte freilich im Gegenteil durch eine Erhöhung der Gebühren und durch andere Maßnahmen die Bildungschancen für Kinder der Unterschicht möglichst einzuschränken. Iwan Deljanow, der zeitweise Erziehungsminister war, schrieb in einer Anweisung an seine nachgeordneten Behörden, daß es töricht und gefährlich sei, den Kindern der unteren Klassen den Zugang zu Ideen und Ambitionen zu eröffnen, die ihrer Stellung in der Gesellschaft nicht entsprächen. Die höheren Bildungsanstalten wurden neuen und verschärften Bestimmungen unterworfen, mit dem Ziel, die Autonomie der Fakultäten einzuschränken und die Freiheit der Studenten weiter zu beschneiden; letztere mußten sich nunmehr förmlich verpflichten, keiner nichtgenehmigten Vereinigung beizutreten und eine Studentenuniform zu tragen. Es überrascht unter diesen Umständen nicht, daß die Universitäten der 80er und 90er Jahre noch mehr als in den zwei Jahrzehnten davor zum Übungsplatz für die Radikalen der Zukunft wurden.

Die weitreichendsten und für das Regime fatalsten Folgen zeitigte jedoch die offizielle Nationalitätenpolitik. Daß ein Regime, das beharrlich an der Autokratie festzuhalten gedachte, den russischen Nationalismus und die Orthodoxie zu wesentlichen Grundpfeilern seiner Herrschaft erwählen würde, lag an sich nahe. Allein, die von der Regierung forciert betriebene Politik der Russifizierung und der Bekehrung zum orthodoxen Glauben hatte, wie sich erwies, eher destabilisierende als festigende Auswirkungen auf die Institution, deren Erhaltung sie eigentlich sichern sollte. In Polen, wo sich seit dem Aufstandsversuch von 1863 keinerlei antirussische Opposition mehr regte, wurde die offizielle Russifizierungspolitik bis in absurde Konsequenzen hinein durchgeführt. Das Verbot der polnischen Muttersprache in den Schulen und Amtsstuben des Landes trug nur dazu bei, die unter der Oberfläche glimmenden nationalistischen Leidenschaften der Polen und ihren Haß auf ihre russischen Unterdrücker zu schüren. Dazu kam, daß eine Politik, die kraß fremdenfeindliche Züge trug, auch zu Unzufriedenheit und Erbitterung bei solchen Volksgruppen führte, die, wie die Baltendeutschen und die Armenier, in der Vergangenheit stets große Loyalität gegenüber dem Zaren bewiesen und sich separatistischer Neigungen enthalten hatten, oder bei den Ukrainern, deren erst in jüngster Zeit herangewachsene Intelligenzija lediglich eine Anerkennung ihrer sprachlichen und kulturellen Eigenständigkeit anstrebte. Traditionsgemäß war der russische Nationalismus ein mächtiger Aktivposten der Autokratie gewesen, doch die nunmehr betriebene Politik des engstirnigen Chauvinismus und der Russifizierung lief dem wahren nationalen Interesse des Reiches zuwider, dessen Bevölkerung immerhin zur Hälfte aus Nichtrussen bestand.

Ergänzt und verschlimmert wurde die repressive Nationalitätenpolitik durch die Schikanen und rechtlichen Benachteiligungen, denen die Nichtorthodoxen ausgesetzt waren. Auch hier wurde ein Keim gepflanzt, aus dem innere Konflikte und Ressentiments gegen die Regierung sprossen, denn nicht nur schloß das russische Reich in seinen Grenzen eine große Vielzahl von Religionen und Kulten ein, sondern es gab auch viele Russen, insbesondere unter der Bauernschaft, die sich zum »Alten Glauben« oder zu sektiererischen Gruppen bekannten und die Autorität der Staatskirche nicht anerkannten. Außerdem gab es auf dem Boden des zaristischen Rußland die größte jüdische Gemeinde der Welt. Der rechtliche und gesellschaftliche Status der Juden, der zu keiner Zeit beneidenswert gewesen war, besserte sich unter Alexander II. ein wenig: Sie erhielten Zugang zu den Universitäten und den freien Berufen, und die Regierung unternahm im allgemeinen nichts dagegen, wenn sie sich auch außerhalb des Ansiedlungsrayons niederließen. Nach 1881 verschlechterte sich auch hier die Situation drastisch. In der Ukraine kam es im Frühjahr und Herbst 1881 und nochmals im darauffolgenden Jahr zu einer Reihe häßlicher Pogrome. Diese Ausschreitungen kamen zweifellos spontan zustande, wobei die Tatsache, daß der für den Mord an Alexander II. verantwortlichen Gruppe auch einige wenige Juden angehörten, möglicherweise ein auslösender Anlaß war; nicht wenige der zuständigen Beamten zeigten nur geringen Diensteifer, wenn es darum ging, einen Pogrom zu verhindern oder die Schuldigen zu bestrafen. Ironischerweise äußerte der »Volkswille« in einigen seiner Publikationen Verständnis, wenn nicht gar Sympathie für die antijüdischen Exzesse mit der Begründung, sie gehörten zu jenen Formen der Auflehnung gegen die öffentliche Ordnung und die wirtschaftliche Ausbeutung, die zu verurteilen ein Revolutionär nicht das Recht habe. »In der Tiefe meines Herzens«, so schrieb Zar Alexander an seinen Innenminister Dimitrij Tolstoj, könne er diejenigen verstehen, die auf die Juden losgingen.[8] Zwar waren weder der Zar noch seine Minister bereit, gewalttätige Ausschreitungen des Pöbels zuzulassen, da sie darin eine Gefahr für Gesetz und Ordnung sahen, aber daß es auch einen amtlichen Antisemitismus gab, zeigte sich an den neuerlichen Einschränkungen der Freizügigkeit und gewerblichen Betätigung der Juden sowie an der Verschärfung der Bedingungen, die ihren Zugang zu den höheren Schulen und zur akademischen Laufbahn erschwerten. Wohl gab es hohe Würdenträger wie etwa Witte, die antijüdische Maßnahmen schon aus rein politischen Gründen für verfehlt und letzten Endes schädlich für den Staat hielten. Man machte sich dadurch eine mehr als 5 Millionen Köpfe starke Gemeinde zum Feind und trieb viele ihrer jüngeren und kulturell assimilierten Angehörigen geradezu der revolutionären Bewegung in die Arme. Außerdem fügten antisemitische Maßnahmen dem Ansehen der zaristischen Regierung überall in der Welt Schaden zu, erschwerten die Aufgabe, internationale Anleihen zu placieren, und hemmten das Einströmen ausländischen Kapitals nach Rußland. Allein, diese Argumente richteten in den meisten Fällen nichts aus. Angestachelt von Kräften, die er selbst nicht begriff, geriet der autoritäre Staat oft in eine Verfassung, in der er sich gebärdete wie ein irrationaler und rachsüchtiger Pöbel und seinen Groll und seine Ängste an Außenstehenden und vermeintlichen Verrätern im Innern ausließ.

In ihren Konsequenzen erwies sich jene kurze Ära vermeintlicher Normalität und politischer Stabilität als durchaus verhängnisvoll. »Es war die Regierungszeit Alexanders III., in der Rußland auf jenes Gleis geriet, das schließlich zur Katastrophe führte«, schrieb V. A. Maklakow, der diese Zeit miterlebte, später.[9] Wie unter Nikolaus I. verdunkelten auch jetzt wieder die persönliche Standfestigkeit des Zaren und die Aura der Ehrfurcht, die ihn umgab, den meisten seiner Untertanen den Blick für die langfristigen Konsequenzen der unter seiner Herrschaft betriebenen Politik. Ungeachtet seines rohen, bäuerlichen Äußeren, das ihn zur Zielscheibe vieler Witze machte (Beispiel: Der Bildhauer, der die Statue des zu Pferde sitzenden Zaren gemeißelt hat, wird gefragt, weshalb er sich dabei eines für den Dargestellten wenig schmeichelhaften Realismus befleißigt habe. Antwort: Er habe einmal sehen wollen, ob es ihm gelinge, zwei aufeinander reitende Tiere zu porträtieren), entsprach Alexander III. dem populären Klischee eines Zaren. »Seine persönlichen Eigenschaften verschafften ihm die Sympathie selbst derjenigen, die seiner Politik kritisch gegenüberstanden. Er war nicht sehr beschlagen oder geistreich, machte aber den Eindruck, ein bescheidener, schlichter und überzeugter Diener seines Vaterlandes zu sein.«[10] Alexander III. war in gewissem Sinn Nutznießer der durch die Ermordung seines Vaters hervorgerufenen Gefühle des Abscheus und der Schuld sowie auch des Überdrusses und der Enttäuschung, die sich der Gesellschaft nach einer Ära der Reformen und der revolutionären Unruhe bemächtigt hatten.

Andererseits war es dem russischen Volk zur Gewohnheit geworden, von einem Herrscher desto mehr an Fortschritten in Richtung Freiheit und Erneuerung zu erwarten, je mehr Enttäuschung und Resignation die Herrschaft seines Vorgängers gebracht hatte. Wie wenig auch immer vom Mythos der Autokratie noch übrig war, es gehörte ganz einfach die Erwartung dazu, daß jeder Zar seiner Regierungszeit gleich zu Beginn seinen persönlichen Stempel aufprägte.

Nikolaus II. tat dies auch, doch er tat es auf eine höchst unglückliche Weise. Mochten viele Russen auch die Institution der Autokratie hassen oder fürchten – sie als lächerlich zu empfinden war bis dahin nur wenigen in den Sinn gekommen. Gerade dies aber erreichte Nikolaus durch eine seiner ersten öffentlichen Verlautbarungen. Unter den Loyalitätsadressen, die den neuen Zaren zum Anlaß seiner Thronbesteigung und seiner gleich anschließend vollzogenen Heirat erreichten, war eine vom Semstwo des Gouvernements Twer. Etwa 30 Jahre vorher hatte eine Vertretung des Adels von Twer Alexander II. in einer Petition darum ersucht, seine Reformen durch die Einberufung einer Art allrussischen Nationalversammlung zu krönen. Die Bitte, die 1895 von den Nachfahren jener Petitionäre vorgetragen wurde, war zumindest auf den ersten Blick sehr viel bescheidener. Das einzige, worum sie baten, war, daß man ihrem Semstwo und ähnlichen gewählten Körperschaften im ganzen Land in Zukunft gestatten solle, ihre Meinung zu öffentlich interessierenden politischen Fragen zu äußern. »Wir würden es mit Freude sehen, Sire, wenn es möglich und rechtens wäre, daß öffentliche Körperschaften ihre Ansichten über sie betreffende Fragen äußern könnten, so daß auch Äußerungen der Bedürfnisse und Gedanken der Vertreter des russischen Volkes und nicht nur solche der Beamten in die Höhe des Thrones vordringen können.«[11] Ein kluger Herrscher hätte ein solches Ersuchen dankend entgegengenommen, weil darin, selbst wenn man zwischen den

Zeilen las, allerhöchstens ein nationales Vertretungsorgan zur *Beratung* des Zaren gefordert wurde und die unterschwellige Kritik sich nicht gegen die kaiserlichen Befugnisse, sondern gegen die Bürokratie richtete. Wäre der Zar der Meinung gewesen, die Petition stelle in irgendeiner Hinsicht eine Herausforderung seiner Prärogative dar, so wäre es ein Gebot der politischen Klugheit gewesen, zunächst eine unverbindliche Antwort zu erteilen und die weitere Reaktion der Öffentlichkeit abzuwarten. Allein, der 26jährige Herrscher war politisch ebenso unbedarft, wie er von Temperament und Intellekt her gleichermaßen ungeeignet war für die Rolle eines Reformzaren wie für die eines eisernen Autokraten. Eigensinnig, aber ohne Selbstvertrauen – eine gefährliche Kombination für einen Mann in seiner Stellung –, ließ Nikolaus die Antwort von einem Mitglied seiner Hofkamarilla entwerfen; wie es heißt, von seinem Onkel, Großfürst Sergej, der weithin als Reaktionär bekannt und verschrien war. Dank eines ebenso kläglichen Gespürs für die Wahl des richtigen Zeitpunkts verlas Nikolaus die Antwort anläßlich eines Empfangs für Würdenträger und öffentliche Repräsentanten aus allen Teilen des Reiches. Die Gäste, die sich versammelt hatten, um ihrem Monarchen Glückwünsche zu seiner Hochzeit darzubringen, erfuhren aus seinem Munde, daß er gedenke, die Autokratie ungeschmälert zu erhalten, und daß diejenigen, die glaubten, es solle den Semstwos gestattet sein, sich jederzeit in nationale Angelegenheiten zu mischen, sich »unsinnigen Träumen« hingegeben hätten.[12] Die wenigen nervös und stockend verlesenen Sätze waren nicht nur für diejenigen, die loyale Untertanen sein wollten und es tatsächlich auch waren, ein Schlag ins Gesicht, sondern wirkten auch auf eine komische Weise fehl am Platz. Niemand hatte das autokratische Prinzip in Frage gestellt; das einzige, was die Leute aus Twer mit ihrer Adresse hatten erreichen wollen, war, daß die Regierungsarbeit von den störendsten bürokratischen Auswüchsen befreit und daß auf diese Weise das »Vertrauen zwischen dem Zaren und seinem Volk«, das doch angeblich der Grundstein des Systems war, wiederhergestellt würde. Alle diese angesehenen Grundbesitzer, Rechtsanwälte usw., die gehofft hatten, die Monarchie reformieren zu können, um sie zu stärken, hatten nunmehr in der Tat Grund zu glauben, dies seien nur »unsinnige Träume« gewesen. Dieses Wort selbst hallte von einem Ende des Landes zum anderen wider und wurde zum spöttischen Schlachtruf derjenigen, die später für eine neue Ordnung in Rußland sorgten.

Daß das Ansehen des Zaren abbröckelte, spielte eine wesentliche Rolle in der Krise, deren Ergebnis nicht nur das Jahr 1905, sondern auch der verspätete letzte Akt des Dramas war, der im Februar 1917 begann. Für die meisten gebildeten Russen war »Die Geheiligte Person Seiner Majestät«, wie der Zar in der amtlichen Liturgie hieß, jetzt nur noch das formelle Oberhaupt der staatlichen Hierarchie, der Mann selbst, der sich hinter dem Kaisertitel verbarg, nur noch ein Werkzeug in den Händen der jeweiligen Hof- oder Bürokratenkamarilla, deren Einflüsterungen er gerade ausgesetzt war. Von kleinem Wuchs und auch sonst von eher unscheinbarem Äußeren, hatte Nikolaus das Zeug zu einem gewissenhaften Gardeoffizier, nicht aber die Statur, ein Autokrat zu sein – ein Titel, dessen russisches Äquivalent, wörtlich übersetzt, »der alleinige Inhaber der Macht« bedeutet. Wie gering sein persönliches Gewicht eingeschätzt wurde, dafür zeugt vielleicht am besten die Tatsache, daß es im Laufe seiner dreiundzwanzigjährigen Regierungszeit, einer Periode, in der Minister, Gouverneure und andere hohe Beamte häufig zur Zielscheibe von Kugeln und Bomben wurden, keinen einzigen nachgewiesenen Plan zu einem Anschlag auf ihn gab. Daß die revolutionäre Propaganda versuchte, den Zaren als einen mutwilligen Despoten, als Nikolaus den Blutrünstigen, darzustellen, war nur natürlich; was die Revolutionäre allerdings wirklich über ihn dachten, geht daraus hervor, daß Lenin ihn den »schwachsinnigen Romanow« nannte.

Unfähig, in der herkömmlichen Weise zu regieren oder auch nur nach außen hin den Anschein zu vermitteln, als tue er dies, wachte Nikolaus II. nichtsdestoweniger eifersüchtig über seine Prärogativen; er war daher für diejenigen Hofbeamten, die willens und fähig waren, die Bürde von Macht und Verantwortung mitzutragen, ein höchst unzulänglicher Verbündeter. Als die Autokratie in das 20. Jahrhundert eintrat, tat sie dies mit einem ideologischen und verwaltungstechnischen Arsenal, das für die Bewältigung der komplexen Probleme einer modernen Staatsführung und Politik nicht ausreichte. Es gab keinen Premierminister, tatsächlich nicht einmal einen Ministerrat. Das einzige Organ, das in etwa einer zentralen gesetzgebenden Autorität ähnelte, war der Staatsrat, der sich zum größten Teil aus altgedienten Bürokraten im Greisenalter zusammensetzte. Politische Entscheidungen und gesetzliche Regelungen gingen in der Regel aus einer umständlichen und verwickelten Prozedur unter Beteiligung *ad hoc* eingesetzter amtlicher Ausschüsse und der einzelnen zuständigen Ministerien hervor, wobei die hohen Beamten gewöhnlich hartnäckig gegeneinander intrigierten. Es gab keine klare Abgrenzung der Verantwortlichkeiten und der Entscheidungsgewalten innerhalb und zwischen den Ressorts. Das Finanzministerium lag in beständigem Gerangel mit dem Innenministerium um die Zuständigkeit für die Industrie- und die Arbeitsgesetzgebung. Pobjedonoschtschew als Hüter der Orthodoxie hielt – dabei durchaus eigene und nicht nur religiöse Motive einbringend – ein wachsames Auge auf das Erziehungsministerium und ebenso auf die Zensurbehörde, die formell dem Innenministerium unterstellt war. Im Fernen Osten, wo Rußland im Wettbewerb mit anderen Großmächten die Aufteilung des Mandschu-Reiches betrieb, stellte seine Politik sich als Ausdruck gegensätzlicher Ansprüche rivalisierender Beamtencliquen dar, von denen einige ein unmittelbares finanzielles Interesse an einer territorialen Expansion hatten.

Auf der unteren Verwaltungsebene fand dieses teilweise feudal, teilweise verschwörerhaft anmutende Bild seine Entsprechung in einem Zustand, den man als bürokratische Anarchie bezeichnen könnte. Provinzgouverneure oder Polizeichefs konnten de facto – die gesetzlichen Beschränkungen, denen ihre Befugnisse unterlagen, blieben in der Praxis fast durchweg unbeachtet – nach Belieben Personen verhaften, festhalten oder aus ihrem Zuständigkeitsbezirk verbannen, konnten Schulen, Hochschulen oder gewerbliche Unternehmungen schließen und ernannte oder gewählte Beamte suspendieren oder entlassen. Ein Generalgouverneur ließ es, in seiner Großzügigkeit durch Schmiergelder bestärkt, zu, daß Juden sich in Moskau niederließen, obgleich ihnen dies verboten war, sofern sie nicht bestimmten privilegierten Berufsgruppen angehörten. Sein Nachfolger, der weniger großzügig war, ließ ungefähr 30 000 von ihnen wieder aus der Stadt treiben.

Die Tätigkeit der Geheimpolizei auf allen Ebenen war einer Kontrolle durch andere Behörden oft weitgehend entzogen. Die Dritte Abteilung war 1880 aufgelöst worden – eine versöhnliche Geste gegenüber einer Öffentlichkeit, für die der bloße Name dieser Behörde zum Schreckgespenst geworden war. Allein, die Tatsache, daß ihre Aufgaben dem Innenministerium übertragen wurden, änderte an der Fortexistenz einer geheimpolizeilichen Organisation nicht das geringste, im Gegenteil: Das Organ zur Bespitzelung der eigenen Bevölkerung wahrte nicht nur seine Autonomie und seine Machtbefugnisse, sondern wurde unter seinem neuen Namen »Ochrana« zu einer noch allgegenwärtigeren und berüchtigteren Macht als zuvor. Ausgerechnet von einem Polizeichef kam der vielleicht letzte kreative Beitrag zur ideologischen Selbstdarstellung der Autokratie; das bemerkenswerte Manöver, das er ersann und in die Wege leitete, sollte Weiterungen nach sich ziehen, die das ganze Land erfaßten. Um den Revolutionären das Wasser abzugraben, ließ dieser Mann polizeilich organisierte und geführte Gewerkschaften gründen, die in Konflikten mit Arbeitgebern die Interessen der Arbeiter vertraten. Die Arbeiter würden, so hoffte man, auf diese Weise zu der Einsicht gelangen, daß der Zar und die Regierung ihre wahren Beschützer und Wohltäter waren, und würden sich von den staatsgefährdenden Intellektuellen und ihren sozialistischen Ideen abwenden. Ironischerweise war es ein Versuch, dieses Vorhaben praktisch zu verwirklichen, der das Startsignal zum ersten Akt der Revolution von 1905 lieferte.

Ziemlich genau um die Jahrhundertwende herum wich das Gefühl erbitterter Ratlosigkeit, in dem die russische Gesellschaft so lange verharrt hatte, unvermittelt einem stürmischen Aktivismus. Mehrere politische Bewegungen und Parteien formierten sich fast gleichzeitig und rüsteten sich zur Attacke gegen das Regime. Der Populismus, dessen verschwörerischer Zweig 1881–83 zerschlagen worden und dessen Theorie scheinbar diskreditiert war, erlebte nun eine Wiedergeburt in Gestalt der Partei der Sozialrevolutionäre, die wie ihre politischen Vorfahren den Terrorismus als politische Waffe einsetzen und die Bauern zu Aufständen anzustacheln versuchten. Die Befürworter einer friedlichen Umwandlung Rußlands in einen konstitutionellen Staat in den Reihen des grundbesitzenden Adels und der Intelligenzija sollten sich zu einer Koalition zusammenfinden, die zuerst unter dem

Namen »Befreiungsbewegung« bekannt wurde und aus der sich dann die Partei der »Konstitutionellen Demokraten« (K. D. = Kadetten) bildete. Und die folgenschwerste aller politischen Weichenstellungen: 1898 vollzogen neun Delegierte bei einer heimlichen Zusammenkunft in der trostlosen Provinzstadt Minsk die Gründung der Russischen Sozialdemokratischen Arbeiterpartei.

Diese Partei bestand zu diesem Zeitpunkt aus einigen wenigen geheimen Arbeiterzirkeln, einer Untergrundzeitung und einer Anzahl der Intelligenzija zugehöriger Anhänger der Lehren von Karl Marx; sie befanden sich teilweise im europäischen, teilweise im sibirischen Exil, teilweise aber auch in Rußland. Bis 1905 lag die Mitgliederzahl der Partei vermutlich durchweg unter zehntausend. Doch entfaltete der Marxismus, nachdem er die politische Bühne Rußlands betreten hatte, dort sowohl unmittelbar als auch langfristig geistige und politische Auswirkungen, die in keinem Verhältnis zur zunächst geringen Zahl seiner Anhänger standen.

Wenn westliche Philosophien auf russischem Boden Fuß faßten, wurden sie dort häufig mit einer Leidenschaft und einem Gefühlsüberschwang aufgenommen, deren sie sich in ihren Ursprungsländern längst nicht mehr erfreuen konnten. Es war eine der augenfälligen Ungereimtheiten dieser zutiefst nationalistischen Gesellschaft, daß sie immer wieder vom Ausland eine Analyse ihrer eigenen Probleme und Fingerzeige für deren Lösung erwartete. Bei genauerem Hinsehen zeigt sich, daß sogar solche höchst russischen Geistesbewegungen wie die Slawophilie und der Populismus ihre Wurzeln in einer im Westen entstandenen Philosophie oder Theorie hatten. Der politische Einfluß einer gerade in Mode befindlichen Philosophie ließ sich nicht ausschließlich nach der Zahl ihrer Anhänger bemessen. Jede neue Philosophie ging auf vielfältige Weise in die allgemeine Tendenz der russischen Gesellschaft ein, Selbsterforschung zu treiben, über die Bedeutung der historischen Erfahrungen Rußlands nachzudenken und zu überlegen, was zu tun war.

Ebenso war es mit dem Marxismus, mit dem Unterschied allerdings, daß dieser in seinen Erklärungen konkreter und eindeutiger und in seinen Antworten kraftvoller war als die Philosophien, von denen die Intelligenzija sich zuvor hatte bezaubern lassen, der Hegelianismus beispielsweise, der utopische Sozialismus oder der Utilitarismus. Der Zustand, in dem Rußland sich befand, war, so die Lehre, die sich aus der Marxschen Geschichtstheorie ziehen ließ, nicht auf das Wirken eines bestimmten Zaren oder auf irgendwelche eigentümlichen Tugenden oder Unzulänglichkeiten des russischen Volkes zurückzuführen; wenn Rußland sich vom Westen unterschied, dann allein deshalb, weil es in seiner wirtschaftlichen Entwicklung zurückgeblieben und viel später in die Phase der industriellen Revolution eingetreten war. Nachdem das Land nunmehr ins kapitalistische Fahrwasser geraten war, war ihm sein Weg ein für allemal vorgezeichnet, ein Weg, der nur zum Sozialismus führen konnte und in dessen Verlauf das Land die ihm noch aufsitzenden, aber mit dem neuen Rußland der Fabriken und der Eisenbahnen durchaus unvereinbaren Relikte seiner feudalen Vergangenheit abschütteln würde – die Autokratie, die Dorfgemeinde usw. Die kapitalistische Phase konnte, wiewohl zwangsläufig mit einer Zunahme der wirtschaftlichen Ausbeutung und der politischen Herrschaft der verabscheuungswürdigen Bourgeoisie verbunden, nicht übersprungen werden. Die den Rechten und den Populisten so teuere Dorfgemeinde, in der die letzteren das Fundament für den russischen Agrarsozialismus der Zukunft sahen, wurde vom Marxismus ganz unsentimental interpretiert: Wie die Leibeigenschaft war sie ein Anachronismus und ein Hemmschuh für den gesellschaftlichen und wirtschaftlichen Fortschritt.

Ähnlich klar stand den Marxisten vor Augen, was in Rußland getan werden mußte, obgleich die Strategie des Klassenkampfes hier aufgrund der vorhandenen Widersprüche zwischen dem politischen System des Landes und seiner wirtschaftlichen Entwicklung anders aussehen mußte als im Westen. Dort waren die politischen Freiheiten vorwiegend von der bürgerlichen Mittelklasse erkämpft worden, die sich später gezwungen sah, den Arbeitern politische Rechte zuzugestehen. Die russische Mittelklasse jedoch, 1898 im wesentlichen mit der Intelligenzija identisch, war von sich aus nicht einmal fähig, die Autokratie zu gefährden. »Je weiter man in Europa nach Osten kommt, desto schwächer im politischen Sinn, desto feiger und verdorbener wird die Intelligenz ... Es sind die stämmigen Schultern der russischen Arbeiterklasse, auf denen die Aufgabe ruhen muß und wird, die politische Freiheit zu erobern«, hieß es im ersten Manifest der russischen Sozialisten.[13]

Dieser Satz barg sehr viel Bedeutungsvolles und Prophetisches in bezug auf den allgemeinen Verlauf der russischen Geschichte in den folgenden zwanzig Jahren. Freilich, wenn die Intelligenzija auch aufgrund von Umständen, über die sie nicht selbst gebieten konnte, bis dato nicht imstande gewesen war, das politische System zu verändern, so konnte man sie doch schwerlich »feige und verdorben« nennen. Schließlich hatte sie jede fortschrittliche und revolutionäre Bewegung in Rußland mitgetragen und sollte dies auch weiterhin tun, so lange, bis eine sozialistische, von einem in vieler Hinsicht typischen Vertreter der Intelligenzija geführte Partei daran ging, nicht nur den alten russischen Staat, sondern mit ihm auch jene Klasse zu zerschlagen, der der Führer dieser Partei selbst entstammte. Der Autor des Manifests, aus dem der denkwürdige Satz stammt, war Peter Struwe, Sproß einer Gelehrten- und Akademikerfamilie, ein hervorragender sozial- und wirtschaftswissenschaftlicher Schriftsteller, der kurze Zeit später vom Sozialismus zum Liberalismus überwechseln sollte.

Auf die Revolutionäre der Vergangenheit eingehend, äußerte sich das Manifest respektvoller, aber gleichwohl etwas herablassend:

»[Was die politische Freiheit betrifft, so] strebt die Sozialdemokratie das schon von den berühmten Kämpfern des alten »Volkswillens« früh formulierte Ziel an. Aber die Mittel und Wege, welche Sozialdemokratie wählt, sind andere. Diktiert wird ihre Wahl von dem Umstand, daß sie sich bewußt bemüht, die Klassenbewegung der organisierten Arbeitermassen zu sein und zu bleiben. Sie ist fest davon überzeugt, daß die Befreiung der Arbeiterklasse nur deren eigenes Werk sein kann!«[14]

In seiner allerersten öffentlichen Selbstdarstellung strotzte der russische Sozialismus bereits vor Selbstvertrauen und trotzigem Mut.

Als Theorie war der Marxismus in russischen Intellektuellenkreisen schon längere Zeit bekannt. Seine Verbreitung war dadurch erleichtert worden, daß die zaristischen Zensurbehörden sich anfänglich wenig um marxistische Literatur gekümmert hatten, zweifellos in dem Gefühl, sie werde mit ihren – aus der Sicht der Zensur abstrusen – philosophischen und ökonomischen Inhalten aus ihren Lesern wohl kaum Verschwörer und Bombenwerfer machen. Man wußte zwar, daß Marx als Theoretiker der Revolution verehrt wurde, maß ihm aber keine Bedeutung für die russische Szene zu, da die hier dominierende radikale Ideologie des Populismus seine Auffassung ablehnte, der zufolge die Industrialisierung der entscheidende Hebel des sozialen Wandels und das Industrieproletariat die eigentliche revolutionäre Klasse sei. (In seiner Korrespondenz mit einigen russischen Radikalen räumte Marx gelegentlich ein, die Dorfgemeinde könne in Rußland vielleicht zum Angelpunkt eines direkten Übergangs aus der vorkapitalistischen Phase zum Sozialismus werden; dies entsprach jedoch eigentlich nicht der Gesamtlogik seines Denksystems.)

Der Einfluß des Marxismus ging indes über die erklärten Marxisten hinaus. Er ergriff auch die Populisten, von denen einige behaupteten, sie verstünden Karl Marx besser als jene, die seine Lehren schematisch auf die ganz andersartigen russischen Verhältnisse anwandten. Und er reichte bis in die liberale Intelligenzija hinein, die, nachdem sie den russischen Bauern abgeschrieben hatte, jetzt mehr und mehr begann, im Industriearbeiter einen potentiellen wertvollen Verbündeten im Kampf um mehr Freiheit zu sehen. Anders als die Bauern neigte das Industrieproletariat nicht zu den Extremen der Untertänigkeit und Apathie auf der einen und der unkontrollierbaren Anarchie auf der anderen Seite. Der Arbeiter war im allgemeinen gebildeter, disziplinierter, und aufgrund der Bedingungen der Fabrikarbeit und des Stadtlebens politisch leichter zu organisieren als der Bauer. Eine Bauernrevolte endete gewöhnlich damit, daß ihre Anführer verbannt und die anderen Beteiligten ausgepeitscht wurden. Dagegen hatte der industrielle Streik seine Tauglichkeit als Waffe im wirtschaftlichen Kampf bereits unter Beweis gestellt. Die Petersburger Fabrikarbeiter hatten Mitte der 90er Jahre den Fabrikherren durch massive Streiks Zugeständnisse abgerungen und die Regierung indirekt gezwungen, einige grundlegende, wenn auch erst rudimentäre gesetzliche Bestimmungen zum Schutz der Arbeiter zu erlassen.

In ihrer Mitgliederstärke eher unscheinbar, gewann die Sozialdemokratie doch von allem Anfang an im politischen Leben Rußlands eine entscheidende Bedeutung, und dies vor allem deshalb, weil sie es verstand, ihre Position deutlich zu machen und Einfluß auf praktisch jede bedeutsame politische Frage und jede gesellschaftliche Kraft im Land zu nehmen.

Ungeachtet ihrer revolutionären Rhetorik waren ihre Forderungen zunächst so, daß jeder fortschrittliche Russe sie unterschreiben konnte: Rede-, Presse- und Versammlungsfreiheit, gewählte Vertretungskörperschaften. Was die Arbeiterschaft betraf, so machte die Sozialdemokratie nicht den Versuch, sie dadurch für sich zu gewinnen, daß sie sie in die theoretischen Feinheiten des Marxismus einweihte, sondern indem sie ihr in dem stets neu zu bestehenden Kampf um bessere Arbeitsbedingungen und höhere Löhne zur Seite stand. Denjenigen, die nach revolutionärer Aktivität dürsteten, hatten die Sozialdemokraten eine konspirative Strategie neuen Typs zu bieten, die sowohl die Verzettelung der Kräfte in einzelnen terroristischen Heldentaten als auch die Fixierung auf einen alles aufs Spiel setzenden Staatsstreich oder auf spektakuläre Attentate ablehnte und statt dessen eine geduldige, mit den vorhandenen Kräften und Mitteln haushaltende Rekrutierungsarbeit zur Gewinnung einer Massenbasis vorsah und erst dann losschlagen wollte, wenn eine durch bestimmte Bedingungen gekennzeichnete Krise es aussichtsreich erscheinen ließ.

Es bedurfte in der Zeit um die Jahrhundertwende schon einer außergewöhnlichen analytischen Weitsicht, um in den Sozialisten die gefährlichste unter all den Kräften zu sehen, die zu jener Zeit die traditionelle Ordnung herausforderten. Das dramatischste Symptom dieser Herausforderung und des Fiebers, das die Gesellschaft ergriffen hatte, war die Renaissance des politischen Terrorismus. Schon vor der formellen Gründung der Partei der Sozialrevolutionäre Ende 1901 war das Attentat wieder zu einem Element des öffentlichen Lebens in Rußland geworden. Unter dem Eindruck von Unruhen an einer Reihe russischer Universitäten in den vorausgegangenen beiden Jahren hatten die Behörden nicht nur Massenrelegationen, sondern auch die Einziehung einer großen Zahl auffällig gewordener Studenten als einfache Soldaten ins Heer verfügt. Zu Beginn des Jahres 1901 wurde der Erziehungsminister von einem ehemaligen Studenten erschossen. Von der Partei der Sozialrevolutionäre als einer direkten Nachfahrin des »Volkswillens« konnte man erwarten, daß sie aufs neue zu terroristischen Taktiken greifen würde. Doch während der »Volkswille« mit seinen Anschlägen eine bestimmte und erklärte Absicht verbunden hatte – das Regime zur Einberufung einer verfassunggebenden Versammlung zu zwingen –, betrieb die Kampforganisation der Sozialrevolutionäre das Attentatsgeschäft bald in der Art eines revolutionären Rituals. Ihr erstes namhaftes Opfer war der Innenminister Dimitrij Sipjagin, der 1902 den Tod fand. Wie erst mehrere Jahre später bekanntwurde, arbeitete Jewno Azef, der Kopf der Kampforganisation, die ihre terroristische Aktivität praktisch unabhängig von der Mutterpartei betrieb, gleichzeitig als Geheimagent für die »Ochrana«. Er hatte, während er einerseits die Ermordung hoher Würdenträger vorbereitete, zugleich mehrere seiner Genossen ans Messer geliefert. Die Geschichte der Partei der Sozialrevolutionäre liefert ein weiteres Beispiel für die Gültigkeit der bereits durch das Schicksal des »Volkswillens« bestätigten Regel, daß der Terrorismus die revolutionären Bewegungen, die zu ihm Zuflucht nehmen, früher oder später demoralisiert und von innen heraus zerstört. Auf der anderen Seite zeitigte die behördliche Strategie, sich sehr weitgehend auf Doppelagenten und ähnliche zwielichtige Kräfte im Polizeiapparat zu verlassen, ähnlich zersetzende Auswirkungen auf wichtige Teile des Regierungsapparates.

Der Terrorismus war eine Erscheinung, mit der das Regime mittlerweile zu leben gelernt hatte. Tatsächlich sahen die Herrschenden die größte Gefahr für die bestehende politische Ordnung nicht in den Extremisten, sondern lokalisierten sie in den Reihen der russischen Oberschicht selbst. Seit der aggressiven Erwiderung des Zaren auf das bescheidene Vorbringen seiner ergebenen Twerer Adligen war eine Reihe von Semstwo-Beamten aus mehreren Gouvernements, durchweg Adlige und Großgrundbesitzer, dazu übergegangen, sich regelmäßig zu einem Meinungsaustausch über Fragen von gemeinsamem Interesse zu treffen – ein entfernter Nachklang des Wohlfahrtsbundes der Dekabristen. Unter allen vorausgegangenen Zaren hätte die Regierung solchen Konferenzen rasch ein Ende bereitet, indem sie die Beteiligten unter Hausarrest gestellt oder noch drastischer reagiert hätte. Doch jetzt verfügte die Autokratie nicht mehr über genügend Selbstvertrauen, um mit gesellschaftlich hochstehenden Personen so rigoros zu verfahren. Im Jahre 1900 war die Gesprächsrunde der Adligen zu einer Institution gediehen, die in den Augen des Gesetzes einem Verschwörerzirkel gleichkam. Von ihren Initiatoren »Symposium« genannt, diente sie der Erörterung von Mitteln und Wegen zur Veränderung des politischen Systems. Unter den daran Beteiligten gab es eine vielleicht fünfzig Köpfe starke Gruppe, die noch dem Ideal der Slawophilen anhing: einer von ihren bürokratischen Auswüchsen gereinigten, in inniger Eintracht mit der Nation regierenden Autokratie. Die Mehrheit jedoch stand auf dem Standpunkt, nur eine Beendigung der autokratischen Herrschaft, die Gewährung einer Verfassung und die Garantie bürgerlicher Freiheiten könnten Rußland gesunden lassen und den, wie es einer von ihnen formulierte, andernfalls unvermeidlichen »Zusammenbruch des bestehenden Regimes in einem Blutbad« verhindern. Zusammen mit einer Reihe von Gesinnungsfreunden aus der Intelligenzija gründeten die liberal denkenden Adligen eine Zeitschrift, die dazu beitragen sollte, die Gesellschaft für den Kampf um eine Verfassung zu mobilisieren. Natürlich konnte eine solche Zeitschrift nicht auf russischem Boden verlegt werden, so daß die erste Ausgabe der *Befreiung* am 1. Juli 1902 in Stuttgart erschien. Ihr Herausgeber war Peter Struwe, der sich mittlerweile aus Enttäuschung vom Marxismus oder, genauer gesagt, von den russischen Marxisten abgewandt hatte.

In seinem ersten Leitartikel hob Struwe die Verbindungslinien zwischen der Befreiungsbewegung und revolutionären Traditionen der Vergangenheit hervor. Gewiß hätten die russischen Konstitutionalisten einen anderen Weg eingeschlagen als diejenigen, die in ihrem Kampf gegen die Autokratie Gewalt predigten und praktizierten: »Unsere Zeitschrift ist nicht ›revolutionär‹ . . . Aber sie fordert eine durchgreifende Veränderung des russischen Lebens, die Ablösung der Gesetzlosigkeit einer autokratischen Bürokratie durch die Rechte des einzelnen und der Gesellschaft.«[15] Struwe lehnte die revolutionäre Gewalt als Mittel zum Sturz der Autokratie ab. Er war jedoch weit davon entfernt, Bewegungen und Personen zu verurteilen, die sich dem Terrorismus und dem bewaffneten Kampf gegen den Zarismus zugewandt hatten. Sie verdienten, so erklärte er, den tiefen Respekt eines jeden Freiheitsliebenden. Sie hätten die Gewalt im Grunde nicht gesät. Dies hätten in Wirklichkeit die Minister und Beamte unter Alexander II. getan; wenn jemand die Schuld an den blutigen Ereignissen der 70er Jahre trage, dann sie und nicht die Terroristen des »Volkswillens«, denen kein anderes Mittel zur Verfolgung ihrer ideellen Ziele übriggeblieben sei. Wir sehen hier ein Beispiel für jenes eigentümliche, sich quasi für den eigenen gemäßigten Standpunkt verlegen entschuldigende Aufblicken zu den radikaleren Kräften, das sich als eine so hemmende und im Endeffekt verhängnisvolle Belastung für den russischen Liberalismus erwiesen hat.

Wie jede andere russische Emigrantenzeitschrift es bis heute tut, versuchte auch die *Befreiung*, dem Beispiel von Alexander Herzens *Glocke* nachzueifern: zu einer mächtigen Stimme der Freiheit in Rußland zu werden. Die *Befreiung* konnte diesem hohen Anspruch nicht ganz gerecht werden, aber sie repräsentierte die erste Etappe in der Formierung der politischen Bewegung, die sich ihren Namen gab. 1903 reisten einige ihrer aristokratischen Förderer in die Schweiz, wo eine Gruppe von Publizisten aus den Reihen der Intelligenzija zu ihnen stieß, von denen die meisten, wie Struwe, eine sozialistische populistische Vergangenheit hatten; sie legten hier den Grundstein für den »Bund der Befreiung«, der bestrebt war, Menschen unterschiedlicher ideologischer Ausrichtung zum gemeinsamen Kampf für eine friedliche Überwindung der Autokratie zu vereinen. Nach Hause zurückgekehrt, vermochten sie rasch eine Anzahl von Anhängern zu gewinnen, und bei einer heimlichen Zusammenkunft im Januar 1904 wurde der »Bund der Befreiung« auf russischem Boden formell gegründet. Fünfzig Delegierte aus zweiundzwanzig Orten waren bei dem Treffen anwesend.[16] Über achtzig Jahre nach der Gründung des Wohlfahrtsbundes mußte die Sache des Liberalismus in Rußland noch immer in konspirativer Form verfochten werden. Doch von nun an sollte der Verfall der Autokratie sich zusehends beschleunigen.

Wie der Liberalismus, so schickte sich auch der russische Marxismus an, Mitstreiter und Anhänger zu mobilisieren. Er profitierte immer noch von der Auffassung der Behörden, die Jünger dieser esoterischen Lehre seien harmloser als die Bombenwerfer oder auch als jene Aristokraten, Anwälte und Schriftsteller, die eine Verfassung anstrebten. So erhob die Polizei keine

Einwände, als zwei führende Figuren eines Petersburger Marxistenzirkels, Wladimir Uljanow-Lenin und Julius Martow, nach der Rückkehr aus einem dreijährigen Verbannungsexil in Sibirien im Jahr 1900 in den Westen ausreisten. Sie stießen dort zu den Veteranen des russischen Marxismus, deren »Nestor« (er war ganze 44 Jahre alt) Georgi Plechanow war, und riefen eine weitere Nachfolgerin der *Glocke*, die sozialdemokratische Zeitschrift *Iskra (Der Funke)* ins Leben; dieser Name verwies auf das berühmte Versprechen des Dekabristen Odojewskij an Puschkin: »Aus diesem Funken wird dereinst ein großer Brand entstehen.« Diesmal sollte das Versprechen sich erfüllen, und zwar weit über das hinaus, was die Dekabristen sich erträumt hatten. Die Bewegung, deren Sprachrohr die *Iskra* war, sollte einen weltweiten Brand entfachen, dessen Erlöschen auch heute, achtzig Jahre später, noch nicht in Sicht ist.

Indes, bevor sie das Feuer entzündeten, gerieten die russischen Sozialdemokraten erst einmal untereinander in Streit. Die sozusagen natürlichen Vorteile, die den Marxismus dazu prädestinierten, zum Vorreiter der revolutionären Bewegung in Rußland zu werden, wurden durch gewisse Mängel aufgewogen, die er offenbarte, als die politische Bühne Rußlands zusehends zum Schauplatz fieberhafter politischer Aktivität wurde (die sich natürlich auch auf die Exilanten übertrug). Dem Marxismus fehlte die romantisch-existentialistische Ausstrahlung der Sozialrevolutionären Partei, die nicht bloß Theorien verkündete, sondern auch etwas tat. Es kam insbesondere die jüngere Generation radikal gesinnter Russen bitter an, daß der Marxismus zwar das sozialistische Paradies in Rußland verhieß, aber erst in einer ziemlich fernen Zukunft, nachdem der Kapitalismus seinen vollen Entfaltungszyklus durchlaufen hatte.

Noch schwerer wog, daß der Marxismus wie jede hochgradig doktrinäre Bewegung anfällig für ideologisch begründete Gruppenbildungen und Abspaltungen war. Lenin und seine Mitverbannten hatten in ihrem sibirischen Exil zu ihrer großen Verärgerung von einer solchen abtrünnigen Strömung erfahren, die sie mit dem Etikett »Ökonomismus« belegten. Die wenigen Verfechter dieser Denkrichtung, die wenig später Struwe auf dem Weg zum Liberalismus nachfolgten, vertraten den Standpunkt, als sozialistischer Intellektueller solle man nicht versuchen, sich an die Spitze der Bewegung zu setzen. Karl Marx lehre unmißverständlich, daß die Befreiung der Arbeiterklasse nur das Werk der Arbeiter selbst sein könne. Die Intellektuellen sollten daher das Proletariat lediglich in seinen ökonomischen Kämpfen unterstützen, während sie auf der politischen Ebene der liberalen Bourgeoisie bei der Erringung und Sicherung konstitutioneller Institutionen zur Seite stehen sollten. Lenins heftige Entgegnung auf diesen vermeintlichen Versuch, den russischen Marxismus seiner revolutionären Potenz zu berauben, trug den Titel *Ein Protest der Russischen Sozialdemokraten* und war von siebzehn Mitverbannten unterzeichnet. Der Sozialismus, so erklärte Lenin, dürfe sich nicht darauf einlassen, zu einer Hilfskraft für andere Bewegungen zu werden. Er müsse vielmehr die anderen Bewegungen zur revolutionären Aktion antreiben und ganz unbeschadet seiner Frontstellung gegen die Autokratie auch gegenüber seinen zeitweiligen Bündnispartnern, den Liberalen, eine militante Distanz wahren.

1902 legte Lenin, jetzt im europäischen Exil, seine Ansichten in einem Buch mit dem Titel *Was tun?*, das zur Bibel des Bolschewismus und somit auch des Kommunismus werden sollte, in größerer Ausführlichkeit dar. Daß Lenin sich für sein wichtigstes Buch den Titel von Tschernyschewskijs gleichnamigem Roman ausborgte, weist nicht nur auf die Verehrung hin, die er für den großen radikalen Publizisten empfand, sondern bezeugt auch, daß er sich bewußt bemühte, eine sozialistische Partei aufzubauen, die die theoretischen und internationalistischen Ansätze des Marxismus mit der konspirativen Militanz des russischen Populismus verbinden sollte. Gefühlsmäßig behagte Lenin das Attribut »demokratisch«, das seine Partei in ihrem offiziellen Namen führte und das ja bestimmte Grundsätze implizierte, eigentlich nie. Nunmehr artikulierte er, während er vorgab, orthodoxe marxistische Klassenanalyse zu treiben, auch verblüffende Vorbehalte gegenüber dem Namenselement »Arbeiterpartei«.

»Wir haben gesagt, daß die Arbeiter ein sozialdemokratisches Bewußtsein *gar nicht haben konnten*. Dieses konnte ihnen nur von außen gebracht werden. Die Geschichte aller Länder zeugt davon, daß die Arbeiterklasse ausschließlich aus eigener Kraft nur ein trade-unionistisches Bewußtsein hervorzubringen vermag, d. h. die Überzeugung von der Notwendigkeit, sich in Verbänden zusammenzuschließen, einen Kampf gegen die Unternehmer zu führen, der Regierung diese oder jene für die Arbeiter notwendigen Gesetze abzutrotzen u. a. m.«[17]

Eine wahrhaft sozialistische Partei mußte unter russischen Bedingungen (nach 1919 fiel diese Einschränkung weg) wie eine Armee oder ein religiöser Orden aufgebaut sein: zentral gesteuert, hierarchisch organisiert, diszipliniert und von einem Kader von Berufsrevolutionären und nicht etwa bloßen Freizeitpolitikern und Sympathisanten zusammengehalten. Vierzig aktive Mitglieder des »Volkswillens« hatten zwei Jahre lang einer machtvollen Regierung getrotzt. Wieviel mehr mußte ein Kader revolutionärer Kämpfer erreichen können, der sich auf eine Massenbewegung stützen konnte?

Die Partei wurde so zu einem politischen Perpetuum mobile: Der historischen Zwangsläufigkeit ihres schließlichen Sieges gewiß, ebenso unangefochten von den Wechselfällen der politischen und wirtschaftlichen Entwicklung wie von Wandlungen in der Stimmung des Proletariats oder der gesamten Bevölkerung, ging sie ihren Weg. Ihre Bündnisse mit anderen Parteien und Klassen mußten stets zeitweiliger Natur sein. Sie verstand es, Zugeständnisse zu akzeptieren und sie nicht etwa aus verfehlter ideologischer Empfindlichkeit zu verschmähen, aber sie gab sich mit ihnen niemals zufrieden; ebenso mußte sie fähig sein, Niederlagen einzustecken; Niederlagen, die ihr nur Ansporn zu neuer Formierung und zum Sammeln der Kräfte für einen neuen Angriff waren. Bis 1914 war Lenin noch weit davon entfernt, die sozialdemokratischen Grundlagen seiner Bewegung bewußt über Bord zu werfen; erst 1917 sollte er ausdrücklich den Anspruch auf die »Gesamtheit der Macht« erheben. Doch schon in *Was tun?* klingt etwas von seiner im Grunde undemokratischen Wesensart an und zeichnet sich sein späterer Versuch ab, eine kommunistische Autokratie zu schaffen.

Der verblüffende Erfolg, den das Leninsche organisatorische und taktische Konzept den Bolschewiken 1917 und 1918 bescherte, sollte nicht den Blick auf die Tatsache verstellen, daß Lenin mit der Formulierung dieses Konzepts im Jahr 1902 den russischen Marxismus in eine ernste Krise stürzte. Die Bolschewiken brachten sich mit ihren zwischen 1903 und 1914 unternommenen Versuchen, diese Strategie zu verwirklichen, selbst an den Rand ihres Untergangs als ernst zu nehmende politische Kraft, und sie fügten der Einheit der russischen Arbeiterklasse ebenso großen Schaden zu wie der Sache der politischen Freiheit in Rußland. Der Name »Bolschewiken« (»Mehrheitler«) geht auf den 1903 in Brüssel abgehaltenen Zweiten Kongreß der russischen Sozialdemokraten zurück. Bei einer Auseinandersetzung über eine scheinbar zweitrangige organisatorische Frage konnten Lenin und seine Gefolgsleute ihre innerparteilichen Gegner überstimmen (24 zu 20), und dies brachte letzteren den historisch gewordenen, nicht gerade erfolgverheißenden Namen »Menschewiken« (»Minderheitler«) ein, den sie sich gefallen ließen und selbst zu eigen machten, obgleich es in der Folge verschiedentlich die Menschewiken waren, die innerhalb der Partei über die Mehrheit verfügten. Formell blieb die Einheit der Gesamtpartei ungeachtet der Fraktionierung bis 1912 erhalten, und in gewisser Hinsicht fand die eigentliche Spaltung der russischen Marxisten in zwei einander offen befehdende Parteien erst 1917 statt. De facto aber sorgten die Persönlichkeit und die Politik *eines* Mannes dafür, daß der Gegensatz von 1903 an als reales und fundamentales Faktum bestand und daß alle Bemühungen um eine echte Versöhnung erfolglos blieben.

Daß es grundlegende ideologische Differenzen zwischen den beiden sozialdemokratischen Fraktionen gegeben hätte, ist zum großen Teil eine Legende oder besser gesagt eine optische Täuschung, da wir dazu neigen, die Geschichte des russischen Marxismus rückblickend durch den Filter der Ereignisse von 1917 und der darauffolgenden Entwicklung zu betrachten. Was allerdings von Beginn an in Erscheinung trat, war ein signifikanter Unterschied in der ethnischen Zusammensetzung der beiden konkurrierenden Fraktionen. Ethnische Minderheiten waren, wie kaum anders zu erwarten, in allen revolutionären Parteien jener Epoche vertreten, und zwar weit stärker, als es ihrem Anteil an der Gesamtbevölkerung entsprochen hätte. Dies galt insbesondere für Juden, Polen und Georgier. Auch in den Reihen der Bolschewiken gab es nicht wenige Angehörige dieser Minderheiten, wenn auch lange nicht so viele wie bei den Menschewiken und den Sozialrevolutionären. Von ihrer ethnischen Zusammensetzung her waren die Bolschewiken die russischste der radikalen Parteien Rußlands. War das nur ein Zufall, oder könnte es daran gelegen haben, daß ihr autoritäres Organisationsprinzip und ihre straffe Führungsstruktur den Neigungen des russischen Radikalen stärker entgegenkamen als denen seines georgischen oder jüdischen Gesinnungsgenossen?

Wie verhielt sich die zaristische Regierung angesichts dieses plötzlichen Aufflackerns revolutionärer und liberaler Parteienaktivität? Auf den ersten Blick scheint es, als habe sie, wie von alters her gewohnt, mit verschärfter Repression reagiert. Verhaftung und Verbannung waren nach wie vor das Los vieler politisch engagierter Regimekritiker. Die Polizei verstand es, durch politische Bespitzelung und durch den Einsatz ihrer Doppelagenten den subversiven Gruppierungen ebenso auf der Spur zu bleiben wie der »respektablen« Opposition gegen das Regime, die durch die politisch aktiven Semstwo-Führer repräsentiert wurde. Allein, die historisch so bewährten Methoden des Umgangs mit aufbegehrenden politischen und sozialen Kräften erwiesen sich jetzt bloß noch als zusätzlicher Zündstoff für den sich ausbreitenden Schwelbrand der organisierten Subversion, statt die Macht und das Ansehen des Regimes wirksam zu verteidigen. Wie schon nach dem Tod Nikolaus' I., so hatte das Regime auch nach dem Ende der Ära Alexanders III. die Fähigkeit, Furcht zu verbreiten, weitgehend eingebüßt. Doch anders als in früheren ähnlichen Situationen wurden die Unzufriedenheit und die ungeduldigen Erwartungen der Gesellschaft diesmal nicht durch die Hoffnung auf weitreichende Reformen gedämpft.

Man schrieb jetzt das 20. Jahrhundert, und die herkömmlichen autoritären Methoden der Gewährleistung politischer Konformität und allgemeinen Gehorsams wurden mit der Zeit sogar in Rußland obsolet und waren nicht mehr durchzusetzen – und die Methoden des modernen Totalitarismus lagen noch in weiter Ferne. Einem aktiven Revolutionär drohten, wenn er nicht persönlich an einem Gewalt- oder Terrorakt beteiligt war, nicht mehr der Galgen und auch nicht mehr jahrelange Gefängnishaft oder Zwangsarbeit. Das Beispiel Lenins ist nicht untypisch für die Art und Weise, wie der russische Staat unter Nikolaus II. mit erklärten Revolutionären umging. Wegen sozialistischer Agitation unter der Arbeiterschaft verhaftet, verbrachte er fünfzehn Monate im Gefängnis, wo er häufig von Verwandten und Freunden besucht wurde. Im Anschluß daran wurde er zu dreijähriger Verbannung nach Sibirien verurteilt. Vor der Abreise zu seinem Verbannungsort wurde er für mehrere Tage auf freien Fuß gesetzt, damit er seine persönlichen Angelegenheiten ordnen konnte. Die Reise nach Sibirien machte er im Zug, ohne polizeiliche Bewachung. In Sibirien konnte er ohne wesentliche Einschränkungen arbeiten und leben. Er besuchte verbannte Genossen in der näheren und ferneren Umgebung, konnte ungehindert korrespondieren und sich politische Literatur zuschicken lassen, ausgedehnte Jagdausflüge unternehmen und ähnliches mehr. Im Vergleich zu dem, was ein politisch Verurteilter unter Nikolaus I. zu erwarten hatte oder im heutigen

Rußland zu gewärtigen hat (von der stalinistischen Periode ganz zu schweigen), war dies geradezu ein Urlaub! Die polizeiliche Überwachung der Verbannten wurde in der Regel lasch gehandhabt, so daß es mehreren Verurteilten, unter anderem später so berühmt gewordenen Männern wie Trotzki und Stalin, keine Schwierigkeiten bereitete, ihren Verbannungsort zu verlassen und im europäischen Rußland unterzutauchen. Lenin entschied sich dafür, seine drei Jahre abzusitzen, und hatte nach seiner Rückkehr wenig Mühe, von den Behörden die Genehmigung zur Ausreise in den Westen zu erhalten, obgleich diese sich an den Fingern einer Hand abzählen konnten, welcher Art von Tätigkeit er dort nachzugehen gedachte.

Es gab natürlich auch Fälle, in denen politisch Verurteilte eine weit unnachsichtigere Behandlung erfuhren oder die Einsamkeit und Gleichförmigkeit des Lebens in der Verbannung nicht ertrugen. Gleichwohl beinhalteten die einst so gefürchteten Worte »Sibirien« und »Verbannung« nicht mehr den Schrecken früherer Zeiten und daher auch nicht mehr eine so abschreckende Wirkung auf potentielle Revolutionäre. Wer sich im Sinne der liberalen Bewegung konspirativ betätigte, hatte noch weniger zu befürchten; für die Zugehörigkeit zum Bund der Befreiung riskierte ein Fürst wie Pawel Dolgorukow höchstens, auf eines seiner Güter verbannt zu werden, ein Professor möglicherweise den Verlust seiner Lehrerlaubnis. Es bereitete der Regierung große Schwierigkeiten, den Einfluß in den Griff zu bekommen, den eine Persönlichkeit wie Leo Tolstoj auf die Gesellschaft ausübte, denn jedermann wußte, daß der Dichter die Autokratie verabscheute und seine Landsleute immer wieder zu, wie wir heute sagen, bürgerlichem Ungehorsam ermunterte. Als moralische Instanz spielte Tolstoj vermutlich keine maßgeblichere Rolle als vor ihm Tschernyschewskij für die Intelligenzija der 60er Jahre. Die damalige Regierung hatte sich nicht gescheut, den berühmten Regimekritiker einzusperren und zu verbannen; die jetzige war sich darüber im klaren, daß sie Tolstoj weder anrühren noch zum Schweigen bringen konnte.

Tolstoj war ein Mann von Weltruf; Tschernyschewskij dagegen war außerhalb Rußlands kaum bekannt gewesen. Bei allem Aufsehen, das die Ideen der Radikalen in den 1860er Jahren erregt hatten, hatte die Zahl derer, die daran ein lebhaftes Interesse nahmen, doch allenfalls bei wenigen Tausend gelegen. Jetzt, um die Jahrhundertwende, ging die Zahl der akademisch Gebildeten in Rußland bereits in die Hunderttausende; von ihnen teilten zwar bei weitem nicht alle die traditionell antiautokratische Einstellung der Intelligenzija, aber eine deutliche Mehrheit war doch aus dem einen oder anderen Grund der Überzeugung, daß das alte System keine Zukunft hatte. Das Selbstbewußtsein und die Kraft, welche die Autokratie noch fast das ganze 19. Jahrhundert hindurch ausgestrahlt hatte, waren zu einem sehr großen Teil ein adäquater Ausdruck der realen Rückständigkeit des Landes gewesen: Für die große Masse der Russen war der Zar bis dahin noch immer *die* nationale Identifikationsfigur gewesen. Jetzt nahm das Bildungsniveau der Bevölkerungsmassen, insbesondere in den Städten, rasch zu: Um die Jahrhundertwende war im Durchschnitt bereits jeder vierte Russe des Lesens und Schreibens kundig. Wenn das Regime auf offen subversive Aktivitäten verhältnismäßig nachsichtig und auf reformorientierte Regimekritik noch zaghafter reagierte, so war dies eine zwangsläufige Folge der veränderten gesellschaftlichen Bedingungen. Eine wachsende Zahl von Russen empfand das Regime jetzt, da es nicht mehr wie früher Angst und Schrecken zu verbreiten vermochte, nicht mehr nur als repressiv, sondern auch als wenig leistungsfähig, ja als historische Peinlichkeit. Der Wandel der wirtschaftlichen Strukturen und des Bewußtseins ließ die Wurzel vertrocknen, aus der die Autokratie von jeher ihre Kraft gesogen hatte – die Loyalität der bäuerlichen Massen. Der Bauer, dessen geistiger Horizont durch eine gewisse, wenn auch rudimentäre Schulbildung erweitert war, fand sich nicht mehr ohne weiteres mit seiner inferioren Stellung in der Gesellschaft ab. Nicht so sehr die radikale Agitation als vielmehr die wirtschaftlichen Tatsachen, der zunehmende Bevölkerungsdruck auf den landwirtschaftlich nutzbaren Flächen und die anhaltende Depression auf dem Agrarsektor waren es, die den Bauern aus seiner jahrhundertelangen politischen Apathie gerüttelt hatten.

Es gab in den führenden Gliederungen der Bürokratie durchaus Personen, die erkannten, daß das autokratische System seine historische Überlebensfrist nur würde verlängern können, wenn es, wie bereits einmal vor vierzig Jahren, erneut zu einer den sozialen Wandel vorantreibenden Kraft wurde. Der bedeutendste unter diesen Einsichtigen war Sergej Witte; während seiner Amtszeit als Finanzminister (1893–1903) förderte er nach Kräften die Industrialisierung des Landes sowohl durch staatliche Beteiligungen und Kredite als auch durch das Anlocken ausländischen Kapitals. Unter seiner Ägide wurde die einheimische Industrie durch hohe Einfuhrzölle geschützt, und die Einführung des Goldstandards zog ausländische Investoren ins Land. Witte, der es aus eigener Kraft zu etwas gebracht und als Industriemanager einschlägige Erfahrungen gesammelt hatte, verkörperte einen Staatsbeamten neuen Typs: In einer Bürokratie, die sich in ihren höheren Rängen hauptsächlich aus dem Adel und aus Männern rekrutierte, die eine militärische Laufbahn hinter sich hatten, sorgte er als Wirtschaftsfachmann und befähigter Sozialtechniker für neue Impulse. Sein Blick reichte dabei weit über die Industrialisierung Rußlands hinaus. Er erkannte, daß die allgemeinen wirtschaftlichen und gesellschaftlichen Entwicklungsmöglichkeiten des Landes durch die Stellung der Bauern und den Zustand der russischen Landwirtschaft beeinträchtigt wurden. Drei Viertel der Bevölkerung lebten, wenn auch nicht mehr als unfreie Leibeigene, so doch in Abhängigkeitsverhältnissen, die sie praktisch zu Mündeln sowohl des Staates als auch der Dorfgemeinde machten. Diese Abhängigkeit übte eine erstickende Wirkung auf den Unternehmungsgeist, die Leistungsbereitschaft und den Wunsch nach einer Vermehrung des privaten Besitzes aus. (In den meisten Dorfgemeinden herrschte das Umverteilungsprinzip, d. h. jedes Gemeindemitglied bewirtschaftete einige in der Regel verstreut liegende Parzellen, und in regelmäßigen Abständen wurden alle Parzellen nach Maßgabe der Haushaltsgröße, der Bodenqualität usw. neu unter die Gemeindemitglieder verteilt. Dieses System war nicht geeignet, die landwirtschaftliche Produktivität zu fördern.) Witte wies daher in seinen Denkschriften für den Zaren und für seine Ministerkollegen immer wieder darauf hin, daß es im Interesse des wirtschaftlichen Fortschritts und somit der Nation wie der Monarchie unerläßlich sei, den Bauern volle bürgerliche Rechte zu gewähren und sie von den Fesseln dieses anachronistischen Systems zu befreien. Der Staat müsse dem einzelnen Bauern die Möglichkeit geben, aus dem Verband der Dorfgemeinde auszuscheiden, seine Parzellen zusammenzulegen und so zu einem effizient wirtschaftenden Produzenten zu werden. Auf diese Weise werde eine starke ländliche Mittelschicht mit einem Interesse an wirtschaftlicher und politischer Stabilität heranwachsen. Demgegenüber sei die derzeitige Armut der ländlichen Massen nicht nur ein Hemmnis für die industrielle Entwicklung, sondern auch ein erstrangiger politischer Risikofaktor.

Paradoxerweise hatte Witte fast während seiner gesamten amtlichen Laufbahn den Eindruck eines strammen Befürworters der Autokratie gemacht. Doch lag dies weniger daran, daß er an die Zukunft dieser Institution glaubte, als vielmehr an seiner engen persönlichen Bindung zu Alexander III., der ihm den Aufstieg vom unscheinbaren Posten eines Eisenbahnmanagers in die höchsten Ränge der Staatsbürokratie und schließlich zum Finanzminister und De-facto-Lenker der russischen Wirtschaft ermöglicht hatte. (Der Zar hatte dabei über einige im offiziellen Rußland jener Zeit als anstößig geltende Dinge hinweggesehen, so etwa über die Tatsache, daß die Frau seines Schützlings und einige Leute aus dessen engstem Umkreis Juden waren.) Doch nachdem der wankelmütige Nikolaus II. auf den Thron gekommen war, machte Wittes bejahende Haltung zum politischen Status quo einer zunehmend größeren Skepsis Platz, und er gelangte schließlich zu dem Schluß, daß die Autokratie unter den gegebenen Bedingungen mit dem nationalen Interesse nicht mehr vereinbar war. Schon in einer 1899 verfaßten Denkschrift, in der er sich gegen die Einführung einer erweiterten lokalen Selbstverwaltung auch in den westlichen Gouvernements aussprach,* finden sich verschlüsselte Hinweise auf die Notwendigkeit einer Reform im konstitutionellen Sinn. »Man kann nur in der abstrakten Theorie einen Staat entwerfen, in dem jede freie gesellschaftliche Aktivität durch die Tätigkeit von Bürokraten ersetzt ist und in dem die gesamte Sphäre der privaten und gesetzmäßigen Bedürfnisse und Bestrebungen von staatlichen Organen geregelt wird.«[18] Wenngleich diese Denkschrift nur für regierungsinterne Zwecke verfaßt war, darf man annehmen,

---

* Da im grundbesitzenden Adel dieser Gouvernements das polnische Element sehr stark vertreten war, hatte man es bis dahin für klüger gehalten, ihnen keine weitergehende Selbstverwaltung zuzugestehen.

daß Witte sich, als er diesen Satz schrieb, bewußt war, daß die »abstrakte Theorie« dem Selbstverständnis der das Rußland seiner Zeit Regierenden ziemlich nahe kam.

Witte, dem bei all seinem unbezweifelbaren Patriotismus ein stark ausgeprägtes Karrierebewußtsein innewohnte, diente auch unter Nikolaus weiter, obgleich er den neuen Zaren verachtete und dessen neurotische und herrschsüchtige Frau ebenso verabscheute wie die übrige parasitäre kaiserliche Familie. Von den Großfürsten übten mehrere ein hohes militärisches oder ziviles Amt aus, für das sie in den meisten Fällen nicht im geringsten qualifiziert waren. Nach 1900 wuchs bei Witte die Überzeugung, daß das Regime einer Katastrophe entgegentrieb, wenn es nicht einer Reform unterzogen wurde. Als eingefleischter Bürokrat war er der Auffassung, daß die eigentliche revolutionäre Gefahr nicht so sehr von den Revolutionären selbst ausging, als vielmehr von den Fehlentscheidungen und Unterlassungssünden der Regierung. Rechtzeitig eingeleitete Reformen und eine effiziente Verwaltung konnten seiner Meinung nach in Verbindung mit einem dosierten Quantum an Repression eine gewaltsame Eruption auch jetzt noch verhindern.

Aber wie die meisten ins Rutschen geratenen Regime hatten auch Nikolaus und seine maßgeblichen Berater weder ein Gespür für die Erfordernisse des Augenblicks noch die Fähigkeit, eine konsequente Krisenpolitik zu entwickeln; statt dessen suchte man sein Heil in abenteuerlichen innen- und außenpolitischen Initiativen. Außenpolitisch hielt Rußland sich nach wie vor an das bewährte und gerade jetzt wieder sehr gefragte Rezept einer Expansion des Reiches. Witte selbst war ein besonnener Imperialist. Als Finanzminister initiierte er eine Politik der Gewährung wirtschaftlicher Zugeständnisse und besonderer Privilegien an die Mandschurei, die infolgedessen von der Mitte der 90er Jahre an praktisch zu einem russischen Protektorat mit einem beträchtlichen Kontingent »vorübergehend« stationierter russischer Garnisonstruppen wurde. 1898 entriß Rußland dem wehrlosen Mandschu-Reich die Halbinsel Liaotung mit dem Hafen Port Arthur. Mit dieser Politik, die immer unverblümter auf das Ziel zuzusteuern schien, das nördliche und östliche China zu einer russischen Kolonie zu machen, geriet St. Petersburg auf Kollisionskurs mit Japan, dem Juniorpartner im Kartell der Großmächte; besonders die russischen Bemühungen um einen beherrschenden Einfluß in Korea erregten den Unmut der Japaner.

Es gab mehrere Motive, die die russische Regierung zu ihrem gefährlichen Expansionskurs in Fernost bewegten. Schon seit dem 17. Jahrhundert hatte Rußland immer wieder große Territorien dem Machtbereich Chinas entrissen; anscheinend war es, um die Rechtfertigung für eine andere imperialistische Landnahme zu paraphrasieren, die augenscheinliche Bestimmung Rußlands, sich die Hegemonie auf diesem Teil des Erdballs zu sichern. Sein anderes traditionelles Expansionsfeld, der Süden, wo der russische Imperialismus auf Kosten der Türkei ging, war, um in der Schachsprache zu sprechen, von Großbritannien und dem jetzt mit Deutschland verbündeten Österreich gedeckt. Es gab am Petersburger Hof einige einflußreiche Günstlinge und Beamte, die hofften, durch verschiedene geschäftliche Projekte in der Mandschurei und in Korea ihre Taschen füllen zu können. Japan wurde ungeachtet des raschen militärischen und industriellen Modernisierungsprozesses, den es durchlief, als potentieller Kriegsgegner nicht ernst genommen. Wie sollte ein kleiner ostasiatischer Inselstaat in einem militärischen Konflikt mit der Großmacht Rußland bestehen! Dazu kam, daß ein Konflikt mit Japan und vor allem sein voraussehbarer Ausgang von heilsamer Wirkung auf die innenpolitische Situation sein würden. »Ein kleiner siegreicher Krieg« war, wie Wjatscheslaw Plewe, der 1902 nach langjährigem Dienst in der Geheimpolizei zum Innenminister ernannt wurde, unbekümmert erklärte, genau das Elixier, das die Regierung brauchte, um sich der anschwellenden Woge politischen Aufbegehrens erwehren zu können.

Wie für die anderen besonneneren Kräfte innerhalb der herrschenden Bürokratie war es auch für Witte offenkundig, daß Rußland sich einen Krieg, wäre er noch so klein und sogar siegreich, nicht leisten konnte. Die Staatsfinanzen befanden sich in einem beklagenswerten Zustand, und die Streitkräfte waren in keiner Weise gerüstet für die Führung eines Krieges auf einem Tausende von Kilometern vom Kernland entfernten und mit ihm nur durch eine einzige Eisenbahnlinie verbundenen Schauplatz. Und ein Blick in die Geschichte hätte die Regierung zu der Einsicht bringen müssen, daß es töricht war, von einem solchen Krieg heilsame innenpolitische Auswirkungen zu erwarten, hatte doch sogar der große siegreiche Krieg von 1812–15 eine Zunahme der politischen Unruhe im Innern und indirekt die Dekabristenbewegung nach sich gezogen. Ein Krieg gegen Japan würde jedoch von Anfang bis Ende in einem fremden, weit entfernten Gebiet ausgetragen und aus Gründen geführt, die dem durchschnittlichen Russen nicht einleuchten würden. Witte sprach für eine Reihe realistisch denkender Staatsdiener, als er erklärte, das letzte, was das größte Land der Welt mit seinen riesigen, noch unerschlossenen Gebieten brauche, seien neue territoriale Erwerbungen. Doch im Gefolge einer Wirtschaftskrise und des intriganten Verhaltens seiner Kollegen in der Regierungsbürokratie (darunter Plewe) verlor Witte unvermittelt seine Machtposition: Im August 1902 wurde er von Nikolaus II. als Finanzminister entlassen. Der weitsichtigste aller Diener des Reichs fand sich auf einen ehrenvollen, aber politisch bedeutungslosen Posten versetzt, von dem aus er keine Chance mehr hatte, Rußland vom Weg in den Krieg und die Revolution abzuhalten. Die Regierung setzte ihren Kollisionskurs bedenkenlos fort, schlug mehrere Gelegenheiten zu einer gütlichen Regelung mit Japan aus, tat aber zugleich kaum etwas, um die russische Gesellschaft und die Streitkräfte des Landes auf den Krieg vorzubereiten. Die Regierung in Tokio, die ihre diplomatische Position durch ein 1902 abgeschlossenes Bündnis mit Großbritannien gestärkt hatte, entschloß sich, selbst den entscheidenden Schritt zu tun: Unbekümmert um die in der Alten

Welt gültigen diplomatischen Spielregeln ließen die Japaner am 8. Februar 1904 ihre Kriegsflotte ohne vorherige Kriegserklärung den russischen Stützpunkt Port Arthur angreifen.

Was nun folgte, war eine ununterbrochene Reihe militärischer Niederlagen Rußlands zu Lande und zur See. Gewiß spielte die Geographie eine Schlüsselrolle für den Sieg der Japaner. Unabhängig davon jedoch stellte das zaristische Regime seine eigene Hinfälligkeit durch ein blamables Versagen in der Führung des Krieges lebhaft unter Beweis. Die russischen Land- und Seestreitkräfte waren schlecht geführt, ihr Nachschubwesen funktionierte überhaupt nicht. Die bemitleidenswerte Unfähigkeit der Petersburger Regierung fand ihre sinnbildliche Verkörperung im tragikomischen Schicksal der russischen Ostseeflotte. Acht Monate nach Beginn des Krieges wurde sie mit dem Auftrag, das inzwischen von der japanischen Flotte belagerte und blockierte Port Arthur zu entsetzen, auf die Reise geschickt, eine Reise, die die zumeist veralteten und in schlechtem Zustand befindlichen russischen Kriegsschiffe um die halbe Welt führte und sieben Monate dauerte. In der Nordsee ereignete sich ein Zwischenfall, der Rußland an den Rand eines bewaffneten Zusammenstoßes mit Großbritannien brachte. Ein russischer Kapitän ließ das Feuer auf englische Fischkutter eröffnen, die er für japanische Torpedoboote hielt, und versenkte einige von ihnen. Als der Vorfall schließlich einer internationalen Schiedskommission zur Beilegung übergeben wurde, konnte die Flotte ihre so unglücklich begonnene Fahrt fortsetzen; als sie im Chinesischen Meer ankam, hatte Port Arthur freilich bereits kapituliert, und die russischen Armeen in der Mandschurei hatten schon mehrere verlorene Gefechte hinter sich. Am 27. Mai 1905 fiel die japanische Flotte in der Straße von Tsuschima über das russische Expeditionsgeschwader her und vernichtete es in der einseitigsten aller bedeutenderen Seeschlachten seit Trafalgar. Der Krieg war verloren; das Hauptproblem lautete nun aber nicht etwa, wieviel von seiner Machtposition in Fernost das russische Reich in einer mehr oder weniger demütigenden Friedensregelung würde bewahren können, sondern die Frage war, ob das zaristische Regime seinen kurzen und verheerenden Krieg und die Revolution, die dieser mit angefacht hatte, überhaupt überleben würde; um der Wahrheit willen muß gesagt werden, daß zu Beginn des Krieges die Wellen des Patriotismus in Rußland durchaus hoch schlugen. Anlaß für diese Reaktion war nicht nur die heimtückische Art, in der die Japaner die Kampfhandlungen eröffnet hatten, sondern auch die Zähigkeit, mit der die russischen Soldaten die belagerte Zitadelle von Port Arthur verteidigten. Struwe schlug in der *Befreiung* als erster die patriotische Tonart an: Das Vaterland sei in Gefahr, und es sei die Pflicht eines jeden Russen, die Regierung, mochte sie sich auch noch so repressiv und unfähig gezeigt haben, in ihrem Kampf gegen den nationalen Feind zu unterstützen. Aber an die Stelle dieser verhaltenen Bereitschaft zur Unterstützung des Regimes trat bald selbst bei den gemäßigten Parteigängern des »Bundes der Befreiung« eine Einstellung, die in diesem Krieg nur ein weiteres Exempel für das bedenkenlose Abenteurertum der herrschenden Bürokratie sah, und man entschloß sich nun im oppositionellen Lager, sich die entstandene Situation für den Kampf gegen die Autokratie zunutze zu machen. Das »Symposium«, diese halb als Verschwörerzirkel organisierte, halb als offener Interessenverband agierende Gruppierung liberaler Adliger und Intellektuellen, hatte sich ursprünglich entschlossen, seine politische Agitation für die Dauer des Krieges einzustellen. Doch im August 1904 besann man sich eines anderen: Der Krieg müsse, so glaubte man jetzt, durch einen Kompromiß mit Japan beendet werden; dem Regime, das bereits im militärischen Bereich seine Unfähigkeit bewiesen hatte, war die Aushandlung eines ehrenvollen Friedens jedoch nicht zuzutrauen. Daher mußte die Forderung nach einer gewählten Nationalversammlung erneuert und intensiviert werden.

Der Russisch-Japanische Krieg ist sowohl von den sowjetischen als auch von den westlichen Historikern traditionell sehr knapp abgehandelt worden; gewöhnlich haben die Autoren es eilig, zu den geschichtsträchtigeren Dramen der ersten und zweiten Revolution überzugehen. Dabei war dieser Krieg immerhin ein wichtiges Glied in der Kette der Ereignisse, die zu den beiden Revolutionen hinführten. Er bewirkte eine Lockerung der traditionellen Symbiose zwischen der Autokratie und dem russischen Nationalismus und bereitete insofern deren endgültige Auflösung in den Jahren 1916–17 vor. Der Krimkrieg hatte eine bestimmte Spielart der autokratischen Herrschaft, nämlich die von Nikolaus I. praktizierte, diskreditiert. Der Russisch-Japanische Krieg trug viel dazu bei, die Unvereinbarkeit der Autokratie mit dem nationalen Interesse zu demonstrieren. Das Regime hatte sich als schlechter Treuhänder der Größe und Macht des Landes erwiesen und damit selbst den letzten Ast angesägt, der ihm noch als tragfähige Legitimation hätte dienen können. Im Krimkrieg waren die bedeutendsten europäischen Mächte vereint gegen Rußland angetreten. Jetzt hatte Nikolaus II. das Land ohne zwingenden Grund der Demütigung einer Niederlage gegen eine asiatische Nation ausgesetzt, der Rußland bevölkerungsmäßig um mehr als das Dreifache überlegen war. Daß eine politische Veränderung sich jetzt noch anders als durch eine Revolution erreichen lassen würde, erschien kaum denkbar.

Politische Opposition und verschwörerische Betätigung waren seit 1815 die ständigen Begleiterinnen der Autokratie gewesen. Allein, so zahlreich die revolutionären Gruppierungen und die Umsturzpläne waren, so zahlenmäßig klein war der Anhang stets gewesen, über den solche Gruppen hatten gebieten können, denn ihre Mitglieder hatten sich fast ausschließlich aus der Oberschicht – dem Adel und der Intelligenzija – rekrutiert. Wenn es Bauernaufstände gegeben hatte, so waren sie niemals politisch im eigentlichen Sinn des Wortes gewesen. Den Revolutionären aller Couleur war es, sosehr sie sich auch bemüht hatten, niemals gelungen, etwas zu mobilisieren, das in etwa einer Massenbewegung gegen die Autokratie nahegekommen wäre. So ist der paradoxe Tatbestand zu erklären, daß in Rußland zwar die Revolution als Idee und Möglichkeit im Denken sowohl der Regierenden als auch der Gesellschaft größeren Raum einnahm als in jedem anderen Land, daß das Zarenreich jedoch gleichwohl als einziges unter den größeren europäischen Ländern während des ganzen 19. Jahrhunderts kein massenhaftes Aufbegehren gegen die herrschende Ordnung erlebte. Die Sozialdemokraten hatten sich zwar auf die Hoffnung festgelegt, das rasch anwachsende städtische Proletariat werde zum Träger einer solchen Massenerhebung werden. Doch vier Jahre nach der Gründung der Partei räumte Lenin in *Was tun?* ein, daß es hoffnungslos sei, darauf zu warten, daß die Arbeiter von selbst den politischen Kampf aufnähmen. Eine Partei, wie sie nach Ansicht Lenins vonnöten war, um die Arbeiterklasse auf diesen Kampf vorbereiten und sie in ihm führen zu können, würde sich allerdings nur im Zuge eines ziemlich langwierigen historischen Prozesses aufbauen lassen. So glaubten also bei aller Wortradikalität nicht einmal die Revolutionäre selbst wirklich daran, daß das Volk der Autokratie den entscheidenden Schlag versetzen würde. Eher würde es der unablässige Druck der Gesellschaft sein, unter dem das autokratische System ins Wanken geraten und schließlich zusammenbrechen würde. Von den fortschrittlichen Elementen innerhalb des Adels und der Intelligenzija an die Wand gedrängt und an den Pranger der Geschichte gestellt, würde der Regierung keine andere Wahl bleiben, als eine Verfassung zu gewähren.

Doch die Geschichte sollte sowohl diejenigen zaristischen Bürokraten Lügen strafen, nach deren Ansicht die revolutionäre Gefahr eher von der Intelligenzija und den Juden als von den Massen ausging, als auch Leute wie Lenin, die die Hoffnung auf eine spontane Erhebung des russischen Proletariats gegen die Herrschenden aufgegeben hatten. Es war eine seltsame Ironie, um nicht zu sagen Hinterlist des Schicksals, daß ausgerechnet die zaristische Regierung selbst den russischen Arbeitern beibrachte, wie sie sich für einen solchen Kampf rüsten mußten. So Beachtliches die Sozialisten und die anderen radikalen Gruppen in der Vermittlung organisatorischer Disziplin und proletarischen Klassenbewußtseins an die russische Arbeiterschaft geleistet haben mögen, der wichtigste Beitrag zum Lernprozeß der Arbeiter kam in den ersten Jahren des 20. Jahrhunderts aus einer Richtung, aus der er am allerwenigsten zu erwarten gewesen wäre – von der Geheimpolizei.

Die Idee wurde in der dämmrigen Welt der »Ochrana« geboren und entsprang ganz dem Geist ihrer zur Raffinesse entwickelten Techniken der politischen Spionage und Provokation; die Geheimpolizei hatte sich zu einer amtlichen Unterwelt entwickelt, deren Fäden sich in den letzten Jahren des Regimes nicht nur durch den gesamten Regierungsapparat woben, sondern deren Fühler – in Gestalt ihrer Doppelagenten – auch ins radikale Lager hineinreichten. Die in vieler Hinsicht symbiotische Beziehung zwischen der Geheimpolizei und den Revolutionären war von tiefgreifender Wirkung auf die Psychologie beider und prägte auf unübersehbare Weise auch die Mentalität der zukünftigen kommunistischen Beherrscher Rußlands. Ein großer Teil dessen, was man die praktische politische Philosophie von Leuten wie Stalin nennen könnte, spiegelte die Erfahrungen einer langjährigen politischen Arbeit in der Illegalität wider, wo man niemals völlig sicher sein konnte, ob der engste Mitarbeiter nicht vielleicht ein Doppelagent war, wo man andererseits aber auch wußte, auf welche heimlichen Freunde innerhalb des Polizeiapparats man sich verlassen konnte.

Sergej Zubatow, der Initiator des unter der Bezeichnung »Polizeisozialismus« bekanntgewordenen Versuchs, hatte in seiner frühen Jugend einem der Ableger des »Volkswillens« angehört. Er wandelte sich vom überzeugten Revolutionär bald zum Polizeispitzel, trat später in den regulären Polizeidienst ein, machte dort rasch Karriere und war mit 32 Jahren bereits Polizeioberst und Chef der Moskauer »Ochrana«. Seinen beruflichen Erfolg verdankte er seinem Geschick bei der Bekämpfung subversiver Aktivitäten; er führte naturwissenschaftliche Ermittlungsmethoden ein und verlangte von seinen Beamten und Verbindungsleuten eine genaue Kenntnis der Ideologien und der Geschichte der revolutionären Bewegungen, zu deren Bekämpfung sie eingesetzt wurden. Zubatow war ein würdiger Nachfolger Georgij Sudejkins, eines anderen Virtuosen der geheimdienstlichen Aufklärung, dem es in den frühen 1880er Jahren durch die Einschleusung seiner Männer in die Befehlszentrale des »Volkswillens« gelungen war, dessen terroristischen Zweig zu zerschlagen.

Zubatow war indessen alles andere als bloß ein zynischer Techniker der Macht. Anders als die meisten seiner Kollegen aus der Bürokratie war er sich darüber im klaren, daß die Autokratie sich nicht mit den Mitteln staatlicher Repression allein retten lassen würde. Sie brauchte den Beistand der Bevölkerung, und den mußte sie unter den neuen gesellschaftlichen Bedingungen anderswo suchen als im traditionellen Vertrauen auf die passive Loyalität der bäuerlichen Massen. Der dynamischste Faktor im sozialen Spektrum war die aufstrebende Arbeiterbewegung. Die akuteste und gegenwärtigste Gefahr bestand somit darin, daß die revolutionären Parteien den unablässigen Kampf der Arbeiter um die Verbesserung ihrer wirtschaftlichen Lage für die eigenen Zwecke einspannen und den russischen Proletarier, sowenig er von Karl Marx oder einer Verfassung verstand und wissen wollte, zu einem Kämpfer für die Sache des Sozialismus machen würden. Aus diesen Überlegungen heraus entwickelte Zubatow eine den modernen Verhältnissen angemessene Version des Gedankens vom Zaren und *seinem* Volk: Die Regierung müsse die Arbeiter für sich gewinnen, indem sie nicht nur durch gesetzliche Regelung der Industriearbeit ihre Fürsorge für sie bewies, sondern darüber hinaus die Arbeiter zu einer ihre Interessen vertretenden und die Arbeitgeber zu Zugeständnissen zwingenden gewerkschaftlichen Organisation ermunterte und anleitete. Auf diese Weise konnte die Autokratie den Massen in den Städten zeigen, daß sie sich, anders als diese radikalen Intellektuellen, ihrer wirklichen Interessen annahm und daß es keineswegs einer hochgestochenen, aus dem Ausland importierten Ideologie bedurfte, um sie vor Ausbeutung zu schützen und ihren Bemühungen um höhere Löhne und bessere Arbeitsbedingungen Nachdruck zu verleihen, daß vielmehr der russische Zar sclbst für all dies sorgen würde.

Der Sozialphilosoph in Polizeiuniform startete sein Experiment 1901. In Moskau, wo er einige klassenbewußte Proletarier, darunter auch Mitglieder sozialistischer Untergrundgruppen, von seinen Ideen überzeugt hatte, wurden mit polizeilicher Hilfe die ersten Gesellschaften »für gegenseitige Unterstützung der Arbeiter in der mechanischen Produktion« organisiert – de facto Gewerkschaften, wenngleich man diese Bezeichnung wegen ihres militanten Beigeschmacks gewöhnlich vermied. In Ergänzung seiner organisatorischen Bemühungen setzte Zubatow eine variantenreiche Indoktrinierungskampagne in Gang, wobei er, vorübergehend mit großem Erfolg, die Propaganda- und Agitationsformen der Sozialisten nachahmen ließ. Die Fortgeschrittenen unter seinen Jüngern, die sozusagen das Offizierskorps seiner Bewegung bildeten, wurden in Lehrgängen mit soziologischem und ökonomischem Wissen vertraut gemacht. Zubatow selbst »dozierte über die Geschichte der Arbeiterbewegung in Westeuropa . . ., erörterte die Geschichte, die Taktiken und Programme der revolutionären Bewegungen« – natürlich mit der seinem Amt angemessenen Quintessenz, die Arbeiter könnten ihre Ziele nur durch friedliche und gesetzmäßige Mittel und mit Hilfe der Regierung verwirklichen.[19] Orthodoxe Geistliche und konservative Journalisten priesen auf Veranlassung Zubatows die Tugenden der Autokratie und der Staatskirche und wiesen auf die Verderblichkeit ausländischer Ideologien hin.

Zum Entsetzen der Sozialisten und der anderen Oppositionsgruppen erwies sich die *Zubatowtschina*, das Zubatow-System, als durchschlagender Erfolg. Am 19. Februar 1902, dem 41. Jahrestag der Verkündung der Bauernbefreiung, konnte Zubatow in Moskau 50 000 Arbeiter zu einem patriotischen Aufmarsch am Denkmal Alexanders II. mobilisieren. Die Mitgliederzahlen der Zubatow-Gewerkschaften stellten die der sozialdemokratischen Arbeitergruppen in Moskau weit in den Schatten. Beeindruckt von diesem verheißungsvollen Auftakt, gab die Obrigkeit Zubatow grünes Licht für die Gründung polizeilich lizenzierter Gewerkschaften in mehreren anderen Großstädten, namentlich in der Hafenstadt Odessa am Schwarzen Meer. Besonders erfreulich vom Standpunkt der Behörden aus war, daß die Zubatow-Gewerkschaften auch im klassenbewußtesten Teil der Arbeiterklasse, im jüdischen Proletariat der westlichen und südlichen Regionen Fuß faßte, einer Gruppe, bei der zur wirtschaftlichen Ausbeutung noch die Diskriminierung aus ethnischen Gründen hinzutrat und die daher besonders empfänglich für radikale Propaganda war.

Ungeachtet all dessen hätte den Verantwortlichen von Beginn an eigentlich klar sein müssen, daß das Zubatow-System unter den Bedingungen, wie sie in Rußland zu Jahrhundertbeginn herrschten, auf lange Sicht keine Erfolgsaussichten besaß und die revolutionäre Gefahr, die es bannen helfen sollte, letzten Endes eher noch zuspitzen würde. Die Idee des Polizeisozialismus hätte sowohl ihrer konkreten Form als ihrem Geist nach ganz gut zu den Herrschaftstechniken eines modernen totalitären Staates gepaßt, konnte jedoch unter den Bedingungen eines autokratischen Systems so altmodischer Prägung nicht funktionieren. Zubatow selbst verfügte in der Tat über viele Eigenschaften, die ihn zu einem idealen Sowjetfunktionär unter Stalin und dessen Nachfolgern gemacht hätten. Die zaristische Bürokratie indes war in ihrer Senilität weder zu einer konsequent durchgeführten Sozialpolitik imstande noch zu dem Wagnis bereit, es in einem kühnen und noch nirgendwo erprobten Experiment mit einer Art – um eine anachronistische Bezeichnung zu gebrauchen – Nationalsozialismus zu versuchen. Der Polizeisozialismus erregte nicht nur bei der Linken Unwillen. Die Fabrikbesitzer überschwemmten ihren Schutzpatron, den Finanzminister, mit Beschwerden; und in der Tat erschien es ziemlich widersinnig, wenn eine Regierung, die erklärtermaßen Investitionen ausländischer Kapitalgeber und wirtschaftliches Wachstum zu fördern wünschte, zugleich den gewerkschaftlichen Kampf der Arbeiter offiziell unterstützte und sich bei Lohnkämpfen auf ihre Seite stellte. Verschärft wurde der hierin angelegte Konflikt durch Rivalitäten innerhalb der Bürokratie und durch den politischen Gegensatz zwischen Witte und dem höchsten Vorgesetzten Zubatows, Innenminister Plewe.

Dazu kam, daß die staatliche Förderung der gewerkschaftlichen Organisation, wenn sie nicht mit äußerster Systematik und Konsequenz betrieben wurde, gefährliche Konsequenzen nach sich ziehen mußte: Die Arbeiter lernten, sich zu organisieren und von den Fabrikbesitzern Zugeständnisse zu erzwingen, und wurden sich auf diese Weise ihrer Macht bewußt; sie legten, kurz gesagt, ihre Passivität ab und erweiterten ihren soziopolitischen Horizont. Solche Lernprozesse waren nicht rückgängig zu machen, und das neuerworbene Selbstbewußtsein der Arbeiter konnte und mußte sich früher oder später auch anders äußern als in patriotischen Demonstrationen.

Im Sommer 1903 bekamen die Feinde Zubatows sowohl auf der Linken als auch auf der Rechten endlich Grund zum Jubeln. In Odessa kulminierte eine Entwicklung, die mit der Bildung einer polizeilich geführten Gewerkschaft begonnen hatte, in einem Generalstreik, der die große Hafenstadt für mehrere Tage lahmlegte. Bald darauf wurde Zubatow von Plewe sang- und klanglos entlassen. Man schickte ihn – wie einen wirklichen Revolutionär – in die Verbannung und ließ ihn nie wieder ein staatliches Amt bekleiden. Trotz der Undankbarkeit des Staates blieb der einfallsreiche Polizist zeitlebens ein glühender Nationalist. Als er 1917 von der Abdankung Nikolaus II. erfuhr, nahm er sich, überzeugt, daß mit der Autokratie auch Rußlands Größe dahin sei, das Leben.

Die Entlassung Zubatows bedeutete nicht, daß man sein Experiment nun völlig abgeschrieben hätte. Auch Plewe selbst, der auf eine noch längere Erfahrung mit geheimpolizeilicher Arbeit zurückblicken konnte als Zubatow, war der Überzeugung, das autokratische Regime müsse sich zur Wappnung gegen die revolutionäre Gefahr den Rückhalt der Bevölkerung sichern. Damit zeichnete sich freilich eine Situation ab, die an die Geschichte vom Zauberlehrling erinnert. Die politische Strategie Plewes war ebenso fehlerhaft wie fragwürdig. Von seinem törichten Glauben daran, daß ein Krieg die innenpolitische Situation entspannen könne, war bereits die Rede. Ein anderes Element im Rahmen seines Versuchs, die Massen der revolutionären Bewegung zu entfremden, war der Appell an antisemitische Vorurteile. Als Innenminister immerhin der amtlich bestellte Wächter über Gesetz und Ordnung, unternahm er in seiner Amtszeit (1902–04) kaum etwas gegen antisemitische Agitation und antijüdische Ausschreitungen; das berüchtigtste Ereignis dieser Art, der Pogrom von Kischinjow, wurde nach verbreiteter Meinung sogar von der örtlichen Polizei wenn nicht angestiftet, so doch durch stillschweigende Duldung gefördert. Was den Polizeisozialismus betraf, so versuchte Plewe ihm einen engstirnig monarchistischen und chauvinistischen Charakter aufzustülpen, und er verzichtete fast völlig darauf, die Funktionäre, die er mit Aufgaben in diesem Bereich betraute, auf ihre Qualifikation hin zu prüfen.

Unter diesen Umständen erscheint es als eine Ironie, daß es ausgerechnet Plewe war, den die Vereinigung der Russischen Fabrikarbeiter in St. Petersburg zum Empfänger und Übermittler einer an den Zaren gerichteten Loyalitätsadresse erkor. Zubatow hatte den Aufbau dieser Gewerkschaft noch vor seinem Sturz geplant und in die Wege geleitet. Nach seinem Abgang wurde das Projekt, da die meisten Zubatowschen Arbeiterfunktionäre mit ihrem Chef zusammen in Ungnade gefallen waren, auf Eis gelegt. Schließlich wurde die Vereinigung im Februar 1904 von den Behörden doch gutgeheißen und hielt ihre erste konstituierende Versammlung ab. Ihr Wortführer galt, obgleich er eng mit Zubatow zusammengearbeitet hatte, bei den Behörden als zuverlässig, und in der Tat war sein Lebensweg geeignet, staatlicherseits Vertrauen zu erwecken. Es war Georgi Gapon, ein junger Priester ukrainischer Herkunft, der seit einiger Zeit als Kaplan im St. Petersburger Untersuchungsgefängnis tätig war und dem mehrere einflußreiche kirchliche Würdenträger beste Referenzen ausgestellt hatten. Man hielt ihn, um es kurz zu sagen, nicht für den Mann, der zulassen würde, daß die von ihm geführte Organisation vom geraden und schmalen Pfad der Tugend abkam. Die erste Versammlung verlief denn auch verheißungsvoll. Wie die Presse berichtete, wurde die Hymne »Gott schütze den Zaren« nicht nur einmal, sondern dreimal gesungen, und die Versammelten lauschten andächtig einer Rede des Petersburger Polizeichefs und verabschiedeten eine Resolution, in welcher der Innenminister ersucht wurde, »Seiner Majestät die loyale Zusicherung ihrer Liebe und Ergebenheit zu Füßen zu legen«.[20] Rascher Informationsfluß war nicht eben ein charakteristisches Merkmal der zaristischen Regierungsarbeit, und so gab Plewe die ihm anvertraute Botschaft erst am 20. Mai an den Zaren weiter, welcher daraufhin geruhte, seinen »Gnädigen

Dank« und seine besten Wünsche für einen Erfolg des Unternehmens zum Ausdruck zu bringen.

Nicht lange danach, am 15. Juli 1904, wurde Plewe von einer Bombe zerrissen, die ein Aktivist der Partei der Sozialrevolutionäre geworfen hatte; vorbereitet hatte den Anschlag einer von Plewes eigenen Agenten, Jewno Azef. Nur wenige politische Anschläge sind jemals mit so allgemeiner Zustimmung zur Kenntnis genommen worden wie das Attentat auf Plewe. Wie ein Zeitgenosse sich später erinnerte, unterhielt er sich gerade mit einem bekannten Adligen und Grundbesitzer, als die Nachricht bekannt wurde. Sein Gesprächspartner bekreuzigte sich und war offensichtlich drauf und dran zu sagen: »Gott sei gedankt«, besann sich jedoch, als er die Betroffenheit seines Gegenübers bemerkte, und sagte leise: »Der Himmel sei ihm gnädig.« Das Desaster des Krieges, Plewes Macht und der erschreckende Gebrauch, den er von ihr gemacht hatte – er hatte nicht nur an die niedersten Instinkte der Massen appelliert, sondern auch im Umgang mit Liberalen und mit seinen Rivalen in der Staatsbürokratie zu allen denkbaren Schikanen gegriffen –, all dies hatte eine Stimmung geschaffen, in der seine Ermordung von der Gesellschaft regelrecht bejubelt wurde.

Der moralische Bankrott des Regimes ließ die Unterschiede zwischen Revolutionären und Gemäßigten zusehends verschwimmen. Die letzte Verteidigungsbastion der Autokratie, ihr Prestige als Symbol des russischen Nationalismus und Bewahrerin der Einheit des Reiches, war im Begriff zusammenzustürzen. Im Oktober spielte sich auf der politischen Bühne Rußlands etwas nie Dagewesenes ab: Eine gemeinsame Konferenz von Liberalen und Revolutionären. Vertreten waren neben den organisierten russischen Regimegegnern auch Vertreter mehrerer ethnischer Gruppen, die nach Autonomie oder Unabhängigkeit von Rußland strebten. Das Spektrum der Konferenzteilnehmer reichte von Azef, der den terroristischen Zweig der Sozialrevolutionäre (und nebenbei auch die Geheimpolizei) repräsentierte, bis zu Fürst Dolgorukow vom »Bund der Befreiung«. In der Nationalitätenfrage reichte die Bandbreite von Professor Pawel Miljukow, der seinen Liberalismus mit einem überzeugten Eintreten für die Einheit des Reichs verband, bis zu Abgesandten der revolutionären und separatistischen Parteien in Polen, Georgien und Finnland. Der »Bund der Befreiung« entschied sich trotz der umlaufenden (und weitgehend zutreffenden) Gerüchte, einige der aus Polen und Finnland angereisten Gruppen unterhielten Verbindungen mit dem japanischen Nachrichtendienst, für die Teilnahme an der Konferenz. Die russischen Sozialdemokraten hingegen schlugen die Einladung zu dieser »Konferenz der oppositionellen und revolutionären Organisationen des russischen Reiches« aus, angeblich wegen der Kontakte einiger Teilnehmer zu den Japanern, in Wirklichkeit aber sehr wahrscheinlich wegen der internen Konflikte in der Partei, die zu dieser Zeit ausgetragen wurden. Die historische Bedeutung der Veranstaltung liegt vor allem in der Tatsache, daß sie überhaupt stattfinden konnte – daß sich Befürworter einer friedlichen Entwicklung hin zur konstitutionellen Monarchie mit Terroristen und Anarchisten, Anhänger eines großrussischen Reichs mit Kämpfern für die Unabhängigkeit Polens an einem Tisch zusammenfanden.

Die Bereitschaft der Repräsentanten des »Bundes der Befreiung«, sich mit Leuten zu verständigen, deren Anschauungen ihnen eigentlich ebenso fremd sein mußten wie die autokratische Ideologie, und mit ihnen gemeinsam eine Proklamation zu verabschieden, läßt sich unter verschiedenen Aspekten betrachten. Durch die Brille von 1917 gesehen, läßt sich die Veranstaltung als ein Symptom für die verhängnisvolle Schwäche des russischen Liberalismus interpretieren, für seinen Mangel an Selbstbewußtsein, seine Schuldgefühle wegen der eigenen gemäßigten Ziele und Methoden, Eigenschaften, aufgrund deren er der radikalen Linken gegenüber immer wieder zur Nachgiebigkeit neigte und sich von ihr in entscheidenden Augenblicken an die Wand drücken ließ. Einem Zeitgenossen freilich konnte sich die Sache auch ganz anders darstellen: Die unglaubliche Borniertheit und Unfähigkeit des zaristischen Regimes sorgte einfach dafür, daß die politische Kluft zwischen denjenigen, die noch vor zehn Jahren das Regime bescheiden um ein bißchen Parlamentarismus ersucht hatten, und denen, die am liebsten die bestehende gesellschaftliche Ordnung restlos zerschlagen hätten, zwischen den leidenschaftlichen Nationalisten und denen, die jedes Rußland, ob autokratisch oder demokratisch, zunächst einmal als eine fremde und verhaßte Besatzungsmacht betrachteten, schmaler geworden war.

Noch in einer weiteren Hinsicht arbeitete der russische Liberale jener Jahre im Zeichen einer beträchtlichen psychologischen Belastung. Er war sich zutiefst der Tatsache bewußt – und schämte sich ihrer vielleicht sogar –, daß er der privilegierten Schicht entstammte und angehörte. Ihrer sozialen Herkunft nach mochten sich seine sozialdemokratischen oder sozialrevolutionären Gegenspieler zwar kaum von ihm unterscheiden, doch das hinderte den russischen Liberalen nicht daran, beispielsweise in Wladimir Uljanow-Lenin nicht etwa den Sohn eines adligen Hauses und studierten Juristen zu sehen, sondern einen Sprecher des Volkes. Man glaubte daher, die Methoden und Ziele der Radikalen nicht allzu scharf kritisieren zu dürfen. In dieser Haltung spiegelte sich auch das notorische Unterlegenheitsgefühl des Intellektuellen gegenüber dem Mann der Tat wider. Die Revolutionäre bekämpften das Regime mit Bomben und indem sie hier und dort eine Revolte in Gang zu setzen versuchten, die Liberalen kämpften »nur« mit dem gesprochenen und geschriebenen Wort und bestenfalls mit Beschlüssen.

Und doch waren es gerade die letztgenannten Methoden, die im Herbst und Winter des Jahres 1904 Früchte zu tragen versprachen. Die Regierung befand sich offensichtlich auf dem Rückzug, die Gesellschaft, das heißt also die Kräfte der Reform, auf dem Vormarsch. Der Nachfolger Plewes, Fürst Peter Swjatopolk-Mirskij, ging vom reaktionären und repressiven Kurs seines Vorgängers ab und suchte die öffentliche Meinung zu begütigen. Die Kampagne für Reformen und eine verfassungsmäßige Regierung konnten unter dem neuen Innenminister ohne nennenswerte Störungen durch die Polizei fortgesetzt werden. So verabschiedete ein Kongreß der Semstwo-Vertreter aus ganz Rußland im November mit großer Mehrheit eine Resolution, in der eine nationale Vertretungskörperschaft mit weitgehenden gesetzgeberischen Befugnissen gefordert wurde. (Es war bezeichnend für die Unsicherheit der Regierung, daß sie diesen Kongreß zunächst genehmigte, dann verbot und schließlich doch zuließ – mit der Auflage, er müsse nach außen als private Veranstaltung kenntlich gemacht werden.) Sprecher des Adels, des traditionell konservativsten Elements der russischen Gesellschaft, sprachen sich unzweideutig für eine Ablösung des autokratischen Systems aus! Eine Minderheit optierte für einen Nationalrat mit lediglich beratenden Funktionen, es gab aber auch Stimmen, die erklärten, es genüge nicht, den Zaren zur Gewährung einer Verfassung zu zwingen, man müsse die Entscheidung darüber, wie Rußland in Zukunft regiert werden solle, vielmehr einer vom Volk gewählten verfassunggebenden Versammlung anvertrauen. Doch in ihrer großen Mehrheit waren die Semstwo-Repräsentanten ebenso wie die Schicht, deren Sprachrohr sie im wesentlichen waren – der grundbesitzende Adel – nach wie vor monarchistisch. Die Resolution, in der sie ihre Auffassungen darlegten und die sie der Regierung übergaben, ersuchte den Zaren, in die Fußstapfen seines Großvaters Alexander II. zu treten. Er möge unverzüglich ein Manifest verkünden, in dem er zumindest seine grundsätzliche Absicht bekundete, »das polizeibürokratische System abzuschaffen und die gewählten Vertreter des Landes zu schöpferischem Wirken zu versammeln«.[21]

Als die Resolution Ende November in die Hände des Zaren gelangte, wirkte der ehrerbietige Ton, in dem sie gehalten war, bereits leicht anachronistisch – so rapide entwickelten sich die Dinge. Der »Bund der Befreiung« vertrat, wenngleich er in einer Art symbiotischer Beziehung zu den Semstwo-Vertretern stand, ideologisch – vielleicht müßte man genauer sagen: emotional – eine radikalere Position als der fortschrittliche Adel. Die Unentschlossenheit der Regierung ermutigte den Bund nunmehr, seine halbkonspirative Deckung ganz aufzugeben und in einer öffentlichen Kampagne für grundlegende politische Reformen zu werben. Ähnlich wie die alten Israeliten es bei der Belagerung von Jericho praktiziert hatten, gedachte der »Bund der Befreiung« die Mauern der Autokratie durch geräuschvolle Auftritte zum Einsturz zu bringen. Man veranstaltete zu diesem Zweck in den wichtigsten Städten des Landes eine Reihe riesiger Bankette mit der offiziellen Begründung, man wolle den 40. Jahrestag der großen Reformen Alexanders II. feiern; in Wirklichkeit jedoch wurden auf diesen Banketten heftige Angriffe gegen das Regime geführt und Resolutionen verabschiedet, die eine Verfassung forderten. (Das bis dahin verpönte Wort »Verfassung« war in dem Manifest des Semstwo-Kongresses nicht verwendet worden.) Diese Bankette waren allerorten ein bedeutsames gesellschaftliches Ereignis; beim ersten, in St. Petersburg veranstalteten, fanden sich 676 der Intelligenzija zugerechnete Honoratioren ein, eine Zahl, die in anderen Städten bald noch übertroffen wurde, wobei Saratow mit 1500 Gästen den Rekord aufstellte. Die Tatsache, daß die Regierung es nicht wagte, gegen diese politische Gastronomie einzuschreiten, führte notgedrungen zu einer Eskalation der politischen Forderungen. Die Sprache, in der diese vorgebracht wurden, war anfänglich noch verblümt und dem Ton der Sprecher des Adels nachempfunden. Bald jedoch wurde sie schärfer und konkreter; es wurden unter anderem Forderungen laut nach der Einberufung einer auf der Grundlage des allgemeinen, gleichen und direkten Stimmrechts zu wählenden verfassunggebenden Versammlung, die über die zukünftige Form der Regierung entscheiden sollte (d. h. vermutlich auch eine russische Republik würde konstituieren können), nach direkter Verantwortlichkeit der vollziehenden gegenüber der gesetzgebenden Gewalt und nach einer bedingungslosen Amnestie für alle aus politischen Gründen Verurteilten (wozu, wie man annehmen kann, auch die politischen Terroristen gezählt wurden).[22]

Solche Forderungen gingen weit über die ursprünglichen Ziele des Veranstalters der Kampagne – des »Bundes der Befreiung« – hinaus. Rational glaubte wohl kein durchschnittlicher russischer Liberaler an die Möglichkeit, daß es seiner Gesellschaft gelingen könnte, den weiten Weg von der Autokratie zur Volkssouveränität sozusagen in Siebenmeilenstiefeln zurückzulegen. Emotional jedoch stand die Intelligenzija im Bann eines unwiderstehlichen und euphorischen Gefühls der eigenen Wichtigkeit.

Eine zeitgenössische Kassandra, selbst überzeugte Anhängerin einer Verfassung, machte auf das Fragwürdige dieser Bankette, auf die Leichtfertigkeit und Oberflächlichkeit aufmerksam, die dabei im Spiel waren: Die Leute, die dorthin gegangen seien, um zwischen Wein und Dessert Resolutionen zu unterzeichnen, hätten dies in vielen Fällen »aus Neugier, Snobismus [getan], weil es gerade Mode war. Manche von ihnen hatten sich zuvor nie für Politik interessiert, entdeckten aber nun, daß dies ein sehr angenehmer Zeitvertreib sein konnte«.[23] In Anbetracht all dessen, was später geschah, ist es leicht, im Rückblick strenge Maßstäbe anzulegen. Um zu einem gerechteren Urteil zu kommen, muß man demgegenüber berücksichtigen, wie schwer es den russischen Intellektuellen gefallen sein muß, ihre Euphorie und Ungeduld zu bändigen und die Situation nüchtern und mit angemessener Skepsis zu betrachten. Zum ersten Mal in der Geschichte ihres Landes konnten sie, ohne das geringste befürchten zu müssen, öffentlich sagen und schreiben, was sie dachten. Die Bürokratie war jetzt die Eingeschüchterte und wußte nicht mehr, wie sie dieses liberalen Veitstanzes Herr werden sollte. Tausende von Akademikern und bedeutenden Grundbesitzern konnte man schließlich nicht gut en bloc ins Gefängnis stecken oder in die Verbannung schicken. Und um das Maß der staatlichen Nöte voll zu machen, hatte die Freiheits- und Reformseuche (so etwa mußte ein Reaktionär diese Bewegung empfinden) auch schon diejenigen erfaßt, die in den zurückliegenden Jahren die besonderen Günstlinge und Nutznießer der Regierungspolitik gewesen waren: die Kapitalisten. Namhafte Industrielle stimmten in den Ruf des Adels und der Intelligenzija nach repräsentativen Institutionen ein. Im Grunde hatte sich also bereits eine Revolution vollzogen. Innerhalb eines Jahrzehnts hatte sich die bis 1894 so untertänig gewesene russische Gesellschaft von ihrem ehrfürchtigen Respekt vor dem Zarenthron emanzipiert. Was ein fortschrittlicher Liberaler zu Beginn der Regierungszeit Nikolaus II. kaum zu fordern gewagt hätte – die Einberufung einer die Oberschicht repräsentierenden Versammlung mit beratender Funktion –, genügte zehn Jahre später höchstens noch den Vorstellungen eines gestandenen Konservativen. Jetzt war es ein »unsinniger Traum« zu glauben, die Autokratie könne ungeschoren weiterbestehen. Für die meisten denkenden Russen ging es nur noch um die Frage, wann und wie das absolutistische durch ein konstitutionelles Regime ersetzt werden würde.

Die Erkenntnis, daß etwas getan werden mußte, sprach sich endlich auch bis zum Zaren herum. Am 12. Dezember gab er in einem Erlaß seine Bereitschaft bekannt, eine Reihe von Reformen zu verwirklichen. Zu dieser Zusage hatte er sich hauptsächlich unter dem Druck Fürst Mirskijs durchgerungen, gegen den hartnäckigen Widerstand solcher Fossilien wie Pobjedonoschtschew, der noch immer im Amt war, wenngleich er nur mehr über einen Abglanz seiner früheren Macht verfügte. Noch ein Jahr zuvor hätten die Reformen, die der Zar jetzt zusagte, die Wünsche des fortschrittlichen Adels und der Intelligenzija weitgehend befriedigt, jetzt aber genügten sie nicht mehr. Indessen, was der Erlaß auch immer an besänftigender, das revolutionäre Fieber zumindest kühlender Wirkung hätte tun können, wurde von einer gleichzeitig mit ihm herausgegebenen Verlautbarung der Regierung zunichte gemacht. Wieder einmal stellte das Regime damit seinen unvorstellbaren Mangel an Fingerspitzengefühl und an Sensibilität für die öffentliche Stimmung unter Beweis. Der Ton, in dem die Verlautbarung gehalten war, hätte in die Regierungszeit Alexanders III. oder sogar Nikolaus' I. gepaßt; unter den vorwaltenden Bedingungen wirkte er auf eine lächerliche Weise anmaßend. In schulmeisterlicher Weise verurteilte die Regierung alle in der letzten Zeit in Erscheinung getretenen politischen Manifestationen von den gemäßigteren Forderungen des Semstwo-Adels bis hin zu den Demonstrationen in den Städten:

»Eine solche Agitation gegen die bestehende Ordnung ist dem russischen Volk fremd, das den Grundlagen des Staates, wie sie von alters her gewesen sind, treu ergeben bleibt ... Die Leute, die sich an dieser Agitationsbewegung beteiligen, tun dies, geblendet von den eingebildeten Vorteilen, die sich von einer Umwälzung der jahrhundertealten Traditionen des politischen Lebens in Rußland versprechen, ohne Rücksicht auf die schweren Prüfungen, von denen Rußland gegenwärtig heimgesucht wird [der Krieg gegen Japan]. Sie helfen damit nicht ihrem Vaterland, sondern, wenn auch vielleicht ohne es zu wollen, seinen Feinden.«[24]

Aber bestand überhaupt eine wirkliche Absicht, die Revolution mit friedlichen Mitteln weiterzutreiben und erfolgreich zu Ende zu führen? Auch bei der Beantwortung dieser Frage neigen wir dazu, unser Urteil vom weiteren Verlauf der Ereignisse und von ihrer Fortsetzung im Jahr 1917 beeinflussen zu lassen. Ist es wirklich vorstellbar, daß Rußland sich auf friedlichem Weg zu einer konstitutionellen Monarchie mit einer freiheitlichen Ordnung entwickeln und so einer ungetrübten Zukunft hätte entgegengehen können? Das vielleicht nicht; aber die Chancen für einen entscheidenden Umschwung in diese Richtung standen 1904 besser als je zuvor. Paradoxerweise war die Revolution bis dahin von nichtrevolutionären Kräften inspiriert und geführt worden, von Leuten mit unverbrüchlich liberalen Idealen und von Nationalisten, die zumindest gefühlsmäßig noch an der Institution der Monarchie, wenngleich natürlich nicht am Throninhaber selbst, hingen. Die Regierung konnte drohen, toben und hin und wieder mit repressiven Mitteln für Ruhe sorgen, aber sofern sie nicht ein dauerndes Terrorregime gegen die geistige und gesellschaftliche Elite der Nation errichten wollte, mußte sie vor dieser regelrechten Belagerung durch ihre eigene Gesellschaft letzten Endes kapitulieren. Was die Extremisten betraf, so nahmen sie vorderhand die Führungsrolle der Liberalen hin, schlossen sich teilweise sogar der Bankettkampagne an und stimmten in deren konstitutionelle Losungen ein. Selbst den Marxisten fiel es schwer, gegen den Strom zu schwimmen. Schließlich stand in ihrem eigenen Programm zu lesen, daß der sozialistischen Revolution eine »bürgerlich-demokratische« vorangehen müsse.

Gefühlsmäßig jedoch stieß vielen Sozialisten, vor allem den Gefolgsleuten Lenins, der Gedanke sauer auf, daß diese liberalen Fürsten, Professoren und Rechtsanwälte sie vielleicht um eine wirkliche Revolution betrügen würden, und sie schauderten bei der für sie alptraumhaften Vorstellung, daß Rußland politisch den westlichen Staaten ähnlich werden könnte. Ihre Parteiideologie mochte sich auf Karl Marx berufen, psychologisch waren sie jedoch die Erben jener älteren Revolutionäre, die einst verkündet hatten: »Wir sollten dem Schicksal auf Knien dafür danken, daß wir nicht das Leben Europas gelebt haben.« Die wirksamste Methode, um Rußland einen so unerfreulichen Weg zu ersparen, bestand darin, an die traditionellen Skrupel der Intelligenzija zu appellieren, ob nicht jede Mäßigung im Kampf gegen das Regime einem Verrat an der Sache des Volkes gleichkomme. Man mußte die Liberalen zu immer radikaleren Positionen treiben und damit die Möglichkeit eines friedlichen Arrangements zwischen der Gesellschaft und dem Regime hintertreiben, so gut man konnte. Niemand verstand dieses Spiel besser zu spielen als Lenin, der nie aufhörte, die Liberalen als kriecherisch und unaufrichtig zu beschimpfen und ihnen vorzuwerfen, sie seien kaum besser als die zaristischen Bürokraten, gegen die sie angeblich kämpften. Diese Angriffe von links verfehlten selten die erwünschte Wirkung, und es versteht sich fast von selbst, daß die Liberalen den Sozialisten nie oder kaum jemals in deren eigener Sprache antworteten.

Diese psychologische Schwäche des Liberalismus mag ein bestimmender

Faktor in dem Drama gewesen sein, das 1905 ins Rollen kam und das den Charakter der Revolution von Grund auf veränderte. Der junge Priester Gapon, der, wie bereits erwähnt, die Vereinigung der Fabrikarbeiter von St. Petersburg leitete, hatte eine besondere Gabe dafür, das Vertrauen der Arbeiter zu gewinnen, und seine Gewerkschaft verzeichnete rapiden Zulauf. Zufrieden berichtete der Polizeichef von St. Petersburg seinen Vorgesetzten, die Gaponsche Arbeitervereinigung stelle »einen stabilen Damm gegen die Ausbreitung subversiver sozialistischer Ideen in der Arbeiterschaft« dar, und ihre Mitglieder verbrächten »ihre freie Zeit klug und nüchtern«. Doch der Einfluß Gapons reichte auch weit über die Gewerkschaft hinaus. Er war, als das Jahr 1905 anbrach, die bei der einfachen Bevölkerung St. Petersburgs bekannteste und geachtetste Persönlichkeit. Ein solcher Aufstieg wäre vielleicht auch einem Menschen mit einer weit stabileren seelischen Konstitution zu Kopf gestiegen, als der zum Abenteurertum neigende und ehrgeizige »kleine Vater« (so die übliche Bezeichnung für einen Gemeindepriester) sie besaß. Er begann, Verbindungen zu Radikalen unterschiedlicher Couleur aufzunehmen, und entwickelte ganz offensichtlich auch politische Ambitionen. Später behaupteten seine ernüchterten ehemaligen Vertrauten, Gapon habe ihnen gesagt, der Zar werde ihn früher oder später an seine Seite holen und ihn praktisch zum Herrscher über Rußland machen. Daß der »kleine Vater«, der übrigens auch ungewöhnlich viel für Frauen, Glücksspiel und Schnaps übrig hatte, solche Hoffnungen hegte, ist ihm durchaus zuzutrauen. Tatsächlich war es wohl eher jener Geltungsdrang als der Gapon von manchen Historikern zugute gehaltene aufrichtige Wunsch, den Arbeitern zu helfen, der sein Verhalten in der Folgezeit erklärlich macht. (Wenn es ihm wirklich und ehrlich um die Sache der sozialen Gerechtigkeit gegangen wäre, ganz gleich, ob vor oder erst nach dem »Blutsonntag«, wie wäre es dann zu erklären, daß er nach seiner Flucht ins Ausland und Rückkehr in die Heimat 1906 seine Dienste wieder der Polizei anbot?)

Welche Rolle Gapon wirklich spielte, mögen die naiveren unter seinen Anhängern nicht gewußt haben, es war aber nicht für jedermann sonst ein Geheimnis. Gleichwohl trat der »Bund der Befreiung« in enge Verbindung mit seiner Organisation und versuchte die Gewerkschaft im Dienst der eigenen Ziele einzuspannen. Sogar die Sozialisten, die Gapon längere Zeit einen Provokateur geschimpft hatten, entschlossen sich schließlich, die Regierung mit ihren eigenen Waffen zu schlagen und die Staatsgewerkschaft zu unterwandern.* Ein an sich geringfügiger Konflikt im Putilow-Werk um die Entlassung von vier Angehörigen seiner Gewerkschaft lieferte Gapon den Vorwand zur Ausrufung eines Streiks, der auf andere Betriebe übergriff. (Die Arbeiter des Putilow-Werks sollten auch im Februar 1917 das Signal zur Revolution geben.) Am 7. Januar 1905 standen praktisch in allen Fabriken der Hauptstadt die Räder still. Entsetzt vernahmen die Behörden, daß Ga-

* Ob die Initiative zu den gegenseitigen Kontakten von Gapon oder von den anderen Parteien ausging, ist unklar.

pon die Arbeitermassen zu einem Marsch auf den Winterpalast formierte und dem Zaren dort einen Katalog mit den Beschwerden und Forderungen seines treuen und leidenden Volkes übergeben wollte.

Was nun folgte, gereicht keiner der beteiligten Seiten zum Ruhm. Was die Regierung betraf, so verlor sie zweifellos den Kopf. Viel zu spät wurde ein Haftbefehl für Gapon ausgestellt, aber die Polizei wagte nicht, den beständig zu den versammelten Massen sprechenden »kleinen Vater« aus deren Mitte heraus abzuführen. Sowohl der »Bund der Befreiung« als auch die Sozialisten reklamierten später die Urheberschaft an den politischen Forderungen, die Gapon dem Zaren vorzutragen gedachte; weniger überzeugend klingt die Behauptung beider, sie hätten versucht, Gapon von der Massendemonstration zum Winterpalast abzubringen, da sie fürchteten, dies könne zu einem Blutbad führen. Es gilt auch, gewisse Zweifel im Hinblick darauf anzumelden, wie friedlich und loyal die Kundgebung tatsächlich gedacht war. Die vorbereitete Petition enthält im Schlußabschnitt einer ihrer Fassungen die folgende Aufforderung an den Zaren: »Geruht, zu befehlen, [worum wir ersuchen,] dann werdet Ihr Rußland Glück und Ruhm bescheren, und Euer Name wird für immer in unserem und unserer Nachkommen Herzen sein. Wenn Ihr nicht wollt, werden wir auf diesem Platz hier vor Eurem Palast sterben.«[25]

Die Petition selbst, die Gapon den aufmarschierenden Arbeitern immer wieder vorlas, ist ein merkwürdiges, offenkundig aus mehreren verschiedenen Entwürfen zusammengestelltes Dokument. Die ursprüngliche Fassung zielte hauptsächlich auf wirtschaftliche Forderungen – höhere Löhne und ähnliches – ab. Sie enthielt aber auch einen für ihre Zeit verblüffend fortschrittlich anmutenden Gedanken: Alle betrieblichen Auseinandersetzungen sollten von einem gemeinsamen Ausschuß der Arbeitgeber- und Arbeitnehmerseite geregelt werden, ohne dessen Genehmigung auch kein Arbeiter entlassen werden konnte. Die endgültige Fassung, die einen kühnen Sprung auf die politische Ebene tat, beruhte offenkundig auf den von Gapons Freunden im radikalen Lager eingebrachten Ergänzungsvorschlägen. Sie forderte nicht mehr und nicht weniger, als daß der Zar Rußland zum demokratischsten und sozial fortschrittlichsten Staat Europas machen sollte. Die Handschrift des »Bundes der Befreiung« wird sichtbar in dem Verlangen nach einer durch allgemeine, gleiche, direkte und geheime Wahl bestimmten verfassunggebenden Versammlung – eine Forderung, die über das offizielle Programm des Bundes hinausging, seit kurzer Zeit aber von seinem linken Flügel erhoben wurde – sowie in den Aussagen über Rede-, Presse-, Versammlungsfreiheit usw., welche Freiheiten allesamt erforderlich seien, damit das Volk »von der korrupten und lähmenden bürokratischen Regierung« befreit werden könne. Dann folgte eine Reihe von Forderungen, deren Herkunft aus verschiedenen sozialistischen Lehren eindeutig ist: Grund und Boden für das Volk, Abschaffung aller indirekten Steuern zugunsten einer progressiven Einkommensteuer, Trennung von Kirche und Staat, bedingungslose Amnestie für alle politisch und religiös motivierten Straftäter. Neben diesen so unterschiedlichen Beiträgen war in der Petition auch noch Platz für ein Zugeständnis an die im Leiden wie im Hoffen so rührende Sentimentalität des einfachen russischen Menschen: »Das, unser Hoher Herrscher, sind unsere wichtigsten Bedürfnisse, die wir Euch darbringen.«[26]

Das ganze Geschehen muß so manchem wie ein schlechter Scherz vorgekommen sein, den die Geschichte mit der Autokratie und deren altbewährtem Legitimationsklischee, dem »unerschütterlichen Vertrauen des Volkes zum Zaren«, zu treiben im Begriff war. Das Volk, bislang immer eine Abstraktion, war nun plötzlich materielle Realität, es kam zum Zaren und forderte ihn auf, eine Revolution zu vollbringen.

Die Schreckensstarre der Regierung wich nun unvermittelt einer hektischen Überreaktion. Man verkündete, man werde nicht zulassen, daß die Kundgebung bis zum Platz vor dem Winterpalast vordrang. Am Sonntag, dem 9. Januar, bewegte sich dennoch eine riesige Menschenmenge – nach Schätzungen 150 000 Personen –, ausgestattet mit Ikonen, Zarenbildern und Fahnen in den russischen Nationalfarben (Gapon hatte den mitmarschierenden Sozialisten das Mitführen roter Fahnen oder anderer revolutionärer Symbole verboten) aus mehreren Richtungen sternförmig auf den Winterpalast zu; Kosakentruppen und andere Heeresverbände stellten sich ihnen entgegen. Als die Demonstranten weiter vormarschierten, eröffneten die Soldaten das Feuer. Nach Angaben der Regierung wurden 128 Personen getötet. Andere Schätzungen der Zahl der Toten schwankten zwischen mehreren hundert – was realistisch erscheint – und fünftausend. Was Gapon auch immer für den Fall geplant haben mag, daß die Demonstration den Winterpalast erreichte – alle Seiten, auch die Regierung, räumten hinterher ein, daß die Teilnehmer unbewaffnet waren und sich im großen und ganzen friedlich verhielten. (Erst nachdem die Menge auseinandergetrieben war, versuchten einige revolutionär gestimmte Unentwegte, Barrikaden zu errichten.) Gapon, der in seinem Priesterrock an der Spitze einer der Kolonnen marschiert war, entkam unversehrt. Er fand vorübergehende Zuflucht im Hause Maxim Gorkis, der zu dieser Zeit bereits berühmt war und bald darauf in engen Kontakt mit Lenin trat. Gorki begleitete seinen Gast noch am selben Abend zu einer Protestversammlung der Intelligenzija. Der »kleine Vater« verlas dort eine Proklamation, in der er »die Zarenbestie« und die »diebischen Beamten« attackierte, die sich als »Mörder unserer Brüder, Frauen und Kinder« erwiesen hätten.[27] Sich wieder auf seinen eigentlichen Beruf besinnend, belegte er die Offiziere und Soldaten, die auf das unbewaffnete Volk geschossen hatten, mit seinem »priesterlichen Fluch« und erteilte all denen seine »priesterliche Segnung und Absolution«, die bereit waren, sich von ihrem Treueeid loszusagen und die Waffen gegen den Zaren zu erheben. Nicht lange danach setzte Gapon sich mit Hilfe von Freunden ins Ausland ab. Niemand unter den Kritikern und Gegnern des Regimes, weder die Liberalen noch die Bolschewiken, kam unter dem Eindruck der

Stunde auf den Gedanken, Gapon auch nur eine Teilschuld an dem zu geben, was geschehen war. Im Gegenteil, für das oppositionelle Rußland war der ehemalige (und zukünftige) Polizeiagent zum Nationalhelden avanciert. Im westlichen Ausland angelangt, wurde er von den einzelnen revolutionären Parteien hart umworben, die allesamt begierig darauf waren, diesen angesehenen Arbeiterführer in ihren Reihen zu haben. »Die Tatsachen entschieden diese Frage zugunsten von Gapon«, schrieb Lenin;[28] an anderer Stelle wurde er noch deutlicher: »Wird die Sozialdemokratie imstande sein, diese spontane Bewegung [der Anhänger Gapons] in die Hand zu bekommen?« Gapon, der rasch in seine neue Rolle hineinfand, führte den Vorsitz über eine Konferenz von Vertretern mehrerer revolutionärer Organisationen. Hier enthüllte dieser faszinierende Mann eine weitere Facette seines politischen Charakters: Der unversehens zum Revolutionär gewordene Polizeiagent war auch ein überzeugter Patriot. Nach Redebeiträgen von Vertretern der polnischen und der armenischen Sozialisten rief er aus, diese Leute wollten das Land kaputtmachen. »Denen geht es nur um sich selbst, und niemand denkt an Rußland.«[29] Er setzte die Anwesenden auch dadurch in Erstaunen, daß er gegen eine Resolution Einspruch erhob, die die Enteignung der Grundbesitzer und die entschädigungslose Verteilung ihres Bodens an die Bauern forderte: Die Bauern würden in diesem Fall jeden Halt verlieren, und Rußland werde in Anarchie versinken.

Solche Befürchtungen schienen bei den oppositionellen Kräften, ob sie im Inland oder vom Ausland aus arbeiteten, nach dem 9. Januar keine Rolle zu spielen, obgleich die Ereignisse vom Blutsonntag sogleich eine Welle von Streiks und Unruhen in allen Teilen des Reiches auslösten. (Auch in vielen europäischen Hauptstädten kam es zu Demonstrationen gegen die russische Regierung.) Die Streikbewegung der darauffolgenden drei Monate war ohne Beispiel in der Geschichte Rußlands, sowohl was ihre Intensität und ihr Ausmaß als auch was den Charakter der Streiks betraf – es waren im wesentlichen politische Aktionen, Kundgebungen der Solidarität mit den Arbeitern von St. Petersburg und der Empörung über das Verhalten der Regierung. Im Januar waren ungefähr eine halbe Million Arbeiter im Ausstand, und erst im März sank die Zahl der Streikenden wieder unter hunderttausend. Mancherorts, namentlich in Polen und im Kaukasus, waren die Streiks von Massenversammlungen und Demonstrationen begleitet, auf denen nicht nur wirtschaftliche Forderungen erhoben, sondern auch oppositionelle und revolutionäre Parolen ausgegeben wurden: »Nieder mit der Autokratie«, »Nieder mit dem Krieg«. Am 15. Januar wurden in den Straßen von Warschau Barrikaden errichtet, und nach dreitägigen Straßenkämpfen zählte man 400 Getötete und Verwundete. Mit Anbruch des Frühlings griff die Unruhe auch auf das Land über: In weiten Teilen des Landes meuterten die Bauern, stürmten die Güter und Villen der Grundbesitzer und belagerten Amtsgebäude der Polizei und der Regierungsbehörden. Die erste revolutionäre Welle des Jahres 1905 war im wesentlichen eine spontane Reaktion auf die Nachrichten aus St. Petersburg, und die von dieser Entwicklung überraschten revolutionären Parteien – die Sozialisten unterschiedlicher Prägung in den Städten, die Sozialrevolutionäre auf dem Land – beeilten sich, die Entwicklung einzuholen und sich an die Spitze der Arbeiter- und Bauernmassen zu setzen, ganz im Sinn der oben zitierten Äußerung Lenins.*

Die Tragödie des Petersburger Blutsonntags und ihre Weiterungen waren natürlich Wasser auf die Mühlen der Extremisten. Sie bewirkten außerdem aber auch, daß die Intelligenzija-Liberalen sich zumindest vorübergehend in »richtige« Revolutionäre verwandelten. Der »Bund der Befreiung« mußte, da er in gewisser Hinsicht den Steigbügelhalter für Gapon gespielt hatte, besser als die meisten anderen oppositionellen Gruppen in der Lage sein, die Problematik des Dramas vom 9. Januar zu beurteilen, und er hätte unter Beherzigung seiner eigenen Prinzipien und Ziele gewisse Bedenken tragen müssen, das Blutbad für die eigenen politischen Zwecke auszuschlachten. Daß das offizielle Organ des Bundes in der ersten Erregung über die Vorfälle den Zaren als »Feind und Schlächter des Volkes« brandmarkte und nach Vergeltung rief, ist noch zu verstehen, obgleich man sich schon damals hätte denken können, daß die Schuld für den Schußwaffengebrauch in erster Linie die an Ort und Stelle eingesetzten Beamten und nicht den Zaren traf, der sich in ihre Vorkehrungen nicht eingeschaltet hatte. Dessenungeachtet stürzte sich der Bund, auch nachdem seine Verantwortlichen Zeit zum Nachdenken gehabt hatten, in eine revolutionäre Agitationskampagne. Seine lokalen Gliederungen brachten aufrührerische Pamphlete unters Volk, unter anderem einen von Gapon stammenden Aufruf an die Soldaten, gegen den Zaren zu meutern.[30] Die Liberalen verzichteten auch darauf, revolutionäre Gewalttaten zu verurteilen. Die Zahl der Terrorakte stieg stark an, und der Terrorismus konnte als sein namhaftestes Opfer den Großfürsten Sergej verzeichnen, der lange als die reaktionärste Gestalt in der Umgebung seines Neffen gegolten hatte; er wurde im Februar von einem Mitglied der Kampforganisation der Sozialrevolutionäre ermordet. (Der Kopf der Organisation, Azef, der das Attentat geplant und vorbereitet hatte, weilte zu diesem Zeitpunkt als Begleiter Gapons in Paris.)

Aus augenscheinlichen Gründen fühlten sich die Männer, die sich noch vor kurzem zu der Aufgabe bekannt hatten, für eine friedliche Veränderung Rußlands zu arbeiten, nunmehr gezwungen, ihre Mäßigung aufzugeben. Da war einmal ihre Befürchtung, angesichts eines revolutionären Fiebers, das die ganze Gesellschaft ergriffen zu haben schien, von der Entwicklung überholt und links liegengelassen zu werden. Von ihren reaktionären Gegnern waren die Liberalen immer als eine unbedeutende Gruppe von Unruhestiftern geschmäht worden – wogegen das Volk unbeirrt hinter dem Zaren stehe. Jetzt, angesichts eines schwer angeschlagenen reaktionären Lagers,

* Fast unnötig zu sagen, daß in den vollmundigeren sowjethistorischen Darstellungen die Bolschewiken als Motor und führende Kraft der ganzen revolutionären Entwicklung dargestellt werden.

war natürlich die Versuchung groß, in Triumphgeheul auszubrechen und sich die Schwäche des Gegners zunutze zu machen, und dieser Versuchung widerstehen zu sollen wäre einfach zuviel verlangt gewesen. Als die Liberalen ihre Verbindungen zu Gapon aufgenommen hatten, war dies in der Hoffnung geschehen, man könne bei den Massen Verständnis und Vertrauen für die Liberalen wecken und sie zu der Einsicht bringen, daß es dem »Bund der Befreiung«, was immer auch die Sozialisten behaupten mochten, tatsächlich auch um das Wohl des Volkes und nicht nur um irgendwelche luxuriösen Freiheiten und zusätzlichen Privilegien für die eigene Klasse zu tun war.

Das Gleichnis vom Zauberlehrling läßt sich auf die Liberalen ebensogut anwenden wie auf die Regierung; beide halfen unwillentlich mit, Kräfte zu entfesseln, über die sie dann die Kontrolle verloren. Eine vereint und friedlich gegen das Regime aufmarschierende Gesellschaft hatte die Autokratie in ihren Grundfesten zu erschüttern vermocht; der frontale, militante Angriff, zu dem die Gesellschaft sich jetzt hinreißen ließ, half dem Regime, ein Stück seiner früheren Stärke und seiner Selbstidentifikation mit dem nationalen Interesse zurückzugewinnen, und verschaffte ihm so eine nochmalige Überlebensfrist, die, wie die Geschichte zeigen sollte, nicht mehr war als eine kurze Atempause. Die wirkliche, gewaltsame Revolution, sollte dann das Fundament nicht nur des autokratischen Systems, sondern auch des russischen Staates untergraben. Als beide endlich in sich zusammenkrachten, begruben ihre herabstürzenden Trümmer auch den russischen Liberalismus unter sich.

Die ersten Maßnahmen, die das Regime nach der Januar-Tragödie ergriff, deuteten darauf hin, daß es aus seiner Lähmung zu erwachen begann. Die Hauptstadt wurde unter Kriegsrecht gestellt. Zu ihrem neuen Gouverneur wurde General Dimitrij Trepow bestellt, dessen Einfluß auf den Zaren so groß werden sollte, daß er eine Zeitlang der Diktator Rußlands genannt wurde, was eine nur leichte Übertreibung war. Sein Rezept für den Umgang mit Demonstranten war einfach. Einer seiner Befehle an die Truppen sollte in die Geschichte eingehen: »Mit Kugeln wird nicht gespart; Platzpatronen werden nicht verwendet.«[31] Auf kurze Sicht erwiesen sich diese Methoden insofern als erfolgreich, als mit ihrer Hilfe verhindert werden konnte, was dann wenige Monate später doch eintrat: daß in St. Petersburg de facto alle Gewalt in die Hände der Revolutionäre überging. Zugleich bemühten sich die Regierenden, dem Zaren zu größerer Beliebtheit bei der Arbeiterklasse zu verhelfen. Zum Teil waren diese Versuche sicherlich, insbesondere in den Augen der Radikalen, auf eine rührende bis lächerliche Weise durchsichtig; andererseits zeitigten sie zweifellos den Erfolg, das revolutionäre Fieber zumindest zeitweilig abzukühlen. Ein eher amüsantes Beispiel ist die Geschichte von 34 Arbeitern aus St. Petersburg, die man in einem rasch improvisierten Polizeieinsatz von der Straße holen ließ und, nachdem man sie nach Waffen durchsucht hatte, dem Zaren gegenüberstellte, in einem viel zu spät kommenden Versuch, zu zeigen, daß der Monarch für die Sorgen seiner arbeitenden Untertanen ein offenes Ohr habe. Man kann sich vorstellen, daß ein Nikolaus I. oder ein Alexander II. mit solchen Mätzchen die gewünschte Wirkung erzielt hätten. Für den jetzigen Zaren war es die erste Begegnung dieser Art, und wie um die Ungemütlichkeit der Situation noch zu steigern, las er, was er den Arbeitern zu sagen hatte, von einem vorbereiteten Textblatt ab. Ihre Interessen, so erklärte er, lägen ihm am Herzen, doch sie hätten nicht versuchen dürfen, sich ihm in Gestalt eines »ungebärdigen Mobs« zu nähern. Er glaube jedoch »an die aufrichtige Gesinnung der arbeitenden Menschen und an ihre unerschütterliche Loyalität« und gewähre ihnen deswegen Vergebung, versicherte der unglückselige Herrscher seinen proletarischen Zuhörern am Ende – der völlige Mangel an Gefühl für die Bedeutung der Imagepflege gerade auch für sein Amt war unter seinen Schwächen nicht die harmloseste.[32] So offensichtlich inszeniert diese Zusammenkunft war und sosehr die Radikalen und die Intelligenzija darüber spotten mochten, auf die Masse der Arbeiter hatte sie vermutlich doch eine gewisse besänftigende Wirkung.

Zu einem Schuß, der nach hinten losging, wurde ironischerweise erst ein zweiter, ernsthafterer Versuch des Regimes, zu einem Dialog mit den Arbeitern zu kommen; die letztendlichen Folgen dieses Fehlschlags waren, wie sich zeigte, wahrhaft verhängnisvoll, und zwar nicht nur für das Regime. Die Regierung gab ihre Absicht bekannt, eine aus Beamten, Industriellen und Vertretern der Arbeiterschaft zusammengesetzte Kommission zu berufen, welche die Ursachen für die sozialen Konflikte und die wirtschaftliche Not in der Hauptstadt erforschen und Vorschläge für abhelfende Maßnahmen erarbeiten sollte. In jedem Betrieb sollten die Arbeiter Delegierte wählen (deren Zahl sich nach der Größe der Belegschaft richtete), die dann eine Art Wahlmännerkollegium bilden und aus ihrer Mitte die Arbeitervertreter in die Kommission entsenden würden. Die Wahlen in den Betrieben sollten von den Arbeitern ganz in eigener Regie durchgeführt werden. All dies muß den Radikalen, allen voran den Bolschewiken und Menschewiken, wie ein Geschenk des Himmels vorgekommen sein: Ihre Parteigänger machten zwar nur einen kleinen Bruchteil der gesamten Arbeiterschaft aus, doch mit ihrem organisatorischen Zusammenhalt und ihrer Geschultheit würden sie ihre numerische Schwäche wettmachen und die Delegiertenwahlen in eine politische Kampagne ummünzen.

Der erste Wahlvorgang ergab 400 Delegierte (einen auf je 500 Arbeiter). Die Sozialdemokraten beider Fraktionen stellten weniger als ein Fünftel aller Gewählten, aber dies war eine qualifizierte Minderheit, die zur Beeinflussung des Verhaltens der politisch weniger gewitzten Mehrheit ausreichte. Unter dem Druck der Sozialdemokraten stellten die Arbeiterdelegierten, ehe sie ihre Vertreter für die Regierungskommission wählten, der Regierung eine Reihe teilweise rein politischer Vorbedingungen, die von ihr – was die Urheber dieser Bedingungen sehr wohl wußten – nur abgelehnt werden konnten. Die Sozialisten erreichten damit zweierlei: Sie benutzten die Wahlen für radikale Propaganda und für die Vergrößerung ihres Einflusses bei den Arbeitermassen und unterliefen zugleich den Versuch des Regimes, die Arbeiter versöhnlich zu stimmen und ihnen seine Besorgtheit um ihr Wohl zu demonstrieren. Das Beispiel der Schidlowskij-Kommission (benannt nach dem als ihr Vorsitzender vorgesehenen Beamten) und ihres Scheiterns zeigt uns erneut ein Regime, das den Revolutionären unwillentlich selbst die Waffen in die Hand gab, die sie benötigten.

Das Zubatow-System hatte die gewerkschaftliche Organisation der Arbeiter beschleunigt und ihr Klassenbewußtsein gefördert. Jetzt forderte die Regierung die Arbeiter wiederum offiziell auf, sich zu organisieren, dieses Mal auf breitester Basis und ohne polizeiliche Oberaufsicht. Im Unterschied zu den Zubatowschen und Gaponschen Arbeitervereinigungen konnten die Arbeiter ihre Versammlungen und Wahlen jetzt unbeobachtet und unbehelligt von Vertretern der staatlichen Ordnungsmacht abhalten, was den Radikalen die Möglichkeit eröffnete, aus der ganzen Sache politisches Kapital zu schlagen. Im Grunde war die Versammlung von Delegierten aus allen Betrieben der Hauptstadt nichts anderes als der erste Arbeitersowjet. Das Wort »Sowjet« bedeutet im russischen einfach »Rat«, aber als im Lauf des Jahres in den größeren russischen Städten und selbst in der Bauernschaft und in einigen meuternden Heeresverbänden immer mehr Sowjets gebildet wurden, gewann der Begriff eine spezifische, revolutionäre Bedeutung. Das von der Regierung initiierte erste Experiment mit einer gewählten Arbeitervertretung setzte die Maßstäbe für die zukünftigen Sowjets. Auch sie sollten ein Forum darstellen, auf dem eine gut organisierte und zielbewußte Minderheit sich darstellen und ihre Vorstellungen durchsetzen konnte. Die Arbeiterdelegierten wurden auf Belegschaftsversammlungen gewählt, auf denen es turbulent zuging: Es gab keine streng festgelegte Abstimmungsprozedur, es wurden leidenschaftliche Reden gehalten, zuweilen von betriebsfremden, zumeist sozialistischen Agitatoren. Wenn die Bolschewiken bzw. die Kommunisten später ihre Schuld gegenüber dieser Institution, die ihnen so gute Dienste geleistet hatte, dadurch abtrugen, daß sie das Vielvölkerreich, dessen Herren sie nun waren, die »sowjetische Nation« tauften, dann erscheint dies durchaus nicht unangemessen. Man muß sich das vorstellen: Die Entwicklung, die über mehrere Stationen hinweg zur Institution der Räte führte, einer Institution, die den Lauf der russischen und der Weltgeschichte veränderte, begann mit der Idee eines zaristischen Bürokraten!

Welche verheißungsvollen Perspektiven sich durch die Bildung der Sowjets und die Ausbreitung der Revolution auftaten, hatten die linken Parteien bis dahin erst vage begriffen. Als Lenin in der Schweiz von den Entwicklungen erfuhr, die sich in den Monaten nach dem Januar 1905 in seiner Heimat vollzogen, reagierte er zunächst zurückhaltend. Im März erklärten die Bolschewiken in einem Aufruf, die Revolution sei »moralisch stark, aber physisch schwach. Die Grundlage für diese [moralische] Stärke besteht in der Sympathie und Unterstützung durch alle Klassen mit Ausnahme einer

Handvoll von Reaktionären. Man darf infolgedessen die Interessen dieser Klassen nicht übersehen. Man sollte das Privateigentum vor *zielloser* Plünderung und Beschädigung schützen«.[33] Lenin erkannte, daß es ein Fehler wäre, die Liberalen durch übermäßige Militanz von seiten der Linken vor den Kopf zu stoßen; offenkundig behagte ihm und seinen Gesinnungsgenossen diese selbstauferlegte Zurückhaltung allerdings ganz und gar nicht, denn das Manifest ließ die Möglichkeit gewaltsamer Aktionen für den Fall offen, daß die Umstände sie rechtfertigten: »Unter bestimmten Bedingungen werden alle Mittel zu erlaubten Mitteln . . ., Brandstiftung . . ., terroristische Aktionen . . . *Im allgemeinen sollten solche Mittel vermieden werden.*« Diese Sätze geben einen Vorgeschmack auf das Dilemma, vor dem Kommunisten im Kampf um die Macht immer wieder stehen sollten: Wie stellte man es an, einerseits nicht seine Sympathisanten und Verbündeten im liberalen Lager zu verlieren, sich andererseits aber auch nicht von noch radikaleren Kräften links überholen zu lassen, in diesem Fall von den Sozialrevolutionären, die hemmungslos die Gewalt predigten und praktizierten?

Im Gegensatz zu ihren eigenen späteren Darstellungen waren die Bolschewiken sich zum Zeitpunkt der Ereignisse von 1905 sehr wohl bewußt, daß die führende Rolle in dem revolutionären Drama, das sich in ihrer Heimat entspann, den Liberalen zukam und daß die Sozialisten aller Couleur darin lediglich eine sekundäre, wenn auch zunehmend aktivere Rolle spielten. Wie Lenin im April offen einräumte:

»Würden wir dem Proletariat Rußlands jetzt versprechen, daß wir in der Lage seien, ihm heute schon die vollständige Herrschaft zu sichern, so würden wir denselben Fehler begehen wie die Sozialrevolutionäre.«[34]

Was den Sozialdemokraten natürlich zusätzliche Schwierigkeiten bereitete, war die Spaltung in ihren eigenen Reihen, die unter anderem auch zu Uneinigkeit in der Frage führte, wie weit man mit den Liberalen im Kampf gegen die Autokratie gemeinsame Sache machen sollte. Um einmal die Legende Lügen zu strafen, die Bolschewiken seien durchweg radikaler gewesen als ihre innerparteilichen Gegenspieler: Lenin war zu jener Zeit nicht abgeneigt, ein liberales bürgerliches Regime zu unterstützen, falls es als Ergebnis der Revolution dazu kommen sollte, wogegen es für die Menschewiken unvorstellbar war, daß aufrichtige Sozialisten sich bereit erklärten, in einer bürgerlich geführten Regierung, neben Bankiers und Grundbesitzern, Ministerposten zu bekleiden. Im April hielten beide Fraktionen im Ausland eine jeweils eigene Konferenz ab; die Bolschewiken nannten ihre Versammlung, an der etwa dreißig Delegierte teilnahmen, in gewohnter Dreistigkeit den Dritten Parteitag der Sozialdemokratischen Arbeiterpartei und teilten dem Internationalen Sozialistischen Büro mit, sie sprächen dort für die gesamte Partei.

Lenin unternahm noch andere, ähnlich unverfrorene Versuche, den Eindruck zu erwecken, als gebiete seine Gruppe über eine breite Gefolgschaft. Er weihte die Teilnehmer des »Parteitags« in das Geheimnis ein, das »Genosse« Gapon ihm anvertraut habe, nämlich, ».. . daß er die Auffassungen der Sozialdemokratie teilt, sich aber aus bestimmten Gründen nicht offen dazu bekennen kann«. Einige seiner kritischeren Gefolgsleute, die den »kleinen Vater« vielleicht schon einmal angetrunken in einem Pariser Café getroffen oder an einem Spieltisch hatten sitzen sehen, riefen laut dazwischen: »Wieso ist er ein Genosse? Wann ist er in die Partei eingetreten?« Es ist kaum anzunehmen, daß sie sich von der Versicherung ihres Parteichefs überzeugen ließen, der erklärte, Gapon habe auf ihn den Eindruck eines Mannes gemacht, der »ganz der Revolution ergeben, gescheit und voller Tatendrang« sei.[35] Tatsächlich war Gapon, wie Lenin wissen mußte, den Sozialdemokraten von der Konkurrenz weggeschnappt worden; er hatte den Eindruck gewonnen, daß der Marxismus eine ausgesprochen trockene Angelegenheit sei, und die theoretischen Diskussionen und Auseinandersetzungen der Sozialdemokraten hatten ihn an seine Seminarzeit erinnert, und so hatte er sein Herz für die Sozialrevolutionäre entdeckt, deren Verbindungsleute im Ausland ein wachsames Auge auf ihn hielten, damit ihnen dieses Aushängeschild nicht wieder verlorengehe.*

Der Parteitag faßte eine Resolution, die russischen Liberalen betreffend, die sehr ungnädig ausfiel, wenngleich darin widerwillig indirekt die führende Rolle der Liberalen in den im Gang befindlichen politischen Kämpfen anerkannt wurde. Die Bolschewiken begrüßten »das Erwachen des politischen Bewußtseins der russischen Bourgeoisie« und versprachen, sie jederzeit zu unterstützen, wenn sie sich »bei aller Beschränktheit und Unzulänglichkeit ihrer Forderungen« doch einmal zum Angriff gegen das Regime aufraffe. Gleichzeitig forderte man jedoch die Gliederungen der eigenen Partei in Rußland auf, den Massen die Augen über den »antirevolutionären und antiproletarischen Charakter des bürgerlichen Liberalismus in all seinen Schattierungen [zu öffnen], angefangen beim gemäßigten Liberalismus der Grundbesitzer und Industriellen bis hin zu den radikaleren Spielarten, wie sie vom ›Bund der Befreiung‹ und von den zahlreichen politischen Grüpp-

---

* Bei allen Verlockungen, die der Westen zu bieten hatte, fühlte sich Gapon dort doch wie ein Fisch auf dem Trockenen. Im Januar 1906 kehrte er nach Rußland zurück, beteuerte in einem Brief an Witte, der inzwischen Premierminister war, seine Zerknirschung und gab seine Bereitschaft zu erkennen, seine Talente erneut in die Dienste der Regierung zu stellen. Was hierauf folgte, wirft ein grelles Licht auf das moralische Niveau sowohl des Regimes als auch der Revolutionäre. Statt ihn zu verhaften und ihm den Prozeß zu machen, erklärte die Geheimpolizei sich bereit, Gapon wieder zu den alten Bedingungen und in der alten Rolle für sich arbeiten zu lassen. Die Sozialrevolutionäre, die Gapon über seine Kontakte auf dem laufenden hielt und denen er zusicherte, er werde die Regierung auch diesmal wieder hereinlegen, glaubten dem launischen Priester nicht und fühlten sich bei der Vorstellung, daß er die Massen erneut in seinen Bann ziehen könnte, eher unwohl. Sie beschlossen, sich seiner zu entledigen. Sie betrauten mit dieser Aufgabe einen der ihren, der lange Zeit ein Freund und Vertrauter Gapons gewesen war; er lockte Gapon in ein Häuschen am Stadtrand und erdrosselte ihn. Das Zentralkomitee der Sozialrevolutionäre setzte dieser schmutzigen Episode dann die Krone auf, indem es in einer öffentlichen Erklärung jede Beteiligung an dem Mord von sich wies.

chen in der Akademikerschaft verkörpert werden«.[36] Dies war ein unwillentliches Eingeständnis der Tatsache, daß der russische Liberalismus inzwischen die Intelligenzija weitgehend erobert hatte, und es war zugleich ein Zeugnis der begründeten Befürchtung der Bolschewiken, daß er womöglich auch innerhalb der Arbeiterklasse an Boden gewinnen könnte. Ähnliche Ängste diktierten die Stellungnahme des Parteitags zu den Sozialrevolutionären, deren Aktivitäten als hinderlich sowohl für die politische Entwicklung des Proletariats als auch »für den allgemeinen Kampf der demokratischen Kräfte gegen die Autokratie« bezeichnet wurde.[37] Das war nur zu wahr. Der Terrorismus war geeignet, der vom Regime gepredigten Politik von Gesetz und Ordnung in die Hände zu spielen. Allerdings war die Kritik Lenins nicht so sehr durch eine grundsätzliche Verurteilung der Methoden der Sozialrevolutionäre motiviert als durch die Befürchtung, ihre Militanz könne eine beträchtliche Anziehungskraft, namentlich auf die Jugend, ausüben. Die Sozialdemokraten, so sagte sich schon so mancher, schickten aus der Ferne Resolutionen, während die Sozialrevolutionäre im Lande blieben, etwas unternahmen und ihr Leben aufs Spiel setzten. Daher die Schärfe, mit der Lenin über seine linksradikalen Rivalen herzog. Ihr Sozialismus sei, so erklärte er, nicht revolutionär, und ihre revolutionären Methoden hätten nichts mit Sozialismus zu tun.

Im Grunde war die Situation für beide Flügel der russischen Sozialdemokratie nachgerade peinlich. Ihren in Rußland noch nicht eben zahlreichen Anhängern fiel es schwer zu verstehen, wie Lenin, Plechanow und andere angesehene marxistische Führer in diesem Augenblick der Krise und der revolutionären Chance im Ausland bleiben und ihren Streit über hochgestochene theoretische Fragen fortsetzen konnten. Die Sozialrevolutionäre führten, mit Terrorakten und durch die Anzettelung von Bauernaufständen, einen realen Kampf gegen das Regime. Die Liberalen hatten zwar auch ein übertriebenes Faible für die Verabschiedung von Resolutionen, aber sie betrieben ihre Art der Opposition doch wenigstens direkt unter der Nase der Behörden. Und sie eröffneten eine zweite Front im Krieg gegen das Regime, indem sie landesweit in allen Berufssparten, von den Ärzten und Rechtsanwälten bis zu den Eisenbahnarbeitern, den Aufbau von Gewerkschaften organisierten. (Das war etwas, das die Sozialisten besonders nervös machte, da es in ihren Augen einem unerlaubten Wildern in ihren Revieren gleichkam.) Diese Berufsvertretungen sollten sodann in einem Verband der Verbände zusammengefaßt werden, einer Einheitsfront der berufstätigen Russen, die das Regime mit gleichartigen Forderungen konfrontieren sollte, wie sie bereits von den »Befreiern« erhoben wurden.

In Wahrheit sah es freilich so aus, als ob das, was die verschiedenen Parteien und ihre Führer taten oder nicht taten, momentan nicht von allzu großer Wichtigkeit sei. Die Revolution hatte eine eigene Dynamik entwickelt; politische Gruppen konnten zwar Protestbewegungen initiieren und bewaffnete Aktionen durchführen, aber je weiter das Jahr 1905 fortschritt, desto weniger schienen sie in der Lage zu sein, den Lauf der Ereignisse zu kontrollieren oder in eine bestimmte Richtung zu lenken. Diese Tendenz der Revolution, den organisierten politischen Kräften davonzulaufen, trat am deutlichsten in den nichtrussischen Teilen des Reiches zutage. In Polen waren Streiks und bewaffnete Zusammenstöße inzwischen an der Tagesordnung. Im Kaukasus hatte es schon vor dem Blutsonntag rumort; in Baku war es 1904 im Anschluß an einen großen Streik zur ersten einheitlichen Tarifvereinbarung zwischen Arbeitern und Arbeitgebern in der Geschichte Rußlands gekommen.

Jetzt schlug für die georgischen Bauern die Stunde der Gewalt: In mehreren Landesteilen mußte die Staatsmacht bedingungslos kapitulieren. In einem Bezirk legten die Bauern den Behörden eine Liste mit Forderungen vor, die binnen einer Woche erfüllt werden sollten: Die Staatsdomänen und die Güter der Großgrundbesitzer sollten den Bauern zufallen, die Verbrauchssteuern abgeschafft werden, die georgischen Wehrpflichtigen nicht außerhalb Kaukasiens eingesetzt oder stationiert werden. Im Bezirk Guria wurden in den ersten vier Monaten des Jahres 1905 111 Anschläge auf staatliche Funktionsträger gezählt. Anders als im übrigen Reich spielte in Georgien eine einzelne Partei eine bestimmende Rolle im revolutionären Geschehen; es waren die georgischen Menschewiken, die ihre sozialen und wirtschaftlichen Forderungen zugunsten der Bauern und Arbeiter mit nationalistischen Parolen verbanden. So groß waren Ansehen und Einfluß dieses spezifischen Ablegers des russischen Marxismus, daß in manchen ländlichen Gegenden die Priester auf das traditionelle Gebet für den Zaren und seine Familie verzichteten und statt dessen um den Segen des Herrn für Seine Diener auf Erden, die Ortsverbände der Sozialdemokratischen Partei, baten.[38] In Finnland hatte der Terrorismus Hochkonjunktur, nachdem die russische Regierung kurz zuvor den nationalen Autonomiestatus aufgehoben hatte, den das Großfürstentum als einziges unter den Protektoraten des Zaren das ganze 19. Jahrhundert hindurch zu wahren verstanden hatte.

Die Revolution war bis jetzt ruckweise verlaufen; die nationale und politische Heterogenität der beteiligten Kräfte hatte einen mit vereinten Kräften unternommenen Versuch, das Regime gewaltsam zu stürzen, verhindert. Das lag nicht daran, daß der Gedanke etwa niemandem gekommen wäre. Ein bolschewistischer Aktivist schilderte viele Jahre später, wie er im März 1905 zu einem konspirativen Treffen eingeladen wurde, das in einem Privatzimmer im Hause eines St. Petersburger Luxusrestaurants stattfand. Bei einem üppigen Arbeitsessen mit Wodka und Champagner erörterten die Anwesenden, darunter Sozialrevolutionäre, Liberale und einige Gardeoffiziere – ein Hauch von 1825 – die Möglichkeiten und Chancen eines Staatsstreichs (mit Verhaftung und Festsetzung des Zaren).[39] Allein, die Palastrevolution nach klassischem Muster war nicht mehr zeitgemäß, und es kam – eine Eigentümlichkeit dieser Revolution – 1905 zu keinem wirklichen Versuch, dem herrschenden Regime die Macht zu entreißen. Die Liberalen mit ihren Manifesten, die Sozialrevolutionäre mit ihren Bomben, die Arbeiter mit ihren Streiks, sie alle versuchten auf ihre Weise, die Autokratie zur Willfährigkeit zu zwingen, nicht aber, sich selbst an ihre Stelle zu setzen. Paradoxerweise war in ihren Augen wohl der Zar, was immer sie über ihn sagen mochten und wie vollständig er bei den verschiedenen Parteiungen auch Kredit und Respekt verspielt haben mochte, noch immer der einzig legitime Verwalter der Macht und daher auch die einzig denkbare Instanz, die als Angelpunkt für eine politische Umwälzung des Landes denkbar war.

Wir können heute im Rückblick erkennen, daß die Revolution von 1905 in ihrem wirklichen Wesensgehalt nicht so sehr eine Kraftprobe zwischen autokratischem Prinzip und Freiheit war, sondern daß es dabei noch um eine weit grundlegendere Frage ging: Würde die in ihren letzten Zuckungen liegende Autokratie noch in der Lage sein, vor ihrem endgültigen Ableben eine Institution hervorzubringen, die den russischen Staat würde zusammenhalten können, sei es als Republik oder sei es als konstitutionelle Monarchie? Wenn nicht, dann stand zu erwarten, daß dem unvermeidlichen Ende der autokratischen Herrschaft eine eskalierende Anarchie auf dem Fuße folgen würde, und unter den Bedingungen der Anarchie konnte es keine Rechtsstaatlichkeit und keine Freiheit geben.

Unter den Zeitgenossen und insbesondere unter den gemäßigteren Liberalen gab es einige, die dieses Problem erkannten, sowenig irgendeiner von ihnen den Ablauf der Ereignisse von 1917 genau hätte voraussagen können. Nicht aber gab es eine solche Weitsicht in den Reihen des Regimes. Zwei magische Worte hätten, wären sie von der Regierung früh genug ausgesprochen worden, die Lage entschärfen können: »Verfassung« und »Parlament«. Je länger man damit zögerte, desto größer wurde die Wahrscheinlichkeit, daß die Einwände, die der reaktionäre Flügel gegen diese Institutionen erhob, zu einer sich selbst erfüllenden Prophezeiung werden würden: daß die verspäteten Zugeständnisse der Regierung nur zu immer radikaleren Forderungen und zu einer Infragestellung des ganzen gesellschaftlichen und politischen Systems führen würden; daß das russische Volk, das noch nie ein parlamentarisches System westlicher Art kennengelernt hatte, damit nicht würde umgehen können; und daß eine gewählte Legislative gleich welcher Art in ständigem Konflikt mit der vollziehenden Gewalt stehen würde.

Die Tatsache, daß in der Hauptstadt nach dem 9. Januar zunächst äußerlich wieder Ruhe einkehrte, bestärkte den Zaren in seinem Widerwillen gegen weitgehende Reformzugeständnisse. Trepow, der beim Zaren gerade in höchster Gunst stand, vertrat den Standpunkt, es bedürfe lediglich einer entschieden festen Haltung und einiger Bonbons für die öffentliche Meinung, dann werde die Regierung den Sturm schon überstehen. Was die zweite Hälfte dieses Rezepts betraf, so befolgte der Zar sie, indem er ein Manifest verkünden ließ, in dem die öffentlichen Institutionen und die Bürger aufgefordert wurden, ihre Vorstellungen und Vorschläge zur Lösung politischer und sozialer Probleme in direkt an den Zaren gerichteten Petitio-

nen darzulegen. Damit hoffte man auf eine positive Wirkung insbesondere
bei den Bauern, indem man einmal mehr auf das »unbegrenzte Vertrauen
zwischen dem Zaren und seinem Volk« verwies und auf die Bereitschaft
des Herrschers, auch ohne das Dazwischentreten einer überflüssigen Ver-
mittlungsinstanz der Stimme des Volkes Gehör zu schenken. Der Glaube
an den Zaren war, wie auch der sowjetische Historiker Tschermenskij einräumte, trotz allem, was vorgefallen war, bei den Massen noch nicht ver-
siegt. Nach Verkündung des Manifests trafen binnen zweier Monate 60 000
Petitionen von Bauern aus dem ganzen Land ein.[40] Gleichzeitig mit der
großmütigen Aufforderung an seine Untertanen, sich unter Umgehung des
bürokratischen Dienstweges mit Äußerungen über Dinge, um die sich nach
bisherigem Usus Privatpersonen nicht zu kümmern gehabt hatten, direkt
an ihn zu wenden, rief der Zar seine Untertanen auch dazu auf, ihn im
Kampf gegen die ausländischen und inneren Feinde zu unterstützen und
»um die Stärkung und Vervollkommnung der wahren Autokratie« zu
beten.[41]

Den realistisch denkenderen Vertretern des Regimes war klar, daß diese
verstaubten Formeln nicht mehr genügen würden, um die Wellen des Aufbegehrens zu glätten. Was das Land ihrer Ansicht nach brauchte und erwartete, waren konkrete politische Taten. Man könne glauben, entgegnete
ihnen Nikolaus vorwurfsvoll, sie fürchteten eine Revolution. »Sire, die Revolution hat schon angefangen«, versetzte ein Minister. Die Sprache kam
auch darauf, daß das Land am Rande des finanziellen Bankrotts stand und
daß die ausländischen Bankiers keine Anleihen mehr gewähren würden,
wenn die Regierung nicht durch zeitgemäße Reformen wieder für politische Stabilität sorgte. Unter dem Eindruck solcher Argumente gab der zö-
gerliche Monarch schließlich nach. Ergänzend zu seinem Manifest beauftragte er in einem Erlaß den neuen Innenminister Bulygin* mit der Ausarbeitung eines Gesetzes, das die Einberufung und Zusammensetzung einer
»aus den verdientesten und vertrauenswürdigsten Männern der Nation zusammengesetzten, vom Volk gewählten« Versammlung regeln sollte, »deren Aufgabe es sein wird, am Entwurf und an der Beratung von Gesetzes-
vorschlägen mitzuwirken«. Dies wäre die Erfüllung dessen gewesen, was
reformwillige Russen sich fast das ganze 19. Jahrhundert hindurch erträumt
hatten: eine landesweit gewählte Körperschaft mit beratenden Befugnissen.
Jetzt jedoch reichte die Aussicht auf eine solche Versammlung, eine Bulyginsche Duma, wie sie sogleich genannt wurde, bei weitem nicht mehr hin,
um die fieberhafte Atmosphäre im Land und das Verhältnis zwischen Regierung und Gesellschaft zu entspannen. Für die Revolutionäre war die
Bulyginsche Duma selbstverständlich indiskutabel; wie immer ihre letztendliche Gestalt und Aufgabe ausfallen würde, sie wollten mit ihr nichts
zu tun haben. Und auch diejenigen Liberalen, die die Zusage begrüßten,
taten dies in der Erwartung, die Regierung habe damit lediglich den ersten

* Mirskij hatte nach dem Blutsonntag abtreten müssen.

216

Schritt auf dem Weg zur Erfüllung der Forderung getan, unter der für die Liberalen jetzt nichts mehr ging: ein richtiges Parlament mit uneingeschränkter legislativer Gewalt.

Die revolutionäre Szene, wie sie sich im Frühling des Jahres 1905 darbot, ähnelte einer Bühne mit Schauspielern, die auf drei voneinander abgesetzten Sektoren der Bühne agieren; zwar überblickten alle Akteure stets, was die Kollegen in den anderen Sektoren gerade taten, doch konzentrierte sich jede Gruppe hauptsächlich darauf, das Publikum – das russische Volk – davon zu überzeugen, daß die Vorstellung, die sie auf ihrem Teil der Bühne gaben, die einzig interessante war. Das Stück, das die Regierung gab, war altmodisches moralisches Deklamationstheater mit den traditionellen Themen Patriotismus, Loyalität, Treue, Gesetz und Ordnung. Auch die darin vorkommenden Schurken waren altbekannt: der Revolutionär – heimlich mit dem japanischen Feind im Bund – und der Liberale, der in seiner Gutgläubigkeit unwillentlich zum Helfershelfer des Revolutionärs wird, ferner die Standardtypen des heimtückischen Polen und des intriganten Juden (die Juden hätten kein Wahlrecht für die Bulyginsche Duma gehabt). Es konnte dem Zuschauer allerdings nicht verborgen bleiben, daß die Hauptrollen in der Regierung längst nicht mehr so eindrucksvoll besetzt waren wie früher einmal und daß die Sätze, die gesprochen wurden, nicht mehr so überzeugend und standhaft klangen, und auch, daß die Darsteller zuweilen unter der Last ihrer Rolle in die Knie gingen.

Auf dem liberalen Sektor der Bühne tummelte sich das gemischteste Sortiment von Charakteren: Professoren, Anwälte, fortschrittliche und etwas weniger fortschrittliche Adlige, alle in langatmige Erörterungen verwickelt, die um das eine Thema kreisten: eine Verfassung. Die beständigen Variationen dieses Themas führten mitunter wohl dazu, daß ein Teil des Publikums sich ratlos fragte, was dieser Begriff nun eigentlich genau bedeute. Es gab wenig Bewegung und Aktion auf diesem Teil der Bühne. Einige der Darsteller schienen sich ganz und gar nicht sicher zu sein, ob sie im richtigen Stück mitspielten, und schienen sich mit dem Gedanken an ein Überwechseln zu einem der konkurrierenden Ensembles zu tragen.

Als drittes schließlich gab es ein revolutionäres Melodrama, dem die Aufmerksamkeit der Zuschauer sich mit der Zeit immer stärker zuwandte. Diese Aufmerksamkeit galt hier allerdings nicht so sehr einzelnen Personen als vielmehr den Menschenmassen, die im Mittelpunkt des Geschehens standen, die Barrikaden errichteten, Straßenschlachten gegen die Polizei schlugen, von den Kosaken auseinandergetrieben wurden und ähnliches mehr; bei all dem ging es sehr geräuschvoll zu – Schüsse fielen, Sprechchöre und Flüche erschollen –, und der anschwellende Lärm drohte bald alles zu übertönen, was auf den anderen Teilen der Bühne gesprochen wurde. Im Hintergrund, von den hin- und herwogenden Massen fast verdeckt, waren einige schattenhafte Gestalten zu erkennen; sie rezitierten, wie zu hören war, wenn der Lärm einmal für kurze Zeit erstarb, ideologische Beschwörungsformeln und beschimpften mit wüsten Worten sowohl ihre eigenen Mitakteure als auch die Darsteller der anderen Stücke.

Im Sommer waren die Trennlinien zwischen den die politische Krise vorantreibenden Gruppierungen nicht mehr zu sehen: Alles war zu einem allgemeinen Brei zusammengeflossen. Der Versuch der Regierung, die Situation unter Kontrolle zu bringen, war sichtlich im Scheitern begriffen. Im Mai stieg die revolutionäre Erregung unter dem Eindruck der Nachricht von der Flottenkatastrophe in der Straße von Tsuschima bis zu einem Punkt, an dem jenseits der Unruhen in der Bevölkerung das Gespenst einer allgemeinen Meuterei in den demoralisierten kaiserlichen Streitkräften sichtbar wurde. Im Juni kam es zu der berühmtesten, durch Eisensteins Filmmeisterwerk weltweit bekanntgewordenen Episode der Revolution. Die radikale Agitation fiel bei den Flottenbesatzungen auf besonders fruchtbaren Boden, einmal weil bei den Matrosen Erbitterung darüber herrschte, daß ihre Kameraden bei Tsuschima verheizt worden waren, zum andern, weil die Seeleute, anders als die Heeressoldaten, hauptsächlich aus der Arbeiter- und Handwerkerschaft der Städte rekrutiert wurden. Um so verblüffender ist es allerdings, daß die erste größere Matrosenmeuterei auf dem Panzerkreuzer *Potemkin* ausbrach, dessen Besatzung vorwiegend bäuerlicher Herkunft war.

Die Ereignisse, die sich auf diesem Schiff, dem stolzesten der Schwarzmeerflotte, zutrugen, summierten in gewisser Weise in sich den Ablauf der Revolution als ganzer. Die Meuterei kam spontan zustande. Von der gefühllosen und rohen Behandlung durch ihre Offiziere zum Äußersten getrieben, brachten die Matrosen das Schiff in ihre Gewalt, erschossen ihre Offiziere oder sperrten sie ein und hißten über der *Potemkin* die rote Fahne. Wie groß die Bereitschaft zur Meuterei auch auf den anderen Schiffen der Flotte war, zeigte sich bald, denn deren Besatzungen weigerten sich, auf die *Potemkin* zu feuern; in einigen Fällen wurden die Offiziere von ihren Matrosen überwältigt, und die Seeleute eines der anderen Kriegsschiffe versuchten es der Besatzung der *Potemkin* nachzutun, aber ihr Schiff lief auf Grund, und so streckten sie schließlich die Waffen. Im Flottenstützpunkt Sewastopol breitete sich Revolutionsstimmung aus; in Odessa ließ das Einlaufen der *Potemkin* in den Hafen die ohnehin schon explosive Situation umkippen: Aus Straßenkämpfen im Hafenviertel entwickelte sich ein Aufstand, dessen Niederschlagung durch die Streitkräfte mehrere tausend Opfer forderte. Es schien, als stehe die gesamte Schwarzmeerregion kurz vor einer Revolte, mit den Matrosen der Kriegsflotte als bewaffneter Speerspitze. Allein, der Besatzung der *Potemkin* mangelte es an zielbewußter Führung und an politischer Gewitztheit. Es gab in ihren Reihen einige wenige politisch geschulte Matrosen (ausnahmslos Menschewiken), aber sie vermochten es nicht, der ungebärdigen Truppe Zügel revolutionärer Disziplin anzulegen. Statt sich zum Bannerträger eines bewaffneten Aufstands zu machen, der vielleicht in andere Teile Rußlands übergeschwappt wäre, steuerten die Meuterer die *Potemkin* in einen rumänischen Hafen. Dort versenkten sie ihr Schiff und setzten sich ab.

Wie auf der *Potemkin* die Offiziere ihre Autorität eingebüßt hatten, so bröckelte die Autorität der Regierung überall im Lande ab, doch ihre Feinde waren untereinander uneins und der eigenen Ziele unsicher, und ihre Gefolgschaft war zu undiszipliniert, um auch nur ernsthaft mit dem Gedanken an eine gewaltsame Ablösung des wankenden Regimes durch ein anderes zu spielen. »Nieder mit der Autokratie« war zwar eine bei Demonstrationen häufig skandierte Parole, aber es gab kaum eine oder gar keine Losung, die konkret benannt hätte, was an die Stelle der Selbstherrschaft treten sollte. Es mag sein, daß das Volk jetzt nicht mehr, wie der Anekdote zufolge zur Zeit der Dekabristen, »die Konstitution« für die Frau des Zaren Konstantin hielt, aber für die Massen (insbesondere auf dem Land) war »Verfassung« noch immer ein fremdartiger und leerer Begriff.

Im Juni entschloß sich die Regierung, das Vermittlungsangebot des amerikanischen Präsidenten Theodore Roosevelt aufzugreifen und sich um einen Frieden mit Japan zu bemühen. Die wenig beneidenswerte Aufgabe, die Bedingungen auszuhandeln, wurde Sergej Witte anvertraut, dem einzigen prominenten Vertreter des Regimes, der in den Augen der Öffentlichkeit und – was in dieser Situation äußerst bedeutsam war – der ausländischen Bankhäuser von jeder Mitverantwortung für die katastrophale Politik der vorausgegangenen zwei Jahre frei war. Trotz allen diplomatischen Geschicks, das Witte entfaltete, mußten die Friedensbedingungen verletzend für den russischen Nationalstolz ausfallen: Das Zarenreich mußte Korea als seine Interessensphäre abschreiben, seine Truppen aus der Mandschurei zurückziehen und – zum ersten Mal nach langer Zeit – ein Stück eigenen Territoriums an eine andere Macht abtreten: Japan annektierte den südlichen Teil der Halbinsel Sachalin.

Doch die Beendigung des Krieges brachte ihrerseits neue Probleme: Mehrere hunderttausend Soldaten mußten aus Fernost zurückgeholt werden, Soldaten, die in einigen Einheiten bereits gemeutert hatten und deren Disziplin, nachdem ihre Kampf- und Opferbereitschaft mit – häufig durch die Unfähigkeit und Korruptheit ihrer kommandierenden Offiziere verschuldeten – Niederlagen belohnt worden war, sich auf einen gefährlichen Tiefpunkt zubewegte. Wie es um die Moral und die Intelligenz der Regierenden bestellt war, zeigte sich am bezeichnendsten in dem Vorschlag eines Ministers, die Truppen nicht in das revolutionsschwangere europäische Rußland zurückkehren zu lassen, sondern sie in unerschlossenen Gebieten Sibiriens zwangsanzusiedeln. Ausnahmsweise setzt sich in den Entscheidungsgremien des Reiches diesmal der Sinn für das menschliche Maß durch, und Sibirien mußte noch bis zur Stalin-Ära warten, ehe es *en masse* mit Zwangsumgesiedelten versorgt wurde.

Was die Krise als ganze betraf, so gab das Regime sich noch immer dem Glauben hin, durch das Anbieten von Trostpflästerchen, verbunden mit einer gelegentlichen Demonstration der Stärke, die Lage unter Kontrolle halten zu können. Man erreichte jedoch mit dieser Politik, die zuweilen geradezu drollige Blüten trieb, eher das Gegenteil des Beabsichtigten. Am 6. August schließlich verkündete der Zar das die Zusammensetzung der (Bulyginschen) Staatsduma regelnde Manifest. Die Einzelbestimmungen bestätigten die schlimmsten Befürchtungen der Reformkräfte; nicht nur sollte die Duma eine lediglich beratende Funktion ausüben, sondern das Recht, ihre Mitglieder zu wählen, sollte auch an so enggefaßte soziale, vermögensmäßige und sogar geographische Bedingungen geknüpft werden (so war für viele Bewohner von Grenzregionen und nichtrussischen Gebieten sowie für den allergrößten Teil der Stadtbevölkerung kein Wahlrecht vorgesehen), daß diese Duma allenfalls die Karikatur einer repräsentativen Vertretungskörperschaft geworden wäre. Manche Liberalen waren dennoch bereit, sich an den Wahlen zu diesem verunglückten Verfassungsorgan zu beteiligen, in der Hoffnung, die Duma könne auf dem Weg zu weiteren Reformen und zu einer wirklichen Legislative von Nutzen sein. Zu denen, die so dachten, gehörte Pawel Miljukow, einer der führenden Köpfe sowohl im »Bund der Befreiung« als auch im Gewerkschaftsverband. Nachdem er in letzterem in bezug auf besagte Frage überstimmt worden war, versuchte Miljukow, die Minderheit der für eine Beteiligung an der Wahl Eintretenden zu organisieren. Allerdings hatte die Regierung gleichzeitig mit dem Manifest vom 6. August die Genehmigung für Zusammenkünfte zur Erörterung politischer Fragen, die sie nicht lange zuvor erteilt, widerrufen – vermutlich erschien es ihr selbstverständlich, daß jetzt, nachdem der Zar seinen Bürgern eine so außerordentliche Wohltat erwiesen hatte, kein Anlaß mehr bestand, in privatem Kreis über politische Dinge zu diskutieren.

Miljukow lud seine politischen Freunde zu sich nach Hause ein, um mit ihnen zu beratschlagen, wie man die liberalen Gesinnungsgenossen von einem Boykott der Wahl abhalten konnte – etwas, das vollkommen im Interesse der Regierung gelegen hätte. Nichtsdestoweniger war das Treffen eine illegale politische Versammlung, und die Polizei stürmte die Wohnung und verhaftete die Anwesenden. Eine zusätzliche Pointe erhielt diese Politkomödie dadurch, daß das erste Gefängnis, zu dem die Verhafteten geleitet wurden, sich als überfüllt erwies und daß sich erst nach einer langen Wanderung durch die Straßen von St. Petersburg einige aufnahmebereite Zellen fanden. So konnten also die Bewohner der Stadt eine ganze Weile kostenlos das Schauspiel genießen, wie eine ganze Reihe bekannter und verdienter Bürger, darunter Professoren, Anwälte und auch der eine oder andere Staatsrat, wie eine Bande gewöhnlicher Verbrecher unter polizeilicher Bewachung umhergeführt wurden. Auch die Behandlung, welche die Verhafteten im Gefängnis erfuhren, wirft ein Schlaglicht auf die tragikomischen Ungereimtheiten ihres Rußland. Mochten sie auch Gefangene sein, so waren sie andererseits doch vornehme Herren, und der Geist des Liberalismus war unterdessen auch in den Strafvollzug eingedrungen. Der Gefängnisdirektor sorgte, so gut er konnte, für die Bequemlichkeit seiner prominenten Insassen, unter anderem, indem er ihnen sein eigenes Büro als Besucherzimmer oder gelegentlich auch als Refugium für eine Schachpartie überließ.

Wie viele zaristische Gefängnisse war auch dieses mit einer ausgezeichneten Bibliothek ausgestattet, und Miljukow, der zuvor alle Hände voll mit praktischer Politik zu tun gehabt hatte, fand nun die Zeit, versäumte Lektüre nachzuholen, und nahm sich die gesammelten Werke mehrerer zeitgenössischer Autoren, darunter Emile Zolas, vor. Im Rückblick gewann er dem ganzen Erlebnis einen positiven Aspekt ab: »Ich hatte Gelegenheit, auszuruhen und nachzudenken.«[42] Nachdem ihr unfreiwilliger Urlaub einen Monat angedauert hatte, wurden die Herren Honoratioren, die man in dieser Zeit weder mit einem Anklagevorwurf konfrontiert noch verhört hatte, so plötzlich, wie sie verhaftet worden waren, wieder auf freien Fuß gesetzt. Die Funktionsträger des Zarenregimes konnten, wie ihr Umgang mit den Matrosen der *Potemkin* zeigte, der die Revolte provoziert hatte, brutal, konnten aber auch vergleichsweise zivilisiert vorgehen, wie die Episode mit Miljukow und seinen Freunden erwies. In beiden Fällen jedoch war ihr Gebaren willkürlich und unklug – das Verhalten eines Regimes, das sich sein eigenes Grab schaufelt.

Während die Regierung eine Gruppe liberaler Bürger zur Strafe für eine unschuldige Zusammenkunft in Haft hielt, demonstrierte sie neuerdings ihr geniales Gespür für Widersinnigkeiten, indem sie eine Verordnung bekanntgab, die in der Praxis dafür sorgte, daß in ganz Rußland öffentliche, völlig unbehelligte Versammlungen möglich wurden: Sie stellte die Autonomie der Universitäten wieder her, was bedeutete, daß die Polizei den Campus nur auf Verlangen der Hochschulverwaltung selbst betreten durfte. Über Nacht öffneten sich die Hörsäle für Massenveranstaltungen, auf denen Redner der radikalsten politischen Richtungen einem aus Studenten und Außenstehenden zusammengesetzten Publikum völlig gefahrlos ihre agitatorische Ware feilbieten konnten. Dies konnte nur zu einer Eskalation der politischen Unruhe führen. Im Oktober stand nicht mehr nur der Fortbestand der Autokratie zur Debatte. Die Frage lautete inzwischen, ob überhaupt noch jemand oder etwas Rußland vor der Anarchie und dem Bürgerkrieg retten konnte.

Der Anstoß zu dieser bedenklichen Verschärfung der Lage ging von Organisationen und Initiativen aus, die ursprünglich auf liberalem Mist gewachsen, jetzt aber nicht nur dem »Bund der Befreiung« mit seinen Wortführern aus Intelligenzija und fortschrittlichem Adel, sondern überhaupt jeder einzelnen politischen Bewegung aus den Händen geglitten waren. Der September sah eine anschwellende Woge von Streiks, die gewöhnlich aus wirtschaftlichem Anlaß ausbrachen, aber unter den gegebenen Umständen notgedrungen politischen Charakter annehmen mußten. Der größte dieser Streiks legte Anfang Oktober das ganze riesige Eisenbahnnetz des Reiches lahm; andere Gewerkschaften und Standesvertretungen, repräsentiert vom Ge-

werkschaftsverband, riefen ihre Mitglieder auf, dem Beispiel der Eisenbahnarbeiter zu folgen. Die Briefe, die Nikolaus II. an die Menschen seines
Vertrauens schrieb, legen gewöhnlich Zeugnis ab von dem manchmal unfaß-
lichen Phlegma, das er politischen Ereignissen gegenüber bewahrte. In dem
Brief jedoch, in welchem er seiner Mutter die Lage Mitte Oktober 1905
schilderte, klingt fast so etwas wie Verzweiflung an. St. Petersburg und Moskau seien, so schrieb er, abgeschnitten, er selbst sitze isoliert in Peterhof und
habe keine Möglichkeit, mit dem Zug in seine Hauptstadt zu gelangen:

»Nach den Eisenbahnen hat der Streik auf die Fabriken und sogar auf die Stadtverwaltungen und das Büropersonal des Verkehrsministeriums übergegriffen ... Es
macht einen einfach krank, wenn man die Meldungen liest, nichts als Geschichten
über Schulstreiks ..., Anschläge auf Polizisten, Kosaken und Soldaten, über alle
möglichen Tumulte und Aufstände. Und die Minister führen sich auf wie nasse Hüh-
ner, indem sie, statt mit Festigkeit zu handeln, Zusammenkünfte und Debatten abhalten ...«[43]

Während die Autokratie wankte, wurde eine Institution geboren, die dem
zaristischen Regime den Anspruch, der legitime Sachwalter der politischen
Macht zu sein, streitig machen und der es in einem anderen Oktober tatsächlich gelingen sollte, dieses Ziel zu erreichen, wenn auch nur für einen kurzen
historischen Augenblick, ehe sie wieder von der politischen Bühne verschwand und dort nichts als ihren Namen zurückließ: *sowjet.* Die Zieheltern
der Sowjets waren zum einen die Regierung selbst als Schirmherrin des
Polizeisozialismus und Initiatorin der Schidlowskij-Kommission, zum anderen die Liberalen vom »Bund der Befreiung«, die die Politisierung der Ar-
beiterorganisationen vorangetrieben hatten. Veteranen des Bundes waren
es, die am 13. Oktober den Petersburger Sowjet der Arbeiterdelegierten
organisierten. Dieses Gremium, das in kurzer Zeit auf etwa dreihundert
Mitglieder anwuchs, repräsentierte praktisch die gesamte Arbeiterschaft der
Hauptstadt, 250 000 Fabrikarbeiter und Büroangestellte. Von diesem Tag
an stand die Hauptstadt 50 Tage lang unter der konkurrierenden Herrschaft
zweier Gewalten. Die des Zaren (Nikolaus II. selbst hielt sich außerhalb der
Stadt, in Peterhof, auf) war nicht außer Kraft gesetzt: Die Ministerien (abgesehen von denen, die bestreikt wurden) arbeiteten weiter. Es standen genügend Polizeikräfte und Truppen in der Hauptstadt, die auch strategisch wichtige Punkte besetzt hielten, aber wie würde es um ihre Loyalität im Falle
einer direkten Konfrontation mit den Arbeitern und nach länger anhaltenden Straßenkämpfen bestellt sein? Die Regierung wagte nicht, die Probe
aufs Exempel zu machen.

Der Sowjet wiederum war imstande, das gesamte wirtschaftliche Leben
der Stadt lahmzulegen, und tat dies gelegentlich auch. Ferner riß er auch in
zunehmendem Maß politische Funktionen an sich. So gab er etwa bekannt,
die Druckergewerkschaft werde das Erscheinen jeder bürgerlichen Zeitung
zu verhindern wissen, die sich der staatlichen Zensur nicht gänzlich entzog
und diejenigen Personen aus ihrer Redaktion ausschloß, die in den Augen

des Sowjets Reaktionäre waren. Auf einer »geliehenen« bürgerlichen Drukkerpresse ließ der Sowjet seine erste offizielle Zeitschrift, die *Iswestija* (Nachrichten), drucken. Was politische Reformen betraf, so forderte der Arbeiterrat als ersten Schritt eine umfassende politische Amnestie, ferner den Abzug aller Heerestruppen aus der Hauptstadt und die Schaffung einer proletarischen Miliz. In der *Iswestija* waren weitreichende Losungen zu lesen: Forderungen nach einer verfasunggebenden Versammlung und einer demokratischen Republik. Im wirtschaftlichen Bereich trat die »zweite Regierung« für die Einführung des Achtstundentags ein und forderte, mit städtischen Geldern die Streikenden und Arbeitslosen zu unterstützen und Waffen für die Volksmiliz zu kaufen.

Für eine gewisse Zeit stellte sich ein gespanntes Gleichgewicht zwischen den beiden Regierungen ein, von denen keine für eine bewaffnete Auseinandersetzung gerüstet war. Der Gouverneur der Stadt, General Trepow, ließ es, so martialisch er sich in seinen Proklamationen gab (sein berühmter Befehl »Mit Kugeln wird nicht gespart, Platzpatronen werden nicht verwendet« wurde in jenen Tagen herausgegeben und verbreitet), zu, daß der Sowjet seine Versammlungen in städtischen Gebäuden abhielt. Der Sowjet seinerseits hielt seine Gefolgsleute davon ab, die Gefängnisse zu stürmen und die politischen Gefangenen zu befreien, und ließ auch seinen ursprünglichen Plan fallen, zum Gedenken an einige von der Polizei getötete Aufrührer eine Massendemonstration zu veranstalten. Eine solche Kundgebung hätte, so erkannte man, womöglich zu einem den 9. Januar in den Schatten stellenden Blutvergießen geführt.

Die Zurückhaltung, die der Sowjet übte, beruhte freilich nicht nur auf humanitären Überlegungen, sondern auch auf seiner Unsicherheit in der Frage, ob die Arbeiter einen Versuch zur gewaltsamen Eroberung der Macht wagen konnten und sollten. Keine Partei hatte als einzelne ein Übergewicht in dem revolutionären Arbeiterrat. Unter den 50 Mitgliedern seines Exekutivkomitees waren nur 9 Sozialdemokraten, die, selbst nochmals in Menschewiken und Bolschewiken gespalten, nicht imstande waren, dem Sowjet eine klare ideologische Linie in ihrem Sinn aufzuzwingen. Ja, die Bolschewiken hatten die Entstehung der Sowjet-Bewegung geradezu mit Unbehagen registriert. Lenin hielt, wie sie wußten, nicht viel von »Spontaneität«. Und was ihr im Ausland weilender Führer – er kehrte erst im November nach Rußland zurück – noch mehr fürchtete, war die Aussicht, die Bolschewiken könnten, indem sie sich einem revolutionären Unternehmen anschlossen, bei dem sie nicht allein und unangefochten das Sagen hatten, womöglich ihren bisherigen Zusammenhalt und ihre Identität verlieren, oder, um es unverblümter auszudrücken, ihm, Lenin, aus den Händen gleiten.

Die Führungsrolle innerhalb des Sowjet spielten zwei Männer, die zu jener Zeit den Menschewiken nahestanden. Ratsvorsitzender war ein bis dahin namenloser junger Rechtsanwalt, der sich Nosar-Chrustalew nannte.* Der eigentliche *spiritus rector* des Sowjet war jedoch dessen Zweiter Vorsitzender, ebenfalls kein Proletarier: Leo Trotzki. Trotzki war, als die Revolution im April an Dynamik gewonnen hatte, praktisch als einziger unter den im Ausland lebenden führenden Köpfen des russischen Marxismus in die Heimat geeilt (die meisten anderen blieben bis zur Verkündung der politischen Amnestie im Exil). Seine Aktivitäten von 1917 bereits vorwegnehmend, betätigte er sich als Chefstratege der streikenden Arbeiter, als Herausgeber der *Iswestija* und Autor der meisten der feurigen Verlautbarungen des Sowjet.

Überall in Rußland schossen nun Sowjets aus dem Boden, von denen es freilich viele versäumten, mit der Besonnenheit ihres St. Petersburger Vorbilds zu Werke zu gehen. Man stürmte die Gefängnisse und schlug sich mit der Polizei. Die Gouverneure wiesen in ihren Berichten darauf hin, daß die Lage in den Provinzen außer Kontrolle geriet. Besorgte Höflinge erwogen für den Notfall bereits Pläne zur Evakuierung der Zarenfamilie ins Ausland. Endlich begriff auch der träge Verstand des Zaren das Ausmaß der drohenden Katastrophe. Es gebe, so erklärten ihm seine Minister, zwei Möglichkeiten: Er könne eine Militärdiktatur errichten und damit das Risiko eines ausgewachsenen Bürgerkrieges auf sich nehmen, oder aber er müsse sich zu grundlegenden Reformen bereit finden, die praktisch das Ende der Selbstherrschaft bedeuteten. Für die Rolle eines Militärdiktators fand sich kein Freiwilliger, dagegen gab es einen Mann, von dem man annahm, er könne, wenn man ihm das Staatsruder anvertraue, der Revolution den Wind aus den Segeln nehmen und die Gesellschaft davon überzeugen, daß das Regime es mit seinem Reformwillen ehrlich meinte. Sergej Witte wurde also zum Premierminister ernannt – ein Amt, das bis dahin in Rußland nicht existierte und das man für unvereinbar mit dem Geist der russischen Autokratie gehalten hatte. Gleichzeitig versprach ein am 17. Oktober 1905 verkündetes kaiserliches Manifest den Russen eine grundlegende Umwandlung des politischen Systems, das seit der Zeit Peters des Großen im wesentlichen unverändert geblieben war. Es sei, so proklamierte der Zar, »unser fester Wille . . ., daß kein Gesetz ohne die Zustimmung der Staatsduma in Kraft treten soll«; ferner solle dieses Parlament die Befugnis zur Überwachung »der

---

* Die Geschichte seines Aufstiegs zum Sowjet-Vorsitzenden wirft ein aufschlußreiches Licht auf die Verfassung der russischen Arbeiterbewegung. Nosar, wie er tatsächlich hieß, war ursprünglich ein Gefolgsmann des »Bundes der Befreiung« gewesen. Im Rahmen von dessen Versuch, in der Schidlowskij-Kommission Fuß zu fassen, borgte er sich die Papiere und die Identität eines gutgläubigen Arbeiters namens Chrustalew. Nach seinem kurzen Höhenflug im Herbst 1905 wurde Nosar-Chrustalew in eine Reihe persönlicher Skandale verwickelt und verdiente seinen Lebensunterhalt als Journalist im Dienst der reaktionären Presse. Als der Sowjet von Petrograd (wie St. Petersburg von 1914 an genannt wurde) 1917 seine Wiedergeburt erlebte, tauchte auch Nosar-Chrustalew wieder in den radikalen Zirkeln auf und beanspruchte das Recht, den Vorsitz über diesen neuen Sowjet zu führen. 1918 wurde dieses peinliche Relikt aus der Vergangenheit von der bolschewistischen Geheimpolizei erschossen.

Gesetzmäßigkeit der von unseren Beamten vorgenommenen Handlungen« besitzen. Statt mit einem Pseudoparlament abgespeist zu werden, wie die Bulyginsche Duma es gewesen wäre, wurde den Russen nun also eine wirkliche parlamentarische Legislative zugesagt. Ohne ins einzelne zu gehen, versprach das Manifest auch ein wesentlich repräsentativeres Wahlrecht für die neue Staatsduma, als der Augusterlaß es vorgesehen hatte; wählen sollten auch »diejenigen Klassen der Bevölkerung« dürfen, »die im Augenblick noch keinerlei Stimmrecht besitzen«; die »Weiterentwicklung des Grundsatzes des allgemeinen Wahlrechts« werde Aufgabe der legislativen Gewalt selbst sein. Ferner sei es »unser fester Wille . . ., dem Volk die unerschütterlichen Säulen der bürgerlichen Freiheiten auf der Grundlage der absoluten persönlichen Unverletzlichkeit sowie der Freiheit des Gewissens, der Rede, der Versammlung und der Vereinigung zu gewähren«.[44] In Rußland sollte künftig das Gesetz regieren und nicht mehr der persönliche Herrscherwille; zum ersten Mal in seiner Geschichte sollte es aufhören, ein Polizeistaat zu sein.

Indes, die Autokratie hatte vorerst nur teilweise und nur auf dem Papier kapituliert. Praktisch und politisch wirksam konnte diese Kapitulation erst werden, wenn eine gesellschaftliche Kraft auf den Plan trat, die bereit war, die neuen Bedingungen sowohl zu akzeptieren als auch durchzusetzen. Theoretisch existierte in Rußland eine solche Kraft: die »Befreiungs«-Bewegung, dieses politische Konglomerat aus Intelligenzija und fortschrittlichem Adel, das unter verschiedenen Namen und in unterschiedlich zusammengesetzten Gruppierungen seit langem den Kampf gegen die Autokratie und für eine Verfassung führte. Ihr jüngstes Kondensat war die Partei der »Konstitutionellen Demokraten«, nach ihren Initialen kurz »Kadetten« genannt.* Zum Zeitpunkt der Verkündung des Manifests hielt die Partei gerade in Moskau ihren Gründungskongreß ab. Wie ihr direkter Vorfahr, der »Bund der Befreiung«, ging die neue Partei in ihrem Programm weit über die im kaiserlichen Manifest zugesagten Reformen hinaus: Sie forderte eine in allgemeiner (unter Beteiligung auch der Frauen), gleicher, geheimer und direkter Wahl zu bestimmende verfassunggebende Versammlung und vertrat in wirtschaftlichen und sozialen Fragen einen für die Zeit ziemlich radikalen Standpunkt. Immerhin hätte man, da das Hauptziel der Befreiungsbewegung die Errichtung einer konstitutionellen Monarchie gewesen war, erwarten können, daß die »Kadetten« das Oktobermanifest ungeachtet der Lükken und Unklarheiten, die es ließ, enthusiastisch als einen Riesenschritt in diese Richtung begrüßen würden.

---

* Ebenso wie bei den Menschewiken erwies sich auch hier der eingebürgerte Parteiname »Kadetten« als ein gewisses psychologisches Handicap. Man verbindet mit diesem Begriff den jugendlichen Elan, den Einfallsreichtum und die Selbstdisziplin des Offiziersschülers. In Wirklichkeit waren die Kadetten jedoch, wenn nicht nach Lebensjahren, dann doch von ihrem Temperament her, gesetzte Herren, die häufig zuviel redeten, statt zu handeln, und einen Hang zur intellektuellen und politischen Haarspalterei pflegten.

In Wirklichkeit wurde dem Manifest eine ganz andere Aufnahme zuteil: Die erste Reaktion war ungläubiges Erstaunen. »Keiner von uns hatte eine so unerhört sensationelle Nachricht erwartet, niemand war darauf vorbereitet.«[45] Allein schon diese Äußerung ist ziemlich aufschlußreich. Offenkundig waren diese Liberalen noch immer einer unzeitgemäßen Ehrfurcht vor der Autokratie verhaftet, so angeschlagen, altersschwach und zurückweichend diese sich in den vergangenen Jahren auch präsentiert hatte. Und vielleicht schwang in ihrem Erstaunen auch ein gewisses Erschrecken mit: Bald mochte es an ihnen sein, Entscheidungen zu treffen und gesetzgeberische Verantwortung zu übernehmen, und die Zeit der wohlfeilen Resolutionen und unverbindlichen Programme würde vorbei sein. Im Windschatten der Verblüffung folgte eine negative Reaktion. »In unserer gegenwärtigen Stimmung hinterließ der Text [des Manifests] bei uns einen traurigen und unbefriedigenden Nachgeschmack.«[46] Miljukow verlieh dieser Stimmung Ausdruck, als er beim Abschlußbankett des Kongresses sagte: »Nichts hat sich geändert. Der Kampf muß weitergehen.«[47] Nichts hatte sich geändert, obgleich doch die jetzt vorgesehene Legislative einen riesigen Fortschritt gegenüber der Bulyginschen Duma bedeuten würde, an der mitzuwirken Miljukow und seine Freunde nicht abgeneigt gewesen waren.

Was sich natürlich geändert hatte, war das Tempo der Revolution, deren sich beschleunigende Entwicklung bei den Liberalen jene schon zur Tradition gewordene Befürchtung verstärkte, sie würden, wenn sie auch nur die geringste Neigung zu einem Kompromiß mit dem Regime erkennen oder ein Wort der Befriedigung über dessen jüngste Zugeständnisse verlauten ließen, als Verräter an der Sache des Volkes angesehen werden. Einen bezeichnenden Ausdruck fand diese Einstellung in dem ehrerbietigen Knicks, den die »Kadetten« eilends vor dem St. Petersburger Sowjet und vor den streikenden Arbeitern machten, die sie als die eigentlichen Helden des Augenblicks feierten, da sie durch ihre Aktionen das Regime zum Rückzug gezwungen hätten. »Der Gründungskongreß der Partei der ›Konstitutionellen Demokraten‹ bringt seine vollste Solidarität mit der Streikbewegung zum Ausdruck.«[48]

Anstatt politisches Selbstbewußtsein zu verströmen, anstatt ihre Entschlossenheit zu verkünden, das Regime zur Einhaltung seiner Versprechen zu zwingen, ergingen die »Kadetten« sich in pedantischer Griffelspitzerei und trugen dadurch, daß sie von vornherein kategorisch erklärten, mit dem Manifest sei nichts anzufangen, zur Stärkung sowohl der reaktionären Elemente innerhalb des Regimes als auch jener Kräfte bei, die bei allen Lippenbekenntnissen zu Freiheit und konstitutioneller Regierung in Wirklichkeit auf Chaos und Anarchie hinarbeiteten. Der Rechten lieferte man auf diese Weise einen plausiblen Beleg für das Argument, der Moloch der Revolution lasse sich durch keinerlei Reformen sättigen. Und der Linken, die nach dem berühmten Wahlspruch des russischen Jakobinismus des 19. Jahrhunderts zu handeln schien: »Je schlimmer es ist, desto besser«, spielte man in die Hände.

Die unmittelbaren Konsequenzen, zu denen das Manifest vom 17. Oktober führte, schienen der Rechten in ihren Prophezeiungen, der Linken in ihren Hoffnungen recht zu geben. Die Proklamation wurde weithin als Beweis für die Ohnmacht des Regimes und als Signal dafür aufgelegt, daß nun ungesetzliche Aktivitäten jeder Art ohne Angst vor Ahndung und Strafe begangen werden konnten. Gefängnisse wurden gestürmt, ihre Insassen befreit; in vielen Fällen ließen die lokalen Behörden, durch die Entwicklung verunsichert, von sich aus politische Häftlinge frei. In Tiflis ließ der kaukasische Vizekönig Waffen an die örtlichen menschewistischen Organisationen ausgeben, damit deren Arbeitermilizen durch die Straßen der Stadt patrouillieren und Plündereien oder Ausschreitungen verhindern konnten. In den Provinzen war die Lage in vielen Fällen chaotischer als in den beiden Hauptstädten. Weder die breite Bevölkerung noch die Beamten auf der unteren Verwaltungsebene verstanden die subtilen staatsrechtlichen Implikationen des Manifests: Auf welcher Grundlage ruhte nun die öffentliche Gewalt, wenn der Zar nicht mehr absoluter Herrscher war? Regierungsbeamte mußten sich, wenn sie eine Dienstreise machen wollten, die Genehmigung dazu bei den Streikausschüssen der Eisenbahnarbeiter holen. Der Generalgouverneur trat, wenn eine revolutionäre Demonstration vor seinem Amtssitz vorbeizog, auf den Balkon und zog vor den mitgeführten roten Fahnen den Hut. In Kutais in Transkaukasien reiste der Gouverneur kreuz und quer durch seine Provinz und versuchte den aufständischen Bauern durch Marx-Zitate zu beweisen, daß Rußland für eine sozialistische Revolution noch nicht reif sei und sie ihren aufrührerischen Elan daher in konstruktive, gewaltlose Bahnen leiten sollten.

Auch die Intelligenzija wurde von einer Art zielloser Revolutionseuphorie ergriffen. Es gibt mehrere Berichte über Zusammenkünfte von Anwälten, Ingenieuren usw., bei denen die Anwesenden gebeten wurden, Geld »für den bewaffneten Aufstand« zu spenden, ohne daß genauer erklärt worden wäre, wer diesen Aufstand machen sollte und gegen wen. Ein namhafter Anwalt geriet am 18. Oktober in eine öffentliche Versammlung, bei der neben anderen Themen auch die Frage diskutiert wurde, ob für den Straßenkampf das Mauser-Gewehr oder die Browning-Pistole geeigneter sei.

Anstatt »diesen nie dagewesenen Unruhen ein Ende zu bereiten«, wie es seinem erklärten Zweck entsprochen hätte, schien das Manifest des Zaren Rußland nur noch tiefer in die Anarchie zu treiben. Die »Tage der Freiheit«, wie die Zeit nach dem 17. Oktober 1905 bald genannt wurde, riefen Erinnerungen an die Zeit der Wirren im 17. Jahrhundert wach; damals hatten nach dem Aussterben der legitimen Dynastie verschiedene Hochstapler Anspruch auf den Thron erhoben. Die staatliche Autorität hatte sich praktisch aufgelöst, und das Land war marodierenden Banden ausländischer Söldner und einheimischer Rebellen und Banditen schutzlos ausgeliefert gewesen.

Jetzt, genau dreihundert Jahre später, schien sich ähnliches anzubahnen, schien der Wirren und der Angriffe auf eine zusammenbrechende Ordnung kein Ende zu sein. Wenn ein landesweiter Streik zu Ende ging, dann nur, um von einem anderen abgelöst zu werden. Die Meuterei der Matrosen in Kronstadt drohte die Situation im nahegelegenen St. Petersburg weiter zu verschärfen. Nachdem sie am 28. Oktober niedergeschlagen war, dauerte es nur wenige Tage, und eine neue Revolte brach los, diesmal unter den Matrosen und Soldaten des Schwarzmeerhafens Sewastopol. Die Regierung fand schließlich den Mut, es auf eine entscheidende Machtprobe mit dem Sowjet von St. Petersburg ankommen zu lassen: Ende November wurde sein Vorsitzender festgesetzt, und am 3. Dezember verhaftete die Polizei so viele Sowjetmitglieder, wie sie ergreifen konnte – alles in allem etwa 190. Fast unmittelbar darauf brach in der alten Hauptstadt die Hölle los. Dem Moskauer Sowjet fehlte ein Mann von der Besonnenheit und den Fähigkeiten eines Trotzki. Anders als in St. Petersburg, spielten die Bolschewiken hier eine maßgebliche Rolle, und der Kurs, den sie augenblicklich steuerten, zielte nicht auf die Vermeidung, sondern vielmehr auf die bewußte Herbeiführung einer bewaffneten Kollision mit der Regierung ab. Als die Nachricht von der Auflösung des Petersburger Sowjet eintraf, proklamierte seine Moskauer Bruderorganisation den Generalstreik. Rasch flammten die ersten sporadischen Straßenkämpfe auf, aus denen dann ein regelrechter bewaffneter Aufstand erwuchs. Da die Moskauer Garnison sich als zu schwach und unzuverlässig erwies, mußten Verstärkungen herangeführt werden, darunter das Semjonowskij-Garderegiment. Mit Hilfe von Artillerie wurden die Barrikaden in den Straßen beseitigt und die Kampfgruppen des Sowjet aus den Fabriken, die sie zu ihren Bastionen gemacht hatten, vertrieben. Ungefähr tausend Menschen, darunter unbewaffnete Zivilisten und Gefangene, kamen ums Leben.

Paradoxerweise erwiesen sich jedoch gerade die Allgegenwart und Intensität der Gewalt als die wichtigsten Voraussetzungen dafür, daß es der Regierung schließlich doch noch gelang, der Revolution Herr zu werden. Es gab, selbst auf seiten der extremen Revolutionäre, keine auf die Ergreifung der Macht gerichteten Pläne und Absichten. Hinter der Vielzahl revolutionärer Kundgebungen, Aktionen und Streiks stand keine einheitliche Strategie, keine steuernde Kraft. In der Regel waren es spontane Ausbrüche aus bestimmtem Anlaß oder im Aufbegehren gegen örtliche Gegebenheiten, sei es, daß die Polizei Demonstranten erschossen hatte oder daß Matrosen oder Soldaten von ihren Offizieren schikaniert und mißhandelt wurden. Wenn eine dieser revolutionären Aktionen einmal begonnen hatte, machten die politischen Parteien in der Regel den – nicht immer erfolgreichen – Versuch, die Kontrolle darüber zu gewinnen und das Geschehen ihren eigenen Zielen gemäß zu steuern. Welche Ziele dies waren, darüber waren sich freilich in den meisten Fällen nicht einmal die örtlichen Führer dieser politischen Kräfte ganz im klaren, sicher wußten die meisten nur, daß es galt, dem alten, verhaßten Regime die Zähne zu zeigen und dem Volk zu beweisen, daß es mit all jenen Manifesten und mit dem Verfassungskram nichts auf sich hatte. Es herrschte keine Einigkeit darüber, wohin die Revolution eigentlich führen sollte, nicht einmal unter den extremsten Parteien. Einige Menschewiken machten sich für einen Gedanken stark, der unter den gegebenen Umständen und vom revolutionären Standpunkt aus betrachtet, manches für sich hatte: Alle sozialistisch orientierten Kräfte sollten sich zu einer Arbeiterpartei zusammenschließen, die sodann eigene Vertretungskörperschaften bis hinauf zu einem allrussischen Arbeiterkongreß ins Leben rufen konnte.

Doch dies war für Lenin kein Thema. Er sah in der Revolution nicht so sehr einen Kampf gegen das Regime und für eine parlamentarische Vertretung oder eine verfassunggebende Versammlung, sondern hauptsächlich eine Gelegenheit für seine Partei, beherrschenden Einfluß in der Arbeiterschaft zu gewinnen und sich an die Spitze der ganzen revolutionären Bewegung zu setzen. Die Sowjets waren in dieser Beziehung von einer gewissen, bedingten Nützlichkeit, konnten aber, wenn sie zu gut funktionierten, möglicherweise zu einer Gefahr für die Bolschewiken werden. »Die Sowjets«, schrieb Lenin im Januar 1906, »fungieren als vorübergehende nichtparteiliche Organisationen, die einer straff organisierten, disziplinierten und militanten Partei [d. h. seiner eigenen, A. U.] hin und wieder von Nutzen sein, sie aber in keiner Weise ersetzen können.« Der Sinn der Revolution von 1905 mit all ihren menschlichen und materiellen Opfern lag für Lenin hauptsächlich in dem Anschauungsunterricht, den sie den Massen bot.

»Die Festnahme der Mitglieder des Sowjet erteilte den Arbeitern eine wichtige Lektion. Sie zeigte ihnen, wie gefährlich es ist, an den hohlen Konstitutionalismus zu glauben, wie hinfällig diese ›Revolutionäre Demokratie‹ ohne den Sieg der revolutionären Kräfte sein würde, wie ungenügend eine ad hoc ohne Einbeziehung von Parteien gebildete Körperschaft wäre, die zwar mitunter hilfreich sein, aber niemals eine organisierte, geschlossene und militante Partei ersetzen kann.«[49]

So besehen war es nur logisch, wenn Lenin die Geschichte des Moskauer Sowjet für weit lehrreicher hielt als die des Sowjet von St. Petersburg. Die Mitglieder des letzteren ließen sich, um Blutvergießen zu vermeiden, widerstandslos festnehmen. Die Tausende von Opfern, die es in Moskau gab, und die Verwüstung des dortigen Arbeiterviertels waren in Lenins Augen ein nicht zu teurer Preis für die dabei gewonnenen Erfahrungen im Straßenkampf sowie dafür, daß die Kluft zwischen der Regierung und den Arbeitern sich verbreitert und letztere gelernt hatten, wie unsinnig der Glaube an eine konstitutionelle Lösung war.

Die gleiche Einstellung zeigt sich in der Haltung der Bolschewiken zu der Meuterei in Sewastopol. Deren Anführer war ein Leutnant namens Peter Schmitt gewesen, der, wenig später zum Tode verurteilt und erschossen, in die offizielle sowjetische Hagiographie eingegangen ist. Schmitt hatte seine Leute vor unnötigen Gewaltakten gewarnt und in seinen Reden darauf hingewiesen, daß revolutionäre Aktionen hauptsächlich dem Ziel dienen sollten, den Zaren zur Einberufung einer verfassunggebenden Versammlung zu zwingen. Kein Wunder, daß er im Urteil eines sowjetischen Historikers nicht eben gut wegkommt: »Dieser Mann, der für die Revolution den Heldentod starb, hatte deren Geist noch nicht erfaßt. Seine sentimentalen und liberalen Anschauungen ließen sich mit den wirklichen Aufgaben des Kampfes ebensowenig vereinbaren wie mit dem wahrhaft revolutionären Weg ihrer Lösung.«[50]

Der immer wieder gegen die russischen Liberalen und Gemäßigten erhobene Vorwurf, sie hätten in ihrem Haß auf die Autokratie die Gefahr von links übersehen, ist, *soweit es 1905 betrifft*, vollkommen verfehlt. Die Linke war damals viel zu sehr in sich zerstritten, viel zu beschäftigt mit ihren internen Zwistigkeiten, um als ernsthafter Anwärter auf die Staatsmacht in Betracht zu kommen. Allerdings führte die Revolution zu einem starken Mitgliederzulauf für die Sozialdemokraten. Zum Zeitpunkt ihres im April 1906 in Stockholm abgehaltenen Vierten Parteitags hatte die Partei wahrscheinlich an die hunderttausend Mitglieder* und konnte, Anhänger und Sympathisanten mitgerechnet, wohl als politische Repräsentantin der Mehrheit der politisch bewußten Industriearbeiter des Zarenreiches gelten. Doch die Partei war trotz aller förmlichen Bekundungen der Einheit, die auf dem Parteitag abgegeben wurden, in eine Anzahl von Fraktionen und Nationalitätengruppen zersplittert, die einander fast ebenso feindselig gegenüberstanden wie dem gemeinsamen Gegner, dem Regime. Die Polnische Sozialistische Partei (PPS) war hauptsächlich am Kampf um die Unabhängigkeit Polens interessiert. Ihre Rivalin, die Sozialdemokratische Partei Polens und Litauens (SDPL), hielt die nationale Frage für unwichtig und zog damit den Zorn nicht nur der PPS, sondern auch der Bolschewiken auf sich, denn Lenin vertrat ungeachtet des Marxschen Diktums, daß der Arbeiter kein Vaterland habe, die Position, der Sozialismus müsse aus taktischen Gründen die Forderung nach nationaler Selbstbestimmung in sein Programm aufnehmen.

Die Menschewiken und die Bolschewiken waren praktisch in allen wichtigen Fragen verschiedener Auffassung: in der Bauern- und Landfrage, in ihrer Haltung zu den bürgerlichen Parteien, zum Terrorismus und zum Guerillakampf . . . Von den Sachfragen einmal abgesehen, gab es auch unüberbrückbare persönliche Unverträglichkeiten. Zu sagen, die führenden Köpfe des russischen Sozialismus seien Leute gewesen, mit denen die Zusammenarbeit schwierig war, wäre eine Untertreibung; die Vorstellung eines loyal und kollegial mit Leuten wie Trotzki, Plechanow oder gar der temperamentvollen Rosa Luxemburg von der SDPL zusammenarbeitenden Lenin wäre etwa ebenso naiv wie der Gedanke einer liebenswürdigen Partnerschaft zwischen dem Bolschewikenführer und dem Zarenratgeber Pobjedonoschtschew.

---

* Eine sowjetische Quelle gibt die Zahl der Bolschewiken mit 13 000, die der Menschewiken mit 18 000 an. *Die Proletarische Revolution*, Nr. 5 (1922), S. 75.

Ohne theoretische und praktische Einigkeit in der Führung und mit einer Basis, die ihre große potentielle Stärke in vielen vereinzelten und unkoordinierten Streiks und Revolten (wie dem sinnlosen Blutbad von Moskau) vergeudete, konnte die sozialistische Bewegung nicht als ernsthafter Mitbewerber um die Macht angesehen werden. Was für die Sozialisten galt, traf in noch stärkerem Maße auf die Sozialrevolutionäre zu. Ihr Programm und ihre Strategien stellten ein eigenartiges Gemisch aus Populismus, Marxismus und purem Anarchismus dar. An eine zentralisierte politische Macht auch nur zu denken verbot sich für diese geistigen Nachkömmlinge von »Land und Freiheit«. In den Augen des Regimes waren die Sozialrevolutionäre die gefährlichste unter den revolutionären Parteien,* weil sie sich aus innerster Überzeugung zum individuellen Terror und zur Strategie der Anstachelung gewalttätiger Aufstände auf dem Lande bekannten. Allein, es war eine Sache, Minister oder Gouverneure umzubringen und Bauern zur Brandschatzung der Landsitze ihrer Grundherren anzustiften (ungefähr 2000 Herrensitze wurden 1905/06 zerstört), aber eine andere, dem bestehenden politischen System die Machtfrage zu stellen und ihm eine wirkliche Alternative entgegenzusetzen.

Keine der 1905 aktiven revolutionären Bewegungen hatte das Zeug dazu, der zaristischen Regierung die Macht zu entreißen. Die größere Gefahr, der Rußland sich in den Wochen unmittelbar nach Verkündung des Oktobermanifests gegenübersah, war die eines fortschreitenden Verfalls jeder zentralen staatlichen Autorität. Wenn die Regierung nicht die Kraft fand, ein Mindestmaß an Ordnung wiederherzustellen, würde Rußland, wie es zu Anfang des 17. Jahrhunderts geschehen war und wie es 1917 in der Tat einige Monate lang der Fall sein sollte, in Anarchie versinken, bis unverhofft eine Persönlichkeit oder eine gesellschaftliche Kraft auf den Plan treten würde, die in der Lage wäre, dem Land eine neue und höchstwahrscheinlich dem autokratischen Muster nachgebildete Ordnung aufzuzwingen.

Die Problematik des Verhältnisses zwischen der Gesellschaft (mit anderen Worten: der gebildeten Schicht) und der Regierung spitzte sich um diese Zeit auf die Person Sergej Wittes zu. Er war der erste offiziell gekürte Premierminister in der neueren russischen Geschichte** und fand sich in der ungemütlichen Lage, gleichzeitig Träger großer Hoffnungen und Zielscheibe allgemeinen Mißtrauens zu sein. Bei Hofe weithin unbeliebt, weil er dem Zaren das Oktobermanifest abgerungen hatte und eine dominierende Persönlichkeit war, galt Witte doch auch in den Augen seiner höfischen Gegner als der einzige, der das Zeug dazu hatte, die revolutionäre Flut aufzuhalten und von der Autokratie zu retten, was noch zu retten war. Die Gesellschaft

---

* Den Bolschewiken ließ die Geheimpolizei verhältnismäßig viel freie Hand, da sie sich als ein politischer Faktor präsentierten, der verhinderte, daß die Arbeiterbewegung zu einem für das Regime gefährlichen Grad an Einheit fand.
** Das autokratische Prinzip ließ nicht zu, daß irgend jemand außer dem Zaren selbst an der Spitze der gesamten exekutiven Gewalt stand.

andererseits glaubte zwar nicht an eine aufrichtige Wandlung Wittes zum Konstitutionalisten, hielt ihn aber zugleich für den einzigen Repräsentanten des Regimes, der dafür sorgen konnte, daß die Versprechungen vom 17. Oktober praktische Wirklichkeit wurden. Unter diesen nicht eben vielversprechenden Vorzeichen machte Witte sich an seine Aufgabe: einen Zaren zu retten, den er persönlich ebenso verachtete wie die meisten anderen Angehörigen der kaiserlichen Familie, und eine Intelligenzija versöhnungsbereit zu stimmen, vor deren führenden Vertretern er nur wenig Achtung hatte.

Witte besaß, ungeachtet seiner beruflichen Vergangenheit als Bürokrat und seines hochfahrenden Wesens, ein Gespür für ein gewinnendes öffentliches Auftreten und versuchte, seine Ziele durch eine abgewogene Mischung aus Überzeugungskunst und Unterdrückungsmaßnahmen zu erreichen. So richtete er etwa einen Appell an die Streikenden, in dem er die Arbeiter mit »Brüder« ansprach und sie dringend bat, der Anarchie ein Ende zu machen und wieder an die Arbeit zu gehen. Tatsächlich verfehlte der Appell nicht eine gewisse beruhigende Wirkung auf die Angesprochenen, die solche Töne aus dem Munde eines zaristischen Würdenträgers nie zuvor gehört hatten; der St. Petersburger Sowjet freilich wies in seiner Entgegnung darauf hin, daß die Proletarier sich in keinster Weise mit dem Grafen Witte verwandt fühlten. Ungeachtet dessen fuhr der Premierminister in seinem Bemühen fort, zu einem, wie wir heute sagen würden, Dialog mit der Gesellschaft zu kommen: Er lud Pressevertreter zu sich, um ihnen seine politischen Absichten zu erläutern – auch dies eine aufsehenerregende Abkehr von traditionellen russischen Gewohnheiten, denn bis dahin hatte sich der Dialog zwischen Regierung und Presse auf Publikationsverbote für unbequeme Zeitschriften und die Verhaftung und Festsetzung ihrer Redakteure beschränkt. Wie sehr die Zeiten sich geändert hatten, zeigte sich auf schlagende Weise, als einer der Eingeladenen, Redakteur einer höchst einflußreichen und bis dahin eher gemäßigten Zeitung, dem Premierminister ins Gesicht sagte: »Der springende Punkt ist, daß wir einfach nichts mehr glauben, was die Regierung uns sagt.« Der Betreffende sei, wie Witte bitter vermerkt, vor der Revolution ein bescheidener und eifrig um seine, Wittes, Gunst bemühter Mann gewesen. Und dann konnte Witte, der doch ein überzeugter Gegner des Antisemitismus war, eine jüdische Frau und einige der sprichwörtlichen »guten jüdischen Freunde« hatte, sich nicht verkneifen hinzuzufügen, die besagte Äußerung passe zu »jener für einen bestimmten Typus des russischen Juden kennzeichnenden Unverschämtheit«.[51]

Das wichtigste Element in Wittes Plan zur Aussöhnung der Gesellschaft mit dem Regime war sein Versuch, Repräsentanten der Intelligenzija und des liberalen Adels für das Kabinett zu gewinnen, das er leiten sollte. Das allein war schon ein revolutionäres Vorhaben. Die zaristischen Minister waren bislang fast ausnahmslos aus den Reihen der Zivil- und Militärbürokratie rekrutiert worden, und wenn einmal ein Anwalt oder ein Professor von untadelig orthodoxer politischer Gesinnung ein Regierungsamt erhalten hatte, so war dies eine seltene Ausnahme gewesen. Jetzt wollte der Premierminister Männer in sein Kabinett berufen, die nicht nur von außerhalb des erlauchten Kreises stammten, sondern von denen einige auch aktiv in der Befreiungsbewegung mitgearbeitet hatten. Den Oktober und November über führte Witte Gespräche mit einer Anzahl führender Vertreter der konstitutionellen Opposition, mit dem Ziel, den einen oder anderen von ihnen zur Übernahme eines Ministerpostens überreden und darüber hinaus bei den Liberalen Rückhalt für seine Regierung finden zu können. Allein, er erlitt mit seinen Bemühungen vollständigen Schiffbruch. Einige der Umworbenen erklärten, sie könnten sich unter keinen Umständen an einer Regierung beteiligen, die nicht wahrhaft repräsentativ, also einer demokratisch gewählten Volksvertretung gegenüber verantwortlich sei. Andere wollten nicht mit den Bürokraten zusammen amtieren, die Witte in seinem Kabinett zu behalten wünschte. Miljukow, die einflußreichste Führungspersönlichkeit der »Kadetten«-Partei, riet Witte, als dieser ihn konsultierte, die Regierung solle das Oktobermanifest über Bord werfen und eine wirkliche Verfassung verkünden, erst dann würden er und seine Freunde sich bereit finden, über Ministerposten zu reden. Das sei nicht möglich, erklärte der Premierminister händeringend. Der Zar empfinde das bloße Wort »Verfassung« als unerträgliche Zumutung; aber sein Gegenüber begreife doch ganz bestimmt, daß das, was er, Witte, anstrebe, nichts anderes sei als eine verfassungsmäßige Ordnung? Darauf entgegnete Miljukow: »Es hat keinen Sinn, daß wir dieses Gespräch fortsetzen. Ich kann Ihnen keinen Rat geben.«[52]

Es ist ziemlich wahrscheinlich, daß der Vorstoß Wittes die »Kadetten« in eine Art Panik versetzte. Von ihrem gesamten Denken her waren sie, wie die Intelligenzija als Ganzes, auf Opposition gegen das Regime eingestellt. Jetzt eröffnete sich unvermittelt die Möglichkeit – oder besser die Gefahr –, selbst zu dessen Teilhabern zu werden. Gewiß hatten sie für ihr Zögern und ihre Skrupel manchen einleuchtenden Grund. Selbst wenn Witte lautere Absichten verfolgte, so war dies doch beim Zaren und bei der Hofkamarilla bei weitem nicht so sicher. Man konnte sich vorstellen, daß die reaktionären Kräfte bei Hofe einige namhafte Liberale als Aushängeschilder zur Besänftigung der Gesellschaft benutzen würden, um sie dann, sobald die Ordnung wiederhergestellt war, fallenzulassen und zu den alten Zuständen zurückzukehren. Doch das Hauptmotiv lag anderswo: in der liberalen Prüderie der »Kadetten« und in ihrer Angst vor der Übernahme einer auch nur teilweisen Verantwortung für die Bewältigung von Aufgaben, die unlösbar schienen, und vor dem Eintreten in eine Regierung, die den demokratischen Idealvorstellungen nicht genügte. Als Partner in der Regierung hätten sie mithelfen müssen, die von ihnen selbst mit angeschürte Revolution gewaltsam zu beenden, hätten zustimmen müssen zu Kriegsgerichten, Todesurteilen und ähnlichem. Ohnehin empfindlich gegenüber Kritik von links, war ihnen die Aussicht, von der sozialistischen Propaganda als Komplizen des »Blutigen

Nikolaus«, als Verräter an der Sache des Volkes gebrandmarkt und verhöhnt zu werden, nachgerade peinlich. »Ich wollte einen Minister, man schickte mir einen Hamlet«, bemerkte Witte nach einem Gespräch mit einem liberalen Adligen.

Ohne eine eigene Machtbasis und angesichts eines liberalen Lagers, das keine Bereitschaft zeigte, ihm beizuspringen, führte Witte seine Mission mit der traurigen Gewißheit weiter, mit jedem erfolgreichen Schritt, den er in Richtung auf eine Beendigung der Revolution tat, auch seiner eigenen Entlassung näherzukommen. Sobald die Flut der revolutionären Gewalt zurückging, würden dieselben Leute, die ihn noch vor kurzem beschworen hatten, die unlösbar erscheinende Aufgabe zu übernehmen, ihm vorwerfen, er habe den Zaren mit List und Tücke zur Aufgabe seiner Prärogativen veranlaßt, würden behaupten, sein Ehrgeiz und sein brillanter Geist würden nicht eher ruhen, als bis er Premierminister einer konstitutionellen russischen Regierung, ja vielleicht sogar Präsident einer russischen Republik wäre.

Witte mußte sein Kabinett schließlich aus zaristischen Bürokraten zusammenstellen, von denen manche es ganz und gar nicht gern sahen, daß es nun jemanden gab, der zwischen ihnen und dem Zaren stand. Gewiß, ausgeschieden waren solche Denkmäler vergangener Verhältnisse wie der alte Pobjedonoschtschew, der in der gleichen Überzeugung aus dem Amt schied, in der er es 25 Jahre zuvor angetreten hatte: daß jedes Abweichen vom schmalen Pfad der Autokratie in die Katastrophe führen müsse. Auch ein anderer in der Öffentlichkeit verhaßter Mann mußte abtreten: General Trepow, dessen bescheidene Amtsbezeichnung (stellvertretender Innenminister) die beherrschende innenpolitische Rolle, die er gespielt, eher verschleiert als offenbart hatte; doch Trepow erhielt unverzüglich ein hohes Amt bei Hofe und wahrte seinen persönlichen Einfluß auf den Zaren. Ungeachtet aller dieser personellen Veränderungen wurde das neue Kabinett im liberalen Lager mit einmütiger Enttäuschung aufgenommen. Besonders provoziert fühlte man sich von der Ernennung Pawel Durnowos zum Innenminister. Als Polizeichef unter Alexander III. hatte Durnowo seine Agenten nebenbei zur Bespitzelung von Männern eingesetzt, von denen er argwöhnte, sie erfreuten sich des Wohlwollens seiner Geliebten. Es traf sich, daß einer dieser Verdächtigen der spanische Botschafter war, der gegen diese unerhörte Verletzung der diplomatischen Immunität schärfstens protestierte. »Das Schwein soll sofort entlassen werden«, lautete Alexanders unwirscher Befehl, als die Sache ihm zu Ohren kam. Dem »Schwein« war nun die Verantwortung für die innere Sicherheit übertragen worden, eine, wie man freilich einräumen muß, nicht gerade auf moralisch empfindliche Gemüter zugeschnittene Aufgabe.

Die Ambivalenz, die das Rollenverständnis der Gesellschaft im Spannungsfeld zwischen Revolution und Reaktion charakterisierte, trat im November 1905 beim Kongreß der Semstwo- und Magistratsvertreter erneut klar zutage. Die Semstwo- und die Befreiungsbewegung hatten bislang als politische Anwälte der unterschiedlich ausgeprägten konstitutionellen Bestrebungen und Ziele der Intelligenzija einerseits, des fortschrittlichen Landadels andererseits, eine symbiotische Beziehung zueinander unterhalten. Jetzt sollten beide von der nationalen politischen Bühne abtreten, um den Parteien Platz zu machen, die aus ihrer Mitte erwachsen waren. Die Minderheit der Kongreßteilnehmer bekannte sich zu Vorstellungen und Zielen, die dann in das politische Programm der sogenannten Oktobristenpartei eingingen: Zunächst einmal sollte die Gesellschaft das Regime in seinem Kampf gegen die Anarchie so lange unterstützen, als es die im Manifest vom 17. Oktober gegebenen Zusagen getreulich zu verwirklichen suchte. Allein, eine so deutliche Formulierung war der überwiegend zur »Kadetten«-Partei gehörenden oder tendierenden Kongreßmehrheit nicht genehm. Welche Befürchtungen und Rücksichten hier eine Rolle spielten, zeigte sich, als ein Delegierter, nachdem der Kongreß ein einmütiges Votum für die Abschaffung der Todesstrafe abgegeben hatte, den Antrag stellte, die Versammlung solle bei dieser Gelegenheit auch »Gewalt und Mordanschläge als Mittel des politischen Kampfes« generell verurteilen. Nach einigen betretenen verbalen Spiegelfechtereien wurde der Antrag abgelehnt.[53]

Das Dilemma, in dem die »Kadetten«-Partei, die Bannerträgerin und Gralshüterin des russischen Liberalismus, steckte, wurde von einem ihrer eigenen Mitglieder in einer treffenden und sarkastischen Analyse verdeutlicht. In ihrer Unfähigkeit, den inneren Konflikt zwischen demokratischer Tugend und Angst vor der Anarchie zu lösen, hätten die »Kadetten«, so schrieb er, sich de facto darauf verlegt, auf das Ende der Revolution zu warten und erst dann praktische Politik zu betreiben:

»Aber wer garantiert uns für das Ergebnis der Revolution, was gibt uns die Sicherheit anzunehmen, daß nach ihrer Beendigung die Bauern und Arbeiter dem klugen und wohltätigen Rat der Partei der ›Konstitutionellen Demokraten‹ folgen und nicht etwa irgendeinem Diktator oder einem neuen Pugatschow nachlaufen werden? Und was wird, wenn es soweit ist, noch von einer Partei übrig sein, die passiv abgewartet hat, bis die Revolution von selbst zum Stillstand gekommen ist, statt selbst den Willen und die Fähigkeit zu einer steuernden Einflußnahme auf den Gang der Dinge aufzubringen?«[54]

Mochten die Politiker auch noch zögern und hinhaltend agieren, die russische Gesellschaft als ganze begann im Dezember 1905 doch bereits deutliche Anzeichen des Unmuts über den nicht enden wollenden Reigen der Gewalttätigkeiten zu zeigen. Den psychologischen Umschwung lösten die Verhaftungen in St. Petersburg und das anschließende Blutbad in Moskau aus, das trotz aller von den Regierungstruppen begangenen willkürlichen Grausamkeiten selbst bei manchen führenden Sozialisten Skrupel über den Sinn bewaffneter Aufstände aufkommen ließ. Neuen Mut schöpfend, entschloß das Regime sich nun zu einer systematischen Unterdrückungspolitik. Von beiden Endstationen der Transsibirischen Eisenbahn aus wurden bewaffnete Einheiten losgeschickt, um den Streik der Eisenbahnarbeiter zu brechen, die revolutionären Sowjets von den wichtigsten Knotenpunkten und Bahnhöfen zu vertreiben und so die bedeutende Verkehrsachse wieder unter staatliche Kontrolle zu bekommen, so daß der Rest der Kriegstruppen aus Fernost zurückgeholt werden konnte. Dabei wurden brutale Methoden angewandt: Streikende und unbotmäßige Arbeiter wurden oft ohne formelles Kriegsgerichtsurteil exekutiert. Ähnliche Strafexpeditionen wurden zu anderen Unruheherden ausgeschickt, wobei die barbarischsten Ausschreitungen bei der Niederwerfung der revolutionären Erhebungen in Polen und in den baltischen Ländern vorkamen. In Lettland nahm die sogenannte »Befriedung« das Ausmaß einer Politik der verbrannten Erde an, und es war kein Zufall, daß die von dort stammenden Wehrpflichtigen zwölf Jahre später zur Vorhut der revolutionären Bewegung innerhalb des Heeres wurden und die Bolschewiken ihre Elitegarde aus ihren Reihen rekrutierten.

Im Augenblick jedoch erzielte man mit solchen Methoden den gewünschten Erfolg. »Gott sei Dank ist die Lage im allgemeinen viel ruhiger geworden«, schrieb Nikolaus II. am 12. Januar 1906 an seine Mutter. Obzwar der Zar die Leiden seiner Untertanen mit ziemlichem Gleichmut zur Kenntnis nahm (er glaubte ohnehin, daß die Unruhestifter zumeist Juden und Polen gewesen seien), versuchte er doch, die Verantwortung für die vorgefallenen Barbareien auf seinen Premierminister abzuwälzen: »Witte hat sich seit den Ereignissen von Moskau vollkommen verändert. Am liebsten würde er überall Henker und Erschießungskommandos hinschicken.«[55] In der Tat hatte Witte nichts gegen harte Vergeltungsmaßnahmen, wenn es galt, einen bewaffneten Aufstand zu bekämpfen. Doch von den Exzessen, die gegen wehrlose Zivilisten verübt wurden, gingen die meisten auf das Konto einzelner brutaler Offiziere wie des berüchtigten Generals Orlow, der in Lettland wütete und nur mit Mühe davon abgehalten werden konnte, ganze Stadtviertel von Riga niederzubrennen.

Um den Terrorismus nicht allein den Revolutionären und der Regierung zu überlassen, betrat im Spätherbst 1905 noch eine weitere auf Gewalt abonnierte Bewegung die Bildfläche. Eine der Nachwirkungen des Manifests vom 17. Oktober war die Sammlung und Formierung einer Kraft, die seit je unter der Oberfläche des politischen Lebens in Rußland schlummerte: des Nationalismus in seiner primitivsten und destruktivsten, mit einem militanten Fremdenhaß versetzten Gestalt, konkret ausgeprägt in diesem Fall als Antisemitismus und Haß gegen die Intelligenzija mit ihren europäisierten Anschauungen. Diese reaktionäre Spielart des Populismus trieb nun mehrere organisierte Zweige aus, von denen der »Bund des Russischen Volkes« am bekanntesten wurde. Ein wenig vom Ethos der Revolution blieb sogar an dieser reaktionären Bewegung hängen. Offiziell trat sie für das Prinzip der nationalen Repräsentation und für Maßnahmen zur Verbesserung der Lage der Arbeiter und Bauern ein. Auf der emotionalen Ebene jedoch appellierte sie an diejenigen, in deren Augen das Heil Rußlands untrennbar mit der Autokratie verbunden war und die im Konstitutionalismus eine unrussische und verwerfliche Erfindung sahen. Die unschuldigste Variante ihrer Aktivität war die Veranstaltung von Massendemonstrationen, bei denen die Leute Ikonen und Bilder der Zarenfamilie vor sich hertrugen und im Gleichschritt zu patriotischen und religiösen Gesängen wie »Gott schütze den Zaren« marschierten. Weniger harmlos waren die »Schwarzen Hundertschaften«, die berüchtigten Ableger dieser Bewegung, die ihr patriotisches Mütchen als plündernder und blutrünstiger Mob hauptsächlich an den Juden kühlten.

»Schlagt die Jidden und die Intellektuellen; rettet Rußland«, lautete ihr Wahlspruch. Nicht wenige hochstehende Persönlichkeiten fanden eine solche Gesinnung höchst zeitgemäß. Das bedauerlichste Beispiel hierfür gab der Zar selbst, der sich die Torheit leistete, den Führern des »Bunds des Russischen Volkes« eine Audienz zu gewähren und das ihm dargebotene Abzeichen der Organisation anzunehmen. Der öffentliche Appell, den Nikolaus II. an diese Bande von Fanatikern und Rowdys zu richten sich nicht entblödete, macht die Bedenken der Liberalen gegen die Übernahme von Ministerämtern unter diesem Zaren verständlich: »Möge der ›Bund des Russischen Volkes‹ Mein treuer Gehilfe sein, und möge er für alle und in allem ein Vorbild an Gesetzestreue und [eine Kraft zur Bewahrung] der öffentlichen Ordnung sein.«[56] Vielerorts drückten die Behörden beide Augen zu, wenn die »Schwarzen Hundertschaften« Pogrome und andere Ausschreitungen anzettelten und anführten.

Im großen und ganzen spielten der »Bund des Russischen Volkes« und ähnliche Organisationen in den Ereignissen der Jahre 1905–07 nur eine Nebenrolle. Nikolaus II. vermochte aus diesen protofaschistischen Organisationen weder Bollwerke der eigenen Stärke zu machen noch sie zu wirklicher politischer Bedeutsamkeit aufzupäppeln, ebenso wie er auch unfähig war, in irgendeiner politischen Frage einen konsequenten Standpunkt zu behaupten; sieht man einmal davon ab, daß er fest daran glaubte, das Vermächtnis seiner Vorfahren zu verspielen, wenn er dem Konstitutionalismus auch nur äußerliche Zugeständnisse machte. Als das Jahr 1906 anbrach, sah es bereits nicht mehr danach aus, als ob eines der extremistischen Lager, sei es das linke oder das rechte, siegreich aus der Revolution hervorgehen könnte. Die zentrale Frage, um die es in der Schlußphase der Revolution ging, war die Frage der Legitimität: Würde die Gesellschaft die Autokratie bei dem Versuch gewähren lassen, sich die Prärogativen zurückzuholen, denen sie im Prinzip durch das Manifest vom 17. Oktober entsagt hatte? Würden die Liberalen stark, einig und politisch geschickt genug sein, dafür zu sorgen, daß nur eine konstitutionelle Regierung als legitime Inhaberin der Staatsmacht in Betracht kam? Die im Namen der Revolution verübte Gewalt, die bis Ende 1905 indirekt den Liberalen zugute gekommen war, indem sie das Regime verunsichert und so zu Zugeständnissen veranlaßt hatte, sollte sich von jetzt an zunehmend als der liberalen Sache abträglich erweisen – es war nun die Gesellschaft, die vor der Gewalt Angst bekam und ihrer überdrüssig wurde und in der die Bereitschaft zunahm, sich mit jeder Lösung abzufinden, die eine Wiederherstellung von Gesetz und Ordnung versprach, gleich ob diese Lösung aus einem abgeschwächten autokratischen System oder einer echten konstitutionellen Monarchie bestehen würde.

Für die erstere Möglichkeit hatten der Zar und seine Höflinge begreiflicherweise mehr übrig als für die zweite. Ohne sich ausdrücklich vom Oktobermanifest zu distanzieren, beschlossen sie, die Zuständigkeiten der Duma, noch bevor diese überhaupt ihr politisches Debüt gegeben hatte, soweit wie möglich zu beschneiden und wesentliche Elemente der autokratischen Prärogative unversehrt über die Runden zu bringen. In diesem Sinne erließ das Regime zwischen Februar und April 1906 eine Anzahl von Grundgesetzen, in denen die Aufgabe, die Zusammensetzung und die Befugnisse der verschiedenen Staatsorgane definiert wurden. (Das Wort »Verfassung« brachte der Zar noch immer nicht über seine Lippen.) Der Kaiser sollte nach wie vor im Bereich der Exekutive die uneingeschränkte Befehlsgewalt ausüben, allein über Krieg und Frieden entscheiden und ein Vetorecht gegen alle Gesetzgebungsvorhaben besitzen, und die Minister sollten ihm und nicht dem Parlament gegenüber verantwortlich sein. Eine weitere Schwächung der Duma bedeutete die Schaffung einer zweiten gesetzgebenden Kammer, des Staatsrats, dessen Mitglieder zur Hälfte ernannt und zur Hälfte von den verschiedenen privilegierten Klassen und Gruppen, vorwiegend vom Adel, entsandt werden sollten; es handelte sich mithin um ein in etwa dem englischen Oberhaus analoges Staatsorgan. Was die Volksvertreter im »Unterhaus«, der Duma, betraf, so sollten die meisten von ihnen nach einem umständlichen indirekten, auf einer Einteilung der Bevölkerung in separate Gruppen nach Klassenzugehörigkeit und Vermögen beruhenden Systems gewählt werden. Immerhin wichen die den einzelnen Klassen zugeteilten Mandate, sieht man einmal von den Grundbesitzern ab, nicht wesentlich von ihrem proportionalen Anteil an der Gesamtbevölkerung ab, was bedeutete, daß die Duma ein überwiegend von den Bauern gewähltes Parlament sein würde. Darin kam freilich weniger das demokratische Bewußtsein des Regimes als seine Überzeugung zum Ausdruck, daß die Masse der Bauern ungeachtet aller Unruhen und Umtriebe der vergangenen Monate politisch konservativ geblieben sei – ein, wie die Wahlen dann zeigten, allzu optimistischer Glaube. Die Regierung hatte noch eine Anzahl weiterer Bestimmungen und Vorrichtungen eingebaut, die es ihr erlauben würden, die gewählten Volksvertreter im Gesetzgebungsprozeß oder bei der Haushaltsbewilligung zu übergehen oder unter Druck zu setzen.

In den Augen der radikaleren Liberalen und natürlich auch der revolutionären Parteien fügten sich alle diese Vorkehrungen zu einem Bild zusammen, das allenfalls die Karikatur eines konstitutionellen Systems darstellte. Die gemäßigten Kräfte jedoch mußten anerkennen, daß Rußland damit trotz aller Quertreiberei von seiten des Regimes zum erstenmal in seiner neueren Geschichte Einrichtungen erhalten sollte, die einem Parlament und einem System demokratischer Volksvertretung ähnelten. Nur wenige Russen glaubten wirklich daran, daß ihr Land für eine voll ausgebildete Demokratie reif sei. In der Tat zeigten viele »Kadetten« sich sogar, so laut sie in der Öffentlichkeit darüber klagten, wie weit das vorgesehene System hinter ihren Forderungen nach allgemeiner, gleicher Wahl und parlamentarischer Verantwortlichkeit der Minister zurückbleibe, im privaten Kreis besorgt über das relativ große Gewicht, das man der bäuerlichen Wählerschaft zuzugestehen bereit war.

Der Mann, der bei der Geburt des russischen Konstitutionalismus Pate gestanden hatte, Sergej Witte, beeilte sich, seinen Rücktritt einzureichen, obwohl er die Macht liebte. Er wollte vermeiden, das schwächliche und mißgestaltete Kind gegen Angriffe sowohl von rechts als auch von links in Schutz nehmen zu müssen. Ohnehin hatte er innerhalb des Regimes niemals eine Machtposition eingenommen, die seiner Amtsbezeichnung entsprochen hätte. Die Minister seines Kabinetts intrigierten gegen ihn und seine Politik. Nachdem die Revolution ihre kritischste Phase überschritten hatte, war der Wunsch des Zaren, Witte loszuwerden, nur noch durch das Wissen um dessen guten Ruf in internationalen Finanzkreisen gedämpft worden, und da die Regierung zu diesem Zeitpunkt, sofern sie nicht den Staatsbankrott erklären wollte, unbedingt eine ausländische Anleihe benötigte, brauchte sie vorläufig auch noch Witte, und dies um so mehr, als die Opposition lautstark erklärte, die Regierung habe nicht mehr das Recht, ohne Zustimmung der Duma im Ausland Kredit aufzunehmen. Nachdem die Verhandlungen mit einem französischen Bankenkonsortium über eine enorme Anleihe erfolgreich abgeschlossen waren, nahm Nikolaus II. mit unverhohlener Erleichterung das Rücktrittsgesuch seines Premierministers an.

Die Wahlen zur Ersten Staatsduma wurden von den radikalen Parteien boykottiert, offiziell mit der Begründung, das Wahlgesetz mache die ganze Veranstaltung zur Farce, in Wirklichkeit, weil die Sozialdemokraten und die Sozialrevolutionäre befürchteten, sie könnten unter Umständen blamabel abschneiden. Nur die georgischen Menschewiken entschieden sich in dem berechtigten Gefühl, gute Aussichten zu besitzen, dafür, Kandidaten für die Duma zu nominieren. Die Wahlergebnisse straften, im ganzen betrachtet, die Erwartungen der Regierung Lügen. Es mag nicht falsch gewesen sein, anzunehmen, daß die Bauern ihrem kaiserlichen Landesvater noch immer loyal ergeben waren, aber unter dem Eindruck ihrer wirtschaftlichen Notlage gaben sie ihre Stimme doch eher solchen Kandidaten, die radikale Auffassungen vertraten, besonders in der Grund-und-Boden-Frage. Die »Kadetten« errangen einen Triumph, der ihre kühnsten Hoffnungen übertraf: Sie erhielten ein Drittel aller Sitze. Die größte bäuerliche Fraktion, die sogenannten Trudowiken, rangierten politisch links von den »Kadetten«; einige ihrer Abgeordneten standen in ihrem Denken den Sozialrevolutionären nahe, andere waren ziemlich gemäßigt, alle forderten jedoch die entschädigungslose Verteilung staatlicher und privater (d. h. adliger) Ländereien an ihre nach Grund und Boden hungernde Wählerschaft. Die vom konservativen Standpunkt aus unheilvollste Eigenschaft der Duma war das verhältnismäßig große Gewicht, das verschiedene nichtrussische Bevölkerungsgruppen wie Polen, Ukrainer, Moslems usw. in ihr besaßen, die allesamt lautstark auf die nationalen Rechte der von ihnen Vertretenen pochten. Es gab nur ein kleines Häufchen konservativer Abgeordneter. Die Oktobristen, die einzige respektable Partei, von der die Regierung ein gewisses Maß an Unterstützung erwarten konnte, verfügte über 17 Mandate (gegenüber 150 Sitzen der »Kadetten«-Partei).

Die Worte, mit denen der Zar die Duma am 27. April 1906 eröffnete, zeichneten sich unter den gegebenen Umständen durch einen ungewollten Anflug von Humor aus: »Ich begrüße in euch die allerbesten Männer [der Nation], gerade diejenigen, von denen Ich gewünscht hatte, daß Meine geliebten Untertanen sie wählen würden.«[57] Die Zeremonie, die man sich, offenkundig nach dem Vorbild der britischen Parlamentseröffnung, ausgedacht hatte, mutete unter den gegebenen russischen Verhältnissen etwas unpassend an. Der Zar betrat das Parlamentsgebäude an der Spitze einer Prozession von Honoratioren: Einer Anzahl hoher staatlicher Würdenträger, die die kaiserlichen Insignien trugen, folgten die beiden juwelenfunkelnden Kaiserinnen, dann kamen in dicht geschlossenen Reihen die Spitzen der Zivil- und Militärbürokratie in Galauniform mit Epauletten und goldenen Litzen. Diese ganze, an monarchische Erbschaft und Privilegien gemahnende Schar trat den versammelten Abgeordneten entgegen, von denen die meisten ausgesprochen bürgerliche Kleidung trugen, manche aber auch bäuerliche – Stiefel und lange Russenkittel – oder, soweit sie Nichtrussen waren, demonstrativ in ihrer nationalen Tracht erschienen waren.

Kaum hatte das Parlament seinen Präsidenten und seine übrigen Funktionsträger gewählt, da stürzten sich die »Kadetten« unter Beteiligung ihrer gesamten Fraktion – »die besten Männer der Nation« – in ein rechthaberisches Hickhack mit der Regierung, das mit wenigen Unterbrechungen über die gesamte, 73 Tage zählende Lebensdauer der Ersten Staatsduma hinweg anhalten sollte. In Erwiderung auf die »Huldvolle Ansprache«, wie die Eröffnungsrede des Monarchen in England genannt wird, konfrontierte die Duma den Zaren mit einer ziemlich huldlosen Adresse, in der verschiedene Sünden der Regierung, so etwa die »Willkür der Beamtenschaft«, aufgezählt und eine Anzahl von Forderungen erhoben wurden, allen voran die Forderung nach einer Generalamnestie für politisch Verurteilte. Ungestüme Reden wurden zu diesem Thema geschwungen. Ein Abgeordneter erklärte, Rußland werde derzeit despotischer regiert als zu irgendeinem Zeitpunkt seit dem Ende der Tatarenherrschaft. Ein anderer, ein Sozialist, stellte in aller Form fest, er wolle nichts mit Adressen an den Zaren zu tun haben, und was die Amnestie angehe, so sei es lächerlich, sie für ein paar hundert Menschen zu fordern – und wären diese auch Märtyrer –, wo doch das ganze Land ein einziges Gefängnis mit 150 Millionen Gefangenen sei. Der Zar

240

weigerte sich, die Klageschrift der Duma entgegenzunehmen, und schickte den Abgeordneten seinen neuen Premierminister Iwan Goremykin, der ihnen erklärte, daß mehrere ihrer Forderungen mit den kaiserlichen Prärogativen kollidierten. Das Parlament empfing den Abgesandten des Zaren mit verletzender Geringschätzung und Rufen wie »Treten Sie zurück!«. Es gebe, so erklärte der »Kadett« V. Nabokow (der Vater des Schriftstellers), nur eine Lösung: »Die Regierung muß sich der Legislative unterwerfen.«[58] Die Kammer sprach der Regierung sodann fast einstimmig das Mißtrauen aus, ein Vorgang, der, da er von Gesetzes wegen nicht vorgesehen war, natürlich ohne rechtliche Folgen blieb.

Die Kollision wurde, als sie kam, von den Revolutionären mit unverhüllter Freude beobachtet und kommentiert, denn sie übertraf an Intensität ihre kühnsten Erwartungen. Besonders Lenin sah sich seiner Befürchtungen enthoben, die »Kadetten« könnten mit der Regierung zu einem Ausgleich kommen und so einer weiteren revolutionären Entwicklung einen entscheidenden Riegel vorschieben. Zeitweise beschuldigte er die Liberalen, sie spielten bewußt in dieser ganzen Komödie der scheindemokratischen Wahlen und des Pseudoparlamentarismus mit. Hin und wieder rief er auch die Duma, diese Versammlung »liberaler Feiglinge« und Opportunisten, dazu auf, dem Zaren und seinen Ministern die Macht zu entreißen. Solch starker propagandistischer Tobak konnte zu dieser Zeit noch ziemlich ungeniert verbreitet werden, da die Polizei nicht einzuschreiten wagte. Am 9. Mai 1906 attackierte Lenin die »Kadetten« vor einer in die Tausende gehenden Zuhörerschaft wegen ihrer schamlosen Aussöhnungspolitik gegenüber den Unterdrückern. In einer Resolution der Versammelten wurde dann die Fraktion der Trudowiken aufgefordert, standhaft bei ihrer kompromißlosen Haltung in der Landfrage zu bleiben und nicht den politischen Listen und den konstitutionellen Illusionen der »Kadetten« zu erliegen. Die Taktik der Bolschewiken war leicht zu durchschauen: Die bäuerliche Gruppe, die selbst keine klare ideologische Linie hatte, reagierte auf Druck von links stets sehr nachgiebig. Solange die Trudowiken aber auf einem radikalen Standpunkt beharrten, würde dies im liberalen Lager jede Entwicklung hin zu einer gemäßigteren Linie verhindern, denn die »Kadetten« brauchten die Trudowiken, um die Stimmenmehrheit in der Duma zu erreichen. Unter diesen Umständen war abzusehen, daß der Ersten Duma ein kurzes Leben und womöglich ein gewaltsames Ende beschieden sein würde – ein Ausgang, den Lenin und seine Freunde sich sehnlichst wünschten.

Die kompromißlos oppositionelle und revolutionäre Rhetorik, die in der Duma gepflegt wurde, war für die Führer der »Kadetten«-Partei in der Tat ein Grund zu heimlichem Unbehagen. Doch sie konnten sich aus ihrem Dilemma nicht befreien: Der oppositionelle Gestus war ein fast unvermeidlicher psychologischer Reflex ihrer Zugehörigkeit zur Intelligenzija, ein Vermächtnis der Vergangenheit, als die Intellektuellen sich ohnmächtig den Repressionen und Demütigungen seitens all jener anmaßenden Bürokraten ausgeliefert gefühlt hatten, an denen sie jetzt eine gewisse Vergeltung üben konnten – wenn auch nicht mit Haftstrafen und Verbannung, so doch mit verbalen Züchtigungen. Gerade weil sie jedoch intelligente Leute waren, erkannten die liberalen Führer, daß sie nun eine einmalige Chance und zugleich eine Verpflichtung gegenüber der Nation hatten, in deren Namen zu sprechen sie mit größerer Berechtigung als irgend jemand sonst für sich in Anspruch nehmen durften. Sie waren nicht gewählt worden, um dem Regime die Rechnung für seine früheren und jetzigen Sünden zu präsentieren, sondern um für eine Veränderung zu sorgen. Daß sie die extreme Linke nicht würden zufriedenstellen können, was sie auch immer sagen oder tun mochten, war den Klügeren im liberalen Lager ohnehin sehr bald klar.

Eine anschauliche Darstellung des grundlegenden Dilemmas der Liberalen gab ein 1906 von der »Kadetten«-Partei veröffentlichtes Pamphlet mit dem Titel *Anklagen gegen die Partei der Nationalen Freiheit* (so hieß die Partei der »Kadetten« offiziell).[59] Es war eine Zusammenstellung verschiedener Argumente, die sowohl von der Linken als auch von der Rechten gegen das Programm der »Kadetten« vorgebracht worden waren, sowie ihrer Antworten auf diese Argumente. Zum größeren Teil ist diese polemische Selbstdarstellung ein – etwas kleinlaut wirkender – Versuch, verschiedene von den Sozialisten erhobene Vorwürfe zurückzuweisen. Ihre Partei, so versicherten die Autoren, sei keine Klassenpartei, die die Interessen der Bourgeoisie vertrete. Man vergleiche doch nur ihr Programm mit den Programmen der bürgerlichen Parteien der westlichen Länder, und man werde sehen, daß es ganz von der Sorge um das Volk als Ganzes durchdrungen sei:

»Die Partei der Nationalen Freiheit ist mit weitgehenden staatlichen Eingriffen in die Sphäre der Beziehungen zwischen Kapital und Arbeit ebenso einverstanden wie mit weitgehenden Einschränkungen des privaten Eigentumsrechts an Grund und Boden (sie fordert die Zwangsparzellierung der großen Landgüter). Solche politischen Ziele sind gewiß nicht mit irgendwelchen egoistischen Interessen und Ansprüchen der grundbesitzenden Klassen vereinbar und könnten niemals Eingang in das Programm einer Partei finden, die nur diese Klassen verträte.«[60]

Im Prinzip hatte die Partei nichts gegen den Sozialismus, einen Sozialismus, von dem jedoch selbst ihre Widersacher auf der Linken einräumten, daß Rußland für ihn noch nicht reif sei.

Abgesehen von solchen äußerst mühsamen Versuchen, mit der Linken zu rechten, enthält das Pamphlet auch eine Stellungnahme zu einem Vorwurf von rechts: Die »Kadetten« zielten damit, daß die Exekutive der Volksvertretung verantwortlich sein sollte, darauf ab, selbst die Macht im Lande auszuüben. Ihre Antwort darauf fiel wahrlich nur zu überzeugend aus:

»Es wäre wohl nicht schwer, zu beweisen, daß es für unsere Partei viel leichter und angenehmer ist, [die Regierung] zu kritisieren, als die mit der Macht verbundene ... Verantwortung zu übernehmen. Es ist klar, daß jedes Regime, das an die Stelle des gegenwärtigen träte, mit Forderungen aller Art überhäuft [und] mit der Bürde überzogener Hoffnungen beladen würde. Seine politischen Feinde würden mit Freuden nicht nur aus seinen [unvermeidlichen] versehentlichen Torheiten, sondern auch und vor allem aus dem Umstand Kapital schlagen, daß unter den vorwaltenden Bedingungen keine denkbare Regierung die russischen Verhältnisse in ihrer Gesamtheit über Nacht verändern könnte.«

Die Partei, die in einer solchen Situation das Kreuz trüge, würde des feigen Verrats an ihren Grundsätzen und am Volk beschuldigt werden.

»Und wenn die Partei der Nationalen Freiheit dennoch stets bereit gewesen ist, diese Bürde auf sich zu nehmen . . ., so hat sie damit ihre Bereitschaft bewiesen, sich für die Sache des Vaterlands aufzuopfern, ihre Bereitschaft, den Kopf hinzuhalten und sich den Maulschellen einer böswilligen und rücksichtslosen Kritik auszusetzen; und sie hat bewiesen, daß sie sich darüber im klaren ist, daß sie [durch eine Übernahme der Macht] Gefahr laufen würde, einen Großteil des Ansehens zu verspielen, das sie sich durch ihren unablässigen Kampf gegen die alte Ordnung erworben hat.«[61]

Die Aussicht auf eine Übernahme der Staatsmacht war also zumindest für einen Teil der »Kadetten« gleichbedeutend mit der Perspektive eines politischen Märtyrertods. Es kann daher nicht sonderlich überraschen, wenn die weitere Geschichte dieser Partei, die vieles vom Besten, Kultiviertesten und Menschlichsten verkörperte, das das Rußland jener Jahre zu bieten hatte, einen tragischen Verlauf nahm.

Die verlockende und doch so furchteinflößende Aussicht auf die Macht sollte den »Kadetten« in der Tat noch einmal vor Augen treten – in den Tagen, da es mit der Ersten Duma zu Ende ging. Das Nebeneinander von Volksvertretung und einem Kabinett aus Bürokraten wurde sehr rasch für beide Seiten unerträglich. Andererseits schreckte das Regime vor einer Auflösung der Duma zurück, weil daraus vielleicht neue Gefahren erwachsen würden – und außerdem durfte man sich wohl kaum der Hoffnung hingeben, daß aus Neuwahlen eine kooperationsbereitere Kammer hervorgehen würde. In dieser Situation hatte General Trepow, der noch immer als vertraulicher Berater des Zaren wirkte, einen plötzlichen Einfall: Nachdem »halbe« Maßnahmen nicht gefruchtet hatten, weshalb es nicht mit einem drastischen Schritt versuchen? Der Zar solle ein reines »Kadetten«-Ministerium unter Leitung des jetzigen Duma-Präsidenten, Professor Sergej Muromzew, berufen. Trepow legte seinen Plan dem einflußreichsten »Kadetten« vor, Miljukow, der umgehend seine Vorbedingungen formulierte: Seine Partei werde die Möglichkeit, ein Kabinett zu bilden, unter der Voraussetzung prüfen, daß man ihr den zur Durchführung eines umfassenden Reformprogramms erforderlichen Spielraum einräumte. Das Wahlrecht müsse vollständig demokratisiert werden. Die Durchführung einer ehrgeizigen Landreform, die eine Parzellierung der großen Ländereien und ihre Verteilung an die Bauern (sowie eine »gerechte« Entschädigung der Enteigneten) einschloß, müsse ermöglicht werden. Ferner solle eine Amnestie für alle politischen Vergehen und Verbrechen, auch für Mordanschläge, gewährt werden. Die Bürokratie müsse in ihren oberen Rängen von ihren reaktionärsten Elementen gesäubert werden. Trepow hörte geduldig zu und notierte sich alle diese Bedingungen.

Trepows Initiative war kein Alleingang. Auch einige andere Repräsentanten des Regimes führten Gespräche mit den Spitzen der »Kadetten«-Partei und anderer politischer Gruppierungen, Gespräche, in denen eine gemäßigtere Variante von Trepows Plan erörtert wurde: ein Koalitionskabinett, dem sowohl »Kadetten« als auch Männer aus der Bürokratie angehören würden, Männer wie Peter Stolypin, der neue Innenminister.

Im nächsten Umkreis des Zaren glaubte man, Trepow sei verrückt geworden. Dieser Eindruck verstärkte sich, als der General einem britischen Journalisten ein Interview gab, in dem er seine Idee erläuterte, die dadurch an die Öffentlichkeit gelangte. Ein Kabinett aus »Kadetten«-Ministern sei, so erklärte er, der einzige Ausweg aus der Sackgasse, in der man sich befinde. »Wenn das nicht funktioniert, werden wir auf extreme Maßnahmen zurückgreifen müssen.« Trepows Gegner glaubten, die Hintergedanken zu erkennen, die er mit seinem Plan verband: Er rechnete, so glaubten sie, damit, daß die »Kadetten« sich als vollkommen regierungsunfähig erweisen würden und daß schließlich er, Trepow, zum Diktator ernannt würde und die Krise auf althergebrachte Art beheben könnte: »Mit Kugeln wird nicht gespart, Platzpatronen werden nicht verwendet.« Es ist jedoch auch möglich, daß hinter dem Plan Trepows kein solches Kalkül steckte. Die Autokratie war passé, da halfen keine Tricks mehr. Es galt jetzt, die Monarchie und Rußland zu retten, und es schien, als gebe es nur einen Weg, auf dem man dies, ohne die Gefahr weiteren massiven Blutvergießens heraufzubeschwören, bewerkstelligen konnte: indem man die Unterstützung derer suchte, die vielleicht in der Lage waren, die öffentliche Meinung versöhnlich zu stimmen.

Zu ihrer Enttäuschung und zugleich Erleichterung blieb es den Kadetten erspart, regieren zu dürfen – oder zu müssen. Nikolaus II. wollte von einem reinen »Kadetten«-Kabinett nichts wissen, und die Parteiführer sperrten sich gegen die Mitarbeit in einer Koalitionsregierung. Die Duma blieb der Regierung gegenüber auf Konfrontationskurs. Sie legte den Entwurf eines Agrargesetzes vor, das den Zwangsankauf und die Parzellierung und Verteilung ländlichen Großgrundbesitzes durch den Staat vorsah, obgleich die Regierung mit warnendem Unterton erklärt hatte, die zwangsweise Enteignung privaten Grundeigentums liege nicht im Zuständigkeitsbereich der Legislative. Die Duma hatte als Antwort hierauf in einer Proklamation an die Nation erklärt, sie werde das Gesetzesvorhaben dem Einspruch der Regierung zum Trotz weiter vorantreiben. Beide Seiten beschuldigten einander, ungesetzlich und in provokatorischer Absicht zu handeln.

Am 9. Juli kam, was kommen mußte: Die Duma wurde aufgelöst. In dem entsprechenden Erlaß hieß es, ihre Nachfolgerin solle bis zum 20. Februar 1907 gewählt und einberufen sein. Das Vorgehen des Zaren entsprach damit voll und ganz dem Buchstaben und Geist des Gesetzes. Gleichwohl hielt die Regierung es für klug, das Taurische Palais, in dem die Duma tagte, von

Truppen umstellen zu lassen, für den Fall, daß die Abgeordneten sich, dem Beispiel der französischen Generalstände aus dem Jahr 1789 folgend, dem Auflösungsbeschluß widersetzen und sich als ausschließlich der Nation gegenüber verantwortlich erklären sollten.

Dies war eine kluge Voraussicht. Denn tatsächlich wurde in der Duma sogar, vom linken Lager her, der Ruf nach einem bewaffneten Aufstand oder doch wenigstens einem Generalstreik laut. Die »Kadetten« indes entschieden sich ein weiteres Mal für eine revolutionäre Geste anstelle wirksamer Aktionen. Auf ihre Veranlassung hin setzten sich 180 Mitglieder des fristlos aufgelösten Parlaments nach Finnland ab, dessen Autonomiestatus die Gewähr bot, daß man sie nicht verhaften konnte. Von Vyborg aus erklärten sie in einem Manifest, die Auflösung der Duma sei ein Verfassungsbruch gewesen, und riefen die Nation dazu auf, hiergegen durch einen Steuerboykott und durch Rekrutenverweigerung zu protestieren. Der Appell verpuffte vollkommen wirkungslos. Sein einziges greifbares Ergebnis war, daß die Unterzeichner angeklagt wurden und damit automatisch das Recht verloren, bei den Neuwahlen zu kandidieren. Die Regierung war vernünftig genug, sie erst viele Monate später vor Gericht zu stellen und sie mit einer gelinden Strafe – drei Monate Gefängnis – davonkommen zu lassen.

Die Revolution hatte ihren Zenit überschritten und war in ihre Endphase eingetreten. Abgesehen von zwei rasch niedergeschlagenen Matrosenmeutereien im Sommer 1906 kam es zu keinen bewaffneten Aufstandsversuchen mehr. 1905 hatte die Revolution sich von einer in solcher Intensität noch nie dagewesenen Streikbewegung genährt. 1906 gab es zwar noch immer zahlreiche Streiks, doch verloren sie zum großen Teil ihren politischen Charakter, und die Gesamtzahl der Streikenden lag um 60 Prozent unter dem Vorjahreswert. Der Terrorismus hielt ungehemmt an, ebenso wie die mit Waffengewalt vollzogenen Enteignungen und der Raub staatlicher Gelder zum Zwecke der Finanzierung der Revolution. Im Verlauf des Jahres 1906 wurden bei Attentaten 768 Beamte getötet und 820 verwundet; das Spektrum der Opfer erstreckte sich vom Premierminister bis zum einfachen örtlichen Polizeibeamten, aber in einem gewissen Sinn war dieser wütende Terror ein Zeichen dafür, daß die Revolutionäre die Hoffnung auf einen Aufstand der Massen begraben hatten.

Stolypin, der in einem Zuge mit der Auflösung der Duma zum Premierminister ernannt worden war, wollte die Revolution mittels einer dosierten Mischung aus Repression und sozialen Reformen zum Erlöschen bringen. Er war ein fähiger Organisator und weltanschaulich ein mit der Zeit gegangener Slawophiler. Er glaubte zwar an die Autokratie, war zugleich aber auch überzeugt, daß sie nicht mehr ohne ein System der repräsentativen politischen Mitwirkung bestehen könne. Rußland bedürfe wirtschaftlich und gesellschaftlich der Modernisierung. In seinem ersten Rundschreiben an die ihm unterstellten Behörden hob er beide Punkte hervor:

»Die Regierung ist fest entschlossen, diejenigen Gesetze und Einrichtungen, die veraltet sind und ihren Zweck nicht mehr erfüllen, abzuschaffen oder in zweckmäßiger Weise umzugestalten . . ., die öffentliche Ordnung muß um jeden Preis wiederhergestellt werden . . . Ein starker und entschlossener Staat, der auch ebenso handelt, wird nicht verfehlen, bei den besten Elementen der Gesellschaft Unterstützung zu finden.«[62]

Stolypin wollte keine taktischen Plänkeleien mehr mit den »Kadetten«. Gleichwohl versuchte er unmittelbar nach seiner Berufung, einige der gemäßigten Vertreter der Partei für sein Kabinett zu gewinnen. Als diese ihre Zustimmung wiederum von Bedingungen abhängig machten, brach er die Verhandlungen ab. Keine Regierung, die etwas auf sich halte, dürfe sich, so erklärte er, durch einen politischen Kuhhandel die Hände binden lassen; sie müsse vielmehr ihre Politik selbst formulieren und verwirklichen, komme was da wolle.

Sein am 25. August 1906 öffentlich verkündetes Programm sah auf der einen Seite die ehrgeizigsten sozialen und wirtschaftlichen Reformen seit den 60er Jahren des 19. Jahrhunderts, andererseits Polizeimaßnahmen von nicht dagewesener Schärfe vor. Einerseits versprach die Regierung weitreichende Landreformen, eine Krankenversicherung für die Industriearbeiter einzuführen, die rechtlichen Benachteiligungen und die die Religionsausübung behindernden Auflagen zu beseitigen, unter denen die religiösen Minderheiten, allen voran die Juden, litten, und die kommunale und regionale Selbstverwaltung auch in den Gouvernements, in denen sie bislang nicht praktiziert wurde, sowie in Polen einzuführen. Andererseits kündigte sie die Einrichtung von Kriegsgerichten zur Aburteilung der politischen Gewalttäter an. Die Urteile sollten an diesen Gerichten jeweils binnen zweier Tage gesprochen, die Todesurteile innerhalb von 24 Stunden vollstreckt werden.

Stolypin wollte die sieben Monate bis zum Zusammentritt der neuen Duma zur Schaffung vollendeter gesetzlicher Tatsachen auf dem Verordnungsweg nutzen. Er gedachte dies durch die Anwendung – oder wie die Opposition es sah: durch den Mißbrauch – des ominösen Artikels 87 der Anfang des Jahres erlassenen Grundgesetze zu bewerkstelligen, der die Regierung ermächtigte, in Zeiten, da die Duma nicht tagte, in eigener Machtvollkommenheit Notverordnungen zu verfügen. Die Autokratie würde, so rechnete Stolypin, auf diese Weise zeigen, daß sie willens und imstande war, die schlimmsten sozialen und wirtschaftlichen Gebrechen Rußlands zu heilen, ganz im Kontrast zur Ersten Duma, die während der paar Monate ihres Bestehens nur ein einziges, ziemlich unwichtiges Gesetz zustande gebracht hatte.

So beseitigte die Regierung per Erlaß einen Großteil der Fesseln, die dem russischen Bauern in bezug auf seine persönliche Freiheit und seine Rechte bis dahin noch angelegt gewesen waren, und befreite ihn damit aus seiner Unmündigkeit gegenüber dem Staat. Von noch tiefergreifender Bedeutung war ein Gesetz vom 9. November 1906, mit dem Stolypin der bäuerlichen Dorfgemeinde zu Leibe rückte, die das Ideal der Konservativen wie der Radikalen, wenn auch nicht der Marxisten, gewesen war. Nach dem neuen Gesetz konnte der einzelne Bauer aus der Dorfgemeinschaft ausscheiden und verlangen, daß seine Parzellen, sofern sie über die Dorfflur verstreut lagen, zusammengelegt wurden. Die Regierung hoffte, damit die landwirtschaftliche Produktivität steigern und die Entwicklung einer wirtschaftlich gefestigten ländlichen Mittelschicht fördern zu können, die nach dem Muster anderer Länder auch in Rußland zu einem Faktor der politischen Stabilität und des wirtschaftlichen Wohlstandes werden konnte. Unnötig zu sagen, daß diese Ziele nicht über Nacht erreicht werden konnten; die Auflösung der Dorfgemeinde konnte nur in einem allmählichen und schmerzhaften Prozeß voranschreiten. Um in der Übergangsphase die wirtschaftliche Not und die Überbevölkerung auf dem Lande abzubauen, plante die Regierung, die Kolonisierung dünnbesiedelter und zum Ackerbau geeigneter Gebiete in Sibirien und anderswo direkt und indirekt zu fördern. Ferner sollte der Staat Bauern, die Grund und Boden aus adligem oder kaiserlichem Besitz zu kaufen wünschten, mit Krediten oder Zuschüssen unterstützen.

Ebenfalls unter Zuhilfenahme des Artikels 87 setzte Stolypin ein Gesetz in Kraft, das den Altgläubigen die beschränkte Ausübung ihrer Religion gestattete und die Zulassungsbeschränkungen für Juden an den höheren Lehranstalten beseitigte. Als es jedoch darum ging, die Juden von allen rechtlichen Benachteiligungen zu befreien, war dies dem Kaiser zuviel des Guten. Sein Gewissen, so schrieb Nikolaus II. an Stolypin, erlaube ihm nicht, den Juden die volle staatsbürgerliche Gleichstellung zu gewähren.

Stolypin konnte nicht damit rechnen, daß seine energischen Maßnahmen ihm Popularität eintragen würden. Die Rechten waren von seinem Einsatz zugunsten der Juden und der religiösen Dissidenten empört und befürchteten, die kräftige staatliche Förderung des kleinbäuerlichen Privateigentums werde zum Ruin des Landadels führen. Die extreme Linke reagierte auf seine Versuche, den sozialen Unterbau des Systems zu stärken, mit unverhüllter Panik. Die sozialen Eingriffe Stolypins könnten, wie Lenin etwas später schrieb, das ländliche Rußland für einen längeren Zeitraum gegen jede revolutionäre Ansteckung immunisieren. Was schließlich die Liberalen betraf, so wog in ihren Augen das unzweifelhaft verdienstvolle Eintreten Stolypins für die Belange der Unterprivilegierten die Verwerflichkeit der von ihm praktizierten Polizeistaatsmethoden nicht auf. Bei der Unterdrückung der revolutionären Aktivitäten gingen die Behörden inzwischen systematisch und rücksichtslos vor. Die Standgerichte fällten in den ersten sechs Monaten ihres Bestehens 1042 Todesurteile. Die Schlinge des Henkers wurde allgemein »Stolypin-Krawatte« genannt. Nur knapp einem Anschlag entgangen – bei der Explosion eines Dynamitsprengsatzes in seiner Villa wurden über 30 Personen getötet und seine Kinder verletzt – und wohl wissend, daß er keines natürlichen Todes sterben würde, ließ Stolypin sich nicht von seinem Kurs abbringen. Alle terroristischen und propagandistischen Aktivitäten der Revolutionäre liefen, wie er den Abgeordneten der Zweiten Duma erklärte, darauf hinaus, daß dem Staat die Pistole auf die Brust gesetzt werde. Der Staat müsse darauf stets anworten: »Wir lassen uns nicht einschüchtern.«

Auch von seiten des Zaren erntete der Premierminister mit seinen Bemühungen und Leistungen keine Dankbarkeit; Nikolaus II. hatte an Ministern, die einen starken eigenständischen politischen Willen besaßen, noch nie Gefallen gefunden, und so war es auch bei Stolypin; als diesen schließlich die Kugel eines Attentäters ereilte, nahm der Zar seinen Tod mit bemerkenswertem Gleichmut hin.

Wie instabil die politische Lage war, zeigten die Ergebnisse der Wahlen zur Zweiten Duma, die am 20. Februar 1907 zum erstenmal zusammentrat. Sie bot in ihrer politischen Zusammensetzung ein weit stärker polarisiertes Bild als ihre Vorgängerin, wenngleich die einzelnen Fraktionen eine gewisse, durch die Zu- und Abwanderung von parteilosen Abgeordneten und Vertretern der Minderheiten bedingte Fluktuation aufwiesen. Auf der Linken, die insgesamt zwei Fünftel der Sitze erobert hatte, stellten die Sozialdemokraten 65, die Sozialrevolutionäre 37 Abgeordnete. (Beide Parteien hatten erkannt, daß es ein Fehler gewesen war, die Erste Duma zu boykottieren, und hatten sich mit vollem Einsatz an den jüngsten Wahlen beteiligt.) Die extreme Rechte hatte eine beachtliche Zahl von Mandaten errungen, und die Oktobristen, die jetzt praktisch die Rolle einer »gouvernementalen« Partei spielten, hatten sich auf etwa 50 Sitze gesteigert. Die Verlierer der Wahl waren die Liberalen, also die »Kadetten« und ihre politischen Verbündeten, deren Fraktion von 180 auf 99 Abgeordnete schrumpfte. Ideologisch herrschte in der Zweiten Duma eine geradezu babylonische Atmosphäre: Weder die extreme Linke noch die extreme Rechte nahmen das parlamentarische Geschäft ernst; für beide war die Duma in erster Linie eine Bühne, auf der sie, unter dem Schutz der parlamentarischen Immunität, aufrührerische Reden halten konnten. Tiefgreifende Meinungsverschiedenheiten herrschten nicht nur zwischen, sondern auch innerhalb der Parteien, so daß es etwa der sozialdemokratischen Fraktion, der 18 Bolschewiken und 36 Menschewiken angehörten, schwerfiel, nach außen den Eindruck der Geschlossenheit aufrechtzuerhalten; bei den »Kadetten« standen sich, wie von jeher gewohnt, Sympathisanten der Linken und Befürworter einer bedingten Unterstützung der Gesetzesvorhaben der Regierung gegenüber. Die Lebensdauer, die dieser unter so ungünstigen Vorzeichen angetretenen Versammlung beschieden war, übertraf die ihrer Vorgängerin nur wenig. Im Mai erhob die Regierung den Vorwurf, Angehörige der sozialdemokratischen Duma-Fraktion betrieben subversive Wühlarbeit in den Streitkräften, eine Anschuldigung, die, wenn nicht in dem genannten konkreten Fall, so doch ganz sicher im Prinzip zutraf, denn die sozialdemokratische Partei bekannte sich in ihrem offiziellen Programm zur revolutionären Agitation in der Truppe. Von der Regierung mit der Forderung konfrontiert, die Immunität der beschuldigten Abgeordneten aufzuheben, stürzte die Duma sich in eine leidenschaftliche Debatte. Einer der von den Vorwürfen Betroffenen erklärte – durchaus treffend, wenngleich wenig beweiskräftig im Sinne einer Widerlegung der Beschuldigungen –, die wirklichen Komplotteure seien nicht die Linken, sondern die Regierenden: »Das Komplott besteht in dem Versuch, die Volskvertretung auszuschalten und eine bürokratisch-feudale Duma an ihre Stelle zu setzen... Aber es kann nur entweder eine nationale Vertretungskörperschaft geben oder die Revolution... Wenn sie uns mit den Bajonetten auseinanderjagen wollen, so sollen sie es tun. Das Volk können sie nicht auseinanderjagen.« Das Protokoll vermerkt an dieser Stelle: »Ohrenbetäubender Beifall von links und von der Mitte.«[63]

Am 3. Juni 1907 wurde die Zweite Duma aufgelöst. Im gleichen Zug proklamierte die Regierung ein neues Wahlgesetz, das, wie ein Apologet des Regimes es in entwaffnender Treuherzigkeit formulierte, »ein bißchen gegen die geltenden Gesetze verstieß, um sicherzustellen, daß die Volksvertretung in Zukunft gewissenhaft im Rahmen der Legalität arbeiten würde«.[64] Das »bißchen« Verstoß gegen die Grundgesetze bestand in einer durchgreifenden Umgestaltung des Wahlverfahrens, die praktisch die Gewähr dafür bot, daß es in der nächsten Duma ein gefälliges Übergewicht der Rechten geben würde. Das Stimmgewicht der unteren Bevölkerungsklassen wurde ebenso drastisch reduziert wie das der nichtrussischen Provinzen des Reiches, denn, wie es in dem Manifest vom 3. Juni klar und deutlich hieß: »Die Staatsduma muß in ihrem Geist russisch sein, und die anderen Nationalitäten sollten und werden nicht in so großer Zahl vertreten sein, daß ihre Stimme bei der Entscheidung über rein russische Fragen ausschlaggebende Bedeutung erhalten kann.« Umgekehrt war es natürlich ganz in Ordnung, daß die Russen in rein polnischen, georgischen, litauischen Fragen die ausschlaggebende Stimme hatten. Mit gleicher Unverhülltheit erklärte die Verlautbarung, weshalb der Zar die von ihm selbst im Vorjahr verkündeten Grundgesetze nunmehr gebrochen hatte: Bei der gegenwärtigen Zusammensetzung der Duma sei es nicht möglich, eine Reform des Wahlrechts, wie sie erforderlich sei, durchzubringen. »Um die große Aufgabe zu vollenden, die Wir mit dem Ziel begonnen haben, Rußland zu reformieren, schenken Wir [dem Land daher] dieses neue Wahlgesetz.«

Wäre die Zweite Duma nach Zusammensetzung und Gebaren ein getreues Abbild der Stimmung im Land gewesen, dann hätte der kalte Staatsstreich vom 3. Juni einen Sturm revolutionärer Gewaltakte und Streiks auslösen müssen, gegen den die revolutionäre Bewegung vom Herbst und Winter 1905 eine milde Brise gewesen wäre. Doch es rührte sich nichts dergleichen. Das Regime hatte die Revolution besiegt oder, genauer gesagt, überstanden, und zwar hauptsächlich deshalb, weil es sich als die einzige politische Kraft im Lande erwiesen hatte, die bereit und willens war, zu regieren. Der einzige Staatsstreich, den die Revolution hervorbrachte, wurde von der

Regierung selbst gemacht, als sie in flagranter Verletzung der Grundgesetze und des vom Zaren feierlich abgegebenen Versprechens das Gesetz vom 3. Juni oktroyierte. Die Gesellschaft fand sich nicht nur mit den damit geschaffenen Tatsachen ab, sondern wirkte geradezu erleichtert. Die »Kadetten« stellten sogar Kandidaten für die neue Duma auf, obgleich die Wahl nicht nur angesichts des unlauteren Wahlgesetzes, sondern auch in Anbetracht der staatlichen Zuwendungen an die Parteien der Rechten und angesichts anderer Schikanen zur Farce wurde. Auch die Bolschewiken und Menschewiken waren sich nicht zu schade, für jene Handvoll von Parlamentssitzen zu kandidieren, die für die gewählten Vertreter der Arbeiterschaft reserviert waren. Solange in Rußland ein wie immer geartetes System der Volksvertretung bestand, wollten die »Kadetten«, wie Miljukow es etwas später formulierte, lieber »die Opposition Seiner Majestät als eine Opposition gegen Seine Majestät« sein. Die darin angedeutete Analogie zum englischen Parlamentarismus war nicht ganz treffend: Dort erhält die Opposition periodisch Gelegenheit, selbst zu regieren, etwas, wovon nach 1907 kein russischer Liberaler mehr träumen konnte. Während die Liberalen zerknirscht ihren Verbalradikalismus bereuten, sah Lenin sich gezwungen, seinen Anhängern zu erklären, daß die Zeit der bewaffneten Erhebungen zunächst einmal vorbei sei. Nicht lange, und Lenin und die anderen Matadore der revolutionären Bewegung, die 1905 mit so großen Hoffnungen heimgekehrt waren, mußten wiederum ins Ausland fliehen.

Die Revolution zog sich in Wartestellung zurück, der Liberalismus war bankrott, und die Autokratie behauptete als geschwächte und in ihrer Glaubwürdigkeit angeschlagene Siegerin das Schlachtfeld. Ohne Mao zu nahe treten zu wollen: Die politische Macht kam in Rußland nicht aus den Gewehrläufen. Die Gewehrläufe waren nicht imstande gewesen, die zum 17. Oktober 1905 führende Entwicklung aufzuhalten. Der Liberalismus wurde 1904–05 zum Nutznießer des russischen Nationalismus, zum Nutznießer der augenscheinlichen Entschlossenheit der russischen Gesellschaft, das Regime, das das Land in die Niederlage geführt hatte und zu einer Umgestaltung der unerträglichen sozialen und politischen Verhältnisse nicht imstande schien, endgültig loszuwerden. Im Verlauf der anschließenden Entwicklung jedoch, die den russischen Staat selbst bis in seine Grundfesten erschütterte und seinen Fortbestand zu gefährden drohte, begann die Autokratie sich erneut immer nachdrücklicher als die einzige zuverlässige Sachwalterin des russischen Nationalismus zu präsentieren. Es war die Nationalitätenfrage, die wesentlich zur Spaltung innerhalb der liberalen Bewegung beitrug. Das Programm der »Kadetten«-Partei versprach Autonomie für Polen, und eine ihrer anderen Forderungen, die Dezentralisierung der politischen Macht im Reich selbst, schien ähnliche Perspektiven für die Ukraine, für Transkaukasien und für andere Regionen zu eröffnen. In den Augen der konservativeren Liberalen lag hierin eine ernstzunehmende Gefahr für die Einheit und Größe Rußlands. Indem sie dem Regime ihre Unterstützung gewährten, lieferten sie ihm eine, wenn auch nur pseudodemokratische, Legitimationsgrundlage: Es konnte sich nun, zusätzlich zu der zweifelhaften Unterstützung, die es von seiten des in den »Schwarzen Hundertschaften« organisierten Pöbels genoß, auch des Wohlwollens eines Teils der guten Gesellschaft rühmen. Daß an eine Wiederbelebung des Mythos vom »unbegrenzten Vertrauen zwischen dem Zaren und seinem Volk« nicht zu denken war, lag auf der Hand. Doch waren nach dem Abebben der Revolution viele Russen – und durchaus nicht nur Rechtsstehende – bereit, die Autokratie in ihrer abgemilderten Form als die einzige funktionsfähige Alternative zur Anarchie und als die einzige Staatsform zu akzeptieren, die in der Lage war, die Einheit des russischen Reiches und die Wahrung seiner nationalen Interessen zu gewährleisten.

Der eloquente Redner Stolypin, selbst ein leidenschaftlicher Nationalist, verstand es sehr gut, den Patriotismus als politische Waffe zur Stützung des Regimes einzusetzen. Die Opposition brauche, rief er bei einer Debatte in der Duma aus, die fortwährende nationale Krise; das Regime dagegen stehe für Rußlands Größe. Gab es ein wirksameres Linderungsmittel für die jüngst empfangenen Wunden und Demütigungen als die Vision eines sich aus seiner Rückständigkeit befreienden Rußlands, das eines Tages die Welt bewegen würde? »Sie können mir glauben, wenn die Grundlagen unseres politischen Lebens erst einmal wieder heil und stabil sind, wird Europa, wird die ganze Welt auf das hören müssen, was die russische Regierung sagt.« Erst einmal jedoch brauche das Land zwanzig Jahre der inneren Stabilität und des Friedens. »Dann werden Sie Rußland nicht wiedererkennen.«[65]

Kapitel 4
Vorspiel zur Katastrophe: 1907–1914

Man kann die russische Geschichte zwischen 1904 und 1907 wie eine Art Vexierbild betrachten, das viele Figuren enthält, die sich im Rückblick als »prophetische« Vorwegnahmen späterer Entwicklungen nicht nur in der russischen, sondern auch in der Weltpolitik entschlüsseln lassen – und einige dieser Figuren sind durchaus noch nicht voll entschlüsselt. Zum erstenmal in der neueren Geschichte wurde eine europäische Macht in einem ausgewachsenen Krieg von einem aufstrebenden Staat der nichtabendländischen Welt besiegt, ein Ereignis, das dem aufkeimenden Nationalismus in allen Ländern des asiatischen Raums ungeheuren Auftrieb gab und dem westlichen Imperialismus nichts Gutes verhieß. Die Konstellation und der Verlauf der politischen und sozialen Kämpfe im Rußland jener Jahre sollte Rebellen gegen andere autoritäre und traditionalistische Regime als Ansporn und Vorbild dienen. Und vor allem anderen war die Revolution, wenn dies zu ihrer Zeit auch nur für wenige inner- und außerhalb Rußlands erkennbar war, ein Warnsignal, das die Brüchigkeit jenes Systems der Wertvorstellungen bloßlegte, das sich die westlichen Länder als Errungenschaft des 19. Jahrhunderts angeeignet hatten, eines Wertesystems, von dem die meisten bürgerlichen Europäer zuversichtlich glaubten, daß es früher oder später zur Norm für die gesamte zivilisierte Welt werden würde. Es waren der Liberalismus und seine gesellschaftliche Trägerin, die Intelligenzija, die die Revolution gegen die Autokratie anfachten. Im Gegensatz zu dem, was die Drehbücher für derartige Kämpfe bislang stets vorgesehen hatten, erwies sich der Liberalismus in diesem Fall nicht nur als unfähig, die Revolution erfolgreich zu Ende zu führen, sondern auch als außerstande, die Kontrolle über das zu behalten, was er in Gang gesetzt hatte. Die rusisschen Liberalen verfehlten ihr Ziel, die Schaffung einer konstitutionellen und rechtsstaatlichen Regierungsform, und halfen, ohne es zu wollen, mit, Kräfte freizusetzen, die zu ihren eigenen Zielen und Idealen in ebenso unversöhnlichem, wenn nicht noch schrofferem Gegensatz standen als die Autokratie alten Stils. Dieses Drama sollte sich, zuweilen mit noch bedrückenderem Ausgang, nicht nur in Rußland, sondern im Lauf der folgenden Jahrzehnte und bis in unsere Tage hinein auch in vielen anderen Gesellschaften wiederholen.

Keine der beiden Revolutionen von 1917, weder die bürgerliche vom Februar noch die proletarische vom Oktober, wäre ohne die ›Generalprobe‹ von 1905 möglich gewesen, schrieb Lenin später[1]; dies ist eine ziemlich verblüffende Feststellung aus der Feder eines Marxisten, dessen Ideologie lehrt, daß Revolutionen die Folge unerbittlich waltender ökonomischer Kräfte und nicht etwa zufälliger historischer Ereigniskonstellationen sind. Als Historiker wird man die Kennzeichnung dessen, was im Februar 1917 in Rußland passierte, als eine bürgerliche Revolution, erst recht aber die Kennzeichnung der Machtübernahme der Bolschewiken als eine proletarische Revolution in Frage stellen müssen. In ihrer Quintessenz ist die Aussage Lenins dennoch zutreffend: Das Jahr 1905 bereitete den Boden für das Jahr 1917, und es war Lenin, der als einziger unter den führenden Köpfen der ersten russischen Revolution die Lektion begreifen und von seinen Erkenntnissen im Verlauf der zweiten und folgenschwereren Umwälzung guten Gebrauch machen sollte.

Zunächst schien es nach Stolypins entschlossenem Coup von 1907 und angesichts der rigorosen Schärfe, mit der er gegen den revolutionären Terrorismus vorging, als sei der Traum von der Revolution bis auf weiteres ausgeträumt. Rußland schien, befriedet, vor einer längeren Phase der politischen Ruhe zu stehen. Die Arbeiterunruhen waren so weit abgeflaut, daß die Zahl der streikenden Arbeiter im Jahre 1910 nur noch 6 Prozent der Vergleichszahl von 1905 betrug. Die revolutionären Parteien mußten einen katastrophalen Mitgliederschwund hinnehmen: Nach Lenins eigener Schätzung verfügten alle linksradikalen und nationalrevolutionären Gruppierungen im Reich zusammen noch über 30 000 Mitglieder gegenüber 150 000 im Jahre 1907, wobei die Schätzung für das Jahr 1910 wahrscheinlich noch zu hoch angesetzt war.[2] Die bolschewistischen und menschewistischen Parteigliederungen waren außer im Kaukasus praktisch überall zerfallen. Nicht viel anders sah es bei den Sozialrevolutionären aus, wenn diese auch immer noch den einen oder anderen Terroranschlag zustande brachten. Die revolutionären Führer, Generäle mit schrumpfenden Armeen, bekriegten sich jetzt heftig untereinander.

Von Genf und später von Paris aus führte Lenin erneut eine energische Kampagne gegen die Menschewiken. Das ohnehin bereits umfangreiche Vokabular marxistischer Schimpfworte wurde um einen neuen Terminus bereichert: »Liquidatoren« nannte Lenin diejenigen Menschewiken, die angeblich jeden Gedanken an konspirativ arbeitende revolutionäre Organisationen aufgegeben hatten und sich brav und bieder auf die gesetzlich erlaubten Aktivitäten beschränkten. In seinen unbeherrschteren Momenten pflegte er die Menschewiken »Stolypins Arbeiterpartei« zu nennen.

Tatsächlich unterschied sich die Taktik, die Lenin sich für die Bolschewiken ausdachte, kaum von der, an der seine innerparteilichen Gegner sich orientierten: Beide Flügel beteiligten sich weiterhin an den Wahlen zur Duma, obgleich nach dem neuen Wahlgesetz nur eine Handvoll von Abgeordnetenmandaten für die Vertreter des städtischen Proletariats zur Verteilung stand; beide nutzten die beträchtlichen Möglichkeiten zur legalen Propaganda, die das Regime zuließ, indem sie Zeitungen und Bücher publizierten (Lenins theoretische Schriften erschienen in Rußland legal und unter seinem

Namen), beide versuchten Einfluß auf Gewerkschaften und andere Berufsverbände zu gewinnen und ähnliches. Umgekehrt kam, da alle sozialistischen Parteien offiziell verboten waren, keiner der beiden Zweige des russischen Marxismus ohne konspirative Methoden aus, und die Aktivisten beider Lager lebten stets mit dem Risiko der Verhaftung und Verbannung. Was die Lage der Sozialisten noch brenzliger machte, war die Tatsache, daß viele von Lenins Gefolgsleuten an seiner de facto ebenfalls »liquidationistischen« Haltung Anstoß nahmen, lautstark eine Wiederaufnahme des bewaffneten Kampfes forderten und für einen Rückzug der bolschewistischen Abgeordneten aus dem Pseudoparlament eintraten. Als Lenin versuchte, ihnen das Unvernünftige ihrer Forderungen klarzumachen – militantes Vorgehen finde bei den Arbeitern keine Unterstützung mehr und hätte nur zur Folge, daß die wertvollen Kader sich weiter aufrieben; die wenigen bolschewistischen Duma-Mitglieder stellten aufgrund ihrer parlamentarischen Immunität einen politischen und propagandistischen Aktivposten dar, den Hunderte konspirativer Aktivisten nicht würden aufwiegen können –, kehrten viele seiner Unterführer der Partei, manche der Politik schlechthin, den Rücken. Das Etikett »Liquidatoren« war für Lenin nicht nur ein brauchbarer Kampfruf gegen die Menschewiken, sondern diente ihm auch dazu, ähnlichen Vorwürfen, die gegen ihn erhoben wurden, den Wind aus den Segeln zu nehmen. Indem er den Begriff nur hartnäckig und oft genug wiederholte, machte er ihn in seiner spezifischen polemischen Bedeutung zu einem historischen Kennwort und brachte es fertig, nicht nur in den Köpfen seiner Anhänger, sondern auch in denen vieler späterer Historiker und selbst mancher Menschewiken die Überzeugung zu verankern, daß es letzteren an revolutionärem Bewußtsein gefehlt habe.

Die Verteufelung des politischen Gegners hatte sich bereits früher als wirksame Waffe in den Händen der russischen Marxisten bewährt. Sie setzten diese Waffe im politischen Kampf ungefähr so ein wie eine Armee ein Artilleriesperrfeuer unmittelbar vor Beginn einer Offensive. In der ersten Phase der Revolution waren es die »Kadetten«, die man mit dem unschuldig klingenden Ausdruck »bürgerliche Reformer« so sehr in Verlegenheit setzte, daß sie sich ihrer Zimperlichkeit im Kampf gegen das Regime zu schämen begannen und weiter nach links rückten, als sie es ursprünglich beabsichtigt hatten. Im marxistischen Lager war es Lenin, der das Handwerk der ideologischen Schmähung zu einer regelrechten politischen Verhexungskunst entwickelte. Ganz gleich, worum es bei einer Auseinandersetzung inhaltlich ging, man bombardierte den Kontrahenten ständig mit politischen Schimpfwörtern: Revisionist, Linksabweichler, Imperialist. Nach einer Weile würde dieses unaufhörliche verbale Kreuzfeuer ihn zermürben, ihn verunsichern und ihn dazu zwingen, seine Energien erst einmal auf den – natürlich erfolglosen – Versuch zu verwenden, den Angreifer zu besänftigen und seine Beschuldigungen zu widerlegen. Diese Geschicklichkeit in der Kunst der politischen »Totschlagpolemik« und die damit einhergehende Fähigkeit der

Bolschewiken, ihre durch und durch autoritären Ziele mit einem Vokabular aus dem Arsenal der Freiheit und Demokratie zu verkleiden, dies waren zwei der wichtigsten Faktoren, die diese zu Beginn der Revolution von 1917 noch kleine und isolierte Gruppe in die Lage versetzten, sieben Monate später als die großen Sieger dazustehen.

Zunächst einmal waren Lenins bösartige Ausfälle gegen seine marxistischen Parteigenossen bloß Töne in einem Konzert gegenseitiger Vorwürfe, wie es im Anschluß an eine politische Niederlage nicht ungewöhnlich ist. Die Menschewiken verstanden es vorläufig noch, ihrem bolschewistischen Quälgeist seine Invektiven mit ähnlicher Münze zu vergelten, wenn sie auch an die vernichtende Schärfe seines Stils nicht herankamen. Lenin und seine Gefolgsleute seien es gewesen, so erklärten sie, die mit ihrer Spaltungstaktik die russische Arbeiterklasse entzweit und ihre Schlagkraft im revolutionären Kampf geschwächt hätten. Und jetzt verschlimmerten sie, was sie angerichtet hatten, noch dadurch, daß sie sich auf terroristische Aktivitäten einließen, die dem Ansehen des gesamten russischen Marxismus sowohl im eigenen Land als auch in den Augen der internationalen sozialistischen Bewegung schadeten.*

Was die Liberalen betraf, so machten auch sie sich, nachdem ihre hochgespannten Hoffnungen zerstoben waren, ihre Gedanken. Sie hätten, so räumte der geistige Kopf der »Kadetten«, Professor Miljukow, ein, besser daran getan, sich nicht auf ein so enges Bündnis mit den Extremisten einzulassen. »Unsere Erfahrungen geben uns jetzt das Recht, zu sagen, daß wir und Rußland als Ganzes zu unserem großen Bedauern auch Feinde auf der Linken haben ... Unsere Feinde sind diejenigen, die an die niedersten Instinkte der menschlichen Natur appellieren und die, wenn es nach ihnen ginge, aus dem politischen Kampf einen Versuch zur Aushöhlung der Gesellschaft selbst machen würden.«[3] Nur wenige Jahre später sollten Miljukow und seine Gesinnungsfreunde unter dem Eindruck einer neuen Phase der revolutionären Erregung diese eigene Erkenntnis wieder vergessen und die Möglichkeit einer von links drohenden Gefahr erneut unterschätzen.

So selbstkritisch die einzelnen an dem turbulenten Geschehen der Jahre

* Während die Bolschewiken es jetzt *weitgehend* vermieden, politische Attentate in der Manier der Sozialrevolutionäre zu begehen, beteiligten sie sich bis 1908 ausgiebig an Enteignungsaktionen und an der gewaltsamen »Beschlagnahme« staatlicher oder privater Gelder. Der Londoner Parteitag der Russischen Sozialdemokratischen Arbeiterpartei im Jahr 1907 erteilte diesen Praktiken dann eine definitive Absage. Die Mehrheit der bolschewistischen Delegierten stimmten mit den Menschewiken zusammen für diese Absage; Lenin gehörte zu denen, die dagegen votierten. Unbekümmert um den Parteitagsbeschluß unternahmen die kaukasischen Bolschewiken drei Wochen später, am 13. Juni, den berüchtigtsten ihrer Raubzüge (bei dessen Planung unter anderem Stalin mitwirkte). Das erbeutete Geld wurde zum größten Teil dem zu dieser Zeit in Finnland weilenden Lenin zugeleitet. Da die Seriennummern der großen Scheine unglücklicherweise registriert worden waren, mußte die bolschewistische Führung versuchen, sie im Ausland umzuwechseln. Im Verlauf dieses Versuchs kam es zur Verhaftung mehrerer bolschewistischer Kuriere, wodurch sich die ganze Affäre zu einem internationalen Skandal ausweitete.

1905–07 als Hauptakteure beteiligten Parteien auch unter dem unmittelbaren Eindruck des Abflauens der Revolution reagieren mochten, im Grunde hatte keine von ihnen Anlaß zu allzu großer Niedergeschlagenheit, ebensowenig wie die Regierung Grund zu allzu lautem Jubel besaß. Die Liberalen konnten sich über die Bitterkeit ihrer Niederlage ein Stück weit mit dem Gedanken hinwegtrösten, daß Rußland ja immer noch über so etwas wie ein Parlament verfügte. Sie fanden sich bereitwillig – im Grunde zu bereitwillig – in der Rolle einer permanenten parlamentarischen Opposition zurecht, die von der Bühne der Duma aus die Regierung kritisierte; einen Minister wegen der neuesten bürokratischen Mißstände oder wegen eines Skandals zur Rede zu stellen entspach ihrer Mentalität eher als der offene Kampf gegen die Autokratie. Den Linken, namentlich den Bolschewiken, war erspart geblieben, was sie als schlimmste Folge der Revolution befürchtet hatten: eine konstitutionelle Regierungsform, die die Aussicht auf eine wirkliche Revolution in weite, wenn nicht unabsehbare Ferne hätte rücken lassen. Ihre wenigen Vertreter im Parlament konnten nun nach Herzenslust und vor den Augen und Ohren ganz Rußlands die Propaganda ihrer Partei verbreiten. Für den Augenblick hatten die arbeitenden Massen zwar genug vom politischen Kampf und von den marxistischen Parolen, aber das änderte nichts an der Tatsache, daß der russische Proletarier durch die Ereignisse der Revolution ein anderer geworden war: Vor 1904 war er praktisch ein Bauer gewesen, den es als Arbeiter in die Stadt verschlagen hatte, der politisch vollkommen unbedarft war und weitgehend noch dazu neigte, im Zaren seinen Wohltäter und Schutzpatron zu sehen. Zwar hafteten ihm bestimmte aus seiner bäuerlichen Vergangenheit herrührende Wesenszüge nach wie vor an, doch hatte er andererseits im Zuge der Revolution einiges an Klassenbewußtsein im marxistischen Sinn gewonnen. Damit ging, wenn auch nicht eine Wendung zu jener militanten Feindseligkeit gegenüber dem Staat, die die sozialistischen Intellektuellen ihm einzupflanzen versucht hatten, so doch immerhin eine neue Erkenntnis der eigenen Stärke und der eigenen Interessen einher.

Wenig Freude konnten die Resultate der Revolution auch den scheinbaren Siegern bereiten: dem Regime und der Rechten. Oberflächlich gesehen, war die Autokratie in ihren wesentlichen Elementen unangetastet geblieben. Der Zar gebot weiterhin nicht nur über die große Mehrzahl der exekutiven Befugnisse, sondern hatte auch im legislativen Bereich eindeutig das Übergewicht. Er hatte einmal auf dem Verordnungsweg ein neues Wahlgesetz erlassen, und es war anzunehmen, daß er von dieser Möglichkeit, seinem Volk ein Gesetz »als wohlfeiles Geschenk zu vermachen«*, bei gegebenem Anlaß erneut Gebrauch machen würde, beispielsweise um seinen Untertanen ein noch restriktiveres Wahlrecht zu verordnen.

Vorläufig allerdings sah es nicht so aus, als ob eine nochmalige Änderung

* So die wörtliche, wenngleich nicht sehr elegante Übersetzung der Formel, mit der das neue Wahlgesetz im Manifest des Zaren vom 3. Juni angekündigt worden war.

des Wahlgesetzes erforderlich sein würde, denn die Dritte Duma war so zusammengesetzt, daß sie vielleicht sogar den verstorbenen Pobjedonoschtschew mit dem Parlamentarismus versöhnt hätte. Die äußerste Rechte bildete eine Gruppe von Abgeordneten, deren erklärtes Ziel darin bestand, selbst diese kastrierte Form des Parlamentarismus wieder abzuschaffen. Dann gab es eine nicht unbeträchtliche Fraktion russischer Nationalisten, die, wenn sie auch die Existenz der Körperschaft, der sie selbst als Abgeordnete angehörten, nicht in Frage stellten, doch ebenso treue Verfechter des autokratischen Prinzips waren wie die Erzreaktionäre. Die Oktobristen, mit über 150 Abgeordneten die größte Fraktion in der Dritten Duma, waren auf die Unterstützung des Regimes eingeschworen, solange dieses einen gewissen Rest parlamentarischer Mitwirkung bestehen ließ; mit dieser politischen Haltung wirkten sie im Vergleich zu ihren Kollegen zur Rechten schon beinahe linksradikal. Die Linke selbst war geschrumpft: Sie bestand aus etwa achtzehn Sozialdemokraten, darunter fünf Bolschewiken, und einer Handvoll Trudowiken. Die »Kadetten« hatten sich bei der Wahl beachtlich geschlagen und 54 Mandate erobert; beachtlich vor allem, wenn man das restriktive Wahlrecht und die Tatsache bedenkt, daß die Regierung weder an Geld noch an Schikanen sparte, wenn es darum ging, die Wahl rechtslastiger Abgeordneter zu sichern. Theoretisch konnte die Regierung bei den meisten bedeutsamen Gesetzesvorhaben mit einer Zweidrittelmehrheit rechnen, und so kam es nicht überraschend, daß die Dritte Duma anders als ihre Vorgängerinnen ihre fünfjährige Legislaturperiode bis zum Ende erlebte.

Trotz alldem zeigten sich vom ersten Tage dieses, wie man es nennen könnte, Experiments eines kastrierten Konstitutionalismus * deutliche Anzeichen dafür, daß das Regime des Zaren mit parlamentarischen Institutionen jedweder Art von Grund auf unvereinbar war. Ein Teil der Schwierigkeiten rührte daher, daß Rußland bis 1907 nicht nur autokratisch, sondern geradezu konspirativ regiert worden war: Eine Handvoll Personen, manchmal nur der Zar und einige wenige Berater, waren in die Entscheidungsprozesse auf höchster politischer Ebene einbezogen gewesen. Nun gab es eine Duma, die, so zahm sie auch sein mochte, notgedrungen für ein gewisses Maß an öffentlicher Erörterung der Politik der Regierung und des Gebarens ihrer Mitglieder sorgte. Gerade die Tatsache, daß das Parlament kein wirklicher politischer Partner der Regierung war und daß kein Abgeordneter mit einer Berufung in ein Ministeramt rechnen durfte (von ganz wenigen Ausnahmefällen abgesehen), machte diese Körperschaft zu einer in gewisser Hinsicht viel unnachsichtigeren Kritikerin der Regierung, als es etwa die allmächtigen Parlamente in England und Frankreich waren. Es ist eine der schlagendsten Paradoxien der modernen russischen Geschichte, daß ausgerechnet die kastrierte Duma, jene so sorgfältig im Hinblick auf die Gewähr-

---

* Der Gotha bezeichnete Rußland als eine konstitutionelle Monarchie mit einem autokratischen Herrscher.

leistung ihrer politischen Botmäßigkeit zusammengestellte Volksvertretung, ungewollt mindestens ebensoviel, wenn nicht mehr als alle revolutionäre Propaganda zur Aushöhlung des Prestiges und der Autorität der Krone beitrug. Am Ende sollte es diesem eigenartigen Parlament vorbehalten sein, nicht nur der Autokratie, sondern zugleich der Monarchie selbst den Gnadenstoß zu versetzen.

Über diese Paradoxie haben sich bisher nur wenige Historiker Gedanken gemacht. Die eingebürgerte Ansicht über den russischen Parlamentarismus ist die, daß ihm nicht genügend Zeit geblieben sei, sich als Faktor des nationalen politischen Lebens zu etablieren. Ungeachtet aller ihrer Unzulänglichkeiten, ihrer eingeschränkten Befugnisse und ihres nichtrepräsentativen Charakters habe die Duma, so liest man immer wieder, dem Land doch gewisse Erfahrungen mit dem System einer landesweiten Volksvertretung ermöglicht. Ihre bloße Existenz sei eine Einführungslektion in die Praxis des politischen Kräftespiels gewesen. Tatsächlich wirkte die Duma, in freilich bescheidenem Ausmaß, als Korrektiv gegen die jedem absolutistischen System innewohnende Tendenz zur politischen Willkür und diente der russischen Gesellschaft als beständiges Exempel für eine Erkenntnis, die sie bitter nötig hatte: daß Politik nicht nur eine Angelegenheit rigoroser moralischer Forderungen und ideologischer Beschwörungsformeln ist, sondern zu einem großen Teil aus dem prosaischen Geschäft der Gesetzgebung und der Etatgestaltung besteht. Auch wenn man einmal von diesen rudimentären parlamentarischen Ansätzen absieht, kann man sagen, daß Rußland weder davor noch danach jemals wieder so nahe daran gewesen ist, eine offene, Freiheit mit Stabilität vereinende Gesellschaft zu werden wie in den Jahren zwischen 1907 und 1914. Gewiß, Rußland war immer noch ein Polizeistaat, aber immerhin ein Polizeistaat, in dem man in Wort und Schrift fast jede politische Ansicht vertreten konnte, ohne mißliche Folgen befürchten zu müssen. Die Autokratie befand sich auf dem Rückzug, diesmal nicht vor einer Revolution, sondern vor den quasi naturgemäßen Anforderungen, die sich im Gefolge der gesellschaftlichen, wirtschaftlichen und bildungspolitischen Entwicklung ergaben. Allein, dem Land blieb nicht die Zeit, auf dem Weg, der in Richtung Freiheit und Demokratie führte, festen Fuß zu fassen. Die Belastungen, die der Krieg mit sich brachte, rissen die Wunden am politischen Leib Rußlands wieder auf, und die Erschütterungen der Revolution und des Bürgerkrieges stießen das Land auf einen anderen Weg, der zu einer neuen Form der Autokratie führte.

Es ist ebenso faszinierend wie unnütz, darüber zu spekulieren, wie es mit Rußland weitergegangen wäre, hätte der Krieg erst ein paar Jahre später angefangen (daß ein Krieg in Europa auf längere Sicht nicht zu vermeiden war, darüber sind sich die allermeisten Historiker einig). Es wäre freilich ganz unrealistisch, jene sieben Jahre, die dem Ersten Weltkrieg vorangingen, als Morgendämmerung einer neuen russischen Ära zu betrachten, die, wäre das Verhängnis von 1914 nicht gewesen, das Zwillingspärchen Autokratie und Revolution von der politischen Bühne des Landes vertrieben hätte.

Das größte politische Dilemma, vor dem die russische Gesellschaft in dieser Periode stand, zeichnete sich schon beim allerersten Zusammentritt der Dritten Duma deutlich ab. Augenscheinlich hatte das Regime allen Grund, mit seinem Geschöpf zufrieden zu sein: Anders als die Mitglieder der beiden ersten Dumen, die den Hof durch ihr Auftreten und ihr Äußeres ebenso schockiert hatten wie durch ihre politischen Handlungen, versprach die neue Parlamentarierversammlung zumindest in ihrer großen Mehrheit ebenso korrekt angezogen wie politisch angepaßt zu sein. Von daher lag es nicht fern, daß der Premierminister auf den glücklichen Gedanken kam, der Zar solle für die Abgeordneten einen Empfang geben. Die Reaktion des Kaisers auf den Vorschlag war zurückhaltend und wirft ein bezeichnendes Licht auf seine Ansichten über die Rolle der Legislative. »Es ist noch zu früh, sie einzuladen. Sie haben ihre Einstellung noch nicht gezeigt, ob sie Meine Hoffnungen rechtfertigen und bereit sein werden, mit der Regierung zusammenzuarbeiten. Man muß verfrühte und zeichensetzende Inititativen Unsererseits vermeiden.«[4] Die Vorsicht des Zaren erwies sich als berechtigt. Die Duma, deren Wahl die Regierung eine Menge Ärger und Geld gekostet hatte (die örtlichen Behördenvertreter waren angewiesen worden, mit Hilfe ihres Einflusses und öffentlicher Gelder möglichst für die Wahl der richtigen, d. h. rechten Leute Sorge zu tragen), demonstrierte von Anfang an, daß eine russische Volksvertretung, wie konservativ, ja reaktionär in ihrer Zusammensetzung auch immer, auf jeden Fall ein streitbares und für Unruhe sorgendes Gebilde war. Im Unterschied zu ihren den Aufstand probenden Vorgängerinnen nahm sich die neue Duma freilich vor, an den Anfang ihres Wirkens eine Ergebenheitsadresse an den Zaren zu richten; allein, die Abgeordneten gerieten auf der Stelle in einen kleinlichen Streit darüber, wie der Empfänger der Botschaft angesprochen werden sollte. »An Seine Majestät, den Kaiserlichen Herrn und Allrussischen Autokraten«, so wollte es die extreme Rechte. Nein, widersprachen die »Kadetten« und ihre Verbündeten von der gemäßigten Linken (die extreme Linke wollte natürlich von der ganzen Angelegenheit überhaupt nichts wissen), der Titel »Autokrat« müsse wegfallen. Die Autokratie sei ein Ding der Vergangenheit, und das Parlament solle diese Tatsache unterstreichen, indem es das Wort »Verfassung« in die Grußbotschaft aufnahm. Es gab eine stürmische Debatte, und wenig später gingen beim Zaren nicht eine, sondern zwei Loyalitätsadressen ein. Die von der Mehrheit des Hohen Hauses, d. h. von den »Oktobristen« (die damit die Hoffnungen, die die Regierung in sie gesetzt hatte, schwer enttäuschten) und den »Kadetten« formulierte Version verzichtete auf beide heiklen Begriffe. Die rechte Minderheit (mit 114 Abgeordneten) hielt in ihrer Version an dem Ausdruck »Autokrat« fest. »Der Kaiser war höchst ungehalten darüber, daß die Duma, für deren Loyalität Stolypin sich persönlich verbürgt hatte, Seinen in den Grundgesetzen festgelegten Herrschertitel

einer Abstimmung überantworten – und verwerfen! – konnte.«[5] Auf die
Mehrheitsadresse erwiderte er herb: »Ich bin bereit, den von euch zum
Ausdruck gebrachten Gefühlen Glauben zu schenken. Ich erwarte von euch
fruchtbare Arbeit.« Einer nach seinen Maßstäben huldvolleren Antwort
befand er diejenigen für würdig, in deren Grußbotschaft er noch als »Autokrat« figurierte: »Ich glaube fest, daß die Duma, die Ich ins Leben gerufen
habe, konstruktive Arbeit leisten und durch strenge Beachtung der von Mir
verkündeten Grundgesetze Meine Erwartungen erfüllen wird.«[6]

Das Ergebnis dieser Schlacht um die zu wählende Anredeform löste bei
den Liberalen großen Jubel aus. Dieselben Leute, die noch wenige Monate
zuvor jedes Gespräch mit dem Regime abgelehnt hatten, solange dieses
nicht eine durch und durch demokratische, den Monarchen auf eine Galionsfigur reduzierende Verfassung vorlegte, feierten jetzt die Weglassung
eines Wortes in einer Grußbotschaft an den Zaren als großen Sieg. Dies sei,
so verkündete eine »Kadetten«-Zeitung, ein historisches Ereignis, ein hand-
fester Beweis dafür, daß Rußland *doch* eine konstitutionelle Monarchie sei –
in der Euphorie des Augenblicks war anscheinend in Vergessenheit geraten,
wohin es mit der grundgesetzlich garantierten Alleinzuständigkeit der Legislative für die Änderung des Wahlgesetzes gekommen war. Ähnlich heftig
und überdreht, wenn auch mit negativem Vorzeichen, reagierte die äußerste
Rechte. Was die Duma-Mehrheit hier tue, sei, so jammerte ein reaktionärer
Journalist, Bestandteil eines regelrechten Komplotts, das darauf abziele,
dem russischen Volk sein unveräußerliches Recht auf eine autokratische
Regierung zu stehlen. Mit ihrem Frontalangriff auf das System gescheitert,
würden die Kräfte der Linken nunmehr versuchen, unter der Maske einer
vorgeschützten Loyalität die Fundamente des Zarenthrons von innen her
auszuhöhlen.

Auf den ersten Blick mag das ganze Gerangel um die Anredeform amüsant, mag die Haltung der beteiligten Parteien zänkisch und weltfremd bis an
die Schwelle zur Absurdität anmuten: Ein Herrscher des 20. Jahrhunderts,
der darauf beharrt, zu sprechen und angesprochen zu werden, als sei er Peter
der Große, eine »Kadetten«-Partei, die ihren kleinen Sieg wie einen großen
feiert, eine Rechte, die in der Weglassung eines mit seinem Implikationen
das Selbstgefühl eines zivilisierten Landes so sehr verletzenden Wortes ein
Vorzeichen für den nationalen Untergang zu entdecken glaubt.

Aber die Auseinandersetzung hatte durchaus einen ernsten Aspekt. Sie
war symptomatisch für das, was sich einige Jahre später als eine wesentliche
Voraussetzung für den Erfolg der Revolution erwies: das Schwinden des
Bewußtseins für politische Legitimität in der russischen Gesellschaft. Vor
1905 konnte es für keinen Russen, welcher politischen Überzeugung er auch
immer zuneigen mochte, kaum Unklarheiten darüber geben, an welcher
Stelle letzten Endes die politische Macht zu Hause war. Dort, wo ein Westeuropäer den Ausdruck »Staat« gebrauchte, sprachen die Russen des
19. Jahrhunderts in aller Regel von der Autokratie, die Bauern personenbe-

zogener vom Zaren, wenn sie die Instanz bezeichnen wollten, von der alle ihre Verpflichtungen und Rechte ausgingen und die sowohl für das Wohlergehen als auch für die Leiden der Menschen verantwortlich war. Jetzt hatte Rußland aufgehört, ein autokratischer, andererseits aber noch nicht begonnen, ein wahrhaft konstitutioneller Staat zu sein. Es wäre in jedem Fall eine schwierige Aufgabe gewesen, das politische Denken der Russen an die Vorstellung zu gewöhnen, daß es nicht mehr *eine* höchste politische Machtinstanz gab, sondern vielmehr ein System verfassungsmäßig festgelegter Gewalten, Kontrollen und Gegengewalten. Nicht eine Gruppe hitzköpfiger Revolutionäre, sondern eine Anzahl seriöser Bürger, geführt von einigen der qualifiziertesten Rechtswissenschaftler und Historiker des Landes, waren es schließlich gewesen, die zum zivilen Ungehorsam aufgerufen hatten, als der Zar in Ausübung seines grundgesetzlich verankerten Rechts die Erste Duma auflöste. Nach 1907 wurde die Situation trotz der Tatsache, daß die politischen Fronten sich wieder einigermaßen beruhigten, noch verwirrender: Ein quasi autokratisches System war nun in einer nicht ganz harmonischen Koexistenz mit einem wenn nicht geknebelten, so doch gefesselten Parlament zusammengespannt. Die Revolution hatte die alten Tragbalken der russischen Gesellschaft aus den Verankerungen gelöst, ohne an ihrer Stelle neue Stabilisierungselemente einzuziehen. Für den Fall, daß es zu einem neuen sozialen Erdbeben kam, war das ganze Gebäude dem Einsturz geweiht.

Niemand war sich der Instabilität des Systems bewußter als der Mann, dem zwischen 1906 und 1911 die Aufgabe zufiel, die Geschäfte der zaristischen Regierung zu führen, und der, wären ihm noch ein paar Lebens- und Amtsjahre mehr vergönnt gewesen, vielleicht die Folgewirkungen der bevorstehenden Erschütterung in Grenzen hätte halten können. Weit davon entfernt, ein bloßer Verteidiger des absolutistischen Status quo zu sein, müßte Stolypin sich – mit einem Bewußtsein für die historische Dringlichkeit der Aufgabe –, den Aufbau eines neuen Rußlands voranzutreiben, das in der Lage sein würde, die nächste Krise, die er für unausbleiblich hielt, zu überstehen. Eine gute Zusammenfassung seiner politischen Philosophie lieferte er selbst in einer Rede vor der Duma, in der er die Unterdrückungspolitik des Regimes als ein notwendiges, aber nur vorübergehend angewandtes Hilfsmittel bezeichnete.

»Wir Regierenden haben lediglich ein Gerüst aufgebaut, hinter dem Sie die Arbeit an der Errichtung eines neuen Gebäudes fortführen können. Unsere Feinde behaupten, dieses Gerüst sei nur ein Schutzschild für die Tyrannei, und versuchen wutentbrannt, es niederzureißen. Und es ist unausweichlich, daß das Gerüst eines Tages zusammenbrechen wird, und durchaus möglich, daß es auch uns unter seinen Trümmern begräbt. Aber wenn das geschieht, dann sollte das Gebäude schon stehen – ein neues, wiedergeborenes, im wahren Sinn des Wortes freies Rußland. Ein Rußland, in dem Armut, Unwissenheit und Gesetzlosigkeit der Vergangenheit angehören und in dem die ganze Nation wie ein Mann in Treue hinter dem Herrscher steht.«[7]

Diese Vision Stolypins war anachronistisch – in mancher Beziehung obsolet, in anderer seiner Zeit voraus. Da gab es einen Anklang an die Slawophilie: der Zar und sein Volk. Aber Stolypin übertrug die alte Formel in eine Sprache, die der Gedankenwelt der nationalistischen Bewegung der Nachweltkriegszeit näher stand als den orthodoxen Autokratievorstellungen der Slawophilen. Er sah den Zaren weniger als einen Autokraten denn als einen nationalen Führer, das Volk nicht als eine graue Masse im Horizont ihrer dörflichen Angelegenheiten befangener Bauern, die den Gottgesalbten anbeteten und auf seine Weisheit vertrauten, sondern als eine Nation moderner und aktiver Staatsbürger, die tätigen Anteil an den öffentlichen Angelegenheiten nahmen.

Das Zukunftsbild, das Stolypin, gewissermaßen als Planziel für sich selbst und das Regime, skizzierte, enthielt deutlich sichtbar einige, wenn auch auf grandiose Weise wirklichkeitsfremde Elemente. Kaum möglich, sich Nikolaus II. in einen charismatischen Führer verwandelt vorzustellen. Parlamentarische Institutionen waren ein integraler Bestandteil des Bildes, das Stolypin vom zukünftigen Rußland hatte. Sein Parlament hatte nichts mit der von den Slawophilen imaginierten Landesversammlung gemein, die gelegentlich einberufen worden wäre, um den Zaren zu beraten, dessen wie immer auch ausfallende Entscheidung hingenommen hätte und lammfromm wieder auseinandergegangen wäre. Es sollte vielmehr eine wirkliche Legislative, eine echte Vertretung des Volkes sein, die Gesetze zu dessen Wohl machen und dabei gleichwohl nie mit der Prärogative des Zaren in Konflikt geraten sollte – eine irreale Vorstellung unter allen denkbaren, erst recht aber unter russischen Bedingungen. In der Tat waren die meisten von Stolypins Ministerkollegen, vom Zaren selbst ganz zu schweigen, gar nicht imstande, das Wesen eines wirklichen Parlamentarismus zu begreifen. »Gott sei Dank haben wir in Rußland kein Parlament«, erklärte einmal ein zaristischer Minister den Abgeordneten der Dritten Duma. Doch ist diese Volksvertretung, sowenig sie in einem formalen Sinn repräsentativ und so eingeengt sie in ihren Befugnissen war, in keiner Weise etwa mit dem Obersten Sowjet oder mit Hitlers Reichstag zu vergleichen. In einer Hinsicht war sie anderen, echten Parlamenten sogar sehr ähnlich: Sie machte der jeweils amtierenden Regierung das Leben schwer. Es war nämlich selbst von den äußerst konservativ eingestellten Russen nicht zu erwarten, daß sie sich, wenn sie einmal die Freiheit zur Kritik an ihrer Regierung erhielten, dabei Zurückhaltung auferlegten. Die Duma-Abgeordneten, ob von der rechten oder von der linken Seite, ließen sich die Gelegenheit nicht entgehen, altgediente Bürokraten, die sich bis dahin niemals vor einem öffentlichen Forum hatten rechtfertigen müssen, in die Enge zu treiben, den Fehlern und Machtmißbräuchen des Regimes nachzugehen und Einblick in die bis dahin sakrosankt gewesenen Vorgänge innerhalb der kaiserlichen Familie und bei Hofe zu nehmen. Stolypin, der mit seinem gewandten Auftreten überall einen hochkarätigen Parlamentarier abgegeben hätte, verstand es gewöhnlich, mit der ungebärdigen Versammlung umzugehen. In den Augen seines kaiserlichen Herrn und der meisten Minister und hohen Beamten war die Duma jedoch bestenfalls ein Ärgernis und schlimmstenfalls ein bösartiges Geschwür am Leib der Autokratie, mit dessen Existenz sie sich niemals wirklich abfinden würden.

Das Gebäude, dessen Errichtung Stolypin vorantrieb, stand somit auf ziemlich wackligen Fundamenten. Aber seine größte Schwachstelle lag dort, wo viele eigentlich seinen größten Pluspunkt sahen: Das Gebäude war ausdrücklich als einheitlicher russischer Nationalstaat konzipiert, in dem die Rechte nichtrussischer Volksgruppen den Bedürfnissen und Interessen der dominierenden nationalen Gruppe untergeordnet sein sollten. Die Hälfte der Bevölkerung des Reiches bestand aus Nichtrussen. Unter der Autokratie alten Typs war die dominierende Rolle der Russen aufgrund des allgemeinen Fehlens bürgerlicher Rechte weniger hervorgetreten, vielleicht sogar weniger ausgeprägt gewesen. Stolypins Vision beinhaltete eine ihre Rückständigkeit und Passivität abstreifende Gesellschaft, und man schrieb das Zeitalter des Nationalismus. Es war nicht zu erwarten, daß in einer Gesellschaft mit einer dem Analphabetentum entwachsenen Bevölkerung die Hälfte aller Menschen sich damit abfinden würde, Bürger zweiter Klasse zu sein. Zum erneuten Male zeichnete sich ein, nunmehr jedoch noch ausgeprägterer, Konflikt zwischen dem nationalen Interesse im allgemeineren Sinn des Wortes und dem russischen Nationalismus ab. Wie konnte ein »großes und geeintes Rußland« zugleich ein freies Rußland sein? Stolypin wußte auf diese Frage ebensowenig eine klare Antwort wie vor ihm die Dekabristen, die liberalen Minister Alexanders II. oder wie heutigentags der typische sowjetische Dissident.

In der Person Stolypins geriet der aufgeklärte Reformer häufig in Konflikt mit dem autoritären Nationalisten. 1907 fühlte die Regierung sich bemüßigt, die Beschränkungen für die Hochschulzulassung der Juden, die Stolypin erst ein Jahr zuvor abgeschafft hatte, wieder in Kraft zu setzen. 1910 drückte er zur Bestürzung seiner gemäßigteren politischen Gefolgsleute ein Gesetz durch die Duma, das unter Bruch des von jedem Zaren seit Alexander I. feierlich erneuerten Versprechens die Autonomie des Großfürstentums Finnland weitgehend einschränkte. »Juristische Erwägungen« dürften, wie der Premierminister der Duma kurz und bündig erklärte, den höheren Interessen des Staates nicht im Wege stehen.[8]

Der Staatsrat, nunmehr auch das »Oberhaus« der gesetzgebenden Gewalt, war eine durch und durch konservative Körperschaft, deren Mitglieder zur Hälfte vom Zaren berufen wurden und fast durchweg ehemalige oder noch amtierende Staatsbeamte waren. Um so größer war das Befremden, als diese Honoratiorenversammlung 1911 ein Gesetz verwarf, für das Stolypin wärmstens geworben hatte. Ganz im Sinne seiner politischen Strategie, die Mitwirkung der Bürger an den öffentlichen Angelegenheiten zu fördern, hatte er die im Reich selbst seit längerem bewährten Formen der örtlichen Selbstverwaltung auch auf die westlichen Gouvernements ausweiten wollen;

allerdings waren die Grundbesitzer dort in ihrer Mehrzahl Polen, und er befürchtete, sie würden die lokalen Semstwos beherrschen. Um dem einen Riegel vorzuschieben, wollte er die polnische und die russische Bevölkerung ihre Semstwo-Vertreter jeweils getrennt wählen lassen und letzterer von vornherein die Mehrheit der Sitze zuteilen. Die Duma, deren Mitglieder mehrheitlich einem noch ungehemmteren Chauvinismus frönten als Stolypin, ließ das Gesetz passieren. Bei den älteren Bürokraten im Staatsrat jedoch lebte noch ein Gefühl für hergebrachte gesetzliche Normen und Maßstäbe fort. Als Konservative im herkömmlichen Sinn fühlten sie sich ihren eigenen polnischen Klassengenossen – die in ihren Augen das Gerüst der sozialen Ordnung in den Westprovinzen bildeten – näher als den russischen Bauernmassen. Bei Stolypin, der selbst ein Gut in Litauen besaß, obsiegte der leidenschaftliche Nationalismus über den Klassenstandpunkt. »Wir versuchen, die Interessen der wirtschaftlich schwachen russischen Mehrheit gegenüber der wirtschaftlich und kulturell überlegenen polnischen Minderheit zu sichern«, sagte er und enthüllte damit den typischen blinden Fleck des russischen Nationalismus[9] – das Gros der bäuerlichen Bevölkerung in diesen Gebieten bestand nicht aus Russen, sondern aus Ukrainern, Weißrussen und Litauern.

Persönliche Ressentiments, zu denen die Wut über die in seinen Augen mangelhafte patriotische Leidenschaft der etablierten Kaste trat, ließen Stolypin ausnahmsweise seine sonstige politische Geschicklichkeit vergessen. Er hätte das Gesetzesvorhaben neu einbringen und es mit ein wenig politischer Kleinarbeit leicht durch den Staatsrat schleusen können. Statt dessen zwang er durch eine Rücktrittsdrohung den widerstrebenden Zaren, der umstrittenen Maßnahme per Verordnung Gesetzeskraft zu verleihen. Darüber hinaus trotzte er ihm ab, daß die beiden Männer, die nach Ansicht Stolypins für die Ablehnung der Vorlage im Staatsrat verantwortlich waren, für den Rest des Jahres aus der Hauptstadt verbannt wurden, ein Exempel autokratischer Machtausübung, das sogar Nikolaus unzeitgemäß und widerwärtig fand.

Diese Handlungsweise Stolypins brachte selbst seine überzeugtesten Anhänger gegen ihn auf. Obgleich der Schlag in erster Linie gegen den Staatsrat gerichtet war, hatten die meisten Duma-Abgeordneten das Gefühl, daß er auch dem Ansehen und der Selbstachtung der legislativen Gewalt als ganzer Abbruch tat. Bei der Opposition innerhalb der Duma brach natürlich die helle Schadenfreude aus. »Wie wird es im Westen wirken?« war in Rußland stets eine für die Beurteilung von Maßnahmen des Regimes durch die Gesellschaft wichtige Frage gewesen. Jetzt hatte das Regime sich aufgeführt, als befinde man sich im Moskowien des 16. und nicht in einem zivilisierten Staat des 20. Jahrhunderts. Wie seltsam mußte es den Ausländern vorkommen, wenn sie lasen, daß man in Rußland mit altgedienten Staatsbeamten, nur weil sie eine eigene Meinung vertraten, umsprang wie mit den Leibeigenen von einst, ereiferte sich ein Abgeordneter der »Kadetten«-Partei. Die

Duma, bislang Stolypins folgsames Werkzeug, faßte eine Resolution, die praktisch einem Mißbilligungsvotum gegen den Premierminister gleichkam. Diese ganze Episode mag in der Abfolge der Ereignisse, die zum Februar 1917 führten, eine scheinbar unerhebliche Stelle einnehmen; tatsächlich enthüllte sie die dem politischen System, wie es sich zwischen den Revolutionen darstellte, innewohnenden Unvereinbarkeiten. Sein maßgeblicher Architekt hatte gehofft, die Autokratie könne konfliktfrei mit parlamentarischen Institutionen leben, ja, beide könnten sich sogar wechselseitig befruchten. In Wirklichkeit unterhöhlte ihre gezwungene Koexistenz das Prestige und die Lebensfähigkeit beider.

Andererseits konnte diese Unverträglichkeit auch den Revolutionären, die auf die Chance zu einem gewaltsamen Umsturz hofften, kaum zu größerer Zuversicht verhelfen. Einem Marxisten, für den die Politik lediglich die Resultante eines ökonomischen und sozialen Kräfteparallelogramms ist, könnte der allgemeine Gang der Ereignisse nach 1907 wenig Grund zur Ermutigung bieten. Sozial und wirtschaftlich war das Land auf dem Weg zur Moderne, und der Lebensstandard der Bevölkerung war rasch im Anstieg begriffen, wenn er auch noch nicht an das Niveau des Westens heranreichte. Statistische Daten bezeugten ein rapides wirtschaftliches Wachstum. Die Stahl-, Eisen- und Kohleerzeugung steigerte sich zwischen 1909 und 1913 um 50 Prozent, und die Rate des industriellen Wachstums lag für denselben Zeitraum höher als der entsprechende Index in den Vereinigten Staaten; der Industrialisierungsgrad der Produktion, gemessen in Pferdestärken pro Industriearbeiter, überflügelte im Jahr 1908 den entsprechenden französischen Wert.[10] Allein in St. Petersburg gab es 1907 vierzehn Betriebe mit jeweils über fünftausend Arbeitern; in ganz Deutschland gab es zur gleichen Zeit nur zwölf Betriebe dieser Größenklasse.

Eigentlich hätten diese Anzeichen dafür, daß ihr Land seinen wirtschaftlichen Rückstand aufzuholen im Begriff war, die russischen Marxisten mit Genugtuung erfüllen müssen, denn mit dieser Entwicklung ging ja ein Anwachsen des Industrieproletariats einher. Doch wie ihre Vorgänger in den 1860er Jahren glaubten auch die Revolutionäre von 1910, daß Rußlands Heil eben in seiner Rückständigkeit liege, da unter dieser Voraussetzung die zu erwartende Revolution elementarer und radikaler sein werde als eine proletarische Revolution im Westen.

Vom Standpunkt eines Denkers wie Lenin aus war der beunruhigendste Aspekt des sozialen Wandels die rasche Entwicklung, die sich auf dem Land vollzog. Stolypin hatte dort, indem er dem Bauern die Möglichkeit gegeben hatte, aus dem Verband der Dorfgemeinde auszuscheiden und selbständiger Landwirt zu werden, die Grundlagen für die Entstehung einer ländlichen Mittelschicht mit vitalem Interesse an privatem Grundbesitz gelegt und damit ein gewichtiges Hindernis für revolutionäre und sozialistische Bestrebungen geschaffen. Die Anfänge dieser Entwicklung waren, wie es bei jedem großangelegten gesellschaftlichen Experiment der Fall ist, von Problemen und Gefahren begleitet. Wie sowohl linke als auch rechte Kritiker betonten, hatte die traditionelle Dorfgemeinschaft bei allen ihren auf der Hand liegenden Schwächen ihren Angehörigen eine gewisse, wenn auch in den meisten Fällen nur ganz minimale wirtschaftliche Sicherheit geboten. Aus ihrem Schutz entlassen, würde der unwirtschaftlich arbeitende oder aus anderen Gründen erfolglose Landwirt ins ländliche oder städtische Proletariat oder ins Heer der Arbeitslosen absinken. Allein, welche Härten und Gefahren sein Vorhaben auch immer bergen mochten, sie waren in den Augen Stolypins im Hinblick auf das damit verbundene Endziel sehr wohl gerechtfertigt.

»Liegt es nicht auf der Hand, daß das [jetzige] System des Gemeinde- und Familieneigentums [an Grund und Boden] 90 Millionen Menschen in realer und bitterer Leibeigenschaft hält? Man sollte beim Gesetzemachen nicht nur an die Interessen derer denken, die schwach sind und nicht für sich selbst sorgen können ... Wenn wir Gesetze für das ganze Land machen, machen wir sie zu Nutz und Frommen der Klugen und Starken, nicht der Schwachen und Haltlosen.«[11]

Der vortreffliche Politiker Stolypin verstand es, seinen Elan auf das Räderwerk der Staatsbürokratie zu übertragen, so daß der Umverteilungsprozeß im Dienste der Befriedigung des bäuerlichen Landhungers – der Hauptursache für den sozialen Unfrieden auf dem Lande – eine wesentliche Beschleunigung erfuhr: In den ersten vierzehn Monaten nach Anlaufen des Programms wurde dem Adel mehr Grund und Boden abgekauft und an die Bauern abgegeben als in den fünfundzwanzig Jahren davor.[12] Dieser rasche und (durch die Landbank, die den bäuerlichen Käufern Kredit gewährte) staatlich geförderte Strukturwandel auf Kosten des großen und zugunsten des mittleren und kleineren Landbesitzes zeitigte allerdings auch potentiell negative Nebenwirkungen: Die Produktivität der russischen Landwirtschaft drohte dadurch zumindest vorübergehend noch weiter abzusinken. Parallel wurden neue Anbaugebiete erschlossen; zwischen 1906 und 1910 siedelten sich 2,5 Millionen Bauern in Sibirien an. Das Ganze war eine grandiose sozialtechnische Leistung, die aber, um die gesetzten Ziele zu erreichen und Rußland gegen eine erneute Revolution zu immunisieren, mindestens jene »zwanzig Jahre des Friedens« gebraucht hätte, die Stolypin sich so sehnlich wünschte.

Noch eine andere Entwicklung, die sich auf der gesellschaftlichen Bühne Rußlands vollzog, mußte die Radikalen mit tiefem Unbehagen erfüllen: Innerhalb der Intelligenzija zeichnete sich ein bedeutsamer Bewußtseinswandel ab. Kein Revolutionär konnte, sosehr auch das Proletariat oder die Bauernschaft im Mittelpunkt seiner Ideologie und seiner Hoffnungen stehen mochten, seine Rechnung ohne die Intelligenzija machen. Sie hatte traditionell das Banner der politischen Opposition hochgehalten, und aus ihren Reihen kamen die Führer der revolutionären Bewegungen. Gewiß, die Gefahr war gering, daß das Regime die Intelligenzija als ganze auf seine Seite würde ziehen können – wenn es einen gesellschaftlichen Rückhalt besaß, dann bei den halbgebildeten Elementen der Gesellschaft und bei denen, für die der Mythos des guten Autokraten noch nicht verblaßt war. Aber für den Fall, daß die Intelligenzija ihre zumindest von wohlwollender Neutralität geprägte Einstellung zur revolutionären Bewegung revidierte, wenn sie erkannte, daß sie – worauf dieser oder jener Liberale schon warnend aufmerksam gemacht hatte – auch auf der Linken Feinde hatte, dann konnte die nächste nationale Krise womöglich zu einer echten konstitutionellen Lösung anstelle einer echten Revolution führen.

Derlei unschöne Möglichkeiten rückten schlagartig ins Blickfeld, als 1909 ein Buch mit dem Titel *Wechi* (»Absteckpfähle« oder »Wegmarken«) erschien, das eine Sammlung von Aufsätzen einiger führender Philosophen, politischen Publizisten und Literaturkritiker der Zeit enthielt; die Autoren waren zum Teil ehemalige Anhänger des Marxismus, die erst neuerdings den Weg ins liberale Lager gefunden hatten. Sie distanzierten sich nicht unbedingt von ihren bisherigen politischen Auffassungen, unterzogen jedoch das traditionelle Ethos der Intelligenzija und deren charakteristische Einstellung zu bestimmten philosophischen und politischen Fragen einer scharfen Kritik. Was der typische russische Intellektuelle sich als kühne Auflehnung gegen überlieferte Wertvorstellungen zugute halte, erklärte einer der Autoren, erweise sich bei näherem Hinsehen als bloßer Konformismus. »Wer seine Ehrfurcht vor der Wahrheit oder der Schönheit bekundet, gerät in den Verdacht, sich nicht um das Wohl des Volkes zu bekümmern, und sieht sich dem Vorwurf ausgesetzt, soziale Erfordernisse zugunsten imaginärer Werte oder aus ichbezogenen Gründen zu vernachlässigen; wer nach Gott sucht, ist [für die Intelligenzija] nicht mehr und nicht weniger als ein Volksfeind.«[13] Die verbreitete Vorstellung, die Religion sei in jedem Fall eine Komplizin der Reaktion, war nach Ansicht dieses Autors ein Produkt des Vorurteils und der Unwissenheit. Es sei unbestreitbar, daß wirkliche Religiosität unvereinbar sei mit moralischem Nihilismus oder mit einem reinen Nützlichkeitsdenken. Die zur Schau getragene moralische Rigorosität der russischen Intelligenzija sei ein Ausdruck ihrer letzten Endes amoralischen Gesinnung.

Ein anderer Beiträger zu diesem Symposium der Selbstkritik machte den Versuch, politische Konsequenzen zu skizzieren, die sich aus dem Verlust der moralischen Sensibilität auf seiten der Intelligenzija ergeben mußten: »Konventionelle Moralvorstellungen dürfen [für diese Intellektuellen] den angestrebten Idealen oder Zielen nicht im Wege stehen. Wenn [ihre] Ideologie es erfordert, [beanspruchen sie] das Recht, darüber zu entscheiden, ob jemand anders Eigentum besitzen, ja sogar, ob er leben darf oder sterben muß. [In unseren] Extremisten steckt oft ein kleiner Napoleon des Anarchismus oder des Sozialismus.« Was sich bei der Revolution abspielte – die bewaffneten Raubzüge, der Massenterror und andere Ausschreitungen –, sei ein direkter Ausfluß dieser bedenkenlosen Unterordnung aller moralischen Erwägungen unter ein angeblich höherwertiges Ideal gewesen.[14] Welche verheerenden Auswirkungen müsse diese psychologische Haltung der gebildeten Klasse auf die Gesellschaft als ganze zeitigen! Gestern noch sei die Intelligenzija bereit gewesen, in jedem Terroristen einen Helden zu sehen. Jetzt, da die Stimmung umgeschlagen habe, könne doch wohl niemand überrascht sein über die Hochkonjunktur des Zynismus und der Pornographie oder über »die wahre Epidemie von Selbstmorden, die fälschlich der politischen Reaktion und der Trostlosigkeit des russischen Lebens angelastet wird«.[15] Die Intelligenzija müsse daher ihren zu nichts führenden Rigorismus aufgeben und zu einem schöpferischen religiösen Humanismus finden.

In den sprichwörtlich »fortschrittlichen Kreisen« war die Entrüstung über diese kollektive Selbstbesinnung von einigen angesehenen Vertretern der Klasse, die sie, die Progressiven, doch immer so unbarmherzig kritisiert hatten, groß. Der Chor derer, die laut aufschrien, reichte von Lenin bis Miljukow, und das Spektrum der Anklagen erstreckte sich von dem Vorwurf des Verrats an den edlen Traditionen eines Herzen und Tschernyschewskij bis zu der Beschuldigung, die Autoren der *Wegmarken* hätten vor den »Mächten der Finsternis«, d. h. vor dem unsäglichen Regime und vor der verabscheuungswürdigen Staatskirche kapituliert. Einige Jahre später sollte Lenin, der sich in der Tat als ein Napoleon des russischen Sozialismus entpuppte – allerdings ganz und gar nicht als ein kleiner –, bezeugen, welche Panik das Erscheinen des Buches bei der Linken hervorgerufen hatte.

»Dieses schandbarerweise weitverbreitete Buch ›Die Wegzeichen‹ hatte einen großen Erfolg in der liberalen bürgerlichen Gesellschaft, die voller Überläufer-Gefühle steckt. Es hat nur eine ungenügende Antwort und eine zu wenig tiefgehende Analyse aus dem demokratischen Lager erfahren.«[16]

Die *Wegmarken* stießen auf ein breites Leserinteresse und erlebten innerhalb eines Jahres gleich mehrere Auflagen; zweifellos machte die Botschaft, die sie verkündeten, Eindruck auf die Klasse, von der in dem Büchlein die Rede war und an die es sich wandte. In den Jahren unmittelbar vor dem Krieg begann sich in den Reihen der russischen Intelligenzija ein neuer Geist auszubreiten. Wie das Regime in den Jahren nach 1905, hatte auch seine traditionelle Widersacherin größere Toleranz entwickelt. Führende Vertreter der Intelligenzija waren nunmehr bereit, anzuerkennen, daß ein Mensch aufrichtig und aufgeklärt sein und dennoch politische und religiöse Vorstellungen pflegen konnte, die nicht den Idealen eines, wie wir heute sagen würden, rituellen Liberalismus entsprachen. Allerdings ging die Veränderung – wiederum genau wie auf seiten des Regimes – nicht weit genug und nicht einher mit einem besseren Verständnis der realen Bedingungen und Voraussetzungen der russischen Politik. Dazu kam, daß dieser Anlauf der beiden traditionell so antagonistischen Kräfte – des Regimes und der Gesellschaft –, zu einer gemeinsamen Sprache zu finden, reichlich spät kam. Es sollte nur zu einer kurzen Waffenruhe zwischen ihnen zu Beginn des Krieges reichen; dann marschierten sie auf getrennten Wegen weiter – in ihr gemeinsames Verderben.

Stolypin stand, nachdem er in der Gunst des Zaren um einiges gesunken war – Nikolaus verzieh ihm seine dominierende Art nicht – und in den Augen der Gemäßigten wegen seiner Zweckbündnisse mit den fremden-feindlichen und antisemitischen Elementen in der Duma diskreditiert war, kurz vor seiner Entlassung, als die Kugel eines Attentäters den Zaren dieser unangenehmen Aufgabe enthob. Dimitrij Bogrow, ein Polizeiagent und Revolutionär, konnte bei einer Galavorstellung in der Kiewer Oper am 1. September 1911 die tödlichen Schüsse auf den Premierminister abgeben – wie er in das streng bewachte Opernhaus gelangte, ist nie ganz aufgeklärt worden. Bogrow hätte genausogut den Zaren töten können; sollte er den Anschlag allerdings wirklich aus revolutionären Motiven begangen haben, dann war es nur logisch, auf Stolypin zu zielen. Obgleich momentan in Ungnade gefallen und vor der Verabschiedung stehend, wäre dieser Mann aller Wahrscheinlichkeit nach beim nächsten Sturm, in den Rußland geriet, wieder ans Staatsruder zurückberufen worden. Hätte in den Kriegsjahren statt irgendwelcher gesichtsloser Bürokraten der dynamische Stolypin die russische Politik geleitet, die Entwicklung wäre vielleicht anders gelaufen. In mancher Hinsicht ein typischer Vertreter des Provinzadels, besaß Stolypin nicht die Weitsicht und den geistigen Horizont eines Witte, besonders wenn man an die Haltung Wittes zum Nationalitätenproblem und an seine Einsicht in die Überholtheit des autokratischen Prinzips denkt. Doch besaß Stolypin im Unterschied zu seinem unmittelbaren Vorgänger Goremykin, der ein Erzbürokrat der schlimmsten Sorte gewesen war, echte Führungsqualitäten. Ohne Witte im Drang und in der Liebe zur Macht nachzustehen, hatte Stolypin doch nur wenig vom ehrgeizigen und egozentrischen Karrierebewußtsein Wittes an sich und gab sich keinen Illusionen darüber hin, welchen Preis die Macht ihn am Ende kosten würde. »Begrabt mich, wo sie mich ermorden«, sagte er, lange bevor die Kugel Bogrows ihn ereilte.[17]

Das russische Reich hatte nach Stolypin noch fünf Premierminister, doch keiner von ihnen vermochte die von ihm gelassene Lücke wirklich auszufüllen. Sein unmittelbarer Nachfolger, Wladimir Kokowtschow, der lange Zeit Finanzminister gewesen war, verkörperte sowohl die Tugenden als auch die Unzulänglichkeiten der alten Schule. Die glücklichsten Jahre seiner Jugend habe er, wie er in seinen Memoiren berichtet, als aufstrebender junger Offizier in der zentralen Gefängnisverwaltung verbracht. Aus diesem ruhigen Gewässer wechselte er später in die Finanzverwaltung über, zunächst als Schützling Wittes, dann als Minister (in welcher Funktion er sich die unerbittliche Feindschaft seines ehemaligen Chefs zuzog). Kokowtschow war ein Mann mit Grundsätzen. Seine erste Amtshandlung als Premierminister war, Vorkehrungen dafür zu treffen, daß der Todesschuß des Bogrow – der einer reichen jüdischen Familie entstammte – keine Pogrome nach sich zog. Die extreme Rechte war über diese ungebührliche Sorge um die Juden verärgert, und bald lieferte ihnen der neue Premierminister noch weitere Steine des Anstoßes. Im Unterschied zu seinem Vorgänger hatte er nämlich etwas dagegen, daß die Organisationen der Rechtsradikalen staatliche Subventionen erhielten, woraufhin in der Duma und in der Presse gegen ihn der Vorwurf mangelnden Patriotismus' erhoben wurde. Ebenso unbeirrbar zeigte sich Kokowtschow in dem Bemühen, ein anderes merkwürdiges Gewohnheitsrecht abzustellen, das noch eine weit längere Tradition besaß: Seit je war es in Rußland üblich, daß Personen – von Großfürsten und Ministern bis hinab zu schneidigen jungen Offizieren –, die über einflußreiche Freunde bei Hofe verfügten, wenn sie in momentanen Geldschwierigkeiten waren, mit einer gewissen Selbstverständlichkeit Anspruch auf eine staatliche Überbrückungshilfe erhoben. Ebenso erwartete ein Minister oder Regierungsbeamter, der im Ausland eine Staatsanleihe ausgehandelt hatte, als Belohnung für seine Mühe eine Erfolgsprämie in Höhe eines bestimmten Prozentsatzes der Anleihensumme. Solche Praktiken waren in früheren Zeiten, als es noch keine Duma gegeben hatte, die die staatliche Ausgabenpolitik unter die Lupe nahm, normal gewesen. Die Konsequenz, mit der Kokowtschow gegen diese Dinge vorging, brachte ihm die Feindschaft nicht nur der enttäuschten Subventionsaspiranten, sondern auch ihrer mächtigen Gönner ein, zu denen in mindestens einem Fall auch die Zarin selbst gehörte. *Ein* Unterstützungsgesuch allerdings konnten der Premierminister und sein kaiserlicher Herr und Meister schwerlich ablehnen: Sergej Witte schrieb an seinen einstigen Förderer Nikolaus, den er jetzt politisch bekämpfte, und erklärte, er werde, falls man ihm nicht 200 000 Rubel zur Verfügung stelle, nicht mehr in der Lage sein, einen Lebensstandard aufrechtzuerhalten, wie er einem Mann zukomme, der seinem Land solche Dienste geleistet habe. Ohne eine staatliche Unterstützung müsse er sich – ebenso unvorstellbar – nach einer privaten Beschäftigung umsehen. Witte bekam das Geld, was ihn freilich nicht im geringsten daran hinderte, weiterhin gegen Kokowtschow zu intrigieren und kein gutes Haar am Zaren zu lassen.

Wenn solche Geschichten auch einen guten Einblick in die Sitten und Gebräuche des zaristischen Rußland gewähren, wäre es doch ein Fehler, zu glauben, es sei mit der Bestechlichkeit der staatlichen Funktionsträger dort schlimmer bestellt gewesen als in anderen europäischen Staaten. Das große Übel, an dem der russische Staatsapparat krankte, hieß nicht Korruption, sondern Ineffizienz. 1905 war in Gestalt des Ministerrats erstmals ein Kabinett eingerichtet worden, um ein gewisses Maß an Einheitlichkeit und zentraler Lenkung der staatlichen Maßnahmen und der politischen Entscheidungen zu gewährleisten. Aber Nikolaus II. kam mit dem Kabinettsystem gedanklich und praktisch ebensowenig zurecht wie mit der legislativen Gewalt. Unter der Regie eines Könners wie Stolypin hatte das System noch einigermaßen funktioniert, aber nach seinem Abgang begann es sich zu zersetzen. Der Zar hatte immer darauf bestanden, die Außen- und Verteidigungspolitik liege außerhalb der Befugnisse des Premierministers und sei ganz allein Sache des Herrschers. Nun begannen auch andere Ministerien sich wieder zu separaten Kleinfürstentümern zurückzuentwickeln, deren

Oberhäupter zwar die Weisungsbefugnis des Premierministers formell anerkannten, in Wirklichkeit aber ihre Vorhaben vom Zaren absegnen ließen, so daß jedes Ministerium seine eigene, die der anderen Ministerien möglicherweise durchkreuzende Politik machte. Kokowtschow geriet so in eine unmögliche Lage. Was er an Einfluß besaß, bezog er zum großen Teil nicht aus seiner Position als Regierungschef, sondern aus seinem Amt als Finanzminister. Es kam zuweilen vor, daß der Zar sich bei der Ernennung oder Entlassung von Ministern nicht nach dem Rat Kokowtschows richtete. Dieser wollte, da er sich an den Verhaltenskodex der Staatsbediensteten gebunden fühlte, nicht zurücktreten, sondern machte seinem Herrscher immer wieder Vorhaltungen, bis Nikolaus dieses Spiels überdrüssig war und ihn schließlich kurz vor Kriegsausbruch entließ. Sein Nachfolger war ein älterer Bürokrat ohne jedes Format.

Verglichen mit der rapiden gesellschaftlichen und wirtschaftlichen Entwicklung, die das Land durchmachte, bietet die Regierungsarbeit, wie sie in der Periode nach Stolypins Tod geleistet wurde, das Bild einer bürokratischen Stagnation, und als der Krieg da war, wich die Stagnation einer fortschreitenden Lähmung. Das Regime war, als die Revolution es hinwegfegte, aufgrund des Totalausfalls seiner zentralen Funktionssysteme de facto bereits klinisch tot.

Die zaristische Bürokratie hatte, so autoritär sie in ihrer Struktur und so korrupt und ineffizient sie in ihrer Arbeitsweise oft sein mochte, doch immer wieder fähige Persönlichkeiten von charakterlichem Format in ihren Reihen gehabt und insbesondere in nationalen Notzeiten nur selten die Männer hervorzubringen verfehlt, die das Zeug hatten, die Probleme zu meistern – man denke etwa an die bemerkenswerte Riege von Spitzenbeamten unter Alexander II. und an Witte und Stolypin. Nach 1911 jedoch zeigte sich niemand mehr, der diesen Männern auch nur entfernt das Wasser hätte reichen können. Die letzten Leitfiguren der herrschenden Kaste des alten Rußland haben im historischen Rückblick etwas seltsam Unwirkliches an sich. Die Minister, die Gouverneure und die übrigen Hof- und Staatsbeamten – wie im Traum tanzten sie in den letzten Regierungsjahren Nikolaus' II. über die politische Bühne Rußlands, und wirklich, beim ersten Windstoß der Revolution stoben sie davon wie Phantome.

Der Qualitäts- und Prestigeverlust der herrschenden Bürokratie stand in engem Zusammenhang mit der Situation, in der das Regime als ganzes sich nach den Jahren 1907–11 befand, die trotz aller Unterlassungssünden und Schattenseiten eine Periode des Wiedererstarkens gewesen waren. Das Nebeneinander von Autokratie und parlamentarischen Institutionen, das Gegenüber einer bürokratischen Regierung und einer öffentlichen Meinung, die nunmehr fast alle Fesseln abgestreift hatte, erzeugte Spannungen, die sich vor allem auf den Stützpfeiler des ganzen Systems, auf den Monarchen hin, verdichteten.

Die Geschichte des Mönchs Rasputin ist in der populären Literatur so oft ausgeschlachtet und mit so viel Sensationsmache erzählt worden, daß man als Historiker nur schwer der Versuchung widerstehen kann, in einer allergischen Überreaktion die Bedeutung dieses Mannes soweit wie möglich herunterzuspielen. Tatsächlich aber ist die Geschichte Rasputins wichtig und aufschlußreich. In den Annalen des Zarenhauses spielten Skandale und wenig erbauliche Erzählungen über die Günstlinge des einen oder anderen Herrschers von jeher eine hervorragende Rolle. Einige dieser Günstlinge haben die Politik des Landes weit stärker beeinflußt als der sibirische Bauer Rasputin, der sich als Heiliger ausgab und die Zarin Alexandra – und durch sie auch den Zaren – so sehr in seinen Bann zu schlagen verstand. Doch alle früheren Episoden dieser Art hatten sich in Zeiten zugetragen, in denen die Autokratie fest im Sattel saß und ein Skandal oder eine öffentliche Empörung im Zusammenhang mit dem Verhalten des Monarchen allenfalls einmal zu einer Palastrevolution, niemals aber zu einer das System als solches in Gefahr bringenden Reaktion führte. Jetzt aber bewirkte der politische Status, in dem Rußland sich befand – das Nebeneinander von absolutistischer Monarchie und moderner öffentlicher Meinung –, daß die Persönlichkeit und das Verhalten des Herrschers einerseits politisch wichtiger wurden und andererseits von der Nation genauer beobachtet werden konnten. Die oft skurrilen Geschichten darüber, was sich bei Hofe und im Kreis der kaiserlichen Familie angeblich oder wirklich abspielte, Geschichten, die früher vielleicht nie über einige wenige aristokratische Salons hinausgedrungen wären, wurden nun in den Zeitungen und in der Duma mit einer Respektlosigkeit erörtert, die im England jener Jahre mit seinem Unterhaus und seiner zensurfreien Presse unvorstellbar gewesen wäre.

Vor dem Krieg war der Einfluß, den Grigorij Rasputin auf die Besetzung politischer Ämter und auf ähnliche Dinge hatte, prakisch gleich Null. Doch schon damals gereichten seine Stellung am Hof und seine Aktivitäten dem Ansehen des Zarenpaars und der Moral der politisch Verantwortlichen zum Schaden. Kokowtschow beispielsweise war und blieb überzeugt, daß er in der Gunst des Zaren genau von dem Augenblick an gesunken war, als er dem Scharlatan einmal die Leviten gelesen und ihn zu überreden versucht hatte, St. Petersburg zu verlassen. Noch mehr Schaden als die weitgehend unwahren, aber sehr weit verbreiteten Gerüchte richtete die Atmosphäre an, die im Umkreis des Zaren herrschte; der Einfluß Rasputins war zwar ein Stück weit Ursache, zum größten Teil aber lediglich Symptom dieses Klimas.

Es wird gewöhnlich gesagt, der Zar, ein vorbildlicher Gatte und Familienvater, habe Rasputin aus Rücksicht auf seine Frau am Hof geduldet. Daß diese dem »heiligen Mann« so sehr verfiel, wird wiederum ausschließlich als eine Folge ihrer Sorge um ihren an Hämophilie leidenden Sohn erklärt, dessen unheilbare Krankheit Rasputin, wie sie fest glaubte, mit seinen Verrichtungen und Gebeten günstig beeinflussen konnte. Rasputin war freilich nur der letzte in einer ganzen Reihe derartiger geistlicher Wunderheiler, die Zugang zur und Einfluß auf die Zarenfamilie erlangt hatten. Die neurotische

Kaiserin hatte von Haus aus einen Hang zur religiösen Ekstase und zur Hysterie. Und wie so viele Ausländer, deren Rußlandbild durch eine oberflächliche Lektüre von Dostojewskij-Romanen und Reiseberichten geprägt wurde, blieb auch für sie das Zarenreich stets jenes exotische Land, wo Millionen von Muschiks gläubig ihr Väterchen Zar anbeteten und wo heilige Mönche und Bettler umherwanderten, um Wunder zu tun und Weisheiten aus der Seele des Volkes unter die Leute zu bringen, ein Land, zu dem der ausgetüftelte konstitutionelle Paragraphenkram des materialistischen Westens einfach ganz und gar nicht zu passen schien. Ihr Rollentausch von der Prinzessin an einem kleineren deutschen Fürstenhof zur Gattin des Herrschers über das riesige russische Reich und ihr Übertritt zum orthodoxen Glauben, in den sie sich mit der Inbrunst einer Sektiererin stürzte, ließen sie noch tiefer in den Sog von Mystizismus und Obskurantismus geraten.

All dies wäre politisch von geringer Bedeutung gewesen, hätte nicht die Zarin mit dem Einfluß, den sie auf ihren Mann hatte, ähnliche Tendenzen in seinem eigenen Denken bestärkt. Zwar in seinen religiösen Auffassungen nüchterner als sie, glaubte Nikolaus aber immerhin noch fest daran, daß er den göttlichen Auftrag habe, die autokratische Macht ungeschmälert an seinen Thronfolger weiterzugeben. Er war auch überzeugt, daß mit Ausnahme jener kleinen, von nichtrussischen Ideen verseuchten Minderheit die große Masse der Bevölkerung in ihm noch immer den Gottgesalbten sehe (er wünschte, so sagte er einmal zu einem seiner Minister, er könnte das Wort »Intelligenzija« aus der russischen Sprache verschwinden lassen). Bei öffentlichen Auftritten befangen und linkisch wirkend, jeden über den engen und nicht einmal für die russische Aristokratie repräsentativen Kreis der Höflinge hinausgehenden Kontakt meidend, war das kaiserliche Paar eine leichte Beute für jemanden, der in seiner äußeren Erscheinung und in seinem Gebaren das Urbild des legendären einfachen Mannes, des in unerschütterlicher Treue dem Thron ergebenen Russen, zu verkörpern schien und dessen Gegenwart und dessen Prophezeiungen so tröstlich und aufmunternd wirkten. Die Tatsache, daß die unverschämte Duma, die unmögliche Presse und der eine oder andere unverträgliche Minister gegen »Unseren Freund«, wie Rasputin vom Herrscherpaar genannt wurde, zu Felde zogen, war in den Augen der beiden geradezu ein Beweis für seine Rechtschaffenheit. Alle diese Kritiker, so meinten sie, fürchteten den heiligen Mönch, der dem Zaren erzählte, was das Volk wirklich dachte. Es traf sich, daß Nikolaus in der Tat einige Vorurteile seiner bäuerlichen Landsleute teilte: Er war antisemitisch und ungeachtet aller seiner familiären Verbindungen auch antienglisch eingestellt – »Die Engländer sind genau wie die Jidden«, sagte er einmal zu Witte –, und obgleich seine Abstammung überwiegend deutsch war, hegte er auch gegen diese Nation ähnliche Vorurteile.

Was seine Frau betraf, so hätte man so viel Aberglauben und Leichtgläubigkeit wie bei ihr wohl selbst bei einer völlig unbedarften russischen Bäuerin schwerlich finden können. Er solle, so schrieb sie ihrem Mann während des Krieges, nicht vergessen, sich vor einer Entscheidung oder vor Beginn einer Konferenz mit jenem bestimmten Kamm die Haare zu kämmen, den Rasputin ihm mitgegeben hatte. Kurz vor einem Termin, an dem die Duma zusammentreten sollte, teilte Alexandra ihrem Gatten mit, Rasputin habe geraten, die Sitzung zu verschieben und die Duma so lange wie möglich nicht zusammentreten zu lassen. »Sie [die Abgeordneten] sollten alle an ihrem Heimatort genug zu tun haben, statt dessen wollen sie jetzt hier anfangen, sich einzumischen und ihre Meinung zu allen möglichen Dingen zu sagen, die sie nichts angehen.«[18] Und so sollte der Zar ihrer Ansicht nach regieren:

»Ach, mein Liebling, wann wirst Du endlich mit der Faust auf den Tisch schlagen und Djunkowskij und die anderen, die so viel Falsches tun, zusammenschimpfen?* Niemand hat Angst vor Dir, und die *sollten* sie doch haben, sie müssen vor Dir zittern, sonst werden sie uns noch Ärger machen . . . Ach, mein Junge, mach, daß sie vor Dir zittern; es darf Dir nicht genug sein, daß Du geliebt wirst. Sie müssen Angst haben, Dich zu erzürnen oder nicht das zu tun, was Du wünschst . . . Sei strenger, so kann es nicht weitergehen.«[19]

Die Rasputin-Affäre war lediglich der spektakulärste Ausdruck der allgemeinen Gebrechlichkeit der dem Untergang geweihten Monarchie. Indem die Sowjets ungeachtet ihrer sonstigen Prüderie (in den Briefen fehlt es nicht an intimen Anspielungen) und ihrer die Bedeutung der Einzelperson in der Geschichte geringschätzenden Lehre den Briefwechsel des kaiserlichen Paars veröffentlichten, bewiesen sie einen gesünderen Instinkt als viele nichtrussische Historiker. Das morbide Klima, das die letzten Romanows umwehte, war ein wichtiges Glied in der Kette der Faktoren und Ereignisse, die zum Februar und Oktober 1917 führten.

Die bizarren Vorgänge am Hof wirkten sich um so schädlicher aus, als sie auch denjenigen Kreisen zu denken gaben, die dem Thron traditionell loyal ergeben und eigentlich gegen alles immun waren, was nach revolutionären oder auch nur reformistischen Ideen roch. Die militärische und bürokratische Führungskaste hatte in allen früheren Krisen einmütig und immer die Partei des Regimes ergriffen. Im Gegensatz zu den Linken und den Liberalen, für die die von jedermann weiterverbreiteten Geschichten über die »dunklen Mächte« hinter dem Zarenthron kein Anlaß zur Überraschung oder Besorgnis waren, trafen diese Gerüchte die Rechte an ihrer verwundbarsten Stelle: an der Sorge um Rußlands nationale Interessen, die sie seit je mit dem Wohl der Autokratie identifizierten. Gerüchte, die geeignet waren, Zweifel an der Ehre der Zarin und an der Vernunft ihres Gatten zu wecken, konnten noch als das abgetan werden, was sie tatsächlich waren: eitel

---

* Djunkowskij war stellvertretender Innenminister; nach einem von Rasputin ausgelösten, stark alkoholisierten Streit in einem vornehmen Restaurant hatte Djunkowskij den Mönch verhaften lassen. Auch bei anderen Gelegenheiten hatte er bewiesen, daß er ein Mann von lauterem Charakter war und energisch zu handeln verstand, ein Mann, der die marode Bürokratie mit neuer Vitalität hätte erfüllen können. Nach dem Zwischenfall mit Rasputin wurde er entlassen.

Klatsch. Doch schon die bloße Tatsache ihrer weiten Verbreitung war ein Anzeichen für das Abbröckeln der Autorität und des Ansehens des Thrones. Wenn die nächste nationale Belastungsprobe kam, würde sie ein Regime vorfinden, dessen letzte Verteidigungsstellung nun auch bereits durchlöchert war, da sogar seine traditionellen Verteidiger zu sehr demoralisiert und verwirrt waren, um auch nur den Versuch eines vereinten Einstehens für die Monarchie zu machen. Selbst gebrochen und unfähig, ihre historische Aufgabe als Wächterin über die Einheit und Größe der Nation zu erfüllen, blockierte die Autokratie in der Phase ihres Verfalls alle Bemühungen, eine andere Institution aufzubauen, die diese Aufgabe hätte mittragen oder ganz übernehmen können.

Das Klima der Frömmelei und des Aberglaubens, das von höchster Stelle ausging, wirkte möglicherweise ansteckend. Das Jahr 1911 lieferte der russischen Gesellschaft einen neuen Beweis dafür, daß da und dort tatsächlich dunkle Mächte am Werk waren, wobei nicht einmal jener öffentliche Sektor eine Ausnahme machte, der bislang den aufgeklärtesten Eindruck hinterlassen hatte: die Justiz. Mit ungläubiger Betroffenheit und Abscheu verfolgten die gesunden Elemente der russischen Gesellschaft und die zivilisierte Welt im Verlauf der darauffolgenden Jahre den Versuch eines Staates des 20. Jahrhunderts, zu beweisen, daß bei den Juden die Praxis des Ritualmordes geübt werde. Der Kiewer Arbeiter Mendel Beilis wurde, ohne daß der geringste Anhaltspunkt für einen Verdacht gegen ihn vorgelegen hätte, verhaftet und des Mordes an einem zwölfjährigen christlichen Knaben beschuldigt, dessen von Messerstichen gezeichnete Leiche in der Nähe einer in jüdischem Besitz befindlichen Fabrik gefunden worden war. So obszön und absurd war diese Anklage, daß sie sogar manchen rechtsextremen und gewöhnlich antisemitischen Persönlichkeiten des öffentlichen Lebens den Atem verschlug. Einer von ihnen veröffentlichte in einer reaktionären Zeitschrift einen wutentbrannten Artikel, in dem er schilderte, wie die Staatsanwaltschaft die ermittelnden Beamten unter Druck gesetzt hatte, damit sie falsche Aussagen machten – daß es nämlich nicht darauf ankomme, zu entscheiden, ob der Angeklagte schuldig oder unschuldig sei, sondern daß es darum gehe, zu beweisen, daß bei den Juden die Praxis des Ritualmords existiere. »In Wirklichkeit versucht *ihr*, ein Menschenleben auf eurem Altar zu opfern«, klagte der Autor die Behörden an. Die Ausgabe der Zeitschrift, die diesen Artikel enthielt, wurde beschlagnahmt, der Autor wegen Herabwürdigung eines Justizorgans unter Anklage gestellt.[20]

Man machte es sich zu einfach, würde man diese Affäre nur als ein trauriges Stück Kiewer Lokalkolorits betrachten. Der Justizminister hätte die Befugnis gehabt, den unsäglichen Staatsanwalt abzusetzen und eine Fahndung nach den wirklichen Mördern anzuordnen, die offenbar in den Reihen einer örtlichen Räuberbande zu suchen waren. Allein, der höchste Justizbeamte des Reiches stärkte den Hexenjägern sogar noch aktiv den Rücken. Es wurden keine Mühen und Kosten gescheut, um wissenschaftliche und theologische Experten zu finden, die aus dem Fundus ihrer Ausbildung und ihres Wissens heraus – und zusätzlich motiviert durch großzügige Zahlungen aus dem Etat der Polizei – vor Gericht bezeugten, daß »einige jüdische Sekten« sich tatsächlich der rituellen Tötung christlicher Kinder befleißigten. Die Plädoyers der Anklage gingen so gut wie gar nicht auf Beilis ein, sondern verbreiteten sich statt dessen über das Thema »Die Juden sind Rußlands Unglück«. Hinsichtlich des zu erwartenden Urteilsspruchs waren sich die Ankläger und die ihnen gleichgesinnten Teile der Gesellschaft freilich nicht so sicher. Was auf der Geschworenenbank saß, stellte einen Mikrokosmos der russischen Unterschichtsbevölkerung dar: Bauern, Handwerker, ein Postamtsschreiber, alle aus einer Gegend, in der ein ausgeprägter Antisemitismus vorherrschte. Diese ungebildeten Leute ließen sich zwar von den sogenannten Experten verunsichern und konnten sich nicht dazu verstehen, die allgemeine Hauptthese der Anklage klipp und klar zu verneinen, aber im Gegensatz zu den hohen Beamten war bei ihnen noch eine schlichte menschliche Anständigkeit vorhanden, und sie sprachen Beilis frei. »Rußland hat eine große Niederlage erlitten«, erklärte ein bekannter Reaktionär.

Ein wenig Trost konnten die unterlegenen Staatsanwälte in einem Telegramm finden, in dem eine Gruppe prominenter Rechtsextremer, darunter zwei hohe Würdenträger der orthodoxen Kirche und jener unsägliche Justizminister, ihnen als den »Helden des Kiewer Prozesses« zu ihrer »edlen Zivilcourage« und ihren »hohen moralischen Grundsätzen« gratulierte, »die dem unbestechlichen, unbeirrbaren Geist des wahren russischen Volkes würdig sind«.[21] Von seinen anderen Aspekten einmal abgesehen, legte der Beilis-Fall auch beredtes Zeugnis dafür ab, wie dünn der Anstrich von Rationalität und Zivilisiertheit noch war, den der russische Staat sich zugelegt hatte, und wie beklagenswert wenig die politischen Strukturen und Institutionen des Landes mit seinen enormen Fortschritten auf wirtschaftlichem Gebiet Schritt gehalten hatten. Es scheint mir nicht unbillig, zu sagen, daß selbst in der Blütezeit des Absolutismus kein europäischer Justizminister eine so schändliche Affäre wie den Fall Beilis geduldet oder gar gefördert hätte.

Sisyphos ist in der griechischen Mythologie ein Mann, der von den Göttern dazu verurteilt ist, in alle Ewigkeit einen schweren Stein einen steilen Hügel hinaufzurollen, und jedesmal, wenn er oben ankommt, rutscht ihm der Stein aus den Händen und rollt wieder nach unten. Dieser Mythos ist ein anschauliches Gleichnis für die politische Geschichte Rußlands, vor allem für die Zeit zwischen den beiden Revolutionen. Den Liberalen muß es nach dem 17. Oktober 1905 so vorgekommen sein, als sei die Erfüllung der politischen Sehnsüchte und Bestrebungen eines Dreivierteljahrhunderts zum Greifen nahe; doch nun rückte sie wieder in weite Ferne. Der aufgeklärte Bürokrat hatte einen bescheideneren Traum geträumt: daß Rußland sich unter Beibehaltung der autokratischen Grundstruktur zu einem Rechtsstaat entwickeln würde. Doch selbst diese Erwartung erhielt schmerzhafte

Dämpfer durch Vorfälle wie die Entlarvung des Doppelagenten Azef (und der sich daraus ergebenden Rückschlüsse auf die Praktiken der Geheimpolizei) oder die mutwillige Rechtsbeugung im Fall Beilis.

Kaum weniger Frustrationen hielt die Periode zwischen den Revolutionen für die russische Rechte bereit. Für eine kurze Zeit konnte man nach 1907 den Eindruck gewinnen, Rußland stehe an der Schwelle einer neuen Ära, in der die Autokratie im Gefolge einer engen Zusammenarbeit zwischen Regierung und Duma einen neuen Aufschwung erleben und ein auf erneuerten und stabilisierten sozialen Fundamenten ruhender Staat Immunität gegen Angriffe aus dem liberalen oder revolutionären Lager erlangt haben würde. Allein, schon 1912 konnte sich kein weitblickender Konservativer mehr in der Zuversicht wiegen, daß die Arbeit an der Errichtung eines solchen neuen Gebäudes tatsächlich im Gang war und daß, wenn man, wie Stolypin es formuliert hatte, das Gerüst der Repression eines Tages abbaute, das dahinter errichtete Bauwerk fest und sicher stehen würde. Ein wesentlicher Stützpfeiler des ganzen Baues, die persönliche Autorität des Zaren, war und wurde weiter unterhöhlt. Und die als zusätzliche tragende Säule vorgesehene Duma, die das Bindeglied zwischen Volk und Krone darstellen sollte, war weder ein echtes Sprachrohr des ersteren, noch ein zuverlässiger Partner und Helfer der letzteren.

Die Tatsache, daß das Regime mit dem Parlament, das es unter so großem politischen und finanziellen Aufwand genau nach seinen Vorstellungen zurechtgezimmert hatte, dann doch solche Schwierigkeiten bekam, wäre nicht mehr als eine amüsante Ironie, käme darin nicht in typischer Weise das unauflösbare Dilemma der russischen Politik zum Ausdruck und läge darin nicht eine symbolische Vorwegnahme der letzten Endes verhängnisvollen Konsequenz aus diesem Dilemma. Nach dem 3. Juni 1907 war es für die Regierung ein leichtes, das Zustandekommen einer Duma, wie sie sie *nicht* haben wollte – einer Duma mit einer liberal-sozialistischen Mehrheit – zu verhindern. Dennoch erwies es sich auch weiterhin als praktisch unmöglich, eine Duma, gleich welcher Zusammensetzung, nachdem sie einmal gewählt war, zu einem dem Regime genehmen Verhalten zu zwingen. Zum Teil resultierten diese Schwierigkeiten aus der grundlegenden Unvereinbarkeit des russischen bürokratischen Denkens mit parlamentarischen Gepflogenheiten jedweder Art, zum Teil auch aus der politischen Unreife und Unbeständigkeit der Abgeordneten. Die Dritte Duma erwies sich als eine Enttäuschung. Ihr rechter Flügel war selbst vom Standpunkt der Regierung aus zu reaktionär. Jede behördliche Maßnahme, die auch nur entfernt nach Fortschritt roch, wurde von der Rechten unweigerlich als jüdisches und/oder liberales Komplott verteufelt. Das gemäßigte Lager andererseits erwies sich als zu eigenwillig – es war nicht bereit, sich die Kritik an der Regierung und den »dunklen Mächten« zu verkneifen. Und was die Linke betraf . . .

Die Vierte Duma, der es vorbehalten blieb, nicht nur dem zaristischen Regime, sondern, indem sie sich in vollem Bewußtsein selbst ausschaltete, auch dem russischen Parlamentarismus den Todesstoß zu versetzen, wurde 1912 gewählt, nachdem die Legislaturperiode ihrer Vorgängerin abgelaufen war. Die Wahl spiegelte die zunehmende Orientierungslosigkeit des Regimes und des politischen Lebens im allgemeinen wider. Premierminister Kokowtschow wollte unter keinen Umständen zulassen, daß seine Regierung das Wahlgeschehen massiv beeinflußte, wie Stolypin es fünf Jahre zuvor getan hatte. Er konnte aber nicht verhindern, daß die Gouverneure weitgehend freie Hand erhielten, das Wahlvolk mit den Methoden, die sie für richtig hielten, vor falschen Entscheidungen zu bewahren. Die weniger zimperlichen unter ihnen pfiffen auf indirekte Methoden und strichen aus den Kandidatenlisten von vornherein die Namen derer, die als politisch unzuverlässig galten. Der Generalprokurator des Heiligen Synod teilte die Skrupel des Premierministers nicht. Auf sein Drängen und auf Anordnung der Bischöfe hin wurden so gut wie alle russischen Gemeindepriester mobilisiert, um sicherzustellen, daß die Gläubigen ihre Stimme nicht den Feinden Gottes und des Zaren gaben. Als Folge der bewußt eingebauten Eigentümlichkeiten des Wahlgesetzes ergab es sich, daß in vielen ländlichen Wahlmännerkollegien eine große Zahl von Geistlichen vertreten war, so daß es an einem Punkt des vielstufigen Wahlprozesses so aussah, als werde die künftige Duma etwa zur Hälfte mit orthodoxen Priestern besetzt sein. Die Regierung, die fürchtete, ein Popenparlament werde Gespött erregen, traf in letzter Minute die nötigen Anstalten, um den Anteil der »kleinen Väter« unter der Grenze des Peinlichen zu halten. Das Wahlgesetz sah zwar die Möglichkeit von Beschwerden gegen Manipulationen vor, aber solche Einsprüche konnten erst nach Abschluß aller Wahlvorgänge geprüft werden und änderten nichts an den Ergebnissen.

Und doch bekam die Regierung, aller Mühe zum Trotz, nicht das Parlament, das sie sich gewünscht hatte. Zwar saßen in der neuen Duma nur noch dreizehn Sozialisten, darunter sechs Bolschewiken, und ungefähr fünfzig »Kadetten«, aber das reichte aus, um eine lautstarke verbale Opposition und eine Ausschlachtung jeder wirklichen oder vermeintlichen Fehlleistung der Regierung durch die Abgeordneten zu gewährleisten. Viele Parlamentarier, die unter dem Gesichtspunkt ihrer politischen Zuverlässigkeit gewählt oder besser ausgewählt worden waren, darunter auch Priester, begannen unter dem Einfluß des intellektuell anregenden Klimas, das sie in der Duma vorfanden, liberale und selbst radikale Neigungen zu offenbaren. Die Oktobristen, die die gemäßigten Elemente des Adels und des Bürgertums vertraten, stimmten nun gelegentlich mit der liberal-sozialistischen Opposition. Gewiß, eine solide Mehrheit war der Regierung in den meisten Fragen, in denen sie ein nationales Interesse geltend machen konnte, sicher. Doch der Traum Stolypins – daß Regime und Parlament zusammenarbeiten und jedes dem anderen neue Kraft und Legitimität verleihen würden – schien der Erfüllung ferner denn je. In Anbetracht ihres Zustandekommens konnte die Vierte Duma schwerlich als eine repräsentative Volksvertretung gelten.

Gleichwohl sprach sie wohl der russischen Bevölkerung aus dem Herzen, als sie das Regime in einer mehrheitlich beschlossenen Resolution aufforderte, es solle »in aller Entschlossenheit und Offenheit die Aufgabe in Angriff nehmen, die Grundsätze des Manifests vom 17. Oktober anzuwenden und dem Recht zur Herrschaft verhelfen«.[22]

Es hatte noch andere Anzeichen dafür gegeben, daß die Periode der trügerischen politischen Ruhe sich ihrem Ende näherte. 1910 war es nach dem Tod Leo Tolstojs zu einer Welle von Studentendemonstrationen gekommen, stets ein zuverlässiger Indikator für eine Verschlechterung der politischen Wetterlage. Die Studenten hatten gegen die Weigerung der Regierung protestiert, sich an den Gedenkfeiern zu Ehren des großen Dichters zu beteiligen, eine Entscheidung, die einerseits verständlich wirkt, denkt man an Tolstojs politische Haltung und an seine Exkommunizierung durch den Heiligen Synod, die andererseits aber eine törichte Verständnislosigkeit für das Empfinden der Gesellschaft und der Weltöffentlichkeit offenbarte.*

Im Frühling 1912 kam es zu einer Konfrontation zwischen den Behörden und den Arbeitern, die die öffentliche Meinung Rußlands fast ebenso stark aufwallen ließ wie seinerzeit das Massaker vom 9. Januar 1905. Dieses Mal war der Schauplatz das ferne Sibirien: In den Goldfeldern am Lena-Fluß eröffneten Soldaten das Feuer auf eine Ansammlung streikender Goldwäscher und töteten dabei über zweihundert Männer. In der Duma brach ein Trommelfeuer entrüsteter Fragen und Vorwürfe los, wobei die leidenschaftlichsten Anklagen von einem radikalen jungen Anwalt namens Alexander Kerenskij erhoben wurden, der damit zum ersten Mal in das Blickfeld der Öffentlichkeit trat. Die höchsten Wellen schlug die öffentliche Empörung, als der Innenminister vor der Duma erklärte, wenn eine Menschenmenge eine drohende Haltung einnehme, bleibe Polizisten und Soldaten keine andere Wahl, als mit scharfen Patronen zu schießen: »So ist es in der Vergangenheit geschehen, und so wird es in Zukunft geschehen.«[23] Die Regierung wurde gezwungen, eine Untersuchung einzuleiten, die erbrachte, daß die Schürfgesellschaft und die ihr willfährigen örtlichen Behörden die Arbeiter in der Tat unmenschlich behandelt hatten. Praktisch in jeder Hinsicht waren diese Männer Leibeigene auf Zeit: Sie arbeiteten elf bis zwölf Stunden pro Tag und standen dabei häufig bis zu den Knien in eiskaltem Wasser, und zu der schweren Arbeit gesellten sich erschwerend noch das unwirtliche sibirische Klima und die totale Abgeschnittenheit von der Außenwelt für den größten Teil des Jahres. Der Aufschrei war um so lauter, als die betreffende Gesellschaft überwiegend in ausländischem Besitz war. Die Regierung unternahm einige verspätete Schritte, um die Situation zu entschärfen und die öffentliche Meinung zu besänftigen. Die verantwortlichen Betriebsleiter, soweit sie Russen waren, wurden abgesetzt, der leitende Polizeioffizier entlassen und unter Anklage gestellt. Doch der angerichtete Schaden war nicht

---

* Der Zar gab keine öffentliche Erklärung ab, vermerkte jedoch zu dem Bericht über den Tod Tolstojs: »Möge Gott gnädig über ihn urteilen.«

wiedergutzumachen. Eine Welle von Sympathiestreiks, Studentenprotesten und Demonstrationen ging durch das Land.

Das Massaker an der Lena stand am Beginn einer Periode, die sich durch eine drastische Zunahme der Arbeitsniederlegungen in der russischen Industrie auszeichnete; viele dieser Streiks waren teilweise politisch motiviert.* Die sowjetische Geschichtsschreibung hat diese Entwicklung als einen Erfolg der bolschewistischen Propaganda in der Arbeiterschaft dargestellt. In Wirklichkeit konnte der durchschnittliche Arbeiter, besonders wenn er nicht in einer der beiden Hauptstädte lebte und arbeitete, kaum merkliche Unterschiede zwischen den verschiedenen Fraktionen der sozialistischen Bewegung feststellen. Er streikte nicht unbedingt deshalb, weil die Bolschewiken, die Menschewiken oder die Sozialrevolutionäre ihn dazu aufriefen. Er reagierte einfach auf ein politisches Klima, zu dem noch immer hin und wieder ein repressiver Einsatz der Staatsmacht gehörte, einer Staatsmacht, die gelegentlich noch brutal und willkürlich vorging, die politische Parteien und Gewerkschaften teilweise gewähren ließ und teilweise mit politischen Schikanen einzuschüchtern suchte, sich im großen und ganzen jedoch auf dem Rückzug befand. Alle diese Faktoren trugen zur Entstehung einer von Frustration und Unruhe geprägten Stimmungslage bei, die in der Arbeiterschaft deutlicher sichtbar wurde, aber bei den anderen Gruppen der russischen Gesellschaft kaum weniger ausgeprägt war. Erneut, wie in den Jahren vor 1905, hatten die Russen weniger das Gefühl, unter einem tyrannischen, als vielmehr unter einem auf eine unkluge und anachronistische Weise repressiven Regime zu leben. Selbst potentiell segensreiche Maßnahmen der Regierung wurden von der Gesellschaft mit Unmut und Spott aufgenommen. Kurz vor dem Krieg beschloß die Regierung, eine Abstinenzkampagne zu starten, obgleich sich die Sinnlosigkeit eines solchen Unterfangens in der Vergangenheit schon mehrmals erwiesen hatte; schließlich hatte schon der heilige Wladimir, der Begründer des russischen Staates, gesagt: »In Rußland kann sich niemand freuen, ohne zu trinken.« Zufällig war die Senkung des Alkoholkonsums auch ein besonderes Anliegen des Zaren. Die Regierung schickte sich an, die Zahl der staatlichen Spirituosenläden drastisch zu reduzieren, ein Schritt, der, wie realistisch denkende Kritiker erklärten, lediglich zu einem Anstieg der Schwarzbrennerei führen und die Staatseinnahmen schmälern würde, die zu einem nicht geringen Teil aus dem Branntweinmonopol sprudelten. Die Ankündigung der Kampagne brachte der Regierung von allen Seiten Hohn und Spott ein. Die Duma lehnte den Vorschlag, staatliche Zuschüsse an Abstinenzlervereine zu zahlen, ab; Rußland müsse, so argumentierte ein Abgeordneter wirkungsvoll, aber leider unrealistisch,

* Die statistischen Daten (Gesamtzahl der Streikenden) für die Jahre 1912, 1913 und 1914 sind 725 000 bzw. 877 000 bzw. 1 377 000 (nach Kriegsausbruch 1914 gab es praktisch keine Streiks mehr) gegenüber 46 000 im Jahr 1910. Zitiert nach: Leopold Haimson, »Social Stability in Urban Russia, 1905–1917, Part I«, *Slavic Review* (Dezember 1964), S. 627.

erst ein freies Land werden, ehe man auf ein Schwinden der bösen Macht des Alkoholismus hoffen könne. Die Ankündigung, daß in der Osterwoche keine Spirituosen verkauft werden dürften, beantworteten die Arbeiter mehrerer St. Petersburger Fabriken mit einem Streik. Ein solches Verbot, so beschwerten sie sich, würde sie des allen Russen seit unvordenklicher Zeit zustehenden Rechtes berauben, »die Feiertage auf die gewohnte Art zu verbringen«.

Nicht nur gegenüber so gröblichen Eingriffen in überlieferte Gewohnheitsrechte erwies sich die Duma als widerspenstig. In der letzten Sitzungsperiode vor Kriegsausbruch stimmte sie gegen mehrere von der Regierung eingebrachte Vorhaben, verwarf unter anderem Teile des Etats des Innenministeriums, was seit 1907 nicht vorgekommen war.

Alle Zeichen deuteten darauf hin, daß das Land in eine neue politische Krise steuerte, von der niemand wußte, wie sie beschaffen sein und wohin sie führen würde. Man konnte fast sagen, daß Rußland im Verlauf eines Jahrzehnts jede in seiner Situation denkbare politische Alternative ausprobiert und für unzulänglich befunden hatte. Die Autokratie alten Stils hatte abgewirtschaftet. Das Experiment einer konstitutionellen Regierung, das vom 17. Oktober 1905 bis zum 3. Juni 1907 gedauert hatte, war fehlgeschlagen. Die Revolution war gekommen und gegangen. Das von Stolypin geplante Gebäude einer neuen, modernen Autokratie war unfertig und stand, wie jedermann klar war, auf unsicheren Fundamenten. Ein Bewunderer Stolypins, der dessen Vorstellungen über die Zukunft Rußlands leidenschaftlich bejahte, Alexej Gutschkow, der führende Mann der Oktobristenpartei, brachte die Lage des Regimes, wie sie sich am Vorabend des Krieges darstellte, auf eine kurze, treffende Formel. Die wahren Patrioten müßten, so erklärte er, »die Monarchie vor jenen [schützen], die an sich die natürlichen Bannerträger der monarchischen Prinzipien sein müßten [d. h. vor dem Zaren und seiner Umgebung], ebenso die orthodoxe Kirche vor ihren Bischöfen, das Heer vor seinen Generälen, die Autorität der Regierung vor den Regierenden selbst«.[24] In den Augen dieser Regierenden war freilich eine solche Auffassungen vertretende Oktobristenpartei, mochte sie auch die einzige seriöse Kraft auf der rechten Seite des politischen Spektrums sein, kaum besser oder vertrauenswürdiger als die »Kadetten«.

Ähnliche Frustrationsgefühle, wie das Regime sie den intelligenteren unter seinen Anhängern bereitete, gab es auch in den anderen politischen Lagern, wo die Unzufriedenheit sich jeweils gegen die eigenen Parteiführer richtete. Der Liberalismus hatte sich selbst in die Sackgasse manövriert, die »Kadetten« gebärdeten sich einerseits weiterhin als unerbittliche Gegner des Regimes (wenn auch jetzt aus stichhaltigeren Gründen als 1905–07) und scheuten andererseits ängstlich davor zurück, ihre Bindungen zur Linken zu erneuern. Es gab in ihren Reihen freilich einige Ungeduldige, die dieses Distanzhalten nach links für unvernünftig hielten, da es den russischen Liberalismus für alle Zeit zur Ohnmacht verurteile. In ihren Augen war das industrielle Proletariat eindeutig die dynamischste Kraft auf der politischen Bühne, und sie hielten es für einen politischen Fehler, daß die Liberalen nicht versuchten, zu einer Verständigung mit den erklärten politischen Repräsentanten der Arbeiter zu gelangen. In der Tat sondierten im Frühjahr 1914 einige namhafte Vertreter des linken Flügels der »Kadetten« Möglichkeiten einer Zusammenarbeit mit den Bolschewiken und den Menschewiken.[25] »Gebranntes Kind scheut das Feuer« war eine Weisheit, die der Liberalismus in Rußland – und übrigens nicht nur dort – nie sehr lange beherzigte. Manche »Kadetten« unterhielten zu einzelnen gemäßigteren Vertretern der Linken, so etwa zu Alexander Kerenskij, persönliche, durch die gemeinsame Verbundenheit mit der Freimaurerei vermittelte Beziehungen, die sich 1917, in den ersten Wochen nach der Februarrevolution, als politisch bedeutsam erweisen sollten. Vorläufig indes blieb die Möglichkeit einer politisch relevanten Kooperation zwischen den »Kadetten« und der Linken noch versperrt, unter anderem deswegen, weil letztere in sich ebenso gespalten war und in jenen ersten Monaten des Jahres 1914 ebenso wie alle anderen politischen Kräfte in Rußland den Eindruck machte, sich bloß treiben zu lassen und der Dinge zu harren, die da kommen sollten.

Gegen diese letzte Feststellung würden die meisten sowjetischen Historiker vermutlich Sturm laufen. Die Bolschewiken seien, so versichern sie, gerade zu diesem Zeitpunkt im Begriff gewesen, die Arbeiterklasse zu einer einheitlichen politischen Kraft zusammenzuschmieden und in eine neue revolutionäre Erhebung zu führen. Der anschaulichste Beweis, den sie für diese Behauptung anführen, ist der große Streik, der die Hauptstadt in den allerletzten Friedenstagen lahmlegte. Als Antwort auf eine Polizeiaktion, bei der eine Solidaritätsveranstaltung für die streikenden Ölarbeiter von Baku aufgelöst worden war, rief die bolschewistische Ortsgruppe das Proletariat von St. Petersburg am 3. Juli 1914 zur Arbeitsniederlegung auf.

In den Arbeitsvierteln der Hauptstadt braute sich eine Unruhe zusammen, die Erinnerungen an den Herbst 1905 weckte. Am 7. Juli waren über 100 000 Menschen im Streik. Der öffentliche Verkehr war lahmgelegt, die Arbeiter errichteten Barrikaden und legten sich mit der Polizei an. Am 9. Juli verkehrten von 500 Straßenbahnen nur noch 40.

Doch wenn hinter dem Streik auch politische Interessen standen – alle sozialistischen Gruppierungen unterstützten ihn –, war doch ebenso klar, daß die Arbeiter mit ihm keine bestimmten politischen Forderungen verknüpften. Anders als 1905 wurden diesmal keine Sowjets gebildet, ihre Bildung auch von niemandem gefordert. Auch griffen die Arbeiterunruhen, wiederum anders als 1905, nicht auf andere Bevölkerungsgruppen über. Während sich die Industriegebiete der Hauptstadt praktisch im Belagerungszustand befanden, war die Innenstadt von Festlichkeiten aus Anlaß des Staatsbesuchs des französischen Präsidenten Raymond Poincaré geprägt. Am 10. Juli riefen die Bolschewiken zur Beendigung des Streiks auf, doch trieb die Entwicklung aufgrund ihrer Eigendynamik zunächst weiter (worin sich nebenbei zeigte, wie begrenzt der Einfluß der Bolschewiken auf die Masse der Arbeiter war), und die Lage in der Hauptstadt und in einigen anderen Großstädten, so etwa in Riga, blieb bis zum ersten Kriegstag gespannt.

Der Streik war lediglich die spektakulärste Demonstration des politisch verfahrenen Zustands, in den die Gesellschaft als ganze im Verlauf der letzten Vorkriegsjahre geraten war, und nur wer die Geschichte von hinten her aufzäumt, kann ihn zum Bestandteil einer durchdachten politischen Kampagne oder zum Vorboten einer Revolution stilisieren. Die russische Gesellschaft war aufgebracht und frustriert über die politische Stagnation, in der sie sich befand und aus der sie doch selbst keinen klar vor Augen liegenden Ausweg sah. Das revolutionäre Lager war tiefer und, was seine führenden Köpfe anging, unversöhnlicher gespalten als je zuvor. Die Hauptverantwortung für diesen Mangel an Geschlossenheit, aufgrund dessen die Extremisten nicht in der Lage waren, das in den industriellen Lohnkämpfen liegende revolutionäre Potential in revolutionäres politisches Handeln umzumünzen, trug ein Mann: Lenin. Seine Politik hatte seit 1907 alle Versuche, die revolutionären Kräfte wiederzuvereinen, zum Scheitern gebracht und eine Koalition der Linken mit der radikalen und liberalen Bourgeoisie verhindert. Mit Etiketten wie »Liquidatoren« oder »Stolypins Arbeiterpartei« versehen, deren Gift nachwirkte, waren diejenigen, die sich weigerten, Lenins Diktatur anzuerkennen, einerseits nicht imstande, eine proletarische Einheitsfront aufzubauen, und scheuten andererseits unter dem Eindruck des von Lenin veranstalteten verbalen Sperrfeuers davor zurück, eine Verständigung und eine Kooperation mit anderen Regimegegnern anzustreben. Eine staatliche Stelle, die die Rolle sehr wohl begriff und zu schätzen wußte, welche die Bolschewiken als unwillentliche Bundesgenossen des Regimes spielten, war die Geheimpolizei. Da sie ihre Agenten sogar in der Spitze der russischen bolschewistischen Organisation sitzen hatte – beispielsweise in Gestalt Roman Malinowskijs, eines Duma-Abgeordneten und Vertrauten Lenins –, wäre es der »Ochrana« ein leichtes gewesen, alle führenden Bolschewiken hinter Schloß und Riegel zu setzen. Statt dessen ging sie bei ihren Verhaftungen behutsam vor, in der klugen Erkenntnis, daß, solange die Gefolgsleute Lenins auf freiem Fuß waren, die Einheit des radikalen Lagers, abgesehen von dem einen oder anderen sporadischen Zweckbündnis aus Anlaß eines Streiks, eine Schimäre bleiben würde. Den in die revolutionäre Bewegung eingeschleusten geheimpolizeilichen Agenten wurde eingeschärft, nichts gegen Streiks und Demonstrationen zu unternehmen, dafür aber stets daran zu denken, daß »ein Zusammenschluß dieser Organisationen und insbesondere eine Wiedervereinigung zwischen Bolschewiken und Menschewiken« auf keinen Fall zugelassen werden dürfe.[26]

Die Stimmungslage, die in Rußland am Vorabend des Krieges herrschte, stellte ein eigentümliches Gemisch aus ohnmächtiger Erbitterung und Apathie dar. Das Regime schwitzte unter dem gleißenden Licht der Publizität, die die Duma und die Presse allen Freiheitsbeschränkungen zum Trotz auf seine Fehler und Unterlassungssünden zu richten vermochten. Die Liberalen lebten in der Hoffnung, daß durch eine wundersame Fügung das Zauberwort »Verfassung« eines Tages zu materieller Realität gerinnen würde. Lenin bombardierte aus seinem galizischen Exil seine schwergeprüften Parteigänger zu Hause mit einer endlosen Reihe von Instruktionen, wie die »Liquidatoren« und »Versöhnler« (das waren diejenigen Bolschewiken, die vom Pfade der unerbittlichen Feindschaft gegenüber den anderen sozialistischen Gruppen abweichen wollten) zu entlarven waren und wie den Menschewiken weiterhin das Leben zur Hölle gemacht werden sollte. Die letzteren wiederum konnten nur darum beten, daß irgend etwas geschehe, das ihnen und dem russischen Sozialismus als ganzem diesen unsäglichen Lenin vom Hals schaffen würde. Und es zeigte sich in dieser Beziehung sogar ein Hoffnungsstrahl: Für den August war ein Kongreß der Zweiten Internationale anberaumt. Nachdem Lenin schon mehrmals ermahnt worden war, mit seiner Obstruktionspolitik aufzuhören, erschien es nicht ausgeschlossen, daß die Internationale die Bolschewiken aus ihrem Kreis ausschließen würde.

Und dann trat etwas ein, von dem die russischen Politiker aller Lager, sosehr sie es einerseits mit Bangen hatten herannahen sehen, andererseits doch glaubten, es werde die Gewichte zu ihren Gunsten neu verteilen: Krieg! In den Augen eines unreflektierten Konservativen war dies geradezu ein Glücksfall: Die nationale Zerreißprobe würde die Kritiker und die überheblichen Intellektuellen zum Schweigen bringen, militärische Triumphe würden der Autokratie wieder zu Ruhm und Ansehen verhelfen. Einem gleichermaßen kurzsichtigen Liberalen lieferte der Kriegsausbruch ebenfalls einen vordergründig durchdachter erscheinenden Grund zur Hoffnung: Ein an der Seite der großen Demokratien Westeuropas kämpfendes Rußland müßte doch in der Lage sein, mit dem äußeren Sieg zugleich auch die innere Freiheit zu erkämpfen. Und bei Lenin zündete die Julikrise, von der er bei einem Urlaub in der Hohen Tatra überrascht wurde, einen Geistesblitz, der sich bald zu einer unerschütterlichen Überzeugung verdichtete: daß dies das Vorspiel nicht nur zur russischen, sondern auch zur Weltrevolution sei. Alle Sorgen und Zweifel, die ihn bis dahin bedrängt hatten, wichen einer neuen Vision. »Vom Standpunkt der Arbeiterklasse und der werktätigen Massen aller Völker Rußlands wäre das kleinere Übel die Niederlage der Zarenmonarchie und ihrer Truppen ...« Es war klar, was zu geschehen hatte: »Die Umwandlung der gegenwärtigen imperialistischen Kriege in den Bürgerkrieg ist die einzig richtige proletarische Losung.«[27]

Kapitel 5
Krieg und Revolution

Am Nachmittag des 19. Juli, nach der deutschen Kriegserklärung an Rußland, sprach der Zar im Winterpalast zu einer Versammlung von Adligen. »Ruhig und mit Würde hat unsere große Mutter Rußland die Nachricht aufgenommen. Und ich bin überzeugt, daß wir mit derselben ruhigen Entschlossenheit den Krieg, komme was wolle, bis zum Ende führen werden.« Die Gabe der unglücklichen Wortwahl, die Nikolaus stets ausgezeichnet hatte, bewährte sich auch bei diesem historischen Anlaß. Er wiederholte jenes berühmte Versprechen, das Alexander I. 1812, nach der Invasion Napoleons in Rußland, gegeben hatte: »Ich gelobe feierlich, keinen Frieden zu schließen, ehe nicht der letzte feindliche Soldat russischen Boden verlassen hat.« Zu diesem Zeitpunkt befand sich freilich kein einziger feindlicher Soldat auf russischem Boden; im Gegenteil, die russische Heeresleitung plante sogar, den Krieg auf das Territorium des Gegners zu tragen, aber über derlei Ungereimtheiten sah man um der Dramatik des Augenblicks willen hinweg. Die Kriegsbegeisterung, die nach dem Startsignal zu diesem kollektiven Selbstmordversuch der westlichen Zivilisation in den anderen betroffenen Nationen ausbrach, erfaßte auch die Russen. Schon vom frühen Morgen an waren aus allen Teilen der Hauptstadt, auch aus den unlängst von Unruhen und Straßenkämpfen heimgesuchten Vierteln, die Menschen zu Tausenden zum Winterpalast geströmt. Anders als am 9. Januar 1905 stellten sich ihnen diesmal keine Kosaken oder Polizeitruppen in den Weg. Als das kaiserliche Paar auf den Balkon trat, kniete die auf dem großen Platz vor dem Palast versammelte Menge nieder und stimmte die Nationalhymne an, deren Titelzeile – »Gott schütze den Zaren« – in den darauffolgenden Jahren eine so unmittelbare und tragische Bedeutung erhalten sollte; als dann noch das ähnlich bedeutungsträchtige Kirchenlied »Hab Erbarmen, o Herr, mit Deinem Volk« gesungen wurde, wäre dies, so deuchte es einem Beobachter, für den Zaren der gegebene Augenblick gewesen, zu seinen Untertanen herabzukommen und zu ihnen zu sprechen, wie es der eine oder andere unter seinen Vorfahren in einer solchen Situation zweifellos getan hätte. Statt dessen beließ Nikolaus es bei einer leichten Verbeugung vor der Menge und zog sich daraufhin mit seiner Familie zurück, um die Hauptstadt zu verlassen und sich zur kaiserlichen Sommerresidenz zu begeben.

Dennoch waren die meisten ausländischen Beobachter beeindruckt, war dies doch eine überzeugende Demonstration der nationalen Einheit und ein Beleg dafür, daß all jene, die behauptet hatten, Rußland könne wegen seiner inneren Uneinigkeit einen Krieg gar nicht riskieren, im Unrecht waren. Ein französischer Diplomat, der das Schauspiel miterlebte, hatte den Eindruck, hier enthülle sich das wahre Wesen des Volkes, jene legendäre slawische Seele, die die Russen in Zeiten der Gefahr sich um ihren »Vater Zar« sammeln hieß. Ihre Beschwernisse und ihre Unfreiheit vergessend, beugten sie sich vor dem Willen ihres gekrönten Oberhaupts. Doch auch auf einen besser orientierten und skeptischeren Beobachter machte das Geschehen Eindruck. Der Historiker und Publizist Michael Lemke, ein Mann der Linken, urteilte über die Stimmungslage in jenen Julitagen: »Heute haben sie mit der Einberufung der Reservisten angefangen. Was für ein Kontrast zu . . . 1904! [beim Krieg gegen Japan]. [Heute] ist eine allgemeine Euphorie und Zuversicht zu spüren . . . Die Menschen sind bereit, Opfer zu bringen und persönliche Unbequemlichkeiten in Kauf zu nehmen.«[1]

Der Krieg war in dem Augenblick programmiert gewesen, als jener empfindliche Mechanismus, der die internationalen Beziehungen das 19. Jahrhundert hindurch geregelt hatte, zusammenbrach und an seine Stelle ein System von Bündnissen trat, das die Großmächte in zwei konkurrierende Lager spaltete. Bei dieser Konstellation war es fast unvermeidlich, daß eine der internationalen Krisen, die Europa in immer kürzeren Abständen heimsuchten, nicht mehr in einem lokal begrenzten Konflikt zu lösen sein, sondern zu einem allgemeinen Krieg führen würde. Es hatte in Rußland Politiker gegeben, allen voran Witte, die erkannt hatten, daß das russisch-französische Bündnis unter diesen Bedingungen den Keim zu einer wenn nicht militärischen, dann doch politischen Katastrophe für Rußland in sich trug. Und der Krieg würde nicht warten, bis Rußland sein Haus bestellt hatte. Wären die Schüsse von Sarajewo nicht gefallen oder hätten sie ihr Ziel verfehlt, dann hätte Deutschland wahrscheinlich über kurz oder lang einen anderen Vorwand zur Eröffnung der Feindseligkeiten gefunden. Für den deutschen Generalstab drängte die Zeit. Das rasche Wachstum der russischen Industrie, die geplanten Verbesserungen und Erweiterungen des Eisenbahnnetzes drohten die russische Militärmaschinerie binnen weniger Jahre zu einem viel schwerer zu bezwingenden Gegner zu machen; die Verbesserung der Infrastruktur würde die russische Heeresleitung bald in die Lage versetzen, den Vorteil der ungeheuren Reserven an Menschenmaterial voll zu nutzen. Stolypin war vielleicht zu optimistisch, als er 1910 erklärte, zwanzig Jahre Frieden würden genügen, um Rußland innenpolitisch zu stabilisieren, aber falls das für ihn die Implikation einer nach Ablauf dieses Zeitraums annähernd unbesiegbaren russischen Waffenmacht einschloß, lag er damit sicher nicht weit daneben.

Wäre 1914 ein kluger und besonnener Staatsmann, ein Stolypin oder ein Witte, am Ruder des russischen Staatsschiffes gestanden, er hätte sicherlich auch die Lehre beherzigt, daß jeder Krieg, den Rußland in den verflossenen hundert Jahren geführt, die Autokratie in Gefahr gebracht hatte. Auf die Triumphe im Krieg gegen Napoleon waren die Dekabristen gefolgt. Der in

286

den Augen der Gesellschaft unbefriedigende Friedensvertrag nach der Niederlage der Türkei im Jahre 1878 ließ ein Klima größerer Toleranz gegenüber den revolutionären und terroristischen Aktivitäten entstehen, die in der Ermordung Alexanders II. gipfelten. Welche innenpolitische Folgen der Krimkrieg und der Krieg gegen Japan nach sich zogen, braucht an dieser Stelle nicht wiederholt zu werden. Der kommende Krieg sollte freilich nicht nur die militärische Stärke, sondern auch das politische und gesellschaftliche Gefüge jedes der beteiligten Staaten auf eine noch weit härtere Probe stellen. Angesichts der Tatsache, daß diesmal Millionen von Menschen in den Strudel der Kämpfe hineingerissen werden sollten, und angesichts der überall hochschlagenden Wellen der nationalen Leidenschaft und des Hasses würde der Weltkrieg unter ganz anderen Bedingungen ausgetragen werden als frühere Kriege. Weder Monarchen noch Diplomaten waren in der Lage, durch eine rechtzeitige Einstellung der Kämpfe und die Aushandlung eines für alle Seiten akzeptablen Friedens die katastrophalen und irreparablen Folgen abzuwenden, die sich aus dem Zermürbungskrieg für die inneren Verhältnisse in einigen der beteiligten Staaten sowie für die internationale Ordnung ergaben.

Schon in dem patriotischen Überschwang, mit dem die Nachricht vom Kriegsausbruch begrüßt wurde, schwang ein für das Regime nicht unbedenklicher Zungenschlag mit. Für das Volk war dieser Krieg ein Kampf gegen das Deutschtum und dessen anmaßende Ansprüche auf die Oberherrschaft nicht nur über die »slawischen Brüder« auf dem Balkan, sondern über das ganze europäische Festland. Andererseits trug die Führungsschicht des Zarenreiches in den Augen vieler gebildeter Russen deutlich den Stempel deutscher Einflüsse, als Erbschaft der Reformen Peters des Großen, der die Autokratie nach einem von Preußen abgeschauten Muster reorganisiert hatte. Die aus dem Deutschen übernommenen Titel und Bezeichnungen für bestimmte militärische und zivile Hofämter wirkten nach wie vor wie spitze Steine im weichen Lehm der slawischen Sprache, ebenso wie die deutsch klingenden Namen so vieler hohen Beamten, die zwar aus dem baltischen Adel stammten, sich aber seit Generationen als Russen fühlten. Vorläufig richtete sich die antideutsche Stimmung noch nicht gegen die kaiserliche Familie; noch wurde der Zar als Führer der Nation gefeiert. Doch die Tatsache war nicht zu leugnen, daß Nikolaus in männlicher Linie von dem deutschen Kleinfürstengeschlecht Holstein-Gottorp abstammte – das Fortleben der Romanow-Dynastie war eine großzügige Fiktion – und daß die russischen Kaiserinnen in den vergangenen eineinhalb Jahrhunderten bis hin zur derzeitigen, ohnehin schon unpopulären Zarin Alexandra ohne Ausnahme aus Deutschland, Europas größtem Markt für standesgemäße nichtkatholische Prinzessinnen, gekommen waren (auch das dänische Herrscherhaus, aus dem Nikolaus' Mutter stammte, ging auf eine deutsche Familie zurück).

Eine bemerkenswerte Vorausahnung der Rückwirkungen, die die Beteiligung am Krieg für Rußland haben würde, findet sich in einer Denkschrift, die dem Zaren einige Monate vor Kriegsausbruch von Pawel Durnowo, einem früheren Innenminister des Reiches, übergeben wurde. Die Hauptlast des tatsächlichen Kriegsgeschehens würde, so warnte er, sehr wahrscheinlich von den russischen Streitkräften zu tragen sein, die nach den Vorstellungen der Verbündeten als Rammbock gegen Deutschland dienen sollten – mit allem, was dazu an zu erwartenden Verlusten gehöre.

»Militärische Rückschläge, wenn auch hoffentlich nur vorübergehender Art, und Mängel bei der Versorgung der Streitkräfte mit Nachschubgütern werden unvermeidlich sein . . ., und unsere Gesellschaft wird in Anbetracht ihrer extremen Erregbarkeit solchen Dingen wohl übertriebene Bedeutung beimessen . . . Von Anfang an werden militärische Niederlagen der Regierung angelastet werden. Sie wird sich heftiger Angriffe in der Volksvertretung erwehren müssen . . . Überall im Land wird es zu revolutionären Erhebungen kommen . . . Das Heer wird, wenn es einmal seine zuverlässigen professionellen Kader eingebüßt hat, weitgehend von dem elementaren Wunsch der Bauern nach [mehr] Land beseelt und in seiner Moral zu sehr erschüttert sein, um noch zuverlässig über Gesetz und Ordnung zu wachen. Die Gesetzgebungsorgane und die aus der Intelligenzija rekrutierten Oppositionsparteien werden bei der Bevölkerung an Autorität eingebüßt haben und nicht in der Lage sein, das allgemeine Aufbegehren, das sie selbst angefacht haben, in Grenzen zu halten. Rußland wird in ein unregierbares anarchisches Chaos versinken, von dem niemand voraussagen kann, wohin es führt.«[2]

Doch Kassandrarufe wie dieser blieben unbeachtet. Um Nikolaus und seiner Regierung Gerechtigkeit widerfahren zu lassen: Hätten sie die deutsche Herausforderung nicht angenommen und Serbien seinem Schicksal überlassen, die öffentliche Meinung Rußlands, allen voran die Liberalen und ein großer Teil der Konservativen, wäre wütend über sie hergefallen und hätte sie des Verrats an der Ehre und den Interessen der Nation geziehen. Seltsamerweise war die Außenpolitik des autokratischen Rußland seit 1855 stärker als die manches demokratischen Staates durch Konzessionen an die Forderungen und Leidenschaften einer breiten Öffentlichkeit geprägt.

Die patriotische Begeisterung schien die politischen Gräben der Vergangenheit zuzuschütten. Die am 26. Juli einberufene Duma bewilligte ohne eine einzige Gegenstimme – lediglich die sozialdemokratischen Abgeordneten beider Fraktionen übten Stimmenthaltung – Kriegskredite und andere Notstandsmaßnahmen. Selbst in den Reihen der äußersten Linken griffen Kriegsfieber und antideutsche Stimmung um sich. Die Anhänger der Menschewiken und der Bolschewiken meldeten sich gleichermaßen eifrig zu den Fahnen. Viele politisch Verbannte stellten sich solidarisch hinter ihr Land. Der große alte Mann des russischen Radikalismus, der Pazifist und Anarchist Fürst Peter Kropotkin, erklärte den Krieg zu einem Kreuzzug gegen den preußischen Militarismus. Nur wenige unter den russischen Revolutionären waren mit der deutschen Kultur so innig vertraut und mit den führenden deutschen Sozialisten sowohl weltanschaulich wie auch persönlich so eng verbunden wie Georgij Plechanow, der Vater des russischen Marxismus. Auf die Nachricht von der Kriegserklärung Deutschlands reagierte er völlig anders als sein berühmtester Schüler. Als Lenins Standpunkt ihm dargelegt wurde, versetzte Plechanow ungestüm: »Was mich betrifft, wenn ich nicht alt und krank wäre, so würde ich mich zum Heer melden. Es wäre mir eine große Freude, eure deutschen Genossen mit dem Bajonett zu erledigen.«[3]

Selbst der Mann, der drei Jahre später einer der beiden Hauptarchitekten der bolschewistischen Revolution sein sollte, war bei Kriegsausbruch weit davon entfernt, eine russische Niederlage als das kleinere Übel oder gar als einen Segen zu betrachten, wie Lenin es tat. Deutschland führe schließlich, so schrieb Trotzki in einer Emigrantenzeitung, das reaktionäre Lager an, und daher gehöre es sich für einen Sozialisten nicht, eine russische Niederlage herbeizuwünschen. Der so plötzlich entflammte Patriotismus derer, die oft ihr ganzes bisheriges Leben dem Kampf gegen das russische Regime gewidmet hatten, beschränkte sich nicht auf bloße Worte. Der Sohn Pawel Miljukows, der mit seinem Vater seit langem entzweit war, suchte diesen nun auf, um sich bei ihm Rat für eine schwere Entscheidung zu holen. Er hatte soeben sein Offizierspatent erhalten und stand nun vor der Wahl, sich entweder einer im Fernen Osten stehenden oder einer für den Einsatz an der Front bestimmten Einheit zuteilen zu lassen. Sein tieferschütterter Vater wußte ihm nur einen Rat zu geben. Der junge Miljukow war einer der vielen, die bei den furchtbar verlustreichen Rückzugsgefechten des Jahres 1915 ihr Leben ließen.

So allgemein die patriotische Euphorie auch war, bot sie doch keine Garantie dafür, daß die alten politischen Wunden nicht wieder aufreißen würden – und es dauerte nicht lange, da geschah dies auch. Für viele galt: Siege waren das Verdienst Rußlands, Rückschläge die Schuld des Regimes. Eine kluge Regierung hätte es verstanden, die Gefahr solcher einseitigen Schuldzuweisungen weitgehend zu bannen: Sie hätte die gewählten Vertreter der Gesellschaft in die Mitverantwortung genommen, hätte zur Nation in einer Sprache gesprochen, die deren Kampfes- und Opferwillen auch dann noch hochgehalten hätte, als die erste Begeisterung unter dem kalten Hauch der Rückschläge und der Verlustlisten erstorben war. Zwar konnte niemand erwarten, daß Nikolaus II. die rednerische Wirkung eines Clemenceau oder eines Churchill entfalten würde; aber schließlich hatte hundert Jahre zuvor, in einem vordemokratischen Zeitalter, ein anderer Autokrat, Alexander I., der russischen Gesellschaft schon einmal die Überzeugung einzugeben vermocht, sie kämpfe nicht nur für den Zaren und ihr Land, sondern auch für ihre eigene Freiheit (daß diese Überzeugung sich hinterher als illusorisch erwies, stand auf einem anderen Blatt). Doch die Worte, die Nikolaus zu Kriegsbeginn an seine Nation richtete, enthielten nicht den kleinsten Hinweis darauf, daß die Russen nach allen Entbehrungen, Mühen und Opfern, die der Krieg fordern würde, Aussicht hätten, am Ende ein anderes Rußland vorzufinden, als sie es bisher gekannt hatten. Stalin, der über mehr Macht verfügte als irgendein Zar in der russischen Geschichte, war 1941 Psychologe genug, um seine Ansprache an das Volk, das er tyrannisiert hatte, mit den Worten zu beginnen: »Brüder, Schwestern, ich spreche zu euch, meine Freunde.« Wie uneinfühlsam und spröde klingen im Vergleich dazu die Worte, mit denen Nikolaus II. die Abgeordneten der Gesetzgebungsorgane, mithin also die Nation, auf den Krieg einstimmte: »Ich bin überzeugt davon, daß jeder von euch und auch alle anderen, die ihren Posten einnehmen, Mir helfen wird, diese gottgewollte Bürde zu tragen, und daß wir alle, in vorderster Linie Meine Person, bis zuletzt unsere Pflicht tun werden« – eine Kabinettsrede im Stil des 18. Jahrhunderts zur Eröffnung eines Volkskriegs im Stil des 20. Jahrhunderts.[4]

Die Duma wurde, obgleich sie beispielhafte Loyalität an den Tag legte und bereit war, alte Gegensätze hintanzustellen, nach einem Tag beurlaubt, und es wurde deutlich, daß die Regierung nicht die Absicht hatte, sie, solange der Krieg andauerte, noch einmal einzuberufen; nur unter Zwang ließ sie sich herbei, für den Februar 1915 eine weitere kurze Sitzung zuzusagen. Sie hätte nicht deutlicher zum Ausdruck bringen können, daß sie die Führung des Krieges, in dem Millionen für ihr Land würden kämpfen und sterben müssen, als eine ausschließlich dem Monarchen und seinen Beratern zustehende Angelegenheit betrachtete und die Volksvertretung nicht einmal in die zivilen Belange der Kriegführung einzubeziehen gedachte.

Auf den Gedanken, einige führende Parteipolitiker in die Regierung zu berufen, konnte ein Mann wie Nikolaus II. wohl nicht verfallen; doch er hätte zumindest personellen Ballast abwerfen und diejenigen Männer aus dem Kabinett entfernen können, bei denen offenkundig war, daß sie den kolossalen Aufgaben, die vor der Regierung lagen, nicht gewachsen und außerdem in den Augen der Gesellschaft diskreditiert waren. Der 70jährige Premierminister Iwan Goremykin hatte sich den redlich verdienten Ruf eines unfähigen und begriffsstutzigen Mannes erworben. Neben ihm gab es noch mindestens zwei weitere Regierungsmitglieder, deren Verbleiben im Amt in solchen Zeitläuften die öffentliche Meinung im höchsten Maße beleidigen mußte. Justizminister Schtscheglowitow war durch sein Verhalten in der Beilis-Affäre und durch die Treibjagd kompromittiert, die er anschließend auf diejenigen Anwälte und Journalisten veranstaltet hatte, die ihre Stimme gegen diesen versuchten Justizmord erhoben hatten. Von Nikolaj Maklakow war bekannt, daß er dem Kaiser geraten hatte, die Befugnisse der Duma noch weiter zu beschneiden oder dieses Organ vielleicht sogar ganz abzuschaffen. Sie alle blieben im Amt, wie auch die anderen Minister, zum größten Teil farblose Bürokraten, deren Namen in der Öffentlichkeit keinen Klang hatten. Im ersten Jahr des Krieges gab es keine personellen Veränderungen in der russischen Regierung.

Dieser völlige Mangel an Verständnis für die politischen Erfordernisse des Augenblicks rührte von Nikolaus' nach wie vor und trotz allem, was in seinen zwanzig Regierungsjahren geschehen war, unerschütterter Überzeugung her, daß er dem wirklichen russischen Volk näherstehe als alle Parteipolitiker und daß er seine Pflichten gegenüber Gott und dem Land verletzen würde, wenn er diese streitbaren Leute in die Regierung beriefe. In dieser Überzeugung wurde er nachdrücklich von der einzigen Person bestärkt, die sein volles Vertrauen genoß: von der Zarin. Es gab allerdings in seiner Umgebung auch Männer, die die Notwendigkeit einer Regierung der nationalen Einheit durchaus spürten; doch sie sahen darin eine fast ebenso große Gefahr wie in einem deutschen Sieg: Auf keinen Fall, so dachten sie, durfte der Krieg der Schrittmacher sein, in dessen Windschatten sich ein ausgewachsener Parlamentarismus in die russische Politik einschlich.

Einige der politischen Parteien, die in Rußland eine Rolle spielten, zeigten während der ersten Monate nach Kriegsbeginn allerdings gar keine Neigung, sich an der Lenkung des Staatsschiffs zu beteiligen. Gewiß wäre die Genugtuung der öffentlichen Meinung groß gewesen, wenn die verhaßtesten unter den Ministern entlassen worden wären, und das Festhalten des Zaren an dem altersschwachen Goremykin wurde zunehmend als skandalös empfunden. Doch die alte Neigung zur Scheu vor der politischen Verantwortung war bei den russischen Parlamentariern noch immer stark ausgeprägt. Aus dieser vom Widerwillen beider Seiten gegen ein Rütteln am politischen Status quo gekennzeichneten Konstellation resultierte eine eigenartige stillschweigende Übereinkunft: Das Regime duldete die Tätigkeit außerbehördlicher »Bürgerinitiativen«, die bestimmte für Rüstung und Kriegführung wichtige Dienstleistungen organisierten. Schon im Krieg gegen Japan hatte der Verband der Semstwos beträchtliche Hilfsfunktionen im Tätigkeitsbereich des Roten Kreuzes erfüllt. Im August 1914 erteilte die Regierung die Genehmigung zur Gründung des Allrussischen Semstwo-Verbands für die Pflege verwundeter und kranker Soldaten sowie des Allrussischen Städteverbands, einer gleichartigen, von den städtischen Selbstverwaltungsorganen getragenen Organisation.

In einigen dem Hof nahestehenden Kreisen herrschte von Anfang an ein ziemliches Unbehagen über diese Abtretung von Aufgaben an die Gesellschaft, die eigentlich in die Zuständigkeit einer staatlichen Stelle oder eines Ministeriums gehört hätten, und dieses Unbehagen war um so größer, als an der Spitze dieser beiden Verbände Männer standen, die liberale Ansichten vertraten, allen voran der Semstwo-Präsident, Fürst Georgij Lwow, der seit langen Jahren Beziehungen zu den »Kadetten« unterhielt.

Beide Organisationen weiteten ihr Tätigkeitsfeld im Verlauf des Krieges beträchtlich aus. 1915 zu einem Einheitsverband zusammengeschlossen, nahmen sie über ihre ursprünglichen karitativen Aufgaben hinaus nun noch die Funktion einer Versorgungsagentur für die kämpfende Truppe wahr, der sie neben anderen Nachschubgütern auch Munition lieferten. Der Semstwo- und Städteverband und sein Ableger, das Zentrale Kriegsindustriekomitee (in dem auch Arbeitervertreter saßen, eine Tatsache, die im Februar 1917 eine außerordentliche Bedeutung erhalten sollte), verfügten Anfang 1916 über nahezu 8000 örtliche Gliederungen, die in unterschiedlichster Weise ihren Beitrag zur russischen Kriegstüchtigkeit leisteten (manche von ihnen hatten Fabriken mit Hunderten oder Tausenden von Beschäftigten aufgebaut). Das Geld für diese vielfältigen Aktivitäten kam zum größten Teil aus der Staatskasse. Daß das Regime, das so lange eifersüchtig über sein Machtmonopol gewacht und jeder privaten Initiative, die der monarchischen Prärogative in irgendeiner Weise Abbruch hätte tun können, mit so viel Mißtrauen begegnet war, dieses zu riesiger Größe angewachsene freiwillige Dienstleistungssystem nicht nur duldete, sondern auch finanzierte, beweist, wie hilflos es den wirtschaftlichen und verwaltungstechnischen Erfordernissen einer modernen Kriegführung gegenüberstand. Gewiß, alle am Weltkrieg teilnehmenden Länder sahen sich mit zunehmender Kriegsdauer mit einer ungeahnten Fülle gesellschaftlicher und wirtschaftlicher Probleme konfrontiert, aber die meisten von ihnen beantworteten diese Herausforderung damit, daß sie neue Planungs- und Organisationstechniken improvisierten, neue Ministerien schufen, die sich der Nachschub-, Produktions- und Ernährungsprobleme annahmen. In Rußland kam es, je länger der Krieg dauerte, zu einer immer bedrohlicheren administrativen und politischen Lähmung des Regierungsapparats.

All dies bietet noch keine hinreichende Erklärung für den Zusammenbruch des Systems, der nicht so sehr die Folge als vielmehr die auslösende und beschleunigende Ursache der Revolution war. Wohl kaum ein politisch bewanderter Beobachter hätte 1914 vorhergesagt, daß unter den am Krieg beteiligten Großmächten Rußland die erste sein würde, die als Totalverlust abgeschrieben werden mußte. Die meisten der düsteren (bzw. vom liberalen und revolutionären Standpunkt aus hoffnungsfrohen) Prognosen hinsichtlich der Folgen des Krieges für das autokratische Regime konzentrierten sich auf die Erörterung der möglichen Nachwirkungen. Man betrachte zum Vergleich die Lage, in der andere Mächte sich zu Beginn des Weltkriegs befanden. England stand, jedenfalls nach verbreiteter Ansicht, an der Schwelle eines Bürgerkriegs um die Unabhängigkeit Irlands. Das Habsburgerreich war ein anachronistisches und künstlich zusammengehaltenes Sammelsurium von Völkerschaften, von denen die meisten das Joch der Wiener und Budapester Bürokratie nur widerwillig ertrugen; dazu kam, daß Österreich und Ungarn unterschiedliche Vorstellungen über die Führung und die Ziele des Krieges hatten. Deutschland besaß die schlagkräftigsten Streitkräfte, mußte sich im Innern aber auch mit der machtvollsten und am besten organisierten sozialistischen Bewegung aller europäischen Länder auseinandersetzen, deren republikanische und radikale Neigungen im Gefolge militärischer Rückschläge gewiß neuen Auftrieb erhalten würden. Frankreich war von allen beteiligten Mächten die militärisch verwundbarste, und in der Vergangenheit hatte die Anwesenheit feindlicher Truppen auf französischem Boden stets zu einer Verschärfung der politischen und sozialen Gegensätze im Lande geführt.

Um nun wieder auf Rußland zurückzukommen: An sich hatte ein geschichtskundiger Beobachter allen Grund, anzunehmen, daß das Zarenregime bei aller Unpopularität und Unfähigkeit in seiner Existenz vorläufig nicht ernsthaft gefährdet war. Für die Massen und selbst für die Mehrheit der Intelligenzija war der Thron immer noch der einzig denkbare Brennpunkt und symbolische Garant der nationalen Einheit und Größe. Zweifellos waren viele von denen, die 1917 mit der Losung »Nieder mit der Autokratie« durch die Straßen von St. Petersburg zogen, am 20. Juli 1914 noch unter denen gewesen, die an gleicher Stelle dem Kaiser gehuldigt und bei seinem Erscheinen auf den Knien »Gott schütze den Zaren« gesungen hatten. In welchem anderen europäischen Land war eine solche spontane Geste der Verehrung gegenüber dem Herrscher vorstellbar? Allein, dies war keineswegs, wie der bedauernswerte Nikolaus glaubte, ein Beweis für seine persönliche Popularität gewesen, sondern schlichtweg Ausdruck der Tatsache, daß die allermeisten Russen, mit Ausnahme lediglich der hartgesottensten Marxisten, sich ein kriegführendes Rußland ohne den Zaren einfach nicht vorstellen konnten. Man konnte davon ausgehen, daß der einfache russische Soldat, der ja nichts anderes war als ein Bauer in Uniform, solange er dem Feind gegenüberstand und solange die traditionellen Mechanismen der militärischen und politischen Kontrolle funktionierten, gegenüber jeder antimonarchischen Agitation immun bleiben würde. Daß militärische Niederlagen allein die patriotischen Gefühle erlöschen lassen würden, die als unsichtbarer Schutzwall vor der Monarchie standen, war unwahrscheinlich. Anders als 1904–05 war der jetzige Krieg in den Augen der Russen ein nationaler. Wenn der russische Soldat auf seinem eigenen Heimatboden kämpfte, würde er mit letztem Einsatz zu Werke gehen. Allen politischen Irritationen der Vergangenheit zum Trotz stellte der Krieg wieder die alte enge Konjunktion zwischen der Monarchie und dem russischen Nationalismus her. Erst in dem Augenblick, da diese Einheit zerbrechen, da der Eindruck entstehen würde, daß das nationale Interesse bei der Monarchie nicht mehr gut aufgehoben war, erst dann würde das Regime zusammenstürzen und würde der Nationalismus, der es aufrechterhalten hatte, vorübergehend vom Sturm der politischen und ideologischen Leidenschaften zugedeckt werden.

Die oft gebrauchte Metapher von dem auf tönernen Füßen stehenden russischen Koloß verfehlt die wirkliche Schwachstelle des russischen Staates. Seine Füße, also die Bevölkerung des Landes, wären bereit gewesen, ihn fest und sicher zu tragen, insbesondere in Kriegszeiten. Es war sein Gehirn – die Fähigkeiten der politischen und militärischen Führer, zu planen, zu improvisieren, die patriotische Leidenschaft wachzuhalten –, das zunehmend verkalkte und den Zusammenbruch verursachte.

Die Symptome dieser Verkalkung zeigten sich von Anfang an. Im Februar 1914 war in einer St. Petersburger Zeitung ein von höherer Stelle inspirierter Artikel mit der stolzen Überschrift »Rußland will den Frieden, ist aber für den Krieg gewappnet« erschienen (angeblich war Kriegsminister Suchomlinow persönlich der Verfasser). Er wandte sich gegen Unterstellungen des Auslands (gemeint war wohl in erster Linie Deutschland), denen zufolge »Rußland die Möglichkeit eines Krieges nicht in Betracht ziehe und auf den Kriegsfall nicht vorbereitet sei«. Im Gegenteil, so erklärte der Autor, könnten die Russen »stolz behaupten, daß die Zeiten, da wir vor Drohungen des Auslands den Kopf einziehen mußten, vorbei sind«. Die öffentliche Meinung könne beruhigt sein und sich darauf verlassen, daß das russische Heer, komme was da wolle, sich »nicht nur als zahlenmäßig sehr stark, sondern auch als hervorragend geschult und bewaffnet erweisen und mit allem ausgerüstet sein wird, was nach den Erkenntnissen der modernsten Militärwissenschaft zur Kriegführung gehört«.[5]

Die erste Probe aufs Exempel für diese volltönenden Worte kam nur zu schnell. Nachdem in den ersten fünf Kriegsmonaten mehr als 6 Millionen Soldaten eingezogen worden waren, mußte die russische Heeresleitung feststellen, daß sie nur über 5 Millionen Gewehre verfügte. Der vollmundige Minister hatte der Öffentlichkeit versichert, daß »die russische Artillerie in zukünftigen Schlachten niemals mehr an Munitionsmangel leiden wird. Unsere Artillerie verfügt nicht nur über große Reserven, sondern auch über ein narrensicheres Nachschubsystem«.[6] Überdies rechnete jedermann mit einem kurzen Krieg. Doch schon sechs Wochen nach Beginn der Kampfhandlungen beklagten sich die Generäle über eine bedrohliche Verknappung der Artilleriemunition. Der Verbrauch lag bei einer Million Granaten pro Monat; das »narrensichere« Nachschubsystem vermochte nur 100 000 zu liefern.

Die russische Industrie war noch nicht so weit entwickelt, daß sie dem ungeheuren und ungeahnten Materialverbrauch eines Krieges von dieser Größenordnung gewachsen gewesen wäre. Verschärfend wirkte sich aus, daß Rußland von den Verbindungen zu seinen Alliierten praktisch abgeschnürt war und von ihnen nur ganz unzureichend mit Nachschubgütern versorgt werden konnte. Solche Mängel wie der Fehlbestand an Gewehren waren allerdings in jedem Fall unverzeihlich. Im allgemeinen und besonders in der ersten Kriegsphase konnte das Land aufgrund seiner ungeheuren Menschenreserven ein riesiges Heer aufstellen, ohne daß dies seine Wirtschaftskraft spürbar schwächte. Die Einberufungen betrafen zu Beginn lediglich eine männliche Person pro Familie. Anders als beispielsweise in Frankreich wurden Arbeiter rüstungswichtiger Betriebe grundsätzlich nicht einberufen. Als mit zunehmendem Fortgang des Krieges jedoch die Verlustlisten immer länger wurden, konnte auch in Rußland nicht ausbleiben, was sich in allen anderen kriegführenden Ländern ebenso zeigte: Mangel an Arbeitskräften, Lebensmitteln und anderen Verbrauchsgütern. Gleichwohl kann man nur ungläubig den Kopf schütteln, wenn man liest, daß im Januar 1916 nur drei Viertel aller an der Westfront kämpfenden russischen Soldaten über ein vollwertiges Paar Stiefel verfügten. Es besteht kein Zweifel daran, daß in Rußland die wirtschaftliche Komponente der Kriegführung dilettantischer gehandhabt wurde als in jedem anderen europäischen Land, und dies zeitigte um so verheerendere politische und psychologische Folgen, als die letzte Verantwortung, anders als bei einem parlamentarischen Regime, hier auf eine einzige Person zurückfiel.

Zur großen Erleichterung seiner Minister entschied der Zar sich dafür, nicht persönlich das militärische Oberkommando zu übernehmen. »Aus Gründen der Staatsräson«, wie es in einem kaiserlichen Erlaß hieß, erscheine ihm dies »vorläufig« nicht geraten, und so berief er auf diesen Posten seinen Vetter, den Großfürsten Nikolaj Nikolajewitsch. Dieser verfügte über alle äußerlichen Eigenschaften eines großen Feldherrn – eine Körpergröße von nahezu zwei Metern, eine Stentorstimme und ein martialisches Auftreten – und wurde von der Nation, die schon so lange keinen Kriegshelden mehr zu bejubeln gehabt, in der ersten Begeisterungswelle auch überschwenglich als solcher begrüßt. In Wirklichkeit ragte er als Heerführer kaum über das Gros der Weltkriegsgeneräle hinaus, deren strategische Ideen sich zumeist darin erschöpften, von ihrer weit hinter der Front liegenden Kommandozentrale aus ihre Truppen in immer neuen Wellen gegen die feindlichen Stellungen anrennen zu lassen, und die für Rückschläge die zivile Führung oder ein vermeintliches Versagen der Heimatfront verantwortlich machten.

Es war dies übrigens nicht das erste Mal, daß Nikolaj Nikolajewitsch aufgrund seiner Geburt und, wie man annehmen darf, seiner körperlichen Attribute eine bedeutsame Position angetragen wurde. 1905 hatte der Zar ernsthaft mit dem Gedanken gespielt, ihn zur Niederschlagung der Revolution mit diktatorischen Vollmachten zu betrauen. Doch der Großfürst hatte damals erklärt, er werde sich lieber erschießen, als diese Aufgabe zu übernehmen, und hatte den Zaren beschworen, die Vorschläge Wittes aufzugreifen. Zarin Alexandra hatte »Nikolascha« niemals verziehen, daß er auf diese Weise mitgeholfen hatte, ihrem Mann die Duma aufzuzwingen, noch hatte sie vergessen, daß der Großfürst und seine aufdringliche Frau* sich, nachdem sie Rasputin beim kaiserlichen Paar eingeführt hatten, später zu erbitterten Feinden des Mönchs entwickelten. Nach seinem kurzen liberalen Höhenflug tendierte der Großfürst im übrigen immer mehr zur äußersten Rechten hin.

Die russischen Armeen hätten, wären sie geistesgegenwärtig und klug geführt worden, trotz aller Materialmängel dem Feind gleich zu Kriegsbeginn durchaus vorentscheidende Niederlagen zufügen können. Die deutsche Kriegsplanung sah vor, in einem massiven, das Gros der deutschen Streitkräfte bindenden Vorstoß gegen Frankreich vorzugehen und an der Ostfront mit einer verhältnismäßig kleinen Truppe zunächst nur defensiv zu operie-

* Großfürstin Anastasija (nicht zu verwechseln mit der berühmteren Trägerin dieses Namens) war eine Tochter jenes dem russischen Staat so notorisch auf der Tasche liegenden Königs von Montenegro; in der Korrespondenz des Zarenpaars figurieren sie und ihre Schwester als die »schwarzen Frauen«.

ren. Erst nachdem im Westen ein rascher Sieg errungen wäre, wollte man sich im Osten mit ganzer Kraft die Russen vornehmen. Dieser so hochgerühmte »Schlieffen-Plan« war genau besehen ein dem strategischen Denken des 19. Jahrhunderts verhaftetes Relikt und unter den gegebenen militärischen Bedingungen ein äußerst riskantes Abenteuer. Er ging von der Voraussetzung aus, daß Frankreich in einem einzigen, rasch zur Eroberung von Paris führenden Ansturm zur Kapitulation gezwungen werden könnte – etwas, das nicht einmal 1870 ganz gelungen war, als Deutschland nur an einer Front Krieg führte. Dazu kam, daß das russische Heer 1914 in bezug auf Beweglichkeit, Mobilmachungstempo und Kampfkraft gegenüber den Voraussetzungen, von denen der 1898 konzipierte Schlieffen-Plan ausging, große Fortschritte gemacht hatte.

Als die deutschen Armeen über Belgien nach Frankreich hineinfluteten, tat sich für Rußland die niemals wiederkehrende Chance auf, in einem ebenso verwegenen Manöver die Hauptmasse seiner Truppen durch Polen über die nur schwach geschützte deutsche Ostgrenze bis ins Herz Deutschlands, geradewegs nach Berlin, vorstoßen zu lassen! Gewiß hätte ein solcher Durchmarsch die russischen Flanken und Nachschubwege nach beiden Seiten hin exponiert, denn Russisch-Polen war geographisch ein weit vorspringender Bauch, an den sich im Süden das österreichische Galizien und im Norden das deutsche Ostpreußen anschlossen. Doch hätten beide Flanken mit Truppen von relativ geringer Stärke abgesichert werden können, denn die in Ostpreußen stehenden Armeen waren für einen großangelegten Gegenangriff nicht stark genug, und das österreichisch-ungarische Heer galt als nicht besonders kampfstark (dies waren einige der wenigen militärischen Prognosen der Vorkriegszeit, die sich im Verlauf des Krieges tatsächlich bestätigten).

Doch eine solche Konzentration aller Kräfte auf das Ziel Berlin hätte sich nicht mit dem eingewurzelten Konservatismus des strategischen Denkens der Russen – kein Angriff, bei dem die Flanken entblößt werden! – und noch viel weniger mit dem vertragen, was als das vorrangige politische Ziel des Zaren galt, nämlich mit der Befreiung der »slawischen Brudervölker« des Habsburgerreiches. So schickten die Russen ihre Hauptkräfte gegen die österreichischen Truppen, um nach Galizien hinein vorzustoßen. Der östliche Teil dieser Provinz war ganz überwiegend von Ukrainern bewohnt, war also für das nationalistische Denken russisches Land; der westliche Teil war bevölkerungsmäßig eindeutig polnisch. In früheren Zeiten hätte der Versuch, sich gegenseitig die Untertanen abspenstig zu machen, unter Monarchen als unsportlich gegolten, aber mittlerweile hielt man solche skrupulösen Regeln für überholt. Großfürst Nikolaj ließ zwei Proklamationen verkünden, eine – sie begann mit der Anrede »Brüder« – an die russische Bevölkerung Galiziens, die andere »An die Polen«. Der Oberbefehlshaber versicherte »unseren russischen Brüdern, die jetzt befreit werden«, daß sie »alle einen Platz im Schoß von Mutter Rußland finden werden«, und forderte sie auf, »das Schwert gegen den Feind zu kehren und im Herzen für Rußland, für den russischen Zaren zu beten«.[7] Allein, den meisten Ukrainern, selbst wenn sie die österreichische Herrschaft ablehnten, war der Status quo immer noch viel lieber als die Aussicht auf ein Leben »im Schoß von Mutter Rußland«, d. h. unter einer Regierung, die nicht einmal eine ukrainische Nationalität anerkannte und, wie man wußte, auch der griechisch-katholischen Religion feindlich gesinnt war, zu der die meisten von ihnen sich bekannten. Als die russischen Heere Galizien erreichten, wurden die ukrainischen Nationalisten, einschließlich hoher Würdenträger der Unierten Kirche, festgenommen und in der Form »befreit«, daß man sie ins Innere Rußlands verschleppte; ein Vorgang, der sich in ungleich größerem Maßstab nach der Besetzung Ostpolens durch die Sowjetunion im Jahre 1939 wiederholen sollte.

Mit den galizischen Polen verhielt sich die Sache noch heikler. Unter der nicht sehr straffen Herrschaft der Habsburger waren sie Freiheiten gewohnt, die ihre unter russischer Hoheit lebenden Volksgenossen seit 1831 nicht mehr besaßen. Der Großfürst (oder besser der Verfasser der Manifeste, unter die der Oberbefehlshaber seinen Namen setzte) fühlte sich daher bemüßigt, der polnischen Nation als ganzer zu versichern, für sie breche nun ein neues Zeitalter an. »... vor eineinhalb Jahrhunderten ist Polen bei lebendigem Leibe in Stücke geschnitten worden, aber seine Seele ist am Leben geblieben. [Das polnische Volk] lebt seither in der Hoffnung, daß es eines Tages eine Wiedergeburt und eine brüderliche Versöhnung mit Großrußland erleben wird... Mögen die Grenzen, die in den Leib der polnischen Nation schneiden, ausgelöscht werden. Möge [Polen] als Einheit unter dem Zepter des russischen Zaren wiedergeboren werden.«[8] Da die letzte Parole sehr wahrscheinlich keinen Polen, der bisher unter dem Zepter der Habsburger oder der Hohenzollern gelebt hatte, vom Sitz reißen würde, beeilte sich der Verfasser, die Wohltaten aufzuzählen, die der russische Zar seinen neuen Untertanen zu erweisen gedachte. Sie sollten ungehindert ihre Religion ausüben und ihre Muttersprache benutzen dürfen und würden eine autonome Selbstverwaltung erhalten. All dies war zwar ziemlich unbestimmt formuliert, reichte aber aus, um diejenigen unbeugsamen russischen Nationalisten auf den Plan zu rufen, die in einem wiedervereinten Polen eine viel größere Gefahr sahen als in dem gebrechlichen österreichisch-ungarischen Reich. Allerdings wurden diese Zusagen ja im Namen des Oberkommandierenden des russischen Heeres gegeben, was nicht ganz dasselbe war, als wenn sie feierlich vom Zaren selbst verkündet worden wären. (Als Nikolaus II. später von den Botschaftern der Verbündeten hierzu gedrängt wurde, legte er sich quer. »Wir waren bei den Polen ein bißchen zu voreilig«, erklärte er einem Gesandten.) Immerhin hatte die Proklamation den Erfolg, ähnlichen Manövern ein Stück weit entgegenzuwirken, mit denen sich die Österreicher an die Bevölkerung Russisch-Polens wandten. Die einzige Chance, wirklich ihre Einheit und Unabhängigkeit wiederzuerlangen, konnte sich für die unglückliche geteilte Nation jedoch eigentlich nur auftun, wenn ein Fall eintrat, mit dem bei Kriegsbeginn wohl am allerwenigsten zu rechnen war: daß alle drei Reiche zugleich untergehen würden.

Wenn die russischen Propagandamanöver auch nicht sehr raffiniert angelegt waren, so legten sie doch Zeugnis dafür ab, daß eine neue Ära der Kriegführung angebrochen war, in der die politische Unterwanderung des Gegners und die Nationalitätenprobleme fast so wichtig wurden wie Soldaten und Waffen. Beide Momente sollten auch bei der Entwicklung, die zum Zusammenbruch des Zarenreiches führte, eine bedeutsame Rolle spielen.

Das Konglomerat aus Tschechen, Kroaten, Polen, Ungarn, Deutschen usw., das unter der Fahne Österreich-Ungarns kämpfte, geriet in der Tat beim ersten Ansturm der russischen Militärmacht ins Straucheln; doch Galizien war in jenen hektischen Augusttagen 1914 ein Nebenschauplatz. Die Weltöffentlichkeit starrte gebannt auf die Schlachtfelder Frankreichs. Die Deutschen kamen, nachdem sie durch Belgien hindurch nach Nordfrankreich vorgestoßen waren, rasch voran und trieben die Franzosen, deren Hauptmacht sie in weitem Bogen umgingen und umfaßten, vor sich her; der Fall von Paris schien nur noch eine Frage der Zeit. Die beschwörenden Vorhaltungen der Westmächte an die Adresse Rußlands nahmen einen verzweifelten Charakter an; Frankreich in bedrohlicher Bedrängnis, England nur mit einem kleinen Heereskontingent am Krieg beteiligt und nicht mobilgemacht – es schien niemand da, der die deutsche Kampfmaschine zum Stehen bringen konnte. Die von Panik ergriffenen französischen Politiker und Generäle sahen nur eine Hoffnung: eine massierte russische Offensive, die die Deutschen zwingen würde, Truppen zur Verteidigung ihres Heimatbodens vom Westen abzuziehen. Manche an die russische Regierung gestellten Ansinnen grenzten ans Lächerliche. So kamen die Briten mit dem Vorschlag, drei oder vier russische Armeekorps direkt zum westlichen Kriegsschauplatz zu schicken. Eine solche Operation hätte freilich, da Archangelsk im hohen Norden der einzig denkbare Hafen für eine Einschiffung der Truppen war, Monate erfordert. Kein Wort in dem Vorschlag auch darüber, wie die Truppenkontingente transportiert werden und wo sie hätten landen sollen. (Im Zweiten Weltkrieg drehte Stalin den Spieß um und forderte nach den ersten verheerenden Durchbrüchen der deutschen Invasionstruppen 25 bis 30 britische Divisionen an, die auf russischem Boden kämpfen sollten.)

Sowohl die Vernunft als auch das Pflichtgefühl des Zaren gegenüber seinen Verbündeten ließen eine größere Offensive gegen die Deutschen geboten erscheinen. Doch hier wurde die Unklugheit der russischen Kriegsplanung offensichtlich: Die an der Grenze zu Deutschland aufgestellten Truppen reichten, so glaubte man, für eine auf ganzer Frontbreite vorgetragene Offensive nicht aus. Wegen der zu geringen Kapazität des Eisenbahnnetzes sollten die Truppen in diesem Gebiet ihre volle Kampfstärke von 3,5 Millionen Mann laut Mobilmachungsplan erst zwei Monate nach Beginn der Kampfhandlungen erreichen. Die einzige kurzfristig realisierbare Möglichkeit, den Deutschen etwas anzuhaben, bot sich daher in Ostpreußen, Deutschlands östlichstem Ausläufer, den man von Osten und Süden aus angreifen konnte. Zwei eilig herangeführte russische Armeen drangen noch im August in Ostpreußen ein; in den ersten Tagen erzielten sie örtliche Durchbrüche, trieben den Gegner vor sich her und beschworen für die deutschen Truppen die Gefahr der Einkreisung herauf.

Die Nachricht von diesem feindlichen Einmarsch verfehlte die beabsichtigte Wirkung auf den deutschen Generalstab nicht: Er wurde nervös genug, um – in einer entscheidenden Phase der Schlacht um Frankreich – zwei Armeekorps von der Westfront abzuziehen und nach Ostpreußen zu schicken. Auch zwei neue Befehlshaber wurden in die umkämpfte Provinz beordert: Erich Ludendorff, der sich als glänzender Stabsoffizier ausgezeichnet und mit einem kühnen Husarenstück beim Durchmarsch durch Belgien auf sich aufmerksam gemacht hatte, und der 67 Jahre alte Paul von Hindenburg, der soeben aus dem Ruhestand zurückberufen worden war. Da Ludendorff noch keinen genügend hohen Dienstgrad innehatte, sollte Hindenburg als nomineller Oberbefehlshaber im Osten fungieren – er wurde bald zu Deutschlands gefeiertstem Kriegshelden. Tatsächlich war es Ludendorff, der die taktischen Anordnungen traf, die binnen weniger Tage die strategischen Konstellationen in Ostpreußen grundlegend veränderten. Er erkannte, daß die Verständigung und Abstimmung zwischen den beiden feindlichen Armeen offensichtlich unzureichend war und daß die Erste Russische Armee unter General Paul Rennenkampf von Osten her sehr langsam vorwärts kam, und schickte seine Hauptmacht zunächst südwärts gegen General Samsonows Zweite Armee, die im Gegensatz zur Ersten zügig vorpreschte, aber blindlings in eine Einkreisungsfalle tappte. Das Ergebnis war die Schlacht von Tannenberg, die mit der völligen Vernichtung der Zweiten Armee endete; die Deutschen machten hunderttausend Gefangene, und Samsonow erschoß sich. Ein paar Tage später kam Rennenkampf an die Reihe. In der Schlacht an den Masurischen Seen wurde seine Armee vernichtend geschlagen, und er mußte sich mit den übriggebliebenen Resten aus Ostpreußen zurückziehen.

Das ostpreußische Zwischenspiel, so verheerend es für Rußland ausging, erfüllte seinen höheren strategischen Zweck. Indem der russische Einmarsch die Deutschen veranlaßt hatte, Truppenteile von der Westfront abzuziehen, hatte er »das Wunder an der Marne« möglich gemacht, den französischen Sieg, der Paris rettete und den Schlieffen-Plan scheitern ließ. Auf beiden Seiten war nun jede Hoffnung auf einen Blitzkrieg dahin. Hätte man noch das 19. Jahrhundert geschrieben, Tannenberg und die Marne-Schlacht hätten wohl hingereicht, die kriegführenden Parteien zu der Überzeugung zu bringen, daß der Zeitpunkt zum Verhandeln gekommen war, daß der Konflikt, der bereits Verluste in der Größenordnung des Krimkriegs und des Deutsch-Französischen Kriegs von 1870 gefordert hatte, sich länger hinziehen und im Endergebnis für die Sieger kaum weniger verlustreich sein würde als für die Geschlagenen. Doch Rußland und seine Verbündeten bekräftigten wenige Tage nach den beiden Schlachten ihre Absicht, den Krieg weiterzuführen, und sicherten einander zu, keinen Separatfrieden mit den Mittelmächten zu schließen.

Rußland war schon eine militärische Großmacht gewesen, lange bevor der Aufstieg des geeinten deutschen Nationalstaats begonnen hatte. Daß die russischen Armeen von einer halb so großen deutschen Streitmacht besiegt wurden, mußte für die Russen daher ein traumatisches Erlebnis sein. Von Tannenberg und den Masurischen Seen rührte jener große russische Respekt vor der deutschen Kriegsmaschine her, dem die Kapitulation Deutschlands 1918 kaum Abbruch tat und den erst der russische Sieg bei Stalingrad im Winter 1943 verfliegen ließ. Gutschkow, der im Februar und März 1917 und in den zur Revolution hinführenden Ereignissen eine so wichtige Rolle spielen sollte, hielt den Krieg bereits im August 1914 für verloren. Von vielleicht ebenso großer Bedeutung wie der Verlust des Selbstvertrauens war der Umstand, daß die russische Heeresleitung aus der Niederlage keine Lehren zog und ihre Befehlsstrukturen und taktischen Konzepte nicht revidierte. An sich hätten Rennenkampf und der Oberkommandierende der Nordwestfront, dem die Verantwortung für die Abstimmung der Bewegungen der beiden Armeen obgelegen hatte, vor ein Kriegsgericht gestellt werden müssen. Tatsächlich jedoch behielt ersterer sein Kommando, und der letztere wurde lediglich auf einen anderen Posten versetzt.

Die Schockwirkung der Meldungen aus Ostpreußen wurde ein wenig gedämpft durch die Erfolge, die die Russen im Süden gegen die Österreicher errangen. Das östliche Galizien mit seiner Hauptstadt Lemberg war Ende August in russischer Hand. Und nicht lange danach standen die zaristischen Armeen an den Karpaten und drohten erneut, wie sie es 1849 getan hatten, in die ungarische Tiefebene hineinzufluten und der hinfälligen Doppelmonarchie den Todesstoß zu versetzen. Ein anderer Flügel schickte sich an, das westliche Galizien mit der alten polnischen Hauptstadt Krakau zu erobern. In der Tat konnten die Russen, sobald sie hier die habsburgische Reichsgrenze überschritten, mit einem gewissen Rückhalt bei der einheimischen Bevölkerung rechnen: Slowaken und Ruthenen waren es leid, unter der Herrschaft ungarischer Fürsten zu leben, und die Tschechen hegten starke prorussische Sympathien, vielleicht weil sie nie Gelegenheit gehabt hatten, ihre ostslawischen Brüder näher kennenzulernen (diese Sympathien hielten bis 1948 vor und zerstoben erst im Gefolge der sowjetischen Invasion von 1968 ganz und gar).

Jetzt war es die deutsche Heeresleitung, die sich mit dringenden Hilfeersuchen von seiten des österreichischen Bündnispartners bombardiert sah. Es bestand die Gefahr, daß das habsburgische Vielvölkerheer unter den fortgesetzten Hammerschlägen der Russen zerbrechen würde. Der deutsche Generalstab mußte nun endgültig die Hoffnung aufgeben, auch nach dem Scheitern des Schlieffen-Plans die Hauptkräfte auf den Krieg im Westen konzentrieren und die Aufgabe, die Russen in Schach zu halten, im wesentlichen Österreich-Ungarn überlassen zu können. Man mußte den Habsburgern jetzt vielmehr mit starken Kräften zu Hilfe eilen. Die Deutschen improvisierten daher Ende 1914 eine Reihe von Angriffsoperationen an der Ostfront. Eine davon hätte beinahe mit einem Tannenberg unter umgekehrten Vorzeichen geendet, als mehrere deutsche Divisionen in der Nähe von Lodz in eine russische Einkreisung gerieten. Nur der Tatsache, daß die russischen Kommandeure vollkommen den Überblick verloren und daß bei den zaristischen Truppen bereits ein alarmierender Waffen- und Munitionsmangel herrschte (an einem entscheidenden Frontabschnitt fehlte es an Gewehren für mehrere tausend Soldaten, und bei manchen Artillerieeinheiten durfte jedes Geschütz nur fünf Salven pro Tag abgeben), verdankten es die Deutschen, daß sie zwei Armeekorps retten konnten, ehe die tödliche Falle zuschnappte.

Als das schicksalsschwere Jahr 1914 zu Ende ging, war der Krieg im Osten, anders als in Frankreich, noch nicht zum Graben- und Stellungskampf erstarrt. Die Lage der zaristischen Armeen erschien, oberflächlich betrachtet, recht günstig. Sie hielten sich gegen die Deutschen an einer immer noch tief nach Galizien hineinreichenden Front. Die Verluste waren allerdings bereits enorm: Etwa 1 Million Männer, Tote und Verwundete zusammengerechnet, waren ausgefallen. Die russischen Generäle waren, um den Mangel an Waffenmaterial wettzumachen, verschwenderisch mit ihrem Menschenmaterial umgegangen. Die Verluste hatten den professionellen Kern, das Offizierskorps des Heeres, beträchtlich gelichtet. Die beinahe festliche Stimmung, mit der die Gesellschaft den Krieg zunächst begrüßt hatte, war der Ernüchterung und bangen Erwartung gewichen. Auf dem Land war die Kriegsbegeisterung ohnehin zu keiner Zeit so groß gewesen wie in den Städten, denn es waren naturgemäß die Bauern, die das Gros der Soldaten zu stellen hatten. Die nationalistischen Kriegsziele, die propagiert wurden, bedeuteten dem durchschnittlichen russischen Bauern nicht so viel wie den Angehörigen der Intelligenzija; ihm war das »heldenhafte Serbien« ziemlich gleichgültig, und die »deutsche Gefahr« blieb, solange die Kämpfe weit jenseits der Grenzen der eigenen Heimat ausgetragen wurden, ein abstrakter Begriff. Zu den Nachrichten, die von der Front eintrafen, gehörten nicht nur die Meldungen über Tote und Verwundete, sondern auch Geschichten über Soldaten, die mit Lappen an den Füßen kämpfen mußten, weil es nicht genügend Stiefel gab, über unzureichende Essensrationen und über ganz allgemein katastrophale und unhygienische Zustände. Vorläufig ertrugen die bäuerlichen Soldaten alles, was ihnen zugemutet wurde, mit ihrem traditionellen Gleichmut, aber ihre zu Hause gebliebenen Verwandten begannen zu murren. »Die Bauern sprechen in der letzten Zeit viel über Politik, etwas, das zwischen 1906 und dem Kriegsausbruch eine Seltenheit gewesen ist«, hieß es in einem Polizeibericht.

In den höheren Etagen der Gesellschaft jedoch war der Patriotismus noch ungebrochen. »Dein Volk verneigt sich tief vor Dir, o Großer Fürst«, erklärte der Präsident der Duma, Michael Rodzjanko, emphatisch, als die Volksvertretung Ende Januar zu einer kurzen Sitzung zusammentrat. Zu diesem Zeitpunkt hatte sich noch nicht der geringste Hauch einer Antikriegspropaganda geregt; die behutsam vorgebrachte Kritik der Duma richtete sich auf die Versäumnisse der Regierung an der Heimatfront. Es ist aufschlußreich, daß die menschewistischen Abgeordneten bei dieser Gelegenheit für das Kriegsbudget stimmten, während die Trudowiken als Repräsentanten der Arbeiterschaft Stimmenthaltung übten.

Und wo waren die Bolschewiken? Sie hatten zu Beginn des Krieges auf Anweisung Lenins hin* de facto einen Akt der politischen Selbstverstümmelung vollzogen. Ihre fünf Duma-Abgeordneten und Lew Kamenew, der persönliche Statthalter Lenins in Rußland, erhielten aus Krakau Anweisung, in einem öffentlichen Manifest für Lenins »Kriegsthesen« Stellung zu nehmen, d. h. zum Bürgerkrieg aufzurufen. Sie verkündeten dieses Manifest auf einer Versammlung, die eigentlich geheim sein sollte, aber zu ihrer prompten Verhaftung am 4. November 1914 führte. Die Erklärung, die sie hatten verbreiten wollen, trug eindeutig hochverräterische Züge. »Die pompösen Parolen des Panslawismus und der Befreiung der Völkerschaften vom österreichischen und deutschen Joch sind verlogen und verschleiern bloß die Absicht, diese Nationen unter die russische Knute zu zwingen . . . Organisiert die Massen. Bereitet sie auf eine Revolution vor. Verliert keine Zeit. *Der Tag* ist nahe. Denkt daran, was nach dem Russisch-Japanischen Krieg geschehen ist.« (Daraus geht indirekt hervor, daß nicht einmal die Bolschewiken wirklich von der Möglichkeit einer Revolution *im* Krieg überzeugt waren.) Der ganzen Gruppe drohte ein Prozeß vor einem Militärgericht, an dessen Ende mit Sicherheit das Todesurteil gestanden hätte. Zu ihrem Glück wurden die Bolschewiken dann aber doch vor einem Zivilgericht angeklagt. Eine Riege von Rechtsanwälten, ironischerweise angeführt von Alexander Kerenskij, konnte sie hier verteidigen und vor dem Galgen bewahren, so daß sie mit Verbannungsstrafen nach Sibirien davonkamen. In keinem anderen kriegführenden Land wäre der offene Aufruf zum Verrat zu diesem Zeitpunkt so nachsichtig geahndet worden.

Dennoch war der Schaden für die bolschewistische Organisation in Rußland enorm und schien irreparabel, was Lenin selbst ungerührt feststellte. »Auf jeden Fall ist die Arbeit unserer Partei jetzt hundertmal schwieriger geworden«, schrieb er in Beurteilung des doch aus seinen eigenen impliziten Anweisungen hervorgegangenen Malheurs.[9] Und in der Tat büßte die Partei ihre propagandistische Aktionsfähigkeit weitgehend ein und verlor, nachdem Malinowskijs Spitzeldienste zur Verbannung von Männern wie Stalin und Swerdlow geführt hatte, ihre letzten namhaften Führungskräfte in der

* Lenin hielt sich bei Kriegsausbruch in Krakau auf. Von den österreichischen Behörden als feindseliger Ausländer interniert, wurde er auf Betreiben der österreichischen Sozialisten bald wieder auf freien Fuß gesetzt.

Heimat. Es überrascht daher nicht, daß die Bolschewiken in den ersten Wochen der Februarrevolution 1917 im Vergleich zu den Menschewiken und den Sozialrevolutionären eine eher bescheidene Rolle spielten.

Es waren jedoch nicht die Revolutionäre, die der Geheimpolizei und dem Staatsapparat im allgemeinen am meisten Kopfzerbrechen bereiteten. Dies besorgten vielmehr die »Kadetten« und in zunehmendem Maß sogar die politischen Kräfte der Rechten, die in einen immer stärkeren Gegensatz zur Regierung gerieten – denn das Regime leistete in ihren Augen nicht genug für die Erhaltung jener geheiligten nationalen Einheit, zu der es sich bei Kriegsbeginn feierlich bekannt hatte. In anderen europäischen Ländern hatte der nationale Notstand neue politische Führer in den Vordergrund treten lassen, die neue Antworten auf die Bedürfnisse und Stimmungen ihrer kämpfenden Nation bereithielten. In Anbetracht der Ereignisse der ersten Kriegsmonate und der Dinge, die zweifellos auf Rußland zukommen würden, schien es grotesk, die Regierung weiterhin von dem altersschwachen Unpolitiker Goremykin führen zu lassen. Jedermann erinnerte sich an die von den Militärbürokraten vor dem Krieg abgegebenen Versicherungen, das Heer sei hervorragend ausgerüstet und für alle Eventualitäten gewappnet. Der Mann jedoch, der für diese unerhörte Blauäugigkeit und für die tatsächlichen Einsatzmängel verantwortlich war, Kriegsminister Wladimir Suchomlinow, war noch immer auf seinem Posten und versicherte der Duma und der Öffentlichkeit nach wie vor, man habe an alles gedacht und alles gehe planmäßig voran. Die Öffentlichkeit ihrerseits nahm Suchomlinow nicht nur seine eigenen Fehler übel, sondern lastete ihm auch die Fehlentscheidungen der Heeresleitung an, deren Spitze in Wirklichkeit mit dem Kriegsminister in heftiger Fehde lag.

Wie die meisten Oberbefehlshaber des Ersten Weltkriegs war auch Großfürst Nikolaj de facto nur eine Galionsfigur, die die Planungen und Entscheidungen des Generalstabs sanktionierte; der russische Stabschef Nikolaj Januschkewitsch, der starke Mann in der russischen Militärführung, war von der Idee besessen, daß alle im Bereich des Kriegsschauplatzes ansässigen Juden eine Gefahr für die russischen Armeen darstellten, da sie – aus Gründen, die zu spezifizieren er nicht für nötig hielt – in der Regel mit den Feinden Rußlands sympathisieren und sich ihnen als Spione zur Verfügung stellen würden. Er befahl daher, dieses fremde Bevölkerungselement als ganzes aus Galizien sowie aus den an die Front angrenzenden Gebieten zu deportieren. Dies führte zu Protesten von seiten nicht nur der russischen Liberalen, sondern auch der Gouverneure der wenigen Provinzen, in denen die Verschleppten zwangsangesiedelt wurden. Es wurde in der Öffentlichkeit auch darauf hingewiesen, daß das Regime, nachdem es mit so beredten Worten an die Polen appelliert hatte, Rußland zu helfen, jetzt keine Anstalten machte, seine Versprechen einzulösen. Die polnischen Duma-Abgeordneten hatten zu Kriegsbeginn ihre Treue zum russischen Thron bekundet, doch jetzt warteten sie vergeblich darauf, daß auch nur ein Teil der Errungenschaften, die Großfürst Nikolaj in seiner Proklamation an die polnische Nation zugesagt hatte, Wirklichkeit würde. Die Einstellung des Zaren zur polnischen Frage war typisch für sein politisches Verhalten als Ganzes: Gestand man den Polen wirklich weitgehende Rechte zu, so mußte man damit rechnen, daß einem das nach dem Krieg leid tun würde. Speiste man sie mit ein paar bedeutungslosen Zugeständnissen ab, dann würde dieses undankbare Volk vielleicht zu murren und zu meutern anfangen. Besser, man wartete erst einmal ab.

Als ebenso provozierend empfanden es die Liberalen und die Gesellschaft als ganze, daß Innenminister Maklakow nach wie vor sein Amt ausübte, der als Reaktionär der finstersten Sorte bekannt war und dessen Schikanen gegen die Presse sogar manchem Konservativen über die Hutschnur gingen. Dabei waren es nicht nur Maklakows politische Ansichten, die ihm die Gunst des Zaren einbrachten. Der noch junge Minister war ein begabter Komödiant, der seine älteren Kabinettskollegen parodieren und allerlei Tierstimmen imitieren konnte, was Nikolaus II. köstlich amüsierte und ihm eine angenehme Abwechslung von der schweren Bürde seiner Amtspflichten bescherte.

1915 kamen Entwicklungen in Gang, die den Niedergang der Monarchie beschleunigen sollten. Die militärische Katastrophe, die dieses Jahr brachte, schmerzte um so mehr, als ihr ein großer Sieg voranging: Im März kapitulierte die wichtige österreichische Festung Przemysl nach viermonatiger Belagerung, und über hunderttausend gegnerische Soldaten gerieten in russische Gefangenschaft. Man wähnte sich nun endgültig im sicheren Besitz des östlichen Galizien und ging, ohne auf einen Friedensschluß zu warten, daran, die Region zu einem russischen Gouvernement umzugestalten. Das führte unter anderem dazu, daß die Verfolgung und Verschleppung der ukrainischen Nationalisten und der Juden verstärkt wurde.

Doch am 18. April läuteten deutsche und österreichische Verbände bei Gorlice mit einem verheerenden Artilleriesperrfeuer eine massierte Offensive ein, brachen durch die russischen Linien und zwangen die Armeen des Zaren zu einem überstürzten Rückzug. Am 21. Mai eroberten die Mittelmächte Przemysl zurück, dessen Einnahme zwei Monate zuvor so große Hoffnungen geweckt und überall in Rußland mit patriotischen Banketten gefeiert worden war. Am 9. Juni fiel Lemberg, nur wenige Wochen, nachdem Nikolaus II. dort, in der Hauptstadt seines neuen Gouvernements, triumphalen Einzug gehalten hatte. Binnen weniger Wochen war Ostgalizien wieder von allen russischen Truppen befreit; es sollte in den Schoß von »Mutter Rußland« oder vielmehr des »sozialistischen Vaterlands« erst 1939 beziehungsweise, nach einer erneut von den Deutschen verursachten Unterbrechung, 1944 zurückkehren. Die Einbrüche, die die russischen Armeen im Frühling und Sommer 1915 erlitten, waren katastrophal, wenn auch längst nicht mit einem so enormen Geländeverlust verbunden, wie die Rote Armee ihn zwischen dem 22. Juni und dem Jahresende 1941 hinnehmen mußte. Die Zahl der Toten und Verwundeten hingegen war beide Male in etwa gleich hoch: ungefähr 3 Millionen. Angesichts des kombinierten deutsch-österreichischen Vormarsches im Süden und einer gleichzeitigen Offensive im Norden war auch Russisch-Polen nicht mehr zu halten. Warschau wurde am 22. Juli geräumt, und obgleich die russische Gegenwehr sich konsolidierte, stand gegen Ende des Sommers zu befürchten, daß ein ähnliches Schicksal auch Riga an der Ostsee sowie Kiew, der »Mutter der russischen Städte«, drohte.

Im Innern riefen die Niederlagen unter anderem gewalttätige Ausschreitungen der Massen hervor, in denen zwar patriotische Motive mitschwangen, die aber gleichwohl für die Zukunft nichts Gutes ahnen ließen. Zu den schlimmsten Tumulten kam es Ende Mai in Moskau. Sie arteten zu einem regelrechten Pogrom aus – die Menge erstürmte und plünderte Läden, Geschäftshäuser und auch Privathäuser, deren Besitzer, zumeist gebürtige Russen, zufällig einen deutsch klingenden Namen hatten. In der Bevölkerung liefen Gerüchte um, die Regierung habe Rußland an den Feind verkauft, und die örtlichen Behörden hielten es für klüger, nicht mit ungebührlicher Schärfe gegen den Mob vorzugehen. Die Großfürstin Elisabeth, die Schwester der Zarin, wurde in ihrer Karosse mit Steinen beworfen und angespuckt.

Die Niederlagen und die gefährliche Entwicklung sorgten dafür, daß die Selbstzufriedenheit des Regimes verflog, ohne daß jedoch daraus eine neue Zielstrebigkeit oder auch nur die Fähigkeit entsprossen wäre, der Nation in der Stunde der Gefahr Mut und Zuversicht einzuflößen. Ein Stalin fand 27 Jahre später, in einer freilich noch bedrohlicheren Situation, als die Front kurz vor Moskau verlief, die richtigen Worte, um die Moral seiner Landsleute zu heben und in ihnen den Durchhaltewillen zu wecken, der sie zur Fortsetzung ihres Kampfes gegen einen scheinbar unaufhaltsamen Feind befähigte: »Laßt euch . . . den Edelmut unserer großen Vorväter zum Vorbild gereichen«, erklärte Stalin und zählte sodann die Helden der russischen Vergangenheit auf, von Alexander Newskij, der im 13. Jahrhundert das Ritterheer des Deutschen Ordens besiegt, bis zu Michael Kutusow, der die Armeen Napoleons in die Flucht geschlagen hatte. Um wieviel angebrachter wären solche Worte aus dem Munde eines Mannes gewesen, der quasi ein Nachfahre Alexander Newskijs war und ungeachtet aller seiner Fehler und Unterlassungssünden in den Augen der meisten Russen noch immer das lebendige Bindeglied zur glorreichen Vergangenheit ihres Vaterlands darstellte. Doch es kam Nikolaus nicht in den Sinn, auch nur vor der Duma zu sprechen oder sich durch eine andere politisch kreative Geste vom bloßen Staatsoberhaupt zum Führer der Nation emporzuschwingen.

Wohl fühlte das Regime sich gezwungen, den Versuch einer Versöhnung mit der Gesellschaft zu machen, aber man hatte dabei keine sehr glückliche Hand. Zwar wurden diejenigen Minister fallengelassen, von denen man wußte, daß sie in der Öffentlichkeit besonders verhaßt waren – Suchomlinow, Maklakow und Schtscheglowitow. Doch an ihre Stelle traten andere

Bürokraten, die von ihrer Persönlichkeit hier zu wenig Zustimmung und Zutrauen in der Öffentlichkeit fanden, als daß ihnen ein Überbrücken der Gegensätze und eine Lösung der Probleme zuzutrauen war. Der neue Innenminister, Fürst Nikolaj Schtscherbatow, hatte administrative Erfahrungen bis dahin lediglich als Direktor der staatlichen Zuchtanstalten gesammelt. Eine populäre Figur unter den Neuernannten war lediglich der zum Kriegsminister berufene General Alexej Poliwanow, dessen liberale Neigungen bekannt waren und der als guter Organisator galt. Halbherzige Maßnahmen pflegen in einer Krisensituation meist das Gegenteil des Gewollten zu bewirken, so auch diesmal. Indem das Regime teilweise vor der Gesellschaft kapitulierte, regte es nur deren Appetit auf grundlegendere politische Veränderungen an und ließ die Erbitterung und Enttäuschung über den Mann weiter anwachsen, der weder das Zeug zum Autokraten noch das zur nationalen Führerfigur hatte und sich weiterhin als abwartender Zauderer präsentierte. Wie ein Nikolaus durchaus freundlich gesonnener Biograph in bezug auf die vorgenommenen Veränderungen kommentierte:

»Es entstand ein [grundlegendes] Mißverständnis zwischen dem Herrscher und der Gesellschaft. Der Herrscher hielt es für erforderlich, im Krieg alle Macht in seinen Händen zu behalten und die Regierung durch Leute führen zu lassen, zu denen er volles Vertrauen besaß. Für ihn war die Erwägung, ob seine Minister bei der Gesellschaft beliebt waren oder nicht, ein zwar bedenkenswerter, aber doch nur in zweiter Linie bedeutsamer Faktor. Die ›Gesellschaft‹ andererseits bekam nun das Gefühl, es liege in ihrer Macht, nicht nur Minister zu ›stürzen‹, sondern auch neue zu ›ernennen‹.«[10]

Daß das Selbstbewußtsein beziehungsweise in den Augen des Zaren die Frechheit der Gesellschaft zweifellos zugenommen hatte, zeigte sich bei den Sitzungen der Duma, die erneut einzuberufen er sich genötigt sah und die im Juli unter dem Eindruck der täglichen Schreckensmeldungen vom Kriegsschauplatz zusammentrat. Übrigens gegen die Ratschläge der Zarin: »Unser Freund«, so hatte sie Nikolaus unter anderem vorgehalten, »hat gesagt, daß es nichts als Ärger einbringen wird, sie wieder einzuberufen. Rußland ist Gott sei Dank kein konstitutioneller Staat, aber diese Kreaturen [d. h. die Duma-Abgeordneten] versuchen ein politisches Spiel zu spielen und sich in Dinge einzumischen, an die zu rühren man ihnen nicht erlauben sollte. Laß Dich von ihnen nicht unter Druck setzen. Wie schrecklich! – kaum macht man ein einziges Zugeständnis, da werden sie sofort unverschämt.«[11]

Die Legislative versuchte die Probleme durch die Einberufung einer Reihe von Ausschüssen in den Griff zu bekommen, die die Planung der Rüstungsproduktion und ähnliche Aktivitäten dieser Art in die Hand nehmen sollten. Sie setzten sich aus Parlamentariern und Vertretern verschiedener anderer öffentlicher Körperschaften zusammen und standen unter der Oberleitung des Verteidigungsausschusses, in den jede der beiden gesetzgebenden Kammern zehn Vertreter entsandte. Unter den vorwaltenden Umständen konnte dies nur zu einer Duplizierung der bereits von den Ministerien und staatlichen Stellen wahrgenommenen Funktionen führen, so daß die Schaffung dieser Ausschüsse eher eine Garantie für zusätzlichen Kompetenzwirrwarr war als ein Mittel, um zu einer fruchtbareren Zusammenarbeit zwischen Regierung und Gesellschaft zu kommen.

Im übrigen bestätigten die Parlamentssitzungen weitgehend die düsteren Vorahnungen der Zarin. Eine Mehrheit der Abgeordneten schloß sich unter Führung von »Kadetten« und »Oktobristen« zum sogenannten Progressiven Block zusammen, dessen vorrangige Forderung auf die Bildung einer »Regierung des öffentlichen Vertrauens« lautete. Was diese Formel konkret bedeutete, blieb allerdings unklar. Einige »Kadetten«-Führer interpretierten sie dahin gehend, daß damit nicht unbedingt eine aus Parteipolitikern bestehende und formell der Duma gegenüber verantwortliche Regierung gemeint sei. Ihnen schwebte eher ein nach wie vor hauptsächlich aus der Bürokratie rekrutiertes Kabinett vor, das jedoch mit Personen besetzt sein sollte, die das Vertrauen der Nation genossen, d. h. der Duma genehm und ihren Wünschen willfährig waren. Ein weiteres Mal kam hier also die Erbsünde des russischen Liberalismus zum Vorschein: seine Scheu vor der Ausübung politischer Macht. So mancher Parteigänger des Regimes argwöhnte nicht zu Unrecht, daß die Zauberformel des Progressiven Blocks auf eine Regierung abzielte, die die Last der praktischen Verantwortung für die Bewältigung der russischen Probleme weiterhin zum größten Teil alleine tragen, aber mit einem Parlament konfrontiert sein würde, das die Politik der Ministerien nach Herzenslust kritisieren und blockieren konnte. Es wäre in diesem Fall eine Situation ähnlich der entstanden, zu der es von März bis Oktober 1917 kam, als Rußland zwei Regierungen hatte, die offizielle, anfangs im wesentlichen von den glücklosen »Kadetten« getragene, und den Sowjet von Petrograd,* der für sich das Recht reklamierte, der bürgerlichen Regierung vorzuschreiben, was sie tun durfte und lassen mußte. Es wäre allerdings ungerecht, wollte man nicht anerkennen, daß die Motive und Absichten des Progressiven Blocks durch und durch patriotischer Natur waren; hätte er es mit einer Regierung zu tun gehabt, auf deren Lauterkeit und Kompetenz Verlaß gewesen wäre, so hätte er ihr seine Unterstützung gewiß nicht verweigert. Außerdem: Nichts konnte das Regime daran hindern, die Progressiven beim Wort zu nehmen und einigen ihrer Vertreter verantwortliche Stellungen im Regierungsapparat anzubieten.

Die Opposition hatte ihre bedingungslose Entschlossenheit erklärt, den Krieg bis zu einem siegreichen Ende zu führen. Den Kern dieser Opposition bildeten zwar die »Kadetten«, doch es waren auch Personen dazugestoßen, die man zuvor der äußersten Rechten zugerechnet hatte. Um so bemerkenswerter war es, daß unter den programmatischen Forderungen des Progressiven Blocks auch solche waren, die man bis dahin nur von der Linken her kannte: allgemeine Amnestie für politisch Verurteilte, Autonomie für Polen

* Der Name der Hauptstadt war bei Kriegsbeginn aus patriotischen Gründen russifiziert worden.

und Finnland, Ende der Repressalien gegen die Juden und die ukrainischen Nationalisten. Einige Minister waren sogar dafür, der nationalen Einheit zuliebe dem Block auf halbem Weg entgegenzukommen, aber davon wollte der Zar nichts hören. »Alle diese [vom Progressiven Block angesprochenen] Probleme«, erklärte Nikolaus, »mögen politisch wichtig sein, aber sie tragen nichts zu den Erfordernissen des Augenblicks bei.« Um sich weiteren Ärger zu ersparen, ordnete er die Vertagung der Duma bis zum 3. September an.

Noch bevor die Duma wieder zusammentrat, tat der Zar einen weiteren großen Schritt seinem eigenen Verhängnis entgegen. Seine Frau war schon seit langem in ihn gedrungen, den Großfürsten als Oberbefehlshaber abzulösen. Ihre Briefe sind voll von Seitenhieben gegen »Nikolascha«: Er tue und rede so, als sei *er* der Zar; seine engsten Mitarbeiter stünden in dem Ruch, deutsche Spione zu sein (!); er versuche, den Zaren in den Augen der Truppe herabzusetzen. »Mache einen Besuch an der Front, ohne Nikolaj im voraus etwas davon zu sagen ... Seit wann ist er Dein Aufseher? Beglücke die Soldaten mit Deiner kostbaren Anwesenheit. Ich bitte Dich in ihrem Namen – *richte sie auf*, zeig ihnen, für wen sie kämpfen und sterben – nicht für Nikolascha, sondern für Dich.«[12] Außer von ihrer Angst um den Thron – auf den der Großfürst es, wie die hysterische Frau allen Ernstes glaubte, abgesehen hätte – wurde sie in ihrer Abneigung gegen Nikolaj Nikolajewitsch auch von den Einflüsterungen Rasputins bestärkt. Als der Scharlatan den Wunsch geäußert hatte, die Front zu besuchen, um »die Truppen zu segnen«, hatte der sonst unentschlossene Großfürst äußerst resolut reagiert: Falls Rasputin sich irgendwo in der Nähe der Front zeige, werde er ihn aufhängen lassen!

Die Entscheidung des Zaren, persönlich das Oberkommando des Heeres zu übernehmen, war jedoch nicht in erster Linie eine Frucht der Intrigen seiner Frau und Rasputins. Es galt allgemein als ausgemacht, daß die engsten Vertrauten des Großfürsten, die de facto die strategischen Entscheidungen trafen, inkompetente und unverantwortlich handelnde Militärs waren. Nikolaus II., der sich zeitlebens zum Sklaven einer falsch verstandenen Pflichtauffassung gemacht hatte, glaubte wirklich, die Tatsache, daß er persönlich die Zügel übernahm, werde die Kampfmoral der Truppe in dieser kritischen Phase heben. Er hatte die politische Seite seines Metiers nun endlich ebenso satt wie das Klima, das ihn in – oder genauer gesagt bei – Petrograd umgab (das Zarenpaar hatte die Hauptstadt nie gemocht und sich nur, wenn und solange es unbedingt erforderlich war, in der traditionellen Residenz der Zaren, dem Winterpalast, aufgehalten; als Hauptresidenz fungierte das kaiserliche Schloß in dem Dorf Zarskoje Selo unweit der Hauptstadt), und war naiv genug, zu glauben, er werde fern von Petrograd, in Mogilew, wo das Oberkommando seinen Sitz hatte, vor der Politik Ruhe haben (und vielleicht auch vor der Kaiserin, wie man zu vermuten versucht ist trotz aller Liebe und unverminderten sinnlichen Leidenschaft, die er für sie empfand). Als die Absichten des Zaren ruchbar wurden, gerieten seine

Minister darüber in nicht gelinde Erregung. Wie der Kriegsminister seinen Kollegen berichtete:

»Ich erlaubte mir, [den Zaren] darauf hinzuweisen, wie gefährlich es für das Staatsoberhaupt sei, das Kommando zu einem Zeitpunkt zu übernehmen, da die Armee infolge fortlaufender Mißgeschicke und eines seit langem andauernden Rückzuges demoralisiert und niedergeschlagen ist ... Es ist entsetzlich, sich vorzustellen, welchen Eindruck es im Lande machen würde, wenn Seine Majestät in eigenem Namen den Befehl zur Räumung von Petrograd oder, Gott helfe uns, Moskau geben sollte.«[13]

»Die Tatsache läßt sich nicht verheimlichen, daß das Ausland wenig Zutrauen zur Charakterfestigkeit des Kaisers besitzt, und man macht sich Sorgen um die Einflüsse, denen er ausgesetzt ist«, sekundierte der Außenminister. Und Landwirtschaftsminister Alexander Kriwosein, der vermutlich fähigste Mann im Kabinett, erklärte: »Das Volk betrachtet Seine Majestät seit langer Zeit als einen glück- und erfolglosen Herrscher, und zwar schon seit Chodynka* und dem japanischen Feldzug.«[14] Der Finanzminister war der Ansicht, der Zar müsse darauf aufmerksam gemacht werden, daß »ein Wechsel im Oberkommando angesichts der gegenwärtigen Umstände und der inneren Verwicklungen, die daraus folgen können, unseren Kredit im Ausland schwächen wird, der ohnehin schon auf einen für eine Großmacht unglaublichen Tiefstand gesunken ist«. Es wurden auch Befürchtungen laut, der Großfürst werde seine Absetzung womöglich nicht ruhig hinnehmen; es gebe in seiner Umgebung Männer, denen zuzutrauen sei, daß sie einen Militärputsch versuchten. Wenn man die Protokolle der Beratungen des Ministerrats vom Juli und August 1915 liest, fragt man sich erstaunt, wie dieses Regime es schaffte, sich noch weitere eineinhalb Jahre zu halten.

Acht Minister baten Nikolaus II. in einem gemeinsamen Brief, seine Entscheidung nochmals zu überprüfen. Doch sein Entschluß stand fest, und so wurde der Wechsel im Oberkommando am 4. August offiziell bekanntgegeben. Auf den ersten Blick waren die Folgen nicht so schwerwiegend, wie befürchtet worden war. Dem scheidenden Großfürsten blieb aus unerfindlichen Gründen der Ruf eines großen Feldherrn erhalten, während General Januschkewitsch, sein Stabschef, der mit ihm zusammen versetzt wurde, weithin als einer der für die militärischen Fehlschläge Verantwortlichen betrachtet wurde. Er war es außerdem gewesen, der durch seine sinnlos repressive Judenpolitik in den Frontgebieten die liberale öffentliche Meinung im Inland und in den verbündeten Ländern erzürnt hatte. (»Wir sind nicht stark genug, um sowohl die Deutschen als auch die Juden zu bekämpfen«, erklärte ein Minister bei der Debatte über das Revirement.[15]) Anstatt einen Militärputsch zu inszenieren, wie manche befürchtet und einige wenige erhofft

---

* In Chodynka war es anläßlich der Feierlichkeiten zur Krönung Nikolaus II. zu einem katastrophalen Unglücksfall gekommen: Der Zusammenbruch einer Zuschauertribüne löste eine Panik und ein Chaos aus, bei dem mehrere tausend Personen zu Tode getrampelt wurden.

hatten, schickte sich Nikolaj Nikolajewitsch, ohne aufzumucken, in seine Versetzung – er wurde zum Oberbefehlshaber der gegen die Türken eingesetzten Kaukasus-Truppen ernannt und nahm den unsäglichen Januschkewitsch mit sich.

Der Zar hatte seine militärischen Erfahrungen bislang ausschließlich auf dem Exerzierplatz und, als ganz junger Mann, im Offizierskasino eines Garderegiments gesammelt, und so atmete jedermann auf, als bekannt wurde, daß General Michael Alexejew, ein fähiger, wenn auch nicht sehr kreativer Offizier, als sein Stabschef fungieren und vermutlich die Operationen leiten würde. Und in der Tat beschränkte sich die Rolle, die der Zar in der Stawka, wie die Oberste Befehlszentrale genannt wurde, spielte, weitgehend darauf, daß er den Stabsbesprechungen als stummer Gast beiwohnte und die von Alexejew ausgearbeiteten Befehle und Verfügungen unterzeichnete, was er ohne weiteres auch von der Hauptstadt aus hätte tun können. Doch verglichen mit dem gewohnten Regierungsalltag zu Hause, war Mogilew eine Oase der politischen Ruhe. Nikolaus unternahm dort lange Spaziergänge und tummelte sich schwimmend oder bootfahrend im Fluß. Einen tragikomischen Anstrich erhielt die Szenerie in Mogilew dadurch, daß inmitten all der uniformierten und dekorierten Generäle und Stabsoffiziere stets auch jenes Mitglied der Zarenfamilie weilte, von dem Nikolaus sich nicht hatte trennen können: sein kränkelndes Söhnchen. Das Leiden des Zarewitsch symbolisierte, so schien es, den Zustand Rußlands; er war ein Bluter, und der kleinste Unfall konnte ihn in Lebensgefahr bringen.

Im Bewußtsein der Russen hatte immer ein Unterschied bestanden zwischen der Regierung einerseits und der höchsten Machtinstanz, das heißt dem Zaren, andererseits. Die aus der Sicht des Regimes gefährlichste Folge des Positionswechsels des Zaren aus dem Brennpunkt des politischen Geschehens in die Abgeschiedenheit des militärischen Hauptquartiers war, daß dieser Unterschied verwischt wurde: Es entstand der Eindruck, der Zar habe das Land seinen Ministern überlassen, habe sozusagen teilweise abgedankt. Und was noch schwerer wog: Die Gesellschaft raunte schon lange über die »dunklen Mächte um den Thron«, womit hauptsächlich die Beziehung der Zarin zu Rasputin mit ihren diversen Weiterungen gemeint war. Nach der Abreise des Zaren würde die Öffentlichkeit um so überzeugter davon sein, daß die »dunklen Mächte« sich des Vakuums bemächtigen würden und daß Rußland nun endgültig von der deutschstämmigen Kaiserin und dem widerwärtigen sibirischen Bauern regiert werde, der ihr Denken beherrschte. Es wäre eine beträchtliche Übertreibung, wollte man, wie es manche sowjetischen Historiker tun, behaupten, die Autokratie sei in ihrer letzten Phase durch »die Herrschaft Rasputins« gekennzeichnet gewesen. Doch zur betreffenden Zeit glaubten dies viele, und auch andere, die es besser wußten, mußten fassungslos mit ansehen, welch großen Einfluß die törichte Frau und Rasputin auf rein politische und selbst auf militärische Dinge nahmen.

Erst nach der Revolution und nach der Veröffentlichung der privaten Korrespondenz des kaiserlichen Paars war ein abgewogenes Urteil über die Persönlichkeit der Zarin und über den Grad ihres Einflusses auf die Entscheidungen ihres Mannes möglich. Die Briefe widerlegen die damals von so vielen geglaubte Legende, Alexandra habe sich auf landesverräterische Aktivitäten eingelassen oder ihren Mann zum Abschluß eines Separatfriedens mit ihrem Herkunftsland gedrängt. (Sowjetische Historiker sind nicht nur unfair, wenn sie ihr dies dennoch unterstellen, sondern auch, um das mindeste zu sagen, inkonsequent, wenn sie ihr einen Vorwurf daraus machen. Der Krieg war schließlich aus sowjetischer Sicht ein imperialistischer, und wenn der Zar und seine Frau wirklich versucht hätten, ihn durch einen Friedensschluß zu beenden, müßten sie daher eher gelobt als verurteilt werden. Nicht die Romanows waren es, sondern Lenin und Trotzki, die schließlich einen Separatfrieden mit Deutschland schlossen.) Alexandra Fedorowna war eine leidenschaftliche russische Patriotin geworden, und ihre Briefe enthalten nicht die Spur eines Hinweises darauf, daß sie den Zaren zu etwas gedrängt haben könnte, das mit seinen Begriffen von Pflichterfüllung und Bündnistreue in Konflikt geraten wäre.

Es ist andererseits keine Frage, daß sie in anderen Bereichen einen beträchtlichen und höchst unseligen Einfluß auf ihren Mann ausübte. Es konnte dem Zaren nicht entgehen, daß seine Frau psychisch gestört war; dennoch brachte er es sehr oft nicht fertig, ihr die Wünsche, die sie in häufig hysterischer Eindringlichkeit in ihren Briefen wie wahrscheinlich auch unter vier Augen an ihn richtete, abzuschlagen – welche Beamten er entlassen, ernennen, befördern sollte usw. Aufgelockert wurde dieser unaufhörliche Hagel von Forderungen mit Lageberichten über ihren gewöhnlich angegriffenen Gesundheitszustand: Sie glaubte, daß ihr Herz sich von Zeit zu Zeit vergrößere und daß sie es nur mit »Tropfen« auf Normalgröße zurückbringen könne. Sie führte auch genau Buch über ihre Migränekopfschmerzen und ihre Menstruationsbeschwerden (übrigens auch über die ihrer Tochter und ihrer besten Freundinnen). Überhaupt war Feingefühl nicht gerade Alexandras Stärke: Seine frühere Geliebte, so berichtete sie dem Zaren, lebe jetzt mit einem für die Truppenversorgung zuständigen Großfürsten zusammen und nehme, so erzähle man sich, Schmiergelder von den Heereslieferanten an.

Daß der Zar das Oberkommando übernahm, erfüllte Alexandra, obgleich es lange Zeiten des Getrenntseins von dem Mann bedeutete, den sie hingebungsvoll liebte, mit jubelnder Begeisterung:

»Ich finde keine Worte, um ausdrücken zu können, was mein Herz empfindet. Du hast Dich endlich als Herrscher gezeigt, als wirklicher Autokrat, ohne den Rußland nicht bestehen kann ... Dein Heil liegt nur darin, mit Festigkeit aufzutreten. Ich weiß, wie schwer Dir dies fällt, und ich leide mit Dir ... Ich kenne Dein außerordentlich sanftes Wesen, und jetzt hast Du Dich überwunden und hast gewonnen, allein gegen alle anderen ... Gott [*sic*] hat Dich bei Deiner Krönung gesalbt, hat Dich an Deinen Platz gestellt, und jetzt hast Du Deine Pflicht *erfüllt*. Vertraue ruhig darauf, daß Er den von Ihm Gesalbten nicht vergißt. Unser Freund betet Tag und Nacht für Dich, und der Herr im Himmel hört seine Gebete . . . Alles wird sich zum Besten wenden, sagt Unser Freund, das Schlimmste ist überstanden.«

Bei allem Gefühlsüberschwang war die Zarin dem Manne gegenüber, den Nikolaus aus dem Amt gedrängt hatte, keineswegs versöhnlicher gestimmt. Der Großfürst, so schrieb sie, müsse unverzüglich in den Kaukasus geschickt werden, ehe er neue Intrigen anzetteln könne. »Du hast ihm *vertraut*, und jetzt siehst Du, wie recht Unser Freund hatte, als er Dir vor Monaten schon sagte, daß er [der Großfürst] Dir, Deinem Land und Deiner Frau nicht treu ergeben ist.« Was die Politik in der Hauptstadt betreffe, so sei sie, schrieb die Zarin, bereit, die Dinge in die Hand zu nehmen:

»Mach Dir keine Sorgen über das, was Du zurückgelassen hast. Man muß jetzt streng durchgreifen und diesem ganzen Getue ein Ende machen [vermutlich der Duma]. Mein Lieber, ich bin ja hier, und wehe, Du lachst über Dein albernes altes Frauchen, aber ich kann die Hosen anziehen und dafür sorgen, daß der alte Mann [Premierminister Goremykin] energisch handelt. Sag mir, was ich tun soll, bediene Dich meiner, wenn immer ich von Nutzen sein kann. Zu solchen Zeiten verleiht der Herr mir Kraft, weil unsere Sache gerecht ist und wir gegen das Böse kämpfen.«[16]

Der Kaiser war noch vernünftig genug, seiner Frau keinerlei formelle Vertretungsvollmachten zu erteilen. Doch sie wurde naturgemäß zu seiner wichtigsten Nachrichtenübermittlerin aus der Hauptstadt, da sie den Besuch der Minister und anderer Personen des öffentlichen Lebens empfing. Das Hauptkriterium, nach dem sie diese Menschen beurteilte, war – unnötig zu sagen – die Haltung, die sie zu Rasputin einnahmen. »Die Feinde Unseres Freundes sind auch unsere Feinde.« Einige der jüngsten Personalentscheidungen bei der Besetzung von Ministerposten hatten Alexandra und Gregorij (wie er in den Briefen zuweilen auch genannt wird) zutiefst unglücklich gemacht. Besonders verhaßt war ihnen Alexander Samarin, der neue Generalprokurator des Heiligen Synod, ein ehrenwerter Mann, der sich vorgenommen hatte, sich Rasputins Freunde in der Kirchenhierarchie vorzuknöpfen. Daher die Panik der Zarin:

»Ich bitte Dich, sprich bei erster Gelegenheit ein ernstes Wort mit Samarin – tue es, mein Liebster, zum Besten Rußlands. Ich bin überzeugt, daß Rußland Gottes Segen nicht zuteil wird, wenn sein Herrscher zuläßt, daß Sein Mann [Gottes Mann, d. h. Rasputin] drangsaliert wird. Sprich mit ihm allen Ernstes, sag ihm in festem und entschlossenem Ton, daß Du Dir alle Intrigen oder Gerüchte Unseren Freund betreffend verbittest und daß Du ihn feuerst [wenn er den Dingen nicht Einhalt gebietet] . . . Lach nicht über mich, wenn Du meine Tränen sehen könntest, würdest Du begreifen, wie wichtig dies ist – nicht irgendeine weibliche Albernheit, sondern die reine, nackte Wahrheit.«[17]

Und kurze Zeit später: »Samarin intrigiert nach wie vor gegen mich. Ich rechne damit, bald eine Liste mit passenden Namen für Dich zusammengestellt zu haben, und ich glaube, daß ich einen Nachfolger [für Samarin] finden kann, ehe er noch mehr Schaden anrichtet.«[18] Samarins Amtszeit währte keine drei Monate.

Seine Entlassung war nicht nur eine Folge des Drängens der Zarin, sondern hatte auch damit zu tun, daß er einer der acht Minister war, die sich gegen die Übernahme des Oberbefehls durch den Zaren ausgesprochen hatten, und daß er überdies zu denen gehörte, die für eine Zusammenarbeit mit der Duma und dem Progressiven Block plädierten. Samarin sprach den meisten politisch denkenden Russen aus dem Herzen, als er, die Unterwürfigkeit Goremykins gegenüber dem Zaren anprangernd, erklärte:»Die Regierung kann dem Kaiser und dem Vaterland nicht dienen, wenn sie nicht das Vertrauen des loyalen Großteils der Gesellschaft genießt.« Er fügte einen Satz hinzu, der aus dem Munde eines Mannes, der von seiner ganzen Vergangenheit und seiner Familientradition her nicht nur Monarchist, sondern überzeugter Anhänger der Autokratie war, von besonderem Interesse und Gewicht ist:»Wenn der Zar so handelt, daß es Rußland zum Schaden gereicht, dann kann ich ihm nicht unterwürfig gehorchen.«[19] Auch die anderen Minister, die so dachten, wurden später entlassen oder durften zurücktreten. Zu ihnen gehörte auch Landwirtschaftsminister Kriwosein, der jahrelang für Stolypin gearbeitet hatte und wahrscheinlich der einzige aus seiner Beamtengeneration war, der in Stolypins Fußstapfen hätte treten können. An die Stelle der Entlassenen traten zumeist Männer, die bestenfalls Mittelmaß waren. Alexej Chwostow, der das überaus wichtige Innenministerium bekam, läßt sich am besten vermittels der folgenden Anekdote charakterisieren, die Alexandra in einem ihrer »Berichte« an den Zaren ungeniert zum besten gab:

»Chwostow und viele andere loyale Männer sind der Ansicht, daß [Finanzminister] Bark seinem Amt nicht gewachsen ist. Auf jeden Fall unterstützt er Chwostow nicht. Sie bitten ihn schon lange um Geld, um einen Teil der *Neuen Zeit** schmieren zu können . . . [Aber Bark hat Bedenken], und infolgedessen werden die Zeitungen von Gutschkow und den Juden geschmiert . . . Sie [Chwostow und die Seinen] glauben, daß ein gewitzter Finanzminister Gutschkow leicht ertappen und ihn unschädlich machen könnte, indem er ihn vom jüdischen Geld abschneidet.«[20]

Gutschkow, der Rasputin zu einem öffentlichen Thema gemacht hatte, war natürlich der Erzfeind der Zarin und des Mönchs. Alexandra Fedorowna präsentierte sodann einen eigenen Kandidaten für das Finanzministerium, dessen Referenzen darin bestanden, daß er Kavallerieoffizier war und vor allem »Unseren Freund sowohl kennt als auch sehr hoch achtet und sich mit Chwostow ausgezeichnet versteht«.

Der Zar setzte den vorbildlichen Kavallerieoffizier nicht an Barks Stelle, und Chwostow entpuppte sich sehr bald als eine große Enttäuschung für die Zarin und erst recht und sehr dramatisch, für Rasputin.

* Eine sehr konservative Zeitung, die einige Zeit zuvor auf Oppositionskurs gegen die Regierung umgeschwenkt war.

Obzwar Nikolaus sich zuweilen den Ratschlägen und Winken seiner Frau verschloß, brachte er es nicht über sich, dem öffentlichen Skandal um die Vorgänge bei Hofe, der das wenige, was an Respekt vor dem Thron noch verblieben war, rasch aufzehrte, die Grundlage zu entziehen. Er verkannte, daß seine häuslichen Verhältnisse zur nationalen Achillesferse geworden waren; der Ton, den er in seinen Briefen an Alexandra anschlug, mochte vielleicht im Zeichen der ehelichen Diplomatie angebracht sein, bestärkte die Zarin aber de facto in ihrer absurden Überzeugung, sie leiste ihrem Mann und dem Land große Dienste: »Ich habe keine größere Freude als meinen Stolz auf Dich«, schrieb er ihr, »und es hat mich in diesen letzten paar Monaten so stolz gemacht, daß Du mir durch Dein beständiges Bohren und In-mich-Dringen, Festigkeit zu zeigen, geholfen hast, stark zu bleiben.«[21]

Das Bild, das die todgeweihte Monarchie in ihren letzten Monaten bot, vermittelt nicht so sehr den Eindruck geistiger und moralischer Abstumpfung als vielmehr den fortgeschrittener Impotenz. Obgleich das kaiserliche Paar Gutschkow verabscheute, obgleich ein ums andere Mal Berichte laut wurden, denen zufolge der ehrgeizige Moskauer Industrielle fast offen forderte, man müsse sich der Zarin und vielleicht sogar ihres Gatten entledigen, fühlte das Regime sich nicht stark genug, ihn von seiner quasi amtlichen und einflußreichen Stellung als Präsident des Zentralen Kriegsindustriekomitees zu entfernen. Neuernannte Minister, wie reaktionär sie auch sein mochten, pflegten bald nach ihrem Amtsantritt zu merken, daß sie sich in ihrem Amt vor der Gesellschaft im Grunde nur kompromittieren konnten. Auf der anderen Seite neigte die Gesellschaft unter dem Eindruck der Unentschlossenheit der Regierung dazu, das Format der namhaftesten Persönlichkeiten der Opposition zu überschätzen und übertriebene Hoffnungen auf sie zu setzen. Gutschkow und der Chef des Semstwo-Verbandes, Fürst Georgij Lwow, genossen den durch wenige tatsächliche Anhaltspunkte begründeten Ruf, Staatsmänner erster Güte zu sein, denen früher oder später die Aufgabe zufallen müsse, Rußlands Ehre und Größe zu retten, ob vom Zaren dazu berufen oder nicht.

Allerdings wußte niemand, wann dieser Zeitpunkt kommen würde. Wie die Regierung an den Intrigen der Hofkamarilla und an einem gewissen Ohnmachtsgefühl, so krankte die Opposition, wie sie sich im wesentlichen im Progressiven Block darstellte, an Frustrationsgefühlen und Unschlüssigkeit. Von der inneren Überzeugung her waren praktisch alle Mitglieder und Anhänger des Blocks russische Patrioten reinsten Wassers und als solche auch Monarchisten. Rußland ohne Zar, das war für sie unvorstellbar, insbesondere in einer Zeit, da es dringend der nationalen Einigkeit bedurfte, um den Feind zurückzuschlagen. Doch Ende 1915 wurden schon Stimmen laut, die erklärten, es sei unrealistisch, zu hoffen, der gegenwärtige Throninhaber werde das Problem begreifen und eine Regierung berufen, die das Vertrauen der Gesellschaft genoß und der man zutrauen konnte, daß sie dem Krieg gewachsen war und ihn zu einem siegreichen Ende führte. Argumente dieser Art konnten sich auf eine Fülle von Erfahrungstatsachen aus der 20jährigen Regierungszeit des Zaren berufen. Aber in Zeiten der Krise gelten rationale Argumente selten viel. Manche Regimekritiker suchten daher jenseits der schlichten Unfähigkeit des Zaren und der ungesunden Atmosphäre bei Hofe nach eventuellen tieferen Hintergründen dafür, daß der Weg zur Rettung des Vaterlandes von so vielen widersinnig erscheinenden Hindernissen verbaut war – sie vermuteten, es müßten Saboteure oder gar Landesverräter am Werk sein.

Einer der ersten, die Andeutungen dieser Art ausstreuten, war Peter Rjabuschinskij, einer der reichsten Industriellen Rußlands. Bei einem Bankett, das er in seinem Moskauer Palais für eine Gruppe von Oppositionspolitikern und Duma-Abgeordneten gab, offenbarte der liberale Millionär seinen Verdacht, die Dynastie (er meinte damit den Zaren und seine engeren Familienangehörigen) wünsche, möglichst rasch Frieden zu schließen, weil sie glaube, in diesem Fall leichter mit den konstitutionellen und revolutionären Kräften fertigwerden zu können als nach einem langwierigen, und wäre es selbst siegreichen, Krieg. In einer anderen Variante dieser Theorie wurde der Zar selbst nachsichtiger behandelt: Er sei ein Gefangener jener dunklen Mächte, die auf einen Separatfrieden mit Deutschland drängten, da ein siegreich beendeter Krieg unweigerlich eine Schmälerung der kaiserlichen Prärogative mit sich bringen würde. Dies alles war weder sehr plausibel noch sehr logisch. Die ganze Bilanz seiner Regierungstätigkeit bewies, daß Nikolaus zu solchen machiavellistischen Kalkulationen gar nicht fähig war; andernfalls wäre er nämlich gar nicht in die prekäre Situation geraten, in der er sich befand. Es war außerdem gar nicht einsichtig, weshalb die finsteren Mächte einen Separatfrieden anstreben sollten, der unter den gegebenen Bedingungen nur demütigend für Rußland ausfallen konnte: das sicherste Mittel, den Niedergang der Monarchie noch zu beschleunigen.

Noch schlug der Großteil der oppositionellen Kräfte gemäßigte Töne an: Nicht die Monarchie, sondern die Regierung war die Zielscheibe ihrer Kritik. Dies war die Quintessenz einer Resolution, die der Vereinigte Verband der Semstwos und der Städte bei einem Kongreß im September 1915 verabschiedete. Die beiden Verbandsführer, Fürst Lẃow und Michael Tschelnokow, der Bürgermeister von Moskau, ersuchten anschließend um eine Audienz beim Zaren, die ihnen jedoch abgeschlagen wurde; statt dessen verwies man sie an den Innenminister. Die Spitzenvertreter der bedeutendsten unabhängigen Organisationen des Reiches, Organisationen, die mit dem Segen der Regierung Wesentliches zur russischen Kriegstüchtigkeit beitrugen, wurden wie eine Gruppe von Bittstellern aus einer Provinzstadt abgefertigt! Erbittert über diese Zurückweisung, weigerte sich Fürst Lẃow, die Lage mit dem Innenminister zu erörtern, und überreichte ihm statt dessen einen an den Zaren gerichteten, etwas pathetisch formulierten Brief, in dem es unter anderem hieß, die Regierung habe »Rußland an den Rand des

Abgrunds geführt. Seine Rettung liegt in Eurer Hand«.[22] Er erhielt keine Antwort.

Die sogenannten freiwilligen Organisationen, der Semstwo-Städteverband und das Netz der Kriegsindustriekomitees, repräsentierten mit ihren Tausenden von Mitarbeitern eine potentiell gewichtige politische Macht, besonders auch aufgrund ihrer engen Beziehungen zum Progressiven Block der Duma, Beziehungen, die natürlich auch auf einer weitgehenden Übereinstimmung der politischen Auffassungen beruhten. Hinter dieser politischen Formation stand das Gros der Intelligenzija, der Unternehmerschaft und des fortschrittlichen Adels. Wäre die russische Bourgeoisie so zielbewußt und egoistisch gewesen, wie sie von den sowjetischen Historikern dargestellt wird, und die Oppositionsführer so machthungrig und gerissen, wie diverse Apologeten des alten Regimes es ihnen unterstellt haben, dann hätten sie angesichts der Koalition gesellschaftlicher Kräfte, die sie repräsentierten, die saft- und kraftlose Regierung zwingen können, auf sie zu hören. Tatsächlich aber waren die führenden Köpfe dieser Koalition, wie die Ereignisse von 1917 zeigen sollten, nur als Rhetoriker stark, nicht aber als Machtpolitiker. Ihr Patriotismus hielt sie davon zurück, die offene Konfrontation mit der Regierung zu suchen; ihre Scheu, die Bürde der Verantwortung für ihr Land zu übernehmen, ließ sie gerade auf jene auf ein Ziel ausgerichtete, rücksichtslose Machtpolitik verzichten, die ihnen so oft nachgesagt worden ist. Selbst ein mit so sorgfältiger Akribie zusammengetragenes Indiziengebäude für die Existenz einer liberalen Verschwörung gegen das Regime, wie Georgij Katkow es in seinem Buch[23] präsentiert, hat nicht einmal den Beweis für das Vorwalten einer »konspirativen Atmosphäre«, geschweige denn für das Vorhandensein konkreter Pläne zu erbringen vermocht: Es gab keine Gerüchtekampagne gegen das Regime, keine verräterischen Äußerungen bei privaten Zusammenkünften, die gewöhnlich von der Geheimpolizei observiert wurden, keine Versuche von Leuten wie Lwow und Gutschkow, diesen oder jenen Militär oder Politiker davon zu überzeugen, daß es nicht so weitergehen könne und daß etwas getan werden müsse, keine Kandidatenliste für die Verteilung der Ministerposten »im Fall des Falles«. Wie die Dekabristen hundert Jahre zuvor ließen es auch die Regimekritiker vom Progressiven Block weitgehend dabei bewenden, zu diskutieren und darauf zu warten, daß etwas passierte; erst dann wollten sie handeln. Doch wie dieses »etwas« beschaffen sein und wann es passieren würde, davon hatten sie noch unklarere Vorstellungen als die Dekabristen.

Es gab, besonders in den Reihen der »Kadetten«, einige Ungeduldige, die zu einem Bündnis mit der revolutionären Linken drängten und die Erfahrungen des Jahres 1905 ins Gedächtnis riefen, als das Regime durch eine Revolte der Arbeiter zu Konzessionen an die Liberalen gezwungen wurde. Doch anders als im Herbst 1905 befand Rußland sich jetzt im Krieg, und wenn man die Arbeiterschaft zum Aufbegehren anstachelte, würde man damit indirekt das bewirken, was man am meisten fürchtete. »Laßt euch von der Regierung nicht provozieren«, ermahnte Miljukow Anfang 1916 einige Hitzköpfe in seiner Partei; sie würde sich über politische Unruhen im Innern freuen, da sie dann einen Vorwand hätte, um einen Separatfrieden zu schließen.

Manche machten sich Gedanken darüber, ob sich die Massen nicht vielleicht dazu benutzen ließen, die Regierung zur Kapitulation vor der Gesellschaft zu zwingen. Bis Ende des Jahres 1916 hatte es kaum den Anschein, als sei dies möglich. Zwar trugen steigende Lebenshaltungskosten, zunehmende Versorgungsmängel, länger werdende Verlustlisten und die Einberufung immer neuer Rekrutenkategorien zu einer wachsenden Kriegsmüdigkeit in der Bevölkerung bei, aber irgendwelche revolutionären Impulse waren selbst bei den Arbeitern in den bedeutenderen Industriemetropolen, bei denen es schon eine Tradition des sozialistischen Bewußtseins gab, vorläufig nicht zu entdecken. Es hatte allerdings einige größere Streiks gegeben, von denen behauptet, aber niemals bewiesen wurde, sie seien das Werk feindlicher Agenten gewesen. Selbst bei den radikalsten Teilen der Arbeiterklasse herrschte noch die sogenannte Vaterlandsverteidigermentalität vor, die sich etwa so charakterisieren ließ: »Erst müssen wir uns gegen den äußeren Feind behaupten, bevor wir uns um die inneren Feinde kümmern.« Pazifistische Einstellungen gewannen offenkundig an Boden, aber sie hatten wenig mit dem gemein, was Lenin erhofft hatte, als er schrieb: »Unsere Devise muß Bürgerkrieg heißen.« Ein Liberaler, der die Arbeiterklasse aktivieren wollte, um dem Regime so Zugeständnisse abzuzwingen, stand daher vor einem Dilemma: Wie war dies zu bewerkstelligen, ohne daß man damit die militärische Kampfkraft des Landes schwächte? Ein Lichtblick war die Arbeitergruppe, die im Zentralen Kriegsindustriekomitee mitarbeitete; ihr führender Kopf, der Menschewik Gwozdew, rechtfertigte seine und seiner Genossen Mitarbeit in dieser staatlich geförderten »bürgerlichen« Institution damit, daß er sie als notwendig »für den Kampf gegen den Angreifer Deutschland, aber auch gegen unseren inneren Erzfeind, die Autokratie«, bezeichnete.[24] Doch vorläufig sahen weder er noch andere, ähnlich denkende Sozialisten einen praktischen Weg, den Kampf gegen diese beiden Feinde gleichzeitig zu führen.

Unterdessen konnte sich Lenin in der fernen Schweiz nur über die Wirkungslosigkeit der bolschewistischen Propaganda in der Heimat und über den dürftigen Erfolg der Kampagne ärgern, mit der er versucht hatte, die internationale sozialistische Bewegung auf verstärkte Militanz einzustimmen. Als das Völkerschlachten ins zweite und dann ins dritte Jahr ging, verstärkte sich bei den Sozialisten aller Länder die pazifistische Stimmung. Selbst die linkssozialistischen Kräfte, die mit Lenin die Antikriegskonferenzen in Zimmerwald (1915) und Kienthal (1916) in der Schweiz veranstalteten, sprachen sich mit großer Mehrheit gegen die Leninsche Devise aus, den imperialistischen Krieg in nationale Bürgerkriege zu überführen, und plädierten statt dessen im Geiste eines schlichten Pazifismus für einen Frieden ohne Annexionen und Entschädigungen. Lenin fragte erbittert, wer objektiv von der Parole »Frieden« profitiere. Bestimmt nicht das revolutionäre Proletariat, war seine Antwort, und auch nicht der Gedanke, sich den Krieg zunutze zu machen, um den Zusammenbruch des Kapitalismus zu beschleunigen.[25] Seine Vorstellungen darüber, was in Rußland hinter den Kulissen vor sich gehe, waren zuweilen ebenso realitätsfern wie diejenigen der meisten Regimekritiker des Progressiven Blocks. Es sei, so schrieb er, nur logisch, zu glauben, daß der deutsche und der russische Hof heimlich miteinander verhandelten und vielleicht nicht nur einen Separatfrieden, sondern sogar ein Bündnis schließen würden. Oder eine andere, ebenso haltlose Variante: Der Zar werde vielleicht *vorgeben*, er stehe im Begriff, mit den Deutschen Frieden zu schließen, um auf diese Weise von den Briten und den Franzosen Milliardenbeträge und alle möglichen anderen Zugeständnisse zu erhandeln.[26] Wären Nikolaus II. und sein trauriger Troß von Höflingen und Ministern solcher Raffinesse fähig gewesen, Lenin hätte wohl nie Anlaß gefunden, sein Schweizer Exil zu verlassen.

Keine der Hauptfiguren des Dramas, das sich anbahnte, hatte bestimmte Vorstellungen darüber, wie lange es dauern und wie es enden würde. Der Mann, der auf dem Sockel in der Mitte der Bühne stand, verkannte in glücklicher Einfalt die gefährliche Labilität der innenpolitischen Situation vollkommen. Nikolaus genügte das Erlebnis seiner Inspektionsreisen zur Truppe, auf denen er natürlich immer mit einem »Hurra« aus tausend Kehlen begrüßt und mit Bekundungen der persönlichen Ergebenheit von seiten der Offiziere und Mannschaften überhäuft wurde, um ihn in der Überzeugung zu bestärken – auf der er bis zum Moment seiner Abdankung beharrte –, daß das Heer und damit also auch das Volk hinter ihm stehe und daß die vielbeschworene Vertrauenskrise nur in der Phantasie einer kleinen Zahl von Unruhestiftern existierte, die wie gewöhnlich in ihrer Mehrzahl zur Intelligenzija gehörten und sich in der Duma und in den politischen Salons von Petrograd und Moskau zusammenscharten. Was diese Unruhestifter selbst betraf, so verzweifelten sie mit der Zeit immer mehr an ihrer eigenen Unfähigkeit, eine Abkehr von dem Kurs zu erzwingen, auf dem Rußland ihrer Meinung nach geradewegs in eine Katastrophe mit irreparablen Folgen hineinsteuerte, wenn nicht im Krieg, dann gewiß gleich nach Kriegsende.

Die Entspannung, die an der militärischen Front eintrat, verschlimmerte die politische Krise eher, als sie zu entschärfen. Noch im September 1915 hatte niemand gewußt, ob, wo oder wann es gelingen würde, den feindlichen Vormarsch zu stoppen. Doch dann war die deutsche Offensive im Osten zum Stehen gekommen. Die deutsche Heeresleitung plante eine größere Angriffsaktion im Westen – bei Verdun –, und eine gleichzeitige Offensive an beiden Fronten mit den dabei notwendig auftretenden Verlusten hätte das deutsche Heer einfach nicht verkraften können. Und da Italien jetzt an die Seite der Entente-Mächte getreten war und seine Truppen im Süden in den Kampf geworfen hatte, waren die Österreicher noch weniger als zuvor in der

Lage, ihrem Bündnispartner wirksame Unterstützung zu geben. So kam die deutsch-russische Front zum Stillstand und blieb bis zur Revolution im großen und ganzen stabil. Der Munitionsnachschub, der im ersten Jahr des Krieges die Achillesferse des russischen Kriegsapparats gewesen war, verbesserte sich im Lauf des Jahrs 1916 zusehends: Bei den Produktionszahlen für Waffen, Ausrüstung und Munition aller Art war bis zum Jahresende eine eindrucksvolle Steigerung zu verzeichnen. Vielleicht hatten weder die Regierung noch die freiwilligen Organisationen allzuviel Grund, sich diese Leistung als Verdienst anzurechnen. Im großen und ganzen blieb die Art und Weise, wie die Kriegsproduktion organisiert wurde, chaotisch. Aber Rußland verfügte eben doch über eine beträchtliche industrielle Grundkapazität, die, hinter das Zugpferd des Patriotismus gespannt, früher oder später Ergebnisse zeitigen mußte.

Indes, außer einem vollständigen militärischen Zusammenbruch gibt es für die Moral einer Nation kein zersetzenderes Gift als einen sich hinziehenden Krieg, der weder gewonnen noch verloren werden kann, und dies galt im Fall Rußlands im besonderen Maß. Die unmittelbare Gefahr einer Niederlage war zwar vorbei, aber der Streit um die Verantwortung für die erlittenen Rückschläge war noch im Gange, und die Unzufriedenheit mit der unbefriedigenden Situation nahm nur noch zu. Wären die feindlichen Truppen tief im eigenen Land gestanden, so hätten das Regime und die Gesellschaft vermutlich ihre Differenzen vorläufig auf Eis gelegt, und der Zar hätte, um seinem Pflichtgefühl Genüge zu tun, seinem trägen Geist eine der nationalen Notlage angemessene Geste abgerungen, so daß die Opposition möglicherweise in die Lage gekommen wäre, die Verantwortung für den militärischen und politischen Kurs des Landes mittragen zu müssen, statt nur immer von der Kulisse aus ohnmächtige und verdrießliche Kritik zu üben. Doch das militärische Patt bestärkte jede Seite in ihrer gewohnten Haltung. Wichtiger noch war, daß dieser Krieg neuen Typs eine anhaltende und, je länger er dauerte, um so deprimierendere Wirkung auf die Moral der Nation als ganzer entfaltete. Die Front verlief von der lettischen Ostseeküste im Norden die Ostgrenze Galiziens entlang nach Süden. (Nach dem Kriegseintritt Rumäniens kam noch eine südliche Fortsetzung bis zum Schwarzen Meer hinzu.) Militärisch war der Krieg für die meisten Zivilisten mit einem Mal in ziemliche Ferne gerückt, mit Sicherheit für die Russen im engeren ethnischen Sinn, deren Lebensraum weit östlich der Frontlinie lag. Der Krieg vermittelte jetzt weder ein Gefühl der unmittelbaren Gefahr noch das Erfolgserlebnis des Sieges, doch in jeder anderen Beziehung griff er immer stärker in das Leben eines jeden ein.

Kriegsmüdigkeit zeigte sich nicht allein in Rußland. Sie war 1916 in allen am Krieg beteiligten Ländern zum vorherrschenden Motiv geworden. Anderswo waren im Sog des patriotischen Aufschwungs politische Führer in den Vordergrund gespült worden, die es verstanden, die Kampfmoral der Nation aufrechtzuerhalten. In Großbritannien war es, an der Spitze einer von allen größeren Parteien getragenen Regierung, David Lloyd George, der seine Landsleute mit seiner zündenden Rhetorik zu verstärkten Rüstungsanstrengungen anspornte. In Frankreich kam es nach der Blutschlacht von Verdun in den Frontverbänden zu Unruhen und Meutereien, wie das russische Heer sie erst lange nach dem Februar 1917 erleben sollte. Doch die Franzosen fanden in Philippe Pétain einen Oberbefehlshaber, dem es mit einer Mischung aus Strenge und Überzeugungskraft gelang, die defätistische Stimmung in der Truppe zu verscheuchen, während Georges Clemenceau, ein Politiker der radikalen Linken, mit Erfolg an den Patriotismus der französischen Nation appellierte. Eine realistische Analyse der Situation und insbesondere der Personalsituation in der kämpfenden Truppe hätte den Deutschen schon Anfang 1916 zeigen können, daß sie, so nicht ein Wunder geschah, wie etwa eine Revolution in Rußland, die das Zarenreich zwingen würde, aus dem Krieg auszuscheiden, den Krieg verloren hatten. Es war die dem im Sommer 1916 mit dem Oberbefehl betrauten Gespann Hindenburg–Ludendorff anhaftende Aura der Unbesiegbarkeit, die die im deutschen Volk unterschwellig gärenden politischen und sozialen Spannungen und die Antikriegsstimmung vorerst am Ausbruch hinderte.

Rußland mußte ohne Heldenfiguren dieses Typs ins dritte Jahr des Weltkriegs gehen. Der riesige Vorrat an patriotischen Gefühlen, der in Kriegszeiten stets auch noch den repressivsten russischen Zaren als stabiler Rückhalt gedient hatte, wurde von Nikolaus II. und seiner Regierung Stück um Stück verspielt. Im Verlauf des Jahres 1916 kamen viele Russen zu der Überzeugung, daß in Wirklichkeit die Opposition für die Ehre und die Interessen der Nation kämpfte, während die Regierung sie aufs Spiel setzte. Selbst ein ansonsten noch so unfähiger Propagandaapparat hätte aus der Tatsache Kapital zu schlagen gewußt, daß die deutsche Offensive wenige Wochen, nachdem der Zar persönlich den Oberbefehl über die russischen Truppen übernommen hatte, zum Stehen gekommen war, daß es 1916 achtbare militärische Erfolge gegen die Österreicher und die Türken gegeben und daß die Versorgungslage sich spürbar gebessert hatte. Doch da die Regierung die propagandistische Waffe nicht zu handhaben verstand, blieben alle diese Erfolge im Schatten der wie eh und je florierenden Geschichten über die finsteren Mächte hinter dem Thron und der Mutmaßungen über Verräter an allerhöchster Stelle. Welche Ideen und Vorschläge im Hinblick auf eine Aufpolierung des Ansehens der Monarchie in Regimekreisen gehegt und gepflegt wurden, zeigt die folgende Anekdote anschaulich: General Alexander Spiridowitsch, der für die persönliche Sicherheit der Zarenfamilie verantwortlich und selbstredend einer der entschiedensten Verfechter der Autokratie war, speiste bei einem Besuch in Odessa in Gesellschaft einiger seiner Mithöflinge sowie einer Anzahl einheimischer Politiker seiner Couleur.

Einer dieser letzteren ließ beim Kaffee eine politische Tirade vom Stapel: »Er ließ sich beredt darüber aus, wie die Regierung und das Regime gestärkt werden könnten: Man müsse unverzüglich damit beginnen, Pogrome zu organisieren, zuerst gegen die Deutschen, dann gegen die Juden. Dies würde seiner Meinung nach den Leuten Auftrieb geben und die Kriegstüchtigkeit fördern.« Spiridowitsch, der wahrlich kein glühender Liberaler war, verschlug es die Sprache, und mit ihm vielen der anderen Gäste. Indes, das schlagkräftigste Gegenargument, das sie dem Vorschlag des Redners entgegenzuhalten hatten, lautete: »Der Pogrom von Kischinjow hat dem Regime seinerzeit so geschadet und sich ungünstig auf das Ansehen des Monarchen ausgewirkt ... Wir schieden als Freunde, aber man merkte doch, daß die Atmosphäre dort im Süden sehr provinziell war.«[27] Aus Leuten von solchem moralischen und geistigen Niveau bestand also die Gefolgschaft des Regimes – angesichts dessen überrascht es kaum, daß die Geschichten über die finsteren Mächte hinter dem Thron ein immer größeres Publikum fanden.

Ironischerweise waren es gerade diese Mächte – in Gestalt Rasputins –, die den Zaren Anfang 1916 mit zu einer Entscheidung veranlaßten, die für die Dauer einiger Wochen ein Klima der Entspannung zwischen dem Thron und der Gesellschaft oder genauer gesagt, dem Progressiven Block herbeiführten. Ein tiefes Aufatmen ging durch die Reihen der Progressiven, als bekannt wurde, daß Nikolaus II. endlich ihre Forderungen erhört hatte und den betagten Premierminister entließ. Gewiß, die Genugtuung der Opposition über jedwede ihr zusagende amtliche Maßnahme war gewöhnlich kurzlebig, und auch in diesem Fall konnte man mit guten Gründen annehmen, daß es wieder so sein würde. Der neue Mann, Boris Stürmer, hatte gegenüber Goremykin einen nicht zu leugnenden Vorteil – er war mit 68 um 10 Jahre jünger als sein Vorgänger. Doch dieser Vorzug (tatsächlich war Stürmer von seiner körperlichen Verfassung her kaum weniger greisenhaft als Goremykin; es kam vor, daß er mitten in einer Staatsratssitzung einschlief) wurde weitgehend durch das Befremden aufgehoben, das allein schon der deutsche Name des neuen Regierungschefs auslöste. Eine Zeitlang wurde darüber spekuliert, daß er womöglich einen russisch klingenden Namen annehmen würde, aber Rasputin, der die Berufung des betagten Bürokraten warm gefördert hatte – wovon die Gesellschaft nichts ahnte –, hielt dies für ein lächerliches und schädliches Manöver. Ein schwerer ins Gewicht fallender Mangel Stürmers war, daß ihm jegliche Fähigkeit fehlte, dem zaristischen Staatsapparat einen neuen Geist einzuhauchen, und daß er im Umgang mit dem Parlament eine miserable Figur machte, und dies zu einer Zeit, in der die Debatten in der Duma für die öffentliche Meinungsbildung zunehmend wichtiger wurden.

Es war auch weitgehend eine Frucht Rasputinscher Ratschläge, daß der Zar sich entschloß, nicht nur die Duma wieder einzuberufen, sondern ihre Eröffnungssitzung auch mit seiner persönlichen Präsenz zu beehren (was noch nie dagewesen war; vor der Eröffnungssitzung der Ersten Duma hatte er die Abgeordneten im Winterpalast empfangen; jetzt war er zum ersten Mal bei ihnen zu Gast). Es ist ein Indiz dafür, welche Möglichkeiten er noch hatte und ungenutzt ließ, daß diese Geste selbst zu diesem späten Zeitpunkt, ein Jahr vor seinem Sturz, von der großen Mehrheit der Abgeordneten mit großer Herzlichkeit begrüßt wurde; nur einige wenige Abgeordnete der äußersten Linken blieben der Zeremonie fern. Sowenig Bemerkenswertes die Ansprache des Zaren enthielt und sosehr sie seinem gewohnten gestelzten Stil verhaftet blieb (»Möge die Liebe der Nation euch helfen und euch bei der Erfüllung eurer Pflichten gegenüber dem Vaterland und Meiner Person als Leitstern dienen«), sie wurde doch mit Beifall aufgenommen. Der Präsident der Duma, »der fette Rodzjanko«, wie der Zar ihn in seinem engsten Kreis zu nennen pflegte, erklärte in seiner Antwortrede, der Besuch des Zaren habe »das einigende Band zwischen Euch und Eurem ergebenen Volk gestärkt, das Band, das ganz bestimmt den Weg zum Sieg ebnen wird . . . Lang lebe der Große Herrscher Rußlands«. Eine erneute Ovation und anhaltende Hurrarufe folgten, und dann wurde die Nationalhymne abgesungen.

Anschließend stellte Rodzjanko dem Zaren die führenden Persönlichkeiten der Volksvertretung vor. Obgleich diese Duma schon seit über drei Jahren im Amt war, sah Nikolaus die meisten von ihnen zum ersten Mal! Nahezu jeder andere erfahrene Monarch, und Nikolaus war seit über zwanzig Jahren im Amt, hätte den diplomatischen Takt besessen, für diese Leute, die früher oder später über sein und seiner Dynastie Schicksal bestimmen würden, ein paar gewinnende oder lobende Worte zu erübrigen. Doch Nikolaus, dem offensichtlich unbehaglich zumute war, schüttelte ihnen schweigend die Hand. Da hatte Rodzjanko eine Eingebung. »Sire«, wandte er sich – seiner eigenen Darstellung nach – an den Zaren, »nutzen Sie diesen glorreichen Augenblick und versprechen Sie uns auf der Stelle, daß Sie ein verantwortliches Kabinett gewähren werden.« – »Ich werde darüber nachdenken«, soll Nikolaus geantwortet haben. Es war der 9. Februar 1916, und es war der erste und einzige Besuch eines russischen Herrschers bei den gewählten Vertretern seines Volkes. Wie sehr die traditionelle Ehrfurcht vor dem Monarchen selbst bei einem erklärten Gegner des Regimes noch nachwirkte, läßt die Schilderung ahnen, die Miljukow von dem Ereignis gab. Er bemerkte während des Empfangs, daß der Kaiser den Blick fest auf ihn gerichtet hielt. »Einige Augenblicke lang hielt ich seinem Blick stand, dann mußte ich unwillkürlich lächeln und schlug die Augen nieder.« Er habe dies, so schrieb der »Kadetten«-Führer gegen Ende seines Lebens, nur deswegen getan, weil er plötzlich gespürt habe, daß der Mann dem Untergang geweiht war, und er ihm leid getan habe.[28] Möglicherweise hatten der zeitliche Abstand und die Dinge, die mittlerweile geschehen waren, Miljukows Erinnerung ein wenig eingefärbt; der wirkliche Grund kann auch ein ganz anderer gewesen sein.

So wohlwollend die Gesellschaft den Besuch des Herrschers aufgenommen hatte, seine versöhnliche Wirkung sollte nicht lange anhalten. Nachdem er sich einer unangenehmen Pflichtübung unterzogen hatte, hoffte Nikolaus, sein ruhiges Dasein in Mogilew wiederaufnehmen zu können: tägliche Unterrichtung über die Kriegslage durch die Generäle, religiöse Andachten, Dominopartien mit seinen Adjutanten, Lektüre sentimentaler französischer und englischer Romane, die seine Frau ihm empfahl, Spaziergänge, Bootsfahrten. Doch bald wurde sein friedlicher Alltag von einer neuen Krise gestört, die seine Rückkehr in die Hauptstadt erforderlich machte. Diesmal gab es, als die Wahrheit über das neueste Kapitel Rasputinschen Wirkens in der Öffentlichkeit bekannt wurde, nicht nur einen Sturm der Empörung; was man bislang immer noch für Klatsch und Gerüchte hatte halten können, wurde nun zur festen Überzeugung: Es waren tatsächlich finstere Mächte am Werk, nicht nur hinter dem Regime, sondern auch in dessen Reihen selbst.

Die russische Gesellschaft war gewiß an einiges gewöhnt, und so hätte man glauben können, daß die Regierung sie mit nichts mehr überraschen konnte, wenigstens nicht im negativen Sinn. Aber es schlug doch wie eine Bombe ein, als ruchbar wurde, daß kein anderer als der amtlich bestellte Wächter über Gesetz und Ordnung, der Innenminister, bei der Anzettelung eines Mordkomplotts ertappt worden war. Der als Opfer Ausersehene war ironischerweise kurz zuvor noch ein enger Freund des Anstifters gewesen. Alexej Chwostow hatte seine Ernennung zum Innenminister hauptsächlich seinen guten Beziehungen zu Rasputin und, daraus folgend, der Fürsprache Alexandra Fedorownas zu verdanken gehabt, die ihrem Mann den »Schwanz«,* wie sie Chwostow liebevoll nannte, warm ans Herz gelegt hatte. Einmal im Amt, wollte Chwostow von seinem ehemaligen Zechkumpan bald nichts mehr wissen. Zum einen kompromittierte ihn die Freundschaft zu Rasputin in den Augen der Gesellschaft, zum andern hatte er sich noch höhere Ziele gesteckt – den Posten des Premierministers, den freilich mit Rasputins Hilfe Stürmer erhalten hatte. Der ehrgeizige und sprunghafte Minister spann eine ganze Anzahl von Komplotten, um sich des Scharlatans zu entledigen, doch alle schlugen sie fehl.

Zuerst versuchte er sich der Hilfe des berüchtigten Iliodor zu versichern. Der einstige Mönch und eifrige Sekundant Rasputins hatte sich von letzterem schon einige Jahre vor dem Krieg losgesagt und vertrat die Überzeugung, daß Rasputin vom Teufel besessen sei. Um ihm denselben auszutreiben, hatten Iliodor und ein Rasputin ähnlich übelgesonnener Bischof den Mönch in das Haus des Bischofs gelockt und verprügelt; nach Rasputins Version wäre er, wenn er sich nicht losgerissen und das Weite gesucht hätte, von den beiden kastriert worden. Iliodor war nach dieser Episode der Priesterwürde enthoben und in ein Kloster gesperrt worden, von wo ihm jedoch die Flucht ins Ausland gelang; mit einem Pamphlet mit dem Titel *Der heilige Teufel* gab er den Startschuß für die literarische Beschäftigung mit Rasputin, die in der Folge so großen Umfang annahm. Chwostow schickte einen Sonderkurier nach Norwegen, wo der durchgedrehte Exmönch lebte, um

* Das russische Wort *chwost* bedeutet »Schwanz«.

323

sich von ihm Leute empfehlen zu lassen, die unter Umständen willens waren, das Problem Rasputin auf eine drastischere Weise zu lösen, als er, Iliodor, es versucht hatte. Doch die Aktivitäten Chwostows wurden von seinem Stellvertreter Sergej Bjelezkij, dem der Zar die Verantwortung für die Sicherheit Rasputins übertragen hatte, genauestens registriert, und es gelang ihm, das Iliodor-Komplott seines Chefs zu vereiteln.

Chwostow versuchte als nächstes, die Leibwächter Rasputins dazu anzuhalten, daß sie den Mönch vergifteten. Als er auch damit abblitzte, wandte er sich an Bjelezkij und bat ihn, die Ermordung Rasputins zu bewerkstelligen; er werde damit dem Land und dem Zaren einen großen Dienst leisten, der Heilige Mann sei nämlich ein deutscher Spion. Bjelezkij rettete sich in Ausreden; von anderen Gründen einmal abgesehen, argwöhnte er, sein Chef werde, sobald die Tat geschehen war, versuchen, ihm entweder den Mord in die Schuhe zu schieben, oder ihm vorwerfen, er habe seinen Auftrag, das kostbare Leben des kaiserlichen Mentors zu schützen, vernachlässigt.

Nachdem Chwostow so viele Personen in seine Pläne verwickelt hatte, konnte es nicht ausbleiben, daß die ganze Geschichte Rasputin zugetragen wurde, und dieser rannte natürlich, zu Tode erschrocken, zu seiner Beschützerin. Anfang März entließ der Zar sowohl Chwostow als auch Bjelezkij. Erstaunlicherweise wurde weiter nichts gegen die beiden unternommen. Und was noch verblüffender ist: Es kam niemandem in den Sinn, auch nur zu verlangen, daß gegen einen Mann, der einen Mord geplant hatte, und einen anderen, der von dem Plan gewußt und geschwiegen hatte, gerichtlich vorgegangen wurde. Falls hinter dieser Nachsicht die Hoffnung stand, man könne so jedes weitere schädliche öffentliche Aufsehen vermeiden, dann zerplatzten alle diesbezüglichen Hoffnungen sehr bald, denn die beiden entlassenen Würdenträger gaben ihre jeweils eigene Version der Geschichte an die Presse.

»Bin so zerknirscht, daß wir, durch Grigorij, Dir Chwostow anempfohlen haben – es läßt mir keine Ruhe«, schrieb Alexandra Fedorowna an ihren Mann. Welchen Eindruck diese ganze trübe Geschichte auf die Gesellschaft machte, braucht nicht näher erläutert zu werden. Wichtig daran ist allenfalls, daß sie im Bewußtsein der meisten gebildeten Russen den letzten Rest jenes nationalistischen Mythos wegblies, der die Person des Zaren bis dahin noch umgeben hatte. Hatten die meisten von ihnen bis jetzt immer noch gehofft, die erforderlichen Reformen könnten mit dem Zaren und durch ihn verwirklicht werden, und hatten sie geglaubt, es wäre, solange der Krieg andauerte, unpatriotisch und der nationalen Eintracht abträglich, die Person des Zaren in die politische Kritik am Regime einzubeziehen, so erkannten sie nun, daß Nikolaus selbst das größte Hindernis war, das einer siegreichen Fortsetzung des Krieges im Wege stand, und fühlten sich schon aus patriotischem Pflichtbewußtsein genötigt, den Thron seines jetzigen unwürdigen Inhabers zu entledigen.

Die Person Rasputins spielte zweifellos eine Rolle, aber keine allzu wichtige Rolle in den Ereignissen und Entwicklungen, die zum Sturz der Monarchie und damit zum Startsignal für die russische Revolution führten. Bedenkt man, wes Geistes Kinder der Zar und seine Gattin waren, dann vermag man sich der Vermutung kaum zu verschließen, daß, wenn es keinen Rasputin gegeben hätte, höchstwahrscheinlich eine andere Person seines Schlages ihren Weg in die Umgebung des Zarenpaars gefunden hätte; und die Einstellung des Zaren und der Zarin zur Duma, zur Autokratie, zu Reformen wäre wohl, auch wenn es keinen »Heiligen Mann« an ihrer Seite gegeben hätte, nicht viel anders gewesen. Rasputin war zunächst einmal ein Produkt und wurde dann erst zum Mittelpunkt jener nicht so sehr »finsteren« als vielmehr schlicht reaktionären Einflüsse in der Umgebung des Hofes. Diese wiederum waren eine natürliche Folge der Isolation des Hofes von allen vitalen und rationalen Elementen der russischen Gesellschaft.

Es war eine Galerie bemerkenswerter Charaktere: Die intimste Freundin Rasputins und des kaiserlichen Paares war Anna Wyborowa, ebenfalls eine fanatische religiöse Eiferin, die sich einen fast ebenso berüchtigten Namen erwarb wie der Scharlatan selbst. Dann gab es da Peter Badmajew, einen russifizierten Burjäten, der die sogenannte tibetanische Medizin praktizierte und sich nebenbei als Unternehmer betätigte. Er war gewöhnlich mit Rasputin im Bunde, hin und wieder allerdings auch sein Rivale, und beriet das Zarenpaar sowie diverse hochstehende politische Beamte in bezug auf eine ganze Reihe von Dingen, von der Politik, die Rußland gegenüber seinen asiatischen Nachbarn betreiben sollte, bis zu den wirksamsten Methoden, Balsam auf die häufig verwundeten Gefühle des Heiligen Mannes zu träufeln und ihn vor Unbill zu bewahren. Ein weiterer Freund Rasputins war Fürst Michael Andronikow, ein politischer Hansdampf und bekannter Päderast. Zum Anhang Rasputins, dem sozusagen als Stabschefin die Wyborowa vorstand, gehörten ferner eine Anzahl weiblicher Verehrer, neureicher Finanziers und dergleichen mehr. Doch ist es sehr zu bezweifeln, ob unter diesen Persönlichkeiten tatsächlich ein deutscher Agent war.

Zu dem Zeitpunkt, da der Krieg ausbrach, war Rasputin bereits zu einem Opfer seines eigenen Erfolgs geworden und ließ nun jede Vorsicht und Zurückhaltung fahren, die er zuvor geübt haben mochte. Wie die meisten erfolgreichen Scharlatane hatte der kaum des Lesens kundige sibirische Bauer selbst die Überzeugung gewonnen, daß er übernatürliche Kräfte besaß. Einer seiner eigenen Versionen zufolge waren ihm seine hypnotischen Kräfte von einer Gruppe »schwarzer Okkultisten« verliehen worden. Er begann seine derbe bäuerliche Abkunft zu verleugnen, wurde, wenn er trank, rasch betrunken (vielleicht eine Folge seines Umsteigens von den gewohnten schlichten Getränken auf Champagner und Madeira) und neigte dann zu indiskreten Enthüllungen – seine Erzählungen wurden bald zum Stadtgespräch von Petrograd.

»Man muß gerechterweise zugeben, daß er, solange er nüchtern war, nicht viel sagte, aber wehe, man gab ihm eine Flasche Portwein oder Madeira, dann legte er los . . . Sie nahmen Rasputin gern in ein Restaurant mit, verabreichten ihm eine Flasche Madeira, und dann pflegte er von seinen Besuchen in Zarskoje Selo zu erzählen. Ich muß sagen, daß er sehr respektlos über die Person des . . . Zaren sprach, die . . . Zarin dagegen in den höchsten Tönen rühmte, sie als sehr klug, als eine neue Katharina die Große bezeichnete . . . Die Art und Weise, wie er über den . . . Zaren sprach, war den [Polizei-]Agenten, die die Pflicht hatten, Bericht über ihn zu führen, peinlich. Er nannte ihn [den Zaren] gewöhnlich »Papa«. »Ich komme«, so erzählte er, »nach Zarskoje. Ich sehe Papa traurig dasitzen . . . Ich tätschle seinen Kopf und sage: ›Warum bist du traurig?‹ Er sagt: ›Nichts als Schufte um mich herum. Keine Schuhe, keine Waffen; wir sollen zu einer Offensive antreten, aber wie soll das gehen?‹«

Da diese Geschichte von Chwostow stammt, der sie vor dem Untersuchungsausschuß der Provisorischen Regierung zum besten gab, ist sie mit äußerster Vorsicht zu genießen, aber es kann kein Zweifel daran sein, daß Rasputin solche Dinge erzählte.[29]

Rasputin war nicht der Typ, der das Werkzeug in irgend jemandes Hand hätte sein können, noch war er darauf aus, politische Macht im eigentlichen Sinne dieses Wortes auszuüben. Wenn er auf die Kaiserin einzuwirken suchte, dann gewöhnlich nicht in politischen oder militärischen Fragen – seine wenigen militärischen Ratschläge wurden vom Zaren völlig ignoriert –, sondern im Hinblick auf die Besetzung politischer und kirchlicher Positionen, wo er einfach für Personen, die sich ihm anbiederten, Partei nahm und andere, die er als seine Feinde betrachtete, kritisierte. Dies trug zwar unzweifelhaft dazu bei, daß wichtige Regierungsposten mit Personen besetzt wurden, die politische Nullen oder Schlimmeres waren, aber es ist kaum anzunehmen, daß die Zarin selbst ihrem Mann bessere Vorschläge gemacht oder daß letzterer ohne die Empfehlungen seiner Frau qualifiziertere Leute gewählt hätte. Kurz und gut, Rasputin war eher eine tragikomische als eine zwielichtige Gestalt.

Man sollte die Person Rasputin von dem Mythos Rasputin unterscheiden, wie er sich in den umlaufenden Legenden und Geschichten manifestierte; was immer der erstere an Schädlichem bewirkt haben mag, verblaßt gegen das, was letzterer anrichtete. Die Rasputin-Legende, die den Einfluß des Mönchs beträchtlich übertrieb und ihm sowie der Zarin und ihrer Umgebung verräterische Motive unterstellte, schlug Breschen in den letzten Abwehrwall des Regimes, indem sie den Kern des professionellen Offizierskorps, die Masse der Beamtenschaft und die anderen traditionell monarchistisch gesinnten Elemente der Gesellschaft in ihrer Treue zum Regime wankend werden ließ. Gewiß schenkten nur wenige den Gerüchten über den Umgang des Scharlatans und der Zarin mit deutschen Agenten, über die Machenschaften Alexandras zur Herbeiführung eines Sonderfriedens zwischen Rußland und Deutschland vollen Glauben. Doch allein die Tatsache, daß solche Gerüchte existierten und weite Verbreitung fanden, mußte auf lange Sicht die Loyalität der letzten zuverlässigen Anhänger des Regimes aushöhlen. Nicht lange, und einige der bis dahin entschiedensten Verteidiger der Monarchie kamen zu der Einsicht, daß den Interessen des Landes und der Dynastie am besten gedient wäre, wenn man den gegenwärtigen Zaren absetzte. Andere sträubten sich zwar gegen diese Auffassung, brachten aber im entscheidenden Augenblick nicht mehr die unbedingte Entschlossenheit auf, ein Regime zu verteidigen, das sich so sehr kompromittiert hatte.

Bei der gemäßigten Linken zeitigte die Rasputin-Legende komplexere Folgen. Sie kam den »Kadetten« und ihren Verbündeten politisch gelegen, erlaubte sie ihnen doch, rückhaltlos Kritik an der Regierung zu üben, ohne von irgendeiner Seite den Vorwurf befürchten zu müssen, sie verhielten sich unpatriotisch und untergrüben mitten im Krieg die nationale Eintracht. Paradoxerweise machten die Liberalen, die doch nie ein sentimentales Verhältnis zur Dynastie gehabt hatten, sich um den Prestigeverlust des Thrones mehr Sorgen als so mancher hartgesottene Konservative. Sie sahen im Falle einer eventuellen Palastrevolution Konsequenzen voraus, die weit über die Entfernung Nikolaus', der »deutschen Frau« und ihres Gurus hinausgingen. Sie fürchteten um ihr Land, aber auch um sich selbst: Wenn das Ansehen der Monarchie erst einmal irreparabel geschädigt war, würde die Bürde der Macht, die Aufgabe, mit der Anarchie fertigzuwerden, auf ihre Schultern fallen – und sich vielleicht als zu schwer erweisen.

Die extreme Linke betrachtete die ganze Rasputin-Affäre als eine willkommene Bestätigung des Bildes, das sie vom russischen Regime hatte und verbreitete; ein Bolschewik schrieb:

»Die Aussicht auf leichtes Geld ... führte solche unterschiedlichen Charaktere zusammen wie den jüdischen Bankier Rubinstein, den erklärten Antisemiten und Pogromanstifter Pitirim [ein Metropolit, A. U.], den Schmiergeldempfänger Manusewitsch Manuilow und den Premierminister Stürmer. Sie alle fanden Schirm und Schutz unter den Fittichen des Hofpropheten Rasputin. Der Krieg warf ein grelles Licht auf die völlige Fäulnis, die den Hof des letzten Zaren befallen hatte, auf all seine Laster und Ausschweifungen.«[30]

Der Topos der »finsteren Mächte« war allen oppositionellen Parteien, wo immer sie im politischen Spektrum standen, geläufig und fand seinen Weg auch in die Reihen der Großfürsten und Generäle sowie der sozialistischen Agitatoren. Im Lauf des Jahres 1916 verlagerte sich die Erbitterung über die politische Krise und die allgemeine Kritik zunehmend von der Regierung auf die Person und die Familie des Kaisers.

Dabei konnte das Regime, das im Zentrum so allgemeiner und heftiger Kritik stand, schwerlich repressiv genannt werden. Es wäre ganz falsch, das Rußland jener Jahre als eine funktionierende Autokratie zu kennzeichnen. Tatsächlich war in keinem der anderen kriegführenden Länder eine Regierung im Amt, die sich der inneren Opposition gegenüber, die von wohlmeinender Kritik bis zu regelrechter Subversion reichte, so hilflos gebärdete. Zwar existierte eine Zensur, aber sie vermochte, wie es schien, wenig gegen den beständigen Strom der Vorwürfe und oft anzüglichen Anspielungen auszurichten, mit denen die kaiserliche Familie und die Minister seitens der Duma und der Presse überzogen wurden. An der Spitze von Organisationen, die vom Staat finanziert wurden und einen wichtigen Beitrag zur nationalen Kriegstüchtigkeit leisteten, standen erklärte Gegner der Regierung. Politiker der Opposition nahmen sich die Freiheit, bei aktiv dienenden Generälen und bei den Botschaftern Englands und Frankreichs in St. Petersburg fast offen um politische Unterstützung zu werben.

Bezeichnend für den verheerenden Verlust an Selbstvertrauen, den das Regime erlitten hatte, war sein Entschluß, den ehemaligen Kriegsminister Suchomlinow verhaften zu lassen und ihm den Prozeß zu machen. (Der verlustreiche Rückzug von 1915 hatte eine fieberhafte Agentenjagd nach sich gezogen, der unter anderem ein Exadjutant von Suchomlinow zum Opfer gefallen war: Oberst Sergej Mjasojedow war unter der Anklage, für die Deutschen spioniert zu haben, in aller Eile und ohne überzeugenden Schuldbeweis verurteilt und hingerichtet worden.) Die Niederlagen des verflossenen Jahres wurden nun nachträglich angeblichen Verrätern an höchster Stelle zur Last gelegt, und Suchomlinow, der sich als Minister ohnehin breiter Unpopularität erfreut hatte, war in den Augen der Öffentlichkeit der Hauptschuldige. Sowohl der Zar als auch die besonneneren Beamten wußten, daß die Anklage absurd war. Der ergraute General hatte seine Untergebenen und seine Generalskollegen durch seine Leichtfertigkeit und Großspurigkeit gegen sich aufgebracht und hatte sich überdies als schlechter militärischer Organisator erwiesen, aber ein Verräter war er ganz sicher nicht. Allein dadurch, daß man diesen Verdacht gegen einen Mann, der immerhin einige Jahre lang als wichtigster militärischer Berater des Herrschers fungiert hatte, zuließ, stellte man die Glaubwürdigkeit des Regimes erneut zur Diskussion und heizte die Spekulationen über Konspirateure an noch höherer Stelle eher an, als ihnen den Boden zu entziehen. Doch der Zar fand nicht den Mut, gegen eine empörte öffentliche Meinung den Befehl zur Einstellung des Verfahrens gegen seinen alten Vertrauten zu erteilen. Er sah sich nicht einmal in der Lage, den alten und kranken Mann vor der Einkerkerung in der Festung Petropawlowsk zu bewahren, während die Ermittler nach den nicht existierenden Beweisen für seine Verbrechen fahndeten. Erst auf das leidenschaftliche Drängen der Zarin hin – es war dies einer der seltenen Augenblicke, in denen sich Alexandra Fedorowna von einer guten Seite zeigte – verstand sich Nikolaus dazu, die Freilassung Suchomlinows anzuordnen und ihn bis zur Eröffnung des Prozesses lediglich unter Hausarrest zu stellen.

Im März goß der Zar Öl in das von der Chwostow-Affäre entfachte Feuer, indem er einen der wenigen Minister entließ, die noch eine gewisse Popularität besaßen und gute Beziehungen zur Duma bewahrt hatten: den Kriegsminister Alexej Poliwanow. Die schwerste Sünde, die dieser sich in den Augen des Zaren hatte zuschulden kommen lassen, waren, wie Nikolaus ihm in seinem Entlassungsschreiben unverblümt mitteilte, seine engen Beziehungen zu den Kriegsindustriekomitees, »deren Tätigkeit nicht Mein Vertrauen genießt und die Du Meiner Ansicht nach nicht streng genug beaufsichtigt hast«.[31] Präsident des Zentralen Kriegsindustriekomitees war Gutschkow, den der Zar von Herzen verabscheute; Gutschkow, der diese Gefühle in etwa erwiderte, war, wie Nikolaus wußte, Initiator und Mitwisser aller möglichen intriganten Absprachen mit dem Progressiven Block und den Generälen. Welch eine bizarre Situation, und welch ein Licht wirft sie auf die politische Verfassung dieses vermeintlich autokratischen Systems! Das Regime fühlte sich zu schwach, einen Mann kaltzustellen, dessen persönliche und politische Gegnerschaft zum Herrscher wohlbekannt war, und beließ ihn an der Spitze einer halbamtlichen, staatlich finanzierten Organisation. Statt seiner wurde der populäre Kriegsminister, der allgemein als fähiger Kopf anerkannt war und der nur seine Pflicht tat, wenn er zu dieser Institution gute Beziehungen unterhielt, dem Verdruß des Zaren zum Opfer gebracht. Zu seinem Nachfolger wurde ein namenloser Militärverwalter berufen, der weder Sympathie und Unterstützung seitens der Politiker noch Respekt seitens der Generalität zu erwarten hatte. (Poliwanow war später unter den vielen zaristischen Generälen, die nach der Revolution ihre Dienste der Sowjetregierung anboten.)

Im Juli wurde die schrumpfende Gruppe derjenigen Regierungsmitglieder, die noch über ein gewisses Maß an öffentlichem Vertrauen geboten, durch die Entlassung von Sergej Sasonow weiter dezimiert, der über sechs Jahre als Außenminister amtiert hatte. Den unmittelbaren Anlaß für seine Verabschiedung lieferte er mit seiner Forderung, die russische Regierung müsse den Österreichern und Deutschen mit einer bestimmten Absichtserklärung zur polnischen Frage zuvorkommen, in der sie die russischen Vorstellungen über den Status und die Grenzen Nachkriegspolens detailliert darlegen sollte – ein Schritt, den nicht nur der Progressive Block, sondern dringender noch die Regierungen in Paris und London forderten. Deutsche und Österreicher buhlten bereits nach Kräften um die Polen und waren im Begriff, unter ihrer eigenen Ägide einen quasi selbständigen polnischen Staat zu errichten. Doch Nikolaus weigerte sich, in dieser Frage Schritte zu unternehmen; er empfand es – nicht ohne Berechtigung – als unvereinbar mit der Würde einer zaristischen Regierung, sich ihre Politik von den Verbündeten diktieren zu lassen. Was das Militärische betraf, so konnte niemand Rußland den Vorwurf machen, es sei nicht bereit, unter schweren Opfern das Seinige zur gemeinsamen Sache beizutragen: Wieder und wieder traten die russischen Armeen, den Bitten der Verbündeten gemäß, zum Angriff an, um die Deutschen zur Lockerung ihres Drucks an der Westfront zu zwingen.

In jedem Fall war die Entlassung Sasonows geeignet, den Gerüchten über die finsteren Mächte, die einen Separatfrieden mit Deutschland aushecken, neuen Auftrieb zu geben, besonders da den vakanten Posten niemand anders übernahm als der Premierminister mit dem so unselig deutsch klingenden Namen. Man kann sich nur darüber wundern, wie irgend jemand dem schwächlichen Stürmer, der Angst hatte, wenn er vor die Duma treten mußte, die Fähigkeit zutrauen konnte, solche machiavellistischen Ränke zu entwerfen oder gar ins Werk zu setzen. Aber die Gerüchte über seine Sympathien für Deutschland und seine Mauschelei mit der Zarin fanden weite Verbreitung, und dies nicht nur bei den Gegnern des Regimes, die inzwischen so weit waren, der Regierung und dem Hof schon fast jede Schurkerei zuzutrauen, sondern auch bei den britischen und französischen Diplomaten. Und schließlich war auch Lenin, dessen Urteil über Nikolaus II. im allgemeinen realistisch und wenig schmeichelhaft war, hin und wieder geneigt, ihm politische Kalkulationen zuzuschreiben, die eines Talleyrand würdig gewesen wären.

Den Gesetzen der Logik nach hätte die Entschlossenheit, mit der die vermeintlich verräterische Regierung den Krieg fortführte und die mit der Pflege heimlicher Kontakte zum Feind schwerlich in Einklang zu bringen war, eigentlich alle diesbezüglichen Gerüchte zum Schweigen bringen müssen. Im Mai 1916 ging das russische Heer auf der ganzen Länge der österreichischen Front zum Angriff über, und wie üblich, wenn es gegen die Österreicher ging, wurden auch Erfolge erzielt. Im Laufe des Sommers gelang es der Heeresgruppe Südwest unter dem renommiertesten russischen General, Alexej Brussilow, wieder nach Galizien vorzustoßen und die Bukowina zu erobern, wobei sie eine große Zahl von Kriegsgefangenen machte und viele Waffen erbeutete. Auch die Kaukasustruppen erzielten Erfolge: Die Türken wurden überrumpelt und in die Flucht geschlagen und mußten ein Stück ihres Territoriums preisgeben. Doch in den Augen der russischen Öffentlichkeit hatten diese Erfolge die russischen Soldaten errungen: der Regierung und dem kaiserlichen Oberbefehlshaber nicht etwa zum Ruhm, sondern zum Trotz.

Gleichwohl schien ein Ende des Krieges auch im Herbst 1916 noch nicht in Sicht, denn die Frontlinien waren erneut im Grabenkampf erstarrt. Es war eine menschenverschlingende Offensive gewesen: Ungefähr 1,2 Millionen russische Soldaten waren dabei getötet oder verwundet worden, über 200 000 in Gefangenschaft geraten. Um den Jahreswechsel herum erreichte die Gesamtzahl der seit Kriegsbeginn Getöteten und Verwundeten die Fünf-Millionen-Grenze (bei einer Gesamtzahl von etwa 15 Millionen einberufenen Soldaten).[32] Die Personalnot veranlaßte die Regierung zu dem Versuch, nun auch die islamische Bevölkerung Zentralasiens für den Kriegsdienst heranzuziehen, die traditionsgemäß immer vom Wehrdienst freigestellt gewesen war. Der Versuch führte in Turkestan zu einem regelrechten Volksaufstand, in dessen Verlauf angeblich mehr als 2 000 000 Einheimische getötet worden und viele andere über die Grenze nach China geflohen sein sollen. Der Aufstand wurde erstickt, aber Ruhe und Frieden kehrten in Zentralasien erst wieder ein, als die Regierung die Einberufungsbefehle für den größten Teil der Region wieder zurücknahm.

Es ist in gewisser Weise bezeichnend, daß dieser Aufstand, der viel mehr Menschenleben kostete, als das ganze turbulente Revolutionsjahr 1917, in Rußland selbst kaum zur Kenntnis genommen wurde und auch nicht den geringsten Einfluß auf die politische Gesamtsituation hatte. Daraus läßt sich ersehen, daß in großen Teilen des Riesenreichs die Autorität der Autokratie durchaus noch ungebrochen war und revolutionäre Unruhen größten Ausmaßes noch mit Methoden bewältigt werden konnten, die an die Zeiten Nikolaus' I. erinnerten. Es schien, als gingen nur im Herzen des Landes, namentlich in den beiden Hauptstädten, die Uhren anders. Während die Macht des Zaren im Nervenzentrum des russischen Staates schon weitgehend ausgehöhlt war, behauptete sie sich in den riesigen Außenprovinzen des Vielvölkerreiches noch ganz unangefochten und in einer unersetzlichen staatserhaltenden Funktion. Das war der Grund dafür, daß der Zusammenbruch des Zarenregimes nicht nur ein politisches Vakuum im Zentrum schuf, sondern auch das Großreich sofort auseinanderbröckeln ließ; diejenigen, die schließlich in das politische Vakuum hineinstießen – die Bolschewiken –, konnten denn auch das Reich nicht als unversehrtes Erbe übernehmen, sondern mußten es praktisch neu erobern.

Doch nur wenige von denen, die ihre Pfeile auf die leere Hülse des zaristischen Absolutismus abschossen, gaben in den entscheidenden Momenten jener Überlegung Raum, die immer schon die Gegner des Regimes zum Innehalten veranlaßt hatte: daß es ohne die Autokratie auch kein großrussisches Reich geben würde. Für die extreme Linke, allen voran für die Bolschewiken, war die Zertrümmerung dieses Reiches an sich schon ein Wunschziel – solange sie noch nicht an der Macht waren. Lenin sprach für alle Marxisten, wenn er Rußland »ein Völkergefängnis« nannte. Andere Feinde der Autokratie waren jedoch zu der Überzeugung gekommen, man könne beides haben: die Freiheit und das Reich. In ihren Augen klafften die Interessen der Nation und die des Regimes mindestens seit 1915 auseinander. Im Dienst der Größe und Einheit Rußlands schien es geboten, den Krieg zu einem siegreichen Ende zu führen, und da das Regime hierzu nicht in der Lage war, mußte es verschwinden. Der militante Nationalismus war in Rußland nach wie vor die überragende, alle anderen überlagernde politische Leidenschaft. Die »Kadetten« waren sich mit den Rechtsradikalen in der Überzeugung einig, daß es Rußlands schicksalhafte Bestimmung sei, eines Tages seine Flagge über Konstantinopel und dem Bosporus zu hissen. Freilich, im Unterschied zu ihren konservativen Verbündeten im Progressiven Block verbanden die Liberalen ihre imperialistischen mit demokratischen Zielen: Ein zukünftiges Rußland nach ihrer Façon würde seinen nichtrussischen Bürgern gegenüber großzügig sein, würde den Juden vollständige Staatsbürgerrechte, den Polen weitgehende Autonomie (wenngleich nicht völlige Unabhängigkeit) einräumen ... Doch der militante Nationalismus bildete das einigende Band zwischen den in der Opposition zum Regime versammelten Kräften. Sichtbaren Ausdruck hatte diese Gemeinsamkeit in der Formation des Progressiven Blocks gefunden, dem 300 der 442 Abgeordneten jener Duma zugehörten, die 1912, als sie gewählt wurde, völlig zu Recht als eine ganz überwiegend konservativ-monarchistische Versammlung gegolten hatte. Außerhalb des Blocks, der nun die Rolle einer institutionalisierten Opposition spielte, standen nur noch die unverbesserlichen Anhänger der Autokratie, die weder etwas von der Existenz »finsterer Mächte« wissen wollten noch sonst etwas auf die Monarchie kommen ließen noch mit den Liberalen taktieren wollten, und die Linken, die in der Duma in Gestalt der Menschewiken und der kleinen Fraktion der Trudowiken (die politisch den Sozialrevolutionären nahestanden) vertreten waren; das namhafteste Mitglied dieser Fraktion war der 35jährige Alexander Kerenskij, der aufgehende Stern am politischen Firmament Rußlands.

Die gesamte Opposition war sich in dem Bestreben weitgehend einig, den Krieg bis zum Sieg weiterzuführen. (Das war auch, wenngleich die Öffentlichkeit es nicht glauben wollte, die Absicht der Herrschenden. Diejenigen, die den perfiden Gerüchten über die Zarin Glauben schenkten, wären sicherlich sehr erstaunt gewesen, wenn sie den Brief Alexandras an den Zaren hätten lesen können, in dem sie ekstatisch von dem Tag schwärmte, an dem Konstantinopel »befreit«, d. h. russisch sein und auf der Hagia Sophia wieder das Kreuz stehen würde.) Was jedoch die Masse der Bevölkerung betraf, so breitete sich bei ihr, wie sich immer klarer abzeichnete, angesichts des sich ohne Aussicht auf ein absehbares Ende hinziehenden Stellungskriegs zunehmende Kriegsmüdigkeit aus.

Eigentlich sollte man denken, daß die in allen Schichten der Bevölkerung die Runde machenden und weithin geglaubten Gerüchte, das Regime bemühe sich im geheimen um einen Sonderfrieden mit Deutschland, den vermeintlichen Friedensstiftern eher zu mehr Popularität hätte verhelfen müssen, als ihnen zur Schande zu gereichen. Doch mit logischen Schlußfolgerungen kommt man bei der Analyse politischer Stimmungen nicht weit. Im Rußland des Jahres 1916 war es einfach eine Realität, daß eine verbreitete Friedenssehnsucht merkwürdigerweise Hand in Hand ging mit einer ebenso verbreiteten Entrüstung über die Idee eines Separatfriedens mit dem preußischen Militarismus und einer wütenden Abscheu vor denen, die einen solchen Frieden angeblich herbeiführen wollten. Die Massen fanden den Krieg unerträglich; doch die Nachricht, er sei durch einen separaten Friedensschluß mit Deutschland beendet worden, hätte unfehlbar Meutereien in der Truppe und Aufstände in den Städten hervorgerufen, die nach Ausmaß und Intensität die Unruhen in den Schatten gestellt hätten, zu denen es dann im Februar und März 1917 tatsächlich kam.

Diese Paradoxie, die in der ersten Phase der Revolution praktische Auswirkungen zeitigen sollte, findet ihre Erklärung in der eigentümlichen Beschaffenheit der Antikriegsstimmungen, wie sie sich in den letzten Monaten des Zarenregimes manifestierten. Pazifistische Überzeugungen im strengeren Wortsinn – als Ablehnung jeden Blutvergießens – spielten dabei zu keiner Zeit eine wichtige Rolle, was in einem Land, das einen Leo Tolstoj hervorgebracht hatte und in dem es zahlreiche religiöse Sekten gab, die schon das Tragen einer Waffe im Dienste des Staates zur Sünde erklärten, ein wenig verwunderlich erscheint. Wo es zu offenen Kundgebungen gegen den Krieg kam, waren sie zunächst ideologisch motiviert. Ein klassenbewußter Proletarier wehrte sich natürlich dagegen, für eine Sache zu kämpfen oder auch nur Waffen zu produzieren, die nicht die seine, sondern die seiner Ausbeuter und Unterdrücker war. Doch in vielen Fällen wurde dieses Motiv von einem instinktiven Patriotismus überdeckt, den man als Marxist immer noch damit rechtfertigen konnte, daß man sich einredete, man kämpfe ja nicht für den Zaren und die russische Bourgeoisie, sondern gegen den Kaiser und die deutschen Kapitalisten. Zu diesem Motiv gesellte sich verstärkend noch ein anderes: Ein Sieg über Deutschland könnte auch den Niedergang der Autokratie in Rußland nach sich ziehen. Wenn Lenin erklärte, das »vom Standpunkt der Arbeiterklasse aus ... geringste Übel [wäre] eine Niederlage der zaristischen Monarchie und ihrer Armeen«, so lief dies dem wahren Empfinden der Arbeiterschaft so sehr zuwider, daß jeder, der den Versuch gemacht hätte, einer Versammlung von Arbeitern diese Auffassung schmackhaft zu machen, als deutscher Agent gelyncht worden wäre. Noch am Vorabend der Revolution gab einer der führenden Bolschewiken, Schljapnikow, die Anweisung aus, bei Straßendemonstrationen »die Notwendigkeit des Kampfes gegen die hohen Lebenshaltungskosten und die absolutistische Monarchie sowie für den Achtstundentag und die Landverteilung an die Bauern« in den Vordergrund zu stellen.[33] Keine Rede davon, »den imperialistischen Krieg in einen Bürgerkrieg umzuwandeln«, wie Lenin es von der Schweiz aus predigte, ja nicht einmal die unmißverständliche Forderung nach einem sofortigen Waffenstillstand.

Trotz dieser praktischen Zugeständnisse verfehlte die bolschewistische Propaganda bei der großen Mehrheit der städtischen Proletarier die beabsichtigte defätistische Wirkung. Was die Stimmung der politisch bewußten Arbeiter in jenen letzten Lebensmonaten des alten Regimes anging, so konnte man in der Hauptsache zwei Einstellungen unterscheiden. Die erste läßt sich folgendermaßen umschreiben: Der Krieg muß weitergeführt werden, aber der allgemeine Friede, der an seinem Ende stehen wird, muß ein Friede ohne Annexionen und Entschädigungen, ein Friede der Völker und nicht einer sein, der den Interessen dieser oder jener Gruppe von Militaristen und Ausbeutern dient. Die zweite, die sich bei den nichtbolschewistischen politisch aktiven Arbeitern fand, beruhte auf der wachsenden Überzeugung, daß es im Interesse einer erfolgreichen Fortführung des Krieges nicht etwa eines innenpolitischen Waffenstillstands, sondern im Gegenteil tiefgreifender revolutionärer Umwälzungen bedurfte; diese Auffassung ging zweifellos auf die liberale Propaganda gegen die »dunklen Mächte« und die Regierung zurück, die Rußland »an den Rand des Abgrunds« gebracht habe. Sie stieß aber auch bei all denen auf große Gegenliebe, die, wie die zahlreichen Menschewiken und Sozialrevolutionäre, ihren Beitrag zur russischen Kriegstüchtigkeit leisteten und auf diese Weise patriotische Leidenschaften und ideologische Überzeugungen unter einen Hut bringen konnten. Schon im Februar 1916 berichtete die Geheimpolizei über eine von den Kriegsindustriekomitees organisierte geschlossene Veranstaltung, an der Arbeiterdelegierte aus zwanzig Städten teilnahmen. Einhellig erklärten sie ihren bürgerlichen Freunden, die »gegenwärtige politische Situation« müsse »rasch und gründlich geändert werden«, nannten das Regime »verbrecherisch« und sprachen sich für »ein wirkliches Parlament und eine verantwortliche Regierung« aus. Erst dann könne das Land einen Weg einschlagen, »der zu einem Frieden ohne Annexionen und Entschädigungen führt, einem Frieden, der den geknechteten Völkerschaften die Möglichkeit eröffnen würde, selbst über ihr Schicksal zu entscheiden«.[34]

Die Veränderung in der Einstellung der Arbeiter zum Krieg oder zumindest zu seinen Rückwirkungen zeichnete sich bereits 1915 deutlich ab. Während im Verlauf der ersten sechs Monate des Jahres 1915 insgesamt 35 000 Arbeiter in einen Streik traten, betrug die Gesamtzahl der Streikenden allein im September 1915 schon 114 000. 1916 nahmen die Streiks noch weiter zu.[35] Gestreikt wurde praktisch immer aus rein wirtschaftlichen Gründen. Gleichwohl kam in diesen Arbeitsniederlegungen eine sich verschärfende Erbitterung insbesondere der industriellen Arbeiterschaft zum Ausdruck, die nur auf einen auslösenden Anlaß wartete, um in politisches Aufbegehren umzuschlagen. Oldenburg, der gewöhnlich sehr dazu neigt, den Bolschewiken einen ungebührlich großen Anteil an der Verantwortung für die Ereignisse zuzusprechen, die zur Revolution führten, bietet hierzu folgende Interpretation an:

»Im Herbst 1916 herrschte im Land eine düstere und von banger Erwartung erfüllte Stimmung. Der wichtigste und entscheidende Grund dafür lag in dem Gefühl der Erschöpfung, das sich als Folge des Krieges spontan der Massen bemächtigt hatte. Angst vor dem Hunger, Trauer über die hohen Verluste, jenes verzweifelte Gefühl: ›Es ist kein Ende dieses Krieges in Sicht‹ – dies alles brachte Leute, die an sich ganz unpolitisch waren, dazu, mit immer größerer Erbitterung auf die Regierung zu blicken, die für die Führung des Krieges verantworlich war.«[36]

Den Gegnern des Regimes gab diese Verschlechterung der Stimmung nicht nur einen weiteren Rechtfertigungsgrund, sondern eine potentiell wirksame Waffe in ihrer unablässigen Kampagne gegen die unfähige und womöglich hochverräterische Regierung in die Hand. Wenn die Situation nicht bereinigt, wenn nicht die schändlichen Minister und Günstlinge durch Männer ersetzt wurden, die das Vertrauen der Nation besaßen, dann würde das Land womöglich zum Schauplatz ausufernder sozialer Kämpfe. Eine solche Entwicklung wiederum konnte dem Regime den Vorwand zum Abschluß eines unehrenhaften Friedens liefern. Es war allerdings auch denkbar – und es gab im oppositionellen Lager einige, die sich für diesen Gedanken zu erwärmen begannen –, in einem militanten Aufbegehren der Massen weniger eine

Gefahr als vielmehr die entscheidende Waffe zu sehen, mit der man den uneinsichtigen Zaren zu einem radikalen politischen Kurswechsel zwingen konnte. Man müsse sich vielleicht an die Straße wenden, erklärte Gutschkow auf einer jener zahlreichen und nicht ganz so geheimen »Geheimsitzungen«, bei denen die führenden Männer des Progressiven Blocks zusammen mit denen der freiwilligen Organisationen sich ihre Empörung und ihre Ängste angesichts der politischen Situation von der Seele redeten und ihr Gehirn zermarterten, um Mittel und Wege zur Rettung Rußlands zu ersinnen. Die unbesonneren unter den »Kadetten« traten dafür ein, die Bindungen zur Linken wiederaufleben zu lassen und Männer wie Kerenskij und Nikolaj Tschcheidse, den Führer der menschewistischen Duma-Fraktion, zur Mitarbeit in der halbkonspirativen Aktionsgemeinschaft gegen das Regime zu gewinnen, denn diese beiden galten als die bei den arbeitenden Massen angesehensten Politiker. Andere jedoch, allen voran der einflußreichste Kopf der Partei, Miljukow, schreckten vor dem Gedanken zurück, gemeinsame Sache mit denen zu machen, denen es nicht in erster Linie darum ging, den Krieg zu gewinnen und eine konstitutionelle Monarchie zu errichten, sondern deren eigentliche Ziele Revolution und Republik hießen. Die »Kadetten« erinnerten sich noch gut genug an 1905, als man im Kampf um verfassungsmäßig verankerte Freiheiten die Massen zu Hilfe gerufen und diese das Land dann in die Anarchie gestürzt hatten. Für Miljukow und seine Gefolgsleute blieb die Duma die Arena, in der sie das Duell mit den dunklen Mächten hauptsächlich auszutragen gedachten, und blieben die leidenschaftlichen Anklagen gegen die korrupten und inkompetenten Minister, die jetzt schon durch ganz Rußland dröhnten, die bevorzugten Waffen. Die Liberalen waren also de facto zu ihrer Jericho-Strategie aus den Jahren 1904–06 zurückgekehrt: Mit Geschrei und Sprechchören würden sie die jetzt in allen Fugen krachenden Mauern der Autokratie umkreisen, und diesmal mit Erfolg: Die Mauern würden endgültig und vollständig zusammenstürzen, aber sie würden auch vieles andere unter sich begraben.

Soviel die letzten sechs Monate des Regimes an sich zuspitzender Dramatik und an Weichenstellungen für zukünftige Tragik in sich bargen, entbehrten sie doch auch nicht gewisser Elemente einer Komödie. Im September stellte Nikolaus II. zum erneuten Mal seinen fast unfehlbaren Instinkt für katastrophale Personalentscheidungen unter Beweis, indem er Alexander Protopopow zum Innenminister ernannte. Auf den ersten Blick schien sehr vieles für den neuen Inhaber dieses in einem Polizeistaat so wichtigen Amtes zu sprechen. Er hätte, da er Abgeordneter der Duma, ja sogar ihr Vizepräsident gewesen war, da er überdies dem Progressiven Block angehört hatte – das erste (und letzte) Mal, daß ein Mann aus diesem Lager ein hohes Regierungsamt erhielt –, eigentlich für die Gesellschaft akzeptabel sein müssen. Protopopow hatte unlängst an der Spitze einer russischen Parlamentarierdelegation Großbritannien und Frankreich besucht, und seine Reden und sein allgemeines Auftreten waren dort gut angekommen. Der Umstand, daß man ihm die Leitung einer Delegation anvertraut hatte, der so prominente Männer wie Miljukow angehörten, zeugte von dem Ansehen, in dem er bei seinen Kollegen stand, die ja höchst bedacht darauf sein mußten, daß der aufstrebende russische Parlamentarismus im »kultivierten Westen« einen guten Eindruck machte. Der Zar hoffte denn auch, die Duma werde die Ernennung Protopopows als eine versöhnliche Geste verstehen, darin einen Hinweis auf die Möglichkeit weiterer Berufungen aus den Reihen der Opposition und auf eine Regierung des »öffentlichen Vertrauens« sehen, wenn nicht gar auf eine dem Parlament verantwortliche Regierung, das höchste Ziel aller fortschrittlich denkenden Russen.

Allein, wie der arme Protopopow selbst viel später bekannte, war sein Eintritt in die Regierung »mehr als ein Fehler, es war eine Katastrophe« sowohl für ihn selbst als auch für alle anderen Beteiligten. Die anfängliche Genugtuung der Gesellschaft verwandelte sich bald in ein tiefes Mißtrauen, aus dem Verdächtigungen und Beschuldigungen erwuchsen: War dies nicht ein Versuch der Regierung, den Progressiven Block von innen heraus zu zersetzen, indem sie einen seiner Männer mit einem Ministersessel köderte? Wäre es irgendein anderes Ressort gewesen, es wäre vielleicht nicht so schlimm gekommen. Doch das Innenministerium mit seiner berüchtigten Geheimpolizei war ein Amt, das ein anständiger Mann nicht hätte übernehmen dürfen, solange das Regime als ganzes blieb, was es war. Seine einstigen Parlamentskollegen machten sich nun Gedanken über gewisse persönliche Eigenschaften Protopopows, die seiner Popularität bis dahin nichts geschadet hatten. Man wußte, daß er dem Alkohol gewöhnlich sehr gerne zusprach; eine Angewohnheit, die bei einem Russen seiner Herkunft als ziemlich normal gegolten hatte, wurde jetzt auf einmal als ein klares Zeichen für die moralische Dekadenz eines verarmten Adligen gedeutet. Er war nie sehr gesund gewesen, hatte hin und wieder wirre Momente gehabt und gelegentlich unzusammenhängend gesprochen; es waren die Symptome einer progressiven Paralyse, offenkundig Spätfolgen einer Syphilis.

Tatsächlich verliehen die Vergangenheit Protopopows und sein Verhalten als Minister dem Mißtrauen gegen ihn eine gewisse Plausibilität. Hinter seiner Berufung war nicht nur der Wunsch des Zaren gestanden, es der Duma recht zu machen. Protopopow konsultierte wegen seiner Krankheit schon seit langen Jahren den »tibetanischen Heiler« Badmajew. Durch diesen lernte er Rasputin kennen, bei dem er einen günstigen Eindruck hinterließ. Erwartungsgemäß fand er dadurch eine warme Fürsprecherin in Alexandra Fedorowna und wurde, nachdem er sein Amt angetreten hatte, zu ihrem Lieblingsminister und vertrauten Ratgeber. Protopopows größter Vorzug in den Augen des Zarenpaares bestand, abgesehen von seinem Respekt vor Rasputin, von dem er sich jetzt beständig beraten ließ, in der Fröhlichkeit, die er ausstrahlte und die in so erfrischendem Kontrast zu dem Pessimismus und der Untergangsstimmung stand, die jetzt zunehmend bei jedermann herrschten. Es habe nichts auf sich mit den Gerüchten, daß sich in Petrograd etwas zusammenbraue, versicherte er Nikolaus und Alexandra bis zuletzt. Er habe die Lage im Griff. Protopopow war mit Abstand der unfähigste in der in dieser Beziehung ziemlich bemerkenswerten Galerie der zaristischen Minister der Kriegsjahre.

Von seinen ehemaligen Duma-Kollegen geächtet – wie er später schilderte, sei er von der Gesellschaft »mit Worten verprügelt, symbolisch angespuckt« worden –, geriet der unselige Minister in desto größere äußere und innere Abhängigkeit von der Zarin. Er hielt Alexandra nicht nur über alle amtlichen Angelegenheiten auf dem laufenden, die durch seine Hände gingen, sondern fand auch seelische Erquickung darin, mit ihr über das eine oder andere philosophiegeschichtliche Thema zu diskutieren. »Sie war eine sehr kultivierte Persönlichkeit, und es war sehr interessant, mit ihr beispielsweise über die Physiokraten zu sprechen.«[37] Es dauerte nur wenige Wochen, da forderten andere Minister lautstark die Entlassung Protopopows, und es dämmerte sogar dem Zaren, daß mit dem Mann etwas nicht stimmte. »Er springt von einer Idee zur anderen und kann sich zu nichts entschließen . . . Es heißt, daß er vor einigen Jahren nach einer gewissen Krankheit [eine Zeitlang] nicht ganz normal gewesen ist«, schrieb Nikolaus II. an seine Frau und ließ dem die vielleicht größte Untertreibung seines Lebens folgen: »Es ist ein Risiko, in einer Zeit wie dieser das Ministerium für Innere Angelegenheiten in den Händen eines solchen Mannes zu belassen.« Der Kaiser bat seine Frau, Rasputin nicht in die Sache hineinzuziehen. Er sei entschlossen, einen neuen Mann zu berufen. Umsonst! Alexandra Fedorowna wollte ihren neuen Günstling nicht entlassen und »Unseren Freund« nicht gekränkt sehen. »Ich beschwöre Dich, wechsle Protopopow jetzt nicht aus; er wird ganz in Ordnung sein . . . Er ist *nicht* verrückt . . . [Nur] Petrograd und Moskau reden schlecht über ihn.«[38] Sie eilte nach Mogilew, und ihr Wille geschah. So ging Alexander Protopopow als letzter Innenminister der zaristischen Ära in die Geschichte ein, ein durchaus passender und symbolischer Abschluß.

Für die Opposition wurde die Ernennung Protopopows zum Signal für einen rücksichtslosen Sturmlauf gegen die Regierung. Die neue Sitzungsperiode der Duma sollte am 1. November 1916 beginnen, aber die Gegner des Regimes feuerten ihre schwersten Geschütze schon vorher ab. Die Vorsitzenden des Semstwo-Städteverbands führten in Briefen an den Duma-Präsidenten Rodzjanko die bis dato ungezügeltsten Angriffe gegen die Regierung. Fürst Lwow, der weithin als aussichtsreichster Kandidat für die Führung einer Regierung des öffentlichen Vertrauens galt – falls es je zu einer solchen kommen sollte –, schrieb, die von ihm repräsentierten Organisationen seien zu der

». . . einmütigen Auffassung gelangt, daß die gegenwärtige Regierung, gegen die offen der Verdacht geäußert wird, sie stehe unter dem Einfluß finsterer, Rußland feindlich gesinnter Kräfte, der Verantwortung für das Land nicht mehr würdig ist und es auf den Weg des Untergangs und der Entehrung geführt hat . . . Sie unterstützen den Kampf der Staatsduma für die Bildung eines Regimes, das in der Lage wäre, alle lebensfähigen Kräfte der Nation um sich zu scharen und das Vaterland zum Sieg zu führen.«[39]

Lwów und sein Amtskollege vom Städteverband waren zutiefst überzeugt, daß, wenn man die Krise noch friedlich lösen wollte, die Zeit drängte. »Die Stunde der Entscheidung hat geschlagen, jede weitere Verzögerung wäre unverzeihlich.« Ein Jahr zuvor hatte Lwów versucht, mit dem, was er zu sagen hatte, zum Zaren durchzudringen, und war abgewiesen worden. In seinem jetzigen Brief an Rodzjanko fand sich keine der zeremoniellen Floskeln, wie daß man »Seine Huldvolle Majestät« auf dies oder jenes aufmerksam machen müsse, nicht einmal eine direkte Erwähnung des Zaren, nur eine unmißverständliche Andeutung, daß er ein Gefangener der finsteren Mächte sei. In der Quintessenz war diese Botschaft an die Duma zwar nicht ganz, aber doch beinahe ein Aufruf zum Staatsstreich. In einer noch nicht sehr weit zurückliegenden Vergangenheit hätte ein Schreiben dieser Art seinen Verfasser nach Sibirien gebracht. Jetzt hatte das schwer angeschlagene Regime nicht mehr die Kraft, die Ausrufer des patriotischen Widerstands in ihrem Tun zu bremsen, geschweige denn sie zu verhaften.

Der nächste und verheerende Schlag, der das Regime traf, wurde in aller Öffentlichkeit geführt. Bei der Eröffnungssitzung der Duma am 1. November ließ Miljukow eine Philippika vom Stapel, die, wie er später bescheiden schrieb, als der »erste Kampfruf der Revolution«, ja als deren eigentlicher Startschuß bekannt wurde. Das ist freilich eine gewisse Übertreibung. Doch seine Rede war zweifellos insofern bedeutsam, als sie den rhetorischen und politischen Stil der russischen Revolution prägte, jenen durch den bombastischen, demagogischen Appell an irrationale Ängste und unbewiesene Verdächtigungen gekennzeichneten Stil, der gewiß mithalf, dem wankenden Zarenregime rasch den Todesstoß zu versetzen, der aber auch die viel wichtigere und verhängnisvolle Folge hatte, die Sache, für die er, Miljukow, und seine liberalen Gesinnungsfreunde kämpften, zu entwerten und hinwegzuspülen. Miljukow hätte es leicht gehabt, überzeugend darzutun, daß das Regime nicht nur unfähig im gewöhnlichen, sondern in einem geradezu aberwitzigen Sinn war, nicht nur unpopulär, sondern von jedem Kontakt mit der Realität des russischen Lebens vollkommen abgeschottet. Und so begann er seine Rede auch: Die gegenwärtige Regierung sei die schlechteste in der neueren russischen Geschichte.[40] Doch sehr bald geriet er in ein anderes Fahrwasser: Ein in der nationalistischen Tradition erzogener Liberaler, ein an die sorgfältige Bewertung der ihm vorliegenden Tatsache gewöhnter Historiker machte einem mit Unterstellungen und Anspielungen arbeitenden Demagogen Platz:

»Wenn unsere eigene Regierung sich bewußt selbst die Aufgabe gestellt hätte [Rußlands Kriegsfähigkeit zu sabotieren] oder wenn die Deutschen sich vorgenommen hätten, dasselbe Ziel mit ihren eigenen Mitteln der Propaganda und Bestechung zu erreichen – sie hätten es nicht besser machen können, als die russische Regierung es gemacht hat ... Wie soll man die Berechtigung solcher Verdächtigungen bestreiten,

338

wenn eine Handvoll zwielichtiger Individuen aus persönlichen und niederen Motiven die wichtigsten politischen Machtbefugnisse ausübt?«[41]

Einmal in Schwung gekommen, ließ Miljukow sich dann dazu hinreißen, ein Thema anzuschlagen, das von der revolutionären Propaganda her bereits einen bedrückend vertrauten Klang hatte und später zu einem Leitmotiv in der sowjetischen Kriminaljustiz wurde: Wo es um Landesverrat ging, brauchte man keine handfesten Beweise, das gesunde Volksempfinden reichte, wie im Fall des früheren Kriegsministers, hin, die wahren »Volksfeinde« auszumachen. »In dem Moment, als wir Suchomlinow anklagten, hatten wir noch nicht die Fakten in der Hand, die dann im Lauf der Untersuchung ans Licht kamen. Wir hatten nur . . . das instinktive Gespür des ganzen Landes und seine subjektive Gewißheit.«[42] (Tatsächlich waren die Ermittlungen im Fall Suchomlinow noch im Gang, und Fakten, die die gegen ihn erhobenen Beschuldigungen erhärtet hätten, waren noch nicht aufgetaucht und sollten auch niemals auftauchen.)

Der Redner zählte dann mehrere von der Regierung tatsächlich oder vermeintlich begangene Sünden auf und bilanzierte diese Aufzählung mit der vielsagenden rhetorischen Frage: »Ist das Dummheit oder Verrat?« Wie er später, mit einem Anflug von Unbehagen vielleicht, schrieb: »Die Zuhörer deuteten mit ihrem Applaus an, daß sie eher zur zweiten Deutung neigten, und zwar auch in den Fällen, in denen ich mir selbst nicht völlig sicher war.«[43] Was an Beweisen vorgelegt wurde, bestand aus Variationen über das Rasputin-Thema, Zitaten aus tendenziösen Artikeln in der ausländischen und russischen Presse und einigen atemberaubenden Informationen, die, wie der Redner durchblicken ließ, von Personen stammten, deren Namen er nicht nennen dürfe. Andererseits zögerte er nicht, regimekritische Äußerungen zu zitieren, die der britische Botschafter ihm und anderen Oppositionspolitikern gegenüber im privaten und vertraulichen Gespräch getan hatte, ein Verhalten, das den Diplomaten in eine äußerst peinliche Lage brachte und aus dem Munde eines Mannes, der danach trachtete, russischer Außenminister zu werden – und es dann für kurze Zeit auch wurde –, eine erstaunliche Taktlosigkeit darstellte.

Die meisten Giftpfeile schoß Miljukow auf Stürmer ab, den er unverblümt beschuldigte, für einen Separatfrieden mit dem Heimatland seiner Vorfahren zu arbeiten, und den er indirekt des Verrats bezichtigte. Natürlich wurde auch Protopopow nicht ausgelassen. Aber zur dramatischsten Szene kam es, als Miljukow aus einem Artikel zitierte, der in einer Wiener Zeitung erschienen war (er las das Zitat in deutscher Sprache vor, so daß der die Sitzung leitende Duma-Präsident, der nicht deutsch konnte, überrumpelt wurde und nicht eingriff), in dem die Zarin selbst als die treibende Kraft hinter den Machenschaften der prodeutschen Kamarilla bezeichnet wurde, eine Anschuldigung, die öffentlich auszusprechen bislang nicht einmal die radikalsten Widersacher des Regimes gewagt hatten.

Die Rede fand den frenetischen Beifall der großen Mehrzahl der Abgeordneten von den Menschewiken bis zu vielen Vertretern der äußersten Rechten. In dieser so reaktionär zusammengesetzten Duma gab es also nur noch wenige, die bereit waren, die Regierung gegen solche ehrenrührigen Vorwürfe in Schutz zu nehmen. Wenn ihre Zwischenrufe wie »Verleumder!« oder »Wo bleiben die Beweise?« nicht im Gejohle der Mehrheit untergingen, wurden sie vom Parlamentspräsidenten gerügt und abgestellt.

In einer der überlieferten Fassungen der Rede Miljukows findet sich die Feststellung: »Nein, wenn Sie gestatten, meine Herren, mir scheint, es ist zuviel, als daß man es bloß mit Dummheit erklären könnte.« Die Redner, die nach Miljukow sprachen, hieben zum größten Teil in dieselbe Kerbe, und wenn sie sich auch nicht zu solchen Angriffen verstiegen wie ihr Vorredner, so schlossen sie sich doch seiner Forderung an, die Regierung, die das Vertrauen der Nation verspielt habe, müsse abtreten und einer für die Duma akzeptablen Regierung Platz machen.

Das autokratische Regime lag in Agonie. Anders wäre seine saft- und kraftlose Reaktion auf das öffentliche Scherbengericht in der Duma und auf den Vorwurf, die Frau und die wichtigsten Minister des Zaren seien de facto deutsche Agenten, nicht zu deuten. Stürmer versuchte durchzusetzen, daß gegen seine giftigen Kritiker vorgegangen wurde, stieß damit jedoch bei seinen Ministerkollegen auf taube Ohren. Er kündigte schließlich an, er werde Miljukow wegen Verleumdung verklagen – und verbuchte damit in der Öffentlichkeit einen Heiterkeitserfolg. Zwar untersagten die Behörden den Zeitungen den Abdruck der die Vorwürfe gegen die Regierung enthaltenden Redepassagen, doch das half nichts: Binnen weniger Tage kannte praktisch jeder, der lesen konnte, deren Wortlaut. Überall im Lande spien private und auch staatseigene Druckmaschinen Flugblätter mit unautorisierten und oft »verbesserten« Nachdrucken der Rede Miljukows aus, vermutlich in millionenfacher Zahl, die auf den Straßen der Städte, in den Dörfern und an der Front von Hand zu Hand wanderten. Für viele Russen wurde es nun zur Gewißheit, daß die Zarin und mehrere Minister deutsche Agenten waren. Selbst der überzeugteste Monarchist mußte in seiner Loyalität zu einem Herrscher wankend werden, der nicht imstande war, den gegen die Nation gerichteten Intrigen seiner Frau einen Riegel vorzuschieben bzw. sie, falls die Vorwürfe unberechtigt waren, vor derartigen Verleumdungen zu schützen.

Am 10. November wurde Stürmer, der neben erbitterter Kritik mittlerweile auch ebensoviel mitleidigen Spott einstecken mußte, entlassen. Sein Nachfolger im Amt des Premierministers, Alexander Fedorowitsch Trepow, hatte als Transportminister beträchtliche Energie entfaltet, und seine Berufung wäre normalerweise trotz der unguten Assoziationen, die sein Name wachrief,* als ein merklicher, wenn auch relativer Fortschritt begrüßt wor-

---

* Sein Vater hatte unter Alexander II. als Gouverneur von St. Petersburg dadurch von sich reden gemacht, daß er einen politischen Gefangenen prügeln ließ, worauf er von der

den. Doch mit solchen Relativitäten ließ die öffentliche Meinung sich jetzt nicht mehr besänftigen. Der neue Premierminister wurde bei seinem ersten Auftreten vor der Duma mit Buhrufen und Pfiffen von links und mit verächtlichem Schweigen von seiten des Progressiven Blocks empfangen. Das Parlament kam sodann auf die von Miljukow ausgegebene Kampfparole zurück und verabschiedete eine Resolution, in der es hieß, der Einfluß der »finsteren unverantwortlichen Kräfte« müsse gebrochen und ein Kabinett installiert werden, »das sich auf die Duma stützt und das Programm der Duma-Mehrheit verwirklicht«. Der Staatsrat äußerte sich trotz seiner überwiegend bürokratischen Zusammensetzung zustimmend zu den Forderungen der Duma.

Vielleicht, so dachte der Premierminister, würde die Gesellschaft ihn regieren lassen, wenn er demonstrierte, daß er den Einfluß der finsteren Kräfte zu beseitigen oder doch zu mindern vermochte. Er versuchte, sich Protopopows zu entledigen, doch sein Vorhaben scheiterte an Alexandra, die sich hysterisch für ihren Günstling ins Zeug legte. Trepow ließ sich nicht entmutigen und wandte sich einem noch heikleren Problem zu. Er ließ Rasputin durch einen Unterhändler eine ansehnliche Geldsumme anbieten, wenn er dafür die Hauptstadt verließ und versprach, nie mehr zurückzukommen. Aber erstens sollte man niemals einen Heiligen in Versuchung führen, und zweitens konnte in diesem Angebot für Rasputin gar keine Versuchung liegen. Für alles, was er benötigte, sorgten seine zahlreichen, vor allem weiblichen, Bewunderer und Protegés. Es war naiv von Trepow, zu glauben, der Mönch werde seiner gottgewollten Mission und den Verlockungen des Verkehrs in höchsten Kreisen entsagen, um für den Rest seines Lebens in sein sibirisches Dorf und in die Gesellschaft seiner kranken Frau zurückzukehren. Rasputin erzählte alsbald der Zarin von dem schäbigen Angebot, mit dem prompten Erfolg, daß sie an Nikolaus schrieb: »Er [Rasputin] *beschwört* Dich, *Festigkeit* zu zeigen, Herrscher zu sein und Trepow nicht nachzugeben. Du bist doch viel klüger als dieser Mann, [trotzdem läßt Du zu, daß er Dich führt] und warum nicht Unser Freund, durch den Gott uns führt?«

Die Ermordung Rasputins in den frühen Morgenstunden des 17. Dezember brachte die Spekulationen und die Empörung über die dunklen Mächte nicht zum Verstummen. Die Mörder, zu denen ein Großfürst und der Mann einer Nichte des Zaren gehörten, machten für ihre Tat patriotische Motive geltend. Der Mann, der das Verbrechen geplant und auch bei seiner Ausführung mitgetan hatte, war Wladimir Puriskewitsch, ein bekannter und wegen seines erklärten Judenhasses berüchtigter Exzentriker und Reaktionär. Er hatte zwei Wochen vor dem Mord in einer Rede vor der Duma Rasputin als die Hauptwurzel allen Übels auf russischer Erde

---

berühmten Vera Zasulitsch angeschossen und verwundet wurde; er war ein Bruder von Dimitrij Trepow, dem »Diktator« von 1905.

gebrandmarkt und die Minister mit ausladender Geste aufgefordert, zum militärischen Hauptquartier zu fahren, sich »dem Zaren zu Füßen zu werfen« und ihn darum zu bitten, den Scharlatan zu entfernen und damit das Land zu retten.

Doch Rasputin war nicht die Ursache, sondern lediglich ein Symptom des desolaten Zustands und des völligen Autoritätsverlusts der Regierung gewesen, und nachdem der spontane und makabre Jubel verklungen war, mit dem die Gesellschaft seine Ermordung zunächst begrüßt hatte, gelangten die meisten denkenden Russen zu der gleichen Schlußfolgerung. Doch das Verbrechen und sein Widerhall in der Gesellschaft sind selbst als Symptome einer moralischen und geistigen Krise zu werten, von der Gesellschaften, die an der Schwelle einer Revolution stehen, häufig befallen werden. Welche Lehre konnte ein gewöhnlicher Bürger oder Soldat aus dem unrühmlichen Ende der Rasputin-Affäre ziehen? Männer aus den höchsten Rängen der Gesellschaft und der politischen Welt (mehrere hochstehende Politiker waren in die Absichten der Mörder eingeweiht, und wenn einige von ihnen auch Bedenken anmeldeten, so verriet doch keiner den Plan) hatten einen vorsätzlichen Mord begangen, und die Gesellschaft spendete ihnen herzlichen Beifall; wenn Rasputin auch weithin verhaßt gewesen war, so mußte dieser Vorgang doch den letzten Rest an Achtung vor den Gesetzen und an öffentlicher Moral zunichte machen. Schließlich war bekannt, daß der Zar selbst den Getöteten verehrt und sich von ihm bei der Besetzung höchster staatlicher und kirchlicher Ämter hatte beraten lassen, und doch blieben die Mörder praktisch ungeschoren. Nach einem kurzen Hausarrest erhielten sie Befehl, sich auf ihre Landgüter zurückzuziehen.*

Trepow durfte nun zurücktreten. Der nächste Premierminister war Fürst Nikolaj Golicyn, Träger eines höchst geschichtsträchtigen Namens. Ein Golicyn war es gewesen, der Peter den Großen davor bewahrt hatte, Opfer der Intrigen seiner Schwester Sofia zu werden, deren Liebhaber und Ratgeber wiederum ein anderer Golicyn war. Doch der letzte Premierminister des Zarenregimes besaß keine Ähnlichkeit mit seinem berühmten Vorfahren: Er war ein liebenswürdiges politisches Nichts; in den bewegten Ereignissen, die sich bald vollziehen sollten, spielte er eine so verschwindend geringe Rolle, daß er von seinen Zeitgenossen kaum zur Kenntnis genommen wurde und nur in den wenigsten Geschichtswerken überhaupt erwähnt wird. Er verdient jedoch, der Vergessenheit entrissen zu werden, und wäre es nur der folgenden Anekdote zuliebe: Von einem Freund gefragt, weshalb er, ein Mann ohne politische Ambitionen und Erfahrungen, sich als reifer Mann dazu bereitgefunden habe, eine so heikle Stellung zu

---

* Einer von ihnen, jener junge Verwandte des Zaren, wurde zu einem in Persien kämpfenden Regiment versetzt, und selbst diese als Bestrafung geltende Maßnahme (ohne die der junge Mann die Revolution wahrscheinlich nicht überlebt hätte) veranlaßte die anderen Großfürsten noch zu einem empörten gemeinsamen Protest beim Zaren.

übernehmen, soll der alte Herr geantwortet haben: »Ach, damit ich eine schöne Erinnerung mehr habe.«

· In der Tat waren die Mitglieder der todgeweihten Regierung und ihre Aktivitäten der Gesellschaft nunmehr ziemlich gleichgültig. Die einzige Ausnahme bildete Protopopow, der nun in den Augen der Gesellschaft anstelle seines toten Mentors Rasputin zur sichtbaren Verkörperung der dunklen Mächte avancierte und nächst der Zarin zur bestgehaßten Persönlichkeit des Landes wurde. Dabei hatte der labile Mann den Versuch, sein Ministerium zu führen, praktisch bereits aufgegeben; wenn er sich nicht mit seinen Kabinettskollegen herumstritt, verbrachte er einen Großteil seiner Zeit mit Meditieren und mit dem Versuch, Verbindung mit dem Geist Rasputins aufzunehmen. Dessen Platz im Herzen der Zarin vermochte zwar niemand anders auszufüllen (bei allem Schmerz tröstete sie sich mit dem Gedanken, daß ihr Freund dort, wo seine Seele jetzt war, die Interessen Rußlands im allgemeinen und der kaiserlichen Familie im besonderen vor Gott noch besser vertreten konnte), aber Protopopow tat sein Bestes, und Alexandra Fedorowna suchte jetzt noch mehr als zuvor seinen Rat und seine Stütze. Angesichts einer so starken Stellung bei der Zarin glaubte Protopopow die Feindschaft seiner Ministerkollegen und den Hohn der Gesellschaft ignorieren zu können. »Die Gesellschaft«, erklärte er einem seiner Untergebenen, als dieser ihn höflichst auf die unfreundliche Haltung aufmerksam machte, die die Öffentlichkeit gegen ihn einnahm, »ich spucke auf die Gesellschaft.«

Die Luft in der Hauptstadt schwirrte nun vor Gerüchten über Komplotte und Verschwörungen. Die Opposition erkannte jetzt, daß es unter diesen Bedingungen ziemlich sinnlos wurde, das Verhalten des Regimes unter Gesichtspunkten wie »Ist dies Verrat oder Dummheit?« zu analysieren. Gleich was es sein mochte, wenn man nicht umgehend etwas Entscheidendes unternahm, würde Rußland wie ein Pulverfaß explodieren. Einige wenige spielten noch immer mit der Hoffnung, den Zaren dazu bringen zu können, daß er dieses Mal nicht nur Minister auswechselte, sondern auch in bezug auf seine Frau Schritte unternahm, sie entweder für längere Zeit auf die Krim schickte oder sogar in ein Kloster sperrte. Doch die meisten wußten, daß es keinen Sinn hatte, Nikolaus zu solchen Schritten bewegen zu wollen. Schon früher hatten Personen aus seinem engsten Kreis versucht, ihm, wenn auch in eher verblümter Form, solche und ähnliche Lösungen vorzuschlagen, und waren damit unweigerlich abgeblitzt. Der Zar war einfach borniert, eigensinnig und unbelehrbar, war blind und taub für das, was um ihn herum und im Lande vorging. Er selbst war es, der fortgeschickt werden mußte.

Im Kreis der Konspiranten mag eine ganz ähnliche Atmosphäre geherrscht haben wie 1821–25 in den Dekabristenzirkeln, mit dem Unterschied, daß die Verschwörer diesmal keine jungen Gardeoffiziere, sondern graubärtige Politiker waren und daß sie ihre Pläne nicht in »froher Runde« und zwischen »Burgunder und Champagner« schmiedeten, sondern in nüchternen verbissenen Diskussionen. Eine Palastrevolution? Aber man befand sich doch im 20. Jahrhundert und nicht in einer Zeit, da politische Fragen höchstens ein paar hundert Leute interessiert hatten und der Rest der Bevölkerung kaum Notiz davon genommen hatte, wie oder warum ein Herrscherwechsel zustande kam. Ein altgedienter »Kadett«, Fürst Pawel Dolgorukow, schrieb seine Überlegungen zu diesem Thema nieder, und sie gelangten alsbald zur Kenntnis nicht nur derjenigen, für die sie bestimmt waren, sondern auch der Geheimpolizei, der »Ochrana«, die anscheinend die einzige staatliche Behörde war, die noch normal und einigermaßen wirksam funktionierte: »Falls der Herrscher«, so schrieb Dolgorukow, »nicht freiwillig einer dem Parlament verantwortlichen Regierung zustimmt, dann werden wir angesichts der gegenwärtigen Verfassung der Familie Romanow mit der Gefahr einer Palastrevolution rechnen müssen, ausgeführt von denen, die nicht länger unter der Kuratel einer unzurechnungsfähigen Frau leben wollen, die den Zaren beherrscht.«[44]

Allerdings, so gab der Fürst zu bedenken – dessen Familienstammbaum wesentlich weiter zurückreichte als der des Herrscherhauses –, würde eine Palastrevolution einer Katastrophe gleichkommen, da es keinen Romanow gab, der auf dem Thron eine bessere Figur machen würde als dessen gegenwärtiger Inhaber. Eine Palastrevolution würde daher »uns überzeugte Monarchisten [zwingen], zu Republikanern zu werden«.

Ein anderer adliger Verschwörer, Fürst Lẃow, war weniger pessimistisch; er hielt es für möglich, einen vertretbaren Ersatz für Nikolaus zu finden. Er hatte dabei jenen Romanow im Auge, der im wahrsten Sinne des Wortes über den Rest der kaiserlichen Familie hinausragte. Lẃow schickte einen Vertrauten zu Nikolaj Nikolajewitsch in den Kaukasus, mit dem Auftrag, zu sondieren, ob er eventuell bereit wäre, den Platz seines Vetters einzunehmen. Doch der »große Nikolaus« trug gewisse Bedenken, sein Ja zum Sturz des »kleinen Nikolaus« zu geben. Zum einen stand er auf der Rangliste der Thronfolgeberechtigten ziemlich weit unten, vor allem aber glaubte er, das Heer werde einen solchen Schritt in Kriegszeiten nicht verstehen und nicht gutheißen. Offensichtlich war er der Ansicht, das Gros der Soldaten und Offiziere fühle sich durch den geleisteten Treueeid noch an Nikolaus II. gebunden. Um so bemerkenswerter ist es, daß er, der doch nicht nur selbst Offizier, sondern auch Fürst von kaiserlichem Geblüt war, diesen Eid nicht allzu ernst zu nehmen schien. Anstatt den Sendboten der Konspiranten auf der Stelle verhaften zu lassen, bat Nikolaj Nikolajewitsch sich höflich etwas Zeit aus, um über den Vorschlag nachdenken zu können. Zwar lehnte er das Angebot schließlich ab, doch verband er dies mit einer Art Entschuldigung dafür, daß er an der Verschwörung gegen die »Geheiligte Person Seiner Majestät« nicht teilnehmen könne.

Was für eine verkehrte Welt war das politische Rußland in den letzten Monaten der Zarenherrschaft! Die traditionell konservativen und monarchistischen Kreise waren es, die am meisten auf einen Sturz des konservativsten aller Monarchen drängten. Praktisch jedermann glaubte, daß eine Revolution unmittelbar bevorstehe, nur nicht die Revolutionäre. Noch in einem Vortrag, den er im Januar 1917 in der Schweiz hielt, erklärte Lenin: »Wir, die Alten, werden vielleicht die entscheidenden Kämpfe dieser kommenden Revolution nicht erleben.«[45] Diese Einschätzung des Exilanten Lenin wurde auch von den führenden Marxisten und Radikalen in Rußland selbst geteilt. Nikolaj Tschcheidse, der Führer der Menschewiken in der Duma, stellte die Möglichkeit, daß sich irgend etwas in der Art einer Revolution ereignen könne, heftig in Abrede, bis er von der Revolution überrascht wurde.

Eine Konspiration allerdings vermeinte Lenins mißtrauischer Geist doch zu erspähen: Auf Geheiß ihrer kapitalistischen Gebieter in Frankreich und England würde die russische Bourgeoisie die Macht zu ergreifen versuchen, um einen deutsch-russischen Separatfrieden zu verhindern. Es gab einige oberflächliche Anhaltspunkte, die diese überaus simplifizierende Diagnose stützten. Der britische und der französische Botschafter in Petrograd legten ein Verhalten an den Tag, das sich unter normalen Umständen keine auf ihre Selbstachtung bedachte Regierung irgendeines Landes, geschweige denn einer Großmacht, hätte bieten lassen. Sie unterhielten enge Kontakte zur Opposition, äußerten sich ohne diplomatische Zurückhaltung über führende Persönlichkeiten des Regimes und versuchten mehrmals, dem Zaren klarzumachen, daß er unbedingt eine der öffentlichen Meinung genehme Regierung ernennen müsse. Ihre Anmaßungen und ihre beständig wiederholte Forderung, Rußland müsse mehr zu der gemeinsamen Sache der Verbündeten beitragen – einmal sah sich der Zar mit dem Ansinnen konfrontiert, 400 000 Soldaten zum westlichen Kriegsschauplatz zu entsenden –, hätte jedem anderen Staatsoberhaupt den Geduldsfaden reißen lassen. Doch Nikolaus' Persönlichkeit war eine merkwürdige Mischung aus Eigensinn und Nachgiebigkeit. Wie er selbst einmal sinnierend und in einer Art Vorahnung bemerkte, war er an dem Tag geboren worden, der in der Orthodoxen Kirche als Namenstag Hiobs gefeiert wird. In seiner Loyalität gegenüber den Verbündeten war er, sosehr dies auch allgemein in Zweifel gezogen wurde, ganz unbeirrbar, und der Tagesbefehl an das Heer, den er am 12. Dezember in Entgegnung auf ein öffentliches Verhandlungsangebot der Deutschen an die Entente-Mächte herausgeben ließ, hätte eigentlich alle diesbezüglichen Zweifel zerstreuen müssen; Nikolaus erklärte darin: »Es ist undenkbar, über Frieden zu reden, ehe nicht der Endsieg über den Feind erkämpft ist, der sich anmaßt, er könne, ebenso wie er mit dem Krieg angefangen hat, auch darüber entscheiden, wann er beendet wird«, und er betonte nochmals die russischen Kriegsziele: Konstantinopel und die Meerengen sowie (jetzt endlich die Forderungen der Verbündeten und der russischen Opposition beherzigend) ein geeintes und freies Polen.

Doch die Zeit war vorbei, da eine solche Erklärung hingereicht hätte, die Befürchtungen der Opposition zu zerstreuen oder ihren Umsturzplänen ein

Ende zu setzen. Wie auch immer nach dieser Erklärung die Absichten des Zaren und seine Widerstandskraft gegen den vermeintlichen Druck der dunklen Kräfte eingeschätzt wurde – an der Überzeugung, daß ein weiteres Verharren in dem schon viel zu lange andauernden politischen Lähmungszustand zu einer Katastrophe führen müsse, vermochte dies nichts mehr zu ändern. Was die Regimegegner am meisten fürchteten und was ihnen die größte Unruhe bereitete, war nicht mehr die Autokratie, die nur noch als leere brüchige Hülle über dem Land thronte, auch nicht mehr so sehr die wirklichen und vermeintlichen Sünden der Regierung, sondern es war der Verfall jeglicher Autorität in der Gesellschaft und der Bevölkerung; ein Phänomen, das in der russischen Geschichte stets ein unfehlbares Indiz nicht nur für eine ins Haus stehende Revolution, sondern für deren Entarten zu einer allgemeinen Anarchie gewesen war. Für die Liberalen namentlich mußte klar sein – und war es auch –, daß der Gegner, gegen den sie so lange gekämpft hatten – die Autokratie –, de facto den Geist aufgegeben hatte. Doch was würde nachkommen? Möglicherweise, so befürchtete mancher Liberale, nicht ein vernünftig konstruiertes konstitutionelles System, sondern das, was Puschkin »diese Art russischer Revolution« genannt hatte, »hinter der kein anderer Gedanke steht als der an willkürliche Zerstörung«. Ein aufmerksamer Polizeispitzel berichtete, manche »Kadetten« hätten Angst, »von der revolutionären Flutwelle, die unaufhaltsam herannaht, über Bord gespült zu werden«, und sie drängten daher ihre Parteiführung zu einem Bündnis mit der extremen Linken, um einen gewissen steuernden Einfluß auf die Entwicklung der Dinge zu bewahren.[46]

Als das Jahr 1917 anbrach, gab es unter den politisch denkenden Russen nur noch wenige, die dem Regime Nikolaus' II. eine Chance zugestanden, dieses Jahr zu überstehen. Daß es so, wie es war, nicht weitergehen konnte, war sogar jenen beiden Menschen klargeworden, die von den politischen Strömungen und Stimmungen im Land vielleicht am allerwenigsten mitbekamen: dem Zaren und seiner Frau. Alexandras Briefe an Nikolaus wurden eindringlicher und fordernder. Er müsse, so schrieb sie, ein wirklicher Autokrat werden, in die Fußstapfen solcher Zaren wie Iwan des Schrecklichen, Peter des Großen, Paul I. treten. (Sehr gut kann sie die Geschichte ihres neuen Heimatlandes nicht gekannt haben. Offenbar wußte sie nicht, wie und warum Paul I. sein vorzeitiges Ende gefunden hatte.) Leute wie Miljukow, Gutschkow und Lwow müsse er aufhängen oder zumindest nach Sibirien verbannen lassen. »Zertritt sie alle.« Auf diese Phantastereien antwortete ihr »armes kleines willensschwaches Männchen« – so unterzeichnete Nikolaus seinen Brief –, er habe sich vorgenommen, »stark und fest« zu sein. In der Tat war Nikolaus überzeugt, daß seine unfriedliche Koexistenz mit der Duma ein Ende haben mußte. Er betraute seinen alten Günstling Nikolaj Maklakow mit der Aufgabe, ein Gesetz auszuarbeiten, das die Volksvertretung zu völliger Ohnmacht verurteilen würde.

Dabei war in den Augen sehr vieler Beobachter paradoxerweise gerade die Duma der letzte und immer dünner werdende Faden, an dem die Hoffnung, einen gewaltsamen Sturz des Regimes vermeiden zu können, noch hing, war sie doch außer dem schwankenden Thron die einzige nationale Institution, die sich auf eine gewisse Legitimität berufen konnte. Dazu kam, daß das forsche Verhalten, das die Abgeordneten im Lauf der verflossenen beiden Jahre an den Tag gelegt hatten, viele Russen vergessen oder doch großzügig darüber hinwegsehen ließ, daß die amtierende Duma mittels eines höchst undemokratischen Wahlrechts und durch eine nicht ganz astrein abgelaufene Wahl zustande gekommen war. Das Problem war nur, daß die Duma selbst – oder besser gesagt der liberale Kern ihrer Mehrheitsfraktion – die undemokratischen Begleitumstände ihrer Geburt nicht vergessen konnte und sich mit gewissen Skrupeln trug. Wenn sie gegen das Regime agitierten, es ultimativ aufforderten, sich entweder zu reformieren oder abzutreten, waren die Liberalen ohne weiteres überzeugt, sie sprächen für die Nation. Als es jedoch darum ging, wer in das politische Vakuum hineinstoßen und die Zügel der Macht übernehmen sollte, sobald sie den kraftlosen Händen des jetzigen Kutschers entglitten wären, fielen die »Kadetten« und ihre Verbündeten wieder in die altbekannte Krankheit des Liberalismus, die Angst vor der Macht und die quälenden Zweifel an der eigenen Legitimation, zurück. Hatten sie denn als Angehörige der besitzenden und gebildeten Schichten das Recht, für das Volk zu sprechen und zu handeln? »Warum übernimmt die Duma nicht die Macht?« wurde Miljukow am Vorabend der Revolution gefragt. Er antwortete mit einem Satz, den er – selbstverständlich – als Scherz verstand: »Bringen Sie uns zwei Regimenter, und wir werden die Macht übernehmen.«[47]

Die Unschlüssigkeit der Parlamentarier entging nicht der Aufmerksamkeit der Linken, die sogleich versuchten, die Liberalen auf eine schon traditionell gewordene Art und Weise für sich arbeiten zu lassen. Indem sie immer wieder ihre Zaghaftigkeit und die Klassengebundenheit ihrer Interessen brandmarkten, suchten sie die Liberalen in eine Konfrontation mit dem Regime hineinzuagitieren. »Die Arbeiter«, erklärte ein Sozialist, »haben mit der Duma und ihren bürgerlichen Abgeordneten wenig im Sinn, aber sie brauchen die Duma, weil sie eine Atmosphäre schafft, in der sie freier atmen können.«[48] Was mit dieser etwas widersprüchlich anmutenden Aussage gemeint war, liegt auf der Hand: Sobald die Arbeiter einmal ganz frei würden atmen können, d. h. sobald der Zarismus gestürzt war, würde die Duma ausgedient haben.

Die Forderung nach einer »Regierung des öffentlichen Vertrauens« hatte die Klippe des Problems einer direkten Machtausübung des Parlaments elegant umschifft, denn sie hatte auf eine im wesentlichen aus Männern der Bürokratie – wenn auch freilich Männern von anderem Format als die amtierenden Minister – zusammengesetzte und von einer populären Persönlichkeit, möglicherweise einem angesehenen General, geführte, dem Parlament gegenüber verantwortliche Regierung abgezielt. Eine solche Lösung war jedoch schon von 1916 an kaum mehr denkbar. Die Politiker der Opposition wurden sich, in dem Maße, wie ihr patriotisches Pflichtgefühl oder in manchen Fällen vielleicht auch ein gewisser persönlicher Ehrgeiz die Oberhand über ihre gewohnten Ängste und Skrupel gewann, zunehmend darüber klar, daß sie die Bürde der Regierungsverantwortung womöglich selbst übernehmen mußten. Die Stimmung in der Bevölkerung war, so glaubten sie, an einem Punkt angelangt, an dem nur noch eine wahrhaft parlamentarische Regierung die Menschen davon überzeugen würde, daß sich wirklich etwas verändert hatte und die autokratische Vergangenheit endgültig überwunden war. Falls man Rußland davon nicht überzeugen konnte, war der Weg in die Katastrophe vorgezeichnet. Doch das Kandidatengedränge um einen Ministerposten in der »Duma-Regierung« hielt sich sehr in Grenzen. Das »Schattenkabinett«, das der Progressive Block Anfang 1916 zusammenstellte, war praktisch identisch mit der Mannschaft, die sich nach der Explosion vom Februar 1917 als erste Provisorische Regierung präsentierte. Die Macht mit ihrem Glanz und ihren Annehmlichkeiten barg wenig Verlockendes für Leute, denen die Rolle eines Kritikers und Zensurengebers der Regierung zum Beruf geworden war. Sie hätten wohl auch noch Anfang 1917 diese Sätze aus einem Pamphlet der »Kadetten«-Partei aus dem Jahre 1906 unterschrieben: ». . . daß es . . . viel leichter und angenehmer ist, . . . zu kritisieren, als die mit der Macht verbundene Verantwortung zu übernehmen«, und daß die Opposition sich, wenn sie an die vakanten Hebel der Mächte träte, »den Maulschellen einer böswilligen und rücksichtslosen Kritik [aussetzen und] Gefahr laufen würde, einen Großteil des Ansehens zu verspielen, das sie sich durch ihren unablässigen Kampf gegen die alte Ordnung erworben hat«.[49]

Die grundsätzliche Bereitschaft zur Übernahme der Macht setzte unter diesen Voraussetzungen ein beträchtliches Maß an Opferbereitschaft auf seiten jener voraus, die in den Augen der meisten Apologeten des alten Regimes und auch der späteren Sowjethistoriker rücksichts- und skrupellose Machtmenschen waren, wogegen sie selbst ihre Mission in weitgehend zutreffender Voraussicht als einen Opfergang betrachteten. Hatte man aber die »Minister« erst einmal, dann stellte sich die Fage, wie und von wem sie ins Amt berufen werden sollten. Die Liberalen waren gebildete Leute, einige von ihnen sogar Historiker von Beruf, und mußten also wissen, daß bei der Französischen Revolution die Generalstände – ebenfalls keine ausgesprochen demokratische Vertretung – sich zur verfassunggebenden Versammlung erklärt und den Monarchen unter ihre Botmäßigkeit gezwungen hatten. Doch innerhalb des Progressiven Blocks herrschte die Neigung vor, abzuwarten, ob nicht vielleicht etwas passierte oder jemand auf den Plan trat und sie der Notwendigkeit eines solchen kühnen Schrittes enthob. Dieser Jemand konnte vielleicht auch der Zar sein, sofern er unerwarteterweise die Situation doch noch erfassen und diejenigen Männer berufen würde, die ihnen vorschwebten. Daneben gab es aber auch noch die Pläne diverser

Verschwörerzirkel, über die in den Salons von Petrograd gemunkelt wurde; die unternehmungslustigeren unter den Regimegegnern, Männer wie Gutschkow und Lwow, konspirierten, wie man wußte, mit den Generälen und Großfürsten. Ein untrügliches Kennzeichen aller dieser kolportierten Verschwörungen bestand darin, daß in ihnen immer irgend jemand vorkam, der den Politikern die eigentliche Dreckarbeit abnahm, sei es Nikolaj Nikolajewitsch, seien es, in einer anderen Variante, jene Marineoffiziere, die angeblich bereitstanden, das Zarenpaar zu verhaften, auf ein Kriegsschiff zu bringen und nach England zu transportieren, usw. Praktisch alle in liberalen Kreisen gehandelten Szenarien sahen vor, daß Nikolaus' Nachfolger bei seiner Inthronisation feierlich versprechen sollte, verfassungsgemäß zu regieren und sich von den Ratschlägen der Duma leiten zu lassen.

Alle diese Planspiele hatten indes eine offenkundige Schwachstelle. Sosehr in der Familie Romanow über »Vetter Niki« und »diese Frau« gemurrt wurde – welcher Romanow würde bereit sein, den Thron zu besteigen, nachdem man dessen jetzigen Inhaber zur Abdankung gezwungen oder ermordet hatte? Und konnte nicht die Schockwirkung eines solchen Staatsstreichs gerade das auslösen, was man mit ihm verhindern wollte, einen Volksaufstand? Die meisten hochrangigen Generäle waren der Situation gründlich überdrüssig und bereit, ein parlamentarisches Regime zu unterstützen, wenn es nur die nationale Eintracht wiederherstellte und Rußland wieder kriegstüchtiger machte. Doch in einer Lage, in der ihre Truppen der feindlichen Front gegenüberstanden und in Kürze zu einer Offensive antreten sollten, würden sie nicht das Risiko eingehen, von sich aus die Initiative zu einem Staatsstreich zu ergreifen, der selbst dann, wenn er erfolgreich verlief und die Unterstützung der Massen fand, der Moral ihrer Soldaten doch einen empfindlichen Knacks zufügen mochte. Viele der höchsten Funktionsträger der herrschenden Kaste wurden aus Patriotismus zu Konspiranten, aber aus den gleichen patriotischen Motiven heraus zögerten sie auch, loszuschlagen. Außerdem: Man befand sich nicht mehr im 18. Jahrhundert, als es nur einer Handvoll entschlossener Männer bedurft hatte, um einen Monarchen durch einen anderen zu ersetzen, ohne daß dies im Lande zunächst einmal großes Aufsehen erregte. Unter den Bedingungen des 20. Jahrhunderts konnte eine Palastrevolte womöglich irreparable Konsequenzen für das labile Gefüge der russischen Gesellschaft nach sich ziehen.

Ähnliche Erwägungen schienen auch eine republikanische Lösung auszuschließen. 1905 hatten die »Kadetten« in einem Pamphlet Argumente zugunsten einer konstitutionellen Monarchie angeführt, die 1917 zum großen Teil noch immer stichhaltig waren: Die bäuerlichen Massen konnten sich unter dem Wort »Republik« überhaupt nichts vorstellen. Es wurde die Befürchtung laut – und nicht zu Unrecht, wie die Ereignisse dann zeigen sollten –, die Massen würden, wenn die Monarchie abgeschafft wurde, dies so verstehen, daß es im Land nun gar keine legitime zentrale Autorität mehr gab. »Staat« war für den durchschnittlichen Russen ein sachlich-juristischer

Begriff ohne jeden emotionalen, ja beinahe ohne jeden politischen Klang. Selbst eine auf den Tiefpunkt ihrer Macht und ihres Ansehens gesunkene Monarchie war für die Masse der Bevölkerung das Symbol nicht bloß der nationalen, sondern gerade auch der völkerübergreifenden Einheit des Reiches. Würde ein politisches Gebilde mit einem so künstlich und fremdartig klingenden Namen wie »der russische Staat« oder »die russische Republik« einem durchschnittlichen Russen, ganz zu schweigen von einem Polen oder Georgier, denselben Respekt abnötigen wie die Monarchie? Schließlich waren alle im Augenblick an der Spitze der Bewegung stehenden Personen, ob sie sich zu den »Kadetten«, den »Oktobristen« oder zu einer anderen Gruppe rechneten, glühende Nationalisten (die Männer der äußersten Linken natürlich ausgenommen). Deswegen konnte keiner von ihnen, gleich wie er persönlich über das Herrscherhaus und seine fatalen Mißgriffe dachte, eine Liquidierung der Monarchie ins Auge fassen, ohne dabei von den allerschwersten Bedenken gepeinigt zu werden.

Der sinnvollste Ausweg aus dem Dilemma wäre es gewesen, wenn Nikolaus II. zugunsten seines 12jährigen Sohnes abgedankt und seinem Bruder Michael die Regentschaft übertragen hätte. Michael war in der Öffentlichkeit kaum bekannt, was bei einem Großfürsten eher ein gutes Zeichen war. Er hatte nie Interesse für Politik oder persönlichen Karriereehrgeiz gezeigt und sich im Krieg achtbar geschlagen. Es war anzunehmen, daß er einen guten konstitutionellen Herrscher abgeben würde. Sein Ansehen innerhalb der kaiserlichen Familie hatte darunter gelitten, daß er eine nichtadelige, noch dazu geschiedene Frau geheiratet hatte, aber daran würde sich in der gegebenen Situation niemand sonst stoßen. Wie die allernächste Zukunft zeigen sollte, wäre es in der Tat leichter gewesen, Nikolaus zum Abdanken zu bewegen, als ihm die Rolle eines konstitutionellen Monarchen schmackhaft zu machen. Er klammerte sich an die mageren Reste, die von seiner autokratischen Macht noch übriggeblieben waren, nicht etwa aus persönlichem Machtstreben und noch weniger, weil er an der Herrscherrolle hing, sondern vielmehr aufgrund einer anachronistischen Auffassung der Pflichten, die er Gott und Rußland gegenüber zu haben glaubte. Da niemand es für möglich hielt, daß man den Zaren zum Abtreten bewegen könne, solange seine Frau noch im Spiel war, versuchten die Komplotteure es gar nicht erst, sondern webten vorerst weiter an ihren Planspielen, und die Politiker warteten weiter ab, wenn auch ihre Geduld zusehends zu Ende ging.

War denn aber die Bevölkerung als ganze so unruhig, so revolutionär gestimmt, wie diejenigen, die dem Regime den Krieg erklärt hatten, es hofften und zugleich fürchteten? Oberflächlich betrachtet, beantworteten die Ereignisse vom Februar 1917 und danach diese Frage mit Ja. Doch der Historiker muß sein Urteil zwischen den beiden sprichwörtlichen Vorbehalten »Es hätte anders kommen können« und »Was wäre gewesen, wenn . . .?« abwägen. Daß die Autokratie, vom schützenden Schirm des Nationalismus entblößt und somit praktisch wehrlos, einem neuen unerwarteten Angriff nicht standhalten würde, stand außer Frage; aber daß es Februar und März zu den bekannten Ereignissen kam, lag keineswegs in irgendeiner Zwangsläufigkeit der Geschichte begründet, sondern in der konkreten administrativen Unfähigkeit einiger städtischer Behörden, an der sich die Unruhen und Tumulte von Petrograd entzündeten. Erst unter dem Eindruck der tobenden Straße entschlossen sich die eingeschüchterten Duma-Politiker, einen Staatsstreich in Szene zu setzen, etwas, was sie durchaus auch aus eigener Initiative hätten tun können und sollen. Die Generäle vollendeten den Putsch, indem sie den Zaren zur Abdankung bewegten, auch dies ein Schritt, der, wenn man bedenkt, wie einig sich die Beteiligten schon seit langem über seine unbedingte Notwendigkeit gewesen waren und wie leicht er sich dann bewerkstelligen ließ, ohne weiteres Wochen, ja Monate vor dem Ausbruch der Petrograder Unruhen hätte getan werden können.

Hätten ein rechtzeitig durchgeführter Putsch und/oder die Einführung einer konstitutionellen Monarchie das Februardrama verhindern, d. h. das Volk oder, im kommunistischen Sprachgebrauch, die Massen besänftigen können? Es ist in diesem Zusammenhang wichtig, genau zu differenzieren, wie die Situation und die Stimmung in den verschiedenen Gruppen und Schichten der Bevölkerung war. Was das städtische Proletariat anging, insbesondere die Arbeiterschaft der Hauptstadt, so wird es in den für den Historiker unschätzbar wertvollen Berichten der Geheimpolizei, die fast so etwas sind wie demoskopische Stimmungsbarometer, als unruhig und latent aufsässig geschildert, weniger aus politischen Motiven als aufgrund der wirtschaftlichen Auswirkungen des Krieges. »Versuche der extremen Linken, Brotaufstände anzuzetteln, könnten ein Echo [bei den Arbeitern] finden«, meldete die politische Polizei im Januar und Anfang Februar 1917 dem Innenministerium.[50] Die Verfasser dieser Berichte schlugen selbst konkrete Abhilfemaßnahmen vor: die Einrichtung einer zentralen Behörde, die die Verteilung grundlegender Lebensmittel regeln sollte, Rationierungen und Preiskontrollen. Die Vorschläge blieben unbeachtet, wurden weder auf staatlicher noch auf örtlicher Ebene aufgegriffen. Die Stimmung, die in der Arbeiterschaft Anfang 1917 herrschte, läßt sich mithin als eine passive Erbitterung über die Behörden charakterisieren, die jedoch aus Anlaß irgendeines zufälligen Ereignisses in aktive Militanz umschlagen konnte.

Beim Gros der Fronttruppen war die Moral noch weitgehend intakt. Die Zahl der Deserteure war seit Kriegsbeginn mehr oder weniger gleich geblieben und betrug etwa 6300 pro Monat,[51] eine Zahl, die angesichts einer Gesamtstärke der Heerestruppen von nie weniger als 7–8 Millionen Soldaten und angesichts der Tatsache, daß es für einen Soldaten relativ einfach war, sich etwa im Urlaub abzusetzen und im riesigen Land unterzutauchen, schwerlich den Schluß zuläßt, es hätte im russischen Heer Zerfallserscheinungen gegeben. Bolschewistische Memoirenschreiber räumen denn auch ein, daß sie mit ihrer revolutionären und defätistischen Propaganda bei den Fronttruppen vor der Februarrevolution nichts ausrichteten.

In der Etappe allerdings bot sich ein anderes Bild. Die Militärverwaltung hatte, was sehr unklug war, eine Reihe von Großstädten, allen voran Petrograd, zu großen Aufmarsch- und Übungszentren für Reservetruppen gemacht. Die vorhandenen Kasernen wurden bis zum Mehrfachen ihrer vorgesehenen Belegungskapazität mit Soldaten vollgepfercht, und die Kommandeure, die die politischen und anderen Gefahren fürchteten, die das Stadtleben für junge, direkt aus ihren Dörfern heraus rekrutierte Burschen barg, sperrten ihre Soldaten wie Gefangene in den Kasernen ein. Das Offizierskorps dieser Reservetruppen bestand zumeist aus Männern ohne reguläre militärische Ausbildung oder aus solchen, die aus irgendwelchen Gründen als nicht fronttauglich galten; nicht wenige von ihnen gehörten in ihrer zivilen Existenz radikalen politischen Bewegungen an. Leicht vorstellbar, daß die Garnisonstruppen sich, sollte in ihrer Nachbarschaft ein politisches Feuer ausbrechen, als entflammbares Material erweisen würden. Noch explosiver war die Stimmung unter den Matrosen der Ostseeflotte, die hauptsächlich aus der Arbeiterklasse rekrutiert waren und, infolge der beherrschenden Stellung der deutschen Flotte in der Ostsee zur Untätigkeit verurteilt, in ihren Stützpunkten festsaßen.

Mithin war also ein beträchtliches revolutionäres Potential gegeben, das unabhängig davon, ob Nikolaus II. auf dem Thron blieb oder abdankte und ob es zu einer der Duma verantwortlichen Regierung kam oder nicht, ein erheblicher Unsicherheitsfaktor war. Dennoch erschien es unwahrscheinlich, daß die vorhandenen Elemente sich zu einer landesweiten Revolution zusammenfügen würden, solange das Land noch im Krieg stand und die meisten Russen davon überzeugt waren, daß dieser Krieg bis zum siegreichen Ende geführt werden müsse. Die Soldaten des Heeres – »Bauern in Uniform«, wie die Bolschewiken sie nannten – waren im großen ganzen kampfwillig und würden die ihnen erteilten Befehle befolgen, solange es jemanden gab, der ein legitimes Recht hatte, Befehle zu geben. Wie die Ereignisse zeigen sollten, weiteten sich die zunächst auf Petrograd beschränkten Unruhen erst in dem Augenblick aus und schlugen in eine ganz Rußland ergreifende Revolution um, als die Nation und das Heer merkten, daß es im Lande keine legitime zentrale Autorität mehr gab.

Im Januar 1917 begannen vereinzelte konvulsivische Zuckungen das Koma, in dem die Autokratie lag, zu unterbrechen. Am 27. verhaftete die Polizei mehrere proletarische Mitglieder des »Zentralen Kriegsindustriekomitees«. Es war dies die Antwort der Regierung auf einen von den Arbeitergruppen des Komitees veröffentlichten Aufruf an das Proletariat von Petrograd, am 14. Februar anläßlich des Wiederzusammentritts der Volksvertretung nach einer Sitzungspause für die Duma und gegen die Autokratie zu demonstrieren. Die Arbeiter waren aufgefordert worden, zum Taurischen Palais, dem Parlamentsgebäude, zu ziehen und dort ihrem Unmut über das amtierende Regime, »das unser Land stranguliert«, und der Forderung nach einer »Regierung der nationalen Rettung« Ausdruck zu verleihen.

Der von einigen Abgeordneten des Progressiven Blocks formulierte Aufruf ließ die Arbeiter im unklaren darüber, welche Stellung sie nun eigentlich dem Block und der politischen Opposition als ganzer gegenüber beziehen sollten. »Der gegenwärtige Kampf der bürgerlichen Gesellschaft gegen das Regime schafft günstige Voraussetzungen für ein Eingreifen der Arbeiterklasse, [weil] dieser Konflikt zwischen der Duma und der Regierung dem Volk die Gelegenheit bietet, der Autokratie den Todesstoß zu versetzen.«[52] Eine noch schärfere Position bezogen die Verfasser des Aufrufs in der Frage des Krieges: »Unser vom Krieg erschöpftes Land wünscht sich nichts sehnlicher als ein Ende des Krieges und einen Friedensschluß, aber auch ein Friede wird an der mißlichen Lage der Bevölkerung nichts ändern, solange er vom autokratischen Regime und nicht von der Nation selbst herbeigeführt wird.« Außerdem komme nur ein Friede in Frage, der »für das russische Proletariat und für das Proletariat der anderen Länder akzeptabel« sei. Diese Feststellung lag den wirklichen Vorstellungen und Interessen des Progressiven Blocks sicherlich fern, der auf einen militärischen Sieg fixiert war und sich wohl am allerwenigsten darum scherte, welche Friedensbedingungen etwa für das deutsche Proletariat akzeptabel sein würden.

Schljapnikow, der bolschewistische Autor, der dieses Dokument zitiert, bemerkt dazu, die menschewistischen Führer der Arbeitergruppe des Kriegsindustriekomitees hätten sich einerseits bemüht, der Stimmung der arbeitenden Massen gerecht zu werden, die des Krieges müde und der Duma und ihrer bürgerlichen Mehrheit gegenüber etwas mißtrauisch gewesen seien, und hätten andererseits ihren Freunden im Progressiven Block helfen wollen, das Regime unter Druck zu setzen. Im Unterschied zu Schljapnikow glaube ich nicht, daß die in dem Aufruf zutage tretende Ambivalenz ein bewußtes taktisches Manöver war, sondern halte sie für den Ausdruck einer objektiv widersprüchlichen Bewußtseinslage der Petrograder Arbeiter: Sie wollten Frieden, doch nicht um jeden Preis; sie wollten, daß das Regime abtrat, waren sich aber nicht im klaren darüber, was an seine Stelle treten konnte oder sollte.

Was die Bolschewiken betraf, so war ihr Einfluß in der Hauptstadt ziemlich unbedeutend. Das kam etwa darin zum Ausdruck, daß ihr Petrograder Ortskomitee es nicht für geraten hielt, dem Aufruf der Arbeitergruppe einen die eigenen Forderungen propagierenden Appell entgegenzusetzen. Statt dessen wurde in einer Art Leitfaden für die bolschewistischen Agitatoren erläutert, weshalb die Arbeiter am 14. Februar besser nicht zum Taurischen Palais marschieren sollten. Eine solche Demonstration würde, diese Botschaft sollten die Aktivisten der Partei nach Möglichkeit in der Arbeiterschaft ausstreuen, nur der Bourgeoisie in die Hände spielen, die auf einen Kuhhandel mit dem Regime hinarbeite, mit dem Ziel, den imperialistischen Krieg um jeden Preis weiterzuführen. Sobald der Zarismus zusammenbrach, sollten die Sozialisten dafür zu sorgen versuchen, daß die politische Macht nicht an die Bourgeoisie überging, sondern an »die Arbeiter und armen

Bauern, die durch eine Provisorische Revolutionsregierung vertreten sein werden, die durch die Einberufung einer verfassunggebenden Versammlung sowohl die politische Freiheit als auch den Frieden sichern wird«.[53] Diese Aussagen erlauben einen interessanten Einblick in das bolschewistische Denken und die in ihm schon zu diesem Zeitpunkt angelegten autoritären Vorstellungen. Bei den russischen Radikalen aller Schattierungen hatte seit je der Grundsatz gegolten, daß nach dem Zusammenbruch der Autokratie nicht eine einzelne Klasse, sondern »das Volk« die Macht übernehmen solle. Warum also, wenn es so weit war, nicht auf der Stelle eine verfassunggebende Versammlung einberufen und »die politische Freiheit sichern«? Verbirgt sich nicht hinter der wohlklingenden Floskel von den »Arbeitern und armen Bauern« bereits jene eine Partei, die sich als die wahre Interessenvertreterin dieser Gruppen betrachtete, die bolschewistische Partei? Gleichermaßen bemerkenswert ist auch die Tatsache, daß die Richtlinien für die bolschewistische Agitation noch Anfang Februar 1917 keinen ausdrücklichen Aufruf zur Revolution oder zu einer sofortigen Beendigung des Krieges vorsahen.

Die Verhaftung der Arbeitergruppe veranlaßte die Industriellen- und Beamtenvertreter im Zentralen Kriegsindustriekomitee, darunter einige der bedeutendsten Kapitalisten des Landes, zu einem geharnischten Protest. In ihrer am 31. Januar herausgegebenen öffentlichen Stellungnahme hieß es, die Verhafteten gehörten »zu den sogenannten Menschewiken, einer der gemäßigteren Richtungen unter den russischen Arbeitern«.[54] »Das Komitee«, so schloß die Protesterklärung, »teilt zwar nicht die politischen und sozialen Anschauungen der Arbeitergruppe, stimmt aber mit ihrer Einschätzung des amtierenden politischen Regimes und der Regierungspolitik überein und hält dieses Regime für nicht fähig, den Sieg Rußlands über den Kriegsgegner zu gewährleisten.«[55]

In ihrer Verzweiflung über die Halsstarrigkeit des Regimes – seit eineinhalb Jahren versuchten sie nun vergeblich, es zu Zugeständnissen zu bewegen – hatten einige Oppositionsführer anscheinend ihr erklärtes Ziel aus den Augen verloren: konstitutionelle Reformen zu bewirken und damit einer Revolution zuvorzukommen. Vielleicht sahen sie, nachdem schon so lange über alle möglichen Putsche und Palastrevolutionen beratschlagt und keines dieser Projekte in die Tat umgesetzt wurde, in einer aufbegehrenden Arbeiterklasse das einzige probate Mittel, um die angestrebten Veränderungen endlich zu erzwingen. Reichlich spät begann Miljukow jetzt von den Gefahren zu sprechen, die ein Appell an die Leidenschaften des Pöbels in sich berge; der altgediente »Kadetten«-Führer beobachtete mit Bangen, wie bei seinen liberalen Gesinnungsfreunden die Bereitschaft, für den Kampf gegen das Regime die Straße zu Hilfe zu rufen, immer größer wurde. Bei einer Zusammenkunft, bei der mehrere führende Vertreter der freiwilligen Organisationen sowie einige Duma-Abgeordnete die Verhaftungen erörterten, erklärte Miljukow zum Erstaunen der anderen Teilnehmer, die Kriegsindustriekomitees, die Semstwos usw. sollten sich nicht mit Politik befassen, und keine Klasse der Gesellschaft solle aus eigenen Kräften versuchen, der Regierung den Kampf anzusagen und Agitation oder Versuche zu ihrem Sturz zu betreiben. »Nur die Staatsduma kann und sollte dem Land sagen, wie das Regime am besten zu bekämpfen ist ... Außer der Duma besitzt keine Bevölkerungsgruppe, keine gesellschaftliche Organisation das Recht, ihre eigenen Parolen auszugeben und auf eigene Faust zum Angriff anzutreten.«[56] Bei den Anwesenden, zu denen – zum ersten Mal bei einer Konferenz der konstitutionellen Opposition – auch Wortführer der Linken wie Kerenskij und Tschcheidse gehörten, wurden diese unerwarteten Skrupel und Bedenken Miljukows teilweise mit Spott quittiert. Mit dieser Einstellung, erklärte Tschcheidse, laufe Miljukow Gefahr, eines Tages von der Entwicklung überholt zu werden. Die Versammlung, der übrigens ein als Arbeitervertreter getarnter Spitzel der Geheimpolizei beiwohnte, erging sich sodann in der Erörterung der verschiedenen denkbaren Möglichkeiten, wie man die Massen in den Kampf einspannen konnte: etwa durch die Bildung eines eigens mit der Mobilisierung der Arbeiter betrauten Verschwörerzirkels oder durch die Herausgabe einer Untergrundzeitung, aus der die Bevölkerung erfahren könnte, was wirklich vorging. Dies letztere wäre allerdings vollkommen überflüssig gewesen, denn die regimekritische Propaganda fand ohnehin mit Hilfe von Flugblättern, Kundgebungen, Manifesten in der Hauptstadt eine rasche und praktisch ungehinderte Verbreitung. Angesichts dessen, was schon jetzt vorging und was sich drei Wochen später tun würde, hätte sich eher das Regime als die Opposition darauf vorbereiten müssen, in den Untergrund zu gehen.

Wenn die Häupter der in ihren Startlöchern feststeckenden Verschwörung sich bei ihrem revolutionären Geschäft so unschlüssig und leichtfertig zugleich anstellten, überrascht es nicht, daß die führenden Vertreter des Regimes angesichts der zunehmend kritischer werdenden Situation gleichwohl gelassen blieben. Der 14. Februar kam und ging, ohne daß es zu etwas gekommen wäre, das man in diesen unruhigen Zeiten als »besondere Vorkommnisse« hätte bezeichnen können. Einige Tage zuvor hatte der Militärgouverneur der Stadt die Arbeiter vor Demonstrationen gewarnt: Wenn sie ihrer Arbeit fernblieben, würden sie damit Verrat an ihren Brüdern an der Front üben. Er hatte ferner darauf aufmerksam gemacht, daß die Stadt als kriegswichtige Zone eingestuft war und daher das Ausnahmerecht galt: Er werde nicht zögern, mit Waffengewalt vorzugehen, falls es zu Unruhen kam. Zum Erstaunen seiner liberalen Freunde schloß Professor Miljukow sich diesem Aufruf des Gouverneurs an. In einem Brief an die Zeitungen der Hauptstadt forderte er die Bevölkerung auf, ruhig zu bleiben und sich nicht von demagogischen Appellen »aus höchst finsterer Quelle« zu Aktionen provozieren zu lassen, »die dem Feind in die Hände spielen würden«.[57] Der 14. Februar erlebte, aus welchen Gründen und Motiven auch immer, nur vereinzelte Streiks, nicht aber, wie viele befürchtet hatten, Massenversammlungen und Arbeiteraufmärsche wie am 9. Januar 1905.

Einige kleinere, in der Mehrzahl von den Studenten getragene Demonstrationen fanden statt. Ein Agent der Geheimpolizei, der sie mitverfolgte, hielt in seinem Bericht eine bemerkenswerte Beobachtung fest, die sich im Nachhinein wie ein unmißverständliches Omen für den kommenden Sturm liest: »Der Anblick, der allgemeine Aufmerksamkeit erregte, war die, wie man sagen könnte, massenweise Beteiligung von Offizieren, in der Hauptsache Fähnrichen, die Arm in Arm mit den Studenten mit großer Begeisterung die ›Marseillaise‹ sangen.«[58] (Der Fähnrich war der niedrigste Offiziersdienstgrad im russischen Heer; die »Marseillaise« war die traditionelle Hymne der russischen Radikalen, wogegen die »Internationale« erst im Lauf der Revolution populär zu werden begann.) Ein weiteres auf das Kommende hindeutendes Zeichen war die feindselige Haltung, die die jungen Offiziere der Polizei gegenüber zur Schau trugen und die sich in Zurufen äußerte wie: »Ihr solltet an der Front sein und nicht hier euren Krieg führen, ihr Fettsäcke.«

Indes, gerade die Atmosphäre der Krise ließ, je länger sie andauerte desto eher, das gelassene Gefühl aufkommen, es werde sich wahrscheinlich in absehbarer Zeit nichts Außerordentliches ereignen. Streiks, Demonstrationsaufrufe, Konfrontationen in der Duma, Gerüchte über Verschwörungen, alle diese Dinge waren so alltäglich geworden, daß man sie nicht mehr recht ernst nahm. Schließlich, das Gefühl einer unmittelbar drohenden Katastrophe lag in Rußland schon seit sehr langer Zeit in der Luft – im Grunde seit 1855, sieht man einmal von den wenigen Jahren der Hoffnung nach 1856 und von den Jahren der Resignation unter Alexander III. ab. Die ganze übrige Zeit hatte man, wenn man aufmerksam genug in die Gesellschaft hineingelauscht hatte, einen monotonen Singsang vernehmen können, der aus der beständigen Wiederholung der beiden Motive »So kann es nicht weitergehen« und »Wir stehen am Rande des Abgrunds« bestand.

Als der trübe Petrograder Februar in seine zweite Hälfte ging, kam plötzlich der Eindruck auf, daß die Spannung, die seit dem vorigen Herbst in der Luft gelegen hatte, nun ein Stück weit gewichen war. Die britischen und französischen Minister, die die russische Hauptstadt anläßlich einer Entente-Konferenz besucht hatten, zeigten sich angesichts dessen, was sie dort gesehen und gehört hatten, bei ihrer Heimkehr beruhigt und zuversichtlich. Die Berichte über eine kurz vor dem Ausbruch stehende innenpolitische Krise seien, so meldeten sie ihren Regierungen, stark übertrieben. Gewiß täte der Zar gut daran – wie sie es ihm auch nahezulegen versucht hätten –, auf die vernünftigen und gemäßigten Forderungen der Opposition einzugehen. Doch die russische Nation sei einmütig entschlossen, den Krieg durchzustehen. Die russische Industrie habe in der letzten Zeit ihren Ausstoß an Waffen und Munition aller Art bravourös gesteigert (was stimmte). Das Heer sei nunmehr gut versorgt und für eine Offensive gegen die Deutschen wohlgerüstet (geplant war diese Offensive für den April; zum gleichen Zeitpunkt sollten französische und britische Truppen im Westen zum Angriff antreten).

Dem aufkommenden Gefühl, daß diejenigen, die im Kampf gegen das Regime bislang an vorderster Front gestanden hatten, nunmehr zurückzuweichen begannen, verlieh Alexander Kerenskij in seiner Rede vor der Duma am 15. Februar Ausdruck. Der junge Anwalt profilierte sich immer deutlicher als Wortführer der Linken; sozialistische Koryphäen wie Lenin, Trotzki und andere waren, ebenso wie die entsprechenden Parteigrößen der Sozialrevolutionäre, im freiwilligen oder erzwungenen Exil und bei den Arbeitern, wenn nicht sogar bei ihren Parteigenossen, für den Augenblick beinahe vergessen. Kerenskij warf den führenden Köpfen des Progressiven Blocks höhnisch vor, sie führten die Nation mit ihrer wortradikalen oppositionellen Rhetorik an der Nase herum. Warum *taten* sie nicht etwas, anstatt ununterbrochen über »finstere Mächte«, deutsche Einflüsse bei Hofe usw. zu lamentieren? Er ließ keinen Zweifel daran, was nach seiner und seiner Freunde Ansicht die Hauptursache für die miserable Lage des Landes sei, und gab klar zu verstehen, daß nicht nur der Zar, sondern auch die Institution der Monarchie als solche verschwinden müsse. Außerdem solle der Progressive Block begreifen, daß seine Kriegsziele von der Bevölkerung nicht geteilt wurden: »Ihr Herren seid euch einig in eurem Bestreben nach imperialistischen Eroberungen; ihr leidet an nationalem Größenwahn, ebenso wie viele von denen, die uns regieren.«[59]

Kerenskij hatte in dieser Situation ein gutes Gespür für die Stimmung der Massen in den Städten. Er verkörperte auch jenen auf der politischen Bühne Rußlands bis dahin so selten gewesenen Typus eines Politikers, der wirklich nach der Macht strebt. Wenn er versuchte, die Liberalen durch den Vorwurf, sie versuchten die Unzufriedenheit der Arbeiter vor den Karren ihrer eigenen Ziele zu spannen, in ein radikaleres Fahrwasser zu ziehen, geschah das sicherlich nicht ohne gewisse auf seine eigene Person bezogene Hintergedanken.

Ein ahnungsvolles Gefühl drohenden Unheils bemächtigte sich diesmal ausgerechnet jener beiden gewöhnlich so Ahnungslosen: des Zaren und seiner Frau. Wie in dem unbewußten Wunsch, der herannahenden Katastrophe zu entfliehen, zeigte Nikolaus große Eile, aus Petrograd oder genauer gesagt, aus Zarskoje Selo, wohin er sich zwei Monate zuvor, nach Rasputins Tod, eilends begeben hatte, abzureisen und in die Idylle des militärischen Hauptquartiers zurückzukehren. Daß er zur Eile drängte, war dieses Mal nicht selbstverständlich, denn er würde den kleinen Zarewitsch, der an Masern erkrankt war, zurücklassen müssen, und er trennte sich von seinem geliebten Söhnchen, auch wenn es nur für kurze Zeit war, sehr ungern. Alexandra war, obgleich sie leidenschaftlich an ihrem Mann hing, normalerweise froh, wenn sie ihn in Mogilew wußte, denn verglichen mit Petrograd, wo ihm die Oppositionspolitiker und die Romanows, die inzwischen alle zu Alexandras erklärten Feinden geworden waren, hautnah zusetzten, war der

Aufenthalt am Hauptquartier für ihn ein Erholungsurlaub. Dieses Mal bat sie ihn jedoch, mit der Abreise noch zu warten.

Selbst in Protopopows wirrem Geist flackerten düstere Vorahnungen auf. Von den ihm unterstellten leitenden Beamten der Geheimpolizei mehrfach gewarnt, machte er den Zaren auf die bedenkliche Verfassung der Petrograder Garnisonstruppen aufmerksam. Etwa 160 000 Mann stark und aus frisch eingezogenen Rekruten und Rekonvaleszenten bestehend, würden diese Truppen, falls es zu schwereren Unruhen unter der Zivilbevölkerung kommen sollte, wohl kaum als zuverlässige Ordnungsmacht einsetzbar sein. Es schien daher geraten, zur Unterstützung der Polizei, die mit ihren ungefähr 10 000 Beamten in einer Stadt mit zweieinhalb Millionen Einwohnern im Ernstfall überfordert sein würde, einige disziplinierte und kampferprobte Heereseinheiten beizuziehen. Ansonsten versprühte der Innenminister Zuversicht. Es lägen detaillierte Einsatzpläne zur Bekämpfung eventueller Unruhen vor, und er habe die Situation gut im Griff. Aber vielleicht könne der Zar trotzdem noch ein paar Tage bleiben, man wisse ja nie. Nikolaus jedoch wollte nicht. Gewiß, die Duma tagte, und das konnte unter Umständen zum Anstoß für allerlei unerfreuliche Entwicklungen werden. Doch – und auch hier wieder machte sein ganzes Verhalten den Eindruck einer Teilabdankung – er glaubte, für den Fall eines Falles dadurch hinreichend Vorsorge treffen zu können, daß er einen unterzeichneten Befehl zur Vertagung der Duma zurückließ, den die Regierung nur noch mit einem Datum zu versehen und bekanntzugeben brauchte, wenn sie es für erforderlich hielt. Am 22. Februar verließ der kaiserliche Zug den Bahnhof von Zarskoje Selo. Nikolaus II. sollte nur noch einmal hierher zurückkehren – als Gefangener.

In der Belegschaft des riesigen Putilow-Werks gärte es seit mehreren Tagen. Ein Teil der Arbeiter forderte Lohnerhöhungen zwischen 20 und 60 Prozent. Als dies abgelehnt wurde, begannen sie einen Sitzstreik – man nannte das damals einen »italienischen Streik«. Am 22. waren die meisten bereit, wieder an die Arbeit zu gehen, doch die Werksleitung entließ die Streikführer und sperrte die Belegschaft aus – 30 000 Arbeiter.

Es ist ganz interessant, daß die illegalen sozialistischen Organisationen versucht hatten, die Erregung der Arbeiter abzuwiegeln und ein Übergreifen des Streiks auf andere Betriebe zu verhindern. Der 23. Februar war ein »sozialistischer Feiertag«, der Internationale Frauentag; doch die Sozialisten hatten für diesen Tag keine Demonstrationen anberaumt. Wie Trotzki, ein äußerst korrekter Historiker, solange nicht persönliche oder ideologische Erwägungen seine Erinnerungsfähigkeit oder seine Darstellung trüben, im Rückblick schrieb: »Nicht eine einzige Organisation rief an diesem Tage zu Streiks auf. Mehr noch, die bolschewistische Organisation, und zwar eine der aktivsten, das Komitee des durchweg proletarischen Vyborger Bezirks, hielt [die Arbeiter] entschieden vor Streiks zurück.«[60] Der Grund dafür sei, so Trotzki, die Überzeugung der betreffenden Bolschewiken gewesen, daß ein Streik Straßendemonstrationen nach sich ziehen und die Behörden leichtes Spiel haben würden, diese Demonstrationen niederzuschlagen; dies würde die Arbeiterschaft unnötige und sinnlose Opfer kosten.».... die Zeit für Kampfhandlungen sei noch nicht gekommen, die Partei noch nicht genügend gefestigt, die Arbeiter hätten mit den Soldaten zu wenig Verbindungen.«

Schljapnikow, der zu jenem Zeitpunkt der Kopf der Petrograder Bolschewiken war, behauptete freilich das Gegenteil: Er und seine Genossen seien bestrebt gewesen, Straßenkämpfe zu provozieren und die Soldaten zum Schußwaffengebrauch gegen demonstrierende Arbeiter zu verleiten. »Wir hofften, sie dadurch aufwiegeln zu können, daß wir den Kampf bis auf die höchste Stufe trieben – Straßengefechte mit all den blutigen Opfern, die damit verbunden wären.«[61] Doch dies war offenbar ein sehr subjektiver Versuch, den Petrograder Bolschewiken nachträglich ein klares, weitblickendes Konzept zu unterstellen. Und selbst Schljapnikow räumte ein, daß er und sein Komitee für den betreffenden Tag keine Vorkehrungen getroffen hatten und von dem, was dann geschah, überrascht wurden.

Es gab jedoch eine Gruppe, die schon einige Tage lang für den Internationalen Frauentag zwar nicht ausdrücklich zum Streik, aber doch zu militanten Aktionen irgendwelcher Art aufgerufen hatte. Schljapnikow handelt diesen Aspekt in seiner Darstellung nur knapp und andeutend ab: »Flugblätter des ›interfraktionellen‹ Komitees, die diesem Tag gewidmet waren, hatten in der Stadt die Runde gemacht.«[62] Mit den »interfraktionellen« Sozialisten waren diejenigen gemeint, die sich, wie Trotzki (der zu dieser Zeit in Amerika weilte) weder zu den Menschewiken noch zu den Bolschewiken rechneten, sondern für die Wiederherstellung der Einheit der Partei arbeiteten; ihr Einfluß in der Petrograder Arbeiterschaft war im Februar 1917 noch geringer als der der Bolschewiken. Das Flugblatt, auf das Schljapnikow sich bezieht, war allerdings nicht von ihnen unterzeichnet und enthielt auch im Text keinerlei Hinweis auf die Interfraktionellen. Das Impressum wies als Herausgeberin das »Petersburger Internationale Komitee« der Russischen Sozialistischen Partei aus; soweit man weiß, gab es in Petrograd keine Organisation dieses Namens.

Das fragliche Flugblatt unterscheidet sich in mehrfacher Hinsicht beträchtlich vom Großteil der anderen revolutionären Propagandapamphlete der Zeit. Zunächst einmal ist es im Tenor wesentlich aggressiver: »An allen Fronten wird das Blut der Arbeiter vergossen, die Zarin selbst schachert mit dem Blut des Volkes und verkauft Rußland Stück für Stück [sic!]. Soldaten werden praktisch unbewaffnet in den Tod geschickt. Und zu Hause wollen die Kapitalisten und Industriellen die Arbeiter zu ihren Leibeigenen machen.« Sich ostentativ an die »Genossen, Arbeiterinnen« wendend, hebt das Flugblatt die Entbehrungen der Zivilbevölkerung hervor: »Die Preise sind unerträglich hoch und steigen weiter, der Hunger klopft an jede Tür ..., in den Dörfern werden der letzte Laib Brot, das letzte Stück Vieh für den Krieg requiriert. Wir stehen stundenlang Schlange.« Eine ganz spezifische Eigentümlichkeit dieses Flugblatts bestand auch darin, daß es zur Solidarität mit den Arbeitern in den Feindländern aufrief, ein Aspekt, der zu dieser Zeit in der sonstigen sozialistischen Agitation sehr zurückhaltend gehandhabt wurde:

»Müssen wir Millionen österreichischer und deutscher Arbeiter und Bauern umbringen? Die deutschen Arbeiter wollten den Krieg ebensowenig [wie wir]. Liebe Freunde, geht nicht an die Front, nur weil man euch dort haben will. Auch die Arbeiter in Deutschland, Österreich oder England tun es nicht . . . Die Regierung ist schuld: Sie hat den Krieg angefangen und weiß jetzt nicht, wie sie ihn zu Ende bringen soll . . . Die Kapitalisten sind schuld. Der Krieg füllt ihnen die Taschen. Es ist höchste Zeit, daß wir ihnen sagen: Genug! Nieder mit dem verbrecherischen Regime und seiner Bande von Dieben und Mördern. Lang lebe der Friede! Der Tag der Vergeltung ist nahe . . . In allen Ländern nimmt der Zorn des Volkes zu.«[63]

Zu einem Zeitpunkt, da alle illegalen sozialistischen Organisationen, von denen wir wissen, nach eigener Aussage versuchten, die Arbeiter zurückzuhalten und zu erreichen, daß der Internationale Frauentag lediglich mit »Versammlungen, Reden« und dem Verteilen von Flugblättern begangen wurde,[64] schürte dieses eine, de facto anonyme Pamphlet unverhohlen militante Impulse. Seine Botschaft war darüber hinaus unverstellt defätistisch: Der Krieg solle unverzüglich beendet werden, eine Forderung, die in dieser Kompromißlosigkeit nicht einmal die radikalsten bolschewistischen Manifeste erhoben hatten – bei den Bolschewiken ging die Losung »Nieder mit dem Krieg« gewöhnlich Hand in Hand mit dem ausdrücklichen Vorbehalt, nur die verfassunggebende Versammlung könne über Krieg und Frieden entscheiden. Man kann unter diesen Umständen die Möglichkeit nicht ausschließen, daß feindliche Agenten die Urheber des Flugblattes an die »Genossen, Arbeiterinnen« waren.

Bei der Lancierung subversiver und defätistischer Propaganda in Rußland konnte sich die deutsche Regierung eines höchst kompetenten Ratgebers bedienen: Dr. Alexander Helphand, der unter dem Pseudonym »Parvus« in den Revolutionsereignissen von 1905 eine gewisse Rolle gespielt und mit Trotzki zusammen die berühmte Theorie der permanenten Revolution kreiert hatte. Helphand, inzwischen Millionär und deutscher Staatsbürger geworden, im Herzen aber noch immer ein wenig russischer Revolutionär geblieben, stellte den großen Fundus seines Wissens über die inneren Verhältnisse in seinem Heimatland nun der kaiserlichen Regierung in Berlin zur Verfügung. Daß ein gewisser Teil des Geldes, das Berlin für die Förderung subversiver Aktivitäten in den Feindländern ausgab, durch Vermittlung Dr. Helphands und seiner Boten und Agenten über die neutralen skandinavischen Länder den Weg nach Rußland fand, steht fest. Ebenso sicher ist es aber auch, daß vor der Revolution keine der bedeutenderen sozialistischen Gruppierungen in Rußland finanzielle Unterstützung aus Deutschland erhielt oder mit Helphand und seinen Winkelzügen in Verbindung stand. 1916 war er in Zürich an Lenin herangetreten, der aber zu diesem Zeitpunkt nichts mit ihm und seinem Geld zu tun haben wollte. Es ist jedoch ohne weiteres denkbar, daß das eine oder andere Antikriegs-Flugblatt, der eine oder andere Aufruf zur revolutionären Erhebung, der 1916–17 in Rußland verbreitet wurde, seinen Ursprung letzten Endes dem rastlosen Geist und dem Geldbeutel Alexander Helphands verdankte.

Es wäre allerdings ungerechtfertigt, hinter den Februarereignissen in irgendeinem Stadium ihrer Entwicklung die organisierende oder lenkende Hand feindlicher Agenten zu vermuten. Ein Autor, der den tapferen, aber wenig überzeugenden Versuch unternahm, die Deutschen als Anstifter der Februarunruhen hinzustellen, schrieb: »Wieso kam es zu diesen Ereignissen in Petrograd, gerade und nur zu diesem Zeitpunkt? Weder vorher noch seither haben die russischen Massen eine solche Fähigkeit zu ›spontanem‹ Handeln bewiesen.«[65] Dieser Behauptung kann man schwerlich zustimmen. Die antideutschen Ausschreitungen 1915 in Moskau waren eine weitgehend spontane Massenaktion gewesen. Und am 9. Januar 1917 hatten in Petrograd 160 000 Arbeiter zum Gedenken an den Blutsonntag die Arbeit niedergelegt. Auch spontane Straßendemonstrationen hatte es in der Hauptstadt schon gegeben, eine im Herbst 1916 in einem Arbeiterviertel (die von den Kosaken aufgelöst wurde) und einige kleinere am 14. Februar.

Die Geschehnisse des 23. Februar waren, so wie sie sich anfänglich darstellten, also nichts allzu Ungewöhnliches: Textilarbeiterinnen streikten, um mit einer Demonstration ihren »Feiertag« zu begehen. Sie schickten Delegationen als Solidaritätswerber in andere Fabriken der Stadt. Die illegalen sozialistischen Komitees, als erstes das bolschewistische, beschlossen – »schweren Herzens«, wie eines seiner Mitglieder später schrieb –, sich an der Aktion zu beteiligen. Insgesamt streikten an diesem Tag etwa 90 000 Arbeiter und Arbeiterinnen.[66]

Seit Mitte des Monats waren die zur Hauptstadt führenden Verkehrsverbindungen durch schwere Schneefälle blockiert oder beeinträchtigt, die Versorgung mit Mehl und anderen Nahrungsmitteln war unzureichend. Manche Bäckerei mußte schließen. Das Brot wurde knapp, und es liefen Gerüchte um, es werde bald gar keines mehr geben. Es kam zu Zusammenrottungen auf den Straßen; die Demonstranten, zumeist Frauen, manche mit ihren Kindern, riefen: »Gebt uns Brot!« In dieser Atmosphäre fand die Demonstration zum Internationalen Frauentag statt, und dieses Zusammentreffen trug noch wesentlich dazu bei, daß die Veranstaltung einen politischen Charakter annahm. »Wenn aber Massenstreik«, so erkannten die Bolschewiken, »dann [muß] man alle auf die Straße rufen und sich selbst an die Spitze stellen.«[67] So begannen dann auch Transparente aufzutauchen mit Parolen wie »Nieder mit dem Krieg« oder »Nieder mit der Autokratie«. Mit Hilfe herbeigerufener Soldaten versuchte die Polizei, die Demonstranten auseinanderzutreiben, wobei jedoch noch keine Schüsse fielen und es auch nicht zu schweren Zusammenstößen kam. Am Abend des 23. Februar wußte noch niemand, daß dies der erste Tag der Revolution gewesen war. In den sozialistischen Zirkeln herrschte die Ansicht vor, der Streik könne vielleicht noch einen, höchstenfalls drei Tage anhalten.

Am 24. Februar jedoch befanden sich schon 200 000 Arbeiter im Streik, und das Verhalten der demonstrierenden Massen wurde militanter. Sie begannen, gegen die Polizei ausfällig zu werden; 28 Polizisten wurden verprügelt. Die Kosaken ritten zwar in die Menge und zerstreuten die Ansammlungen, aber die Demonstranten sammelten sich immer wieder an anderer Stelle. Manche Kosakeneinheiten zeigten nur wenig Eifer, ihrer Aufgabe nachzukommen. Eine Schwadron ritt, in Linie aufgereiht, seelenruhig in einer sich öffnenden Gasse quer durch die Menge, ohne daß einer der Reiter versucht hätte, Demonstranten abzudrängen oder einzuschüchtern. Solche Vorfälle sprachen sich in Windeseile in der ganzen Stadt herum und erregten großes Aufsehen. »Die Kosaken hatten seit je als die Truppe innerhalb des Gesamtheers gegolten, die der Arbeiterklasse und der revolutionären Bewegung am fernsten stand.«[68] Sie waren stets die Prätorianergarde des Zarenregimes gewesen; beim Auseinandertreiben einer demonstrierenden Menge hatten sie traditionell die Taktik angewandt, die Leute rücksichtslos niederzureiten oder gar in regelrechter Kampfformation gegen sie vorzurücken und Hiebe auszuteilen, entweder mit ihrer berühmten *nagaika* (einer langriemigen Peitsche) oder mit dem Säbel. Die Tatsache, daß diese Kosaken nun auf einmal Zurückhaltung übten und allem Anschein nach zögerten, ihre Befehle auszuführen, mußte den Arbeitern mächtigen Auftrieb geben.

In den Augen mancher der damaligen zaristischen Beamten, die nach der Revolution zerknirscht Rückblick auf die Ereignisse von 1917 hielten, brachte das Verhalten jener Kosakenschwadron beispielhaft zum Ausdruck, was ihrer – natürlich der bürokratischen Mentalität entsprechenden – Auffassung nach die Hauptursache dafür war, daß aus den Brotunruhen die Revolution entstehen konnte: den chaotischen Zustand des administrativen Apparats und die völlige Überforderung der mit der Aufrechterhaltung der öffentlichen Ordnung betrauten Beamten. Niemand war sich ganz sicher, welche Stelle für das Funktionieren der Lebensmittelversorgung der Hauptstadt zuständig und verantwortlich war, der Magistrat oder die staatliche Bürokratie. Noch undurchsichtiger waren die Zuständigkeiten, Weisungsbefugnisse und Befehlswege, wenn es darum ging, auf Störungen der öffentlichen Ordnung zu reagieren; verschiedene Funktionsträger, der Militärgouverneur der Stadt, ihr Polizeichef, der Kommandant der Garden sowie die verschiedenen Regimentskommandeure, von denen jeder für einen bestimmten Bezirk verantwortlich war: sie alle erteilten Befehle, womöglich an ein und denselben Adressaten. Ungeachtet aller angeblich lückenlosen Einsatzpläne für den Notstand wußte, als der Ernstfall unvermittelt da war, anscheinend niemand, was er tun sollte. Es ist von daher durchaus denkbar, daß das ungewöhnliche Verhalten der Kosaken zunächst einmal gar nicht Ausdruck ihres Sympathisierens mit den Demonstranten, sondern schlicht eine Folge der Tatsache war, daß man ihnen befohlen hatte, nicht von der

Waffe Gebrauch zu machen, und daß jemand vergessen hatte, sie mit der *nagaika* auszurüsten, ihrer gewohnten »Überredungshilfe« beim Auflösen von Demonstrationen. Einen Mann gab es, dessen Aufgabe es gewesen wäre, die Tätigkeit der verschiedenen zuständigen Stellen aufeinander abzustimmen: Innenminister Protopopow. Der jedoch spielte die Ereignisse zunächst herunter und erachtete sie für seiner Aufmerksmakeit nicht würdig, und als er dann begriff, was geschah, verlor er vollkommen den Kopf.

Am Samstag, den 25., setzte die Entwicklung sich in einer Weise fort, die keinen Zweifel mehr daran lassen konnte, daß das Problem nicht nur in Funktionsmängeln der Verwaltung und in der Unerfahrenheit oder Dummheit dieses oder jenes Beamten lag, sondern tiefer wurzelte. Ein Haufe von etwa 600 Arbeitern stieß auf eine Abteilung Kosaken und Dragoner, die die Straße abriegelten. Während die beiden Parteien einander gegenüberstanden, erschienen einige Polizisten auf der Bildfläche. »Nach der Ankunft der Polizei machten die Kosaken und Dragoner kehrt und ritten fort. Dieser demonstrative Abzug der Soldaten beim Erscheinen der Polizei gab den Demonstranten so viel Auftrieb, daß sie die Polizisten angriffen. Der Polizeioberst wurde vom Pferd gezogen und verprügelt, bis er bewußtlos war.« An einer anderen Stelle »war eine Abteilung berittener Polizei gerade dabei, mit gezogenem Säbel eine Menge auseinanderzutreiben. Da erschien eine Schwadron Kosaken unter dem Kommando eines Offiziers und zwang die Polizei, sich zurückzuziehen . . . Die Menge jubelte den Kosaken zu.«[69] Diese ominösen Eigenmächtigkeiten beschränkten sich jedoch zunächst fast ausschließlich auf Kosakeneinheiten. Als in einem anderen Teil der Stadt aus einer Gruppe von Demonstranten heraus Schüsse auf einen Polizisten abgegeben wurden, eröffneten Soldaten das Feuer auf die Menge und töteten mehrere Personen.

Im Kabinett waren schon seit einigen Tagen stürmische Debatten im Gang, aber nicht etwa über das, was sich praktisch unter den Augen der Minister auf den Straßen abspielte. Die Herren debattierten darüber, was sie mit der Duma und mit sich selbst anstellen sollten. Die meisten in der Runde, darunter auch Fürst Golicyn, dessen Hoffnung, »noch eine schöne Erinnerung« mitnehmen zu können, jäh zerstoben war, hatten das Gefühl, keine Basis mehr für ein Verbleiben im Amt zu haben, nicht wegen der Unruhen auf den Straßen, sondern weil die Duma ihnen das Leben unerträglich machte. Auf deren letzter Sitzung, bei der das Ernährungsproblem debattiert worden war, war der Landwirtschaftsminister in Tränen ausgebrochen, als ein Abgeordneter gefragt hatte, wie er, ein rechtschaffener Mann, Seite an Seite mit jemandem wie Protopopow arbeiten könne. Die Mehrheit der Minister war bereit, von ihrem undankbaren Amt zurückzutreten und den Zaren zu bitten, Männer zu berufen, die mit dem aufgebrachten Parlament zurechtkommen würden. Doch die Minderheit versteifte sich darauf, der Zar werde niemals einem der Duma verantwortlichen Kabinett zustimmen, und es sei die Pflicht der Minister, im Amt zu bleiben, bis es dem

Herrscher beliebte, sie zu entlassen. Statt des Beschlusses, den die Ministerrunde dann schließlich am späten Abend jenes Samstags einstimmig faßte, hätte sie, bildlich gesprochen, ebensogut eine Stange Dynamit in einen Gluthaufen werfen können: Der Premierminister trug in den kaiserlichen Erlaß das Datum des 27. Februar ein – die Duma sollte ihre Sitzungsperiode am Montag unterbrechen und, »wenn nicht unvorhergesehene Umstände eintreten, spätestens im April« wieder zusammentreten. Möglich, daß den streikenden Arbeitern nicht sehr viel an der Duma lag, aber jene Offiziere und Soldaten, die noch unschlüssig waren, sowie auch die Abgeordneten selbst konnten den Eindruck gewinnen, daß die Regierung mit diesem Schritt einen Staatsstreich von oben einleiten und sich der Duma vollends entledigen wollte.

Zwischen Petrograd und dem kaiserlichen Hauptquartier in Mogilew bestand eine direkte Telefonverbindung. Gleichwohl hielten sowohl der Zar als auch die Minister und Beamten in Petrograd es für richtig, sich in einem Augenblick, in dem es doch auf jede Stunde ankommen konnte, per Telegraf sowie mittels eines primitiven Fernschreibers, des sogenannten Hughes-Apparates, zu verständigen. Am späten Abend des 25. war das Hauptquartier zwar bereits über die Unruhen in der Hauptstadt ins Bild gesetzt, doch am Ende der telegrafischen Mitteilung hatte es beruhigend geheißen: »Das Militär hat energische Maßnahmen ergriffen . . ., bis zum 26. dürfte das Problem gelöst sein.« Ein anderer Herrscher wäre vielleicht in aller Eile in die Hauptstadt zurückgekehrt oder hätte sich zumindest telefonisch über die dortige Situation auf dem laufenden halten lassen. Nicht so Nikolaus II.: Er ließ dem Militärgouverneur von Petrograd telegrafisch einen Befehl übermitteln, der in Anbetracht dessen, was dann geschah, nicht der Komik entbehrt: »Ich befehle Ihnen, die Unruhen bis morgen abend unter allen Umständen niederzuschlagen. Sie können in einer Zeit, da wir uns im Krieg mit Österreich und Deutschland befinden, keinesfalls geduldet werden.«

»Morgen«, das war der 26. Februar, ein Sonntag. Der unglückliche Militärgouverneur schilderte nach der Revolution seine Reaktion auf den telegrafischen Befehl des Zaren: »Er versetzte mir einen Schock . . . ›Morgen abend‹, lautete der Befehl, ›unter allen Umständen‹ . . . Was konnte ich tun, wie konnte ich sie [die Unruhen] niederschlagen? . . . Doch der Zar befiehlt, und so müssen wir schießen lassen.«[70] Ob dies wirklich die Gefühle waren, die ihn in jenem Augenblick bewegten, sei dahingestellt; jedenfalls befahl General Sergej Chabalow seinen Untergebenen, jetzt von der Schußwaffe Gebrauch machen zu lassen, wenn eine demonstrierende Menge sich trotz Warnung nicht zerstreute. (Bis dahin galt für die Soldaten der Befehl, nur zu schießen, wenn sie selbst beschossen wurden.) Ein hoher Polizeibeamter vertrat später die Auffassung, der Aufstand hätte rasch niedergeschlagen werden können, wenn man den Truppen von Anfang an den Gebrauch der Schußwaffe gestattet hätte.[71] Aber es fällt schwer, die Logik dieses Arguments nachzuvollziehen – Schußwaffen gegen eine demonstrierende Menge, die überwiegend aus Frauen bestand und gegen die schlechte Lebensmittelversorgung protestierte?

Ein Befehl, rücksichts- und unterschiedslos von der Schußwaffe Gebrauch zu machen, wäre selbst in einer disziplinierten Truppeneinheit auf Widerstand gestoßen, von den Soldaten, die die Petrograder Garnison bevölkerten, nicht zu reden. Es herrschte Krieg, und sie waren zu den Waffen gerufen worden, um ihr Land zu verteidigen, nicht um auf ihre eigenen Landsleute zu schießen. Der jetzt ausgegebene Schießbefehl mußte auch deswegen eine katastrophale psychologische Wirkung entfalten, weil das, was sich in den Straßen von Petrograd abspielte, trotz einiger gewiß nicht friedlichen Begleiterscheinungen (es waren einige Geschäfte geplündert und Straßenbahnwagen demoliert worden) und trotz des aufrührerischen Charakters der von den Demonstraten verwendeten Parolen sicherlich keine organisierte revolutionäre Erhebung war: Bislang war beispielsweise noch kein Regierungsgebäude gestürmt oder auch nur offenkundig bedroht worden. Es war daher dem durchschnittlichen Soldaten kaum begreiflich zu machen, zu wessen Schutz er eigentlich aufmarschierte, und es mußte für ihn ganz einleuchtend klingen, wenn die revolutionären Agitatoren erklärten, in Wahrheit müßte die Bevölkerung vor einem Regime geschützt werden, das auf unbewaffnete Menschen schießen ließ. Schljapnikow behauptet in seinen Memoiren, er habe mit Erfolg versucht, seine Parteigenossen davon abzubringen, sich Waffen zu besorgen und sie bei Zusammenstößen mit den Ordnungskräften einzusetzen, und in der Tat wäre ein bewaffneter Widerstand der Arbeiterschaft auf breiter Front zu diesem Zeitpunkt selbstmörderisch und darüber hinaus auch unter Propagandagesichtspunkten ungünstig gewesen.

Am Sonntagvormittag herrschte in der Stadt eine trügerische Ruhe, am Nachmittag jedoch begannen sich in verschiedenen Stadtteilen wieder demonstrierende Haufen zu formieren, tausend Personen hier, fünftausend dort. An ihrem Verhalten fiel auf, daß sie sich nicht einschüchtern ließen: Wenn die Truppen eine Salve abgaben, liefen die Demonstranten auseinander, verbargen sich in Häusern und Seitengassen und formierten sich kurze Zeit später von neuem. Überall in der Stadt waren Gewehrschüsse zu hören, und die Zahl der Getöteten und Verwundeten ging in die Hunderte.

Ein Ereignis dieses Sonntags gab den ersten Vorgeschmack auf die bald folgenden Truppenmeutereien: Ein Reservebataillon brach aus der Kaserne aus, in der es eingesperrt gewesen war. 1500 Soldaten stürmten, nachdem sie die Waffenkammer geplündert hatten, durch die Straßen, feuerten in die Luft und gelegentlich auf Polizisten, die des Weges kamen. Nachdem es von anderen noch loyalen Einheiten eingekreist war, ließ das Bataillon sich schließlich von seinem Kommandeur und dem Regimentskaplan überreden, die Waffen niederzulegen, die Rädelsführer des Ausbruchs auszuliefern und in die Kaserne zurückzukehren.

Am Abend des Tages versammelten sich mehrere Politiker der Linken in der Wohnung Kerenskijs; sie neigten überwiegend zu der Ansicht, daß die

Regierung gesiegt hatte: Die Soldaten gehorchten im großen und ganzen dem Schießbefehl, und die Arbeiter sprachen von einer Beendigung der Streiks. Etwa hundert sozialistische Aktivisten waren verhaftet, und die bei Kerenskij versammelten Politiker hatten guten Grund zu der Befürchtung, daß die Geheimpolizei, die von ihrem Treffen wußte, ihnen dieselbe Ehre zudachte.

»Die Revolutionäre waren nicht startbereit, aber die Revolution war es«, schrieb ein Zeitgenosse später.[72] Allein, so einfach war es nicht: Selbst wenn man daran glaubte, daß nun die Revolution vor der Tür stand, vermochte noch niemand vorherzusagen, welche Art von Revolution es sein würde. Der 27. Februar gab die Antwort: Es waren mehrere Revolutionen zugleich. Es war die von Puschkin so gefürchtete »russische Revolution . . ., hinter der kein anderer Gedanke steht, als der an willkürliche Zerstörung«, wenngleich sie nicht in blinde Gewalt ausartete. Es war die »bürgerlich-demokratische Revolution« gemäß der marxistischen Lehre; der Aufstand der Massen trieb die konsternierten Oppositionsführer dazu, die Macht – oder zumindest deren äußere Insignien – in ihre Hände zu nehmen. Auch eine Palastrevolution folgte auf dem Fuße. Die Generäle zwangen den Zaren abzudanken. Und schließlich, nicht zu vergessen, eine sozialistische Revolution: Die Führer der Linken, von den Ereignissen zunächst weit überholt, beeilten sich, eine »revolutionäre Demokratie« auszurufen, die sie verkörpert sahen im Petrograder Sowjet der Arbeiter- und Soldatendeputierten, der das »liberal-bürgerliche« Regime ergänzen und zugleich »beaufsichtigen« sollte.

Die Lawine der Revolution(en) kam am Montagvormittag ins Rollen, als eines der Regimenter, die in die blutigen Zusammenstöße des Sonntags verwickelt gewesen waren, meuterte. Die Soldaten brachen unter Führung eines jungen Feldwebels, der vor seiner Einberufung Student gewesen und dessen Vater Professor war, aus ihrer Kaserne aus, töteten einen Offizier, der sie aufzuhalten versuchte, und machten sich auf den Weg zu einem der Arbeiterviertel der Stadt; unterwegs schlossen sich ihnen Soldaten anderer Einheiten sowie viele Zivilisten an. Vereinzelte Widerstände, die sich in manchen Regimentern gegen den Umschwung regten, waren bald erstickt; die betreffenden Offiziere wurden entweder überwältigt oder suchten das Weite. Um die Mittagszeit bewegte sich eine inzwischen ins Riesenhafte angewachsene Masse miteinander verbrüderter Soldaten und Arbeiter auf das Stadtzentrum zu, wobei die am Weg liegenden Polizeireviere verwüstet und einige öffentliche Gebäude in Brand gesteckt wurden. Was hier geschah, war keine Meuterei im strengen Wortsinn mehr, denn die Petrograder Garnisonstruppen hatten als organisierte und strukturierte militärische Verbände zu bestehen aufgehört, es gab nur noch uniformierte Rotten, die in der rebellierenden Masse aufgingen. Die Hauptstadt wurde von der Revolution weniger erobert als vielmehr überschwemmt. Einige Inseln ragten noch aus den Fluten, von loyalen Truppen noch verteidigte Stützpunkte der Regierung, aber ihre Zahl schrumpfte rasch dahin. Es gab Ausschreitungen, Exzesse, aber im ganzen war der revolutionäre Mob viel eher festlich-euphorisch als rachsüchtig gestimmt, es überwog nicht der Klassenhaß, sondern die Freude über das Erlebnis der Befreiung. Während ein großer Teil der Stadt von Schüssen und vom Geschrei der Menge widerhallte, blieben einige Wohnquartiere von dem Geschehen weitgehend unberührt, so daß viele Bewohner der Hauptstadt erst gegen Abend erfuhren, daß hier mehr vor sich gegangen war als eine alltägliche Demonstration. »Ich bin mit denen einer Meinung, die behaupten, daß es lediglich eines oder zweier wirklich zuverlässiger, kampferprobter Bataillone bedurft hätte, um den Februaraufstand niederzuschlagen«, schrieb einer der Protagonisten der Ereignisse, eine Beurteilung, die man, da sie von einem auf der Seite der Revolution Stehenden stammt, nicht leichthin von der Hand weisen kann.[73] Doch es fanden sich in ganz Petrograd keine solchen Bataillone, und selbst wenn, wer hätte sie führen sollen?

Die erregten Duma-Abgeordneten, die sich durch die Menschenmassen ihren Weg zum Taurischen Palais bahnten, mußten dort zu ihrem zusätzlichen Schrecken erfahren, daß die Vertagung der Kammer angeordnet war. Um den Anschein einer offenen Mißachtung des kaiserlichen Befehls zu vermeiden, versammelten sich die Abgeordneten nicht im Plenarsaal, sondern, zu einer »privaten Aussprache«, in einem der Sitzungszimmer. Die Führer des Progressiven Blocks waren sich unschlüssig, welcher Kurs jetzt einzuschlagen sei. Es schien undenkbar, dem kaiserlichen Befehl einfach zu gehorchen und brav nach Hause zu gehen. Möglicherweise würde die Menge das auch gar nicht zulassen: Schon ergossen sich nämlich die Rotten der Soldaten und Arbeiter in das Parlamentsgebäude. Was sie im Sinn hatten, wurde zunächst nicht deutlich: Würden sie sich an den offiziellen Vertretern des russischen Volkes vergreifen oder sich im Gegenteil unter deren Schutz und Führung stellen? Das Eingreifen Kerenskijs gab den Erörterungen der Abgeordneten eine spürbare Wendung: Seine gewohnte Rolle als Tribun des Volkes inmitten der Vertreter der Bourgeoisie voll ausspielend, erklärte er, er müsse seinen radikalen Gesinnungsfreunden und den Massen im allgemeinen Auskunft darüber geben, ob die Duma auf der Seite des Volkes stehe und bereit sei, sich an die Spitze der Bewegung zu setzen. So viel wollten die Parlamentarier zu diesem Zeitpunkt (3 Uhr nachmittags) noch nicht zugeben – wenige Stunden später sollten sie dazu bereit sein. Zunächst einmal rangen sie sich zu einem, wie man es nennen könnte, halbrevolutionären Schritt durch. Wie Miljukow erklärte: »Ich schlage vor, abzuwarten, bis man klarer sieht, was vorgeht, und vorläufig einen provisorischen Ausschuß der Duma ›zur Wiederherstellung der Ordnung und zur Aufrechterhaltung der Verbindungen zu Personen und Institutionen‹ zu bilden.«[74] Diese Spitzfindigkeit, die dazu dienen sollte, jeden Anschein einer offenen Autoritätsanmaßung durch die Duma zu vermeiden, fand die Zustimmung einer Mehrheit. Der Ausschuß wurde sogleich gebildet. Rodzjanko übernahm den Vorsitz, Kerenskij und Tschcheidse repräsentierten die Linke, die restlichen neun Mitglieder waren Abgeordnete des Progressiven Blocks, unter ihnen Miljukow.

Zu dem Zeitpunkt, da die Ersatzregierung im Taurischen Palais ihren ersten schüchternen Gehversuch machte, war die alte zaristische Regierung bereits endgültig von der Bildfläche verschwunden. Die Ministerrunde hatte seit dem frühen Nachmittag in stürmisch bewegter Sitzung darüber beratschlagt, was die Regierung angesichts des kaiserlichen Befehls, auf keinen Fall zurückzutreten, tun konnte, als ihr, es war schon spät abends, berichtet wurde, eine Menschenmenge nähere sich dem Regierungsgebäude. Rasch wurden alle Lichter in dem Haus gelöscht, und die Minister stahlen sich davon (mit Ausnahme von zweien, die sich nicht auf die Straße trauten und sich im Dienstbotenflügel versteckten). Nicht lange danach wurde das Gebäude des Ministerrats von einer Horde Aufständischer in Besitz genommen.

Zu den Eroberungen, die die Revolution an diesem Tag gemacht hatte, gehörten auch die beiden Gefängnisse der Stadt, deren Insassen natürlich allesamt freigelassen wurden. Unter den Befreiten waren mehrere nach dem 23. Februar festgenommene revolutionäre Aktivisten sowie die schon im Januar verhafteten fünf Mitglieder der Arbeitergruppe des Zentralen Kriegsindustriekomitees. Und sie waren es, auf deren Veranlassung hin noch am gleichen Tag der, wie die weitere Entwicklung zeigen sollte, bei weitem folgenreichste Beschluß der ersten Revolutionsphase gefaßt und in die Tat umgesetzt wurde: die Gründung des Petrograder Sowjet. Die befreiten Arbeiterführer sammelten rasch ihre Freunde und die Aktivisten der verschiedenen sozialistischen Fraktionen um sich, nicht nur Arbeiter, sondern auch Männer aus der Intelligenzija, und als 40 oder 50 von ihnen beisammen waren, erklärte die Versammlung sich zur politischen Vertretung des Petrograder Proletariats. Das Problem der Unterbringung des neuen Organs war schnell gelöst: Es nahm mehrere Räume im Taurischen Palais in Beschlag, in denen sich bereits Hunderte von Soldaten und Arbeitern niedergelassen hatten, manche um zu nächtigen, die meisten aber, um an jenen endlosen politischen Versammlungen teilzuhaben, die zu einem der Wahrzeichen der russischen Revolution werden sollten. Der Provisorische Ausschuß der Duma mußte – ein Detail, das nicht ohne symbolischen Hintersinn war – mit einem ziemlich beengten Hauptquartier in einem Seitenflügel des großen Palais vorliebnehmen.

Nach der Darstellung Schljapnikows zu schließen, stieß die Gründung des Petrograder Sowjet bei den Bolschewiken nicht gerade auf begeisterte Zustimmung. Die Initiative dazu war von den Menschewiken ausgegangen, und sie würden, so war abzusehen, den Sowjet dominieren und seine Entscheidungen bestimmen. Auch später, als zu der selbsternannten Kerngruppe nach und nach gewählte Vertreter der Arbeiterschaft hinzukamen, hatten die Bolschewiken keine Aussicht, mehr als eine kleine Minderheit der Räte zu stellen. Die Menschewiken und die Sozialrevolutionäre hatten in der

Arbeiterschaft von Petrograd um diese Zeit weit größeren Einfluß und verfügten auch über Führungsfiguren, die im ganzen Lande einen Namen hatten, wie etwa Tschcheidse und Kerenskij; Schljapnikow dagegen und sein Mitarbeiter, der später so berühmt gewordene Wjatscheslaw Molotow, waren nur den wenigsten bekannt.

Vorderhand waren die Initiatoren des Sowjet noch viel zu sehr dem Hochgefühl des Sieges ergeben und den dringenden Aufgaben des Augenblicks zugewandt, um sich der verunglimpfenden Angriffe zu erinnern, die die Bolschewiken bis zuletzt gegen die anderen sozialistischen Fraktionen geführt hatten, und um ihnen deswegen etwas nachzutragen. Die Mehrheit der buntscheckigen Versammlung (»Niemand sah auf die Identität und die Legitimation der Anwesenden . . . Aber wer hätte ihre Angaben auch nachprüfen sollen und wie?«[75]) wählte daher in ihr elfköpfiges Exekutivkomitee auch einen bolschewistischen Vertreter. Jedoch wurde Tschcheidse zum Vorsitzenden des Komitees vorgeschlagen und Michael Skobelew, ein weiterer Menschewik, sowie Alexander Kerenskij, der den Sozialrevolutionären zugerechnet wurde, zu seinen Stellvertretern.

Im Unterschied zu dem anderen am selben Tag geborenen Kind der Revolution, dem Provisorischen Ausschuß der Duma, hatte das Exekutivkomitee des Sowjet nicht vor, die Ereignisse ruhig abzuwarten. Noch in derselben Nacht schickte es Emissäre in alle Arbeiterviertel der Stadt, die der Bevölkerung die Wiedergeburt des Sowjet nach zwölf Jahren verkündeten und sie aufforderten, gewählte Vertreter in ihn zu entsenden. Am folgenden Morgen wurde in den Straßen der Stadt die *Iswestija*, das Sprachrohr des Sowjet, verteilt – nach vier zeitungslosen Tagen das erste Nachrichtenblatt, das die Bevölkerung zu Gesicht bekam. Der Sowjet bildete mehrere Kommissionen, und es ist bemerkenswert, daß die mit der Prüfung der Ernährungslage beauftragte Kommission entdeckte, daß – nach vier Tagen der Streiks und sogenannten Brotunruhen – »was die [Lebensmittel-]Vorräte betrifft . . . , verschiedene soziale Organisationen . . . und staatliche Institutionen über beträchtliche Mengen verfügten . . . Das Gesamtbild war alles andere als katastrophal«.[76] Ebenfalls noch in der gleichen hektischen Nacht wurde die Militärkommission des Sowjet geschaffen, die keine 24 Stunden später jenen berühmten Befehl Nr. 1 herausgab, der sich für die Zukunft der Revolution als beinahe ebenso folgeträchtig erwies wie die Meuterei, die den Anlaß für seine Formulierung lieferte.

Der Petrograder Sowjet der Arbeiter- *und Soldaten*deputierten, wie er vom 1. März an hieß, wuchs rasch zu einer turbulenten und unübersichtlichen Massenversammlung mit einer zwischen zwei- und dreitausend pendelnden Mitgliederzahl an, und auch das Exekutivkomitee blähte sich zu einem Gremium von nahezu hundert Mitgliedern auf. Obgleich er sich einige quasiparlamentarische Verfahrensregeln auferlegte, behielten seine Sitzungen, solange er existierte, etwas von der chaotischen Atmosphäre der ersten Tage und Nächte bei: »Ununterbrochen gingen Leute ein und aus, die ihr Mandat von Gott weiß wem hatten«, wie ein Augenzeuge es beschrieb. Doch an die Stelle der politischen Betriebsamkeit und Produktivität, die der Sowjet in seiner Gründungsnacht an den Tag gelegt hatte, trat bald darauf jene höchst vertraute Unart aller Revolutionen: Die Sitzungen wurden zu einer endlosen Folge meist bombastisch geführter Rededuelle.

Nachdem der Tag des Triumphs und des Hochgefühls zu Ende gegangen war, schien es, als beginnne nun gewissermaßen der revolutionäre Alltag. Es existierte jetzt, am 28. Februar, eine Art Regierung, der Provisorische Duma-Ausschuß, der bekanntgab, er habe sich »gezwungen gesehen . . ., die Wiederherstellung der staatlichen und öffentlichen Ordnung selbst in die Hand zu nehmen«, und die Zivilbevölkerung und die Soldaten bat, ihm bei »der schwierigen Aufgabe der Bildung einer neuen Regierung in Übereinstimmung mit den Wünschen des Volkes« zu helfen.[77]

Der durchschnittliche Petrograder Bürger nahm sicherlich mit einiger Verwirrung eine zur gleichen Zeit bekanntgegebene Proklamation des Sowjet zur Kenntnis, in der dieser es als *sein* wichtigstes Vorhaben bezeichnete, »die Kampfkraft der Massen zu organisieren und um die Festigung der politischen Freiheit und der Volksregierung zu kämpfen«, und die »gesamte Bevölkerung der Hauptstadt« aufforderte, »sich sofort dem Sowjet anzuschließen . . .«[78] Weitaus konkreter als der Duma-Ausschuß erklärte der Sowjet in seiner Proklamation, er kämpfe für das Ziel, »die alte Regierung vollständig hinwegzufegen und eine verfassunggebende Versammlung auf der Grundlage allgemeiner, gleicher, direkter und geheimer Wahlen einzuberufen«.

Die sozialistischen Führer, die im Sowjet den Ton angaben, waren sich bei aller schwungvollen Rhetorik doch darüber im klaren, daß Rußland als ein ganz überwiegend bäuerliches Land für den Sozialismus beziehungsweise dessen Vorstufe, die Diktatur des Proletariats, noch nicht reif war. Zunächst einmal war, wie ihre marxistische Theorie es unmißverständlich forderte, »ein bürgerlich-demokratisches Regime« an der Reihe. Ihre Agitation, ihre Aufrufe an die Arbeiter, sich zu bewaffnen, waren nicht so sehr Ausfluß einer auf das Ziel Sozialismus gerichteten Strategie als vielmehr Ausdruck ihrer aktuellen Befürchtungen. Die Sozialisten hegten noch immer einen gewissen Argwohn, die Bourgeoisie werde vielleicht die Revolution verraten und der Provisorische Ausschuß der Duma könnte auch jetzt noch versuchen, zu einer Verständigung mit den verbliebenen Resten des zaristischen Regimes zu kommen. Die Revolution war bis jetzt eine reine Petrograder Angelegenheit. Die Figur des Zaren war noch im Spiel, und was weit wichtiger und beunruhigender war, es gab noch die Generäle, die Millionen loyaler Soldaten unter ihrem Befehl hatten.

Die andere und akutere Befürchtung war, der Duma-Ausschuß könne vielleicht sagen – und dem müßte man auch als Marxist zustimmen –, es gehe nicht an, daß es in der Hauptstadt zwei rivalisierende Regierungen gebe, der Sowjet sei seinem Wesen nach eine Streikorganisation und/oder ein revolutionäres Organ, und da die Revolution gesiegt habe und der Streik beendet sei, bedürfe man seiner nicht mehr. Bei Marx stand nirgends, daß eine bürgerlich-demokratische Regierung einen Sowjet als ihren Tugendwächter dulden mußte!

Der 28. Februar wäre vielleicht ein für die Bekanntgabe eines dementsprechenden Ultimatums durch die Duma-Führer günstiger Tag gewesen. Zur Bestürzung des Sowjet sah es ganz danach aus, als wollten die Einwohner und die Garnisonstruppen der Hauptstadt den Provisorischen Ausschuß der Duma als legitimen Nachfolger des alten Regimes anerkennen. Die meisten von denen, die am Tage zuvor als bewaffneter Mob umhergezogen waren, schickten sich nun an, wieder zu Soldaten zu werden. Ein Regiment nach dem anderen marschierte, von seinen Offizieren angeführt, in perfekter Formation zum Taurischen Palais, um dem Provisorischen Ausschuß Loyalität zu geloben. Einige Mitglieder dieses Gremiums hatten am Abend des Tages eine heisere Kehle von den vielen Reden, in denen sie den Soldaten für ihr diszipliniertes Verhalten Dank und Anerkennung ausgesprochen, sie daran erinnert, daß der Krieg noch im Gang war, und Hochrufe auf Mutter Rußland ausgebracht hatten.

Wenn die Soldaten auf die Duma setzten, dann unter anderem auch aus einem naheliegenden egoistischen Gedankengang heraus. Der Provisorische Ausschuß war die einzige Kraft, die den Machtwechsel friedlich vollenden und den Truppen damit eine Bestrafung ersparen konnte. Welche andere Kraft hatte Aussicht, die Abdankung des Zaren zu bewirken oder von den Generälen und von der Bevölkerung des ganzen Landes als legitime Regierung anerkannt zu werden? Für den Fall, daß der Sowjet alle Macht bekäme, wäre bestenfalls ein Bürgerkrieg zu erwarten, wahrscheinlicher jedoch war, daß einige Armeekorps in die rebellische Hauptstadt einmarschieren und die Revolution zunichte machen würden, ohne auf viel Widerstand zu stoßen. Seltsam nur, daß im Provisorischen Ausschuß selbst niemand begriff, in was für einer starken Position man den Extremisten gegenüber war, und auch niemand die fatalen Folgen einer Fortsetzung der Koexistenz mit dem Sowjet voraussah. Zwei Mitgliedern des Ausschusses wäre es allerdings sehr wahrscheinlich schwergefallen, diese Koexistenz aufzukündigen, denn sie gehörten auch dem Exekutivkomitee des Sowjet an.

Der Sowjet handelte im Bewußtsein seiner eigenen Verwundbarkeit, als er am 1. März den Befehl Nr. 1 herausgab. Der Text des Befehls wurde wahrscheinlich bewußt zweideutig formuliert. Manche von denen, die bei der Abstimmung über ihn mit Ja stimmten, können dabei sehr wohl geglaubt haben, er solle nur für die Garnison von Petrograd gelten, doch den meisten müßte irgendwo klargewesen sein, daß der Befehl die Moral des gesamten russischen Heeres erschüttern würde. Der Befehl gebot allen militärischen Einheiten, eigene Sowjets zu wählen. Jede Kompanie, jedes Kriegsschiff, jede Division usw. sollte hinfort unter der Kontrolle eines selbstgewählten Soldatenrats und letzten Endes unter der des Petrograder Sowjet stehen. Die Soldaten-Sowjets sollten die Verfügungsgewalt über alle Waffen ihrer

Truppeneinheit erhalten, und die Waffen sollten »*unter keinen Umständen den Offizieren übergeben werden*, auch wenn sie dies verlangen«.[79] Alle Beschwerden und Streitigkeiten innerhalb der Truppe sollten vor den Sowjet kommen und von diesem entschieden werden. Die alten Gruß- und Anredeformen zwischen Soldaten und Offizieren wurden abgeschafft. Etwas verwirrend und zugleich amüsant mutet es an, daß der Befehl Nr. 1 die Soldaten nichtsdestoweniger ermahnte, bei der Erfüllung militärischer Pflichten die strengste Disziplin zu bewahren.

Ein Aufruf dieser Art konnte, ja mußte, wenn ihm nicht schnellstens etwas entgegengesetzt wurde, jeden Versuch blockieren, wieder Ordnung in die Garnisonen der Hautpstadt zu bringen, und mußte in absehbarer Zeit die Moral des gesamten Heers unterhöhlen. Allein, der Provisorische Ausschuß der Duma war nicht in der Stimmung oder, wie seine Mitglieder es sahen, nicht in der Verfassung, eine Konfrontation mit dem Sowjet zu riskieren, hatte er doch möglicherweise noch an einer anderen Front zu kämpfen.

Es gab in Petrograd, auch noch am 1. März, viele, die befürchteten, der Zar könne loyale Truppen zur Rückeroberung der Hauptstadt losschicken. Bis zum 27. Februar hatte Nikolaus II. die Ohren verschlossen vor all jenen Beschwörungen und eindringlichen Mahungen, im Interesse eines Überlebens des Regimes, ja der Dynastie selbst doch unbedingt einen Mann zum Premierminister zu ernennen, der das Vertrauen der Öffentlichkeit genoß, einen Mann wie den Fürsten Lŵow, und ihm freie Hand zur Zusammenstellung eines Kabinetts zu geben. Er hatte auf die inständigen Bitten und Brandmeldungen nicht reagiert, die im Hauptquartier eintrafen – abgesandt von Rodzjanko, Golicyn, von Nikolaus' Bruder, dem Großfürsten Michael, ja selbst von der Zarin, die telegrafiert hatte: »Zugeständnisse sind erforderlich.« Statt dessen befahl er einem älteren General, an der Spitze eines einzigen Bataillons (später sollten größere Einheiten von der Front abkommandiert werden und zu ihm stoßen) nach Petrograd zu marschieren, sich dort diktatorische Befugnisse zu verschaffen und den Aufstand auszutreten. Erst am 28. Februar um 5 Uhr morgens brach der Zar selbst, jetzt hauptsächlich der Sorge um die Sicherheit seiner Familie wegen, aus Mogilew auf, um mit dem Zug nach Zarskoje Selo zu reisen.

Die Aussicht darauf, daß Nikolaus II. als Zar von Rußland, der er immer noch war, in die Hauptstadt zurückkehren würde, versetzte den Provisorischen Ausschuß in Alarmstimmung. Größere und begründetere Befürchtungen mußten die Männer freilich im Hinblick auf die Möglichkeit hegen, daß Fronteinheiten, wie klein sie auch immer sein mochten, nach Petrograd heimkehren würden. Auf Geheiß des Ausschusses wurde die Eisenbahnverwaltung angewiesen, alle aus dem Gebiet des militärischen Hauptquartiers kommenden Züge schon weit vor der Hauptstadt anzuhalten und nicht weiterfahren zu lassen. Am 1. März, 3 Uhr nachmittags, traf der kaiserliche Zug nach einer bis dahin störungsfrei verlaufenen Fahrt auf einem Bahnhof mit dem ominösen Namen Dno (russisch für »unteres Ende«) ein. Hier wurde dem Zaren und seinem Gefolge bedeutet, daß es gefährlich für sie wäre, nach Zarskoje Selo weiterzureisen. Nach einigem Hin und Her (Nikolaus war unschlüssig) wurde der Zug nach dem drei Fahrtstunden entfernten Pskow umgeleitet, wo sich das Hauptquartier der von General Nikolaj Russkij befehligten Nördlichen Heeresgruppe befand.

Der General hatte bereits mit Rodzjanko, dem Präsidenten der Duma und Vorsitzenden ihres Provisorischen Ausschusses, Kontakt aufgenommen. Er machte dem Zaren sofort nach dessen Ankunft klar, daß die Lage kein weiteres Abwarten zuließ: Er müsse eine verantwortliche Regierung unter Führung Rodzjankos berufen. Eine Botschaft von Stabschef General Alexejew, die im selben Sinn gehalten war, erhöhte das Gewicht der Forderung Russkijs; der Stabschef hatte aufmerksamerweise seiner Botschaft gleich einen Textentwurf für den Erlaß beigelegt, mit dem Nikolaus seine Entscheidung bekanntgeben sollte. Der Zar erklärte sich, jetzt vollkommen resigniert, mit dem vorgeschlagenen Schritt einverstanden, einem Schritt, der, wenn er eine Woche früher getan worden wäre, den Untergang der Monarchie zumindest vorläufig verhindert hätte. Jetzt war es dazu viel zu spät. Der Provisorische Ausschuß war schon im Begriff, sich in eine reguläre Regierung umzuformen, und die Zustimmung, die er dazu brauchte, war schon nicht mehr die des Zaren. Als Russkij spät abends Rodzjanko anrief, um ihm Bescheid zu geben, erklärte dieser, in Anbetracht dessen, was geschehen sei, könne Nikolaus nicht mehr auf dem Thron bleiben.

Am 2. März kam das Ende für die dreihundert Jahre alte Dynastie. General Alexejew verständigte sich von Mogilew aus mit allen militärischen Oberbefehlshabern einschließlich des Großfürsten Nikolaj im Kaukasus. Sie alle pflichteten ihm darin bei, daß es absolut unerläßlich sei, daß der Zar unverzüglich zugunsten seines Sohnes Alexej zurücktrat und Großfürst Michael die Regentschaft übernahm. Es bedurfte jetzt nur noch geringer Überredung, den einstigen Herrscher aller Reußen zum Abtreten zu bewegen: Am frühen Nachmittag bedeutete er Russkij seine Zustimmung zu Alexejews Vorschlag.

Öffentlich bekanntgegeben werden konnte dies jedoch noch nicht, denn der Zar erhielt die Nachricht, daß mittlerweile zwei Emissäre der jetzigen Provisorischen Regierung, darunter Gutschkow, zu ihm unterwegs waren, um sich seinen Rücktritt schriftlich geben zu lassen. Während Nikolaus ihrer Ankunft harrte, überdachte er seine Entscheidung nochmals. Er erkundigte sich bei seinem Leibarzt, ob Alexej irgendeine Aussicht hätte, jemals von seiner Krankheit zu genesen – Rasputin hatte ihm versichert, wenn der Zarewitsch ein bestimmtes Alter erreiche, werde die Hämophilie vergehen. Es könne wohl sein, so antwortete der Arzt, daß der Knabe älter würde als sie beide, seine Krankheit jedoch sei unheilbar. Der Gedanke, sich von dem kranken Jungen trennen zu müssen – Nikolaus konnte kaum damit rechnen, nach seiner Abdankung in Alexejs Nähe oder auch nur in Rußland bleiben zu können –, war ihm unerträglich. Er erklärte daher, als die Emissäre am gleichen Abend eintrafen, er habe sich entschlossen, auch im Namen seines Sohnes zurückzutreten; der Thron solle an seinen Bruder Michael übergehen. Die Unterhändler waren konsterniert; daß ein Herrscher zugunsten eines anderen als des legitimen Erben abdankte, war in der russischen Geschichte ohne Beispiel. Wichtiger noch war, daß die Duma-Emissäre, alle beide glühende Monarchisten, gehofft hatten, der Sowjet, der lauthals seine Absicht verkündet hatte, die Romanows davonzujagen und die Monarchie als solche abzuschaffen, werde angesichts eines Knaben auf dem Zarenthron vielleicht einlenken. Doch dieses für ihn schwerste Opfer zu bringen war Nikolaus nicht bereit. Später, wieder in Mogilew, gewann bei dem abgesetzten Zaren der Patriotismus die Oberhand über die Vaterliebe, und er gab zu verstehen, er habe sich seine Entscheidung überlegt und wolle jetzt doch Alexej als Thronerben freigeben; doch zu diesem Zeitpunkt hatte die Frage sich bereits erledigt. Der Thron war bereits an Michael übergegangen, der in dem in aller Eile aufgesetzten, von Nikolaus in Pskow unterzeichneten Abdankungsmanifest aufgefordert wurde, »in Einheit und Harmonie mit den Vertretern des Volkes nach den Grundsätzen [zu regieren], die sie nach ihrem Willen erlassen werden«. Noch etwas hatten Nikolaus' Besucher auf dem Herzen. Aus dem Provisorischen Ausschuß der Duma war inzwischen die Provisorische Regierung von Rußland geworden, und die Beteiligten legten größten Wert darauf, den Schein einer legalen Übergabe der Macht zu wahren. Der Ex-Zar erklärte sich bereit, den Fürsten Lwów zum Premierminister und den Großfürsten Nikolaj zum Oberbefehlshaber zu berufen; die Ernennungsurkunden wurden so datiert, daß es aussah, als seien sie schon vor der Abdankung ausgefertigt worden.

Bei der Rückkehr von ihrer traurigen Mission* gab es für die Emissäre ein jähes Erwachen: Während ihrer kurzen Abwesenheit von der Hauptstadt war die Revolution nicht stehengeblieben. Gleich am Bahnhof beeilten sich die beiden, der versammelten Menge zu verkünden, daß Rußland jetzt einen neuen Zaren habe, Michael II.

Die Nachricht wurde von den Leuten, meist Arbeitern, mit Buhrufen quittiert, und Gutschkow und sein Kollege wären sogar um ein Haar verprügelt worden. Schon vorher hatte die Duma, durch Telegramme aus Pskow über die dortigen Vereinbarungen orientiert, mit Stimmenmehrheit Großfürst Michael als Thronnachfolger abgelehnt. Es läßt sich schwer sagen, wie echt und festgefügt die antimonarchischen Gefühle der städtischen Massen waren. Ein ausschlaggebender Faktor war vermutlich die Befürchtung der Soldaten, sie könnten unter einer Regierung, die in irgendeiner, sei es auch nur formalen Weise an das alte Regime anknüpfte, vielleicht für ihre revolutionäre Aktivität zur Rechenschaft gezogen werden.

Die Angelegenheit wurde, wie in jenen Tagen alles, in aller Hektik entschieden; bei einer rasch improvisierten Besprechung zwischen Großfürst

---

* Die beiden Sendboten empfanden den Rücktritt des Zaren als Tragödie, obgleich einer von ihnen, Gutschkow, seit langem in persönlicher Fehde mit Nikolaus gestanden hatte.

bzw. Zar Michael und den führenden Duma-Politikern zeigten sich nur noch Miljukow und Gutschkow bereit, für die Beibehaltung der Monarchie einzutreten. Bei ersterem hatte wieder der Historiker die Oberhand über den Tagespolitiker und gelegentlichen Demagogen gewonnen, und er versuchte den Anwesenden in einem beschwörenden Appell deutlich zu machen, daß Rußland, wie seine ganze Vergangenheit lehre, niemals von einem Ausschuß regiert werden könne. »Ich wies darauf hin, daß wir, wenn wir die neue Ordnung befestigen wollten, eine stabile Regierung brauchten, und Stabilität könne nur ein Regime gewährleisten, das sich als Schutzschild jenes Symbols staatlicher Autorität bediene, an das die Massen gewöhnt waren.«[80] Ohne diesen Schutzschild – die Monarchie – werde die Provisorische Regierung nicht überleben. Während ein Teil der Anwesenden sich überhaupt nicht äußerte, gaben andere dem Großfürsten zu verstehen, er begebe sich ihrer Ansicht nach in Lebensgefahr, wenn er die Krone annehme (sehr wahrscheinlich fürchteten sie für diesen Fall auch um ihr eigenes Leben). Es sei seine Pflicht, sie anzunehmen, rief daraufhin Professor Miljukow aus; die Regierung müsse dann eben, wenn es nicht anders gehe, aus Petrograd nach Moskau oder zum Sitz des militärischen Hauptquartiers ausweichen.* Doch Miljukow stand offenkundig auf verlorenem Posten: Bei allem persönlichen Mut, den der Großfürst aufbringen mochte, war es doch undenkbar, daß er gegen den entschlossenen Widerstand so einflußreicher Männer wie Kerenskij und Fürst Lẃow den Thron würde besteigen können.

Am 4. März wurde der Thronverzicht beider Zaren offiziell bekanntgegeben. Zuvor war es im Kreis der führenden Duma-Politiker zu einer lebhaften Diskussion darüber gekommen, ob Michael überhaupt abdanken konnte, da er doch sein Zarenamt gar nicht ausgeübt hatte. Man einigte sich schließlich darauf, daß es in seiner Erklärung heißen solle, er nehme die ihm angebotene Krone nicht an. Er sei, so verkündete seine Rücktritts- oder Verzichterklärung weiter, erst dann und nur dann zur Übernahme des Herrscheramts bereit, wenn eine vom Volk demokratisch gewählte verfassunggebende Versammlung beschließen sollte, ihm die Krone anzubieten. Für die Zeit bis zur Einberufung einer solchen Versammlung – ein Ereignis, das angesichts des Krieges alles andere als in greifbarer Nähe schien – sollten die Bürger »der Provisorischen Regierung gehorchen«, die, wie es in dem Manifest wenig realistisch hieß, »von der Staatsduma mit allen Machtbefugnissen betraut worden ist«.[81]

Neun Tage hatten genügt, ein politisches System in den Abgrund zu spülen, das sich in einigen wesentlichen Grundzügen seit dem Ende der mongolischen Oberherrschaft in Rußland, mehr als vier Jahrhunderte lang, unverändert erhalten hatte.

Was für ein Staat war Rußland nach dem 4. März? Gewiß keine Monarchie mehr, aber auch noch keine Republik. Das wesentliche Charakteristi-

* Moskau war allerdings seit dem 1. März in der Gewalt der Revolution.

kum seines politischen Systems kam in dem Attribut seiner neuen Regierung zum Ausdruck: »Provisorisch«.

Legitimität und Führerschaft sind die beiden wesentlichen Voraussetzungen jeder lebensfähigen Regierungsform. Was die Provisorische Regierung betraf, so vermochte sie von Anfang an kaum eine Aura der Legitimität um sich zu verbreiten. »Wer hat euch gewählt?« wurde Miljukow gefragt, als er bei einer öffentlichen Kundgebung die Namen einiger neuer Minister vorlas. Die einzige Antwort, die ihm einfiel, war: »Wir sind von der russischen Revolution gewählt worden.«[82] Wenn neun Tage des Tumults ein Kabinett gemacht hatten, konnten ein paar Tage mehr ein neues machen. Miljukow hätte zur Antwort geben können: »Die Staatsduma.« Das wäre zumindest ein Versuch gewesen, eines der beim Sturz des alten Regimes zerrissenen Haltetaue der Legitimität wieder zu knüpfen. Doch Miljukow und seine Partei, die »Kadetten«, die den Kern der Provisorischen Regierung bildeten, hatten die Vierte Duma ohnehin stets als eine Mißgeburt betrachtet, repräsentierte sie doch die wohlhabenden Klassen und nicht das Volk. Aber warum sie nicht dennoch am Leben halten, bis die verfassunggebende Versammlung als neue legitime Macht an ihre Stelle treten konnte? Schließlich war die Duma auch ein Teil, und nicht der unwichtigste, der russischen Revolution gewesen. Doch bei den Liberalen gesellte sich zu ihrem schlechten Gewissen wegen ihrer Klassenzugehörigkeit auch noch der Argwohn, die ursprünglich in ihrer großen Mehrheit ja sehr konservativ gewesene Duma könne nach ihrem revolutionären Höhenflug wieder in ihr altes Fahrwasser abgleiten. Lieber die Risiken einer politischen Koexistenz mit dem lästigen Sowjet in Kauf nehmen als das!

Die Provisorische Regierung war ein höchst ungewöhnlicher politischer Organismus, ein Kabinett ohne Premier, ohne Staatsoberhaupt (was sich immer dann peinlich bemerkbar machte, wenn Minister ausgetauscht werden oder das Ressort wechseln mußten) und ohne Legislative.

Was die Frage der Führerschaft anging, so schien es zunächst, als litten die Provisorische Regierung und die sie tragenden Parteien keinen Mangel an Männern mit politischen Führungsqualitäten. In ihren Reihen standen jene Kämpfer für die Freiheit, jene Politiker der unterschiedlichsten Couleur, die im Lauf der verflossenen Jahrzehnte im ganzen Land bekanntgeworden waren: namhafte Anwälte, Professoren, Unternehmer, die Elite der russischen Gesellschaft. Die Intelligenzija, bisher stets die Vorhut des Befreiungskampfes, fand sich nun an den Schalthebeln der Macht. Gewiß, sie hatten über Politik und über die Kunst des Regierens ihr Leben lang gesprochen und geschrieben, hatten häufig Brillantes dazu zu sagen gehabt, doch stets aus der Position praktischer Ohnmacht heraus. Sie hatten keine persönlichen Erfahrungen sammeln können, die sie dazu befähigt hätten, in diesem Land die Zügel der Macht zu ergreifen und zu gebrauchen, einem Land, in dem die meisten traditionellen Formen staatlicher Autorität verfallen oder sichtbar erschüttert waren, einem Land, das niemals wirkliche Freiheit und daher auch nicht die notwendig zur Freiheit gehörige Selbstdisziplin kennengelernt hatte, einem Land, das sich im Krieg befand.

Nehmen wir Kerenskij. Auf den Fotografien aus der Zeit um 1917 wirkt er wie ein Schauspieler in der Titelrolle einer Hamletinszenierung in Kostümen des 20. Jahrhunderts. Doch gerade seine theatralischen Fähigkeiten verhalfen ihm dazu, von der Allgemeinheit mehr als jeder andere als führender Kopf der Revolution anerkannt zu werden. Monarchisten, Bolschewiken, Liberale, sie alle scharten sich in jenen Tagen um ihn. Später sollten die meisten von ihnen mit Erbitterung, Haß oder Hohn an ihn zurückdenken, aber zunächst einmal war er in aller Augen die Hoffnung der Revolution und der Nation. Kerenskij war es, der die unschlüssige Duma am 27. Februar zum Handeln gepeitscht hatte. Er war es, der, nachdem meuternde Truppen die Minister und Statthalter des alten Regimes zu verhaften und zum Taurischen Palais zu schleppen begonnen hatten, durch sein persönliches Eingreifen verhinderte, daß diese Männer vom Pöbel gelyncht wurden. Ein Augenzeuge schilderte die Szene: »[Kerenskij] war schrecklich bleich, seine Augen glühten . . ., sein erhobener Arm . . . warnte die Menge . . . Sie alle erkannten ihn, wichen auseinander, bildeten eine Gasse vor ihm, offensichtlich durch seine Erscheinung eingeschüchtert . . . Er rief [den bewaffneten Soldaten, die im Begriff waren, auf Protopopow loszugehen] zu: ›Niemand rührt diesen Mann an.‹« Die siegreiche Revolution vergieße kein Blut, verkündete Kerenskij dann, ruhiger geworden, der beeindruckten Menge. Er rettete an diesem Tag noch viele andere Männer.[83]

Kerenskij übernahm in der ersten Provisorischen Regierung den Posten des Justizministers. Dies lief einem kurz zuvor gefaßten Beschluß des Sowjet zuwider, dem zufolge kein Mitglied des Arbeiter- und Soldatenrats – und Kerenskij war einer seiner beiden stellvertretenden Vorsitzenden – sich der Gefahr einer ideologischen Vergiftung aussetzen sollte, die die Mitgliedschaft in einer »bürgerlich-demokratischen« Regierung mit sich brachte. Am 2. März trat Kerenskij vor den Sowjet, um seinen Schritt zu erklären. Seine Rede fand zwar den stürmischen Beifall der Versammelten, muß aber bei manchen Zuhörern doch auch Zweifel daran geweckt haben, ob dieser Mann wirklich das Format eines nationalen Führers besaß, wie Rußland ihn in dieser historischen Stunde benötigte:

»Genossen, die Vertreter des alten Regimes befinden sich in meiner Gewalt, und ich habe beschlossen, sie in meiner Gewalt zu behalten. [Lauter Beifall. Zwischenrufe: ›Richtig!‹] . . . Sobald ich Minister war, ordnete ich die Freilassung aller politischen Gefangenen an . . . [Lauter Beifall, aus dem eine Ovation wird.] . . . Da ich Justizminister geworden bin . . ., trete ich hiermit als Stellvertretender Vorsitzender des Sowjets der Arbeiterdeputierten zurück. Aber, Genossen, ich kann nicht ohne das Volk sein, und ich bin bereit, den Posten wieder zu übernehmen, wenn ihr glaubt, daß ihr mich braucht. [Zwischenrufe: ›Wir bitten dich darum.‹] Genossen, obgleich ich in der Provisorischen Regierung bin, bleibe ich, was ich immer war, Republikaner. Ich brauche in meinem Amt die Unterstützung des Volkes . . . Kann ich euch vertrauen, wie ich mir selber vertraue? [Lauter Beifall. Zwischenrufe: ›Genosse, glaub an uns.‹]

Es ist undenkbar für mich, ohne die Unterstützung des Volkes zu leben, und wenn ihr mir nicht mehr vertraut, tötet mich.«[84]

Das war der typische Redestil Kerenskijs in den acht Monaten, in denen er die revolutionäre Szene beherrschte. Und dieser Stil war ansteckend: Ganz Rußland hallte in der folgenden Zeit von pathetischen Bekenntnissen dieser Art wider.

Das jetzige offizielle Oberhaupt der russischen Revolution, Fürst Lwow, hatte mit seinem letzten zaristischen Vorgänger Golicyn mehr gemein als einen uralten Adelstitel. Wie der eine, so schien auch der andere etwas über der politischen Realität zu schweben; den meisten Russen gelten die acht Monate zwischen der Februarrevolution und ihrer Fortsetzung im Oktober als die Kerenskij-Periode, und dies zu Recht, obgleich der große Volksredner den Fürsten Lwow erst im Juli als Premierminister ablöste. Der Fürst, der sich ideal zum Vorsitzenden eines Wohltätigkeitsvereins – das war er vorher ja eigentlich gewesen – oder zum Präsidenten einer konstitutionellen Regierung in friedlicher Zeit geeignet hätte, war einem Amt und einer Situation, die das Geschick eines politischen Genies erfordert hätten, nicht gewachsen. Wenn Kerenskijs Stil etwas Surrealistisches an sich hatte, dann verströmte Fürst Lwow ein Fluidum der Abstraktheit, und was er sagte und dachte, bewegte sich in einer dem Verständnis des gewöhnlichen Sterblichen entrückten Sphäre:

»Wie wunderbar ist die russische Revolution in ihrem großartigen und ruhigen [*sic!*] Fortgang. Das wunderbare an ihr ist nicht allein, auf welch märchenhafte Weise sie zu uns kam und wie hoch sie uns emporgehoben hat, nicht allein die Kraft und das Tempo, mit denen sie vorangestürmt ist und sich die Macht genommen hat, sondern das wunderbare an ihr ist in erster Linie der lenkende Gedanke, der ihr zugrunde liegt. Die Freiheit, die uns die Revolution bringt, ist getränkt mit Qualitäten, die der ganzen Welt, ja dem Weltall eigen sind. Die Ideen, die aus winzigen, in den fruchtbaren Boden eines halben Jahrhunderts eingesetzten Samenkörnern hervorgewachsen sind, haben ihre Blüten getrieben, um den Interessen nicht nur der russischen Nation, sondern auch der ganzen Welt Ausdruck zu verleihen. Die Seele des russischen Volkes hat sich als in jeder Beziehung demokratisch erwiesen. Sie ist bereit, nicht nur mit der Demokratie der ganzen Welt zu verschmelzen, sondern ihr vorauszueilen und sie auf dem Pfad des Fortschritts der Menschheit zu führen, in Eintracht mit den großen Grundsätzen der Freiheit, Gleichheit und Brüderlichkeit.«[85]

Solchen Geistes Kinder waren also der starke Mann des neuen Regimes und sein offizielles Oberhaupt. Doch es dauerte noch acht Monate, ehe dieses Regime sich in eine Situation manövriert hatte, die in etwa an die Lage des zaristischen Regimes vor seinem Sturz erinnerte. Wodurch hielt es sich aufrecht? Nun, die Regierung funktionierte, und die ersten Wochen über nicht einmal so schlecht. Das Heer lief nicht auseinander. Zwar nahm die Zahl der Fahnenflüchtigen nach der Revolution auf das Fünffache zu, aber im Oktober verfügte Rußland noch immer über eine Streitmacht von 5 Millionen Soldaten, die die Front gegen Deutsche und Österreicher hielt.

Die Erklärung muß jenseits der Politiker, der Parteien, der Sowjets gesucht werden. Die Revolution war ein Dammbruch, der Rußland in den Rausch einer Freiheit stürzte, wie das Land sie in seiner Geschichte noch niemals erlebt hatte. Das alte Rußland war selbst in seiner schlimmsten Verkalkung noch ein Polizeistaat gewesen mit willkürlichen Verhaftungen, Zensur, einem bedrückenden und oft brutal repressiven Staatsapparat. Jetzt kehrte Freiheit ein, und mit ihr lebten auch der russische Patriotismus und das staatsbürgerliche Pflichtgefühl neu auf. Im März 1917 wurde Rußland, um die Worte nicht eines Menschewiken oder eines Liberalen, sondern des Bolschewiken Lenin zu zitieren, das freieste Land der Welt. Das war der Grund, weshalb das auf eine beinahe groteske Weise funktionsuntüchtige politische System, das aus der Revolution hervorgegangen war, in der ersten Zeit den Eindruck erweckte, voller Lebenskraft und Hoffnung zu stecken. Allein, die russische Freiheit sollte, wie die russische Regierung, nur eine provisorische, eine »vorübergehende« sein.

Kapitel 6
»Das freieste Land der Welt«:
Rußland von März bis Oktober 1917

Die rasante Entwicklung der ersten Revolutionstage löste paradoxerweise bei denen, die seit Jahr und Tag für die Revolution arbeiteten und lebten, mehr Verblüffung aus als beim durchschnittlichen Bürger. Dieser wußte, auch wenn ihm vielleicht nicht ganz klar war, wie es sich genau zugetragen hatte, auf jeden Fall – und das war im Augenblick das einzige, das ihn interessierte –, daß Rußland, das am 27. Februar noch eine Autokratie gewesen, seit dem 3. März »frei« war. Für jene jedoch war es ein Traum, und die revolutionären Aktivisten waren sich zunächst noch nicht einmal sicher, daß dieser Traum sich wirklich und vollständig erfüllt hatte. »Revolution! – das war doch zu unwahrscheinlich, jeder wußte, daß das fern der Wirklichkeit war, nur ein Traum«, so beschrieb einer von ihnen seine spontane Reaktion auf die Februarereignisse.[1]

Für die gebildeten Russen markierte der 3. März nicht nur das Ende des alten Regimes, sondern auch den abrupten Zusammenbruch einer politischen Vorstellungswelt, die ihnen im Lauf der Generationen zur zweiten Natur geworden war. Ein tragendes Element dieser Vorstellungswelt war die Überzeugung gewesen, das politische Leben bestehe in einem immerwährenden Kampf zwischen der Autokratie und der Gesellschaft, wobei die Autokratie Macht und Stärke der Nation, die Gesellschaft ihren Geist und ihr Gewissen verkörperten. Das Verhältnis dieser beiden zueinander war zwar einerseits antagonistisch, andererseits aber auch, und dies war die plötzliche Erkenntnis, die vielen in jenen ersten Märztagen aufging, auf eine eigentümliche Weise symbiotisch gewesen. Denn man konnte die Gesellschaft und die mit ihr nahezu deckungsgleichen gesellschaftlichen Institutionen »öffentliche Meinung« und »Intelligenzija« nicht als bloßes soziales Konglomerat von Rechtsanwälten, Ärzten, fortschrittlichen Unternehmern und Grundeigentümern betrachten, sondern mußte sie vor allem auch als Kräfte definieren, die durch beständig ausgeübten Druck auf die Autokratie versucht hatten, diese zu Reformen »am eigenen Leib« zu veranlassen. Die Revolution hatte in diesem Kalkül stets die Rolle einer heimlichen, zuweilen auch offenen Verbündeten der Gesellschaft gespielt. Wenn die Autokratie die Reformverlangen der Gesellschaft für längere Zeit ignoriert hatte, war die Revolution als drohende oder sogar, wie 1905, als reale Gefahr auf den Plan getreten, nicht so machtvoll, daß sie das Regime ernsthaft gefährdete, aber doch so, daß sie es zum Nachgeben gegenüber den Forderungen der Gesellschaft zwang. Den größten Schaden fügte die Autokratie Rußland dadurch zu, daß sie der Gesellschaft eine institutionalisierte Form der politischen Mitwirkung verwehrte bzw. die gegen ihren Widerstand erkämpften Formen solcher Mitwirkung ad absurdum führte und damit wesentlich dazu beitrug, daß die russische Gesellschaft sich daran gewöhnte, in der Politik vor allem ein Forum für abstrakte historische und moralische Betrachtungen und Forderungen zu sehen, so daß sie kaum einen Sinn für die graue Alltäglichkeit des politischen Geschäfts entwickelte. Die Folgen dieses fatalen Defizits machten sich nach der Februarrevolution bemerkbar. Erst der Oktober sah den Triumph des politischen Pragmatismus in Rußland.

In jenen frühen Märztagen sahen die unverhofft zu Siegern Gewordenen ihre dringlichste Aufgabe zunächst nicht in einem Neuaufbau des zerbröckelnden Staatsapparats, sondern in einer Neuformulierung ihrer eigenen erschütterten Weltanschauung. Die Autokratie hatte sich in Luft aufgelöst. Was würde unter dieser Bedingung aus der Gesellschaft werden, diesem Gemisch von Liberalen, Radikalen, Beinahe-Revolutionären sowie neuerdings auch vielen Konservativen und Nationalisten, dessen politische Klammer ihre gemeinsame Gegnerschaft gegen das alte Regime gewesen war? Und wen oder was repräsentierte die neue Regierung denn nun? Man konnte solche vertrackten Fragen nicht damit erledigen, daß man sagte, »die Gesellschaft« oder »das Volk« seien bequeme politische Abstraktionen gewesen, die jetzt aber ausgedient hätten und an deren Stelle man rasch einige Maßnahmen sehr praktischer Art benötige, um das Land zusammenzuhalten. Auch wenn jemand darauf hingewiesen hätte, daß die Provisorische Regierung aus namhaften Männern des öffentlichen Lebens zusammengesetzt sei und daß es nicht darauf ankomme, für welche Klasse oder welche Prinzipien sie stand, sondern ob sie die Chance, zu regieren, erhalten und wie gut sie sie nützen würde, wäre er damit bei vielen Russen jener Generation übel angeeckt. Eine solche pragmatische Haltung wäre von nahezu allen Parteien des politischen Spektrums als Zynismus, als Ausdruck einer Spießermentalität gebrandmarkt worden, die vielleicht eines zaristischen Bürokraten, nicht aber eines Vertreters des neuen Rußland würdig sei.

Die ideologische Legitimation für das, was geschehen war, wurde, wie alles andere auch in jenen Tagen, in aller Eile teils aus improvisierten und teils aus entlehnten Elementen zusammengezimmert, deren Herkunft sich auf John Stuart Mill, Karl Marx, Nikolaj Tschernyschewskij und andere zurückverfolgen läßt. Der englische Liberale hätte erfreut die Verkündung der uneingeschränkten Meinungs- und Veröffentlichungsfreiheit – in Kriegszeiten immerhin – sowie die Tatsache zur Kenntnis genommen, daß der Petrograder Sowjet, anfängliche Widerstände gegen diesen Gedanken aufgebend, auch den reaktionärsten Zeitungen das Erscheinen gestattete. Der große alte Mann des russischen Populismus wiederum hätte das – gelegentlich gewalttätige – Gebaren der Bevölkerung gebilligt, die auf die Äußerung reaktionärer Ansichten so empfindlich reagierte, daß derartige Äußerungen riskant und selten wurden, und die im allgemeinen eine gesunde Geringschätzung für westliches Rechtsempfinden und westliche Skrupel an den Tag legte, wie sich bald an Vorkommnissen wie der Inbesitznahme und Aufteilung grundherrlicher Güter durch landhungrige Bauern zeigen sollte.

Karl Marx, der Geschichtsphilosoph und Lehrer des ökonomischen Determinismus, spielte zu Anfang eher die Rolle eines unbequemen Klotzes am Bein der Revolution, und erst, als im April sein markantester Schüler nach Rußland zurückkehrte, rückte Marx, der Revolutionär, in den Blickpunkt. Allerdings war der Marxismus, schon ehe Lenin auf der Bildfläche erschien, zu einem wesentlichen Bestandteil der russischen Szenerie geworden, und zwar in Gestalt seines eigentümlichen Sprößlings, des Sowjet. Zwar spielten die illegalen sozialistischen Parteien, die Menschewiken, die Sozialrevolutionäre und in geringerem Grad auch die Bolschewiken, bei den revolutionären Ereignissen und bei der Entstehung des Sowjet eine bedeutsame Rolle. Doch wurde die Rolle des letzteren mindestens zu Anfang viel entscheidender durch jenes bizarre System der geteilten Macht – zwischen Provisorischer Regierung und Sowjet – und durch die ganze, nicht von den Arbeitern, sondern aus den Köpfen einer kleinen, formal mit keiner der sozialistischen Parteien verbundenen Gruppe von Intellektuellen stammenden Philosophie der revolutionären Demokratie geprägt als von irgendeinem der »offiziellen« sozialistischen Parteiführer.

Wir haben hier ein neuerliches Beispiel, wie scheinbar unbedeutende Zufälligkeiten den Verlauf großer historischer Geschehnisse beeinflussen können. Die meisten der leitenden Figuren der Revolution waren in jenen Tagen fast ununterbrochen auf den Beinen, sei es, daß sie an Debatten teilnahmen, sei es, daß sie von einem Ende Petrograds zum anderen eilten, um Reden zu halten, die Soldaten zu beruhigen, die Arbeiter anzuspornen, die Offiziere und andere herausgehobene Gruppen der Bevölkerung bei Laune zu halten und ähnliches mehr.* Bei manchen von ihnen war diese fieberhafte Aktivität nicht nur ein Zugeständnis an das rasante Tempo der Ereignisse, sondern durchaus angemessener Ausdruck ihres Naturells. Für Kerenskij findet sich in den Akten der zaristischen Geheimpolizei der Spitzname »Wiesel«. Er war berühmt dafür, daß er ihn verfolgende Polizeiagenten durch das Aufspringen auf bzw. das Abspringen von fahrenden Straßenbahnen abzuschütteln vermochte.

Wichtige Waffen im Kampf der einzelnen Gruppierungen um Festigung und Ausbau ihres Einflusses auf die Massen waren das gesprochene und das gedruckte Wort. Jede Partei versuchte, die erste zu sein, die mit einem feurigen Manifest, mit einem Appell an die Wünsche und Ängste der Bevölkerung sich deren Gefolgschaft sicherte, jede versuchte, als erste die eigene

---

* Das alles war, rein praktisch gesehen, nicht ganz einfach, weil die öffentlichen Verkehrsmittel, die am 26. Februar lahmgelegt worden waren, den Betrieb erst in der zweiten Märzwoche wieder aufnahmen. Automobile und Pferdedroschken waren kaum aufzutreiben, ganz abgesehen davon, daß es einem Revolutionär nicht gut anstand, auf solchen Luxus zurückzugreifen.

Version eines aktuellen Ereignisses unter die Leute zu bringen und eine elegante, dem Arbeiter einsichtige, den Intellektuellen überzeugende Erklärung für das, was geschehen war und was folgen mußte, zu liefern. Die Kerenskij, Schljapnikow, und wie sie alle hießen, waren beständig unterwegs oder mußten Ausschußsitzungen absolvieren, auf denen des Redens und Debattierens kein Ende war. Der Großteil der theoretischen und schriftlichen Arbeit des Sowjet blieb somit einer Handvoll von Intellektuellen überlassen, die ungeachtet der um sie herum herrschenden Aufregung und Geschäftigkeit noch fähig waren, sich hinzusetzen und jene Resolutionen, Appelle und Artikel zu verfassen, die momentan die wichtigsten Waffen in den Händen der revolutionären Demokratie waren. Was sie ausarbeiteten und aufschrieben, wurde vom Exekutivkomitee oder dem ganzen Sowjet zumeist rasch und ohne jede Diskussion – die Zeit drängte – gebilligt.

Einer, der auf diese Weise »zufällig« zu einem Geschichte machenden Akteur wurde, war Jurij Steklow, dem der Sowjet die Schriftleitung seines Organs, der *Iswestija* übertrug, die einige Tage lang die einzige in der Hauptstadt erscheinende Zeitung war. Der Literat und Essayist Steklow, der politisch zwischen Bolschewiken und Menschewiken schwankte, wurde so zum offiziellen Sprachrohr der revolutionären Demokratie und übte ebenso großen, wenn nicht größeren Einfluß aus als deren nomineller Kopf, der phlegmatische Georgier Tschcheidse. Da Rußland jetzt das freieste Land der Welt war, kam es Steklow nicht in den Sinn, sich bei dem, was er schrieb, nach den Wünschen seines »Arbeitgebers«, des Exekutivkomitees des Sowjet, zu richten. Während dieses in der Frage des Krieges eine überwiegend kämpferische Haltung einnahm, war Steklow ein leidenschaftlicher Pazifist und ritt in seinen Artikeln unverhüllte, lodernde Attacken gegen die Provisorische Regierung und die Heeresleitung. »Er sprach von Konterrevolution, von den konterrevolutionären Generälen im Hauptquartier, daß man sie in Ketten legen und ohne Rücksicht bestrafen solle; [oder man solle sie] für vogelfrei erklären, so daß jedermann sie ungestraft umbringen könnte.«[2] Solche demagogischen Äußerungen, wie Steklow sie in den Spalten der *Iswestija* verbreitete, waren zu dieser Zeit nicht einmal von bolschewistischer Seite zu hören. Die Mehrheit im Exekutivkomitee des Sowjet geriet Steklow gegenüber in ein Dilemma: Unbestreitbar entsprach das, was er verbreitete, nicht ihren Auffassungen und gefährdete zudem das ohnehin schon nicht mehr unbelastete Nebeneinander von Provisorischer Regierung und Sowjet. Aber man konnte doch einen Mann nicht abhalftern, nur weil er weiter links stand als man selbst. Um dem peinlichen Genossen das Wasser abzugraben, stocherten seine Kritiker daher in seiner Vergangenheit und förderten einen Skandal zutage. Steklow hatte ursprünglich Nahamkis geheißen. Zwar galt es als ganz normal und keineswegs ehrenrührig, wenn ein jüdischer Revolutionär einen russisch klingenden »Kampfnamen« annahm, wie es beispielsweise Trotzki, Kamenew und viele andere getan hatten. Nahamkis-Steklow jedoch hatte bei den zaristischen Behörden auf gesetzlichem Weg eine Namensänderung beantragt, und das war nun allerdings ein unverzeihlich unsozialistischer Versuch, die eigene jüdische Herkunft zu verleugnen. Steklow verlor zwar nicht seinen Posten als Chefredakteur der *Iswestija*, aber seine Artikel wurden in der Folge doch merklich zahmer und besonnener.

Ein anderer, der durch die Laune der Geschichte vorübergehend an die Spitze der revolutionären Demokratie gespült wurde, den Aktivitäten des Sowjet allerdings einen bleibenderen Stempel aufprägte, war Nikolaj Sokolow. Er war vor den Februarereignissen bereits ein bekannter Anwalt mit umfangreichen Verbindungen zu liberalen Kreisen gewesen, und die »Ochrana« hatte sein Domizil in ihren Listen als einen beliebten Treffpunkt linker Aktivisten geführt. Ungeachtet seines nicht eben proletarischen Berufs wurde Sokolow zu einem der Hauptinitiatoren des Petrograder Sowjet der Arbeiterdeputierten, der ihn bei seinem ersten Zusammentritt sogar zu seinem Vorsitzenden wählte. »N. D. Sokolow lief hin und her, erteilte Anweisungen und setzte die Abgeordneten auf ihre Plätze. Ohne erkennbare Legitimation erklärte er den Anwesenden autoritativ, wer welches Stimmrecht habe, ob einer stimmberechtigt sei oder eine nur beratende oder gar keine Stimme besitze.«[3] Nicht lange, und Sokolow wurde als Oberhaupt des Petrograder Proletariats von Tschcheidse abgelöst, auch er eine nicht ganz passend anmutende Wahl, da er zwar zum sozialistischen Flügel der Duma zählte, sein Mandat aber als georgischer Nationalitätenvertreter erhalten hatte. Doch die siegreiche Revolution kümmerte sich nicht um solche Kleinigkeiten.

Sokolow hat seinen gesicherten Platz in der Geschichtsschreibung dadurch errungen, daß er den berühmten und folgenschweren Befehl Nr. 1 formulierte, der den Anfang vom Ende des zaristischen russischen Heeres markierte. »Am Schreibtisch saß N. D. Sokolow und schrieb. Er war von allen Seiten von sitzenden, stehenden und sich über ihn hängenden Soldaten umringt, die ihm entweder etwas diktierten oder ihm vorschlugen, was er schreiben sollte . . . Als die Arbeit beendet war, setzte man an den Kopf des Blattes die Überschrift: ›Befehl Nr. 1‹.«[4]

Der Interessanteste in diesem Trio grauer Eminenzen aus der Frühzeit des Petrograder Sowjet war zweifellos Nikolaj Suchanow. Er ist typisch für jene Aura der Irrealität, in die Rußland und die Revolution getaucht waren. Wären uns nicht solche Leute aus unserer eigenen Zeit vertraut, es fiele uns wohl sehr schwer, zu glauben, daß es einen Mann wie Suchanow tatsächlich gegeben und daß er die Dinge gesagt und geschrieben hat, die wir von ihm kennen, und wir würden vermutlich eher dazu neigen, ihn für eine fiktive Figur in einer Satire aus der Feder eines modernen Dostojewskij zu halten.

Was für ein irreales Dasein hatte er bereits unter dem alten Regime geführt – oder besser: Was für ein irreales Regime, unter dem ein solches Dasein möglich war! 1914 war Suchanow wegen seiner radikalen Schriftstellerei polizeilich aus Petrograd verbannt worden. Das hinderte ihn jedoch nicht, dort wohnen zu bleiben, und dies nicht einmal in aller Heimlichkeit, denn er ging unter seinem richtigen Namen Nikolaj Himmer friedlich seiner Arbeit im Landwirtschaftsministerium nach. Als gelernter Statistiker und Volkswirtschaftler beschäftigte er sich gewissenhaft mit Problemen des Feldbaus und der Bewässerung in den zentralasiatischen Provinzen. Der zaristische Bürokrat Himmer war zugleich der revolutionäre Publizist Suchanow – unter diesem Namen schrieb er gemäßigt aufrührerische Artikel in Maxim Gorkis *Chronik*, die radikalen Intellektuellen jeder Schattierung eine publizistische Zuflucht bot. (Dank Gorkis literarischem Ruhm und seiner guten Beziehungen zu den Spitzen der russischen Gesellschaft – er schloß mit Großfürsten ebenso leicht Freundschaft wie mit einem Lenin oder einem Schaljapin – blieb seine Zeitschrift trotz ihrer entschieden revolutionären Färbung von der Schließung verschont.) Die Doppelexistenz als Himmer und Suchanow hatte einen unbequemen Aspekt: Er mußte gelegentlich ein Ausweichquartier für die Nacht suchen. Allerdings betrachteten es die meisten russischen Intellektuellen jener Zeit, selbst wenn sie nur flüchtige Bekannte waren, als eine Ehre, einem Manne ihre Gastfreundschaft zu erweisen, der wegen seiner politischen Überzeugungen von der Geheimpolizei gejagt wurde.

Suchanow war vielleicht ebensowenig auf die Revolution vorbereitet wie andere Revolutionäre. Doch als sie da war, hatte er sogleich eine Antwort auf die Frage parat, mit der die russischen Radikalen sich immer so schwer getan haben: Was tun? Schneller als Lenin, Kerenskij und andere erkannte er, für welches Ziel ein wahrer Demokrat, Revolutionär und Repräsentant der Arbeiterklasse (all dies glaubte Suchanow zu sein) kämpfen mußte: die Bourgeoisie zur Übernahme der politischen Macht zu zwingen. Seine Begründung mag bizarr und unfreiwillig komisch anmuten, schien jedoch den meisten russischen Marxisten durchaus logisch zwingend. Und sosehr wir versucht sein mögen, Suchanows gequälte Argumentation zu belächeln, so sollten wir doch nicht vergessen, daß das Szenario, das er entwarf, tatsächlich im ersten Akt des revolutionären Dramas zur Aufführung gelangte, nicht nur in Rußland, sondern danach auch noch in mehreren anderen Ländern.

Die revolutionäre Demokratie sei, so die einleitende Prämisse seiner Argumentation, vollkommen unfähig, Rußland zu regieren. »Sie wurde mit der technischen Seite des Regierens nicht fertig, insbesondere nicht unter den obwaltenden katastrophalen Verhältnissen, sie vermochte weder die [noch verbliebenen] Kräfte des alten Regimes noch die von der Bourgeoisie repräsentierten [Kräfte] zu überwinden, die ihr [d. h. der proletarisch-revolutionären Demokratie] feindlich gesonnen waren.« Daher müsse die »Sowjet-Demokratie die Macht ihrem Klassenfeind, der Bourgeoisie, übergeben«.[5]

Bis hierher ist dies nichts weiter als eine Variation zu dem alten marxistischen Thema, daß Rußland, da es seine kapitalistische Entwicklungsphase noch nicht durchlaufen hatte, für den Sozialismus noch nicht reif sei; jeder orthodoxe Marxist mußte sich daher, so schwer es ihm auch fallen mochte, mit der Aussicht auf ein »bürgerlich-demokratisches« Regime abfinden, das erst in einiger Zeit, wahrscheinlich erst Jahrzehnte später, von seinem dann voll ausgewachsenen Hervorbringsel, dem klassenbewußten Proletariat, gestürzt würde. An dieser Stelle führte Suchanow jedoch eine interessante und ziemlich originelle Variante ein: »Die dem Klassenfeind übergebene Macht muß von der Art sein, daß sie der Demokratie die vollste Freiheit im Kampf gegen den Feind, das heißt gegen die Machthaber, erlaubt. Und die Bedingungen, unter denen die Macht [an die Bourgeoisie] übergeben wird, müssen gewährleisten, daß die Sowjet-Demokratie in naher Zukunft den völligen Sieg über die Bourgeoisie davonträgt.« Die bürgerlich-kapitalistische Regierung sollte somit lediglich als zeitweiliger Notbehelf dienen, als eine Institution, die den »Auftrag« hatte, die Bedingungen für ihren eigenen Untergang zu schaffen. In der Tat hätte eine solche bürgerliche Regierung nicht viel mehr Macht besessen als ein zum Tode Verurteilter, dem man das Recht einräumt, Anordnungen für die Gestaltung seines Begräbnisses zu treffen.

Wenn Suchanow dieses Rezept auch ziemlich originell formulierte, so war es doch nicht seine Erfindung. Es war eines jener mehr oder weniger versponnenen Gedankenspiele, die unversehens historische Aktualität gewinnen; ein Stückchen davon steckte bereits in der von Trotzki und Parvus mehrere Jahre zuvor kreierten Theorie der »permanenten Revolution«, die de facto der Praxis und dem Funktionieren der »Doppelherrschaft« – des Sowjet und der Provisorischen Regierung – zugrunde lag. Das Verdienst jedoch, für dieses unmögliche Nebeneinander eine elegante marxistische Erklärung geliefert (bzw. wenn man so will, seine wahre Bestimmung in entlarvender Offenheit bezeichnet) zu haben, gebührt unbestreitbar Suchanow.

Zweifellos brachten seine Formulierungen auch gewichtige persönliche Beweggründe zum Ausdruck. Suchanow verkörperte jenen Typus des russischen Intellektuellen, über den man einmal gesagt hat, er wisse über alles Bescheid und könne doch nichts tun. Es ist vielleicht nicht ganz gerecht, diese Charakterisierung auf Suchanow anzuwenden, der doch immerhin ein fähiger Statistiker war und diesem Beruf auch später, unter der Sowjetherrschaft, wieder nachging, bis er, wie so viele Veteranen der Revolution, im Verlauf der Säuberungen der 30er Jahre verschwand. Suchanow wurde der Boswell der russischen Revolution; er verfaßte, zu einem Zeitpunkt, zu dem es noch möglich war, wahrheitsgemäß darüber zu schreiben, eine unschätzbar wertvolle Chronik der Ereignisse, bei denen er anfänglich selbst eine wichtige Rolle innehatte. Doch es ist ganz unmöglich, sich ihn als jemanden vorzustellen, der im Bereich des Politischen etwas *tat*, statt lediglich über Politik zu sprechen und zu schreiben. Trotzkis Urteil über Suchanow trifft wohl weitgehend ins Schwarze: »... mehr gewissenhafter Beobachter als Politiker, mehr Journalist als Revolutionär ..., nur so lange imstande, zu einer revolutionären Konzeption zu stehen, als der ihre Umsetzung in die Tat erfordernde Augenblick noch nicht gekommen ist«.

Es kommt daher nicht überraschend, daß Suchanow eine potentielle Schwäche seines Rezepts ohne weiteres einzuräumen bereit war: »Würde die russische Kapitalistenklasse unter diesen Bedingungen die Macht übernehmen« und fröhlich darangehen, ihr eigenes Grab zu schaufeln? Die schwierigste Aufgabe für die revolutionäre Demokratie bestand somit darin, »die Kapitalisten zur Übernahme der Macht zu zwingen, ihnen keine andere Wahl zu lassen, als auf das für sie gefahrvolle Experiment einzugehen«.[6] Mit Bangen registrierte Suchanow die gelegentlichen Drohungen Miljukows (den er als die Schlüsselfigur im Lager des Klassenfeindes betrachtete), gewissermaßen in den Streik zu treten; ja, einmal deutete Miljukow, mit einer besonders unverschämten Forderung des Sowjet konfrontiert, sogar die Möglichkeit an, er könne sich aus der Provisorischen Regierung zurückziehen und seine »Kadetten«-Parteifreunde mitnehmen – wie typisch für die heimtückische Bourgeoisie, dieser Versuch, der Revolution dadurch in den Rücken zu fallen, daß man das Proletariat, genauer gesagt, dessen sozialistische Avantgarde zur Übernahme der uneingeschränkten Regierungsmacht zwang, in deren Besitz sie doch unweigerlich ein Chaos anrichten und damit sich selbst und den Sozialismus in den Augen der Massen diskreditieren würde!

Die Aussicht, regieren zu müssen, anstatt eine kritisierende Nebenregierung zu bleiben, versetzte nicht nur die Suchanows und Steklows in Angst und Schrecken, sondern sogar die verantwortlicher denkenden und handelnden Repräsentanten des Sowjet. Nicht einmal die Bolschewiken meinten es zu diesem Zeitpunkt wirklich ernst, wenn sie agitatorisch gegen die Provisorische Regierung auf- und für ein wahrhaft proletarisches Revolutionsregime eintraten. Offiziell vertrat man im Lager der revolutionären Demokratie den Standpunkt, nachdem man den Sieg der Revolution erkämpft habe, bezeuge man nun enorme Großzügigkeit und Selbstverleugnung, indem man diese Kapitalisten eine Regierung bilden ließ, ihnen gewisse Befugnisse zugestand und sie vor den Massen beschützte. De facto spielte die Provisorische Regierung zumindest den März und April über die Rolle eines Schutzschilds, hinter dem der Sowjet sich seinen revolutionären Zündeleien hingeben konnte, ohne sich noch Gedanken über die daraus möglicherweise entstehenden Brände machen zu müssen. Eine ausschließlich sozialistische Regierung wäre von den Streitkräften, ja vom größten Teil der russischen Nation außerhalb der beiden Hauptstädte nicht akzeptiert worden. Ob der Sowjet die Empörung, die beispielsweise der Befehl Nr. 1 auslöste, überlebt oder ob seine Führer sich das Vertrauen ihres Fußvolks lange hätten bewahren können, wenn das bürgerliche Kabinett nicht als Stoßdämpfer zwischen dem Sowjet und der öffentlichen Meinung gestanden hätte, ist zumindest zweifelhaft.

Hier offenbarte sich also wieder einmal drastisch der Widerwille der revolutionären Demokratie gegen eine Beteiligung am praktischen Geschäft des Regierens; ihre Wortführer zweifelten nicht nur an ihren eigenen paraktisch-politischen Fähigkeiten, sondern hatten auch Angst davor, in dem Augenblick, da sich ihre administrative Inkompetenz erweisen würde, sehr rasch von ihren enttäuschten Anhängern im Stich gelassen zu werden.

Ein denkbarer Ausweg aus diesem Dilemma hätte darin bestanden, daß die führenden Vertreter des sozialistischen Lagers in die Provisorische Regierung eingetreten wären, und eben dies war es, was Fürst Lwów Ende April vorschlug, als die katastrophalen Folgen der Doppelherrschaft bereits zur Genüge deutlich geworden waren. Der Vorsitzende des Sowjet, Tschcheidse, erinnerte sich bei dieser Gelegenheit daran, daß ihm bereits in den ersten Tagen der Revolution ein Posten im Kabinett – als Arbeitsminister – angetragen worden war, den er jedoch abgelehnt habe, weil »ich im Herbst meines Lebens war [er war Anfang fünfzig] und nicht glaubte, die erforderlichen Qualifikationen zu besitzen«. Das Exekutivkomitee des Sowjet beschloß dann ohnehin eine »Grundregel«, der zufolge keines seiner Mitglieder ein Ministeramt annehmen sollte.

»Die Entscheidung war, wie ich glaube, richtig. Der Sowjet gewann dadurch, daß er außerhalb der Regierung blieb, in den Augen der Massen an Autorität, und das setzte ihn in die Lage, dieselben zu organisieren und im ganzen Land die Demokratie zu errichten. Wenn wir statt unserer eigenen eine bürgerliche Regierung vor Angriffen in Schutz nehmen und erklären, keine denkbare Regierung könne auf der Stelle Frieden schaffen und grundlegende Reformen durchführen, dann vertrauen uns die Massen und sehen ein, daß wir als Sozialisten unter solchen Umständen nicht Minister werden sollten. Träten wir jedoch in die Regierung ein, so würden wir bei den Massen Hoffnungen und Erwartungen wecken, die wir in der Praxis nicht erfüllen könnten.«[7]

Hier scheint mir der Punkt erreicht, an dem einem Außenstehenden, und sympathisiere er auch noch so sehr mit der nichtbolschewistischen Linken, der Vorrat an Langmut mit diesen Leuten auszugehen und er sich zu fragen beginnt, weshalb in drei Teufels Namen ihnen, wenn sie doch selbst weder regieren konnten noch wollten, so viel daran gelegen war, das zaristische Regime zu stürzen, und weshalb sie im Anschluß daran der ersten Provisorischen Regierung das Leben zur Hölle machen mußten.

Ohne der revolutionären Demokratie unrecht tun zu wollen, muß man doch ernste Zweifel daran anmelden, ob der Provisorischen Regierung mehr Erfolg beschieden gewesen wäre, wenn sie sich völlig auf die eigenen Beine gestellt hätte, statt sich andauernd vom argwöhnischen Sowjet beaufsichtigen zu lassen. Dieser verhielt sich ja nicht durchweg obstruktiv, ließ vielmehr zuweilen wohlwollende Sympathie für die bürgerlich-demokratische Regierung erkennen und versuchte gelegentlich sogar, deren Autorität zu befestigen und die anschwellende Flut der Anarchie zu bändigen. Man könnte die Beziehung zwischen dem Sowjet und der Provisorischen Regierung mit der zweier Schiffbrüchigen vergleichen, die ein leckendes Boot ans rettende Ufer zu rudern versuchen. Sie streiten sich beständig darüber, welche Richtung einzuschlagen ist, wer von beiden rudern muß oder darf, während der andere Wasser schöpft, aber beide beziehen einen gewissen Trost aus der Gesellschaft des anderen.

Der Duma, die als Hebamme des neuen, bizarren Regimes fungiert hatte, wurde nun mitgeteilt, daß man ihrer Dienste nicht mehr bedürfe. Zwar erhob Rodzjanko tapfer den Einwand, wenn nicht das Parlament als ganzes, so könne doch sein Provisorischer Ausschuß immer noch eine nützliche Aufgabe erfüllen; aber niemand wußte, welche Aufgabe. Es war schon schlimm genug, daß es zwei Regierungen gab, da brauchte man nicht noch ein zusätzliches Organ, das seinerseits politische Vorstellungen anmelden würde. Außerdem war da ein juristisches Problem – die Duma war vom letzten Zaren vertagt worden, und jetzt gab es niemanden mehr, der formell befugt war, sie wieder einzuberufen. Aber auch aufgelöst konnte sie nicht werden; das wäre seitens der Provisorischen Regierung einem Akt des politischen Muttermords gleichgekommen. So führte das letzte echte Parlament Rußlands sein Phantomdasein weiter: Die Abgeordneten traten nicht wieder zusammen, sondern holten lediglich ihren monatlichen Diätenscheck ab, bis im Oktober, wenige Tage vor dem bolschewistischen Staatsstreich, ihre offizielle Legislaturperiode zu Ende war.

In ungeschminkten Begriffen und unter Verzicht auf alle Euphemismen wie »revolutionäre Demokratie« und »demokratische Bourgeoisie« kann man sagen, daß die revolutionäre Regierung des Nachfebruar aus einem politischen Kompromiß zwischen den beiden Gruppen der Intelligenzija hervorging: der liberalen, durch die Provisorische Regierung repräsentierten, und der radikalen, aus deren intellektuellem und politischem Milieu die meisten Wortführer des Sowjet stammten – Tschcheidse, Skobelew und Kerenskij, nicht zu reden von den Sokolows und Suchanows. Die Dichotomie von Bourgeoisie und Proletariat als den von den beiden Fraktionen der Intelligenzija angeblich repräsentierten Bevölkerungsgruppen war zumindest in soziologischer Hinsicht weitgehend eine Fiktion, denn es gab in der Spitze des Sowjet keinen einzigen echten Proletarier und in den Reihen der ersten Provisorischen Regierung nur wenige echte Kapitalisten. Miljukow, der inzwischen zur Rechten zählte, war der Sohn eines Architekten; Kerenskijs Vater war Rektor eines Gymnasiums gewesen, was im zaristischen Rußland ein Posten mit beträchtlichem gesellschaftlichen Prestigewert und gewöhnlich mit der Verleihung eines Adelstitels verbunden war.* Ein Adelstitel war in Rußland nicht immer eine Garantie für Wohlhabenheit oder auch nur soziales Prestige: So war etwa Fürst Lwow ein Grundbesitzer von mittlerem Wohlstand und in jeder anderen Hinsicht ein ziemlich typischer liberaler Intellektueller. Von den Mitgliedern seines Kabinetts konnte man

---

* Einer von Fjodor Kerenskijs Musterschülern am Gymnasium von Simbirsk war Wladimir Uljanow gewesen, der 1917 der politischen Laufbahn seines (Kerenskijs) Sohnes ein Ende bereitete.

den Handelsminister Alexander Konowalow als einen Industriellen und den Kriegs- und Marineminister Gutschkow, der einer bekannten Moskauer Kaufmannsfamilie entstammte, als Unternehmer einstufen. Der einzige unter den Ministern jedoch, der dem volkstümlichen Klischee eines Kapitalisten entsprach, war Finanzminister Michael Tereschtschenko, ein Zuckermagnat aus der Ukraine.*

Die führenden Männer sowohl des Sowjet als auch der Regierung waren im Zeichen der Ethik der Intelligenzija aufgewachsen, einer Ethik, die das höchste Ziel politischen Handelns in der Opposition gegen die jeweils herrschende Macht pries und demgegenüber den Erwerb realpolitischer Fähigkeiten und Denkweisen, wie sie für die Regierung Rußlands in dieser entscheidenden Stunde seiner Geschichte vonnöten gewesen wären, geringschätzte. Politik reduzierte sich nach dem Glaubensbekenntnis der Intelligenzija auf die Befolgung der »richtigen« Grundsätze und die Verabschiedung der »richtigen« Gesetze. Die Demokratie war, wenngleich Radikale und Liberale sie in mancher Beziehung unterschiedlich definierten, doch in den Augen beider Gruppen das Universallösungsmittel für alle gesellschaftlichen und wirtschaftlichen Probleme.

So war es durchaus bezeichnend, daß die Provisorische Regierung in der ersten öffentlichen Erklärung, in der sie ihr Aktionsprogramm vorstellte, nichts zu solchen drängenden Problemen wie der Inflation, der Knappheit an Lebensmitteln und der Aufrechterhaltung der öffentlichen Ordnung zu sagen hatte. Gerade das letztere war in einem Land, dessen Bevölkerung noch unter dem unmittelbaren Eindruck des traumatischen Erlebnisses stand, die traditionellen Stützpfeiler aller staatlichen Autorität binnen weniger Tage zusammenbrechen zu sehen, von größter Wichtigkeit. Man glaubte vielmehr, alle diese Probleme und Gefahren würden sich, wenn man nur für ein Maximum an Freiheit und Demokratie sorgte, irgendwie von selbst erledigen. Während es unter den gegebenen Umständen ziemlich naheliegend war, als eine der ersten Maßnahmen nach der Revolution eine »sofortige und vollständige Amnestie« in Betracht zu ziehen, wäre es für ein anderes Revolutionsregime sicherlich keine Selbstverständlichkeit gewesen, in eine solche Amnestie *alle* Fälle politischer und religiöser Natur, auch terroristische Akte, militärische Revolten und landwirtschaftliche Vergehen usw.« mit einzuschließen.[8] Schließlich befand sich das Land im Krieg. Unter den »landwirtschaftlichen Vergehen« waren offenkundig auch solche Dinge zu verstehen wie das Abbrennen von Herrensitzen und Vorratsscheuern, unter

---

* »Wer ist Tereschtschenko?« erscholl es aus der Menge, als Miljukow seine Kabinettsliste bekanntgab; alle anderen Namen waren wohlbekannt, und ihre Träger entsprachen den von der Provisorischen Regierung für die Ministerämter gesetzten Normen oder sollten dies wenigstens tun. Tereschtschenko hatte sich bis dato in der Öffentlichkeit lediglich als Musikmäzen hervorgetan. Der 29jährige Millionär verdankte seine Berufung vermutlich weniger der Tatsache, daß, wie Miljukow die neugierige Menge beschied, »sein Name in Südrußland berühmt ist«, als vielmehr seiner aus der gemeinsamen Zugehörigkeit zur Freimaurerloge herrührenden guten Beziehungen zu Kerenskij und Konowalow.

»militärischen Revolten« nicht nur die Meuterei der Petrograder Garnison, sondern auch andere Fälle militärischen Ungehorsams, selbst wenn sie nicht das geringste mit Politik zu tun hatten. Sollten etwa die Teilnehmer an Judenpogromen freigelassen werden, wenn sie für ihre Untaten politische Motive geltend machten?

Die Amnestie wurde ironischerweise am 6. März verkündet, am gleichen Tag also, an dem der Ex-Zar und seine Familie auf Drängen des Sowjet in Zarskoje Selo unter Hausarrest gestellt wurden. Mehrere Spitzenbeamte des alten Regimes blieben hinter Gittern, trotz der Amnestie und obwohl unter strafrechtlichen Gesichtspunkten nichts gegen sie vorlag, während zur gleichen Zeit Mörder, Brandstifter, Leute, die sich an öffentlichem oder privatem Eigentum vergriffen hatten, überwiegend jedenfalls gewöhnliche Kriminelle und nicht politische Überzeugungstäter, auf die Gesellschaft losgelassen wurden. Auch die Matrosen von Kronstadt, die bei der Besetzung des Stützpunktes in den ersten Revolutionstagen mehr als 40 entwaffnete und gefangengesetzte Offiziere massakriert hatten, blieben unbehelligt.

Die »Kadetten«, die den Kern der neuen Regierung bildeten, waren seit langer Zeit auf das Ziel festgelegt, in Rußland eine vollkommen demokratische Volksvertretung zu schaffen, und erklärten daher, eine verfassunggebende Versammlung müsse auf Grundlage eines allgemeinen (auch die Frauen einschließenden), gleichen, direkten und geheimen Stimmrechts gewählt werden. Nur die wenigsten hätten sich zu jenem Zeitpunkt öffentlich gegen diese Forderung ausgesprochen, obgleich sie für Rußland, dessen Bevölkerung noch immer zum überwiegenden Teil aus Analphabeten bestand, das demokratischste Wahlrecht unter allen bedeutenden Staaten der Welt vorsah. Das größte Mißbehagen löste dieser radikaldemokratische Anspruch bei den Linken aus, denn dort war man sich keineswegs sicher, wie die bäuerlichen Massen wählen würden und ob nicht eine rechte, ja vielleicht sogar eine monarchistische Partei auf dem Lande beträchtlichen Zuspruch finden mochte.

Die bedenklichste unter den öffentlichen Versprechungen, die die Provisorische Regierung unmittelbar nach der Revolution abgab, war die Zusage, die Polizei durch eine Volksmiliz »mit gewählten, den lokalen Selbstverwaltungsorganen verantwortlichen Offizieren« zu ersetzen. Dieses Vorhaben, das in einem Lande mit einer langen Tradition der regionalen und kommunalen Selbstverwaltung vernünftig gewesen wäre, konnte im Falle Rußlands nichts anderes sein als eine Einladung zur Anarchie. Gewiß, die alten Polizisten oder Gendarmen waren ein Sinnbild der Autokratie, aber sie in einem Land, in dem die politische Macht und die Verwaltung seit undenklicher Zeit extrem zentralisiert gewesen und in dem die Neigung zur Gesetzlosigkeit und zum gewalttätigen Aufbegehren besonders bei den bäuerlichen Massen so verbreitet war, so plötzlich abzuschaffen, zeugte nicht von Liberalismus, sondern schlicht von Dummheit.

Die Politik, die Fürst Lwow in seiner anderen amtlichen Eigenschaft, als

Innenminister, betrieb, hätte ihm das Recht gegeben, zu behaupten, er habe als erster jene Devise in die Tat umgesetzt, die wenig später so berühmt werden sollte: »Alle Macht den Sowjets.« Tatsächlich schossen diese Arbeiter-, Soldaten- und auch Bauernräte bereits überall in Rußland aus dem Boden, begünstigt vom Fürsten, der mit ein paar Federstrichen das wichtigste Herrschaftsinstrument einer jeden Regierung, den Verwaltungsapparat, praktisch auflöste. Am 5. März erklärte er per telegrafischer Anordnung alle Provinzgouverneure samt ihren Stellvertretern als entlassen. An ihre Stelle traten nun die »Kommissare« (Lwow konnte mithin auch das Verdienst für sich in Anspruch nehmen, diesen später von den Bolschewiken so weidlich benutzten Titel kreiert zu haben) – besondere, zunächst aus den Vorstandschaften der örtlichen Semstwos rekrutierte Beauftragte der Regierung. Damit noch nicht genug, lehnte Fürst Lwow es auch noch ab, die Befugnisse dieser neuen Beamten zu definieren, sieht man einmal von der hilfreichen Erläuterung ab, der Kommissar solle im Gegensatz zum alten zaristischen Gouverneur nicht der oberste Verwaltungsbeamte seines Gouvernements, sondern lediglich das »vermittelnde Bindeglied zwischen der Zentralmacht und den örtlichen Selbstverwaltungsorganen« sein. Es sei nicht mehr zeitgemäß, so erklärte Lwow bei einem Gespräch, daß die Zentralregierung über Dinge von lokalem Belang entscheide. Die Bevölkerung der Gouvernements, der Städte und der Gemeinden solle ihre eigenen Angelegenheiten durch ihre frei gewählten Vertreter regeln. In die Details, betreffend die Abgrenzung der jeweiligen Zuständigkeits- und Verwaltungsbereiche, wollte der Fürst nicht gehen; er nahm statt dessen Zuflucht zu seiner berühmten Rhetorik: »Wir haben das außerordentliche Glück, diesen großen Augenblick mitzuerleben, zur Gestaltung des neuen Lebens unserer Nation beitragen zu können, nicht dadurch, daß wir den Leuten sagen, was sie tun sollen, sondern dadurch, daß wir mit ihnen zusammenarbeiten. In diesen historischen Tagen demonstriert unsere Nation ihr Genie.«[9]

Angesichts einer Regierung, die von vornherein eine »Händeweg«-Haltung an den Tag legte, rutschte ein großer Teil des ländlichen Rußland sehr rasch in ein völliges Chaos hinein. Die bestehenden örtlichen Selbstverwaltungsinstitutionen hatten den gleichen Schönheitsfehler wie die Duma – sie waren in einem undemokratischen, auf klassen- und vermögensmäßigen Beschränkungen beruhenden Wahlverfahren zustande gekommen. Vielerorts wurden sie deshalb einfach beiseite gedrückt oder aller Befugnisse beraubt. An ihrer Stelle formierten sich aus dem Nichts neue Körperschaften, die vielfach die Bevölkerung noch weniger repräsentierten als die alten. Vielerorts proklamierte eine Handvoll radikaler Aktivisten sich selbst zum örtlichen Sowjet oder zu einer anderen, angeblich den Willen des Volkes verkörpernden Institution. Es fiel ihnen in der Regel nicht schwer, »die Massen« – wenn vorhanden, echte Proletarier, wenn nicht, dann irgendwelche unzufriedenen Elemente – zu »mobilisieren«, an ihrer Spitze das eine oder andere Amtsgebäude zu erstürmen, die verunsicherte Polizei zu entwaffnen und die alten Beamten gefangenzusetzen. In Saratow beispielsweise ernannte sich schon am 5. März ein »Exekutivkomitee der Städtischen Sozialorganisationen« aus eigener Machtvollkommenheit zur höchsten politischen Instanz nicht nur der Stadt, sondern des ganzen Gouvernements.[10]

Der Autoritätsverfall schritt in den Provinzen viel rascher voran als in den Metropolen. Wenn die zaristische Regierung am Vorabend der Februarrevolution nur noch ein Schatten ihres einstigen Selbst gewesen war, dann glich die republikanische Regierung am Vorabend des Oktoberstaatsstreichs der Bolschewiken einem von mehreren Bomben getroffenen Haus, von dem nur noch die Fassade steht, während dahinter alles in Trümmern liegt.

Da die neue Regierung nicht willens und/oder nicht fähig war, sich Autorität und Respekt zu verschaffen, verwundert es nicht sehr, daß man sich in vielen Provinzen die Frage stellte, weshalb das, was Fürst Lẃow und seine Kollegen im fernen Petrograd taten und sagten, eigentlich für den Gang der Dinge in Tambow oder Saratow von maßgeblicher Bedeutung sein solle. Die neue Ordnung der Dinge mochte denen, die in Petrograd oder Moskau lebten, noch einigermaßen einleuchtend erscheinen, denn dort konnten die sozialistischen Führer ihren Anhang kontrollieren und ihm die Feinheiten des Nebeneinanders zweier Regierungen wenigstens etwas erklären. In den Provinzen jedoch sah die Bevölkerung zunächst einmal nur, daß es keinen Zaren mehr gab und daß die örtlichen Statthalter der Regierung und die Polizeioffiziere fortgejagt oder ins Gefängnis geworfen worden waren. Warum sollte man sich unter diesen Umständen nach dem richten, was eine Gruppe von Kapitalisten in Petrograd, die sich »Provisorische Regierung« nannte, vorschrieb oder untersagte? War dies nicht eine Revolution? Wenn ja, weshalb sollten Grundherren und Fabrikanten ihren dem arbeitenden Volk abgepreßten Besitz behalten, weshalb sollten die Arbeiter ihren Chefs noch gehorchen? Anarchische Regungen hatten in Rußland schon immer dicht unter der Oberfläche des gesellschaftlichen Lebens geschlummert, und nun gab es keine Polizei, keine peitschenschwingenden Kosaken mehr, die sie am Hervorbrechen hindern konnten. Zwar blieben Exzesse zunächst im allgemeinen Freudentaumel über die unerwartete Freiheit bemerkenswert rar, und auch der Petrograder Sowjet trug durch sein Beispiel und seinen Einfluß dazu bei, zu verhindern, daß die örtlichen Organe der revolutionären Demokratie einen Rausch der Gewalttätigkeit und Gesetzlosigkeit anfachten. Doch die Revolution rief nicht nur die verhältnismäßig disziplinierten Jünger des Marxismus auf den Plan, sondern auch einen Rattenschwanz ultralinker Grüppchen und Bewegungen, von denen manche in ihrem politischen Stammbaum bis auf Bakunin zurückgingen, der einmal gesagt hatte: »In Rußland ist der Kriminelle der einzige echte Revolutionär«, oder auf Tkatschew, der die Devise geprägt hatte: »Der Revolutionär bereitet die Revolution nicht vor, sondern macht sie.« Diese Parolen konnten nunmehr in aller Offenheit unter die landlosen Bauern, unter das Lumpenproletariat der Städte und unter andere Elemente gestreut werden, in deren Augen das bisher Geschehene nicht mehr war als ein fader Vorgeschmack auf eine wirkliche Revolution.

Wahrscheinlich waren es einige Anarchisten, die die Hauptverantwortung für einen Vorfall trugen, der auf den ersten Blick vielleicht eher witzig anmutet, nichtsdestoweniger jedoch das Vorbild für viele ähnliche, aber gravierendere Episoden lieferte, die dem Land noch jahrelang zu schaffen machten. Am 26. April verkündeten die Zeitungen der Hauptstadt, der Bezirk Schlüsselburg unweit von Petrograd sei von seinem Sowjet zu einer unabhängigen Republik erklärt worden. Der Sowjet habe sich selbst zur provisorischen Revolutionsregierung ernannt, alle Beamten der alten Verwaltung verhaften lassen und die Verstaatlichung des Grund und Bodens und aller Produktionsmittel angeordnet. Der Petrograder Sowjet beeilte sich, eine Kommission in den rebellischen Bezirk zu entsenden, die feststellen sollte, was dort geschehen war, und die Insurrektion, falls nötig, mit der Standardwaffe der Revolution – der Rhetorik – niederringen sollte. Wie sich herausstellte, hatten die Zeitungsberichte ein wenig übertrieben. Der örtliche Sowjet war zwar drauf und dran, seine Unabhängigkeit zu proklamieren, hatte es aber noch nicht getan. Wenn jedoch Rußland, so erklärten seine Wortführer, weiterhin auf die alte bürgerliche Art regiert würde, dann könne es gut sein, daß sie ihre eigene proletarische Republik ausrufen würden. Unter beträchtlichem Stimmaufwand konnten die Besucher, die von Tschcheidse selbst angeführt wurden, die Schlüsselburger dazu überreden, daß sie im Schoß von Mutter Rußland verblieben und mit ihr zusammen der sozialistischen Zukunft entgegensahen. Bis zum Oktober gab es noch mehrere Zwischenspiele dieser Art, und auch nach der bolschewistischen Revolution hatte es damit noch kein Ende. Im Gegenteil: Die Parolen der Bolschewiken gaben separatistischen Bewegungen unterschiedlichsten Zuschnitts mächtig Auftrieb, so daß die Partei Lenins nach ihrer Machtübernahme nicht nur den Kampf gegen die Konterrevolution führen mußte, sondern auch alle Hände voll zu tun hatte, um die Resultate ihrer eigenen Propaganda wieder ungeschehen zu machen und das Land Stück für Stück zurückzuerobern.

Das Konzept der Doppelherrschaft war somit ein Rezept für die Anarchie. In den ersten Tagen der Revolution hätte man noch die Hoffnung hegen können, daß das augenscheinliche Nichtfunktionieren des Systems sich als Segen für Rußland erweisen würde. Es erschien ja nur logisch, damit zu rechnen, daß eine der beiden konkurrierenden Regierungen die Situation als unerträglich empfinden und die andere zwingen würde, ihres Machtanspruchs zu entsagen. Doch die Politik richtete sich in Rußland nicht nach logischen Erwägungen und nach den vermeintlichen Gesetzen der politischen Wissenschaft. Die Provisorische Regierung fand, selbst unfähig, wirksame Regierungsarbeit zu leisten, in der Existenz und in den Machtansprüchen des Sowjet eine willkommene Entschuldigung und eine tröstliche Rationalisierung für ihre Versäumnisse. Umgekehrt schöpfte die revolutionäre

Demokratie, die weit davon entfernt war, nach der Macht zu streben, sondern vor der Aussicht auf diese eher zurückscheute, Zuversicht und Halt aus der Tatsache, daß sie im Windschatten der bürgerlichen Minister agieren konnte; ein wachsames Auge auf deren Aktivitäten zu halten und ihre Maßnahmen gelegentlich zu konterkarieren befriedigte ihren Bedarf an politischer Macht vollauf.

In der Geschichte haben Situationen dieser Art gewöhnlich nach einem Cromwell oder einem Bonaparte gerufen. Das Rußland des März 1917 schien jedoch auch hier die Ausnahme von der Regel zu sein. Der Gedanke an diese Möglichkeit war zwar in allen Köpfen präsent, insbesondere bei radikalen Intellektuellen wie Suchanow, die mit der Geschichte der französischen und englischen Revolutionen großgezogen worden waren. Allein, es war selbst bei sorgfältiger Musterung der politischen Bühne kein überzeugender Kandidat für die Rolle eines revolutionären Diktators zu entdecken. Dem Fürsten Lwow konnte niemand, der bei Sinnen war, auch nur die geringsten in diese Richtung deutenden Ambitionen (oder Fähigkeiten) nachsagen; von der Persönlichkeit her bescheiden bis zur Selbstverleugnung, in seinen politischen Vorstellungen und Äußerungen hoch über allem Irdischen schwebend, war der Fürst als politische Größe so unscheinbar, daß die von ihm geleitete Regierung gewöhnlich (von denen, die ihren bürgerlichen Charakter herausstreichen wollten) das Miljukow-Gutschkow-Kabinett oder aber, nach dessen auffälligstem Mitglied, die Kerenskij-Regierung genannt wurde. Kerenskij selbst verkörperte ein Paradoxon eigener Art in dieser an Paradoxien reichen Epoche. Je populärer er wurde und je höher er in der offiziellen Hierarchie kletterte, desto weniger ernst wurde er als politische Führungsfigur genommen. Mit der Zeit wurde selbst seinen eifersüchtigsten Gegnern klar, daß der junge Anwalt nicht nach politischer Macht strebte, sondern nach der Würde eines hohen Amtes und dem Ruhm eines umjubelten Volkstribunen. Ersteres ließ ihn näher an seine bürgerlichen Kabinettskollegen heranrücken, in deren Gesellschaft er sich inzwischen wohler fühlte als in der seiner einstigen revolutionären Genossen. Letzteres veranlaßte ihn, seine Kräfte in unausgesetzten Auftritten als Redner zu verausgaben, statt einen Regierungsapparat aufzubauen oder sich, wie es sich für einen echten Diktator in spe gehört hätte, eine eingeschworene Anhängerschaft zuzulegen.

Die Gefahr einer bonapartistischen Entwicklung stand insbesondere der Linken höchst lebendig vor Augen, ein Motiv unter anderem für die Ausgabe des Befehls Nr. 1. Freilich, wo war in der gegenwärtigen Generalität ein potentieller Napoleon zu entdecken? Napoleon war ein Kind der Französischen Revolution gewesen; die russischen Generäle hatten allesamt unter dem alten Regime Karriere gemacht, und die besten von ihnen wurden eher ihrer gekonnten Rückzüge als ihrer Siege wegen gerühmt, denn von letzteren hatten sie wenige zu verzeichnen gehabt. Der Sowjet hatte den Fürsten Lwow gezwungen, die Berufung von Nikolaj Nikolajewitsch rückgängig zu machen, so daß als Oberbefehlshaber des Heeres nunmehr Alexejew fungierte, ein gewissenhafter Kriegshandwerker, der weit davon entfernt war, eigene politische Ambitionen zu pflegen, und die Organe der revolutionären Demokratie beständig anflehte, ihm noch ein Stück Befehlsgewalt über das Heer zu belassen.

Wenn aber kein Napoleon oder Cromwell in Sicht war, dann vielleicht ein Robespierre? Auch in dieser Beziehung sah es alles andere als vielversprechend aus. Das Oberhaupt des Sowjet, Tschcheidse, war der Inbegriff eines unparteiischen Vorsitzenden. Die menschewistischen und sozialrevolutionären Anführer der revolutionären Demokratie hatten nicht einmal den Versuch gemacht, den Bolschewiken, ihren gehässigen Kritikern von gestern, Sitz und Stimme im Präsidium des Sowjet zu verwehren. Und auch auf die neuerlichen Attacken der Bolschewiken, sie hätten sich damit, daß sie die Provisorische Regierung unterstützten, an die Bourgeoisie verkauft, reagierten sie lediglich mit milden Beschwerden. Bei allem militanten Verbalradikalismus waren die meisten sozialistischen Wortführer – und dies galt zu diesem Zeitpunkt auch noch für das bolschewistische Lager – von Menschlichkeit und aufrichtigem Idealismus geprägte Männer. Zwar verbot ihnen ihr revolutionäres Ethos die Verurteilung von gewalttätigen Exzessen, wenn sie von den Massen spontan verübt wurden, doch den organisierten Einsatz von Gewalt als Mittel zur Lösung ideologischer oder politischer Konflikte innerhalb ihres eigenen Lagers lehnten sie ab. Man durfte nicht erwarten, daß die Revolution ohne Blutvergießen abgehen würde, und nicht allzu überrascht sein, wenn es zu einzelnen Ausschreitungen von seiten der Matrosen, Soldaten oder Bauern kam – das Volk hatte schließlich lange und schwer genug gelitten. Aber die siegreiche Revolution durfte ihre Hände nicht mit Blut beschmieren. Und es war völlig undenkbar, daß eine der revolutionären Parteien ihre Konflikte mit einer anderen, wie tiefgreifend deren politische Irrtümer und wie schädlich für die revolutionäre Demokratie deren Aktivitäten auch immer sein mochten, mit gewaltsamen Mitteln austrug.

Es gab indes einen Mann, von dem man wußte, daß er solche Anstandsregeln verachtete und für eines wahren Revolutionärs nicht würdig hielt, einen Mann, der seine sozialistischen Gesinnungsgenossen aus der Ferne mit einem Trommelfeuer von Beschimpfungen wegen ihrer Kooperationsbereitschaft mit dem Klassenfeind eindeckte. Der Rückkehr Lenins aus der Schweiz sahen nicht nur seine Gegner, sondern auch nicht wenige Bolschewiken mit eher banger Erwartung entgegen. Seine Artikel, die in der zu neuem Leben erweckten *Prawda* erschienen, offenbarten wenig Verständnis für das, was in Rußland vorging, und für die aktuelle Stimmung in der russischen Linken. Aber Iljitsch würde, so dachten seine Freunde, wenn er erst einmal im Lande war, sicherlich begreifen, daß die alten Zwistigkeiten zwischen den Menschewiken und den Bolschewiken, ja vielleicht sogar die zwischen den beiden Sozialistenfraktionen und den Sozialrevolutionären, nach dem Sieg der Revolution nicht mehr so bedeutsam waren und daß eine Fortsetzung des Kleinkriegs zwischen den proletarischen Parteien nur ihrem gemeinsamen Feind nützen würde. Und selbst wenn Lenin versuchen sollte, die in Gang gekommene Bewegung hin zu einer Aktionseinheit der sozialistischen Parteien zu stoppen oder diese von ihrer momentanen Haltung zur Provisorischen Regierung und zum Krieg abzubringen, würde ihm dies nach Überzeugung der anderen Sozialisten nicht gelingen. Gewiß war Lenin ein willensstarker und gelegentlich skrupelloser Mensch, aber schließlich doch ein Marxist. Es war lächerlich, ihm diktatorische Gelüste zu unterstellen. Kein Sozialist konnte es mit seiner Weltanschauung vereinbaren, eine persönliche Diktatur anzustreben, und falls Lenin doch irgendwelche Ambitionen in diese Richtung hegen sollte, würden seine Anhänger ihm sehr schnell zeigen, was sie davon hielten, von den Arbeitermassen ganz zu schweigen.

Das verwickelte Verhältnis zwischen der Provisorischen Regierung und dem Sowjet war beständigen Belastungsproben ausgesetzt, die auch ein eigens eingesetzter Kontaktausschuß zur besseren Verständigung zwischen beiden kaum zu entschärfen mochte. Die Provisorische Regierung zeigte oder gab sich entrüstet über die politischen Anmaßungen des Sowjets; dieser lauerte mißtrauisch auf jedes Anzeichen dafür, daß die Minister versuchen könnten, sich der Kontrolle der revolutionären Demokratie zu entziehen. Ein Anlaß zur Sorge waren selbst für gemäßigte Sozialisten jegliche öffentlichen Kundgebungen, die eine wachsende Popularität des politischen Partners und historischen Klassengegners anzuzeigen schienen: Das bürgerliche Regime sollte regieren, aber gefälligst unpopulär bleiben. Eine in dieser Beziehung ziemlich aufschlußreiche Begebenheit: Die Gymnasiasten von Petrograd beschlossen, wie jedermann sonst es auch tat, eine Demonstration zu Ehren der Revolution zu veranstalten. Die Schule schwänzend, marschierte eine Horde junger Leute zum Taurischen Palais; die Spruchbänder, die sie mitführten, verkündeten scheinbar unschuldige, dem Anlaß gemäße Parolen: »Wir grüßen die Provisorische Regierung«, »Platz für das junge Rußland«, »Lang leben die freien Schulen eines freien Landes«, »Laßt nicht nach in der Produktion von Granaten und Munition«. Nichts vom Sowjet! Das war sogar dem phlegmatischen Tschcheidse zuviel; er trat vor die Jünglinge und verabreichte ihnen eine Lektion:

»Ich sehe euer Transparent: ›Wir grüßen die Provisorische Regierung.‹ Ihr müßt jedoch wissen, daß viele von ihren Mitgliedern noch am Vorabend der Revolution vor derselben gezittert und sich gegen sie ausgesprochen haben. Und ihr grüßt sie [die Regierung]! Ihr glaubt offenbar, sie wird das neue [revolutionäre] Banner hochhalten. Wenn ja, dann glaubt es nur weiter. Was uns betrifft, wir unterstützen sie, solange sie die demokratischen Grundsätze beachtet. Aber wir erkennen auch, daß unsere Regierung keine demokratische, sondern eine bürgerliche ist. Man muß daher scharf achtgeben, was sie macht. Wir werden von ihren Maßnahmen diejenigen unterstützen, die dem Volkswohl zustatten kommen, diejenigen aber entlarven, bei denen dies nicht der Fall ist, denn das Schicksal Rußlands steht auf dem Spiel.«[11]

Viel später sollte Lenin schreiben, die Kommunisten müßten, wenn sie mit bürgerlichen oder reformistischen Parteien zusammenarbeiteten, diese so stützen, »wie die Schlinge einen hängenden Mann stützt«. Tschcheidse und seine Freunde wollten ihren bürgerlichen Partnern den Strick nicht um den Hals legen, sondern lediglich die Schlinge hin und wieder über ihrem Haupt kreisen lassen.

Die Voraussetzung, unter der das eigenartige Arrangement der Doppelherrschaft zunächst einmal überhaupt funktionieren konnte, war die gleiche, die später sein Scheitern mit hervorrief: die Tatsache des Krieges. Es ist notwendig, noch einmal zu betonen – da dieser Umstand von den Historikern so oft übergangen wird –, daß die Februarrevolution auch eine patriotische Revolution gewesen war, gespeist von dem allgemeinen Gefühl, daß das zaristische Regime nicht nur unfähig war, den Krieg zu einem siegreichen Ende zu führen, sondern daß es in seinen Reihen auch Kräfte gab, die insgeheim auf den Abschluß eines Sonderfriedens mit dem deutschen Militarismus hinarbeiteten. Jetzt, da Rußland die altersschwache und verräterische Autokratie abgeschüttelt hatte, würden seine freien Krieger, so wurde allenthalben euphorisch verkündet, es den Armeen der Französischen Revolution gleichtun und auf ihren Bajonetten die Ideen der Freiheit und der Demokratie durch Europa tragen.

Diese Renaissance des Patriotismus war für alle diejenigen auf der äußersten Linken ein ernüchterndes und besorgniserregendes Phänomen, die während der Februarunruhen mit Genugtuung erlebt hatten, wie die Massen unter der Devise »Nieder mit dem Krieg« demonstrierten. Nun wurde deutlich, daß die Massen der Soldaten und Arbeiter, obgleich tatsächlich des Krieges müde, nach dem Fall der Autokratie jetzt doch fest entschlossen waren, nur einen siegreichen Frieden zu akzeptieren. Niemand hätte damit gerechnet, daß die Soldaten der Petrograder Garnison darauf brennen könnten, den feindlichen Truppen entgegenzustürmen. Für diejenigen, die, wie die Bolschewiken, zu der Überzeugung gelangt waren, daß der russische Soldat vom imperialistischen Krieg genug habe, war es ein mittlerer Triumph gewesen, daß der Sowjet auf Drängen der Soldaten der Provisorischen Regierung die Zusage abgetrotzt hatte, diejenigen Einheiten, die an den Februarereignissen teilgenommen hatten, nicht ohne ihre eigene Zustimmung aus der Hauptstadt abzuziehen. Doch kaum hatte die Revolution gesiegt, da wurde diese Heerschar von Marodeuren und Meuterern von einem chauvinistischen Fieber ergriffen, dem ein internationalistisch eingestellter Sozialist wie Suchanow nur fassungslos und bestürzt gegenüberstehen konnte. Wie er bedrückt notierte: »[Es war] leichter, mit [den Soldaten] über eine Offensive als über den Frieden zu reden. In den allerersten Wochen [nach der Revolution] war die bäuerliche Armee noch völlig unter dem Bann der alten ›kriegerischen‹ Begriffe. Die Soldatenmassen in Petersburg waren nicht bereit, etwas über den Frieden zu hören, sie waren nicht einmal bereit, darüber mit sich reden zu lassen, und hätten jeden unvorsichtigen ›Verräter‹

und ›Frontaufreißer‹ auf ihre Bajonette gespießt.«[12] Tatsächlich mußten sich die Bolschewiken und nichtbolschewistischen Pazifisten wie Suchanow vorsehen, daß die bürgerliche Regierung diese patriotische Stimmung nicht zu einer Waffe gegen sie schmiedete, indem sie die extreme Linke und den Sowjet als ganzen in den Geruch brachte, eine unfreiwillige Fünfte Kolonne des Kriegsgegners zu sein. Zum Glück für die revolutionäre Demokratie hatten die Miljukow und Gutschkow ihre demagogische Energie in ihrer langjährigen Kampagne gegen die dunklen Mächte des alten Regimes nahezu aufgebraucht, und Kerenskij ließ, obgleich er sich innerhalb weniger Revolutionstage vom Defätisten zum Vaterlandsverteidiger gewandelt hatte, nicht zu, daß der Patriotismus seiner alten Genossen in Frage gestellt wurde.

Sehr bald kamen selbst die Bolschewiken zu der Auffassung, daß es besser sei, sich den Zorn des noch immer in der fernen Schweiz sitzenden Lenin zuzuziehen, als durch die Fortführung der Propaganda gegen den »imperialistischen« Krieg die Massen gegen sich aufzubringen. Am 12. März kehrten Stalin und Kamenew aus ihrer sibirischen Verbannung zurück – dank eines der vielen glücklichen Umstände, die Stalin im Verlauf seiner politischen Karriere auch weiterhin zu Hilfe kommen sollten. Ursprünglich an einen fernen Ort verbannt, von dem aus er sechs Wochen gebraucht hätte, um die nächstliegende Eisenbahnstation zu erreichen, war er Ende 1916 an einen Ort verlegt worden, von dem aus Petrograd in vier Tagen Bahnfahrt zu erreichen war. Wäre er einige Wochen später in der Hauptstadt eingetroffen, so hätte seine Partei ihn höchstwahrscheinlich mit politischem Auftrag in seine georgische Heimat geschickt. Wie die Dinge lagen, konnten die beiden Ankömmlinge in der Organisation der Petrograder Bolschewiken Führungsansprüche geltend machen, Stalin in seiner Eigenschaft als Mitglied des Zentralkomitees der Partei, Kamenew als ihr ehemaliger Statthalter in Rußland. So wurden Schljapnikow und Molotow ungeachtet ihrer lautstarken Proteste beiseite gedrängt: Die beiden Ankömmlinge übernahmen die Redaktion der *Prawda*, und Stalin übernahm Molotows Platz im Exekutivkomitee des Sowjet. In die Leitartikel der *Prawda* zogen – sehr zum Schrecken Lenins in der Schweiz – jetzt ziemlich gemäßigte und patriotische Töne ein. Nein, Rußland dürfe sich nicht durch die Unterzeichnung eines Sonderfriedens aus dem Krieg verabschieden, schrieb Kamenew. »Wenn ein Heer dem Feind gegenübersteht, wäre es die dümmste Strategie, es die Waffen niederlegen und nach Hause gehen zu lassen. Das wäre keine Politik des Friedens, sondern eine Politik der Selbstverklavung, die eine freie Nation empört zurückweisen muß.«[13]

Ob sie nun innerer Überzeugung oder kritischer Berechnung entsprangen, jedenfalls ersparten die vergleichsweise gemäßigten und im Grunde vaterländischen Prinzipien, die Kamenew und Stalin vertraten, den Bolschewiken eine ganze Menge Ärger. Sogar noch vier Monate später, im Juli, als sich in der Bevölkerung ein beträchtlicher Umschwung hin zu größerer Kriegsmüdigkeit vollzogen hatte, konnten die Gegner der Bolschewiken diesen mit dem Vorwurf, sie besorgten praktisch das Geschäft der Deutschen, empfindlichen politischen Schaden zufügen. Wären die Bolschewiken im März der ihnen von Lenin vorgeschriebenen Linie gefolgt – kompromißlos gegen den Krieg, gegen die Provisorische Regierung und gegen die anderen sozialistischen Parteien –, so hätten sie damit die eigene Existenz als politischer Faktor untergraben, und ihr Hauptquartier und ihr Parteiorgan wären sehr wahrscheinlich von empörten Soldaten heimgesucht und demoliert worden. Stalin redigierte als Chefredakteur der *Prawda* die von Lenin aus der Schweiz eingesandten Artikel stillschweigend oder ließ sie einfach nicht erscheinen, wenn sie im Ton über das hinausgingen, was er für vertretbar hielt. So ließ er etwa die Ausfälle seines Parteichefs gegen Tschcheidse und andere Repräsentanten der revolutionären Demokratie – »Lumpen und Verräter an der Sache des Proletariats, des Friedens und der Freiheit« – taktvoll unter den Tisch fallen, und als Lenin schrieb, die Provisorische Regierung bestehe aus »Räubern«, setzte Stalin dafür »Annexionisten« ein.*

Die patriotische Grundstimmung in den ersten Tagen und Wochen nach der Revolution mußte nicht nur den Bolschewiken, sondern auch der revolutionären Demokratie als ganzer zu denken geben. Ihre Anführer waren zum größten Teil Anhänger der marxistischen Lehre. Selbst wenn sie von der Notwendigkeit einer Fortsetzung des Krieges überzeugt waren, mußte ihnen angesichts des glühenden Nationalismus, der unter den Soldaten verbreitet war, unbehaglich zumute werden. Sosehr es an Kandidaten für einen diktatorischen Staatsstreich zu fehlen schien, so wenig konnten diejenigen, die mit der Geschichte vertraut waren, die Möglichkeit ausschließen, daß plötzlich ein »starker Mann« auf der Bildfläche erschien.

Die Anfälligkeit der Soldaten für den Appell an patriotische Leidenschaf-

---

* Schljapnikow und Molotow intrigierten übrigens, sei es aus persönlicher Gekränktheit oder aus ideologischen Gründen, gegen die Männer, von denen sie beiseite gedrängt worden waren. Sie veranlaßten das Petrograder Parteikomitee zur Verabschiedung einer Resolution, in welcher Stalin »angesichts gewisser persönlicher Eigenschaften« und Kamenew wegen seines angeblich eines Revolutionärs unwürdigen Verhaltens (es kamen bald Gerüchte auf, daß er ein Polizeispitzel gewesen sei) die Eignung zur Führung der Partei abgesprochen wurde. Dies fruchtete aber nichts. Schljapnikow sah sich, statt die örtliche bolschewistische Organisation zu leiten, gezwungen, einen Großteil seiner Zeit der Rechtfertigung einer unlängst erfolgten Aktion seiner Partei zu widmen: der »Beschlagnahme« und Umwandlung des luxuriös eingerichteten Wohnhauses der berühmten Ballerina Matilda Kschesinskaja in das neue Hauptquartier der Partei. Eine solche Aneignung privaten Besitztums durch eine sozialistische Partei hatte es bis dahin kaum gegeben, und die berühmte Tänzerin führte dagegen vor dem Sowjet lautstarke und tränenreiche Klage. Schljapnikow verteidigte die Aktion seiner Genossen ziemlich halbherzig mit dem Hinweis darauf, das Haus habe »als Schauplatz der Orgien der guten Gesellschaft und als Falle für hübsche junge Mädchen gedient, wobei die alte Ballerina als Kupplerin fungierte«, eine Behauptung, die Schljapnikow nicht zur Chronistenehre gereicht. Die Kschesinskaja, die auf der Höhe ihres Ruhms stand und sich der großzügigen Fürsorge einer ganzen Reihe von Großfürsten erfreute, hatte es nicht nötig, von Kupplerdiensten zu leben. Trotz aller Aufrufe des Sowjet zu sozialistischer Legalität behielten die Bolschewiken das Haus bis zum Juli.

ten hatte noch einen weiteren beunruhigenden Aspekt: Der durchschnittliche Soldat kam aus – und teilte die Geisteshaltung – einer Klasse, die bislang in der Revolution noch nicht zum Zuge gekommen war – der Bauernschaft. 70 Prozent der russischen Bevölkerung gehörten dieser Klasse an. So leicht den russischen Marxisten die rituellen Formeln über den bürgerlich-kapitalistischen Klassengegner von den Lippen flossen, von dem angeblich die Hauptgefahr für die Revolution ausging, im Grunde kannten sie aus eigener Anschauung die politische Schwäche der russischen Bourgeoisie und wußten, daß diese aus eigener Kraft nicht in der Lage war, die revolutionäre Entwicklung rückgängig zu machen. Das flache Land aber war für den russischen Marxisten ein wahres Reich der Finsternis, denn im Unterschied zu den Populisten hatte er nie an das Vorhandensein sozialistischer Tugenden in der Bauernschaft geglaubt, und in seiner Einstellung zur Mentalität der Landbevölkerung mischten sich Reserviertheit, Verwunderung und Unbehagen. Die Bauern hatten den Sturz der Autokratie mit Gleichmut hingenommen, so daß die Radikalen ihre Befürchtungen, die bäuerlichen Massen hätten sich von ihrem naiven Glauben an »Väterchen Zar« noch nicht gelöst, zunächst einmal begraben konnten. Allerdings hatte schon Marx darauf hingewiesen, daß der durchschnittliche Bauer in seinem wirtschaftlichen und politischen Denken im wesentlichen ein Kleinbürger war. Er würde die Revolution bis zu einem bestimmten Punkt unterstützen, so lange und so weit nämlich, bis er erkannte, daß der Sozialismus möglicherweise sein privates Eigentum in Frage stellen und die Interessen seines Landes denen des internationalen Proletariats unterordnen würde. Suchanow, der als Chronist vor allem deswegen so wertvoll ist, weil er in unschuldiger Offenheit auch solche Aspekte erörtert, über die seine Gesinnungsgenossen sich lieber gar nicht oder nur sehr unklar äußerten, sah im russischen Bauerntum die größte Gefahr, die dem Sozialismus drohte. Die Bauernschaft »fühlte . . . sich als Hauptheld der Revolution, sie . . . beugte sich . . . mit dem vollen Gewicht ihrer Masse und noch dazu mit dem Gewehr in der Hand über die Wiege der Revolution . . . Das war völlig unangebracht und außerordentlich schädlich. Die Revolution hatte grundlegende, äußerst schwierige Aufgaben, denen die Bauernschaft wahrscheinlich nicht gewachsen war. Diese Aufgaben konnten nur dann erfolgreich gelöst werden, wenn sie neutral blieb und sich nicht einmischte«.[14]

In der Tat war die Bauernschaft in den Augen der fast durchweg marxistisch orientierten Führer der sozialistischen Parteien, Lenin eingeschlossen, ein höchst unwillkommener Störfaktor; sie sahen in dem, was soeben in Rußland geschehen war, ja nichts anderes als das Vorspiel zu einer allgemeinen europäischen Revolution. Wenn das rückständige Rußland mit seiner vergleichsweise unscheinbaren Proletarierklasse den Zaren und seine Clique gestürzt hatte, wie konnte dann ein vernünftiger Mensch noch daran zweifeln, daß die deutschen Arbeiter, die seit Generationen in der Philosophie von Marx und Engels geschult waren, dem russischen Beispiel umgehend folgen, daß das französische Proletariat sich auf seine berühmten revolutionären Traditionen besinnen, daß überall die Massen, nachdem sie drei Jahre lang für ihre Ausbeuter geblutet hatten, die Gelegenheit beim Schopfe ergreifen und ihr Geschick in die eigenen Hände nehmen würden! Was den heutigen Leser von Suchanows *Tagebuch der Russischen Revolution* und von Trotzkis *Geschichte der Russischen Revolution* (die in dieser Beziehung beide typisch sind für die Darstellungen linker Autoren) am meisten befremdet, ist das scheinbare Fehlen allen Interesses an der, wie man sagen könnte, menschlichen Seite der Ereignisse. Die führenden politischen Gestalten werden zwar ausführlich geschildert, aber ansonsten treten an die Stelle wirklicher menschlicher Wesen abstrakte Träger von Interessen und Ideologien. Volksmassen werden nicht als Ansammlungen einzelner Geschöpfe aus Fleisch und Blut gesehen, sondern als Verkörperungen marxistischer Begriffsbestimmungen: »das Proletariat«, »die bäuerlichen Massen«, »die imperialistische Plutokratie«. Nationale Besonderheiten gibt es nicht, die Menschen zeigen keine Freude oder Trauer über das, was ihnen in ihrer Eigenschaft als Russen, Polen, Juden usw. zustößt. Wenn sie in chauvinistische Stimmungen verfallen oder sich über ihren engstirnigen nationalen Standpunkt erheben, dann immer nur aufgrund ihrer Klasseninteressen beziehungsweise dank der Fortschritte ihres Klassenbewußtseins.

Mit dieser mechanistischen Interpretationsweise der revolutionären Politik ging häufig, so auch im Falle Suchanows, ein aufrichtiger subjektiver Idealismus und Humanismus einher. Viele überzeugten Marxisten verabscheuten den Krieg nicht nur, weil sie ihn als ein imperialistisches Unternehmen betrachteten oder weil sie befürchteten, er werde, wenn man ihm seinen Lauf ließ, zu einer Entzweiung zwischen den Sozialisten und den bäuerlichen Massen führen; sie hegten darüber hinaus, wie so viele Menschen der unterschiedlichsten politischen Richtungen, einen aufrichtigen Widerwillen gegen das sinnlose Morden, das kein Ende zu nehmen schien und mit der Zeit zur Brutalisierung aller Lebensbereiche führte. Nur für wenige, allen voran für Lenin, war die menschliche Seite dieser Frage gegenüber ihrer politischen *ganz und gar* zweitrangig, war der Pazifismus als solcher ein lächerlich sentimentales Anliegen. Für die meisten russischen Marxisten dagegen war die Beendigung des Krieges ein durch sich selbst gerechtfertigtes Ziel und eine europäische Revolution zwar auch etwas per se Erstrebenswertes, aber in der Hauptsache doch ein Mittel zum Zweck der Friedenssicherung. Für Lenin dagegen war die Revolution das Ziel, die Forderung nach Frieden lediglich eine Parole, mit der man den revolutionären Prozeß vorantreiben konnte.

Die erste offizielle Stellungnahme des Sowjet zur Kriegsfrage war in seinem am 14. März verabschiedeten *Manifest an die Völker der Erde* enthalten. Entworfen vom linken Flügel, unter wesentlicher Mitarbeit auch Suchanows, sollte das Manifest einen doppelten Zweck erfüllen, was jedoch an der teilweisen Unvereinbarkeit der beiden Zielvorstellungen scheiterte. Zunächst einmal sollte es demonstrieren, daß die revolutionäre Demokratie im Gegensatz zur bürgerlichen Regierung unbeirrt einen Frieden der Völker anstreben würde, der den Interessen des Weltproletariats und der Menschheit als ganzer und nicht irgendwelchen nationalistischen Zielen untergeordnet war. Die zweite Aufgabe des Manifests war es, den Vorwürfen zu begegnen, die Linke arbeite faktisch dem Feind in die Hände und wolle die russischen Soldaten zur Niederlegung ihrer Waffen veranlassen. In diesem Sinn verkündete das Manifest den »Genossen, Proletariern und Arbeitern aller Länder«: »Im Bewußtsein ihrer revolutionären Macht erklärt die russische Demokratie, daß sie der imperialistischen Politik der herrschenden Klassen mit allen Mitteln entgegenwirken wird, und ruft alle Völker Europas zu gemeinsamen entscheidenden Schritten im Interesse des Friedens auf.«[15]

Das Manifest wandte sich sodann besonders an die »Brüder Proletarier des österreichisch-deutschen Bündnisses«, vor allem an »das deutsche Proletariat«. Daß dieses für den Krieg eingetreten sei, dafür habe man Verständnis, denn die deutsche Regierung habe diesen Krieg als einen Kampf zur Verteidigung Europas gegen die russische Autokratie, mithin gegen die »asiatische Despotie« dargestellt. Nun aber, da diese Despotie gestürzt sei, könne von Rußland keine Gefahr mehr für die europäische Zivilisation ausgehen. Es sei jetzt an der Zeit, daß die deutschen Arbeiter gegen ihre eigene, halbabsolutistische Regierung losschlügen, sich ihrer »Könige, Grundbesitzer und Bankiers« entledigten und zusammen mit ihren russischen Brüdern dem schändlichen Gemetzel auf den Schlachtfeldern ein Ende setzten!

So viel war vom Klassenstandpunkt aus zum Krieg zu sagen. Um jedoch von vornherein den zu erwartenden Vorwürfen zu begegnen, mit diesen Forderungen werde man die Moral der russischen Streitkräfte noch weiter unterhöhlen, fügten die Verfasser des Manifests noch ein kämpferisches patriotisches Bekenntnis ein: »Wir werden unsere Freiheit gegen alle Angriffe der Reaktion von innen und außen standhaft verteidigen; die russische Revolution wird nicht vor den Bajonetten der Eroberer zurückweichen und wird es nicht zulassen, daß man sie mit Militärgewalt erdrückt.« Allein, im Sowjet erhoben sich einige Stimmen, die bemängelten, daß das Manifest in dieser Form vielleicht einem sozialistischen Intellektuellen, schwerlich aber einem schlichten Soldaten einleuchten würde. Er stand in seinem Schützengraben gewiß nicht deutschen »Grundbesitzern und Bankiers« gegenüber, sondern deutschen Proletariern, also seinen internationalen »Brüdern«. Sollte er auf sie schießen oder nicht? Ferner würde es einem in subtilen Differenzierungen nicht geschulten Menschen schwerfallen, aus dem Manifest herauszulesen, ob und in welchem Grad eine fremde »Militärgewalt« eine größere Gefahr für die Revolution darstelle als die »imperialistische Politik der [russischen] herrschenden Klassen«. Um Mißverständnissen vorzubeugen, fügte Tschcheidse dem Dokument eine allgemeinverständliche Erläuterung hinzu: Das Manifest stelle, so erklärte er, lediglich fest, daß die revolutionäre Demokratie bereit sei, in Friedensverhandlungen einzutreten, sobald das deutsche Proletariat Wilhelm II. vom Thron stürze. Bis dahin Krieg! Das beruhigte die Kritiker, und der Sowjet stimmte dem Manifest fast einstimmig zu. Suchanow allerdings war über den von Tschcheidse eingefügten Zusatz wütend. Das Manifest war – wenngleich Suchanow dies nicht ausdrücklich einräumte – dazu ausersehen, von unterschiedlich gesonnenen Gruppen unterschiedlich interpretiert zu werden, beispielsweise dem russischen Soldaten zu suggerieren, daß er nicht nur die Deutschen, sondern ebensosehr auch seine eigene Regierung als Feind zu betrachten hätte. Und nun hatte der Vorsitzende des Sowjet dieses ausgeklügelte rhetorische Kalkül durch seine »vaterländische« Interpretation zunichte gemacht. »Die Bemerkungen von Tschcheidse waren nicht nur illegal [sic], sie waren auch äußerst schädlich.«[16]

Die Verfassung, in der sich das russische Heer in den ersten nachrevolutionären Wochen befand, spiegelte die Stimmungslage der Nation wider. Radikalismus und Patriotismus gingen Hand in Hand. Ihren sinnfälligen Ausdruck fand diese merkwürdige Kombination in den Aufschriften der Spruchbänder, die die Soldaten der Petrograder Garnison bei ihren unausgesetzten Besuchen im Taurischen Palais mitbrachten, das noch immer die Residenz jener uneinigen Zwillinge war: der Provisorischen Regierung und des Exekutivkomitees des Sowjet. Auf einigen der Plakate waren politische und wirtschaftliche Forderungen zu lesen, die jedem Sozialisten aus dem Herzen gesprochen waren – nach dem Achtstundentag, nach einer demokratischen Republik, nach Grund und Boden für die Bauern. Doch in gleichem Zug mit solchen Losungen brachten die Soldaten auch andere vor, die den linken Gruppen innerhalb der Sowjet-Demokratie eher schrill in den Ohren klangen: »Siegen oder sterben!«, »Nieder mit dem deutschen Imperialismus!«, »Sieg bis zum siegreichen Ende!«. Eine Kosakenabteilung trug eine Parole zur Schau, die jedem überzeugten Anhänger des proletarischen Internationalismus schlicht die Haare zu Berge stehen lassen mußte: »Laßt uns unsere Pferde im deutschen Blut baden!« Ähnlich makaber, wenngleich vielleicht mit einem Schuß unfreiwilligen Humors gewürzt, war der Text eines anderen, von demonstrierenden Soldaten mitgeführten Banners: »Soldaten in die Gräben, Arbeiter an die Werkbänke!«[17]

Wie die erwähnte Erläuterung von Tschcheidse zeigt, waren die meisten verantwortlichen Sowjet-Führer (und dies galt bis zur Ankunft Lenins auch weitgehend für die Bolschewiken) weit von dem Bestreben entfernt, die Kampfkraft des Heeres zu zersetzen. Wenn sie nur verschwommen begriffen, daß Erklärungen wie die vom 14. März geeignet waren, die Kampfmoral der Soldaten zu beeinträchtigen, dann nicht, weil sie sich eine militärische Niederlage ihres Landes gewünscht hätten, sondern weil sie in der Sphäre der ideologischen Abstraktion weilten und für militärische Belange wenig Verständnis hatten. Wenn allerdings Tschcheidse und andere vergleichsweise gemäßigte Menschewiken und Sozialrevolutionäre für den Moment die

Suchanows und Steklows (die niemanden außer sich selbst repräsentierten) das Wort führen ließen, dann deshalb, weil die einen wie die anderen befürchteten, diese regelrechte Explosion der kriegerischen und patriotischen Leidenschaften könne das Ende der Doppelherrschaft, wenn nicht der revolutionären Demokratie selbst ankündigen. Und in der Tat wurden Vorzeichen einer drohenden Gefahr sichtbar. Die ganze zweite Märzhälfte hindurch trafen bei beiden »Regierungen« in Petrograd Botschaften von an der Front kämpfenden Truppenteilen ein, in denen dringend eine einheitliche Leitung der Staatsgeschäfte als unerläßliche Voraussetzung für eine erfolgreiche Weiterführung des Krieges gefordert wurde. »Soldaten und Arbeiter, wir bitten euch, uns unsere Aufgabe nicht zu erschweren, sondern uns durch die Lieferung von Waffen und Munition zu helfen. Wir fordern euch auf, die Doppelherrschaft zu beenden« – so lautete eine Botschaft des Soldatenrats der Garnison von Minsk, die als typisches Beispiel für viele ähnliche Appelle dienen kann. In einer Botschaft an Kriegsminister Gutschkow schlugen Vertreter von 31 Frontregimentern noch deutlichere Töne an: »Wir lassen uns durch das naive Geschwätz über die angeblich von den Junkern an der Nase herumgeführten deutschen Proletarier nicht täuschen... Wir stehen fest hinter der Provisorischen Regierung und geloben, euch vor jeder Gefahr und vor jedem Angriff, gleich aus welcher Richtung, zu schützen.«[18]

Eines der von den Soldaten angeführten Argumente – »In der Einigkeit liegt Stärke, die ›Doppelherrschaft‹ führt in die Katastrophe«, wie es in einer ihrer Verlautbarungen hieß – besaß zumindest in den ersten Wochen nach der Revolution auch für einen Teil der Arbeiter eine gewisse Überzeugungskraft. In einem Telegramm, das die Eisenbahnergewerkschaft der Südprovinzen am 26. März an Transportminister Nikolaj Nekrasow richtete, hieß es: »Wir... erkennen allein die Provisorische Regierung als einzige Autorität im Staate an. Wir werden keinerlei Einmischung in ihre Tätigkeit dulden. In der Frage des Krieges betrachten wir einen durchschlagenden Sieg als unerläßlich, denn nur wenn die deutsche Kriegsmaschinerie vollkommen zerschlagen wird, kann unsere und der Welt Freiheit sichergestellt werden.«[19]

Es muß selbst den gemäßigtsten Sozialisten Sorgen bereitet haben, daß sich im Bündnis zwischen Arbeitern und Soldaten, auf dessen Grundlage ja die Macht des Sowjet im wesentlichen beruhte, Risse zu zeigen begannen. Im Prinzip wurden die Arbeiter in ihren Forderungen wie der nach dem Achtstundentag von ihren uniformierten Genossen wärmstens unterstützt. Andererseits wuchs bei letzteren das Unbehagen darüber, daß die Arbeiter ihre patriotischen Pflichten vernachlässigten und durch ihre Forderungen nach einer Verkürzung des Arbeitstages sowie durch ihre Streiks, insbesondere wenn davon die Munitionsproduktion betroffen war, den Fronttruppen praktisch in den Rücken fielen. Suchanow schrieb alle hieraus erwachsenden Unstimmigkeiten einer heimtückischen kapitalistischen Propaganda sowie dem organisierten Bestreben der »imperialistischen Plutokratie« zu, die

Streitkräfte gegen den Sowjet aufzubringen. Doch seiner eigenen Schilderung zufolge waren in jenen Märztagen häufig Drohungen seitens der Soldaten zu hören, sie würden in die Fabriken gehen und, wenn nötig mit vorgehaltenem Gewehr, ihre proletarischen Brüder zu höherer Arbeitsleistung antreiben.

Dies ist freilich ein Bild, wie man es in den meisten anderen zeitgenössischen Darstellungen gerade nicht findet; die meisten Autoren stimmen in der Einschätzung der Lage mit Trotzki überein, der schrieb: »Niemand mehr wollte kämpfen, weder das Heer noch das Volk.« Doch muß man sehen, daß sowohl die bolschewistischen als auch die antibolschewistischen Chronisten Gründe haben, den russischen Soldaten der unmittelbaren nachrevolutionären Periode als unerbittlichen Befürworter einer baldigen Beendigung des Krieges darzustellen. Dem bolschewistischen Historiker dient eine solche Darstellung als Bestätigung für die Richtigkeit der Leninschen Analyse. Einem Gegner der Bolschewiken liefert die vermeintliche Kriegsmüdigkeit der Truppen eine Erklärung und Rechtfertigung dafür, daß es der Provisorischen Regierung nicht gelang, ihre Stellung zu festigen und ihre knebelnde Abhängigkeit vom Sowjet abzuschütteln.

Man muß sicherlich einräumen, daß die so gerne verschwiegene Periode patriotischer Kriegsbegeisterung verhältnismäßig kurzlebig war; von Mitte April an begann die Stimmung sehr rasch und drastisch umzuschlagen. In der Politik spielt jedoch das Erfassen des richtigen Zeitpunkts eine gewichtige Rolle. Wäre die Provisorische Regierung mit fähigen und realistisch denkenden Politikern bestückt gewesen, sie hätte sich die nationalistische Euphorie jener Wochen sehr wohl zunutze machen und mit ihrer Hilfe den Sowjet in seine Schranken weisen können, so daß von dort keine Einmischungen in die Regierungsgeschäfte mehr zu befürchten gewesen wären. Die meisten Regierungsmitglieder waren jedoch keine Politiker, sondern liberale Schöngeister, die gelernt hatten, daß in der politischen Auseinandersetzung das rationalere Argument obsiegt. Weit davon entfernt, mit machtpolitischen Schachzügen gegen den Sowjet vorzugehen oder bei den Massen eine antisowjetische Stimmung zu schüren, wie Suchanow seine Leser glauben machen wollte, unterhandelten und rechteten die Mitglieder der Provisorischen Regierung, zu Anfang geduldig, dann mit zunehmender Gereiztheit, gleichwohl aber unermüdlich, mit ihren Tugendwächtern und Zensurengebern vom Sowjet, wiesen auf die unmögliche Position hin, in der die Regierung sich befand, auf die Gefahr, die dem Land dadurch drohte, usw., usf. Von dem einen oder anderen Minister hätte man vielleicht erwarten können, daß er mehr tat, als nur zu klagen. Gutschkow, der als Kriegsminister die undankbarste Aufgabe von allen zu erfüllen hatte – er mußte sich mit der massiven Einflußnahme der Sowjet-Demokratie auf die Streitkräfte herumschlagen –, hatte sich in langjähriger Aktivität den Ruf eines dynamischen und sich stets zu helfen wissenden Politikers erworben, der die Waffe der Demagogie nicht verschmähte und vor konspirativen Methoden nicht zurückschreckte. Doch gerade der einstige unnachsichtige Kritiker und Bezwinger der »dunklen Mächte« erschien jetzt als der hilfloseste unter allen Ministern. Bei den Besprechungen, zu denen gelegentlich Vertreter des Sowjet und der Provisorischen Regierung zur Austragung und Beilegung ihrer Zwistigkeiten zusammentrafen, saß der einst so lebhafte und zungenfertige Gutschkow gewöhnlich schweigend und manchmal mit den Tränen kämpfend am Tisch.

Wenn es nicht gelang, den patriotischen Eifer der Soldaten rasch so zu kanalisieren, daß er in eine Wiederherstellung des Korpsgeistes der Streitkräfte einmündete, durfte man nicht erwarten, daß er lange vorhalten würde; nach einiger Zeit würde er einer allgemeinen Apathie weichen, die dann vielleicht in einen radikalen Defätismus umschlagen mochte. Obgleich in ihrer Mehrheit noch immer patriotisch eingestellt und gegen subversive Propaganda immun, waren die Soldaten doch, gelinde gesagt, durch die Revolution verunsichert worden. Das alte soldatische Ethos, verkörpert in der Parole »Für Zar und Vaterland«, war unwiederbringlich dahin. Um die militärische Disziplin wiederherzustellen, bedurfte es einer neuen, unbestrittenen obersten nationalen Autorität und/oder eines einenden Kampfrufs ähnlich der Parole »Das Vaterland ist in Gefahr« während der Französischen Revolution. Tatsächlich war das Vaterland in Gefahr: Feindliche Truppen waren weit in russisches Staatsgebiet (wenn auch nicht in russischen Lebensraum im ethnischen Sinn) eingedrungen. Doch der Sowjet und seine Untergliederungen wollten mit solchen, ihrer Ansicht nach chauvinistischen Losungen nichts zu tun haben. Die sozialistischen Agitatoren schärften den Soldaten immer wieder ein, sie müßten nicht nur dem äußeren Feind, sondern auch den inneren Feinden der Revolution wachsam gegenüberstehen – und zu den letzteren konnten möglicherweise auch seine Offiziere, ja der eine oder andere bürgerliche Minister zählen. Gutschkow entließ mehrere als unbelehrbare Anhänger des alten Regimes verschriene Generäle und hoffte, dadurch die Kritik von links zum Schweigen bringen zu können. Unnötig zu sagen, daß diese Maßnahme nur dazu beitrug, die Dienstmoral des Offizierskorps zu unterhöhlen, während die Angriffe von links in keiner Weise nachließen. Die *quasi unbewußte* Zersetzung des Kampfeswillens der Truppen durch die revolutionäre Demokratie bereitete, zusammen mit der Unfähigkeit der Provisorischen Regierung, diesem Prozeß entgegenzuwirken, den Boden für jene ziemlich unverhüllte defätistische und subversive Propaganda, welche die Bolschewiken nach der Rückkehr Lenins entfalteten. Eine ohne politisches Geschick agierende und in sich selbst uneinige Provisorische Regierung versäumte es, aus der Periode der nationalistischen Begeisterung, die unmittelbar auf die Revolution folgte, Kapital zu schlagen, und vertat damit die Chance, die Einmischungen des Sowjet in militärische Angelegenheiten vielleicht ein für allemal abzustellen und so nicht nur das russische Heer, sondern in der weiteren Entwicklung vielleicht auch die revolutionäre Freiheit Rußlands zu erhalten, denn es war das demoralisierte und zerfallende Heer, das zum Totengräber dieser Freiheit werden sollte.

Es gab unter den führenden Sozialisten auch Männer, die wenigstens ansatzweise begriffen, daß disziplinierte Streitkräfte eine unbedingte Voraussetzung für die Bewahrung der Demokratie (sei es der revolutionären oder irgendeiner anderen) in Rußland waren. Am 18. März kehrte Iraklij Cereteli aus seiner Verbannung zurück; der Petrograder Sowjet bereitete ihm einen stürmischen Empfang. Cereteli war, als Siebenundzwanzigjähriger, in der Zweiten Duma Fraktionsführer der Sozialisten gewesen und später zusammen mit einigen Fraktionskollegen zu Zwangsarbeit und anschließendem Exil in Sibirien verurteilt worden. Als begnadeter Redner und Mann von großem persönlichen Charme wurde der temperamentvolle Georgier innerhalb kurzer Zeit zur dominierenden Figur im Exekutivkomitee des Sowjet, wenngleich sein Landsmann und menschewistischer Genosse, der Zauderer Tschcheidse, offiziell Vorsitzender des Rats blieb. Anders als Tschcheidse ging Cereteli mit Vehemenz daran, gegen den Einfluß von Männern wie Suchanow anzukämpfen, welch letzteren er ätzend, aber doch auch treffend als einen »ausgetrockneten, nervösen und griesgrämigen Doktrinär« schilderte, der sich in der Politik aus Fleisch und Blut, in die er durch die Ereignisse der Revolution hineingestoßen worden sei, überhaupt nicht zurechtfinde. Der kluge Georgier erkannte schon vor der Rückkehr Lenins, wie sehr die Friedens- und Militärpolitik, die der Sowjet in der ersten nachrevolutionären Phase betrieben hatte, den unverantwortlichsten Elementen in die Hände spielte. »Wir dürfen die Landesverteidigung nicht als eine Sache betrachten, die uns nichts angeht . . ., als etwas, worüber wir nicht sprechen wollen. [Im Gegenteil] sollte dies für uns eine der grundlegenden Aufgaben der Revolution sein, ohne deren Lösung wir nicht imstande wären, zu einem demokratischen Frieden zu gelangen und die Errungenschaften der Revolution zu bewahren«, erklärte er bald nach seiner Rückkehr.[20] Dies waren verblüffend neue Töne aus dem Munde eines russischen Marxisten.

Der Standpunkt, den Cereteli vertrat, brachte ihm zwar von seiten der doktrinären Marxisten und der äußersten Linken viele Angriffe ein, traf aber ziemlich genau die Stimmung, die zu diesem Zeitpunkt in der Truppe vorherrschte. Das wurde bei einer Ende März abgehaltenen Konferenz von Vertretern der Arbeiter- und Soldatenräte aus dem ganzen Land und von allen Frontabschnitten deutlich. Niemand konnte den Teilnehmern dieser Veranstaltung »bürgerlich-chauvinistische« Neigungen vorwerfen, und doch verabschiedete sie eine von Cereteli ausgearbeitete Resolution, die, anders als die Erklärung des Sowjet vom 14. März, unzweideutig zu einer Fortführung des Krieges mit allen Kräften aufrief. Natürlich kam darin auch, als internationalistische Pflichtübung sozusagen, die Formel von einem Frieden ohne Annexionen und Entschädigungen vor. Doch die Konferenz rief die russische Demokratie unabhängig davon auf, »in allen Bereichen des natio-

nalen Lebens alle Energien und Hilfsmittel des Landes im Dienste einer
Stärkung der Front zu mobilisieren«. Dann folgte die Mahnung: »Jeder
Versuch, den Zusammenhalt, die Stärke und die Fähigkeit der Streitkräfte
zur Durchführung offensiver Operationen zu schwächen, wäre ein verräteri-
scher Angriff auf die Sache des Friedens und auf die Lebensinteressen des
Landes.«[21]

Obgleich Lenin noch immer im Ausland war, näherten sich die Bolschewiken seinem Standpunkt zum »imperialistischen Krieg« nunmehr wieder an.
Doch eine in diesem Sinne von Kamenew formulierte Resolution erhielt nur
57 Stimmen (die von Cereteli vorgelegte dagegen 325). Es waren die Vertreter der Frontsoldaten, die bei der Konferenz den größten Wert darauf legten, daß die Notwendigkeit einer intakten und disziplinierten nationalen
Armee mit möglichst eindringlichen Worten bekundet wurde. Diejenigen
Kräfte, die die Moral und Disziplin der Soldaten untergraben wollten, versuchten, wie Cereteli berichtet wurde, unter den Fronttruppen die Auffassung zu propagieren, das Heer solle sich lediglich verteidigen, wenn die
feindlichen Truppen angriffen. Der Zweck dieser von anarchistischen und
bolschewistischen Aktivisten verbreiteten Propaganda lag auf der Hand:
Die Soldaten sollten dazu veranlaßt werden, ihren Offizieren den Gehorsam
zu verweigern, wenn diese eine Angriffsaktion befahlen. Der Umstand, daß
solche Dinge in unmittelbarer Nähe der Front propagiert werden konnten,
läßt an sich schon eine Menge ahnen. Andererseits muß man festhalten, daß
eine Truppe, deren Soldatenvertreter für mehr Disziplin und Gehorsam eintraten und quasi darum baten, kämpfen zu dürfen, gewiß noch nicht im
Begriff gestanden haben kann, zu zerfallen, wie die meisten sowjetischen
Historiker uns glauben machen wollen. Selbst Trotzki, der ein eindeutiges
Interesse daran haben mußte, das russische Heer als »unheilbar krank«
darzustellen, mußte einräumen, daß die Zahl der Desertionen in den ersten
Wochen nach der Revolution beträchtlich zurückging.

Allein, selbst wenn das russische Heer aus lauter klassischen Spartanern
und nicht aus schlichten Bauernburschen bestanden hätte, die unter dem
Eindruck all dessen, was geschehen war, noch verstört und verwirrt waren,
hätte es seinen Zusammenhalt und seinen Kampfgeist nicht für unbegrenzte
Zeit über den März hinaus zu bewahren vermocht. Die Soldaten waren einer
praktisch ungehindert betriebenen subversiven und defätistischen Propaganda ausgesetzt, und in Kriegszeiten darf man sich nicht darauf verlassen,
daß man einer derartigen Agitation durch Gegenargumente und durch die
Verabschiedung von Manifesten entgegenwirken und auf Sanktionen gegen
die Urheber der Propaganda verzichten kann. Das Problem Ceretelis und
seiner demokratisch-sozialistischen Gesinnungsgenossen bestand darin, daß
sie Opfer ihrer eigenen Tugend wurden. So gut sie begriffen, welches Spiel
die Bolschewiken spielten, so unvorstellbar war es für sie, ihre Widersacher
durch schlichte Gewaltanwendung zum Schweigen zu bringen, waren diese
doch trotz ihrer Irrtümer und ihrer schädlichen Aktivitäten sozialistische

Genossen. Kriegsgerichte, Verbot der Antikriegspropaganda? Aber nein! Die russische Demokratie würde sich durch den Rückgriff auf solche autoritären Praktiken doch nur selbst entehren, würde sich des Verstoßes gegen altgediente Grundsätze schuldig machen, gestünde sie ein, daß die Massen von skrupellosen Demagogen manipuliert wurden. Nein, ihr gesundes Gespür würde die russischen Massen vor den Beeinflussungsversuchen der Bolschewiken warnen und sie erkennen lassen, daß der Weg, für den Cereteli und seine Freunde eintraten, der einzige war, der die Errungenschaften der Revolution, das freie Rußland, für die Zukunft sichern würde. Als geistige Erben des unerschütterlichen populistischen Glaubens an die Weisheit des Volks waren die demokratischen Sozialisten Gefangene ihrer eigenen Ideologie und nicht in der Lage, rechtzeitig und entschlossen jenen Kräften entgegenzutreten, die, wie sich längst abzeichnete, ganz andere Ziele als sie selbst verfolgten; man ließ sie vielmehr in aller Ruhe an Einfluß und Macht gewinnen, bis sie stark genug waren, ihre einstigen Genossen aus dem Feld zu schlagen und die Freiheit Rußlands zu zerstören.

Die Kombination aus der Unfähigkeit der Provisorischen Regierung und den Skrupeln der demokratischen Sozialisten erwies sich als ein idealer Nährboden für die Keime der Anarchie. Jedem, der nicht durch ideologische Scheuklappen am Sehen gehindert war, mußte nach dem ersten Monat der Revolution klar sein, daß das »System«, das sich im Gefolge der revolutionären Umwälzungen gebildet hatte, nicht von Dauer sein konnte. Wenn die wichtigste Errungenschaft der Revolution, die Freiheit, erhalten bleiben sollte, brauchte Rußland eine funktionierende Regierung. Im Augenblick hatte sie zwei nichtfunktionierende. Wenn ein Staatsstreich von links oder rechts vermieden werden sollte, brauchte das Land ein diszipliniertes Heer, ein Heer, das einen inneren Zusammenhalt und einen Konsens über seinen Auftrag aufwies und in dem subversive Propaganda nicht ungestraft betrieben werden durfte. Wenn ein Vielvölkerstaat zusammengehalten werden sollte, mußte es eine allgemein anerkannte zentrale Autorität, ein Symbol der gemeinsamen Staatlichkeit geben. Da es dies nicht gab, brauchte man sich nicht zu wundern, wenn sich die Anzeichen dafür mehrten, daß Volksgruppen wie die Polen, die Ukrainer, die Finnen sich nicht damit zufriedengaben, an der neuen Freiheit in Rußland teilzuhaben, sondern daß sie in größerem oder geringerem Ausmaß nach Freiheit *von* Rußland verlangten.

Die Zersplitterung der Macht und die sich abzeichnende Zunahme des Chaos zeigten, daß es offenbar keine Kraft gab, die die durch die Revolution geschaffene Situation entscheidend hätte kontrollieren können: Das am 2. März institutionalisierte politische System, wenn man es denn als System bezeichnen konnte, war offensichtlich nicht funktionsfähig. Jemand mußte all die verstreuten Fäden aufsammeln und ein wirkliches Staatswesen mit einer wirklichen Regierung und einem wirklichen Heer aufbauen.

Daß das Ereignis, das sich am 3. April 1917 auf dem Bahnhof von Petrograd abspielte, der erste Schritt zur Lösung dieses verzwickten Problems war, ahnte zu diesem Zeitpunkt wohl noch niemand. Am späten Abend dieses Tages, um 23.10 Uhr, traf auf dem Finnischen Bahnhof der Stadt, die paradoxerweise einzig und allein von den Bolschewiken noch St. Petersburg genannt wurde,* der Zug ein, der Wladimir Iljitsch Lenin aus dem Schweizer Exil in sein Heimatland zurückbrachte. »Unsere Taktik vollständiges Mißtrauen, keine Unterstützung der neuen Regierung; Kerenskij besonders verdächtig; Bewaffnung des Proletariates die einzige Garantie (...) Keine Annäherung zu anderen Parteien«, hatte Lenin am 6. März geschrieben.[22] Wie alle anderen, die in den hektischen Tagen der Revolution außerhalb Rußlands weilten, war auch er nicht in der Lage gewesen, die volle Tragweite dessen zu erkennen, was sich vollzogen hatte: Nicht nur die Autokratie war gestürzt, sondern das ganze jahrhundertealte Gefüge der russischen Staatlichkeit und der russischen Gesellschaft war erschüttert. Im dritten seiner »Briefe aus der Ferne«, die Kamenew und Stalin so unpassend fanden, daß sie sie in der *Prawda*, wenn überhaupt, dann nur in zensierter Form veröffentlichten, hatte Lenin tastend versucht, die Ereignisse in ein unter marxistischem Blickwinkel verständliches Schema einzupassen. In manchen Augenblicken schien dies recht einfach zu sein: Die russische Bourgeoisie hatte auf Geheiß ihrer britischen und französischen Gebieter einen Staatsstreich durchgeführt, damit Rußland den imperialistischen Krieg weiterführen konnte.

»Die Regierung Gutschkow (...): Gebunden durch die Interessen des Kapitals, muß ihr Bestreben darauf gerichtet sein, den mörderischen Raubkrieg fortzusetzen, die ungeheuren Gewinne des Kapitals und der Grundbesitzer zu schützen und die Monarchie wiederherzustellen (...) Unter dem Druck der hungernden und den Frieden fordernden Massen stehend, ist die Regierung gezwungen, zu lügen (...), möglichst viel zu proklamieren und zu versprechen.«[23]

Lenin konnte, als er in seinem Schweizer Exil die Berichte der britischen, französischen und deutschen Presse aus Petrograd studierte (zu seiner Wut, in der Schweiz festzusitzen, gesellte sich noch das Ärgernis, daß er während der ersten vier Revolutionswochen praktisch keine Post aus Rußland erhielt), über die Institution der Doppelherrschaft und darüber, daß die Menschewiken und die Sozialrevolutionäre im Petrograder Sowjet das Fortbestehen der Provisorischen Regierung ohne weiteres hinnahmen, nur in wütender Fassungslosigkeit den Kopf schütteln. Das unbedingte Gebot der Stunde sei, so hämmerte er seinen Genossen in seinen flammenden Briefen immer wieder ein, die Bewaffnung der Arbeiterschaft. Jede Meldung über gewaltsame Ausschreitungen gegen Repräsentanten des alten Regimes erfüllte ihn mit Freude; als die Matrosen der Ostseeflotte einen Admiral und eine Reihe von Schiffsoffizieren lynchten, gab er indirekt seine Genugtuung darüber zu erkennen. Mit dieser Einstellung stand er wiederum im schlagenden Gegensatz zu seinen Anhängern zu Hause, die bislang jede positive

* Sie weigerten sich, die »chauvinistische« Umbenennung der Stadt bei Kriegsbeginn zu akzeptieren.

Stellungnahme zu willkürlichen Akten der »Volksjustiz« vermieden hatten, wohl wissend, daß ein solches Bekenntnis zu Gewalt und Selbstjustiz angesichts der momentanen Stimmungslage der Massen nur dazu geführt hätte, die Unpopularität der Bolschewiken und ihre Isolation innerhalb der revolutionären Demokratie zu verstärken.

Die Ungeduld, mit der Lenin darauf wartete, nach Rußland zurückkehren und seine Anhänger an die Kandare nehmen zu können, war um so größer, als er befürchten mußte, daß er, wenn seine Rückkehr sich noch lange hinauszögerte, vielleicht am Ende als ein Parteiführer ohne Partei dastehen würde. Zu seinem Entsetzen waren Bestrebungen zu einer Wiedervereinigung von Bolschewiken und Menschewiken im Gang. Wieder waren es, wie 1905, die einfachen proletarischen Parteimitglieder, die nicht verstehen konnten, weshalb in einem Moment wie diesem die beiden wichtigsten Lager der marxistischen Bewegung einander bekämpfen sollten, statt vereint für die gemeinsame Sache zu streiten; in einigen Provinzhauptstädten hatten sich die beiden Fraktionen bereits zu einer Organisation zusammengeschlossen. Kamenew und Stalin, die augenblicklichen Wortführer der einheimischen Bolschewiken, waren einer teilweisen Wiedervereinigung nicht abgeneigt. Zwar suchten sie, sei es aus Überzeugungsgründen, sei es aus Furcht vor der Reaktion ihres jähzornigen Parteichefs, keine Annäherung an die Vertreter des rechten Menschewikenflügels, an Männer also wie Plechanow und Cereteli, die eindeutig für die Fortführung des Krieges eintraten. Diejenigen Menschewiken jedoch, die sich auf den internationalistischen Standpunkt stellten (d. h. also diejenigen, die auf einen raschen Verhandlungsfrieden ohne Annexionen und Entschädigungen drängten), gehörten ihrer Meinung nach ebenso wie einige nicht parteigebundene Linkssozialisten, etwa Suchanow und Steklow, im Grunde zur Partei der Bolschewiken. Wie wenig die meisten Bolschewiken zu diesem Zeitpunkt davon ahnten, was im Kopf Lenins vorging, ersieht man am besten aus dem, was Stalin damals schrieb und sagte. Sich mit anderen sozialistischen Gruppen zu vereinigen war seiner Ansicht nach eine sinnvolle Strategie. Sonst würden die Bolschewiken nämlich in die Isolation geraten und sich später, wenn die verfassunggebende Versammlung zusammentrat, in einer schwachen Position befinden. Daß das siegreiche Protelariat die verfassunggebende Versammlung unter Umständen sang- und klanglos unter den Tisch fallen lassen könnte, war ein Gedanke, mit dem niemand – außer einem einzigen Mann, der noch in Zürich war – auch nur spielte. Stalin trat demgemäß energisch für eine Wiedervereinigung ein: »Wir sollten nicht zu weit in die Zukunft blicken und Meinungsverschiedenheiten vorhersehen. Ein Parteileben ohne Meinungsverschiedenheiten kann es nicht geben. Im Rahmen einer [wiedervereinigten] Partei werden wir kleine Meinungsverschiedenheiten überwinden ... Wir sollten eine Konferenz [mit den Menschewiken] anstreben, ohne irgendwelche Vorbedingungen zu stellen.«[24]

Wie Lenin auf Äußerungen wie diese, wenn sie ihm zugeleitet wurden, reagierte, kann man sich nur ausmalen. Nur noch ein paar Wochen vielleicht, und die Bolschewiken würden sich mit »Verrätern« und »Gaunern« wie Tschcheidse und Skobelew verbrüdern, sich wie sie bereitfinden, den »Schreihals Kerenskij« als ihren politischen Führer anzuerkennen, und die Chance verstreichen lassen, eine wirkliche Revolution zu machen, die ihrerseits eine europäische Revolution entfachen würde.

Daß sich bei seinen Gefolgsleuten die demokratische und pazifistische Epidemie auszubreiten begann, versetzte Lenin in höchste Unruhe. Dies war zweifellos ein Grund dafür, daß er sich zu etwas herbeiließ, das er bislang stets abgelehnt hatte: die Hilfe der deutschen Regierung anzunehmen. Er benötigte, um nach Rußland zurückkehren zu können, die Genehmigung der kaiserlichen Regierung, durch Deutschland reisen zu dürfen, denn keines der gegen die Mittelmächte verbündeten Länder war bereit, einem notorischen Gegner der Beteiligung Rußlands an dem Krieg der »imperialistischen Räuber« die Heimkehr zu erleichtern, und Lenin hätte seine Verhaftung und Festsetzung riskiert, wenn er versucht hätte, über Frankreich oder Großbritannien nach Rußland zu gelangen. Andere Kriegsgegner unter den Revolutionären, wie etwa Julius Martow, der führende Kopf der menschewistischen Internationalisten, schlugen Lenin vor, eine offizielle Genehmigung des Sowjet abzuwarten, ehe er die möglicherweise kompromittierende Reise durch das Territorium des Kriegsgegners unternahm. Allein, der Sowjet brauchte zu allem, was er tat, außer zur Veröffentlichung von Manifesten, sehr viel Zeit, und Lenin hatte es eilig.

Gewiß wurde Lenin in seinem Entschluß, Geld von den Deutschen anzunehmen, auch von dem bestärkt, was er aus der Presse über die Situation in seinem Heimatland erfuhr. Wie es von Zürich aus im März/April 1917* den Anschein hatte, konnte Lenin sich erstens nicht darauf verlassen, daß er bei seiner Rückkehr seine praktisch diktatorische Vormachtstellung in der Parteiorganisation wieder würde einnehmen können, und mußte zweitens damit rechnen, daß die Bolschewiken, selbst und gerade unter seiner Führung, in puncto Einfluß unter den Soldaten und Arbeitern nach wie vor eine abgeschlagene dritte Kraft hinter den Sozialrevolutionären und den Menschewiken darstellen und nicht annähernd in der Lage sein würden, jenen bewaffneten Staatsstreich auszuführen, den er, Lenin (zu diesem Zeitpunkt praktisch als einziger im ganzen sozialistischen Lager) für notwendig erachtete.

Wenn Lenin eine rasche Eroberung der politischen Macht durch »eine entschlossene Partei« für notwendig hielt, dann aus der Überlegung heraus, zwei möglichen Entwicklungen zu begegnen: daß der revolutionäre Prozeß schließlich und endlich zu einem bürgerlich-demokratischen Staatswesen führte oder, was wahrscheinlicher erschien, daß das Land in einen anarchischen Zustand abglitt, angesichts dessen keine politische Partei mehr in der

---

* Der westeuropäische Kalender ging gegenüber dem Julianischen, der in Rußland galt, dreizehn Tage vor; die Anpassung an den international gültigen Kalender erfolgte erst am 1. Februar 1918.

Lage sein würde, das Erbe des zaristischen Staats anzutreten. Daß Rußland im Augenblick das »freieste Land der Welt« war, darin lag sowohl eine Chance als auch eine Gefahr. »Wir brauchen die revolutionäre *Macht* . . ., wir brauchen den *Staat*«, schrieb Lenin schon am 11. März (Jul. Zeitr.). Die Bolschewiken – oder eine neue revolutionäre Partei, die er aufbauen müsse, falls die Bolschewiken in ihrer Mehrheit seinen Führungsanspruch zurückwiesen – würden die Anarchie nur bis zu dem Punkt befürworten und fördern, an dem sie die Provisorische Regierung und den Sowjet handlungsunfähig machte. Schon seit 1914 benutzte Lenin den offiziellen Namen seiner Partei nicht mehr – das Attribut »sozialdemokratisch« solle, so hatte er geschrieben, wie ein »schmutzig gewordenes Kinderkleid« auf den Müll wandern und durch die an die frühesten und militantesten Tage des Marxismus erinnernde Bezeichnung »kommunistisch« ersetzt werden.

In jedem Fall wurde Geld benötigt, viel Geld. Die wundersame Aufwärtsentwicklung der bolschewistischen Partei zwischen März und Oktober sowohl in bezug auf ihr Prestige als auch auf ihre Mitgliederzahl – die von zehn- bis fünfzehntausend auf an die dreihunderttausend zunahm –, war nicht nur Resultat des politischen Geschicks ihrer Führer und des Erfolgs ihrer Parolen, sondern auch eine Folge der Tatsache, daß sie im Vergleich zu ihren politischen Konkurrenten aus dem Vollen schöpfen konnten. Sie konnten Zeitungen finanzieren, hauptberufliche Agitatoren bezahlen und Waffen für ihre Privatarmee, die Roten Garden, anschaffen. Ihr erfolgreichstes Subversionsinstrument, die Zeitung *Prawda der Schützengräben*, wurde kostenlos an die Fronttruppen verteilt. Ihre politischen Widersacher dagegen, vor allem die Menschewiken, die in der gleichen Zeitspanne einen katastrophalen Mitglieder- und Einflußschwund hinnehmen mußten, hatten leere Kassen. Der Petrograder Sowjet selbst wurde, pikant genug, von der Provisorischen Regierung bezuschußt, die ihm zur Bestreitung seiner Ausgaben eine Abschlagszahlung von 10 Millionen Rubel gewährte.

Macht man sich Lenins Prämissen zu eigen, dann erscheint seine Entscheidung, Geld von den Deutschen anzunehmen, vollkommen logisch. Sowohl er als auch die kaiserliche Regierung wünschten sich eine Verschärfung der Revolution in Rußland mit der Konsequenz einer Zerrüttung des russischen Heers. Der Gedanke, den deutschen Militaristen und Kapitalisten in die Hände zu spielen, mag den Bolschewikenführer anfänglich gestört haben, aber er war ja fest davon überzeugt, daß eine erfolgreiche sozialistische Revolution in Rußland den deutschen Arbeitermassen als unwiderstehliches Vorbild dienen würde (wogegen die Aussicht auf eine Sowjet-Bewegung in Frankreich und erst recht in Großbritannien weit geringer war). Zwar hatte die Februarrevolution in Berlin und Wien kein Echo gefunden, aber das war verständlich, wenn man sich vergegenwärtigte, daß die deutschen und österreichischen Arbeiter hinter dieser Revolution nationalistische Kräfte vermuteten, die Nikolaus II. gestürzt hatten, weil er nicht entschlossen genug (oder nicht fähig) war, einen siegreichen Krieg zu führen. Eine bolschewistische

Revolution jedoch würde auf jeden Fall der Zündfunke für einen großen europäischen Brand sein.

Um Lenin Gerechtigkeit widerfahren zu lassen: Es ist unwahrscheinlich, daß er *zu diesem Zeitpunkt* nach der Macht um ihrer selbst willen strebte. Er hielt es für durchaus denkbar, daß die Bolschewiken nach ihrem Coup vielleicht nicht sehr lange an der Macht bleiben würden. Er hätte die Chance, daß Rußland es schaffen könnte, als einziger kommunistischer Staat* in Europa zu überleben, im März 1917 vermutlich als sehr gering eingeschätzt. Doch selbst wenn ein kommunistisches Rußland sich nur ein paar Wochen halten und dann einer Konterrevolution zum Opfer fallen sollte, würde dies ausreichen, das Weltproletariat in Marsch zu setzen, zuerst in Deutschland, dann in anderen Ländern, und wenn der Kommunismus dann den Siegeszug um die Welt antrat, würde er schließlich und endlich auch wieder in Rußland Einzug halten. Wäre es angesichts solcher blendenden Aussichten nicht töricht gewesen, aus moralischen Skrupeln das Geld der Junker abzulehnen, mit dem sie doch nur ihren eigenen historischen Untergang und den aller anderen Kapitalisten finanzierten?

Die deutsche Regierung und die Oberste Heeresleitung betrachteten ihrerseits den Handel mit Lenin unter dem Gesichtspunkt kühler praktischer Berechnung. Ihre Rußlandexperten erklärten ihnen, Lenin und seine Getreuen würden in Rußland dafür sorgen, daß das innere Chaos sich verstärkte, und als Folge hiervon werde das russische Heer weiter auseinanderfallen. Deutschland war nicht mehr in der Lage, seinen Gegnern an beiden Fronten Paroli zu bieten, noch dazu, wo Amerika im Begriff stand, in den Krieg einzutreten. Deutschland ließ die Gelegenheit verstreichen, die durch die Februarrevolution geschaffene Verwirrung im Lager der Gegner zu nutzen und eine Offensive im Osten vorzutragen. Man rechnete – zu Recht – damit, daß an der Ostfront die Zeit für die kaiserlichen Armeen arbeiten würde: Noch einige Wochen Sowjet-Herrschaft, und die Kampfmoral der russischen Truppen würde restlos dahin sein. Es gab freilich auch noch die andere Möglichkeit: daß das russische Heer unter den Bedingungen der revolutionären Demokratie seine Kampfkraft nicht nur beibehalten, sondern sogar noch verbessern würde. Die vom Sowjet ausgegebene Parole eines Friedens »ohne Annexionen und Kontributionen« war für die Machthaber in Deutschland nicht allzu tröstlich, denn sie liebäugelten immer noch mit ganz anderen Kriegszielen, und außerdem rief die Friedensdevise des Sowjet bei den deutschen Sozialisten, die bis dahin zum größten Teil stramme Anhänger der offiziellen Kriegspolitik ihres Landes gewesen waren, gewisse pazifistische Impulse wach. Unter diesen Gesichtspunkten war es ein naheliegender Entschluß, die politische Subversion innerhalb Rußlands zu fördern, indem man diejenige politische Kraft unterstützte, von der man sich in die-

---

* Obgleich die Partei Lenins sich erst im März 1918 in »Kommunistische Partei« umbenannte, erscheint es mir legitim, diesen Namen schon von jetzt an zu benutzen.

ser Hinsicht die größte Wirkung versprechen konnte: die Partei Lenins.*
»Da wir ein Interesse daran haben, daß der Einfluß des radikalen Flügels
der russischen Revolutionäre überwiegt, würde es mir ratsam erscheinen,
den Revolutionären die Durchreise zu ermöglichen . . .«, erklärte Staatsse-
kretär Arthur Zimmermann in einem an das Kaiserliche Hauptquartier gerichteten Vermerk vom 23. März (Westl. Zeitr.). Am 1. April wies das
deutsche Auswärtige Amt 5 Millionen Reichsmark für »politische Zwecke
in Rußland« an.[25]

Während die Vertreter der revolutionären Demokratie die Tatsache, daß
Lenin und sein Gefolge mit Hilfe des Feindes und durch dessen Territorium
hindurch nach Hause zurückgekehrt waren, angesichts der Haltung der mit
Rußland verbündeten Staaten zähneknirschend als unumgänglich hinnah-
men, muß man fairerweise sagen, daß der Gedanke, Lenin habe von den
Deutschen Geld angenommen, dem durchschnittlichen russischen Bolsche-
wiken ebenso widerwärtig gewesen wäre wie jedem anderen Sozialisten. Es
ist bezeichnend, daß die Männer, die Lenin zur Abwicklung der finanziellen
Transaktionen auswählte, durchweg Nichtrussen waren: Karl Radek war in
Österreichisch-Polen geboren, Jacob Fürstenberg-Hanecki war Mitglied der
Polnischen Sozialistischen Partei, und Waclaw Worowskij war zwar ein alter
bolschewistischer Parteigänger, doch von Geburt Pole; alle drei hatten ihren
Wohnsitz zu jener Zeit in Schweden, und alle unterhielten geschäftliche
Beziehungen zu dem allgegenwärtigen Dr. Helphand. Erst nach Lenins
Heimkehr wurden einige der russischen Bolschewiken in das Geheimnis
eingeweiht. Für die Masse der Parteimitglieder blieb das Gerücht von den
deutschen Millionen eine unerhörte Verleumdung, selbst dann noch, als im
Juli 1917 ziemlich zwingende Beweise für den Wahrheitsgehalt dieses Ge-
rüchts auftauchten.

Doch es war nicht der unvorstellbare Gedanke, daß Genosse Lenin sich in
Kaiser Wilhelms Schuld begeben haben könnte, der so viele, Freunde wie
Gegner gleichermaßen, seiner Rückkehr nervös entgegensehen ließ. Fast
eine Generation lang war dieser Mann mit seinen bösartigen Ausfällen gegen innerparteiliche Gegenspieler, mit seinen zermürbenden und anmaßenden Herrschaftsansprüchen gegenüber den eigenen Genossen, das Haupt-
hindernis für die von vielen erstrebte Einheit der russischen Sozialdemokratie gewesen. Was würde er jetzt tun? Tatsächlich gab Lenin gleich in der
Nacht nach seiner Ankunft deutlich zu erkennen, daß er die Rolle desjeni-
gen, an dem sich die Geister schieden, weiterspielen würde; der Sieg der
Revolution hatte ihn keineswegs versöhnlicher gestimmt, sondern ihn im
Gegenteil veranlaßt, seinen Standpunkt noch schärfer abzugrenzen und eine
noch radikalere Sprache zu führen. Bei seiner Ankunft wurde ihm vom

* Unnötig zu sagen, daß die Bolschewiken nicht die einzigen Empfänger deutscher Gelder
waren; aus derselben Quelle flossen auch ukrainischen, finnischen und anderen Separati-
stengruppen und, wie zu vermuten ist, regelrechten deutschen Agenten Geldmittel zu. Der
»Impresario«, über den diese Transaktionen abgewickelt wurden, war Dr. Helphand.

Petrograder Sowjet, dessen Repräsentanten einen erklecklichen Teil ihrer Zeit mit der festlichen Bewillkommnung der Revolutionshelden aller politischen Richtungen verbrachten, ein regelrechter Staatsempfang bereitet. Doch nur jemand, der Lenin nicht kannte, konnte glauben, daß er sich von der Ehrenkompanie Matrosen, die das Gewehr präsentierte, als er aus seinem Waggon stieg, einnehmen oder von den versöhnlichen Worten Tschcheidses besänftigen lassen würde, der naiv genug war, zu erklären, er hoffe, Lenin werde sich Seite an Seite mit den anderen Sozialisten im Rahmen der revolutionären Demokratie betätigen. Der Ankömmling nahm indessen keinerlei Notiz von dem Mann, den er sonst den »menschewistischen Schurken Tschcheidse« zu nennen beliebte, sondern wandte sich statt dessen an die »Soldaten, Matrosen und Arbeiter« und erklärte ihnen, für ihn beginne die Revolution gerade erst, und sie werde einen ganz anderen Verlauf nehmen, als die revolutionäre Demokratie es sich vorstelle. Wahrscheinlich um den mißlichen Eindruck zu verwischen, den seine Reise durch das Territorium des Kriegsgegners zurückließ, aber gleichwohl im Brustton der Überzeugung, sprach er von der herannahenden Revolution in Deutschland. »Nicht fern ist die Stunde, da die Nationen, dem Ruf unseres Genossen Karl Liebknecht folgend, ihre Waffen gegen die Ausbeuter kehren werden . . . In Deutschland brodelt alles.« Hier hätte der brüskierte Tschcheidse sehr wohl einwerfen können, daß Karl Liebknecht seit Jahr und Tag im Gefängnis saß und daß Lenin mit freundlicher Genehmigung der Regierung, die ihn dorthin gebracht hatte, nach Rußland zurückgekehrt war. Aber das wäre unkameradschaftlich und ein Verstoß gegen die sozialistischen Benimmregeln gewesen.

Auf dem Bahnhofsvorplatz hielt Lenin, auf einem Panzerwagen stehend, nochmals eine Rede, in der er sich im selben kompromißlosen Sinn äußerte. Danach fuhr er ins bolschewistische Hauptquartier, das einstige Luxuspalais der Kschesinskaja (als Zugeständnis an die »bürgerliche Legalität« hatten die neuen »Mieter« der Ballerina gestattet, einen Großteil ihres pompösen Mobiliars abzuholen), und setzte seine vehementen Tiraden fort. Die Petrograder Bolschewiken hatten trotz der späten Stunde dafür Sorge getragen, daß es ihrem heimkehrenden Gebieter nicht an der geziemenden Kulisse jubelnder Massen gebrach, und hatten eine ganze Anzahl von Arbeitern und Soldaten mobilisiert, die sich nun um das Hauptquartier scharten und Lenin zu hören verlangten. So hielt dieser vom Balkon aus nochmals eine Rede, in der er sein Leitmotiv wiederholte: Der die Völker zugrunde richtende Krieg werde einzig und allein im Interesse der räuberischen Kapitalisten weitergeführt. »Die [angebliche] Verteidigung des Vaterlandes bedeutet in Wirklichkeit, daß sich eine Bande von Ausbeutern gegen die andere verteidigt.« An dieser Stelle wurden aus den Reihen der Zuhörer, obzwar es sich um ein ausgewähltes, den Bolschewiken freundlich gesonnenes Publikum handelte, mißbilligende Zwischenrufe laut. Wer sich solche unpatriotischen Gefühle erlaube, gehöre auf die Bajonette gespießt, riefen einige Soldaten; der Mann möge nur zu ihnen herunterkommen, dann würden sie es ihm schon zeigen . . .

Die üblicherweise nichtssagende Formel vom »Wendepunkt in der Geschichte« erscheint im Hinblick auf die Rückkehr Lenins nach Rußland durchaus angebracht. Sosehr die meisten Historiker dazu neigen, bedeutende geschichtliche Ereignisse auf gesellschaftliche und wirtschaftliche Ursachen zurückzuführen, die dem gestaltenden Willen der Einzelpersönlichkeit entzogen sind – der Verlauf der russischen Revolution wurde wesentlich durch die Eigenschaften und Unzulänglichkeiten einer Handvoll von Personen bestimmt. Wie, wenn Großfürst Michael aus dem Holz eines Nikolaus I. geschnitzt gewesen wäre? Wie, wenn Kerenskijs politische Fähigkeiten seiner fesselnden Rednergabe die Waage gehalten hätten? In den Petrograder Sowjet und vorübergehend auch in die ganze revolutionäre Politik zog ein anderer Wind ein, als Cereteli auf der Bildfläche erschien. Wie, wenn der kluge Georgier von einem ebenso heftigen Streben nach Macht beseelt gewesen wäre wie Lenin, wenn er eine einige und disziplinierte Partei hinter sich gehabt hätte, wie Lenin sie sich binnen weniger Wochen schaffen sollte?

Und Lenin war gerade noch rechtzeitig zurückgekehrt! Nur noch ein Tag länger, und die Bolschewiken hätten die Räder in Richtung auf eine Wiedervereinigung mit den Menschewiken in Bewegung gesetzt. Selbst ihre nur noch halbherzige Opposition gegen den Krieg stand in Gefahr, von der immer noch anschwellenden Woge des revolutionären Patriotismus fortgespült zu werden. »Der Geist in der Truppe ist zur Zeit ausgezeichnet, die Soldaten wollen und erwarten allesamt, daß wir angreifen«, schrieb General Brussilow, der Befehlshaber der Südwestfront und Rußlands herausragender Feldherr. »Doch die Gelegenheit müßte beim Schopf ergriffen werden, denn anhaltende Passivität an der Front könnte die [gute] Stimmung verfliegen lassen, würde die Soldaten enttäuschen und ihren Glauben an ihre Offiziere erschüttern und [würde schließlich], indem sie der subversiven Propaganda einen Zugang eröffnete, zur Zerrüttung der Truppe führen.«[26] Alle Berechnungen Lenins fußten darauf, daß es gelang, die Disziplin und Moral des russischen Soldaten zu zersetzen. Wenn das Heer einmal marschierte und auch nur kleinere militärische Erfolge erzielte, dann würde *seine* Revolution in weite Ferne rücken.

In seiner Schrift *Lenin in Zürich* porträtiert Solschenizyn den Vater des kommunistischen Rußland als einen von einem zwanghaften Haß gegen seine eigene Nation besessenen Menschen, eine Darstellung, die sowohl übermäßig vereinfacht als auch ungerecht ist. Lenin demonstrierte, *als er an der Macht war*, zur Genüge, wenn auch unwillentlich, daß er selbst einer jener russischen Kommunisten war, von denen er einst gesagt hatte: »Kratzt sie, und es kommt ein russischer Chauvinist zum Vorschein.« Doch zunächst einmal war sein unbewußter Nationalismus von der Vision einer Weltrevolution überlagert. Um diese Revolution anzufachen, mußte der russische Staat in seiner gegenwärtigen Form zerstört werden; dies konnte aber nur gelingen, wenn man zunächst jene Kraft ausschaltete, die diesen Staat stets zusammengehalten hatte und die ihn womöglich selbst unter den grotesken Bedingungen der gegenwärtigen Doppelherrschaft am Leben erhalten würde: den russischen Nationalismus.

Um dieses Ziel erreichen zu können, mußte Lenin eine andere elementare Kraft wachrufen, die in der ganzen russischen Geschichte immer wieder sporadisch zutage getreten ist: die Anarchie. Wäre er dem vom orthodoxen Marxismus vorgezeichneten Weg gefolgt, einem Weg, von dem er vor 1914 niemals ausdrücklich abgewichen war, dann hätte er sich nicht nur für die Gegenwart, sondern auch für eine recht langfristige Zukunft auf ein bürgerlich-parlamentarisches Regime einrichten müssen, eine Aussicht, die ihm noch verhaßter war als die Perspektive einer Restauration der Autokratie. Vom 3. April bis zum 25. Oktober sollten alle seine politischen Schritte im wesentlichen darauf abzielen, alle Elemente der sozialen, wirtschaftlichen und politischen Stabilität, die es in Rußland noch gab, aufzulösen und das Land in die tiefste Anarchie zu stürzen. Nur als Erben und Konkursverwalter der Anarchie konnten seine Bolschewiken an die Macht gelangen. Aber es gab noch eine Facette: In manchen Augenblicken, so etwa im Juli 1917, hatte es fast den Anschein, als sei der Impuls, die bestehende Form der institutionellen politischen Autorität niederzureißen, bei Lenin stärker ausgeprägt gewesen als sein bewußtes Streben nach Macht. Er spielte hin und wieder mit dem Gedanken an einen bolschewistischen Aufstand, und zwar zu Zeitpunkten, da mit einiger Wahrscheinlichkeit damit zu rechnen war, daß ein solches Unterfangen die Bolschewiken selbst mit in den Strudel der von ihnen gesäten Anarchie hinabreißen würde.

Daß der einstige führende marxistische Theoretiker sich in jeder praktischen Hinsicht zum Anarchisten gewandelt hatte, dies war in der Tat die Schlußfolgerung, die die meisten von denen zogen, die am 4. April den beiden Reden beiwohnten, in denen Lenin seine berühmt gewordenen *Aprilthesen* verkündete. Die wichtigere der beiden hielt er bei einer gemeinsamen Sitzung von Bolschewiken, Menschewiken und nicht parteigebundenen Sozialisten, auf der ursprünglich die Wiedervereinigung der russischen Marxisten eingeleitet werden sollte. Lenin lehnte in Bausch und Bogen die Konzeption der »Doppelherrschaft« ab, die bis dahin die Zustimmung selbst seiner getreuesten Gefolgsleute in Rußland gefunden hatte. »Keine parlamentarische Republik . . ., sondern eine Republik der Sowjets, der Arbeiter-, Tagelöhner- und Bauerndeputierten im ganzen Lande, von unten bis oben. Abschaffung der Polizei, der Armee, der Beamtenschaft.« (Eine gekürzte und im Ton etwas gemäßigte Fassung der Thesen wurde am 7. April veröffentlicht; die spontanen Reaktionen, die sie auslösten, veranlaßten ihren Verfasser, sich hinfort einer vorsichtigeren Sprache zu bedienen, insbesondere wenn er auf das Problem des Friedens zu sprechen kam.[27]) Es ist fast unnötig, hinzuzufügen, daß Lenin jeden Gedanken an eine, selbst an Bedingungen geknüpfte oder vorübergehende, Unterstützung der Provisorischen Regierung ablehnte. Was die Kriegsfrage betraf, so hatte die Reaktion der Soldaten am Abend seiner Ankunft immerhin so viel Eindruck auf ihn gemacht, daß er nun nicht mehr eine sofortige Beendigung des Krieges forderte; wie er diesem Problem zu begegnen gedachte, zeigte freilich seine Forderung nach einer gründlichen erzieherischen Propaganda unter den Soldaten, denen »der organische Zusammenhang zwischen dem Kapitalismus und dem imperialistischen Krieg« vor Augen geführt und die Erkenntnis vermittelt werden müsse, »daß ohne die Niederwerfung des Kapitalismus ein demokratischer Friede nicht zu erreichen ist«. Dieses Argument sollte an der Front propagandistisch verbreitet werden, mit der praktischen Zielrichtung, die Soldaten zur Verbrüderung mit den Deutschen und Österreichern zu veranlassen, die ihnen in den Schützengräben gegenüberlagen. Für das verwickelte Bauernproblem hatte Lenin eine simple Lösung parat: unverzügliche Enteignung aller privaten Güter und Unterstellung des vorhandenen Bodens unter die Verfügungsgewalt von Ausschüssen der armen und landlosen Bauern.

Man kann sich kaum ein Rezept vorstellen, das idealer geeignet gewesen wäre, auf der Stelle ein Chaos zu erzeugen und das politische und gesellschaftliche Leben des Landes zu lähmen. Obgleich Lenin es nach diesen Äußerungen kaum noch eigens hätte betonen müssen, stellte er energisch jede Möglichkeit einer Wiedervereinigung mit den Menschewiken oder auch nur eines Bündnisses mit nicht parteigebundenen radikalen Sozialisten wie Steklow in Abrede. Die meisten sozialistischen Parteiführer überall in Europa hätten sich, so erklärte er, an ihre nationale Kapitalistenklasse verkauft und unterstützten den Krieg und hätten damit den Namen der Sozialdemokratie geschändet und beschmutzt. Die zum Kampf entschlossenen Marxisten sollten daher zur Benennung ihrer Parteien sowie der neuen Internationale auf die Bezeichnung »kommunistisch« zurückgreifen.

Die ungläubige Betroffenheit, die Lenin mit seinen Thesen hervorrief, wich im weiteren Verlauf seiner Rede gereizter Kritik, und es wurden Rufe laut wie »Das ist doch Unsinn« und »Das ist Wahnsinn«. Die anwesenden Bolschewiken fühlten sich, obgleich ihnen Lenins Auftritt regelrecht peinlich war, verpflichtet, ihm nach beendeter Rede Beifall zu spenden. Dies löste erneut einen Tumult aus, und es erschollen Rufe wie »Schämt euch!« und »Wie könnt ihr euch Marxisten nennen?«. Man habe soeben einen Aufruf zum Bürgerkrieg gegen die revolutionäre Demokratie gehört, erklärte einer der nachfolgenden Redner; was Lenin vorgebracht habe, sei Anarchismus von der primitivsten Sorte gewesen. Lenin antwortete nicht auf seine Kritiker, sondern hielt es für klüger, zu verschwinden. Nur ein Teil der anwesenden Bolschewiken ging mit ihm. Die anderen schlossen sich der von der Versammlung anschließend verabschiedeten Resolution an, in der die Wiedervereinigung der sozialdemokratischen Parteien zum Programm erhoben wurde, und beteiligten sich an der Wahl eines Ausschusses, der einen Kongreß aller sozialistischen Gruppierungen vorbereiten sollte.

Niemand konnte sich nach diesem Tag im unklaren darüber sein, worauf das Programm Lenins abzielte. Wenn seine Auffassungen sich in den Reihen der Bolschewiken durchsetzten, dann würde es in Rußland neben den beiden konkurrierenden »Regierungen« auch noch eine Kraft geben, die offen darauf hinarbeitete, beide zu stürzen und das russische Heer zu zersetzen. Die Haltung Lenins war also konterrevolutionär im besten Sinn des Wortes, denn er wollte die ganze aus der Februarrevolution hervorgegangene politische Struktur zerstören.

Viele Zeitgenossen ließen sich, ebenso wie eine Reihe späterer Historiker, von Lenins Parole »Alle Macht den Sowjets« blenden. Trat er damit nicht dafür ein, daß alle Macht an Cereteli, Tschcheidse usw. überging? War dies nicht ein Akt des politischen Machtverzichts, da die Bolschewiken doch innerhalb des Petrograder Sowjet nur eine kleine Minderheit darstellten und in den meisten Provinz- und Soldatensowjets sogar noch schwächer vertreten waren? Tatsächlich steckte hinter der Parole »Alle Macht den Sowjets« aus der Sicht Lenins eine ganze Menge machtpolitischer Logik. Zunächst einmal konnte niemand, der mit den Verhältnissen vertraut war, ernsthaft daran glauben, daß die Sowjets imstande sein würden zu regieren. Sie taugten dazu, Resolutionen zu verabschieden und der Provisorischen Regierung zu sagen, was sie tun und vor allem, was sie *nicht* tun durfte. Doch wer konnte so naiv sein, allen Ernstes zu glauben, daß ein zwei- bis dreitausendköpfiges Gremium wie der Petrograder Sowjet, in dessen Reihen es noch dazu fast von Tag zu Tag Fluktuationen gab,* die Aufgaben eines Parlamentes würde erfüllen können oder daß sein achtzig bis neunzig Köpfe umfassendes Exekutivkomitee je mehr als die groteske Karikatur einer Regierung sein würde? Außerdem gab es bislang noch keinen allrussischen Kongreß und kein nationales Exekutivorgan der Sowjets, und selbst als ein solches im Juni konstituiert wurde, war die Vorstellung, daß irgendwelche in Petrograd sitzende Männer dem Sowjet von Samara oder Irkutsk Befehle erteilen könnten, für die meisten Leute undenkbar. »Alle Macht den Sowjets« bedeutete de facto, daß es überhaupt keine zentrale politische Machtinstanz gab. Und als sich die Möglichkeit abzeichnete, daß die Sowjets vielleicht aus sich heraus eine solche Instanz schaffen würden, ließen Lenin und seine Bolschewiken ihre Parole sehr rasch fallen und zogen sie erst wieder aus dem Ärmel, als sie selbst die Sowjets fest im Griff hatten.

Gleichwohl war die Propagierung dieser Parole ein psychologisches Meisterstück, eines der bemerkenswertesten Beispiele für die Geschicklichkeit der russischen Kommunisten im Umgang mit Wortfetischen – mit Formeln und Losungen, die ihre Gegner verwirrten und ratlos machten. Denn kein Sozialist konnte sich im Grunde dem Gedanken widersetzen, daß alle Macht

---

* Die Arbeiter- und Soldatendeputierten konnten von den Betrieben bzw. Truppeneinheiten, die sie repräsentierten, jederzeit zurückberufen werden. Als der Vorschlag gemacht wurde, für Deputierte eine feste »Amtszeit« von zwei oder drei Monaten einzuführen, brandmarkte Lenin dies als ein durch und durch undemokratisches Vorhaben!

in die Hände der Arbeiter, Soldaten und Bauern übergehen und daß somit dezentralisierte, basisdemokratische Strukturen geschaffen werden sollten. Wem wäre eine solche »Regierung« nicht sympathisch gewesen, bei der die demokratische Teilhabe sich nicht darauf beschränkte, daß man alle vier oder fünf Jahre einmal einen Stimmzettel abgab, wie es im westlichen Parlamentarismus üblich war, sondern die sich tagtäglich an Ort und Stelle vollzog und bei der der einzelne jederzeit persönlich mit entscheiden und seine Meinung sagen konnte. Die Hauptarbeit der Sowjets bestand, abgesehen von der Verabschiedung von Resolutionen und der Ausrichtung festlicher Empfänge darin, eine endlose Folge von Delegationen von allen möglichen gesellschaftlichen Gruppen und Institutionen zu empfangen.

Daß sich hinter der Fassade des fanatischen Revolutionärs auch ein klug berechnender Politiker verbarg, zeigt sich darin, daß Lenin sich *eine* anarchistische Forderung nicht zu eigen machte: Überführung der Betriebe in das Eigentum und die Verfügungsgewalt der Arbeiter. Seinen Thesen zufolge sollten die Sowjets lediglich die Produktion und Verteilung der Güter *kontrollieren*; Lenin erteilte somit der anarchistischen Forderung nach sofortiger Enteignung aller industriellen und kommerziellen Unternehmen eine eindeutige Absage. Jeder Versuch der Arbeiterschaft, das Management davonzujagen und die Betriebe in eigener Regie zu führen, hätte, so wußte er, notwendigerweise zum Zusammenbruch der Produktion geführt, und die Folgen – Arbeitslosigkeit und Versorgungsprobleme – wären Lenin und seiner Partei zur Last gelegt worden und hätten sie in den Augen des Proletariats unmöglich gemacht.

Die zwei Wochen nach dem 4. April wurden zur alles entscheidenden Phase in der politischen Laufbahn Lenins. Jedem Klardenkenden hätte es nach der Verkündung der Thesen bewußt sein müssen, daß dieser Mann eine viel größere Gefahr für die Revolution darstellte als alle jene Würdenträger des alten Regimes, die man noch hinter Schloß und Riegel hielt. Es war natürlich unter den gegebenen Umständen undenkbar, einen Politiker der Linken etwa einzusperren oder in anderer Weise seine Freiheit zu beeinträchtigen, aber die revolutionäre Demokratie hätte doch, wenn sie einen politischen Überlebensinstinkt besessen hätte, Lenin scharf angreifen und ihn zu einem Verräter an den Prinzipien des Sozialismus erklären müssen. Dies hätte seine Stellung selbst innerhalb seiner eigenen Partei erschüttert, wenn nicht unhaltbar gemacht. Die Bolschewiken waren sich sehr wohl bewußt, daß die Haltung, die ihr Parteichef vertrat, eine für sie höchst bedrohliche und möglicherweise in ein Debakel führende Situation heraufbeschwor. Als die Aprilthesen am 7. April in der *Prawda* veröffentlicht wurden, lösten sie allgemeine Empörung aus. Es lag durchaus im Bereich des Möglichen, daß die Soldaten und Arbeiter sich gegen die Bolschewiken kehren und ihnen ähnlich übel mitspielen würden wie am 27. Februar den Repräsentanten der zaristischen Bürokratie. Wie nervös die Gefolgsleute Lenins waren, offenbarte sich bei den Sitzungen des Zentralkomitees der

Partei am 6. April und des Petrograder Parteikomitees am 8. April. Bei dieser letzteren Versammlung stimmten nur zwei Delegierte für die Position Lenins, dreizehn dagegen.

Gerettet wurde Lenin, nicht zum letztenmal, von seinen Gegnern. Die revolutionäre Demokratie, genauer gesagt, eben jene Menschewiken und Sozialrevolutionäre, gegen die er beständig hetzte und die er wenige Monate später politisch vernichten sollte, stellten sich schützend zwischen den Zorn der Massen und den Mann, der vorhatte, sein Land dem äußeren Feind gegenüber wehrlos zu machen. Schon am 4. April hatte das Exekutivkomitee des Sowjet auf Lenins persönliches Ersuchen hin eine Erklärung herausgegeben, in der Lenins Reise durch Deutschland gerechtfertigt wurde. Es sei, so erklärte das Komitee, alles die Schuld der Provisorischen Regierung gewesen; sie habe es versäumt, sich um eine Rückkehrmöglichkeit für Lenin über das Territorium der mit Rußland verbündeten Staaten zu bemühen, so daß ihm keine andere Wahl geblieben sei, als das deutsche Angebot anzunehmen.

Dennoch nahmen die Massen den Bolschewiken gegenüber weiterhin eine drohende Haltung ein. Die soldatischen Mitglieder sowohl des Petrograder als auch des Moskauer Sowjet verurteilten Lenins defätistische Propaganda aufs schärfste. Abend für Abend versammelte sich eine feindselige Menschenmenge um das bolschewistische Hauptquartier; bei mehreren Gelegenheiten erschien Lenin selbst auf dem Balkon und versuchte sich, ständig unterbrochen von Buhrufen und Pfiffen, gegen die Anfeindungen und Vorwürfe zu verteidigen. Die Matrosen, die bei Lenins Ankunft die Ehrenkompanie gestellt hatten, verfaßten einen offenen Brief, dessen linkischer Stil ein sicheres Indiz dafür ist, daß es sich wirklich um eine spontane Meinungsäußerung einfacher Soldaten handelte. »Nachdem wir erfahren haben, daß Herr Lenin* zu uns nach Rußland durch die Gnade Seiner Majestät des deutschen Kaisers und Königs von Preußen kam, drücken wir unser tiefstes Bedauern über unsere Teilnahme an seinem feierlichem Empfang in Petersburg aus.«[28] Hätten sie gewußt, auf welchem Weg er gekommen war, so hätten sie, wie sie erklärten, bei seiner Ankunft gerufen: »Fort mit dir, zurück in das Land, durch das du zu uns gekommen bist.« Und dies von seiten der Matrosen der Ostseeflotte, die bereits jetzt das ungebärdigste Element innerhalb der russischen Streitkräfte waren und drei Monate später zu den Sturmtruppen der Bolschewiken werden sollten!

Natürlich wurde die Kampagne gegen Lenin zu einem wesentlichen Teil von der rechten Presse (d. h. hauptsächlich von der »Kadetten«-Presse) gefördert. So rasch hatte sich die politische Szene in Rußland gewandelt, daß die Miljukow-Fraktion der »Kadetten«, die bis zur Revolution noch beträchtlich links von der Mitte gestanden hatte, nun im Spektrum derjenigen politischen Kräfte, die noch ernsthaft zählten, den rechten Flügel bildete.

* Eine unter den gegebenen Bedingungen beleidigende Anrede; wenn nicht »Genosse«, so wäre als solidarische Anrede zumindest »Bürger Lenin« zu erwarten gewesen.

Allerdings konnte nicht einmal Suchanow, der sich sicher war, daß bei der antibolschewistischen Agitation die Plutokratie ihre schmutzigen Hände im Spiel hatte, bestreiten, daß diese Agitation in der Bevölkerung ein breites Echo fand. Ihren Höhepunkt erreichte die Kampagne am 17. April. Die Einwohner von Petrograd waren sicherlich an Demonstrationen aller Art gewöhnt, doch was sie an diesem Tag erlebten, erschreckte und bewegte sie dennoch: Ein riesiges Heer – nach Schätzungen mehr als 50 000 – verwundeter und verkrüppelter Kriegsveteranen bewegte sich durch die Straßen auf das Taurische Palais zu, das noch immer Sitz der beiden Regierungshälften war; die Blinden wurden von ihren Kameraden geführt, die Amputierten und Verletzten auf Lastwagen und Karren transportiert. Sie protestierten nicht gegen den imperialistischen Krieg, der sie so teuer zu stehen gekommen war. Auf ihren Plakaten hieß es vielmehr »Nieder mit dem deutschen Militarismus« und »Unsere Wunden verlangen: Krieg bis zum Sieg«. Doch das hauptsächliche Ziel der makabren Prozession war es, zu fordern und sicherzustellen, daß diejenigen, die es auf die Zersetzung der Streitkräfte des Landes abgesehen hatten, zum Schweigen gebracht und bestraft würden. Vor dem Palais angekommen, wurden die Demonstranten von Cereteli und Skobelew in Empfang genommen. Lenin hatte diese beiden als »Sozialchauvinisten« gebrandmarkt, als Angehörige einer »Gruppe, die sich *objektiv* an die Bourgeoisie verkauft hat [und] . . . dieser dabei hilft, die kleinen und schwachen Nationen zu berauben und zu unterdrücken«. Jetzt verteidigten sie entschlossen den Mann, der auf ihre politische Vernichtung hinarbeitete. Sie baten die Demonstranten, friedlich auseinanderzugehen; die Mehrheit im Sowjet verstehe und teile ihre Gefühle, aber die Revolution dürfe nicht durch gewalttätige Ausschreitungen und Akte der Lynchjustiz besudelt werden. Die Menge ließ sich nicht besänftigen. Es erschollen Rufe, Lenin sei ein Spion und Provokateur und müsse eingesperrt werden. Es bedurfte schließlich der Intervention des »Erzreaktionärs« Rodzjanko, ehe die wutentbrannten Veteranen sich beschwichtigen und überreden ließen, in ihre Lazarette und Unterkünfte zurückzukehren.

In jenem Augenblick war Lenin vermutlich näher als jemals sonst daran, ein Opfer der »Volksjustiz« zu werden, der er später, als er selbst die Macht hatte, freien Lauf ließ. Wenn man den aus menschlicher Solidarität geborenen Impuls der revolutionären Demokratie, ihre Feinde aus dem linken Lager zu schützen, gerade noch verstehen kann – obgleich diese Handlungsweise objektiv dem politischen Selbstmord Vorschub leistete –, so fällt es schon schwerer, Verständnis für die lobenden Worte aufzubringen, die sie für ihren giftigen Kritiker und Schmäher fand. Das Organ des Sowjet, die *Iswestija*, verteidigte Lenin in einem ausführlichen Leitartikel gegen die vermeintlichen Verleumdungen der bürgerlichen Presse; sie entrüstete sich darüber, wie schändlich es sei, daß in einem freien Land wie Rußland auch nur mit dem Gedanken gespielt werde, politische Meinungsverschiedenheiten »nicht durch eine offene Diskussion zu klären, sondern durch die Anwendung von Gewaltmaßnahmen gegen einen Mann, der sein Leben der Arbeiterklasse geweiht und stets den Interessen der Unterdrückten und Ausgebeuteten gedient hat«.[29]

Wenn Lenin sogar von seinen Gegnern in Schutz genommen und mit einem so feinen Kompliment bedacht wurde, wie hätten da die Bolschewiken weiterhin gegen seinen Führungsanspruch aufbegehren können? Ihre anfängliche Nervosität verflog nun rasch, und sie konnten nicht umhin, ihren Genossen zu bewundern, der die Lage so meisterhaft eingeschätzt hatte und wieder einmal, wie schon so oft, während andere sich in Zweifeln und Unschlüssigkeit verloren, genau wußte, was zu tun war. Es wäre unfair, die Schnelligkeit, mit der Lenin die Kontrolle über seine Partei wiedergewann, nur der politischen Unbedarftheit seiner Gegner zuzuschreiben. Er war den anderen Bolschewiken geistig hoch überlegen und überragte in puncto Kühnheit und Willenskraft wohl alle anderen Gestalten, die sich auf der revolutionären Bühne tummelten. Am 4. April in seiner eigenen Partei noch nahezu vollkommen isoliert – selbst seine rechte Hand, der mit ihm aus der Schweiz gekommene Gregorij Sinowjew, hatte seine Pläne als undurchführbar abgelehnt –, hatte Lenin drei Wochen später die Mehrheit seiner Parteigenossen unter seinen Willen gebeugt. Auf dem am 24. April eröffneten allrussischen Parteitag der Bolschewiken brachte er die meisten seiner Anträge durch. Gewiß, es verblieben Meinungsverschiedenheiten zu einigen eher akademischen Fragen, beispielsweise ob das rückständige Rußland reif für eine sozialistische Revolution sei oder ob die Partei sich einen neuen Namen geben und eine neue, die Dritte Internationale ins Leben rufen solle. Doch worauf es ankam, war, daß die Partei bei allen Anträgen, deren Verwirklichung einen Beitrag zur Unterhöhlung des bestehenden nachrevolutionären Machtgefüges und zur Zerstörung des russischen Staates leisten würde, für Lenin stimmte. Man würde die Bauern ermuntern, sich durch »Expropriation« Land anzueignen, die Soldaten, sich mit dem Feind zu verbrüdern, die Arbeiter, die Sowjets zur Liquidierung der Provisorischen Regierung zu drängen.

Auch in der explosiven Nationalitätenfrage zögerte Lenin nicht, der Partei seine höchst umstrittene Devise, die er bereits in seinen Thesen vertreten hatte, ohne Abstriche als Programm aufzuzwingen. »In der nationalen Frage muß die proletarische Partei sich vor allem einsetzen für die Proklamierung und sofortige Verwirklichung der vollen Freiheit zur Lostrennung von Rußland für *alle* vom Zarismus unterdrückten, gewaltsam dem Staat einverleibten bzw. zwangsweise in den Staatsgrenzen festgehaltenen, d. h. annektierten Nationen und Völkerschaften.«[30] So hatte er am 4. April erklärt. Auf dem Parteitag konkretisierte er diese Forderung: »Warum sollten wir Großrussen, die wir mehr Nationen unterdrücken als irgendein anderes Volk, darauf verzichten, das Recht Polens, der Ukraine, Finnlands auf Lostrennung anzuerkennen?« Zu diesem Zeitpunkt war das Äußerste, was die ukrainischen und finnischen Nationalisten forderten, eine weitgehende Autonomieregelung. Die vollständige und bedingungslose Unabhängigkeit für diese Nationen zu fordern hieß, namentlich im Hinblick auf die Ukraine, an die tiefsten Empfindungen nicht nur des durchschnittlichen bürgerlichen Russen, sondern auch der polnischen und ukrainischen Sozialisten selbst zu rühren. Diese letzteren waren sich sehr wohl bewußt, daß ihre Landsleute, wenn sie einmal völlig von Rußland losgelöst wären, sich sehr wahrscheinlich nicht für den Sozialismus Lenins und möglicherweise überhaupt nicht für ein sozialistisches System entscheiden würden; und hatte Marx nicht geschrieben: »Der Arbeiter hat kein Vaterland«?

Lenin konnte nicht offen sagen – und vielleicht war er sich dessen nicht einmal völlig bewußt –, daß alle seine radikalen Losungen mit dem unsichtbaren Vorbehalt versehen waren: »Gültig nur, bis die Macht unser ist.« Tatsächlich aber war in seinen anarchistischen Verlautbarungen hier und dort, wie man sagen könnte, marxistisches Kleingedrucktes eingestreut. Die Bolschewiken waren ja keine Anarchisten; sie glaubten an den Staat. Sie waren keine Pazifisten: Sie würden, falls nötig, einen Krieg führen, allerdings einen revolutionären Krieg. Sie waren als Marxisten davon überzeugt, daß die absolute Souveränität der Nationen eine bürgerliche Errungenschaft war und daß unter den Bedingungen des Sozialismus etwa die Arbeiter Polens und der Ukraine kein Interesse mehr daran haben würden, sich von ihren russischen Klassenbrüdern abzuspalten. Natürlich lehrte der wissenschaftliche Sozialismus auch, daß eine kleinbäuerliche landwirtschaftliche Produktion unwirtschaftlich war und daß nicht die Arbeiter, sondern staatliche Agenturen die industrielle Produktion leiten sollten. Diese Vorbehaltsklauseln milderten die Bedenken der treuen Anhänger der marxistischen Lehre gegenüber den Leninschen Forderungen. Die Massen jedoch nahmen diese Forderungen zum Nennwert: In ihren Augen bot die Partei Lenins genau das an, was sich die meisten von ihnen sehnlichst wünschten: Frieden, Land, nationale Freiheit für die nichtrussischen Völkerschaften. Wie hätten sie ahnen sollen, daß die Männer, die ihnen eine so verheißungsvolle Zukunft versprachen, in dem Augenblick, da sie selbst an der Macht waren, nicht daran denken würden, jene Freiheiten zu gewähren, für die sie sich im Kampf gegen den bürgerlichen Staat so stark gemacht hatten?

Was wurde aus dem russischen Nationalismus, der gerade erst zu einer solchen Flutwelle angeschwollen war, daß Lenin und seine Bolschewiken in Gefahr gewesen waren, von ihm fortgespült zu werden? Soweit es die Masse der Arbeiter und Soldaten betraf, ebbte die Gefahr notwendigerweise ab, nachdem der Sowjet Lenin und seinen Genossen bescheinigt hatte, daß sie gute und loyale *russische* Sozialisten seien, die gewiß in mancher Frage eine fehlgeleitete Auffassung vertraten, aber sich doch keinesfalls irgendwelcher tatsächlichen oder gar vorsätzlichen Vergehen schuldig gemacht hätten. Von daher ist auch die erstaunliche Zwiespältigkeit zu verstehen, mit der die Bolschewiken sich über Cereteli, Tschcheidse und andere Wortführer der Sowjet-Demokratie äußerten. Es konnte vorkommen, daß diese Leute an einer Stelle einer Rede oder eines Artikels als Verräter an der Sache des Sozialismus gebrandmarkt wurden, von denen jeder aufrichtige Proletarier sich abwenden müsse, nur um vom selben Redner oder Verfasser wenig später als die allgemein geschätzten und verehrten Führer der Arbeitermassen gerühmt zu werden, die jenen absurden Gerüchten über angebliche Kontakte des Genossen Lenin zu den Deutschen entgegengetreten waren. Der Geschmähte selbst reagierte in der Öffentlichkeit auf die Zweifel an seinem Patriotismus eher zerknirscht als wütend. Einmal brachten Soldaten des Vierten Motorisierten Bataillons eine Resolution ein, in der eine Untersuchung der näheren Umstände der Reise Lenins durch Deutschland gefordert und er selbst und seine Mitreisenden als Verräter bezeichnet wurden. Wie traurig, sinnierte Lenin daraufhin in der *Prawda*, daß die Leute, die solche Dinge in die Welt setzten, sich nicht ein Beispiel an dem nahmen, was die *Iswestija* in ihrer Ausgabe Nr. 32 vom 5. April geschrieben hatte; dort sei nachzulesen, daß das Exekutivkomitee des Sowjet ihn von allen ehrenrührigen Vorwürfen freigesprochen habe. »Ist es ehrlich, ist es vernünftig, diesen Bericht und den Beschluß *nicht* nachzudrucken und eine Pogromagitation zu entfalten? (. . .) Ist das nicht eben Anarchismus, eine *Aufforderung zur Mißachtung* der von den Arbeitern und Soldaten gewählten Mitglieder des Exekutivkomitees?«[31] Es sei richtig, daß er für den Sturz oder besser die Entfernung der Provisorischen Regierung eintrete, aber er fordere ja schließlich auch die deutschen Arbeiter auf, ihre Regierung zu stürzen, und in der Schweiz habe er mit Sinowjew zusammen einen Aufruf in diesem Sinne verfaßt, der ins Deutsche übersetzt worden sei!

Was Lenin an Doppelzüngigkeit zu leisten vermochte, war immer schon beachtlich gewesen, aber nun wurde es atemberaubend. Es sei, so schrieb er in der *Prawda*, eine Verleumdung, wenn behauptet werde, die Bolschewiken seien dabei, einen Bürgerkrieg anzuzetteln. Fast gleichzeitig erschien in der *Soldatenprawda* ein anderer Artikel aus seiner Feder, der darauf gemünzt war, die Soldaten – Bauern in Uniform – an ihrer verwundbarsten Stelle zu treffen:

»Keinerlei ›Freiheiten‹ werden den Bauern helfen, solange die Gutsbesitzer viele Millionen Desjatinen Land besitzen (. . .) Damit aber allenthalben die Bauern selber den Grundbesitzern unverzüglich den ganzen Boden wegnehmen und darüber richtig verfügen können, dabei vollkommene Ordnung wahren und alles Inventar vor Beschädigung schützen, müssen die Soldaten den Bauern helfen. (. . .) Soldaten! Unterstützt den Zusammenschluß und die Bewaffnung aller Arbeiter und aller Bauern!«[32]

Man kann sich leicht vorstellen, wie solche Appelle auf einen Bauernburschen wirken mußten, der Tag für Tag im Schützengraben sein Leben riskierte: Vielleicht hatten die Bauern in seinem Heimatdorf schon ein benachbartes Gut in »Volkseigentum« überführt, und er war nicht dort, um sich seinen Anteil zu sichern! Wenn Männer wie Cereteli und sogar Rodzjanko das Recht eines Lenin, solche Dinge zu schreiben, öffentlich verteidigten, dann mußte doch, so konnte ein unbedarfterer Geist nur schließen, an dem, was Lenin zu sagen hatte, irgend etwas Richtiges sein. Bei allen Fronteinheiten kam es im Laufe des April zu einer drastischen Zunahme der Desertionen.

Die wachsende Verunsicherung der Truppe spiegelte sich auch im Verhalten der Soldatendeputierten im Sowjet wider. In ihrer oben erwähnten Resolution griffen sie die subversive Tätigkeit der Bolschewiken heftig an, fügten jedoch hinzu, daß, solange Lenins Leute sich allein auf propagandistische Aktivitäten beschränkten, kein Versuch gemacht werden sollte, gegen sie vorzugehen. Lenin bejahte diese Resolution und berief sich auf sie. Es sei nicht seine Absicht, erklärte er, das Heer zu zersetzen; er wolle lediglich friedliche Überzeugungsarbeit unter den Soldaten leisten, die ermutigt werden sollten, sich mit den Deutschen zu verbrüdern. In Wirklichkeit sei es der Kriegsminister und Kapitalist Gutschkow, der die Funktionsfähigkeit des russischen Militärapparats gefährde, indem er diejenigen Einheiten bedrohe und verwarne, die ihre alten Offiziere davongejagt und sich neue gewählt hätten. Tatsächlich konnten die Militärbehörden wenig mehr tun, als zu verwarnen und zu drohen; die Todesstrafe war nämlich schon am 12. März abgeschafft worden. Verbrüderungsszenen wurden zu dieser Zeit schon auf der ganzen Länge der Front zu einem alltäglichen Ereignis. Die russischen Offiziere versuchten zwar, diese freundschaftlichen Gespräche von Soldat zu Soldat zu unterbinden, waren aber praktisch machtlos dagegen, während auf der anderen Seite die deutschen Befehlshaber nur sorgfältig ausgewählte Soldaten an solchen Frontgesprächen teilnehmen ließen.

Insgesamt gesehen war es sicherlich ein Wunder, daß das russische Heer zu diesem Zeitpunkt noch immer ein gewisses Maß an Moral und Disziplin zeigte. Bei einer Konferenz der Sowjets der Fronttruppen, die Ende April in Petrograd stattfand, wurde die bolschewistische Haltung zum Krieg und zur kämpfenden Truppe mit überwältigender Mehrheit verurteilt. Dergestalt war die Stimmung unter den Delegierten, daß Lenin, obgleich er eingeladen worden war, seine Auffassungen persönlich vorzutragen, es für klüger hielt, einer direkten Konfrontation mit den Soldatenräten auszuweichen. Er habe, so begründete er seine Absage, ungeheuer viel Arbeit mit seinem Parteitag, der ihn rund um die Uhr beschäftige, und finde einfach nicht die Zeit, zu kommen, sosehr er sich dies auch wünsche.[33] Eine eher fadenscheinige Entschuldigung: Der bolschewistische Parteitag ging am 29. April, die Konferenz der Soldaten aber erst am 4. Mai zu Ende.

Die nichtbolschewistische Linke konnte sich somit weiterhin der Zuversicht hingeben, die Massen würden dank ihres sprichwörtlichen gesunden Instinktes das Spiel der Bolschewiken durchschauen und die subversiven und abenteuerlichen Empfehlungen Lenins in den Wind schlagen. Doch sie machten sich etwas vor. Lenin interessierte sich nicht für Mehrheiten, Abstimmungen. Während er in der Öffentlichkeit die Provisorische Regierung weiterhin mit Vorwürfen geißelte, weil sie die verfassunggebende Versammlung noch nicht einberufen hatte, deutete er seinen engsten Vertrauten gegenüber bereits an, daß man auf eine solche Versammlung, wenn die Dinge sich seinen Planungen gemäß entwickelten, verzichten könne. Sein wichtigstes Anliegen war es, den politischen und sozialen Verfallsprozeß zu beschleunigen und sich zugleich eine Truppe von Gefolgsleuten aufzubauen, die schlagkräftig und geschlossen genug war – auf quantitative Breite kam es nicht an –, um in dem Augenblick, da das schwankende Gebäude der Doppelherrschaft zusammenbrach, die Ruinen in Besitz zu nehmen. Und Lenin schuf sich eine Partei nach seiner Façon. Am Vorabend der Februarrevolution hatte es in Petrograd einer offiziellen Parteistatistik zufolge (die wahrscheinlich eine zu hohe Zahl ansetzt) etwa 1500 Bolschewiken gegeben. Jetzt, Ende April, hatte die Partei 16 000 Mitglieder.[34] Viele der Zuläufer ließen sich vermutlich durch die Aussicht auf Taten und auf Macht anlocken, die ein Mann wie Lenin verhieß; es waren Leute von anderem Zuschnitt als etwa das Fußvolk der Menschewiken und der Sozialrevolutionäre, bei dem sich die Parteimitgliedschaft hauptsächlich darauf reduzierte, daß man zu Versammlungen ging, Rednern lauschte und bei Abstimmungen die Hand erhob. Einer derjenigen, die auf dem Aprilparteitag das Wort ergriffen, sprach sicherlich Lenin aus der Seele, als er erklärte, er verstehe dieses ganze Getue um die Doppelherrschaft und das Hickhack mit der Provisorischen Regierung nicht. Dort, wo er herkomme, in der Industriestadt Orechowo, hätten die Arbeiter das offizielle Verwaltungsorgan bereits kaltgestellt:

»Alle Macht liegt in Orechowo in den Händen der Arbeiter. Niemand darf ohne Genehmigung des Sowjet Waffen besitzen oder tragen. Die Bauern arbeiten Hand in Hand mit den Arbeitern. Der Grundbesitz der Kirche soll enteignet werden . . . Wir haben den Kapitalisten erklärt, wenn sie den Arbeitern kein Brennmaterial verschaffen und sie nicht arbeiten lassen, würden wir die Fabrik übernehmen. Jede Warenlieferung muß vom Sowjet genehmigt werden.«[35]

Der durch den Impetus der Tat genährte Schwung, den Lenin seiner Partei mitteilte, brachte sicherlich gewisse Gefahren mit sich. Viele junge Leute schlossen sich den Bolschewiken an, weil diese sich im Unterschied zu ihren sozialistischen Rivalen nicht damit zufriedengaben, mit in den Schoß gelegten Händen zu warten, bis der Krieg zu Ende und die verfassunggebende Versammlung einberufen war. Viele der Neu-Bolschewiken fragten sich allerdings, warum sie, wenn Lenins Losung »Alle Macht den Räten« richtig war, nicht darangehen sollten, sie unverzüglich in die Tat umzusetzen.

Eine Episode, die sich wenige Tage vor dem Parteitag der Bolschewiken zutrug, zeigte deutlich die Gefahr auf, die in der revolutionären Ungeduld lag, die Lenin seinen Anhängern einpflanzte. Am 18. April, dem 1. Mai des westlichen Kalenders, feierten die Sozialisten aller Couleur den »Tag der Internationalen Proletarischen Solidarität«. Mit einem Gespür für die Wahl des falschen Zeitpunkts, das der entsprechenden Begabung des letzten Zaren schon recht nahe kam, richtete die Provisorische Regierung ausgerechnet an diesem Tag eine Note an die Bündnispartner ihres Landes, deren Inhalt die Sowjet-Demokratie an ihrer empfindlichsten Stelle treffen mußte. Auf den ersten Blick wirkte der Text des Dokuments unschuldig; die Regierung versicherte darin den Entente-Mächten ihre Entschlossenheit, den Krieg weiterzuführen und sich auf keinen Separatfrieden einzulassen. Im Zusammenhang mit den Kriegszielen der verbündeten Mächte sprach die Botschaft dann von der allen gemeinsamen Entschlossenheit, »diejenigen Garantien und Sanktionen zu erwirken, die zur Vorbeugung gegen blutige Konflikte in der Zukunft unerläßlich sind«. Von der Presse am 20. April veröffentlicht, löste dieser scheinbar so harmlose Satz einen regelrechten Aufruhr aus. »Jedermann«, will sagen, der Sowjet, wußte, daß der Verfasser der Note, Außenminister Miljukow, ein ungeläuterter Imperialist war, und wenn die revolutionäre Demokratie seine Formulierungen in einem ganz bestimmten Sinn interpretierte, dann muß der Historiker sich in diesem Fall ihrer Einschätzung anschließen. »Sanktionen« und »Garantien« waren schlicht und einfach ein Euphemismus für diejenigen territorialen Ansprüche, die dem Herzen der russischen Nationalisten traditionell teuer gewesen: in erster Linie Konstantinopel und die Meerengen. Wie man auch immer über Rußlands »historische Rechte« und über »das Kreuz auf der Hagia Sophia« als Ziele russischen Strebens denken mag, die Note Miljukows war unter den gegebenen Umständen ein unnötiger Akt der Torheit, etwa so, als ob Lenin erklärt hätte, die Sowjets seien ihm in Wirklichkeit herzlich gleichgültig und sein eigentliches Ziel sei ein Einparteienstaat. Männer wie Cereteli bemühten sich seit einiger Zeit darum, der Konzeption eines, wie man es nennen könnte, revolutionären Patriotismus Gehör zu verschaffen, unter dessen Flagge sich Russen der unterschiedlichsten politischen Orientierung zusammenscharen konnten und in dessen Zeichen gute Aussichten bestanden, das Heer gegen die propagandistischen Angriffe der Bolschewiken und anderer subversiver Elemente immunisieren zu können. Die zentrale These des revolutionären Patriotismus lautete, daß Rußland für seine Freiheit und die der anderen Nationen kämpfe und daher jeden Gedanken an militärische Eroberungen von sich weise. Und da kam nun Miljukow daher und offenbarte seine Gelüste nach den Dardanellen – Wasser auf die Mühlen der Bolschewiken.

Alle Sozialisten waren empört, aber für die Bolschewiken war dies eine wunderbare Gelegenheit, die Aufmerksamkeit der Massen vom Genossen Lenin und seiner peinlichen Reise durch Feindesland abzulenken. Der Petrograder Ortsverband der Bolschewiken organisierte am Nachmittag des 20. April eine Straßendemonstration. Aus ihrer Hochburg, dem Vyborger Bezirk, strömten proletarische Massen unter Parolen wie »Nieder mit der Provisorischen Regierung« und »Fort mit Miljukow« dem Stadtzentrum zu. Neben den Arbeitern marschierten auch viele Jugendliche mit, die – wenn man dem, gegen den ihr Zorn sich hauptsächlich richtete, Glauben schenken will – dafür bezahlt wurden, daß sie sich an der Demonstration und an den Sprechchören beteiligten.[36] Den Arbeitern schlossen sich bald Soldatengruppen an. Das Finnische Regiment umstellte unter Führung eines bolschewistischen Unteroffiziers das Marinskij-Palais, in dem neuerdings die Provisorische Regierung residierte; einige andere Truppeneinheiten in voller Kampfformation stießen dazu. Die bolschewistischen Agitatoren erklärten den Soldaten, man sei aufmarschiert, um Miljukow und andere bürgerliche Minister zu verhaften. Suchanow, der der Demonstration alles in allem positive Aspekte abgewann, notierte in entwaffnender Treuherzigkeit: »Eine Verhaftung der Provisorischen Regierung hätte die Rechte und Zuständigkeiten jeder Partei überstiegen. Auch hätte ein solcher Schritt, so leicht er zu bewerkstelligen gewesen wäre, den Auffassungen des Sowjet nicht entsprochen und wäre auch den Erfordernissen der Stunde nicht gerecht geworden.«[37]

Wiederum waren es die führenden Männer des Sowjet, die sich zwischen die Massen und die Zielscheibe von deren Zorn stellten, und wieder taten sie es mit den üblichen Beschwörungen: daß die Revolution nicht durch Gewalttätigkeit befleckt werden dürfe usw. Es steht nicht fest, ob es diese Beschwichtigungsversuche waren, die den Umschwung brachten, oder ob es die Nachricht war, der Kommandant des Petrograder Militärbezirks, General Lawr Kornilow, habe Kavallerie und Artillerie abkommandiert mit dem Auftrag, die Minister zu schützen. Wie dem auch sei, auch Kornilow ließ sich vom Sowjet dazu bewegen, von derartigen drastischen Maßnahmen Abstand zu nehmen. Nachdem so die Leidenschaften auf beiden Seiten abgekühlt waren, setzte sich das Exekutivkomitee des Sowjet zu einer Besprechung zusammen, die die ganze Nacht über andauerte; die bolschewistische Minderheit (eigentlich hätten Bolschewiken und Menschewiken ihren Namen tauschen müssen) erklärte, man sei im Begriff, eine wunderbare Gelegenheit zur Anfachung eines Bürgerkriegs verstreichen zu lassen; sie stieß damit auf die scharfe Mißbilligung der Mehrheit, und so wurde lediglich der Beschluß gefaßt, die Provisorische Regierung aufzufordern, ihren Standpunkt zur Kriegsfrage klarzustellen.

Gleichwohl kam es am 21. April zu bewaffneten Zusammenstößen. Die »Kadetten« brachten nunmehr nämlich Gegendemonstranten auf die Beine, die in ihren Parolen Miljukow und seine Ministerkollegen hochleben ließen. Es kam zu einigen blutigen Scharmützeln, doch lag das Hauptgewicht noch auf der rhetorischen Auseinandersetzung. Der Außenminister selbst wandte sich an seine Anhänger und warf sich dabei in eine Pose, die eines Redners im alten Rom würdig gewesen wäre: »Als ich das Plakat ›Nieder mit Miljukow‹ sah, zitterte ich, nicht um mich selbst, sondern um Rußland.«[38] Das Exekutivkomitee des Sowjet setzte den Unruhen schließlich ein Ende. Es teilte den Truppeneinheiten in der Hauptstadt mit, nur seine Angehörigen hätten das Recht, ihnen Befehle zu erteilen (was General Kornilow dazu veranlaßte, von seinem Posten als Stadtkommandant zurückzutreten), und verbot für die Dauer von zwei Tagen alle Straßendemonstrationen. In einem Ausblick auf die Zukunft beschwor das Exekutivkomitee die »Mitbürger«, nicht zu vergessen, daß »ihr eure Gewehre zum Schutz der Revolution tragt. Ihr braucht sie nicht für Demonstrationen und Versammlungen«. Niemand wurde belangt, weil er Unruhen angezettelt und versucht hatte, Hand an die Regierung zu legen – Rußland war schließlich das »freieste Land der Welt«.

Drei Lehren ließen sich aus den »Apriltagen«, wie das seltsame Zwischenspiel bald genannt wurde, ziehen: Erstens, die Provisorische Regierung war desorganisiert und praktisch ohne Macht; zweitens, das Ansehen des Sowjet war nach wie vor hoch; drittens, die Bolschewiken legten es zwar darauf an, Unruhe zu stiften, hatten jedoch nur geringen Einfluß. Abgesehen von der ersten, waren dies durchaus trügerische Feststellungen. Die führenden Köpfe des Sowjet ließen sich durch den Ablauf der Apriltage in ihrer verhängnisvollen Illusion bestärken, sie könnten mit der Kraft des Wortes der Gewalt Einhalt gebieten und die demokratische Unschuld der Revolution bewahren. Die Bolschewiken hatten einen Rückschlag erlitten. Doch ein Rückschlag ist, wenn der Gegner ihn nicht ausnützt, nicht unbedingt eine Niederlage; er kann auch dem Kräftesammeln für einen neuen Angriff dienen. Lenin war nicht der Mann, der nach einem mißglückten Anlauf aufgegeben hätte. Es sollten noch die Junitage kommen und die Julitage, und jedesmal sollten die Bolschewiken ihrem Ziel, dem Staatsstreich, einen Schritt näher kommen. Da sie für ihre Anläufe in keinem Fall wirklich zur Rechenschaft gezogen wurden, kam schließlich, im Oktober, *ihr* Tag. Im April gelang es einem einzelnen bolschewistischen Agitator, ein ganzes Regiment in Marsch zu setzen und so weit zu bringen, daß es bereit war, die Minister zu verhaften – ohne daß die Soldaten sich über die Tragweite dessen, wozu sie sich anschickten, auch nur annähernd im klaren waren; war das, was im Oktober geschah, wirklich so ganz anders?

Lenin soll, so finden wir es gewöhnlich dargestellt, sehr schockiert darüber gewesen sein, daß einige seiner Anhänger einen Staatsstreich durchzuführen versuchten. Tatsächlich zeigte er sich ein paar Tage nach den Ereignissen, beim Parteitag, sehr zerknirscht darüber, daß einige wenige Genossen mit ihrer eigenmächtigen Aktion die Gefahr heraufbeschworen hatten, daß die Gesamtpartei für ein derart unmarxistisches und undemokratisches Unterfangen verantwortlich gemacht wurde. Lenins Gabe, ja und nein zugleich zu sagen, trat nie augenfälliger hervor als in diesem Augenblick:

»Wir erklären, daß die Losung ›Nieder mit der Provisorischen Regierung‹ abenteuerisch ist, weil man diese Regierung *im Augenblick* nicht stürzen sollte, und deshalb waren wir nur für friedliche Demonstrationen. Wir wollten eine *friedliche Heerschau* veranstalten, nicht aber den Schlagabtausch anbieten. Doch das Petersburger Stadtkomitee ging *ein kleines bißchen zu weit*, was in diesem Fall ein großes Verbrechen war.«[39]

Der richtige Sprechchor, so erklärte er seinen Zuhörern, wäre gewesen: »Es leben die Sowjets«, nicht jedoch, Gott bewahre, »Nieder mit der Regierung«. Lenin muß schon einen erstaunlichen Bann über seine Anhänger ausgeübt haben, denn keiner von ihnen stellte die Frage, wo denn die Devise »Alle Macht den Sowjets« abgeblieben sei. Und gewiß erinnerten sich viele an das, was er erst drei Wochen zuvor bei einem seiner seltenen Auftritte vor einem soldatischen Publikum (freilich waren es keine Front-, sondern Garnisonssoldaten gewesen) erklärt hatte:

»Nachdem man die Revolution begonnen hat, muß man sie festigen und fortsetzen (...) Die ganze Macht im Staate, von unten bis oben (...), muß den Sowjets der Arbeiter-, Soldaten-, Landarbeiter-, Bauern- usw. Deputierten gehören.«[40]

Und was genau hatten die Worte zu bedeuten, mit denen er die Schlußbilanz aus den Apriltagen zog?: »Haben wir Fehler gemacht? Ja. Nur derjenige, der nichts tut, macht auch keine Fehler. Es ist nicht leicht, die Dinge gut zu organisieren.«

Die gedemütigte Provisorische Regierung (die nun daran zurückdenken mochte, daß sie sieben Wochen zuvor mit »der Gesamtheit aller staatlichen Machtbefugnisse« betraut worden war) geriet jetzt in eine personelle Krise, die im Grunde zu einem Dauerzustand werden und ihr Ende erst zusammen mit der Regierung selbst finden sollte. Es lag auf der Hand, daß Miljukow geopfert werden mußte, sozusagen als Versöhnungsgeschenk an die beleidigte Sowjet-Demokratie. Kriegsminister Gutschkow konnte es kaum erwarten, von seinem mehr als undankbaren Ministeramt erlöst zu werden; der Mann, der einst ungestraft über den Zaren aller Russen gespottet hatte, war nach zweimonatiger Amtszeit als Minister einem Nervenzusammenbruch nahe. Die Provisorische Regierung erklärte kleinlaut, ihre Kriegspolitik sei nicht von territorialen Begierden bestimmt; wenn sie in ihrer Note von »Sanktionen und Garantien« gesprochen habe, seien damit solche löblichen Ziele gemeint gewesen wie Rüstungsbeschränkungen, ein Internationaler Gerichtshof und so weiter. Indes, wenn die Doppelherrschaft weiter recht und schlecht über die Runden kommen und wenn Rußland wenigstens die Fassade einer funktionsfähigen Regierung beibehalten sollte, war es mit der Auswechslung von Personal und mit gutwilligen Erklärungen nicht getan. Daß etwas geschehen mußte, wußten auch die bürgerlichen Minister, und sie drohten erneut damit, gewissermaßen in den Streik zu treten.

Bei Gelegenheit einer der Festlichkeiten, mit denen die Pausen zwischen Unruhen und Krisen überbrückt wurden, in diesem Fall bei der Feier des elften Jahrestages der Einberufung der Ersten Duma, wich ein Veteran der politischen Rechten, Wassilij Schulgin, von der bei solchen Anlässen sonst gewahrten revolutionären Etikette ab und beklagte sich, anstatt über die Mißstände der Vergangenheit und die Segnungen der Revolution zu reden, bitter über die groteske Situation, in der die russische Regierung sich befand. Anstatt zu regieren, sei sie eine Gefangene des Sowjet, welcher dem

Volk praktisch zu verstehen gebe: »Wir müssen ein wachsames Auge auf die Minister haben, denn sie sind Kapitalisten.«[41] Ein Mann wie Lenin könne nach Belieben von Umsturz predigen, ohne daß irgend jemand das Volk vor ihm warne, der Sowjet konzentriere seine ganze strenge Wachsamkeit auf die unglückliche Regierung.

Das war zuviel für Cereteli, der darauf mit einem temperamentvollen Plädoyer für Lenin antwortete, an das er in späteren Jahren sicherlich oft zurückgedacht hat, als die Partei Lenins ihn zuerst zur Flucht aus Rußland zwang und ihm dann noch seine Heimat raubte (1921 eroberte die Rote Armee das bis dahin unabhängige Georgien und stürzte die dortige menschewistische Regierung, der Cereteli angehörte. Er starb 1959 in New York.) Unter emotionalen Gesichtspunkten war die heftige Reaktion Ceretelis verständlich. Männer wie Schulgin hatten 1906 Bravo gerufen, als er eingesperrt und dann ins sibirische Exil geschickt worden war, das er erst nach der Revolution wieder hatte verlassen können. Es sei eine Verleumdung, erklärte er, Lenin zu beschuldigen, er habe die Soldaten zu Ausschreitungen angestachelt und wolle das Heer zersetzen. Er selbst, Cereteli, stimme mit dem Bolschewikenführer in vielen Dingen nicht überein, müsse ihm jedoch zugestehen, daß er ein Mann von Grundsätzen und ein Idealist sei. Lenin gehe eben, wenn dies auch nicht richtig sei, davon aus, daß Schulgin mit seinen Äußerungen in etwa die Ansichten der Provisorischen Regierung und der Bourgeoisie im allgemeinen wiedergebe, und sehe daher die einzige Lösung in einer Machtübernahme der Sowjets. Wäre er, Cereteli, überzeugt, daß Lenin mit seiner Annahme recht hatte und Schulgin mit seinen Ansichten nicht allein stand, so würde er sich der Forderung seines bolschewistischen Widersachers nach der Errichtung einer Diktatur des Proletariats selbst um den Preis eines Bürgerkriegs anschließen.

Die erhitzte Debatte nahm ihren Fortgang, wobei das Problem »Was tun?« gegenüber jener anderen, die neuere russische Geschichte ebenso durchziehenden Frage in den Hintergrund trat: »Wer ist schuld?« Da jedoch irgend etwas getan werden mußte, rang sich der Sowjet nach reger Gewissenserforschung und heftigen Argumenten für und wider zur Absegnung einer, wie man es nennen könnte, Probeehe zwischen der revolutionären Demokratie und der bürgerlichen Regierung durch. Fürst Lwow blieb Premierminister, aber er schwebte quasi nur noch als ein Schatten über der Regierung, und sein Name kam in den Angriffen der Bolschewiken auf das Regime gewöhnlich gar nicht vor. Kerenskij übernahm das Kriegs- und das Marineministerium, und außer ihm saßen im Kabinett nun noch fünf weitere Sozialisten. Cereteli wurde Post-, Skobelew Arbeitsminister. Ein ebenfalls erst jüngst aus dem politischen Exil Heimgekehrter, Viktor Tschernow, übernahm das Landwirtschaftsressort. Diese Wahl erschien nur logisch, da Tschernow der anerkannte Führer der Sozialrevolutionäre, also der Partei der Bauern, war; allerdings herrschte zu diesem Zeitpunkt schon in breiten Kreisen der Eindruck vor, daß Tschernows Überlegenheit über alle anderen vor allem in der unvergleichlichen Länge und Langweiligkeit seiner Reden lag (was andererseits eine für jene Zeit durchaus bemerkenswerte Eigenart war).

Auf dem Papier war dies eine Regierung der nationalen Einheit, und da ihr einige der prominentesten Vertreter der revolutionären Demokratie angehörten, hätte mit ihrer Bildung die Forderung »Alle Macht den Sowjets« eigentlich ihre Erledigung finden müssen. Der neue Außenminister, Tereschtschenko, enthielt sich sorgfältig jeden Hinweises auf imperialistische Kriegsziele.

In Wirklichkeit allerdings paarten sich in der neuen Regierung nicht die Stärken, sondern die Schwächen der an ihr beteiligten Kräfte. Die übriggebliebenen nichtsozialistischen Minister brachten ihre zunehmende Unbeliebtheit ein, die sechs Sozialisten ihre politisch-administrative Unerfahrenheit. Von Kerenskij abgesehen, betrachteten sie ihre Mitgliedschaft in der Regierung als eine Art symbolisches Ehrenamt und überließen die eigentliche Führung der Geschäfte ihren Assistenten, die zumeist ebenso inkompetent waren wie sie selbst. Die Bolschewiken propagierten nun die Losung »Nieder mit den zehn kapitalistischen Ministern« und stellten die in die Koalition eingetretenen Sozialisten als Klassenverräter an den Pranger. Die Doppelherrschaft bestand natürlich weiter, da das Exekutivkomitee des Sowjet nicht daran dachte, seine Wächterrolle nur deshalb aufzugeben, weil nunmehr einige seiner eigenen Mitglieder in der Regierung saßen.

Wie sich zeigte, waren die Geschicke der neuen Provisorischen Regierung weitgehend mit dem Schicksal ihres faktischen Chefs Kerenskij verbunden, der, aufs ganze Land gesehen, noch immer der populärste Politiker der Revolution war (was sich indirekt auch daran zeigte, daß er von Lenin in weniger scharfem Ton kritisiert wurde). Der neue Kriegsminister widmete sein rednerisches Talent dem Bemühen, dem russischen Heer revolutionären Elan einzuimpfen, versäumte es jedoch, zugleich etwas gegen die zersetzende Propaganda zu unternehmen, mit der die Truppen beständig eingedeckt wurden. Im Gegenteil, am 9. Mai gab er eine Verordnung heraus, in der die Rechte der Soldaten und Matrosen aufgeführt waren und die praktisch alle Formen politischer Propaganda und Aktivität innerhalb der Truppe sanktionierte. Solange er sich nicht im unmittelbaren Fronteinsatz befand, hatte jeder Soldat das Recht, sich politisch zu betätigen und sich einer politischen Partei seiner Wahl anzuschließen. Die schon im Befehl Nr. 1 festgelegten Grundsätze wurden damit, diesmal sogar mit dem Siegel der Regierung versehen, für das ganze Heer verbindlich. Wenngleich diese Verordnung in gewisser Weise nur einen in weiten Teilen schon bestehenden Zustand ratifizierte, so verbreiterte sie doch die Kluft zwischen dem Offizierskorps und dem Regime. Ohne jedes Verständnis für militärische Belange und noch immer von der Furcht vor einem »russischen Bonaparte« beseelt, verschloß sich die nichtbolschewistische Linke nach wie vor der Einsicht, daß auch eine Demokratie sich, namentlich in Kriegszeiten, keine politisierten, sich als Debattierclub gebärdenden Streitkräfte leisten kann. »Der Soldat wird Ihnen vertrauen, wenn er sieht, daß Sie keine Feinde der Demokratie sind«, erklärte Cereteli den Generälen.

Ähnlich wie das zaristische Regime im Verlauf des Jahres 1916, zeigte nunmehr das Revolutionsregime deutliche Zerfallserscheinungen. Noch stellte der revolutionäre Patriotismus eine mächtige Klammer dar, aber wenn es nicht gelang, ihn durch die Aufrichtung einer allgemein anerkannten nationalen Machtinstanz zu kanalisieren, würde er die Revolution ebensowenig retten, wie die Beschwörungsformel »Für Zar und Vaterland« Nikolaus II. gerettet hatte. Wenn Kerenskij vor versammelten Soldaten sprach, erhielt er gewöhnlich frenetischen Beifall, während die Zwischenrufe der Bolschewiken und Anarchisten oft niedergebuht wurden. Doch kam es häufig vor, daß die Soldaten, wenn der Kriegsminister (oder auch ein anderer patriotischer Redner) den Versammlungsort verlassen hatte, wieder auf die Erörterung der Frage zurückkamen, ob sie ihren Offizieren trauen konnten und wie sie sich verhalten sollten, falls und wenn sie Befehl zum Angriff erhielten. Bezeichnenderweise bezogen die meisten Veteranen der revolutionären Kämpfe der 70er und 80er Jahre des 19. Jahrhunderts eindeutig Position für den Krieg und gegen die Bolschewiken. Dies galt unter anderem für solche legendären Gestalten wie Katharina Breschko-Breschkowskaja, die »Großmutter der Revolution«, die nach ihrer Rückkehr aus der Verbannung als über Siebzigjährige den Aufbau von Frauenbataillonen zum Fronteinsatz gegen den Feind organisierte, oder Nikolaj Tschaikowskij, einen der Wegbereiter des Populismus, der in seinen Vorstellungen von den russischen Kriegszielen mit Miljukow übereinstimmte. Nikolaj Morosow, der in den späten 1870er Jahren innerhalb des »Volkswillens« der extrem terroristischen Richtung angehört und zwanzig Jahre Einzelhaft im berüchtigtsten Gefängnis des zaristischen Rußland überstanden hatte, klapperte im Flugzeug die Front ab und rief die Soldaten zur Opferbereitschaft für ihr Land auf. Der Vater des russischen Sozialismus, Georgij Plechanow, präsentierte sich als unbeirrbarer Befürworter des Krieges und wies, praktisch als einziger unter den marxistischen Sozialisten, warnend auf den schädlichen Einfluß der Bolschewiken und auf die Gefahr für die Revolution hin, die von ihnen ausging.

So pessimistisch ein objektiver Beobachter die Überlebenschancen des aus der Revolution geborenen Regimes beurteilen mußte, so schwer fiel es ihm sicherlich, sich vorzustellen, wie dieses Regime abgelöst werden konnte, ohne daß Rußland in vollkommene Anarchie versank. Es schien einfach keine politische Kraft oder Partei zu geben, die imstande war, dem zunehmenden Chaos ein Ende zu bereiten oder aber es auszunutzen und die Macht zu ergreifen und eine wirkliche Regierung zu installieren. Jedem Versuch, Rußland auf eine dem Sinne dieses Wortes würdige Weise zu regieren, fand seine unverrückbare Schranke in den allgegenwärtigen Sowjets, an deren Wachsamkeit auch jeder etwa von einem General oder einer Partei unternommene Staatsstreich gescheitert wäre. Darin lag ein weiterer Grund für die Duldsamkeit der revolutionären Demokratie sowohl gegenüber der bolschewistischen Propaganda als auch gegenüber der zunehmenden Disziplinlosigkeit innerhalb der Streitkräfte. Wenn irgendwo eine Gefahr lauerte, dann in der Möglichkeit, daß das Heer plötzlich einmal *zuviel* Disziplin an den Tag legen und auf Befehl irgendeines reaktionären Generals die wichtigsten Garanten der Demokratie, die Sowjets, hinwegfegen könnte. Doch einen solchen, als sehr unwahrscheinlich zu betrachtenden Eventualfall einmal ausgenommen, woher sonst war eine wirkliche Gefahr für die Revolution zu befürchten? Selbst wenn es den Bolschewiken gelänge, ein paar Regimenter für einen Staatsstreich gegen die Regierung zu gewinnen, wäre es höchst wahrscheinlich, daß die Soldaten, sobald der Sowjet ihnen die Situation erklärte, von dem Unterfangen ablassen würden. Doch selbst gesetzt der Fall, Lenin und seine Leute erreichten dank irgendwelcher glücklichen Umstände ihr Ziel, was würden sie dabei gewinnen? Nur Petrograd, und das würden sie nicht sehr lange halten können, da sie bald ganz Rußland zum Feind haben würden. Konnten die Sowjets selbst von den Bolschewiken und ihren Verbündeten erobert werden? Nur wenn die legitimen Führer der Räte, also die Menschewiken und die Sozialrevolutionäre, vom Pfade der sozialistischen Tugend abwichen und den Massen durch ihr politisches Handeln – beispielsweise durch eine Wiedereinführung der disziplinarischen Ordnung im Heer, durch eine Einschränkung der Meinungsfreiheit, durch eine zu strenge Ahndung bäuerlichen Aufbegehrens usw. – den Eindruck vermittelten, sie übten Verrat an der Revolution und verbündeten sich mit dem reaktionären Lager. Solange ein solcher Verrat jedoch nicht zur Debatte stand, welchen Grund sollten die klassenbewußten Proletarier haben, sich in größerer Zahl der abenteuerlichen und unmarxistischen Politik der Bolschewiken anzuschließen? Wenn hinter deren ungezügelter Rhetorik und unverantwortlicher Aktivität überhaupt ein durchdachtes strategisches Kalkül steckte, dann war dies vermutlich der Plan, die demokratische Linke durch Provokationen zur Befürwortung repressiver Maßnahmen zu treiben, so daß sie sich in den Augen der Massen unglaubwürdig machte.

So realitätsfremd diese komplizierten Erwägungen im Rückblick anmuten: Zu dem Zeitpunkt, als sie angestellt wurden, waren sie nicht ohne eine gewisse Logik. Vom Mai 1917 an begann das Rezept Lenins, die Doppelherrschaft zu untergraben und das politische und gesellschaftliche Gefüge der nachrevolutionären Ordnung von unten her zu zersetzen, ganz offensichtlich erste Früchte zu tragen. Allerdings hatte auch Lenin zu diesem Zeitpunkt noch keinerlei konkrete Vorstellungen davon, wie die Bolschewiken es im einzelnen bewerkstelligen sollten, die Macht an sich zu reißen, und vor allem wie sie sich nach dem ersten Handstreich im Sattel halten und ihre Macht absichern konnten. Vorläufig schien diese Frage freilich noch nicht allzu wichtig zu sein. Lenin war ja nach Rußland zurückgekehrt, um eine *europäische* Revolution zu entfachen, und falls die Bolschewiken im Sturm der von ihnen gesäten Anarchie selbst untergingen, so würde das ein angesichts des großen Ziels nicht zu hoher Preis sein. In diesem Punkt änderte Lenin allerdings seine Meinung in dem Maße, in dem sein Augenmerk sich den innenpolitischen Belangen Rußlands zuwandte. War er bisher bereit gewesen, sein Volk um der Weltrevolution willen ins Ungewisse zu führen, so begann er sich nun mit der Vorstellung anzufreunden, Rußland selbst könne womöglich zum gelobten Land des Sozialismus werden.

So mancher Leser der *Prawda* muß sich an einem Maitag des Jahres 1917 ungläubig die Augen gerieben haben, denn da erschien ein Artikel, in dem Lenin vor der Gefahr einer wirtschaftlichen Depression warnte und den menschewistischen Minister Skobelew wegen seiner demagogischen Angriffe auf die Kapitalisten kritisierte. Skobelew hatte kurz zuvor erklärt, sämtliche Profite und Dividenden müßten weggesteuert werden. Lenin konnte sich, wenn er zwingende Gründe dafür sah, als Anarchist gebärden, aber er war in wirtschaftlichen Dingen nicht so naiv wie der menschewistische Minister, der in einer Rede öffentlich erklärte: »Wenn die Kapitalisten die bürgerliche Ökonomie beibehalten wollen, dann sollen sie ohne Profit arbeiten ... Wir sollten für alle diese Bankiers, Aktionäre und Unternehmer Zwangsarbeit einführen.« Lenin amüsierte sich hierüber köstlich, und in der Tat: Wie sollte ein Regime, das solche Leute zu Ministern machte, überleben können, selbst wenn es den Krieg beendete und alle Bolschewiken ins Gefängnis sperrte? In den satirischen Kommentaren zu der kindischen Erklärung Skobelews wird jedoch unvermittelt der echte Marxist Lenin sichtbar, und zwar nicht der Lenin, der bislang stets wärmstens alle Tendenzen gefördert hatte, die Rußland der Anarchie näherzubringen geeignet waren, und der dies auch weiterhin ab und an tun würde. Die Bolschewiken, so schrieb er, wiesen derartige abenteuerliche und unwissenschaftliche Vorstellungen von sich, die nur zum Ruin der nationalen Wirtschaft führen könnten. Sie hätten nicht vor, die Industrie zu enteignen oder den Profit abzuschaffen. Ihr Staat werde vielmehr eine *zentralisierte* Lenkung des Bankwesens und der Industrie einführen. Im Rußland Lenins würde der Kapitalist sehr wohl seinen Platz haben; wenn er dem sozialistischen Staat gegenüber loyal sei, könne er dort durchaus eine ehrenhafte und profitable Tätigkeit ausüben.

»Deshalb muß man aus *allen* Volksschichten, aus *allen* Klassen, die Kapitalisten, die *zur Zeit* die größere Erfahrung in diesen Dingen haben, keineswegs ausgenommen, begabte Organisatoren gewinnen.«[42]

Die russische Nation sei, so meinte Lenin, reich an Talenten. Man müsse nur das wirtschaftliche und politische Leben erst einmal richtig organisieren, dann werde aus dem Scherbenhaufen, den die Regierung mit ihrer idiotischen Politik angerichtet habe, ein neues, großes Rußland erstehen. Bisher hatte Lenin verkündet, »Alle Macht den Sowjets« bedeute, daß jede Gemeinde, »vom hinterwäldlerischsten Dorf bis zu einem Petrograder Stadtbezirk«, sich selbst verwalten würde. Im Mai erklärte er, den darin liegenden

Widerspruch ignorierend, die Bolschewiken seien sehr wohl davon überzeugt, daß es eines starken Staates bedürfe. Seine Anhänger mochten dies ungläubig oder verwirrt zur Kenntnis nehmen, doch was Lenin selbst betraf, so bestand für ihn zwischen seinem Verbalanarchismus und seiner zentralistischen Staatskonzeption keine logische Inkonsequenz – der eine war für vorher, die andere für nachher gedacht. Allerdings würde es womöglich kein Nachher geben, wenn als Ergebnis der Bemühungen der Bolschewiken und der unwillentlich in die gleiche Richtung wirkenden Politik der Regierung alle Dämme der Staatlichkeit brechen würden. Hier lag eine potentiell verhängnisvolle politische Schwäche Lenins: Er war ein großer Stratege, aber ein schlechter Taktiker der Revolution. Er predigte beständig, wie wichtig gute Organisation sei, und war doch selbst, da er keinen Sinn für Details hatte, ein schlechter Parteiorganisator. Die Bolschewiken verfügten über eine kleine Zahl fähiger Organisatoren: Jakow Swerdlow, der bis 1919 de facto als Sekretär Lenins fungierte, und Stalin, der dabei war, sich den Ruf eines hart arbeitenden und unaufdringlichen Aktivisten zu erwerben. Was die Partei jedoch vor allem brauchte, war jemand, der das Zeug hatte, die kommende Revolution zu organisieren; im Mai erschien dieser Mann auf der Bildfläche.

Wieder einmal war das Glück den Bolschewiken hold, denn die Gaben Trotzkis ergänzten diejenigen Lenins auf nahezu ideale Weise. Er suchte als revolutionärer Redner und Agitator seinesgleichen, während Lenin, anders als die Legende es später wollte, sich bei Reden vor großem Publikum schwertat und seine besten Auftritte bei geschlossenen Veranstaltungen im Kreis der eigenen Anhänger hatte. Obgleich in jüngster Zeit etwas reifer und abgeklärter geworden, neigte Lenin noch immer dazu, sich in der politischen Auseinandersetzung barsch und verletzend zu verhalten, und stieß durch die unverhüllte Verachtung, mit der er geistig Unterlegene und politisch Unschlüssige behandelte, manchen potentiellen Anhänger und Bündnispartner vor den Kopf. Trotzki war zu jener Zeit noch weitgehend frei von jener Arroganz und augenfälligen Eitelkeit, die später mit zu seinem politischen Niedergang beitragen sollten; er strahlte damals noch Jovialität und Liebenswürdigkeit aus. »Mit Trotzki kann man reden«, war die allgemeine Ansicht bei den Menschewiken und Sozialrevolutionären, etwas, das nur die wenigsten von ihnen über Lenin gesagt hätten. Der Mann, der später einen so kaltblütigen Kriegskommissar abgeben sollte, war wie kein anderer geeignet, die Befürchtungen der politischen Gegner der Bolschewiken zu zerstreuen und Konvertiten unter den Unentschiedenen zu machen.*

Am allerwichtigsten war jedoch, daß Trotzki gewissermaßen ein begabter Handwerker der Revolution war. Lenin ließ sich durch sein ungeduldiges

---

* Seltsam, wie sich die Rollen und Temperamente der beiden Männer nach der bolschewistischen Revolution wandelten, als Trotzki wegen seiner Willkür und Arroganz von sich reden machte, während Lenin im Vergleich zu ihm häufig einen toleranten und versöhnlichen Eindruck machte.

Temperament immer wieder zu Aktionen hinreißen, die er bei anderen als Abenteurertum brandmarkte, beispielsweise zu verfrühten bewaffneten Aufstandsversuchen. Er neigte dazu, sich an das Motto Napoleons zu halten: *On s'engage et puis on voit* – erst einmal sich ins Getümmel stürzen, dann sieht man weiter. Ohne Lenin hätte es keine bolschewistische Revolution gegeben, ohne Trotzki wäre sie vielleicht zu früh in Szene gesetzt worden und fehlgeschlagen.

Bei seiner Ankunft in Rußland war Trotzki noch kein Bolschewik. Er stand jener kleinen Gruppe »Interfraktioneller Sozialisten« nahe, die freilich im Mai bereits eng mit der Partei Lenins zusammenarbeitete und sich ihr dann im Juli offiziell anschloß. Nur wenige hätten zu prophezeien gewagt, daß die beiden Männer ihre Differenzen aus der Vergangenheit begraben und so eng zusammenarbeiten könnten, wie sie es dann taten. Vor 1914 war kein anderer russischer Sozialist von Lenin so oft und so schneidend geschmäht worden wie gerade Trotzki. Und dieser hatte seinen späteren Chef und Führer schon 1903 diktatorischer Ambitionen geziehen, die eines wahren Sozialdemokraten nicht würdig seien. Jetzt aber erkannten beide, daß sie einander dringend brauchten, wenn das, was sie sich beide sehnlichst wünschten, gelingen sollte.

Noch einen anderen alten Feind Lenins gab es, dessen Rückkehr im Mai der bolschewistischen Sache zunutze kommen sollte, wenn auch auf eine seltsame und indirekte Weise. Julius Martow war ein früher politischer Weggefährte und enger Freund des jungen Lenin gewesen. Ihre Wege hatten sich nach der Spaltung der Partei in Bolschewiken und Menschewiken getrennt; gleichwohl muß Lenin – was sonst nicht seine Art war – ein Stück persönliche Zuneigung zu Martow bewahrt haben, denn dieser gehörte zu den ganz wenigen Leuten außerhalb seines Familienkreises, mit denen Lenin sich duzte.* Wenn Lenin über Martow schrieb, gebrauchte er niemals die Beschimpfungen, mit denen seine Artikel über Trotzki und andere politische Gegner so häufig gespickt waren. Martow allerdings hegte wenig Illusionen über seinen Jugendfreund. Lenin sei, so erklärte er vor dem Krieg, kein Politiker, sondern der Anführer einer Mafia-artigen Organisation innerhalb der sozialistischen Partei, und sein Ziel sei die persönliche diktatorische Herrschaft über die Partei.

Für die antibolschewistische Linke hatte die Heimkehr Martows dennoch katastrophale Folgen. Zwar erfreute er sich, anders als sein Exfreund und nunmehriger Feind, allgemeiner Sympathie und Hochachtung ob seiner Lauterkeit und seines Mangels an persönlichem Ehrgeiz, doch räumte selbst sein großer Bewunderer Suchanow ein, daß Martow durch seine Person und seine Politik beträchtlich zum Niedergang des demokratischen Sozialismus beitrug. Der Chronist, selbst ein gutes Beispiel dafür, wie sich tiefe psychologische Einsicht mit politischer Naivität paaren kann, schrieb: »Martow war

---

* Das Du war im alten Rußland, abgesehen einmal von seinem Gebrauch gegenüber einem gesellschaftlich Tieferstehenden, ein Zeichen intimer Freundschaft.

zu intelligent, um ein erstklassiger Revolutionär zu werden. Ein glänzender theoretischer Geist wie der seine erweist sich oft als Hemmnis im Augenblick des Kampfes, wenn Willenskräfte und Leidenschaften mit elementarer Gewalt aufeinanderprallen . . . Seine Irrtümer sollten schwerwiegende Folgen für die Geschicke nicht nur der Revolution, sondern auch seiner Partei und seiner eigenen Person nach sich ziehen.«[43]

Der Menschewikenführer durchschaute das Spiel Lenins voll und ganz, und doch beharrte er bis zuletzt, auch noch angesichts des sich abzeichnenden Sturms auf den Winterpalast am 25. Oktober, auf dem Standpunkt, daß es nicht angehe, mit Gewalt oder repressiven Maßnahmen irgendwelcher Art gegen eine proletarische Partei vorzugehen.

Martows politische Heimat war die Fraktion der sogenannten menschewistischen Internationalisten, die bislang stets eine kleine und einflußlose Gruppe am linken Flügel der Partei gewesen war. Es handelte sich dabei im Grunde um ideologisch Versprengte, die sich weder Lenin noch Cereteli anschließen wollten und in einem Atemzug die Provisorische Regierung und den Krieg einerseits, die undemokratische und abenteuerliche Politik der Bolschewiken andererseits verurteilten. Mit Martow bekamen sie, wenn sie auch zahlenmäßig schwach blieben, nun doch einen angesehenen und populären Wortführer, durch den sie einen, gemessen an ihrer Zahl, unverhältnismäßig großen politischen Einfluß gewinnen würden. Ein ums andere Mal sollten sie der revolutionären Demokratie in den Arm fallen, wenn sie ihn gegen diejenigen erhob, die es auf ihre Zerstörung abgesehen hatten und jede auf die Wiederherstellung der öffentlichen Ordnung und der militärischen Disziplin gerichtete Maßnahme als undemokratisch ablehnten.

Der Zerfall des russischen Staatswesens ging also mit einem gleichzeitigen Zerfallsprozeß innerhalb der demokratischen Linken einher. In den ersten Wochen nach der Revolution hatten die Menschewiken und die Sozialrevolutionäre gewissermaßen als Giganten auf der politischen Bühne Rußlands gethront. Das Gefolge der Bolschewiken innerhalb der Stadtbevölkerung war im Vergleich dazu winzig, und auf dem Land stellte die Partei Lenins praktisch eine zu vernachlässigende Größe dar. Von Mai an jedoch zerfielen die beiden Parteien in feindliche Fraktionen, und es wurde für den durchschnittlichen Arbeiter oder Soldaten zunehmend schwieriger, zu beurteilen, für welche Ziele die einzelnen Gruppen eintraten. Die Menschewiken Ceretelis unterstützten die Provisorische Regierung – einige von ihnen gehörten ihr sogar an –, fuhren aber gleichwohl fort, die Maßnahmen und Anschauungen ihrer bürgerlichen Bündnispartner zu geißeln. Die Martowschen Internationalisten stimmten praktisch in die bolschewistischen Anklagen gegen die Doppelherrschaft und den Krieg ein, was sie dagegen zu tun gedachten, blieb jedoch unklar. Dann gab es noch die menschewistische Mitte, angeführt und zugleich sinnfällig verkörpert von Tschcheidse, die sowohl der Linken als auch der Rechten gegenüber eine kritische Haltung einnahm, deren eigener politischer Standpunkt jedoch unergründlich blieb.

Noch zerfahrener war die Situation bei den Sozialrevolutionären. Sie hätten zweifellos bei landesweiten Wahlen eine Stimmenmehrheit erhalten (und erhielten sie ja selbst noch nach dem Staatsstreich der Bolschewiken, bei der Wahl zur Verfassunggebenden Versammlung im November). Aber das war einfach nur Ausdruck der Tatsache, daß Rußland ein Agrarland war und der durchschnittliche Bauer angesichts fehlender Konkurrenz in den Erben der Populisten *seine* Partei sah. Es bedurfte freilich einigen guten Willens, wenn man dieses Konglomerat von Persönlichkeiten und Aktionsgrüppchen als eine wirkliche politische Partei betrachten wollte. Das Spektrum der politischen Auffassungen innerhalb der Sozialrevolutionäre reichte von Positionen merklich rechts von den Regierungsmenschewiken bis zu solchen, die links von den Bolschewiken lagen und an ausgeprägten Anarchismus grenzten. Eine politische Führung ließ sich bei den Sozialrevolutionären nur schwer ausmachen. Zwar zählte diese eigenartige politische Bewegung eine ganze Reihe großer Namen aus der revolutionären Vergangenheit und Gegenwart zu ihren Getreuen, doch verfügte sie nicht über eine einzelne Führungsfigur mit einer Gefolgschaft, wie sie etwa Cereteli oder Martow zu Gebote stand, von Lenin ganz zu schweigen. Kerenskij war zwar eingeschriebenes Parteimitglied, wurde aber von vielen nicht als echter Sozialrevolutionär anerkannt. Den Mitgliedern einer Bewegung, die im halbanarchistischen Populismus wurzelte und ein beinahe instinktives Mißtrauen gegen jedwede Staatsmacht hegte, fiel es nun einmal sehr schwer, daran zu glauben, daß jemand, der so eng mit den Regierenden verbunden war, ein aufrichtiger Sozialrevolutionär sein könne. Kerenskij konnte sich zwar darauf verlassen, daß seine Parteigenossen ihm ebenso begeistert zujubelten wie die Soldaten, doch wie bei diesen, war es auch bei jenen mehr als fraglich, ob sie ihm dahin folgen würden, wohin er sie zu führen gedachte. Viktor Tschernow konnte auf eine lange Parteimitgliedschaft zurückblicken, und seine Mitarbeit in der Regierung schadete ihm weit weniger als Kerenskij, da bekannt war, daß er sich die meiste Zeit mit seinen Ministerkollegen herumstritt. Er war auch, nach Lenin, der bevorzugte Popanz der Bourgeoisie, sowohl wegen der eindeutigen Antikriegshaltung, die er im Exil vertreten hatte, als auch wegen der Nachsicht, die er gegenüber der zunehmenden Mißachtung der Gesetze, den Enteignungsaktionen der Bauern und anderen auf dem Lande einreißenden Entwicklungen an den Tag legte. Es wäre indes verfehlt gewesen, zu erwarten, daß der für seine langwierigen Reden und seine Unschlüssigkeit bekannte Tschernow die verschiedenen Flügel seiner Bewegung unter eine straffe Führung bringen würde.

Im Vergleich zu dieser Zerstrittenheit und Unordnung im Lager der revolutionären Demokratie boten die Bolschewiken ein Bild der Disziplin und Homogenität. Es wäre unrichtig, wollte man hier bereits eine Ähnlichkeit mit der späteren totalitären kommunistischen Partei konstruieren. Lenin war keineswegs ein Diktator. Seine Auffassungen stießen sehr oft auf Widerstand, und bei den internen Debatten seiner Partei ging es zuweilen ebenso hoch her wie auf einer Versammlung der Menschewiken oder der Sozialrevolutionäre. Doch am Ende behielt Lenin fast immer die Oberhand. Die Argumente seiner Gegner lauteten gewöhnlich: Das ist zu gefährlich, die Massen werden es nicht verstehen, es wird Gegenmaßnahmen von seiten des Sowjet, der Regierung heraufbeschwören. Wenn dann seine Vorschläge doch verwirklicht wurden und keine Gegenmaßnahmen hervorriefen und die Partei immer mehr Zulauf erhielt, mußten selbst die Furchtsamsten zugeben, daß Lenin wieder einmal recht gehabt hatte und wohl über eine Art politischer Hellsehergabe verfügen müsse.

Lenin hatte die Losung »Alle Macht den Sowjets« ausgegeben, um damit den Verfall jeglicher staatlichen Autorität zu fördern, nicht etwa weil er erwartet hätte, daß die Bolschewiken irgendwann durch die Sowjets zur Macht kommen könnten. Einmal war Lenin nicht der Mann, der mit so unbestimmten Kategorien wie »irgendwann« rechnete; außerdem war nicht auszuschließen, daß es zu einer dramatischen Wendung im Kriegsgeschehen oder, schlimmer noch, zu einem Friedensschluß kam, was eine echte Katastrophe wäre, weil es den Bolschewiken jede Chance rauben würde, die Macht an sich zu reißen und die Weltrevolution in Gang zu setzen. »Wir werden zu warten wissen«, erklärte er seinen Anhängern im April. Im Juni jedoch begannen er und seine Parteigänger ungeduldig zu werden. Es zeichnete sich die beunruhigende Möglichkeit ab, daß in Rußland anstelle der Provisorischen Regierung und der eingeschlafenen Duma eine neue, zentrale staatliche Autorität erstehen würde. (Aus dem rechten Lager erscholl in regelmäßigen Abständen die Forderung nach einer Wiederbelebung der Duma, wogegen die revolutionäre Demokratie sich jedoch hartnäckig sperrte. Während die Duma, wie gesagt, ruhte, wurde ihr Ableger, der Provisorische Ausschuß, immer dann, wenn eine Kabinettsumbildung anstand, zu kurzem neuen Leben erweckt, um, zusammen mit dem Sowjet, den Akt formell zu beglaubigen, eine absurde Prozedur, die jedoch unumgänglich war, da es kein Staatsoberhaupt gab.)

Der erste Allrussische Kongreß der Arbeiter- und Soldatenräte trat im Juni zusammen. Von den 777 parteigebundenen Delegierten gehörten etwas mehr als 100 der bolschewistischen Partei, etwa 30 deren Verbündeten, den Interfraktionellen Sozialisten an. Lenin verließ bei dieser Gelegenheit einmal das Redaktionsbüro der *Prawda* und hielt vor den Delegierten eine selbst für seine Verhältnisse äußerst aggressive und demagogische Rede. Cereteli habe erklärt, es gebe in Rußland keine politische Partei, die bereit wäre, die Staatsgewalt ganz zu übernehmen. »Ich erwidere: Es gibt sie«, rief Lenin. »[Unsere Partei] ist jede Minute bereit, die Gesamtheit der Macht zu übernehmen.« Wie eine Bombe jedoch schlug sein Aufruf zum revolutionären Terror bei seinen Zuhörern ein; denn bis dahin hatte er Äußerungen dieser Art sorgfältig vermieden. Das erste, was man für das Land tun müsse, wäre, so erklärte Lenin, »fünfzig bis hundert der größten Kapitalisten zu verhaften und die Fäden ihrer Intrigen zu zerreißen. Ohne diesen Schritt bleiben alle Phrasen über einen Frieden ohne Annexionen und Kontributionen leere Worte«. Den Massen würden dann die Augen aufgehen, und die Versorgungsmängel und die Inflation würden aufhören. Selbst den meisten bolschewistischen Delegierten stockte im Angesicht dieser unverfrorenen Demagogie der Atem. Dies eine Mal erwies sich der »Windbeutel Kerenskij«, wie Lenin ihn nannte, der Situation gewachsen. Er habe nie geglaubt, so erklärte er, einmal hören zu müssen, wie ein Mann, der sich als Sozialdemokrat bezeichnet, Dinge forderte, die nicht einmal die alte zaristische Polizei in ihrer Blütezeit zu tun gewagt hätte: die Verhaftung und Drangsalierung von Menschen allein aufgrund ihrer gesellschaftlichen Stellung oder Herkunft. Und zu den Bänken der Bolschewiken gewandt, rief er: »Was sind wir denn, Sozialisten oder primitive Schergen?«[44] Es war ein hochnotpeinlicher Augenblick für Lenin, und er, der sich sonst über die bürgerlichen politischen Anstandsregeln lustig zu machen pflegte, schrie den Sitzungspräsidenten an: »Sie sollten ihn [Kerenskij] zur Ordnung rufen.« Es sei lediglich eine Metapher gewesen, erklärte der Vorsitzende, der zufällig ein »menschewistischer Schuft« war, um mit Lenin zu sprechen. Doch von da an hütete sich Lenin wohlweislich vor weiteren Rededuellen mit dem »Windbeutel Kerenskij« und seinesgleichen.[45]

Trotzki war derjenige, der versuchte, den fatalen Nachgeschmack, den sein Parteiführer mit seinem Auftritt hinterlassen hatte, zu zerstreuen. Niemand, so versicherte er, denke daran, auf Mittel der Gewalt zurückzugreifen oder gar die Macht gegen den Willen der Sowjets zu ergreifen; dies zu glauben sei ganz absurd. Freilich, da die sozialistischen Minister so gute Arbeit leisteten, wozu brauchten sie überhaupt noch kapitalistische Kollegen? Aber Trotzki war zu diesem Zeitpunkt noch nicht bis in die innersten Entscheidungsgremien der Bolschewiken vorgedrungen. Am 9. Juni richtete das bolschewistische Zentralkomitee einen öffentlichen Aufruf an die Soldaten und Arbeiter, auf die Straße zu gehen und gegen die Regierung zu demonstrieren, die als ein »Werkzeug des Klassenfeindes« bezeichnet wurde. Die »zehn kapitalistischen Minister« müßten abtreten. Die von Kerenskij unlängst verkündete Charta der Rechte der Soldaten stelle, so hieß es, eine flagrante Beschneidung ihrer bürgerlichen Freiheiten dar. Die Massen sollten einen sofortigen Frieden fordern, aber einen Frieden mit den deutschen Arbeitern, nicht mit den Kapitalisten.

Die Demonstration sollte friedlich sein: »Erklärt eure Forderungen ruhig und überzeugend, wie es dem Starken geziemt.« Doch wer sollte an die friedlichen Absichten glauben? Immerhin würden Tausende bewaffneter Soldaten zusammen mit den Roten Garden, dem waffentragenden Arm der Bolschewiken, zum Sitz der Regierung marschieren.

Mit dieser bedrohlichen Entwicklung konfrontiert, reagierte der Sowjetkongreß unerwartet energisch. Er verbot alle Demonstrationen. Führende Männer der revolutionären Demokratie wurden in die Kasernen und Fabriken geschickt, um den Arbeitern und Soldaten die Augen über das politische

Spiel der Bolschewiken zu öffnen. Militäreinheiten, die mit den Menschewiken und Sozialrevolutionären sympathisierten, wurden alarmiert. Am Morgen des 10. Juni sagte das bolschewistische Zentralkomitee die geplante Demonstration ab.

»Was die Bolschewiken jetzt tun, hat nichts mehr mit Propaganda zu schaffen; es ist ein Komplott«, wetterte Cereteli am Morgen nach der abgeblasenen Demonstration. »Die Leute munkeln von der Gefahr einer kapitalistischen Konterrevolution. Ja, die Gefahr einer Konterrevolution ist deutlich erkennbar und akut, aber sie geht nicht von den Kapitalisten aus. Es müssen Maßnahmen getroffen werden, um ein Wiederaufleben der Gefahr zu verhindern; die Privatarmee der Bolschewiken, die Roten Garden, müssen entwaffnet werden.« So weit war die revolutionäre Demokratie nicht zu gehen bereit. Die plötzliche Einsicht Ceretelis – wenige Wochen zuvor hatte er selbst noch Lenin als einen Mann von Grundsätzen und einen Anhänger der Gewaltlosigkeit gerühmt – stieß auf heftige Kritik seitens der Martow-Fraktion. Wie könne man auch nur daran denken, die Arbeiter zu entwaffnen? Wer würde dann die Sowjets schützen? In der Hitze des ritualisierten Wortgefechts schmolz die Entschlossenheit des Kongresses dahin. Die Bolschewiken trugen verletzte Unschuld zur Schau. Sie hätten durch ihren Aufruf zur bewaffneten Demonstration lediglich versucht, die empörten Massen von zielloser Gewalttätigkeit abzuhalten. Und natürlich unterwürfen sie sich der Mehrheit, selbst wenn diese ihre Absichten in böswillig verdrehter Weise dargestellt habe. Der Kongreß verabschiedete schließlich eine Resolution, die bewaffnete Demonstrationen und Gewaltanwendung für unzulässig erklärte . . .

Bei Lenin regten sich ohnehin schon Zweifel an der Losung »Alle Macht den Sowjets«. Die Massen schienen die Parole wörtlich zu nehmen. Außerdem wurde es mit der Zeit schwierig, sie bei der Stange des ernsthaften Glaubens an die Gefahr einer kapitalistischen Konterrevolution zu halten. Die Provisorische Regierung unternahm nicht den geringsten Versuch, in die Vorgänge um die Krise vom 9. Juni einzugreifen. Es waren die Sowjets, die den Bolschewiken in den Arm fielen. Für den Fall, daß die Sowjets tatsächlich die ganze Macht übernehmen und die, wie er es nannte, Agitation der Bolschewiken beeinträchtigen sollten, ob in der Hauptstadt oder an der Front, würde seine Partei, so kalkulierte Lenin, sich nicht unterordnen, sondern lieber neuerdings, wie in alten Zeiten, in den Untergrund gehen.

Vorläufig freilich zeichneten sich die Sowjets noch viel eher durch lautes Bellen als durch schmerzhaftes Beißen aus. Die Hoffnung, auf dem Junikongreß werde ein neues zentrales Staatsorgan aus der Taufe gehoben, wie das Land es so dringend benötigte, mußte vertagt werden, als die Delegierten den Beschluß faßten, als ständiges Vollzugsorgan ein Zentrales Exekutivkomitee mit zweihundert Mitgliedern zu installieren, in dem natürlich auch die Bolschewiken und die Martow-Fraktion der Menschewiken vertreten waren* und zu dessen Vorsitzendem der kontemplative Tschcheidse gewählt wurde.

Die traditionelle Klage des politischen Rußlands – »Wir stehen am Rande des Abgrunds« – hätte in den letzten Tagen des Juni 1917 wie eine hoffnungslos optimistische Untertreibung geklungen. Doch der dazugehörige Refrain – »So kann es nicht weitergehen« – traf den Nagel auf den Kopf. Auch wenn man die Bolschewiken einen Augenblick lang außer acht läßt – das ganze Gefüge des nationalen Lebens, nicht zu reden von der Regierung, war in Auflösung begriffen. Die Hauptstadt und einige der anderen großen Städte wurden von Anarchisten aller Art heimgesucht. Eine Fraktion, der offenkundig auch kriminelle Elemente angehörten, nahm eine große Privatresidenz in Petrograd in Besitz, eine Aktion, die im Sowjet eine jener lähmenden Diskussionen darüber auslöste, ob Gewalt gegen Personen angewandt werden dürfe, deren Handeln zwar ungesetzlich, aber Frucht einer echten weltanschaulichen Überzeugung war. (Die Freiheit der Presse wurde entschlossener geschützt als die Eigentumsrechte im allgemeinen; als eine andere Horde das Gebäude einer rechtsstehenden Zeitung besetzte und die technische Einrichtung zerstörte, schickte das Exekutivkomitee seine besten Volksredner los mit dem Auftrag, den Tätern schwerwiegende Strafen anzudrohen.) Gelegentlich wurden Gefängnisse gestürmt und die Insassen freigelassen. Auf dem Land streiften marodierende Banden fahnenflüchtiger Soldaten umher. Der im Mai abgehaltene Bauernkongreß verabschiedete einige sehr radikale Resolutionen, darunter eine, die neben der Enteignung des Großgrundbesitzes auch entschlossene polizeiliche Maßnahmen zum Schutz der Bauern vor plündernden Deserteuren forderte. Was würden die Bauern von einer Landreform und einer verfassunggebenden Versammlung haben, erklärte ein Delegierter, wenn sie beides vielleicht nicht mehr erlebten?

Im gleichen Schritt wie die Anarchie nahmen auch separatistische Tendenzen zu. Hatten die ukrainischen Nationalisten im März noch ein gemäßigtes Autonomiestatut gefordert, so verlangten sie im Juni für ihr Land nahezu volle Selbständigkeit. Ihr Nationalrat, der *Rada*, beanspruchte, für die ukrainische Nation als ganze zu sprechen, und forderte die Provisorische Regierung in Petrograd auf, ohne seine Zustimmung keine Gesetze mehr zu verabschieden, die für die Ukraine von Belang waren. Die Finnen, die stets auf ihre Autonomie bedacht gewesen waren, lagen nun in einem beständigen Ringen mit Petrograd um noch größere Unabhängigkeit, und auch in anderen Volksgruppen regten sich Loslösungsbestrebungen. Die Provisorische Regierung konnte auf alle an sie gerichteten sozialen und politischen Forderungen nur mit ihrer gewöhnlichen Ausflucht antworten: »Wartet auf die verfassunggebende Versammlung.« Doch die meisten Nationalisten waren ebenso ungeduldig wie Lenin und machten sich daran, ihre eigenen »Regierungen« zu errichten. Eine Gruppe von Litauern erhob sich per De-

* Das gewählte Mitglied Lenin nahm an den Sitzungen des Exekutivkomitees niemals teil.

klaration zur Nationalversammlung und forderte volle Unabhängigkeit und ewige Neutralität für ihr – zu dieser Zeit zum größten Teil von den Deutschen besetztes – Ländchen. Die revolutionäre Demokratie war, wie in fast allen Fragen, so auch in der Frage der nationalen Selbstbestimmung geteilter Meinung: Theoretisch und prinzipiell sagte sie ja, praktisch jedoch schob sie die Entscheidung vor sich her. Selbst Männer wie Suchanow spürten, wie sich in einem Winkel ihres Herzens der russische Nationalismus regte, als sie sich der Gefahr gegenübersahen, daß der russische Staat, zumindest was sein europäisches Territorium betraf, vielleicht bald auf den Umfang schrumpfen würde, den er Mitte des 17. Jahrhunderts gehabt hatte. Sie rationalisierten ihren Widerwillen dagegen mit dem Argument, die separatistische Agitation komme in der Regel aus bürgerlichen Kreisen. Lenin freilich hielt, wie immer er im tiefsten Innern darüber gedacht haben mag, unbeirrt an der Parole fest, jeder nichtrussischen Nationalität, die danach verlangte, sei die bedingungslose Unabhängigkeit zuzugestehen.

So lagen die Verhältnisse, als die Provisorische Regierung dem Heer den Befehl erteilte, in der zweiten Junihälfte zu einer Offensive anzutreten. Hinter diesem Beschluß standen hauptsächlich zwei Gründe. Zunächst einmal und vor allem glaubte man, durch einen militärischen Sieg den politischen und gesellschaftlichen Zerfallsprozeß aufhalten zu können, und zum zweiten war man der Ansicht, die erzwungene Untätigkeit führe bei den Soldaten zu einem katastrophalen Niedergang der Moral und der Disziplin. Zwei Monate früher wäre eine Offensive vielleicht von Erfolg gekrönt und von heilsamer Wirkung auf die allgemeine Situation gewesen. Jetzt aber war sie ein Vabanquespiel, und die Tatsache, daß man sich zu ihr entschloß, läßt sich nur damit erklären, daß General Brussilow, der Oberbefehlshaber des Heeres, ein unverbesserlicher Optimist und Kerenskij, der Hauptverantwortliche für den Befehl, in die Falle seiner eigenen anfeuernden Rhetorik gegangen war. Der »Oberprediger«, wie manche Offiziere ihn ironisch nannten, bereiste die Front, und die Begeisterung, mit der die Soldaten ihn empfingen, bestärkte ihn in der Überzeugung, das russische Heer werde, wie das französische Revolutionsheer, die Freiheit auf seinen Bajonetten durch Europa tragen.

Wie die Offensive sich tatsächlich anließ, läßt sich anhand einiger Auszüge aus der »Manöverkritik« von General Anton Deniken, dem Kommandeur der Südfront, anschaulich illustrieren.

»Die Zehnte Armee setzte sich, vom Führungsstab in mühevoller Arbeit dazu veranlaßt, endlich in Bewegung, aber unter welchen Bedingungen! 48 Bataillone weigerten sich, in den Kampf einzutreten ... Ich war dabei, als dem Regiment Pota eine rote Fahne übergeben wurde und seine Soldaten auf sie schworen, bis in den Tod zu kämpfen. Eine Stunde vor dem Angriff trat das Regiment die Flucht nach hinten an und kam erst nach fünfzehn Kilometern zum Stehen.«[46]

Banden von Deserteuren, so fuhr der General fort, mißhandelten ihre Offiziere, plünderten die Dörfer und fügten ihren zivilen Landsleuten alle möglichen Untaten zu. Die Soldaten hätten jeden Respekt vor militärischer Disziplin verloren. Selbst mit Verbänden, die noch gut kämpften, müsse man vor dem Angriff debattieren. Er selbst, der Kommandeur des gesamten Frontabschnitts, sei von einem Soldatensowjet vorgeladen und aufgefordert worden, das Wie und Warum der geplanten Offensive zu erklären, und habe seine Zeit mit Vorträgen darüber zubringen müssen, was ein Durchbruch sei, welche Reserven zur Verfügung stünden und so weiter.

Das Verhalten der Soldaten wird verständlicher, wenn man sich vergegenwärtigt, daß es nicht nur keine Todesstrafe mehr gab, weder für Fahnenflucht noch für sonstige Vergehen, sondern daß Kerenskij es auch wenige Tage vor Beginn der Offensive für richtig gehalten hatte, die Kriegs- und Standgerichte ganz abzuschaffen. An ihre Stelle traten Regimentsgerichte, die zu gleichen Teilen mit vom betreffenden Regiment gewählten Offizieren und Soldaten besetzt waren. Ein Soldat, der den Kampf scheute und davonlief, riskierte also vermutlich nicht mehr, als von seinen Mitdrückebergern abgeurteilt zu werden!

Erstaunlicherweise klappte es mit der Offensive an einigen Frontabschnitten zunächst dennoch sehr gut. Dies läßt sich mit der enormen zahlenmäßigen Überlegenheit der Russen und mit dem Umstand erklären, daß das österreichische Heer, gegen das der erste Stoß sich richtete, in nicht viel besserer Verfassung war als das russische. In einem Frontbereich vermochte Deniken beispielsweise 138 Bataillone gegen 17 der Österreicher und 900 Artilleriegeschütze gegen 300 des Feindes aufzubieten. Zwar mußten die Soldaten gelegentlich ausführlich darüber belehrt werden, weshalb es wichtig war, nach einem erfolgreichen Durchbruch dem zurückweichenden Gegner nachzusetzen, aber trotz aller Schwierigkeiten stieß Brussilow mit seinen Truppen wiederum weit nach Galizien hinein, und Kerenskijs Telegramme von der Front wurden immer ekstatischer.

Um so niederschmetternder war die Ernüchterung, als Anfang Juli deutsche Verstärkungen in die Schlacht geworfen wurden und der russische Vormarsch zunächst einem Rückzug und dann in vielen Frontabschnitten einer überstürzten Flucht wich. Nur dem Umstand, daß die Deutschen nicht genug Soldaten hatten, verdankten die Russen es, daß sie die Front dort wieder stabilisieren konnten, wo sie vor ihrer verunglückten Offensive verlaufen war.

Doch um Kerenskij und seinen Militärberatern nicht unrecht zu tun, sollte nicht unerwähnt bleiben, daß es durchaus denkbar ist, daß die anfänglichen Erfolge den russischen Armeen einen neuen Geist hätten einhauchen können, wenn in der russischen Politik andere Voraussetzungen gegeben gewesen wären. Auch die Armeen der Französischen Revolution zeichneten sich in ihren ersten Gefechten nicht sonderlich aus. Nichts, was dem russischen Heer *vor* dem bolschewistischen Staatsstreich vom Oktober zustieß, war ähnlich verheerend wie die Rückschläge, die die sowjetischen Streitkräfte in den ersten Wochen nach dem deutschen Angriff im Juni 1941 erlitten. Doch in beiden Vergleichsfällen erwies sich die jeweils amtierende Regierung als stark und entschlossen genug, die Disziplin wiederherzustellen und eine Wende herbeizuführen. General Deniken weigerte sich in dem für seine zivilen Vorgesetzten bestimmten Bericht über das Debakel, die Hauptschuld den Bolschewiken zu geben; für ihn war die allgemeine Politisierung der Soldaten durch die revolutionäre Demokratie das grundlegende Übel. »Die Bolschewiken«, so schrieb er, »sind das Geschmeiß, die sich an der schwärenden Wunde nähren.«

Deniken tat der Partei Lenins unrecht, wenn er ihre Verdienste um die Demoralisierung der russischen Soldaten so gering ansetzte. Die Bolschewiken waren der Überzeugung, daß ein Erfolg oder auch nur ein Teilerfolg der Offensive ihre Pläne und Ziele ernsthaft gefährden würde. In den ersten Wochen nach Beginn der Offensive, als noch nicht abzusehen war, wie sie ausgehen würde, mußte sie ernsthaft den Versuch in Erwägung ziehen, den Vormarsch durch eine Art Soldatenstreik zu sabotieren. Sie machten aus ihren Absichten kaum einen Hehl. Vom 15. bis 24. Juni fand eine Konferenz der bolschewistischen Soldatendeputierten statt. Die 160 Abgesandten repräsentierten 26 000 Mitglieder bolschewistischer Zellen aus über 500 Regimentern. Es ist selbst in Anbetracht der Zeitverhältnisse bemerkenswert, daß die Deputierten, zumeist aktiv dienende Soldaten, sich nicht scheuten, einmütig und öffentlich den Aufruf zur Sabotierung der Offensive zu unterstützen und fast ebenso eindeutig einen bewaffneten Aufstand sowohl gegen die Regierung als auch gegen die revolutionäre Demokratie zu fordern:

»Mehr denn je obliegt es der revolutionären Sozialdemokratie . . ., die Massen zu der Überzeugung zu bringen, daß die gegenwärtige Offensive eine schwere Gefahr für die russische und die Weltrevolution bedeutet . . . Die Gefahr entspringt der Politik der menschewistischen und der Sozialrevolutionären Partei; sie versuchen, die Massen zu täuschen, sie in das Fahrwasser der konterrevolutionären Bourgeoisie zu lotsen. Die [bolschewistischen] Militärorganisationen müssen ihre Kräfte sammeln und sich an die Spitze einer Massenbewegung setzen, die sich der bürgerlichen Regierung und den herrschenden Menschewiken und Sozialrevolutionären entgegenstellen und die Forderung nach Enthebung der Regierung sowie nach einer gründlichen Revision der Innen- und Außenpolitik erheben würde.«[47]

Die *Prawda* berichtete in anerkennendem Tenor über das Regiment X, das sich zu kämpfen geweigert, und über die Division Y, die sich, nachdem sie den Feind in die Flucht geschlagen, entschlossen hatte, haltzumachen, weil ein weiterer Vormarsch »den Interessen der russischen, britischen und französischen Bourgeoisie gedient hätte«. Und selbst die menschewistischen Internationalisten waren schockiert, als das Organ der Bolschewiken mit unverhohlener Genugtuung schilderte, wie Sokolow, der Urheber des berühmten Befehls Nr. 1, der als Abgesandter des Sowjet die Aufgabe wahrnahm, die Soldaten zur Pflichterfüllung zu ermahnen, von diesen ergriffen und bewußtlos geprügelt worden war.

Die Provisorische Regierung reagierte auf die Krise mit noch schnellerem Zerfall: Am 2. Juli boten vier »Kadetten«-Minister aus Protest gegen die Zustimmung ihrer Kollegen zu einer großzügigen Autonomieregelung für die Ukraine ihren Rücktritt an. Das Exekutivkomitee des Petrograder Sowjet befaßte sich zur selben Zeit ausführlich mit einem, wie sein linker Flügel es sah, Fall von polizeilicher Brutalität. (Eine Polizei im engeren Sinn gab es eigentlich nicht; die polizeilichen Ordungsaufgaben wurden von einer freiwilligen Miliz aus regierungstreuen Soldaten wahrgenommen.) Eine seit längerer Zeit von Anarchisten besetzte Privatvilla war nach langem Hin und Her geräumt worden, wobei angeblich einige der Besetzer zu hart angefaßt worden waren.

Vervollständigt wurde das Chaos dadurch, daß die Truppen der Petrograder Garnison sich noch unruhiger und aufsässiger gebärdeten als gewöhnlich. Einige Einheiten hatten soeben Befehl erhalten, sich zum Abmarsch an die Front zu rüsten. Eines von ihnen, das Erste Motorisierte Regiment, eine Hochburg des bolschewistischen und anarchistischen Einflusses, erklärte den Befehl per Beschluß für konterrevolutionär. Der führende Kopf dieser Meuterei, Fähnrich Semaschko,* organisierte am 3. Juli eine musikalische Matinée, bei der zwischen den Musikdarbietungen politische Ansprachen gehalten wurden. Das Regiment entschloß sich, nachdem es einigen bolschewistischen Rednern, darunter Trotzki, gelauscht hatte, unter der Losung »Alle Macht den Sowjets« eine Demonstration zu veranstalten. Verstärkt von anderen Soldaten und von den streikenden Arbeitern einer anderen bolschewistischen Hochburg, der Putilow-Werke, machten sie sich auf den Weg zum Taurischen Palais. Dieses diente nach dem Umzug der Provisorischen Regierung nun dem Petrograder Sowjet und dem Zentralen Exekutivkomitee der Sowjets als Residenz und beherbergte daneben auch noch einige der zahlreichen Ableger dieser Organisationen, so etwa das Büro der Arbeitersektion des Sowjet, das Büro des Zentralen Exekutivkomitees und ähnliche Organisationen – aus dem maroden Stamm der Revolution sprossen immer neue Seitenzweige.

Die Bolschewiken hatten die Demonstration der Soldaten und Arbeiter zwar in Gang gesetzt, deren Führung jedoch noch nicht übernommen. Eine gewisse Regieführung ihrerseits war freilich nicht zu verkennen: Eine der Parolen – neben dem geheiligten »Alle Macht den Sowjets« –, die die Demonstranten dem Sowjet zu Gehör brachten, lief auf die Forderung nach einer Unterdrückung der bürgerlichen Presse hinaus, und zur selben Zeit sprach Sinowjew vor den Mitgliedern der Arbeitersektion, in der die Bolschewiken und ihre Verbündeten vorübergehend über eine Mehrheit geboten, über ebendieses Thema. Er belehrte die Protagonisten des Sowjet: »Ihr habt das Pressemonopol den Kapitalisten überlassen, die sich seiner bedient haben, um auf dem Lande Unruhe zu stiften [sic]. Warum habt ihr ihnen diese verheerende Waffe nicht weggenommen?«[48]

Als Lenin über die Lage informiert wurde, brach er seinen Urlaub in

---

* Er wurde später, unter dem kommunistischen Regime, als gewöhnlicher Krimineller erschossen.

Finnland ab und kehrte in die Hauptstadt zurück. Indes, seine Partei bedurfte nicht seiner persönlichen Gegenwart, um ihre mittlerweile gut einstudierte Taktik zu praktizieren: einerseits laut zu verkünden, die Demonstration dürfe nicht zu gewaltsamen Aktionen führen, und andererseits Vorkehrungen für den Fall zu treffen, daß die zu erwartenden Gewaltaktionen von Erfolg gekrönt wären. Das Petrograder Parteikomitee (nicht das Zentralkomitee) rief dazu auf, die Demonstrationen mit verstärkten Kräften fortzusetzen, um die Regierung zu zwingen, nach dem Willen des Volkes zu handeln, und um die kapitalistischen Minister zu verjagen. Es wurde eine Militärkommission gebildet, die den Aufstand, sofern es trotz aller gegenteiligen öffentlichen Bekundungen und Beschwörungen der Bolschewiken zu einem solchen käme, leiten sollte. Keiner der führenden Männer der Partei war in dieser Kommission – für den Fall, daß das Unterfangen fehlschlug, konnte man so alles auf die eigenmächtigen Aktionen einiger Hitzköpfe abschieben. Eine dieser eigenmächtigen Aktionen war der – fehlgeschlagene – Versuch einer Gruppe von »Hitzköpfen«, Kerenskij abzufangen, als er mit dem Zug die Hauptstadt verließ, um Frontregimenter zur Verteidigung der Revolution herbeizuholen.

Am 4. Juli mußte die bolschewistische Führung erkennen, daß die Kräfte, über die sie gebot, zum größten Teil aus einem undisziplinierten, bewaffneten, plündernden und im Ernstfall kopflos reagierenden Pöbel bestanden. Bewaffnete Soldaten und Rote Garden fuhren auf offenen Lastwagen durch die Hauptdurchgangsstraßen der Stadt und schossen dabei willkürlich in Wohnungen und Geschäfte hinein, in denen sie »Agenten der Bourgeoisie« vermuteten. Die Minister der Provisorischen Regierung verbargen sich in Fürst Lwows Privatwohnung, während die Konkurrenzregierung, das Zentrale Exekutivkomitee der Sowjets, weiterhin ununterbrochen tagte und Proklamationen herausgab. Auf sein übliches Rezept gegen Unruhen, nämlich gute Redner zu den meuternden Regimentern zu schicken, konnte das Exekutivkomitee diesmal nicht zurückgreifen, denn es gab nur wenige Freiwillige, die sich zu einer solchen Mission bereit erklärt hätten, bei der man immerhin Gefahr laufen würde, von den zügellos gewordenen Soldaten gelyncht zu werden.

In der Erkenntnis, daß die Situation außer Kontrolle zu geraten begann, wandte sich das bolschewistische Zentralkomitee an eine, wie es glaubte und hoffte, diszipliniertere Kraft: die Matrosen von Kronstadt. Deren Anführer fragte telefonisch bei Stalin an, ob sie ihre Gewehre mitbringen sollten. Einer berühmt gewordenen Anekdote zufolge soll Stalin geantwortet haben, dies überlasse er ihnen; er jedenfalls trage als Journalist seine Waffe, einen Bleistift, stets bei sich. Wenig später marschierten 20 000 Matrosen in voller Bewaffnung und begleitet von aufspielenden Militärkapellen zunächst zum bolschewistischen Hauptquartier, wo mehrere Koryphäen der Partei ihnen Variationen zum Thema »Alle Macht den Sowjets« vortrugen. Lenin ließ sich erst, als die Matrosen nicht abließen, nach ihm zu rufen, dazu herbei, auf den Balkon zu treten; er stieß in dasselbe Horn wie seine Vorredner und rühmte die Matrosen als den »Stolz und Glanz der russischen Revolution«. Dann ging es weiter zum Taurischen Palais. Aufgrund von Plünderungen und bewaffneten Zusammenstößen, zu denen es unterwegs kam, langten die Demonstranten dort erst mit Verspätung an. Um diese Zeit hatte die bolschewistische Führung bereits kalte Füße bekommen. Es waren Gerüchte aufgetaucht, denen zufolge einige regierungstreue Einheiten sich rasch der Hauptstadt näherten. Wenn dies so war, dann konnte kein Zweifel daran sein, daß die von den Bolschewiken mobilisierten bewaffneten Haufen davonlaufen würden. Wie Lenin es ausdrückte: »Die Frontsoldaten könnten, von den Liberalen getäuscht, herkommen und die Petrograder Arbeiter abschlachten.«

In einer Version des bolschewistischen Szenarios sollten die meuternden Soldaten und Matrosen die führenden Köpfe des Petrograder Sowjet verhaften, denen sie doch zugleich »alle Macht« übergeben sehen wollten. Als die Matrosen vor dem Taurischen Palais eintrafen und versuchten, Tschernow zu ergreifen, der herauskam, um sie zu beruhigen (einer von ihnen rief: »Übernimm die Macht, du Hurensohn, wenn wir sie dir schon geben«), griff Trotzki ein und bewahrte den sozialrevolutionären Parteiführer so vor einem Erlebnis, das für ihn möglicherweise tödlich ausgegangen wäre – was unvorhersehbare Folgen für den weiteren Gang der Ereignisse gehabt hätte. Verunsichert führten die Anführer der Matrosen ihre Leute von dannen. Die meisten Matrosen zogen es vor, sich nach Kronstadt zurückzuziehen, statt darauf zu warten, bis die Bolschewiken zu einem Entschluß kamen. Noch am gleichen Abend blies das bolschewistische Zentralkomitee das ganze Unternehmen ab und erklärte: »Die Demonstration hat ihr Ziel erreicht. Die führenden Kräfte der Arbeiterklasse und des Heeres haben ihre Forderungen in würdiger und ansprechender Art vorgebracht.«

Am Morgen des 5. Juli verließ Lenin seine Wohnung und machte sich auf die Suche nach einem Versteck. Jetzt, da die Gefahr vorbei war, wurde deutlich, daß es in Petrograd nicht wenige Truppeneinheiten gab, die bereit waren, die Doppelherrschaft zu verteidigen. Dazu kam, daß in den »Kadetten«-Zeitungen Berichte erschienen, in denen Lenin nachgesagt wurde, er schöpfe aus deutschen Geldquellen, und in denen die Namen der Verbindungsleute zutreffend angegeben waren – wodurch nachträglich verständlich wurde, weshalb die Bolschewiken so sehr auf Unterdrückungsmaßnahmen gegen die konterrevolutionäre Presse gedrängt hatten. Das bolschewistische Hauptquartier wurde gestürmt, Setzerei und Druckerei der *Prawda* wurden verwüstet. Die Empörung über die Partei Lenins war allgemein. Dieses Mal hatte sie, so war sich fast jedermann sicher, eine nicht wiedergutzumachende Niederlage erlitten. Diejenigen Bolschewikenführer, die es noch wagten, in der Öffentlichkeit zu erscheinen, beschworen ihre menschewistischen und sozialrevolutionären »Genossen«, wie sie sie plötzlich wieder nannten, die skandalösen Verleumdungen gegen Lenin zurückzuweisen und die Bolschewiken vor der Rache der Reaktionäre zu schützen. Am 7. Juli wurde ein Haftbefehl für Lenin und seine rechte Hand Sinowjew ausgestellt. Einige andere Bolschewiken, darunter Trotzki, ließen sich lieber verhaften, als, wie ihr Parteichef, unterzutauchen. Das war freilich nicht unbedingt ein Beweis dafür, daß sie den Wunsch hegten, Märtyrer zu werden. Sie fühlten sich in den Gefängnissen, die teilweise von probolschewistischen Soldaten bewacht wurden, sicherer als draußen, wo Offiziere und Studenten der Militärakademie gruppenweise auf der Suche nach »deutschen Agenten« waren. Die Reaktion triumphierte, wie Suchanow traurig schrieb.

In den Reihen der revolutionären Demokratie hatte jedoch unmittelbar nach dem knappen Entrinnen schon wieder eine Art Verdrängungsarbeit begonnen. »So fangen Konterrevolutionen immer an«, hatte Julius Martow gerufen, als loyale Truppen aufmarschiert waren, um den Sowjet vor dem probolschewistischen Mob zu schützen. Es sei eine Schande, daß ein Sozialist, mochte er auch Fehler begangen haben, beschuldigt werden dürfe, er habe Geld von den Deutschen genommen. Dies würde der Bewegung als ganzer schaden. Das war naiv genug; noch schlimmer jedoch war, daß diejenigen Sozialisten, die Regierungsämter bekleideten, genau gewußt haben müssen (wenngleich keiner von ihnen es zugab, weder vor noch nach der Oktoberrevolution), daß zumindest auf den ersten Blick vieles für die Richtigkeit der Anschuldigungen sprach. Lenin bombardierte von seinen Verstecken aus die menschewistischen Zeitschriften mit Protestbriefen, in denen er beteuerte, jene Agenten von Parvus-Helphand, die ihm angeblich Geld zugeleitet hatten, kaum zu kennen. Er sei Hanecki nur einmal 1907 begegnet. Angesichts dieser Behauptung muß selbst so mancher Bolschewik den Kopf geschüttelt haben, denn es war kein Geheimnis, daß Hanecki in den Vorkriegsjahren in Lenins Krakauer Exil zur engeren Umgebung des Parteiführers gehört hatte. Auch besaß das Justizministerium zu diesem Zeitpunkt bereits Kopien der jüngsten Briefe Lenins an Hanecki und an einen anderen, in Stockholm sitzenden Verbindungsmann – Karl Radek –, in denen er beide aufforderte, bei ihren Kontakten »ganz besonders vorsichtig« zu sein, und den Eingang einer beträchtlichen Summe aus den Händen ihres Petrograder Verbindungsmannes, eines weiteren polnischen Sozialisten namens Worowski, bestätigte.

Es wurde nicht ernsthaft der Versuch gemacht, Lenin zu ergreifen. Er hielt sich zunächst in der Wohnung eines bekannten Bolschewiken und dann, vom 11. Juli bis zum 8. August, auf einem Bauernhof, 30 Kilometer von Petrograd entfernt, verborgen. Man hätte keinen Sherlock Holmes gebraucht, um ihn aufzuspüren, denn er erhielt in beiden Verstecken häufig Besuch von bolschewistischen Parteigrößen, die nicht verhaftet worden waren, und von Angehörigen seiner Familie. In Petrograd wurde zwar eine Kommission zur Untersuchung der gegen Lenin erhobenen Beschuldigungen eingesetzt, doch sie bekam offensichtlich das besagte Dossier aus dem Justizministerium nie zu sehen und führte ihre Ermittlungen nie zu Ende.

Dieselbe politische Logik verhinderte, daß ein ernsthafter Versuch unternommen wurde, die Bolschewiken auszuschalten oder ihrer Betätigung auch nur nennenswerte Fesseln anzulegen. Die Partei operierte in dieser Phase unter, wie die kommunistischen Historiker es nennen, halblegalen Bedingungen, was nichts anderes bedeutete, als daß die Bolschewiken so taten, als versteckten sie sich vor den Behörden, und diese ihrerseits so taten, als sähen und hörten sie nichts von den Bolschewiken. Die Parteigänger Lenins hatten sich, so die Überlegung der Vertreter der revolutionären Demokratie, vor den Massen endgültig kompromittiert und stellten daher keine Gefahr mehr dar, selbst wenn ihre Mitgliederzahl weiter zunahm. Ihre Verfolgung noch weiter zu treiben hieße lediglich, der Reaktion in die Hände zu spielen. »Wenn sie heute Lenin verhaften, holen sie morgen mich«, sagte Tschcheidse. Immerhin war es eine Folge der Julitage, daß die »Kadetten« und die Generäle davon abgekommen waren, die Sowjets als *quantité négligeable* zu betrachten: Viele Offiziere und Junker – Studenten der Militärakademien – schlossen sich jetzt zu patriotischen Gesellschaften zusammen, um Rußland vor seinen inneren und äußeren Feinden zu schützen. Das Stichwort von der Militärdiktatur machte die Runde; wie die Geschichte unmißverständlich lehrte, konnte eine Gefahr für die Revolution nur von rechts her drohen . . .

Ende Juli hielten die Bolschewiken in Petrograd ihren Sechsten Parteitag ab. Ihre Zeitungen kündigten den Kongreß an, gaben jedoch den Versammlungsort nicht an. Und natürlich waren weder die Regierung noch der Sowjet in der Lage, herauszufinden, wo die etwa 270 Delegierten zusammenkamen und wo sie acht Tage lang debattierten. Geleitet wurde der Parteitag von Stalin und Swerdlow, die sich täglich mit ihrem abwesenden Parteichef und ihren inhaftierten Genossen verständigten. Einer der gefaßten Beschlüsse sanktionierte den Zusammenschluß der Lenin-Partei mit den Trotzkischen Interfraktionellen. Ungeachtet der Verfolgungen, denen sie wirklich oder vermeintlich ausgesetzt war, und ungeachtet ihrer angeblichen Kompromittiertheit bei den Massen florierte die Partei. Die Zahl ihrer Mitglieder hatte sich binnen dreier Monate verdreifacht und stand jetzt bei 240 000, davon jeweils etwa 50 000 in Petrograd und in Moskau.

Viele der Delegierten verstanden nicht, warum Lenin und Sinowjew sich noch verborgen hielten – ein aufschlußreicher Hinweis darauf, daß die bolschewistische Partei mehr Anziehung auf Männer der Tat als auf besonnene und vorsichtige Leute ausübte. Manche Delegierten meinten, wenn Lenin und Sinowjew sich stellen würden, gäbe das Verfahren gegen sie ein wunderbares Exempel für die Ehre der Partei ab und würde die absurden Verleumdungen der Kapitalisten entlarven.* Die realistischeren und vermutlich auch besser informierten Parteiführer machten den Parteitagsteilnehmern jedoch

---

* Einigen Stoff zum Nachdenken lieferte der sehr oberflächliche Rechenschaftsbericht, den die Parteiführung vorlegte. Darin hieß es, die Partei habe in den verflossenen drei Monaten von ihren ungefähr 71 000 Rubel betragenden Einnahmen 50 000 Rubel ausgegeben. Indes, allein die *Prawda*-Druckerei kostete 260 000 Rubel. Und woher kam das

klar, daß ihre Führer nicht mit einem fairen Verfahren seitens der Regierung rechnen könnten, die sich nun auf einen Kurs der Reaktion und Repression begeben habe.

Auf Geheiß Lenins ließen die Bolschewiken nunmehr ihren alten Schlachtruf »Alle Macht den Sowjets« fallen – offenbar eine Reaktion auf das Fiasko der Julitage. Allerdings hielt Stalin es für klüger, in seinem Bericht an die Delegierten die dazugehörige Feststellung des abwesenden Parteichefs wegzulassen, der zufolge die »friedliche Phase in der Entwicklung der Revolution zu Ende« sei (der 3. und 4. Juli hatten mehrere hundert Tote und Verwundete gefordert) und die Partei nun offen auf einen bewaffneten Aufstand hinarbeiten müsse. Der neuen Formel zufolge sollte alle Macht an das revolutionäre Proletariat und die armen Bauern übergehen. Wie dieser Übergang zu bewerkstelligen war, wurde nicht näher erläutert, aber wie Stalin hinzufügte, dächten die Bolschwiken nicht daran, irgend etwas zu unternehmen, das nach Illegalität roch. Schließlich sei es ihren Bemühungen zu verdanken gewesen, daß die Massen in den Julitagen nicht außer Kontrolle gerieten und die Provokationen der Bourgeoisie nicht zu einem großen Massaker geführt hatten!

Oberflächlich betrachtet, hätten der fehlgeschlagene Aufstandsversuch und die Reaktion der Bevölkerung auf den Zusammenbruch des Heers die Position der Rechten stärken müssen. Aber diese war als organisierte politische Kraft im Gefolge des 2. März praktisch von der Bildfläche verschwunden. Der Monarchismus, der ihr verbindendes Fundament gebildet hatte, hatte sich als politische Gesinnung schlicht und einfach verflüchtigt. Was blieb, war eine noch unentfaltete nationalistische Leidenschaft, aber die verschiedenen patriotischen Bünde und die anderen Veteranen- und Offiziersorganisationen blieben ohne Einfluß auf das Geschehen, da es keine politische Bewegung gab, an die sie sich hätten wenden können. Die Krise hätte eigentlich die Position der »Kadetten« stärken müssen, der einzigen Partei, die vor den Folgen einer Zerstörung des Gefüges der politischen Autorität gewarnt hatte. Doch in den Augen der meisten Konservativen waren gerade die »Kadetten« die Hauptschuldigen, da sie einerseits mächtig zur Zerstörung des alten Rußland beigetragen hatten und andererseits unfähig waren, ein neues Rußland aufzubauen; jetzt waren sie Geiseln der revolutionären Demokratie und konnten nicht mehr tun, als darüber zu jammern, was aus ihrem Werk geworden war.

Noch bedeutsamer war, daß die »Partei der Nationalen Freiheit«, wie sie offiziell hieß, noch immer an dem Minderwertigkeitsgefühl litt, das ihr vom ersten Tag ihres Bestehens an zu schaffen gemacht hatte: daß sie eine Partei für das Volk, aber keine Partei des Volkes sei. Die »Kadetten« hatten niemals den Versuch gemacht, ihre politische Basis über die Intelligenzija und die begüterten Klassen hinaus in die Arbeiter- und Bauernschaft hinein zu

Geld für die Bewaffnung der Roten Garden usw.? *Der Sechste Parteitag der Russischen Sozialdemokratischen Arbeiterpartei (Bolschewiken)*, Moskau 1958, S. 38–42.

verbreitern; jetzt war es dazu zu spät. Man betrachtete es quasi als natürlich, daß Anarchisten jeder Spielart Zugang zu den Sowjets hatten; ein Arbeiter- oder Soldatendeputierter, der sich politisch zu den »Kadetten« bekannt hätte, wäre als eine Art Naturwunder bestaunt worden. Das der Partei aufgeprägte Etikett »bürgerlich« war schon insofern etwas irreführend, als die »Kadetten« nach westeuropäischen Maßstäben ein ganzes Stück links von der Mitte standen. Sie waren allezeit für den Zwangsaufkauf und die Parzellierung der großen Güter zur Befriedigung des bäuerlichen Landhungers sowie für eine progressive Einkommensteuer eingetreten und waren auch bereit, eine weitgehende staatliche Kontrolle über die Industrie zu akzeptieren. Ihr »kapitalistischer« Charakter zeigte sich nur in ihren ohnmächtigen Appellen, bei der Durchführung radikaler Reformen doch die geltenden Gesetze zu beachten und nicht »die Initiative der Massen« zur einzigen Richtschnur zu machen. Und ihr »Chauvinismus« bestand in ihrem festen Glauben an die Größe und Einheit Rußlands, aber selbst in dieser Beziehung waren sie, etwa was das Selbstbestimmungsrecht der Polen betraf, zu größeren Zugeständnissen bereit als viele Vertreter der revolutionären Demokratie, die befürchteten, ein unabhängiges Polen werde von Klerus und Aristokratie regiert werden. (Die Linken waren sich also im Hinblick auf die Frage der polnischen Unabhängigkeit mit den russischen Reaktionären de facto einig.)

Die »Kadetten«-Partei war noch immer aufgrund politischer Meinungsverschiedenheiten und Hemmungen innerlich entzweit, ein Handicap, an dem die »Kadetten« zwar schon vor 1917 gelitten hatten, das jedoch in einer revolutionären Situation einfach katastrophale Folgen zeitigen mußte. Manche Parteimitglieder begannen sich mit dem Gedanken anzufreunden, der einzig mögliche Ausweg sei eine Militärdiktatur. Doch fiel es den Bannerträgern des russischen Liberalismus natürlich nicht leicht, sich ganzen Herzens zu einer solchen Lösung zu bekennen, hätte dies doch bedeutet, sich von der »revolutionären Bourgeoisie« – so der Ehrentitel, mit dem die Sowjets sie bedachten – in eine konterrevolutionäre Bourgeoisie zu verwandeln und damit das zu tun, was die Bolschewiken immer schon vorausgesagt hatten.

Schon im Juli waren einige der realistischer denkenden »Kadetten« bereit, einzuräumen – wenn auch nur im privaten Gespräch –, daß eine Fortführung des Krieges aller Wahrscheinlichkeit nach zu einem unheilvollen Ende führen werde. Doch sie zögerten, offen einen Sonderfrieden zu fordern. Denn die Verbündeten Rußlands, die Fackelträger der Demokratie, denen es schon jetzt schwer genug fiel, ihre Stellungen zu halten, würden dann sicherlich von den deutschen Streitkräften zermalmt werden, die bislang zu einem Drittel an der Ostfront gebunden waren. Und in einem vom preußischen Militarismus beherrschten Europa würden auch für die russische Demokratie die Chancen schlecht stehen. Dazu kam, daß die revolutionäre Demokratie und die Bolschewiken vereint Zeter und Mordio schreien würden, wenn die Regierung sich auf Verhandlungen mit den Mittelmächten einließ, verkündeten sie doch stets, Friede könne und solle mit den deutschen und österreichischen Arbeitern und Soldaten geschlossen werden, nicht aber mit ihren Ministern und Generälen. Die einzige Möglichkeit, die den »Kadetten« noch offenblieb, war eine Fortsetzung der Zusammenarbeit mit dem gemäßigten Flügel der revolutionären Demokratie. Wie Ertrinkende klammerten die beiden Partner sich in der Folge aneinander, nur um schließlich doch noch vom Mahlstrom der Revolution verschlungen zu werden.

Aber auch schon die Kabinettskrise zu überwinden, die am 2. Juli begann und sich bis zum 8. hinzog, war nicht ganz einfach. Den Forderungen der empörten Generäle nachgebend, sagte Kerenskij die Wiedereinführung der Todesstrafe für Fahnenflucht und andere Verstöße gegen den Militärkodex zu und versprach auch, die Verbreitung subversiver (d. h. bolschewistischer) Literatur an der Front einzuschränken. Um der Linken diese bittere Pille zu versüßen, kündigten die sozialistischen Minister die Ausrufung der russischen Republik und ein Verbot aller nicht von den örtlichen Grund-und-Boden-Ausschüssen und dem zuständigen Ministerium genehmigten Landkäufe und -verkäufe an, eine Maßnahme, die praktisch den Großgrundbesitzer der öffentlichen Verfügungsgewalt unterstellte. Zur allgemeinen Überraschung tauchte Fürst Lwow in diesem Augenblick aus der Kulisse auf, um seinen Rücktritt als Premierminister bekanntzugeben. Grundsätzlich, so erklärte er, bejahe er beide Maßnahmen, glaube jedoch, daß Entscheidungen von solcher grundlegenden Bedeutung für die Zukunft des Landes einer verfassunggebenden Versammlung vorbehalten bleiben müßten. Über die Frage des Nachfolgers gab es keine Diskussion. Es gibt wohl nur wenige historische Gestalten, deren politische Erfolgskurve eine so spitze und schlanke Form aufweist wie die von Kerenskij: Im Februar 1917 entging er nur knapp der Verhaftung durch die zaristische Polizei, schon im November des gleichen Jahres mußte er sich vor den Bolschewiken verstecken.

Allerdings verfügte Kerenskij jetzt, da er die höchste Sprosse der formellen politischen Leiter erklommen hatte, nur mehr über einen Bruchteil der Macht, die er zu Beginn der Revolution in den Händen gehabt. Er behielt neben dem Premierministeramt weiterhin das Kriegsressort, ein augenfälliger Hinweis darauf, daß ihm der Gedanke, die Revolution müsse vielleicht mit anderen als bloß rhetorischen Mitteln verteidigt werden, nicht mehr fremd war. Allein, seine Hoffnungen, sich im Heer eine solide Unterstützungsbasis aufbauen zu können, zerschlugen sich. Wie er selbst pathetisch erklärte: »Mit Unterstützung der Massen und des Heeres wird die Regierung Rußland retten und seine Einheit festigen. Falls der Appell an Vernunft, Ehre und Gewissen nicht ausreicht, wird [die Aufgabe] mit Hilfe von Blut und Eisen gelöst werden müssen... Doch die Frage ist: Würde es funktionieren?«[49]

Der neue Premierminister umwarb das Offizierskorps, aber das Ergebnis war, wie bei allem, was Kerenskij versuchte, das Gegenteil des Erhofften. Zu seiner rechten Hand im Kriegsministerium machte er Boris Sawinkow, der in der Vorkriegszeit ein berühmt-berüchtigter revolutionärer Terrorist gewesen und nun, wie die meisten seiner Gesinnungsgenossen, ein überzeugter Befürworter der Parole vom »Krieg bis zum siegreichen Ende« war. Für die Rolle eines Verbindungsmannes zu den Generälen stellte er jedoch keine sehr glückliche Besetzung dar – hatte er doch mitgeholfen, einige aus deren Kreis ins Jenseits zu befördern. Die Offiziere hatten auch noch einen anderen Grund, mit Kerenskij unzufrieden zu sein: Nachdem der Sowjet die Wiedereinführung der Todesstrafe verurteilt hatte, hatte Kerenskij in seiner unverbesserlichen Manier durchblicken lassen, daß er die Absicht habe, alle verkündeten Todesurteile zu kassieren. Nachdem er Brussilow entlassen hatte, der die Regierung für das Scheitern der Julioffensive verantwortlich zieh,* machte er General Lawr Kornilow zu seinem Oberbefehlshaber. Ein Mann von bescheidener Herkunft, dessen kriegerische Taten Legende und dessen warme Sympathien für die Revolution bekannt waren, schien Kornilow genau das zu sein, was Rußland und Kerenskij brauchten: ein echter General des Volkes. Angesichts solcher geballten Tugenden glaubten viele, in Gestalt des neuen Oberbefehlshabers sei endlich der Mann auf den Plan getreten, dem es gelingen könnte, Rußland vor den Politikern zu retten. In der Tat zeigte sich, daß Kornilows gänzlicher Mangel an politischer Intelligenz – eine der Eigenschaften, derentwegen Kerenskij sich für ihn entschieden hatte – ihn anfällig machte für die Versuchung, den Erretter Rußlands zu spielen; allein, derselbe Mangel ließ es andererseits als so gut wie unmöglich erscheinen, daß er dieser Aufgabe, die eines Herkules würdig gewesen wäre, gewachsen sein würde.

Wenn das zaristische Regime in seiner letzten Phase einem Kranken geglichen hatte, der in katatonischer Starre liegt, dann machte die Doppelherrschaft in ihren letzten Monaten den Eindruck eines manisch-depressiven Patienten. Der sich beschleunigende Prozeß des politischen und wirtschaftlichen Verfalls wurde hin und wieder von illusionären Bekundungen und Erlebnissen sozialer Versöhnung und nationaler Einheit unterbrochen, die vorherrschende Untergangsstimmung durch plötzliche Anfälle nationalistischer Euphorie und optimistischer Erwartung überspielt.

Kerenskij machte dem ihm von der zaristischen Polizei verpaßten Spitznamen »Wiesel« noch immer alle Ehre: Er war ununterbrochen unterwegs, bastelte an neuen Kabinettskonstellationen herum, schüttelte neue quasilegislative und beratende Organe aus dem Ärmel. Je nach Zuhörerschaft wetterte er gegen die Anstifter der Anarchie, gegen die seine Regierung nun mit entschlossener Hand und ohne sentimentale Rücksichten auf ihre revolutionären Meriten vorzugehen versprach, oder drohte all denen mit drakonischen Strafen, die den Versuch machen sollten, die Monarchie zu restau-

---

* 1920 bot er sich dem kommunistischen Regime als Militärberater für den Krieg gegen Polen an.

rieren, oder die sich unsinnigen Träumen von einem rechten Staatsstreich hingaben. Die »Kadetten« und die verbliebenen Reste der rechten Presse warnten und drohten: Entweder die revolutionäre Demokratie brachte ihr Haus in Ordnung und räumte mit den Bolschewiken auf, oder der patriotische Zorn des Volkes würde sie hinwegfegen. Im Sowjet und im Zentralen Exekutivkomitee verteidigte die Mehrheit aus Menschewiken und Sozialrevolutionären die Politik – falls dies das richtige Wort ist – der Provisorischen Regierung (wenngleich mit zunehmendem Unbehagen und wachsenden Vorbehalten) und beschwor ihre Genossen vom linken Flügel, sich nicht in die bolschewistische Strategie einspannen zu lassen. Doch von solchen Ratschlägen wollten die menschewistischen Internationalisten und die linken Sozialrevolutionäre nichts wissen: Von links könne, so waren sie überzeugt, keine Gefahr drohen. Die Popularität der Bolschewiken spiegele die Unzufriedenheit der Massen mit der undemokratischen Handlungsweise der Regierung wider, die Personen verfolgte, die ihr ganzes Leben der Sache der Revolution geweiht hatten, zugleich aber vor den Machenschaften der Kapitalisten und Monarchisten die Augen verschloß. Sie komme auch aus dem Protest gegen einen Kerenskij, der mit den Generälen mauschelte und die Todesstrafe für politische Kritik und Opposition in Uniform sanktionierte.

Unterdessen beschleunigte sich die Geldentwertung weiter, und auf dem Land griffen die Gewaltakte (die sich nun in vielen Fällen gegen wohlhabende Bauern und gegen diejenigen richteten, die sich im Rahmen der Stolypinschen Reformen für die individuelle Wirtschaftsform entschieden hatten, sowie natürlich auch gegen die Grundbesitzer) in vielen Gegenden um sich. In den Städten waren Fabrikstreiks und Unruhen an der Tagesordnung. Die Flut der Kundgebungen und Resolutionen hielt an, doch waren sie, gleich ob sie von der Regierung oder vom Zentralen Exekutivkomitee des Sowjet ausgingen, nicht in der Lage, den gesellschaftlichen Zerfallprozeß aufzuhalten.

Weder die Liberalen noch die demokratische Linke vermochte sich von dem in den Jahrzehnten der Auseinandersetzung zwischen Regime und Gesellschaft gewachsenen Glauben zu lösen, daß der politische Diskurs und die rationale Überzeugung eine Art politischer Wunderwaffen seien, hatte man sich doch ihrer mit so trefflichem Erfolg 1905–06 bedient, um Breschen in die Mauern der Autokratie zu schlagen, und elf Jahre später, um diese vollends hinwegzufegen. Es fiel den russischen Politikern nicht auf, daß die biblische Überlieferung zwar die Mauern Jerichos unter der Einwirkung derart subtiler Waffen einstürzen läßt, aber keineswegs behauptet, daß diese auch umgekehrt, zur Abwehr von Angriffen auf die in Besitz genommene Festung, taugen würden. Mit der sich unablässig verschlechternden Situation konfrontiert, gelangten die Verweser der Doppelherrschaft zu dem Schluß, die Lage erfordere einen neuen und noch massiveren Schub propagandistischer und agitatorischer Aktivität.

Das Resultat dieser Einsicht war die »Staatskonferenz«, die vom 12. bis

15. August in Moskau veranstaltet wurde. Der erklärte Zweck des Spektakels bestand darin, alle bedeutsamen Elemente der russischen Gesellschaft zu einer grandiosen Bekundung der nationalen Einheit zusammenzuführen. Die Duma wurde aus diesem Anlaß für kurze Zeit aus der Versenkung geholt, und zu ihren Abgeordneten kamen noch die der Zentralversammlung aller Sowjets sowie Vertreter der Bauern, der Kosaken und der akademischen Berufe wie auch die ehrwürdigen Veteranen der Revolutions- und Befreiungsbewegungen hinzu, die niemanden außer sich selbst vertraten. Auf der Konferenz waren alle Schattierungen des politischen Meinungsspektrums vertreten, außer den Bolschewiken, denen man als Strafe für ihre jüngsten Ungezogenheiten die Teilnahme verweigerte, und den militanteren Anarchisten.* Daß man sich für Moskau als Veranstaltungsort entschied und den gesamten Apparat der Doppelherrschaft für die Dauer jener drei Tage dorthin verlegte, hatte vor allem mit der Hoffnung zu tun, die Atmosphäre der alten Hauptstadt, in der es ruhiger zuging als in Petrograd, und die historischen Assoziationen, die sich mit ihr verbanden, würden dazu beitragen, der Versammlung eine gewisse Würde zu verleihen und einen neuen nationalen Aufbruch zu suggerieren. Diese Erwartungen erhielten einen ersten Dämpfer, als die örtlichen Gewerkschaften, von den Bolschewiken inspiriert, einen eintägigen Generalstreik aus Protest gegen den undemokratischen Charakter der Konferenz ausriefen. Ein weiterer Mißton war das Erscheinen von General Kornilow, den Kerenskij fernzuhalten gehofft hatte, da er fürchtete, der General könne mit einer unbedachten Äußerung den Zorn der revolutionären Demokratie heraufbeschwören und den Zauber der feierlichen Stimmung brechen – und in der Tat erregte Kornilow, schon bevor er die Konferenz mit seiner persönlichen Gegenwart beehrte, das Mißtrauen der Linken, indem er einem religiösen Schrein einen publizistisch groß herausgestellten Besuch abstattete.

Die Ansprache des Premierministers war des Anlasses würdig. »Denjenigen, die mit der Waffe in der Hand den Arm gegen die Regierung des Volkes erheben«, werde man, so erklärte er, »mit Eisen und Blut« antworten. »Nur über unsere Leichen sollen sie den Leib der großen russischen Demokratie zerfetzen und zerstören können . . . Es gibt im Heer keinen höheren Willen und keine höhere Autorität als die der Provisorischen Regierung.«[50] Er habe seine Genossen zusammengerufen, um ihnen die Wahrheit über all die wirtschaftlichen Rückschläge, die über das Land hereingebrochen seien, und über die drohende Hungersnot zu sagen; gleichwohl endete er seine Rede mit einem positiven Ausblick: »Wir werden . . . überall, wo es zu Gewalttaten und willkürlichen Akten kommt, mit der ganzen Kraft staatlicher Machtmittel vorgehen.«

Kerenskij wurde, wie gewohnt, in seiner Rede wiederholt durch Beifallskundgebungen unterbrochen, in die die gesamte Zuhörerschaft einstimmte.

* Die patriotischen Anarchisten waren durch den betagten Fürsten Kropotkin und einige Veteranen des »Volkswillens« vertreten.

Daß die scheinbare Einmütigkeit weitgehend nur oberflächlich war, zeigte sich bei der anschließenden Rede Kornilows. Bei seinem Erscheinen erhoben sich alle Anwesenden mit Ausnahme der Vertreter der revolutionären Demokratie, und in dem daraufhin ausbrechenden Tumult erschollen von rechts Rufe wie »Lumpen« und »Habt soviel Anstand und steht auf!«, worauf die Linke mit »Lakaien!« konterte. Das inständige Pladoyer des Generals für eine Wiederherstellung der soldatischen Disziplin im Heer und sein Bericht über die drastischen Maßnahmen, die er aus eigener Initiative ergriffen hatte, um der Kampfunwilligkeit und des Rowdytums in der Truppe Herr zu werden, riefen wiederum jubelnde Zustimmung seitens der Rechten und Proteste bei der Linken hervor. Wenn seine Vorschläge zur Gesundung des Heers nicht befolgt würden, werde Rußland, wie er erklärte, weitere militärische Niederlagen hinnehmen müssen. Selbst ein baldiger Friedensschluß werde Rußland nicht retten, denn nach einer Demobilisierung würden die disziplinlosen soldatischen Haufen »in einer Flut gewalttätiger Ausschreitungen das Land verwüsten«.

Man hätte voraussehen können, daß diese Veranstaltung, die die Repräsentanten der revolutionären Demokratie mit denen jenes Rußlands zusammenbrachte, das sich noch immer als »die Gesellschaft« betrachtete, in den Augen der Revolutionäre jedoch einfach nur »die Bourgeoisie« verkörperte, die Kluft zwischen den beiden Lagern nur verbreitern würde. Die Vertreter der Sowjets konnten nicht umhin, angesichts der schulmeisterlichen Warnungen und unausgesprochenen Drohungen ihrer Kontrahenten, die Sowjets müßten Wohlverhalten lernen, sonst würden die Generäle ihnen eine Lektion erteilen, wieder klassenkämpferische Regungen zu verspüren. Die anderen wiederum, jene Professoren, Anwälte und Industriellen, die allesamt einst überzeugte Partisanen der Befreiungsbewegung gewesen waren, waren ihrerseits erschüttert über die Gleichgültigkeit, mit der die Linke auf die nationale Notlage reagierte, und über deren Weigerung, einzusehen, daß mit ideologischen Beschwörungsformeln und rhetorischen Phrasen allein die katastrophale Entwicklung nicht aufzuhalten war. Die Geschichte wiederholte sich: Ein Jahr zuvor (obzwar seitdem ein Jahrhundert vergangen zu sein schien) waren es die Liberalen gewesen, die von anderen beschworen wurden, das Staatsgefüge nicht zu untergraben, denn falls ihnen das gelinge, würden die Kräfte der Anarchie die Oberhand gewinnen. Jetzt fanden sich die Miljukow, Maklakow, und wie sie alle hießen, unversehens in der Rolle der Warner, wie damals die zaristischen Bürokraten, wieder während die Linke die Formel repetierte, die die Liberalen damals ständig deklamiert hatten: »Man muß auf das Volk vertrauen und jegliche Repression vermeiden...«

Trotz ihres wachsenden Unbehagens aneinander konnten weder die revolutionäre Demokratie noch das progressive Bürgertum es sich leisten, ihre Partnerschaft aufzukündigen. Ihr Bund wurde im Gegenteil in bester theatralischer Manier aufs neue bekräftigt, als ein Repräsentant des industriellen

Unternehmertums Cereteli demonstrativ aufforderte, der Entschlossenheit beider Lager zur gemeinsamen Arbeit an einem und für ein neues Rußland symbolisch Ausdruck zu verleihen. Unter dem donnernden Beifall aller Konferenzteilnehmer schüttelten die beiden sich die Hände. Kerenskij schwang sich, vielleicht von der Angst gequält, sein eigener Glanz könne von dieser sinnbildlichen Umarmung zwischen Kapital und Arbeit* überstrahlt werden, in seiner Schlußansprache zu neuen Höhenflügen auf: »Ich werde die Schlüssel zu diesem Herzen, in dem die Liebe zum Volk wohnt, wegwerfen und werde nur noch an den Staat denken.« Solche Hyperbeln waren zu diesem Zeitpunkt schon vielen Politikern der Linken unerträglich (und den Rechten ohnehin ein Ärgernis). Doch die Galerie war für dieses hohle Pathos der Revolution, das ja in Rußland Tradition hatte, nach wie vor empfänglich: Manche brachen in Tränen aus, andere beschworen den Redner, sein Herz dem Volke nicht zu verschließen. Kerenskijs Rede ließ das Publikum in aufgewühlter Ratlosigkeit zurück.

Unterdessen arbeiteten die Bolschewiken weiterhin planmäßig am Ausbau ihrer Macht. Fünf Tage nach der Moskauer Schauveranstaltung erzielte ihre Liste bei den Wahlen zum Petrograder Stadtrat aufsehenerregende Gewinne und verbuchte ein Drittel aller Stimmen für sich. Die Menschewiken mußten einen katastrophalen Stimmenrückgang hinnehmen. Obgleich die Sozialrevolutionäre noch einen knappen Vorsprung vor den Bolschewiken hatten und die »Kadetten« trotz deutlicher Verluste noch einen 20prozentigen Stimmenanteil behauptet hatten, waren die Ergebnisse ein unmißverständliches Anzeichen dafür, daß die Partei Lenins, wie es ihr dem Namen nach gebührte, die Mehrheit des hauptstädtischen Proletariats hinter sich hatte und wohl bald auch in den Sowjets über die Mehrheit gebieten würde. Für die rechten Menschewiken, die bislang das tragende Element der revolutionären Demokratie gebildet hatten, hatte dagegen der unfreiwillige Rutsch auf den »Kehrichthaufen der Geschichte« (Trotzki am Abend des 25. Oktober) augenscheinlich bereits begonnen.

Nunmehr wurden die Kulissen für den letzten Akt des Dramas gewechselt. Ende Juli zog die Provisorische Regierung, abergläubischen Anspielungen trotzend, in den Winterpalast um, und auch das Zentrale Exekutivkomitee der Sowjets vertauschte die Pracht des Taurischen Palais mit der kahlen Nüchternheit des Smolny-Instituts, das bis vor kurzem als Gymnasium für höhere Töchter gedient hatte. Auf diese beiden Schauplätze sollten sich die Ereignisse der Oktoberrevolution konzentrieren.

Vor dem letzten Akt kam es indessen noch zu einem tragikomischen Zwischenspiel. Die Beziehungen zwischen General Kornilow und Kerenskij hatten von Anfang an denen' zwischen der Provisorischen Regierung und dem Sowjet geähnelt. Der Oberbefehlshaber brachte jedesmal, wenn er in der Hauptstadt seinen zivilen Vorgesetzten Bericht erstatten mußte, wohl-

---

* Tatsächlich entstammte Cereteli wie praktisch alle russischen Sozialistenführer einer wohlhabenden Familie.

weislich seine turkestanische Leibwache mit, Männer, die er in seinen langen Dienstjahren in Zentralasien rekrutiert hatte und die ihm persönlich ergeben waren.* Diese Stammeskrieger kampierten in voller Kampfbewaffnung und mit aufgestellten Maschinengewehren vor dem Domizil ihres Häuptlings – nicht eben ein gutes Zeichen für den Zustand der Beziehungen zwischen militärischer und ziviler Führung.

Gerüchte über einen bevorstehenden militärischen Staatsstreich machten seit Ende Juli in Petrograd ebenso zahlreich die Runde wie in den Monaten vor der Februarrevolution, und wenn diesmal von »finsteren Kräften« die Rede war, die es mittels eines solchen Putsches auszuschalten gelte, dann waren damit nicht nur die Bolschewiken gemeint, sondern auch andere sozialistische Fraktionen, die angeblich Verbindungen zum Feind unterhielten.** Bilder und Szenen aus früheren, Geschichte gewordenen Revolutionen rollten – durchaus anheimelnd – vor den Augen vieler Russen, darunter auch nicht weniger »Kadetten«, ab: Cromwell, wie er an der Spitze seiner Ironsides ins Parlament einmarschiert und erklärt: »Bei den Eingeweiden Christi, ihr sitzt hier schon zu lange. Geht!« Oder die Grenadiere Napoleons, wie sie mit ihren Bajonetten die Delegierten der französischen Nationalversammlung überreden, dem Konsulat Bonapartes zuzustimmen. Wie herrlich wäre es, wenn etwas Derartiges im Smolny-Institut inszeniert werden könnte!

Seit Juli hatte die deutsche Heeresleitung sich offensiver Aktionen im Osten enthalten; man wartete, allerdings mit zunehmender Ungeduld, auf den völligen Zerfall des Gegners. In der zweiten Augusthälfte jedoch, nachdem ein Sondierungsangriff im Norden auf wenig Widerstand gestoßen war, rückten die kaiserlichen Truppen nach Riga vor. Da man russischerseits nun die Hauptstadt für bedroht hielt, wurde der Petrograder Militärbezirk unmittelbar dem Oberbefehlshaber des Heeres unterstellt. Dies war, was die Garnisonstruppen der Hauptstadt betraf, eine rein nominelle Veränderung. Begriffe wie »Gehorsam« und »Befehl« waren hier bedeutungslos geworden; die in Petrograd stationierten Einheiten würden sich, je nach ihrer politischen Färbung und nach ihrer momentanen Haltung in einer aktuellen Krise, dem Sowjet oder den Bolschewiken anschließen, gewiß aber nicht den Anordnungen eines reaktionären Generals folgen.

In dieser Situation begann sogar Kerenskij mit dem Gedanken an einen

---

* Kornilow hatte vor dem Weltkrieg eine Reihe verwegener Aufklärungsmissionen in Afghanistan, Chinesisch-Turkestan und Britisch-Indien durchgeführt.

** Kornilow behauptete später, Kerenskij habe ihm eingeschärft, er solle vor dem Kabinett keine militärischen Geheimnisse preisgeben, da er, Kerenskij, den Landwirtschaftsminister Tschernow verdächtige, ein deutscher Agent zu sein. Dies war nun allerdings ein in doppelter Hinsicht absurder Verdacht: Der Sozialrevolutionär Tschernow war bei all seiner pazifistischen Vergangenheit doch ein unbeirrbar loyaler Russe; und ferner, welche militärischen Geheimnisse hätte er verraten sollen? Die Deutschen konnten durch ein aufmerksames Studium der russischen – und nicht nur der bolschewistischen – Presse alles erfahren, was sie über russische Armeen, Kriegsplanungen usw. zu wissen wünschten.

eigenen Staatsstreich zu spielen – man vermag freilich kaum daran zu glauben, daß er den Enschluß dazu wirklich in die Tat umgesetzt haben würde. Sawinkow wurde nach Mogilew geschickt, um Kornilow vor etwaigen eigenen in diese Richtung zielenden Plänen abzubringen und ihn zur Entlassung mehrerer verdächtiger Personen in seiner Umgebung zu bewegen. Außerdem sollte der Exterrorist dem Oberbefehlshaber zu verstehen geben, Kerenskij wünsche, daß er ein Kavalleriekorps in der Nähe der Hauptstadt stationiere, das zu gegebener Zeit eingreifen und die Bolschewiken ausschalten konnte.

Wie die Intrige sich in der Folge weiterentwickelte, ist unklar geblieben, da die beiden Hauptbeteiligten einander der Lüge bezichtigten. Die größte Wahrscheinlichkeit hat jedoch diese Interpretation für sich: Kerenskij hatte sicherlich gelesen, auf welche Weise Napoleon als Erster Konsul sich selbst den Weg zur diktatorischen Herrschaft geebnet hatte, indem er eine politische Krise zum Anlaß nahm, gewissermaßen unparteiisch sowohl gegen die Linke als auch gegen die Rechte loszuschlagen und die Parteigänger sowohl der Bourbonen als auch der Jakobiner einsperren und deportieren zu lassen. Kerenskij mag demgemäß den Plan gefaßt haben, zunächst einem Staatsstreich von rechts zuvorzukommen, indem er Kornilow dazu bewog, die Bolschewiken zu zerschlagen; sodann hätte er, um die Linke zu besänftigen, den »übereifrigen« Oberbefehlshaber opfern können, so daß er selbst am Ende als Retter der Revolution dagestanden wäre. Kornilow, ein Mann »mit dem Herzen eines Löwen und dem Hirn eines Schafs«, wie ein Generalskollege ihn charakterisierte, scheint während der ganzen Dauer der Geschichte unschlüssig und verwirrt und zwischen den Einflüsterungen verschiedener Abenteurernaturen in seiner persönlichen Umgebung sowie zwischen seiner tiefen Abneigung gegen Kerenskij einerseits und seinem Pflichtgefühl als Soldat und Patriot andererseits hin- und hergerissen gewesen zu sein. Der Duma-Abgeordnete Wladimir Lẃow (der mit dem gewesenen Premierminister nichts zu tun hatte) erbot sich, als Unterhändler zwischen Kerenskij und Kornilow zu fungieren, und begab sich im Auftrag des Premierministers (dieser bestritt freilich später, ihm einen solchen Auftrag erteilt zu haben) nach Mogilew, um beim Oberbefehlshaber zu sondieren. Kornilow gab ihm allem Anschein nach zu verstehen, er sei bereit, jede Lösung zu akzeptieren, die mit einer Liquidierung der bolschewistischen Partei verbunden sei und dem Land eine wirkliche Regierung bescheren würde. Auf eine einschlägige Andeutung Lẃows hin räumte er ein, eine der denkbaren Lösungen könnte darin bestehen, daß er sich zum Diktator mache (Kerenskij könne in diesem Fall als Justizminister in der Regierung verbleiben). Lẃow, der sich schon als die graue Eminenz der zukünftigen russischen Regierung sah, eilte triumphierend nach Petrograd zurück und teilte dem Premierminister am 26. August mit, er überbringe ihm hiermit ein Ultimatum von Kornilow: Er müsse sofort alle seine Machtbefugnisse an den General abtreten und solle sich umgehend ins militärische Hauptquartier begeben, damit seine persönliche Sicherheit garantiert sei, während die Hauptstadt von den Kräften des Umsturzes gesäubert werde.

Kerenskij setzte sich sodann über den Hughes-Fernschreiber mit Mogilew in Verbindung* und fragte bei Kornilow an, ob das, was er soeben von Lʹwow erfahren habe, wahr sei. Ohne rückzufragen, was Lʹwow denn genau berichtet hatte, bejahte der unglückliche General. Kerenskij entgegnete daraufhin, er werde ihn bald besuchen, und damit war die Unterhaltung beendet. Groß war die Überraschung des Oberbefehlshabers, als er am Tag darauf ein Telegramm des Premierministers erhielt mit dem Befehl, sein Kommando niederzulegen. Nach dem hastigen Austausch einiger weiterer fernschriftlicher Mitteilungen erklärte Kornilow schließlich seine Weigerung, dem Befehl nachzukommen, und verkündete statt dessen einen Aufruf an das russische Volk, »aus [seiner] törichten Blindheit zu erwachen und zu erkennen . . ., [in welche] Abgründe unser Land [unter dem Druck der] bolschewistischen Mehrheit in den Sowjets versinkt« (einer Mehrheit, die die Bolschewiken zu diesem Zeitpunkt in Wirklichkeit noch gar nicht besaßen). Kornilow bezeichnete die Provisorische Regierung als Komplizin (ob als bewußte oder als unfreiwillige, wurde aus dem Text nicht deutlich) des deutschen Generalstabs und seines Vorhabens, die Kampfkraft des russischen Heers zunichte zu machen – eine Behauptung, die nicht nur unzutreffend war, sondern auch politisch töricht, da Kornilow damit auch die Sympathisanten und Anhänger, die er in den Reihen der »Kadetten« hatte, gegen sich aufbrachte.[51]

Kerenskij warf sich nun in die Pose des Retters der Revolution: Er denunzierte den General und seine konterrevolutionären Machenschaften und rief die Sowjets und das Volk auf, die Gefahr abzuwenden.

Nach weniger als zwei Tagen war der Putschversuch gescheitert. Die Hauptmacht des Expeditionskorps, das gegen Petrograd geschickt wurde, bestand aus der sogenannten »Wilden Division«, die aus Angehörigen islamischer kaukasischer Bergvölker bestand, die, so nahm man an, auf prosowjetische Beeinflussungsversuche nicht reagieren würden, da sie nicht russisch verstanden. Doch der Sowjet konterte diesen Schachzug: Er fand in den Kasernen der hauptstädtischen Garnisontruppen eine Reihe revolutionär gesinnter Kaukasier und schickte sie den anrückenden Truppen entgegen, damit sie ihren Landsleuten die Augen über den heimtückischen Plan des Generals öffneten. Das Expeditionskorps kam nur langsam voran – revolutionäre Eisenbahner rissen die Bahngeleise auf –, und bei einem seiner Aufenthalte gelang es den Agitatoren, die Soldaten vom konterrevolutionären Charakter des Unternehmens zu überzeugen.

Das war das Ende der Kornilow-Revolte. Ihr Protagonist ließ sich festnehmen, ebenso wie mehrere Generäle, die sein Vorhaben gutgeheißen hatten.

Es folgte die unvermeidliche Kabinettskrise. Die »Kadetten«-Minister

* Auch hier wieder eine merkwürdige Abneigung gegen die Benutzung des Telefons.

erklärten, obgleich sie sich von dem Putschversuch distanzierten, ihren Rücktritt und beschuldigten Kerenskij, Kornilow in die Falle gelockt zu haben. Da es dem Premierminister nicht gelang, einen Nachfolger für Kornilow zu finden, übernahm er selbst den Oberbefehl. Daß Kerenskij hoffte, einige Bestandteile seines ursprünglichen Vorhabens trotz allem noch in die Tat umsetzen zu können, zeigt sich daran, daß er die entstandene Unruhe auszunutzen versuchte: Petrograd wurde unter Kriegsrecht gestellt, und Kerenskij ging auch gegen die Bolschewiken vor. Ihr Organ, *Der Proletarier*, wurde verboten (nur um am Tag darauf unter dem Titel *Der Arbeiter* wiederzuerscheinen). Auch die Zeitung der linken Menschewiken, *Neues Leben*, die sich darauf spezialisiert hatte, den Premierminister zu verspotten, sollte eingestellt werden. Aber ihr Chefredakteur, Suchanow, befolgte den Ratschlag eines Freundes, die Schließungsanordnung der Regierung einfach nicht zu beachten und 20 oder 30 Matrosen zur Bewachung des Verlagsgebäudes anzuheuern, die jeden davonjagen würden, der versuchen sollte, die Veröffentlichung der Zeitung zu verhindern.

Die ganze Affäre erwies sich als voller Erfolg – für die Bolschewiken. In dem Augenblick der vermeintlichen Gefahr hatten ihre menschewistischen und sozialrevolutionären Widersacher sie beschworen, Vergangenes zu vergessen und bei der Verteidigung der Revolution mitzuhelfen. Das Zentrale Exekutivkomitee hatte die Ausgabe von Waffen an die Roten Garden genehmigt. Von seinem Versteck aus bestärkte Lenin die Partei darin, der revolutionären Demokratie in der Stunde der Not beizustehen, forderte sie aber gleichzeitig auf, dies in einer Weise zu tun, die Kerenskij und seine politischen Partner weiter diskreditieren würde.

Er hätte sich in dieser Beziehung keine Gedanken zu machen brauchen: Der Premierminister war auch weiterhin selbst sein ärgster Feind. Er erklärte den Soldaten, die Rebellen würden schnell und rücksichtslos abgestraft. Zugleich versuchte er, sich im Offizierskorps wieder etwas Kredit zu verschaffen, indem er Kornilow und seine Gefolgsleute vor dem Zorn der revolutionären Demokratie schützte und sie nur unter einen wenig strengen Hausarrest stellte. Gleichwohl brachten die meisten Offiziere ihrem neuen Oberbefehlshaber nunmehr Gefühle entgegen, wie sie sie bis dahin allenfalls Lenin gegenüber empfunden hatten, und so kann man sich leicht vorstellen, auf welche Reaktion Kerenskij bei ihnen mit seinem Appell stieß, sie müßten nunmehr ihren Kommandeuren vertrauen und gehorchen. (Auf dem Höhepunkt der Krise hatte eine Horde Matrosen in Vyborg neun Offiziere, die sie als Kornilow-Anhänger verdächtigten, ergriffen und ertränkt.)

Was noch einen Monat zuvor jedermann als vollkommen unvorstellbar erschienen wäre – eine Machtübernahme der Bolschewiken mit ausschließlich friedlichen Mitteln –, schien sich Anfang September als eine reale Möglichkeit abzuzeichnen. Im Zuge der Mobilisierung der revolutionären Demokratie gegen Kornilow waren die im Gefolge der Julitage eingesperrten Bolschewikenführer auf freien Fuß gesetzt worden. Lenin indes hielt sich weiterhin verborgen;* seine Genossen fürchteten nicht nur um seine Sicherheit, sondern befürchteten auch, daß ein in ihrer Mitte weilender Lenin sie womöglich zu einer neuen unbesonnenen militanten Aktion verleiten könnte. Es lohnte nicht, eine Wiederholung des Julifiaskos zu riskieren – dafür liefen die Dinge für die Partei zu dieser Zeit viel zu gut. Anfang des Monats erlangten die Bolschewiken in den Sowjets beider Hauptstädte die Mehrheit, und Trotzki übernahm den Vorsitz im Petrograder Sowjet. Es war nur noch eine Frage der Zeit, bis ein neuer Allrussischer Sowjetkongreß das gegenwärtige, von Menschewiken und Sozialrevolutionären beherrschte Zentrale Exekutivkomitee durch ein bolschewistisch beherrschtes ablösen würde. Eine bis zuletzt auf friedliche Mittel fixierte revolutionäre Demokratie gab ihre Machtbastionen eine nach der anderen preis. Über die andere Teilhaberin im System der Doppelherrschaft, die Provisorische Regierung, brauchte man sich kaum Gedanken zu machen; in dem Augenblick, da die Bolschewiken das Zentralkomitee der Sowjets übernehmen würden, würde sie wie ein Kartenhaus in sich zusammenfallen. Es bestand also keine Veranlassung, die Dinge zu forcieren.

In den Augen Lenins grenzten solche betulichen Gedanken an Verrat, und den Gedanken an eine vollkommen friedliche Machtübernahme empfand er geradezu als Gefahr für sein gesamtes Lebenswerk. Er war sich wohl bewußt, daß seine Genossen sich nicht zur Gänze von ihren verhängnisvollen sozialdemokratischen Denkweisen gelöst hatten (an denen sie auch noch weit über den 25. Oktober hinaus festhalten sollten). Ohne ihn würden die meisten Bolschewiken für eine Koalition mit anderen sozialistischen Parteien eintreten. Doch wie konnte jemand glauben, daß Rußland – ja, daß irgendein Land zu irgendeiner Zeit – regiert werden konnte, wenn Männer wie Martow und seinesgleichen mit in der Regierung saßen! Im Rahmen parlamentarischer Spielregeln zu denken, mit Mehrheiten und ähnlichem zu rechnen war für seine Partei selbstmörderisch. Mit ihrer Arbeiter- und Soldatenklientel konnten die Bolschewiken allenfalls die Vorherrschaft in den Sowjets erringen, niemals aber auf eine Mehrheit in der verfassunggebenden Versammlung hoffen, wo die meisten Sitze infolge des großen Übergewichts der bäuerlichen Stimmen an die rechten Sozialrevolutionäre gehen würden. Ursprünglich für September vorgesehen, waren die Wahlen zu dieser Versammlung nunmehr für den November angesetzt. Ihre Verschiebung war ein erneutes Beispiel für das Pech und/oder die politische Dummheit der Provisorischen Regierung, bei allem Verständnis, das man für die technischen Probleme der Durchführung einer solchen landesweiten Abstimmung in Kriegszeiten aufbringen mag. Wäre die Versammlung im Oktober bereits konstituiert gewesen, sie hätte den Bolschewiken den Weg zur Macht ganz

---

* Er war am 8. August, als die ersten Gerüchte über die Möglichkeit eines Militärputsches laut wurden, nach Finnland gefahren. In Helsingfors, wo er bis zum 17. September blieb, wohnte er übrigens beim Polizeichef der Stadt, der ein Sympathisant der Bolschewiken war.

erheblich erschwert, ja vermutlich sogar versperrt. Im Januar 1918, als sie dann tatsächlich zusammentrat, stellte sie nicht mehr als ein störendes Ärgernis dar, dessen man sich rasch entledigte. In Lenins Plänen spielte jedenfalls die verfassunggebende Versammlung keine positive Rolle. Was seiner Überzeugung nach nottat, war ein dramatischer gewaltsamer Schritt, der die Partei endgültig von der alten Sozialdemokratie mit ihrem pedantischen Getue um Mehrheiten, um diesen oder jenen unverletzlichen Grundsatz und so weiter abnabeln würde. Ohne einen solchen radikalen Schritt würden die Bolschewiken niemals imstande sein, die Macht zu bewahren, selbst wenn sie ihnen in den Schoß fiel; und sie mußten sie doch wenigstens lange genug ausüben, um eine europäische Revolution in Gang setzen zu können.

Es gab noch andere Gründe für den panischen, ungeduldigen (nach Ansicht seiner Genossen hysterischen) Tonfall der Botschaften, die Lenin an das Zentralkomitee der Partei richtete und die immer wieder in Beschwörungen mündeten wie »Warten heißt sterben« oder »Jetzt oder nie« (Lenin drohte sogar, aus dem Zentralkomitee auszutreten und inmitten des bolschewistischen Fußvolks für einen sofortigen bewaffneten Aufstand zu agitieren). Die Macht war jetzt fast zum Greifen nahe; wenn man jedoch noch weiter zuwartete, würde es keine Macht mehr geben, die man ergreifen konnte; die Anarchie, die er und seine Partei wesentlich mit herbeigeführt hatten, würde die Bolschewiken dann ebenso verschlingen, wie sie jetzt gerade dabei war, die Provisorische Regierung und die revolutionäre Demokratie zu verschlingen. Welchen Sinn hatte ein Staatsstreich, wenn es nichts mehr gab, was den Namen Staat verdiente?

Was in dieser Phase vor sich zu gehen schien, war, daß die meisten Russen zwar nach außen hin dieser oder jener Partei Gefolgschaft leisteten, im Grunde aber das Rezept Tolstojs befolgten und sich sagten: »Für mich gibt es keinen Staat.« Es war das Trägheitsprinzip, das sechs Millionen Soldaten an der Front ausharren ließ, statt daß sie dem Beispiel der zwei Millionen folgten, die bereits desertiert waren. Es war das Trägheitsprinzip, das die Angestellten pünktlich im Büro erscheinen und die Arbeiter an ihren Maschinen bleiben ließ, wenn sie nicht gerade streikten oder eine Versammlung abhielten, und das die große Mehrzahl der Bauern noch immer ihr Land bestellen ließ, statt daß sie sich darauf verlegten, die Güter der Großgrundbesitzer oder die Gehöfte ihrer wohlhabenderen Nachbarn zu stürmen und zu plündern. Doch niemand wußte, wie lange dieser Zustand noch Bestand haben würde. Bei vielen hatte sich im Herbst 1917 die Überzeugung durchgesetzt, daß Rußland die wortwörtliche Verwirklichung der Parole »Alle Macht den Sowjets« bevorstand: Jede Stadt, jedes Dorf, jeder Weiler würde zu einer kleinen Republik für sich werden und seine Gesetze selbst machen. Falls es dazu käme, wie könnte man dann noch das Ruder herumreißen und den zentralisierten sozialistischen Staat schaffen, den der Marxist Lenin, der nun ernüchtert aus seinem anarchistischen Rausch erwachte, letzten Endes anstrebte?

In der Tat wird die offenkundige Gelassenheit der revolutionären Demokratie gegenüber dem herannahenden bolschewistischen Aufstand weitgehend verständlich, wenn man sich vergegenwärtigt, daß in allen politischen Lagern die fast einmütige Überzeugung herrschte, Rußland könne auf absehbare Zeit von niemandem regiert werden. Sollten doch die Bolschewiken ihr Glück versuchen, sollten sie den Soldaten Disziplin beibringen, den Arbeitern klarmachen, daß ihre überzogenen Lohnforderungen die Inflation anheizten, den Bauern sagen, daß dem Land Hungersnöte drohten, wenn sie sich weiterhin so gehenließen! Sie würden sich vielleicht zwei Wochen halten können. Viele von denen, ob aus dem linken oder dem rechten Lager, die in der Vergangenheit das Volk wegen seiner vermeintlichen sozialistischen und demokratischen beziehungsweise konservativen Tugenden gepriesen hatten, hatten mittlerweile erstaunlicherweise ausgesprochenen Abscheu vor ihrem einstigen Idol entwickelt. Für sie waren es nicht mehr die Kerenskij, Miljukow oder Lenin, die die Hauptschuld an der trostlosen Verfassung der Nation trugen – es waren die barbarischen Massen. In der Vergangenheit hatten sie ihr entwürdigendes Sklavendasein klaglos erduldet; man hätte wissen müssen, daß sie für die Freiheit nicht geschaffen waren. Hatten sie früher blind an ihr »Väterchen Zar« geglaubt, so war an die Stelle dieses Glaubens jetzt eine ebenso idiotische Hörigkeit gegenüber jeder Art der ideologischen Bauernfängerei getreten, und der frühere Schlachtruf des Pöbels »Schlagt die Juden und die Intellektuellen« war durch die ebenso geistreiche Parole »Nieder mit den Kapitalisten und Grundbesitzern« ersetzt. Im Lager der extremen Rechten gab es so manchen, der einer bolschewistischen Machtübernahme mit einer Art masochistischer Schadenfreude entgegensah: Wie dumm würden die Liberalen und die demokratischen Linken aus der Wäsche schauen – und letzten Endes auch die Bolschewiken selbst! Wenn das dann alles vorbei war und die Massen ihre Lektion gelernt hatten, würde man mit dem Aufbau eines neuen Rußland beginnen können, aber nach jenen Grundsätzen, die das Land in der Vergangenheit groß gemacht hatten.

Dieser mehr oder weniger verdeckte, quasi aus enttäuschter Liebe entstandene Antipopulismus bildete im übrigen auch einen wichtigen Baustein in Lenins Welt- und Menschenbild – wenngleich er sich dessen wohl nicht im geringsten bewußt war – und sollte eines der dauerhaften Vermächtnisse werden, die er der von ihm beherrschten Bewegung und dem von ihm gegründeten Staat hinterließ.

Vorläufig jedoch vermochte er sein Gefühl für die Dringlichkeit eines entscheidenden Schlages nicht auf die anderen führenden bolschewistischen Genossen zu übertragen. Manche, wie Kamenew, waren vorsichtige Naturen und hatten eine Abneigung gegen jede Art von Gewalt. Andere glaubten, daß Lenin die mit einem solchen Vorhaben verbundenen Schwierigkeiten unterschätzte. Es stimmte zwar, daß die Bolschewiken auf einen Teil der in Petrograd stationierten Truppeneinheiten zählen konnten. Doch wie die Julitage gelehrt hatten, währte die Zuverlässigkeit dieser Einheiten nur bis zu dem Punkt, an dem es mit dem Kämpfen ernst zu werden drohte, dann würden sie sehr wahrscheinlich davonlaufen. Und die Regierung war auch nicht ganz schutzlos: Da waren die Kosaken, die zwar Kerenskij nicht mochten, die Bolschewiken aber noch weniger ausstehen konnten; da waren die Offiziersschüler der Militärakademien, die zwar nicht für Kerenskij und die revolutionäre Demokratie, wohl aber, wenn sie richtig eingestimmt wurden, für Rußland und gegen jene kämpfen würden, von denen man munkelte, sie seien deutsche Agenten; und schließlich war nicht auszuschließen, daß es den Gegnern gelang, eine oder zwei Divisionen von der Front herbeizuholen, sofern die Soldaten zu der Überzeugung gebracht werden konnten, daß sie nicht der Provisorischen Regierung als solcher, sondern der Revolution zu Hilfe eilten. Und dann war noch mit der Eisenbahnergewerkschaft zu rechnen, in deren Reihen der bolschewistische Einfluß praktisch gleich Null war und die, selbst wenn es den Bolschewisten gelang, Petrograd und Moskau in die Hand zu bekommen, die Aufständischen von der Außenwelt abschneiden und aushungern konnten.

Die verhängnisvolle Schwäche der russischen Befreiungs- und Revolutionsbewegungen, die Angst vor realer Macht und Verantwortung, war auch den Bolschewiken nicht ganz fremd. Wenn sie die Macht übernahmen, würden sie Rußland regieren und verwalten müssen. Sie waren im Wort, Frieden zu schließen, nicht mit Wilhelm II. und seinen Generälen, sondern mit den deutschen Arbeitern. Man würde sie an ihren Versprechungen messen: »Frieden, Land und Brot.« Je näher die Schicksalsstunde der Entscheidung rückte, desto größere Nervosität und Unschlüssigkeit legten diese Männer an den Tag, die in ihren eigenen späteren Darstellungen und in denen der meisten Historiker als Ausbünde an revolutionärer Kühnheit und Entschlossenheit dargestellt worden sind, die aber, sich selbst überlassen, den Martows und Tschcheidses in dieser Beziehung gar nicht so sehr viel voraus hatten.

Es überrascht in Anbetracht dessen nicht, daß Lenin sein Exil dazu nutzte, theoretische Positionen auszuarbeiten, aus denen seine Anhänger (und zweifellos auch er selbst) die Zuversicht schöpfen konnten, daß die Führung der Regierungsgeschäfte nach der Revolution keine schwierige Aufgabe sein würde. Die Schrift *Staat und Revolution*, die er zum größten Teil in seinem finnischen Schlupfwinkel verfaßte (die jedoch unvollendet blieb), hätte Lenin vermutlich ganz gerne in Vergessenheit geraten lassen, als er einmal Vorsitzender des Rats der Volkskommissare geworden war. Sie war darauf berechnet, einerseits der momentanen anarchistischen Stimmung entgegenzukommen und andererseits die Getreuen davon zu überzeugen, daß er sie nicht in ein Himmelfahrtskommando führte. Den bürgerlichen Staat werde man zerschlagen, doch spätestens 24 Stunden nach dem Sturz des kapitalistischen Regimes würden die einfachen Arbeiter in der Lage sein, die Produktion zu leiten, die einfachen Soldaten, das Heer zu organisieren, und so weiter. Die Verwaltung des Staats sei keine geheimnisvolle, nur im Verlauf von Generationen erlernbare Kunst; sie bestehe vielmehr im wesentlichen nur aus »Aufpassen und Buchhalten«. In den Artikeln freilich, die er zur gleichen Zeit veröffentlichte, sah Lenin sich zu größerem Pragmatismus gezwungen. So wies er in einem Beitrag mit dem Titel *Werden die Bolschewiken die Staatsmacht behaupten?* darauf hin, daß das zaristische Rußland von einer verhältnismäßig kleinen Clique von Grundbesitzern und Bürokraten regiert worden sei; die bolschewistische Partei aber habe jetzt 240 000 Mitglieder. Für diejenigen, die, wie er wohl ahnte, auch dies noch nicht überzeugte, hatte er ein noch gewinnenderes Argument parat: »Wir werden die Kapitalisten für uns arbeiten lassen.« Er sah keinen logischen Widerspruch darin, daß er die Doppelherrschaft wegen der Duldung kapitalistischer Verräter in wichtigen Stellungen brandmarkte, für seine Diktatur des Proletariats aber die Dienste derselben anrüchigen Elemente in Anspruch zu nehmen gedachte.

Es gab übrigens schon eine ganze Reihe von Industriemanagern und sogar Generälen, die meinten, die Bolschewiken böten vielleicht den einzigen Ausweg aus dem Tollhaus, als das die russische politische Szene sich momentan präsentierte. Sie waren nur eine Vorhut jener Phalanx bürgerlicher Spezialisten, die während des Bürgerkrieges 1918–21 so wesentlich zur Rettung des kommunistischen Regimes beitragen sollten.

Doch das war vorerst noch Zukunftsmusik. Zunächst einmal blieb das alle anderen überragende Problem der Bolschewiken die Frage, ob und wann sie die Macht übernehmen sollten. Lenin forderte ein klares Bekenntnis zum bewaffneten Aufstand, ohne all jene Schönfärbereien und Doppelzüngigkeiten, mit denen derartige Versuche in der Vergangenheit ummäntelt worden waren. Anders als im allgemeinen angenommen wird, legten die Bolschewiken *als Partei* sich zu keinem Zeitpunkt unzweideutig auf das Mittel des Aufstandes fest. Das Zentralkomitee der Partei sagte erst am 10. Oktober »im Prinzip ja«. In bezug auf den Zeitpunkt allerdings gaben die Parteifunktionäre niemals eine eindeutige Auskunft. Sie gaben sich vielmehr besondere Mühe, sicherzustellen, daß sie für den Fall, daß ein Aufstand losbrach und fehlschlug, wie es im Juli passiert war, die Verantwortung auf irgendwelche hitzköpfigen, vom revolutionären Elan der Massen mitgerissenen Partei-Aktivisten abwälzen konnten.

Den ganzen September über richtete sich das Denken der allermeisten bolschewistischen Kader auf den zu erwartenden Zweiten Kongreß der Sowjets, der sie zu den legitimen Vertretern der russischen Arbeiter und Soldaten küren würde, indem er das lahme Zentrale Exekutivkomitee durch ein von ihnen beherrschtes ersetzen würde. Dieser Kongreß sollte am 20. Oktober beginnen, wurde dann aber kurzfristig um fünf Tage verschoben. Die revolutionäre Demokratie hatte unterdessen, als sie spürte, daß ihr die Dinge aus der Hand glitten, beschlossen, kurzfristig einen neuen Debattierklub aufzumachen, in dem sie eine Vormachtstellung würde behaupten können, selbst wenn die Sowjets vom politischen Gegner erobert würden. Es war dies eine Art Generalversammlung aus Vertretern der Sowjets, der Gewerkschaften, der Stadt- und Gemeinderäte, der Journalisten, Hebammen usw., die mit Bedacht so zusammengestellt war, daß weder die Rechten noch die Bolschewiken etwas gegen die dominierende Rolle ausrichten konnten, die die Kräfte der Demokratie – die rechten und mittleren Menschewiken und die Sozialrevolutionäre – in ihr spielten. Die »Demokratische Konferenz«, wie die Versammlung genannt wurde, begann am 14. September und endete nach sechs Tagen stürmischen Debattierens mit der Gründung einer weiteren, dieses Mal als ständige Institution gedachten Körperschaft, des »Rates der Republik«. Mit diesem Gremium sollte die Doppelherrschaft etwas bekommen, das ihr bislang gefehlt hatte: eine Quasilegislative, die, so hoffte man, den Patienten vielleicht am Leben erhalten würde, bis das richtige Parlament, die verfassunggebende Versammlung, die Verantwortung übernahm.

Anfang September hatte Kerenskij die russische Republik ausgerufen, was zu einem Protest seitens eines anderen Organs geführt hatte, an dessen Existenz sich nur noch wenige erinnerten. Der Senat, theoretisch nach wie vor, wie unter dem Zarenregime, die höchste Instanz der judikativen und exekutiven Gewalt, erklärte feierlich, die Provisorische Regierung habe nicht das Recht, vorab über die zukünftige Staatsform des Landes zu entscheiden – ein aufsehenerregendes Lebenszeichen seitens des altehrwürdigen Gremiums, dessen Mitglieder zu ihren Sitzungen wie eh und je im Gehrock und in Uniformen erschienen, auf denen die alten zaristischen Embleme prangten. Was die institutionelle Seite betraf, so begann die russische Politik gewisse Ähnlichkeiten mit einem Schrottplatz zu entwickeln: Verschiedene politische Maschinen aus der Vorrevolutionszeit in unterschiedlichen Stadien der Funktionsunfähigkeit fanden sich Seite an Seite mit fabrikneuen, nach dem Februar 1917 gebauten, aber ebenfalls schon teilweise nicht mehr betriebsfähigen Aggregaten.

Ihre Beteiligung an der »Demokratischen Konferenz« brachte den Bolschewiken einen neuerlichen heftigen Verweis von seiten Lenins ein. Er brandmarkte die Abwartetaktik des Zentralkomitees mit den Worten: »Es wäre naiv, so lange zu warten, bis die Bolschewiken eine ›formale‹ Mehrheit erlangen; keine Revolution hat je auf so etwas gewartet.«[52] Die Konferenz trat am 14. September zusammen, und Kerenskij präsentierte sich in seiner gewohnten Verfassung: ». . . wir werden die Freiheit unseres Heimatlandes und das Glück unseres Volkes wie bisher, so auch weiterhin verteidigen . . . Jeder, der es wagt, dem russischen Heer ein Messer in den Rücken zu stoßen, wird die Macht der Revolutionären Provisorischen Regierung zu spüren bekommen.« Am 15. September debattierte das bolschewistische Zentralkomitee über den jüngsten Brief Lenins und die wenig schmeichelhaften Ermahnungen, die er enthielt. (»Ihr seid nichts weiter als eine Bande von Verrätern und Einfaltspinseln, wenn ihr die Versammlung nicht umstellt und diese Schufte nicht verhaftet.«) Die bolschewistischen Parteioberen wa-

472

ren bestürzt ob dieser Ausfälle. Stalin machte den diplomatischen Vorschlag, der Petrograder Ortsgruppe der Partei den Inhalt des Briefes zwar bekanntzugeben, die Entscheidung über den Aufstand aber gleichwohl zu vertagen. Die Versammelten faßten jedoch schließlich den Beschluß, alle Exemplare des gefährlichen Dokuments mit Ausnahme eines einzigen zu verbrennen und das Fußvolk der Partei von jedweden übereilten Aktionen abzuhalten. Lenin wurde angewiesen, der Hauptstadt fernzubleiben, und Sinowjew, den man vorübergehend von seinem Parteichef getrennt hatte, erhielt Order, wieder zu ihm zu stoßen; für seine Vorsicht und Besonnenheit bekannt, werde er, so glaubte man, einen heilsamen besänftigenden Einfluß auf den dämonischen Lenin ausüben.

Am 3. Oktober stimmte das Zentralkomitee schweren Herzens der Rückkehr seines Führers zu, und vom 7. Oktober an hielt Lenin sich in einem Schlupfwinkel im Vyborger Bezirk der Hauptstadt auf. Von seiner Ankunft dort dürften freilich nur wenige Notiz genommen haben, denn die allgemeine Aufmerksamkeit richtete sich auf den Rat der Republik, der gerade an diesem Tag in den luxuriös ausgestatteten Räumlichkeiten des Marinskij-Palais seinen kurzen, episodenhaften Lebensweg antrat. Diejenigen Bolschewiken, die, soweit sie von den verschiedenen Sowjets als Repräsentanten entsandt worden waren, Anrecht auf einige Sitze in diesem Gremium hatten, beschlossen mit knapper Mehrheit, es zu boykottieren (und beugten damit einem neuen Wutanfall ihres Parteichefs vor). Im Anschluß an eine provokative Rede Trotzkis zog die bolschewistische Abordnung unter Zurufen wie »Lumpen« und »Geht zu euren deutschen Freunden« aus dem Marinskij-Palais aus. Von ihrer peinlichen Gegenwart befreit, stürzte sich der Rat in eine der mittlerweile sattsam bekannten revolutionären Debatten: bewegende Aufrufe zur nationalen Einheit, beschwörende Bitten um Ordnung und soziale Disziplin von seiten der Rechten, bittere Entgegnungen der Linken, nach deren Überzeugung nur eine weitere und gründliche Demokratisierung das Land retten könne, zu Herzen gehende Erklärungen aus dem Munde Kerenskijs, denen zufolge die Regierung die Lage weitgehend im Griff hatte. Überschäumende rhetorische Darbietungen sind die Begleitmusik der meisten Revolutionsdramen gewesen, aber die Februarrevolution war die einzige, die sich im wahrsten Sinne des Wortes zu Tode geredet hat.

Lenins Drängen nahm nun eine hysterische Färbung an: »Jetzt, jetzt, sonst ist es zu spät!« Auf eine einleuchtende Argumentation in einem Brief konnte im nächsten ein Gedankengang folgen, der an zusammenhangloses Gefasel grenzte.

»Die Bolschewiki haben nicht das Recht, auf den Sowjetkongreß zu warten, sie müssen *die Macht sofort ergreifen.* Dadurch retten sie sowohl die Weltrevolution (denn andernfalls droht ein Pakt der Imperialisten aller Länder, die (. . .) einander entgegenkommen werden, um sich *gegen uns zu vereinigen*) wie auch die russische Revolution (sonst kann die Welle echter Anarchie stärker werden *als wir*) und das Leben von Hunderttausenden im Felde.

Zögern wäre ein Verbrechen. Den Sowjetkongreß abwarten wäre kindische Formalitätsspielerei, schändliche Formalitätsspielerei, wäre Verrat an der Revolution.«[53]

Wenn sie Angst hätten, die Sache in der Hauptstadt anrollen zu lassen, sollten sie den Startschuß in Moskau abfeuern: Der Moskauer Sowjet solle die Stadt, die Banken, die Zeitungen in seine Hand bringen. Er werde über eine »riesenhafte Unterstützungsbasis« gebieten. Kerenskij werde dann kapitulieren. Das Revolutionsregime solle dann Zugeständnisse an die Eisenbahn- und Postarbeiter machen (zwei wichtige Gruppen, deren Gewerkschaften den Bolschewiken feindlich gesinnt waren, was die Gegner eines Aufstands als Argument geltend gemacht hatten) und solle ferner einen sofortigen Friedensschluß sowie eine sofortige Landverteilung an die Bauern proklamieren. Lenins Brief schloß mit einer Behauptung, die den meisten seiner Adressaten wahnwitzig erschienen sein muß: »Der Sieg ist sicher, und es besteht eine 99prozentige Chance, daß er ohne Blutvergießen erkämpft werden kann.«

Mit Moskau zu beginnen wäre wahrscheinlich ein schwerwiegender Fehler gewesen; die Bolschewiken sollten, selbst nachdem sie Petrograd erobert hatten, in der alten Hauptstadt noch einige Tage einen schweren Stand haben. Die Forderung jedoch, nicht bis zum Kongreß der Sowjets mit seiner voraussehbaren klaren bolschewistischen Mehrheit zu warten, war eindeutig eine Gebrauchsanweisung für den politischen Selbstmord der Bolschewiken. Der Kongreß würde dem bolschewistischen Staatsstreich einen Nimbus der revolutionären Legitimität verleihen, die Unschlüssigkeit und Lähmung der Menschewiken und Sozialrevolutionäre auf die Spitze treiben und diejenigen militärischen Einheiten – allen voran die Kosaken – zum Stillhalten veranlassen, die ansonsten entschlossen gegen ein neues abenteuerliches Unternehmen der Bolschewiken zu Felde gezogen wären, bei denen jedoch Verwirrung einkehren würde, wenn eine der beiden Teilregierungen dieses Unternehmen offensichtlich guthieß. Es war ein Glück für Lenin und seine Partei, daß seine gebieterischen Forderungen von der Mehrheit seiner Spitzengenossen zurückgewiesen wurden.

Am 10. Oktober trat das bolschewistische Zentralkomitee (genauer gesagt: zwölf seiner insgesamt siebenundzwanzig Vollmitglieder) zu einer Geheimsitzung zusammen, der auch Lenin beiwohnte. Gegen das Votum Sinowjews und Kamenews faßten die Versammelten mit 10:2 Stimmen die Resolution, »daß der bewaffnete Aufstand unvermeidlich und die Zeit dafür reif ist; das Zentralkomitee weist alle Parteiorgane an, sich im Hinblick auf die praktischen Probleme an dieser Feststellung zu orientieren«.[54] Dies entsprach allerdings noch ganz und gar nicht den Wünschen Lenins; die entscheidende Frage des Zeitpunkts war nicht beantwortet, und dem siebenköpfigen Ausschuß, der mit der Leitung des Vorhabens betraut wurde, gehörten auch Sinowjew und Kamenew an, die deutlich zu erkennen gaben, daß sie nicht mit dem Herzen bei der Sache waren. Um es genauer zu sagen:

Sie standen Todesängste aus – sie würden alle erschossen, erklärte Sinowjew. Er wollte nicht nur auf den Kongreß der Sowjets, sondern auch noch auf den Zusammentritt der verfassunggebenden Versammlung warten, in der die Bolschewiken mit etwas Glück ein Drittel der Sitze erobern würden, ein Argument, das Lenin an den Rand eines Schlaganfalls brachte. Die Gefahr eines solchen Anfalles (den Lenin tatsächlich fünf Jahre später erleiden sollte) verstärkte sich einige Tage später nochmals, als Sinowjew und Kamenew über die beschlossene Resolution und über ihre eigene Opposition dagegen in der von Maxim Gorki herausgegebenen Zeitschrift *Neues Leben* berichteten, die, ganz im Geist der linken Menschewiken, Kritik an allem und jedem übte: an der Provisorischen Regierung wegen ihrer Politik, an rechten Menschewiken und den Sozialrevolutionären, weil sie die Regierung unterstützten, und an den Bolschewiken wegen ihres undemokratischen Verhaltens. Lenin, der außer sich war, verlangte daraufhin den Ausschluß der beiden Opponenten nicht nur aus dem Zentralkomitee der Bolschewiken, , sondern überhaupt aus deren Partei. Doch die anderen Mitglieder der Parteiführung (mit Ausnahme von Trotzki, der seinen Schwager Kamenew nicht leiden konnte) plädierten noch einmal für Nachsicht. Stalin, der seit Februar ohne Unterlaß zur Mäßigung geraten hatte, schlug vor, die beiden (die er zwanzig Jahre später in den Tod schickte), sofern sie Besserung versprachen, lediglich zu verwarnen. Und so geschah es.

Welche Parteilichkeit der Vorsehung zugunsten der Bolschewiken zeigte sich hier wiederum! Statt jedermann in äußerste Wachsamkeit zu versetzen, erzielten die Offenbarungen Sinowjews und Kamenews ganz im Gegenteil bei den Vertretern der Doppelherrschaft einen Beruhigungseffekt. Welche ernsthafte Gefahr konnte schließlich von einer Partei ausgehen, deren Aufstandspläne von zweien ihrer angesehensten Führer im vorhinein öffentlich verkündet und als verhängnisvoll, weil zum Scheitern verurteilt, eingeschätzt wurden?

Die Geschichte kennt keinen zweiten erfolgreich durchgeführten Staatsstreich, der so breit angekündigt und von denjenigen, gegen die er relativ offen vorbereitet wurde, so wenig ernst genommen worden ist wie der Oktoberputsch der Bolschewiken. Von Mitte des Monats an sprach jedermann davon, doch niemand rührte einen Finger, um ihn zu vereiteln. Theodor Dan, der anstelle des abwesenden Cereteli (der sich, ein weiterer Glücksfall für die Bolschewiken, krank und niedergedrückt zur Erholung nach Georgien zurückgezogen hatte) zur tonangebenden Gestalt bei den nicht-Martowschen Menschewiken avanciert war, brachte am 14. Oktober immerhin so viel Neugierde auf, sich im Exekutivkomitee des Sowjet nach dem Wahrheitsgehalt der umlaufenden Gerüchte zu erkundigen: »Ich fordere die bolschewistische Partei auf, uns klipp und klar zu sagen: ja oder nein.«[55] Die Aufgabe, diese peinliche Frage zu beantworten, fiel David Rjasanow zu, einem allseits beliebten und ob seiner Beschlagenheit in der marxistischen

Theorie geschätzten Bolschewiken.* Er gab eine praktisch und rhetorisch sehr geschickte Erklärung ab. Keine proletarische Partei, und erst recht nicht die bolschewistische, könne daran denken, etwas so Unmarxistisches wie einen Putsch zu unternehmen – Dan müsse dies doch eigentlich wissen. Allein, der Aufstand reife von selbst heran, da die Massen die Folgen der repressiven und undemokratischen Politik der Provisorischen Regierung nicht zu tragen bereit seien. Und falls die Massen sich erheben und die Bolschewiken aufrufen sollten, sich ihnen anzuschließen und sie zu führen, werde es einer proletarischen Partei nicht möglich sein, sich dieser Aufforderung zu verweigern. Vom dialektischen Standpunkt aus war an dieser Argumentation nichts auszusetzen. Vier Tage später freilich wurde Trotzki eine ähnliche Frage gestellt, auf die er fast die gleiche, aber in einem Punkt abweichende Antwort gab. Offenkundig sei es die Bourgeoisie, die einen Staatsstreich vorbereite, und niemand könne es den Bolschewiken verübeln, wenn sie Vorkehrungen zur Gegenwehr trafen. Trotzki wurde des weiteren gefragt, weshalb er als Präsident des Sowjet die Ausgabe von 5000 Gewehren an die Gefolgsleute der Bolschewiken genehmigt hatte. Erinnerten die Menschewiken sich, so fragte er zurück, nicht mehr daran, daß sie selbst aus Anlaß der Kornilow-Affäre die Bewaffnung der Arbeiter gefordert hatten?

Es blieb Trotzki vorbehalten, den Aufstandsplan auf eine Formel zu bringen, die einerseits geeignet war, die Befürchtungen seiner Parteigenossen zumindest teilweise zu zerstreuen, und die andererseits den unbändigen Tatendrang Lenins weitgehend befriedigte. Die Bolschewiken würden den Aufstand inszenieren, aber mittels und im Namen des Sowjet. Dieser rief am 12. Oktober das »Militärrevolutionäre Komitee« ins Leben, das vordergründig die Aufgabe hatte, Vorkehrungen gegen einen Staatsstreich von rechts zu treffen und die Verteidigung der Hauptstadt zu organisieren, aus der die Provisorische Regierung, wie es hieß, in Bälde nach Moskau umzuziehen gedachte, teilweise weil Petrograd von deutschen Truppen bedroht war, teilweise aber auch wohl in dem Kalkül, der Revolution auf diese Weise gewissermaßen den Kopf abschlagen zu können. Die Gerüchte entbehrten nicht der Grundlage, doch Kerenskij konnte sich wie üblich nicht entschließen. Die Menschewiken und die rechten Sozialrevolutionäre, die im Grunde die Schaffung des »Militärrevolutionären Komitees« angeregt hatten, weigerten sich in der Folge entgegenkommenderweise, in ihm mitzuarbeiten, und überließen das Feld kampflos den Bolschewiken und deren Verbündeten, den linken Sozialrevolutionären. Einer aus den Reihen der letzteren, ein achtzehnjähriger Jüngling, war der formelle Vorsitzende des Komitees, dessen tatsächlicher *spiritus rector* freilich Trotzki war, der seine Adjutanten aus den Mitgliedern der militärischen Organisation seiner eigenen Partei rekrutierte. Sendboten des Komitees wurden zu den in der Stadt stationier-

---

* Rjasanow, ein sich durch selbständiges Denken und großen persönlichen Mut auszeichnender Mann, lag nach der Revolution in beständiger Fehde mit der Parteiführung und verschwand schließlich im Zuge der Stalinschen Säuberungen.

ten Truppeneinheiten geschickt, um sie daran zu erinnern, daß sie dem unmittelbaren Befehl des Sowjet unterstanden, der damit sowohl den von der Provisorischen Regierung ernannten Stadtkommandanten als auch die Offiziere dieser Einheiten de facto ihrer Kommandogewalt enthob. Manche Einheiten willigten ein, andere erklärten, sie würden bei jedem etwaigen Konflikt zwischen der Provisorischen Regierung und dem Sowjet neutral bleiben. Das träge Zentrale Komitee der Sowjets, das die treffende Vermutung hegte, die Bolschewiken würden ihre Aktion gleichzeitig mit dem Zusammentritt des Zweiten Allrussischen Sowjetkongresses starten, verschob den Kongreßbeginn vom 20. auf den 25. Oktober und schenkte Trotzki und seiner Truppe damit fünf zusätzliche Tage für ihre agitatorische Arbeit in den Reihen der Soldaten. Eine entscheidende Voraussetzung für den Erfolg des Aufstandes würde darin liegen, daß es den Insurgenten gelang, die Festung Petropawlowsk mit ihren großen Waffenlagern in ihre Gewalt zu bekommen. Doch die Garnisonstruppen der Festung verweigerten sich beinahe bis zum letzten Moment und jagten die Abgesandten des »Militärrevolutionären Komitees« ein ums andere Mal davon. Am 24. Oktober begab sich schließlich Trotzki selbst zur Festung, und nachdem die Soldaten seinen Ausführungen gelauscht hatten, beschlossen sie, ihr Gewicht in die Waagschale der Aufständischen zu werfen.

Kerenskij reagierte auf die Warnungen vor dem, was sich zusammenbraute, wie gewöhnlich: Er hoffe nur, daß die Bolschewiken wirklich etwas zu unternehmen versuchen würden. Die Regierung steuerte außerdem auf eine neue Kabinettskrise zu. Im Gefolge der Kornilow-Affäre hatte der Premierminister, außerstande, einen der namhafteren Generäle zur Übernahme des Postens zu bewegen, einen sehr jungen und nicht eben hochrangigen Offizier namens Alexander Werchowskij zum Kriegsminister ernannt. Am 20. Oktober erstattete dieser dem Rat der Republik Bericht über die Verfassung des russischen Heers. Seine Ausführungen waren in weiten Teilen ermutigend. Man müsse zwar mit insgesamt 2 Millionen Deserteuren rechnen, aber 6 Millionen Soldaten hielten, so man dies so nennen konnte, noch die Front und banden 130 feindliche Divisionen. »Der Bolschewismus als Ideologie existiert unter den Soldaten nicht.« Dann jedoch ließ Werchowskij eine Bombe platzen: Die Versorgung dieses großen Heeres mit Lebensmitteln und Bekleidung war nicht mehr gewährleistet, und so manche Einheit würde wohl kaum in den Schützengräben ausharren, wenn erst einmal der Winter einsetzte. Die Regierung solle unverzüglich bekanntgeben, daß sie sich um einen Friedensschluß bemühe. Es ist nicht klar, ob Werchowskij, den manche für geistig unausgeglichen hielten und dessen Rede ziemlich konfus war, für einen Separatfrieden plädierte oder ob er glaubte, eine öffentliche Erklärung der Regierung, daß sie über einen solchen verhandle, werde die Kampfmoral der Truppen heben und sie veranlassen, dem äußeren und auch dem inneren Feind wirksameren Widerstand zu leisten. Wie dem auch sei, seine Forderung löste einen lauten Aufschrei aus, und kurz darauf wurde bekanntgegeben, daß Werchowskij aus Gesundheitsgründen einen Urlaub habe antreten müssen. Kerenskij übernahm nun, zusätzlich zu seinen Funktionen als Premierminister und Oberbefehlshaber des Heeres noch den Posten des Kriegsministers, eine bis dahin nie dagewesene Kombination von Ämtern, die sich allerdings 25 Jahre später noch einmal ergeben sollte, wenn auch mit einem Protagonisten von anderem Format: Josef Stalin.

Alle Weichen für den Tag X waren nunmehr gestellt – zumindest schien es so. Doch in den Reihen der Sieger von morgen gab es vorläufig noch ein gerütteltes Maß an Angst vor der eigenen Courage. Das Verhalten der bolschewistischen Führung zeugte nicht von einem überwältigenden Glauben an den Erfolg des eigenen Vorhabens. Am 24. Oktober machte sich Lenin, nach wie vor verkleidet und mittels einer Perücke und einer Gesichtsbandage unkenntlich gemacht, auf den Weg ins Smolny-Institut. Nach seiner Ankunft gegen Abend deckte er seine fieberhaft tätigen Mitstreiter mit wütenden Vorwürfen ein. Wollten sie wirklich noch 24 Stunden warten, bis der jämmerliche Kongreß zusammentrat? Tagte dieser erst einmal, wer wußte dann, welche Stellung er beziehen würde! Lenin hatte den – ganz berechtigten – Eindruck, daß der »demokratische Aberglaube« bei seinen Parteigängern noch längst nicht überwunden war und daß viele bolschewistische Delegierte, insbesondere solche aus der Provinz, die Aussicht auf eine Koalition mit den Menschewiken verlockend finden könnten. »Jedes weitere Warten ist tödlich.« Er wurde von Trotzki besänftigt, der ihm versicherte, bewaffnete bolschewistische Einheiten seien bereits auf dem Weg, um strategisch wichtige Positionen wie die Telegrafen- und Telefonzentralen zu besetzen und die Brücken zu bewachen. Das Gebäude des Smolny gab in diesem Moment ein bemerkenswertes Hauptquartier ab: Neben den Initiatoren und Organisatoren des Aufstandes, dem »Militärrevolutionären Komitee«, beherbergte es, in einem anderen Flügel, auch noch das Gespenst der revolutionären Demokratie – das abgehalfterte Zentrale Exekutivkomitee, das seine Befugnisse am folgenden Tag an ein vom neuen Kongreß zu wählendes Nachfolgegremium zu übergeben gedachte.

Das bolschewistische Zentralkomitee hatte sich, als es wenige Stunden vor der Ankunft Lenins im Smolny zusammengetreten war, noch unschlüssig und gespalten gezeigt. Es ist bezeichnend, daß im offiziellen Protokoll der Sitzung Worte wie »Insurrektion« oder »bewaffneter Aufstand« nicht vorkommen. Sollte dieses Protokoll im Gefolge eines fehlgeschlagenen Aufstandsversuchs den Behörden in die Hände fallen, so würden diese sich schwertun zu beweisen, daß die Bolschewiken etwas anderes vorgehabt hatten, als sich gegen einen Angriff von seiten der Rechten zu verteidigen. Es gab eine Diskussion darüber, wohin die Bolschewiken ihr Hauptquartier verlegen sollten, falls die Kräfte der Reaktion das Smolny-Institut besetzten. Kamenew schlug vor, in einem solchen Fall Quartier auf der berühmten *Aurora* zu beziehen, einem den Bolschewiken ergebenen Kriegsschiff, seine weniger furchtsamen Genossen entschieden sich jedoch für die Festung Petropawlowsk. Alle bewaffneten Operationen sollten von Bolschewiken mit untergeordnetem Parteirang geleitet werden, keinesfalls von Männern aus dem Zentralkomitee der Partei. Von diesen durfte vielmehr keiner ohne besondere Genehmigung das Smolny verlassen. Dies alles hätte sich freilich nicht zu einem hieb- und stichfesten Alibi zusammengefügt, hätte aber vielleicht hingereicht, um im Falle eines Fehlschlags wenigstens einigen Parteiführern die Verhaftung und Bestrafung zu ersparen, die dann, wie auch nach dem mißglückten Versuch vom Juli, mit dem Wiederaufbau der Partei beginnen konnten.

Rückblickend erscheinen diese Vorsichtsmaßnahmen natürlich überflüssig. Die revolutionäre Demokratie steuerte ihren selbstmörderischen Kurs fröhlich weiter. Am selben Tag, dem 24., trat Kerenskij mit aufsehenerregenden Neuigkeiten vor den »Rat der Republik«. Er hatte nun den schlüssigen Beweis dafür, daß die Bolschewiken Böses vorhatten. Er habe ihnen, wie er erklärte, jede Gelegenheit gegeben, von ihrem törichten und abenteuerlichen Vorhaben abzulassen. »Ich bin im allgemeinen dafür, daß die Behörden eher langsam, aber sicher arbeiten und, wenn der Augenblick gekommen ist, entschlossen handeln.« Jetzt aber »möge die Bevölkerung der Stadt erfahren, daß sie es mit einer entschlossenen und beherzten Regierung zu tun hat.«[56] Er forderte den Rat auf, sich in einer formellen Abstimmung hinter ihn zu stellen. Da Gremien und Versammlungen aus dem Lager der Doppelherrschaft nicht die Angewohnheit hatten, die Dinge zu übereilen, entstand daraus eine lange Diskussion. Martow wiederholte seine vertraute Argumentation: Natürlich seien er und die Seinen gegen einen Staatsstreich, aber wenn es zu einem käme, läge das an der Unaufgeschlossenheit der Provisorischen Regierung gegenüber den Forderungen der Massen. Ohne Cereteli kehrten bei der demokratischen Linken noch größere Ratlosigkeit und Unschlüssigkeit ein. Dan erklärte, da die Bolschewiken nicht gewaltsam ausgeschaltet werden könnten, liege für die Regierung die einzige Lösung darin, unverzüglich bekanntzugeben, daß sie sich um einen allgemeinen Frieden bemühen und sämtlichen Grund und Boden den Bauern übereignen würde. Nur so könnten die Massen den Versprechungen der Bolschewiken gegenüber immun gemacht werden. Kerenskijs Rede war lautstark bejubelt worden, als es jedoch zur Abstimmung kam, schloß die Mehrheit der Ratsmitglieder sich der Position Dans an und lehnte es ab, der Regierung ihre bedingungslose Unterstützung zu gewähren. Ein wutentbrannter Kerenskij erklärte zunächst, er denke an Rücktritt, stolzierte dann jedoch mit der Bemerkung aus dem Saal, in diesem Augenblick zählten nicht Erklärungen, sondern Taten.

Die Regierung hätte eine solche Tat vollbringen und das Smolny besetzen lassen können. Ein Kommando von wenigen hundert Soldaten hätte den gesamten Generalstab des geplanten Aufstandes verhaften können, denn das Gebäude war bis zum Abend des 24. Oktober praktisch ungeschützt. Doch es gab in den Reihen der Regierung niemanden, der an eine solche

Aktion auch nur gedacht hätte, wäre dies doch eine Provokation gewesen, ein schlagender Beweis dafür, daß eben doch die Bourgeoisie es war, die es auf einen Staatsstreich angelegt hatte, um den Zusammentritt des Sowjetkongresses zu verhindern. Man schickte statt dessen Kadetteneinheiten mit dem Auftrag los, die bolschewistischen Zeitungen lahmzulegen. Nachdem sie die Verlagsgebäude geräumt und abgesperrt und Wachtposten aufgestellt hatten, trafen probolschewistische Soldaten ein und jagten die Wächter davon, und die Zeitungen erschienen wieder.

Die »entschlossene und beherzte Regierung« verbrachte den größten Teil der Nacht mit dem Versuch, verschiedene bewaffnete Einheiten dazu zu bewegen, ihr zu Hilfe zu kommen. Die Kosaken sagten zunächst »vielleicht« und dann »nein«. Sie hatten in der Vergangenheit schon einmal geholfen und das Versprechen erhalten, daß die Bolschewiken ein für allemal ausgeschaltet würden, und was war passiert? Die einzigen Freiwilligen fanden sich unter den Schülern der Militärakademien und in den Reihen der Frauenbataillone, jener durch die Februarrevolution eingeführten Neuerung. Doch es wurde kein Versuch unternommen, die regierungsfreundlichen Kräfte zu einer schlagkräftigen Streitmacht zusammenzufassen und unter den Oberbefehl eines erfahrenen Offiziers zu stellen.

Am Vortag hatte Kerenskij erklärt, die Mitglieder der Regierung ließen sich lieber »umbringen und vernichten, als das Leben, die Ehre und die Unabhängigkeit des Staates zu verraten«. Doch am Morgen des 25. Oktober suchte er das Weite: Wie er seinen Kollegen erklärte, verlasse er die Stadt, um eine Streitmacht zusammenzuziehen, mit der er den Aufstand würde niederschlagen können. Sie sollten in der Zwischenzeit die Stellung halten; die Minister nahmen das wörtlich und versammelten sich im Winterpalast, wo sie Verlautbarungen formulierten und Appelle verkündeten, während draußen die Stadt von den Bolschewiken in Besitz genommen wurde.

Es wäre sinnvoller gewesen, wenn die Minister entweder den bewaffneten Widerstand angeordnet und angeführt oder aber, sofern sie dies nicht wollten oder konnten, gemeinsam die Hauptstadt verlassen hätten, um anderswo eine sichere Zuflucht zu finden. Statt dessen verharrten sie im Palast und schickten Botschaften nach draußen, die unter den gegebenen Umständen possierlich klangen. »Die Mitglieder der Provisorischen Regierung bleiben auf ihrem Posten und werden weiterhin für das Wohl des Landes arbeiten.« Sie hätten ihre nicht unbeträchtliche zivile Gefolgschaft aufrufen können, sich zu bewaffnen und den Putschisten Widerstand zu leisten, doch alles, was sie zuwege brachten, war ein Aufruf an die Bevölkerung, »die Wahnwitzigen aufzuhalten, zu denen sich alle Feinde der Freiheit und der Ordnung gesellt haben«.

Die Bevölkerung der Hauptstadt bewahrte im Laufe dieses folgenschwersten Tages in der Geschichte des Landes in Wirklichkeit einen bemerkenswerten Gleichmut. Die strategische Inbesitznahme der Stadt durch das »Militärrevolutionäre Komitee«, die schon vor Tagesanbruch einsetzte, verlief weitgehend friedlich (was jene Bolschewiken nachträglich ins Unrecht setzte, die eine Wiederholung der Julitage oder gar Schlimmeres prophezeit hatten). Niemand versuchte ihnen Steine in den Weg zu legen, kaum ein Schuß fiel, als der buntgemischte Haufen aus Soldaten, Matrosen und Roten Garden nacheinander die strategisch wichtigen Punkte besetzte: das Kraftwerk, die Telefonzentrale, die Hauptquartiere der Militärbezirke. Wie die meisten Garnisonstruppen blieb auch die Zivilbevölkerung neutral und zeigte angesichts dessen, was vorging, weder Begeisterung noch irgendeinen merklichen Widerstand. Keine Panik, keine sich zusammenrottenden Menschenmengen, die, wie so oft in den verflossenen acht Monaten, im Chor »Es lebe . . .« oder »Nieder mit . . .« skandierten. Die Machtübernahme der Bolschewiken war in der Tat so etwas wie eine Antiklimax der Revolution.

Eins hatte die ihr Leben aushauchende revolutionäre Demokratie noch nicht eingebüßt: ihre Sprache. Der »Rat der Republik« trat am Morgen des 25. Oktober zusammen, und seine verschiedenen Fraktionen debattierten darüber, wie sie sich angesichts der unerwarteten Wendung der Ereignisse verhalten sollten. Ihre Erörterungen wurden durch die Ankunft bewaffneter Soldaten unterbrochen, die die Ratsmitglieder aufforderten, das Gebäude zu verlassen. Manche waren dafür, der Aufforderung zum Trotz die Sitzung fortzusetzen und sich damit auf den Märtyrerpfad zu begeben, doch ein in diesem Sinne formulierter Antrag wurde niedergestimmt. So vertragten sich die Repräsentanten des russischen Volkes, nachdem sie eine Resolution verabschiedet hatten, die diese schwerwiegende Störung ihres Wirkens scharf verurteilte.

Größeres Stehvermögen legte der Petrograder Stadtrat an den Tag. Da niemand auf die Idee kam, seine Sitzungstätigkeit zu stören, protestierten seine Mitglieder unablässig bis in den Abend hinein; sodann beschlossen sie, gemeinsam zum Platz vor dem Winterpalast zu marschieren und der belagerten Regierung dort moralischen Rückhalt zu bieten. Auf dem Weg dorthin wurden die Räte jedoch von einer Matroseneinheit aufgehalten, so daß ihnen nichts anderes übrigblieb, als zum rein verbalen Protest zurückzukehren.

Am frühen Nachmittag des 25. Oktober hatten die Rebellen die Hauptstadt mit Ausnahme des Winterpalasts fest in der Hand. Die einzige noch verbliebene Insel legaler staatlicher Autorität verfügte über eine Art Garnison: einige wenige Kompanien von »Junkern« (d. h. Offiziersanwärtern) und ein weibliches »Todesbataillon«. Das weitläufige Bauwerk mit seinen vielen Toren und Eingängen konnte schwerlich zu einer uneinnehmbaren Bastion ausgebaut werden, zumal bei Einbruch der Dunkelheit einige seiner Verteidiger, der unentschlossenen Haltung der Minister überdrüssig, das Weite suchten. Die kopflose Regierung debattierte ohne Unterlaß, konnte sich jedoch in der momentan entscheidenden Frage – aufgeben oder nicht – zu keinem Entschluß durchringen. Wie eines ihrer Mitglieder später schrieb: »Wir konnten ihnen [den Verteidigern des Palasts] nicht befehlen, bis zum letzten Mann zu kämpfen, weil nicht auszuschließen war, daß wir zu diesem Zeitpunkt nur noch uns selbst verteidigten . . . Und wir konnten ihnen auch nicht befehlen zu kapitulieren, weil wir noch nicht wußten, ob die Lage hoffnungslos war.«[57]

Die Aufständischen machten, obgleich zahlenmäßig um ein Vielfaches überlegen, zunächst nicht den Versuch, den Palast zu stürmen. Ihre Anführer waren, nicht zu Unrecht, der Meinung, ihre Truppen würden, wenn es hart auf hart ging, möglicherweise davonlaufen, und dann mochten vielleicht, wie im Juli, einige bis dahin neutrale Truppeneinheiten zur Verteidigung der Doppelherrschaft anrücken. Man versuchte es erst einmal mit sanfter Gewalt: Falls der Winterpalast, so erklärte man den Ministern, nicht kapitulierte, würde er von der *Aurora* und von der Festung Petropawlowsk aus unter Beschuß genommen. Das Ultimatum wurde nicht befolgt, und die Geschütze traten in Aktion, ohne jedoch viel zu bewirken. Die von der Festung abgefeuerten Kanonen waren untauglich, ihre Granaten schlugen weit vom Ziel entfernt ein. Die Kanoniere der *Aurora* setzten wenig Vertrauen in die eigene Zielsicherheit und feuerten mit Platzpatronen (das einzige Opfer der Schießerei war einer der Schiffsartilleristen selbst). Stunden vergingen. Die kühneren unter den Belagerern verlegten sich darauf, in kleinen Gruppen in den Palast einzudringen. Sie wurden zum Teil mit Schüssen vertrieben, zum Teil gefangengenommen und entwaffnet, wobei sie jedoch immerhin Gelegenheit hatten, die Junker über die Vergeblichkeit ihres Ausharrens zu belehren.

Daß sich die Eroberung der letzten Bastion der Reaktion so lange verzögerte, war für das bolschewistische Oberkommando höchst peinlich. Seinem Schlachtplan zufolge hätte das ganze Unternehmen zur Mittagszeit abgeschlossen sein sollen, zu dem Zeitpunkt also, da der Kongreß der Sowjets zusammentreten sollte, der dann sogleich die neuen Herren Rußlands küren hätte können. Angesichts eines noch nicht eroberten Winterpalastes jedoch machte Lenin sich Sorgen in bezug auf die Reaktion der Kongreßteilnehmer. Zwar war den Bolschewisten und ihren Verbündeten eine solide Mehrheit sicher – etwa 390 von den etwa 650 Delegierten, die bereits in Petrograd eingetroffen waren. Aber viele von ihnen, insbesondere die bolschewistischen Delegierten aus der Provinz, waren weder in die ausgeklügelten Planungen Lenins und Trotzkis eingeweiht noch teilten sie deren Überzeugung, daß Sowjetmacht in der Praxis gleichbedeutend mit bolschewistischer Macht sein müsse. Es konnte leicht sein, daß irgendeiner von ihnen den Antrag stellte, einen Burgfrieden mit der Regierung zu schließen und Verhandlungen mit ihr zu führen, und daß ein solcher Antrag eine Mehrheit fand! Oder es konnten plötzlich Truppen von außerhalb in der Hauptstadt einmarschieren und das ganze auskalkulierte Manöver über den Haufen werfen.

Um die Provinzler in die richtige Stimmung zu versetzen, hielt es die Parteiführung für besser, als erstes eine Sitzung des Petrograder Sowjet abzuhalten. Sie wurde um 3 Uhr nachmittags von Trotzki mit der Erklärung eröffnet, die »Provisorische Regierung von Kerenskij [sei] tot und [warte] nur noch drauf, vom Besen der Geschichte hinweggefegt zu werden«.[58] Dann erklomm Lenin unter Beifallsstürmen die Rednertribüne. Er bezeichnete die neue Revolution als eine besiegelte Tatsache und wiederholte die zur Gewinnung und Überzeugung der Unschlüssigen ausersehene Zauberformel: sofortiger Friede, Land, Brot.

Nach dieser erfolgreichen Probe beschlossen die Putschisten, die Hauptveranstaltung abrollen zu lassen. Es gab im Zusammenhang mit dem Kongreß, der gegen 11 Uhr abends im Smolny beginnen sollte, ein möglicherweise gefährliches technisches Detail: Offiziell mußte der Kongreß von dem im Juni gewählten Zentralen Komitee, also von einem überwiegend aus Sozialrevolutionären und Menschewiken zusammengesetzten Gremium, eröffnet werden, und es war zu erwarten, daß das Komitee schon aus Gründen der praktischen Vernunft, ganz zu schweigen von politischen Erwägungen, erklären würde, unter den gegebenen Umständen sei keine demokratische Versammlung durchführbar, und der Kongreß müsse verschoben werden, bis ein Mindestmaß an Ordnung wiederhergestellt sei. Zwar hätten die Bolschewiken in diesem Fall den Kongreß gleichwohl eröffnet, aber die Tatsache, daß es dann gewissermaßen eine illegale Veranstaltung gewesen wäre, wäre doch von großer psychologischer Bedeutung gewesen und hätte die Tausende, die sich immer noch zu den Sozialrevolutionären und den Menschewiken bekannten, möglicherweise aus ihrer Passivität aufgestört.

Aber die revolutionäre Demokratie wirkte weiterhin in klagloser Pflichterfüllung an den Vorkehrungen zu ihrem eigenen Begräbnis mit. Theodor Dan eröffnete im Namen des Zentralen Exekutivkomitees den Kongreß. Er werde, so erklärte der Menschewikenführer, den Zuhörern keine lange Rede zumuten. Seine Parteigenossen, die ihre politische Pflicht erfüllten, befänden sich augenblicklich unter Belagerung im Winterpalast, daher sei dies nicht der Moment für politische Ansprachen. Man kann sich freilich die Frage nicht verkneifen, ob eine politische Rede, wenn Dan schon keine praktischen Schritte vorhatte, nicht genau das Gebot der Stunde gewesen wäre.

Gehorsam übertrug das Zentrale Exekutivkomitee seine Befugnisse an das neue, bolschewistisch beherrschte Präsidium des Kongresses unter seinem Vorsitzenden Kamenew. Die Partei Lenins war somit formell zur offiziellen Repräsentantin der russischen Arbeiter und Soldaten gekürt. Erst jetzt wurden aus den Reihen der menschewistischen und rechts-sozialrevolutionären Kongreßminderheit heftige, aber vergebliche Proteste laut. Die Revolution sei vergewaltigt und entehrt worden, den Anmaßungen und Auswüchsen müsse ein Ende gemacht werden. Die Bolschewiken müßten ihre Kampftruppen zurückrufen und in Verhandlungen einwilligen, damit ein Bürgerkrieg vermieden werden könne. Falls sie sich hierzu nicht bereitfänden, werde, so erklärte Martow, die Opposition den Saal verlassen. Die Antwort erhielten sie von Trotzki: »Nein, hier ist eine Verständigung nicht am Platz! Ihr seid armselige Einzelgänger, ihr seid Bankrotteure; eure Rolle ist ausgespielt, schert euch dorthin, wohin ihr von nun an gehört: auf den Kehrichthaufen der Geschichte.«[59] Hätte ihnen ein Vertreter der Bourgeoisie solche Schmähungen an den Kopf geworfen, diese alten revolutionären Kämpfer hätten das Podium gestürmt, wären zu den Arbeitern und Soldaten gegangen und hätten sie zum Kampf gegen die Usurpatoren anzustacheln versucht. Hier und jetzt jedoch trollten sie sich folgsam.

Die andere Teilregierung kapitulierte ungefähr um die gleiche Zeit. Um 2 Uhr nachts erklärten die erschöpften Minister ihren jugendlichen Beschützern, sie sollten die Waffen niederlegen. Die bewaffnete Meute brandete in den Palast. »Die Mitglieder der Provisorischen Regierung weichen der Gewalt und ergeben sich, um Blutvergießen zu vermeiden« – mit dieser Zeile deklamierte das Regime seinen Abgang, als der Bolschewik Wladimir Antonow-Owsejenko in den Kabinettssaal gestürmt kam, wo die Minister in stoischem Gleichmut auf ihre Schergen warteten.[60] Es wurde nun ruchbar, daß Kerenskij geflohen war, und viele aus den Reihen des bewaffneten Mobs hatten das Bedürfnis, ihre Frustration an seinen Kollegen abzureagieren. Nur mit Mühe konnten Antonow und die disziplinierten unter den anwesenden Arbeitern die Minister vor dem lynchwütigen Haufen schützen und sie zur Festung Petropawlowsk geleiten, wo sie in die Zellen gesperrt wurden, in denen in der Zarenzeit Generationen von Revolutionären geschmachtet hatten. Der Sowjetkongreß reagierte auf die Bekanntgabe der Eroberung des Winterpalasts mit Jubel. (Die Angaben über die Zahl der bei der Belagerung Verwundeten und Getöteten schwanken zwischen null und sechs.) Es wurden jedoch einzelne kritische Stimmen laut, die erklärten, es sei schön und gut, die kapitalistischen Minister hinter Schloß und Riegel zu setzen, aber gegenüber Mitgliedern sozialistischer Parteien sei eine solche Behandlung nicht angebracht – ein Vorgeschmack auf die Schwierigkeiten, die Lenin aus den bei seinen Anhängern noch verbreiteten Resten »sozialdemokratischen Aberglaubens« erwachsen sollten.

Der Zweite Kongreß der Sowjets markiert den Beginn des kommunistischen Regimes in Rußland und die offizielle Geburtsstunde des Staates, der unter dem Namen »Union der Sozialistischen Sowjetrepubliken« bekanntgeworden ist. Die Teilnehmer des Kongresses, die Männer also, die – zumindest nominell – die Begründer einer neuen Epoche in der Geschichte Rußlands und der Welt waren, wirkten freilich nicht wie würdige Repräsentanten beziehungsweise Zeugen dieses historischen Augenblicks. Der kultivierte Suchanow, der den Umgang mit den vergleichsweise gebildeten Petrograder Arbeitern gewöhnt war, äußerte sich enttäuscht über die Erscheinung, das Auftreten und die Stimmung der Kongreßdelegierten. Die meisten von ihnen kamen ihm wie »graue und gesichtslose Menschen« vor, »die aus den Schützengräben und Elendsquartieren hervorgekrochen waren, deren [vermeintliche] Hingabe an die Revolution nur eine

Reaktion auf Wut und Verzweiflung und deren ›Sozialismus‹ das Ergebnis von Hunger und Friedenssehnsucht war«.

Der Kongreß trat am Abend des 26. Oktobers wieder zusammen, um die – rückblickend gesagt – sowjetische Epoche der russischen Geschichte zu eröffnen. Er proklamierte sich zur souveränen Machtinstanz im Staate. Das neue Zentrale Exekutivkomitee wählte Lew Kamenew zu seinem Vorsitzenden. Der umgängliche Studierstubenbolschewik wurde, in der Nachfolge von Nikolaj Tschcheidse und Nikolaus Romanow, zu einem vergleichsweise guten Landesvaterersatz, wenn er auch – wie zum Beweis für die relative Bedeutungslosigkeit dieses Amtes – nach wenigen Wochen im Gefolge einer neuerlichen Auseinandersetzung mit Lenin auf unfeierliche Weise seines Postens enthoben wurde. Um die Amtsbezeichnung »Minister« mit ihren zaristischen und bürgerlichen Anklängen zu vermeiden, gab die neue Regierung sich den Namen »Rat der Volkskommissare«; alle fünfzehn Mitglieder des Gremiums waren Bolschewiken, zum Vorsitzenden wurde Lenin bestimmt. Trotzki übernahm das Volkskommissariat für Auswärtige Angelegenheiten, Josef Dschugaschwili-Stalin wurde Kommissar für die Nationalitäten.

Die Bolschewiken hatten nun Petrograd erobert; Rußland mußte freilich erst noch gewonnen werden, und zu diesem Zweck wurden noch am gleichen Abend zwei Maßnahmen in die Wege geleitet. Lenin verlas den Delegierten das *Dekret über den Frieden*, das alle kriegführenden Völker und Regierungen aufforderte, unverzüglich in Verhandlungen über einen Frieden ohne Annexionen und Entschädigungen einzutreten. Wie viele Soldaten würden bereit sein, jetzt noch denjenigen zu folgen, die Petrograd zurückzuerobern und den Bolschewiken die Macht wieder zu entreißen versuchten, den einzigen, die für eine sofortige Beendigung des verheerenden Krieges eintraten? Das Dekret über das Land verfügte die unverzügliche und entschädigungslose Übereignung allen bislang im Besitz adliger und anderer Grundherren gewesenen Bodens an die arbeitenden Bauern. Damit sollten die antibolschewistischen und prosozialrevolutionären Gefühle der bäuerlichen Massen neutralisiert werden; es würde den Gegnern der Bolschewiken nicht leicht fallen, die Bauern zum Widerstand gegen eine Regierung aufzustacheln, die, wenn sie sich auch auf dem Land keiner großen Beliebtheit erfreute, doch dem Bauern ohne jedes Wenn und Aber (so schien es wenigstens vorläufig) zugestand, was er sich am meisten wünschte. Natürlich war das Dekret über das Land ein arger Verstoß gegen marxistische Grundsätze, denn der Marxismus favorisiert eine großflächige, wissenschaftlich organisierte landwirtschaftliche Produktion und betrachtet das einzelbäuerliche Privateigentum als unproduktiv und als Gefahr für den Sozialismus. Aber das konnte und würde man später in Ordnung bringen.

Nachdem er eine neue Epoche der Geschichte eingeweiht hatte, wurde der Zweite Sowjetkongreß vertagt – die Diskutierphase der russischen Revolution war vorbei.

Die offiziellen Sprachregelungen sind ein sehr trügerischer Führer durch die materiellen Realitäten der russischen Politik. Würde man die Dinge bei ihren richtigen Namen nennen, dann müßte man sagen, daß der 25. Oktober den Beginn einer *Konterrevolution* markierte. Praktisch alle politischen Errungenschaften, für die die revolutionären Parteien und Bewegungen von den Tagen der Dekabristen an gekämpft hatten und die, auf welch unzureichende und törichte Weise auch immer, zwischen März und Oktober 1917 verwirklicht wurden, sollten im Verlauf der darauffolgenden drei Jahre aufs gründlichste zunichte gemacht werden. Die im Rahmen der fast hundertjährigen Tradition des Widerstands gegen die Autokratie am regelmäßigsten und nachdrücklichsten erhobene Forderung war die nach einer demokratisch gewählten verfassunggebenden Versammlung gewesen, mit deren Hilfe das Volk sein Schicksal selbst bestimmen sollte. Der am 26. Oktober eingesetzte Rat der Volkskommissare sollte der ihn sanktionierenden Resolution gemäß wiederum nur eine provisorische Regierung sein und vorläufig nur »bis zum Zusammentritt der verfassunggebenden Versammlung« amtieren. Diese wurde dann auch gewählt und wies eine starke antibolschewistische Mehrheit auf. Sie trat am 5. Januar 1918 zusammen, aber schon nach einem Sitzungstag wurden die Delegierten des ersten und einzigen freien, demokratisch gewählten Parlaments in der Geschichte Rußlands von bewaffneten Matrosen auf Befehl der »provisorischen Regierung« auseinandergejagt.

Die Freiheiten, welche die russische Gesellschaft sich in den Jahrzehnten seit 1860 so mühsam und um den Preis so großer Opfer erkämpft und von denen sie in den Monaten nach der Februarrevolution so leichtsinnig und verschwenderischen Gebrauch gemacht hatte, wurde in einem Prozeß, der bereits am Morgen nach dem bolschewistischen Staatsstreich einsetzte, Stück für Stück wieder beseitigt. Die bürgerlichen Zeitungen wurden am 27. Oktober verboten. »Die Existenz bürgerlicher Zeitungen zulassen heißt aufhören, ein Sozialist zu sein«, erklärte Lenin wenig später.

Am 7. Dezember 1917 erlebte eine Einrichtung ihre Wiedergeburt, mit der die Februarrevolution – wie man glaubte: ein für allemal – aufgeräumt hatte. Durch Dekret des Rates der Volkskommissare wurde die Außerordentliche Kommission zur Bekämpfung von Konterrevolution und Sabotage, kurz Tscheka genannt, ins Leben gerufen. Ihren eigenen Angaben zufolge ließ die Tscheka im ersten Jahr ihres Bestehens 6300 Personen hinrichten – ohne Gerichtsverfahren. *Im ganzen 19. Jahrhundert* hatte die Gesamtzahl aller vollstreckten Todesurteile für politische Vergehen in Rußland um die 200 herum betragen.[61] Die Tscheka wechselte in der Folge mehrmals den Namen und wurde über GPU und NKWD zum heutigen KGB. Doch unter jedem dieser Etiketten sollte die sowjetische Geheimpolizei in bezug auf das Ausmaß ihrer Aktivität, auf die Zahl ihrer Opfer und auf die allgemeine Angst, die sie verbreitete, die zaristische »Ochrana« weit in den Schatten stellen.

Es war einer der kühnsten politischen Zynismen der russischen Geschichte nach 1917, daß die Kommunisten die Institution und die Symbolfunktion des Sowjet für sich vereinnahmten. Sie machten den Sowjet zum Inbegriff des Staates, der Gesellschaft und der Nation, deren Herren sie geworden waren. Tatsächlich aber markierte der 25. Oktober den Anfang vom Ende des Sowjet als einer vitalen politischen Kraft, sei es auf lokaler oder sei es auf staatlicher Ebene. Als Losung und Symbol war die Sowjetmacht für die Kommunisten ein nützliches Ding, und die Berufung darauf lieferte ihnen eine der Voraussetzungen für ihren Sieg im Bürgerkrieg. Für viele beinhaltete der Name »Sowjet« weiterhin die Vorstellung einer Demokratie von der Basis her, und der Glanz, den der Sowjetmythos ausstrahlte, blendete die Augen vieler für die um sich greifende Wirklichkeit der Einparteiendiktatur und des Polizeistaates. Bis 1921 wurden innerhalb der Sowjets noch kritische Minderheiten in Form der einen oder anderen menschewistischen oder sozialrevolutionären Gruppierung geduldet; aber wenn die Sowjets in diesen Jahren auch noch eine gewisse politische Rolle spielten, so schwand ihre Bedeutung doch zusehends dahin, und nach 1921 fungierten sie nur noch als symbolische Verzierungen an der äußeren Hülle des Staatsapparats, und dabei ist es bis heute geblieben.

Vor dem 25. Oktober hätten wohl nur wenige Bolschewiken (selbst in der Umgebung Lenins) die Repression, mit der ihr Regime das unglückliche Land überziehen würde, in ihrem ganzen Ausmaß erahnt oder gar gutgeheißen. Tatsächlich kamen einige der ernsthaftesten Widerstände gegen die von Lenin eingeschlagene Linie in den ersten Tagen nach dem Putsch nicht von Vertretern und Anhängern des gestürzten Regimes,[*] sondern von den Gefolgsleuten des Bolschewikenführers. Viele widersetzten sich dem Vorhaben einer rein bolschewistischen Regierung, und einige kritisierten die Unterdrückung der Rede- und Pressefreiheit.

Die Tatsache, daß es Lenin gelang, den Bolschewiken autoritären Geist einzuimpfen, war ein beredtes Zeugnis für die Stellung, die er innerhalb der Partei einnahm: Er war nicht nur ihr politischer Führer, sondern galt seinen Genossen auch als veritabler Prophet und Magier, der mit einigen wenigen Zauberformeln die vielen im Wege stehenden Hindernisse hinweggehext und seine Anhänger in das gelobte Land geführt hatte. Doch von noch tiefergehender Bedeutung war das Gewicht, mit der die riesenhafte Aufgabe, vor die die neuen Machthaber sich gestellt sahen, auf ihren Schultern lastete – unter diesem Gewicht verwandelten sich viele einstige Sozialdemokraten in Befürworter eines Freiheit und Demokratie unterdrückenden Staates. An die Macht gelangt, mußten sie nämlich feststellen, daß sie nicht

---

[*] Kerenskijs kläglicher Versuch, mit einigen hundert Kosaken – mehr hatte er nicht zu mobilisieren vermocht – das Blatt nochmals zu wenden, brach bereits beim Anmarsch auf Petrograd in sich zusammen. Der einzige ernsthafte bewaffnete Widerstand gegen die Machtübernahme der Bolschewiken innerhalb des russischen Kernlandes erhob sich in Moskau, wo bis zum 2. November gekämpft wurde.

nur den bürgerlichen Staat zerschlagen hatten, sondern die Vorstellung von Staat und Autorität schlechthin. Zusammengedrängt auf einen Zeitraum von drei Jahren – die Periode des Bürgerkriegs –, mußten sie das Werk vollbringen, an dem die Herrscher Rußlands sich zuvor zwei Jahrhunderte lang abgemüht hatten: einen modernen Staat aufzubauen. Die sozialistische Weltrevolution rückte in Anbetracht dessen vorläufig einmal in weite Ferne.

Das kommunistische Regime sah sich in seinem Überlebenskampf gezwungen, ausgerechnet an den durch ein Jahr der Anarchie sowie durch den ideologischen Beschuß gerade der Kommunisten scheinbar ausgestorbenen russischen Nationalismus zu appellieren. Als die Friedensverhandlungen in Brest-Litowsk ergebnislos abgebrochen wurden und die Gefahr eines deutschen Vormarsches auf Petrograd drohte, rief der Rat der Volkskommissare unter der Devise »Das sozialistische Vaterland ist in Gefahr« zum Widerstand auf. Lenin ließ bei seinem Kommentar zu diesem Appell sogar das Adjektiv wegfallen: »Das zeigt sofort eine Schwenkung um 180 Grad in unserer Beziehung zur Verteidigung des Vaterlandes.«[62] Zugedeckt zwar von der marxistischen Semantik, wurde das Nationalismusmotiv gleichwohl zu einem wesentlichen Element im Rahmen der Bemühungen der russischen Kommunisten um den Wiederaufbau von Staat und Reich.

Dasselbe gilt für das autokratische Prinzip, denn die Kommunisten ließen die anarchistischen Forderungen, in deren Zeichen sie angetreten und zur Macht gelangt waren – keine Geheimpolizei, kein stehendes Heer, keine Bürokratie aus Berufsbeamten –, eine nach der anderen fallen. In einem Artikel zur Rechtfertigung des Friedensvertrages von Brest-Litowsk belehrte Lenin diejenigen, die daran erinnerten, daß er selbst einst jeden Frieden »mit den imperialistischen Räubern« hoch und heilig abgelehnt hatte, eines besseren:

»Schafft eine Selbstdisziplin, eine strenge Disziplin, sonst werdet Ihr auch weiterhin unter dem Militärstiefel der Deutschen liegen (...), bis das Volk es lernt zu kämpfen, eine Armee zu schaffen, die nicht die Flucht ergreift, sondern imstande ist, unerhörte Leiden auf sich zu nehmen.«[63]

Er, der das zaristische Rußland ein »Völkergefängnis« genannt hatte, empfand es nicht als Widerspruch zu seinen früheren Erklärungen, daß das sowjetische Rußland sich alsbald anschickte, der Ukraine einen Kommunismus nach Moskauer Muster aufzuzwingen, das sozialistische Georgien zu erobern und das gleiche mit Polen zu versuchen.

Im März 1918 verlegte die Regierung ihren Sitz nach Moskau. Vordergründig tat man diesen Schritt, weil die Gefahr bestand, daß die Deutschen trotz des Friedensvertrags versucht sein könnten, Petrograd zu besetzen. Abgesehen davon, hatten die kommunistischen Führer aber auch das Gefühl, das in der »Wiege der Revolution« herrschende Klima sei kein würdiger Rahmen für das Zentrum der neuen Ordnung. Bewaffnete Banden aus Matrosen und ausgemusterten Soldaten, teils unter dem Etikett des Anarchismus, teils als gewöhnliche Kriminelle, zogen durch die Straßen der westlichen Hauptstadt und stellten eine ernstzunehmende Gefahr für das Regime dar, dem sie kurz zuvor in den Sattel verholfen hatten. Aus Furcht, den Zorn dieser Elemente zu erregen, wurde der Beschluß zur Verlegung der Regierungsorgane ebenso wie der Zeitpunkt ihres Umzugs nach Moskau bis zum letzten Augenblick geheimgehalten. Das kommunistische Regime floh vor der Revolution.

Die Verlegung des Regierungssitzes läßt sich, obgleich ursprünglich von rein praktischen Erwägungen diktiert, im Rückblick als ein prophetischer Akt deuten. Die von Peter dem Großen gegründete westliche Hauptstadt hatte augenfällig den europäischen Einfluß auf die russische Entwicklung verkörpert. Dieser Einfluß manifestierte sich darin, daß die Stadt, die heute den Namen Lenins trägt, zur Wiege und zum Brennpunkt praktisch aller Reform- und Revolutionsbewegungen in der neueren Geschichte des Landes wurde. Dagegen symbolisierte der Kreml eine weit ältere Tradition: die der Autokratie in ihrer ursprünglichen, vorpetrinischen, von den Großfürsten und Zaren Moskowiens geprägten Form. Die Slawophilen des 19. Jahrhunderts hatten in der ihnen eigenen exzentrischen Sichtweise diese alte Autokratie als eine urtümlich russische Staatsform und -philosophie, als eine harmonische Mischung aus Absolutismus und demokratischer Mitbestimmung geschildert: Zwar hatte der Zar alle Macht inne, doch schenkte er als weiser Herrscher der Stimme des Volkes, wie sie ihm durch die gelegentlichen Landesversammlungen übermittelt wurde, aufmerksames Gehör. Und die Regierungsform, von der Lenin in seinen letzten Jahren träumte, als er, enttäuscht angesichts des unaufhaltsamen Anwachsens der Bürokratie innerhalb des kommunistischen Staats und beunruhigt über eventuelle diktatorische Gelüste seiner Nachfolgeanwärter, allen voran Stalin und Trotzki, in Gedanken nach einem politischen Schlaraffenland suchte, in dem sich die Diktatur des Proletariats mit demokratischer Teilhabe verbinden lassen würde, erinnert in der Tat auf eigentümliche Weise an die romantischen geschichtlichen Vorstellungen der Slawophilen. Die Parteiführung würde im Leninschen Zukunftsstaat – wie zu seinen Lebzeiten ja bereits weitgehend geschehen – zum autokratisch herrschenden Kollektiv. Die Massen würden ihre Ansichten und Forderungen durch die Partei- und Sowjetkongresse vortragen – eine Regierung für das Volk, aber nicht durch das Volk. Aber ebenso wie es die »volkstümliche Autokratie« der Slawophilen in Wirklichkeit niemals gegeben hat, erwies sich auch Lenins »demokratischer Zentralismus« als Illusion, eine Illusion, die schon zerplatzt war, ehe Lenin durch seine Krankheit und schließlich durch seinen Tod von der politischen Bühne abberufen wurde.

Wie die alten Autokraten, so betrachteten auch die kommunistischen Herrscher die äußere Macht des Staates als den Ausweis ihrer Legitimität, und sie lehrten und lehren ihr Volk, diese äußere Macht als einen Freiheitsersatz zu akzeptieren. So lautet die Frage, die als moralische Quintessenz aus der jüngsten russischen Geschichte abzuleiten ist, noch immer so, wie ein Chronist der Dekabristen sie in der Besinnung auf deren Schicksal formulierte: »Wann wird unser nationales Bewußtsein sich von dieser verhängnisvollen Verwechslung [zwischen Staatsmacht und nationalem Wohl] frei machen, die so viel Verlogenheit in jeden Bereich des nationalen Lebens getragen hat, in unsere Politik, unsere Religion, unser politisches Denken, unser Erziehungswesen?«[64]

Kapitel 7
Wer trägt die Schuld? Was ist zu tun?
Stalinismus und die Zeit danach

Wer hätte, selbst als unheilbarer Optimist, an jenem Abend des 25. Oktober 1917 das volle Ausmaß ihres Sieges zu prophezeien gewagt, fragte Lenin seine Genossen im Rückblick anläßlich des dritten Jahrestags ihrer Machtübernahme. In der Tat war es dem kommunistischen Regime wider alles Erwarten und alle Gesetzlichkeiten der Geschichte gelungen, nicht nur in einem insgesamt bäuerlichen Land zu überleben, sondern auch den Großteil des alten Zarenreichs zusammenzuhalten. Dabei hätten sie, so fuhr der Hauptinitiator dieses Wunders fort, ihren Kampf doch in der festen Überzeugung aufgenommen, ihn nur dann erfolgreich zu Ende führen zu können, wenn es ihnen gelänge, mit ihm eine Weltrevolution zu entzünden; ohne diese Überzeugung hätten sie sich niemals auf den Entscheidungskampf eingelassen. Dies war vielleicht eine zutreffende Wiedergabe der Gedanken, die Lenin an jenem denkwürdigen Abend bewegten. Nichtsdestoweniger mutet es seltsam an, daß ein Mann, dessen Weltanschauung den Anspruch erhebt, sich über nationale Grenzen und Loyalitäten zu erheben, Grund zum Jubel fand, wo doch die Geschichte dem »wissenschaftlichen Sozialismus« gewissermaßen einen Streich gespielt hatte: Die Bolschewiken waren ja schließlich aufgebrochen, um den Weg in das Marxsche »Reich der Freiheit« zu finden, und fanden sich nun statt dessen unversehens in dem gar nicht so neuen Reich einer absoluten Herrschaft über ihr eigenes »rückständiges halbasiatisches Land« wieder, wie die russischen Marxisten es üblicherweise charakterisierten.

Vorläufig hatte es noch nicht den Anschein, als müßten die Kommunisten ihre Überzeugung in Frage stellen, ihre Rolle als die neuen »Sammler der russischen Lande«* sei mit ihrer anderen Rolle als Vorreiter einer weltweiten Revolutionsbewegung vereinbar. Allein, bereits in dem Umstand, daß die Dritte Internationale, die dazu ausersehen war, eine neue Epoche in der Geschichte der Menschheit einzuläuten, ihren Sitz nicht in Berlin oder Paris nahm, sondern in Moskau, schwang ein Stück Nationalstolz mit.

Auch an der Wiege des alten zaristischen Rußland war ein universalistisches Sendungsbewußtsein gestanden. Die orthodoxe Kirche hatte damals, um den moskowitischen Großfürsten eine Art höhere Weihe zu verleihen, die Legende von den drei Rom formuliert, denen es bestimmt sei, nacheinander über die zivilisierte – d. h. die christliche – Welt zu herrschen. Das

---

* Der Ehrentitel der Großfürsten von Moskowien, die im 15. und 16. Jahrhundert die Grundlagen für das großrussische Reich legten.

erste Rom ging unter, weil es sich einer Irrlehre verschrieben hatte. Das zweite – Konstantinopel – war von den heidnischen Türken erobert worden. Somit war Moskau zum Mittelpunkt und zum Bewahrer des wahren Glaubens geworden und würde es für alle Zeiten bleiben. »Denn zwei Rom sind gefallen, aber das dritte steht, und ein viertes wird es nicht geben«, schrieb ein Mönch des 16. Jahrhunderts an Großfürst Wasilij III.[1]

Lenin und seine Genossen hätten sich über eine solche historische Analogie selbstredend empört. Bei ihnen handelte es sich ja nicht um eine altbackene ethnozentrische und irrationale Glaubensüberzeugung, sondern um eine den neuesten wissenschaftlichen Erkenntnissen und dem Geist des Internationalismus entsprechende Weltanschauung. Doch nicht lange, und der Vergleich sollte sich vielen aufdrängen, und eines Tages sollten die sowjetischen Kremlherren von ihren chinesischen Glaubensgenossen die »neuen Zaren« genannt werden.

»Die Zeit ist vorbei, da Rußland sich in den Dienst der Dritten Internationale stellte; diese beginnt vielmehr jetzt, zu einer mächtigen Waffe zur Durchsetzung der nationalen Ziele Rußlands zu werden.«[2] Dieser Satz wurde nicht etwa im stalinistischen Rußland der 30er Jahre geschrieben. Im Jahr 1921 veröffentlichte eine Gruppe von Exilrussen eine Sammlung von Aufsätzen, in denen sie ihrem Glauben an den wesensmäßig russischen Charakter des Sowjetstaates Ausdruck verliehen und ihre Mitemigranten aufforderten, in die Heimat zurückzukehren und mit den neuen Herren des Landes zusammenzuarbeiten. Der Titel der Aufsatzsammlung, der sinngemäß etwa *Die Wegzeichen drehen sich* lautete, stellte ausdrücklich eine Beziehung zu den 1909 publizierten *Wechi* (»Wegzeichen«) her. Deren Autoren, zumeist ehemalige Marxisten und Radikale, hatten die Intelligenzija zu einer kritischen Prüfung ihrer herkömmlichen Einstellung gegenüber der öffentlichen Ordnung und Moral und gegenüber ihren politischen Wertvorstellungen aufgerufen, die, wie 1905/06 gezeigt hatte, den Interessen der Nation mehr Schaden als Nutzen gebracht hatten. Die neuen *Wegzeichen* empfahlen den im Exil lebenden Russen, in Geist und Tat vor der kommunistischen Autokratie zu kapitulieren; die Autoren der *Wechi* von 1909 hatten der russischen Intelligenzija eine solche einseitige Aussöhnung mit der zaristischen Autokratie niemals zugemutet.

Die rückkehrwilligen Exilanten beriefen sich in ihrer Argumentation nicht nur auf ein, wie sie glaubten, nach dem überstandenen Bürgerkrieg toleranter und weniger doktrinär gewordenes Sowjetrußland, und sie begnügten sich auch nicht mit dem Argument, daß es die Pflicht eines jeden Russen ohne Ansehen seiner politischen Anschauungen sei, bei der Lösung der gigantischen Aufgaben mitzuhelfen, vor denen das neue Regime stand: die Wunden der Nation zu heilen und dem Vaterland unter die Arme zu greifen, das praktisch alles, was es in 50 Jahren an wirtschaftlichem und kulturellem Fortschritt erreicht hatte, in den Stürmen des Welt- und Bürgerkrieges wieder eingebüßt hatte. Der zentrale Punkt, auf den es den Verfassern ankam, war vielmehr ihre Überzeugung, das Sowjetregime verkörpere die Erfüllung der nationalen Ideale und den sichersten Weg zu zukünftiger nationaler Größe, eine Perspektive, die weder die altersschwache Monarchie noch die chaotische Demokratie des Jahres 1917 der Nation zu bieten vermocht hätten. »Das hundert Millionen zählende, geistig so reiche und in seiner physischen Macht so überwältigende russische Volk ist im revolutionären Sturm wiedergeboren worden und ist nun zum ersten Mal in der Lage, als Nation seine historische Sendung anzutreten.«[3] Worin diese Sendung bestand, daran ließen die Autoren keinen Zweifel: in Eroberung und Herrschaft. »Gerade der Internationalismus der Sowjetmacht ist in seiner Stoßrichtung im Grunde zutiefst nationalistisch und entspricht jenem ›Universalismus‹ der russischen Nation, den schon Dostojewskij als unabdingbares Kennzeichen eines wirklich großen Volkes bezeichnet hat.« Der Kommunismus war demnach nur eine ideologische Tarnkappe für den traditionellen russischen Nationalismus, als solche allerdings für diesen von weit größerem Nutzen als die ausgediente Autokratie oder die ebenso überholte westliche Demokratie.

All dies wurde, wie gesagt, 1921 geschrieben, als das Sowjetregime noch in den Kinderschuhen steckte und noch keineswegs gefestigt war; die Polen hatten ihm soeben eine militärische Niederlage zugefügt, und das Land litt unter einer der schlimmsten Hungersnöte seiner Geschichte. Gleichwohl beschrieb ein Autor der neuen *Wegzeichen* scharfsichtig, wenn auch ein wenig seiner Zeit vorauseilend, wie der internationale Kommunismus dem sowjetischen, d. h. russischen Expansionsdrang dienstbar gemacht werden konnte: »Der Kommunismus in islamischen Ländern – das ist bloß ein unerfüllbarer Traum . . . Aber russischer Einfluß in Kleinasien, im Iran, bis zu einem gewissen Grad in Indien . . ., die russischen Militärberater auf dem ›Dach der Welt‹ in Afghanistan, das ist eine konkrete Tatsache, eine bedeutende geschichtliche Etappe für Rußland.«[4]

Der Standpunkt dieser Autoren war nicht gerade typisch für die Emigrantenszene der Nachbürgerkriegszeit, aber es handelte sich auch nicht um ein paar vereinzelte Exzentriker, die mit ihrem Anliegen kein Echo gefunden hätten. Wenn auch zwischen 1918 und 1922 an die 2 Millionen Russen, zumeist Angehörige der akademischen Berufe und der ehemals privilegierten Stände, aus ihrem Heimatland flohen oder es unter Zwang verließen, so gab es doch auch nicht wenige, die, oft aus bewußtem eigenen Entschluß, blieben und dabei Verfolgung und Entbehrung, Hunger und Seuchengefahr auf sich nahmen. Manche von denen, die geflohen waren, kehrten im Zeichen des trügerischen Tauwetters zurück, das nach dem Ende des Bürgerkriegs einsetzte und bis zum Ende des Jahrzehnts anhielt, als die Zwangskollektivierung und die anderen barbarischen Maßnahmen der Stalin-Ära begannen. Daß das kommunistische Regime die erste schwierige Periode überdauerte, verdankte es zu einem nicht geringen Teil der hingebungsvollen Arbeit dieser im Land gebliebenen bürgerlichen Fachleute, aus denen es die wissenschaftlichen und technischen Kader, die es benötigte, rekrutieren konnte. Viele dieser Leute blieben bei der Stange, obwohl sie sich keinen Illusionen über den Charakter des Regimes, dem sie dienten, hingaben. »Die Bolschewiken haben Rußland einem Experiment unterworfen, wie ich es nicht einmal an einem Frosch über mich bringen würde«, sagte der große Physiologe Iwan Pawlow, einer jener Naturwissenschaftler, die aufgrund ihres weltweiten Ansehens auf Lenins persönliche Anordnung hin vom Staat besonders großzügig behandelt wurden. Andere, die in der nichtbolschewistischen Linken beheimatet gewesen waren, gaben die Hoffnung nicht auf, daß ihre kommunistischen Herrscher eines Tages auf den wahren sozialistischen Weg zurückfinden würden. Viele ehemalige zaristische Offiziere, die Kerenskij zur Hölle gewünscht hatten, traten in die Rote Armee ein und leisteten, wie selbst Trotzki einräumte, einen entscheidenden Beitrag zu deren militärischen Erfolgen. Gewiß fanden manche sich hierzu nur unter Zwang bereit – wenn etwa zur Gewährleistung ihrer Loyalität ihre Familien als Geiseln gehalten wurden –, aber eine ganze Reihe von ihnen, darunter die wichtigsten Generäle der Roten Armee, taten, was sie taten, aus patriotischem oder soldatischem Pflichtgefühl heraus.

Der Sowjetstaat war ein neues Rußland und dabei doch ein Rußland, in dem bis zum Ende der 20er Jahre noch vieles im Geiste des alten und unter Rückgriff auf dessen »Menschenkapital« funktionierte. Dieser Umstand gestattete es den zum Sowjetstaat bekehrten bürgerlichen Russen, nicht nur ihre alten Ideale und Wertvorstellungen, sondern auch ihre Zukunftsträume weiterhin zu pflegen. Ob als Exilant in Paris oder Berlin oder als Daheimgebliebener in irgendeiner sowjetischen Behörde: Ein ehemaliger Nationalist, »Kadett« oder Menschewik konnte immer noch die Hoffnung nähren, das gegenwärtige System sei lediglich eine historische Verirrung, eine Maskerade; *sein* Rußland mußte doch früher oder später die kommunistische Larve abschütteln und hervortreten. Das Korsett einer importierten Ideologie würde abgesprengt werden, und ein mächtiger Nationalstaat würde zum Vorschein kommen. Oder auch: Sobald die Bevölkerung einen gewissen Bildungsgrad erreicht haben würde (und niemand konnte leugnen, daß die Kommunisten dieses eine Wahlversprechen, einen Feldzug zur Ausrottung des Analphabetentums zu unternehmen, tatsächlich hielten), mußte sie dann nicht die Widersinnigkeit der sowjetkommunistischen Doktrinen erkennen und wirkliche Freiheiten nach westlichem Muster fordern? Und schließlich und endlich, so das Kalkül der ungebrochen nichtbolschewistischen Linken, hatte die Arbeiterklasse ja noch nicht das letzte Wort gesprochen – nicht lange, und sie würde die Errichtung eines *wirklich* sozialistischen Systems verlangen.

Alle diese Varianten des Wunschdenkens konnten im Rußland der 20er Jahre auf diverse stichhaltig erscheinende Anhaltspunkte gegründet werden. Dennoch waren sie letzten Endes illusorisch, weil sie sich von der Weigerung oder der Unfähigkeit der Betreffenden nährten, zu begreifen, daß der Kommunismus, so viele Facetten er auch aufwies, eine ganz neue Form der sozialen Organisation in Rußland eingeführt hatte, die sich weder zu einem Nationalismus alter Prägung zurück- noch zu einem »wahren« Sozialismus oder einer Demokratie weiterbilden würde. Ihr Wesensmerkmal war ein Kult der politischen Macht, wie ihn die moderne Welt in solcher Ausprägung bis dahin noch nicht gekannt hatte. Das sowjetkommunistische System duldete einfach keinerlei Regung mehr, die unter Umständen der Allgewalt des Staates – und damit der kommunistischen Partei – in die Quere kommen konnte. Auch vom russischen Nationalismus, den die sowjetischen Herrscher von den 30er Jahren an unter dem euphemistischen Etikett »sowjetischer Patriotismus« zur psychologischen Hauptstütze und Legitimationsbasis ihrer Macht erhoben, ließen sie sich in der Folge zu keiner Zeit beherrschen.

Zu schreiben »Man kann nicht für Rußland und seine große geschichtliche Mission kämpfen, ohne mit der russischen Intelligenzija und der russischen Revolution zusammenzuarbeiten«[5] zeugte daher von einem völligen Mangel an Verständnis für das Wesen des Kommunismus, einem Mangel, der im Grunde schon 1921, als dieser Satz geschrieben wurde, unentschuldbar war. Noch mitleiderregender ist eine andere in den neuen *Wegzeichen* aufgestellte Voraussage: »Von jetzt an ist für sehr lange Zeit oder sogar für immer allen Spielarten des revolutionären Extremismus, ob im ›breiten‹ oder im ›engen‹ Sinn des Begriffs, und ist auch dem Bolschewismus ein Riegel vorgeschoben.«[6] Es war eine tragische Illusion, zu glauben, das Sowjetregime könne ein Wiederaufleben der Intelligenzija in ihrer vorrevolutionären Form zulassen, die kommunistische Autokratie werde, ähnlich wie ihre zaristische Vorgängerin zwischen 1855 und 1917, ein Nebeneinander von Regierung und Gesellschaft akzeptieren. Der Kommunismus, wie er aus dem Bürgerkrieg hervorging, hatte sich aus seinen sozialdemokratischen Bindungen und Traditionen voll und ganz gelöst und konnte und wollte neben sich keinen potentiell selbständigen gesellschaftlichen oder geistigen Einflußfaktor dulden.

Die Vorstellung, irgendein Bereich des gesellschaftlichen oder geistigen Lebens könne ganz von staatlicher Kontrolle oder Reglementierung verschont bleiben, war Lenin fremd, und zwar auch noch in seinen letzten Lebensjahren, als er die eine oder andere Entwicklungstendenz in der sowjetischen Realität mit Enttäuschung registrierte. Als ein ziemlich exzentrischer Parteifreund ihm in einem Brief vorschlug, die bürokratischen Auswüchse, die er öffentlich kritisiert hatte, durch die Gewährung eines gewissen Maßes an Pressefreiheit einzudämmen, ließ Lenin in seiner Antwort indirekt die Vermutung anklingen, der Briefschreiber müsse nervlich überstrapaziert sein: »Man darf nicht in Panik verfallen«.[7]

Man kann sich endlos darüber streiten, ob der Stalinismus eine unvermeidliche Etappe in der Entwicklung des kommunistischen Systems gewesen ist oder nur ein historischer Ausrutscher. Dagegen scheint mir sehr wenig für die Annahme zu sprechen, daß der russische Kommunismus seine vollkommene Unduldsamkeit nicht nur gegenüber jeder wirklichen Opposition, sondern auch gegenüber jeder von ihm nicht zur Gänze kontrollierbaren gesellschaftlichen und geistigen Kraft hätte überwinden und eine andere Entwicklung nehmen können. Wenn diese Möglichkeit nicht gegeben war, dann ist es klar, daß der weiß Gott schon rigide »demokratische Zentralismus« Lenins schließlich einer noch weit stärker zentralisierten und durchorganisierten Herrschaft der Partei selbst weichen mußte, sei es, daß diese Herrschaft von einem einzelnen Diktator, sei es, daß sie von einer Oligarchie ausgeübt wurde. Man konnte ein Volk von an die 150 Millionen Menschen nicht in ein strenges System der Kontrolle zwängen und hermetisch von jeder potentiellen oder entfalteten oppositionellen Strömung abschotten, wenn das Instrument dieser Kontrolle, die kommunistische Partei bzw. ihre mehreren hunderttausend Mitglieder, infolge politischer, persönlicher und ideologischer Konflikte in sich gespalten war. Es war ein hoffnungslos romantisches Vorhaben, das Lenin sich auf seinem letzten Krankenbett ausdachte: daß etwa 50 einfache Arbeiter ins Zentralkomitee der Partei berufen werden sollten, um den Parteiführern auf die Finger zu sehen und allfällige Auseinandersetzungen zwischen Stalin, Trotzki und Sinowjew zu schlichten. Wäre dieser Plan nach Lenins Tod aufgrund irgendeiner wunderbaren Fügung in die Tat umgesetzt worden, die kommunistische Partei wäre alsbald eine ebenso zerstrittene und handlungsunfähige Gesellschaft geworden wie die kurz vorher verblichene »Revolutionäre Demokratie« und hätte zweifellos deren Schicksal geteilt. Eine andere Illusion des todkranken Lenin war die Vorstellung, es könne einen autoritären zentralisierten Staat geben, der keine nationalistischen, genauer gesagt, russisch-chauvinistischen Züge entwickeln würde. Die allgemeine Richtung, die die sowjetische Nationalitätenpolitik unter dem Einfluß Stalins nahm, ließ bei Lenin, wie er 1923 (!) schrieb (zu einem Zeitpunkt, da die Nationalitätenpolitik vergleichsweise noch am liberalsten gehandhabt wurde), den Eindruck aufkommen, daß die Nichtrussen nicht vor einer »Usurpation ihrer Rechte durch diesen typischen russischen Menschen, den Chauvinisten, [sicher sind], der im tiefsten Innern ein Schuft und Unterdrücker, ein Bürokrat klassischen Zuschnitts ist«.[8] Hätten die Nachfolger Lenins im Geiste seiner auf dem Totenbett angestellten Grübeleien gehandelt, das Sowjetreich wäre binnen kurzem in einen Zustand verfallen, wie er ähnlich unter der Provisorischen Regierung bestanden hatte, als zusätzlich zum Autoritätsverfall im Zentrum überall im Reich nationale und lokale Loslösungsbestrebungen um sich griffen.

Der Stalinismus verkörperte das Äußerste an Intoleranz und Unterdrückung. Hätte ein anderer als Stalin sich zum Führer aufgeschwungen, seine Herrschaft hätte wahrscheinlich menschlichere Züge getragen und weit weniger Blutopfer gefordert. Doch es fällt sehr schwer, sich vorzustellen, daß der Sowjetstaat, gleich unter welchem Führer, irgendeiner Gruppe der russischen Gesellschaft auch nur so viel Autonomie und Freiheit hätte gewähren können, wie selbst die alte Autokratie sie nach 1855 gezwungenermaßen in denjenigen gesellschaftlichen und kulturellen Bereichen zugelassen hatte, die nicht unmittelbar an ihre Prärogative rührten. Der Zarismus in seiner autoritärsten Ausprägung verlangte Gehorsam; der Kommunismus in seiner liberalsten Ausprägung fordert Konformität.

Der Terror als bewußt eingesetztes Instrument staatlicher Politik hörte unter der Herrschaft Lenins auf, bloßes Mittel der Selbstverteidigung und des Klassenkampfes zu sein, und wurde zu einem regulär angewandten innenpolitischen Disziplinierungsmittel. Man bediente sich seiner nicht nur im Kampf gegen potentielle oder aktive Oppositionskräfte, sondern auch bei der Bewältigung wirtschaftlicher Probleme, etwa bei der Requirierung von Lebensmitteln bei den Bauern, um die Bürokratie auf Trab zu bringen usw. »Erschießen« und »mit Erschießung drohen«, diese Worte tauchten immer wieder in den Anweisungen Lenins auf, wenn es um Probleme wie den Umgang mit einem widerspenstigen Militärbefehlshaber oder vielleicht auch nur eine falsche telefonische Verbindung ging. Wenn ihm eine schlampig gedruckte Ausgabe eines marxistischen Klassikers unterkam, bei der das Stichwortregister fehlte, pflegte er eine sechsmonatige Gefängnisstrafe für den Verleger zu empfehlen.[9]

Dies waren Erscheinungsformen eines *revolutionären* Terrors, die durch den Verweis auf die bedrohliche Anarchie rationalisiert wurden, der die Bolschewiken sich nach dem Oktober 1917 gegenübersahen. Als jedoch die Revolution und der Bürgerkrieg vorüber waren, wurden die Tscheka nicht etwa, wie ihr Name es hätte suggerieren können, wieder abgeschafft, sondern lediglich umbenannt; das Wort »außerordentlich« verschwand aus ihrer offiziellen Bezeichnung, und sie wurde zu einer höchst »ordentlichen« sowjetischen Institution und ist es bis heute geblieben.

Das Jahr 1927 markierte den Höhepunkt der »Neuen Ökonomischen Politik«; Stalin war zwar der anerkannte Führer der Sowjetunion, aber noch nicht ihr absoluter Diktator, und seine Partner im Triumvirat der Macht, Nikolaj Bucharin und Alexej Rykow, wurden zu Recht zu den humansten unter den Schülern und Nachfolgern Lenins, zu den Exponenten eines, wie wir heute sagen würden, »Sozialismus mit menschlichem Antlitz« gezählt. Allein, im Gefolge einiger außenpolitischer Rückschläge, die die UdSSR erlitt, fühlte das Regime sich genötigt, seine revolutionäre Kraft und Strenge unter Beweis zu stellen. Die Geheimpolizei verhaftete und erschoß zwanzig friedliche Bürger, deren einziges Verbrechen darin bestand, daß sie dem vorrevolutionären Adel und Großbürgertum entstammten. Die einzigen kritischen Stimmen, die sich hierzu in Parteikreisen erhoben, wiesen auf den schlechten Eindruck hin, den diese willkürliche Greueltat auf die öffentliche Meinung im Ausland ausüben würde. Stalin fertigte diese schüchternen Proteste mit dem Satz ab: »Die Erschießung von zwanzig ›Adligen‹ ist bei den Millionen von Arbeitern in der UdSSR und im Westen auf Zustimmung und

Verständnis gestoßen . . . Zur Hölle mit diesen liberal-pazifistischen Philosophen und ihrer ›Sympathie‹ für die Sowjetunion.«[10]

Als Stalin die ganze Macht an sich gerissen hatte, hörte der Terror auf, bloß eine Herrschaftstechnik zu sein, und wurde zu einem grundlegenden Bestandteil der offiziellen Staatsideologie. Je näher man dem Sozialismus kam, desto schärfer mußten die Klassengegensätze hervortreten und desto unbarmherziger mußte der Klassenkampf geführt werden – so Stalins Beitrag zur Weiterentwicklung der marxistischen Theorie. Praktisch hieß das, daß alle gegenwärtigen und zukünftigen Siege des Sozialismus das Maß der notwendigen Wachsamkeit und Repression nicht verringerten, sondern im Gegenteil erhöhten. Der »Verrat« wurde in der Folge zum ständigen Begleiter des siegreich voranschreitenden Sozialismus. Die Aufgabe der staatlichen Sicherheitsorgane erschöpfte sich nicht mehr darin, Opposition und Widerstand zu unterdrücken, sie mußten diese vielmehr sozusagen auch produzieren.

Diese letztere Tendenz mag dem Leser vielleicht irrational bis an die Grenze des Wahnsinns erscheinen. Herkömmlicherweise bemühen sich autoritäre Regime, zumindest nach außen hin das Ausmaß der Empörung und Opposition, die sie in ihrer eigenen Bevölkerung provozieren, möglichst gering zu halten. Eine Geheimpolizei mag hin und wieder aus »fachlichen« Erwägungen Anlaß sehen, eine Verschwörung zu erfinden, wo es in Wirklichkeit keine gibt, oder irgendwelche unschuldigen Menschen zu opfern. Aber daß sie von höchster Stelle aus angewiesen wird, immer neue Fälle von Verrat zu finden, immer neue Listen von Volksfeinden zu fabrizieren, ist durchaus nicht normal. Dies war eine spezielle Errungenschaft des Stalinismus. Auf der Höhe der Säuberungswelle hätte jeder Sowjetbeamte, der bestritten hätte, daß der gesamte Partei- und Staatsapparat, die Betriebsführungen und die Intelligenz des Landes von allgegenwärtigen Verrätern und Verschwörern durchsetzt waren, mit seinem Leben gespielt. Hätte irgend jemand gewagt, zu behaupten, die sowjetische Gesellschaft sei, nachdem sie mehrmals von den »Trotzkisten«, »Bucharinisten« usw. gesäubert worden war, jetzt mit Sicherheit von allen denkbaren Ansätzen der Unterwanderung und Subversion befreit, so wäre ihm dies als schlagender Beweis für eigene verräterische Absichten ausgelegt worden.

In den nach 1956 veröffentlichten sowjetischen Stellungnahmen zu Stalin wurde der surrealistische Schrecken, den das Regime dieses Mannes verbreitet hatte, auf das »übermäßige Mißtrauen« des Diktators und auf den »Personenkult« zurückgeführt – eine höchst unbefriedigende Erklärung. Jeder despotische Herrscher muß sicherlich außerordentlich wachsam und mißtrauisch sein, da er sonst nicht lange Herrscher bleiben würde. Nur wenige Menschen solchen Schlages sind frei von Eitelkeit und von der Vorstellung, mit besonderen Vorzügen begabt zu sein, die ihnen ein Anrecht auf abgöttische Verehrung durch ihre Untertanen verleihen. Doch wäre es beispielsweise Nikolaus I. ganz gewiß niemals in den Sinn gekommen, den Chef seiner Geheimpolizei abzusetzen oder hinrichten zu lassen, nur weil dieser seit mehreren Monaten keine neue Verschwörung aufgedeckt hatte. Die Erklärung für den Terror der 30er Jahre nur in den irrationalen Persönlichkeitszügen Stalins zu suchen, hieße vorauszusetzen, daß er hochgradig verrückt war, eine Annahme, die angesichts der Tatsache, daß er seine absolute Herrschaft über 25 Jahre hinweg zu behaupten vermochte, ziemlich absurd erscheint.

Es scheint mir vernünftiger, davon auszugehen, daß der Terror in dieser Größenordnung das Resultat eines bewußten Kalküls war, daß Stalin darin das einzige Mittel sah, um seine beiden Ziele – absolute Macht für sich selbst und möglichst viel äußere Macht für den Staat, über den er herrschte – miteinander zu versöhnen. Auf der einen Seite bot ihm der Terror die Möglichkeit, seine eigene Unersetzlichkeit zu demonstrieren, da den Menschen die Vorstellung eingehämmert wurde, selbst die engsten Mitarbeiter und Kronprinzen ihres Herrschers seien nicht gegen verräterische Neigungen gefeit. Würde er, Stalin, durch irgendeinen Winkelzug gewaltsam abgesetzt, so würde mit ihm das ganze kommunistische System mit allen seinen Errungenschaften einstürzen. Zugleich bildete der Terror einen Bestandteil der Erziehungskampagne, mit der die Bevölkerung davon überzeugt werden sollte, daß all die Schrecknisse, die mit der Zwangskollektivierung einhergingen, etwa die Hungersnot, die 5 Millionen Menschenleben forderte, daß all die Entbehrungen und Leiden, welche die im Eiltempo vorangetriebene Industrialisierung mit sich brachte, nicht etwa eine Folge der Politik der Regierung waren, sondern das Werk der Volksfeinde, die den Sozialismus sabotierten. Der Terror war, kurz gesagt, erforderlich, um den Gehorsam der Bevölkerung zu erzwingen, und mehr noch, um sie das unglaublich Erscheinende glauben zu machen. Der Terror überbrückte die Kluft zwischen Wirklichkeit und Fiktion, zwischen dem tyrannischsten Regime auf der ganzen Erde – dies war die Stalin-Herrschaft in den Jahren 1936–37 zweifellos – und der sowjetischen Verfassung, die um die gleiche Zeit ausgearbeitet und verabschiedet wurde und von der es hieß (was auf dem Papier durchaus stimmte), sie sei die »demokratischste auf der Welt«.

Den Beginn der Ära der Säuberungen markierte, symbolhaft genug, eine militante Kampagne gegen die Überlebenden der alten Intelligenzija. »Von jetzt an ist für sehr lange Zeit oder sogar für immer allen Spielarten des revolutionären Extremismus . . . ein Riegel vorgeschoben«, hatte einer ihrer Repräsentanten 1921 geschrieben, um damit die Haltung derjenigen zu rechtfertigen, die sich entschlossen hatten, um Rußlands willen loyal mit dem Sowjetregime zusammenzuarbeiten. Viele der so Gesinnten stellten ihre Fähigkeiten in der Folge in den Dienst des kommunistischen Staates und lösten ihre inneren und äußeren Bindungen an die »Kadetten«, die Menschewiken oder andere Parteien. Als Stalin nun den großen Kreuzzug zur Reorganisation der russischen Wirtschaft und Gesellschaft auf die Tagesordnung setzte, mußte er sich die Frage stellen, wie dieses voraussichtlich mit enormen Opfern und anfänglichen Fehlschlägen verbundene Vorhaben durchzusetzen war, ohne daß man die Flammen des Klassenkampfes wieder anfachte. Man mußte den Massen nicht nur das grandiose Ziel einer Verwandlung des bäuerlich geprägten Rußland in eine Industriemacht vor Augen führen, sondern ihnen auch einen sicht- und greifbaren Feind vorsetzen, gegen dessen verräterische Tücke und dessen Ränke man die Massen mobilisieren und sie in eine Art kreative Hysterie hineintreiben konnte, so daß sie ihren Enthusiasmus und ihre Einsatzbereitschaft verdoppelten und bereit waren, Entbehrungen auf sich zu nehmen, wie sie seit dem Bürgerkrieg nicht mehr dagewesen waren. Für die Besetzung dieses Feindbildes eignete sich zunächst einmal niemand besser als jene vielen tausend bürgerlichen Fachkräfte, die sich nach außen hin mit der sowjetischen Realität abgefunden hatten, denen man aber ohne weiteres unterstellen konnte, daß sie aufgrund ihrer klassenspezifischen Herkunft und Weltanschauung den Aufbau des Sozialismus sabotierten. Was konnten bürgerliche Wirtschaftsfachleute nicht alles tun, um die Erfüllung des Fünfjahresplans zu hintertreiben! Plandaten und Statistiken verfälschen, um die von der Staatsführung gesetzten Ziele wahnwitzig und unerreichbar erscheinen zu lassen, Unfälle in den Fabriken und Bergwerken herbeiführen, Maschinen kaputtgehen lassen und Ausschuß fabrizieren . . .: dies alles in der heimtückischen Absicht, die Arbeiter und Verbraucher gegen Partei und Staat als die vermeintlich Verantwortlichen aufzubringen und Zweifel an der Weisheit und klugen Voraussicht ihres Führers zu wecken. Tausende dieser Schädlinge und Saboteure wurden von der Geheimpolizei verhaftet. Im Jahre 1960 war die von Chruschtschow eingeleitete Entstalinisierungskampagne in vollem Gang, aber gleichwohl konnte ein sowjetischer Autor damals noch schreiben: »Zwischen 1928 und 1931 wurden in den folgenden Industriezweigen Sabotageorganisationen entlarvt: Bergbau, Rüstung, Textilindustrie, Maschinenbau, Chemie, Gummierzeugung, Ölförderung, Einzelhandel. Saboteure drangen in die wichtigsten Schlüsselstellen der Volkswirtschaft ein . . ., den Obersten Wirtschaftsrat und die Planungskommission.«[11] Um die meisten dieser Verräter kümmerte sich die Geheimpolizei selbst; sie wurden in Zwangsarbeitslager gesteckt – oder Schlimmeres geschah.

Die erzieherische Seite des Unternehmens erforderte jedoch, daß diejenigen, die eine nachprüfbare politische Biographie besaßen (beispielsweise der gefeierte Chronist der Revolution, Suchanow), ihre Sünden in öffentlichen Gerichtsverhandlungen bekannten, daß sie also gehorsam fiktive Geständnisse über Verrats- und Sabotageakte ablegten, die sie im unmittelbaren Auftrag menschewistischer Exilpolitiker, antikommunistischer Generäle der Weißen Armee oder ausländischer Spionageorganisationen begangen hätten . . . Die Darstellung der begangenen Verbrechen mußte so detailreich und lebhaft sein, daß es dem Durchschnittsbürger schwerfallen mußte, sich vorzustellen, daß die »Geständnisse« von A bis Z erfunden waren. Die fruchtbare Phantasie der Illusionisten von der Geheimpolizei ließ ganze konterrevolutionäre Parteiorganisationen entstehen, deren einzige Leistung und Aufgabe darin bestand, von den wachsamen Sicherheitsorganen entlarvt und zerschlagen zu werden, so etwa die Industriellenpartei, deren harter Kern, eine Anzahl ehemaliger Oktobristen und Menschewiken, es angeblich verstanden hatte, bis in höchste Funktionen der Betriebsleitungen und der Planungsbürokratie vorzudringen. Eine andere Phantasmagorie war die »Partei der Arbeitenden Bauern«, die sich angeblich auf die Sabotage der Kollektivierung spezialisiert hatte und die Kulaken (die wohlhabenden Bauern) in ihrem Kampf gegen die weisen und segensreichen Maßnahmen und Pläne unterstützte, mit denen die Regierung für wirtschaftlichere Produktionsweisen, größeren Wohlstand und soziale Gerechtigkeit auf dem Land sorgen wollte. »Die Zerschlagung der konterrevolutionären Schädlingsgruppe der Kulakenpartei hat die Voraussetzung für einen rascheren Aufbau des Sozialismus auf dem Lande geschaffen und schwerwiegende Hindernisse auf dem Weg zum Aufbau der Landwirtschaft beseitigt.«[12] Anläßlich der Demaskierung einer weiteren verbrecherischen Organisation, deren Mitglieder durchweg eine menschewistische Vergangenheit hatten, sprach die Partei die Lektion, die die Massen aus diesem ganzen Schauspiel lernen sollten, einmal ziemlich unverhohlen aus: »Mit je größerem Erfolg das Proletariat der Sowjetunion seine Offensive vorantreibt, desto mehr setzen die konterrevolutionären Elemente im Land ... auf einen Angriff ausländischer Imperialisten gegen die UdSSR. Die Arbeiter und Bauern müssen hierauf mit einer um so entschlosseneren sozialistischen Offensive auf breiter Front antworten.«[13]

Verglichen mit den Prozessen in der Zeit der großen Säuberung 1936–38, in denen die staatlichen Ankläger die Devise »Erschießt sie wie tolle Hunde, die sie ja wirklich sind« ausgaben, wirkt die Unmenschlichkeit der Verfahren von 1928–31 eher gedämpft. Zwar forderten die proletarischen Massen bei ihren Versammlungen gewöhnlich die Todesstrafe für alle Angeklagten, doch wurden viele von ihnen, namentlich diejenigen, die aufgrund technischer Fachkenntnisse in der Folge dem Staat noch nützliche Dienste leisten konnten, lediglich zu Gefängnisstrafen verurteilt. Einer der so glimpflich Davongekommenen, Professor Ramzin, erlebte nicht nur seine Begnadigung, sondern stieg anschließend zum Leiter eines Instituts und sogar zum Stalinpreisträger auf. Hin und wieder kam es vor, daß ein Angeklagter, entweder in bewußter Renitenz oder einfach, weil er aus der Rolle fiel, seine Unschuld beteuerte. Und einige wenige wurden tatsächlich auch freigesprochen, eine Möglichkeit, die 1936–38 ganz undenkbar war.

Im großen und ganzen war das rabiate Vorgehen gegen die Intelligenzija, so atemberaubend es in seinem Ausmaß und der Art seiner Abwicklung erscheinen mag, ein noch verhältnismäßig milder Vorgeschmack auf die barbarische Grausamkeit, mit der Stalin in den frühen 30er Jahren gegen die Bauern wütete und anschließend die Reihen der Altbolschewiken, des Offizierskorps und der Sicherheitsorgane selbst lichtete.

Stalin nannte die Schriftsteller »die Ingenieure der menschlichen Seele«, und so war es nur naheliegend, daß die Säuberung in den Reihen der vorrevolutionären und revolutionären Intelligenzija, nachdem sie sich zunächst einmal der wirklichen Ingenieure und der Wirtschaftsfachleute angenommen hatte, auch auf andere Berufsgruppen innerhalb der Intelligenzija übergriff: Schriftsteller, Künstler, Wissenschaftler. Einer der Autoren der neuen *Wegzeichen* hatte 1921 ein verheißungsvolles Bild von der Zukunft der russischen Kultur unter der Herrschaft des Kommunismus gezeichnet: »Wenn das vorrevolutionäre Rußland mit seinen apathischen Massen und seiner Fäulnis an der Spitze des Staates [gleichwohl noch] geniale Künstler hervorgebracht hat, die ganze Jahrhunderte und Nationen geistig befruchteten – Tolstoj, Dostojewskij, Mendelejew, Mussorgskij, Skrjabin –, welche Wunderwerke wird dann die befreite russische Seele der Kultur der Welt schenken!« Im Rußland Stalins wären wahrscheinlich alle diese Männer, mit Ausnahme Mendelejews vielleicht, in ein Arbeitslager verbannt oder zumindest gezwungen worden, sich in ihren Schriften und Kompositionen an die Richtlinien des »sozialistischen Realismus« zu halten. Selbst der vom Kommunismus theoretisch so hochgeschätzten Naturwissenschaft wurde auf verheerende Weise zugesetzt, wobei die sich ergebenden Widersprüche zwischen der Logik des Terrors und den Erfordernissen der nationalen Volkswirtschaft und Verteidigung notdürftig durch jene Gefängnis-Forschungsinstitute überbrückt wurden, die man für diejenigen Wissenschaftler einrichtete, die als zu wertvoll galten, um erschossen oder in die Lager geschickt zu werden.

In dem durch den Terror geschaffenen und geprägten Klima der 30er Jahre war es undenkbar, daß irgendeine Klasse oder Gruppe der Gesellschaft ungeschoren davonkommen könnte. Der Mechanismus, nach dem die Säuberungen abliefen, die hohen Belohnungen, die für eine Denunziation winkten, und die Tatsache, daß der völlige Verzicht auf denunziatorische Anzeigen den Betreffenden unweigerlich dem Verdacht mangelnder Loyalität aussetzte, all dies hatte beinahe selbstverständlich zur Folge, daß jede wissenschaftliche, ästhetische oder sonstige fachliche Meinungsverschiedenheit und Rivalität dem Terror neue Opfer lieferte. Allerdings zeichnete sich das Vorgehen gegen die Intelligenz auch noch durch einen ganz spezifischen Zug aus, und dieser Aspekt ist wichtig für ein besseres Verständnis nicht nur des Stalinismus, sondern auch des sowjetischen Staats und der sowjetischen Gesellschaft sowohl vor als auch nach Stalin.

Die Einstellung Lenins zu der Klasse, der er selbst entstammte, trug einen höchst ambivalenten Charakter. Einerseits war er überzeugt, daß eine sozialistische Gesellschaft mehr als jede andere ihre geistige Elite hegen und pflegen, ja daß sie ihren Intellektuellen und Akademikern in bezug auf die materiellen Lebensbedingungen den Status einer privilegierten Klasse gewähren müsse. Zugleich aber bedurfte keine andere Gruppe der Gesellschaft so sorgfältiger und mißtrauischer Beaufsichtigung durch den kommunistischen Staat wie eben die Intelligenz. In den ersten nachrevolutionären Jahren rechtete Maxim Gorki oft mit Lenin über die Schikanen und Entwürdigungen, denen so viele Intellektuelle seitens der Geheimpolizei und anderer staatlichen Stellen ausgesetzt waren. Immerhin hatten einige dieser Menschen, so gab Gorki zu bedenken, den Bolschewiken geholfen und die Sache der Revolution unterstützt. Lenin entgegnete:

»Ja, hervorragende Leute, freundliche Leute, und das ist der Grund, weshalb wir sie so dringend suchen . . ., weil sie hervorragend und freundlich sind. Sie sympathisieren mit den Unterdrückten, sie verabscheuen die Verfolgung. Und was bekommen sie jetzt zu sehen? Der Verfolger ist unsere Tscheka, die Verfolgten sind die ›Kadetten‹ und die Sozialrevolutionäre, die vor ihnen fliehen müssen . . . Wir müssen die Konterrevolutionäre fangen und sie unschädlich machen. Also, die Moral ist klar.«[14]

Kein Zweifel, die russische Intelligenzija war die Initiatorin und Ernährerin der revolutionären Bewegung gewesen; bei all ihren Schwächen, ihrer Sentimentalität und ihrer Redseligkeit hatte sie doch die entscheidenden Beiträge zur Diskreditierung und zum schließlichen Sturz eines machtvollen autoritären Systems geleistet. Wenn man sie nicht einer strengen Beaufsichtigung und Disziplinierung unterwarf, würde diese ungebärdige Brut dem kommunistischen System dasselbe Schicksal bereiten.

Hatte es zunächst noch genügt, die Intelligenzija einer gelegentlichen Demütigung zu unterwerfen, so wurde mit den Jahren zunehmend deutlich, daß das unter den Bedingungen des Stalinismus nicht mehr ausreichte. Nikolaus II. hatte erklärt, er würde, wenn er könnte, das Wort »Intelligenzija« aus der russischen Sprache tilgen. Stalin ging viel weiter. Er verwandelte die Intelligenzija in eine Karikatur ihrer selbst. Unter dem zaristischen Regime hatte sie die Rolle einer Kritikerin der gesellschaftlichen und politischen Wirklichkeit oder doch zumindest die Rolle eines Sprachrohrs der Nation gespielt. Lenin begnügte sich damit, die Intellektuellen als Kritiker mundtot zu machen und sie für den Staat arbeiten zu lassen; Diskussion und Kritik waren der Partei vorbehalten. Die Künstler ließ er in Ruhe, solange sie sich von politischen Themen fernhielten; er hatte noch ein genügendes Maß an bildungsbürgerlichem Erbe mitbekommen, um über die verschiedenen Spielarten proletarischer Kunst, die im Gefolge des Oktober 1917 aufkamen, die Nase zu rümpfen. Tatsächlich war seine Haltung derjenigen Nikolaus' I. nicht unähnlich: Nach dessen Überzeugung sollten Philosophen oder Schriftsteller die Autokratie weder rühmen noch sie kritisieren; von diesen Dingen hatten sie einfach die Finger zu lassen.

In den Jahren nach 1930 sah die Intelligenz sich wieder aufgerufen, ihre Stimme zu erheben und zum ganzen Volk zu sprechen, allerdings nach vorgeschriebenen Texten. Alle Zweige der darstellenden Kunst, der Literatur, der Geschichts- und selbst der Naturwissenschaft wurden zu einem einheitlichen Klangkörper zusammengeschaltet, der einzig die Aufgabe hatte, in tausendfacher Variation das Loblied des siegreichen Sozialismus und des

Führers der Sowjetunion erschallen zu lassen. In den 60er und 70er Jahren des 19. Jahrhunderts hatten Schriftsteller, die um politische Themen einen Bogen machten, Künstler, die an den Grundsatz *L'art pour l'art* glaubten, Wissenschaftler, die sich aus dem öffentlichen Leben heraushielten, oder Historiker, die über die russische Vergangenheit schrieben und sich dabei mehr mit Herrscherpersönlichkeiten und Kriegen als mit dem Volk beschäftigten, der Gesellschaft gegenüber einen schweren Stand gehabt. Nun, unter den Bedingungen des sozialistischen Realismus, machte man sich mit solcher Distanziertheit nicht mehr bloß unbeliebt, sondern riskierte den Verlust der Arbeitsmöglichkeit als Künstler oder Wissenschaftler, ja in vielen Fällen sogar den Verlust des Lebens. Man mußte seine positive, d. h. euphorische Einstellung zur sowjetischen Realität nicht nur durch seine Arbeit demonstrieren, sondern auch indem man sich politisch äußerte; also beispielsweise in die Lobgesänge auf die neue Sowjetverfassung und den letzten Fünfjahresplan einstimmte oder seine Unterschrift unter eine Petition setzte, in der die Todesstrafe für eine jüngst entlarvte Verräter- und Abweichlerbande gefordert wurde. Aber auch Heuchelei und Kriecherei, ja auch völlige inner- und äußerliche Konformität bildeten keineswegs eine absolute Garantie dafür, ungeschoren zu bleiben. Wenn man Pech hatte, konnte man wegen eines Verwandten, einer unbesonnenen Bemerkung oder infolge einer böswilligen Denunziation in die Fänge der Geheimpolizei geraten. Den Intellektuellen fiel das Schwimmen mit dem Strom sicherlich schwerer als den meisten anderen Russen. Sie mußten sich oft von Überzeugungen lossagen, die sie ein Leben lang in ihrer Arbeit vertreten hatten und die durch einen plötzlichen Wechsel der für ihr Fach maßgeblichen offiziellen Doktrin über Nacht vielleicht zu einer volksfeindlichen Ideologie geworden war, deren Verbreitung als Verrat betrachtet wurde.

Es konnte vorkommen, daß Stalin selbst sich für ein bestimmtes wissenschaftliches oder ästhetisches Thema zu interessieren begann und die bis dahin für diesen Bereich als gültig anerkannten Auffassungen schlagartig über den Haufen geworfen wurden; wer diese Auffassungen bis dahin vertreten hatte, mußte seine Irrtümer nun schnellstens widerrufen und seine frühere Arbeit verurteilen. Der Name Konstantin Pobjedonoschtschew gilt als Inbegriff der tiefsten Reaktion und Intoleranz, zu der das alte Rußland fähig war; mit Stalin verglichen, war er jedoch geradezu liberal. Er hatte dafür gesorgt, daß der Heilige Synod Leo Tolstoj exkommunizierte, aber dem Dichter mit Verhaftung und mit dem Verbot aller seiner Bücher zu drohen, wenn er nicht öffentlich seine seither vertretenen Ansichten über Politik und Religion widerrief, wäre nicht einmal ihm in den Sinn gekommen. Der normale kommunistische Staat verlangt von seinen Intellektuellen Konformität; Stalin verlangte von ihnen darüber hinaus Selbsterniedrigung.

Die Methode erwies sich auf kurze Sicht als höchst erfolgreich: Abweichende Meinungen wurden nicht nur zum Schweigen gebracht, sie waren von jetzt an von vornherein undenkbar.

»Wir leben, aber fühlen unter uns kein Land.
Unsere Reden sind auf zehn Schritte nicht zu hören.
Zu hören ist nur der Bergbewohner im Kreml,
Der Seelenmörder und Bauernbekämpfer«,

schrieb Osip Mandelstam in dem Gedicht über Stalin, das ihn das Leben
kosten sollte. Es gab nur ein halbes Dutzend Personen, denen der Dichter,
jeweils einzeln, das Epigramm vorgelesen hatte, und einer von ihnen muß
ihn bei der Geheimpolizei denunziert haben.

»Wer hat dich gelehrt, dir eigene Gedanken zu machen?« lautete eine
Standardfrage der zaristischen Inquisitoren an die verhafteten Dekabristen.
Stalin trieb die Unterwerfung der Intelligenzija so weit, daß sehr wahrscheinlich nur ganz wenige Sowjetbürger, die in den 30er und 40er Jahren
aufwuchsen, selbständiges Denken lernten und daß die meisten der Älteren,
sofern sie überleben wollten, es sich abgewöhnen mußten. Damit führte
Stalin nicht nur de facto einen verheerenden Schlag gegen eine Klasse und
eine Tradition, sondern liquidierte praktisch auch jene geistige und psychische Autonomie des einzelnen, ohne die keine Gesellschaft auch nur den
ersten Schritt im Kampf um ihre Freiheit tun kann.

Nach Stalins Tod wurden Kritik und Opposition, die zwanzig Jahre lang
ein irrationales und selbstmörderisches Abenteuer gewesen waren, wieder
zu Verhaltensweisen, die lediglich einen beträchtlichen Mut erforderten.
Viele Beobachter glaubten, die Schicht der russischen Akademiker und Intellektuellen, die im Vergleich zur vorrevolutionären Zeit stark angewachsen
war, werde nun die Gewohnheiten und die Tradition der alten Intelligenzija
wiederaufnehmen und in diesem Sinn eine Entwicklung hin zu mehr politischer Freiheit erzwingen. Doch die Betäubungswirkung des Stalinismus ist
bis heute noch nicht abgeklungen. Das Regime ist humaner, aber nicht
toleranter geworden. Individuelle Kritik und Opposition gibt es zweifellos
wieder, aber noch längst nicht in jener »kritischen Masse« wie in der vorrevolutionären Periode. Soweit man überhaupt zu dem durchdringen kann,
was gebildete Russen heute wirklich denken, hat es den Anschein, daß den
meisten von ihnen die Erinnerung an den Stalinismus noch gegenwärtig ist
und daß sie noch immer darüber erleichtert sind, daß es heutzutage schon
genügt, konform zu gehen, wenn man ungeschoren bleiben will.

Die russische Gesellschaft der Vorrevolutionszeit hatte sich nicht immer
und bedingungslos als Opponentin der Autokratie verstanden. Zeitenweise,
so etwa in der Phase der Großen Reformen, hatten beide miteinander ko-
operiert. Im allgemeinen hatte die gebildete Schicht des alten Rußland die
Regierung und ihre Politik ohnehin nicht so sehr bekämpft als vielmehr
kritisiert und ihr gewissermaßen Zensuren erteilt. Die autokratische Herrschaft alter Art war nicht nur, wie das geflügelte Wort sagte, durch Attentate
und Korruption gemildert worden, sondern auch durch eine Kritik, die sich
nicht zuletzt auf statistische Zahlen stützen konnte. Die beiden immer wie-

derkehrenden Mahnungen »Unser Land ist rückständig« und »Die Dinge laufen in Rußland nicht so, wie sie in einem zivilisierten Staat laufen sollten« wurden von der Regierung gehört und oft auch beachtet, und dies selbst in den reaktionärsten Perioden. Daß das kommunistische Regime die Intelligenz nicht als eine quasi legitime Gesellschaftskritikerin anerkennen konnte – ebensowenig wie sie sie als politische Rivalin dulden mochte –, ist klar. Diejenigen Intellektuellen und Künstler, die ihre Absicht verkündet hatten, mit dem Sowjetstaat zusammenzuarbeiten, hatten die bescheidene Hoffnung gehegt, wenigstens im Rahmen ihrer Arbeit etwas vom Ethos der vorrevolutionären Intelligenzija in die neue Ära herüberretten zu können, und wäre es nur die Verpflichtung zur Wahrheit, sei es bei der Kontrolle wirtschaftlicher Plandaten oder bei der Darstellung des dörflichen Lebens.

Doch nicht nur in der Literatur ließ der Stalinismus an die Stelle der objektiven Realität den sozialistischen Realismus treten. Um die Kollektivierung als großen Erfolg darstellen zu können, verfälschte das Regime auf systematische Weise die landwirtschaftlichen Produktionsziffern. Begriffe wie »Unwirtschaftlichkeit«, »Fehlplanung« oder »Betriebsunfall« verschwanden praktisch aus dem offiziellen Vokabular und wurden durch die Stereotypen »Sabotage« und »Beschädigung« ersetzt. Vom Kreml aus gesehen, setzte sich die sowjetische Gesellschaft aus zwei Kategorien von Personen zusammen: aus Enthusiasten und Volksfeinden. Einen mittleren Weg gab es nicht, am allerwenigsten für diejenigen, die kraft ihrer beruflichen oder amtlichen Aufgabe sprechen und schreiben, planen und bewerten mußten. Die von Solschenizyn berichtete Geschichte über einen Fabrikdirektor, der in ein Arbeitslager verbannt wurde, weil er bei einer öffentlichen Kundgebung nach einem mit Ovationen bedachten Redebeitrag über Stalin als erster zu klatschen aufhörte und sich wieder setzte, charakterisiert den Geist jener Jahre. Man konnte nie wissen, ob man sich nicht verdächtig machte, wenn man nicht lange und ausgiebig genug jubelte, sei es bei einer Versammlung, sei es aber auch beim Schreiben eines Buches oder bei der Abfassung eines technischen Berichts.

Dieser surrealistisch anmutenden Strategie war beträchtlicher Erfolg beschieden, und sie ist im sowjetischen Leben bis zum heutigen Tag wirksam geblieben. An das amtlich verbreitete Wirklichkeitsbild zu glauben – und nicht etwa bloß so zu tun, als glaubte man daran – wurde zu einem wichtigen Mittel, mit dem man sich nicht nur seine physische Sicherheit, sondern zuweilen auch seine psychische Gesundheit erkaufen konnte. Wenn man sich geweigert hätte, zu glauben, daß Trotzki mit den deutschen und japanischen Spionagezentralen im Bunde stand oder daß dieser oder jener Mensch, den man seit Jahr und Tag kannte, immer schon ein Abweichler und Saboteur gewesen war, hätte man ja zu dem Schluß kommen müssen, daß die Herrscher im Kreml nicht nur kriminell, sondern wahnsinnig waren. In den Memoiren der später rehabilitierten Opfer der Säuberungen finden sich noch Spuren dieser Vernebelung der Gehirne durch den Terror: Während der

Autor mit berechtigter Empörung beschreibt, was er durchgemacht hat, und seine Hand für die Unschuld derjenigen Stalin-Opfer ins Feuer legt, die er persönlich gekannt oder mit denen er zusammengearbeitet hatte, zweifelt er keinen Augenblick daran, daß es andere, viele andere gegeben hätte, die tatsächlich Spionage und Sabotage betrieben hätten und zu Recht bestraft worden seien.

Der Terror war eine mächtige erzieherische Waffe. Wie tief und dauerhaft die Spuren dieser Erziehung sich in die Psyche des einzelnen eingruben, dafür zeugen die Worte des im Exil lebenden Wissenschaftlers und Schriftstellers Alexander Sinowjew, der zu den scharfsichtigsten Kennern der sowjetischen Wirklichkeit unserer Zeit gehört; Sinowjew versucht zu zeigen, wie ein im allgemeinen eher zur Skepsis neigender Sowjetbürger auf den Terror reagierte und wie er selbst im Rückblick darüber denkt.

»Im Bewußtsein der Bevölkerung war Stalin nicht so sehr ein Verbrecher als vielmehr eine Symbolgestalt für eine große geschichtliche Entwicklung. Diese Entwicklung ging weit über eine Handvoll von Schurken hinaus, die ein gutgläubiges, irregeführtes Volk einem grausamen Terror unterwarfen. Das Volk wurde nicht irregeführt. Man vergesse nicht, daß Millionen einfacher Menschen aktiv an den massenhaften Säuberungen mitwirkten, denen Millionen andere einfache Menschen zum Opfer fielen. Und oft wurde der Verfolger von gestern zum Opfer von morgen. Die Säuberungen resultierten aus einer spontanen Initiative der Massen. Es ist im nachhinein sehr schwierig, festzustellen, wer die größere Schuld trug, die verbrecherische Elite mit ihrem Anführer Stalin oder jene angeblich irregeführten Massen.«[15]

Ein Außenstehender wird dies nur schwer verstehen; ihm erscheint es ziemlich klar, wer die größere Schuld trug. Doch die zitierte Äußerung Sinowjews lieferte eine gute Erklärung dafür, aus welchem Grund das Sowjetregime sich 1964–65 genötigt fühlte, die Abrechnung mit der stalinistischen Vergangenheit zu beenden, und weshalb das Vermächtnis Stalins noch so schwer auf der Sowjetunion von heute lastet. Stalin hat eine ganze Bevölkerung zu seiner Komplizin gemacht und es fertiggebracht, selbst das Denken einiger der entschlossensten und klarsichtigsten Gegner des Sowjetsystems zu vernebeln.

Die Gründe dafür, daß ihm dies gelang, sind denen nicht unähnlich, die viele westliche Analytiker zu einem eher zwiespältigen Urteil über den Stalinismus bewogen. Die Person Stalin war, darin sind sich alle einig, offenkundig ein blutrünstiger Tyrann, ein Psychopath vielleicht, wie manche hinzufügen. Ungeachtet dessen tat die Sowjetunion unter seiner Herrschaft den Sprung von einer rückständigen, überwiegend ländlich strukturierten Gesellschaft zu einer industriellen und militärischen Supermacht. Der Georgier verstand es, die unerschöpfliche Kraft des russischen Nationalismus für eine gigantische soziale und wirtschaftliche Umwälzung zu mobilisieren. Unter seiner Führung erholte sich die Sowjetunion von einer in der russischen Geschichte beispiellosen Niederlage und errang schließlich sogar einen in den Annalen des Landes ebenso beispiellosen Triumph. Es wäre daher, so liest man häufig, ein kleinlicher Moralismus, Stalin die historische Größe abzusprechen oder zu bestreiten, daß seine brutalen und gewaltsamen Methoden durch das, was er mit ihrer Hilfe erreichte, eine gewisse Rechtfertigung erfahren haben.

In dieser Argumentation steckt ein Trugschluß. Er tritt vielleicht am deutlichsten vor Augen, wenn man sich die Haltung vergegenwärtigt, die Chruschtschow und seine Freunde einnahmen, als sie die Entstalinisierungskampagne einleiteten. Weit davon entfernt, ein Wort des Bedauerns über die Gleichgültigkeit der Kommunistischen Partei gegenüber den Stalinschen Exzessen (wie die Säuberungen dezent umschrieben wurden) zu verlieren, rechneten sie es der Partei im Gegenteil als Verdienst, als Beweis ihrer Stärke und Lebensfähigkeit an, daß sie diese »Fehler und Verstöße gegen die sozialistische Gesetzlichkeit« – eine weitere euphemistische Umschreibung – überstanden hatte und sie nunmehr zu korrigieren in der Lage war.* Das Argument, das im Hinblick auf die Partei wenig überzeugend klingt, läßt sich mit viel größerer Berechtigung auf das russische Volk als ganzes und auf die Rolle anwenden, die Stalin für seine Entwicklung gespielt hat. Es zeugt von der Stärke und Lebensfähigkeit der russischen Gesellschaft, daß sie den Stalinismus überlebt und *trotz* Stalin einen erstaunlichen Schritt nach vorne getan hat. Stalins Größe bestand hauptsächlich in der Fähigkeit, sich trotz innen- und außenpolitischer Fehlbeurteilungen und trotz seiner Verbrechen, die einem Tyrannen geringeren Formats zweifellos zum Verhängnis geworden wären, an der Macht zu halten. Die Aufgabe, das Land zu modernisieren und zu industrialisieren, hätte sich auch ohne den Terror lösen lassen; er hatte nur Sinn im Zusammenhang mit einem anderen, übergeordneten Ziel: der Eroberung der absoluten Macht durch einen einzelnen Mann. »Gebt uns zwanzig Jahre Frieden, und ihr werdet Rußland nicht wiedererkennen«, hatte Stolypin 1908 erklärt. Er hatte dies in der Überzeugung gesagt, Rußland könne, sofern es nicht durch innere und äußere Erschütterungen zurückgeworfen würde, allein durch die Eigendynamik seiner sozialen und wirtschaftlichen Entwicklung binnen kurzem zu den führenden Nationen der Welt aufschließen. Nur wenige Fachleute würden bestreiten, daß, von allen moralischen Erwägungen einmal abgesehen, mit weniger brutalen Methoden eine noch weit drastischere Produktivitätssteigerung in der Industrie und insbesondere in der Landwirtschaft zu erzielen gewesen wäre, das Land militärisch stärker und der Lebensstandard des Durchschnittsbürgers wesentlich höher hätten sein können, als sie es zum Zeitpunkt des

---

* In den engeren Führungszirkeln der Partei wurden die Dinge offener, wenn auch nicht mit letzter Wahrhaftigkeit, aufgerollt. Einem Bericht zufolge soll Chruschtschow die Schrecknisse der 30er Jahre vor den Teilnehmern einer Parteiversammlung weit ausführlicher geschildert haben als in der Öffentlichkeit. »Und weshalb habt ihr ihn nicht beseitigt?« rief einer der Zuhörer. »Wir hatten alle Angst«, entgegnete Chruschtschow und brach dann in Tränen aus.

deutschen Überfalls im Juni 1941 tatsächlich waren. Der Terror hemmte und verzögerte den Industrialisierungsprozeß. Wenn man jedoch beides wollte, die Modernisierung auf der einen und eine geeinte, fügsame und begeistert ihrem Führer folgende Nation auf der anderen Seite, dann war der Terror in der Tat das einzig Mögliche.

Auch gegenüber dem Versuch, Stalin als einen russischen Nationalisten zu charakterisieren, müssen Vorbehalte angemeldet werden. In seiner Rede zur Feier des Sieges im Jahre 1945 brachte er einen Trinkspruch zu Ehren der *russischen* Nation aus, die er unter allen Völkerschaften der Sowjetunion als besonders rühmenswert hervorhob. Die Regierung habe, wie er erklärte, vor dem Krieg und in dessen erster Phase viele Fehler begangen – was zum einen eine immense Untertreibung war, zum andern aber das einzige Mal, daß Stalin, wenn auch nur indirekt, seine eigenen Fehleinschätzungen zugab. Jede andere Nation hätte, so fuhr er fort, mit einer solchen Regierung kurzen Prozeß gemacht. Nicht aber die Russen! Ein bemerkenswertes Antikompliment, das gleichwohl aufschlußreichen Einblick in die Beschaffenheit des Stalinschen Nationalismus gibt – er liebte die Russen mehr als jedes andere Volk, weil es sich als folgsames Werkzeug seiner tyrannischen Herrschaft bewährte.

Diejenigen, die in Stalins Bestreben, die Sowjetunion zur Großmacht zu machen, eine historische Rechtfertigung für sein Terrorregime sehen, dürfte es, wiederum von jeglichen moralischen Bewertungen abgesehen, schwerfallen, die Politik zu erklären, die er in den 30er Jahren betrieb. Die Kollektivierung in der Landwirtschaft kostete Millionen von Menschen das Leben, die noch produktiv arbeiten oder als Soldaten hätten dienen können. Die Säuberungen innerhalb der Partei hätten zur Not noch als eine Art Vorbeugemaßnahme zur Entfernung potentieller Unruhestifter und Spalter rationalisiert werden können, die sich nach dem deutschen Überfall sicherlich an den Fehlern festgebissen hätten, auf die Stalin 1945 anspielte, und die dem Regime die Sünden der Vergangenheit vorgerechnet und ihm die Verantwortung für die katastrophalen militärischen Rückschläge in der ersten Kriegsphase angelastet hätten. Wenn aber die Verteidigungsfähigkeit Rußlands gegen einen vermuteten Feind für Stalin das ausschlaggebende Motiv war, wie paßt dies dann mit der Liquidierung des Offizierskorps der Roten Armee zwischen 1937 und 1939 zusammen?

Nein, nicht die Sorge um die Sicherheit und Überlebensfähigkeit der Nation, sondern das Streben nach persönlicher Macht war das bestimmende Motiv der Politik Stalins. Die Bauern mußten gefügig gemacht werden, weil das Regime nicht gewillt war, sie als Produzenten und Lieferanten der zur Versorgung der Bevölkerung erforderlichen Lebensmittel unter den Bedingungen des preisregulierenden Mechanismus von Angebot und Nachfrage anzuerkennen, sondern ihnen gegenüber als allmächtiger Requisitor aufzutreten wünschte. Indem man im Rahmen der Säuberungen fähige Generäle und Offiziere als Verräter brandmarkte und opferte, schüchterte man die übrigen so gründlich ein, daß sie, als der Krieg dann kam, ihre Hingabe an ihr Land mit der Unterwerfung unter dessen Führer gleichsetzten. Er machte jede Alternative zu seiner Despotie, jedes selbständige Denken in der Gesellschaft so radikal zunichte, daß er, als der Ernstfall eintrat, praktisch als die einzige staatliche Institution dastand, die das Abrutschen ins komplette Chaos verhindern konnte, als der einzige, der über jeden Verdacht des Verrats erhaben war. Die Versuchung, sich seiner zu entledigen, muß für die Männer in seiner Umgebung sehr groß gewesen sein, als Stalin auf die Nachricht von Hitlers Überfall in einen Depressionszustand verfiel, der seine politische Handlungsfähigkeit über eine Woche lang beeinträchtigte. Doch sie erkannten wahrscheinlich, daß das Volk mit Verständnislosigkeit reagieren würde und daß das sich bereits abzeichnende militärische Debakel in dem Augenblick, da man Stalin entzauberte und in die Wüste schickte, zu einer nationalen Katastrophe ausarten würde.

Kurz und gut: Der Sowjetpatriotismus (als verkappter russischer Nationalismus) war für Stalin ebenso wie alle anderen wichtigen Etappenziele in der Epoche seiner diktatorischen Herrschaft – der »Sozialismus in einem Lande«, der Kampf gegen den internationalen Faschismus, die Förderung der kommunistischen Weltrevolution usw. – weniger ein um seiner selbst willen verfolgtes Anliegen als vielmehr ein im Dienste der persönlichen Selbstglorifizierung eingesetztes Instrument. Ob und in welchem Grad Stalin sich dessen selbst bewußt war, ist eine Frage von großem psychologischen Interesse, für das hier vorgetragene Argument jedoch irrelevant.

Man wird dem Stalinismus somit nicht gerecht, wenn man ihn, wie Trotzki es getan hat, als den Thermidor der russischen Revolution bezeichnet. Wenn diese Revolution einen Thermidor hatte, dann setzte dieser sogleich nach dem Oktoberputsch ein, als die siegreichen Bolschewiken sich entschlossen, erneut einen zentralisierten und bürokratischen Staatsapparat aufzubauen. Die Errungenschaften Stalins waren weit eindrucksvoller. Sie lassen sich vielleicht mit dem einen oder anderen jener hochfliegenden technischen Projekte vergleichen, die in seiner Regierungszeit ersonnen wurden – durch die Anpflanzung eines Waldgürtels das Klima einer ganzen Region zu verändern oder den Lauf eines Flusses umzukehren, so daß er in seinem ursprünglichen Bett in die entgegengesetzte Richtung fließen würde. In ähnlichem Sinn wurde unter Stalin die Entwicklungstendenz einer ganzen Gesellschaft blockiert und umgekehrt – wobei der Terror als kanalisierender Damm fungierte –, so daß sie, statt der ihr vorgezeichneten Bahn zu folgen, einen den Vorstellungen und Wünschen des Regimes entsprechenden Weg einschlug. Die Gesellschaft des alten zaristischen Rußland hatte mit zunehmender allgemeiner Bildung und Zivilisation ein wachsendes Selbstbewußtsein entfaltet und seine Forderungen nach politischen Reformen und nach der Anerkennung des Rechts des einzelnen auf eine von der offiziellen Orthodoxie abweichende Meinung immer lauter angemeldet. Im Rußland Stalins dagegen wurde der Fortschritt auf jedem Gebiet – Ausmerzung des Analphabetismus, Modernisierung und Industrialisierung, Heranziehung geistig-ideologisch und wissenschaftlich-technisch geschulter Kader im Millionenmaßstab – mit der Zurichtung der Gesellschaft auf eine politisch hörige Masse, die ihrer eigenen Unfreiheit nicht nur nach außen hin Beifall klatschte, und mit der Heranzüchtung von Intellektuellen kombiniert, deren größter Wunsch es war, als Konformisten und Rechtgläubige anerkannt zu werden.

Die Diskussion darüber, ob der Kommunismus, wie er in der Sowjetunion praktiziert wird, eine folgerichtige Weiterentwicklung der in der russischen Geschichte angelegten Tendenzen oder im Gegenteil das Ergebnis einer aus dem Ausland importierten und Rußland künstlich aufgepfropften Ideologie darstellt und somit eine entschieden unrussische Erscheinung ist, geht daher am Wesentlichen eher vorbei. Der Sowjetkommunismus entwickelte sich sehr schnell zu einem Kult der Macht, dessen Hohepriester bereit waren, jedem Götzen, sei er nationalistisch oder sozialistisch, zu dienen, solange die Opfergaben, die sie ihm darbrachten, ihnen das eine garantierten: daß er ihnen allein gehören würde.

Vor und während des Krieges war es der Götze Rußland, dem so eifrig gehuldigt wurde, daß der Götze Marxismus beinahe in Vergessenheit geriet. Kein Element des patriotischen Rituals wurde ausgelassen: In der für Rußland schwärzesten Phase des Krieges kam die orthodoxe Kirche, bis dahin verächtlich gemacht und verfolgt, wieder zu Ehren und wurde zur anerkannten und geschätzten nationalen Institution; der Panslawismus, bis dahin als besondere Spielart eines großrussischen Chauvinismus geschmäht, wurde wiederbelebt und gefördert; reaktionäre Zaren und Generäle wurden als Nationalhelden wiederentdeckt und den Säulenheiligen des sowjetischen Staates zur Seite gestellt. Nachdem der Mythos von der Unfehlbarkeit der kommunistischen Parteiführung durch die schweren Rückschläge in den ersten Kriegsmonaten erschüttert worden war, wurde eilends ein neuer Mythos kreiert: Das Regime habe einen tiefen Sinneswandel durchgemacht und sei zu einer wahrhaft nationalen Regierung geworden, die von nun an ihr ganzes Vertrauen in das Volk setzen würde; der Sieg würde allen Russen ein besseres und freieres Leben bescheren. Um diesen Hoffnungen Nahrung zu geben, entließ man aus den Arbeitslagern und Gefängnissen viele am Leben gebliebene Opfer der großen Säuberung (womit ganz nebenbei der Beweis dafür geliefert wurde, wie konstruiert und verlogen die seinerzeit erhobenen Vorwürfe gewesen waren). Manche dieser Männer wurden unmittelbar mit hohen Kommandoposten im Heer betraut oder kehrten in wichtige Stellungen in der Industrie und selbst in der Regierung zurück. Die Fesseln des sozialistischen Realismus wurden gelockert, und Schriftsteller, die jahrelang zum Schweigen verurteilt gewesen waren, wurden ermuntert, zu schreiben und zu veröffentlichen, benötigte man doch nunmehr anstelle abgedroschener Steretypen echte literarische und künstlerische Darstellungen, vor allem um bei der Bevölkerung die Überzeugung zu schüren, daß auf die schreckliche, aber heroische Gegenwart eine lichtere Zukunft und nicht etwa die

Rückkehr zu einer Vergangenheit folgen würde, die man jetzt als abscheulich und finster empfand.

Das Vokabular des Klassenkampfes und des Marxismus verschwand praktisch aus der offiziellen Sprache. Wenn Stalin sich in den Kriegsjahren an sein Volk wandte, dann tat er es nicht mit der Anrede »Genossen und Genossinnen«; vielmehr eröffnete er seine Ansprachen an ein Volk, in dem so gut wie jede Familie durch seinen, Stalins, Terror eines oder mehrere ihrer Mitglieder verloren hatte, mit suggestiven Formeln wie »Brüder und Schwestern«, »Meine Freunde« oder »Landsleute«. Dazu kam, daß die Sowjetunion mit den westlichen Demokratien gegen Hitler verbündet war, und darin glaubten viele ein Omen wenn nicht für eine freiheitliche Zukunft, dann doch gewiß für ein Ende der Terrorherrschaft sehen zu können.

Das Regime gab alles in allem eine überzeugende Vorstellung, die selbst bei seinen unbeugsamsten Widersachern, den in den Westen emigrierten politischen Opponenten, den Glauben an ein anderes und besseres Rußland nach dem Kriege aufkeimen ließ. Einige von denen, die im ersten Weltkrieg die imperialistischen Ziele der Regierung beharrlich bekämpft und für einen Frieden ohne Annexionen und Reparationen plädiert hatten, nahmen nun die Gebietsansprüche, die das Sowjetregime gegenüber Polen geltend machte, als ebenso selbstverständlich hin wie die sich abzeichnende sowjetische Hegemonie in Ost- und Mitteleuropa.

Allein, der Gott der Macht war ein eifersüchtiger Gott, und sobald der Krieg zu Ende war, verlangte er, daß die patriotische Hingabe an Rußland wieder hinter seine eigenen Ansprüche zurückzutreten hatte. »Lang lebe und blühe unser Vaterland . . . Ruhm unseren siegreichen Nationen«, erklärte Stalin am 2. September 1945, dem Tag der offiziellen Kapitulation Japans. Am 9. Februar 1946 kam wieder der Vorkriegs-Stalin zum Vorschein. Er begann die Rede, die er an diesem Tag hielt, mit »Genossen«, und was er dann sagte, ließ alle Hoffnungen und Illusionen der Kriegszeit, die hier oder da noch gepflegt werden mochten, jäh in sich zusammensinken. Es war nun nicht mehr das russische Volk, nicht einmal mehr die sowjetische Nation, die den Krieg gewonnen hatte. »Unser Sieg bedeutet vor allem, daß unser *Gesellschaftssystem* gesiegt hat . . . Unser *politisches* System hat gesiegt.«[16] Der Stalinismus also hatte gesiegt und würde fortbestehen.

Stalin hatte sich in den Kriegsjahren des Nationalismus bedient, um den Eindruck einer Partnerschaft zwischen dem Regime und der Bevölkerung zu erwecken. Jetzt wurde derselbe Nationalismus wieder zu einer Rechtfertigung für repressive Gewalt nach innen. Der Krieg hatte bei allen Schrecknissen doch auch eine gesunde Ernüchterung gebracht, insofern als er die Russen aus der phantasmagorischen Wirklichkeit, die ihnen das Regime seit Ende der 20er Jahre ununterbrochen vorgegaukelt hatte, auf den Boden wirklicher Tatsachen zurückgeholt hatte. An der Front standen sie einem wirklichen Feind gegenüber, den Deutschen und deren Verbündeten, und nicht irgendwelchen dunklen Volksfeinden wie den »Trotzkisten«. Der Krieg hatte die Spaltung der Nation in Gejagte und Jäger aufgehoben, die Nadeschda Mandelstam mit den Worten beschrieb: »Wie Hunde wurden wir auf unsere Mitmenschen gehetzt, und die Meute leckte unter stumpfsinnigem Winseln die Hände des Jägers.«[17]

Im Jahr 1946 wurden die Lichter wieder gelöscht, und die Gesellschaft wurde gewissermaßen wieder zu einem Theaterpublikum, das vor einer großen Bühne saß und nur zu sehen bekam, was der Regisseur ihm zeigen wollte: eine Bevölkerung, die angestrengt, aber glücklich daran arbeitete, die neuesten Machenschaften der Imperialisten – der Verbündeten von gestern – zu durchkreuzen; und mitten darunter, als schattenhafte Gestalten, die aber von Zeit zu Zeit vom Scheinwerferlicht erfaßt wurden, die neuen Vertreter der Gattung Volksfeind, die Kosmopoliten – Einschleuser fremder Einflüsse, Vorreiter der Dekadenz und des Pessimismus, Verächter der großen russischen Kultur und Tradition. Wieder füllten sich die Lager nicht nur mit solchen, die tatsächlich mit den deutschen Eroberern kollaboriert hatten, sondern auch mit Soldaten, die ohne eigenes Verschulden in Kriegsgefangenschaft geraten waren. Hermetischer als jemals zuvor in ihrer Geschichte schirmte sich die Sowjetunion von der Außenwelt ab; alles, was im Gefolge kriegsbedingter freundschaftlicher Verbindungen und Handelskontakte mit dem Westen ins Land gekommen war, mußte aus dem russischen Leben verschwinden. In bekannter Weise wurden aus heiterem Himmel unvermittelte Strafaktionen gegen die eine oder andere Gruppe der Gesellschaft durchgeführt, wie Mandelstam es in seinem Gedicht über Stalin beschrieben hatte: »Dekret auf Dekret läßt er schmieden/Wie Hufeisen, sie nach uns zu schleudern:/Den einen soll's treffen am Kopf/Den dort in den Bauch/Den dort in die Augen.« Dem Bauern, den die Kollektivierung in einen Leibeigenen zurückverwandelt hatte (ohne Genehmigung seines Kolchosvorsitzenden durfte er seinen Arbeitsort nicht verlassen oder wechseln, ebenso wie seine Vorfahren vor 1861 dazu die Erlaubnis ihres Grundherrn gebraucht hatten), wurden die Arbeitsnormen heraufgesetzt und ein großer Teil seiner Kriegsersparnisse konfisziert. Den jüdischen Intellektuellen bescheinigte man, sie stellten den harten Kern der »entwurzelten Kosmopoliten«. Schriftsteller aus nichtrussischen Sowjetrepubliken, die in ihren Schriften auch nur einen bescheidenen Stolz auf ihre heimatliche Kultur und Tradition zum Ausdruck brachten, wurden als bürgerliche Nationalisten abqualifiziert. Aber auch diejenigen, die in der Sprache des Herrenvolks schrieben, blieben nicht von perfiden Angriffen verschont, wenn sie etwa in ihrer Logik oder Prosa einen falschen individualistischen Ton anschlugen oder sich, wie die größte Lyrikerin des Landes, Anna Achmatowa, einer – um aus einer Resolution des Zentralkomitees zu zitieren – »leeren, nicht an Idealen orientierten, unserem Volk fremden Dichtung« befleißigten, wie sie eben einer Frau fromme, die »halb Nonne und halb Hure« sei.[18] Im Zuge der Entwicklung der Atombombe hatten Physiker eine Bedeutung wie etwa Marschälle der Sowjetunion erlangt, und wie solche wurden sie auch vom

Staat gehätschelt, zugleich aber schärfstens überwacht und, falls einer sich als »Anhänger von Einstein und Planck« entpuppte, zur Rechenschaft gezogen. »Verräter« wurden an höchster Stelle im Partei- und Staatsapparat entlarvt.

All dies diente offensichtlich als Vorspiel zu einer neuerlichen »Erziehungskampagne« durch Massenterror. Es nahte der Augenblick heran – und die Nation rüstete sich dafür –, da die verschiedenen Kategorien von Verrätern, die »Verschwörerärzte«, »Kosmopoliten« und »Agenten des amerikanischen Imperialismus« an *einen* Pranger gestellt und dem entfesselten Volkszorn zum Fraß vorgeworfen würden; gegen wen der Hauptstreich geführt würde – gegen den Parteiapparat, gegen die Juden, oder, wie 1936–39, unterschiedslos gegen alle gesellschaftlichen Gruppen –, konnte niemand mit Gewißheit sagen. Als gerade die letzten Vorkehrungen getroffen wurden, starb Stalin (am 5. März 1953).

Viele, auch manche seiner Opfer, weinten, als sie die Nachricht hörten. Wie die betagten Dekabristen, die den Tod Nikolaus' I. beweinten, konnten auch sie sich Rußland nicht ohne den starken Mann vorstellen, der so viel Leid angerichtet hatte und trotzdem ein großer Mann gewesen sein mußte, hatte er doch Rußland zu einem großen und gefürchteten Staat gemacht. »Der Tod hat diese Augen geschlossen, die so weit in die Zukunft geblickt haben«, schrieb Alexej Surkow, ein Hofdichter.

Die engsten Gefolgsleute und politischen Erben des Diktators konnten sich solche masochistischen Gefühlsduseleien nicht erlauben. (Einer überlieferten Version zufolge sollen sie, nachdem ihnen am Abend des 1. März mitgeteilt worden war, daß Stalin einen Schlaganfall erlitten habe und in Ohnmacht liege, bis zum folgenden Morgen gewartet haben, ehe sie ärztliche Hilfe herbeiholten.) Ihre unmittelbare Reaktion war ein Gemisch aus Erleichterung und panischer Bestürzung. Erleichterung, weil so mancher unter ihnen – wer, das wußte niemand genau – auf der Abschußliste für die vorgesehene Säuberung gestanden hatte; Bestürzung, weil nunmehr ein einschneidender Umbau des durch die persönliche Diktatur Stalins geprägten Staatsgefüges vorgenommen werden mußte und sie alle von der Angst beseelt waren, dabei könne womöglich das ganze Sowjetsystem in sich zusammenstürzen. Chruschtschow beschrieb es mit eindringlichen Worten: »Wir hatten Angst – echte Angst. Wir befürchteten, das Tauwetter könnte eine Flut entfesseln, die wir vielleicht nicht mehr eindämmen könnten und die uns ertränken würde. Wie sie uns ertränken konnte? Sie konnte über die Ufer des sowjetischen Flußbetts treten und zu einer Flutwelle werden, die alle Deiche und Schutzwälle unserer Gesellschaft fortgespült hätte.«[19] Sie hatten Angst vor dem Volk und voreinander.

Unter den Bedingungen einer ängstlichen Führung war eine Fortsetzung der Kultur des Terrors – die in den Jahren 1930–41 und 1945–53 das Wesensmerkmal der politischen Wirklichkeit in der Sowjetunion gewesen war – natürlich unvorstellbar. Die zahllosen Zwangsarbeitslager öffneten sich fast unverzüglich und begannen ihre Insassen auszuspeien. Neben diesen gab es noch eine zweite, ebenfalls quantitativ gewichtige Kategorie von Personen, die jetzt in ein normales Leben zurückkehren durften: Die »ohne Freiheitsentzug Verbannten«, d. h. diejenigen, die nicht in den Lagern gewesen waren, sondern einen bestimmten, gewöhnlich in Sibirien gelegenen Ort nicht hatten verlassen dürfen. Im alten Rußland waren Amnestien normalerweise aus Anlaß persönlicher Feierlichkeiten wie z. B. der Krönung eines Zaren oder der Geburt eines Thronerben verkündet worden, nach 1917 wurden sie an den runden Jahrestagen der Oktoberrevolution gewährt. Diesmal fiel die Amnestie mit den Trauerfeiern für den »Genossen Stalin« zusammen, »den wir alle so sehr geliebt haben und der in unseren Herzen für immer fortleben wird«. Man kann wohl ohne Übertreibung sagen, daß die Amnestie vom 27. März mehr Menschen in Freiheit setzte als jede voraufgegangene, vielleicht mehr als alle früheren Amnestien zusammen. Zu den Kategorien von Verbrechen, für die jetzt Straflosigkeit gewährt wurde, gehörten unter anderem verspätetes Erscheinen am Arbeitsplatz, unproduktives Arbeiten und »Fahnenflucht« (zu deren Beweis es genügt hatte, daß man in deutsche Kriegsgefangenschaft geraten war). Die diesen Vergehen gewidmeten Bestimmungen des Strafgesetzbuchs wurden innerhalb eines Monats revidiert, d. h. in den meisten Fällen ersatzlos gestrichen. Vor der Revolution hatte einmal ein sozialistischer Abgeordneter in der Duma erklärt, es sei unsinnig, davon zu sprechen, daß der Zar eine Amnestie für politische Verbrechen dieser oder jener Art verkündet habe. Solange die Autokratie fortbestehe, sei ganz Rußland ein einziges großes Gefängnis. Was 1906 eine propagandistische Übertreibung war, wäre 1953 eine ziemlich zutreffende Charakterisierung der russischen Gesellschaft gewesen. Das Gesetz vom 27. März und die flankierenden Maßnahmen dazu trugen denn auch mehr den Stempel einer allgemeinen Absolution als den einer politischen Amnestie. Die generelle Schuldvermutung, die gegenüber der gesamten Bevölkerung, vom Bauern bis zum Politbüromitglied, bestanden hatte, wurde fallengelassen – eine Straftat beging von nun an nur noch derjenige, der tatsächlich etwas gesetzlich Verbotenes tat, sagte oder schrieb.

Die Entstalinisierung brachte zwar kein Ende der Unfreiheit, erweiterte aber den realen Handlungsspielraum der Menschen um ein Beträchtliches. Die Gesellschaft blieb weiterhin, um bildlich zu sprechen, gefesselt und weitgehend geknebelt, aber die absolut lähmende Schockwirkung des Massenterrors ließ nach, und die einzelnen begannen wieder normale Empfindungen und Reaktionen zu verspüren, ja hier und dort auch wieder die Stimme zu erheben. Im stalinistischen Rußland hatten Begriffe wie »politischer Mut« praktisch jeden Sinn eingebüßt. Solchen Mut zu beweisen wäre in jedem Fall nicht bloß selbstmörderisch, sondern auch unsinnig und unverantwortlich gewesen: Zum einen wirkte das Wort oder das Beispiel des einzelnen nicht über den Kreis der engsten Umgebung hinaus, und zum andern traf die Strafe für unbotmäßiges oder unkonformes Verhalten nicht allein den »Schuldigen«, sondern auch seine Familie und seine Freunde. Das höchste, was man sich an Heldentum erlauben konnte, war, zugunsten eines Terroropfers vorzusprechen, dessen Unschuld man sich sicher war, oder seine Unterschrift unter eine Petition zu verweigern, in der die Todesstrafe für das jüngst ausgehobene Nest von Volksfeinden gefordert wurde. Erst vom Jahre 1956 an, als der »Schock des Aufatmens« weitgehend abgeklungen war, erhielten Begriffe wie »Protest«, »Kritik« oder »Zivilcourage« in der Sowjetunion wieder eine Bedeutung, auch für die Intellektuellen.

Der Prozeß der Entstalinisierung, wie er sich zwischen 1953 und 1964 sowohl in Gestalt staatlicher Maßnahmen als auch in Form einer breiten Bewußtseinsveränderung vollzog, zeigte, daß ein großer Teil der unter dem Begriff des Stalinismus zusammengefaßten Strukturen zu festgefügten, tragenden Elementen des sowjetischen Systems geworden war und nicht einfach abgetragen werden konnte, ohne daß man die Stabilität des ganzen Systems gefährdete. Wie Chruschtschow es entwaffnend formuliert hat: »Wir wollten den Tauwetterprozeß so steuern, daß er nur diejenigen schöpferischen Kräfte anregen würde, die zur Stärkung des Sozialismus beitrugen.«[20] (Er hätte, wenn es ihm um Selbsterforschung zu tun gewesen wäre, vielleicht hinzufügen müssen: ». . . und meiner eigenen Stellung in Partei und Staat . . .«) Die Partei wollte mit dem Massenterror Schluß machen, nicht aber mit dem Polizeistaat; sie beeilte sich, die materiellen Lebensbedingungen der Bauern, der bis dahin am schlimmsten ausgebeuteten Gruppe der sowjetischen Gesellschaft, zu verbessern, rührte jedoch nicht an das System der kollektiv betriebenen Landwirtschaft. Wie Chruschtschow es in seiner unnachahmlichen Art sagte: »Natürlich wollten wir die Bevormundung und Beaufsichtigung unserer Künstler lockern, aber wir waren in dieser Beziehung vielleicht etwas feige.«

Es stellte sich, kurz gesagt, in jeder Phase der Entstalinisierung die Frage, wieviel an Kontrolle vonnöten war. Die Möglichkeit, auf jede Kontrolle zu verzichten, wäre wohl selbst für die am liberalsten eingestellten Angehörigen der herrschenden Oligarchie unvorstellbar gewesen. Was die Frage nach größerer politischer Freiheit betraf, so stellte sie sich zu keinem Zeitpunkt. Die Sowjetführer hatten hiervon gar keine Vorstellung, und selbst wenn sie eine gehabt hätten, hätten sie nicht gewußt, wie eine solche Forderung zu verwirklichen gewesen wäre. Wenn es zwischen der Chruschtschow-Fraktion und dem Molotow-Malenkow-Flügel der Partei zum Zerwürfnis kam, dann nicht über die Frage: Reform *oder* Stalinismus, sondern hauptsächlich (von persönlichen Faktoren einmal abgesehen) über die Frage, wieviel an Reformen und Liberalisierung man dem sowjetischen System zumuten konnte, ohne seine grundlegenden, wesensmäßig stalinistischen Tragsäulen zu unterhöhlen. Erst in den letzten beiden Jahren seiner Herrschaft begann Chruschtschow sich in eine Richtung zu bewegen, die am Ende vielleicht zu einer Lockerung des eisernen Klammergriffs geführt hätte, mit dem die Parteioligarchie die russische Gesellschaft umfaßt hielt. Es ist allerdings unwahrscheinlich, daß er voll erkannte, welchen Weg er beschritt, während seine Mitmachthaber die darin liegende Gefahr sehr wohl erfaßten; sie taten sich schließlich auch zusammen, um ihn zu stürzen.

Die anhaltenden Nachwirkungen der Stalin-Ära ließen sich auch an der Reaktion der Menschen auf amtliche Enthüllungen über die Wirklichkeit des Stalinismus ablesen. Für jemanden aus der westlichen Welt ist es nahezu unbegreiflich, daß Chruschtschows Geheimrede von 1956 und seine späteren öffentlichen und weitaus ungeschminkteren Eingeständnisse über die Verbrechen der Vergangenheit nicht zu massenhaften Unruhen, zu spontanen Unmutsäußerungen und zu einem Aufbegehren gegen das System führten, das eine solche Schreckensherrschaft hervorgebracht und geduldet hatte. Ähnlich schwer verständlich muß es einem Ausländer erscheinen, daß die Bevölkerung auf die Machenschaften der Chruschtschow-Gegner im Politbüro und auf die schließliche Absetzung des Mannes, der bei all seinen nicht unerheblichen Fehlern und Beschränktheiten doch immerhin einen Wandel eingeleitet hatte, der dem Durchschnittsbürger mehr Sicherheit und Wohlstand bescherte, mit so bemerkenswerter Gleichgültigkeit reagierte.

Es ist oft gesagt und geschrieben worden, das russische Volk habe in seiner gesamten neueren Geschichte kaum Interesse oder ein wirkliches Verständnis für politische Freiheiten an den Tag gelegt, oder anders herum gesagt, die Vorstellung von Freiheit, wie sie im Westen gang und gäbe ist, habe für die Russen etwas so Anarchisches und Abenteuerliches an sich, daß jeder Versuch, eine freie Gesellschaft zu schaffen, in einer neuen Autokratie enden müsse. Wie Maxim Gorki in seinen Gedanken über den Bürgerkrieg schrieb: »Der russische Bauer träumt seit Jahrhunderten von einem Schlaraffenlandstaat, dem kein Recht zustünde, den Willen des einzelnen zu zügeln, kein Recht, regelnd in seine Aktivitäten einzugreifen – von einem Staat ohne jede Macht über das Individuum.«[21] Und Gorki (der, nachdem er den Bolschewismus in der Revolutionszeit kritisiert hatte, seinen Frieden mit Lenin machte und unter Stalin zum Schutzheiligen der Sowjetliteratur avancierte) zitiert einen Historiker des 19. Jahrhunderts: »Opposition gegen den Staat hat es bei den Massen immer gegeben, aber sie artikulierte sich, da die Weiträumigkeit des Landes Gelegenheit dazu bot, darin, daß die Leute aus dem Zugriffsbereich des Staates flohen. Sie flohen vor den Lasten, die die Regierung ihnen zumutete, anstatt sich zu stellen und gegen sie anzukämpfen.«[22]

Beide Thesen scheinen mir auf dieselbe Schlußfolgerung hinzuweisen: Das russische Volk hat sich, sei es aufgrund einer Untertanenmentalität, sei es wegen seiner anarchistischen Impulse, bis heute als nicht imstande erwiesen, sich selbst demokratisch zu regieren.

Allein, Verallgemeinerungen dieser Art über den Charakter eines Volkes halten einer näheren historischen Analyse selten stand. Es waren nicht irgendwelche angeborenen Merkmale der russischen Seele, sondern bestimmte geschichtliche und gesellschaftliche Bedingungen, die den Kampf der

Russen um Freiheit im Verlauf der letzten 150 Jahre scheitern ließen. Zu der Zeit, als westliches Gedankengut in die russische Gesellschaft einzudringen begann, war der russische Staat gleichzeitig zu stark und zu schwach, als daß er in eine Entwicklung nach westlichem Vorbild hätte eintreten können. Zu stark in dem Sinn, daß diejenigen Institutionen und Klassen, die etwa in England und Frankreich entscheidend am Untergang oder an der Entmachtung der absoluten Monarchie mitgewirkt hatten, in Rußland erst im Entstehen oder bestenfalls im Vormarsch begriffen waren; zu schwach, weil jegliche Art der parlamentarischen Mitwirkung, jeglicher Fortschritt zu mehr politischen Freiheiten eine Bedrohung für die Einheit des Vielvölkerreiches darstellte. Trotzdem vermochte die Befreiungsbewegung eine Entwicklung weg vom klassischen autokratischen Modell zu erzwingen, und nur die Katastrophe von 1914 stoppte diese Entwicklung ab. Ohne den Weltkrieg hätte die demokratische Revolution von 1917 nach allem Ermessen niemals zu den Oktoberereignissen und zu allem Folgenden führen können.

Was die Geschichte einst der russischen Gesellschaft bei ihrem Eintritt ins 19. Jahrhundert angetan hatte, vollendete das kommunistische Regime in planmäßiger Absicht: Es machte zwischen 1921 und 1953 all jene gesellschaftlichen und kulturellen Institutionen und Einflüsse zunichte, von denen eine Gefahr für den Bestand oder die Stabilität des autoritären Staates hätte ausgehen können. Es macht fast den Eindruck, als hätten die sowjetischen Herrscher die russische Vergangenheit studiert und sich insbesondere mit der Frage beschäftigt, welche Kräfte und Entwicklungen es waren, die die alte Autokratie nach 1856 zum Rückzug zwangen und letztendlich zum Einsturz brachten, und als hätten sie daraus gelernt, was sie anders machen mußten, damit die Geschichte sich nicht wiederholte. Was man in diesem Sinne am gründlichsten ausmerzen mußte, war die russische revolutionäre Tradition. »Sehen Sie«, sagte Stalin 1934 einem seiner Untergebenen, »wenn wir unsere Kinder mit Geschichten über den ›Volkswillen‹ aufziehen, werden wir Terroristen aus ihnen machen.«[23] Die Beschäftigung – sei es im wissenschaftlichen, sei es in einem anderen Kontext – mit den Revolutionären der 60er und 70er Jahre des 19. Jahrhunderts galt in diesem Sinne fortan als verpönt und wurde stark reduziert. Als eine weit wirksamere Methode zur Unschädlichmachung der russischen revolutionären Tradition erwies sich jedoch ihre Verfälschung – der Versuch, alle revolutionären und Befreiungsbewegungen des 19. Jahrhunderts so darzustellen, als hätten sie in gerader Linie zum Leninismus geführt und in diesem ihre Erfüllung gefunden. Und was die Interpretation der geschichtlichen Gegenwart betrifft: Der bürokratische, von einer Oligarchie beherrschte Sowjetstaat, der noch immer jeden Bereich des gesellschaftlichen Lebens wenn nicht terrorisiert, so doch mißtrauisch überwacht, wird offiziell als Verkörperung der auf dem Vormarsch befindlichen Revolution gefeiert!

All dies liefert eine weitgehend plausible Erklärung nicht nur dafür, daß die Befürchtungen Chruschtschows und seiner Freunde, die Entstalinisierung könne »eine Flut entfesseln . . ., die uns ertränken würde«, sich als gegenstandslos erwiesen, sondern auch dafür, daß es in der Sowjetunion von heute allem Anschein nach keine Revolutionäre gibt. So ungerecht es sein mag – wenn man eine bestimmte Person nicht mag, neigt man zu mißtrauischer Distanz auch gegenüber den Verwandten und Freunden dieser Person; einem ganz ähnlich funktionierenden Mechanismus zufolge wird jemand, der das sowjetische Regime von heute verabscheut, nicht viel Sympathie für, meinetwegen, Tschernyschewskij, Plechanow und vielleicht auch Herzen aufbringen oder ihrem Beispiel nacheifern wollen, da sie alle doch, wenn auch nolens volens, die historischen Vorläufer eines Lenin und eines Stalin waren. Diese Schuldzuweisung aufgrund einer Art geistiger Sippenhaftung wird dann sinngemäß auch auf den Gedanken der revolutionären Gewalt übertragen: Wohin haben die heldenmütigen Bestrebungen und Leiden so vieler letzten Endes geführt? Wäre es möglich (was nicht der Fall ist), auf sowjetischem Boden eine revolutionäre Organisation aufzubauen, sie müßte mindestens ebenso verschwörerisch, elitär und intolerant sein wie das Regime, auf dessen Sturz sie es abgesehen hätte. Es hätte demnach keinen Sinn, nach dem alten Rezept – Aufwiegelung der Massen, terroristische Aktionen usw. – vorzugehen. 150 Jahre russische Geschichte haben, wie es scheint, den Beweis dafür geliefert, daß Gewalt, wenigstens in Rußland, nicht als Geburtshelferin der Freiheit fungieren kann.

Der heutige sowjetische Dissident ruft, auch wenn er sich im westlichen Exil befindet, nicht nach Bomben, Volksaufständen und dergleichen. Sein Hauptanliegen und seine Hauptwaffen sind moralischer und weltanschaulicher Natur. Und hierin liegt natürlich ein Moment der Kontinuität zwischen den alten Befreiungsbewegungen (im erweiterten Sinn des Begriffes) und der Dissidentenbewegung von heute. Jene versuchten – weitgehend mit Erfolg –, der Bevölkerung, allen voran den oberen Schichten, die Überzeugung zu vermitteln, das herrschende System, d. h. die Autokratie, sei nicht nur ungerecht, sondern regelrecht widersinnig, sei nicht nur ein Willkürregime, sondern halte sich nicht einmal an seine eigenen Gesetze und schade dem nationalen Interesse, indem es Rußland vor den Augen der zivilisierten Welt blamiere. In ähnlicher Absicht versucht der Dissident von heute – durch sein persönliches Beispiel, durch Wort und Schrift – die Legitimationsgrundlagen und das Selbstvertrauen des Regimes zu erschüttern, seine ideologische Doppelmoral und seinen Nationalismus bloßzustellen. Es bleibt dem Regimekritiker von heute nichts anderes übrig, als wie die revolutionären und liberalen Publizisten von gestern fest daran zu glauben, es müßte nur eine genügend große Anzahl seiner Mitbürger sich seine Überzeugungen zu eigen machen, dann würden die Mauern von Jericho einzustürzen beginnen, und selbst in den Reihen der Verteidiger der Festung – der Kommunistischen Partei – würden einige zumindest ansatzweise begreifen, daß es an der Zeit wäre, die Mauern abzutragen.

Indes zeigt schon das bloße Aufzählen von Ähnlichkeiten zwischen den alten und den neuen Oppositionellen, wie unerhört viel schwieriger und gefährlicher das Geschäft der Regimekritik geworden ist. Die zaristische Autokratie war, zumindest nach 1855, ihren Kritikern gegenüber weitaus toleranter und rückte ihnen nicht annähernd so unnachsichtig und gründlich zu Leibe, wie das Sowjetregime es heute tut. Und was vielleicht noch wichtiger ist: Die Autokratie des 19. Jahrhunderts konnte nicht viel mehr tun als predigen und strafen. Ein modernes autoritäres Staatswesen ist dagegen imstande, eine breitangelegte propagandistische Beeinflussungsmaschinerie in Gang zu setzen, um die kritischen Stimmen zu überdröhnen. Die zaristischen Behörden nahmen es hin und waren in späterer Zeit sogar froh darüber, wenn namhafte Schriftsteller und Intellektuelle im Konflikt zwischen der Regierung und der Gesellschaft eine neutrale Haltung bewahrten. In der Sowjetunion dagegen kann sich eine solche neutrale Haltung, wenngleich sie nicht mehr, wie in den Tagen Stalins, schlicht und einfach lebensgefährlich ist, doch immerhin als ein politisch teurer Spaß für den Betreffenden erweisen; die Devise des Regimes lautet, insbesondere gegenüber Intellektuellen und Künstlern, nach wie vor: »Wer nicht für uns ist, ist gegen uns.«

Die Dissidentenopposition in ihrer heutigen Form war in ihren Kindertagen ein Pflegling der offiziellen Entstalinisierung. Auch hier liegen wieder deutliche Parallelen zur vorrevolutionären Geschichte zutage: Man denke nur an den jungen Alexander I., der mit seinem Liberalismus jene Gedanken und Hoffnungen anregte, aus denen dann die Dekabristen ihre Programme entwickelten, oder an die großen Reformen seines Neffen, die den Radikalen der 60er und 70er Jahre des 19. Jahrhunderts als Ansporn dienten. Der Chruschtschow-Flügel der Partei freute sich über die Unterstützung, die er für seinen Angriff auf den Stalinkult seitens parteiunabhängiger Kräfte erhielt. Der Erste Sekretär und seine Mitstreiter hatten sich wohl kaum vergegenwärtigt, daß sie mit ihrem Feldzug gegen den Stalinismus sozusagen einen Geist aus der Flasche ließen, der ihnen und ihren Nachfolgern noch zu schaffen machen würde. Sie hofften, sie könnten dadurch, daß sie einen Teil der Wahrheit an den Tag brachten, den Ruf nach der ganzen Wahrheit im Keim ersticken und könnten, indem sie die stickige politische Szenerie ein Stück weit entlüfteten, der Kommunistischen Partei neuen ideologischen Elan einhauchen und im gleichen Aufwasch auch den Rivalen Chruschtschows eine endgültige Niederlage bereiten. Bis zu einem gewissen Grad ging ihr Kalkül auf. Das Land hatte der Hinrichtung Berijas und seiner Kumpane ebenso Beifall geklatscht wie früher der Hinrichtung derer, die Berija als Volksfeinde hatte liquidieren lassen. Und nur wenige sahen einen Widerspruch darin, daß Chruschtschow, der während des größten Teils seiner Laufbahn ein treuer Befehlsempfänger Stalins gewesen war, jetzt Männer wie Molotow und Malenkow als unverbesserliche Stalinisten und Mitschuldige an den Verbrechen des Tyrannen brandmarkte. Moralisch stand die Partei jetzt zweifellos besser da, und der Durchschnittsbürger hatte, ganz abgesehen davon, daß er freier atmen konnte, die Genugtuung, miterleben zu können, wie zumindestens der eine oder andere von denen, die ihn so gewissenlos unterdrückt und belogen hatten, jetzt Opfer der eigenen Methoden wurde.

»Blicke nicht zu lange nach hinten. Es könnte sein, daß du eingeholt wirst.« Dieser kluge Ratschlag des amerikanischen Lebensphilosophen Satchel Paige wäre von den Männern um Chruschtschow sicherlich gut verstanden worden, die nicht ohne Unbehagen zusahen, wie ihr Erster Sekretär immer wieder aus dem schier unerschöpflichen Reservoir an Verbrechen und Täuschungsmanövern der Vergangenheit schöpfte. Und spätestens, als es in die 60er Jahre ging, begannen die offiziellen Erläuterungen zum Stalinismus hohl zu klingen. Es fanden sich Leute, die das Gefühl hatten, selbst auf die Suche nach der Wahrheit gehen, selbst Schlüsse aus den wirklichen Lehren der Vergangenheit ziehen und über ihre Bedeutung für die Gegenwart nachdenken zu müssen.

Vor 1861 hatte das gebildete Rußland in der Leibeigenschaft die Hauptwurzel aller Übel des gesellschaftlichen Systems gesehen. Konnte man freilich die Verantwortung für den Fortbestand der Leibeigenschaft einzig und allein dem autokratischen System als solchem oder gar dem Zaren und seiner Reformfurcht anlasten? Mußte nicht ein Teil der Schuld bei den oberen Gesellschaftsklassen oder sogar darüber hinaus in irgendeiner Besonderheit des russischen Nationalcharakters gesucht werden, die machte, daß die große Masse ihr würdeloses Untertanendasein widerspruchslos ertrug? Die Erforschung dieser Frage wurde zum Ausgangspunkt aller russischen Reform- und Revolutionsbewegungen, die bekanntlich auch nach der Abschaffung jener unwürdigen Einrichtung weiterlebten und weiterwuchsen.

In einem ähnlichen Sinn wurde auch das Problem der Verantwortung für den stalinistischen Terror zum Ausgangspunkt einer Selbsterforschung der Gesellschaft, einer großen Selbstanalyse, und die offiziellen Enthüllungen, die wissenschaftlichen Aufarbeitungen und selbst die zahlreichen Memoiren und Autobiographien rehabilitierter Terroropfer stellten in diesem Prozeß lediglich die Spitze des Eisbergs dar.

Wie im 19. Jahrhundert, so muß man auch heute die erzählende Literatur zu Rate ziehen, um einen Einblick in die moralische Problematik zu gewinnen, die die Abrechnung mit dem Stalinismus aufwarf. Ein häufiges Motiv ist das stillschweigende Komplizentum: Ein rehabilitiertes Opfer kehrt aus einem Straflager zurück und stellt einen ehemaligen Freund oder Berufskollegen zur Rede, der zu seiner Denunzierung und Verurteilung geschwiegen hatte; die Frau und die Kinder eines Zurückgekehrten analysieren im nachhinein nochmals ihre Gefühle gegenüber dem Mann, von dem sie sich losgesagt und den sie vielleicht öffentlich schuldig gestempelt haben, als der *Gulag* ihn geschluckt hatte; ferner die Beschreibung der Gefühle des Opfers selbst, wenn er seine damaligen Geständnisse über erfundene Verbrechen, vielleicht seine unwahren, andere, ebenfalls unschuldige Menschen belastenden Aussagen nochmals Revue passieren läßt. Diese Dinge stellen natürlich alles in den Schatten, was in der vorrevolutionären Ära passiert war. Zugunsten der angeklagten Dekabristen hatten deren Freunde und Angehörige Aussagen und Eingaben machen können, ohne jede Angst, dadurch sich selbst oder auch nur ihre hohe und angesehene Stellung in der Gesellschaft zu gefährden. Konnte all dies Unmenschliche die Frucht des verbrecherischen Willens eines einzigen Menschen sein?

Die Antwort, die das Regime erwartete und suggerierte, lautete natürlich: Ja, es war *ein* Mann, der, höchstens gelegentlich von ein paar sadistischen Gefolgsleuten darin unterstützt, den Terror in Gang gesetzt hatte. Es finden sich in der Erzählliteratur wie in autobiographischen Darstellungen viele, zum Teil zweifellos vertrauenswürdige Berichte über Terroropfer, die selbst noch im Straflager oder kurz vor der Hinrichtung ihren Glauben an die Kommunistische Partei bekräftigten. Das Regime scheute sich nicht, sich Ende der 50er Jahre damit zu brüsten, wie viele unschuldige Opfer es schon rehabilitiert habe und daß kein anderes Gesellschaftssystem zu so viel Großmut und zu so einer ehrlichen und offenen Abrechnung mit den Fehlern der Vergangenheit fähig sei.

Weniger dramatisch, aber für einen gläubigen Kommunisten wahrscheinlich noch niederschmetternder waren die emotionslosen Offenbarungen der Historiker und Statistiker über die vermeintliche Legitimation für all jene Opfer und Leiden, hatten diese doch bislang als der hohe, aber unvermeidliche Preis gegolten, der für die Umgestaltung und Industrialisierung des Landes, für den Weg zu nationaler Größe zu entrichten gewesen sei. In Wirklichkeit machten die Brutalität und Übereiltheit, mit der die Kollektivierung durchgepeitscht wurde, der sowjetischen Landwirtschaft noch eine ganze Generation lang schwer zu schaffen. »Bei vielen Kolchosen klappte es mit der Versorgung überhaupt nicht. Es gab massenhaft Leute, die vor Hunger einen aufgeblähten Bauch bekamen und starben.« Dieser Satz findet sich als beiläufige Bemerkung in einem technischen Artikel, dessen Autor die Kollektivierung und die Landwirtschaftspolitik des Regimes in den 30er Jahren höchst positiv beurteilte.[24] In einem Roman, der in einem ukrainischen Dorf während der Hungersnot von 1933 spielt und das große sozialistische Experiment auf dem Lande ansonsten in den höchsten Tönen preist, heißt es an einer Stelle: »Die Männer starben als erste, dann die Kinder und dann die Frauen.«[25] Bis 1965 war es den Militärhistorikern gestattet, die Legende, das Land habe sich trotz dieser Not gut für den Krieg wappnen und die Voraussetzungen für den Sieg schaffen können, als Zwecklüge zu entlarven. Das Gegenteil trifft zu: Die Säuberungen in den Reihen der militärischen und industriellen Führungskader und das durch die Häufung der Mängel und Unzulänglichkeiten hervorgerufene allgemeine Chaos wirkten sich abträglich auf Moral und Kampfkraft der Truppen aus, trugen zu den anfänglichen schweren Niederlagen bei und erhöhten in unermeßlicher Weise die Menschen- und Materialverluste, die der Krieg forderte.

Solange der Schwung der Entstalinisierung anhielt, war kaum anzunehmen, daß die Schuldgefühle, der Abscheu und die ungläubige Verwunderung, von denen viele Russen ergriffen wurden, zu einer offenen und artikulierten Opposition gerinnen würden. Von den anderen auf der Hand liegenden Gründen einmal abgesehen, gab es ja immer auch noch die Hoffnung, das Regime werde sich als fähig erweisen, sich selbst zu läutern. Das Sowjetsystem und seine weltanschaulichen Grundlagen selbst anzugreifen hätte bedeutet, wie die politisch Denkenden nicht ganz grundlos glaubten, daß man dem konservativen Element innerhalb der herrschenden Oligarchie in die Hände spielte, das nur darauf wartete, Chruschtschow und andere Exponenten des liberaleren Flügels diskreditieren zu können. Namentlich innerhalb der Intelligenz war man sich bewußt, wohin die Hoffnungen und die Forderungen nach vollkommener Freiheit in der Vergangenheit geführt hatten, und war daher bereit, erst einmal abzuwarten. Sollte die Entwicklung hin zum Besseren nur ihren Lauf nehmen!

Der Lyriker Alexander Twardowskij war der führende literarische Exponent dieser, wie man es nennen könnte, liberalen Orthodoxie, die von ihm geleitete Zeitschrift *Nowyi Mir* (Neue Welt) ihr wichtigstes Sprachrohr. Twardowskijs berühmtes Gedicht über Stalin verlieh der Stimmung derjenigen Ausdruck, die an die Vision einer besseren, gleichwohl kommunistischen Zukunft glaubten. Der Tyrann hatte »über uns geschwebt wie ein Schreckgespenst«. Doch:

> »Wer unter uns ist berufen, zu urteilen,
> wer recht tat und wer sich schuldig machte?
> Wir sprechen von Menschen, und sind es nicht die Menschen,
> die sich ihre Götter selbst schaffen?«[26]

Dann folgt ein Echo auf Chruschtschows Entstalinisierungsmotto »Zurück zu Lenin«:

> »Der große Lenin war kein Gott,
> und er lehrte uns auch nicht, Götter zu machen . . .«[27]

Doch das Rußland Lenins schien von der Wirklichkeit der 1960er Jahre ebenso weit entfernt wie das Alexanders II. Die Erinnerung an Glanz und Elend der Revolutionszeit mochte für Männer wie Chruschtschow, der 1918 in die Partei eingetreten war und dem der Glaube und die Begeisterung jener Kommunistengeneration nie ganz abhanden gekommen waren, ein echter Ansporn sein. Selbst sie jedoch mußten erkennen, daß es weder im Großen noch im Kleinen möglich war, sich an Lenins Rezepte zu halten. Hinsichtlich solcher Probleme wie der Bewältigung der Gefahr eines Nuklearkrieges, der zunehmenden Uneinigkeit in der kommunistischen Weltbewegung und vor allem der wachsenden und nichts Gutes ahnen lassenden Spannungen zwischen Moskau und Peking vermochte der Leninismus kaum

Orientierungshilfen anzubieten. Für den harten Kern der Parteiführung war der Leninismus, auch wenn er mit der Aura einer nostalgischen Erinnerung an eine bewegte Jugendzeit behaftet war, letzten Endes nicht mehr als ein offizieller Katechismus, dessen formale Befolgung dem einzelnen seine Stellung und seine Privilegien garantierte. Die große Mehrheit der Sowjetuntertanen war des Kommunismus längst ebenso überdrüssig geworden wie aller Ideologien schlechthin. »Meiner Ansicht nach zeichnet sich die gegenwärtige sowjetische Gesellschaft . . . durch ideologische Gleichgültigkeit und durch den zynischen Gebrauch der Ideologie als einer bequemen und nützlichen Fassade aus«, schrieb Andrej Sacharow sehr treffend.[28] Zwei Generationen nach der Aufrichtung des kommunistischen Systems hatte sich annähernd der Zustand eingestellt, den Maxim Gorki vorausgesagt hatte: ». . . nicht das [sprichwörtliche] ›gutherzige und bezaubernde russische Volk‹, sondern eine Bevölkerung, die prosaisch, mißtrauisch und gleichgültig gegenüber allen Dingen ist, die nicht unmittelbar ihre Lebensbedürfnisse berühren«.[29] Dieser kühle Pragmatismus des durchschnittlichen Sowjetbürgers und sein ideologisches Desinteresse sind Phänomene, die vermutlich einem aktiven Gegner des Sowjetregimes mehr Kopfzerbrechen bereiten als einem kommunistischen Funktionär.

Chruschtschow suchte sein Volk mit einer Art innen- und außenpolitischen Feuerwerks aus dieser Gleichgültigkeit zu reißen: Die Menschen sollten für die Leiden der Vergangenheit und die Entbehrungen der Gegenwart dadurch entschädigt werden, daß man ihnen ein Gefühl der Teilhabe an neuen grandiosen Projekten des wirtschaftlichen Aufbaus und der gesellschaftlichen Umgestaltung vermittelte – Erschließung von Neuland, Ein- und Überholen der Vereinigten Staaten in der Erzeugung von Grundnahrungsmitteln. Bis 1980, so hieß es, werde die sozialistische Entwicklungsetappe abgeschlossen sein und die russische Gesellschaft in das Stadium des Kommunismus eintreten. (Darauf angesprochen, was dies im einzelnen bedeuten werde, konnte der Erste Sekretär lediglich mit dem Versprechen einer Kostenfreiheit der öffentlichen Verkehrsmittel und, als Vorgeschmack auf das »Absterben des Staates«, mit der Abschaffung des Staatsausschusses für Sport aufwarten.)

Allein, Chruschtschows hochfliegende oder, wie seine Nachfolger es ungnädiger formulierten, »hirnlosen Projekte« zeitigten bald erste Fehlzündungen. Ein Teil des neu unter den Pflug genommenen Landes verwandelte sich in eine Sandeinöde. Es kam zu Lebensmittelknappheiten, die zu öffentlichen Krawallen führten, etwas, das es seit langer Zeit nicht mehr gegeben hatte. Der Konflikt mit China brach auf. Chruschtschows abenteuerlicher Plan, die Vereinigten Staaten in eine Partnerschaft mit der Sowjetunion hineinzuködern, resultierte ganz im Gegenteil in der Konfrontation und Demütigung der Kubakrise. In den letzten beiden Jahren seiner Herrschaft fühlte sich der gelegentlich als Kraftmeier und Choleriker auftretende Erneuerer zunehmend in die Enge getrieben. Er reagierte mit neuen Knüllern und neuen Losungen: Der Parteiapparat sollte durcheinandergewirbelt, die Sitzungen des Zentralkomitees einer begrenzten Parteiöffentlichkeit zugänglich gemacht werden (kurz vor seinem Sturz schlug er das gleiche in bezug auf die Sitzungen des Präsidiums vor), so daß seine Nebenbuhler sich mit Kritik und Opposition gegen seine Politik zurückhalten würden. Damit drohte er freilich an einen der Grundpfeiler der sowjetischen Innenpolitik zu rühren: wichtige Entscheidungen geheim und im kleinsten Kreis zu treffen; die Befürchtungen der Bürokraten, ihr Chef bewege sich, wenn auch vielleicht ohne sich dessen gewahr zu sein, auf eine Form der populistischen, plebiszitären Diktatur zu, erhielten durch seine letzte Parole weiteren Auftrieb – daß die Sowjetunion im Begriff stehe, ein »Staat des ganzen Volkes« zu werden. Bei den historisch bewanderten unter ihnen muß diese Formel Erinnerungen an die »Revolutionäre Demokratie« von 1917 geweckt haben, Erinnerungen, bei denen sich ihnen sicherlich die Haare sträubten. So mußte Chruschtschow gehen. Die letzte Amtshandlung dieses schillernden Sowjetführers, vermutlich des letzten, der wirklich an den Marxismus-Leninismus glaubte, war, nicht unpassend, eine Grußbotschaft an die sowjetischen Kosmonauten, die die Erde umkreisten.

»Er führte niemals etwas zu Ende – am allerwenigsten den Kampf um die Freiheit«, schrieb Solschenizyn später etwas kühl über den Mann, der mit seiner Genehmigung zur Drucklegung von *Ein Tag im Leben des Iwan Denissowitsch* immerhin dafür gesorgt hatte, daß die Stimme eines freien Rußland endlich ertönen konnte. Und das war, ob in dieser Form gewollt oder nicht, eine wirkliche Errungenschaft und Leistung Chruschtschows. Mandelstam hatte 1933 geschrieben, die Stimme eines freien Mannes sei in Rußland auf zehn Schritte Entfernung nicht zu hören. Seit den 60er Jahren hört man diese Stimmen nicht nur in der Sowjetunion, sondern auf der ganzen Welt. Und es ist nicht wahrscheinlich, daß sie je wieder ganz zum Schweigen gebracht werden können. Diejenigen, die ihre Stimme erheben, mögen in die Verbannung oder ins Gefängnis geschickt werden, aber was sie sagen, ist, selbst wenn sie es vom Ausland aus tun, ein authentisches Echo der neuen, der sowjetischen Gesellschaft und nicht, wie es bei den Exilrussen der unmittelbaren nachrevolutionären Periode der Fall war, ein Nachklang des alten Rußland.

Jewgenij Jewtuschenko, jene politische Wetterfahne der russischen Literatur, schrieb 1962 ein kraftvolles, wenn auch schlechtes Gedicht,[30] in dem er an die sowjetische Führung appellierte, »das Grab von Stalin doppelt, dreifach zu bewachen«,* damit der Geist des toten Tyrannen ja nicht wieder auferstehen könne. Nach Chruschtschows Sturz im Jahre 1964 erhielten die metaphorischen Befürchtungen des Dichters ein Stück realen Gehalt. Die neuen Führer waren entschlossen, diejenigen Elemente des Stalinismus beizubehalten und zu institutionalisieren, die sie für wesentliche Bestandteile

---

* Stalins sterbliche Überreste waren ein Jahr vorher aus dem Lenin-Mausoleum entfernt und an der Kremlmauer beigesetzt worden.

des sowjetischen Systems hielten und die ihr Vorgänger mit seinen großsprecherischen Ankündigungen und seinen Neuerungen ihrer Ansicht nach aufs Spiel gesetzt hatte. Die Partei, das Regime hatten sich für nichts zu entschuldigen, hatten nicht einmal etwas zu erklären; der Diskussion über Dinge, die die Menschen glauben machen konnten, es gebe tatsächlich Anlaß zur Selbstkritik, beschloß man daher ein Ende zu setzen. Das Regime würde hinfort Diskretion über die Mißgriffe und Mißgeschicke der Vergangenheit walten lassen und dieselbe Diskretion anderen – Schriftstellern, Historikern, Überlebenden – auferlegen, die ohnehin bereits zuviel gesagt hatten.

Die zwischen 1956 und 1964 geführte Debatte über den Stalinismus diente als eine Art Ersatzbefriedigung für die vorenthaltene geistige und vielleicht auch ein klein wenig für die politische Freiheit. Das Regime hatte in dieser Zeit einen ziemlich sprunghaften, hin und wieder auch brutalen Kurs gesteuert (so beispielsweise mit der Wiedereinführung der Todesstrafe für Wirtschaftsverbrechen auch geringfügiger Natur) und sich gelegentlich den Intellektuellen (etwa Boris Pasternak) gegenüber von einer rauhbeinig-repressiven Seite gezeigt, hatte jedoch im allgemeinen den Eindruck vermittelt, auf dem richtigen Weg zu sein. Jetzt wurden alle Ventile wieder zugedreht. Nach 1965 wehte wieder ein steifer Wind: Das kommunistische Regime machte keine Anstalten mehr, sich politisch weiterzuentwickeln, sondern versuchte vielmehr, in einigen Bereichen die Uhr zurückzudrehen. Zum Massenterror konnte und wollte man selbstredend nicht zurückkehren, schon weil es gegen die innere Logik eines inzwischen voll ausgereiften oligarchisch-bürokratischen Systems verstieße, wenn dessen Elite sich erneut der Willkür eines einzelnen Mannes und/oder der Geheimpolizei ausliefern würde. Während unter Chruschtschow Schikanen gegen Regimekritiker und nonkonformistische Intellektuelle in unberechenbarer Unregelmäßigkeit erfolgten oder auch nicht erfolgten, erhielt die Unterdrückungspolitik unter Leonid Breschnew und Alexej Kossygin System. Die Nachfolger Chruschtschows verkörperten schon durch ihre äußere Erscheinung und den Stil ihres Auftretens eine Art Warnung. Die joviale Vulgarität Chruschtschows hatte in hohen Parteikreisen lange vor seinem Sturz Anstoß erregt – man fand, dies passe nicht zu einem Mann in seiner Stellung; es mangelte ihm an jener ehrfurchtgebietenden Ausstrahlung, die das russische Volk an seinen Herrschern angeblich schätzt. Breschnew mit seinem gewöhnlich ernsten und Kossygin mit seinem verdrießlichen Gesichtsausdruck – beide erinnerten in ihrem Auftreten an Rektoren einer Reformschule – verkörperten für ihre Untertanen die unausgesprochene Mahnung: »Von jetzt an ist Schluß mit dem Unfug.«

Bestrafung und Verfolgung waren alsbald wieder das Schicksal derer, die ungefragt den Mund auftaten. Die wenigen, die in den Jahren vor 1965 mit ihrer Kritik an der sowjetischen Wirklichkeit ein Stück weit über das von der Partei gesetzte Soll hinausgeschossen waren, hatte man dafür zwar beschimpft und verunglimpft, aber nur in seltenen Fällen schwer bestraft. So war etwa Pasternak dafür, daß er seinen *Doktor Schiwago*, der in der Sowjetunion nicht erscheinen durfte, im Ausland drucken ließ, scharf angegriffen und gedemütigt worden. (Der Roman läuft seiner ganzen Tendenz nach der kommunistisch-leninistischen Ethik zuwider. Chruschtschow – der das Buch nicht gelesen hatte – fühlte sich daher genötigt, es zu verbieten, während er andererseits die Veröffentlichung von *Ein Tag im Leben des Iwan Denissowitsch* gestattete, ein Buch, das auf den ersten Blick »nur« eine Anklage gegen den Stalinismus ist.) Für das gleiche Vergehen wurden dagegen Andrej Sinjawskij und Jurij Daniel 1965, sobald die Geheimpolizei sie hinter der Deckung ihrer literarischen Pseudonyme aufgespürt hatte, verhaftet und 1966 zu sieben bzw. fünf Jahren schwerer Zwangsarbeit verurteilt. Ihre Verurteilung stützte sich auf ein Gesetz, das »antisowjetische Agitation und Propaganda« für strafbar erklärt, eine Bestimmung, die so breit und unbestimmt gefaßt ist, daß sie buchstäblich auf jedermann Anwendung finden könnte, der je über die sowjetische Wirklichkeit gesprochen oder geschrieben hat.*

Der Prozeß gegen Sinjawskij und Daniel war vermutlich der entscheidende Anlaß für die Regimekritiker, den Weg des Protests und des bürgerlichen Ungehorsams einzuschlagen. Bis dahin war es vielen von denen, deren Name in den öffentlichen Protestmanifestationen und in den Prozessen der folgenden Jahre auftauchen würden, immer noch möglich gewesen, einer modernisierten Version jener typischen Vorstellung der Reformer des 19. Jahrhunderts nachzuhängen: guter Zar, schlechte Ratgeber; welche Wechsel es in der Führung auch immer gab, die Partei als ganze konnte sich den veränderten gesellschaftlichen Bedingungen und Erwartungen gewiß nicht verschließen. Nun jedoch setzte ihnen die Regierung ein unmißverständliches Zeichen, daß ihre Geduld mit den Regimekritikern zu Ende sei. Und die Gesellschaft? »Im Jahr 1966 wurden ungefähr 300 Flugblätter mit der Forderung nach größerer Freiheit in mehreren Moskauer Bezirken an Wände geklebt und in Briefkästen geworfen (von zwei jugendlichen Mädchen) . . . Die meisten von denen, die eins der Flugblätter erhielten, lieferten es beim KGB ab.«[31] Nun erhob sich vor denen, deren Hoffnungen so schnöde zerstoben waren, die alte Preisfrage der russischen Reformer und Revolutionäre: Was tun? Verschiedene Personen und Gruppen haben im Verlauf der darauffolgenden fünfzehn Jahre unterschiedliche Antworten auf diese Fragen erarbeitet.

Die überwältigende Mehrheit innerhalb jener kleinen gesellschaftlichen Minderheit, die sich als aktive Opposition versteht, hat den Weg der Verschwörung bewußt nicht beschritten. Der »normale« Dissident operiert offen und versucht geradezu, die Aufmerksamkeit des Regimes auf seinen Protest zu lenken, oder er verlegt sich auf Aktivitäten wie die Verbreitung verbotener Literatur, wobei er bewußt in Kauf nimmt, daß er früher oder

---

* So etwa auch auf Lenin und Stalin, die in ihren Reden häufig die Amtsmißbräuche und die Unfähigkeit der Bürokraten anprangerten.

später von der Geheimpolizei zu einem Verhör abgeholt werden, seine Arbeitsstelle verlieren und vielleicht in der Verbannung oder im Straflager landen wird. In den meisten Fällen steht hinter dieser Taktik nicht etwa das Bedürfnis, ein Märtyrerschicksal zu erleiden, sondern ein durchaus rationales Kalkül: das Regime dazu zu zwingen, daß es aus seiner Verschanzung hinter dem Schutzschild der Ideologie und der »sozialistischen Legalität« hervortritt. Anders als seine Vorgänger im 19. Jahrhundert ist der Dissident von heute ein nüchterner Realist. Er weiß, daß weder sein eigenes Beispiel in Wort und Tat noch die beständigen Willkürakte der Behörden die Massen dazu bringen werden, daß sie sich gegen das System erheben oder ihm auch nur Anerkennung für seine Aktivitäten zuteil werden lassen. Was er jedoch hofft erreichen zu können, ist einmal, den Menschen ein Stück weit die Augen darüber zu öffnen, wie ihr Regierungssystem wirklich funktioniert, und zum zweiten, ihr Unbehagen und ihr Schamgefühl über den Charakter des Systems, unter dem sie leben müssen, zu schüren. Er hat zwar gelernt, daß es vergebliche Mühe ist, an den Gerechtigkeitssinn und die Menschlichkeit seiner Regierenden zu appellieren, hat jedoch die Hoffnung nicht aufgegeben, daß es innerhalb des kommunistischen Herrschaftsapparats doch den einen oder anderen gibt, der durch rationale Argumente umgestimmt werden kann – die Vernünftigeren müßten doch, so denkt er, einsehen, daß der mächtige sowjetische Staat sich ziemlich lächerlich macht, wenn er eine Handvoll religiöser Sektierer wie Staatsfeinde verfolgt, abstrakte Malerei verbietet oder einen Schriftsteller, der sich über die Bürokratie lustig macht, wie einen gefährlichen politischen Gegner behandelt. Daß solche Praktiken dem Bild der Sowjetunion im Ausland schaden, liegt auf der Hand (und dieses Argument ist zumindest seit dem Tod Stalins nicht mehr ganz wirkungslos), und ebenso, daß sie jene stillschweigende Entfremdung zwischen dem System und der Bevölkerung, namentlich der Intelligenz und der jungen Generation, fördern, die dem Regime wirkliches Kopfzerbrechen bereitet. Ein unbeugsamer Stalinist würde die Zunahme der Kriminalität und des Alkoholismus auf die immer noch zu großzügige Duldung schädlicher westlicher Einflüsse und auf die noch immer nicht streng genug gehandhabte Erziehung zur sozialistischen Disziplin zurückführen; ein intelligenterer Bürokrat müßte zumindest argwöhnen, daß es für diese Phänomene auch noch andere Gründe geben könnte.

Einer der Bereiche, den die Dissidenten sich zum Schlachtfeld erwählt haben, ist das sowjetische Gesetzessystem. Die Sowjetverfassung von 1936 ragt noch immer als grandios-kurioses Denkmal einer despotischen Diktatur empor – die imposante Vielzahl politischer und staatsbürgerlicher Rechte, die sie aufzählt, auch wirklich wahrzunehmen käme keinem Sowjetbürger, der bei Verstand ist, in den Sinn. Selbst noch unter Chruschtschow wurden Verbrechen gegen die sozialistische Legalität, wie sie beispielsweise Berija und Konsorten vorgeworfen wurden, fast ohne Rücksicht auf den Buchstaben des Gesetzes bestraft. Nicht so unter Chruschtschows Nachfolgern. Sie haben zwar strafrechtliche Prozeduren zu einer ihrer Hauptwaffen bei der Schikanierung politisch Andersdenkender gemacht, dabei aber immer sorgfältig darauf geachtet, daß formell und äußerlich die gesetzlichen Formen gewahrt blieben. Politische Prozesse werden öffentlich verhandelt, wenn auch in den heikelsten Fällen die meisten Stühle im Zuschauerraum von KGB-Agenten besetzt zu sein pflegen, so daß für außenstehende Interessenten kein Platz mehr bleibt. Es steht den Angeklagten frei, sich für unschuldig zu erklären – sieht man einmal von einem gelegentlich unterschobenen Provokateur ab –, und ihre Anwälte haben die Möglichkeit zu echter Verteidigung.* Das ändert allerdings nichts daran, daß die Richter die Verhandlung so führen und ihr Urteil so bemessen, wie es ihnen von einer zuständigen Partei- oder Regierungsstelle vorgegeben wird. Kurz und gut: An die Stelle einer makaberen ist eine »anständige« Travestie der Justiz getreten.

Die Offensive des Regimes gegen seine Kritiker lieferte den oppositionellen Strömungen einen quasi natürlichen gemeinsamen Angriffspunkt. Das reichte von solchen, die auf dem Boden des Marxismus-Leninismus standen, aber dessen falsche praktische Umsetzung in der Sowjetunion beklagten, bis zu den kompromißlosen Gegnern des ganzen Systems und seiner Ideologie, die vom sowjetischen Regime verlangten, daß es sich mindestens an die geltenden sowjetischen Gesetze halte. Im Jahr 1968 wurden vier Personen angeklagt und verurteilt, weil sie *Samisdat*-(»Selbstverlag«-)Literatur verbreitet hatten, jene inzwischen zu beträchtlichem Umfang angewachsene Untergrundliteratur, deren Arsenal von Romanen und Erzählungen bis zu Dokumentationen und politischen Aufsätzen reicht, die unter Umgehung der Zensur geschrieben, übersetzt und in Umlauf gebracht werden. Die Art und Weise, wie der Prozeß gegen die vier geführt wurde, veranlaßte 300 sowjetische Bürger dazu, sich mit einem Protestschreiben an den sowjetischen Generalstaatsanwalt zu wenden (Abschriften davon gingen an Breschnew und Kossygin): »Der Prozeß«, so hieß es darin, »zeichnete sich durch noch gröbere und unsinnigere Verstöße gegen das Gesetz aus [als einige vorausgegangene Prozesse] . . .«, verfassungsmäßige Garantien seien sowohl formal als auch inhaltlich verletzt worden. Der Brief wurde von seinem Adressaten, dem höchsten Justizbeamten des Staates, nicht beantwortet, und es ist auch kaum anzunehmen, daß seine Absender dies wirklich erwarteten. Wie das Regime – und bis zu einem gewissen Grad die Gesellschaft – reagierte, läßt sich am besten anhand der Geschichte von Waleria Gerlin zeigen, die die heutige sowjetische Lebenswirklichkeit besser widerspiegelt als viele weitaus dramatischere und bekanntere kritische Darstellungen.

Waleria Gerlin wurde, weil sie die Petition an den Generalstaatsanwalt mitunterschrieben hatte, aus ihrer Stellung als Lehrerin für russische Litera-

---

* Bei den Prozessen der großen Säuberung 1938 leiteten die »Verteidiger« ihre Plädoyers üblicherweise mit dem Bekenntnis ein, die Größe und Verruchtheit der Verbrechen ihrer Mandanten erfülle sie ebenso mit Abscheu wie den Staatsanwalt.

tur an einem Gymnasium entlassen. Auch hier wurde den Formalitäten genüge getan: Ihre Entlassung wurde nicht administrativ verfügt, sondern war die automatische Folge ihres Ausschlusses aus der örtlichen Lehrergewerkschaft, den das Parteikomitee ihrer Stadt beantragt hatte; der Ausschluß hatte zur Folge, daß sie von da an auch an keiner anderen Schule mehr als Lehrerin unterkommen konnte und ihren Lebensunterhalt wahrscheinlich durch körperliche Arbeit oder Bürotätigkeit verdienen mußte.

Vor dem versammelten Lehrerkollegium, das formell über ihren Fall zu entscheiden hatte, schilderte Frau Gerlin ihren Lebenslauf. Ihr Vater, Parteimitglied, war als »Volksfeind« erschossen worden, und ihre Mutter hatte die in solchen Fällen übliche Bestrafung erhalten – acht Jahre Arbeitslager –, so daß das Mädchen im Alter von sieben Jahren zur Waise wurde. Wie es bei Kindern solchermaßen geächteter Eltern ebenfalls üblich war, war sie nach Erreichen ihrer Volljährigkeit im Jahre 1949 verhaftet und in die Verbannung geschickt worden. Von 1953 an hatte sie wieder mit der Mutter zusammengelebt und ihre Laufbahn als Lehrerin eingeschlagen. Vor diesem persönlichen Hintergrund war es ihr unmöglich gewesen, eine Ungerechtigkeit der Behörden stillschweigend hinzunehmen. Was sie getan habe, sei, so erklärte Frau Gerlin, in aller Offenheit geschehen und beinhalte nicht die geringste Illoyalität gegenüber ihrem Land und der Regierung. Sie habe, anders als einige andere, nicht versucht, den »Prozeß der vier« im Ausland publik zu machen. Sie stelle nicht einmal das ergangene Urteil in Frage. »Das fiele nicht in meine Kompetenz, ich bin kein Richter. Aber daß die Gesetze streng und aufrichtig beachtet werden, das muß jedem Menschen von Ehre ein Anliegen sein. In jedem Rechtsstaat und daher insbesondere auch in unserem sowjetischen Staat sollte jeder, der, sei es als Mörder oder als Vergewaltiger, angeklagt wird, nach den Bestimmungen des Gesetzes abgeurteilt werden und nur nach ihnen.«[32]

An dieser Stelle wurde sie von einem ihrer Kollegen unterbrochen. »Ihrer Meinung nach sollten also auch Personen, die antisowjetisch sind, nach dem Gesetz verurteilt werden?« Als Frau Gerlin erwiderte: »Ja, unbedingt, jedermann«, eiferte sich derselbe Kollege: »Aber das sind doch unsere Feinde. Wie kann man für einen Feind eintreten? Sie fügen der Gesellschaft Schaden zu, und wir sollen uns an das Gesetz halten, wenn wir sie zur Rechenschaft ziehen ... Wenn man Gerechtigkeit fordert, müßte man die ganze Bande freisprechen.« Die Angeklagte ließ es in ihrer Antwort nicht an Sowjetpatriotismus fehlen. »Schämen Sie sich nicht? Was Sie gerade gesagt haben, ist eines Lehrers, ist eines jeden, selbst des unwissendsten menschlichen Wesens unwürdig ... Unser Gesetz ist stark und streng genug, um jeden, der es bricht, bestrafen zu können, ohne daß man zu ungesetzlichen Mitteln greift. Und wenn wir die Gesetze unseres Landes nicht einhalten, wodurch unterscheiden wir uns dann von den Feinden unseres Staates?«

Im Laufe der inquisitorischen Diskussion, die sich anschloß, kam ans Licht, daß Frau Gerlins »antisowjetische« Tat kein einmaliger Ausrutscher gewesen war – sie machte, wie ein Kollege verriet, ihre Schüler mit der Lyrik von Dichtern wie Anna Achmatowa und Nikolaj Gumilew bekannt (letzterer, ein bekannter Lyriker, wurde 1921 wegen angeblicher konterrevolutionärer Betätigung hingerichtet), deren dekadente Schriften zwar nicht mehr verboten waren, aber nicht im Lehrplan standen und gewiß nicht dem entsprachen, was die Schüler zu lesen bekommen sollten. »Bevor sie zu uns kam, hatte niemand [von diesen Autoren] gehört, geschweige denn sie durchgenommen ... Jetzt lesen die Schüler, sogar in den Stunden der anderen Lehrer, ihre Werke, schreiben ihre Gedichte ab, und zwar, bitteschön, auf den schuleigenen Schreibmaschinen.«[33]

Einige Kollegen brachten vorsichtig etwas zur Verteidigung von Frau Gerlin vor – sie sei eine sehr gute Lehrerin, so bezeugten sie. Um so gefährlicher waren die üblichen Gegenargumente. Einige Kollegen fanden Frau Gerlins Darstellung ihrer tragischen Kindheit geschmacklos. Sie habe, so erklärte einer, eine ganze Anzahl von Leuten kennengelernt, die jahrelang in den Straflagern (und nicht wie Frau Gerlin nur in der Verbannung) gewesen und dennoch entschieden loyale Sowjetbürger geblieben seien, die nicht im Traum daran dächten, eine Petition zu unterschreiben, in der die sowjetische Justiz verunglimpft und Verleumder des Staates und der Partei in Schutz genommen würden. Wie habe sie das nur tun können, rief ein anderer Eiferer aus, in einem Augenblick, da das ganze »sozialistische Lager« vom kapitalistischen Gegner bedroht werde, wie die Vorgänge in der Tschechoslowakei zeigten. (All dies fand in der Zeit des »Prager Frühlings« statt, kurz bevor dieser durch die sowjetische Invasion beendet wurde.) »Wenn ein Lehrer nicht von der absoluten Rechtschaffenheit seines Staates überzeugt ist, taugt er nicht zum Erzieher ... Und was hat die persönliche Lebensgeschichte von Frau Gerlin mit dem allem zu tun? Über die Vergangenheit ist alles Nötige schon gesagt worden. Es hat keinen Sinn, es immer wieder aufzuwärmen.«[34]

Neben solchen Äußerungen wurde die mutige und unglückselige Frau auch noch mit Fragen konfrontiert, die im Stil stark an jene Vergangenheit erinnerten, die man angeblich schon so weit hinter sich gelassen hatte. Wer hatte sie dazu bewogen, ihre Unterschrift zu geben? Wie viele der anderen Unterzeichner kannte sie persönlich? War ihr klar, daß die Petition von der kapitalistischen Presse ausgebeutet, daß sie zum Gegenstand einer Sendung der BBC gemacht worden war? Obgleich eindeutig zu erkennen war, in welche Richtung die Diskussion lief, hielt der Direktor der Schule, für den bei der ganzen Angelegenheit wohl neben der Sünderin selbst am meisten auf dem Spiel stand (»Wie konnten Sie zulassen, daß Ihre Schule zu einer Brutstätte der Subversion wird?«, so oder so ähnlich wurde er vermutlich von einem vorgesetzten Funktionär zur Rede gestellt), es für nötig, diejenigen, die offensichtlich noch unschlüssig waren oder gar Verständnis für Frau Gerlin geäußert hatten, unmißverständlich zu ermahnen: »Überlegen Sie es sich gut, bevor Sie Ihre Stimme abgeben ... Sie hätte schon lange entlassen werden müssen.«[35] Trotz dieses diskreten Winks fiel die Abstimmung nicht einstimmig aus: 37 Kollegen waren für die Entlassung, 5 dagegen, einer enthielt sich der Stimme.

Sechs Menschen waren also bereit, ihre eigene berufliche Zukunft und ihre Stellung in Gefahr zu bringen. Es ist nicht bekannt, ob und in welchem Ausmaß der Glaube von Waleria Gerlin an die moralischen Selbstheilungskräfte des sowjetischen Staates den erlittenen Schlag überlebt hat. Sicher scheint zumindest, daß einige von denen, die den Stab über sie brachen, in dieser Beziehung zu neuen Einsichten gelangt sein müssen.

Diese Momentaufnahme aus der sowjetischen Alltagswirklichkeit des Jahres 1968 ist auch in den 80er Jahren noch ein stichhaltiges und lehrreiches Exempel. Zwar sind solche Vorgänge, bei denen die autoritäre Logik des Systems mit dem menschlichen Gewissen einiger weniger und dem schlichten Gerechtigkeitsgefühl einer nicht ganz so kleinen Minderheit in Konflikt gerät, nicht gerade an der Tagesordnung, aber sie sind auch nichts ganz Außergewöhnliches. In ihrer Summe tun diese Fälle dem moralischen Autoritäts- und Legitimitätsanspruch des sowjetischen Systems wahrscheinlich genausoviel, wenn nicht noch größeren Abbruch als jene Protestaktionen und Verfolgungsmaßnahmen, die die Aufmerksamkeit der Weltöffentlichkeit erregen.

In der moralischen und geistigen Dimension hat das vergleichsweise winzige Grüppchen der sowjetischen Dissidenten schon annähernd das geschafft, was der russischen Intelligenzija in den 60er und 70er Jahren des vorigen Jahrhunderts gelang: ein repressives politisches System in die Defensive zu drängen. Die sowjetische Autokratie ist freilich unvergleichlich stärker, an Gegenstrategien reicher und an Skrupeln ärmer als die zaristische. Sie hat im Kampf gegen ihre Dissidenten und Kritiker ein beträchtliches Raffinement entwickelt. Einige, bei denen man mit brutalen Unterdrückungsmethoden zweifellos das Gegenteil erreicht und die öffentliche Meinung sowohl im eigenen Land als auch im Ausland gegen sich aufgebracht hätte, ließ man emigrieren oder wies sie aus dem Land. Viele andere sind eingekerkert, manche für psychisch krank erklärt und in eine psychiatrische Anstalt ein- und der Pflege von KGB-Ärzten ausgeliefert worden, eine Methode, für die es in der ganzen zaristischen Epoche vielleicht zwei Präzedenzfälle gibt. Einige wenige ließ man, zum Beweis für die Großmut und Menschlichkeit des Regimes, auf freiem Fuß (wobei ihnen freilich eine sorgfältige Überwachung und gelegentliche Einschüchterungsversuche zuteil werden).

Offiziell existiert in der Sowjetunion überhaupt keine Oppositions- oder Dissidentenbewegung, lediglich »antisoziale Aktivitäten und Haltungen« einer kleinen Anzahl von Unzufriedenen werden eingeräumt. Viele Dissidenten erzählen von Gesprächen mit Sicherheitsbeamten, die, oft in väterlichem Ton, in sie drangen, ihre sinnlosen und gefährlichen Aktivitäten einzustellen. Während Stalins Geheimpolizei von ihren Kunden ein Geständnis wünschte, gäbe sich die heutige in den meisten Fällen mit einer Unterlassungserklärung zufrieden. Diejenigen, die nicht abschwören wollen, werden dann einer der vorgegebenen Kategorien politischer Krimineller zugeordnet und entsprechend bestraft – entweder als psychisch Kranke oder als Schmarotzer und Rowdys, die von westlicher Genußsucht und Disziplinlosigkeit angesteckt sind, oder gar als Agenten irgendeiner ausländischen antisowjetischen Organisation.

Im Zeichen des honorigen Images, das sie sich neuerdings zugelegt haben und das sich mit einer massiven Terrorherrschaft nicht vertragen würde, kann den Kremlherren natürlich nicht daran gelegen sein, eine größere Zahl derer, die die ideologischen und nationalistischen Prämissen ihrer Herrschaft offen ablehnen, auf sowjetischem Boden interniert zu halten. Von daher ist der um 1970 herum gefaßte Entschluß der Regierung zu verstehen, eine Auswanderung der Juden in beträchtlichem Umfang zuzulassen, ein Entschluß, der unter Stalin undenkbar und auch unter Chruschtschow kaum vorstellbar gewesen wäre. Es wäre falsch, diesen Sinneswandel hauptsächlich als Reaktion auf internationalen Druck zu interpretieren. Die Entscheidung markierte vielmehr eine – dieses Mal beinahe explizit vollzogene – Akzentverschiebung von der marxistisch-leninistischen Ideologie zum Sowjetnationalismus als zentraler Legitimationsgrundlage und letzter *raison d'être* des Regimes. Warum eine große Menge Menschen im Land behalten, die aufgrund ihrer Volks- und Religionszugehörigkeit dem sowjetischen Staat wahrscheinlich immer mit gespaltener Loyalität gegenüberstehen würden? Daß den Juden die Ausreise aus der Sowjetunion gleichwohl nicht erleichtert wird und daß die Regierung schon gar nicht ihre massenhafte Ausweisung verfügt (wie bestimmte Kräfte innerhalb der Oligarchie es sich zweifellos wünschen würden), dafür sind nicht nur fortwirkende ideologische Skrupel und Bedürfnisse wie auch die Sorge um den Verlust wertvoller Arbeitskräfte maßgebend, sondern darüber hinaus noch ein weiterer Faktor. Das Regime kann es sich nicht leisten, Präzedenzfälle dafür zu schaffen, daß jedermann, der sich in der Sowjetunion unterdrückt fühlt und das Land verlassen möchte, dies ohne weiteres tun kann oder daß das ausländische Exil zum durchschnittlich erwartbaren Schicksal der Kritiker und Opponenten des Systems würde. Die gegenwärtig verfolgte Emigrationspolitik ist für die Herrschenden in mehrfacher Hinsicht von Vorteil: Offiziell kann man sie mit dem Argument rechtfertigen, sie sei gänzlich frei von jedweden rassistischen oder fremdenfeindlichen Motiven; es seien im Gegenteil die Emigranten, die in den Bann einer reaktionären und nationalistischen Philosophie, des Zionismus, geraten (und in dieser Beziehung völlig untypisch für das Gros der sowjetischen Juden seien). Inoffiziell verfolgt das Regime mit dieser Politik das Ziel, an die immer noch beträchtlichen antisemitischen Ressentiments innerhalb der Bevölkerung zu appellieren und sich diese im Kampf gegen die Dissidentenbewegung zunutze zu machen. Im vorrevolutionären Rußland hatte das rechtsradikale Lager mit der Unterstellung Politik gemacht, hinter allen Spielarten revolutionärer oder liberaler Politik und Agitation steckten jüdische Drahtzieher. Heute sucht die sowjetische Regierung durch ihre Haltung zur jüdischen Frage implizit ähnliche Vorstellungen zu suggerieren: Aus welchem Land ein Kritiker des Sowjetregimes auch immer stammen, zu welcher Frage er sich auch immer äußern mag, seine Auffassungen sind im wesentlichen nichts anderes als ein Abklatsch der zionistischen Verleumdungen über den sowjetischen Staat und sein Volk.

Trotz solcher Winkelzüge ist die Dissidentenbewegung mit ihrem Hauptanliegen durchgedrungen: Die meisten denkenden Sowjetbürger über vierzig haben sich die Erinnerung an den Stalinismus und an das, was er bedeutete, nicht aus dem Gehirn waschen lassen und sind sich durchaus bewußt, wie schwer sein Vermächtnis auch heute noch auf dem gesellschaftlichen und politischen Leben in der Sowjetunion lastet.

Die Regimekritiker sehen sich, nachdem es ihnen gelungen ist, die Antwort auf die Frage »Wer ist schuld?« in den Köpfen der Menschen zu verankern, mit der anderen Hälfte ihrer selbstgestellten Aufgabe konfrontiert: Wege aufzuzeigen, die aus der gegenwärtigen Situation herausführen können. In dieser Beziehung befinden sie sich in einer unendlich schwächeren Position als ihre Vorgänger zur Zarenzeit. Der Revolutionär oder Reformer des 19. Jahrhunderts war selten um Vorschläge verlegen, wie die Gebrechen des Landes zu kurieren wären. Die Antworten waren damals bei aller Mannigfaltigkeit naheliegend und einleuchtend: eine revolutionäre Verschwörung organisieren, der Bevölkerung die Ideen des Sozialismus nahebringen; Seite an Seite mit dem liberalen Element innerhalb der herrschenden Kaste den Kampf um eine konstitutionelle parlamentarische Monarchie führen; das Regime zur Einberufung einer verfassunggebenden Versammlung bewegen . . . Begriffe wie Demokratie, Liberalismus, Sozialismus hatten in jenem einfacheren Zeitalter eine eindeutige, konkrete Bedeutung, und darüber, wie man sich ihre Umsetzung in die Praxis vorzustellen hatte, waren sich ihre Befürworter ebensowenig im Zweifel wie ihre Gegner. Für den zeitgenössischen russischen Freiheitskämpfer hingegen ist die Frage der notwendigen und möglichen Veränderungen am System von enormer Komplexität. Wo und wie kann und soll man damit beginnen, das kolossale Gewicht des kommunistischen Staates, das auf dem Leib der Nation lastet, zu lindern oder gar ganz wegzuheben? Ist dieser Staat nicht inzwischen so fest in der Gesellschaft verankert, daß man, wenn man ihn abhöbe oder tiefgreifend veränderte, damit notwendigerweise auch letztere zerstören würde? Kann überhaupt irgend etwas anderes als ein zentralisierter, autoritärer Staat die vielen Völkerschaften der UdSSR zusammenhalten, muß nicht jede Demokratisierung oder wirkliche Liberalisierung dazu führen, daß einige von ihnen sich vollständig loslösen und verselbständigen? Und selbst wenn durch irgendeine wundersame Fügung alle diese Fragen gegenstandslos würden, welche Regierungsform käme für die Völker der Sowjetunion überhaupt in Frage, die 60 Jahre lang systematisch gelehrt worden sind, alle Erfahrungen mit Freiheit und demokratischer Selbstregierung zu vergessen, die sie zuvor gesammelt hatten?

Messianische Vorstellungen und Bestrebungen, wie sie bei den Kritikern und Gegnern der Autokratie im 19. Jahrhundert so gang und gäbe waren, sind bei denen des Sowjetsystems auffällig selten anzutreffen. Sie geben sich auch kaum der Hoffnung hin, daß bestimmte staatsrechtliche Konstruktionen und Mechanismen – Verfassung, Parlament – allein und aus sich heraus das Land einen großen Schritt weiterbringen könnten. Man stößt im Gegenteil auf eine erhebliche Portion apokalyptischen Pessimismus, wie er programmatisch etwa im Titel der von Andrej Amalrik verfaßten Zukunftsprojektion *Wird die Sowjetunion bis 1984 überleben?* zum Ausdruck kommt – auf das Gefühl, daß der militaristische und expansionistische Sowjetstaat unabänderlich auf einen Kurs programmiert ist, der zu einer nationalen und in der Folge auch zu einer weltweiten Katastrophe führen wird.

Im allgemeinen zeichnet sich jedoch das Denken über und an die Zukunft weder durch überschäumende Hoffnungsfreude noch durch Visionen einer nuklearen oder einer anderen welterschütternden Katastrophe aus. »Es geht uns nicht darum, daß die Werte, die durch die Oktoberrevolution in unser Leben und in das Leben der ganzen Welt eingeführt wurden, jetzt abgehalftert werden. Es geht uns darum, daß sie erneuert und geläutert, weiterentwickelt und erfüllt werden.« Der Verfasser dieser Zeilen beruft sich sodann auf den Leninismus, um für »eine allmähliche und systematische Entwicklung der sozialistischen Demokratie inner- und außerhalb der Partei« zu plädieren.[36] Zu einer solchen Demokratie würde, wie Medwedew erläutert, die Duldung von Kritik am und/oder offener Opposition gegen das Regime gehören, sie würde jedoch nicht das Ende des Machtmonopols der Kommunistischen Partei bedeuten. Da anderen, nichtmarxistischen Parteien und Bewegungen, die auf der Bildfläche erscheinen würden, die Massenbasis fehlen würde, würden sie keine Gefahr für den Sozialismus oder die führende Rolle der Partei darstellen.

Es ist ein originelles und vielleicht nicht durch und durch unrealistisches Kalkül. Gewiß würde es Lenins Zorn erregen. Man kommt kaum umhin, zu argwöhnen, die meisten Sowjetbürger würden über die Vorstellung, die Herren im Kreml könnten ihre berufliche Zukunft dem Ergebnis einer wirklich freien Wahl anvertrauen, eher für einen Witz halten. Wenn sie ihren Marx kennen, erinnern sie sich gewiß seiner treffenden Feststellung, daß keine herrschende Klasse freiwillig ihre Macht preisgeben wird.

Alexander Solschenizyns Vorschläge – Gedanken – Prophezeiungen sind dem Neoleninismus Medwedews diametral entgegengesetzt. Für ihn, den meistbeachteten unter den sowjetischen Oppositionellen, liegt das Grundübel des sowjetischen Systems gerade in der leninistischen Ideologie. Nicht etwa, weil die breite Masse daran glauben würde oder weil diese Ideologie für das, was im sowjetischen Staat real geschieht, von großem Belang wäre. In Wirklichkeit, so Solschenizyn, sei der Marxismus-Leninismus in seiner

535

kanonisierten Form in der Welt von heute eindeutig ein Anachronismus, und nicht einmal die Sowjetführer, geschweige denn die große Mehrheit der Bevölkerung nähmen ihn ernst oder fänden ihn überzeugend. Gerade aber in der heuchlerischen Anbetung der falschen Götzen des Marxismus-Leninismus liege die Hauptursache für die moralische Verdorbenheit des Regimes, für jene Verlogenheit und Unmenschlichkeit, die alle Bereiche des gesellschaftlichen Lebens durchdringe und die humanen und konstruktiven Antriebe und Energien des russischen Volkes vergifte.

Solschenizyn hat sich in seinen Schriften nicht damit begnügt, Moralpredigten zu halten und die düsteren Geheimnisse der sowjetischen Vergangenheit ans Licht zu bringen, sondern hat auch beachtlichen politischen Scharfsinn bewiesen. Das wirksamste Argument, mit dem der Kreml seinen Bürgern den Kommunismus schmackhaft macht, ist die Behauptung eines unauflöslichen Zusammenhangs zwischen dem kommunistischen System und der Einheit und Größe des sowjetrussischen Staates. Genau das Gegenteil, meint Solschenizyn, treffe zu: Der Kommunismus habe der Nation bereits unermeßlichen Schaden zugefügt, habe ungeheure und sinnlose menschliche Opfer gefordert und die Traditionen und die moralische Integrität der Nation ausgehöhlt. Seine wesentliche psychologische Wirkung auf die angeblichen Hüter und Anwender seiner Lehre bestehe darin, daß er diesen ein unersättliches Bedürfnis nach Macht vermittelt, Macht, auf deren Altar sie sowohl das Wohlergehen ihres Volkes als auch jeden anderen Wert zu opfern bereit seien. Indem sie sich selbst zu den unfehlbaren Hohepriestern der richtigen Lehre stilisiert hätten, sei es den Sowjetführern tatsächlich gelungen, sowohl ihre Macht im Innern zu maximieren, als auch in allen Teilen der Welt Fuß zu fassen. Dadurch hätten sie jedoch selbst die größte Bedrohung herangezüchtet, die es für die russische Nation und für die Sowjetunion bisher gegeben habe, eine Bedrohung, die die angebliche Gefahr von seiten des kapitalistischen Westens in den Schatten stelle. Ein nichtkommunistisches China hätte einen leidlichen Nachbarn für die UdSSR und ein friedliches Mitglied der Nationengemeinschaft abgegeben. Der Kommunismus aber könne seinem Wesen nach nicht zulassen, daß es zwei Zentren der Macht, zwei konkurrierende Hohepriestergilden gebe. Dazu komme, daß in den Gehirnen der Herrschenden in Peking die gleichen psychologischen Mechanismen ablaufen wie in denen ihrer Rivalen im Kreml: Auch sie streben zwangsläufig nach militärischer Stärke und territorialer Expansion. Mao machte 1964 Ansprüche auf weite Bereiche des sowjetischen Fernen Ostens und Sibiriens geltend. Der chinesische Koloß mit seiner Milliarde Menschen werde, wenn er erst einmal industrialisiert sei, was unter kommunistischen Vorzeichen gleichbedeutend ist mit Militarisierung und mit der Bereitschaft, auf Eroberungen auszugehen, eine tödliche Gefahr für den sowjetischen Staat darstellen. Diese Gefahr könne das russische Volk abwenden oder doch verringern, indem es sich der erbärmlichen Ideologie entledige, in deren Namen ihm und der Welt so viel Leid zugefügt worden sei und die zur Gänze entlarvt und in die Schranken gewiesen werden müsse, bevor sie die ganze Welt in eine nukleare Katastrophe stürze.

Diese Variante einer nationalistischen Argumentation ist vermutlich die wirkungsvollste Munition gegen das Sowjetsystem, da sie an eine im sowjetischen Volk weit verbreitete, wenn auch kaum artikulierte Angst appelliert – die Angst vor der Bedrohung aus dem Osten. Vielen Sowjetbürgern muß im stillen schon die Frage durch den Kopf gegangen sein, weshalb das kapitalistische Japan keine ernstliche Gefahr für ihre Zukunft darstellt, während gerade das Land, in dem der Kommunismus seinen größten Triumph nach 1917 errungen hat, wie ein unheildrohender Schatten über ihrem Leben kauert. Liegt das einzig und allein, wie der Kreml immer wieder versichert, am »Dogmatismus und Sektierertum« einer Handvoll chinesischer Führer (und seit dem Tod Maos sind solche Etikettierungen schwerlich mehr aufrechtzuerhalten), die bloß in die Wüste geschickt zu werden bräuchten, damit die beiden Nationen wieder in brüderliche Beziehungen zueinander treten könnten? Man kann wohl ohne Bedenken behaupten, daß diese Übertragung des Persönlichkeitskultarguments auf das chinesische Problem die Massen noch weniger überzeugt als die Herren im Kreml selbst. Das Junktim Kommunismus–nationales Interesse, bis dahin die effektivste Legitimationsformel des sowjetischen Regimes, ist zu seiner Achillesferse geworden.

Seine Kontemplationen über die Zukunft Rußlands und seine Jeremiaden über die westliche Welt haben einige Autoren dazu veranlaßt, Solschenizyn als einen Neoslawophilen, als einen Mann mit autoritären und reaktionären Ansichten einzustufen. Es ist jedoch unfair und auch unmöglich, ihn in solche politischen Kategorien zu zwängen. Er predigt keine politische Ideologie, und tatsächlich ist er als beharrlicher Verkünder der moralischen Eigenverantwortung des Individuums dazu auch im besten Sinne unfähig. Wenn er erklärt, die Sowjetführer sollten ruhig in ihrer autokratischen Weise weiterregieren und lediglich die Lüge fallenlassen, die der Kommunismus verkörpert, dann spiegelt das nicht unbedingt eine Vorliebe Solschenizyns für autoritäre Regierungsformen wider, sondern in erster Linie seinen Antikommunismus, der, wie man vermuten kann, mit dem Gefühl gepaart ist, das autoritäre Sowjetsystem würde, wenn es einmal seiner ideologischen Verbrämung entledigt wäre, bald in sich zusammenbrechen. Wenn er scharfe Kritik an der westlichen Welt wegen ihrer feigen Politik gegenüber der UdSSR und ihrer Ausrichtung auf materielle Werte übt, dann nicht, weil er wie ein russischer Radikaler des 19. Jahrhunderts das ganze westliche Normen- und Wertesystem gefühlsmäßig ablehnen würde. Es ist ganz im Gegenteil die Beobachtung, daß im Westen selbst der Glaube an diese Werte abnimmt, daß die westlichen Gesellschaften immer weniger bereit sind, für diese Werte und gegen den Vormarsch des Kommunismus und anderer Formen moderner Barbarei zu kämpfen, die ihn mit Zorn erfüllt. Die gegenwärtige Haltung und Verfassung der westlichen Welt ist, so meint Solschenizyn, einer der größten Hemmschuhe für die Sache der Freiheit in seinem Land.

Hin und wieder findet sich bei Solschenizyn ein Anklang an den bei den Revolutionären und Reformern des 19. Jahrhunderts so häufig anzutreffenden Gedanken, daß die russische Nation trotz, aber auch wegen ihrer Leidensgeschichte den von Materialismus und Hedonismus korrumpierten Völkern Europas überlegen sei. Doch solche Anklänge werden mehr als aufgewogen durch die Illusionslosigkeit, mit der er seine eigene Gesellschaft sieht, etwa wenn er schreibt: »Dem größten Teil der Jugend ist es einfach egal, ob man uns rehabilitiert hat oder nicht, ob zwölf Millionen [in den Lagern] weitersitzen oder zu sitzen aufgehört haben, die sehen da keinen Zusammenhang. Hauptsache, sie selber bleiben in Freiheit, mit ihren Tonbandgeräten und zauslockigen Mädchen.«[37]

Viele von denen, die Solschenizyn als Schriftsteller und als Anwalt der Freiheit bewundern, sind gleichwohl befremdet über die nationalistisch und traditionalistisch anmutende Ausdrucksweise, in die er seine politischen Erörterungen kleidet. Der typische westliche Liberale erkennt sich weit eher in den Auffassungen und Äußerungen eines Dissidenten wie Andrej Sacharow wieder. Sie haben für ihn einen hoffnungsvolleren Klang: daß das sowjetische System früher oder später zwangsläufig seine irrationalen und repressiven Auswüchse ablegen und sich auf eine Gesellschaftsstruktur sozialdemokratischen Typs zuentwickeln müsse. Die Logik und Eigendynamik der modernen Technik und der wirtschaftlichen Entwicklung wird, wie der (wegen seiner politischen Aktivitäten seit Jahren drangsalierte) Physiker Sacharow glaubt, über ideologische Beschwörungen ebenso triumphieren wie über imperialistische Gelüste. Indes, wie die meisten Visionen über die Zukunft Rußlands gerät auch die Sacharowsche ins Straucheln, wenn sie sich dem zentralen Problem der Macht zuwendet. Die Vertreter der Konvergenzhypothese, denen auch Sacharow im großen und ganzen zuzurechnen ist, haben mit ihrer Annahme vielleicht oder sogar höchstwahrscheinlich recht, daß sich die Denkgewohnheiten und Erwartungshorizonte des typischen sowjetischen Wissenschaftlers, Ingenieurs und Arbeiters einerseits, seines westlichen Gegenparts andererseits einander immer mehr annähern werden. Allerdings liegen im sowjetischen Staat alle wichtigen Entscheidungsbefugnisse in den Händen einer kleinen Elite, deren Angehörige darin geschult und gewöhnt sind, in der Ausübung von Macht das höchste Ziel allen Strebens zu sehen; und sie messen ihre Macht nicht allein an solchen Kriterien wie der Rate des jährlichen Wirtschaftswachstums oder dem materiellen Wohlergehen ihrer Untertanen, sondern hauptsächlich daran, wie effektiv sie ihre Gesellschaft kontrollieren und manipulieren und welche Positionsgewinne für ihren Staat sie auf dem Feld der internationalen Politik erzielen können. Es liegen bis jetzt keine Anhaltspunkte dafür vor, daß die Konvergenz auch auf der Ebene des Politbüros der Kommunistischen Partei der UdSSR und in bezug auf die Mentalität seiner gegenwärtigen Mitglieder und ihrer Nachfolgekandidaten funktioniert.

Allein, wie lange kann ein System, und sei es noch so despotisch, sich gegen wachsende Einflüsse von außen und zunehmenden Druck von innen, aus der eigenen Gesellschaft heraus, behaupten? Daß die sowjetische Wirtschaft kränkelt, ist nicht zu übersehen. Die zurückgehende Geburtenrate bei den Russen, dazu die Anzeichen eines aufwallenden Nationalismus bei den anderen Volksgruppen der Union und das relative Anwachsen des islamisch-turkmenischen Bevölkerungsanteils – werden diese Volksgruppen nicht irgendwann eine kritische Größe erreichen und das Regime dann vor die Alternative stellen, entweder sich selbst grundlegend zu reformieren oder eine Explosion zu riskieren?

Aus der Geschichte, die ich in diesem Buch zu erzählen versucht habe, läßt sich eine instruktive, wenn auch nicht gerade zuversichtlich stimmende Antwort auf diese Frage ableiten. Von Nikolaus I. bis zu Tschernenko haben autokratisch herrschende Regime in Rußland sich gegen Liberalisierungsbestrebungen und gegen die Forderung nach mehr Freiheit stets hauptsächlich dadurch zur Wehr gesetzt, daß sie sich hinter dem nationalen Interesse verschanzten und an den russischen Nationalismus appellierten (und der »Sowjetpatriotismus« ist nichts anderes als ein ideologisch verbrämtes Synonym dafür). Im 19. Jahrhundert verlor dieses Argument – daß das Land, wenn es seine Einheit und Größe bewahren wollte, eine starke Regierung brauche – zunehmend an Überzeugungskraft, zunächst bei der Intelligenzija, dann bei der breiten Bevölkerung und schließlich auch bei vielen Angehörigen der herrschenden Klasse. Denn was man auf der internationalen Bühne beobachten konnte, bezeugte aufs anschaulichste, daß freiheitlich-demokratische Institutionen sich im Gegenteil förderlich auf die Macht und das Wohlergehen einer Nation auswirken. Der Rückfall Rußlands in die autokratische Regierungsform nach einer über zwei Generationen anhaltenden Ära der politischen Fortschritte erfolgte erst nach einer ebenfalls höchst anschaulichen Erfahrung: daß liberale Institutionen und demokratische Prozeduren in Rußland in einem entscheidenden Augenblick nicht funktionierten; sie erwiesen sich als unfähig, den Krieg zu verhüten, der die Fundamente der europäischen Staaten- und Gesellschaftsordnung unterhöhlte, oder ihn wenigstens rechtzeitig zu beenden.

Das Sowjetregime hat es nach 1945, zumindest teilweise mit Erfolg, verstanden, seinem Volk eine Lektion beizubringen, die gerade das Gegenteil dessen besagt, was das 19. Jahrhundert lehrte: Liberale und demokratische Institutionen machen eine Nation nicht stärker, sondern schwächer. Nachdem die anderen Legitimationsgründe, auf die der kommunistische Staat sich berufen hat, unglaubwürdig oder fadenscheinig geworden sind, beruft er sich nun vor allem auf die Wettbewerbsvorteile, die ein konsequent autoritär regierter Staat in der Welt von heute genießt. In einer Zeit, da die Einheit der kommunistischen Bewegung unwiederbringlich verlorengegangen und die kommunistische Lehre selbst im Mutterland des realen Sozialismus weitgehend diskreditiert oder zur Bedeutungslosigkeit herabgesunken ist, sucht das Sowjetregime seine Lebensfähigkeit und seine Kraft durch eine Stärkung seiner Macht und seines Einflusses in allen Teilen der Welt zu demonstrieren; bei allen Angriffspunkten, die der Sowjetkommunismus bietet, muß doch die Tatsache gewürdigt werden, daß die Sowjetunion (und das heißt im wesentlichen: Rußland) unter dem kommunistischen Regime stetig an Macht und Einfluß gewonnen hat, während die westlichen Demokratien aller ihrer gerühmten Freiheiten und Reichtümer zum Trotz an Boden verloren haben. Die Niederlagen und Demütigungen, die der Westen erlitten hat und erleidet, werden von der Sowjetführung in Propagandamunition zur Indoktrinierung ihrer Bürger umgemünzt. So unzufrieden diese mit den Zuständen im eigenen Land sein mögen – können sie nach allem, was sie hören und lesen, wirklich daran glauben, daß das westliche System eine Zukunft hat?

An dem Bild, das die politische Entwicklung Rußlands während der letzten 160 Jahre bietet, findet sich kaum etwas, das man als spezifisch russisch bezeichnen könnte, ebensowenig wie die Ideen der Demokratie, der geistigen Freiheit, der Rechtsstaatlichkeit, des Sozialismus etwas spezifisch Westliches sind. Wirkten doch gerade diese Ideen so tiefgreifend auf die russische Entwicklung ein, wenngleich diese an ihrem Kulminationspunkt 1917 in eine so radikal andere Richtung umschlug. Diese Ideen stehen nach wie vor für Werte und Zielvorstellungen, die allen Menschen gemeinsam sind, aber was in Zukunft aus ihnen wird, hängt davon ab, ob sie denen, die sie praktizieren, weiterhin Macht und Fortschritt bescheren oder ob sie sich als Wegbereiter eines moralisch-geistigen und politischen Niedergangs erweisen werden. Der Rang, der der Freiheit als Wert weltweit beigemessen werden wird, wird auch weitgehend darüber entscheiden, welche Zukunft die Freiheit in Rußland hat.

Anmerkungen

Bei Titeln mit russischem bzw. sowjetischem Erscheinungsort ist grundsätzlich davon auszugehen, daß es sich um Werke in russischer Sprache handelt. Zitate aus diesen Werken sind aus der englischen Originalausgabe des vorliegenden Buches ins Deutsche übersetzt worden. Die Schreibweise der Namen in den Anmerkungen wurde derjenigen im Text angeglichen.

Kapitel 1

1. A. S. Puschkin, *Werke*, Bd. V (Moskau 1957), S. 213.
2. A. S. Puschkin, *Werke*, Bd. V (Moskau 1957), S. 213.
3. *Materialien zum Dekabristenaufstand*, Bd. III (Moskau 1927), S. 52.
4. Puschkin, *Werke*, Bd. IV (1934), S. 803.
5. Puschkin, *Werke*, Bd. V, S. 209. Der Dichter schrieb diese Bemerkung mehrere Jahre nach dem Tod des Zaren nieder; sie war mindestens teilweise durch seinen persönlichen Groll gegen Alexander motiviert, der ihn 1820 aus der Hauptstadt verbannt hatte, weil er einige politisch indiskrete Gedichte verfaßt hatte, die sich weiter Verbreitung in den Salons von St. Petersburg erfreuten.
6. Nikolaj K. Schilder, *Zar Alexander I.* (St. Petersburg 1905), S. 344. Was er bei dieser Gelegenheit sagte, war einerseits vage und andererseits dazu angetan, den Nationalstolz der Russen zu verletzen. Das allgemeine Bildungsniveau in Polen gestatte es, so erklärte der Zar, diesem Land eine Verfassung zu gewähren. Er spiele zwar schon seit langem mit dem Gedanken, auch »anderen Protektoraten, mit deren Regierung die Vorsehung ihn betraut hat«, eine ähnliche Gnade zu erweisen, diese seien dafür aber noch nicht ganz reif.
7. A. S. Puschkin, *Gedichte 1814–1825*, Bd. I (Moskau 1934), S. 284.
8. N. M. Karamzin, *A Memoir on Ancient and Modern Russia*, hrsg. von Richard Pipes (Cambridge, Mass., 1959), S. 43.
9. Karamzin, S 73. Der Autor übersieht dabei, daß auch ihre Unfreiheit sie nicht daran hindern konnte, diesen beiden Lastern zu frönen.
10. Karamzin, S. 74.
11. Karamzin, S. 40.
12. M. V. Netschkina, *Die Dekabristen-Bewegung*, Bd. I (Moskau 1955), S. 204.
13. Zitiert nach: M. V. Downar-Zapolskij, *Die Geheime Gesellschaft der Dekabristen* (Moskau 1906), S. 44.
14. Netschkina, Bd. I, S. 207–213.
15. Schilder, S. 430.
16. Baron Wladimir Steingel, zitiert in: A. Borozdin, *Briefe und Hinterlassenschaften der Dekabristen* (St. Petersburg 1906), S. 62.
17. *Notizen, Artikel, Briefe* (Moskau 1951), S. 35.
18. Z. B. Netschkina, Bd. I, S. 304–33.
19. *Materialien*, Bd. IV, S. 102.
20. *Materialien*, Bd. IV, S. 159.
21. *Materialien*, Bd. I, S. 32.

22. *Materialien*, Bd. XIII (1975), S. 218.
23. Zitiert nach: I. I. Gorbatschewskij, *Notizen und Briefe* (Moskau 1963), S. 23.
24. Der Text des Verfassungsentwurfs findet sich in: *Materialien*, Bd. I (1923), S. 109–132.
25. *Materialien*, Bd. IV, S. 92.
26. *Materialien*, Bd. VII (1958), S. 189.
27. *Materialien*, Bd. VII, S. 189.
28. *Materialien*, Bd. VII, S. 174.
29. *Materialien*, Bd. VII, S. 185.
30. *Materialien*, Bd. VII, S. 139.
31. *Materialien*, Bd. VII, S. 144.
32. *Materialien*, Bd. VII, S. 146.
33. *Materialien*, Bd. VII, S. 149.
34. *Materialien*, Bd. VII, S. 230.
35. *Materialien*, Bd. VII, S. 230.
36. *Materialien*, Bd. VII, S. 204.
37. *Materialien*, Bd. VII, S. 207.
38. *Materialien*, Bd. VII, S. 160.
39. *Materialien*, Bd. I, S. 324.
40. *Materialien*, Bd. I, S. 178.
41. *Materialien*, Bd. IV, S. 160.
42. *Materialien*, Bd. IV, S. 92.
43. *Materialien*, Bd. IV, S. 92.
44. *Materialien*, Bd. IV, S. 103.
45. *Materialien*, Bd. IV, S. 104.
46. *Materialien*, Bd. IV, S. 118.
47. *Materialien*, Bd. V (1926), S. 28.
48. Zitiert nach: Gorbatschewskij, S. 28.
49. Gorbatschewskij, S. 30.
50. Gorbatschewskij, S. 33–34.
51. Gorbatschewskij, S. 35.
52. *Materialien*, Bd. I, S. 167.
53. *Materialien*, Bd. IV, S. 407.
54. G. S. Gabajew, ›Die Garden in den Dezembertagen von 1925‹, in: A. E. Presnjakow, *Der 14. Dezember 1825* (Moskau 1926), S. 197.
55. Schilder, S. 435.
56. *Materialien*, Bd. II (1954), S. 250.
57. *Materialien*, Bd. IV, S. 125.
58. Netschkina, Bd. II, S. 397.
59. Borozdin, S. 22.
60. Borozdin, S. 81.
61. *Materialien*, Bd. III, S. 124, 128.
62. *Materialien*, Bd. V, S. 100.
63. A. S. Puschkin, *Gesammelte Werke* (2. Aufl., München 1974), S. 48 f.
64. Alexander Odojewskij, *Gedichte und Briefe* (Moskau 1934), S. 117.
65. Sergej Wolkonskij, *Die Dekabristen – Familienerinnerungen* (St. Petersburg 1922), S. 96. Siehe auch die leicht gekürzte deutsche Ausgabe: S. Wolkonskij, *Die Dekabristen* (Riga 1926), S. 77.

Kapitel 2

1. Zitiert nach: N. D. Brodskij (Hrsg.), *Die frühen Slawophilen* (Moskau 1910), S. 19.
2. V. S. Belinskij, ›Letter to Gogol‹, in: B. G. Guerney, *A Treasury of Russian Literature* (New York 1947), S. 243.

3. Brodskij, S. 89.

4. Brodskij, S. 91.

5. Brodskij, S. 69.

6. Brodskij, S. 86.

7. Brodskij, S. 92.

8. Brodskij, S. 94. Ein anderer konservativer Autor jener Zeit, Michail Pogodin, äußerte seine Bedenken hinsichtlich des russischen Bauern weniger dezent: Dieser sei zwar gemessen an den schlummernden Möglichkeiten, die in ihm steckten, ein wundervoller Mensch, aber die Bauernschaft als Masse, wie sie sich gegenwärtig präsentiere, sei »niedrig, abstoßend und tierisch«.

9. Brodskij, S. 286.

10. Alexander Herzen, *Werke*, Hrsg. Michail Lemke, Bd. VI (St. Petersburg 1919), S. 456 f.

11. S. S. Tatischtschew, *Zar Alexander II.*, Bd. I (St. Petersburg 1903), S. 302.

12. Tatischtschew, Bd. I, S. 314–16.

13. I. S. Turgenjew, *Werke*, Bd. III (Moskau 1961), S. 187.

14. P. A. Zajontschkowskij, *Die Aufhebung der Leibeigenschaft* (Moskau 1968), S. 87.

15. Zajontschkowskij, S. 69.

16. Zitiert nach: Wladimir Burcew, *Hundert Jahre* [in russischer Sprache] (London 1897), S. 19, 21.

17. *Die Glocke*, 1. August 1857.

18. *Die Glocke*, 15. Februar 1857.

19. N. G. Tschernyschewskij, *Werke*, Bd. V (Moskau 1950), S. 165.

20. N. G. Tschernyschewskij, Bd. V, S. 65 sowie Ps. 45, Vers 8.

21. N. G. Tschernyschewskij, Bd. V, S. 70.

22. N. G. Tschernyschewskij, Bd. V, S. 70.

23. Brodskij, S. 85.

24. N. G. Tschernyschewskij, Bd. V, S. 647.

25. N. G. Tschernyschewskij, Bd. V, S. 649.

26. N. G. Tschernyschewskij, Bd. V, S. 653.

27. L. F. Pantelejew, *Memoiren* (Moskau 1958), S. 166.

28. Tatischtschew, Bd. I, S. 369.

29. *Die Glocke*, 1. März 1860.

30. *Die Glocke*, 1. März 1860.

31. Tatischtschew, Bd. I, S. 407.

32. Der Text der Proklamation findet sich in: Michail Lemke, *Politische Prozesse im Rußland der 1860er Jahre* (Moskau 1923), S. 62–80.

33. Die Texte der Ausgaben Nr. 1–3 des *Großrussen* sind abgedruckt bei: Michail Lemke, *Studien zur russischen Befreiungsbewegung in den 1860er Jahren* (Moskau 1908), S. 359–68.

34. F. Dostojewskij, *Die Dämonen* [in russischer Sprache] (Paris 1969), S. 416.

35. Der Text der Proklamation findet sich in: Michail Lemke, *Politische Prozesse*, S. 508–18.

36. Herzen, *Werke*, Bd. IV, S. 111.

37. *Die Glocke*, 15. August 1861 (Hervorhebung von mir).

38. B. I. Gorew und B. P. Kozmin, *Die revolutionäre Bewegung der 1860er Jahre* (Moskau 1932), S. 12.

39. Gorew und Kozmin, S. 18.

40. *Die Glocke*, 1. Juli 1861.

41. Der Wortlaut findet sich bei: Tschernyschewskij, Bd. XVI (1953), S. 947–53.

42. *Die Glocke*, 8. November 1861.

43. Tschernyschewskij, Bd. X (1952), S. 487–88.

44. Pjotr Tkatschew, *Werke*, Bd. III (Moskau 1933), S. 225.

45. Tatischtschew, Bd. I, S. 491.

46. A. Solschenizyn, *Offener Brief an die sowjetische Führung* (Darmstadt/Neuwied 1974), S. 52.
47. S. Newedenskij, *Katkow und seine Zeit* (St. Petersburg 1888), S. 170.
48. Tschernyschewskij, Bd. VI, (1949), S. 337.
49. Zitiert nach: N. A. Ljubimow, *Michail Katkow und seine historischen Leistungen* (St. Petersburg 1889), S. 100.
50. *Die Glocke*, 15. Juni 1864.
51. Georgij Plechanow, *Werke*, Bd. V (Moskau 1924), S. 115.
52. Tatischtschew, Bd. I, S. 523.
53. Tatischtschew, Bd. I, S. 534.
54. M. M. Klewenskij und K. G. Kotelnikow (Hrsg.), *Das Attentat Karakosows*, Bd. I (Moskau 1928), S. 8.
55. M. N. Katkow, *Gesammelte Leitartikel aus dem Jahr 1878* (Moskau 1898), S. 154.
56. P. Lawrow, *Historische Arbeiten* (St. Petersburg o. J.), S. 386.
57. O. V. Aptekman, *Die Organisation ›Land und Freiheit‹ in den 1870er Jahren* (Petrograd 1924), S. 178.

Kapitel 3

1. Siehe A. Ulam, *In the Name of the People* (New York 1977), S. 361.
2. Siehe Ulam, *Name of the People*, S. 360.
3. N. N. Suchanow, 1917. Tagebuch der russischen Revolution (München 1967), S. 384. Siehe auch A. Ulam, *Die Bolschewiki. Vorgeschichte und Verlauf der kommunistischen Revolution in Rußland* (Köln/Berlin 1967).
4. S. Witte, *Memoiren*, Bd. II (Moskau 1960), S. 305–06. Gekürzte deutsche Ausgabe: S. Witte, *Erinnerungen* (Berlin 1923); die hier zitierte Passage ist in der deutschen Ausgabe nicht enthalten.
5. Witte, Bd. II (Moskau 1960), S. 165.
6. Dostojewskij, *Gesammelte Werke* [in russischer Sprache], Bd. X (Moskau 1958), S. 453.
7. *Das Tagebuch des Jegor Peretz* (Moskau 1927), S. 37.
8. P. Z. Zajontschkowskij, *Die Krise der Autokratie* (Moskau 1964), S. 38.
9. V. A. Maklakow, *Memoiren* [in russischer Sprache], Bd. I (Paris 1937), S. 13.
10. Maklakow, Bd. I, S. 13.
11. Zitiert nach: Samuel Galai, *The Liberation Movement in Russia, 1900–1905* (Cambridge, England, 1973), S. 25.
12. Galai, S. 26.
13. P. B. Struwe, *Gesammelte Werke*, Hrsg. Richard Pipes [in russischer Sprache], Bd. III (Ann Arbor, Michigan, 1970], S. 80.
14. Struwe, Bd. III, S. 81.
15. Struwe, Bd. V, S. 2.
16. E. D. Tschermenskij, *Bourgeoisie und Zarismus in der Ersten Russischen Revolution* (Moskau 1970), S. 32.
17. W. I. Lenin, *Werke*. Ins Deutsche übertragen nach der vierten russischen Ausgabe, betreut vom Institut für Marxismus–Leninismus beim Zentralkomitee der SED, Berlin (DDR) 1956 ff., Bd. 5, S. 385/86.
18. *Die Autokratie und die Semstwos; vertrauliche Denkschrift von S. I. Witte*, Hrsg. P. Struwe [in russischer Sprache] (Stuttgart 1903), S. 15.
19. Jeremiah Schneiderman, *Sergei Zubatov and Revolutionary Marxism* (Ithaca, New York, 1970), S. 104.
20. Dmitrij Swertschkow, *Georgij Gapon* (Moskau 1930), S. 37.
21. Zitiert nach: George Fischer, *Russian Liberalism* (Cambridge, Mass., 1958), S. 190.
22. Fischer, S. 194.

23. Maklakow, Bd. II, S. 331.
24. Zitiert nach: Maklakow, Bd. II, S. 339.
25. Swertschkow, S. 81.
26. Swertschkow, S. 81.
27. Swertschkow, S. 90.
28. Lenin, *Werke* (dt. Ausgabe), Bd. 8, S. 101.
29. Swertschkow, S. 113.
30. Tschermenskij, S. 52.
31. Swertschkow, S. 95.
32. Swertschkow, S. 95.
33. Zitiert nach: *Der Dritte Parteitag der Russischen Sozialdemokratischen Arbeiterpartei* (Moskau 1955), S. 63 f.
34. Lenin, *Werke* (dt. Ausgabe), Bd. 8, S. 386.
35. Lenin, *Werke* (dt. Ausgabe), Bd. 8, S. 413.
36. *Der Dritte Parteitag*, S. 62.
37. *Der Dritte Parteitag*, S. 65.
38. S. Maklegiladze und A. Javidze, *Die Revolution von 1905–1907 in Georgien* (Tiblisi 1956), S. 141 f.
39. S. Gusew, *1905. Materialien und Dokumente – Der Kampfverband der Sozialistischen Partei* (Moskau 1927), S. 19–21.
40. Tschermenskij, S. 57.
41. Tschermenskij, S. 58.
42. P. N. Miljukow, *Erinnerungen* [in russischer Sprache], Bd. I (New York 1955), S. 302.
43. *Briefe Nikolaus' II. und seiner Mutter* [in russischer Sprache] (Paris 1929), S. 76 f.
44. Zitiert nach: Sidney Harcave, *First Blood; The Russian Revolution of 1905* (New York 1964), S. 196.
45. Miljukow, Bd. I, S. 309.
46. Miljukow, Bd. I, S. 309.
47. Miljukow, Bd. I, S. 329.
48. Tschermenskij, S. 134.
49. Zit. nach: M. N. Pokrowskij (Hrsg.), *1905,* Bd. III (Moskau 1925), S. 42.
50. N. Wolkowitscher, ›Der Aufstand von Sevastopol‹, in: Pokrowskij (Hrsg.), *1905*, S. 103.
51. Witte, Bd. III, S. 31.
52. Miljukow, Bd. I, S. 329.
53. Maklakow, Bd. III, S. 466.
54. Zitiert nach: Tschermenskij, S. 175.
55. *Die Korrespondenz Nikolaus' II.*, S. 139.
56. Zitiert nach: D. Izgojew, *P. Stolypin* (Moskau 1917), S. 64.
57. S. S. Oldenburg, *Die Regierungszeit Nikoilaus' II.* [in russischer Sprache], Bd. I (Belgrad 1939), S. 351.
58. Oldenburg, Bd. I, S. 357.
59. A. A. Kizevetter (Hrsg.), *Anklagen gegen die Partei der Nationalen Freiheit* (St. Petersburg 1906).
60. Kizevetter, S. 8.
61. Kizevetter, S. 63.
62. Oldenburg, Bd. I, S. 340.
63. *Die Staatsduma, stenographische Protokolle*, Bd. II (St. Petersburg 1907), S. 1558.
64. Oldenburg, Bd. I, S. 383.
65. Oldenburg, Bd. II [in russischer Sprache] (München 1949), S. 52.

Kapitel 4

1. Lenin, *Werke*, Vierte russ. Ausgabe Bd. 34 (Moskau 1952), S. 288.
2. S. G. Strumlin, *Aus meiner Vergangenheit* (Moskau 1957), S. 213.
3. S. S. Oldenburg, *Die Regierungszeit Nikolaus' II.* [in russischer Sprache], Bd. II (München 1949), S. 13.
4. Oldenburg, Bd. II, S. 14.
5. Oldenburg, Bd. II, S. 15.
6. Oldenburg, Bd. II, S. 16.
7. Oldenburg, Bd. II, S. 43.
8. Zitiert bei: Oldenburg, Bd. II, S. 69.
9. Zitiert bei: Oldenburg, Bd. II, S. 70.
10. G. A. Arutiunow, *Die Arbeiterbewegung in Rußland 1910–14* (Moskau 1975), S. 30 f.
11. Zitiert nach: Oldenburg, Bd. II, S. 34.
12. Oldenburg, Bd. II, S. 31.
13. *Wechi* (»Wegmarken«). *Essays über die russische Intelligenzija* (Moskau 1909), S. 151. Gekürzte deutsche Ausgabe: *Rußlands politische Seele*, Hrsg.: I. Hurwicz (1910).
14. *Wechi*, S. 45.
15. *Wechi*, S. 32.
16. Zit. nach: E. D. Chermensky, *The Bourgeoisie and Tsarism in the First Russian Revolution* (Moskau 1970), S. 32.
17. D. Izgojew, *P. A. Stolypin* (Moskau 1912), S. 111.
18. *Der Briefwechsel zwischen Nikolaus und Alexandra Romanow*, Bd. III (Moskau 1925), S. 224.
19. *Der Briefwechsel zwischen Nikolaus und Alexandra Romanow*, Bd. III, S. 236.
20. Oldenburg, Bd. II, S. 102.
21. P. J. Szegolew (Hrsg.), *Der Sturz des zaristischen Regimes*, Bd. II (Moskau 1925), S. 395.
22. Oldenburg, Bd. II, S. 93.
23. Oldenburg, Bd. II, S. 90.
24. Zitiert nach: P. N. Miljukow, *Erinnerungen* [in russischer Sprache], Bd. II (New York 1955), S. 164.
25. Haimson, ›Social Stability, Part II‹, in: *Slavic Review* (März 1965), S. 7–16.
26. M. A. Ciolowskij (Hrsg.), *Die Bolschewiken 1903–1916. Aus den Akten der ehemaligen Sicherheitsabteilung* (Moskau 1918), S. 148.
27. Lenin, *Werke* (dt. Ausgabe), Bd. 20, S. 4 bzw. Bd. 20, S. 20.

Kapitel 5

1. *Zweihundertfünfzig Tage im Kaiserlichen Hauptquartier* (Moskau 1920), S. 6.
2. Zitiert nach: S. S. Oldenburg, *Die Regierungszeit Nikolaus' II.* [in russischer Sprache], Bd. II (München 1949), S. 133.
3. Samuel H. Baron, *Plechanow* (Stanford 1963), S. 324.
4. Oldenburg, Bd. II, S. 15.
5. Lemke, S. 5.
6. Lemke, S. 5.
7. Lemke, S. 13.
8. Zitiert nach: Lemke, S. 14.
9. Lenin, *Werke* (dt. Ausgabe), Bd. 35, S. 150.
10. Oldenburg, Bd. II, S. 172.
11. *Der Briefwechsel zwischen Nikolaus und Alexandra Romanow*, Bd. III (Moskau 1925), S. 244.

12. *Der Briefwechsel zwischen Nikolaus und Alexandra Romanow*, Bd. III (Moskau 1925), S. 243.
13. Zitiert nach: *Prologue to Revolution*, Hrsg. Michael Tscherniawskij (New York 1967), S. 77.
14. Tscherniawskij, S. 80.
15. Tscherniawskij, S. 65.
16. *Der Briefwechsel zwischen Nikolaus und Alexandra Romanow*, Bd. III, S. 215–54.
17. *Der Briefwechsel zwischen Nikolaus und Alexandra Romanow*, Bd. III, S. 219.
18. *Der Briefwechsel zwischen Nikolaus und Alexandra Romanow*, Bd. III, S. 269.
19. Zitiert nach: Tscherniawskij, S. 160–61.
20. *Der Briefwechsel zwischen Nikolaus und Alexandra Romanow*, Bd. III, S. 501.
21. *Der Briefwechsel zwischen Nikolaus und Alexandra Romanow*, Bd. III, S. 267.
22. B. B. Grawe (Hrsg.), *Die Bourgeoisie am Vorabend der Februarrevolution* (Moskau 1927), S. 60.
23. G. Katkow, *Russia 1917, The February Revolution* (New York 1967), insbesondere S. 163–87.
24. Grawe, S. 68.
25. *Die Lenin-Sammlung*, Bd. 1, Moskau 1924, S. 198.
26. Lenin, *Werke*, Vierte russ. Ausgabe, Bd. 23 (Moskau 1949), S. 121.
27. A. P. Spiridowitsch, *The Great War and the February Revolution*, 1914–1917, Bd. II (New York 1960), S. 84.
28. Oldenburg, Bd. II, S. 190.
29. P. Y. Schtschegolew (Hrsg.), *Der Sturz des zaristischen Regimes*, Bd. I (Leningrad 1924), S. 21.
30. A. Schljapnikow, *Das Jahr 1917*, Bd. I (Moskau o. J.), S. 13.
31. Zitiert nach: Oldenburg, Bd. II, S. 202.
32. Nicholas Golowin, *The Russian Army in the World War* (New Haven 1931), S. 97.
33. Schljapnikow, Bd. I, S. 17.
34. Grawe, S. 150.
35. A. I. Sidorow, *Die wirtschaftliche Lage Rußlands im Ersten Weltkrieg* (Moskau 1973), S. 95.
36. Oldenburg, Bd. II, S. 213.
37. Schtschegolew, Bd. I, S. 140.
38. *Letters of the Tsaritsa to the Tsar*, Hrsg. Bernard Pares (London 1924), S. 439 f.
39. Grawe, S. 145.
40. F. A. Golder, *Documents of Russian History, 1914–1917* (New York 1927), S. 155. Der in dieser Dokumentation abgedruckte Text ist die Übersetzung einer aus Rücksicht auf die Auflagen des Zensors stark bereinigten Fassung des Originals.
41. Golder, S. 156.
42. Golder, S. 162.
43. P. N. Miljukow, *Erinnerungen* [in russischerSprache], Bd. II (New York 1955), S. 277.
44. Grawe, S. 160.
45. Lenin, *Werke* (dt. Ausgabe), Bd. 23, S. 261.
46. Grawe, S. 176.
47. Miljukow, Bd. II, S. 282.
48. Grawe, S. 178.
49. A. A. Kizevetter (Hrsg.), *Anklagen gegen die Partei der Nationalen Freiheit* (St. Petersburg 1906), S. 8.
50. Grawe, S. 190.
51. Golowin, S. 123.
52. Schljapnikow, Bd. I, S. 225.
53. Schljapnikow, Bd. I, S. 28.
54. Zitiert nach: Schljapnikow, Bd. I, S. 225.
55. Schljapnikow, Bd. I, S. 225.

56. S. P. Melgunow, *Auf dem Weg zu einer Palastrevolution* [in russischer Sprache] (Paris 1931), S. 209.
57. Schljapnikow, Bd. I, S. 42. Der Professor hatte mit den »Feinden« die Regierung gemeint, insbesondere Protopopow, dem er teuflische Hinterlisten und Pläne unterstellte. Schljapnikow glaubte in seiner Voreingenommenheit, Miljukow habe auf deutsche Agenten angespielt.
58. Grawe, S. 187.
59. Zitiert nach: Oldenburg, Bd. II, S. 237.
60. L. Trotzki, *Geschichte der russischen Revolution* (Frankfurt 1960), S. 96.
61. Schljapnikow, Bd. I, S. 18.
62. Schljapnikow, Bd. I, S. 61.
63. Schljapnikow, Bd. I, S. 240.
64. Trotzki, S. 97.
65. Katkow, S. 256.
66. Schljapnikow, Bd. I, S. 40.
67. Zitiert nach: Trotzki, S. 96.
68. Schljapnikow, Bd. I, S. 73.
69. Aus einem amtlichen Bericht, zitiert nach: Schljapnikow, Bd. I, S. 248, 250.
70. Schtschegolew, Bd. I, S. 190.
71. Spiridowitsch, Bd. III (1962), S. 123.
72. Wassilij Schulgin, *Die Tage* [in russischer Sprache] (Berlin o. J.), S. 68.
73. I. Jurenew, *Die Interfraktionellen 1911–1917 in der Proletarischen Revolution*, Bd. II (Moskau 1924), S. 193.
74. Miljukow, Bd. II, S. 292.
75. Schljapnikow, Bd. I, S. 119.
76. Schljapnikow, Bd. I, S. 121.
77. Golder, S. 281.
78. Golder, S. 288.
79. Schljapnikow, Bd. I, S. 174. Hervorhebungen laut Original.
80. Miljukow, Bd. II, S. 316.
81. Golder S. 301.
82. Miljukow, Bd. II, S. 305.
83. Wasilij Schulgin, S. 190.
84. Zitiert nach: D. F. Swertschkow, *Kerenskij* (Leningrad 1927), S. 20.
85. Zitiert nach: Iraklij Cereteli, *Erinnerungen an die Februarrevolution* [in russischer Sprache], Bd. I (Paris/Den Haag 1963), S. 114.

Kapitel 6

1. Nikolaj Suchanow, *1917. Tagebuch der Russischen Revolution* (München 1967), S. 18.
2. N. Suchanow, *Tagebuch der Russischen Revolution* [in russischer Sprache], (Berlin 1922), Bd. II, S. 231.
3. Suchanow (München 1967), S. 66.
4. Suchanow (München 1967), S. 122.
5. Suchanow (Berlin 1922), Bd. I, S. 231.
6. Suchanow (Berlin 1922), Bd. I, S. 231.
7. Zitiert nach: Iraklij Cereteli, *Erinnerungen an die Februarrevolution* [in russischer Sprache], Bd. I (Paris/Den Haag 1963), S. 128 f. (Hervorhebungen von mir.)
8. P. N. Miljukow, *Erinnerungen* [in russischer Sprache], Bd. II (New York 1955), S. 306.
9. Zitiert nach: Miljukow, Bd. II, S. 335.
10. V. A. Osipowa und G. I. Sucharewa (Hrsg.), *Das Jahr 1917 im Gouvernement Saratow* (Saratow 1957), S. 618.

11. Zitiert nach: N. Awdejew, *Die Revolution von 1917* (Moskau 1922), S. 114.

12. Suchanow (München 1967), S. 205.

13. Zitiert nach: A. Schljapnikow, *Das Jahr 1917*, Bd. II (Moskau o. J.), S.185.

14. Suchanow (München 1967), S. 205.

15. Frank A. Golder, *Documents of Russian History, 1914–1917* (New York 1927), S. 325. Siehe auch Suchanow (München 1967), S. 221.

16. Suchanow (München 1967), S. 221 sowie Suchanow (Berlin 1922), Bd. II, S. 236.

17. Suchanow (München 1967), S. 223.

18. Suchanow (Berlin 1922), Bd. II, S. 298.

19. Suchanow (Berlin 1922), S. 299.

20. Cereteli, Bd. I, S. 47.

21. Awdejew, S. 197.

22. Lenin, *Werke* (dt. Ausgabe), Bd. 23, S. 307.

23. Lenin, *Werke* (dt. Ausgabe), Bd. 23, S. 327.

24. Zitiert nach: *Probleme der Geschichte der Kommunistischen Partei der Sowjetunion*, Nr. 6 (Moskau 1962), S. 140.

25. Z. A. Zeman, *Germany and the Revolution in Russia, 1915–18, Documents from the Archives of the German Foreign Ministry* (London 1958), S. 24, 26.

26. Zitiert nach: Schljapnikow, Bd. III, S. 288.

27. Lenin, *Werke* (dt. Ausgabe), Bd. 36, S. 427.

28. Suchanow (München 1967), S. 309.

29. Suchanow (Berlin 1922), Bd. III, S. 116.

30. Lenin, *Werke* (dt. Ausgabe) Bd. 24, S. 58 bzw. Bd. 24, S. 290.

31. Lenin, *Werke* (dt. Ausgabe) Bd. 24, S. 122.

32. Lenin, *Werke* (dt. Ausgabe) Bd. 24, S. 123/24.

33. *Der Siebente Allrussische Parteitag der Sozialdemokratischen Arbeiterpartei (Bolschwiken) im April 1917* (Moskau 1958), S. 364.

34. *Der Siebente Allrussische Parteitag*, S. 200 f.

35. *Der Siebente Allrussische Parteitag*, S. 134.

36. Miljukow, Bd. II, S. 362.

37. Suchanow (Berlin 1922), Bd. III, S. 262.

38. Miljukow, Bd. II, S. 363.

39. *Der Siebente Allrussische Parteitag*, S. 111 (Hervorhebungen von mir).

40. Lenin, *Werke* (dt. Ausgabe), Bd. 24, S. 93.

41. Cereteli, Bd. I, S. 151.

42. Lenin, *Werke* (dt. Ausgabe), Bd. 24, S. 429.

43. Suchanow (Berlin 1922), Bd. IV, S. 34.

44. Suchanow (München 1967), S. 384 ff.

45. Suchanow (Berlin 1922), Bd. IV, S. 37.

46. Zitiert nach: *Die Rote Chronik*, Nr. 6 (Moskau 1923), S. 21.

47. Zitiert nach: Wera Wladimirowa, *Die Revolution von 1917. Chronik der Ereignisse*, Bd. III (Moskau o. J.), S. 299.

48. Wladimirowa, Bd. III, S. 136.

49. Suchanow (Berlin 1922), Bd. V, S. 48.

50. Zitiert nach: Paul Browder und Alexander Kerenskij (Hrsg.), *The Russian Provisional Government*, Bd. III (Stanford, Calif., 1961), S. 1458–62.

51. A. S. Lukomskij, *Die Memoiren von General A. S. Lukomskij* [in russischerSprache], Bd. I (Berlin 1922), S. 245.

52. *Zentralkomitee der Russischen Sozialdemokratischen Arbeiterpartei (Bolschewiken), Protokolle, August 1917–Februar 1918* (Moskau 1958), S. 57.

53. Lenin, *Werke* (dt. Ausgabe) Bd. 26, S. 125.

54. *Zentralkomitee*, Protokolle, S. 85.

55. Suchanow (München 1967), S. 599.

56. Suchanow (Berlin 1922), Bd. VII, S. 133.

57. P. N. Maliantovic, ›Der 25./26. Oktober im Winterpalast‹, in: *Die Vergangenheit* (Moskau 1918), Buch 6, Nr. 12.

58. Suchanow (München 1967), S. 656.

59. L. Trotzki, *Geschichte der Russischen Revolution* (Frankfurt/Main 1973), Bd. II, S. 951.

60. Maliantovic, ›Der 25./26. Oktober im Winterpalast‹.

61. M. Lacis, *Zwei Jahre Krieg an der Heimatfront* (Moskau 1920), S. 75.

62. L. Trotzki, *Trotzki über Lenin* (Frankfurt/Main 1964), S. 99.

63. *Der Siebente Parteitag der Kommunistischen Partei (Bolschewiken), Protokolle* (Moskau 1923), S. 34.

64. Sergej Wolkonskij, *Die Dekabristen – Familienerinnerungen* (Petrograd 1922), S. 96. Siehe auch die gekürzte deutsche Ausgabe: Sergej Wolkonskij, *Die Dekabristen* (Riga 1926), S. 77.

Kapitel 7

1. Siehe Robert L. Wolff, ›The Three Romes‹, in: *Daedalus* Nr. 2 (1955), S. 291.

2. Zitiert nach: L. Trotzki, *Geschichte der Russischen Revolution*, Bd. II: Oktober (Berlin 1933), S. 662.

3. *Die Wegzeichen drehen sich* [in russischer Sprache] (Prag 1921), S. 173.

4. *Die Wegzeichen ...*, S. 177.

5. *Die Wegzeichen ...*, S. 33.

6. *Die Wegzeichen ...*, S. 49.

7. Lenin, *Werke* (dt. Ausgabe), Bd. 32, S. 531.

8. Lenin, *Werke* (dt. Ausgabe), Bd. 36, S. 391.

9. Lenin, *Werke,* Vierte russ. Ausgabe, Bd. 30, S. 338.

10. Stalin, *Werke*, Bd. X (Moskau 1950), S. 46.

11. I. Trifonow, *Die Geschichte des Klassenkampfs in der UdSSR* (Moskau 1960), S. 153.

12. Trifonow, S. 167.

13. *Die Kommunistische Partei der UdSSR in Resolutionen*, Bd. IV (Moskau 1958), S. 506.

14. *W. I. Lenin und A. M. Gorkij* (Moskau 1961), S. 21.

15. Siehe Sinowjew, ›Über Stalin und den Stalinismus‹ [in polnischer Sprache], in: *Kultura* (Paris, Januar 1980), S. 65.

16. Stalin, *Werke* [in russischer Sprache], Bd. III (Stanford, Cal. 1965), S. 7 (Hervorhebungen von mir).

17. Nadeschda Mandelstam, *Das Jahrhundert der Wölfe* (Frankfurt 1971), S. 127.

18. *Die Kommunistische Partei der UdSSR in Resolutionen*, Bd. II (1953), S. 1028.

19. *Khrushchev Remembers, The Last Testament* (New York 1974), S. 79. Deutsche Ausgabe: Chruschtschow erinnert sich (Reinbek 1971). Das hier angeführte Zitat war in der deutschen Ausgabe nicht auffindbar.

20. *Khrushchev*, S. 79 (siehe dazu auch Anm. 19).

21. M. Gorki, *Der russische Bauer* [in russischer Sprache] (Berlin 1922), S. 6.

22. Gorki, S. 7.

23. Zitiert nach: S. I. Volk, *Der Volkswille* (Moskau 1966), S. 31.

24. I. Zelenin, ›Die Politische Abteilung der Maschinen-Traktoren-Stationen 1933–35‹, in: *Historische Notizen*, Nr. 76 (Moskau 1967), S. 47.

25. Iwan Stadnywk, *Menschen sind keine Engel* (Moskau 1966), S. 79.

26. A. T. Twardowskij, *Gesammelte Werke*, Bd. III (Moskau 1967), S. 205.

27. Twardowskij, S. 208.

28. In: *Kontinent, An Anthology* (New York 1976), S. 6.

29. Gorki, S. 44.

30. Abgedruckt in: *Prawda*, 21. Oktober 1962.

31. Victor Chalidze, *To Defend These Rights. Human Rights and the Soviet Union* (New York 1974), S. 170.
32. Aus einem Bericht in: *Samisdat-Dokumente* [in russischer Sprache], Bd. I, Nr. 42 (New York 1972), S. 3.
33. *Samisdat-Dokumente,* Bd. I, S. 7. Daß staatsfeindliche Literatur auf staatlichen Schreibmaschinen abgetippt worden war, wurde offensichtlich als besonders verwerflich empfunden.
34. *Samisdat-Dokumente,* Bd. I, S. 10.
35. *Samisdat-Dokumente,* Bd. I, S. 16.
36. Roj Medwedjew, *Über sozialistische Demokratie* [in russischer Sprache] (Amsterdam 1972), S. 400.
37. A. I. Solschenizyn, *Der Archipel Gulag,* Bd. III (München/Bern 1976), S. 457.

Register

552

256, 283, 327, 345, 377, 383, 392, 394, 411, 437 ff., 438, 442 f., 449, 451, 453, 456 f., 460, 472, 473, 482, 485, 491, 501; u. Anarchie s. d.; u. Arbeiter, Proletariat 209, 253, 280, 283, 333, 413, 437; u. Duma 248, 250, 253 f., 257, 278, 288, 302; u. Finanzierung 413–416, 454 f.; u. Gefolgschaft, Mitglieder 149, 183, 412 f., 432, 441, 471; u. Kriegsfrage 302 f., 360, 398 ff., 404, 409, 429 f., 456 f.; u. Lenin (s. d.) 145, 182 f., 411 f., 420 ff., 423, 425, 444; u. Machtübernahme 166, 415, 443, 466–490; u. Menschewiken, demokratische Sozialisten, revolutionäre Demokratie 183, 282, 284, 303, 410, 412 f., 418, 420, 437, 449, 453 f., 459, 478, 480; u. Nationalitätenfrage 230, 394, 426; Parteitage, Konferenzen 211 ff., 425 f., 426, 449, 454 f.; Petrograder 353, 358 f., 361, 368, 399 f., 417, 423, 430 f., 451, 462; Presse 466, 480; vgl. Prawda, Soldatenprawda; Propaganda s. d.; u. Provisorische Regierung 387, 399 f., 435, 449, 464 ff., vgl. Demokratie, revolutionäre; u. Soldaten 352, 398, 404, 413, 436, 437, 444 f., 449; u. Sowjets 209 f., 223, 228 f., 368 f., 382, 396, 421, 443, 450 f.; u. Staat 437 ff.; u. Subversion 404, 428, 430, 457, vgl. Propaganda; Taktik der 241, 455; u. zaristisches Reich 331, 494; Zentralkomitee 399 f., 423, 444 f., 451 f., 468, 471, 472 ff., 474 f., 478 f., 513, 525; *Zentralkomitee, Protokolle* 549; vgl. Kommunistische Partei, Rote Armee, Rote Garden.

Bonaparte s. Napoleon.

Borisow, Peter 58, 80

Borozdin, A. 541, 542

Bosporus 331, 345

Boswell 386

Bourbonen 12

Bourgeoisie 17, 278, 461; u. Bolschewiken 212, 283, 345, 353, 411, 442; u. Kapitalismus 128, 176; konterrevolutionäre 449, 456; liberale 181, 316, 367, vgl. Kadetten; u. Sozialisten 242, 370, 385 f., 389, 401, 484; vgl. bürgerlich, Intelligenz.

Breschko-Breschkowskaja, Katharina 436

Breschnew, Leonid 526, 528, 529

Brodskij, N. D. 542, 543

Brotaufstände, -unruhen 351, 361, 369, 524

Browder, Paul 549

Brussilow, General Alexej 330, 418, 447 f., 458

Bucharin, Nikolaj 497

Bukowina 330

Bulatow, Alexander 71

Bulgarien 58, 158

Bulygin, Alexander G. 216; vgl. Duma.

Bund der Befreiung s. Befreiungsbewegung.

Bund der Rettung 12 f., 13 ff., 23 f.

Bund des Russischen Volkes 236 f.

Bündnis, russisch-französisches 286

Burcew, Wladimir 543

Bürgerkrieg 302, 317, 333, 492 f., 495, 497

bürgerliche Fachleute 471, 493, 500

bürgerliche Parteien 397 f.; vgl. Kadetten, Liberale.

Bürgerrechtler 112

Bürokraten, Bürokratie, bolschewistisch-sowjetische 488, 489, 495, 497, 510, 518, 525, 527; zaristische 92, 110 f., 142, 146, 147, 168, 172, 179, 186, 187, 189, 193, 195, 197, 199, 204, 232, 233, 240, 241, 243 f., 262, 264, 269, 271, 274, 277, 306, 307, 347, 362, 471; Zuständigkeitenwirrwarr 362

Byron, Lord 15

Cereteli, Iraklij 408, 409, 410, 412, 418, 421, 424, 430, 434, 436, 441, 443, 462, 475, 479, 548, 549; u. Bolschewiken 426, 427, 445

Chabalow, General Sergej 355, 362, 364

Chalidze, Victor 551

Chauvinismus, russischer 43, 129, 140, 150, 496, 511; vgl. Nationalismus, Patriotismus.

Chermensky s. Tschermenskij.

China 188, 330, 492, 523 f., 536 f.

Chinesisches Meer vgl. Tsuschima.

Chodynka 309

Chronik 385

Chruschtschow, Nikita 500, 508, 514, 516, 517, 518, 520 f., 523 ff., 526, 527, 528, 533; -Fraktion 516, 520 f.; *Chruschtschow erinnert sich* 550

Churchill, Sir Winston 289

Chwostow, Alexej 313, 323 f., 326, 328

Ciolowskij, M. A. 546

Clemenceau, Georges 289, 320

Cromwell 395 f., 463

Hindenburg und Beneckendorf, General Paul von 299, 320
Hinrichtungen, bolschewistische 486, 497; vgl. Sowjetstaat.
Historiker, sowjetische 22, 36, 45, 102, 108, 111, 191, 216, 229, 230, 274, 282, 310 f., 316, 348, 351, 406, 409, 454, 504, 526
Hitler, Adolf 510
Hof 318, vgl. Großfürsten, Romanow, Zarenfamilie; -kamarilla 233, 314, 318, 339
Hohenzollern 297
Holstein-Gottorp, Fürsten von 287

Idealismus s. Deutscher Idealismus.
Ideologie als Fassade 524
Iliodor (Autor) 323 f.
Imperialismus, russischer 140, 149, 188; sowjetischer 512; vgl. Expansion, Nationalitätenfrage, Russifizierung; westlicher 252
Indien 493
Individualismus 94
Industrialisierung 177, 186 f., 265, 499, 509, 522; u. Lenin 438
Industrie 286, 294, 356, 456; vgl. Arbeiter, Fabrikbesitzer.
Industrielle, Fabrikbesitzer 195, 201, 209, 212, 354, 461
Industriellenpartei, fiktive 501
industrielle Revolution 89, 175; Wachstum 286; Zeitalter 158
Industriemanager 471
Inflation, Geldentwertung 390, 459, 468
Innenministerium, zaristisches 173 f.
Inquisitoren, zaristische 505
Intellektuelle, Intelligenz, Intelligenzija 87, 92 ff., 97, 103 f., 105, 107, 115, 126, 131, 144, 147, 155, 158, 169, 176, 177, 185, 191 f., 200, 209, 227, 252, 288, 318, 380, 383, 532, 539; u. Bauern 112 f., 124, 128; u. Bankettkampagne 199 f.; u. Befreiungsbewegung 179 f., 207, 221, 225, 235; u. Duma 241; u. Extremisten 159; jüdische 513; liberale 115, 177, 207, 213; u. Kadetten 455; u. Kommunismus 492, 495; u. Konstitutionalismus 174; u. Lenin 202, 205; u. Nationalismus 167, 236, 301; u. polnischer Aufstand 150, 154; u. Provisorische Regierung 376, 389, 390; radikale 193, 395; u. Radikale 198, 266 f.; u. Russisch-Japanischer Krieg 191; u.

Semstwo 316; u. Sowjets 368, 390; u. Sowjetregime 520, 523, 526, 528; im Stalinismus 499, 501–506; u. Terror 162; u. Witte 232 f.; u. Zarenregime 122, 158, 273, 293
Interfraktionelle 454; vgl. Menschewiken.
Internationale 356
Internationale sozialistische Bewegung 284, 317, 425, 491 f.; Büro 211; neue 420, 425
Internationalismus 492, 493
Intoleranz 25, 50, 151, 504; vgl. Hinrichtungen, Sowjetstaat, Stalinismus.
Iran 493
Irland 292
Ischutin, Nikolaj und -Kreis (»Organisation«) 156 ff.
Iskra (Der Funke) 84, 181
islamische Bevölkerung 240, 330, 539
Iswestija 223 f., 369, 383 f., 424, 427
Italien 318
Izgojew, D. 545, 546

Jakobiner 38, 50, 52; Jakobinismus 226 f.
Jakubowitsch, Alexander 64, 67, 72, 79
Jakubowitsch, Iwan 35
Jakuschkin, Sergej 12, 16
Januschkewitsch, Stabschef Nikolaj 303, 309 f.
Japan 188–191, 219, 512, 537; Nachrichtendienst 197; vgl. Krieg.
Javidze, A. 545
Jermolow, General Alexej 59, 81
»Jesuit« 150, 151
Jewtuschenko, Jewgenij 525
Juden 48 f., 138, 167, 169, 170, 174, 187, 192, 217, 232, 236, 246, 269, 303, 313, 331, 533 f.; -emanzipation 113, 117, 169, 217, 247, 263; Kiewer Prozeß 275 f.; Pogrome 170, 237, 269, 321; Proletariat 194; Repression u. Verschleppung 304, 308, 309, 513, 533 f.; als Revolutionäre 183 f.
Julitage 1917 450–453, 455, 466, 469
Junges Rußland (Zaischnewskij) 127, 129
Jurenew, I. 548
Justiz 155 f., 275 f., 453, (515); vgl. Sowjetstaat.

Kabinett 270 f., 238, 270 f.; Golicyn 343, 363 f.; Goremykin 243 f., (305 f.), 307, 309, (313); Kerenskij 457 f., 465 f., 477 f., 484; Lẃow 372, 389 f., 434 f., 450, 451, 457; Miljukow-Gutschkow

562

seine Proklamation an Galizien u. Polen 296 ff., 304
Nischni-Nowgorod 43
NKWD 486; vgl. Geheimpolizei, Sowjetstaat.
Nosar-Chrustalew 223 f.
Notstandsmaßnahmen 288; Notverordnungen 246
Nowyi Mir 523
Nuklearkrieg (513), 523, 535, 536

Oberschicht 179
Obolenskij, Jewgenij 72
Obrutschew, Nikolaus 142
Obrutschew, Wladimir 131, 136
Ochrana, 174, 178, 192, 193, 283, 344, 384, 486; vgl. Geheimpolizei.
Odessa 194, 195, 218; vgl. Matrosen, Schwarzmeerflotte.
Odojewskij, Fürst Alexander 69, 84, 181, 542
öffentliche Meinung 92, 146, 161, 198, 215, 244, 271 f., 279, 288, 294, 309, 321, 328, 345, 380, 532
Offiziere, Offizierskorps 17, 214, 219, 274, 301, 326, 344, 352, 356, 372, 407, 428, 435, 436, 454, 455, 457 f., 466; vgl. Generäle, Heer, Rote Armee.
Ogarew, Nikolaus 104, 123, 134 f., 136
Ökonomismus 181
Oktoberrevolution 98, 164, 208, 252, 274, 289, 378, 389, 393, 440, 466–490, 518, 535
Oktobristen(partei) 235, 240, 248, 259, 278, 281, 307, 350, 501
Oldenburg, S. S. 334, 545, 546, 547, 548
Oligarchie 496, 518, 523; vgl. Bolschewiken, Elite, Kommunistische Partei.
Opfer des Sowjetstaats 521 f.; vgl. Stalinismus.
Opposition 256, 264, 278, 288, 307, 314 ff., 319, 320, 327 f., 331, 332, 334, 336, 337, 339, 343, 345 f., 348, 353, 354 f., 357; konstitutionelle 233; im Sowjetstaat 496, 497 f., 505, 517, 520, 523, 527, 529, 532, 533; vgl. Dissidenten, Regimekritik.
Ordnung, öffentliche u. Provisorische Regierung 390
»Organisation« s. Ischutin-Kreis.
Orlow, General 236
Orlow, Graf Michael 29 f., 35
Osipowa, V. A. 548
Österreich-Ungarn, Habsburgerreich 71,

89 f., 90, 150, 189, 292, 296 f., 298, 300 f., 304, 318, 320, 329, 330, 414; Arbeiter in 414; Heer 296 f., 448; vgl. Krieg (1. Weltkrieg).
Ostpreußen 296, 299 f.
Ostseeflotte 190, 411; vgl. Matrosen.

Paige, Satchel 521
Palastrevolte 17, 22, 327, 344, 349, 366
Panslawismus 511; vgl. Slawophile, Vereinigte Gesellschaft der Slawen.
Pantelejew, L. F. 112, 543
Parlament(arismus) 94, 156, 162, 164, (261), 262, 265, 271, 278, 291, (322), 518, 535; vgl. Duma, Konstitutionalismus.
Partei(en) 50; fiktive 501; revolutionäre 253; vgl. Bolschewiken, Kadetten, Kommunistische P., Menschewiken, Oktobristen, Progressiver Block, Sozialrevolutionäre, Trudowiken.
Partei der Nationalen Freiheit s. Kadetten.
Partisanen 152
Parvus s. Helphand.
Pasternak, Boris 526 f.
Patriotismus 106, 116, 270, 289, 293, 301, 316, 333, 379, 398 ff., 403, 404, 406 f.; revolutionärer (417), 418, 430, 436; vgl. Nationalismus.
Pawlow, Iwan 494
Pazifismus 317, 332, 399 f., 413; vgl. Krieg (Kriegsfrage).
permanente Revolution, Theorie der (Parvus, Trotzki) 133, 360, 386
Personenkult 498, 537; vgl. Stalinismus.
Pestel', Paul 10, 13, 28, 35, 36, 37, 38, 43, 45–57, 62, 63, 104, 110, 125, 139, 165
Pestel', Wladimir 75, 78, 81
Pétain, General Philippe 320
Peterhof 222
Petersburg, Petrograd s. St. Petersburg.
Petition (Gapon) 1905 204 f.
Petraschewskij-Kreis 87, 118
Petropawlowsk 9, 11, 74, 83, 130, 131, 144, 328, 477, 478 f., 482, 484
Pipes, Richard 544
Pitirim, Metropolit 327
Planck, Max 514
Plebejer 107
Plechanow, Georgij 155, 181, 213, 230, 288 f., 412, 436, 519, 544
Plewe, Wjatscheslaw 189, 195 ff.
Plünderungen (267), 446 f., 451 f.
Plutokratie 424

Rote Garden 414, 444 f., 451, 455, 466
Rotes Kreuz 291
Rubinstein, Bankier 327
Rückständigkeit, russische 151
Rumänien 319
»Russe aus der Provinz« 116, 118, 123
Russen u. Freiheit 18, 21, 517
Russifizierung 48, 152, 169; vgl. Expansion, Imperialismus, Nationalismus.
Russisch-Japanischer Krieg s. Krieg.
Russkij, General Nikolaj 373
Ruthenen 300
Rykow, Alexej 497
Rylejew, Kondratij 10, 54, 61–64, 67, 68 f., 71, 80, 104, 124

Sabotage 499 ff., 506
Sachalin 219
Sacharow, Andrej 524, 538
Samarin, Alexander, Generalprokurator des Hl. Synod 312 f.
Samisdat (Untergrundliteratur) (123), 529, 551
Samsonow, General Alexander 299
Sarajewo 286
Saratow 200, 393
Sasonow, Sergej, Außenminister 329
Säuberungen, stalinistische 81, 386, 476, 498, 499, 501, 502, 506 f., 508, 511, 529; Sicherheitsorgane als Opfer der 501; innerhalb der Partei 509; in der Roten Armee 522; u. 2. Weltkrieg 522
Sawinkow, Boris, Kriegsminister 458, 464
Schattenkabinett 1916 348
Schelling, F. W. J. 97
Schidlowskij-Kommission (zur Untersuchung der sozialen Konflikte) 1905 209 f., 210, 222, 224
Schießbefehl des Zaren 1917 364 ff.
Schilder, Nikolaj K. 541
Schiller, Friedrich 15
Schlieffen-Plan 296, 299 f., 300
Schljapnikow, A. 333, 353, 359, 365, 368, 383, 399 f., 547, 548, 549
Schlüsselburg, Republik von 394
Schmähung, ideologische 254 f.
Schmitt, Leutnant Peter 229
Schneiderman, Jeremiah 544
Schtscheglowitow, Iwan 275 f., 290, 305
Schtschegolew, P. Y. 547, 548
Schtscherbatow, Fürst Nikolaj, Innenminister 306
Schulgin, Wassilij 433 f., 548
Schwarze Hundertschaften 237, 251

Schwarze Umverteilung 161
Schwarzmeerflotte 218, 228; vgl. Matrosen, Odessa.
Schwartz, Oberst 32 ff.
Selbstmorde 268
Selgunow, Michael 123; *An die Junge Generation* 123 ff., 128, 131
Semaschko, Fähnrich 450
Semjonowskij-Garderegiment 31–35, 228
Semstwo (lokale Selbstverwaltung) 156, 168, 172, 179, 184, 187, 201, 263, 264, 291, 354, 392; Kongresse 199, 234; in Polen 297; -und-Städte-Verband 291, 314 ff., 337
Senat 17, 53, 69, 71, 472
Senatsplatz 73 f.
Separatfrieden vgl. Krieg (Sonderfrieden).
Separatismus, Separatisten 394, 416, 446; vgl. Nationalitätenfrage.
Serbien 288
Sergej, Großfürst 172, 207
Serno-Solowjewitsch, Alexander 142
Serno-Solowjewitsch, Nikolaj 132 ff., 142, 144
Sewastopol 90, 218
Sibirien 219, 247, 266, 279
Sidorow, A. I. 547
Sinowjew, Alexander 507, 550
Sinowjew, Gregorij 425, 427, 450, 453 f., 473, 474 f., 496
Sipjagin, Dimitrij 178
Skobelew, Michael 389, 413, 424, 434, 438
Skrjabin, Alexander 502
Slavic Revue 546
Slawophile 94 ff., 97, 104, 108, 109, 119, 147, 175, 179, 245, 262, 489, 537
Slepzow, Alexander 142
Slowaken 300
Smith, Adam 41
Smolny-Institut 478 f., 483
Sokolow, Nikolaj 384, 389, 449
Soldaten 125, 128, 132, 136 f., 148, 219, 222, 293, 344, 352; u. Bolschewiken 352, 359, 413, 420, 425 f., 436, 437, 449, 477; Charta der Rechte der (Kerenskij) 435, 444; u. Duma 371; in der Februarrevolution 1917 352, 359, 363, 366, 367, 368, 374, 382, 398; Kampfmoral 1917 352, 398, 409, 447 ff., 449, 468; u. Lenin 417, 423, 425 ff., 427 f.; u. Nationalismus 398, 400, 426 f.; u. Schießbefehl 363, 366; -sowjets 369, 371, 405 ff.; vgl. Deserteure, Heer, Meuterei.

Soldatenprawda 414, 427

Solschenizyn, Alexander I. 127, 147, 418, 506, 525, 535 f., 537, 538, 544, 551

Sonntagsschulen 28, 143 f., 157; vgl. Lancaster-Schulen.

Sowjet(s) 210, 222 f., 229, 236, 282, 392, 422, 450, 465; allrussischer, ZK 445; u. Bolschewiken 421, 437, 445, 450, 454, 471, 482, 487; Kongresse 166, 408, 428, 443 ff., 460, 471 f., 474, 477, 482, 483, 489, 484 f.; Militärkommission des 369; Oberster 262; Moskauer 228 f., 474; von Orechowo 429; u. Provisorische Regierung 433 f., 436, 459, vgl. Doppelherrschaft; Soldatensowjets 371, 405, 428, 448; Zentrales Exekutivkomitee 451, 459, 562, 466, 471, 477, 478, 485; ZK Juni 1917 483; s. Rat.

Sowjet, Petersburger 222 ff., 226, 228, 229, 232

Sowjet, Petrograder, der Arbeiter- und Soldatendeputierten 307, 366, 368–372, 374, 376, 377, 381, 382 ff., 384, 387, 388, 389, 390, 394, 395, 396, 397, 398 f., 400, 402 ff., 407, 408, 411, 413, 414, 417, 418, 430, 432, 443, 452, 459, 482; Exekutivkomitee 369, 371, 383, 388, 399, 404, 408, 421, 423, 431 f., 435, 446, 450, 475 f.; u. Lenin 423, 424; *Manifest an die Völker der Erde* 402 ff.; u. persönliche Rechte 446; Proklamation Februar 1917 370

Sowjetstaat, -regierung, -system, kommunistische Regierung (s. d.) 22, 81, 329, 484; u. Anarchismus 488 f.; u. Bauernproblem 47, vgl. Kollektivierung; -bürger 524; u. bürgerl. Fachleute 471, 493, 500; Demokratie für den 535; demokratische Prozeduren im 539; u. Dissidenten s. d.; u. Emigrationspolitik 533; Erschießungen 497; u. Exilrussen 492; u. Expansion 540; u. Freiheit, Liberalisierung 496, 516, 534, 539, 540; Generalstaatsanwalt im 529, (531); Geheimpolizei 486, 488, 503 ff., 497, 498 f., 500, 526, 527, 528, 532, vgl. GPU, KGB, NKWD, Tscheka; Gulag 521, 528; Hegemonie des 512; u. Intellektuelle 502 ff.; Justiz, Gesetze, Strafrecht im 156, 339, 515, 527, 528 ff.; u. Konvergenzhypothese 538; Legitimation des 489, 519, 533, 539; u. Nationalismus 488, 493, 493 ff., 533; u. Nationali-

täten 539; u. Parteioligarchie 516, 525; Politbüro 517, 538; u. Regimekritik 526, 529, 533 f.; u. Repression 487, 518, 526, 529, vgl. Stalinismus, Säuberungen; u. Schriftsteller 502 ff., 511, 513, 520, 526; u. Sicherheitsbeamte 501, 532; Sowjetkommunismus 46, 511, 540; Sowjetpatriotismus 530, 539; Staatsgefüge des 514; Staatsideologie im 498; u. Stalinismus 506, 507, 509, vgl. Stalin; u. Terror (s. d.) 497; u. Unfehlbarkeit 511; u. Verfassung s. d.; Volksfeinde 499, 506, 513, 530; u. Wirtschaft 539; u. Zarenreich 491; u. zaristische Reformen 518, 539; Zwangsarbeitslager 514 f.; s. a. Rat der Volkskommissare.

sozialdemokratisch, Sozialdemokratie, -demokraten, russische 181, 197, 198, 205, 207, 209, 212 f., 248, 257, 239, 409 f., 440, 487; Abgeordnete 288; u. Arbeiter 192, 194; u. Bolschewiken 467 f., 487; Einheit der 412, 416, 418, 420; Gesellschaftstyp 538; Kongresse, Parteitage 175–178, 183, 230, 255, 545; 1. Manifest der 176; vgl. Menschewiken, Sozialisten, Sozialrevolutionäre, Trudowiken.

Sozialdemokratische Partei Polens und Litauens (SDPL) 230

Sozialismus als Bewegung, Sozialisten: deutsche 288, 292; österreichische 302; russischer 204, 205, 230, 231, 235, (238), 278, 280, 358, 360, 366, 368; u. Arbeiter 192 ff., 280, 317; u. Bauern 401; u. Bourgeoisie 242, 353; u. Duma 278, 368; Einheit der (280), 397, 400, 419 f., vgl. Sozialdemokratie; u. Gewerkschaften 194, 203, 213; illegale 358, 360; interfraktionelle 359 f., 440, 443; u. Krieg 371, 408, 430; u. Liberale 181 f., 208, 211, 242, 267; in der Oktoberrevolution 358, 360, vgl. Demokratie, revolutionäre; im Petrograder Sowjet 370; in der Provisorischen Regierung 388, 434 f.; u. Privateigentum 47; Paradies der 181; Parteien und Gruppierungen 254, 284, 359, 382, vgl. Bolschewiken, Menschewiken, Sozialrevolutionäre, Trudowiken.

Sozialismus: als Ideologie 46, 87, 107, 120, 153, 160, 213, 422; realer u. kommunist. Lehre 539; siegreicher 503; utopischer 175; wahrer u. Arbeiterklas-

568

se 494 f.; wissenschaftlicher 491; als Zielvorstellung 111, 128, 154, 175, 177, 181, 242, 370, 385, 401, 438, 485, 516, 534, 535, 540; u. Terror 498

Sozialphilosophie 97, 144; vgl. Gesellschaftswissenschaften.

Sozialrevolutionäre 174, 181, 183, 198, 212, 213, 214 f., 231, 253, 429, 441, 462, 467, 472, 487, 503; u. Arbeiter 280, 357, 368, 413; u. Bolschewiken 213, 303, 396, 413, 441, 459, 466, 467, 474, 476; u. Duma 239, 248, 332; u. Februarrevolution 1917 207, 303; u. Kriegsfrage 334, 404; u. Lenin 211, 213, 423, 429, 439, 503; Programm 231; u. Provisorische Regierung 411, 434; u. Sowjet 382, 411, 437, 474, 483; u. Terrorismus 178 f., 197, 207, 253; ü. Trotzki 439

spanischer Botschafter 234

Speranskij, Michael 19, 63, 81, 82 f.

Spionage 506 f.

Spiridowitsch, Alexander P. 320 f., 547

Spiritualität 20

Spontaneität, angeleitete 116

Staatsanwaltschaft 155

Staatsauflösung, -verfall 1917 438 f., 441, 446, 458; vgl. Anarchismus, öffentliche Meinung.

Staatsbankrott 216, 239

Staatsbauern 88 f., 98

Staatsdomänen in Georgien 214

Staatsgewerkschaft 203; vgl. Polizeisozialismus, Zubatow-System.

Staatskirche 194, 268; vgl. Kirche.

Staatskonferenz, Moskau 12.–15. 8. 1917 459–462

Staatsrat 17, 154, 162, 173, 238, 263 f., 341

Staatsstreich, -versuch 55, 61, 349, 350, 462 f., 464 ff., 466–490; vgl. Palastrevolte.

Stadnywk, Iwan 550

Stadtbevölkerung u. lokale Selbstverwaltung 156

Städteverband, Allrussischer 291; vgl. Semstwo.

Stadtverwaltungen, Streik 1905 222

Stalin 111, 193, 255, 289, 305, 400, 439, 451, 478, 489, 517, 519, 533, 550; u. Bauern 98, 501, 506, 509, 513, s. a. Kollektivierung; u. Bürokraten 527; als Diktator 497 ff., 501–515; 523, 525, 533; u. Februarrevolution 1917 399,

400, 411; u. Lenin 411, 454, 455, 475, 489, 496; u. Menschewiken 412; u. Oktoberrevolution 439, 451, 454, 455, 473, 475; ü. Revolutionäre 518; u. Russifizierung 48; seine Verbannung 185, 193, 302, 399; im Rat der Volkskommissare 485; u. 2. Weltkrieg 289 f., 298, 305; Stalinismus (-Ära) 185, 219, 493, 495, 496, 498, 502, 503, 505 f., 507 f., 510, 512, 515 ff.; 520, 525, 526, 527, 533, vgl. Entstalinisierung, Säuberungen, Massenterror, Terror; -kult 22, 103, 520, 525; vgl. Personenkult; Verbrechenskategorien des 515

Stalingrad 300

Stawka s. Heer (Oberbefehl).

Steingel, Baron Wladimir 541

Steklow-Nahamkis, Jurij 383 f., 405, 412, 420

Stellungskrieg, Grabenkampf 301, 330

Stolypin, Peter, Innenminister 244, 245–248, 253, 259, 261 ff.; 265 ff., 269, 270, 271, 277, 278, 281, 286, 287, 313, 508, 545

St. Petersburg, Petrograd 28, 125, 157, 235, 265, 308, 312, 325, 343, 355, 362, 364, 368, 382, 466, 476, 480; Arbeiter 177, 351 f., 353, 358, 359, 369, vgl. Putilow-Arbeiter; Demonstrationen in 122, 130, 208, 215, 222 f., 228, 281, 282, 358, 361–367, 369, 370; Garnison 9, (71–74), 352, 358, 365, 366, 371, 391, 398, 404, 450, 469, 481; Großfeuer in 143 ff.; Stadtrat 462, 481; s. a. Sowjet.

Straflager s. Sowjetstaat (Gulag).

Straßenkämpfe 1905 206, 228, 229

Streiks: 1890er 177; Odessa 1903 195; 1905–06 203, 206, 214, 215, 221 f., 226, 227, 228, 232, 235 f., 245; 1910–14 253, 280, 281, 282, 283; 1915–16 317, 334; 1917 355, 356, 388, 361, 367, 369, 370, 405, 459, 460

Strumlin, S. G. 546

Struwe, Peter B. 176, 179 f., 181, 190, 544

Studenten(schaft) 113, 117 f., 126, 130 f., 157, 158, 169, 178, 279 f., 356

Stürmer, Boris, Premier 321, 323, 327, 329 f., 339 f.

Subvention der Zarin, private 270

Subversion s. Bolschewiken, Heer.

Suchanow (Himmer), Nikolaj 384–387, 389, 395, 398 f., 401, 404, 405, 406, 408, 412, 424, 431, 440, 447, 453, 466, 484, 500, 544, 548, 550